Hartmann
Härter
Seifert

Allgemeine Wirtschaftslehre
für Sozialversicherungs-
fachangestellte

Hartmann
Härter
Seifert

Allgemeine Wirtschaftslehre

für Sozialversicherungsfachangestellte

Merkur
Verlag Rinteln

Wirtschaftswissenschaftliche Bücherei für Schule und Praxis
Begründet von Handelsschul-Direktor Dipl.-Hdl. Friedrich Hutkap †

Verfasser:

Gernot Hartmann
Dipl.-Handelslehrer

Friedrich Härter
Dipl.-Volkswirt

Karl Seifert
Studiendirektor

* * * * *

12., überarbeitete und aktualisierte Auflage 2012

Gesamtherstellung:
MERKUR VERLAG RINTELN Hutkap GmbH & Co. KG, 31735 Rinteln

E-Mail: info@merkur-verlag.de
lehrer-service@merkur-verlag.de

Internet: www.merkur-verlag.de

ISBN 978-3-8120-**0412-1**

Vorwort

- Das vorliegende Lehrbuch umfasst alle im Rahmenlehrplan des Bundes geforderten Lerngebiete und Lerninhalte für Sozialversicherungsfachangestellte.[1]
- Der Aufbau des Lehrbuchs hält sich grundsätzlich an die Vorgaben des Lehrplans. Lediglich die Ausführungen zur Europäischen Union wurden vorgezogen, weil die Kenntnis der Geschichte der Europäischen Union eine Voraussetzung für das Verständnis der Europäischen Wirtschafts- und Währungsunion mit dem System der Europäischen Zentralbanken ist.
- Das Buch hat mehrere Zielsetzungen. Es soll
  - Ihnen alle Informationen liefern, die zur Erarbeitung des Lernstoffs notwendig sind;
  - Ihnen dabei helfen, die im Lehrplan enthaltenen Lerninhalte in Allein-, Partner- oder Teamarbeit zu erarbeiten, Entscheidungen zu treffen, diese zu begründen und über die Ergebnisse Ihrer Arbeit verbal oder schriftlich zu berichten;
  - fächerübergreifende Zusammenhänge darstellen und
  - der Prüfungsvorbereitung dienen.
- Der Text des Buchs ist darauf angelegt, nicht nur Fakten zu vermitteln, sondern auch Verständniszusammenhänge darzustellen.
- Zahlreiche Abbildungen, Schaubilder, Beispiele, Begriffsschemata, Gegenüberstellungen und Zusammenfassungen erhöhen die Anschaulichkeit und Einprägsamkeit der Informationen.
- Fachwörter, Fachbegriffe und Fremdwörter werden grundsätzlich im Text oder in den Fußnoten erklärt. Texthinweise auf zuvor behandelte oder noch zu besprechende Lerninhalte erleichtern Lernschleifen.
- Zur handlungsorientierten Themenbearbeitung (HOT) stehen zahlreiche komplexe Aufgaben zur Verfügung, die Sie angesichts der knappen schulischen und häuslichen Arbeitszeit auch tatsächlich bewältigen können.
- Bei der Behandlung wichtiger Gesetze werden die Paragrafen angegeben, um Ihnen die selbstständige Arbeit bei der Lösung von Rechtsfragen zu erleichtern.
- Darüber hinaus werden zahlreiche Wiederholungs- und Vertiefungsaufgaben zur Auswahl angeboten.
- Ein ausführliches Stichwortverzeichnis hilft Ihnen dabei, Begriffe und Erläuterungen schnell aufzufinden.

Verlag und Verfasser

Vorwort zur 12. Auflage

Auch in dieser Auflage wurden die Statistiken und Schaubilder überarbeitet und aktualisiert. Wichtige gesetzliche Änderungen wurden aufgenommen. Vor allem neue gesetzliche Vorschriften (z. B. des Sozialversicherungsrechts) und neue Zahlen bei der Berechnung des Bruttoinlandsprodukts und des Volkseinkommens fanden Berücksichtigung. Als Ergänzung zur gesetzlichen Sozialversicherung sind die wichtigsten gesetzlichen Regelungen zur elektronischen Gesundheitskarte, zum Elterngeld und zur Elternzeit neu in das Buch aufgenommen.

Verlag und Verfasser

---

1 Gültig ab Schuljahr 1997/98.

Inhaltsverzeichnis

1 Grundfragen der Wirtschaft

1.1 Aufgaben der Wirtschaft 15
1.1.1 Bedürfnisse 15
1.1.2 Güter und Güterarten 16
1.1.3 Ökonomisches Prinzip 18
1.2 Wirtschaftliche Grundfragen 21
1.2.1 Welche Güter sollen produziert werden? (Mögliche Produktionsziele) 21
1.2.2 Wie soll produziert werden? (Mögliche Produktionsweisen) 24
1.2.2.1 Wirtschaftsstufen 24
1.2.2.2 Produktionsverfahren 25
1.2.3 Wo soll produziert werden? (Mögliche Produktionsstandorte) 25
1.2.4 Wie soll das Produktionsergebnis verteilt werden? (Mögliche Verteilungsprinzipien) 27
1.3 Wirtschaftsordnungen 31
1.3.1 Wirtschaftsordnungen als Steuerungssysteme der Wirtschaft 31
1.3.2 Freie Marktwirtschaft 32
1.3.2.1 Der Individualismus als geistige Grundlage der freien Marktwirtschaft 32
1.3.2.2 Wesentliche Ordnungsmerkmale der freien Marktwirtschaft 33
1.3.3 Zentralverwaltungswirtschaft 35
1.3.3.1 Der Kollektivismus als geistige Grundlage der Zentralverwaltungswirtschaft 35
1.3.3.2 Wesentliche Ordnungsmerkmale der Zentralverwaltungswirtschaft . 36
1.3.4 Soziale Marktwirtschaft 39
1.3.4.1 Der Dualismus als geistige Grundlage der sozialen Marktwirtschaft . 39
1.3.4.2 Wesentliche Ordnungsmerkmale der sozialen Marktwirtschaft 40
1.3.5 Wechselwirkungen zwischen Wirtschafts- und Gesellschaftsordnung 45

2 Volkswirtschaftliche Produktionsfaktoren

2.1 Produktionsfaktor Arbeit 50
2.1.1 Arbeitsmarkt 51
2.1.2 Einflussfaktoren auf das Arbeitskräfteangebot 52
2.1.3 Einflussfaktoren auf die Arbeitskräftenachfrage 58
2.2 Arbeitsteilung 62
2.2.1 Bedeutung der Arbeitsteilung 62
2.2.2 Gesellschaftliche Arbeitsteilung (überbetriebliche Arbeitsteilung) 63
2.2.3 Nationale (volkswirtschaftliche) Arbeitsteilung 64
2.2.4 Innerbetriebliche Arbeitsteilung 65
2.2.5 Internationale Arbeitsteilung 69
2.3 Produktionsfaktor Natur 76
2.3.1 Wirtschaftliche Nutzung der Natur 76
2.3.2 Gefährdung der Natur 78
2.3.3 Maßnahmen zum Schutz der Natur 80

2.4 Produktionsfaktor Kapital . . . 87
2.4.1 Kapitalbildung . . . 87
2.4.2 Investitionsbegriffe . . . 88
2.5 Produktionsfaktor Bildung . . . 89
2.6 Wirtschaftsleistung und Produktionsfaktoren . . . 90
2.7 Zusammenwirken der Produktionsfaktoren . . . 91
2.7.1 Faktorsubstitution . . . 91
2.7.2 Ursachen und Folgen der Faktorsubstitution . . . 93

3 Der Wirtschaftskreislauf

3.1 Einfacher Wirtschaftskreislauf . . . 98
3.2 Einkommen der privaten Haushalte . . . 99
3.3 Erweiterter Wirtschaftskreislauf . . . 101
3.4 Konsumieren und Sparen . . . 102
3.5 Vollständiger Wirtschaftskreislauf . . . 104
3.6 Messung der gesamtwirtschaftlichen Leistung . . . 109
3.6.1 Geldkreislauf und volkswirtschaftliche Gesamtrechnung . . . 109
3.6.2 Inlandsprodukt, Nationaleinkommen und Volkseinkommen . . . 113
3.6.3 Nominelles und reales Inlandsprodukt . . . 115
3.6.4 Entstehung, Verwendung und Verteilung der gesamtwirtschaftlichen Leistung . . . 115
3.6.4.1 Entstehungsrechnung . . . 115
3.6.4.2 Verwendungsrechnung . . . 116
3.6.4.3 Verteilungsrechnung . . . 116
3.6.5 Bedeutung des Inlandsprodukts . . . 117
3.6.6 Umweltökonomische Gesamtrechnung . . . 117
3.7 Steuern . . . 120
3.7.1 Notwendigkeit der Besteuerung . . . 120
3.7.1.1 Staatsausgaben . . . 120
3.7.1.2 Staatseinnahmen . . . 121
3.7.1.3 Staatshaushaltsplan . . . 122
3.7.1.4 Bedeutung der Steuern . . . 122
3.7.1.5 Steuer- und Abgabenquote . . . 123
3.7.2 Einteilung der Steuern . . . 123

4 Markt und Preis

4.1 Begriff, Aufgaben und Arten der Märkte . . . 128
4.2 Nachfragerverhalten . . . 130
4.2.1 Individuelle Nachfrage . . . 130
4.2.2 Marktnachfrage (Gesamtnachfrage für ein Gut) . . . 132
4.3 Anbieterverhalten . . . 133
4.3.1 Individuelles Angebot . . . 133
4.3.2 Marktangebot (Gesamtangebot für ein Gut) . . . 135

4.4 Preisbildung bei vollkommener polypolistischer Konkurrenz . . . 135
4.4.1 Gleichgewichtspreis . . . 135
4.4.2 Marktungleichgewicht . . . 138
4.4.3 Wechselwirkungen zwischen Angebot, Nachfrage und Preis . . . 139
4.4.4 Preisfunktionen . . . 140
4.5 Preisbildung bei unvollkommener polypolistischer Konkurrenz . . . 142
4.6 Preisbildung des Oligopols . . . 144
4.7 Preisbildung des Monopols . . . 146
4.8 Verhalten der einzelnen Marktteilnehmer bei unterschiedlichen Marktsituationen . . . 149
4.8.1 Mengenpolitik . . . 149
4.8.2 Preispolitik . . . 150
4.8.3 Staatseingriffe in Markt und Preisbildung . . . 152

5 Der betriebliche Leistungsprozess

5.1 Zielsetzungen der Betriebe . . . 158
5.1.1 Ziele privatwirtschaftlicher Betriebe . . . 158
5.1.2 Ziele gemeinwirtschaftlicher Betriebe . . . 159
5.1.3 Zielharmonie und Zielkonflikte . . . 160
5.1.4 Stellung der Sach- und Dienstleistungsbetriebe in der Gesamtwirtschaft . . . 161
5.1.5 Überblick über die Leistungsprozesse in Sach- und Dienstleistungsbetrieben. 162
5.2 Betriebswirtschaftliche (einzelwirtschaftliche) Produktionsfaktoren . . . 164
5.3 Leistungserstellung im Sozialversicherungsbetrieb . . . 166
5.3.1 Leistungsprogramm . . . 166
5.3.2 Formen der Leistungserstellung . . . 182
5.4 Grundsicherung für Arbeitsuchende . . . 183
5.5 Staatlich geförderte private Altersvorsorge (kapitalgedecktes Altersvorsorgevermögen) . . . 187
5.6 Private Vorsorge bei Erwerbs- und Berufsunfähigkeit . . . 188
5.7 Betriebliche Kennzahlen . . . 190
5.7.1 Produktivität . . . 190
5.7.2 Wirtschaftlichkeit . . . 191
5.7.3 Rentabilität . . . 191
5.7.4 Liquidität . . . 192
5.8 Absatzmarketing . . . 196
5.8.1 Begriff des Absatzmarketings . . . 196
5.8.2 Marktuntersuchung . . . 197
5.8.2.1 Markterkundung . . . 197
5.8.2.2 Marktforschung . . . 197
5.8.3 Produktpolitik . . . 198
5.8.4 Preispolitik/Beitragspolitik . . . 199
5.8.5 Distributionspolitik/Vertriebspolitik . . . 202
5.8.5.1 Absatzformen/Distributionsorgane . . . 202
5.8.5.2 Absatzorganisation . . . 204
5.8.6 Kommunikationspolitik . . . 207
5.8.6.1 Begriff und Arten der Kommunikation . . . 207

5.8.6.2 Absatzwerbung . . . 208
5.8.6.3 Public Relations (Öffentlichkeitsarbeit) . . . 212
5.8.6.4 Verkaufsförderung . . . 213
5.8.7 Marketing-Mix . . . 213

5.9 Betriebliche Umweltpolitik . . . 215
5.9.1 Ziele und Möglichkeiten der betrieblichen Umweltpolitik . . . 215
5.9.2 Umweltrechtliche Vorschriften . . . 218

6 Geld und Zahlungsverkehr

6.1 Geldarten und Geldfunktionen . . . 221
6.1.1 Geldarten . . . 221
6.1.2 Geldmengenbegriffe . . . 222
6.1.3 Geldfunktionen . . . 223

6.2 Geldwert und Geldwertschwankungen . . . 224
6.2.1 Binnenwert des Gelds . . . 224
6.2.1.1 Handelsvolumen . . . 224
6.2.1.2 Geldmenge . . . 226
6.2.1.3 Preisniveau . . . 227
6.2.1.4 Kaufkraft . . . 228
6.2.2 Geldwertmessung (Verbraucherpreisindex) . . . 229
6.2.2.1 Warenkorb . . . 229
6.2.2.2 Nominallohn und Reallohn . . . 231
6.2.3 Inflation . . . 232
6.2.3.1 Inflationsarten und Inflationsursachen . . . 232
6.2.3.2 Inflationsfolgen . . . 235
6.2.4 Deflation . . . 236
6.2.4.1 Deflationsarten und Deflationsursachen . . . 236
6.2.4.2 Deflationsfolgen . . . 237

6.3 Die Europäische Union und das Europäische Währungssystem . . . 239
6.3.1 Europäische Union (EU) . . . 239
6.3.1.1 Geschichtliche Entwicklung . . . 239
6.3.1.2 Aufbau der Europäischen Union . . . 241
6.3.2 Europäische Wirtschafts- und Währungsunion (WWU) . . . 243
6.3.3 Europäische Zentralbank (EZB) . . . 247
6.3.4 Europäisches System der Zentralbanken (ESZB) . . . 248
6.3.5 Deutsche Bundesbank . . . 250
6.3.6 Geldpolitische Maßnahmen der Europäischen Zentralbank (EZB) . . . 253
6.3.6.1 Mindestreservepolitik . . . 253
6.3.6.2 Offenmarktpolitik . . . 254
6.3.6.3 Ständige Fazilitäten . . . 262

6.4 Zahlungsverkehr . . . 266
6.4.1 Überblick über die Zahlungsmittel und Zahlungsformen . . . 266
6.4.2 Bargeldzahlungen . . . 267
6.4.3 Bargeld sparende (halbbare) Zahlungen . . . 268
6.4.3.1 Bareinzahlungen . . . 268
6.4.3.2 Barauszahlungen . . . 270

6.4.4 Bargeldlose (unbare) Zahlungen . . . 271
6.4.4.1 Überweisung . . . 271
6.4.4.2 Moderne bargeldlose Zahlungsformen . . . 275
6.4.5 Scheckzahlungen . . . 290
6.4.5.1 Wesen, Bestandteile und Weg des Schecks . . . 290
6.4.5.2 Wichtige Scheckarten . . . 292
6.4.5.3 Verwendungsmöglichkeiten des Schecks . . . 293
6.4.5.4 Scheckverlust . . . 294
6.4.6 Zahlungsanweisung der Deutschen Postbank AG . . . 294
6.4.7 Exkurs: Wechselzahlungen . . . 297

7 Rechtsformen der Betriebe

7.1 Allgemeine rechtliche Grundlagen . . . 300
7.1.1 Natürliche und juristische Personen . . . 300
7.1.1.1 Natürliche Personen . . . 300
7.1.1.2 Juristische Personen . . . 300
7.1.2 Öffentliches Recht und Privatrecht . . . 302
7.1.3 Kaufmann nach Handelsrecht (HGB) . . . 304
7.1.4 Handelsregister . . . 306
7.1.5 Firma . . . 307
7.2 Einzelunternehmen . . . 311
7.3 Die Personengesellschaft am Beispiel der offenen Handelsgesellschaft (OHG) . . . 312
7.4 Die Kapitalgesellschaft am Beispiel der Aktiengesellschaft (AG) und Gesellschaft mit beschränkter Haftung (GmbH) . . . 322
7.4.1 Aktiengesellschaft (AG) . . . 322
7.4.2 Gesellschaft mit beschränkter Haftung (GmbH) . . . 333
7.5 Rechtsformen der Versicherungsbetriebe und Einordnung der Sozialversicherungsbetriebe in das System der betrieblichen Rechtsformen . . . 345
7.5.1 Zulässige Rechtsformen (Unternehmensformen) von Versicherungsbetrieben . . . 345
7.5.2 Rechtsformen des Privatrechts . . . 347
7.5.2.1 Versicherungs-Aktiengesellschaft . . . 347
7.5.2.2 Versicherungsverein auf Gegenseitigkeit (VVaG) . . . 349
7.5.2.3 Angleichung (Assimilierung) der Rechtsformen von Versicherungsunternehmen . . . 351
7.5.2.4 Rechtsformwahl und -umwandlung als Entscheidungsproblem . . . 352
7.5.2.5 Überblick über die privaten Rechtsformen der Unternehmen . . . 355
7.5.3 Rechtsformen des öffentlichen Rechts . . . 357
7.5.3.1 Aufgaben und Grundsätze der Sozialversicherung . . . 357
7.5.3.2 Verfassungsrechtliche Grundlagen der Sozialversicherung . . . 357
7.5.3.3 Überblick über die Sozialversicherungsträger und deren Rechtsform . . . 358
7.5.3.4 Gesetzliche Krankenkassen . . . 365
7.5.3.5 Gesetzliche Pflegekassen . . . 369
7.5.3.6 Versicherungsträger der gesetzlichen Rentenversicherung . . . 370

7.5.3.7 Bundesagentur für Arbeit (BA) . . . 379
7.5.3.8 Berufsgenossenschaften . . . 382
7.5.4 Systemunterschiede von betrieblichen Rechtsformen des privaten und öffentlichen Rechts am Beispiel der gesetzlichen und privaten Krankenversicherung . . . 385
7.5.5 Bedeutung privatrechtlicher und öffentlich-rechtlicher betrieblicher Rechtsformen . . . 389

8 Unternehmenskonzentration und Wettbewerb

8.1 Ursachen und Wesen der Kooperation und Konzentration . . . 394
8.2 Arten der Unternehmensverbindungen/-zusammenschlüsse . . . 396
8.2.1 Unternehmenszusammenschlüsse auf vertraglicher Grundlage (Kartelle und Syndikate) . . . 396
8.2.2 Unternehmenszusammenschlüsse durch verbundene Unternehmen und Trusts . . . 398
8.3 Ziele von Unternehmensverbindungen . . . 402
8.4 Auswirkungen der Unternehmenskonzentration . . . 402
8.5 Wettbewerbsrechtliche Einschränkungen von Unternehmensverbindungen durch staatliche Wettbewerbspolitik . . . 404
8.5.1 Notwendigkeit und rechtliche Rahmenbedingungen (Grundlagen) der staatlichen Wettbewerbspolitik (Ordnungspolitik) . . . 404
8.5.2 Verbotene Wettbewerbsbeschränkungen und Ausnahmen . . . 405
8.5.3 Marktbeherrschung, Missbrauchsaufsicht und Verbot des wettbewerbsbeschränkenden Verhaltens . . . 407
8.5.4 Anwendung des europäischen Wettbewerbsrechts . . . 408
8.5.5 Wettbewerbsregeln . . . 409
8.5.6 Sonderregelungen für bestimmte Wirtschaftsbereiche . . . 410
8.5.7 Zusammenschlusskontrolle (Fusionskontrolle) . . . 410
8.5.8 Befugnisse der Kartellbehörden und Sanktionen zum Schutz des Marktwettbewerbs . . . 412

9 Konjunktur

9.1 Konjunkturzyklen und -phasen . . . 417
9.1.1 Konjunkturzyklus . . . 417
9.1.2 Konjunkturphasen . . . 418
9.1.3 Konjunkturindikatoren . . . 422
9.2 Ursachen der Konjunkturschwankungen . . . 425
9.2.1 Systemimmanente Störungen des Wirtschaftsablaufs . . . 425
9.2.2 Exogene Einflüsse auf den Wirtschaftsablauf . . . 426
9.3 Staatliche Konjunkturpolitik . . . 428
9.3.1 Hauptziele der Konjunkturpolitik . . . 428
9.3.1.1 Gesamtwirtschaftliches Gleichgewicht . . . 428
9.3.1.2 Konjunkturpolitische Ziele . . . 429
9.3.1.3 Weitere Ziele und Zielkonflikte der Wirtschaftspolitik . . . 432
9.3.1.4 Wirtschaftspolitische Kompromisse . . . 437

9.3.2 Nachfrageorientierte Wirtschaftspolitik . . . 440
9.3.3 Angebotsorientierte Wirtschaftspolitik . . . 446
9.4 Konjunktur und Sozialversicherung . . . 447

10 Beschäftigung

10.1 Arbeitsmarktdaten . . . 449
10.2 Ursachen und Arten der Arbeitslosigkeit . . . 452
10.2.1 Friktionelle Arbeitslosigkeit . . . 452
10.2.2 Nachfragebedingte Arbeitslosigkeit . . . 452
10.2.2.1 Saisonale Arbeitslosigkeit . . . 453
10.2.2.2 Konjunkturelle Arbeitslosigkeit . . . 453
10.2.3 Angebotsbedingte Arbeitslosigkeit . . . 453
10.2.4 Strukturelle Arbeitslosigkeit . . . 456
10.2.4.1 Sättigungstendenzen . . . 456
10.2.4.2 Wirtschaftspolitische Entscheidungen . . . 457
10.2.4.3 Unzureichende Ausbildung . . . 458
10.2.4.4 Steigende Arbeitsproduktivität . . . 459
10.2.4.5 Räumliche und berufliche Immobilität . . . 460
10.2.4.6 Änderung der Wirtschaftsordnung . . . 461
10.2.4.7 Sich selbst verstärkende Prozesse . . . 462
10.3 Folgen der Arbeitslosigkeit . . . 475
10.3.1 Auswirkungen der Arbeitslosigkeit auf die Arbeitslosen . . . 475
10.3.2 Folgen der Arbeitslosigkeit für die Transferzahlungen . . . 476
10.3.3 Folgen der Arbeitslosigkeit für das Arbeitspotenzial der Volkswirtschaft . . . 479
10.4 Staatliche und nicht staatliche Maßnahmen zur Bekämpfung der Arbeitslosigkeit . . . 480
10.4.1 Langfristige angebotsorientierte Maßnahmen . . . 481
10.4.1.1 Kostensenkung . . . 481
10.4.1.2 Deregulierung . . . 484
10.4.1.3 Durchführung notwendiger Reformen . . . 484
10.4.1.4 Flexibilisierung der Arbeit . . . 485
10.4.1.5 Vermeidung von Führungsfehlern . . . 486
10.4.1.6 Erhöhung der Risikobereitschaft . . . 487
10.4.1.7 Stabile Wechselkurse . . . 487
10.4.1.8 Zinspolitik der Zentralbank . . . 488
10.4.2 Strukturpolitische Maßnahmen . . . 488
10.4.2.1 Sektorale und regionale Strukturpolitik . . . 488
10.4.2.2 Solide Haushaltspolitik . . . 490
10.4.2.3 Verbesserung der Ausbildung . . . 491
10.4.2.4 Bewältigung der Folgen des technischen Fortschritts . . . 494
10.4.2.5 Sonstige Maßnahmen zur Bekämpfung der Arbeitslosigkeit . . . 496

11 Englische Limited Company als europäische Rechtsform der Unternehmen

11.1 Einleitung und Rechtsgrundlagen 509
11.2 Merkmale der Limited Company 510
11.3 Gewinnausschüttung 522
11.4 Jahresabschluss 523
11.5 Prüfungs- und Offenlegungspflicht 523
11.6 Vor- und Nachteile 524
11.7 Bedeutung 525

Unternehmensregister 527
Abkürzungen, Gesetze, Rechtsverordnungen 529
Stichwortverzeichnis 533

1 Grundfragen der Wirtschaft

1.1 Aufgaben der Wirtschaft

1.1.1 Bedürfnisse

Der Mensch hat zahlreiche Bedürfnisse. Wenn er Durst hat, hat er das Bedürfnis zu trinken. Hat er Hunger, will er essen. Friert er, wird in ihm der Wunsch nach warmer Kleidung und/oder nach einer Behausung wach. Die Reihe der Beispiele ließe sich beliebig fortsetzen. Um noch ein nicht körperliches Bedürfnis zu nennen: Ist es dem Menschen langweilig, hat er z.B. den Wunsch, sich zu unterhalten oder sich unterhalten zu lassen. Er möchte z.B. ein Buch lesen, ins Kino gehen oder eine Diskothek besuchen.

■ Unter **Bedürfnissen** versteht man **Mangelempfindungen** der **Menschen**, die diese zu beheben bestrebt sind.

Die Bedürfnisse sind also die *Antriebe* (Motive) des wirtschaftlichen Handelns der Menschen. Ursprüngliches Ziel dieses Handelns ist, die eigene und auch fremde Existenz zu sichern (z.B. die Existenz der übrigen Familienmitglieder).

Die wichtigste Unterscheidung der Bedürfnisse ist die nach ihrer *Dringlichkeit.* Die so genannten **Existenzbedürfnisse** *müssen* befriedigt werden: Ihre Befriedigung ist *lebensnotwendig.* Bei den **Kultur-** und **Luxusbedürfnissen** liegen die Dinge anders. Diese Bedürfnisse wurden im Menschen dadurch erzeugt, dass er in einer bestimmten Gesellschaft mit einer bestimmten Kultur[1] lebt, innerhalb der er eine bestimmte Stellung einnimmt. Man sagt, die Kultur- und Luxusbedürfnisse (auch „Wohlfahrtsbedürfnisse" genannt) seien soziokulturell bestimmt.

Eine weitere Einteilung der Bedürfnisse in **Individual-** und **Kollektivbedürfnisse** (= Sozialbedürfnisse) ist anfechtbar, weil *alle* Bedürfnisse letztlich vom Einzelnen, d.h. vom Individuum ausgehen, nur von ihm selbst empfunden werden. Die Einteilung lässt sich nur aufrechterhalten, wenn man definiert, dass sich die Individualbedürfnisse auf Güter (im weitesten Sinne) richten, die der Einzelne für sich *allein* (bzw. innerhalb seiner Familie) konsumieren kann (z.B. Brot, Getränke, ein Möbelstück, ein Privatauto), während die Kollektivbedürfnisse mit Gütern befriedigt werden, die *allen* Mitgliedern der Gesellschaft zur Nutzung zur Verfügung stehen bzw. nach überwiegender Meinung zur Verfügung stehen sollten (z.B. Straßen, öffentliche Verkehrsmittel, Krankenhäuser, Schulen, saubere Umwelt).

Der Mensch wird, wenn er vernünftig (rational) handelt, zunächst die Bedürfnisse zu befriedigen suchen, die ihm am dringlichsten erscheinen. Er wird also sagen können, welches Bedürfnis *stärker* als ein anderes ist. Da eine Rangordnung der Bedürfnisse nach ihrer Dringlichkeit aufgestellt werden kann, sagt man, dass die Bedürfnisse *ordinal* messbar seien. Eine *kardinale* (zahlenmäßige) Messung der Bedürfnisstärke ist jedoch *nicht* möglich. Niemand kann etwa sagen, dass er im Augenblick doppelt soviel Durst wie Hunger habe, dass sein Bedürfnis, ins Theater zu gehen, aber das Dreifache seines Durstes ausmache.

■ **Bedürfnisse** sind zwar ordinal, nicht aber kardinal messbar.

---

1 Das Hineinwachsen in die Gesellschaft bezeichnet man als Sozialisationsprozess.

1.1.2 Güter und Güterarten

Der Mensch wirtschaftet, um die Mittel bereitzustellen, mit denen er seine Bedürfnisse befriedigen kann, denn wer Hunger hat, braucht Nahrung. Wer Durst hat, braucht Getränke, um seinen Durst zu stillen. Wer friert, braucht Wärme und Kleidung. Wer Neues wissen will, braucht Informationen (z. B. aus einem Buch). Und wer schließlich krank ist, braucht ärztliche Beratung und Hilfe. Der Gebrauch oder Verbrauch aller Güter, die der Bedürfnisbefriedigung dienen, erhöhen das Wohlbefinden des Menschen. Man sagt, dass die Bedürfnisbefriedigung „Nutzen" stiftet.

■ Die Mittel, die dem Menschen Nutzen stiften, heißen **Güter**.

Die Güter können **Sachgüter** (Lebensmittel, Kleidung, Wohnungseinrichtung), **Dienstleistungen** (Unterrichtstätigkeit, ärztliche Behandlung, Beratung durch einen Rechtsanwalt) oder **Rechte** (Patente, Gebrauchsmuster, Firmenwert) sein.

In der Regel sind die Güter *knapp.*[1] Sie sind dann **wirtschaftliche Güter.** Die **freien Güter,** d. h. solche, die in unbeschränktem Maße zur Verfügung stehen (z. B. Luft, Sand, Meerwasser), können von jedem Menschen nach Belieben in Anspruch genommen werden. Sie sind nicht Gegenstand des Wirtschaftens. Allerdings ist zu bemerken, dass die freien Güter durch den Raubbau an der Natur (Vernichtung der Tierwelt, Verschmutzung der Binnengewässer, der Meere und der Luft) immer knapper werden, sodass sie zu wirtschaftlichen Gütern werden, bei denen es gilt, sie mit Verstand (rational) zu verwalten und zu verteilen.

Güter, die der unmittelbaren Bedürfnisbefriedigung dienen, nennt man **Konsumgüter** (Gegenwartsgüter). Solche, die zur Herstellung (Produktion) von Wirtschaftsgütern gebraucht werden, heißen **Produktionsgüter** (Zukunftsgüter), seien es nun Roh-, Hilfs- und Betriebsstoffe **(Verbrauchsgüter)** oder Maschinen, maschinelle Anlagen und Werkzeuge **(Gebrauchsgüter).**

Die Wirtschaftsgüter im weitesten Sinne setzen sich nicht nur aus Sachgütern aller Art, sondern auch aus Dienstleistungen und Rechten zusammen. All das, was verhältnismäßig knapp ist und wofür zumindest einige Leute gewillt sind, einen Preis zu zahlen, zählt zum Begriff des „wirtschaftlichen Gutes".

Alle materiellen Güter, die wir ge- und verbrauchen, entstammen letztlich unserer natürlichen Umwelt, dem Produktionsfaktor **Natur** (siehe auch Kapitel 2.3). Werden die Güter gebrauchs- oder verbrauchsfertig von der Natur geliefert, bezeichnet man sie auch als **Natur-** oder **Umweltgüter.** Werden sie durch den Menschen in irgendeiner Weise verändert, z. B. Meerwasser zu Trinkwasser, Lehm zu Ziegeln, Eisenerz zu Industriestahl, Gold zu Schmuck oder Getreide zu Mehl, werden sie zu **Industriegütern.** Auch durch den Transport vom Fundort zum Verbrauchsort oder durch den Kauf bzw. Verkauf werden die Naturgüter zu Industriegütern.

Lange Zeit wurden die Naturgüter als kostenlose „Gabe" der Natur angesehen, die man beliebig „nutzen", „benutzen" und „ausbeuten" kann. In der heutigen Zeit, in der die natürlichen Ressourcen (Vorräte, Quellen) immer knapper werden, die Natur als „kosten-

1 Der Begriff Knappheit darf nicht mit dem Begriff Seltenheit verwechselt werden. Malt ein Sonntagsmaler z.B. ein Bild, so besteht dieses Bild nur ein Mal auf der Welt. Das Bild ist „selten". Will indessen kein Mensch dieses Bild haben, geschweige kaufen, ist das Bild nicht knapp. Knappheit liegt nur vor, wenn die Bedürfnisse nach bestimmten Gütern größer sind als die Zahl dieser Güter.

lose" Lagerstätte für Abfälle aller Art missbraucht wird und täglich zahllose Tier- und Pflanzenarten für immer ausgerottet werden, beginnt sich die Ansicht durchzusetzen, dass die Natur nicht länger als „Gratisquelle" und als „Gratisdeponie" betrachtet werden darf, dass also die meisten Naturgüter **nicht** „frei" sind.

Wie aber kann man den Raubbau an den Naturgütern eindämmen? Antwort: Man muss den Naturgütern einen **Preis** geben, z.B. durch die Einführung von **Umweltsteuern** und **Sonderabgaben** (sogenannte **„Ökosteuern"**),[1] die zur Beseitigung von Umweltschäden (z.B. Wiederaufforstung, Bodensanierung, Trinkwasserzubereitung) verwendet werden. Durch die Belastung nicht reproduzierbarer (nicht wiederherstellbarer) Naturgüter sowie umweltschädlicher Industriegüter mit Ökosteuern wird die Nachfrage auf reproduzierbare Naturgüter und/oder umweltfreundlichere Industriegüter umgelenkt.

Nachstehendes Begriffsschema bringt die verschiedenen Güterbegriffe in Zusammenhang:

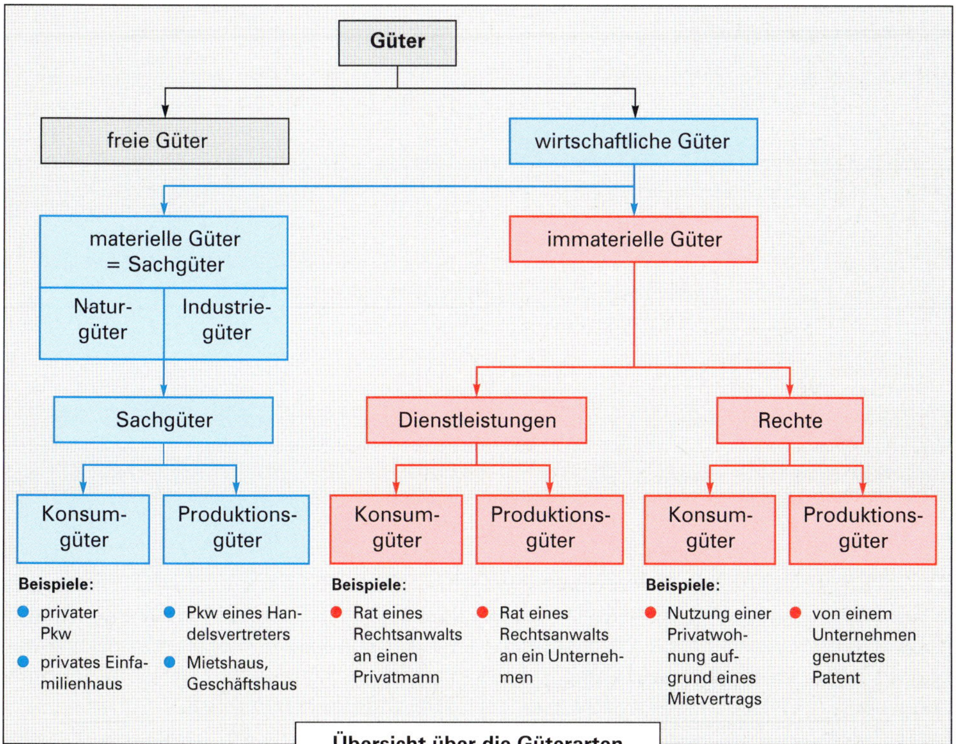

Übersicht über die Güterarten

1 Der Begriff Ökosteuer kommt von „ökologisch wirksamer Steuer". Die Ökologie ist die Wissenschaft von den Wechselwirkungen zwischen den Lebewesen untereinander und ihren Beziehungen zur übrigen Umwelt. Die seit Beginn der siebziger Jahre entfachte Diskussion um die Gefährdung der Umwelt durch die Wirtschaftssysteme hat zur Gründung von sogenannten „Öko-Parteien" („Grünen Parteien") in mehreren westlichen Ländern geführt.

Ein einprägsames Beispiel für einen ökologischen Zusammenhang ist die Ausrottung des Vogels Dodo (Dronte) auf der Insel Mauritius durch die Portugiesen im 16. Jahrhundert. Auf Mauritius gibt es einen Baum namens Calvarie-major, der am Aussterben ist: Es gibt nur noch 13 Bäume, die allesamt älter als 300 Jahre sind. Die Samen der Bäume keimen nicht. Warum? Der ausgerottete Dodo fraß unter anderem die Samen des Calvaria-Baums, in dessen kräftigem Muskelmagen sich die Schalen der Samen so weit abrieben, dass die zum Teil unverdaut gebliebenen Samen ausgeschieden wurden und so zur Keimung gelangten. So erhielt der Baum den Dodo und der Dodo erhielt den Baum. (Quelle: Vogt, H.-H.: Ohne Dodo keine Bäume, in: kosmos. Bild unserer Welt, Heft 9, September 1978, S. 628f.)

2 Hartmann-Härter-Seifert - ISBN 978-3-8120-0412-1

1.1.3 Ökonomisches Prinzip

Gehen wir davon aus, dass die Bedürfnisse *größer* sind als die Befriedigungsmöglichkeiten, also die zur Verfügung stehenden Güter. Das dann entstehende Spannungsverhältnis zwingt den Menschen zum *Wirtschaften.* Versucht der Mensch, dieses Problem bewusst (mit Verstand = rational) zu lösen, handelt er nach dem **ökonomischen[1] Prinzip.**

Das ökonomische Prinzip ist daher ein **Rationalprinzip.**

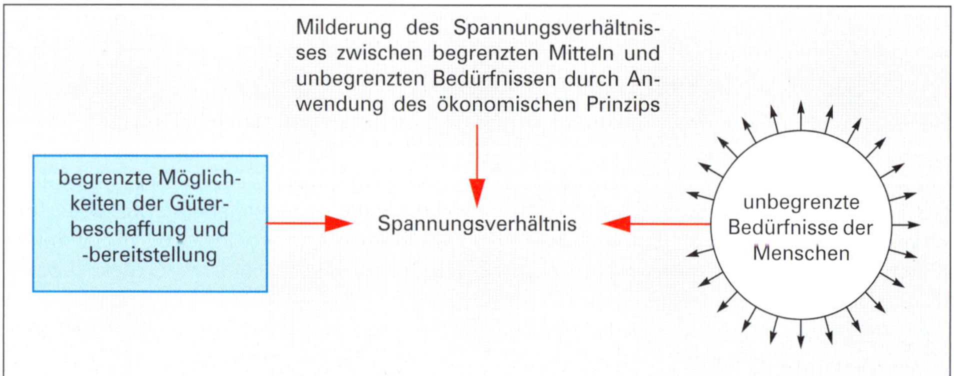

Aus dem Spannungsverhältnis zwischen den unbegrenzten subjektiven Bedürfnissen und den begrenzten objektiven Mitteln (Gütern) ergibt sich der Zwang zu wirtschaften.

Das ökonomische Prinzip lässt sich auf dreierlei Weise ausdrücken:

- Mit gegebenen Mitteln ist der größtmögliche Erfolg zu erzielen **(Maximalprinzip).**
- Ein geplanter Erfolg ist mit dem geringsten Einsatz an Mitteln anzustreben **(Minimalprinzip, Sparprinzip).**
- Es gilt, einen möglichst großen Überschuss an Erfolg über den Mitteleinsatz zu erlangen (allgemeine Formulierung).

Ein **privater Haushalt** (z. B. ein einzelner Verbraucher [Einpersonenhaushalt] oder eine Familie [Mehrpersonenhaushalt]) handelt dann nach dem ökonomischen Prinzip, wenn er sein Nettoeinkommen (= gegebene Mittel) so verwendet, dass er einen höchstmöglichen Nutzen erzielt **(Nutzenmaximierung)** oder ein geplantes Einkommen mit dem geringstmöglichen Arbeitsaufwand erreichen möchte **(Aufwandsminimierung).**

Beispiel:

Kauft eine Hausfrau „blindlings" ein, ohne auf Preise und Qualitäten zu achten, verschwendet sie ihr Haushaltsgeld. Auf diese Weise wird sie für sich und ihre Familie nicht den höchstmöglichen Nutzen erzielen, der mit dem gegebenen Budget (= geplante Ausgabensumme) erreichbar wäre. Nach dem ökonomischen Prinzip, und zwar nach dem Maximalprinzip, handelt sie dann, wenn sie die Preise vergleicht und die jeweils günstigsten Einkaufsmöglichkeiten wahrnimmt, d. h. mit dem vorhandenen Einkaufsbudget möglichst viele Güter einkauft.

1 Ökonomie (lat.) = Wirtschaft; die Lehre von der Wirtschaft.

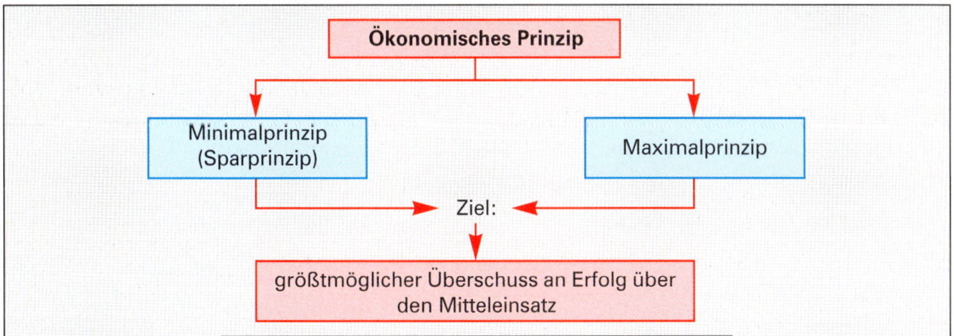

Ausprägungsformen des ökonomischen Prinzips

Ein **Betrieb**[1] richtet sich dann nach dem ökonomischen Prinzip, wenn er mit den geplanten Kosten je Zeitabschnitt einen größtmöglichen Gewinn zu erzielen trachtet **(Gewinnmaximierung)**. Der Betrieb handelt auch dann nach dem ökonomischen Prinzip, wenn er einen geplanten Gewinn mit dem geringstmöglichen Mitteleinsatz erreichen möchte **(Kostenminimierung)**.

Beispiele:

1. Ein Handwerksmeister, der nicht darauf achtet, dass sparsam mit Material und sorgfältig mit Maschinen und Werkzeugen umgegangen wird, verstößt gegen das ökonomische Prinzip, in diesem Fall gegen das Sparprinzip **(Minimalprinzip)**.
2. Ein Betrieb plant für den kommenden Monat Werbeausgaben in Höhe von 100 000,00 €. Die Mittel sollen so eingesetzt werden, dass eine höchstmögliche Umsatzsteigerung eintritt **(Maximalprinzip)**.

Die (marktwirtschaftliche) Wirtschaftstheorie unterstellt in ihren Modellen grundsätzlich, dass die Wirtschaftssubjekte[2] immer nach dem ökonomischen Prinzip handeln.

Das ökonomische Prinzip – insbesondere das Sparprinzip – ergänzt die Anforderungen, die heute an ein ökologisch orientiertes Wirtschaften gestellt werden, denn ökologisches Wirtschaften heißt u. a. sparsamer Umgang mit nicht reproduzierbaren[3] Ressourcen[4] und Wiederverwertung (Recycling)[5] von Abfällen.

---

1 Unter „Betrieb" wird im Folgenden jede Wirtschaftseinheit verstanden, die produziert, also wirtschaftliche Güter herstellt oder bereitstellt. Das Unternehmen ist eine historische (geschichtliche) Erscheinungsform des Betriebs. Es ist die den *marktwirtschaftlichen* Wirtschaftsordnungen (vgl. Kapitel 1.3.2) eigentümliche Form des Betriebs, denn hier sind die Inhaber bzw. Gesellschafter der Betriebe „Unternehmer". In *Zentralverwaltungswirtschaften* (Kapitel 1.3.3) befinden sich die Betriebe hingegen i. d. R. in Staatseigentum (Gemeineigentum). Der Begriff Unternehmen ist enger als der Begriff Betrieb. Der Begriff Betrieb ist als Oberbegriff aufzufassen. Da im Folgenden grundsätzlich von der Wirtschaftsordnung der Bundesrepublik Deutschland ausgegangen wird, werden die Begriffe Betrieb und Unternehmen wie folgt verwendet:

1. Von Betrieben ist die Rede, wenn sowohl die privaten Unternehmen als auch die staatlichen Betriebe (z. B. öffentliche Versorgungs- und Verkehrsbetriebe) gemeint sind.
2. Von Unternehmen wird gesprochen, wenn nur die privaten Betriebe in ihren verschiedenen privatrechtlichen Rechtsformen (Einzelunternehmen, offene Handelsgesellschaft, Kommanditgesellschaft, Aktiengesellschaft, Gesellschaft mit beschränkter Haftung usw.) angesprochen sind. (Vgl. hierzu Bartsch/Fischer: Optische Betriebswirtschaftslehre, Heft 1/1976, Schaubild Nr. 3.)

2 Wirtschaftssubjekte sind die wirtschaftlich handelnden Einzelpersonen, Gruppen und Organisationen (z. B. Betriebe, staatliche Stellen, Gewerkschaften, Unternehmensverbände usw.).

3 Nicht reproduzierbar (nicht wieder herstellbar) sind Naturgüter wie z. B. Erdöl, Mineralerze, Regenwälder und alle Pflanzen- und Tierarten, wenn sie einmal ausgerottet sind. Reproduzierbare Güter sind z. B. Getreide, Nutzwälder und Zuchttiere.

4 Ressource (frz.) = Rohstoffquelle.

5 Recycling (engl.) = Rückführung in den Kreislauf; to recycle = wieder in den Wirtschaftskreislauf zurückführen.

Aufgaben

1. Definieren Sie den Begriff Bedürfnis!

2. Teilen Sie die Bedürfnisse
   a) nach ihrer Dringlichkeit und
   b) nach den gesellschaftlichen Befriedigungsmöglichkeiten ein!

   Nennen Sie je vier eigene Beispiele!

3. Nach weit verbreiteter Auffassung sind die Bedürfnisse der Menschen unbegrenzt. Lesen Sie nachstehenden Text durch. Wie stellen Sie sich selbst hierzu?

   „In den hochindustrialisierten Ländern wird zwar der Mensch dazu erzogen, viel zu konsumieren. So hängt sein Sozialprestige, also das Ansehen, das der Einzelne in der Gesellschaft genießt, von dem Konsumstandard ab, den er sich leisten kann. ‚Es verwundert deshalb nicht, wenn der Einzelne durch Steigerung seines Konsums seine soziale Position zu verbessern oder zumindest zu erhalten sucht und wenn auf diese Weise die Bedürfnisse immer schneller steigen ... Es gibt andere Kultursysteme, in denen der Mensch zur Selbstgenügsamkeit erzogen wird. Hier ist es keineswegs selbstverständlich, dass die Bedürfnisse mit der Produktion zunehmen'. Aber selbst in den entwickelten Ländern scheint das Wachstum der Bedürfnisse abzuflachen. Wie anders wäre es sonst erklärlich, dass das Problem der Absatzschwierigkeiten und der damit verbundenen Arbeitslosigkeit sich in den Vordergrund schiebt. Die Unternehmen werden gezwungen, den Absatzmarkt planmäßig zu gestalten (Marketing), um ihren Absatz zu sichern und auszuweiten. ‚Es hieße die Augen vor der Wirklichkeit verschließen, wollte man auch hier noch davon sprechen, dass die Bewältigung der Knappheit das einzige und wichtige Problem sei.' “

   Quelle: Külp, B.: Grundfragen der Wirtschaft, 1967, S. 49.

4. Im Mittelpunkt des Wirtschaftens steht der Begriff Gut.
   4.1 Definieren Sie den Begriff Gut!
   4.2 Unterscheiden Sie zwischen freien Gütern, Naturgütern und wirtschaftlichen Gütern!
   Bilden Sie je drei selbst gewählte Beispiele!

5. Inwiefern besteht ein Spannungsverhältnis zwischen der vorhandenen Gütermenge einerseits und den Bedürfnissen andererseits?

6. Welchen Inhalt geben Sie dem Begriff „wirtschaftliches Prinzip“?

7. Warum ist das wirtschaftliche Prinzip auch in einer ökologisch orientierten Wirtschaft anwendbar?

1.2 Wirtschaftliche Grundfragen

1.2.1 Welche Güter sollen produziert werden? (Mögliche Produktionsziele)

Obwohl die Bedürfnisse subjektiv und daher nicht kardinal messbar sind, müssen in jeder Gesellschaft Entscheidungen darüber gefällt werden, *welche* Güter bereitzustellen, also zu **produzieren** sind. Solange sich z.B. ein Einsiedler die Frage stellt, ob er lieber Beeren sammeln oder lieber Pilze suchen möchte, befindet er sich nicht in einem Spannungsverhältnis zwischen Bedürfnis und Produktionsentscheidung. Sobald aber der Einzelne Glied einer Gemeinschaft ist, erhebt sich die Frage, welche Güter die Gesellschaft produzieren bzw. nicht produzieren soll, wo es doch an einer objektiven Bestimmbarkeit der Dringlichkeit der Bedürfnisse fehlt. Das Problem besteht also darin, für welche **Produktionsziele** sich die Gesellschaft entscheiden soll.

Grundalternativen

Greifen wir aus zahlreichen möglichen Produktionszielen (Grundalternativen = Wahlmöglichkeiten) einige heraus:

- Gegenwartsgüter (Konsumgüter) und/oder Zukunftsgüter (Produktionsgüter);
- Güter des zivilen und/oder Güter des militärischen Bedarfs;
- Güter des privaten Bedarfs (Individualgüter) und/oder Güter des kollektiven Bedarfs (Kollektivgüter).

Machen wir uns das Problem am Beispiel der Erzeugungsmöglichkeit von Individualgütern einerseits und Kollektivgütern andererseits klar.

Beispiel:

Um den Zusammenhang sichtbar machen zu können, nehmen wir an, dass in einer Volkswirtschaft nur *zwei* Güter (bzw. Güterarten) produziert werden sollen.[1] Bei vollständiger Ausnutzung der verfügbaren Kapazität[2] der Volkswirtschaft **(Vollbeschäftigung)** sei zwischen Getreideanbau und/oder Straßenbau zu wählen. Das Getreide steht stellvertretend für die Produktion von **Individualgütern,** der Straßenbau stellvertretend für die Herstellung von **Kollektivgütern.** Wir wollen unterstellen, dass unsere Modellwirtschaft – als *ein* Extrem – mit den verfügbaren Mitteln (Arbeitskräfte, Maschinen) bei gegebenem technischem Stand 1 500 km Straßen je Periode herstellen kann, wenn sie bereit ist, auf das Getreide völlig zu verzichten. Das andere Extrem – so wird weiterhin angenommen – besteht in der Erzeugung von 10 Millionen Tonnen Getreide, falls überhaupt keine Straßen gebaut werden. Innerhalb dieser beiden Grenzfälle gibt es natürlich eine Vielzahl weiterer Möglichkeiten, ein Produktionsziel teilweise durch ein anderes zu **substituieren,** d.h. zu ersetzen. Anders ausgedrückt: Man kann den Straßenbau in Getreideanbau und umgekehrt **transformieren** (umwandeln).

1 Wegen der Knappheit der Güter ist es nicht möglich, genügend Güter für *jeden* Bedarf herzustellen. Die Frage ist immer, wie viel der gewünschten Güter innerhalb der gegebenen Produktionsmöglichkeiten, d.h. bei gegebener Kapazität der Volkswirtschaft, hergestellt werden sollen. Um ein derart schwieriges Problem erörtern zu können, muss man vereinfachen, d.h. ein **Modell** konstruieren. Ein Modell ist ein Denkschema, dem bestimmte vereinfachende Voraussetzungen **(Prämissen)** zugrunde liegen. Schlussfolgerungen aus einem Modell – mögen sie noch so logisch sein – können nicht ohne Weiteres auf die Wirklichkeit übertragen werden. Dies ist nur möglich, wenn die Prämissen auch in der Wirklichkeit zutreffend sind.

2 Kapazität = Leistungsfähigkeit.

So ist es möglich, auf *etwas* Getreide zu verzichten und *dafür* einige Kilometer Straßen zu bauen. Je mehr auf den Getreideanbau verzichtet wird, desto mehr Straßen können gebaut werden. Es ergibt sich z. B. nebenstehende Substitutionstabelle.[1]

Möglichkeiten	Straßen in 100 km	Getreide in Mio. t
A	15	—
B	14	2
C	12	4
D	9	6
E	5	8
F	—	10

Die Werte aus der Tabelle lassen sich auch grafisch darstellen. Verbindet man die einzelnen Punkte (geglättete Kurve), erhält man eine **Kapazitätslinie,** auch Produktionskapazitäts- oder Transformationskurve genannt. Sie zeigt, dass bei gegebenem technischen Stand und bei gegebener Kapazität die Gesellschaft nunmehr vor der Wahl steht, entweder ein Gut A (d. h. eine Güterart A) oder ein Gut B (d. h. eine Güterart B) oder eine Kombination beider zu produzieren. Jeder Punkt, der innerhalb der Kurve liegt (z. B. Punkt Z), bedeutet, dass die Kapazität nicht voll ausgenutzt ist **(Unterbeschäftigung,** d. h. Arbeitslosigkeit, freie Kapazitäten der Unternehmen, unausgenutzte Rohstoffquellen bzw. -reserven). Die Wirtschaft könnte *sowohl* mehr Kollektivgüter (z. B. Straßen) *als auch* mehr Individualgüter (z. B. Getreide) erzeugen. Wird hingegen genau auf der Kapazitätslinie produziert, liegt **Vollbeschäftigung** vor. Die Mehrproduktion einer Gütergruppe geht immer zulasten einer anderen.

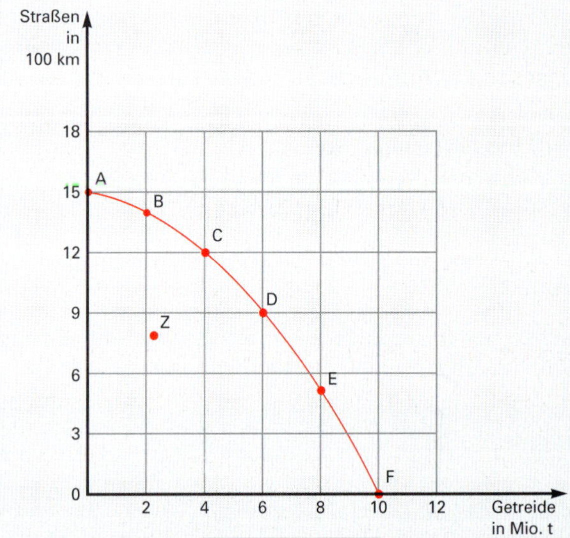

Kapazitätslinie

Das Beispiel liefert folgende Ergebnisse:

- Wirtschaften kann als Wahlentscheidung zwischen alternativen Produktionszielen verstanden werden.
- Jede Volkswirtschaft kann bei Vollbeschäftigung und gleichbleibendem technischen Stand ein neues Produkt nur dann herstellen, wenn sie bereit ist, die bisherige Produktion einzuschränken oder ganz auf sie zu verzichten.
- Ist die Wirtschaft unterbeschäftigt, können neue Produktionsziele aufgenommen und/oder es kann die Produktion bisheriger Güter ausgeweitet werden, ohne dass auf einzelne Produktionsziele verzichtet werden muss.

1 Beispiel nach Samuelson, P.: Volkswirtschaftslehre. Eine Einführung, Bd. 1, 1965, S. 31ff.

Die dargestellte Kapazitätslinie verläuft konvex, d. h., sie hat einen nach außen gekehrten „Bauch". Warum? Um 2 Mio. Tonnen Getreide zu erhalten, müssen wir auf 100 km Straße verzichten. 4 Mio. Tonnen Getreide erfordern bereits einen Verzicht auf 300 km Straße. Der Grund ist darin zu sehen, dass bei steigender Getreideproduktion auch a) Arbeitskräfte in der Landwirtschaft angestellt werden müssen, die die Arbeit dort nicht kennen, entsprechend langsamer arbeiten und Fehler machen, und b) Böden herangezogen werden müssen, die unfruchtbarer sind bzw. klimatisch ungünstiger als die bisherigen liegen, was wiederum ein Mehr an Düngemitteln und Maschineneinsatz bzw. Arbeitseinsatz bedeutet. Bei zunehmender Getreideproduktion nimmt also der Einsatz von Mensch und Maschine überproportional zu.[1]

Eine bestimmte Kapazitätslinie gilt in einer Volkswirtschaft nur für einen verhältnismäßig kurzen Zeitraum. Wird die Kapazität erweitert, verschiebt sich die Kapazitätslinie nach „rechts". Dies ist z. B. der Fall, wenn die Zahl der arbeitsfähigen und -willigen Personen zunimmt und/oder Produktionsanlagen der Wirtschaft erweitert werden (Erweiterungsinvestitionen). Auch der technische Fortschritt trägt zur Kapazitätsausweitung der Wirtschaft bei.

Das Kapazitätslinienmodell liefert noch eine weitere Erkenntnis. In Zeiten der sogenannten **Überbeschäftigung** kann real[2] nicht mehr erzeugt werden, als es die Kapazitätsgrenze der Wirtschaft zulässt. Die überhöhte Nachfrage wirkt sich lediglich auf die Preise der Güter aus.

Bestimmung der Produktionsziele in verschiedenen Wirtschaftsordnungen

Es besteht nun die Frage, wer darüber entscheidet, welche Produktionsziele sich eine Gesellschaft setzen soll. Im Modell der **Zentralverwaltungswirtschaft**[3] sind es staatliche Behörden, die aufgrund der Einschätzung der *Bedürfnisse* der Bevölkerung und der *vorhandenen Kapazitäten* (also der gegebenen Güterknappheit) die Produktionsziele in kurz-, mittel- und langfristigen Wirtschaftsplänen festlegen. Im Modell der **freien Marktwirtschaft**[4] hingegen entscheiden die Verbraucher in ihrer Gesamtheit, welche Güterarten und -mengen die Unternehmen herstellen und anbieten (Konsumentensouveränität). Ihren Bedarf melden die Verbraucher über die Nachfrage an, auf die die Unternehmen reagieren müssen, wenn sie ihre Erzeugnisse absetzen wollen. Begrenzt wird das mögliche Güterangebot (die Gütererzeugung) in *jeder* Volkswirtschaft durch die vorhandenen Kapazitäten und/oder Rohstoffquellen (Ressourcen).

■ Die **Produktionsziele** einer Volkswirtschaft hängen von der gegebenen Güterknappheit und dem Bedarf (d. h. von den mit Kaufkraft versehenen Bedürfnissen) der Bevölkerung ab.

1 Anders ausgedrückt: Mit zunehmendem Einsatz von Arbeit und sonstiger Produktionsmittel nimmt der physische (= körperliche) Ertrag nur unterproportional zu („Ertragsgesetz").

2 Real = wirklich; hier: mengen- und qualitätsmäßig.

3 Näheres siehe Kapitel 1.3.3.

4 Näheres siehe Kapitel 1.3.2.

1.2.2 Wie soll produziert werden? (Mögliche Produktionsweisen)

Die Frage „Wie soll produziert werden?" kann man unter verschiedenen Aspekten (Gesichtspunkten) betrachten. Hat man die historische (geschichtliche) Entwicklung im Auge, fragt man nach den **Wirtschaftsstufen**. Sieht man vor allem die technische Seite der Produktion, ist zu entscheiden, ob vorwiegend der Handarbeit oder vorwiegend der Maschinenarbeit der Vorzug zu geben ist.

1.2.2.1 Wirtschaftsstufen[1]

Mit der Entwicklung der Produktionsweisen haben sich vor allem die Vertreter der **historischen Schule**[2] auseinandergesetzt. Hauptvertreter sind GUSTAV SCHMOLLER (1838 –1917), GEORG FRIEDRICH KNAPP (1842 – 1926) und WERNER SOMBART (1863 –1941), von denen jeder eine **Wirtschaftsstufenlehre** entwickelte. SCHMOLLER, dessen Einteilung nur für deutsche Verhältnisse zutrifft, sah folgende Entwicklung:

1. Dorfwirtschaft,
2. Stadtwirtschaft,
3. Territorialwirtschaft und
4. Staatswirtschaft.

SOMBART unterschied:

1. Die Individualwirtschaft (z. B. der Fronhof, der seinen Bedarf aus der eigenen Produktion deckte),
2. die Übergangswirtschaft (z. B. der Gutshof, der im Wesentlichen seinen Bedarf selbst deckte, aber doch einzelne Güter, wie z. B. Werkzeuge und Waffen, von anderen Herstellern bezog) und
3. die Gesellschaftswirtschaft (die Wirtschaft, in der durch Arbeitsteilung [Kapitel 2.2] alle Beteiligten aufeinander angewiesen sind).

Die sozialistische Wirtschaftslehre[3] sieht die Entwicklung der verschiedenen Produktionsweisen unter dem Gesichtspunkt der jeweiligen Herrschaftsverhältnisse. So wird unterschieden:

1. Produktionsweise der Urgesellschaft (z. B. Gemeinschaften der Steinzeit),
2. Produktionsweise der Sklavenhalterordnung (z. B. Asien im vierten und dritten Jahrtausend vor unserer Zeitrechnung bis zur römischen und christlichen Kultur),
3. Produktionsweise der Feudalgesellschaft (etwa vom 5. Jahrhundert n. Chr. bis Ende des 19. Jahrhunderts),
4. kapitalistische Produktionsweise (westliche Industrieländer),
5. sozialistische Produktionsweise und
6. Kommunismus.

Die historische (geschichtliche) Betrachtungsweise hat nach Auffassung ihrer Anhänger die Aufgabe, zu zeigen, wie wirtschaftliche Vorgänge an Raum und Zeit gebunden sind.

1 Vgl. hierzu Kapitel 2.2.3.

2 Zur „historischen Schule" gehören alle Wirtschaftswissenschaftler, die sich mit der geschichtlichen Entwicklung der Volkswirtschaften beschäftigt haben.

3 Vgl. Zagalow, N. A. u. a.: Lehrbuch der Politischen Ökonomie, Vorsozialistische Produktionsweisen, Verlag Die Wirtschaft, Berlin 1973.

1.2.2.2 Produktionsverfahren

In den wirtschaftlich hoch entwickelten Industrieländern stellt sich die Frage nicht mehr, ob vorwiegend mit Handarbeit oder vorwiegend mit Maschinenarbeit produziert werden soll, denn die Handarbeit ist aufgrund der gesellschaftlichen Entwicklung teurer als die Maschinenarbeit geworden. In wirtschaftlich noch wenig entwickelten Ländern ist die Frage nach den Produktionsverfahren von grundlegender Bedeutung, denn die Schaffung von Produktionsstätten mit vorwiegender Handarbeit bringt Arbeitsplätze und sichert den Lebensunterhalt vieler. Die Erstellung kapitalintensiver Prestigeobjekte[1] schafft kaum Arbeitsplätze und der Gewinn fließt nur wenigen zu.

Die Industrieländer stehen vor anderen Problemen:

- Die Produktion im Fertigungs- und Dienstleistungsbereich[2] wird weiter automatisiert. Es stellt sich die Frage, wie die nicht mehr benötigten Arbeitskräfte eine anderweitige Beschäftigung finden können.
- Bringt die Entwicklung von der Industrie- zur Dienstleistungsgesellschaft eine Lösung oder trägt sie zumindest zur Milderung des Beschäftigungsproblems bei?
- Können die Umweltprobleme durch die Entwicklung umweltfreundlicher Produktionsverfahren und Produkte gemildert werden?

Eng mit diesen Problemen ist auch die im nächsten Kapitel behandelte Frage verknüpft, *wo* produziert werden soll.

1.2.3 Wo soll produziert werden?[3] (Mögliche Produktionsstandorte)

Wo gegenwärtig was produziert wird, ist das Ergebnis eines geschichtlichen Prozesses. Die Wirtschaftspolitik kann lediglich versuchen, entstandene strukturelle[4] Ungleichgewichte zu beseitigen und auf die künftige Entwicklung Einfluss zu nehmen.

Das Beispiel der Bundesrepublik Deutschland zeigt, dass es selbst auf einem verhältnismäßig kleinen Raum im Hinblick auf Infrastruktur,[5] wirtschaftliche Leistungskraft, Bevölkerung und Umweltbedingungen starke Unterschiede gibt.

Dieses Gefälle ist teilweise eine Folge der gewerblichen Standortwahl[6] und des Städtewachstums infolge der Industrialisierung im Laufe des 19. Jahrhunderts. Auch nach dem Zweiten Weltkrieg wurden (zunächst) die alten Industriestandorte beibehalten. Durch Flucht und Vertreibung der ostdeutschen Bevölkerung und durch die Abwanderung vom Land wurde die Konzentration in den Ballungsgebieten (Gebieten mit Verdichtungsräumen, siehe Abb. auf S. 26) weiter verstärkt. Die Entwicklung verlangsamte sich erst, als Ende der fünfziger Jahre viele Betriebe ihre Standorte in den ländlichen Raum verlegten, um das dort vorhandene Arbeitskräfteangebot zu nutzen.

---

1 Prestige (frz.) = Ansehen, Geltung. Objekt (lat.) = Gegenstand.

2 In der Wirtschaftslehre ist Produktion nicht nur die Herstellung von Sachgütern, sondern auch die Bereitstellung von Dienstleistungen und Rechten (siehe Kapitel 1.1.2 und die Abb. auf S. 17). Zum Dienstleistungsbereich (Dienstleistungssektor) gehören z.B. die Banken, die Versicherungen, die Verkehrsbetriebe, die Handwerks- und die Handelsbetriebe.

3 Vgl. hierzu Kapitel 2.3.1.

4 Struktur (lat.) = Aufbau. Ein strukturelles Ungleichgewicht liegt z.B. vor, wenn in einem Wirtschaftsgebiet mehr Kohle gefördert wird als verbraucht bzw. verkauft werden kann.

5 Infrastruktur (lat.) = Unterbau einer Wirtschaft z.B. mit Straßen, Hafenanlagen, Eisenbahnlinien, Wasserversorgung und Kommunikaktionsnetzen.

6 Unter Standort versteht man die örtliche Lage eines Betriebs.

Bereits in den siebziger Jahren entstanden weitere Ungleichgewichte, weil manche traditionellen[1] Industriezweige dem internationalen Konkurrenzdruck zum Opfer fielen. Es entstanden „Problemräume" mit hoher Arbeitslosigkeit. Andere Räume konnten hingegen von der Aufwärtsentwicklung neuer Industrie- und Dienstleistungsbereiche profitieren.

Ungleichgewichte bestehen auch zwischen den westlichen und den östlichen Bundesländern sowie innerhalb der östlichen Bundesländer selbst. Die Ursache: Die Wirtschaftsordnung der ehemaligen DDR war eine Zentralverwaltungswirtschaft (Kapitel 1.3.3). Die industriellen und landwirtschaftlichen Standorte wurden staatlich verordnet. Sie befinden sich seit der Umstellung auf eine marktwirtschaftliche Ordnung (Kapitel 1.3.2) in einer schweren Krise.

Zur Beseitigung von Ungleichgewichten soll die **Raumordnungspolitik** von Bund, Ländern und Gemeinden beitragen. Grundlage ist das Raumordnungsgesetz. Zum Beispiel sind folgende Aufgaben zu erfüllen:

- Im gesamten Bundesgebiet ist ein ausgewogenes Verhältnis von Verdichtungsräumen und ländlichen Räumen herbeizuführen und deren Verflechtung untereinander zu verstärken.
- Die räumliche Struktur von Gebieten mit gesunden Lebensbedingungen und ausgewogenen wirtschaftlichen, sozialen, kulturellen und ökologischen Verhältnissen soll gesichert und weiterentwickelt werden.
- In Gebieten mit weit unterdurchschnittlichen Lebensbedingungen soll die Raumordnungspolitik fördernd eingreifen und dafür Sorge tragen, dass sich die Erwerbsmöglichkeiten, die Wohnverhältnisse, die Umweltbedingungen und die Infrastruktur verbessern.
- In den neuen Bundesländern ist die Stärkung der wirtschaftlichen Leistungskraft vorrangiges Ziel, um die Angleichung an die westdeutschen Lebensverhältnisse zu ermöglichen.

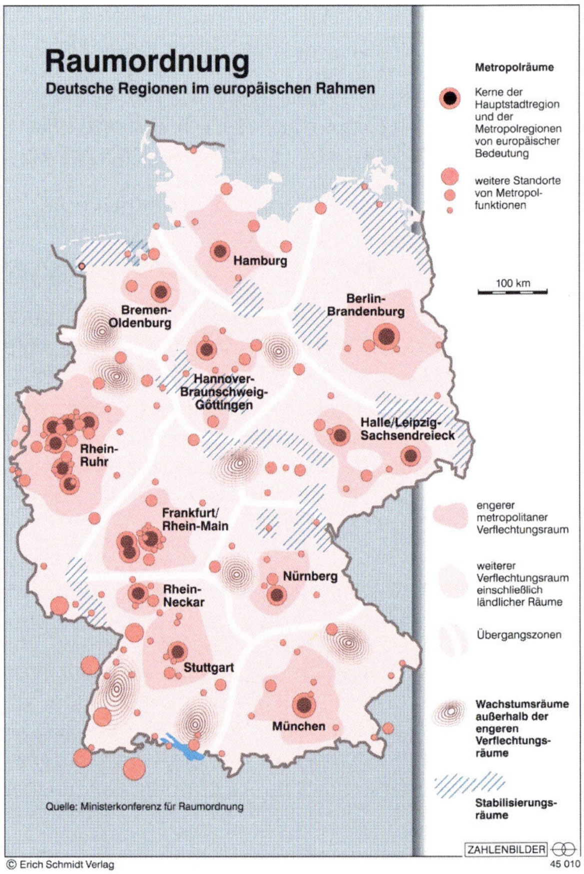

© Erich Schmidt Verlag

1 Tradition (lat.) = das Althergebrachte. Tradieren = weitergeben, überliefern.

1.2.4 Wie soll das Produktionsergebnis verteilt werden? (Mögliche Verteilungsprinzipien)

Die Produktion ist kein Selbstzweck. Sie dient der Befriedigung individueller und kollektiver Bedürfnisse. Wirtschaftet ein Einzelner (Robinson, Einsiedler) nur für sich selbst, eignet er sich auch das Ergebnis (Produkt) seiner Tätigkeit selbst an. Ein **Verteilungsproblem** entsteht nicht, weil der Einsiedler mit niemandem zu teilen braucht. Erst wenn der Mensch in einem Kollektiv lebt und zusammen mit anderen ein gemeinsames Produkt – das Sozialprodukt – erstellt, muss er mit anderen „teilen", z.B. mit denen, die noch nicht (Kinder), überhaupt nicht (z.B. Kranke) oder nicht mehr (Alte) produzieren.

Wie sich die Verteilung tatsächlich vollzieht, hängt von der Wirtschafts- und Gesellschaftsordnung ab (vgl. Kapitel 1.3.1). In Gesellschaften mit vorwiegend **marktwirtschaftlicher Ordnung** erfolgt die Verteilung durch den **Markt** (vgl. Kapitel 1.3.2). Ist jedoch eine Volkswirtschaft derart organisiert, dass der Staat bzw. seine Behörden über Produktionsmengen, Einfuhren, Ausfuhren und Verbrauchsmengen entscheiden, liegt eine **zentralgesteuerte Wirtschaft** (Planwirtschaft) vor (vgl. Kapitel 1.3.3). Die Planungsbehörde muss in diesem Fall auch die Lohnhöhe vorschreiben, weil mit der Lohnhöhe zugleich die Kaufkraft der arbeitenden Bevölkerung bestimmt wird und die geplante Kaufkraft mit der geplanten Konsumgütermenge übereinstimmen muss. Andernfalls befindet sich der Wirtschaftsplan im Ungleichgewicht.

Sobald Staat und Verbände in den Arbeitsmarkt eingreifen, müssen sie bestimmte **Verteilungsprinzipien** verfolgen, sich also eine Vorstellung darüber machen, wie es um das endgültige Verteilungsergebnis bestellt sein soll. Es ist einleuchtend, dass die Anschauungen darüber, wie eine „gerechte" Einkommensverteilung auszusehen habe, sehr unterschiedlich sind. Sie hängen von der Interessenlage der jeweiligen Regierung bzw. der Verbände sowie der vorherrschenden Weltanschauung ab.

Im Wesentlichen lassen sich *drei* Verteilungsprinzipien unterscheiden:

1. Prinzip der Einkommensnivellierung[1]

Dieses Prinzip („Jedem das Gleiche!") wird damit begründet, dass alle Menschen gleich seien. Deshalb hätten sie auch Anspruch auf den gleichen Anteil am Volkseinkommen.

Das Prinzip der Einkommensnivellierung hat den Vorteil, dass Unzufriedenheit, Neid und Missgunst abgebaut werden. Der Nachteil ist, dass für den Einzelnen kein Leistungsanreiz besteht, sodass das Volkseinkommen (das Sozialprodukt) niedriger ist, als es bei Anstrengung aller Kräfte sein könnte.

In der Bundesrepublik Deutschland wird das Gleichheitsprinzip zwar nicht in seiner extremen Ausbildung verfochten; wohl aber ist es ein wirtschafts- und gesellschaftspolitisches Ziel der Regierung und der Gewerkschaften, eine sozialverträgliche Einkommensverteilung herbeizuführen.[2]

2. Bedarfsprinzip

Das Bedarfsprinzip verlangt, die Einkommen nach einem von bestimmten Institutionen (z.B. Regierung, Parlament, Behörden) festzustellenden Maßstab zu verteilen („Jedem nach seinen Bedürfnissen!"). Eine bedarfsgerechte Verteilung liegt z.B. vor, wenn die Einkommen nach Familienstand, Berufstätigkeit (Schwerarbeit, Bürotätigkeit) oder Kinderzahl differenziert (= abgestuft) werden. So ist in der Bundesrepublik Deutschland z.B. die Staffelung der Löhne nach Altersgruppen, Betriebszugehörigkeit und/oder Familienstand

1 Nivellieren = gleichmachen, einebnen.

2 Siehe Kapitel 1.3.4.2. Statt vom Ziel der sozialverträglichen Einkommensverteilung wird auch vom Ziel einer „gleichmäßigeren" oder einer „gerechteren" Einkommensverteilung gesprochen.

ein Element des Bedarfsprinzips. In Zentralverwaltungswirtschaften wie z.B. in der ehemaligen Sowjetunion war es u.a. üblich, Schwerarbeitern einen höheren Lohn und/oder doppelte Lebensmittelrationen zuzuteilen, weil sie einen höheren Kalorienbedarf hatten.

Der Vorteil des Bedarfsprinzips ist, dass auch soziale Gesichtspunkte bei der Einkommensverteilung berücksichtigt werden können. Der Nachteil ist, dass *niemand* – auch keine Behörde – in der Lage ist, den tatsächlichen Bedarf der Mitglieder einer Gesellschaft festzustellen. Der Bedarf ist vielmehr eine subjektive Größe.

3. Leistungsprinzip

Nach dem Leistungsprinzip soll jeder nach seinem Beitrag zum Sozialprodukt entlohnt werden („Jedem nach seiner Leistung!"). Das Leistungsprinzip verlangt, dass für gleiche Leistung auch der gleiche Lohn bezahlt wird. Es setzt voraus, dass für alle die gleichen Startbedingungen gegeben sind („Chancengleichheit"). Ein Mindereinkommen ist nach dieser Auffassung auf mangelnde Leistung zurückzuführen.

Der Vorteil des Leistungsprinzips ist, dass ein Anreiz zur Mehrarbeit und zum persönlichen Einsatz besteht. Der Nachteil ist (neben der Unmöglichkeit, den Beitrag des Einzelnen zum Sozialprodukt objektiv zu ermitteln),[1] dass das Leistungsprinzip unsozial sein kann, selbst wenn die Chancengleichheit gegeben wäre. Es berücksichtigt z.B. nicht, dass Minderleistung auch *unverschuldet* sein kann (z.B. Arbeitsunfall, Krankheit), zum anderen Mehrleistung auch auf Rücksichtslosigkeit, Betrug und Bestechung zurückgeführt werden kann. Außerdem berücksichtigt das Leistungsprinzip die Personen nicht, die nicht oder noch nicht (Alte und Jugendliche) im Produktionsprozess stehen.

Die Frage nach der gerechten Einkommensverteilung ist also nicht objektiv beantwortbar. Die Antwort hängt vielmehr von der *Einstellung* des Einzelnen oder der jeweiligen Interessengruppen (Gewerkschaften, Regierungen, Parteien, Arbeitgebern usw.) ab.

Etwas anders stellt sich die Frage, ob und in welchem Umfang die Arbeitnehmer am Produktivitätsfortschritt[2] teilhaben sollen. Diese Frage ist nicht nur aus gesellschaftspolitischen, sondern auch aus wirtschaftspolitischen Gründen zu bejahen.

Gesellschaftspolitisch gilt, dass jeder Arbeitnehmer das Empfinden haben muss, gerecht behandelt und entlohnt zu werden. Wirtschaftspolitisch gilt, dass die Mehrproduktion auch gekauft werden muss, wenn wirtschaftliche Störungen vermieden werden sollen: Steigen die Einkommen und damit die nachfragewirksame Geldmenge im gleichen Maß wie die Erzeugung der Volkswirtschaft, besteht weder Inflations-[3] noch Deflationsgefahr[4] (siehe hierzu Kapitel 6.2.3 und 6.2.4). Steigen die Löhne hingegen schneller als die Produktivität, werden entweder die Preise steigen („Lohn-Preis-Spirale") oder die Investitionen zurückgehen, weil die Gewinne geschmälert werden, sodass Arbeitsplätze gefährdet werden.

1 Siehe Kapitel 3.6.5.

2 Produktivität = $\frac{\text{Ausbringung (Output)}}{\text{Faktoreinsatz (Input)}}$ je Periode.

3 Unter Inflation (= „Aufblähung") versteht man ein lang anhaltendes Steigen des Preisniveaus.

4 Unter Deflation (= „Zusammenziehung") versteht man ein lang anhaltendes Sinken des Preisniveaus.

Aufgaben

1. Wirtschaften kann man als Wahlentscheidung zwischen alternativen Produktionszielen auffassen.

   1.1 Begründen Sie diese Aussage!

   1.2 Sie erhalten nebenstehende Substitutionstabelle mit zwei Gütern, und zwar „Maschinen" (stellvertretend für Zukunftsgüter) und „Personenwagen" (stellvertretend für Gegenwartsgüter).

   Zeichnen Sie die Kapazitätslinie!

Möglichkeiten	Personenwagen (in tausend Stück je Periode)	Maschinen (in tausend Stück je Periode)
A	6	—
B	5	2
C	4	3
D	3	3,8
E	2	4,5
F	1	5
G	—	5,25

   1.3 Was sagt die von Ihnen gezeichnete Kapazitätslinie (Aufgabe 1.2) aus?

   1.4 Begründen Sie, warum die in Aufgabe 1.2 gezeichnete Kapazitätslinie konvex verläuft!

   1.5 Angenommen, die in Aufgabe 1.2 genannte Volkswirtschaft stellt 3000 Personenwagen und 2500 Maschinen her. Welche gesamtwirtschaftliche Situation liegt vor? Begründen Sie Ihre Antwort!

   1.6 Angenommen, in der in Aufgabe 1.2 genannten Volkswirtschaft beträgt die Nachfrage nach Personenwagen 4000 Stück je Periode und die Nachfrage nach Maschinen 4500 Stück je Periode. Welche gesamtwirtschaftliche Situation liegt vor? Begründen Sie Ihre Antwort!

   1.7 Wie wirkt sich der technische Fortschritt auf den Verlauf einer Kapazitätslinie aus?

   1.8 Unter welchen Bedingungen könnten sich Kapazitätslinien nach „links" verschieben?

   1.9 Suchen Sie nach einem sinnvollen Zahlenbeispiel, bei dem Sie lineare Kapazitätslinien erhalten!

   1.10 Nennen und begründen Sie die Faktoren, die den Verlauf einer Kapazitätslinie bestimmen!

   1.11 Welche gesellschafts- und wirtschaftspolitischen Vor- und Nachteile ergeben sich, wenn sich eine Volkswirtschaft zur verstärkten Produktion von Zukunftsgütern (Produktionsgütern) zulasten der Produktion von Gegenwartsgütern (Konsumgütern) entschließt?

   1.12 Wie ändert sich Ihre Antwort, wenn Sie annehmen, dass in einer vollbeschäftigten Wirtschaft die Produktion militärischer Güter zulasten der Produktion ziviler Güter ausgedehnt wird?

   1.13 Verdeutlichen Sie den Unterschied der Produktionsmöglichkeiten einer

   1.13.1 unterbeschäftigten und

   1.13.2 vollbeschäftigten Wirtschaft!

2. Erklären Sie, was unter dem Begriff „Wirtschaftsstufenlehren" zu verstehen ist! Nennen Sie ein Beispiel für eine Wirtschaftsstufenlehre!

3. Eine von vielen wirtschaftlichen Grundfragen ist, *wie* die Güter produziert werden sollen. Nennen Sie mit dieser Grundfrage in Zusammenhang stehende Probleme der Industrieländer, die in Zukunft gelöst werden müssen!

4. Zeitungsausschnitt:

Die Insel Bali verändert ihr Gesicht – Forscher warnen

Seit 1975 wurde 53 Prozent des wichtigsten Mangrovengebiets der indonesischen Urlaubsinsel Bali zerstört. Es fand sich entlang der Benoa Bay Bucht. „Hauptursache ist der Tourismus", heißt es in einem jetzt erschienenen Bericht kanadischer Wissenschaftler.

„Um die Nachfrage der Urlaubshotels und Restaurants auf der Insel nach Shrimps und anderen Meerestieren zu decken, wurde der Küstenurwald nach und nach abgeholzt und so genannte Aquakulturen angelegt. Weil der Mangrovenwald auch „Kinderstube" zahlreicher Fischarten ist, kam es dort auch zu einem Rückgang der traditionellen Küstenfischerei: Der Bau von Hotelanlagen bei Benoa in den 90er Jahren brachte nach Ansicht der kanadischen Geografen aber auch das „Aus" für die traditionelle Tangernte auf Bali. Die einheimischen Fischer mussten auf andere Inseln ausweichen.

Der vom Tourismus verursachte Verdrängungsprozess traditioneller Werte und damit auch Lebensweisen ist nach Ansicht der Wissenschaftler kaum mehr aufzuhalten. „Auf Bali werden viele der Strände zunehmend vom Tourismus dominiert, mit der Folge, dass traditionelle Aktivitäten der lokalen Bevölkerung eingeschränkt werden oder allmählich ganz ausbleiben", heißt es in der Studie weiter.

Die drastischsten Auswirkungen entdeckten die Wissenschaftler an den Stränden von Kuta, Sanur und Nusa Dua. Selbst Strände, die vormals von der Bevölkerung als heilige Stätten verehrt wurden, seien von der Urlaubsindustrie „nicht verschont und entwürdigt" worden. Insgesamt, so schätzen die Experten, sind mittlerweile zwanzig Prozent der Fläche Balis ausschließlich für den Tourismus da.

Quelle: BZ vom 22. August 1997.

4.1 Welche wirtschaftliche Grundfrage wird in erster Linie in dem Zeitungsartikel angesprochen?

4.2 Welche ökonomischen, ökologischen und sozialen Folgen hat die unkontrollierte Ausweitung der Tourismusindustrie?

4.3 Könnten Sie sich einen Ausgleich zwischen Ökonomie und Ökologie in einem vergleichbaren Fall eines (noch) nicht zerstörten Landes vorstellen?

5. Eine weitere wirtschaftliche Grundfrage ist die nach der Verteilung des Produktionsergebnisses, die nach verschiedenen Gesichtspunkten (Kriterien) vorgenommen werden kann.

5.1 Erklären Sie die Ihnen bekannten Verteilungsprinzipien!

5.2 Welche Vor- und Nachteile weist jedes Verteilungsprinzip auf?

5.3 Nachstehende Zitate enthalten drei Meinungen zur Frage der „gerechten Verteilung" des Volkseinkommens:

a) „Jeder soll das Gleiche verdienen. Schließlich sind die Menschen von Natur aus gleich. Überhaupt ist jede Arbeit für die Gesellschaft gleich wertvoll."

b) „Die Einkommen müssen sich am Beitrag des Einzelnen zum Nationaleinkommen orientieren. Nur diese Entlohnung ist gerecht. Wer mehr und besser arbeitet, soll auch mehr verdienen."

c) „Die Menschen der Industrieländer leben zu gut. Der Staat soll dafür sorgen, dass (um den Entwicklungsländern nachhaltig helfen zu können) für jeden Bürger ein bestimmter Wohnraum festgelegt wird. Der heutige Wohnungsluxus ist übertrieben. Außerdem soll der Staat für jeden Arbeitnehmer und seine Familie die Lebensmittelrationen festsetzen, wobei die Schwerarbeiter eine Sonderration beanspruchen können. Der private Autoverkehr soll zugunsten des öffentlichen Verkehrs abgeschafft werden."

Welche Verteilungsprinzipien werden angesprochen? Welche Für und Wider sind anzuführen?

1.3 Wirtschaftsordnungen

1.3.1 Wirtschaftsordnungen als Steuerungssysteme der Wirtschaft

Hochentwickelte Volkswirtschaften stellen arbeitsteilige Gesellschaften dar.[1] Dies bedeutet, dass die wirtschaftlich tätigen Menschen nur in Ausnahmefällen die Güter erzeugen, die sie selbst verbrauchen. Produktion und Konsumtion finden also in unterschiedlichen Organisationsformen (Betrieben einerseits und Haushalten andererseits) statt. Außerdem fallen Produktion und Konsumtion räumlich und zeitlich auseinander. Hieraus ergibt sich die Notwendigkeit, die *einzelwirtschaftlichen Pläne* (die Pläne der Haushalte und der Betriebe) zu koordinieren,[2] d.h. zu *gesamtwirtschaftlichen Plänen* zusammenzufassen. *Wie* sich diese Abstimmung vollzieht, hängt von der **Wirtschaftsordnung** ab, wobei unter Wirtschaftsordnung das **gesamtwirtschaftliche Steuerungssystem** zu verstehen ist.

Wirtschaftsordnungen kann man danach unterscheiden, *wer* die **einzelwirtschaftlichen Pläne** (Produktionspläne der Betriebe und Konsumtionspläne der Haushalte) in Einklang bringt. In **zentralen Plansystemen**[3] ist es eine zentrale[4] Planbehörde, die die Teilpläne zu koordinieren hat *(Anweisungsmechanismus).* In **dezentralen Plansystemen** werden die einzelwirtschaftlichen Pläne durch die *Märkte*[5] aufeinander abgestimmt *(Marktmechanismus).*

Genau so, wie der scheinbar chaotische[6] Straßenverkehr dann im Wesentlichen reibungslos abläuft, wenn sich die große Mehrheit der Verkehrsteilnehmer an die „Spielregeln“, also an die Straßenverkehrs*ordnung* hält, kann auch die Koordination[7] der einzelwirtschaftlichen Pläne zu einem gesamtwirtschaftlichen Plan nur dann funktionieren,[8] wenn der arbeitsteiligen Wirtschaft ein Ordnungsrahmen vorgegeben ist, dessen „Spielregeln“ (Normen) von den Wirtschaftssubjekten eingehalten werden.

Der **Ordnungsrahmen** setzt sich aus einzelnen **Ordnungsmerkmalen** zusammen, die u.a. folgende Fragen regeln:

- Inwieweit soll der Staat in das Wirtschaftsgeschehen eingreifen?
- Wer soll produzieren? Wo, was und wie viel soll produziert werden?
- Wer entscheidet, wer was und wie viel zu konsumieren hat?
- Inwieweit sollen die Wirtschaftssubjekte Verträge miteinander abschließen können?
- Welche Aufgabe soll das Geld erfüllen?
- Wer soll Eigentümer an den Produktionsmitteln sein?
- Inwieweit sollen die Arbeitnehmer Beruf, Arbeitsplatz und Wohnort frei wählen können?

Ist der Ordnungsrahmen gegeben, sorgen in jeder Wirtschaftsordnung positive und negative Sanktionen[9] für die Einhaltung der Normen.

---

1 Siehe Kapitel 2.2 Arbeitsteilung.

2 Koordinieren = zuordnen, aufeinander abstimmen, in Einklang bringen.

3 Siehe Kapitel 1.3.3.

4 Zentral = von einem bestimmten Punkt (Ort) aus.

5 Markt = Zusammentreffen von Angebot und Nachfrage (siehe Kapitel 4).

6 Von Chaos (gr.) = ungeordnetes, wirres Durcheinander.

7 Koordination = Abstimmung.

8 Funktionieren = reibungslos ablaufen.

9 Für den Einzelnen bzw. für Gruppen vorteilhafte oder nachteilige Folgen eines bestimmten Handelns.

Beispiele:

In dezentralen Systemen wird ein Produzent dann belohnt, wenn er es versteht, seine Produktion auf Güter zu lenken, die von den Verbrauchern (Nachfragern) gewünscht werden, weil er dann Gewinn erzielt. Produziert er hingegen am „Markt vorbei“ (er überschätzt z.B. die Nachfrage), wird er vom Markt „bestraft“, indem er Verluste macht. In zentralen Systemen werden die Produzenten zu höherer Leistung angeregt, indem sie Prämien oder Auszeichnungen erhalten. Die Nichteinhaltung der zentralen Pläne wird durch Entzug der Prämien, Verlust des Arbeitsplatzes oder durch gerichtliche Maßnahmen bestraft.

- Jede funktionsfähige Wirtschaft benötigt einen Ordnungsrahmen, weil in einer arbeitsteiligen Wirtschaft die Produktions- und Konsumtionspläne von verschiedenen Entscheidungsträgern erstellt werden.
- Der Ordnungsrahmen ist die Gesamtheit aller Normen, denen sich die Wirtschaftssubjekte unterwerfen sollten.
- Für die Einhaltung der Normen sorgen positive und negative Sanktionen.

Nach dem Gesagten lässt sich die Art und Weise, wie die einzelwirtschaftlichen Pläne koordiniert werden können, am besten mithilfe zweier *extremer Modelle* erläutern. Die beiden Modelle, von denen hier die Rede sein soll, sind die *freie Marktwirtschaft* (= dezentrales Plansystem) und die *Zentralverwaltungswirtschaft* (= zentrales Plansystem).

- Die beiden Modelle **freie Marktwirtschaft** und **Zentralverwaltungswirtschaft** werden als „Idealtypen“ oder als „Idealformen“ bezeichnet, weil diese Wirtschaftsordnungen zwar von der Idee her, nicht aber in der Wirklichkeit (Realität) existieren.

1.3.2 Freie Marktwirtschaft

Die Konzeption[1] eines wirtschaftlichen Ordnungsmodells ist weitgehend von der Auffassung vom Wesen des Menschen abhängig. Als die beiden großen *gegensätzlichen* Anschauungen über das Wesen des Menschen kann man den *Individualismus* einerseits und den *Kollektivismus*[2] andererseits bezeichnen.

1.3.2.1 Der Individualismus als geistige Grundlage der freien Marktwirtschaft

Die freie Marktwirtschaft beruht auf dem Individualismus. Im Mittelpunkt der individualistischen Geisteshaltung steht der *einzelne Mensch,* das *Individuum.*

Für den Individualismus ist die *Freiheit* des Einzelnen oberster Grundsatz. Liberalismus und Individualismus sind also eng miteinander verknüpft. Der Staat ist nur ein Zweckverband, innerhalb dessen die Bürger ihren einzelwirtschaftlichen egoistischen Zielen nachgehen. Die Aufgabe des Staates besteht lediglich darin, den inneren und äußeren Rechtsschutz zu gewährleisten (Nachtwächterstaat).

1 Konzeption = gedanklicher Entwurf.

2 Zum Begriff Kollektivismus siehe Kapitel 1.3.3.1.

Der Individualismus ist davon überzeugt, dass die uneingeschränkte Verfolgung der Einzelinteressen der Erreichung des höchsten Allgemeinwohls dient. Das ist der Gedanke der *natürlichen Harmonie.* Wenn nämlich jeder seinen eigenen Vorteil sucht, so wird der Produzent diejenigen Waren herstellen, die er am billigsten produzieren kann, um einen Höchstgewinn zu erzielen (Maximalprinzip). Auf der anderen Seite wird jeder die Waren dort kaufen, wo sie am billigsten zu haben sind (Minimalprinzip). Der freie, d.h. der nicht vom Staat beeinflusste Wettbewerb (= Konkurrenz) ist nach dieser Auffassung so imstande, wie eine „unsichtbare Hand" die Einzelinteressen auf das Gesamtinteresse zu lenken: *Eigennutz* ist zugleich *Gemeinnutz.*

„Jeder Einzelne wird sich darum bemühen, sein Kapital so anzulegen, dass es den höchsten Wert erzielen kann. Im Allgemeinen wird er weder darauf aus sein, das öffentliche Wohl zu fördern, noch wird er wissen, inwieweit er es fördert. Er interessiert sich lediglich für seine eigene Sicherheit und seinen eigenen Gewinn. Und dabei wird er von einer unsichtbaren Hand geleitet, ein Ziel zu fördern, das keineswegs in seiner Absicht gelegen hatte. Indem er seinen eigenen Interessen dient, fördert er das Wohl der Allgemeinheit oft auf weit wirksamere Weise, als wenn es in seiner wahren Absicht gelegen hätte, es zu fördern." (ADAM SMITH: Der Wohlstand der Nationen, 1776.)[1]

- Die Ablehnung der staatlichen Eingriffe in das wirtschaftliche Geschehen bringt für die Wirtschaftssubjekte eine Reihe von „Freiheiten" mit sich, somit auch das Recht der Wirtschaftssubjekte, ihre Wirtschaftspläne dezentral, d.h. frei von staatlicher Reglementierung erstellen und verwirklichen zu können.

1.3.2.2 Wesentliche Ordnungsmerkmale der freien Marktwirtschaft

In einer freien Marktwirtschaft wird *dezentral* geplant, d.h. von zahlreichen autonomen[2] Unternehmen und privaten Haushalten. Das Produktivvermögen (das „Kapital") befindet sich in Privathand (daher der Begriff **Kapitalismus**).

Die nachstehende Abbildung zeigt das vereinfachte Modell einer freien Marktwirtschaft:

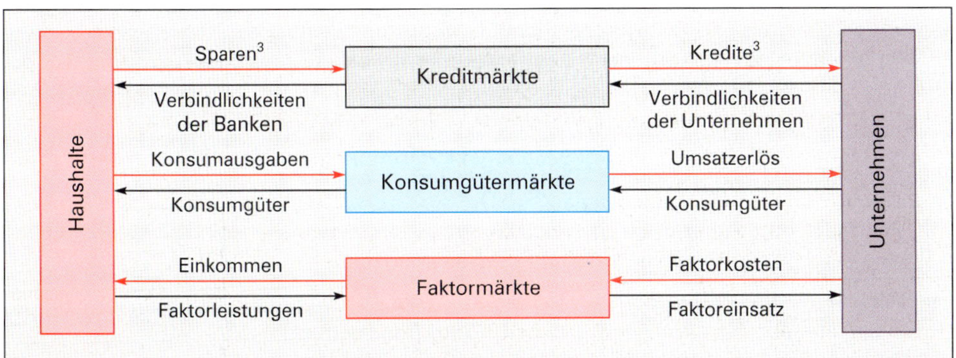

Modell der freien Marktwirtschaft

1 Zitiert nach Samuelson, P., a.a.O., Bd. I, S. 56. ADAM SMITH, 1723 – 1790, war britischer Moralphilosoph und Volkswirtschaftler sowie der bedeutendste Vertreter der klassischen liberalen Schule. (Unter Schule versteht man hier eine bestimmte geisteswissenschaftliche Richtung.)

2 Autonom = unabhängig; in der Handlungsfreiheit unbeeinträchtigt.

3 Auch die Unternehmen legen Finanzmittel (Geldmittel) auf den Kreditmärkten (z.B. bei den Banken) an (z.B. einbehaltene Gewinne), die andere Unternehmen, aber auch private und öffentliche Haushalte (z.B. der Bund, die Bundesländer und die Gemeinden) als Kredite in Anspruch nehmen.

3 Hartmann-Härter-Seifert · ISBN 978-3-8120-0412-1

Die privaten Haushalte treten auf den **Faktormärkten**[1] als Anbieter der beiden **Produktionsfaktoren** Arbeit und Boden auf, die von den Unternehmen[2] nachgefragt und gekauft werden. Die Unternehmen bieten auf den **Konsumgütermärkten** ihre Fertigerzeugnisse an, die die Haushalte kaufen. Umgekehrt fließt den Haushalten für Arbeitsleistungen und zur Verfügung gestellte Bodennutzungen **Einkommen** zu. Die Einnahmen aus dem Verkauf der Fertigerzeugnisse stellen für die Unternehmen **Umsatzerlöse** dar. Den Leistungs- und Güterströmen entsprechen also entgegenlaufende Geldströme (= monetäre Ströme).[3] Dies gilt auch für die **Kreditmärkte**: Den Banken fließen die ersparten Mittel der Haushalte und Unternehmen zu; es entstehen Forderungen dieser beiden Wirtschaftssektoren an die Banken. Die Haushalte und Unternehmen erhalten finanzielle Mittel; es entstehen Verbindlichkeiten dieser Sektoren gegenüber den Banken.

Im Modell der freien Marktwirtschaft regulieren sich die Gütermärkte mit Hilfe des **Güterpreises,** die Kreditmärkte mit Hilfe des **Zinses** und die Faktormärkte mit Hilfe des **Lohnes** und des **Pacht-** bzw. **Mietzinses.**

Wirtschaftsordnungen können nicht isoliert von der Rechtsordnung betrachtet werden. Eine freie Marktwirtschaft muss den Wirtschaftssubjekten z.B. das Recht garantieren, Unternehmen zu gründen oder aufzulösen **(Gewerbefreiheit),** Verträge frei abzuschließen **(Vertragsfreiheit),** den Niederlassungsort durch Unternehmen und durch Arbeitnehmer frei zu wählen **(Niederlassungsfreiheit** bzw. **Freizügigkeit)** oder zu ex- und importieren, wie dies der Markt verlangt **(Freihandel).** Das ist leicht einzusehen. Preise können z.B. nur dann eine Steuerungsfunktion übernehmen, wenn bei steigenden Preisen das Angebot erhöht werden kann. Dies wiederum ist nur möglich, wenn es den Wirtschaftssubjekten überlassen bleibt, mehr zu produzieren bzw. neue Produkte auf den Markt zu bringen **(Produktionsfreiheit).** Eine staatliche Produktionsauflage würde diese Anpassung be- oder verhindern. Das ist auch der Grund dafür, dass in einer freien Marktwirtschaft das **Privateigentum** an den Produktionsmitteln (am „Kapital“) garantiert sein muss.[4] Die Verbraucher müssen das Recht haben, über den Kauf oder Nichtkauf der angebotenen Güter selbst zu entscheiden **(Konsumfreiheit).** Die Unternehmen kommen den Kaufwünschen der Konsumenten deswegen nach, weil sie die Chance haben, Gewinn zu erzielen. Das Streben nach Gewinn (Profit) ist daher der *Anreiz* (das Motiv), immer mehr, billiger und besser zu produzieren.

Überblick über die Ordnungsmerkmale einer freien Marktwirtschaft

In der folgenden Übersicht sind die wichtigsten **Ordnungsmerkmale** einer freien Marktwirtschaft zusammengefasst:

- Der Staat greift überhaupt nicht in das Wirtschaftsgeschehen ein. Er hat allenfalls eine Überwachungsfunktion **(Nachtwächterstaat).**
- Die Entscheidung darüber, was, wo, wie, wann und wie viel produziert wird, liegt ausschließlich bei den Unternehmen **(Produktionsfreiheit).**

1 Faktormärkte = Märkte, auf denen Produktionsfaktoren gehandelt werden.

2 Im Modell der freien Marktwirtschaft stellen die wirtschaftlichen Betriebe „Unternehmen“ dar, weil sie von privaten Kapitalgebern (Unternehmern, „Kapitalisten“) gegründet, geleitet und aufgelöst werden. Die Unternehmen können in verschiedenen Rechtsformen auftreten, nämlich als Einzelunternehmen, Personengesellschaften oder Kapitalgesellschaften. Da der Staat in diesem Modell nur eine untergeordnete Rolle spielt, gibt es in der freien Marktwirtschaft auch keine staatlichen Betriebe in privatwirtschaftlichen Rechtsformen, also keine staatlichen Unternehmen.

3 Vgl. hierzu Kapitel 3.

4 Wirtschaftsordnungen, in denen sich das Kapital (Produktionsmittel einschließlich Grund und Boden) in der Hand privater Wirtschaftssubjekte befindet, werden daher auch als „Kapitalistische Wirtschaftsordnungen“ bezeichnet.

- Die Entscheidung darüber, was, wo, wie, wann und wie viel gekauft wird, liegt ausschließlich bei den Konsumenten **(Konsumfreiheit).**
- Es bleibt den Unternehmen und Haushalten überlassen, ob, wann und wie viel sie importieren oder exportieren wollen **(Freihandel).**
- Die Ausgestaltung der Verträge (Kauf-, Miet-, Pacht-, Kartellverträge usw.) wird den Vertragsparteien überlassen **(Vertragsfreiheit).**
- Die Steuerung der Wirtschaft über den Preis setzt das Vorhandensein eines allgemein anerkannten Zahlungsmittels, also von Geld, voraus **(Geldwirtschaft).**
- Das **Privateigentum an den Produktionsmitteln** (am „Kapital", daher „Kapitalismus") muss gewährleistet sein.
- **Freie Berufswahl, Arbeitsplatzwahl** und **Freizügigkeit** müssen garantiert sein (andernfalls kann der „Lohnmechanismus" nicht wirken).

1.3.3 Zentralverwaltungswirtschaft

1.3.3.1 Der Kollektivismus als geistige Grundlage der Zentralverwaltungswirtschaft

Für den **Kollektivismus**[1] ist der Mensch in erster Linie ein **Sozialwesen.**[2] Seine gesellschaftlichen Verbindungen (z.B. Familie, Gemeinde, Betrieb, Staat) sind mehr als die Summe von Einzelwesen. Sie erlangen gleichsam eine höhere, überindividuelle Eigenpersönlichkeit, etwa so, wie sich eine Familie als Ganzes versteht, als ein über das persönliche Leben des einzelnen Familienmitglieds hinausreichendes Gebilde. Im gleichen Sinne stehen auch Staat und Gesellschaft *über* dem Einzelnen, woraus folgt, dass sich der Einzelmensch im kollektivistischen Staat dessen Prinzipien und Gesetzen unterzuordnen hat.

Im Gegensatz zum Individualismus behauptet der Kollektivismus, dass sich die Einzelinteressen keineswegs immer mit dem Gesamtinteresse decken. Vielfach stehen sie derart im Widerspruch, dass dem Satz *„Gemeinnutz geht vor Eigennutz"* Geltung verschafft werden muss. Für die Wirtschaftspolitik ergibt sich daraus die Notwendigkeit der *zentralen Planung,* der Aufhebung des Privateigentums zumindest an den Produktionsmitteln, der Einführung der Sozialpolitik und der Einflussnahme des Staates auf den Außenhandel.

Der Begriff „Zentralverwaltung der Wirtschaft" stammt von FRIEDRICH ENGELS. In die wirtschaftswissenschaftliche Literatur wurde der Ausdruck „Zentralverwaltungswirtschaft" von WALTER EUCKEN eingeführt.

- Die **Zentralverwaltungswirtschaft** ist eine Wirtschaftsform, in der der arbeitsteilige Wirtschaftsprozess von *einer* zentralen Stelle, die in der Regel eine *staatliche* Planungsabteilung ist, gesteuert wird.

Der Staat ist **Ordnungsinstanz,** weil er den Ordnungsrahmen der Zentralverwaltungswirtschaft vorgibt. Er ist **Planungsinstanz,** weil er sämtliche zu produzierenden und zu konsumierenden Güterarten und -mengen in einem **Wirtschaftsplan,** der Gesetzeskraft hat, festlegt. Schließlich ist der Staat **Kontrollinstanz,** weil er die Erfüllung der Pläne kontrollieren

---

1 Kollektivum (lat.) = das Ganze, die Gesamtheit.

2 Weltanschauliche und/oder politische Richtungen, die im Menschen primär ein Sozialwesen sehen, werden daher mit dem Sammelbegriff „Sozialismus" belegt.

und notfalls erzwingen muss, wenn Ungleichgewichte in der Wirtschaft vermieden werden sollen. Die Zentralverwaltungswirtschaft wird deshalb auch als **Planwirtschaft** bezeichnet.

1.3.3.2 Wesentliche Ordnungsmerkmale der Zentralverwaltungswirtschaft

Im Modell der Zentralverwaltungswirtschaft gibt es keine Märkte im Sinne eines freien Austauschs von Gütern, also weder Preis-, Lohn- noch Zinsmechanismus. Das Geld hat nur die Aufgabe, Verrechnungseinheit zu sein.

Will der Staat die Produktion planen, muss er sich ein genaues Bild über die einsetzbaren *originären* und *abgeleiteten* Faktormengen, d. h. über Boden, Bodenschätze und Arbeitskräfte einerseits und Fabrikanlagen, Transportmittel und Rohstoffe andererseits machen. Die Güte des Produktionsplans hängt damit weitgehend vom Stand der Statistik ab.

Noch schwieriger als die zentrale Produktionsplanung ist die Konsumtionsplanung. Die Planungsbehörde muss sich vollkommen über die Verbraucherwünsche im Klaren sein, es sei denn, sie setzt von sich aus fest, was der Einzelne zu verbrauchen hat bzw. verbrauchen darf. Will sie das nicht, ist eine Orientierung beispielsweise über Verbraucherbefragungen möglich, wenn Fehlplanungen vermieden werden sollen. Fehlplanungen im Konsumgüterbereich bedeuten, dass entweder ein Teil der Produktion nicht absetzbar ist (die Nachfrage ist zu gering) oder das Angebot nicht ausreicht (die Nachfrage ist zu groß). Im letzteren Fall muss das Angebot *rationiert* werden, d. h., jeder erhält eine von der Planungsbehörde festgelegte Zuteilung (Gutschein- oder Bezugsscheinsystem).

Nachstehende Abbildung zeigt in vereinfachender Weise das Modell einer vollständigen Zentralverwaltungswirtschaft.

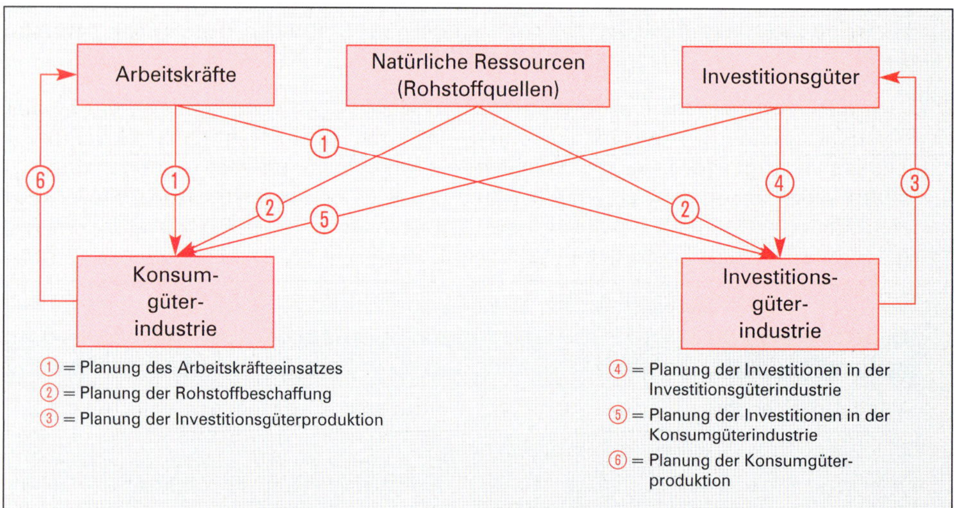

Planzusammenhang in einer Zentralverwaltungswirtschaft

Die Planungsbehörde plant den Einsatz der Arbeitskräfte, der natürlichen Ressourcen (Boden, Bodenschätze) und der vorhandenen Produktionsgüter in der Produktionsgüter- und Konsumgüterherstellung. Gleichzeitig müssen die Lieferungen der Produktionsgüterabteilung an die Konsumgüterabteilung festgelegt werden.

Neben der **Aufhebung des Privateigentums an den Produktionsmitteln** ergeben sich aus dem Grundgedanken der zentralen Planung heraus (der Staat plant Produktion und Konsum) eine Reihe von Folgerungen ordnungspolitischer Art:

1. Zentrale Planung kann nur funktionieren, wenn sich die am Wirtschaftsprozess Beteiligten (Betriebe, Verbraucher) *unterordnen.* Die Zentralverwaltungswirtschaft kann daher nicht auf der Vertragsfreiheit aufbauen. Im Gegenteil: Private Verträge (z.B. Kaufverträge zwischen den Betrieben) würden die staatlichen Pläne stören, soweit sie sich außerhalb der Pläne bewegen.

   An die Stelle der Vertragsfreiheit tritt der **Kontrahierungszwang.**[1] Dies bedeutet, dass ein Betrieb gezwungen ist, mit Zulieferern und/oder Abnehmern Verträge über Mengen, Preise, Qualitäten und Ablieferungstermine abzuschließen.

   Beispiel:

   Im extremen Modell einer Zentralverwaltungswirtschaft kann auch der Verbraucher nicht kaufen, was und wo er will. Ihm wird vielmehr aufgrund des Wirtschaftsplans zugeteilt, was ihm zusteht. Hierzu müssen Berechtigungsscheine (Bezugsscheine wie z.B. Lebensmittelkarten) ausgegeben werden, die der Verbraucher in vom Staat bestimmten Geschäften gegen die entsprechenden Waren eintauschen kann.

   Im strengen Modell der Zentralverwaltungswirtschaft wird im Zusammenhang mit der Abschaffung der Vertragsfreiheit auch die Konsumfreiheit aufgehoben. Desgleichen kann es auch keine freie Berufs- und Arbeitsplatzwahl geben: Die Arbeitnehmer schließen keine Arbeitsverträge ab, sondern werden den Betrieben zugewiesen (Arbeitspflicht).

2. Auch die Gewerbefreiheit ist für die Zentralverwaltungswirtschaft ein systemfremdes Recht. Die Gründung bzw. die Auflösung eines Betriebs muss vielmehr im Gesamtwirtschaftsplan vorgesehen sein. Eine nicht von vornherein eingeplante Betriebsgründung müsste allein schon deswegen scheitern, weil dem Betrieb weder Rohstoffe, Fertigteile, Maschinen oder Werkzeuge noch Arbeitskräfte zur Verfügung stünden. Die Gewerbefreiheit würde – wie die Vertragsfreiheit auch – die Durchführung der zentralen Planung stören.

   Beispiel:

   Würde in einer totalen Zentralverwaltungswirtschaft beispielsweise ein Kraftfahrzeugmechaniker eine eigene Werkstatt gründen, müsste er Arbeitskräfte von staatlichen Betrieben abwerben, indem er höhere Löhne oder bessere Arbeitsbedingungen bietet. Damit wäre aber der staatliche Betrieb, der die Arbeitskräfte an den privaten Unternehmer verliert, nicht mehr in der Lage, seinen Plan zu erfüllen.

1 Kontrakt = Vertrag; Kontrahierung = Vertragsabschluss.

3. Mit der Aufhebung der Gewerbefreiheit muss auch die Freizügigkeit abgeschafft werden, denn die aufgrund staatlicher Weisung gegründeten Betriebe müssen auch die erforderlichen Arbeitskräfte zugewiesen bekommen. Fehlende Gewerbefreiheit bedeutet aber auch, dass die staatlichen Betriebe nicht produzieren können, was sie wollen, sondern produzieren müssen, was der Plan vorschreibt. Damit ist auch die Produktionsfreiheit abgeschafft. Freihandel ist ebenfalls nicht möglich. Ex- und Importe müssen über eine staatliche Stelle (staatliches Außenhandelsmonopol) abgewickelt werden, weil es keinen Waren- bzw. Dienstleistungsstrom außerhalb des Plans geben darf.

Überblick über die Ordnungsmerkmale einer Zentralverwaltungswirtschaft

In der folgenden Übersicht sind die wichtigsten **Ordnungsmerkmale** einer Zentralverwaltungswirtschaft zusammengefasst:

- Eine **zentrale Planungsbehörde** (eine staatliche Behörde) plant Verbrauchs- und Produktionsmengen. Ebenso wird die Verteilung der zu erstellenden Gütermengen und Dienstleistungen zeitlich und örtlich vorausgeplant.
- Die Produzenten können keine Entscheidungen darüber treffen, was und wie viel sie produzieren wollen **(keine Produktionsfreiheit).**
- Ebenso können die Verbraucher keine Entscheidungen darüber treffen, was und wie viel sie verbrauchen wollen (keine Konsumfreiheit, sondern **Zuteilungssystem**).
- Weder Unternehmen noch Haushalte können darüber entscheiden, ob, wann und wie viel sie importieren oder exportieren wollen (kein Freihandel, sondern **staatlicher Außenhandel; Devisenzwangswirtschaft**).
- **Keine Vertragsfreiheit.**
- Die Geldfunktionen sind überflüssig, weil es **keine Märkte** im Sinne einer Marktwirtschaft gibt und die Steuerung der Wirtschaft nicht über die Marktpreise erfolgt.
- Da der Staat die Produktions- und Konsumentscheidungen trifft, kann es kein Privateigentum an den Produktionsmitteln geben. Die Produktionsmittel befinden sich in **Kollektiveigentum,** d.h., sie sind verstaatlicht (= in Gemeineigentum überführt = sozialisiert).
- Keine freie Berufswahl, keine Arbeitsplatzwahl und keine Freizügigkeit, weil die Planerfüllung verlangt, dass die Arbeitskräfte dort eingesetzt werden, wo sie am dringendsten benötigt werden.

1.3.4 Soziale Marktwirtschaft

1.3.4.1 Der Dualismus als geistige Grundlage der sozialen Marktwirtschaft

Das der sozialen Marktwirtschaft[1] zugrunde liegende Menschenbild ist *dualistisch,* d.h., der Mensch wird *sowohl* als Individual- als *auch* als Kollektivwesen gesehen. (Man spricht deswegen auch von der dualistischen oder auch von der personalistischen Gesellschaftsauffassung.) Hieraus folgt bereits, dass die soziale Marktwirtschaft *zwischen* den beiden extremen Modellen der freien Marktwirtschaft einerseits und der Zentralverwaltungswirtschaft andererseits stehen muss. Schlagwortartig könnte man das Grundziel dieser Wirtschafts- und Gesellschaftsform wie folgt umreißen: „So viel Freiheit wie möglich, so viel staatlichen Zwang wie nötig", wobei man sich immer darüber streiten kann, was möglich bzw. was nötig ist.

■ Die **soziale Marktwirtschaft** der Bundesrepublik Deutschland ist eine in der Wirklichkeit existierende Wirtschaftsordnung (Realform). Aufgabe der sozialen Marktwirtschaft ist, auf der Grundlage der Marktwirtschaft das Prinzip der Freiheit mit dem des sozialen Ausgleichs und der sozialen Gerechtigkeit zu verbinden.[2]

Nach dem **Verfassungsgrundsatz** ist die Bundesrepublik Deutschland ein **demokratischer und sozialer Bundesstaat** [Art. 20 I GG].

Damit ist der Begriff der sozialen Marktwirtschaft noch nicht fest umrissen. Dies kommt darin zum Ausdruck, dass in der Bundesrepublik Deutschland selbst die Anhänger der sozialen Marktwirtschaft zum derzeitigen Entwicklungsstand der wirtschaftlichen und sozialen Entwicklung unterschiedliche Standpunkte einnehmen. Die einen sind der Meinung, dass das heutige System die soziale Marktwirtschaft schlechthin *ist.* Andere vertreten die Ansicht, dass das Konzept der sozialen Marktwirtschaft ständig weiter zu entwickeln sei, weil die schnelle technische, wirtschaftliche und gesellschaftliche Entwicklung unserer Zeit eine dauernde Anpassung der wirtschaftlichen Rahmenbedingungen mit dem Ziel verlangt, soziale Gerechtigkeit und Sicherheit bei größtmöglicher Freiheit des Einzelnen zu sichern.

Deswegen fallen den Regierungen und der Notenbank erhebliche ordnungs- und prozesspolitische Aufgaben zu.[3]

---

1 In der Wirklichkeit (= Realität) bestehende Wirtschaftsordnungen bezeichnet man als „Realformen", während die Modelle „Idealformen" genannt werden, weil sie nur in der „Idee", im Entwurf bestehen. Wenn wir in diesem Kapitel die in der Bundesrepublik Deutschland verwirklichte Wirtschaftsordnung als „Realform" bezeichnen, entspricht das zwar dem wirtschaftspolitischen Sprachgebrauch. Wissenschaftlich gesehen ist dies jedoch nicht korrekt, denn die Idee der sozialen Marktwirtschaft ist ebenfalls ein Modell, das in der Bundesrepublik Deutschland nur näherungsweise realisiert (= in die Wirklichkeit umgesetzt) ist.

2 Nach Müller-Armack, A.: Soziale Marktwirtschaft, in: Handwörterbuch der Sozialwissenschaften, Bd. IX, 1956, S. 390. MÜLLER-ARMACK gehört, wie z.B. WALTER EUCKEN (1891 – 1950) und LUDWIG ERHARD (1897 - 1977), zu den „Vätern" der Idee der sozialen Marktwirtschaft.

3 Die Ordnungspolitik befasst sich mit der Aufstellung von „Spielregeln", innerhalb derer sich eine geordnete Wirtschaft vollziehen soll (z.B. Kartellgesetzgebung, Fusionskontrolle, Missbrauchsaufsicht). Die Prozesspolitik hat die Aufgabe, den Wirtschaftskreislauf zu steuern, um Stabilität und Wachstum zu sichern (z.B. antizyklische Finanzpolitik, Geldpolitik der Notenbank). Die „Ordnungspolitik" wird im Kapitel 8.5 näher besprochen.

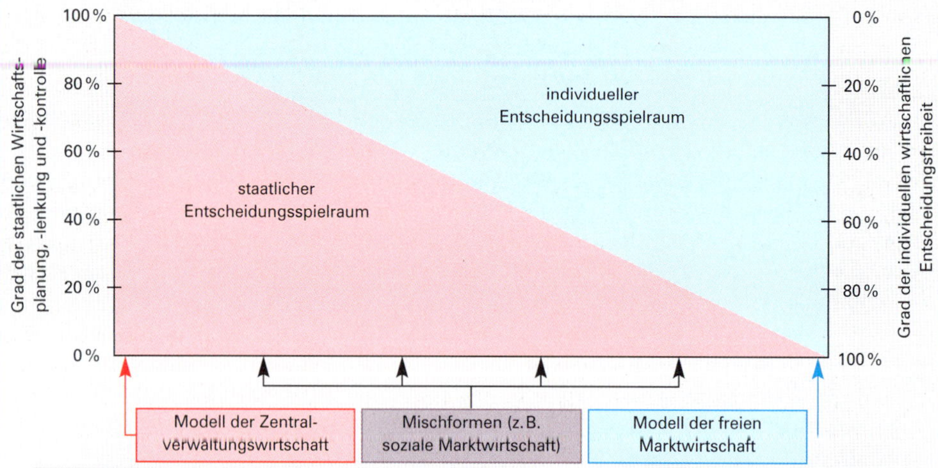

Stellung der sozialen Marktwirtschaft im Rahmen möglicher Wirtschaftsordnungen

1.3.4.2 Wesentliche Ordnungsmerkmale der sozialen Marktwirtschaft

Die Ordnungsmerkmale der sozialen Marktwirtschaft bauen zwar auf denen der freien Marktwirtschaft auf, schränken diese jedoch in wesentlichen Punkten ein.

1. Grundsätzliche dezentrale Planung

Die **Planung** in der sozialen Marktwirtschaft erfolgt grundsätzlich dezentral, d.h. durch die privaten Haushalte und die Unternehmen. Allerdings werden die Planungen und Entscheidungen der Wirtschaftssubjekte durch staatliche Vorgaben (z.B. Umweltschutzgesetze) und Maßnahmen (z.B. strukturpolitische Maßnahmen) mehr oder weniger stark beeinflusst, denn nach Art. 20 I GG ist die Bundesrepublik Deutschland ein demokratischer und sozialer Bundesstaat. Hieraus folgt, dass im Interesse der *sozialen Gerechtigkeit* die Freiheit (Autonomie) der Wirtschaftssubjekte eingeschränkt werden muss.

Beispiele:

Einschränkungen der Vertragsfreiheit durch Vorschriften bezüglich der Geschäftsfähigkeit, der Anfechtbarkeit und Nichtigkeit von Rechtsgeschäften [§§ 104ff., §§ 119ff., §§ 125, 134, 138 BGB] und durch Verbraucherschutzvorschriften des BGB (siehe z.B. §§ 312f., §§ 355ff.). – Einschränkungen der Gewerbefreiheit (z.B. durch Approbation[1] von Ärzten und Apothekern, durch die Anmeldepflicht der Gründung eines Gewerbebetriebs [§ 14 GewO], die Genehmigungspflicht für eine ganze Reihe von Gewerbebetrieben und Anlagen (vgl. z.B. §§ 30, 33 a, 33 c, 33 d, 33 i, 34, 34 aff. GewO; §§ 4ff. BImSchG) oder die staatliche Überwachung gefährlicher Anlagen (siehe z.B. §§ 1 II, 34ff. ProdSG und §§ 48 a, 52, 54, 62 BImSchG). – Eingeschränkt sind ferner die Eigentumsrechte (siehe z.B. § 903 BGB). Auch staatliche Eingriffe in die Marktpreisbildung engen die Autonomie der Wirtschaftssubjekte ein.

1 Approbation = staatliche Zulassung.

2. Grundsätzliche dezentrale Verteilung des Produktionsergebnisses

In der sozialen Marktwirtschaft greift der Staat nicht nur in den Produktionsprozess, sondern auch in die Verteilung des Produktionsergebnisses ein. Dies geschieht z. B. durch die **progressive Einkommensbesteuerung** und durch staatliche **Umverteilungsmaßnahmen**.

Unter Steuerprogression versteht man einen Steuertarif, bei dem der Steuersatz schneller als die zu versteuernde Größe (z. B. der Gewinn, der Lohn, das Gehalt) steigt.

Zu versteuerndes Einkommen 2012 (Alleinstehende) EUR	Einkommensteuer EUR	Durchschnittssteuersatz %	Grenzsteuersatz[1] %
7000,00	0,00	0	0
10000,00	316,00	3,16	16,66
20000,00	2704,00	13,52	27,78
30000,00	5631,00	18,77	30,55
40000,00	9017,00	22,54	36,11
50000,00	12847,00	25,63	41,67

Die **Umverteilung** durch den Staat (Redistribution) geschieht in erster Linie mithilfe der **direkten Steuern.**[2] Mit ihrer Hilfe werden die Einkommen *unmittelbar* besteuert. Die wichtigsten direkten Steuern sind die Körperschaftsteuer, die Einkommensteuer und die Lohnsteuer. Steuerähnlichen Charakter haben die Sozialversicherungsabgaben der Versicherungspflichtigen (Beiträge zur Kranken-, Pflege-, Renten- und Arbeitslosenversicherung). Auch diese Beiträge werden umverteilt, weil die zurzeit Verdienenden für die nicht oder nicht mehr im Arbeitsleben Stehenden (Arbeitslose, Rentner und Pensionäre) aufkommen müssen.

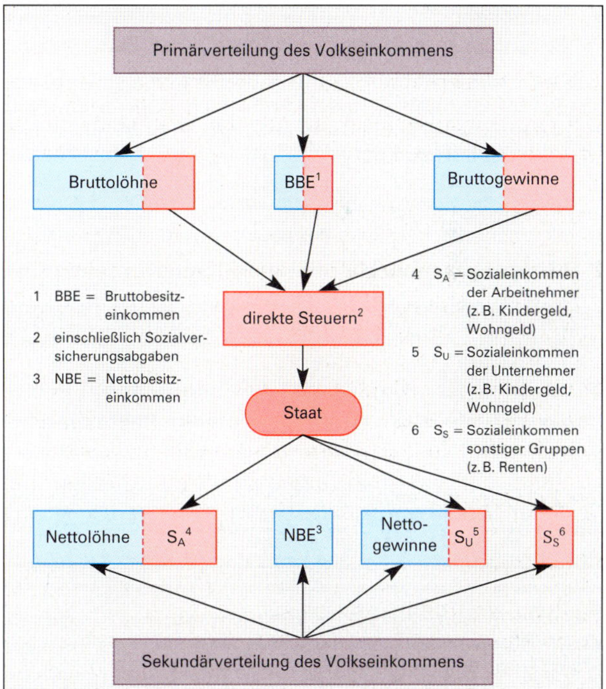

Die Einkommensumverteilung durch den Staat

1 Der **Grenzsteuersatz** ist der Steuersatz, mit dem der „letzte" steuerpflichtige Euro versteuert wird. Er ist vom **Durchschnittssteuersatz** zu unterscheiden, mit dem der Staat im Durchschnitt vom ersten bis zum letzten Euro das zu versteuernde Einkommen besteuert. Bei einem alleinstehenden kinderlosen Arbeitnehmer mit einem zu versteuernden Einkommen von z. B. 70000,00 Euro beträgt der Grenzsteuersatz zurzeit (2012) z. B. rund 42,0 % und der Durchschnittssteuersatz rund 30,3 %.

2 Siehe Kapitel 3.7.2.

Die aus der Sekundärverteilung stammenden Einkommen bezeichnet man als **abgeleitete Einkommen, Transfereinkommen**[1] oder auch als **Sozialeinkommen.** In der Bundesrepublik Deutschland stammt jeder zweite Euro der privaten Einkommen aus öffentlichen Kassen.

Zu den Sozialeinkommen zählen nicht nur Arbeitslosengeld, Renten und Pensionen, sondern z. B. auch die Grundsicherung für Arbeitslose (Arbeitslosengeld II und Sozialgeld), die Sozialhilfe i. e. S. für nicht erwerbsfähige Hilfebedürftige und ihre Haushalte, Kindergeld, Wohngeld, Ausbildungsförderung, Elterngeld und Kriegsopferversorgung.

3. Grundsätzliche Steuerung des Wirtschaftsprozesses durch den Markt

Grundsätzlich erfolgt die Steuerung des Wirtschaftsprozesses in einer sozialen Marktwirtschaft durch den Markt (siehe Kapitel 4), denn das Gewinnstreben (das *erwerbswirtschaftliche Prinzip*) ist der „Motor" der Marktwirtschaft. Unbeschränktes Gewinnstreben kann aber zur Ausnutzung der wirtschaftlich Schwächeren führen. Der Staat muss daher versuchen, das Gewinnstreben der Wirtschaftssubjekte zu kontrollieren und auf ein sozial vertretbares Maß zu begrenzen.

Eine Einschränkung des Gewinnstrebens erfolgt z. B. durch folgende Maßnahmen:

1. **Grundsätzliches Verbot von wettbewerbsbeschränkenden Vereinbarungen, Beschlüssen und abgestimmten Verhaltensweisen.**

   Das Bundeskartellamt schafft die Voraussetzungen für einen funktionierenden Wettbewerb der auf den Märkten auftretenden Unternehmen. Insbesondere will es der Entstehung von zu viel Marktmacht eines Unternehmens vorbeugen. In Deutschland stehen die wettbewerbsrechtlichen Regelungen vor allem im Gesetz gegen Wettbewerbsbeschränkungen (GWB). Die europarechtlichen Grundlagen des Wettbewerbsrechts stehen im Art. 81 ff. EGV.[2] Verboten sind nach dem GWB insbesondere die Preisabsprachen der Preiskartelle, die Mengenabsprachen der Quotenkartelle und die räumliche Aufteilung der Absatzgebiete durch die Gebietskartelle.

2. **Missbrauchsaufsicht über marktbeherrschende Unternehmen.**

   In der Bundesrepublik Deutschland kann z. B. das Bundeskartellamt in Bonn [§ 51 I GWB] die missbräuchliche Preiserhöhung eines marktbeherrschenden Unternehmens untersagen (vgl. z. B. § 19 GWB).[3]

3. **Nichtigkeit sittenwidriger Rechtsgeschäfte,** insbesondere von **Wuchergeschäften** (siehe § 138 BGB) und von **verbotenen Rechtsgeschäften** (z. B. Waffengeschäften) (siehe § 134 BGB). Einschränkungen des Gewinnstrebens durch das BGB erfolgen auch durch die Einschränkungen der Vertragsfreiheit bei der Gestaltung rechtsgeschäftlicher Schuldverhältnisse durch „Allgemeine Geschäftsbedingungen" [§§ 305 ff. BGB] sowie durch die Vorschriften zu besonderen Vertriebsformen (z. B. bei Haustürgeschäften und Fernabsatzverträgen, §§ 312 ff. BGB).

4. **Preis- und/oder Lohnstopps.**

   Ein Beispiel für Preisstopps war die Mietpreispolitik in der Bundesrepublik Deutschland bis 1965. Mietpreiserhöhungen waren nur aufgrund von Gesetzen möglich. Zurzeit besteht eine Mietpreisbindung nur noch im sozialen Wohnungsbau. Hier darf der Mietpreis die Kostenmiete, die aufgrund einer Wirtschaftlichkeitsberechnung zu ermitteln ist, nicht übersteigen. Lohnstopps sind in der Bundesrepublik Deutschland nur im öffentlichen Dienst (bei Beamten, Richtern und Soldaten) möglich, da in den Bereichen der freien Wirtschaft **Tarifautonomie** besteht.

---

1 Transfer = Übertragung.

2 EGV: Vertrag zur Gründung der Europäischen Gemeinschaft.

3 Näheres siehe Kapitel 8.3 und 8.5.

4. Überwiegend Privateigentum an den Produktionsmitteln

Die Wirtschafts- und Gesellschaftsordnung der Bundesrepublik Deutschland basiert u.a. darauf, dass sich das Eigentum an den Produktionsmitteln weitgehend in den Händen Privater befindet.

Das Eigentumsrecht geht so weit, dass man nach dem BGB mit den meisten beweglichen Sachen machen kann, was man will, schlimmstenfalls auch zerstören. Anders ist dies bei größeren Wirtschafts- und Sacheinheiten. Niemand darf beispielsweise sein Haus oder gar seine Fabrik anzünden. Er würde bereits gegen § 903 BGB verstoßen, der bestimmt, dass das Verfügungsrecht dort seine Grenzen hat, wo diesem andere Gesetze (z.B. das Strafgesetzbuch wegen Brandstiftung) oder Rechte anderer Personen (z.B. Gefährdung oder Belästigung durch Feuer und Rauch) entgegenstehen. Hinzu tritt die Vorschrift des Art. 14 II GG, wonach „Eigentum verpflichtet. Sein Gebrauch soll zugleich dem Wohle der Allgemeinheit dienen" *(soziale Bindung des Eigentums).*

Nach Art. 14 III GG ist auch in der Bundesrepublik Deutschland eine Enteignung zum Wohle der Allgemeinheit möglich.

Beispiel:

Eine Gemeinde möchte ein neues Krankenhaus bauen, weil die Bevölkerung derzeit noch medizinisch unterversorgt ist. Der gemeindeeigene Bauplatz reicht nicht aus, die Gemeinde muss noch Grundstücke hinzukaufen. Ein Teil der Grundstückseigentümer weigert sich jedoch, die erforderlichen Grundstücke an die Gemeinde zu verkaufen. Die Folge: Die bisherigen Eigentümer können gegen Leistung einer Entschädigung *enteignet* werden.

Im Unterschied zum Rechtssystem einer Zentralverwaltungswirtschaft müssen in der Bundesrepublik Deutschland die bisherigen Eigentümer *entschädigt* werden [Art. 14 III GG]. Im Übrigen ist eine Enteignung nur möglich, wenn sie dem „Wohle der Allgemeinheit" dient [Art. 14 III GG]. Die Entschädigung darf auch nicht einseitig vom Staat[1] festgesetzt werden. Vielmehr hat jeder durch ein Enteignungsverfahren betroffene Bürger das Recht, wegen der Höhe der Entschädigung vor einem ordentlichen Gericht (Amtsgericht, Landgericht, Oberlandesgericht) zu klagen, um eine unabhängige richterliche Entscheidung zu erhalten.

Nach dem Grundgesetz Art. 15 ist es möglich, neben Grund und Boden auch Naturschätze (Kohlevorkommen, Eisenerzvorkommen, Uranvorkommen) und private Produktionsmittel (bisher im Privatbesitz befindliche Unternehmen) zu *sozialisieren,* d.h. in Staatseigentum (Gemeineigentum, Volkseigentum) zu überführen. Hierzu ist ein besonderes Gesetz, das Art und Umfang der Entschädigung regelt, erforderlich.

Daneben kann der Staat (wie jede andere juristische Person auch) sein Eigentum nach BGB erwerben (z.B. durch rechtsgeschäftlichen Erwerb von Grund und Boden, Aktien und anderen Beteiligungen an Unternehmen). So gibt es in der Bundesrepublik Deutschland viele wichtige Unternehmen, die teilweise oder ganz in staatlicher Hand sind (sich also im Eigentum der „öffentlichen Hand" befinden). Man schätzt, dass sich ein gutes Drittel des gesamten Volksvermögens in staatlicher Hand befindet.

1 Zum „Staat" zählen nicht etwa nur der Bund, sondern auch die Länder, die Gemeinden, die Kreise und andere öffentliche Körperschaften wie z.B. die Sozialversicherungsträger.

Beispiele für staatliche (öffentliche) Betriebe:

Deutsche Bundesbank mit ihren Hauptverwaltungen, Sparkassen, Sozialversicherungsbetriebe, Versorgungsunternehmen (Gas-, Wasser-, Elektrizitätswerke), Verkehrsbetriebe der Gemeinden.

Die oben genannte Aussage macht deutlich, dass der Staat in der Wirtschaft der Bundesrepublik Deutschland eine sehr große wirtschaftliche Macht darstellt. Bedenkt man des Weiteren, dass rund 50 % des gesamten Inlandsprodukts (= Wert aller in einer Volkswirtschaft erzeugten Sachgüter und Dienstleistungen in einem Jahr) durch die Hände des Staates fließen, kann man die Berechtigung des Begriffs „staatlich gelenkte Marktwirtschaft" für soziale Marktwirtschaft erkennen.[1]

Überblick über die Ordnungsmerkmale der sozialen Marktwirtschaft

In der folgenden Übersicht sind die wichtigsten **Ordnungsmerkmale** der sozialen Marktwirtschaft zusammengefasst:

- Der Staat greift in das Wirtschaftsgeschehen ein, um den Wohlstand und die soziale Sicherheit breiter Schichten zu gewährleisten **(Sozialstaat).**
- Grundsätzlich besteht Gewerbefreiheit, nicht jedoch für Gewerbezweige, die die Gesundheit und/oder die Sicherheit der Bevölkerung gefährden können **(eingeschränkte Gewerbefreiheit).**
- **Grundsätzlich besteht Konsumfreiheit,** nicht jedoch bei gesundheitsgefährdenden Konsumgütern (z. B. Drogen).
- **Grundsätzlich besteht Freihandel** und freie Austauschbarkeit der Währungen. Eingriffe in den Außenhandel sind aus konjunkturpolitischen Gründen erlaubt und erwünscht (z. B. Devisenpolitik der Europäischen Zentralbank, Zollsatzänderungen, Verbot des Waffenhandels mit kriegsgefährdeten Gebieten usw.).
- **Eingeschränkte Vertragsfreiheit** durch Verbot des Wuchers, der Ausnutzung der Notlage eines anderen, Kartellgesetzgebung, Missbrauchsaufsicht, Fusionskontrolle, Unternehmensrecht usw.
- Das **Geld** ist nicht nur Zahlungs-, sondern auch **Steuerungsmittel**: Durch die notenbankpolitischen Instrumentarien der Europäischen Zentralbank (z. B. Offenmarktpolitik)[2] soll der Wirtschaftsablauf in die gewünschte Richtung gebracht werden.
- **Grundsätzlich besteht Privateigentum** an den Produktionsmitteln. Staatseigentum an Produktionsmitteln ist möglich (z. B. Deutsche Bundesbank, öffentliche Versorgungsbetriebe).
- **Grundsätzlich besteht freie Berufswahl, Arbeitsplatzwahl** und **Freizügigkeit**. Um Fehlentwicklungen auf dem Arbeitsmarkt abzuschwächen, sind staatliche indirekte Lenkungsmaßnahmen erwünscht (z. B. Beihilfen zur Umschulung, Stellenvermittlung und Berufsberatung durch die Agenturen für Arbeit, Bildungspolitik).

---

1 In diesem Sinne lassen sich nämlich auch die Wirtschaftsordnungen Frankreichs, Großbritanniens, Schwedens oder Australiens als „soziale Marktwirtschaften" bezeichnen.

2 Näheres zu den geldpolitischen Instrumenten der Europäischen Zentralbank siehe Kapitel 6.3.6.

- Der Staat nimmt eine **Einkommensumverteilung** mit dem Ziel einer „sozialverträglichen Einkommensverteilung" vor: prozentual höhere Besteuerung der mittleren und höheren Einkommen (Steuerprogression), Kindergeldzahlungen, Wohngeld für niedrige Einkommensschichten, Ausbildungsförderung, Arbeitslosenunterstützung und/oder -fürsorge, Sparförderung.
- Bildung ist grundsätzlich Aufgabe des Staates. Jeder soll gemäß seiner Fähigkeiten und Neigungen die gleichen Bildungschancen haben **(„Chancengleichheit")**. Der Staat stellt die Finanzmittel für die Bildungseinrichtungen zur Verfügung. Die sozial Schwachen erhalten Beihilfen.

1.3.5 Wechselwirkungen zwischen Wirtschafts- und Gesellschaftsordnung

Die Gesellschaft stellt eine Verbindung von Menschen dar, die durch Geschichte, Konventionen (Sitten und Gebräuche) und Rechtsnormen miteinander verbunden sind. Die Unterbereiche (Subbereiche) der Gesellschaft (z. B. Wirtschaftsordnung, Rechtsordnung und Sozialordnung) sind derart vielfältig miteinander verknüpft, dass sich eine sinnvolle Unterteilung der Gesellschaft kaum unternehmen lässt. Wenn wir dennoch eine Unterteilung der Gesellschaftsordnung vornehmen, muss man sich darüber im Klaren sein, dass diese Einteilung lediglich eine Arbeitsgrundlage darstellen kann, um die Probleme isoliert behandeln zu können. In Wirklichkeit sind alle Bereiche der Gesellschaft voneinander abhängig; sie durchdringen und beeinflussen sich gegenseitig.

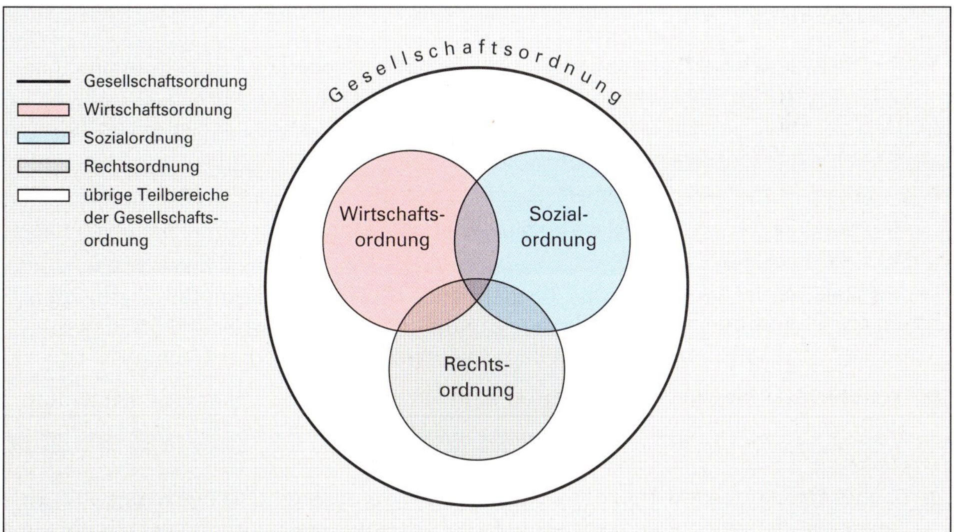

Die Teilbereiche der Gesellschaftsordnung überschneiden sich und sind voneinander abhängig. Ändert sich auch nur ein Teilbereich, verändert sich auch die Gesellschaftsordnung.

Zur Interdependenz (gegenseitigen Abhängigkeit) der gesellschaftlichen Teilbereiche lassen sich zahlreiche Beispiele anführen.

Veränderung der Rechtsnormen

Neue Gesetze aller Art beeinflussen in der Regel die Wirtschafts- und damit auch die Sozialordnung. Angenommen, die Pflicht zum Besuch der Grund- und Hauptschule wird von neun auf zehn Jahre erhöht. Davon werden zunächst die Dispositionen (Entscheidungen) vieler Unternehmen betroffen, weil die durchschnittliche Zeit, die die Bevölkerung einer Volkswirtschaft im Arbeitsprozess steht, um ein Jahr verkürzt wird. Während im Frühkapitalismus Kinderarbeit auch ein Ordnungselement war, ist die soziale Marktwirtschaft neben vielen anderen Merkmalen durch das Verbot der Kinderarbeit gekennzeichnet.

Die enge Verzahnung der Rechts-, Wirtschafts- und Sozialordnung wird, um ein weiteres Beispiel zu nennen, am Problem der Mitbestimmung deutlich. Ein rein kapitalistisches System kann eine Mitbestimmung der Arbeitnehmer in den Unternehmen nicht dulden, weil damit in das Eigentumsrecht der Unternehmenseigner (der „Kapitalisten") eingegriffen wird. Beschließt das Parlament jedoch eine gleichberechtigte (paritätische) Mitbestimmung, ist ein wichtiges Ordnungselement der Marktwirtschaft entscheidend verändert worden: Das Eigentum an den Produktionsmitteln garantiert nicht mehr zugleich auch wirtschaftliche und politische Macht, während Einfluss und Macht der Gewerkschaften zunehmen. Aber nicht nur dies: Während bisher die Unternehmen auf Änderungen der Marktverhältnisse rentabilitätsorientiert reagieren konnten, brauchen sie nunmehr die Zustimmung der Arbeitnehmer bzw. der Gewerkschaft. So mag es beispielsweise sein, dass die Geschäftsleitung der Meinung ist, aufgrund gestiegener Löhne ein Zweigwerk im Inland zu schließen, um dafür ein Zweigwerk im Ausland aufzubauen, weil dort das Lohnniveau niedriger ist.

Besteht ein Mitbestimmungsrecht, werden die Arbeitnehmervertreter die Schließung u. U. verhindern oder verzögern, um die Arbeitsplätze zu sichern. Dadurch ergeben sich völlig andere Verhältnisse auf dem Binnenmarkt: Die Absatzpreise des betreffenden Unternehmens werden gedrückt und/oder die gesamte Produktion wird nicht vom Markt aufgenommen. Es wird „auf Halde" produziert. Falls staatliche Hilfen ausbleiben, müssen mit verzögerter Wirkung Arbeitskräfte entlassen werden.

In ähnlicher Weise ließe sich jede Gesetzesänderung bzw. jedes neue Gesetz hinsichtlich seiner Wirkung auf die Wirtschaft und letztlich auf die Gesellschaft untersuchen. Man denke hier beispielsweise an das Gesellschaftsrecht, das Eigentumsrecht, das Erbrecht, das Steuerrecht, das Wettbewerbsrecht, die Arbeitsschutzgesetzgebung oder die Rechtsvorschriften, die etwa die Verbände (Gewerkschaften, Arbeitgeberverbände) betreffen.

Wirtschaftlicher Wandel und Wertewandel

Veränderungen der Rechtsnormen und Wertvorstellungen beeinflussen die Wirtschaft. Umgekehrt zieht aber der wirtschaftliche und technische Wandel eine entsprechende Änderung der Rechtsnormen (und natürlich auch der sittlichen Normen der Wirtschaftssubjekte) nach sich.

Die mittelalterliche Gesellschaft Europas war eine statische Gesellschaft, deren Aufbau (Struktur) über lange Zeit stabil blieb, weil sich die Art der Gütererzeugung und -verteilung während einiger hundert Jahre nicht oder nur sehr wenig änderte. Erst die Industrialisierung Ende des 19. und Anfang des 20. Jahrhunderts brachte einen gewaltigen sozialen Wandel mit sich, der sich sowohl auf die Rechtsordnung als auch auf die Sozialordnung auswirkte. Die Beispiele liegen auf der Hand: Mit der Entstehung des besitzlosen Industrieproletariats musste ein System der sozialen Sicherung geschaffen werden (Schaffung der Sozialversicherungen, Kündigungsschutzgesetze usw.). Um die neuen Erfindungen und Entdeckungen zu schützen, brauchte man Urheberschutzgesetze. Mit der Erfindung des Autos musste eine Straßenverkehrsordnung geschaffen werden. Die Einführung der elektronischen Datenverarbeitung mit den neuen Speichermethoden (z.B. Disketten) lässt das Problem auftreten, welche Rechtsvorschriften geeignet sein könnten, einen Missbrauch der Daten zu verhindern („Problem des Datenschutzes"). Die zunehmende Umweltbelastung und das zunehmende Umweltbewusstsein breiter Bevölkerungsschichten erzwang – und erzwingt – eine umfangreiche Umweltschutzgesetzgebung, die weit in die Wirtschaft hineingreift. Eine Wirtschaftsordnung muss – wenn sie überleben will – alle diese technisch-ökonomischen, sozialen und ökologischen Gegenwarts- und Zukunftsprobleme systemgerecht lösen können. Ob die soziale Marktwirtschaft hierzu mit ihrem derzeitigen Konzept in der Lage ist, muss die Zukunft erweisen.

Änderung der Sozialordnung

Die vorgenannten Beispiele machen allein schon deutlich, dass Änderungen der Wirtschaftsordnung zugleich einen Wandel der Sozialstruktur bedeuten. Die Verbindung zwischen beiden Aspekten der Gesellschaftsordnung bildet das Recht. Nehmen wir als weiteres Beispiel den Ausbau des Bildungswesens. Durch ein System von Gesetzgebungswerken, das die finanzielle Lage einkommensschwacher Bevölkerungsschichten verbessert (Kindergeld, Wohngeld, Ausbildungsförderung, Bildungspaket, Steuerfreibeträge, Arbeitslosengeld, Sozialgeld), werden auch die Ausbildungschancen für alle Schichten der Bevölkerung größer und damit auch die Chance des sozialen Aufstiegs. Dies hat wiederum unmittelbare Auswirkungen auf die Wirtschaft: Je besser die Bevölkerung ausgebildet ist, desto größer ist auch die Produktivität und umso niedriger ist auch die Arbeitslosigkeit einer Volkswirtschaft.

AUFGABEN

1. Warum benötigt eine arbeitsteilige Volkswirtschaft ein Ordnungssystem zur Koordinierung des Wirtschaftsablaufs?

2. Die freie Marktwirtschaft ist ein idealtypisches Modell. Dem Modell am nächsten kam der Industriekapitalismus (Frühkapitalismus) des 19. Jahrhunderts.

   2.1 Erläutern Sie, was unter einer freien Marktwirtschaft zu verstehen ist!

   2.2 Erklären Sie den Begriff Kapitalismus!

   2.3 Erläutern Sie den Begriff Liberalismus und begründen Sie, warum der Liberalismus die ideologische Grundlage der freien Marktwirtschaft ist!

   2.4 Beschreiben Sie in Stichworten positive und negative Erscheinungen des Kapitalismus des 19. Jahrhunderts!

   2.5 Bilden Sie Beispiele für die liberale Ansicht, dass das Einzelinteresse dem Gesamtinteresse entspreche!

   2.6 Wer bestimmt die Produktionsziele in einer freien Marktwirtschaft?

3. Die Missstände des Frühkapitalismus, vor allem die Verelendung breiter Massen, führten zur Entstehung neuer ökonomischer Konzeptionen. Die bedeutendste war die von KARL MARX (1818 – 1883), der eine Gesellschaft ohne Privateigentum an den Produktionsmitteln und damit die Abschaffung des Gewinnstrebens forderte. Die ideologische Grundlage seiner Konzeption war der Kollektivismus.

3.1 Wer war Karl Marx?

3.2 Warum folgt aus der Grundhaltung des Kollektivismus zwangsläufig die Idee der Zentralverwaltungswirtschaft?

3.3 Wer bestimmt die Produktionsziele in einer Zentralverwaltungswirtschaft?

4. Lesen Sie sorgfältig nachstehende Zitate. Stellen Sie fest, ob diese Zitate von Anhängern der freien Marktwirtschaft oder von Verfechtern der Zentralverwaltungswirtschaft stammen. Begründen Sie Ihre Ansicht!

4.1 „Da nun jedermann nach Kräften sucht, sein Kapital in der heimischen Erwerbstätigkeit anzulegen und diese selbst so zu leiten, dass ihr Erzeugnis den größten Wert erhält, so arbeitet auch jeder notwendig dahin, das jährliche Einkommen der Gesellschaft so groß zu machen, als er kann. Allerdings strebt er in der Regel nicht danach, um wie viel er es fördert. Auch ist es nicht eben ein Unglück für die Gesellschaft, dass dies nicht der Fall war. Verfolgt er sein eigenes Interesse, so fördert er das der Gesellschaft weit wirksamer, als wenn er diese wirklich zu fördern beabsichtigt. ... Ein Staatsmann, der sich einfallen ließe, Privatleuten darüber Vorschriften zu geben, auf welche Weise sie ihre Kapitalien anlegen sollen, würde sich nicht allein eine höchst unnötige Fürsorge aufladen, sondern sich auch eine Autorität anmaßen, die keinem Senate oder Staatsrate, geschweige denn einem einzelnen Manne mit Sicherheit überlassen werden könnte, und nirgends so gefährlich sein würde als in der Hand eines Mannes, der töricht und dünkelhaft genug wäre, um sich für fähig zu halten, sie auszuüben."

4.2 „Alle aber fürchten Armut und Deklassierung. Dass der Gesichtspunkt der Rentabilität die Produktion beherrscht, beweist also nicht, dass die eigentlichen Motive heute weniger mannigfaltig sind als zu anderen Zeiten. Dieser Umstand beweist nur, dass wir in der Rentabilität einen zuverlässigen und unersetzlichen Maßstab dafür haben, ob sich ein Unternehmen in den volkswirtschaftlichen Gesamtzusammenhang einordnet oder nicht. Die Herrschaft der Rentabilität bewirkt, dass ein Unternehmer, der sich einfügt, vom Markte belohnt, und ein Unternehmer, der sich nicht einfügt, vom Markte bestraft wird."

4.3 „Die Verteilung nach der Leistung ist ein objektives ökonomisches Gesetz. ... Da das gesellschaftliche Produkt das Ergebnis der Arbeit der Mitglieder der Gesellschaft ist, kann nur die für die Gesellschaft geleistete Arbeit der Maßstab ...der Verteilung und damit die Grundlage für die Befriedigung individueller Bedürfnisse sein."

5. **Arbeitsauftrag**: Stellen Sie die Ordnungsmerkmale der sozialen Marktwirtschaft denen des Modells der freien Marktwirtschaft und denen des Modells der Zentralverwaltungswirtschaft nach folgendem Muster gegenüber:

Ordnungsmerkmale (Kriterien)	Freie Marktwirtschaft	Zentralverwaltungswirtschaft	Soziale Marktwirtschaft
1. Rolle des Staates 2. ...			

Unterscheiden Sie die genannten Wirtschaftsordnungen z.B. anhand folgender Merkmale: Rolle des Staates, Erstellung der Wirtschaftspläne, Entscheidungen der Produzenten, Entscheidungen der Konsumenten, Gestaltung des internationalen Handels, Vertragsrecht, Funktion des Geldes, Eigentum an den Produktionsmitteln, Berufswahl, Arbeitsplatzwahl, Freizügigkeit, Rolle der Märkte.

6. Zeigen Sie mithilfe von sechs selbst gewählten Beispielen die Wechselwirkungen zwischen Wirtschafts- und Gesellschaftsordnung!

7. Stellen Sie mögliche Zielkonflikte in der sozialen Marktwirtschaft dar! Leiten Sie diese aus dem Spannungsverhältnis zwischen dem Ziel der größtmöglichen Freiheit einerseits und dem Ziel des sozialen Ausgleichs andererseits ab!

8. Beurteilen Sie folgende Zielsetzungen in der sozialen Marktwirtschaft aus der Sicht des Grundgesetzes:

   a) dezentrale Steuerung der Wirtschaft,
   b) gerechte Einkommens- und Vermögensverteilung,
   c) Chancengleichheit,
   d) Mitbestimmung der Arbeitnehmer,
   e) Recht auf Arbeit,
   f) Sozialisierung (Verstaatlichung) der Produktionsmittel und des Grund und Bodens,
   g) Tarifautonomie.

4 Hartmann-Härter-Seifert - ISBN 978-3-8120-0412-1

2 Volkswirtschaftliche Produktionsfaktoren

Produzieren im volkswirtschaftlichen Sinne heißt Beschaffen, Erzeugen und Verteilen von Gütern. Jede Produktion geht auf die Vereinigung der beiden Grundelemente **Natur**[1] und menschliche **Arbeit** zurück. Diese beiden Grundelemente werden daher auch als **ursprüngliche (= originäre) Produktionsfaktoren**[2] bezeichnet.

■ **Produktionsfaktoren** sind alle Grundelemente, die bei der Produktion mitwirken.

2.1 Produktionsfaktor Arbeit

Wir leben nicht im Schlaraffenland, in dem uns die gebratenen Tauben in den Mund fliegen. Selbst dort, wo uns die Natur die Früchte bereitstellt, ohne dass sie angebaut werden müssen (z.B. Pilze, Waldbeeren), bedarf es einer gewissen Anstrengung, sie zu suchen, zu pflücken und zuzubereiten. Es ist also geistige und körperliche Arbeit notwendig.

■ **Arbeit** im wirtschaftlichen Sinn ist die Erstellung wirtschaftlicher Güter, man kann auch sagen volkswirtschaftlicher Werte. Körperliche und/oder geistige menschliche Anstrengungen ohne volkswirtschaftlichen Wert stellen demnach keine Arbeit im ökonomischen Sinn dar.

Beispiel:

Arbeit im ökonomischen Sinn ist z.B. das Mitwirken an der Herstellung von Industrieprodukten, der Verkauf von Waren, das Vermitteln von Kenntnissen und Fertigkeiten. Keine Arbeit im ökonomischen Sinn ist z.B. das Sporttreiben zum Privatvergnügen, das Schreiben von Berichten ins Tagebuch, das Lösen von Kreuzworträtseln usw.

Die Arbeit dient dem Lebensunterhalt, indem mit ihrer Hilfe a) *unmittelbar* Konsumgüter und b) *mittelbar* Produktionsgüter erzeugt werden. In der heutigen arbeitsteiligen Wirtschaft nutzt der Arbeitende die von ihm erzeugten Güter in den seltensten Fällen selbst. Als **Unselbstständiger** (Arbeitnehmer) erhält er vielmehr einen **Geldlohn,**[3] mit dessen Hilfe er die von ihm gewünschten bzw. benötigten Güter kaufen kann. Als **Selbstständiger** (Unternehmer, Arbeitgeber) verbleibt ihm, falls er gut gewirtschaftet hat, ein **Gewinn,** der zum Kauf von Produktions- oder Konsumgütern verwendet werden kann.

1 Da der Boden bei der Produktion eine ganz wesentliche Rolle spielt, wird meist statt vom Produktionsfaktor „Natur" vom Produktionsfaktor „Boden" gesprochen.

2 Faktor = „Mitbewirker".

3 Mit Lohn im volkswirtschaftlichen Sinne ist stets das Entgelt für unselbstständige (abhängige) Arbeit gemeint.

2.1.1 Arbeitsmarkt

In den Kapiteln 1.3.2 und 1.3.4 haben wir gesehen, dass in der Marktwirtschaft der Markt die Funktion hat, Angebot und Nachfrage zusammenzuführen und zum Ausgleich zu bringen. Der Arbeitsmarkt ist in Deutschland in diesem Sinne schon seit vielen Jahren nicht funktionsfähig. Angebot und Nachfrage befinden sich in einem Ungleichgewicht.

Neben dem konjunkturellen Auf und Ab[1] gibt es eine ganze Reihe weiterer Ursachen, von denen die Entstehung struktureller[2] Ungleichgewichte die wichtigste (und am schwierigsten zu bekämpfende) ist.

Zum besseren Verständnis der Zusammenhänge gehen wir zunächst von einer Wirtschaft aus, die sich im strukturellen Gleichgewicht befindet (stark vereinfachendes Beispiel).

■ **Strukturelles Gleichgewicht** liegt vor, wenn alle Wirtschaftsstufen und -bereiche harmonisch aufeinander abgestimmt sind und sich Arbeitsangebot und -nachfrage in den verschiedenen Sektoren der Wirtschaft ausgleichen.

Beispiel 1:

Ein strukturelles Gleichgewicht liegt dann vor, wenn z.B. die Nachfrage der Lebensmittelfabriken und privaten Haushalte nach landwirtschaftlichen Erzeugnissen so groß ist, dass die landwirtschaftlichen Betriebe ihre Kapazität voll auslasten können, aber keine Über- oder Unterproduktion besteht und außerdem alle Arbeitskräfte, die in der Landwirtschaft arbeiten wollen, einen Arbeitsplatz finden.

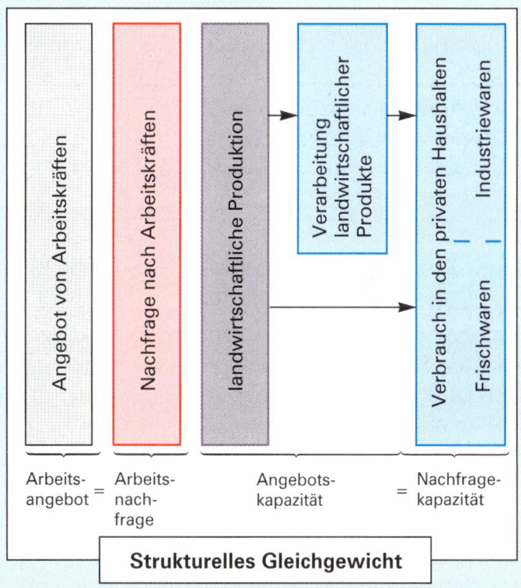

■ **Strukturelles Ungleichgewicht** liegt vor, wenn Wirtschaftsstufen und/oder -bereiche nicht aufeinander abgestimmt sind und/oder sich Arbeitsangebot und -nachfrage nicht in allen Sektoren der Wirtschaft ausgleichen.[3]

---

1 Siehe Kapitel 9.

2 Struktur = Aufbau. Zur strukturellen Arbeitslosigkeit siehe Kapitel 10.2.4 ff.

3 Sind Strukturungleichgewichte in einer Volkswirtschaft so groß, dass hohe Dauerarbeitslosigkeit herrscht, spricht man von **Strukturkrise**.

Beispiel 2:

Strukturelles Ungleichgewicht ist beispielsweise dann gegeben, wenn die Nachfrage der Lebensmittelfabriken und privaten Haushalte nach landwirtschaftlichen Erzeugnissen geringer ist als die Kapazität der landwirtschaftlichen Betriebe. Es entstehen Überkapazitäten. Die Folge ist eine **strukturelle Arbeitslosigkeit,** die dann langfristig anhält, wenn die freigesetzten Arbeitskräfte trotz Umschulungsmaßnahmen nicht in anderen Wirtschaftsbereichen beschäftigt werden können. Zu der beruflichen Immobilität[1] tritt die räumliche Immobilität: Die freigewordenen Arbeitskräfte sind häufig nicht bereit, ihren Wohnort zu wechseln. Somit kann man auch von strukturellem Ungleichgewicht sprechen, wenn Arbeitsangebot und Arbeitsnachfrage räumlich auseinanderklaffen: Gegenden mit Arbeitskräftemangel stehen Gegenden mit Arbeitskräfteüberschuss (Arbeitslosigkeit) gegenüber.

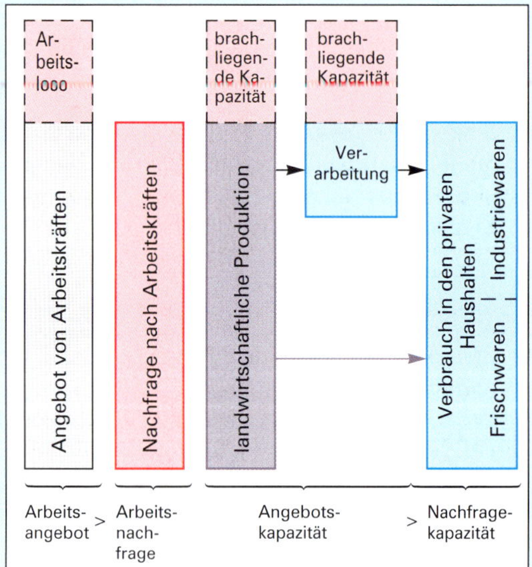

Strukturelles Ungleichgewicht

2.1.2 Einflussfaktoren auf das Arbeitskräfteangebot

Lohnhöhe

Der Preis für die unselbstständige Arbeit ist der Lohn. Er stellt für den Unternehmer *Kosten* dar. Den Arbeitnehmer hingegen versetzt er in die Lage, seine Existenzbedürfnisse zu befriedigen und darüber hinaus ein menschenwürdiges Leben zu führen.

Das **Arbeitsangebot** (die Zahl der Arbeitsuchenden und/oder die Zeitdauer, die die Arbeitswilligen zu arbeiten bereit sind) hängt u.a. von der **Lohnhöhe** ab **(„Gesetz des Angebots"):**

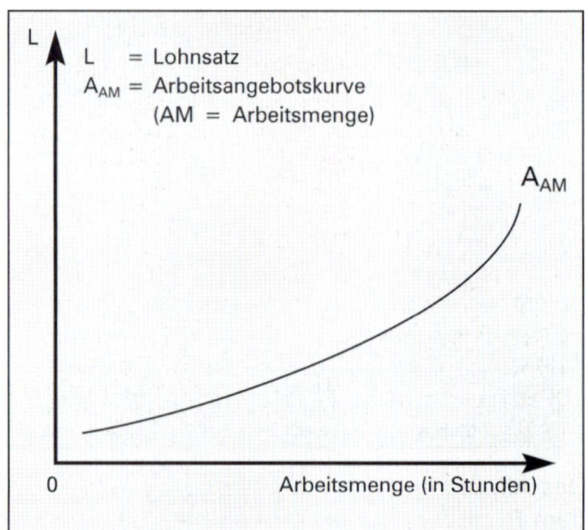

Normale Arbeitsangebotskurve

1 Immobilität = Unbeweglichkeit.

- Steigt der Lohnsatz (Lohnbetrag je Zeiteinheit, z.B. je Stunde), steigt auch das Arbeitsangebot. Der Grund: Bei steigenden Lohnsätzen lohnt es sich, mehr zu arbeiten. Außerdem werden zusätzliche ausländische Arbeitskräfte **(Gastarbeiter)** angezogen, die das Arbeitskräfteangebot insgesamt erhöhen.

- Sinkt der Lohnsatz, sinkt auch das Arbeitsangebot. Es lohnt sich beispielsweise nicht mehr, Überstunden zu leisten. Hausfrauen verzichten auf Halbtagsarbeit, Schüler und Studenten auf „Ferienjobs“. Sinkt der Lohnsatz gar unter das ausländische Niveau, wandern Arbeitskräfte ab.

Bevölkerungsstruktur

Die Bevölkerungspyramide verdeutlicht den Altersaufbau der Bewohner eines Landes **(= Wohnbevölkerung)**, getrennt nach Geschlechtern. Die Bevölkerungsstruktur von Deutschland ist besonders durch die Folgen der beiden Weltkriege gekennzeichnet. Eine weitere Besonderheit ist der Geburtenrückgang seit Mitte der 60er Jahre.

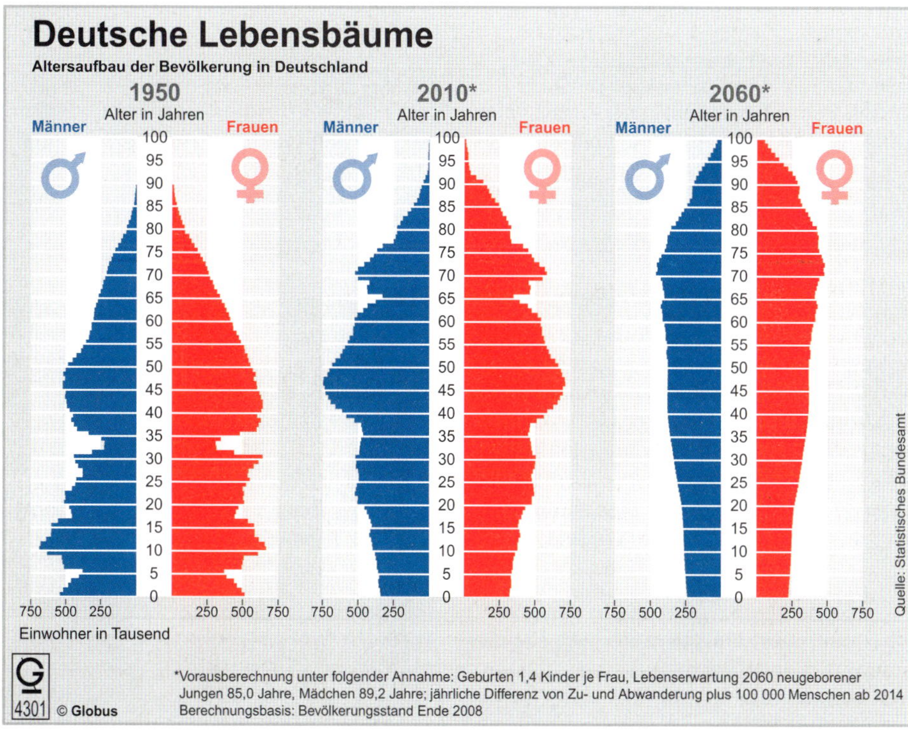

Das Altern der heute stark besetzten mittleren Jahrgänge in Deutschland bei gleichzeitig andauerndem Rückgang der Geburtenzahlen führt zu gravierenden Verschiebungen in der Altersstruktur der Bevölkerung Deutschlands. Gegenwärtig ist jeder Fünfte (20 Prozent) über 64 Jahre alt; 2060 wird es gut jeder Dritte (34 Prozent) sein. Es werden doppelt so viele 70-Jährige leben, wie Kinder geboren werden. Insgesamt wird die bereits seit 2003 sinkende Bevölkerungszahl in Deutschland weiter abnehmen. Die Zahl der Gestorbenen wird die Zahl der Geburten immer stärker übersteigen. Dieses wachsende Geburtendefizit wird sich nach Ansicht von Experten auch nicht durch Zuwanderung ausgleichen.

Wenn wir, ausgehend von der Wohnbevölkerung, die Personen ermitteln wollen, welche ihre Arbeitskraft dem Arbeitsmarkt zur Verfügung stellen, müssen wir zunächst berücksichtigen, dass die Menschen unter 15 nicht arbeiten dürfen und Menschen über 65 in der Regel aus Alters- oder Gesundheitsgründen nicht mehr arbeiten wollen oder können bzw. dürfen.

Einwohner und Erwerbsbeteiligung in 1000 (Inländerkonzept)[1]

Arbeitsmarktdaten	2006	2007	2008	2009	2010	2011
Einwohner	82366	82263	82120	81875	81755	81780
Erwerbspersonen	43241	43252	43352	43399	43321	43538
Erwerbslose	4245	3601	3136	3228	2946	2501
Erwerbstätige	38996	39651	40216	40171	40375	41037
Arbeitnehmer	34605	35215	35783	35762	35964	36499
Selbstständige	4391	4436	4433	4409	4411	4538

Der restliche Personenkreis **(= Erwerbsbevölkerung)** könnte seine Arbeitskraft rein theoretisch anbieten, macht dies aber aus vielerlei Gründen nur teilweise. Zum Beispiel sind die über 65-Jährigen im Ruhestand, ein großer Teil der 15- bis 25-Jährigen befindet sich noch in der Ausbildung und in manchen Zwei- und Mehrpersonenhaushalten gibt es nur einen „Alleinverdiener". Die Veränderung des Erwerbsverhaltens innerhalb dieser Gruppe wird sich in Zukunft auf das **Potenzial der Erwerbspersonen** sehr stark auswirken.

Werden vom Erwerbspersonenpotenzial die Personen im Vorruhestand und die Teilnehmer an Fortbildung und Umschulungen abgezogen, erhält man die **Erwerbspersonen.**

Da die Arbeitsleistung der Erwerbspersonen in unterschiedlicher zeitlicher Dauer verrichtet wird, muss bei der Ermittlung der Kapazität des Arbeitskräfteangebots noch die individuelle Arbeitszeit der Erwerbspersonen berücksichtigt werden.[2]

Der deutsche Arbeitsmarkt im Jahr 2010[3]		
Wohnbevölkerung (Anfang 2010)[4]		81802
+ Netto-Zuwanderung		129
– Regeneration		180
= **Wohnbevölkerung (Ende 2010)**		81751
– unter 15- und über 65-Jährige[5]		27785
= **Erwerbsbevölkerung**		53966
– Schüler, Studierende, Hausfrauen, Hausmänner		9140
= **Erwerbspersonenpotenzial**[6]		**44826**
– stille Reserve insgesamt[7]		1483
darunter stille Reserve i. e. S. (z. B. nichtregistrierte Arbeitslose)	19	
aktive und berufliche Eingliederung[8]	225	
Qualifizierung	275	

1 Quelle: www.destatis.de

2 Die tarifliche Jahres-Sollarbeitszeit für einen Industriearbeiter hat 2004 in Westdeutschland 1601 Stunden betragen, in den USA 1920 Stunden (Quelle: Institut der deutschen Wirtschaft, Köln, August 2009).

3 Amtliche Nachrichten der Bundesagentur für Arbeit, 58. Jg., Sondernummer 2, Arbeitsmarkt 2010, S. 53 (Zahlen sind Jahresdurchschnittswerte).

4 Statistisches Bundesamt, Fachserie 1, Reihe 1.3, Bevölkerung und Erwerbstätigkeit 2010. Wiesbaden 2012, S. 10.

5 Statistisches Bundesamt, Fachserie 1, Reihe 1.3, Bevölkerung und Erwerbstätigkeit 2010. Wiesbaden 2012, S. 19.

6 Amtliche Nachrichten der Bundesagentur für Arbeit, a.a.O., S. 58.

7 Amtliche Nachrichten der Bundesagentur für Arbeit, a.a.O., S. 35.

8 Amtliche Nachrichten der Bundesagentur für Arbeit, a.a.O., S. 85.

Der deutsche Arbeitsmarkt im Jahr 2010		
Förderung von Beschäftigung am 2. Arbeitsmarkt	346	
Förderung der Selbstständigkeit	154	
Vorruhestandsregelungen	380	
kurzfrisitge Arbeitsunfähigkeit	84	
= **Erwerbspersonen**		**43 343**
– registrierte Arbeitslose		3 238
+ Arbeitslose mit Nebenjob		378
= **Erwerbstätige** (Inlandskonzept)		**40 483**

Das Arbeitskräfteangebot wird sich voraussichtlich in den nächsten Jahren trotz des Geburtenrückgangs durch die Erhöhung des Rentenalters, die Kürzung der Ausbildungszeiten und die zunehmende Berufstätigkeit der Frauen erhöhen. Doch bereits in ca. 15 Jahren wirkt sich der Bevölkerungsrückgang so aus, dass die Zahl der Erwerbspersonen sinkt.

Nimmt die Wohnbevölkerung durch eine Nettozuwanderung[1] von jährlich 300 000 Personen zu, verläuft das Arbeitskräfteangebot auf einem höheren Niveau.

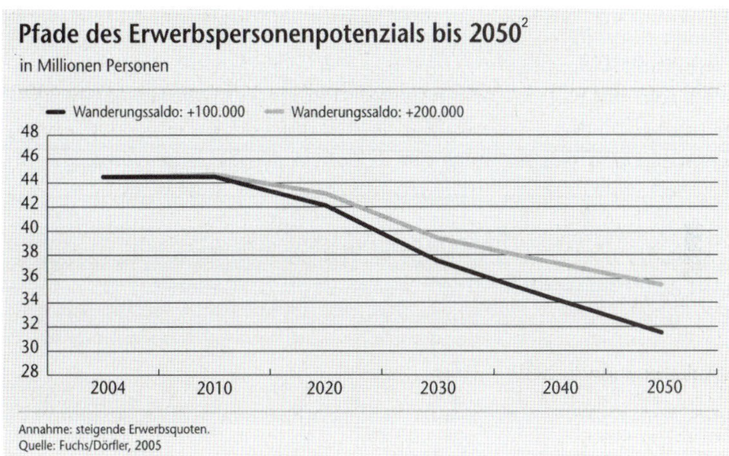

Qualität des Faktors Arbeit

Anhand eines einfachen **Beispiels** wird deutlich, dass das Arbeitskräfteangebot auch unter dem qualitativen Aspekt gesehen werden muss:

Wir teilen die Arbeit in nur fünf Qualifikationsstufen ein. Außerdem unterstellen wir, dass Arbeitsangebot und Arbeitsnachfrage räumlich *nicht* auseinanderfallen. Vollbeschäftigung herrscht, wenn das gesamte Arbeitskräftepotenzial (Erwerbspersonenpotenzial) seinen Qualifikationen entsprechende Arbeitsplätze besetzen kann.

1 Nettozuwanderung ist die Differenz zwischen Zuwanderung und Abwanderung.

2 Die Zukunft der Arbeit in Deutschland; Institut der deutschen Wirtschaft, Köln 2008, S. 132.

Arbeitskräftepotenzial (22 Mio.)		Arbeitsplätze (22 Mio.)	
hoch qualifizierte Arbeit	2 Mio.	hoch qualifizierte Arbeit	2 Mio.
qualifizierte Arbeit	5 Mio.	qualifizierte Arbeit	5 Mio.
gelernte Arbeit	10 Mio.	gelernte Arbeit	10 Mio.
angelernte Arbeit	2,5 Mio.	angelernte Arbeit	2,5 Mio.
ungelernte Arbeit	2,5 Mio.	ungelernte Arbeit	2,5 Mio.

Arbeitsmarktgleichgewicht

Klaffen qualitative Arbeitsnachfrage und qualitatives Arbeitsangebot auseinander, ist „der" Arbeitsmarkt im Ungleichgewicht. Im nachfolgenden Beispiel herrscht Arbeitslosigkeit, obwohl das quantitative Arbeitskräftepotenzial der quantitativen Arbeitsnachfrage entspricht. **Arbeitskräftemangel** besteht bei qualifizierter und gelernter Arbeit (2 Mio.). Bei angelernter und ungelernter Arbeit besteht hingegen **Arbeitslosigkeit** (2 Mio.).

Arbeitskräftepotenzial (22 Mio.)		Arbeitsplätze (22 Mio.)	
hoch qualifizierte Arbeit	2 Mio.	hoch qualifizierte Arbeit	2 Mio.
qualifizierte Arbeit	5 Mio.	qualifizierte Arbeit	6 Mio.
gelernte Arbeit	10 Mio.	gelernte Arbeit	11 Mio.
angelernte Arbeit	2,5 Mio.	angelernte Arbeit	2 Mio.
ungelernte Arbeit	2,5 Mio.	ungelernte Arbeit	1 Mio.

Arbeitsmarktungleichgewicht

Berufliche Mobilität[1]

Ein **Marktungleichgewicht,** so, wie es beschrieben worden ist, ist nicht leicht zu beheben, weil es meist an der **beruflichen Mobilität** fehlt. Sie ist umso geringer, je weniger die Berufe miteinander verwandt sind. So wird es beispielsweise trotz hoher und höchster Einkommen der Zahnärzte kaum vorkommen, dass ein Schreiner Zahnarzt wird. Umgekehrt wird sich ein arbeitsloser Jurist kaum dazu bereitfinden, Koch zu werden.

1 Mobilität = Beweglichkeit. Immobilität = Unbeweglichkeit. Zur Immobilität siehe Kapitel 10.2.4.5.

Den Höherqualifizierten gehört die Zukunft. Im Jahr 2030 werden fast 24 Prozent aller Arbeitskräfte in Deutschland über einen Hochschul- bzw. Fachhochschulabschluss verfügen. Heute (2010) sind es nur gut 17 Prozent. Das geht aus einer Studie des Bundesinstituts für Berufsbildung in Zusammenarbeit mit dem Institut für Arbeitsmarkt- und Berufsforschung hervor. Bei den Fachkräften der mittleren Ebene – also Männer und Frauen mit Fachschulabschluss, Meistertitel oder Technikerprüfung – könnte es der Studie zufolge Engpässe geben, denn ihr Anteil ist mit unter zehn Prozent auch in Zukunft praktisch unverändert. Schwierig bleibt die Situation für Arbeitskräfte ohne abgeschlossene Berufsausbildung. Ihre Beschäftigungschancen werden sich auch durch die demografische Entwicklung nicht verbessern; im Gegenteil: Der Bedarf der Wirtschaft werde leicht sinken. Die Bildungsforscher sehen hier die Möglichkeit, gerade für jüngere Erwerbspersonen durch frühzeitige Nachqualifizierung die Chancen auf dem Arbeitsmarkt zu verbessern.

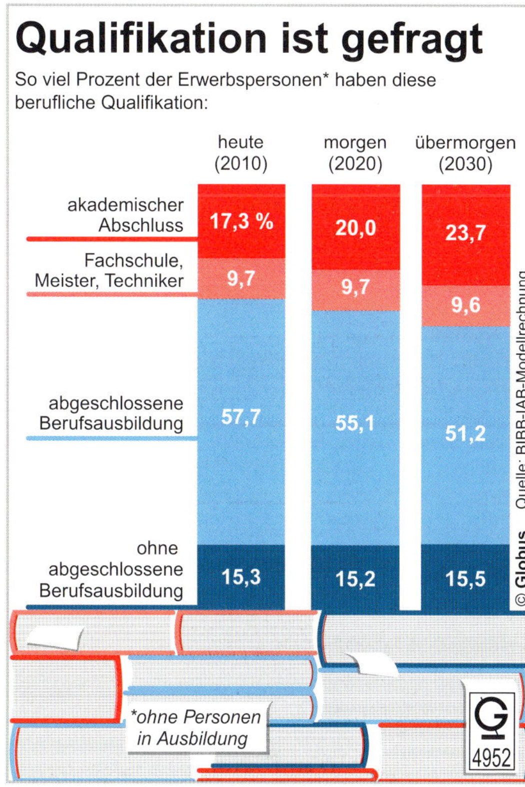

Räumliche Mobilität

Arbeitsangebot und Arbeitsnachfrage können nicht nur quantitativ und qualitativ, sondern auch räumlich auseinanderfallen. So mag es z.B. sein, dass bundesweit in einem bestimmten Beruf die Zahl der offenen Stellen der Zahl der Arbeitslosen entspricht. Dennoch herrscht Arbeitslosigkeit, weil es an **räumlicher Mobilität** der Arbeitskräfte fehlt.

Beispiel:

In Hamburg werden dringend Baufacharbeiter gesucht, in Augsburg hingegen sind zahlreiche Baufacharbeiter arbeitslos. Die Arbeitslosigkeit könnte beseitigt werden, wenn die Arbeitslosen bereit wären, nach Hamburg zu ziehen.

Die florierende Wirtschaft und die gut gefüllten Auftragsbücher der Unternehmen wirken sich auch auf die Nachfrage nach Arbeitskräften aus: Im letzten Quartal 2011 waren über eine Million Stellen neu zu besetzen. Das ergab eine Untersuchung des Nürnberger Instituts für Arbeitsmarkt- und Berufsforschung (IAB). Nach Berechnungen der Arbeitsmarktexperten war die Zahl der gesuchten Mitarbeiter mit 1 131 000 um 135 000 höher als vor einem Jahr und um gut 200 000 höher als im Vorquartal.

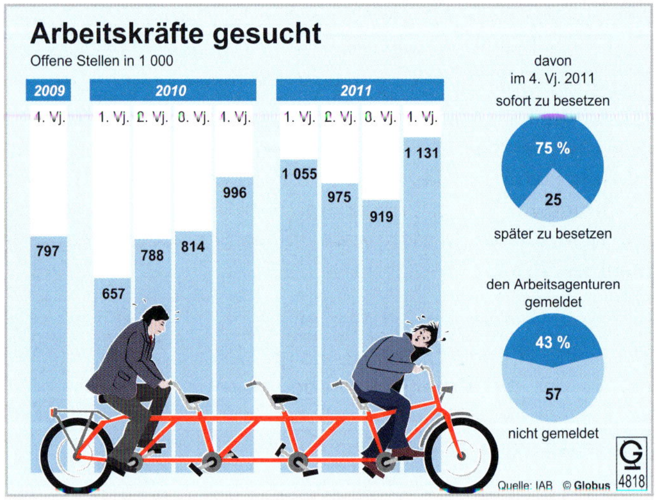

2.1.3 Einflussfaktoren auf die Arbeitskräftenachfrage

Rentabilität der Arbeit

Die Arbeitsnachfrage hängt u.a. von der **Rentabilität der Arbeit** ab. Hierunter versteht man den prozentualen Anteil des auf die Beschäftigung einer zusätzlichen Arbeitskraft zurückzuführenden Reingewinns an den Lohnkosten für diese Arbeitskraft.

Beispiel:

Angenommen, der Meister einer „Herrgottsschnitzerei" will seinen Betrieb erweitern und zusätzliche Arbeitskräfte einstellen. Der Absatz wäre gesichert. Der Absatzpreis je geschnitzter Figur beträgt 75,00 GE, die anteiligen Kosten *ohne* Lohnkosten belaufen sich auf 58,00 GE.

Folgende Bewerber, die sich einer mehrtägigen Probearbeit unterzogen haben, meldeten sich:

Bewerber	Durchschnittliche Leistung je Stunde in Stück	Zusätzlicher Ertrag je Stunde (ohne Lohnkosten) in GE	Lohnsatz (in GE je Stunde)	Zusätzlicher Gewinn bzw. Verlust je Arbeitsstunde in GE	Rentabilität der Arbeit
Moosbrucker	1,3	22,10[1]	20,00	2,10	10,50 %[2]
Niedermoser	1,25	21,25	20,00	1,25	6,25 %
Obrecht	1,2	20,40	20,00	0,40	2,00 %
Pechleitner	1,1	18,70	20,00	– 1,30	–
Quengel	1,0	17,00	20,00	– 3,00	–

1 Der Verkaufspreis je Figur beträgt 75,00 GE, die anteiligen Kosten (ohne Lohnkosten) belaufen sich auf 58,00 GE. Es verbleiben somit 17,00 GE. Da Moosbrucker in einer Stunde 1,3 Stück herstellt, erhöht sich dieser „Rohertrag" um 30% (17,00 GE · 1,3 = 22,10 GE).

2 (2,10 · 100) : 20 = 10,5%.

Aus der Tabelle auf S. 58 lässt sich zunächst entnehmen, dass der Meister unter den gegebenen Umständen drei zusätzliche Arbeitskräfte einstellen wird, nämlich Moosbrucker, Niedermoser und Obrecht, weil die Rentabilität der Arbeit positiv ist.

Die Arbeitsnachfrage (Nachfrage nach Arbeitskräften) hängt aber nicht nur von der **Produktivität der Arbeit** (Spalte 2), sondern auch von der **Lohnhöhe** (Spalte 4) ab. Eine nur 10 %ige Erhöhung des Lohnsatzes von bisher 20,00 GE auf 22,00 GE würde die Arbeitsnachfrage verringern. Für unseren Handwerksbetrieb würde sich nur noch die Einstellung von Moosbrucker lohnen, während die Einstellung von Niedermoser und Obrecht unrentabel würde.

Es lassen sich somit folgende Aussagen machen **(„Gesetz der Nachfrage")**:

- Je höher der Lohnsatz, desto geringer ist die Arbeitsnachfrage. Der Grund: Der Einsatz zusätzlicher Arbeitskräfte wird immer unrentabler.
- Je niedriger der Lohnsatz, desto größer ist die Arbeitsnachfrage. Der Grund: Der Einsatz zusätzlicher Arbeitskräfte wird immer rentabler.

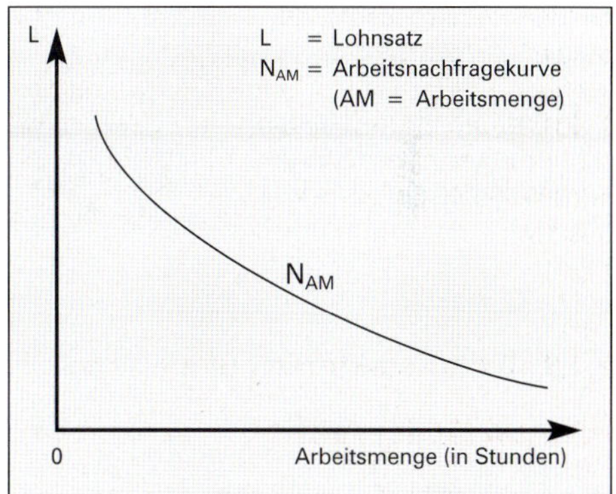

Normale Arbeitsnachfragekurve

Bei der Lohnhöhe darf nicht nur der Betrag angesetzt werden, welcher dem Arbeitnehmer als Bruttolohn bzw. Bruttogehalt zusteht, sondern auch alle zusätzlichen Personal- und Sozialaufwendungen **(Lohnnebenkosten).**

Wenn der Chef mit seinem Mitarbeiter über Lohn und Gehalt redet, diskutieren sie oft aneinander vorbei. Der Arbeitgeber stöhnt über die hohen Lohnkosten, der Arbeitnehmer beklagt sein niedriges Nettoeinkommen. Und in der Tat: Vom Aufwand für Arbeit, wie ihn das Unternehmen in seiner Kostenrechnung kalkuliert, landet nur gut die Hälfte (54 Prozent) auf dem Konto des Arbeitnehmers. Durchschnittlich 3014,00 EUR im Monat mussten die Arbeitgeber im Jahr 2011 für jeden abhängig Beschäftigten kalkulieren. Davon sind nur 2457,00 Euro brutto auf der monatlichen Lohn- und Gehaltsabrechnung ausgewiesen. Unsichtbar für den Arbeitnehmer bleiben jene 557,00 EUR, die der Betrieb als Arbeitgeberbeiträge an die Sozialkassen abführt. Nach Abzug der Lohnsteuer und der Arbeitnehmerbeiträge zur Renten-, Arbeitslosen-, Kranken- und Pflegeversicherung bleiben dem Beschäftigten 1628,00 EUR netto im Monat. Fazit: Der Betrieb wendet 3014,00 EUR auf, der Beschäftigte erhält 1628,00 EUR. Den Unterschied zwischen Lohnkosten und Nettolohn – in diesem Beispiel 1386,00 EUR – kassieren der Staat und die Sozialversicherung.

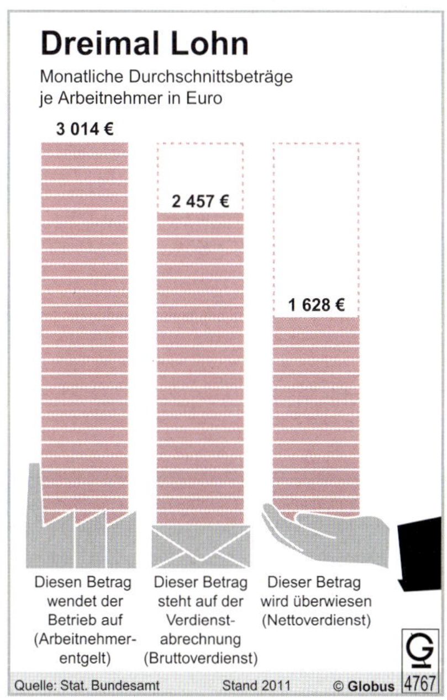

Aber noch eine andere Rentabilitätsüberlegung spielt für die Entwicklung auf den Arbeitsmärkten eine Rolle, nämlich der Rentabilitätsvergleich zwischen dem Einsatz menschlicher Arbeitskraft einerseits und dem Einsatz von Maschinen andererseits.[1] Je teurer die menschliche Arbeitskraft wird (je höher die Lohnsätze steigen), desto stärker wird die menschliche Arbeitskraft durch kostensparende Maschinen ersetzt. Man spricht von **Rationalisierungsinvestitionen.**[2] Finden die aufgrund von Rationalisierungsinvestitionen entlassenen Arbeitskräfte keine neuen Arbeitsplätze, spricht man von **technologischer Arbeitslosigkeit.**

Güternachfrage

Die Nachfrage nach Arbeitskräften hängt auch von der Auftragslage der Betriebe ab, was wiederum viele Gründe haben kann:

- Durch Mode- oder Geschmackswandel sowie durch Sättigungserscheinungen (z.B. weniger Neubedarf und lediglich Ersatzbedarf an langlebigen Konsumgütern) verändert sich die Güternachfrage.
- Der Geburtenrückgang hat Nachfrageausfälle zur Folge.
- Zuwächse beim Realeinkommen schlagen sich in steigenden Umsatzzahlen der Unternehmen nieder.
- Die Auslandsnachfrage hat in der exportabhängigen deutschen Wirtschaft ein großes Gewicht.
- In den letzten Jahren sank die Nachfrage nach inländischen Erzeugnissen aufgrund der Konkurrenz der Niedriglohnländer.

Investitionen

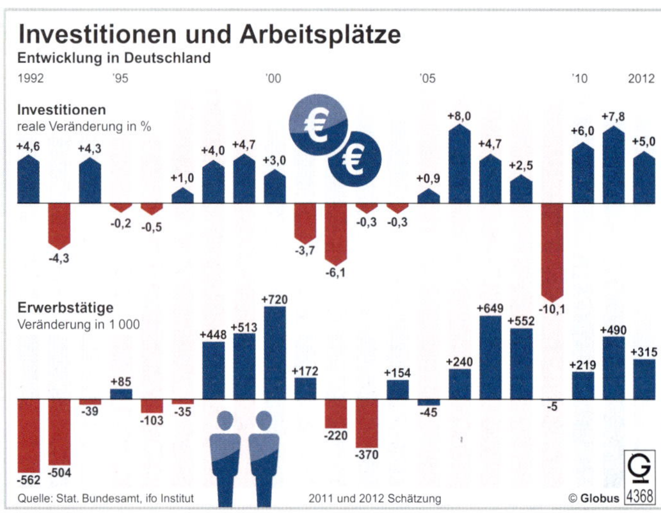

Die Entwicklung von Investitionen und Arbeitsplätzen geht Hand in Hand. Nur wenn die Unternehmen kräftig investieren, können zusätzlich Arbeitnehmer eingestellt werden.[3] Umgekehrt gilt: Die Einrichtung eines neuen Arbeitsplatzes kostet viel Geld. In der Regel investieren die Betriebe zuerst in Maschinen und Anlagen und stellen dann die Arbeiter und Angestellten ein, die sie bedienen. So erklärt sich der zeitliche Abstand zwischen dem Zuwachs der Investitionen und der Entlastung auf dem Arbeitsmarkt.

---

1 Vgl. Kapitel 2.7.

2 Rationalisieren = wörtl. vernünftig gestalten (von ratio = Vernunft); in der Wirtschaft heißt rationalisieren, „Kosten einsparen".

3 Dies gilt vor allem bei **Erweiterungsinvestitionen.** Bei reinen Rationalisierungsinvestitionen durch Substitution von (teuren) Arbeitskräften durch Maschinen (Automaten) werden im Endergebnis keine zusätzlichen Arbeitskräfte eingestellt.

Aufgaben

1. Was versteht man unter Arbeit im wirtschaftlichen Sinne?
2. Führen Sie Gründe auf, warum es für die meisten Menschen wichtig ist zu arbeiten!
3. Erläutern Sie anhand nebenstehender Abbildung die Begriffe Vollbeschäftigung, Überbeschäftigung und Unterbeschäftigung!

   Lösungshinweis: Lesen Sie auch das Kapitel 10.1!
4. Erklären Sie, was unter beruflicher Mobilität zu verstehen ist!
5. Definieren Sie die Begriffe „strukturelles Gleichgewicht" und „strukturelles Ungleichgewicht"!
6. Verdeutlichen Sie die Begriffe „strukturelles Gleichgewicht" und „strukturelles Ungleichgewicht" an zwei selbst gewählten Beispielen!

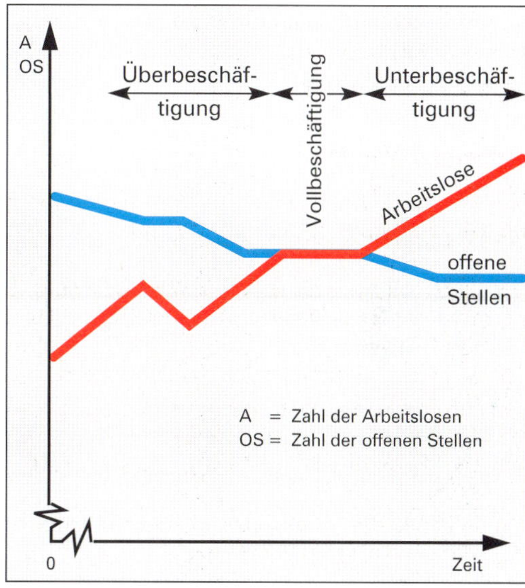

7. Erklären Sie die in der folgenden Abbildung gezeigte Entwicklung!

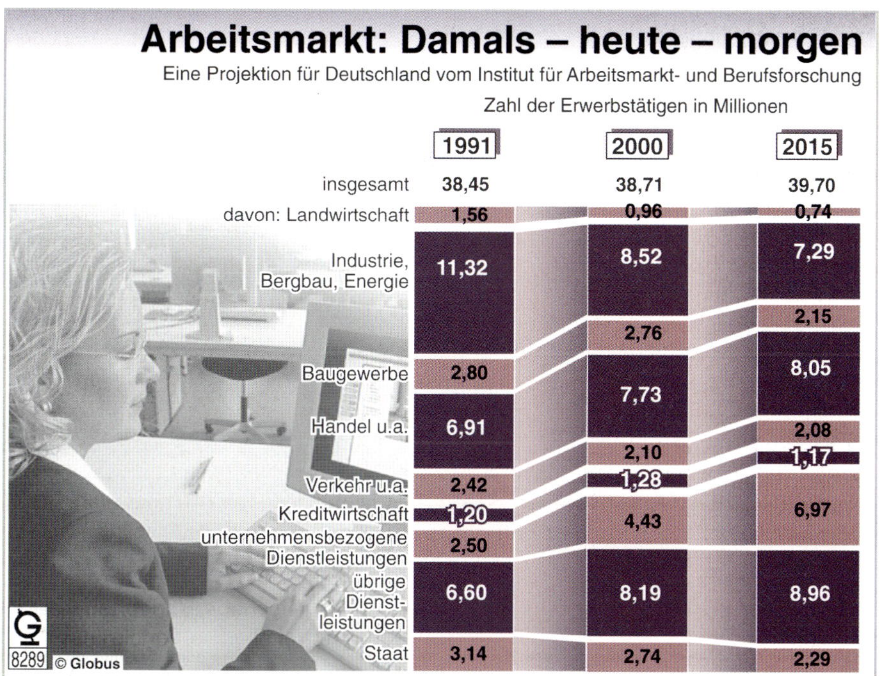

8. Schauen Sie sich die Grafik „Deutsche Lebensbäume" auf S. 53 an! Beschreiben Sie die Auswirkungen der „Lebensbäume" von 1950, 2010 und 2060 auf das Arbeitskräfteangebot und auf die Sozialversicherung!

9. Erörtern Sie verschiedene Möglichkeiten, wie der Staat die Zahl der Erwerbspersonen beeinflussen kann!

10. 10.1 Interpretieren Sie nebenstehende Grafik!

    10.2 Durch welche Maßnahmen könnte der Staat auf das Erwerbsverhalten seiner Bürger so einwirken, dass das Arbeitskräfteangebot sinkt?

    10.3 Beurteilen Sie derartige Maßnahmen!

11. Was können Sie persönlich tun, um die Gefahr einer späteren Arbeitslosigkeit zu verringern?

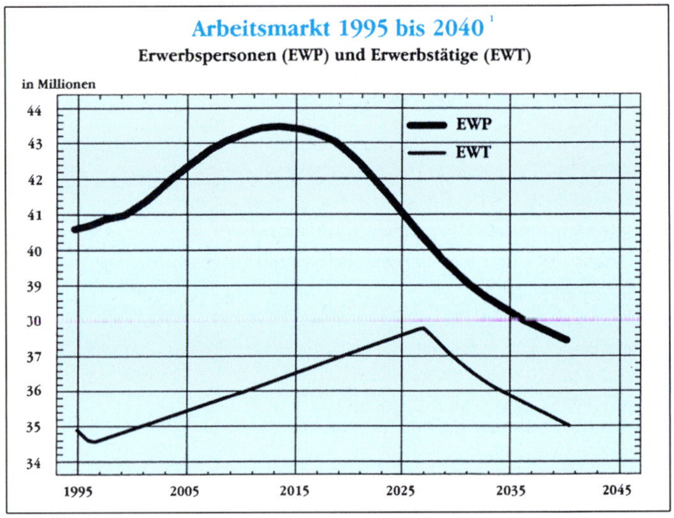

2.2 Arbeitsteilung

Wir wissen aus unserer täglichen Lebenserfahrung, dass in unserer Volkswirtschaft zahlreiche Betriebe Millionen von unterschiedlichsten Produkten herstellen, und dass weiterhin in jedem einzelnen dieser Betriebe eine Vielzahl von Menschen arbeitet, wobei wieder einzelne Gruppen von Menschen die unterschiedlichsten Arbeiten verrichten. Ein wichtiger Organisationsgrundsatz unserer Wirtschaft und Gesellschaft ist also die *Arbeitsteilung.* Wir wollen im Folgenden kurz untersuchen, *warum* dies so ist.

2.2.1 Bedeutung der Arbeitsteilung

Warum wird nun das Ergebnis der Arbeit (die Arbeitsproduktivität) gesteigert, wenn sich die Mitglieder einer Gesellschaft auf bestimmte Tätigkeiten spezialisieren? Hierzu ein einfaches Beispiel.

1 Reform des Sozialstaats, Institut der deutschen Wirtschaft, Köln 1997, S. 158.

Beispiel:

Angenommen, eine kleine Gruppe von Menschen lebt unter einfachen Bedingungen im Urwald. Sie besteht aus drei Männern, drei Frauen und zehn Kindern. Die Männer sind zuständig für die Herstellung von Jagdwaffen, für die Jagd und für das Sammeln von Früchten. Jeder der Männer arbeitet neun Stunden am Tag. A ist ein geschickter Jäger, B hat Routine im Herstellen von Jagdwaffen und C kann am besten die Früchte des Waldes beschaffen. Dennoch arbeiten A, B und C für sich allein, sodass die gesamte Produktion der Gruppe (ihr „Inlandsprodukt") je Arbeitstag nebenstehendes Ergebnis zeigt.

Arbeit \ Personen	A	B	C	Gesamtertrag
Waffen herstellen (in Stück)	2	3	1	6
Wild erlegen (in Stück)	5	3	4	12
Früchte sammeln (in kg)	1	2	3	6

Unterstellen wir weiter, dass unsere Waldbewohner bemerken, dass es für sie günstiger wäre, wenn sie sich auf die Tätigkeiten spezialisieren, die ihren *Fähigkeiten* am meisten entsprechen. Dann erhalten wir nebenstehendes Bild.

Arbeit \ Personen	A	B	C	Gesamtertrag
Waffen herstellen (in Stück)	–	9	–	9
Wild erlegen (in Stück)	15	–	–	15
Früchte sammeln (in kg)	–	–	9	9

Die Arbeitsteilung brachte also eine *Mehrproduktion* bei gleicher Arbeitsleistung, die ursächlich nicht auf eine Verbesserung der Qualität der Produktionsfaktoren, sondern auf eine verbesserte gesellschaftliche Organisation der Arbeit zurückzuführen ist.

2.2.2 Gesellschaftliche Arbeitsteilung (überbetriebliche Arbeitsteilung)

Familiäre Arbeitsteilung	Die Menschen der Frühzeit hatten bereits entdeckt, dass das Ergebnis der Arbeit gering ist, wenn jeder Einzelne alle erforderlichen Arbeiten für sich alleine erledigt. Vor allem die *familiäre Arbeitsteilung* fand schon sehr früh statt, indem die Frauen vorwiegend für Kleidung, für die Zubereitung der Speisen und die Erziehung der Kinder sorgten, die Männer indessen für die Beschaffung der Nahrung zuständig waren.
Berufsbildung	Den zweiten Schritt der Arbeitsteilung bezeichnet man auch als *Berufsbildung,* weil nunmehr bestimmte „Berufe" entstanden sind (Waffenschmied, Jäger, Sammler). Eine weitere Steigerung der Produktivität ist anzunehmen, weil durch die Spezialisierung die Routine zunimmt. Je dichter die Besiedlung wurde, desto mehr Berufe bildeten sich. Anfänglich waren diese Berufe noch wenig spezialisiert. So war z. B. der Bader[1] zugleich Friseur für Männer, Frauen und Kinder und Zahnarzt. Der Schmied erledigte nahezu alle Arbeiten, die mit Eisen zu tun hatten.

1 Bader = früher Barbier (Bartscherer, Friseur), Heilgehilfe.

Berufsspaltung	Infolge der weiteren technischen Entwicklung begannen sich die Grundberufe zu spalten. Aus dem einstigen Händler wurde der Einzelhändler, der Großhändler, Exporteur oder Importeur, aus dem Schlosser der Bauschlosser und Maschinenschlosser oder aus dem Bader der Herrenfriseur, der Damenfriseur und der Zahnarzt. Diese Spezialisierung – die man als *Berufsspaltung* bezeichnet – erhöhte weiterhin die Produktion, weil die ständige Wiederholung gleichartiger Tätigkeiten die Routine und damit die Fertigkeiten der Arbeitenden steigerte.

Einst vollzogen sich Produktion und Verbrauch innerhalb einer Großfamilie, z.B. innerhalb eines sich selbst versorgenden Bauernhofs (geschlossene Hauswirtschaft). Mit der *Berufsbildung* und *Berufsspaltung* wurden die Produktionsstätten mehr und mehr aus den Haushalten *ausgegliedert:* Es entstanden die wirtschaftlichen Betriebe, die sich gegenseitig belieferten.

2.2.3 Nationale (volkswirtschaftliche) Arbeitsteilung

Gütererstellung und Bedarfsdeckung erfolgen in verschiedenen **Zweigen der Wirtschaft** eines Staates (einer Volkswirtschaft). Die arbeitsteilige Wirtschaft lässt sich vertikal („senkrecht") oder horizontal („waagerecht") einteilen.

- Eine **horizontale volkswirtschaftliche Arbeitsteilung** liegt vor, wenn mindestens zwei Betriebe gleichartige wirtschaftliche Güter (Sachgüter und/oder immaterielle Güter) erstellen.
- Eine **vertikale volkswirtschaftliche Arbeitsteilung** liegt vor, wenn die Wirtschaftszweige stufenmäßig von der Urproduktion bis hin zum Verbrauch eingeteilt werden.

Im Allgemeinen wird die Volkswirtschaft in folgende **Produktionsstufen eingeteilt**:

Erzeugungsbetriebe	Hierunter fallen die Urproduktionsbetriebe (Landwirtschaft, Fischerei, Jagd, Bergbau), die Produktionsmittelbetriebe (z.B. Herstellung von Maschinen, Fertigteilen, Werkzeugen für den eigenen und fremden Bedarf) und die Konsumgüterbetriebe (z.B. Herstellung von Konserven, Getränken, Kühlschränken, Radiogeräten).
Verteilungsbetriebe	Sie umfassen den Großhandel, den Außenhandel und den Einzelhandel.
Haushalte	Der *Verbrauch*[1] findet in den *privaten* und *öffentlichen Haushalten* statt. Öffentliche Haushalte (= öffentliche Gemeinwesen, im weitesten Sinne der „Staat") sind z.B. die Haushalte des Bundes, der Länder und der Gemeinden. Die Haushalte stellen das letzte Glied der Wirtschaft dar.

1 Statistisch werden die in den privaten Haushalten erbrachten Leistungen zwar nicht zur Produktion gerechnet. Volkswirtschaftlich gesehen gehört die in den Haushalten geleistete Arbeit zur Produktion.

Produktionsstufen		Beispiele für die horizontale Arbeitsteilung
Urproduktion ↓	vertikale Arbeitsteilung	Landwirtschaft, Fischereiwirtschaft, Jagd, Forstwirtschaft, Bergbau, Erdölförderung, Erdgasförderung, Steinbrüche, Kiesgruben.
Rohstoffverarbeitung ↓		Produktionsmittelbetriebe (Investitionsgüterbetriebe) wie z.B. Maschinenfabriken, Büromöbelfabriken, Hersteller landwirtschaftlicher Maschinen; Konsumgüterbetriebe wie z.B. Konservenfabriken, Autofabriken, Textilfabriken.
Verteilung ↓		Großhandel, Importhandel, Exporthandel, Transithandel; beim Großhandel z.B. wieder Schuhgroßhandel, Lebensmittelgroßhandel, Arzneimittelgroßhandel. Der Einzelhandel lässt sich beispielsweise einteilen in Fachgeschäfte, Warenhäuser, Kaufhäuser, Versandgeschäfte, die sich auf bestimmte Gebiete spezialisieren.
Verbrauch		Selbst beim Verbrauch ist eine horizontale Gliederung zu verzeichnen. Der Verbrauch findet statt in Einzelhaushalten, Familienhaushalten, Großküchen, Werkkantinen, Krankenhäusern, Sanatorien und in den öffentlichen Haushalten.

In die genannte Gliederung der Wirtschaft lassen sich die **Dienstleistungsbetriebe** nicht einfügen, weil sie allen *Produktionsstufen* dienen. Zu den Dienstleistungsbetrieben rechnen die *Verkehrsbetriebe,* die die Beförderung von Gütern von Betrieb zu Betrieb und an die Haushalte übernehmen, die *Banken,* die *Versicherungen,* die *Mittlerbetriebe* (Makler, Handelsvertreter, Kommissionäre) oder die *Werbeagenturen* und die *Marketingberater.* Ferner müssen auch die Betriebe der *Rechtsanwälte,* der *Steuerberater,* der *Wirtschaftsprüfer* und die *Auskunfteien* zu den Dienstleistungsbetrieben gerechnet werden.

2.2.4 Innerbetriebliche Arbeitsteilung

Mit der gestiegenen Güterproduktion und dem stetigen Wachstum der Betriebe wurden die Arbeitsaufgaben immer umfangreicher, sodass sie von einer einzelnen Person kaum überschaut, geschweige denn bewältigt werden konnten.

■ Die **innerbetriebliche Arbeitsteilung** hat die Aufgabe, überschaubare Arbeitsabläufe mit abgegrenzten Aufgabenbereichen zu schaffen, damit die Ergiebigkeit der menschlichen Arbeit im Betrieb gesteigert wird.

Die innerbetriebliche Arbeitsteilung vollzieht sich in zwei Stufen, nämlich in Form der Arbeitszerlegung und in Form der Arbeitszusammenfassung.

Arbeitszerlegung (Aufgabenanalyse)

Hier wird eine ursprünglich zusammengehörige Tätigkeit (Gesamtaufgabe) in einzelne Teilverrichtungen zerlegt. Diese „Arbeitszerlegung" erfolgt sowohl im verwaltenden Bereich als auch in der Fertigung. Die Arbeitszerlegung wurde vor allem durch die fortschreitende Technik ermöglicht. Ein Musterbeispiel ist das Fließband, an dem der einzelne Arbeiter lediglich die sich immer wiederholenden gleichen Handgriffe vorzunehmen hat. Erst die Automation brachte die Ablösung dieser in kleinste Handgriffe zerlegten Arbeit durch elektronisch gesteuerte und sich selbst kontrollierende Maschinen. Aber auch im Dienstleistungssektor ergaben sich durch den Einsatz der EDV große Veränderungen in der Arbeitsorganisation.

5 Hartmann-Härter-Seifert - ISBN 978-3-8120-0412-1

Das Wesen der Arbeitszerlegung besteht darin, dass Arbeitsvorgänge entweder *nacheinander* (z.B. Überprüfung eines Sachverhalts – Erteilung des Bescheids) oder *nebeneinander* (z.B. Mitgliederaufnahme – Beitragswesen – Leistungswesen) durchgeführt werden.

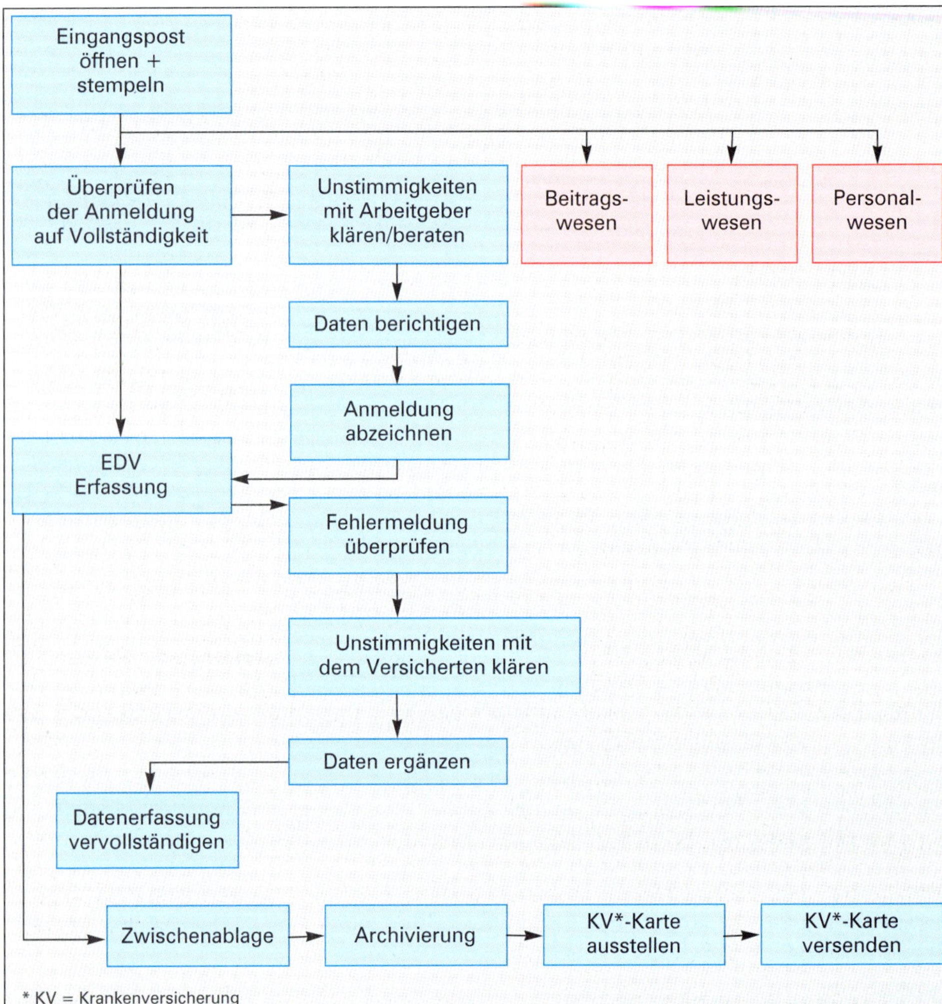

Arbeitsanalyse: Anmeldung eines Versicherungspflichtigen bei einer Krankenkasse

Arbeitszusammenfassung (Aufgabensynthese)

Nach der Zerlegung müssen die einzelnen Teilleistungen zu Stellenaufgaben und diese wiederum zu einer einheitlichen Gesamtleistung zusammengefügt werden. Dabei entstehen die betrieblichen Stellen und Aufgabenbereiche (Funktionen) wie etwa das Leistungswesen, das Finanz- und Rechnungswesen und die Personalwirtschaft.

Entsprechen die Stellen weitgehend den Teilverrichtungen, die aus der Aufgabenanalyse hervorgegangen sind, entstehen einfache Arbeitsplätze mit sich ständig wiederholenden Arbeiten. Durch geeignete Maßnahmen muss nun der Betrieb versuchen, die Leistungsfähigkeit seiner Arbeitnehmer zu erhöhen, um einer Unterforderung entgegenzuwirken.

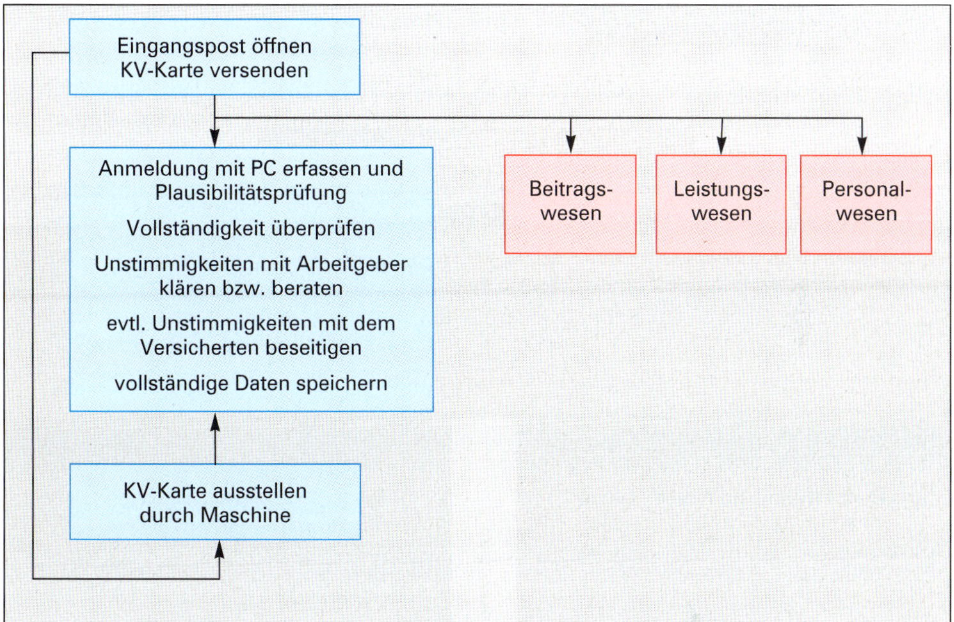

Stellenaufgaben bei der Anmeldung eines Versicherungspflichtigen

Durch einen **Arbeitsplatzwechsel (Jobrotation)** wird die Arbeit interessanter, der Mitarbeiter motivierter und beweglicher.

Beispiel:

Der Stelleninhaber „Posteingang" wechselt zur Stelle „Archivierung".

Mithilfe der **Arbeitserweiterung (Jobenlargement)** wird eine zu weitreichende Arbeitszersplitterung wieder aufgehoben, indem dem Mitarbeiter zusätzliche gleichartige oder ähnliche Aufgaben zugewiesen werden.

Beispiel:

Die Stelle „Posteingang" wird um die Teilaufgabe „KV-Karten versenden" zur „Poststelle" erweitert.

Arbeitsbereicherung (Jobenrichment) liegt vor, wenn Teilaufgaben verschiedener Stufen und Schwierigkeiten zu neuen Stellen zusammengefasst werden.

Beispiel:

Die Vollständigkeitsprüfung, Klärung, Berichtigung und Datenerfassung wird von einem Angestellten ausgeführt.

Die **autonome Arbeitsgruppe** führt einen umfangreichen Aufgabenbereich selbstständig aus.

Beispiel:

Alle Arbeiten, die in der Zweigstelle einer Krankenkasse anfallen, werden von einem Mitarbeiterteam erledigt.

Bei der **Lean Production**[1] wird der organisatorische Unternehmensaufbau verkürzt. Die Arbeitsgruppe fällt viele Entscheidungen selbst und ist auch für den Erfolg verantwortlich. Unnötiger bürokratischer Aufwand entfällt.

Beispiel:

Der hierarchische Aufbau einer Krankenkasse wird abgeschafft. Die Angestellten treffen ihre Entscheidungen selbst und sind hierfür auch verantwortlich.

Übersicht über wichtige Arten der Arbeitsteilung

Arbeitsteilung[2]			
Gesellschaftliche Arbeitsteilung (überbetriebliche Arbeitsteilung)		**Technische Arbeitsteilung (innerbetriebliche Arbeitsteilung)**	
Berufsbildung **Beispiele:**	Berufsspaltung **Beispiele:**	Funktionsbildung (Abteilungsbildung) **Beispiele:**	Arbeitszerlegung **Beispiele:**
Schmied	→ Hufschmied → Klempner	→ Beschaffung und Lagerung	→ Belege sortieren ↓
Schlosser	→ Bauschlosser → Maschinenschlosser	→ Finanzen und Rechnungswesen	Belege kontieren ↓
Schneider	→ Herrenschneider → Damenschneider	→ Personalverwaltung	Belege kontrollieren ↓
Bäcker	→ Konditor → Brotbäcker	→ Absatz (Verkauf)	Belege buchen ↓
Händler	→ Großhändler → Einzelhändler		Belege ablegen

1 Lean Production (engl.) = schlanke Produktion, d.h., es wird beim Einsatz aller Produktionsfaktoren gespart.

2 Zur internationalen Arbeitsteilung (Arbeitsteilung zwischen verschiedenen Staaten) siehe S. 69ff.

Auswirkungen der Arbeitsteilung auf die Wirtschaftssubjekte

Vorteile	Nachteile
■ Steigerung der Produktivität (z. B. Leistungssteigerung durch Routinearbeit); infolgedessen ■ Einkommensverbesserungen; ■ spezielle Begabungen lassen sich zum Nutzen des Einzelnen und der Gesellschaft entfalten; ■ Ausbildung für spezielle Tätigkeiten ist kürzer als für nicht spezialisierte Arbeiten; Schaffung von Arbeitsplätzen auch für angelernte und ungelernte Arbeitskräfte; ■ Arbeitsteilung erleichtert den Einsatz von Maschinen; damit wird dem Arbeitenden ■ die Arbeit erleichtert; ■ kleinere Arbeitsaufgaben, deshalb bessere Beherrschung der Arbeit.	■ Mögliche gesundheitliche Schäden durch einseitige Belastung körperlicher und geistiger Tätigkeiten; ■ Umstellungsschwierigkeiten bei Verlust oder Veränderung des Arbeitsplatzes; ■ gegenseitige Abhängigkeit der Arbeitenden (Verlust der Selbstständigkeit); ■ der Arbeitende verliert die Übersicht über den Gesamtzusammenhang seiner Tätigkeit; ■ die Arbeit erscheint dem Einzelnen sinnlos; ■ Monotonie der Arbeit führt zum Verlust der Arbeitsfreude (Beruf wird zum „Job“); ■ seelische Schäden können die Folge sein; ■ schöpferische Tätigkeit oft nicht oder kaum mehr möglich; ■ höherer Kapitaleinsatz erforderlich.

2.2.5 Internationale Arbeitsteilung

Länder mit Außenhandel (gegenseitigem Warenaustausch) betreiben **internationale Arbeitsteilung.** Gründe für den Außenhandel sind:

1. Güter, die eine Volkswirtschaft nicht oder nicht in ausreichendem Maß selbst produzieren kann, werden eingeführt (importiert). Die Gegenleistung besteht in der Ausfuhr (im Export) von Gütern, die die Handelspartner nicht selbst oder nicht in der gewünschten Qualität herstellen können (oder wollen).
2. Güter, die eine Volkswirtschaft nur mit *höheren* Kosten als andere Volkswirtschaften herstellen kann, werden importiert. Die auf diese Weise eingesparten Produktionsfaktoren können zur Herstellung *anderer* Güter eingesetzt werden, die möglicherweise *kostengünstiger* als im Ausland produziert werden können.
3. Nicht nur bei absoluten, sondern auch bei relativen (komparativen) Kostenvorteilen kann die internationale Arbeitsteilung für die beteiligten Länder von Vorteil sein.

Beispiel:

Angenommen, sowohl im Land A als auch im Land B werden je Periode[1] 500 000 t Rohöl und 500 Maschinen hergestellt und verbraucht. Es bestehen keine Handelsbeziehungen zwischen den beiden Ländern.

Die Produktionskosten werden in Arbeitsstunden ausgedrückt.

Länder	Kosten für 1 t Rohöl (Öl) in Arbeitsstunden	Kosten für 1 Maschine (Ma) in Arbeitsstunden
A	20	50 000
B	80	60 000

1 Periode = Zeitabschnitt (z. B. 1 Monat, 1 Jahr).

Die **komparativen**[1] **Kosten** betragen:

Länder	Komparative Kosten	
	Öl : Ma	Öl : Ma
A	1 : 2500	0,0004 : 1
B	1 : 750	$0{,}001\overline{33}$: 1

Das Land B stellt beide Produkte teurer als das Land A her, denn im Land B werden für eine t Rohöl 80 Arbeitsstunden (im Land A 20 Arbeitsstunden) und für eine Maschine 60000 Arbeitsstunden (im Land A 50000 Arbeitsstunden) benötigt. Dennoch lohnen sich die **Spezialisierung** und der **Außenhandel** (die **internationale Arbeitsteilung**). Beweis: Spezialisiert sich das Land A nach Aufnahme der Handelsbeziehungen auf das Öl, weil es dieses vergleichsweise billiger als Maschinen herstellt, und das Land B auf die Produktion von Maschinen, weil es diese vergleichsweise billiger als Rohöl produzieren kann, ergibt sich folgendes Ergebnis:

Länder	Land A		Land B		Gesamtkosten beider Länder
Güterart	Rohöl	Maschinen	Rohöl	Maschinen	
Kosten **vor** der internationalen AT in Arbeitsstunden	10000000	25000000	40000000	30000000	105000000
Kosten **nach** der internationalen AT in Arbeitsstunden	20000000	–	–	60000000	80000000

Durch die Spezialisierung spart das Land A 15 Mio. Arbeitsstunden und das Land B 10 Mio. Arbeitsstunden. Die ersparten Arbeitsstunden können zur Kapazitätserweiterung[2] bei der Ölförderung und im Maschinenbau und/oder für den Ausbau anderer Wirtschaftszweige eingesetzt werden.

Der internationale Handel wird durch „offene Grenzen" gefördert. Der Wegfall von „Handelsschranken" wie Zölle, mengenmäßige Export- und Importbeschränkungen (Kontingentierungen) sowie technischen Hemmnissen (z.B. unterschiedliche technische Normen, Prüfverfahren, Sicherheitsvorschriften) kommt allen Handelspartnern zugute, wie das Beispiel der EU zeigt.

1 Komparativ (lat.) = vergleichsweise, relativierend.

2 Kapazität = Leistungsfähigkeit eines Betriebs.

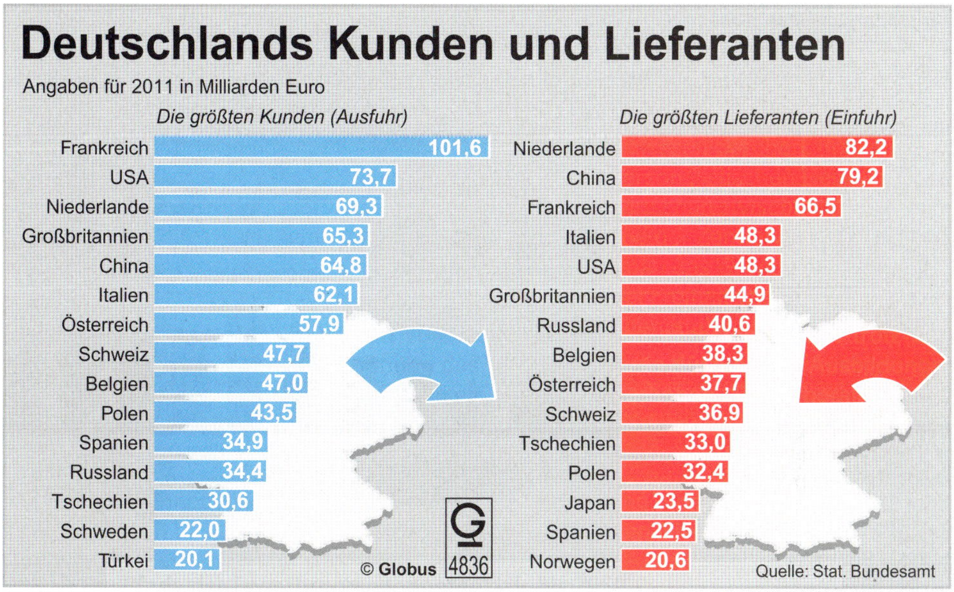

Deutschlands Außenhandel hat 2011 neue Rekordwerte erreicht. Die Ausfuhren überstiegen erstmals die Billionengrenze: Sie kletterten von 952 (2010) auf 1060 Mrd. Euro im vergangenen Jahr – ein Plus von mehr als elf Prozent. Die Einfuhren kletterten im selben Zeitraum von 797 auf 902 Mrd. Euro (plus 13 Prozent). Besonders eng sind die Handelsbeziehungen zwischen Deutschland und seinen Partnern in der Europäischen Union (EU). Die wichtigsten Kunden innerhalb der Union waren die Franzosen (mit 101,6 Mrd. Euro), die Niederländer (69,3) und die Briten (65,3). Auch auf der Einfuhrseite zeigt sich, wie eng verzahnt Deutschland mit seinen europäischen Nachbarn ist. Wichtigster Handelspartner außerhalb der Europäischen Union waren die Vereinigten Staaten von Amerika und China. In die USA gingen Waren im Wert von 73,7 Mrd. Euro; aus China kamen Waren im Wert von 79,2 Mrd. Euro. Damit war China der zweitgrößte Warenlieferant Deutschlands.

Im Jahr 2011 betrug z. B. die Einfuhr der Bundesrepublik Deutschland 902,0 Mrd. Euro. Davon entfielen auf den innergemeinschaftlichen Erwerb 508,0 Mrd. Euro, das sind rund 56,3 %.

Die Ausfuhr der Bundesrepublik Deutschland betrug im gleichen Zeitraum 1060,0 Mrd. Euro. Die innergemeinschaftlichen Lieferungen machten davon 627,2 Mrd. Euro aus. Das entspricht einem Anteil von rund 59,2 %.[1]

1 Quelle: Monatsbericht der Deutschen Bundesbank, Mai 2012, S. 70*.

Die deutschen Außenbilanzen schlossen im Jahr 2011 mit deutlichen Überschüssen ab. Der Überschuss in der Handelsbilanz erreichte 158,1 Mrd. Euro. Auch die Leistungsbilanz wies mit 147,7 Mrd. Euro ein kräftiges Plus aus (nach 150,7 Mrd. Euro im Jahr 2010). – Die Handelsbilanz erfasst den Warenaustausch zwischen Deutschland und dem Ausland (also Ausfuhren und Einfuhren); in der Leistungsbilanz werden zusätzlich die Dienstleistungen (zum Beispiel Einnahmen und Ausgaben im grenzüberschreitenden Reiseverkehr) verbucht. Außerdem werden auch die laufenden Zahlungsvorgänge mit dem Ausland berücksichtigt (beispielsweise Deutschlands Beiträge für internationale Organisationen oder die Überweisungen an die EU-Kasse nach Brüssel).

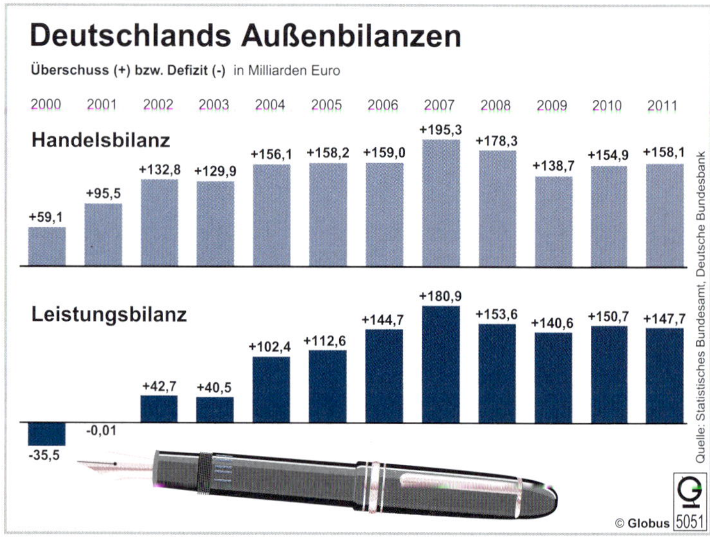

Die deutschen Exporte haben 2011 erstmals die Billionenmarke geknackt. Mit einem Anstieg der Ausfuhren auf 1 060,1 Mrd. Euro konnten die deutschen Exporteure ihren Warenabsatz um 108 Mrd. Euro oder elf Prozent gegenüber 2010 steigern. Überdurchschnittlich stark stiegen mit 13,6 Prozent die Ausfuhren in Länder außerhalb der EU (sogenannte Drittländer), während Exporte in die Partnerländer der Eurozone nur um 8,6 Prozent zulegen konnten. Die deutschen Einfuhren stiegen im selben Zeitraum von 797 auf 902 Mrd. Euro (plus 13 Prozent). Die Außenhandelsbilanz – die Differenz von Exporten und Importen – schloss mit einem Überschuss von 158,1 Mrd. Euro ab. Im Jahr 2010 hatte der Überschuss 154,9 Mrd. Euro betragen.

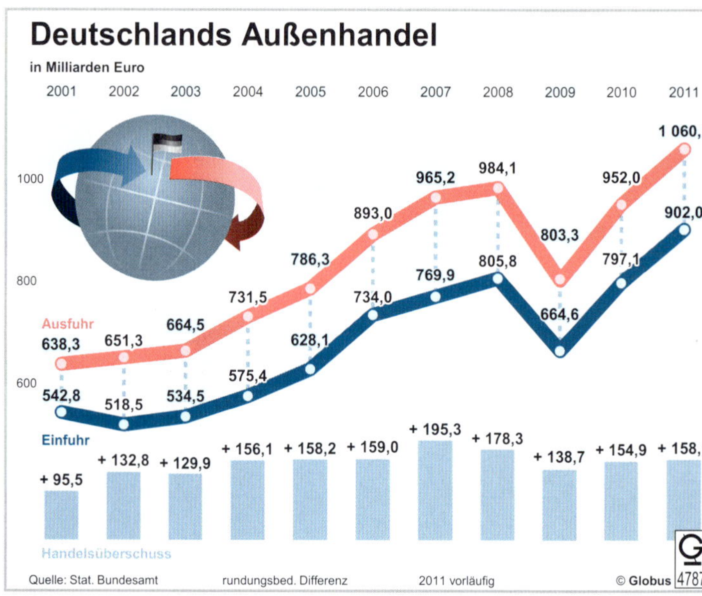

Vorteile der internationalen Arbeitsteilung

Aus deutscher Sicht hat die internationale Arbeitsteilung, die auch als **Internationalisierung** oder **Globalisierung**[1] bezeichnet wird, z. B. folgende Vorteile:

- Güter, die Deutschland nicht oder nicht in ausreichendem Maß selbst produzieren kann, werden eingeführt (z. B. Südfrüchte und Mineralstoffe) und erweitern hier das Güterangebot.
- Halb- oder Fertigerzeugnisse, welche die Handelspartner nicht selbst herstellen, werden ausgeführt und schaffen in Deutschland Arbeitsplätze.
- Durch den Import kostengünstiger Güter kann der Verbraucher zu niedrigen Preisen einkaufen.
- Wenn die Bundesrepublik Deutschland vom Ausland Güter bezieht, sind die Exportländer auch finanziell in der Lage, deutsche Industrieprodukte zu kaufen.

Nachteile der internationalen Arbeitsteilung

Die internationale Arbeitsteilung bringt natürlich auch Probleme mit sich:

- Die wirtschaftliche Abhängigkeit zeigt sich z. B. in der konjunkturellen Verbundenheit der am Welthandel beteiligten Staaten. Konjunkturelle Einbrüche bei den führenden Industrieländern bewirken aufgrund des Nachfragerückgangs zwangsläufig Beschäftigungsrückgänge bei den Handelspartnern.
- Ebenso wie die Konjunkturrückgänge können auch Inflationen importiert werden (Näheres siehe Kapitel 6.2.3).
- Weiterhin zeigt die Geschichte der Entwicklungsländer, dass die einseitige, durch die ehemaligen Kolonialmächte geförderte Spezialisierung auf die Förderung von Rohstoffen und die Erzeugung von Agrarprodukten („Plantagenwirtschaft") ein den Industrieländern vergleichbares Wachstum verhindert.
- Länder, die bei der Güterproduktion über wenig Kapital und Bildung verfügen, sind bei der Erzeugung hochwertiger Fertigprodukte kaum in der Lage, im Wettbewerb gegen die Industrieländer bestehen zu können.
- Die deutschen Produkte sind gegenüber der Konkurrenz aus Osteuropa und Südostasien oft zu teuer, da hierzulande die Lohnkosten (vor allem die Lohnnebenkosten) auch wegen der hohen Sozialabgaben viel höher sind. Arbeitsplätze gehen verloren. (Siehe auch Kapitel 10.2.3.)

---

1 Globus (lat.) = Kugel, Erdkugel. Globalisierung (wörtl.) = Verbreitung auf der ganzen Erde. Unter Globalisierung wird das erdweite Zusammenwachsen von Güter-, Kredit- und Arbeitsmärkten durch Nutzung der Informationstechnologie verstanden.

Aufgaben

1. Erklären Sie den Begriff Arbeitsteilung!
2. Im Text (Kapitel 2.2) ist von folgenden Arten der Arbeitsteilung die Rede:
   a) gesellschaftliche Arbeitsteilung,
   b) technische Arbeitsteilung,
   c) nationale (volkswirtschaftliche) Arbeitsteilung und
   d) internationale Arbeitsteilung.

   2.1 Erklären Sie diese Begriffe!

   2.2 Begründen Sie, warum die Arbeitsteilung die Arbeitsproduktivität (Leistung je Arbeitskraft) erhöht!
3. Die Arbeitsteilung ist ein geschichtlicher Prozess. Erläutern Sie diese Aussage!
4. Die folgenden Arbeitsaufträge beziehen sich auf das Beispiel auf S. 69f.

   4.1 Um wie viel Prozent haben sich die Produktionskosten (in Arbeitsstunden) für Rohöl und Maschinen nach der Spezialisierung verändert?

   4.2 Nennen Sie zwei Nachteile der Spezialisierung! Ein möglicher Nachteil ist aus dem Beispiel auf S. 69f. abzuleiten!

   4.3 Wir gehen nach wie vor von einem unveränderten Versorgungsniveau in beiden Ländern aus, d. h., die jeweilige Überschussproduktion an Öl (500000 t) und Maschinen (500 Stück) wird zwischen den beiden Ländern getauscht.

   4.3.1 Berechnen Sie das reale Austauschverhältnis aus der Sicht des Landes A!

   Lösungshinweis: Das reale Austauschverhältnis bezeichnet man auch als Terms of Trade (engl. = wörtl. Bedingungen des Handels). Die Frage lautet: Wie viel t Öl muss das Land für eine Maschine bezahlen?

   4.3.2 Berechnen Sie das reale Austauschverhältnis aus der Sicht des Landes B!

5. ADAM SMITH[1] beginnt sein bedeutendes Buch „Eine Untersuchung über die Natur und die Ursachen des Wohlstands der Nationen" **("Inquiry into the nature and causes of the wealth of nations")** mit den Worten: „Die Arbeit des Volkes ist der Fonds, aus dem es ursprünglich mit allen erforderlichen Unterhaltsmitteln, deren es bedarf, versehen wird. Dieser Fonds besteht sowohl aus den unmittelbaren Produkten der Arbeit als auch aus denjenigen, die man im Tausch für diese Produkte im Ausland kaufen kann."

   Die wirtschaftliche Ergiebigkeit der Arbeit ist im Laufe der Jahrhunderte stets größer und größer geworden. Smith erklärt dies aus der Arbeitsteilung. Um seine These zu verdeutlichen, konstruiert er das berühmte Nadelbeispiel: Während ein Arbeiter vielleicht eine, aber sicher nicht mehr als 20 Nadeln pro Tag anfertigen kann, fertigen in einer kleinen Fabrik, die Smith besucht, zehn Arbeiter – von denen der eine den Draht zieht, der andere ihn schneidet, ein dritter die Spitzen schärft usw. – 48000 Nadeln täglich. Dank der hier geübten Arbeitsteilung gelang es also, die Produktivität eines Arbeiters von höchstens 20 auf 4800 Nadeln, d.h. um das 240fache zu steigern.

   Quelle: Zimmermann, L. J.: Geschichte der theoretischen Volkswirtschaftslehre, Köln 1954, S. 55f.

   5.1 Von welcher Art Arbeitsteilung ist im ersten Absatz des Textes die Rede?

   5.2 Welche Art der Arbeitsteilung beschreibt ADAM SMITH mit seinem Nadelbeispiel?

---

1 ADAM SMITH (1723–1790) war Vertreter der „Klassischen Schule" der Nationalökonomie, nach der die Grundlagen der Wirtschaft der Liberalismus (Freiheitsgedanke) und das Privateigentum an den Produktionsmitteln (am Kapital) sind. ADAM SMITH war der Wegbereiter des Kapitalismus im 19. Jahrhundert.

6. Textauszug 1:

GATT

Das Allgemeine Zoll- und Handelsabkommen (**G**eneral **A**greement on **T**ariffs and **T**rade) wurde am 30. Oktober 1947 mit Sitz in Genf als Sonderorganisation der UNO für den Abbau von Handelshemmnissen und die Schlichtung von Handelskonflikten gegründet. Dabei soll der Handel liberalisiert, die Produktion gefördert und der Wohlstand in der Welt erhöht werden.

Vom 10. – 14. September 2003 trafen sich die zuständigen Minister der 146 Mitgliedstaaten der Welthandelskonferenz (WTO) zur 5. Ministerkonferenz in Cancun, Mexiko, um eine Zwischenbilanz der laufenden Welthandelsrunde zu ziehen. Diese wurde bei der 4. Ministerkonferenz (9. – 14. September 2001 in Doha, Katar) eingeleitet und soll zum 1. Januar 2005 abgeschlossen werden.

Aus entwicklungspolitischer Sicht werden an die Verhandlungsrunde einige grundlegende Forderungen gerichtet: Dazu zählen ein besserer Zugang für die Entwicklungsländer zu den Weltmärkten, erweiterte Exportmöglichkeit für ihre verarbeiteten Produkte, aber auch der Schutz ihrer Agrarmärkte vor Dumpingexporten, Subventionen und anderen Handelshemmnissen aus der EU und den USA. Mit der Durchsetzung dieser Forderungen wären für die Entwicklungsländer große wirtschaftliche Chancen und weit reichende Wirkungen für ihre soziale Zukunft verbunden. Doch die Teilnehmer konnten sich nicht einigen, die Konferenz endete am 14. September 2003 ergebnislos.

Die Folge wird sein, dass es kein Weitermachen wie bisher geben wird. Die bisherige Ordnung der Handelspolitik, bei der sich viele Nationen an einen Tisch setzen und sich auf für alle verbindliche Regeln verständigen, funktioniert nicht mehr. Zerstört ist die eingespielte Machtbalance, bei der die Reichen den Ton angaben, die Vertragstexte aufsetzten und die Armen unterschrieben. Stattdessen ist ein neuer Nord-Süd-Konflikt entbrannt, aber mit umgekehrten Vorzeichen. Nicht mehr der Norden fordert Freihandel und drängt auf die Märkte des Südens. Inzwischen verlangen die Entwicklungsländer wütend nach mehr Liberalisierung, und der Norden bremst. Die Armen messen die Reichen an ihren eigenen Worten, und sie tun das gemeinsam – mit zerstörerischer Kraft.

Quelle: DIE ZEIT vom 11. September 2003.

Textauszug 2:

Das Elend hat viele Gesichter

Überall auf der Welt nehmen soziale Probleme zu. In Südamerika wächst die Altersarmut, in Afrika verhungern Kinder, in Amerika breitet sich die Drogenkriminalität aus, in Europa herrscht hohe Arbeitslosigkeit. Welthandel und internationale Arbeitsteilung haben zwar den Wohlstand auf der Welt vermehrt. Aber davon profitieren längst nicht alle. Die Kluft zwischen Arm und Reich ist heute größer als jemals zuvor in den vergangenen Jahrzehnten. Der Einkommensabstand zwischen den oberen zwanzig Prozent und der übrigen Weltbevölkerung hat sich seit 1960 von 1:30 auf 1:61 mehr als verdoppelt …

Quelle: DIE ZEIT vom 20. Januar 1995.

Textauszug 3:

Leben im Slum der Weltwirtschaft

Der „schwarze Erdteil" ist der Slum der Weltwirtschaft. 48 Staaten bringen es zusammen auf das Bruttonationaleinkommen von Belgien. Drei Viertel der 650 Millionen Afrikaner leben in Armut, jedes dritte Kind ist unterernährt. 28 Millionen Menschen sind HIV-infiziert oder an Aids erkrankt. Die durchschnittliche Lebenserwartung ist auf 48 Jahre gefallen, Afrikas Anteil am globalen Handel auf knapp ein Prozent gesunken. Pessimisten prophezeien, die nächste Generation werde noch ärmer, kränker und noch schlechter ausgebildet sein. Und noch weniger Chancen im globalen Wettbewerb haben.

Quelle: DIE ZEIT vom 11. September 2003.

6.1 Erläutern Sie die Ziele des GATT-Abkommens!

6.2 Begründen Sie, warum sich die „Vorzeichen" bei der Auseinandersetzung zwischen dem „Norden" (den Industrieländern) und dem „Süden" (den Entwicklungsländern) umgekehrt haben!

2.3 Produktionsfaktor Natur

2.3.1 Wirtschaftliche Nutzung der Natur

Die Natur liefert uns den *Boden,* die *Luft,* das *Wasser* und die *Sonnenenergie.* Vor allem der Boden dient der Produktion auf vielfache Weise. In der landwirtschaftlichen Produktion ist er **Anbaufaktor,** indem mit seiner Hilfe Nahrungsmittel (z.B. Getreide) oder Rohstoffe (z.B. Baumwolle) hervorgebracht werden. Der Boden liefert der Forstwirtschaft den wichtigen Rohstoff Holz (z.B. zur Herstellung von Möbeln, Baumaterialien oder Papier).

Zugleich ist der Boden ein **Abbaufaktor,** indem er uns Rohstoffe, wie z.B. Kohle, Erze, Erdgas oder Erdöl, liefert. Die Bodenschätze sind jedoch begrenzt und es lässt sich absehen, dass diese bald erschöpft sein werden. Damit wird sich die Menschheit einem neuen Knappheitsproblem gegenübersehen, dem nicht mit primär wirtschaftlichen, sondern mit technischen Mitteln begegnet werden muss (z.B. Entwicklung neuer Technologien zur Erschließung weiterer Rohstoff- und Energiequellen).

Ferner gibt uns der Boden die Flächen, die wir für die Erstellung von Fabrikanlagen, Handelsgeschäften oder Dienstleistungsbetrieben benötigen. Der Boden dient als **Standortfaktor.**

Wenn ein Unternehmen oder eine Zweigniederlassung gegründet werden soll, müssen verschiedene Bestimmungsgründe für die Standortwahl berücksichtigt werden: Rohstoff verarbeitende Betriebe werden in die Nähe der **Rohstoffvorkommen** angesiedelt, um die Transportkosten gering zu halten. Der Standort von Elektrizitätswerken ist an das **Energievorkommen** (Stausee, Atomkraftwerk) gebunden. Betriebe, die hohe Anforderungen an die technischen, kaufmännischen und/oder wissenschaftlichen Fähigkeiten ihrer Mitarbeiter stellen, müssen sich am entsprechenden **Arbeitskräfteangebot** orientieren, was häufig in Industrieländern vorhanden ist. Werden vorwiegend ungelernte und angelernte Arbeitskräfte benötigt, wird der Betrieb sich dort niederlassen, wo das **Lohnniveau** niedrig ist. Dies trifft für Entwicklungs- oder Schwellenländer[1] zu. Ein wichtiger Bestandteil der Rentabilität eines Unternehmens ist die **Steuer- und Abgabenbelastung**.

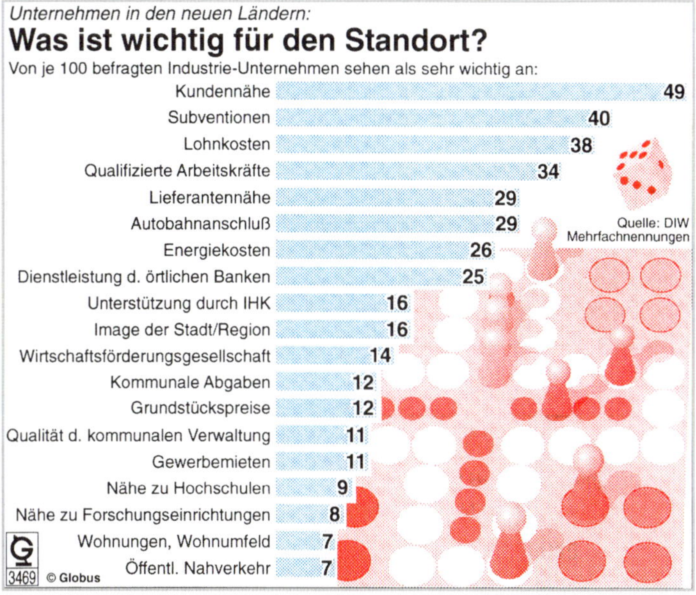

Oft werden Industrieansiedlungen mit Steuerermäßigungen oder **Subventionen** gefördert. Für Produktionsstätten, bei denen die Schadstoffemissionen[2] hoch sind und die Entsorgung von Abfallstoffen problematisch ist, sind für die Standortwahl die **Umweltschutzauflagen** eines Landes bedeutsam.

Bei den meisten Handelsgeschäften und Dienstleistungsunternehmen ist die **Kundennähe** und eine **verkehrsgünstige Lage** von größter Bedeutung. Besonders Krankenkassen, die sich in ihren Leistungen nur geringfügig unterscheiden, erhoffen sich durch ein flächendeckendes Netz von Zweigniederlassungen, die in den leicht erreichbaren Stadtzentren liegen, Absatzvorteile.

Für die Produktion wirtschaftlicher Güter sind die übrigen Kräfte der Natur nicht weniger wichtig. Bedeutsamer Produktionsfaktor für die Landwirtschaft ist z.B. das Klima. Die Kräfte der Flüsse dienen der Elektrizitätsgewinnung, die Gewässer der Fischwirtschaft. Mit Hilfe der Sonnen- und/oder der Windenergie hofft man, in Zukunft genügend „saubere" Energie gewinnen zu können.

---

1 Schwellenländer = Länder, die den Einstieg in die Industrialisierung bereits gefunden haben, z.B. Taiwan, Südkorea, Singapur.

2 Emission = Ausströmung luftverunreinigender Stoffe in die Umwelt sowie z.B. von Betriebsstätten und Maschinen (Anlagen) ausgehende Geräusche, Erschütterungen, Licht, Wärme, Strahlen und ähnliche Erscheinungen (Näheres siehe z.B. § 3 III BImSchG).

2.3.2 Gefährdung der Natur

1. Luftverschmutzung

Die Luft wird mit zahlreichen Stoffen belastet, z. B. mit anorganischen Gasen (Schwefeldioxid, Stickoxide, Kohlenmonoxid, Kohlendioxid), Staub und flüchtigen organischen Verbindungen.

Kohlendioxid (CO_2) wird – außer seiner natürlichen Entstehung (z. B. durch Pflanzenatmung) – hauptsächlich bei der Verbrennung fossiler Stoffe (Kohle, Erdöl) sowie durch die Brandrodung der Regenwälder an die Atmosphäre abgegeben. Die Zunahme der CO_2-Konzentration in der Luft verstärkt den Treibhauseffekt und führt zur Erhöhung der Temperatur an der Erdoberfläche, also zu einer Veränderung des Erdklimas.

Kohlenmonoxid (CO) entsteht bei unvollständiger Verbrennung in Motoren und Feuerungsanlagen. Das Kohlenmonoxid ist für die meisten Tiere und für den Menschen giftig.

Stickstoffoxide sind Oxide des Stickstoffs, vor allem Stickstoffmonoxid (NO) und Stickstoffdioxid (NO_2). Stickstoffoxide (kurz: Stickoxide) entstehen bei Verbrennungsvorgängen durch Oxidation des Stickstoffs, der in den Brennstoffen und in der Verbrennungsluft enthalten ist, z. B. in Kraftwerken, in Flugzeugturbinen und Automotoren. Katalysatoren verringern die Stickoxide. Stickoxide tragen u. a. zum sauren Regen – ein wichtiger Verursacher des Waldsterbens – bei.

Schwefeldioxid (SO_2) wird bei der Verbrennung schwefelhaltiger Substanzen wie z. B. Braunkohle, Steinkohle und Öl freigesetzt. Schwefeldioxid ist die Hauptursache für den sauren Regen.

Organische Verbindungen stammen aus dem Kraftfahrzeugverkehr (Formaldehyd-Emissionen, Kraftstoffverdunstung), aus Lecks in der Chemie und der Mineralölindustrie sowie aus dem Einsatz von Lösungsmitteln bei Lacken, Farben, Klebern usw.

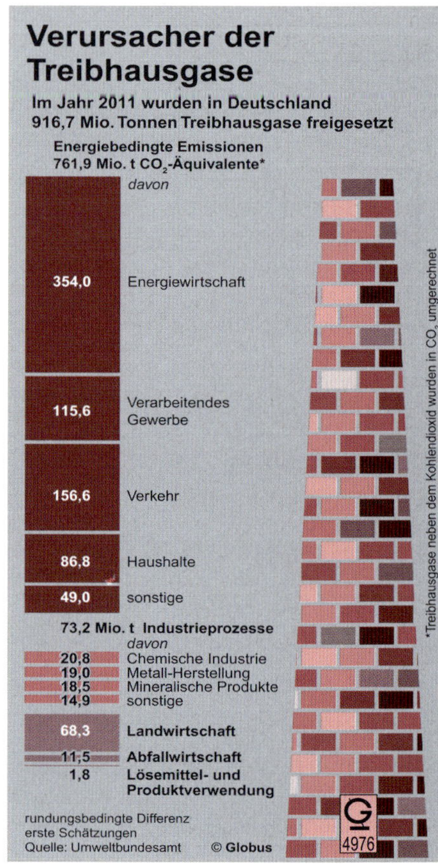

2. Wasserverunreinigung

Schwefeldioxid und Stickoxide oxidieren in der Atmosphäre teilweise zu Schwefel- bzw. Salpetersäure, die mit dem Regenwasser wieder auf die Erde niedergehen. Sie waschen

Nährstoffe aus dem Boden und setzen giftige Schwermetalle frei. Auf diese Weise werden – auch ohne unmittelbare Abwassereinleitungen – Flüsse, Seen und Meere belastet. In Skandinavien wurden die Flüsse und Seen hauptsächlich durch die sauren Niederschläge geschädigt (Fischsterben).

Die übermäßige Düngung mit Gülle und Handelsdünger belastet die Gewässer u.a. mit Nitrat. Die Gefahr für die Nord- und Ostsee rührt hauptsächlich aus der landwirtschaftlichen Düngung. Weiterhin belasten Pflanzenschutzmittel nicht nur die Böden, sondern auch Flüsse, Seen und Meere.

Hinzu kommen die unmittelbaren Einleitungen in die Gewässer mit mehr oder weniger ausreichend vorgeklärten Abwässern aus privaten Haushalten, Handel und Industrie. Ferner tragen Chemieunfälle zur weiteren Gewässer-, Boden- und Luftbelastung bei.

3. Bodenverseuchung

Luftverschmutzung und Bodenverseuchung hängen eng zusammen, denn die in die Luft abgegebenen Schadstoffe kehren – häufig in chemisch umgewandelter Form – mit dem Regen wieder zur Erde und in die Gewässer zurück (z.B. Radioaktivität).

Unmittelbar wird der Boden durch Düngemittel, Pflanzenschutzmittel und Insektenvertilgungsmittel verseucht mit der Folge, dass auch das Grundwasser in Mitleidenschaft gezogen wird.

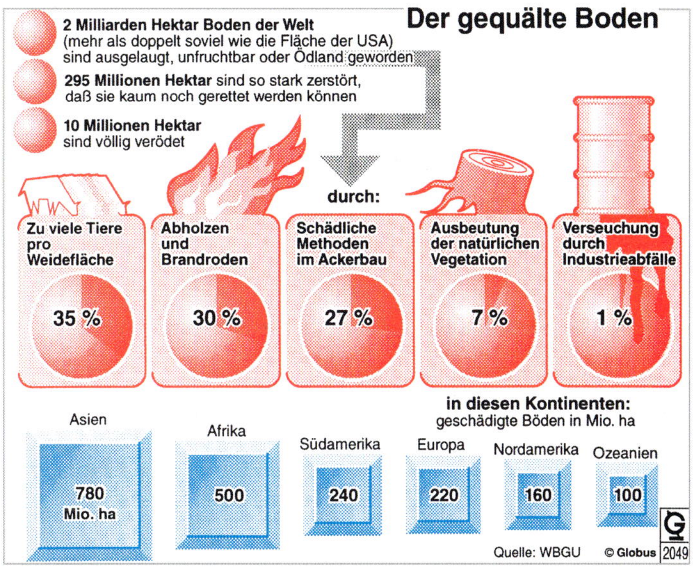

Bei der Abwasserbehandlung in Kläranlagen fällt Schlamm als Restprodukt an. Wegen seines Gehalts an organischen Substanzen, Phosphor und Stickstoff eignet sich der Klärschlamm prinzipiell für die Verwendung in der Landwirtschaft. Da er häufig jedoch zu hohe Schadstoffmengen (Schwermetalle) enthält, darf er nur in begrenztem Maß genutzt werden. Wird er dennoch ausgebracht, wird der Boden zusätzlich belastet.

Die Folgen der Umweltverschmutzung sind die weitere Zerstörung von naturnahen Räumen und Erholungslandschaften, Vergiftung der Nahrungsmittel mit Chemierückständen und Radioaktivität, Klimaveränderungen, Vernichtung der Tier- und Pflanzenarten und letztlich Entziehung der Lebensgrundlagen der Menschen.

2.3.3 Maßnahmen zum Schutz der Natur

Was können der Staat und die Betriebe tun, um die verhängnisvolle Entwicklung, die zu einer Zerstörung unseres Lebensraums führen kann, zu bremsen und umzukehren?

1. Ge- und Verbote

Auflagen in Form von **Ge-** und **Verboten** (Herstellungs- und Verwendungsverbote) sind **marktkonträre Maßnahmen** der **staatlichen Umweltpolitik. Verbote** enthält z. B. die Chemikalienverbotsverordnung (ChemVerbotsV, z.B. Verbot des Inverkehrbringens von DDT und Zubereitungen mit DDT als Wirkstoff, § 1 I ChemVerbotsV, siehe auch Anhang zu § 1). Wichtige Verbote und Gebote für gefährliche Stoffe und gefährliche Zubereitungen (z.B. Verpackungs-, Einstufungs-, Kennzeichnungs-, Meldepflichten sowie Unterrichtungs- und Vorsorgepflichten der Arbeitgeber) stehen auch im Chemikaliengesetz (siehe z.B. §§ 3a ff., 13 ff., 19 ChemG) und in der Gefahrstoffverordnung (siehe z.B. §§ 2 ff., 10 ff., 18 GefStoffV).

Gebote sind Vorgaben für gefährliche Anlagen und für mögliche Emittenten umweltschädigender Stoffe. Leitgesetz für den Umweltpflegebereich „Immissionsschutz"[1] (z. B. Luftreinhaltung und Lärmbekämpfung) ist das Gesetz zum Schutz vor schädlichen Umwelteinwirkungen durch Luftverunreinigungen, Geräusche, Erschütterungen und ähnliche Vorgänge (Bundes-Immissionsschutzgesetz = BImSchG).[2] Es wird z. B. durch das Gesetz zur Verminderung von Luftverunreinigungen durch Bleiverbindungen in Ottokraftstoffen für Kraftfahrzeugmotore (Benzinbleigesetz – BzBlG) und das Gesetz zum Schutz gegen Fluglärm (FluglärmG) ergänzt. Der Schutz vor Gefahren der Kernenergie und der schädlichen Wirkung ionisierender Strahlen obliegt z.B. dem Gesetz über die friedliche Verwendung der Kernenergie und den Schutz gegen ihre Gefahren (Atomgesetz, AtG).

Dem Gewässerschutz dient vor allem das Wasserhaushaltsgesetz (WHG), das Abwasserabgabengesetz (AbwAG) und das Wasch- und Reinigungsmittelgesetz (WRMG).

Ge- und Verbote (Auflagen) sind erforderlich, wo es um die unmittelbare Gefahrenabwehr geht. Der Erfolg soll durch Strafen und Bußgelder gesichert werden. Der Nachteil der Auflagen besteht darin, dass sie den umwelttechnischen Fortschritt hemmen, denn ist der Stand der Technik in einem Gesetz bzw. in einer Verordnung einmal festgeschrieben, gibt es für die Verursacher keinen rechtlichen Grund mehr, die vorgegebenen Grenzwerte mit einer fortgeschrittenen und möglicherweise teureren Technik zu unterschreiten.

2. Umweltabgaben

Umweltabgaben sind **marktkonforme Instrumente** der **staatlichen Umweltpolitik.** Abgaben lassen sich u. a. in Steuern und Sonderabgaben einteilen.

Steuern	Sie sind dadurch gekennzeichnet, dass es sich um Geldleistungen der Bürger und Unternehmen handelt, für die der Staat keine konkrete Gegenleistung erbringt. Sie werden zur *allgemeinen Finanzierung eines öffentlichen Haushalts* herangezogen. Das schließt nicht aus, dass Steuern der Erreichung bestimmter wirtschafts- und sozialpolitischer Ziele dienen können, z.B. verteilungspolitischen, beschäftigungspolitischen, wachstumspolitischen oder strukturpolitischen Zielen.

1 Immission = das Einwirken von schädlichen Luftverunreinigungen, Schadstoffen, Lärm, Strahlen usw. auf Menschen, Tiere, Pflanzen, den Boden, das Wasser, die Atmosphäre sowie Kultur- und sonstige Sachgüter (siehe § 3 I, II BImSchG).

2 Auf der Rechtsgrundlage des Bundes-Immissionsschutzgesetzes wurden zur Durchführung dieses Gesetzes zahlreiche Verordnungen erlassen wie z. B. die Vierte Verordnung (Verordnung über genehmigungsbedürftige Anlagen – 4. BImSchV) und die Zwölfte Verordnung (Störfall-Verordnung – 12. BImSchV).

Umwelt-steuern (Ökosteuern)	Sie haben den Zweck, umweltpolitischen Zielen zu dienen. Sie sollen die Nachfrage der Wirtschaftssubjekte in umweltfreundlichere Bahnen lenken. Sie fließen in den allgemeinen Staatshaushalt und *können* dazu verwendet werden, an anderer Stelle die Steuerbelastung der Bürger und der Unternehmen zu verringern (z. B. Subventionierung umweltschonender Produkte).
Sonder-abgaben	Sie dürfen nur erhoben werden, wenn eine besondere Beziehung zwischen dem Kreis der Abgabenpflichtigen und dem mit der Abgabe verfolgten Zweck besteht. Belastet man also z.B. Industriebetriebe mit einer Abwasserabgabe, müssen die eingenommenen Mittel für den Bau von Kläranlagen oder für einen ähnlichen Zweck eingesetzt werden.

Umweltsonderabgaben wirken im Übrigen wie Umweltsteuern. Ihr Vorteil ist, dass sie der Umwelt wieder zugutekommen. Nachteilig ist, dass sie die Steuerlastquote erhöhen.

Beispiele:

Abgaben auf einzelne Produkte (z.B. Abgaben auf Einwegflaschen, Batterien, Phosphatdünger, phosphathaltige Waschmittel, Farben, Lösungsmittel und tropische Hölzer).

3. Umweltzertifikate

Mithilfe von Umweltzertifikaten soll eine zu starke Beanspruchung der natürlichen Umwelt verhindert werden. Die Ausgabe der *Zertifikate* (= Berechtigungen, auch *Emissionsrechte* oder *„Verschmutzungsrechte"* genannt) erfolgt durch eine staatliche Behörde. Die Summe der Nutzungsrechte wird von Staats wegen so gewählt, dass in einer Region ein bestimmtes Emissionsvolumen[1] je Periode nicht überschritten wird. Man spricht von der **„Glocke"** oder von einer **„Deckelung"**. Die Nutzungsrechte (Zertifikate) werden börsenmäßig gehandelt. Der Preis ergibt sich aufgrund von Angebot und Nachfrage.

- Als **Anbieter** treten solche Betriebe auf, denen es bei dem Preis, den sie für ihre Zertifikate am Markt erzielen können, rentabler erscheint, ihre Emissionen durch Einbau von emissionsmindernden Anlagen zu verringern (z.B. durch Einbau von Filtern, Abgasreinigungsanlagen, Katalysatoren, Bau von Kläranlagen usw.).
- Als **Nachfrager** erscheinen die Betriebe, deren Vermeidungskosten höher sind als die Kosten des Zertifikatkaufs. Es kann sich hierbei um Betriebe mit veralteter Technik handeln. Zusatzbedarf an Nutzungsrechten kann auch bei Betriebserweiterungen oder Neugründungen entstehen.

Die „**Glockenpolitik**" trägt dazu bei, dass Produktionskosten, die bislang der Allgemeinheit angelastet wurden (= externe Kosten, social costs), internalisiert werden (= interne Kosten).

In der EU wurde die Glockenpolitik im Jahr 2005 eingeführt. Sie hat gegenüber der Festlegung von Grenzwerten den Vorteil, dass die Wirtschaft eines Staates oder die einer ganzen Staatengruppe auf *marktkonforme* Weise zu einem von Jahr zu Jahr sinkenden Gesamtausstoß von umweltschädlichen Stoffen gelenkt wird. Der Hintergrund: Deutschland hat sich im **Kyoto-Protokoll**[2] verpflichtet, nach und nach seine Treibhausgas-Emissionen bis 2012 auf 495 Millionen Tonnen zu verringern.

---

1 Emissionsvolumen = Umfang der zugelassenen Schadstoffeinleitung in die Umwelt.

2 1997 verpflichteten sich die größten Industriestaaten in Kyoto (Japan) im Rahmen des Kyoto-Protokolls, ihre Kohlendioxid-Emissionen im Zeitraum von 2008 bis 2012 um mindestens fünf Prozent unter das Niveau von 1990 zu senken. Die Länder hatten unterschiedliche Verpflichtungen zur Emissionsreduktion akzeptiert, deren konkrete Ausgestaltung in Bonn verhandelt wird. So sieht das Kyoto-Protokoll neben der Reduktion von Emissionen im eigenen Land auch sogenannte „flexible Mechanismen" vor. Die Länder können einen Teil ihrer Verpflichtungen im Ausland erfüllen. Die USA fühlen sich nicht an das Kyoto-Protokoll gebunden.

6 Hartmann-Härter-Seifert - ISBN 978-3-8120-0412-1

In der **ersten Phase**[1] **des EU-Emissionshandels (2005–2007)** wurden in Deutschland die Zertifikate kostenlos abgegeben, wobei die Bundesregierung den Unternehmen einen jährlichen Kohlendioxidausstoß[2] von 499 Mio. t zugestand. Da tatsächlich nur 474 Mio. t emittiert wurden, waren die Zertifikate praktisch folgen- und damit wertlos.

Für die **zweite Handelsphase (2008–2012)** wurde daher die erlaubte Gesamtmenge der CO_2-Emissionen auf 453 Mio. t verringert. Außerdem wird ein Teil der Emissionszertifikate nicht mehr kostenlos abgegeben, sondern versteigert.

Aber auch in der zweiten Handelsphase war der Preis der Zertifikate zu niedrig: Er sank 2012 auf rund 16,00 EUR. Aber erst bei einem Preis von etwa 20,00 EUR lohnt es sich für die Produzenten in klimafreundliche Techniken zu investieren, um CO_2 zu sparen, als sich Zertifikate zu kaufen. Aus diesem Grund wird das System in der dritten Handelsphase (2013 bis 2020) EU-weit geändert. Die Menge der ausgegebenen sowie der Anteil der kostenlos abgegebenen Zertifikate wird weiter jährlich verringert.

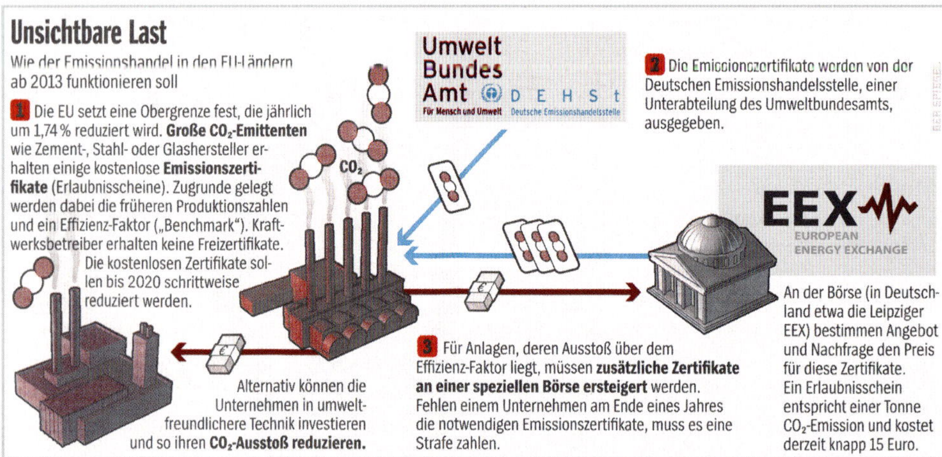

Quelle: Der Spiegel 52/2010.

Das Management (die Führung) des Emissionshandels obliegt dem Umweltbundesamt (UBA), bei dem sich die Deutsche Emissionshandelsstelle (DEHSt) befindet, die die jährliche Zuteilung an die betreffenden Unternehmen auf deren Antrag hin übernimmt. Beim DEHSt wird auch das nationale Emissionshandelsregister geführt, in dem die Emissionszertifikate und der Handel mit ihnen verbucht werden.

4. Umweltverträglichkeitsprüfung

Die Umweltverträglichkeitsprüfung (UVP) ist ein Instrument der Umweltvorsorgepolitik. Sie soll sicherstellen, dass vor Entscheidungen über öffentliche und private Vorhaben sowie bei bestimmten Plänen und Programmen, deren Umweltauswirkungen frühzeitig und umfassend ermittelt, beschrieben und bewertet werden und dass die Ergebnisse der

1 Phase (griech.) = Zeitabschnitt (einer bestimmten Entwicklung).

2 Vor allem Kohlendioxid wird für den erdweiten (globalen) Temperaturanstieg (den „Treibhauseffekt") verantwortlich gemacht. Wenn der Anstieg nicht aufgehalten wird, werden nach den Prognosen der Klimaforscher katastrophale Klimaveränderungen eintreten.

Umweltverträglichkeitsprüfung so früh wie möglich bei allen behördlichen Entscheidungen berücksichtigt werden.

Die Umweltverträglichkeitsprüfung muss die Folgen abschätzen, die ein Vorhaben (z.B. Bau eines Kraftwerks, einer Fernstraße, eines Flughafens) auf Menschen, Tiere und Pflanzen, Boden, Wasser, Luft, Klima und Landschaft sowie Kultur- und sonstige Sachgüter haben kann (Näheres siehe §§ 1 ff. UVPG).

Die Ergebnisse der Umweltverträglichkeitsprüfung sind bei der Entscheidungsfindung über die Zulassung eines Vorhabens zu berücksichtigen.

5. Staatliche Zuschüsse

Ebenso wie die Erhebung von Abgaben ist die Bezuschussung (Subventionierung) umweltschonender Produktionsverfahren und Produkte eine marktkonforme Maßnahme der Umweltpolitik. Umweltsubventionen sollen das Angebot verbilligen und so die Nachfrage auf umweltschonende Produkte umlenken.

Die staatliche Förderung kann aus unmittelbaren Zuschüssen (direkten Subventionen), Krediten oder Bürgschaften bestehen.

Beispiel:

Förderung von Vorhaben zum Schutz der Umwelt unter besonderer Berücksichtigung der mittelständischen Wirtschaft nach § 2 I UStiftG.

Eine weitere Möglichkeit staatlicher Bezuschussung ist die indirekte Subventionierung in Form von Steuervergünstigungen und öffentlichen Entschädigungen.

Beispiele:

Erhöhte Absetzungen für Wirtschaftsgüter, die dem Umweltschutz dienen [§ 7 d EStG]. – Erstattung von Aufwendungen für bauliche Schallschutzmaßnahmen nach § 9 FluglärmG.

6. Umwelthaftungsrecht

Das Umwelthaftungsrecht hat die Aufgabe, die Umweltgefährdung von Produktionsanlagen und Produkten zu überprüfen und durch Vorsorgemaßnahmen die finanziellen Risiken und somit die Entstehung von Ersatzansprüchen zu vermindern. Je strenger die Haftungsvorschriften sind, desto mehr wird der Staat vom Erlass immer neuer Umweltvorschriften entlastet. Umweltkosten werden internalisiert (von den Unternehmen übernommen), auch dann, wenn sie sich versichern lassen. Die Versicherungsunternehmen werden hohe Risiken mit hohen Versicherungsbeiträgen, niedrige Risiken mit niedrigen Beiträgen belasten.

Das Haftungsrecht allein kann nur dort zum Zug kommen, wo ein unmittelbarer Zusammenhang zwischen **Verursacher** und **Wirkung** besteht.

Beispiel:

Ein Landwirt spritzt seine Obstanlage mit für Fische gefährlichen Substanzen. Daraufhin sterben alle Fische im nahe gelegenen Teich.

In allen Fällen, in denen mehrere Ursachen zu Umweltschäden führen, kann das Umwelthaftungsrecht nicht weiterführen.

Beispiel:

Nach derzeitigen Kenntnissen hat das Waldsterben viele Ursachen, z.B. den sauren Regen, der wiederum aus zahlreichen Quellen stammt, die Ozonbelastung bei heißen Sonnentagen, die Monokultur und den Wildverbiss. Die geschädigten Waldeigentümer können deshalb keine Schadensersatzansprüche geltend machen.

Für die Bundesrepublik Deutschland gilt im **Umweltprivatrecht** vor allem das **Umwelthaftungsgesetz (UmweltHG)**. Durch das UmweltHG wurde eine umfassende **Gefährdungshaftung** eingeführt. Das bedeutet, dass der Betreiber einer Anlage für Schäden an Personen und Sachen auch dann haftet, wenn ihn kein Verschulden trifft (Näheres siehe §§ 1 ff. UmweltHG). Das Gesetz bestimmt, dass sich die Betreiber bestimmter Anlagen um eine Deckungsvorsorge kümmern müssen, damit sie ihren gesetzlichen Verpflichtungen im Fall eines Schadens nachkommen können [§ 19 UmweltHG]. § 15 UmweltHG sieht allerdings eine Haftungshöchstgrenze vor, die die Unternehmen vor dem wirtschaftlichen Ruin schützen soll.[1]

Das **Gesetz über die Haftung für fehlerhafte Produkte (Produkthaftungsgesetz)** dient in erster Linie dem **Verbraucherschutz.** Wird durch den Fehler eines Produkts jemand getötet, sein Körper oder seine Gesundheit verletzt oder eine Sache beschädigt, ist der **Hersteller** des Produkts verpflichtet, dem Geschädigten den daraus entstehenden Schaden zu ersetzen. Im Fall der Sachbeschädigung gilt dies nur, wenn eine andere Sache als das fehlerhafte Produkt beschädigt wird und die andere Sache ihrer Art nach gewöhnlich für den **privaten Ge- und Verbrauch** bestimmt und hierzu von dem Geschädigten hauptsächlich verwendet worden ist (Näheres siehe §§ 1 ff. ProdHaftG).

7. Umweltstrafrecht

Dem Umweltstrafrecht obliegt es, umweltschädigendes Verhalten als Straftaten oder Ordnungswidrigkeiten zu ahnden. Ordnungswidrigkeiten unterscheiden sich von den Straftaten dadurch, dass sie nicht mit einer Kriminalstrafe (Gefängnisstrafe, Geldstrafe), sondern mit einer *Geldbuße* belegt werden.

Straftatbestände finden sich vor allem im 29. Abschnitt des Strafgesetzbuchs (StGB) „Straftaten gegen die Umwelt".

Beispiel:

Wer unbefugt ein Gewässer verunreinigt oder sonst dessen Eigenschaften nachteilig verändert, wird mit Freiheitsstrafe bis zu fünf Jahren oder mit Geldstrafe bestraft [§ 324 I StGB].[2]

Ordnungswidrigkeiten sind vor allem in den einzelnen **Umweltgesetzen** und im Gesetz über Ordnungswidrigkeiten (OWiG) geregelt.

---

1 Auch im Bürgerlichen Gesetzbuch (BGB) stehen Vorschriften zum Umwelthaftungsrecht (z.B. Schutz der Tiere nach § 90 a BGB, Schadensersatzpflicht bei einer unerlaubten Handlung nach § 823 BGB, Schutz der Grundstückseigentümer vor „Gefahrdrohenden Anlagen" nach § 907 BGB und Beseitigungs- und Unterlassungsanspruch nach § 1004 BGB).

2 Freiheits- oder Geldstrafen gibt es auch bei widerrechtlichen Bodenverunreinigungen [§ 324 a StGB], Luftverunreinigungen [§ 325 StGB], bei unzulässigem Lärm, unzulässigen Erschütterungen und nichtionisierenden Strahlen [§ 325 a StGB], bei einem unerlaubten Umgang mit gefährlichen Abfällen [§ 326 StGB], beim unerlaubten Betreiben von Anlagen [§ 327 StGB], beim unerlaubten Umgang mit radioaktiven Stoffen und anderen gefährlichen Stoffen und Gütern [§ 328 StGB] sowie bei einer Gefährdung schutzbedürftiger Gebiete [§ 329 StGB]. Bei besonders schweren Umweltstraftaten und schweren Gefährdungen durch Freisetzung von Giften kann die Freiheitsstrafe bis zu zehn Jahren betragen (siehe §§ 330, 330 a StGB).

Beispiele:

Wer vorsätzlich oder fahrlässig eine Anlage entgegen einer vollziehbaren Untersagung nach § 25 I BImSchG betreibt, kann mit einer Geldbuße bis zu fünfzigtausend Euro belegt werden [§ 62 I, Nr. 6; III BImSchG]. Geldbuße bis zu fünftausend Euro bei unzulässigem Lärm [§ 117 OWiG].

Aufgaben

1. Beschreiben Sie die Gefahren eines zunehmenden Landschaftsverbrauchs!
2. Beurteilen Sie anhand der in der Abbildung auf S. 77 genannten Kriterien der Standortwahl die Chancen des Standorts Deutschland im internationalen Wettbewerb!
3. Die Schweiz ist laut dem Global Competitiveness Report[1] 2011 des World Economic Forum (WEF – Weltwirtschaftsforum) die wettbewerbsfähigste Volkswirtschaft der Welt. Die Schweizer Wirtschaft zeichnet sich durch hohe Innovationsfreude und eine exzellente Infrastruktur aus, die öffentlichen Institutionen gehören zu den effizientesten und transparentesten der Welt.[2] Singapur, Schweden und Finnland platzieren sich auf den Rängen zwei bis vier. Die USA, die die Rangliste noch bis 2008 anführten, fielen zurück auf Platz 5. Mit Deutschland, den Niederlanden und Dänemark zählen erneut vorwiegend europäische Länder zu den Top Ten. Deutschland fiel zwar auf Rang 6 zurück, konnte aber seine gute Punktbewertung halten. Während die Infrastruktur und die Innovationskraft gut bewertet wurden, kam der deutsche Arbeitsmarkt wieder einmal schlecht weg. Beanstandet wird eine angeblich mangelnde Flexibilität, die das Entstehen neuer Jobs verhindere.[3]

Quelle: Institut der deutschen Wirtschaft, Köln, iw-dienst, Nr. 36, 8. September 2011, S. 3.

Unter den wichtigsten Schwellenländern ist China (Platz 26) weiterhin das wettbewerbsstärkste. Der Wettbewerbsindex basiert auf zwölf Kriterien, die ein umfassendes Bild über die Wettbewerbsfähigkeit von Nationen aller Entwicklungsstufen rund um den Globus vermitteln. Dabei werden unter anderem Infrastruktur, Gesundheit, Ausbildung und Bildung sowie Entwicklungsgrad der Finanzmärkte und Technologie untersucht.[4]

3.1 Erläutern Sie die in der Grafik genannten Kriterien für die internationale Wettbewerbsfähigkeit eines Landes!

3.2 Führen Sie geeignete Maßnahmen auf, die den Standort Deutschland im internationalen Vergleich aufwerten können!

---

1 Bericht zur globalen Wettbewerbsfähigkeit.

2 Quelle: In Anlehnung an: NZZ vom 8. September 2011.

3 Quelle: In Anlehnung an: Handelsblatt vom 7. September 2011. *www.handelsblatt.com*

4 Quelle: Textauszug: dpa-infografik Va-3107 vom 9. Oktober 2009.

4. Eine Krankenkasse möchte ihr Netz von Zweigniederlassungen bundesweit ausdehnen. Machen Sie mithilfe der Abbildung auf S. 26 einen Vorschlag, in welchen Gebieten die Filialen zuerst aufgebaut werden sollen. Begründen Sie Ihre Entscheidung!

5. Nennen Sie die Schadstoffe, welche für die Luftverschmutzung hauptsächlich verantwortlich sind!

6. Erklären Sie den Zusammenhang zwischen Luft-, Wasser- und Bodenverunreinigung an einem eigenen Beispiel!

7. Begründen Sie, warum marktkonforme Eingriffe des Staates im Bereich des Umweltschutzes durch Ge- und Verbote ergänzt werden müssen!

8. Erklären Sie den Unterschied zwischen Umweltsteuern und Umweltsonderabgaben!

9. Worin besteht der Vorteil der Glockenpolitik gegenüber der staatlichen Vorgabe von Grenzwerten?

10. Die Umweltverträglichkeitsprüfung ist ein Instrument der Umweltpolitik. Begründen Sie diese Aussage!

11. Das Umwelthaftungsgesetz geht vom Verursacherprinzip aus und begründet eine Gefährdungshaftung. Was heißt das?

12. **Textauszug:**

Die Erfahrungen aus den beiden Ölkrisen in den siebziger Jahren lehren uns, dass Energiepreissteigerungen eine energieverbrauchsdämpfende Wirkung haben. Die Preissteigerungen des importierten Rohöls sowie der importierten Ölprodukte haben zu verschieden starken Preissteigerungen der unterschiedlichen Energieträger geführt. Die Folge war in erster Linie ein Rückgang des Verbrauchs von Ölprodukten durch Einsparung oder durch Substitution durch andere Energieträger. ...

Die befürchteten globalen Klimaveränderungen machen die Diskussion über die Einführung bzw. Erhöhung von Energieverbrauchsabgaben zur Reduzierung des Energieverbrauchs wieder aktueller. Energiepreissteigerungen lösen verstärkte Anstrengungen der Industrie aus, den technischen Fortschritt zum Zweck der Energieeinsparung zu nutzen. Schließlich wird der wirtschaftliche Strukturwandel zugunsten energiesparender und innovativer Unternehmen gelenkt. Aufgrund von Energiepreissteigerungen werden energieintensiv hergestellte Produkte eher durch energiesparend hergestellte Produkte ersetzt. ...

Die hier diskutierten Energieverbrauchsabgaben haben im Unterschied zu den bisher existierenden Energieverbrauchsteuern das Ziel, den Energieverbrauch spürbar zu reduzieren. Die Höhe des Abgabensatzes muss entsprechend gewählt werden.

Um negative Auswirkungen von Energieverbrauchsabgaben auf die wirtschaftliche Entwicklung zu vermeiden oder zu begrenzen, müssen die Einnahmen aus dem Abgabeaufkommen der Wirtschaft in irgendeiner Form zurückgegeben werden. Das kann durch den Verzicht auf andere Steuern oder Abgaben, die Vergabe von Subventionen z.B. zum Zweck der Energieeinsparung oder durch zusätzliche öffentliche Ausgaben gewährleistet werden.

Naheliegend ist die Idee, die Probleme der mit dem Energieverbrauch verbundenen Umweltprobleme und der Arbeitslosigkeit mit einer einzigen Steuer- und Abgabenreform anzugehen. Statt den Produktionsfaktor Arbeit mit hohen Steuern und Sozialabgaben zu belasten, sollte der Energieverbrauch in der Höhe besteuert werden, wie der Produktionsfaktor Arbeit entlastet wird. Dadurch würden arbeitsintensive Industrien begünstigt, die Rationalisierung von Arbeitskräften wird verlangsamt und zugleich wird Energierationalisierung attraktiver.

Quelle: Vgl. Springmann, F.: Energieeinsparung durch Energieabgaben, in: Öko-Steuern. Umweltsteuern und -abgaben in der Diskussion, 1989, S. 189ff.

12.1 Welche Wirkungen verspricht sich der Autor von der Erhebung bzw. Erhöhung von Energieverbrauchsteuern?

12.2 Welchen Nachteil kann Ihrer Ansicht nach die Erhebung bzw. Erhöhung von „Ökosteuern" haben?

2.4 Produktionsfaktor Kapital

2.4.1 Kapitalbildung

Wie wir gesehen haben, ist das Produzieren bereits durch *Kombination* der beiden ursprünglichen Produktionsfaktoren *Arbeit* und *Natur* möglich. In der Regel setzt der Mensch jedoch ein weiteres Hilfsmittel – das **Kapital** – ein, um den Erfolg seiner Arbeit zu erhöhen. Solche Hilfsmittel sind z. B. Werkzeuge, Maschinen, Fahrzeuge, Straßen, Kanäle, Schiffe oder Flugzeuge.

■ Unter **Kapital** im **volkswirtschaftlichen Sinne** versteht man **produzierte Produktionsmittel.**

Beispiel: [1]

Um uns den Begriff des Kapitals klarzumachen, greifen wir zu einem sehr vereinfachenden naturalwirtschaftlichen[2] Modell.

Angenommen, eine Gruppe von 10 Schiffbrüchigen landet auf einer einsamen Insel. Die Leute haben nichts gerettet außer den Kleidern, die sie auf dem Leibe tragen. Um ihre Existenz zu sichern, ernähren sie sich tagelang nur von Früchten, Wurzeln und Kleingetier. An den Ufern und in den Bächen gibt es jedoch Fische genug, und in den Wäldern lebt Wild in Hülle und Fülle. Da wenig Hoffnung auf Rettung besteht, beschließen die Schiffbrüchigen, einige geschickte Leute vom Früchtesammeln freizustellen, damit diese Angelgeräte und Jagdwaffen herstellen können. Dieser Entschluss bedeutet für die Schiffbrüchigen zunächst teilweisen Verzicht auf die bisher gewohnte Menge Nahrungsmittel, also *Konsumverzicht.* Nach Fertigstellung der Jagdgeräte (des „Kapitals") erhöht sich jedoch die täglich zur Verfügung stehende Nahrungsmittelmenge (Fisch, Fleisch). Die Befriedigung der Existenzbedürfnisse ist gesichert. Weiterer Konsumverzicht fällt den Schiffbrüchigen leichter, wenn sie z. B. ihren Lebensstandard durch das Anfertigen von Kleidung oder den Bau von Hütten erhöhen wollen.

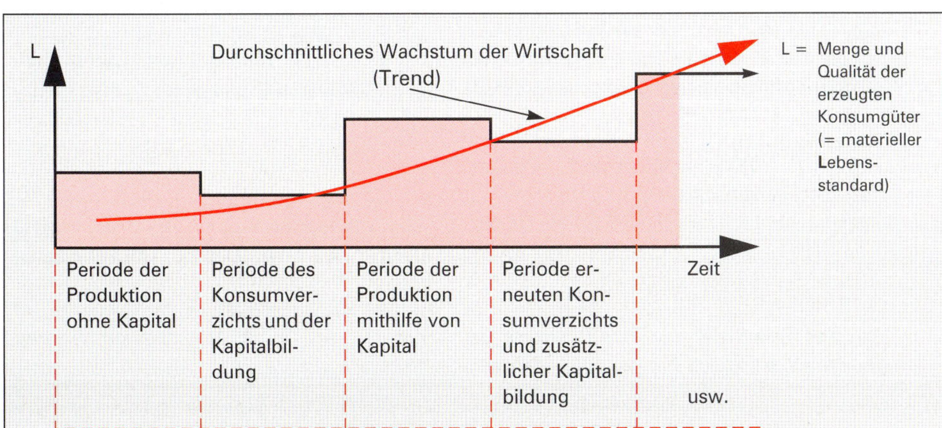

Bedeutung der Kapitalbildung für die Produktion

1 Vgl. Wagenführ, H.: Wie die Wirtschaft funktioniert, 4. Aufl. 1956, S. 152.

2 Eine Naturalwirtschaft ist eine Wirtschaft ohne Geld als Zwischentauschgut.

Das mithilfe der beiden ursprünglichen Produktionsfaktoren Arbeit und Natur geschaffene Kapital im volkswirtschaftlichen Sinne stellt einen dritten **abgeleiteten (= derivativen) Produktionsfaktor** dar, der der Erleichterung und Erweiterung der Produktion dienen kann.

■ Die Herstellung von Kapital im volkswirtschaftlichen Sinne erfordert **Konsumverzicht** (= Sparen) und das Verwenden **(= Investieren)** des Geldkapitals zur Herstellung von Produktionsgütern (z.B. von Maschinen, Fabrikgebäuden).

2.4.2 Investitionsbegriffe

In einer **Geldwirtschaft** erfolgt das **Sparen** i.d.R. nicht durch Vorratsbildung, sondern durch Verzicht auf die vollständige Ausgabe des Geldeinkommens. Dort wird also zunächst **Geldkapital** gebildet, das anschließend zur **Investition** (= Bildung von **Kapital im volkswirtschaftlichen Sinne)** führen *kann.* Das Sparen führt nämlich nur dann zur Kapitalbildung, wenn die gesparten Mittel von den Unternehmen und/oder dem Staat in *Sachanlagen* wie Bauten (z.B. Handelshäuser, Fabriken, Verwaltungsgebäude), Ausrüstungen (z.B. betrieblich genutzte Kraftfahrzeuge, Maschinen, Computer), Nutztiere und Nutzpflanzungen, Vorräte und *immaterielle*[1] *Anlagegüter* wie Suchbohrungen, Computerprogramme und Urheberrechte (z.B. Patente) verwendet (investiert) werden.

Die Summe aller Investitionen in Anlagen **(Anlageinvestitionen)** und Vorräte **(Vorratsinvestitionen, Vorratsveränderungen)** bezeichnet man als **Bruttoinvestitionen.**

Die meisten Produktionsmittel (Investitionsgüter) nutzen sich im Zeitablauf ab oder veralten.[2] Soll die Produktionskraft einer Wirtschaft erhalten bleiben, müssen **Ersatzinvestitionen (Reinvestitionen)** vorgenommen werden. (Man kann auch von Kapitalerneuerung sprechen.) Soll jedoch die Leistungskraft einer Volkswirtschaft erhöht werden, so müssen die **Bruttoinvestitionen** (Gesamtinvestitionen) die Reinvestitionen übersteigen. Die über die Reinvestitionen hinausgehenden Investitionen nennt man **Nettoinvestitionen.** Sind die Nettoinvestitionen positiv, liegt also eine **Kapitalneubildung** (Erweiterungsinvestition) vor.

Auch wenn die Nettoinvestitionen null sind, kann die volkswirtschaftliche Kapazität steigen, falls die Reinvestitionen technische Verbesserungen beinhalten. Investitionen mit technologischen Erneuerungen bezeichnet man als **Verbesserungs-** oder **Rationalisierungsinvestitionen.** In der Wirklichkeit gehen Erweiterungs-, Erneuerungs- und Verbesserungsinvestitionen Hand in Hand.

1 Immateriell = nicht gegenständlich.

2 Weitere Gründe für die Wertminderungen der Produktionsmittel (z.B. Maschinen, Fahrzeuge) sind z.B. die technische und/oder wirtschaftliche Überholung, Maschinenbruch, Brand- und Wasserschäden. Die Wertminderungen werden in der Erfolgs- und Kostenrechnung der Unternehmen durch die sogenannten **Abschreibungen** berücksichtigt.

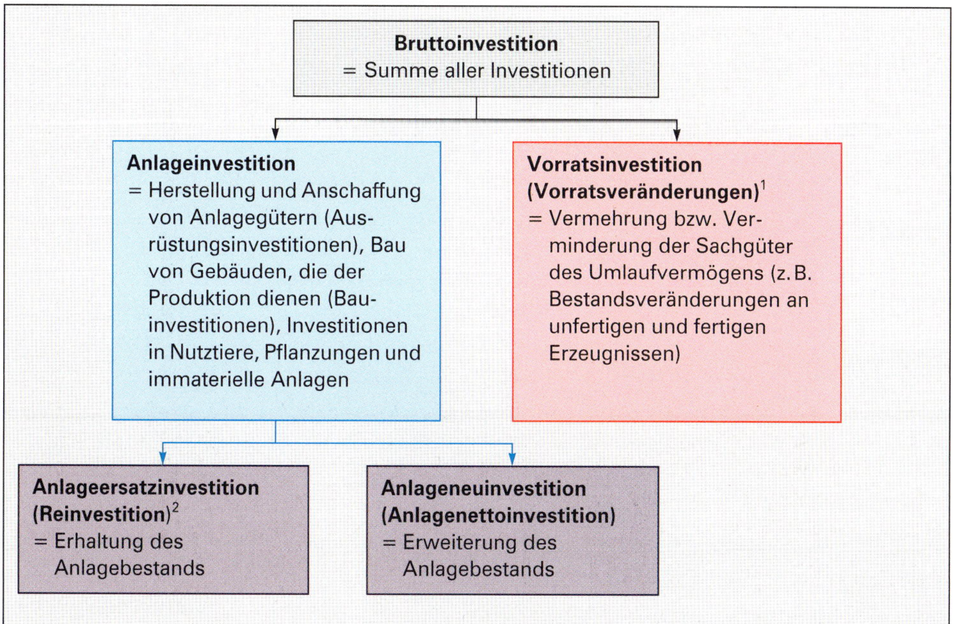

Überblick über die Investitionsarten

2.5 Produktionsfaktor Bildung

Mit unserem Schiffbrüchigenbeispiel (siehe S. 87) haben wir Jahrtausende der Menschheitsentwicklung im Zeitraffer zusammengefasst. Die Menschheit brauchte sehr lange, bis sie es verstand, die Produktion mithilfe von Werkzeugen (Kapital) zu steigern. Die Schiffbrüchigen konnten die Werkzeuge nur deshalb so schnell bauen, weil sie ein bestimmtes Maß an Bildung im weitesten Sinn, hier also **technisches Wissen** (Know-how,[3] Human capital),[4] aus der Zivilisation mitbrachten. Umfang und Qualität der Produktion hängen somit nicht nur von den Produktionsfaktoren Natur, Arbeit und Kapital, sondern auch vom **technischen Wissen** der wirtschaftenden Menschen ab. Da Bildung und Ausbildung dem Menschen nicht von vornherein gegeben sind, sondern oft mühevoll erworben werden müssen, handelt es sich bei der Bildung ebenfalls um einen abgeleiteten (= derivativen) Produktionsfaktor.

1 Der Begriff „Vorratsinvestition" meint immer Nettoinvestitionen bei Vorräten (Waren, unfertige und fertige Erzeugnisse, Roh-, Hilfs- und Betriebsstoffe). Wenn die Vorratsinvestitionen gleich null sind, bedeutet das nicht, dass die Unternehmen nichts in die Vorräte investiert hätten. In diesem Fall ist in der betrachteten Periode (z.B. ein Jahr) lediglich der Zu- und Abgang (bei konstanten Preisen) gleich hoch. Vorratsinvestitionen können auch negativ sein. In diesem Fall wurden mehr Vorräte abgesetzt bzw. verbraucht als eingekauft bzw. neu produziert wurden.
Sind die Anlageinvestitionen negativ, ist in einer bestimmten Periode ein Teil der Ersatzinvestitionen unterlassen worden.

2 Es ist wahrscheinlich, dass die Ersatzinvestitionen Verbesserungen beinhalten (Verbesserungsinvestitionen), sodass selbst dann eine Steigerung der Produktion möglich ist, wenn die Nettoinvestitionen gleich null sind.

3 Know-how (engl.) = gewusst wie.

4 Human capital (engl.) = menschliches Kapital (Bildung, technisches Wissen und Können, Ausbildungsstand).

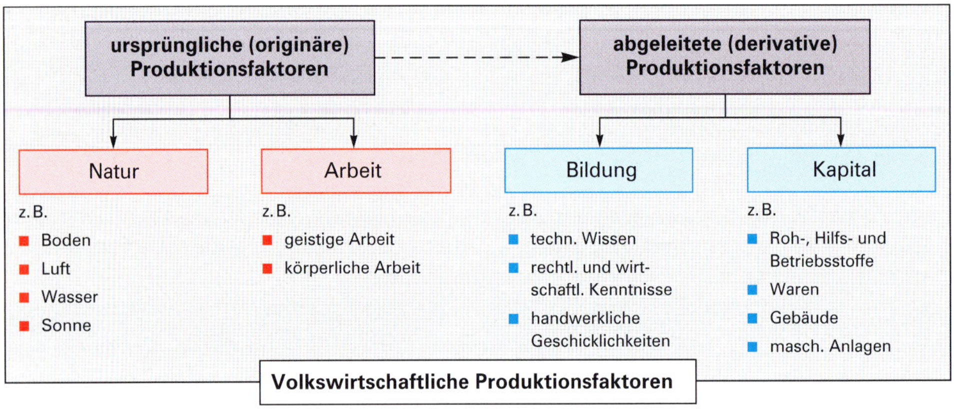

2.6 Wirtschaftsleistung und Produktionsfaktoren

Das Schiffbrüchigenbeispiel (S. 87) zeigte bereits, dass Art und Umfang der Produktion wirtschaftlicher Güter nicht allein von der Quantität (z. B. von der Menge der vorhandenen bzw. nachwachsenden Fische), sondern auch von der Qualität der Produktionsfaktoren (hier der Qualität des Produktionsfaktors Arbeit) abhängig ist. Menschen ohne jede Vorkenntnis wären nicht imstande gewesen, Angelgeräte oder Jagdwaffen zu bauen. Je umfangreicher die technischen Kenntnisse der wirtschaftenden Menschen sind, desto funktionstüchtiger können die von ihnen gebauten Werkzeuge und Maschinen sein. Die Qualität des Produktionsfaktors Kapital hängt somit unmittelbar von der Qualität des Produktionsfaktors Arbeit ab.

Natürlich hätte es unseren Schiffbrüchigen auch nichts genutzt, wenn sie zwar über das nötige technische Wissen und über den erforderlichen Leistungswillen verfügt hätten, die Natur ihnen aber weder Nahrung noch Material für den Bau der Angelgeräte und Jagdwaffen zu liefern imstande gewesen wäre. Dann hätte auch der Versuch, sich mithilfe des Kapitals Nahrung zu verschaffen (zu produzieren), scheitern müssen. Die Möglichkeit zu produzieren ist somit auch von der verfügbaren Quantität und Qualität der natürlichen Produktionsfaktoren abhängig.

Noch eine weitere Erkenntnis liefert unser Beispiel. Unterstellt, es seien nicht 10, sondern 20 Schiffbrüchige auf der Insel gelandet, die den gleichen Kenntnisstand besitzen. Dann können 20 Leute unter der Voraussetzung, dass genügend natürliche Quellen (Ressourcen) vorhanden sind, auch das Doppelte an Werkzeugen bauen und sich auch das Doppelte an Nahrung beschaffen.

- Die **Vermehrung aller Produktionsfaktoren** führt bei gleichbleibender Qualität dieser Faktoren zur proportionalen Erhöhung der Produktion.

Der durchschnittliche Lebensstandard kann sich unter diesen Bedingungen jedoch *nicht* erhöhen. Dies wäre nur möglich, wenn die Qualität der Produktionsfaktoren gesteigert wird, etwa durch zunehmende Routine bei der Herstellung der Produktionsmittel und/oder bei der Handhabung dieser Produktionsmittel.

Die gezeigten Zusammenhänge lassen sich durchaus auf die gesamte Volkswirtschaft übertragen. Die volkswirtschaftliche *Kapazität* (= je Leistungsfähigkeit = mögliche Ausbringungsmenge an wirtschaftlichen Gütern je Zeiteinheit) lässt sich erhöhen, wenn

- die Menge (Quantität) der Produktionsfaktoren gleichmäßig vermehrt wird und/oder
- die Qualität der Produktionsfaktoren gesteigert wird.

Die Qualität der natürlichen Ressourcen (des Produktionsfaktors Natur) lässt sich nur in geringem Maß steigern und dies nur dann, wenn der *Mensch* die hierzu erforderlichen Kenntnisse besitzt.

Beispiel:

Bodenverbesserung durch wirksamere Bearbeitungstechniken, Düngung und Bewässerung, künstliche Beregnung, Ertragsverbesserung durch moderne Anbaumethoden, Verbesserung des Saatguts, Krankheits- und Schädlingsbekämpfung.

Insgesamt wird man jedoch sagen müssen, dass die Qualität der natürlichen Ressourcen aufgrund der Ausbeutung der Natur laufend abnimmt.

Beispiele:

Die Steinkohleförderung muss in immer tiefer liegende Flöze vorstoßen; zur Erdölgewinnung wird bereits Ölschiefer herangezogen; zur Metallgewinnung müssen immer minderwertigere Erze verwendet werden. Dies führt zur Verteuerung der natürlichen Produktionsfaktoren.

- Die **Qualitätsverbesserung** der **Produktionsfaktoren** Arbeit und Kapital sind nur mithilfe des **technischen Fortschritts** möglich.
- Je besser die **Qualität** der zur Produktion eingesetzten **Produktionsfaktoren** ist, desto höher ist die **volkswirtschaftliche Leistungsfähigkeit.**
- **Voraussetzung** der **Produktionssteigerung** ist immer, dass genügend natürliche Ressourcen zur Verfügung stehen.

2.7 Zusammenwirken der Produktionsfaktoren

In den vorigen Kapiteln wurde bereits deutlich, dass die Produktion das Ergebnis eines **Kombinationsprozesses** von Produktionsfaktoren (kurz: „Faktoren“) ist. Ändern sich das technische Wissen und/oder die Faktorpreise, werden auch die Produktionsfaktoren ganz oder teilweise gegeneinander ausgetauscht, d.h. **substituiert.**

2.7.1 Faktorsubstitution

Die Wandlungen der Produktionsverhältnisse sind durch ständige **Substitutionsvorgänge** gekennzeichnet.

Beispiele:

Menschliche Arbeit wird durch Maschinenarbeit ersetzt. – Metalle, Holz und Leder werden durch Kunststoffe, Heizöl durch Sonnenenergie ersetzt.

Beispiel:

Das Kombinations- und Substitutionsproblem lässt sich am besten mit einer Boulding-Tabelle[1] verdeutlichen. Die *Zeilen* zeigen die mögliche mengenmäßige Produktion (= Ausbringung, Output) bei unterschiedlichem Einsatz (= Input) des Produktionsfaktors A (im Beispiel **Ar**beit), die *Spalten* die mögliche mengenmäßige Produktion bei unterschiedlichem Einsatz des Produktionsfaktors B (im Beispiel **B**oden).

Ausbringung (kg Spargel)

Einsatzmenge des Produktionsfaktors B (Anzahl der Felder)

10	25	40	50	58	66	74	81	89	95	100
9	24	39	49	56	63	70	78	84	90	95
8	23	38	48	53	60	68	74	80	85	89
7	22	37	46	50	57	64	70	74	75	81
6	21	35	43	47	54	60	66	70	72	74
5	20	33	40	44	50	55	59	63	65	66
4	18	29	36	40	44	50	52	54	57	58
3	16	25	30	33	37	40	43	46	48	50
2	13	20	23	25	28	30	33	36	38	40
1	10	13	15	17	19	21	22	23	24	25
	1	2	3	4	5	6	7	8	9	10

Einsatzmenge des Produktionsfaktors A (Arbeit in Stunden)

Aus nebenstehender Tabelle lässt sich somit ablesen, dass z. B. beim Einsatz von 4 Arbeitsstunden und 7 Feldern je Ernteperiode ein Output von 50 (im Beispiel 50 kg Spargel) erzeugt werden kann.

Welche Kombination der landwirtschaftliche Betrieb tatsächlich wählt, hängt von den Faktorpreisen ab. Setzt sich der Betrieb z. B. zum Ziel, 50 kg Spargel zu produzieren, könnte er – falls er die Kosten[2] außer Betracht lässt – folgende Faktorkombinationen wählen:

Arbeit in Stunden:	3	4	5	6	10
Zahl der Felder:	10	7	5	4	3

Beträgt der Stundenlohn 10,00 GE (Geldeinheiten) und die Pacht je Feld 15,00 GE, erhält man folgende Werte:

Arbeitskosten (Löhne):	30,00	40,00	50,00	60,00	100,00
Pacht:	150,00	105,00	75,00	60,00	45,00
Gesamtkosten:	180,00	145,00	125,00	120,00	145,00

Bei einem Stundenlohn von 10,00 GE und einer Pacht von 15,00 GE je Feld wird der Betrieb die Faktorkombination 6 Arbeitsstunden und 4 Felder wählen, weil dies die kostengünstigste Faktorkombination ist, um 50 kg Spargel zu erzeugen.

Steigen die Löhne auf 20,00 GE bei gleichbleibender Pacht, wird der Produktionsfaktor Arbeit im Verhältnis zum Produktionsfaktor Boden teurer. Deswegen wird Arbeit durch Boden *substituiert,* **wenn der Betrieb nach dem ökonomischen Prinzip** (hier nach dem Minimalprinzip) handelt.

1 Vgl. Woll, A.: Allgemeine Volkswirtschaftslehre, 4. Aufl. 1994, S. 113.

2 Kosten = Faktoreinsatzmengen · Preise.

Arbeitskosten (Löhne):	60,00	80,00	100,00	120,00	200,00
Pacht:	150,00	105,00	75,00	60,00	45,00
Gesamtkosten:	210,00	185,00	175,00	180,00	245,00

Die kostengünstigste Faktorkombination („Minimalkostenkombination“) besteht jetzt aus dem Arbeitseinsatz von 5 Stunden (5 · 20,00 GE) und 5 Feldern (5 · 15,00 GE).

2.7.2 Ursachen und Folgen der Faktorsubstitution

Da in einer Marktwirtschaft jede Faktorkombination nach dem ökonomischen Prinzip durchgeführt werden sollte, wird immer versucht, die Kombination mit den geringsten Kosten (Minimalkostenkombination) einzusetzen.

Steigt also der Preis des Faktors Arbeit (Lohn) stärker als der Preis für den Produktionsfaktor Kapital, wird – soweit möglich – der teurer gewordene Produktionsfaktor Arbeit durch den Faktor Kapital ersetzt.

Durch die Erfindung von Maschinen und deren Einsatz (industrielle Revolution) wurde die Arbeitsproduktivität gewaltig gesteigert, d.h., in einer Arbeitsstunde wurde eine immer größere Stückzahl hergestellt bzw. für die Produktion eines Gutes wurde immer weniger Arbeitszeit benötigt.

Die Folge der industriellen Revolution war eine Änderung der Beschäftigungszahlen in den einzelnen Wirtschaftsbereichen: Der primäre Sektor (Land- und Forstwirtschaft, Fischerei) verlor an Bedeutung. Die Menschen fanden Arbeit im Handwerk und in der Industrie (sekundärer Sektor). Seit Mitte des 20. Jahrhunderts sinkt der Anteil der Beschäftigten des sekundären Sektors. Der Anteil der Dienstleistungen (tertiärer Sektor) nimmt dagegen zu.

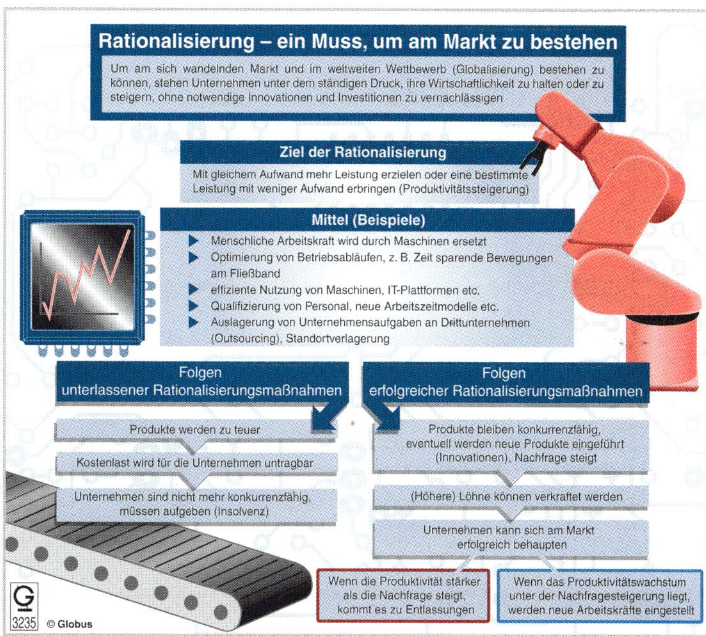

Durch die Automatisierung und die Entwicklung der neuen Informations- und Kommunikationstechniken hat sich die Tendenz, den Faktor Arbeit durch wirtschaftlichere Roboter und Computer zu ersetzen, verstärkt. Diese Rationalisierungsmaßnahmen haben sich nicht nur auf die primären und sekundären Sektoren beschränkt.

In den vergangenen Jahren wurden auch im Dienstleistungssektor (z.B. Handel, Banken, Versicherungsbetriebe) viele Arbeitskräfte durch den Einsatz der EDV freigesetzt.

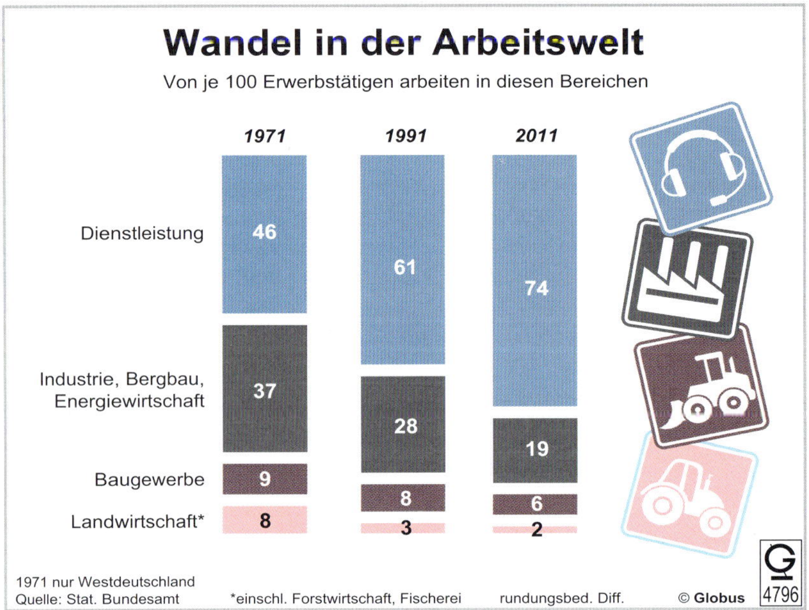

Der Wandel zur Dienstleistungsgesellschaft setzt sich fort. Nur noch 27 Prozent der Arbeitnehmer verdienen ihr Geld in der Industrie (einschl. Bergbau und Energiewirtschaft), im Baugewerbe oder in der Landwirtschaft. 1971 waren es (in Westdeutschland) mit 54 Prozent exakt doppelt so viele. Die Unternehmen im Bereich Dienstleistungen beschäftigen heute fast drei Viertel der Erwerbstätigen. Dazu gehören Mitarbeiter in Handel und Gastgewerbe ebenso wie im Verkehrswesen. Darunter fallen aber auch Unternehmen wie Banken und Versicherungen, Steuerberater, Immobilienverwalter und Softwareentwickler oder Reinigungsfirmen und Personaldienstleister.

Rund eine Million Roboter verrichten ihre Arbeit in den Werkshallen der Welt. Besonders gefragt sind die metallenen Kollegen in Japan; dort zählten die Statistiker rund 316000 Roboter. 344 000 Maschinen haben ihren Arbeitseinsatz in Fabriken in Europa, 144200 davon in Deutschland. Experten schätzen, dass sich bis zum Jahr 2013 die Zahl der Roboter weltweit um 22000 auf 1049 000 erhöhen wird; davon werden 143000 in deutschen Fabrikhallen stehen. Die meisten Industrieroboter werden in der Automobilindustrie eingesetzt.

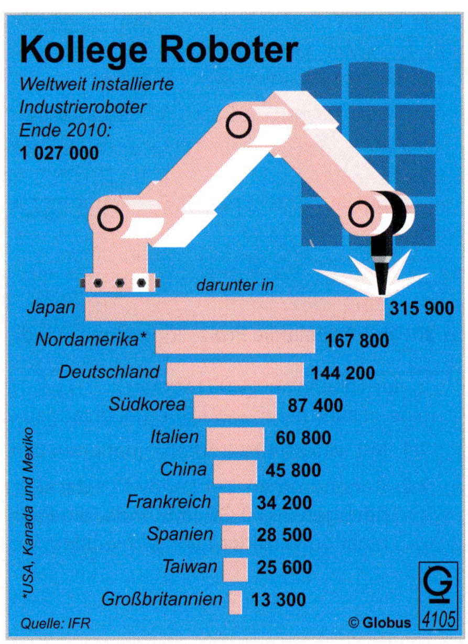

Die Auswirkung der Substitution von Arbeit durch Kapital (der Rationalisierung) wird deutlich, wenn man das **Arbeitsvolumen**, also die von den Erwerbstätigen in einem Jahr geleisteten Arbeitsstunden, ins Auge fasst. Nach Berechnungen des *Instituts für Arbeitsmarkt- und Berufsforschung (IAB)* wurden 1991 rund 59,8 Milliarden Arbeitsstunden erbracht. Es folgte ein kontinuierlicher Rückgang auf 56,5 Mrd. Stunden (1997), der in den Folgejahren nur teilweise wettgemacht wurde. Das Arbeitsvolumen war 2005 mit 55,8 Mrd. Stunden noch um fast 7 % geringer als 1991. Dies besagt, dass Arbeit zunehmend durch Kapital ersetzt wurde. Um Güter im Wert von 1 Million Euro (zu Preisen von 2000) zu schaffen, waren 1991 im Durchschnitt 340 Arbeitsstunden erforderlich, 2005 jedoch nur noch 262 Arbeitsstunden.

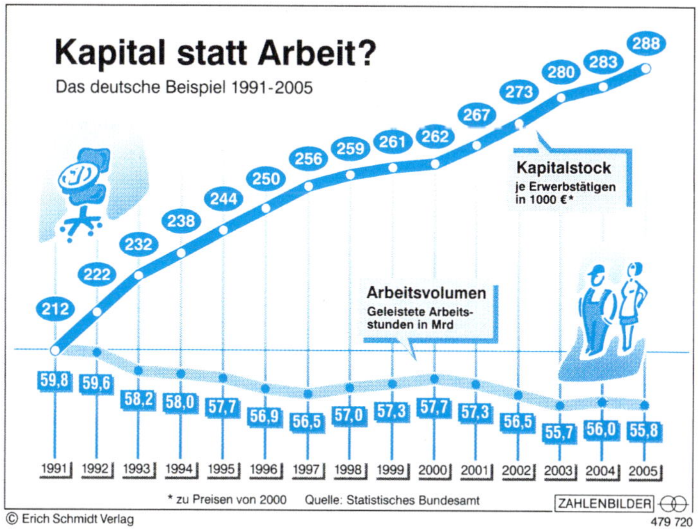

Aufgaben

1. Beschreiben Sie den Prozess der Kapitalbildung!

2. Warum führt Sparen nicht in jedem Fall zur Neukapitalbildung?

3. In einer Volkswirtschaft wurden insgesamt 50 Mrd. GE für produktive Zwecke investiert. Davon sind 5 Mrd. GE in zusätzlichen Vorräten angelegt worden, 30 Mrd. GE wurden für den Ersatz verbrauchter Anlagen verwendet.

   3.1 Definieren Sie die im Aufgabentext angesprochenen Investitionsarten!

   3.2 Berechnen Sie die Höhe der Nettoinvestition!

4. Warum ist der technische Fortschritt ein wesentlicher Faktor der Produktionssteigerung?

5. Inwiefern stellt die Produktion einen ständigen Kombinationsprozess von Produktionsfaktoren dar?

6. Inwiefern stellt die Produktion einen ständigen Substitutionsprozess von Produktionsfaktoren dar?

7. In der Tabelle auf S. 92 (Kapitel 2.7.1) wird gezeigt, mit welchen Faktorkombinationen ein Landwirt eine bestimmte Menge Spargel erzeugen kann.

   7.1 Mit welchen Faktorkombinationen kann der Landwirt jeweils 40 kg Spargel erzeugen?

   7.2 Angenommen, der Landwirt setzt sich zum Ziel, 40 kg Spargel zu erzeugen. Die Arbeitskosten betragen 20,00 GE je Stunde, die Pacht beläuft sich auf 15,00 GE je Feld. Welche Faktorkombination wird der Landwirt wählen, wenn er nach dem ökonomischen Prinzip handelt?

8. Textauszug:

„Durch die Anwendung neuer Techniken, durch Produktionsveränderungen und durch organisatorische Rationalisierungsmaßnahmen werden Arbeitsinhalte verändert und bisherige Tätigkeiten überflüssig. Herkömmliche Qualifikationen werden nutzlos. Das Veränderungstempo beschleunigt sich. Eine Analyse des Bundesministeriums für Forschung und Technologie lässt erkennen, dass vor allem diejenigen Branchen Beschäftigungszuwächse erzielt haben, die überdurchschnittlich Informations- und Kommunikationstechniken einsetzen.

Als Folgen für den Arbeitnehmer sind zu erwarten bzw. bereits eingetreten:

- Traditionelle soziale Strukturen der Arbeitswelt werden zerstört, weil der Bildschirm zum neuen ‚Arbeitskollegen' und Gesprächspartner wird, wie zum Beispiel bei der computergesteuerten Sachbearbeitung.
- Facharbeiterqualifikationen werden nicht mehr benötigt, wenn zum Beispiel CAD-Systeme die Aufgaben von technischen Zeichnern übernehmen.
- Die Automatisierung in der Produktion wird vor allem an- und ungelernte Arbeitskräfte freisetzen, so können zum Beispiel Industrieroboter komplette Montagetätigkeiten in der Automobilproduktion durchführen.
- Im Büro übernehmen Textsysteme die Tätigkeiten der Schreibkräfte sowie Routinetätigkeiten der Sachbearbeiter. So wurden in Versicherungskonzernen durch Textverarbeitungssysteme bis zu 30 % der Beschäftigten eingespart.
- Industrieroboter ersetzen nach Untersuchungen in Automobilfabriken im Durchschnitt vier Arbeitskräfte.
- Numerisch gesteuerte Werkzeugmaschinen haben die vierfache Produktivität gegenüber konventionellen Maschinen.
- CAD-Systeme in Konstruktionsbüros sparen bis zu 20 % der technischen Zeichner und Detailkonstrukteure ein.

Die durch die neuen Technologien veränderten Arbeitsplatzinhalte erfordern zunehmend folgende Qualifikationen:

- Kreativität,
- abstraktes, theoretisches Denken (Umgang mit Software),
- planerisches Denken (Flussdiagramme, Software-Abläufe),
- Bereitschaft zur Teamarbeit,
- Flexibilität (Akzeptanz neuer Verfahren),
- Lernbereitschaft (‚lebenslanges Lernen').

Allerdings muss bei allen Auswirkungen des Einsatzes der neuen Technologien auf die Arbeitsplätze auch berücksichtigt werden, dass Arbeitslosigkeit auch von anderen Einflüssen abhängig ist wie zum Beispiel von konjunkturellen Einflüssen, von internationaler Konkurrenz, vom Arbeitszeitvolumen. Viele Untersuchungen beziehen sich zudem einseitig auf eine Betrachtung des industriellen Sektors. Hier erhebt sich die Frage, ob diese Betrachtung gerechtfertigt ist, d. h., ob dieser Sektor zukünftig eine große Rolle für die Beschäftigung spielen wird."

Quelle: Henning, B.: Sozioökonomische Perspektiven der neuen Technologien, in: Grundfragen der Ökonomie, hrsg. von der Bundeszentrale für politische Bildung, Bonn 1989, S. 390f.

8.1 Von welchem Substitutionsprozess ist im Textauszug die Rede?

8.2 Nennen Sie negative Auswirkungen dieses Substitutionsprozesses!

8.3 Kann der genannte Substitutionsprozess auch positive Auswirkungen für die Arbeitskräfte haben? Begründen Sie Ihre Meinung!

8.4 Im obigen Text wird gesagt, dass Arbeitslosigkeit u.a. vom Arbeitszeitvolumen abhängig sei. Erklären Sie diese Aussage!

9.

Die Ausrottung von Tieren und Pflanzen ist die größte Gefahr für die Erde

Der Kampf gegen den Klimawandel ist ein riesiger Erfolg – zumindest, wenn man ihn mit dem Schutz der Artenvielfalt vergleicht. Für den Klimaschutz gibt es ein von den Regierungen eingesetztes Forschergremium, das IPCC, einen verbindlichen Vertrag, das Kyoto-Protokoll, Investitionen in Milliardenhöhe und viel öffentliches Interesse. Anders beim Artenschutz: Hier gibt es eine Absichtserklärung aus dem Jahr 2002 und das Eingeständnis des Scheiterns. Eigentlich hätte bis dieses Jahr der Verlust an Tier- und Pflanzenarten gestoppt oder doch merklich verlangsamt werden sollen. Aber das Ausrotten geht munter weiter, ja beschleunigt sich sogar. Mittlerweile gelten 70 Prozent der Pflanzen, 21 Prozent der Säugetiere, 12 Prozent der Vögel, 28 Prozent der Reptilien und 37 Prozent der Süßwasserfische als bedroht, sagt die Weltnaturschutzunion IUCN. Insgesamt ist zwischen 1970 und 2005 laut der Naturschutzorganisation WWF 27 Prozent der biologischen Vielfalt verloren gegangen. Der Verlust an Tier- und Pflanzenarten ist damit die größte Gefahr für die Erhaltung des ökologischen Gleichgewichts auf unserem Planeten.

Um die Bedeutung von einzelnen Arten für ein Ökosystem zu erklären, greifen Experten auf die Wirtschaftswissenschaften zurück, genauer gesagt auf den Portfolioansatz. So bietet ein breitgestreutes Anlageportfolio einen besseren Schutz vor Verlusten als der Kauf einer einzelnen Aktie. Ähnlich ist es beim Artenschutz. Je mehr verschiedene Arten in einem Ökosystem zuhause sind, desto besser kann es mit externen Störungen umgehen. Es ist widerstandsfähiger. Auch beim Schutz von ganzen Ökosystemen hoffen die Wissenschaftler durch einen Rückgriff auf die Ökonomie die Verantwortlichen für die Dringlichkeit des Problems sensibilisieren zu können. Sie fordern nicht, dass Ökosysteme um ihrer selbst willen erhalten werden, sondern weil diese wertvolle Dienstleistungen bereitstellen – wie ein stabiles Klima, frisches Wasser, Nahrungsmittel oder Schutz vor Überflutungen.

Den Wert dieser Dienstleistungen abzuschätzen, ist schwierig und die ersten Ergebnisse sprengen das Vorstellungsvermögen. Allein durch die Abholzung der Wälder entsteht Jahr für Jahr ein Verlust von zwei bis fünf Billionen Dollar, schätzt eine Studie namens *Economics of Ecosystems and Biodiversity* (Der wirtschaftliche Nutzen der Ökosysteme und der Biodiversität). Das entspricht zehn Prozent der weltweiten Wirtschaftsleistung.

Was viele geahnt haben, lässt sich also auch ökonomisch untermauern: Die Menschheit lebt von der Substanz des Ökosystems. Diesen Trend umzukehren, ist noch schwieriger als ihn zu messen. So ist einer der wichtigsten Faktoren für den Artenverlust der Ausstoß von Kohlendioxid (Co_2), der zum Klimawandel und zur Versauerung der Meere führt. Noch bedeutender ist das Wachstum der Weltbevölkerung, die in den nächsten 40 Jahren auf neun Milliarden Menschen wachsen wird. Diese Menschen brauchen Platz, was für Pflanzen und Tiere zum Verlust ihres Lebensraums führt.

[...]

Der Schutz der Artenvielfalt hat noch eine weitere Gemeinsamkeit mit dem Klimaschutz: Letztlich geht es um Geld. Den Menschen muss ein finanzieller Anreiz geboten werden, um die Natur zu schützen. Wer der Artenvielfalt zuliebe etwa ein Ölfeld unangetastet lässt, will dafür kompensiert werden. Anders gesagt: Wenn die Menschheit weiter wie bisher von den Ökosystem-Dienstleistungen der Erde profitieren will, muss sie in diese investieren, ähnlich wie sie auch in Straßen, Stromnetze und andere Infrastrukturen investiert. Sonst wächst sich ein Schlagloch schnell zum Krater aus.

Quelle: Mihatsch, C.: Was kostet die Natur? In: Badische Zeitung vom 18. September 2010.

9.1 Welches Umweltschutzziel wurde im Kyoto-Protokoll formuliert?

9.2 Warum ist der Artenverlust eine der größten Gefahren für die Erde?

7 Hartmann-Härter-Seifert - ISBN 978-3-8120-0412-1

3 Der Wirtschaftskreislauf

3.1 Einfacher Wirtschaftskreislauf

Jeder Einzelne von uns befindet sich im Wirtschaftskreislauf, z.B. als Verbraucher, als Arbeitnehmer oder Selbstständiger, als Schüler, Auszubildender oder als Rentner. Um verstehen zu können, was dies wirklich bedeutet, bedienen wir uns eines Modells. Ein **Modell** ist ein von der Wirklichkeit weitgehend losgelöstes Denkschema, dessen Ergebnisse nur unter den von vornherein festgelegten Voraussetzungen gültig sind. Diese Voraussetzungen – auch **Prämissen** genannt – sind notwendig, weil nur so eindeutige Aussagen gemacht werden können. Die Modelle haben die Aufgabe, wesentliche Eigenschaften einer Erscheinung verständlich und deutlich sichtbar zu machen. So bedient sich z.B. der Architekt des Modells, wenn er zeigen will, **wie** das von ihm geplante Gebäude im Wesentlichen aussehen soll. Der Physiker zeigt am Atommodell den prinzipiellen Aufbau eines Atoms, obwohl ein Atom natürlich nicht so aussieht wie das aus Kugeln aufgebaute Modell.

Für unsere einführenden Überlegungen „bauen" wir das Modell einer Volkswirtschaft, in der es keinen Staat und keine Außenhandelsbeziehungen gibt. Aber auch jetzt ist diese Volkswirtschaft noch viel zu kompliziert, um sie in Worten oder zeichnerisch darstellen zu können. Millionen privater Haushalte und Millionen von Unternehmen stehen miteinander in Beziehung. Wir fassen deshalb sämtliche Unternehmen zum **Sektor**[1] „Unternehmen" und sämtliche privaten Haushalte zum Sektor „private Haushalte" zusammen.

Das Zusammenwirken dieser beiden Sektoren lässt sich dann wie folgt darstellen:

1. Die privaten Haushalte stellen den Unternehmen ihre Arbeitskraft oder auch Boden zur Verfügung. Dabei ist zunächst unerheblich, ob die Arbeitskraft die eines Unternehmers **(Unternehmerhaushalt)** oder die eines Arbeitnehmers **(Nichtunternehmerhaushalt)** ist. Da Arbeit und Boden zur Erzeugung von Gütern notwendig sind, spricht man auch von **Produktionsfaktoren**[2] oder kurz von „Faktoren". Der Markt, auf dem Produktionsfaktoren angeboten und nachgefragt werden, heißt **Faktormarkt**.

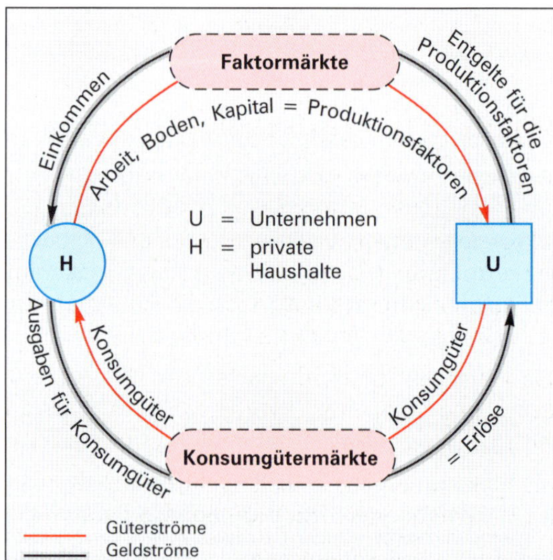

Der einfache Wirtschaftskreislauf

1 Sektor = Ausschnitt; hier: Die Zusammenfassung gleichartiger wirtschaftlicher Einheiten, also von Wirtschaftssubjekten.

2 Näheres zu den Produktionsfaktoren siehe Kapitel 2.

2. Für die geleistete Arbeit und die den Unternehmen zur Verfügung gestellten sonstigen Produktionsfaktoren erhalten die privaten Haushalte **Einkommen** in Form von Löhnen, Gehältern, Gewinnen, Mieten, Zinsen oder Pachten. Dem **Güterstrom** (auch Arbeitsleistungen sind im wirtschaftlichen Sinne Güter) steht der **Geldstrom** (Einkommensstrom) gegenüber.
3. Die privaten Haushalte, so nehmen wir zunächst an, geben ihr gesamtes Einkommen wieder aus, indem sie bei den Unternehmen *Sachgüter* oder *immaterielle Güter* (Dienstleistungen, Rechte) kaufen und bezahlen. Sie **konsumieren.**
4. Die von den Unternehmen **produzierten** und an die privaten Haushalte verkauften Güter sind Konsumgüter. Der Markt, auf dem Konsumgüter angeboten und nachgefragt werden, heißt **Konsumgütermarkt.** Dem Konsumgüterstrom steht ein Geldstrom an die Unternehmen gegenüber. Der in Geld gemessene Wert der an die privaten Haushalte verkauften Güter stellt für die Unternehmen *Verkaufserlöse* (Umsatz) dar.

3.2 Einkommen der privaten Haushalte

Herr Ziegenhagen ist verheiratet und hat zwei Kinder. Als kaufmännischer Angestellter verdient er monatlich 2900,00 € brutto (einschließlich Kindergeld). Davon werden ihm für Lohnsteuer 158,00 € und an Sozialversicherungsbeiträgen 544,00 € abgezogen. Frau Ziegenhagen erhält monatlich 300,00 € Erziehungsgeld. Durch die Vermietung der Einliegerwohnung erhöht sich das monatliche Familieneinkommen um 225,00 €. Der Betrag, welcher der Familie Ziegenhagen für ihre monatlichen Ausgaben zur Verfügung steht, hängt also von verschiedenen Einflussgrößen ab.

Faktor- und Transfereinkommen

Die privaten Haushalte stellen für die Gütererzeugung die Produktionsfaktoren Arbeit, Boden und Kapital zur Verfügung. Als Gegenleistung erhalten sie von den Unternehmen das **Faktoreinkommen,** welches sich aus dem Arbeitseinkommen (Lohn und Gehalt), dem Bodeneinkommen (Pacht) und dem Kapitaleinkommen (Zins und Gewinn) zusammensetzt. Im Faktoreinkommen sind auch die Arbeitgeberanteile zur Sozialversicherung enthalten. Es entspricht dem **Volkseinkommen.**

Das Arbeitseinkommen erzielen die Unselbstständigen (Arbeiter, Angestellte, Beamte, Richter und Soldaten). Es wird deshalb auch als **Einkommen aus Nichtunternehmertätigkeit (=** E_{nu}**)** oder als **Arbeitnehmerentgelt** bezeichnet.

Alle Einkommen aus selbstständiger Arbeit sowie die Pacht- und Zinseinkommen bilden das **Unternehmens- und Vermögenseinkommen (=** E_u**).**

Vom Faktoreinkommen müssen die Haushalte direkte Steuern (z.B. Lohn- und Einkommensteuer) und Abgaben (z.B. Sozialversicherungsbeiträge) entrichten. Andererseits überträgt der Staat den privaten Haushalten Einkommen **(= Transfereinkommen),** das unabhängig von einer Leistung gewährt wird. Der Sozialstaat ist verpflichtet, den berechtigten Personen Transfereinkommen (z.B. Renten, Kindergeld, Arbeitslosengeld, Krankengeld, Sozialhilfe) zu zahlen.

Einkommen der privaten Haushalte (Deutschland)[1]

Zeit	Bruttolöhne und -gehälter 1)		Nettolöhne und -gehälter 2)		Empfangene monetäre Sozialleistungen 3)		Masseneinkommen 4)		Verfügbares Einkommen 5)		Sparen 6)		Sparquote 7)
	Mrd €	Veränderung gegen Vorjahr %	Mrd €	Veränderung gegen Vorjahr %	Mrd €	Veränderung gegen Vorjahr %	Mrd €	Veränderung gegen Vorjahr %	Mrd €	Veränderung gegen Vorjahr %	Mrd €	Veränderung gegen Vorjahr %	%
2004	924,7	0,5	627,9	2,0	359,5	0,3	987,3	1,4	1 435,4	1,7	151,8	3,1	10,6
2005	922,1	– 0,3	625,5	– 0,4	359,8	0,1	985,3	– 0,2	1 463,9	2,0	156,9	3,3	10,7
2006	935,0	1,4	627,8	0,4	358,5	– 0,4	986,3	0,1	1 502,0	2,6	162,5	3,6	10,8
2007	965,9	3,3	646,2	2,9	353,6	– 1,4	999,8	1,4	1 524,8	1,5	168,1	3,4	11,0
2008	1 002,3	3,8	664,0	2,8	355,4	0,5	1 019,4	2,0	1 571,2	3,0	183,5	9,2	11,7
2009	1 000,1	– 0,2	661,5	– 0,4	386,8	8,8	1 048,3	2,8	1 560,5	– 0,7	173,1	– 5,7	11,1
2010	1 026,7	2,7	688,5	4,1	391,6	1,2	1 080,1	3,0	1 603,8	2,8	180,8	4,5	11,3
2011	1 075,0	4,7	713,7	3,7	388,3	– 0,8	1 102,1	2,0	1 654,1	3,1	181,0	0,1	10,9
2010 4.Vj.	285,2	3,2	190,4	4,6	96,1	– 0,3	286,5	2,9	405,8	3,8	39,1	4,3	9,6
2011 1.Vj.	249,8	4,9	165,7	3,8	98,8	– 1,4	264,5	1,8	408,1	3,2	58,6	– 1,7	14,4
2.Vj.	262,5	5,4	170,5	3,9	96,3	– 1,8	266,8	1,8	410,0	3,2	43,2	– 0,3	10,5
3.Vj.	265,7	4,5	180,4	3,5	96,6	– 0,7	277,0	2,0	419,0	3,4	38,9	0,3	9,3
4.Vj.	297,1	4,2	197,2	3,6	96,6	0,6	293,8	2,6	417,1	2,8	40,4	3,3	9,7
2012 1.Vj.	260,1	4,1	172,5	4,1	99,4	0,6	271,9	2,8	422,6	3,6	61,0	4,1	14,4

Quelle: Statistisches Bundesamt; Rechenstand: Mai 2012. * Private Haushalte einschl. private Organisationen ohne Erwerbszweck. **1** Inländerkonzept. **2** Nach Abzug der von den Bruttolöhnen und -gehältern zu entrichtenden Lohnsteuer sowie den Sozialbeiträgen der Arbeitnehmer. **3** Geldleistungen der Sozialversicherungen, Gebietskörperschaften und des Auslands, Pensionen (netto), Sozialleistungen aus privaten Sicherungssystemen, abzüglich Sozialabgaben auf Sozialleistungen, verbrauchsnahe Steuern und staatliche Gebühren. **4** Nettolöhne und -gehälter zuzüglich empfangene monetäre Sozialleistungen. **5** Masseneinkommen zuzüglich Betriebsüberschuss, Selbständigeneinkommen, Vermögenseinkommen (netto), übrige empfangene laufende Transfers, Einkommen der privaten Organisationen ohne Erwerbszweck, abzüglich Steuern (ohne Lohnsteuer und verbrauchsnahe Steuern) und übriger geleisteter laufender Transfers. Einschl. der Zunahme betrieblicher Versorgungsansprüche. **6** Einschl. der Zunahme betrieblicher Versorgungsansprüche. **7** Sparen in % des verfügbaren Einkommens.

  Faktoreinkommen
– direkte Steuern und Sozialversicherungsbeiträge (einschl. Arbeitgeberanteil)
\+ Transfereinkommen

= verfügbares Einkommen

Vermögen und Einkommen

Unter Vermögen ist die Ausstattung der Wirtschaftssubjekte (private Haushalte, Unternehmen, Staat) mit Sachgütern (Sachvermögen), Geld und Forderungen (Geldvermögen) zu verstehen. Zieht man von diesem Bruttovermögen die Schulden ab, erhält man das **Nettovermögen.**

Soweit es sich um privates Sachvermögen handelt, sprechen die Statistiker vom **Gebrauchsvermögen.** Sachvermögen, das der Erzielung von Einkommen dient, wird als **Erwerbsvermögen** bezeichnet.

Wird über das Problem der Vermögensverteilung diskutiert, ist in der Regel das Geldvermögen einerseits und das Erwerbsvermögen andererseits gemeint.

1 Monatsbericht der Deutschen Bundesbank, Juni 2012, S. 67*.

Wie viel Geld steht einem Haushalt – vom Einpersonenhaushalt bis zur mehrköpfigen Familie – in Deutschland monatlich zur Verfügung? Nach einer Auswertung des GfK GeoMarketings kamen im Jahr 2011 23,2 Prozent aller Haushalte – und damit die relativ meisten – mit Lohn bzw. Gehalt, Rente, Mieteinnahmen u.Ä. zusammen auf netto 2600 bis 4000 Euro. Insgesamt 22,1 Prozent aller Haushalte hatten monatlich mehr als 4000 Euro. Mit weniger als 1100 Euro im Monat mussten 14,1 Prozent der Haushalte in Deutschland auskommen. Betroffen hiervon war im Bundesländervergleich insbesondere Berlin, wo knapp ein Viertel aller Haushalte in dieser Einkommensklasse waren. Über die höchsten Einkommen mit einer Summe von über 7500 Euro monatlich verfügen Haushalte in Baden-Württemberg mit einem Anteil von 4,5 Prozent. Deutschlandweit lag dieser Anteil bei 3,4 Prozent.

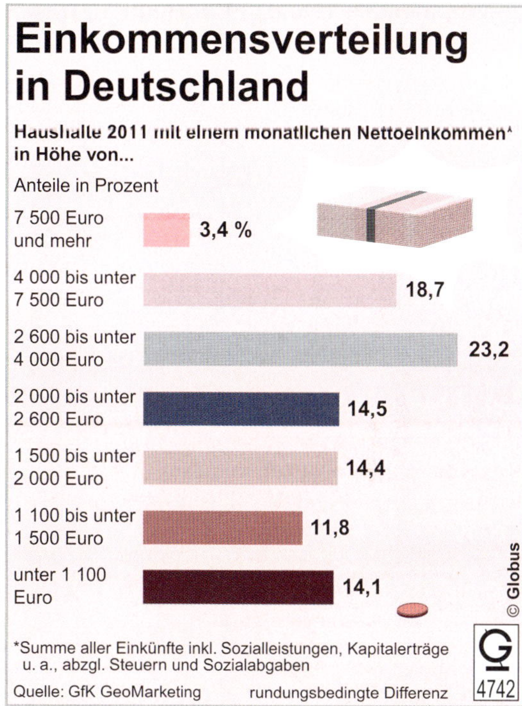

Große Vermögen werfen Erträge ab (z.B. Zins-, Miet- und Pachterträge, Gewinnanteile),[1] führen also zu Einkommen, die ihrerseits wieder in Vermögenswerten angelegt werden können. Umgekehrt können hohe Einkommen nicht restlos verbraucht werden. Große Teile werden gespart, sodass weiteres Vermögen entsteht.

In der Marktwirtschaft ist es aber auch möglich, hohe Einkommen ohne großes Vermögen zu erwirtschaften. Hohe und höchste Einkommen erzielen z.B. manche Manager, Wissenschaftler, Spitzensportler, Sänger und Fernsehstars.

3.3 Erweiterter Wirtschaftskreislauf

Das einfache Modell aus Kapitel 3.1 zeigt eine Wirtschaft, in der die privaten Haushalte ihr gesamtes Einkommen je Zeitabschnitt (= Periode, z.B. ein Jahr) verbrauchen. Eine Wirtschaft aber, die alles verbraucht was sie erzeugt, kann nicht wachsen; sie ist **stationär.** Soll eine Wirtschaft wachsen, d.h. *mehr* als bisher produzieren, müssen ihre Produktionsanlagen erweitert bzw. neue Produktionsanlagen geschaffen werden. Eine wachsende Wirtschaft, also eine Wirtschaft, die von Jahr zu Jahr mehr erzeugt, bezeichnet man als **evolutorische** (= sich entwickelnde) Wirtschaft.

Wird das Modell des „einfachen Wirtschaftskreislaufs" um den Sektor „Banken" erweitert und wird der Sektor Unternehmen in die Investitionsgüterindustrie und in die Konsumgüterindustrie (einschließlich Handel) aufgeteilt, treten zu den bisher genannten gesamtwirtschaftlichen Strömen folgende hinzu:

1 Das Unternehmens- und Vermögenseinkommen hat 2011 in Deutschland 644,4 Mrd. Euro betragen.

1. Das **Sparen (= S)** der privaten Haushalte fließt den Banken zu.
2. Die Banken stellen diese Mittel den Unternehmen zur Verfügung, die ihre Produktionsanlagen erweitern und/oder ihre Vorräte aufstocken, also **investieren (= I)**. Soweit Investitionen zum Erhalt des Produktionsmittelbestands erforderlich sind, handelt es sich um **Ersatzinvestitionen (Reinvestitionen = Abschreibungen = Ab)**. Erst die diesen Betrag übersteigenden **Erweiterungsinvestitionen (Nettoinvestitionen = I_n)** vergrößern den Anlagenbestand und damit die Kapazität der Volkswirtschaft.[3] Die **Bruttoinvestitionen (= I_{br})** sind die gesamten Investitionen einer Volkswirtschaft während einer Periode (siehe Kapitel 2.4.2).

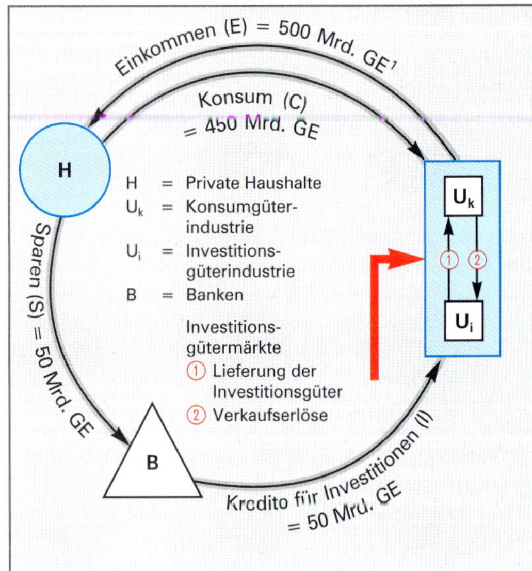

Der um den Sektor „Banken" erweiterte Wirtschaftskreislauf[2]

3. Die Investitionsgüterindustrie verkauft die von ihr hergestellten Investitionsgüter (= Produktionsmittel) an die Konsumgüterindustrie. Die Verkaufserlöse aus diesen Lieferungen fließen der Investitionsgüterindustrie über die Investitionsgütermärkte zu. Der Geldstrom bleibt also im Sektor Unternehmen.

3.4 Konsumieren und Sparen

Wenn durch Sparen und Investieren die Produktionskapazität einer Wirtschaft zunimmt und dadurch mehr Arbeitsplätze geschaffen werden, stellt sich die Frage, wovon der Betrag, den die privaten Haushalte sparen, abhängig ist.

Es ist leicht einzusehen, dass bei steigendem **Einkommen (E)** sowohl der **Konsum (C)** als auch die **Ersparnisse (S)** steigen: In einer armen Volkswirtschaft, in der die Masse der Bevölkerung gerade so viel verdient, dass sie ihr Existenzminimum decken kann, wird nicht oder wenig gespart. In reichen Volkswirtschaften hingegen, in denen die Durchschnittseinkommen weit über dem Existenzminimum liegen, kann auch mehr gespart werden.

1 GE = Geldeinheiten (z.B. €, US-$, £, sfrs).

2 In dieser Abbildung wurden die Güterströme nicht eingezeichnet, um die Übersichtlichkeit zu wahren. Im Übrigen stellen auch die Dienstleistungen der Banken „Güter" im wirtschaftlichen Sinne dar (z B. Verwaltung der angelegten Gelder, Kreditgewährung). Der Ausgleich von Kreditangebot und Kreditnachfrage vollzieht sich auf den Kreditmärkten. Nicht eingezeichnet sind auch das Sparen der Unternehmen (z.B. bei den Banken angelegte Gewinne) und die Kredite der privaten Haushalte, die diese z.B. zur Finanzierung von Konsumgüterkäufen (z.B. Kauf eines privat genutzten Autos, Kauf einer Eigentumswohnung) bei den Banken aufnehmen.

3 Zu den Investitionsbegriffen siehe auch Kapitel 2.4.2. sowie die Abb. auf S. 89.

Hierzu ein einfaches Beispiel:

Verfügbares Einkommen (E)	Konsumausgaben (C)	Sparen (S)	Konsumquote in Prozent	Sparquote in Prozent
0	100	– 100	–	–
100	175	– 75	175,0	– 75,0
200	250	– 50	125,0	– 25,0
300	325	– 25	108,3	– 8,3
400	400	– 0	100,0	0,0
500	475	+ 25	95,0	5,0
600	550	+ 50	91,7	8,3
700	625	+ 75	89,3	10,7
800	700	+ 100	87,5	12,5

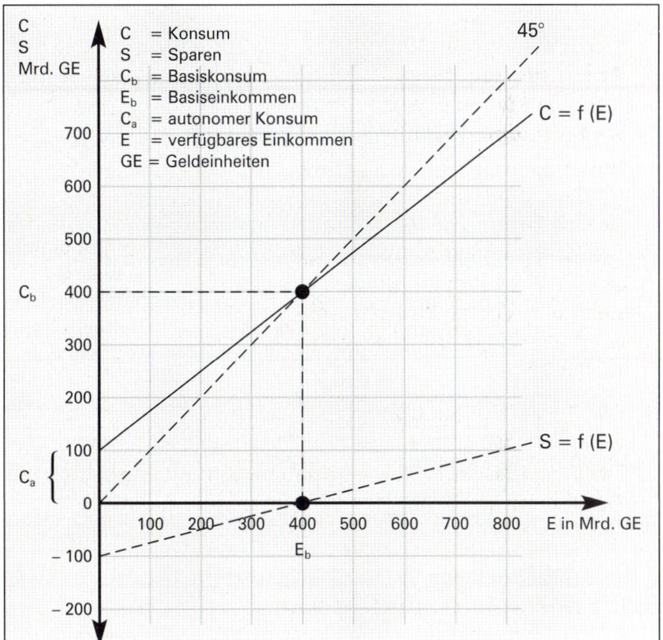

Konsum- und Sparfunktion

Die Tabelle sagt Folgendes aus: Bei einem **verfügbaren Einkommen** von 400 Mrd. GE wird nicht gespart, sondern das gesamte Einkommen wird verbraucht (**Basiseinkommen).** In einer geschlossenen stationären Wirtschaft ist das Basiseinkommen das Gleichgewichtseinkommen (E = C), wie noch zu beweisen sein wird. Das Basiseinkommen verkörpert gewissermaßen das soziokulturelle Existenzminimum, also den Lebensstandard, der den privaten Haushalten aufgrund der derzeitigen gesellschaftlichen und wirtschaftlichen Entwicklung nach allgemeiner Anschauung zugebilligt wird.

Das absolute (physische) Existenzminimum (der Mindestkonsum) liegt bei 100 Mrd. GE. Dies bedeutet, dass bei einem verfügbaren Einkommen von null negativ gespart werden muss, d. h., die Verbraucher müssen frühere Ersparnisse angreifen oder Kredite aufnehmen. Der Mindestkonsum (im Beispiel 100 Mrd. GE) wird auch als **autonomer**[1] **Konsum (C_a)** bezeichnet, weil er von der Höhe des verfügbaren Einkommens unabhängig ist.

Der prozentuale Anteil des Konsums am verfügbaren Einkommen heißt **Konsumquote.** Beim Basiseinkommen ist die Konsumquote 100 %, weil das gesamte Einkommen für Konsumzwecke ausgegeben wird. Ist das verfügbare Einkommen niedriger als das Basiseinkommen, ist die Konsumquote höher als 100 %. Übersteigt das verfügbare Einkommen das Basiseinkommen, ist die Konsumquote niedriger als 100 %.

1 Autonomie = Unabhängigkeit.

$$\text{Konsumquote} = \frac{\text{private Konsumausgaben} \cdot 100}{\text{verfügbares Einkommen}}$$

Positives Sparen kann erst beginnen, wenn das verfügbare Einkommen das Basiseinkommen übersteigt. Ist das verfügbare Einkommen niedriger als das Basiseinkommen, ist das Sparen negativ. Beim Basiseinkommen ist die **Sparquote,** also der prozentuale Anteil des Sparens am verfügbaren Einkommen, null. Liegt das verfügbare Einkommen unter dem Basiseinkommen, ist die Sparquote negativ. Übersteigt das verfügbare Einkommen das Basiseinkommen, ist die Sparquote positiv.

Die Summe aus Sparquote und Konsumquote ist immer 100%, weil das Einkommen definitionsgemäß für den Konsum (C) und/oder das Sparen (S) verwendet wird.

$$\text{Sparquote} = \frac{\text{privates Sparen} \cdot 100}{\text{verfügbares Einkommen}}$$

Aufgrund des Zahlenbeispiels in der Tabelle auf S. 103 lässt sich behaupten: Das volkswirtschaftliche Sparen ist hauptsächlich vom Einkommen abhängig. Weitere Einflussfaktoren für das Sparen sind die Rentabilität einer Anlage (z.B. Zinsen, Zuschüsse, Kursgewinne) und die Frage, wie die Haushalte die künftige Wirtschaftsentwicklung (z.B. die Entwicklung der Arbeitslosigkeit und Verbraucherpreise) einschätzen.

Der Konsum wird außer von der Höhe des verfügbaren Einkommens auch von den Bedürfnissen der Verbraucher und von der erwarteten zukünftigen Wirtschaftsentwicklung beeinflusst.

Schätzen die privaten Haushalte die wirtschaftliche Entwicklung als schlecht ein – haben sie z.B. Angst vor steigender Arbeitslosigkeit –, kann die Sparquote auch bei sinkenden Realeinkommen steigen.

3.5 Vollständiger Wirtschaftskreislauf

Eine Volkswirtschaft ohne Staat ist nicht denkbar. Der moderne Staat hat u.a. folgende wirtschaftspolitische Aufgaben: Sicherung der Handlungsfreiheit der Wirtschaftssubjekte, Schutz des Eigentums, Steuerung des Wirtschaftsablaufs, Förderung der Wohlfahrt und Sicherung der sozialen Gerechtigkeit.

Im Sektor „Staat" werden diese Aufgaben von den Gebietskörperschaften (Bund, Länder, Landkreise und Gemeinden) sowie den Personalkörperschaften (z.B. Sozialversicherungsträger, Handwerkskammern) wahrgenommen. In der Bundesrepublik Deutschland fließen durch den staatlichen Sektor rund 50% der volkswirtschaftlichen Gesamtleistung[1] (Staatsquote).

Eine Wirtschaft ohne außenwirtschaftliche Beziehungen ist ebenfalls kaum vorstellbar. Unterschiedliche Rohstoffvorkommen, unterschiedliches technisches Wissen und die Ansprüche der Bevölkerung zwingen dazu, Güter einzuführen (zu importieren) und auszuführen (zu exportieren). Der binnenwirtschaftliche Wirtschaftskreislauf wird also um

1 Volkswirtschaftliche Gesamtleistung = Bruttoinlandsprodukt.

den außenwirtschaftlichen Kreislauf erweitert. Der Saldo aus Exporterlösen und Importausgaben wird als **Außenbeitrag (= Ex – Im)** bezeichnet.

Zu den bereits bekannten Kreislaufströmen treten nunmehr noch folgende Geldströme (auf die Darstellung entsprechender Güterströme wird verzichtet) hinzu:

1. Ein Teil der Einkommen der privaten Haushalte wird vom Staat (den **öffentlichen Haushalten)** in Form von **direkten Steuern** (z. B. Lohnsteuer, Einkommensteuer) und anderen **gesetzlichen Abgaben** (z. B. Sozialversicherungsbeiträgen) einbehalten. Die Umsatzsteuer und die Verbrauchsteuern, wie z. B. Mineralölsteuer und Tabaksteuer, müssen im Endeffekt auch die Haushalte als Letztverbraucher tragen. Der Verkäufer kalkuliert diese Steuern in seine Preise ein und führt sie anstelle der Haushalte an den Staat ab **(indirekte Steuern = T_{ind})**.

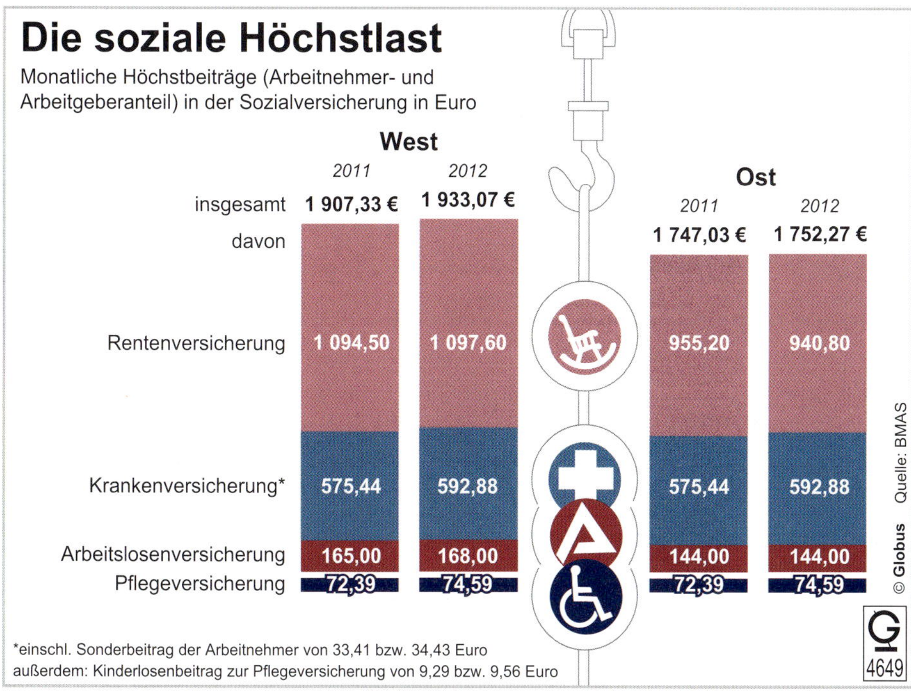

2. Die Staatseinnahmen werden wieder ausgegeben. Sie fließen zum Teil den privaten Haushalten in Form von **Gehältern** und **Löhnen** oder als **Sozialleistungen** (z. B. Rente, Arbeitslosengeld, Krankengeld, Kindergeld) zu. Die Abgaben werden von Beitragszahlern auf die Bedürftigen umgeschichtet. Deshalb spricht man auch von **Transferzahlungen (= Tr)**. Ein weiterer Teil geht als Ausgaben für **staatlichen Konsum (= C_{st})** an die Unternehmen, die dadurch Umsatzerlöse erzielen. Für besonders förderungswürdige Zwecke erhalten die Unternehmen Geldbeträge, die nicht mehr zurückgezahlt werden müssen **(Subventionen = Z)**.[1]

   Soweit der Staat Sach- und Dienstleistungen erbringt, werden sie in diesem Modell dem Sektor Unternehmen zugerechnet.

1 Auch die privaten Haushalte erhalten Subventionen.

3. Die Unternehmen verkaufen Dienstleistungen und Sachgüter an das Ausland. Für diesen **Export (= Ex)** erhalten sie Einnahmen.

4. Umgekehrt kaufen die Unternehmen Dienstleistungen und Sachgüter von ausländischen Unternehmen **(= Import = Im)**. Ein entsprechender Geldstrom fließt ins Ausland.

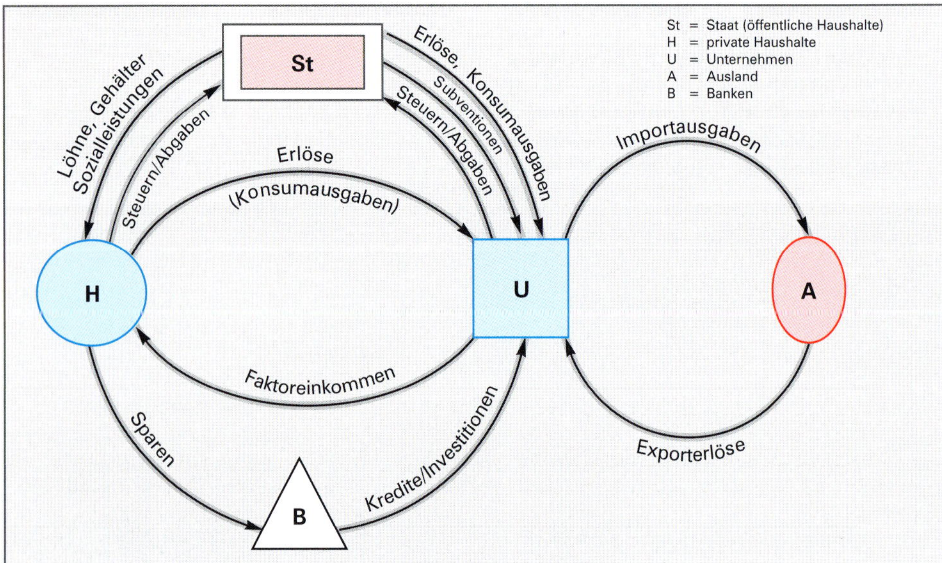

Der vollständige Wirtschaftskreislauf

Aufgaben

1. Zeichnen Sie einen einfachen Geldkreislauf und nehmen Sie an, dass die privaten Haushalte nicht sparen und für Konsumgüter von Periode zu Periode 1000 Mrd. GE ausgeben!

2. Erweitern Sie den einfachen Geldkreislauf aus Aufgabe 1, indem Sie unterstellen, dass die Haushalte 10 % ihres Einkommens sparen und bei den Banken anlegen! Weiterhin sei angenommen, dass die Unternehmen in Höhe der Ersparnis bei den Banken Kredite aufnehmen, um ihre Investitionen zu finanzieren.

3. Zeichnen Sie ein vollständiges Kreislaufschema mit den Sektoren private Haushalte, Staat, Unternehmen, Banken und Ausland! Benutzen Sie hierzu folgende Werte:

a)	Einkommen der privaten Haushalte vom Staat (Löhne, Gehälter, Sozialleistungen)	300 Mrd. GE
b)	Einkommen der privaten Haushalte von den Unternehmen	700 Mrd. GE
c)	Sparen der privaten Haushalte	100 Mrd. GE
d)	Von den privaten Haushalten an den Staat abgeführte Steuern und Sozialabgaben	250 Mrd. GE

e) Von den Unternehmen an den Staat abgeführte Steuern und Sozialabgaben — 150 Mrd. GE

f) Vom Staat von den Unternehmen gekaufte Sachgüter und Dienstleistungen — 100 Mrd. GE

g) Von den Unternehmen in Anspruch genommene Kredite der Banken — 100 Mrd. GE

h) Die Ex- und Importe der Unternehmen gleichen sich aus und betragen je — 80 Mrd. GE

Berechnen Sie die Höhe der Konsumausgaben der privaten Haushalte und zeichnen Sie diesen Geldstrom in Ihr Kreislaufschema ein! Prüfen Sie, ob der Kreislauf geschlossen ist!

4. Ermitteln Sie aus den in Aufgabe 3 aufgeführten Werten die Konsum- und Sparquote!

5. Beschreiben Sie die Besonderheiten und den Zweck der Transfereinkommen!

6. Die nachfolgende Grafik „Arbeitskosten: Mehr als der Lohn" unterscheidet zwischen
   1. Arbeitskosten,
   2. Sonderzahlungen und
   3. Bruttolohn/-gehalt.

   Erklären Sie, wie die unterschiedlichen Beträge zustande kommen!

Arbeitskosten: Mehr als der Lohn

Arbeitskosten im Produzierenden Gewerbe im Jahr 2011 in Euro je 100 Euro Bruttolohn/-gehalt

	Westdeutschland	Ostdeutschland
Direktentgelt	74,80	77,70
Vergütung für arbeitsfreie Tage	17,40	16,90
– Urlaub	10,00	9,70
– Bezahlte Feiertage	4,00	3,50
– Entgeltfortzahlung im Krankheitsfall	3,50	3,60
Sonderzahlungen	7,80	5,40
– Weihnachtsgeld, zusätzliches Urlaubsgeld usw.	7,40	5,10
– Vermögensbildung	0,40	0,30
Bruttolohn/-gehalt	100,00	100,00
Sozialversicherungsbeiträge der Arbeitgeber (einschließlich Unfallversicherung)	19,20	20,50
Betriebliche Altersversorgung	5,60	2,40
Sonstige Personalzusatzkosten (z.B. Ausbildungskosten, Abfindungen)	4,20	3,70

Unternehmen mit zehn und mehr Beschäftigten; Westdeutschland einschließlich Berlin; Bruttolohn/-gehalt einschließlich Entgeltfortzahlung im Krankheitsfall; Direktentgelt: Entgelt für geleistete Arbeitszeit einschließlich leistungs- und erfolgsabhängiger Sonderzahlungen; betriebliche Altersversorgung: einschließlich Aufstockungsbeiträgen zu Lohn und Gehalt sowie zur Rentenversicherung für Personen in Altersteilzeit und Aufwendungen für sonstige Vorsorgeeinrichtungen; Ursprungsdaten: Statistisches Bundesamt

Institut der deutschen Wirtschaft Köln

Quelle: Institut der deutschen Wirtschaft Köln, iw-dienst, Nr. 22, 31. Mai 2012, S. 8.

7. Erläutern Sie, warum nicht nur Unternehmerhaushalte Kapitaleinkommen beziehen!

8. In einem Land haben die Unternehmen 760,6 Mrd. GE für Bruttoinvestitionen ausgegeben. An Ersatzinvestitionen fielen 464,8 Mrd. GE an.

Berechnen Sie die Nettoinvestitionen!

9. 9.1 Erläutern Sie die Faktoren, von denen der private Konsum abhängig ist!

9.2 Nennen Sie Gründe, durch die die Sparquote steigen kann!

9.3 Wie ist es zu erklären, dass die Investitionen trotz steigender Sparquote sinken können?

10. Die westdeutsche Industrie wird im Jahr 2012 ihre Investitionen um sechs Prozent erhöhen. Das ist das Ergebnis der jüngsten Investitionserhebung des ifo-Instituts. Bereits im Jahr zuvor waren die Investitionen um 16 Prozent gestiegen und konnten so den schweren Einbruch nach der Wirtschaftskrise im Jahr 2009 zum Teil wieder wettmachen. Nach Erhebungen der Münchener Konjunkturforscher wollen 72 Prozent der befragten Unternehmen ihre Investitionen im Jahr 2012 erhöhen; jeder vierte Betrieb plant eine Verringerung der Investitionen. Knapp ein Drittel der Ausgaben dient dazu, alte Maschinen durch neue zu ersetzen. 28 Prozent der Mittel sollen für Kapazitätserweiterungen eingesetzt werden.

10.1 Erklären Sie die in der Bildstatistik genannten Investitionsziele!

10.2 Unter welchen Bedingungen ist ein Unternehmer bereit zu investieren?

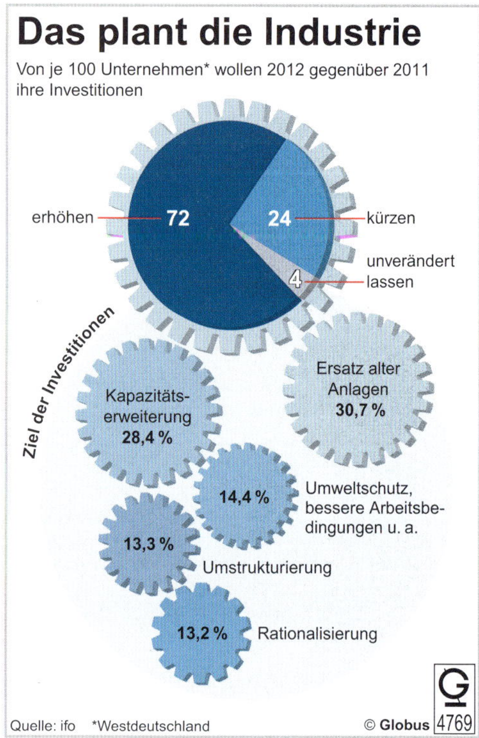

3.6 Messung der gesamtwirtschaftlichen Leistung

Nicht nur Wirtschaftspolitiker, sondern alle, die wirtschaftliche Entscheidungen treffen müssen, werden mit diesen oder ähnlichen Fragen konfrontiert: Wie haben sich die Einkommen entwickelt? Welche Branchen wachsen und in welchem Umfang? Was verändert sich am Konsumverhalten und an den Investitionen? Wie hoch ist die Beschäftigung?

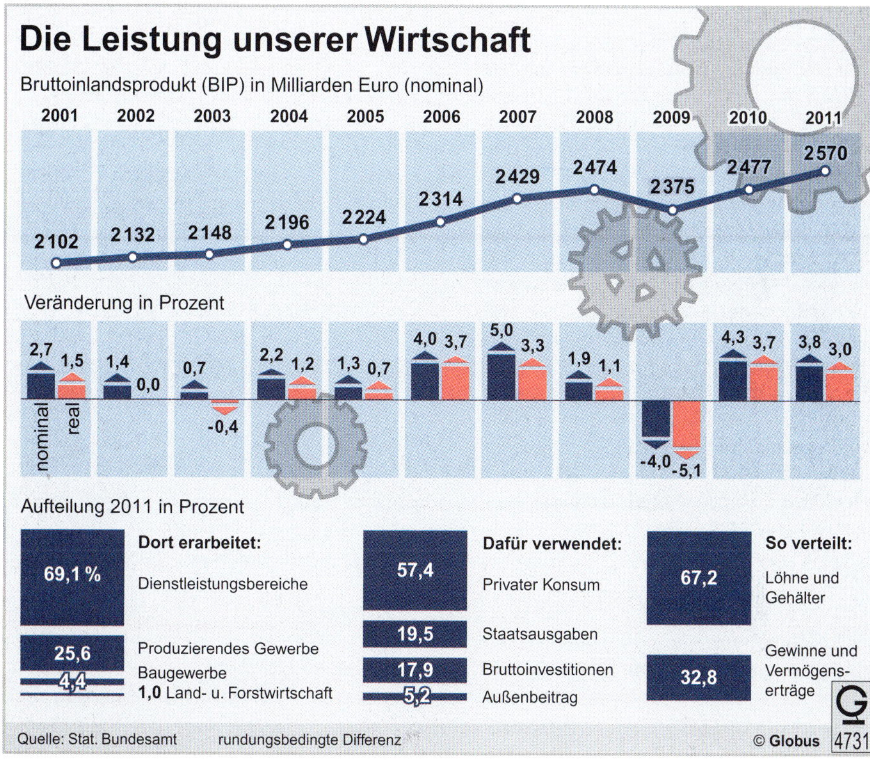

3.6.1 Geldkreislauf und volkswirtschaftliche Gesamtrechnung

Selbst eine vereinfachte Darstellung des Wirtschaftskreislaufs mit Geld- und Güterströmen wird zu kompliziert. Deswegen beschränkt man sich in der Regel auf die Darstellung des Geldkreislaufs. In der nachstehenden Darstellung nehmen wir noch weitere Vereinfachungen vor, ohne dass dadurch die Richtigkeit des Ergebnisses unserer Überlegungen erheblich beeinträchtigt wird.

Modellannahmen

(1) Im nachstehenden Modell werden folgende Annahmen getroffen:

- Die direkten Steuern der privaten Haushalte (H) und der Unternehmen (U) bleiben außer Betracht, ebenso die Sozialversicherungsabgaben.
- Soweit der Staat (St) Sach- oder Dienstleistungen erbringt, wird er dem Sektor Unternehmen (U) zugerechnet.
- Die Sozialleistungen des Staates werden nicht berücksichtigt, wohl aber die staatlichen Zuschüsse (Z) an die Unternehmen (U).

(2) In unserem Modell werden somit noch folgende gesamtwirtschaftliche Größen verwendet:

a)	Konsumausgaben der privaten Haushalte (C_{pr})	500 Mrd. GE[1]
b)	Konsumausgaben des Staates (C_{St})	180 Mrd. GE
c)	Arbeitnehmerentgelt (E_{nu} = Nichtunternehmereinkommen), d. h. Einkommen aus unselbstständiger Arbeit	450 Mrd. GE
d)	Unternehmens- und Vermögenseinkommen (Unternehmenseinkommen = E_u)	198 Mrd. GE
e)	Produktions- und Importabgaben (= Gütersteuern = indirekte Steuern = T_{ind}[2])	200 Mrd. GE
f)	Subventionen (= Gütersubventionen = Zuschüsse an Unternehmen = Z)	20 Mrd. GE
g)	Exporterlöse (Ex)	19 Mrd. GE
h)	Importausgaben (Im)	11 Mrd. GE
i)	Saldo der Erwerbs- und Vermögenseinkünfte zwischen In- und Ausland zuzüglich des Saldos aus empfangenen Subventionen aus der EU und geleisteten Produktions- und Importabgaben an die EU (F)[3]	2 Mrd. GE
j)	Bruttoinvestitionen (I_{br})	250 Mrd. GE
k)	Ersatzinvestitionen (Ab)	110 Mrd. GE

(3) Unterstellt wird weiterhin, dass die Unternehmen ihre gesamten Gewinne an die privaten Haushalte ausschütten und der Staatshaushalt ausgeglichen ist. In diesem Fall erfolgt das gesamtwirtschaftliche Sparen (S) in den privaten Haushalten.

Grundbegriffe

Zum Verständnis des nachstehenden Kreislaufbilds (S. 112) müssen folgende Grundbegriffe und Grundtatbestände bekannt sein:

(1) Die statistische Erfassung aller wesentlichen gesamtwirtschaftlichen Zahlungsströme (Kreislaufgrößen) bezeichnet man als **volkswirtschaftliche Gesamtrechnung (VGR).**

(2) In einer wachsenden (evolutorischen) Volkswirtschaft muss **gespart** werden, damit die zusätzlichen Investitionen (= Nettoinvestitionen = I) finanziert werden können.

---

1 GE = Geldeinheiten (z. B. €, US-$, sfrs).

2 T von „Tax" (engl.) = Steuer. Die Produktions- und Importabgaben sind Steuern und Zölle, die die Unternehmen nach dem Willen des Gesetzgebers in ihre Absatzpreise einkalkulieren und auf die Letztverbraucher überwälzen (indirekte Steuern). Die Steuerbelastung durch die indirekten Steuern wird durch die Subventionen an die Unternehmen (Gütersubventionen) verringert. Die Statistik saldiert daher die Gütersteuern mit den Gütersubventionen (T_{ind} – Z). Der Saldo zwischen den Gütersteuern und -subventionen heißt **Nettoproduktionsabgaben.**

3 Der Saldo F setzt sich wie folgt zusammen:

	Aus dem Ausland bezogene Erwerbs- und Vermögenseinkommen	7 Mrd. GE
	Von der EU erhaltene Subventionen	3 Mrd. GE
	Aus dem Ausland bezogen	10 Mrd. GE
–	An das Ausland bezahlte Erwerbs- und Vermögenseinkommen	5 Mrd. GE
–	An die EU bezahlte Produktions- und Importabgaben	3 Mrd. GE
	Saldo der Primäreinkommen aus der übrigen Welt (F)	2 Mrd. GE

Eine Wirtschaft, die alles verbraucht, was sie erzeugt, kann nicht wachsen (stationäre Wirtschaft).[1]

(3) Aber auch eine stationäre Wirtschaft muss **investieren,** um den Bestand an Produktionsmitteln zu erhalten, denn im Laufe einer Wirtschaftsperiode (z.B. ein Jahr) verlieren die meisten materiellen und immateriellen Anlagegüter an Wert. So werden z.B. Kraftfahrzeuge, Maschinen und maschinelle Anlagen abgenutzt, sodass sie abgeschrieben und durch neue ersetzt werden müssen. Soweit Investitionen zum Erhalt des Anlagebestands erforderlich sind, handelt es sich um **Ersatzinvestitionen (Reinvestitionen).** Sie werden in der volkswirtschaftlichen Gesamtrechnung mit den Abschreibungen (Ab) gleichgesetzt.

Die **Bruttoinvestitionen** (I_{br}) sind die gesamten Investitionen einer Volkswirtschaft während einer Periode. Sie setzen sich aus den **Ersatzinvestitionen** und den zusätzlichen Investitionen **(Erweiterungsinvestitionen = I)** zusammen. Die Erweiterungsinvestitionen – auch **Nettoinvestitionen** genannt – *vergrößern* den Anlagenbestand und damit die Kapazität der Volkswirtschaft.

Beispiel:

	Bruttoinvestitionen	250 Mrd. GE
–	Reinvestitionen (Ab)	110 Mrd. GE
=	Nettoinvestitionen	140 Mrd. GE

(4) Um einen geschlossenen Geldkreislauf zu erhalten, benötigt man eine **Vermögensänderungsrechnung.** Zur Erfassung der volkswirtschaftlichen Vermögensänderungen verwendet das **E**uropäische **S**ystem **V**olkswirtschaftlicher **G**esamtrechnungen (ESVG)[2] zwei **Vermögensänderungskonten,** nämlich das Konto *„Reinvermögensänderung durch Sparen und Vermögenstransfers"* und das *„Sachvermögensänderungskonto".* Aus Vereinfachungsgründen beschränken wir uns auf ein *zusammengefasstes Vermögensänderungskonto* (siehe Abbildung auf S. 112).

Das Vermögensänderungskonto sagt Folgendes aus:

- **Bruttoinvestitionen** (I_{br}) vergrößern das volkswirtschaftliche Gesamtvermögen. Sie werden (ebenso wie in der Bilanz eines einzelnen Unternehmens) auf der Sollseite (Aktivseite) des Vermögensänderungskontos erfasst.
- Sind die **Exporterlöse** (Ex) **höher** als die **Importausgaben** (Im), so steigt per Saldo das volkswirtschaftliche Vermögen, weil die Forderungen gegenüber dem Ausland **höher** sind als die Verbindlichkeiten des Inlands gegenüber dem Ausland. Der Saldo aus Exporterlösen und Importausgaben (Ex – Im) wird als **Außenbeitrag** bezeichnet. Ein positiver Außenbeitrag wird deshalb auf der Sollseite (Aktivseite) des Vermögensänderungskontos erfasst, ein negativer Außenbeitrag auf der Habenseite (Passivseite).
- Ist der Saldo der Erwerbs- und Vermögenseinkommen zwischen In- und Ausland zuzüglich des Saldos aus empfangenen Subventionen aus der EU und den geleis-

1 Siehe auch Kapitel 3.6.2.

2 Das ESVG ist ein Kontensystem der volkswirtschaftlichen Gesamtrechnungen, das für alle Mitgliedsländer der Europäischen Union (EU) verbindlich ist.

teten Produktions- und Importabgaben an die EU (F) positiv, so steigt das gesamtwirtschaftliche Vermögen. Der positive Saldo F wird infolgedessen auf der Sollseite (Aktivseite) des Vermögensänderungskontos gebucht. Ein negativer Saldo F erscheint auf der Habenseite (Passivseite) des Vermögensänderungskontos.

- Das gesamtwirtschaftliche Vermögen vermindert sich durch die **Abschreibungen** (Ab), denn diese stellen die in Zahlenwerten ausgedrückten Wertverluste der Ausrüstungen (z.B. maschinelle Anlagen), Bauten (z.B. Handelshäuser, Werkstätten) und „sonstigen Anlagen“ (immaterielle Anlagen wie z.B. EDV-Software, Urheberrechte, Nutztiere und Pflanzen) dar. Die Abschreibungen müssen deshalb auf der Habenseite (der Passivseite) des Vermögensänderungskontos gebucht werden.
- Der **Saldo** des Vermögensänderungskontos zeigt das gesamtwirtschaftliche **Sparen** (S). Er steht zum *Ausgleich* auf der Habenseite des Vermögensänderungskontos. Ist der Vermögenszuwachs größer als die Vermögensminderung, *muss* die Differenz (der Saldo) gespart (nicht verbraucht) worden sein.

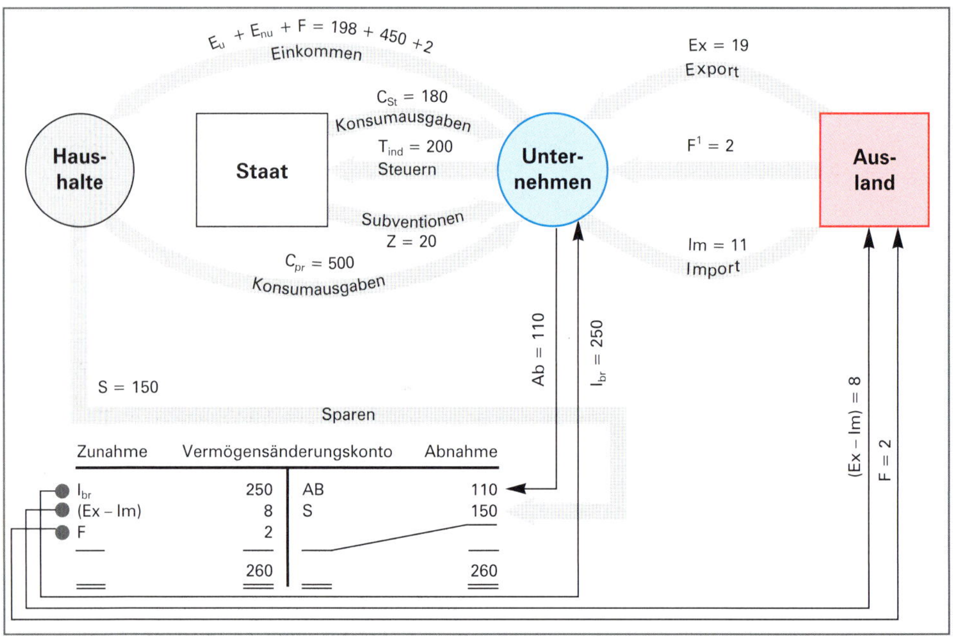

1 Siehe Fußnote 3 auf S. 110.

3.6.2 Inlandsprodukt, Nationaleinkommen und Volkseinkommen

Die nachfolgende Darstellung zeigt die Zusammensetzung der wichtigsten Messzahlen der gesamtwirtschaftlichen Leistung wie z.B. des Inlandsprodukts und des Nationaleinkommens.

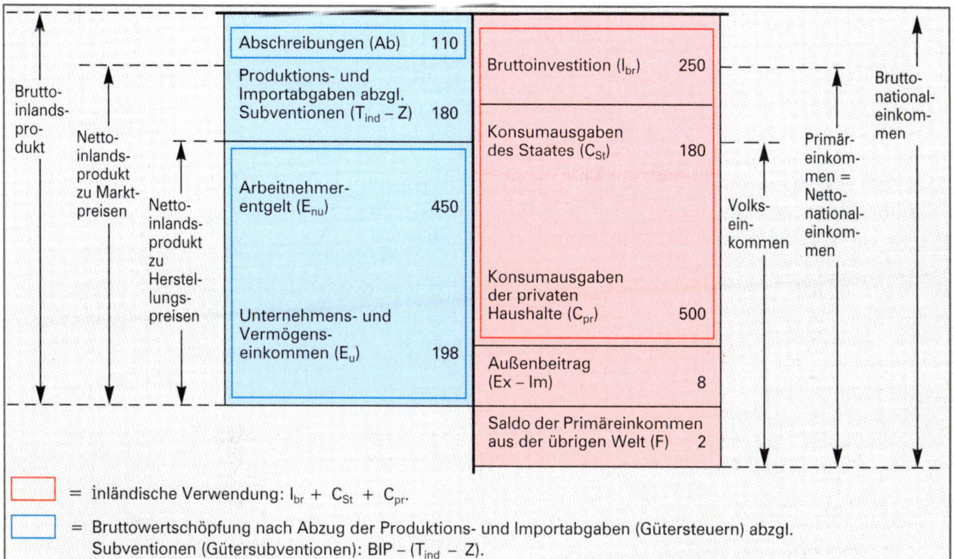

Beziehungen zwischen wichtigen Begriffen volkswirtschaftlicher Gesamtrechnungen

Erläuterungen zum Inlandsprodukt

1. Vom **Bruttoinlandsprodukt (BIP)** wird gesprochen, weil in dieser Messgröße die Bruttoinvestitionen (I_{br}) enthalten sind. Das Bruttoinlandsprodukt ist daher größer als das Nettoinlandsprodukt, es sei denn, die Abschreibungen entsprechen den Bruttoinvestitionen (die Nettoinvestitionen sind null) oder sie übersteigen diese (die Nettoinvestitionen sind negativ).

2. Zieht man vom Bruttoinlandsprodukt die Abschreibungen (= Reinvestitionen = Ab) ab, erhält man das **Nettoinlandsprodukt.** In ihm sind nicht mehr die Bruttoinvestitionen (I_{br}), sondern die Nettoinvestitionen (I) enthalten.

   Da die Unternehmen in ihre Verkaufspreise für Anlage- und Konsumgüter die Gütersteuern abzüglich der Gütersubventionen (T_{ind} – Z) einkalkulieren, handelt es sich hier um das **Nettoinlandsprodukt zu Marktpreisen** (NIP_M).

3. Das um die Nettoproduktionsabgaben (T_{ind} – Z) verminderte Nettoinlandsprodukt zu Marktpreisen (NIP_M) ist das **Nettoinlandsprodukt zu Herstellungspreisen** (NIP_H), das auch als **Nettowertschöpfung** (W_n) bezeichnet wird. Wenn im Sprachgebrauch vom „Nettoinlandsprodukt" oder von der „Nettowertschöpfung" gesprochen wird, ist i.d.R. das Nettoinlandsprodukt zu Herstellungspreisen gemeint.

4. Die **Bruttowertschöpfung** (W_{br}) ist die Summe aus dem Nettoinlandsprodukt zu Herstellungspreisen (NIP_H) und den Abschreibungen (Ab).

8 Hartmann-Härter-Seifert - ISBN 978-3-8120-0412-1

Erläuterungen zum Nationaleinkommen

1. Das **Bruttonationaleinkommen (BNE)** ergibt sich, indem zum Bruttoinlandsprodukt der Saldo der Erwerbs- und Vermögenseinkommen zwischen In- und Ausland zuzüglich des Saldos der empfangenen Subventionen aus der EU und den geleisteten Produktions- und Importabgaben an die EU (F) hinzugerechnet wird.

   $$BNE = BIP + F$$

   Von der *Verwendungsseite* her gesehen errechnet sich das Bruttonationaleinkommen wie folgt:

   $$BNE = I_{br} + C_{St} + C_{pr} + (Ex - Im) + F$$

2. Zum **Primäreinkommen (Nettonationaleinkommen zu Marktpreisen = NNE_M)** gelangt man, wenn man vom Bruttonationaleinkommen (BNE) die Abschreibungen (Ab) absetzt.

3. Werden vom Primäreinkommen die Nettoproduktionsabgaben (T_{ind} – Z) abgezogen, ergibt sich das **Volkseinkommen (E),** das auch als Nettonationaleinkommen zu Herstellungspreisen (NNE_H) bezeichnet werden kann.

Das Verhältnis von Nettoinlandsprodukt (zu Herstellungspreisen) zum Volkseinkommen stellt sich in unserem Beispiel wie folgt dar:

Nettoinlandsprodukt zu Herstellungspreisen
(Inlandskonzept)

Im Inland geschaffenes Einkommen (648 Mrd. GE)	Vom Ausland bezogene Einkommen (6 Mrd. GE)
Dem Ausland zugeflossene Primäreinkommen (4 Mrd. GE)	Inländern zugeflossen (650 Mrd. GE)

Volkseinkommen
(Inländerkonzept)

Der **Saldo** zwischen den vom Ausland bezogenen Einkommen und dem Ausland zugeflossenen Einkommen (F) beträgt **2 Mrd. GE.**

Somit gilt:

	Nettoinlandsprodukt zu Herstellungspreisen (NIP_H)	648 Mrd. GE
+	Saldo der Primäreinkommen aus der übrigen Welt (F)	2 Mrd. GE
=	Volkseinkommen (E)	650 Mrd. GE

Oder:

	Volkseinkommen (E)	650 Mrd. GE
–	Saldo der Primäreinkommen aus der übrigen Welt (F)	2 Mrd. GE
=	Nettoinlandsprodukt zu Herstellungspreisen (NIP_H)	648 Mrd. GE

Entsprechendes gilt für das Verhältnis zwischen **Bruttoinlandsprodukt** und **Bruttonationaleinkommen:**

	Bruttoinlandsprodukt (BIP)	938 Mrd. GE
+	Saldo der Primäreinkommen aus der übrigen Welt (F)	2 Mrd. GE
	Bruttonationaleinkommen (BNE)	940 Mrd. GE

Oder:

	Bruttonationaleinkommen (BNE)	940 Mrd. GE
–	Saldo der Primäreinkommen aus der übrigen Welt (F)	2 Mrd. GE
	Bruttoinlandsprodukt (BIP)	938 Mrd. GE

3.6.3 Nominelles und reales Inlandsprodukt

Steigendes Inlandsprodukt bedeutet noch nicht, dass die Volkswirtschaft tatsächlich im angezeigten Umfang mehr produziert hat. Das Wachstum kann ganz oder teilweise auf gestiegene Preise zurückzuführen sein. Das zu jeweiligen (tatsächlich gezahlten) Preisen bewertete Inlandsprodukt bezeichnet man als **nominelles[1] Inlandsprodukt.**

Will man die tatsächliche Mehrleistung einer Volkswirtschaft erfahren, muss man vom nominellen Inlandsprodukt die Preissteigerungen abziehen. Dann erhält man das **reale[2] Inlandsprodukt.** Die Bereinigung des nominellen Inlandsprodukts um die jeweiligen Inflationsraten bezeichnen die Statistiker als **Deflationierung.** Seit 2005 erfolgt die Berechnung der Entwicklung der realen Wirtschaftsleistung nicht mehr in den Preisen eines festen Basisjahres (das letzte Basisjahr war 1995), sondern in den Preisen des Vorjahres. Um langfristige Preisänderungen abzubilden, sind die Preisänderungen miteinander verkettet, d. h., die Preisänderungen von 2012 beziehen sich auf 2011, die von 2011 auf 2010 usw. Bei der Ermittlung der jährlichen Preisveränderungsraten wird außerdem auf die **hedonische[3] Preisermittlung** zurückgegriffen.

Beispiele:

Ein Standard-PC von heute ist nahezu ein anderes Produkt als vor fünf Jahren. Er rechnet schneller, hat eine größere Festplatte und einen leistungsfähigeren Arbeitsspeicher. Hedonische Preisindizes berücksichtigen solche Qualitätsveränderungen. Sie zeigen im Fall des Standard-PCs, dass sein Preis je Einheit „Rechenleistung" noch stärker gesunken ist als sein Marktpreis. Die allgemeine Inflationsrate wird nach unten korrigiert.

3.6.4 Entstehung, Verwendung und Verteilung der gesamtwirtschaftlichen Leistung

3.6.4.1 Entstehungsrechnung

Die Entstehungsrechnung erfasst die wirtschaftliche Leistung einer Periode nach ihren Quellen, d. h. nach den **Wirtschaftsbereichen** (z. B. produzierendes Gewerbe [ohne Baugewerbe], Baugewerbe, Handel, Gastgewerbe und Verkehr, Finanzierung, Vermietung und Unternehmensdienstleister, öffentliche und private Dienstleister).

Die Statistik geht zunächst von der **Bruttowertschöpfung** aus. Diese ist (abgesehen von bestimmten statistischen Korrekturen, auf die wir hier nicht eingehen wollen) mit dem **Bruttoinlandsprodukt** identisch.

1 Nominell (oder „nominal") = dem Nennwert nach.

2 Real = wirklich, tatsächlich.

3 Hedonisch (gr.) = dem Lustprinzip folgend. Der Hedonismus ist eine in der Antike (lat. = klassisches Altertum und seine Kultur) begründete philosophische Lehre, nach welcher das höchste sittliche Prinzip das Streben nach Genuss ist. Im Zusammenhang mit der „hedonischen Preisermittlung" geht es darum, die Qualitätsverbesserungen der Güter und damit ihren gestiegenen Nutzwert bei der Ermittlung der Preisveränderungsraten zu berücksichtigen.

Für die Bundesrepublik Deutschland galten für 2011 folgende Zahlen (jeweilige Preise):[1]

Entstehung des Inlandsprodukts (Zahlen in Mrd. Euro)	
Land- und Forstwirtschaft, Fischerei	21,9
Produzierendes Gewerbe (ohne Baugewerbe)	587,8
Baugewerbe	100,8
Handel, Gastgewerbe und Verkehr	350,0
Finanzierung, Vermietung und Unternehmensdienstleister	719,9
Öffentliche und private Dienstleister	516,4
Statistische Korrekturen	273,2
Bruttoinlandsprodukt	**2570,0**

3.6.4.2 Verwendungsrechnung

Aus der Verwendungsrechnung kann entnommen werden, für welche Zwecke das Bruttoinlandsprodukt ausgegeben wurde.

Für die Bundesrepublik Deutschland ergaben sich für 2011 folgende Zahlen (jeweilige Preise):[1]

Verwendung des Bruttoinlandsprodukts (Zahlen in Mrd. Euro)		
Private Konsumausgaben		1475,2
Konsumausgaben des Staates		501,8
Bruttoinvestition		
Ausrüstungen	184,8	
Bauten	254,5	
Sonstige Anlagen	28,5	
Vorratsveränderungen	– 8,3	459,5
Inländische Verwendung		2436,5
Außenbeitrag		
Exporte	1288,5	
Importe	– 1155,0	133,5
Bruttoinlandsprodukt		**2570,0**

3.6.4.3 Verteilungsrechnung

Die Verteilungsrechnung ermittelt die Aufteilung des Volkseinkommens auf das Arbeitnehmerentgelt und das Unternehmens- und Vermögenseinkommen einschließlich des Saldos der Primäreinkommen aus der übrigen Welt.

Für die Bundesrepublik Deutschland ergaben sich für 2011 folgende Zahlen (jeweilige Preise):[1]

Verteilung des Volkseinkommens (Zahlen in Mrd. Euro)	
Arbeitnehmerentgelt	1319,9
Unternehmens- und Vermögenseinkommen	644,4
Volkseinkommen	**1964,3**

1 Quelle: destatis.de vom 11. Januar 2012.

Der prozentuale Anteil des Arbeitnehmerentgelts am Volkseinkommen (E) wird als **Lohnquote** bezeichnet. 2011 betrug die Lohnquote in Deutschland 67,2 %. Die Lohnquote stellt die materielle Einkommenslage der Arbeitnehmer schlechter dar als sie ist, weil in Deutschland rund die Hälfte aller Vermögenseinkommen (Zinsen, Mieten, Pachten) den Arbeitnehmerhaushalten zufließt.

Der prozentuale Anteil des Unternehmens- und Vermögenseinkommens am Volkseinkommen heißt **Gewinnquote** (Profitquote). Er belief sich in Deutschland 2011 auf 32,8 %.

3.6.5 Bedeutung des Inlandsprodukts

1. Aufgaben der Inlandsproduktberechnung

Das Inlandsprodukt dient – wie die weiteren Kennzahlen der volkswirtschaftlichen Gesamtrechnung – auch u. a.

- den Regierungen, die ihre wirtschaftspolitischen Erfolge oder Misserfolge z. B. am Wachstum des realen Inlandsprodukts ablesen können (Zeitvergleich);
- dem internationalen Wohlstandsvergleich;
- der Konjunktur- und Wachstumsmessung.[1]

2. Kritik an der traditionellen Inlandsproduktberechnung

Kritisch zu bemerken ist, dass das Inlandsprodukt (ebenso wie das Sozialprodukt) ein einseitiger („eindimensionaler“) Wohlstandsmaßstab ist. Das Inlandsprodukt enthält z. B. nicht die *sozialen Kosten:* Der Verbrauch an nicht regenerierbaren primären Rohstoffen und Energiequellen sowie die durch private Haushalte und Industrie verursachten *Umweltschäden* werden nicht bewertet und nicht vom Wert des Bruttoinlandsprodukts abgesetzt. Andererseits rechnen die Leistungen der privaten Haushalte (z. B. Hausfrauenarbeit, Leistungen der „Hobbyhandwerker“ und „Hobbygärtner“) sowie die Nutzungswerte langlebiger Konsumgüter nicht zum Inlands- bzw. zum Sozialprodukt.

3.6.6 Umweltökonomische Gesamtrechnung

Es ist heute unstrittig, dass vor allem zur Lösung umweltpolitischer („ökologischer“) Aufgaben die statistischen Informationen vor allem über den Rohstoff- und Energieverbrauch, den Schadstoffausstoß, den Flächen- und Raumbedarf und die umweltpolitischen Maßnahmen verbessert werden müssen. Deswegen legt das Statistische Bundesamt in Wiesbaden seit einigen Jahren eine **umweltökonomische Gesamtrechnung (UGR)** vor, die die ökologischen und wirtschaftlichen Folgen des heutigen Wirtschaftens misst. Mithilfe der UGR soll der Geldwert aller **Leistungen** (z. B. Rohstoffe, Luft, Wasser) und aller **Belastungen** (z. B. Ausbeutung der Rohstoffvorräte, Luft- und Wasserverschmutzung) der Natur in einem bestimmten Zeitraum (z. B. ein Jahr) erfasst werden.

---

1 Siehe Kapitel 9.1 und 9.3.1.3.

AUFGABEN

1. Erklären Sie die Begriffe Bruttoinvestition, Reinvestition, Nettoinvestition, Produktions- und Importabgaben sowie Nettoproduktionsabgaben!

2. Erläutern Sie folgende Symbole: BIP, BNE, C_{St}, C_{pr}, E, (Ex – Im), F und NNE!

3. Das statistische Amt eines Landes liefert u.a. folgende gesamtwirtschaftlichen Daten (Zahlen in Mrd. GE):

a)	Bruttowertschöpfung der Wirtschaftsbereiche einschließlich der Nettoproduktionsabgaben		
	Produzierendes Gewerbe (ohne Baugewerbe)	835	
	Baugewerbe	200	
	Handel, Gastgewerbe und Verkehr	600	
	Sonstige Wirtschaftsbereiche	700	2335
b)	Saldo der Primäreinkommen aus der übrigen Welt[1]		+ 16
c)	Konsumausgaben der privaten Haushalte		1300
d)	Konsumausgaben des Staates		400
e)	Bruttoinvestitionen		540
f)	Außenbeitrag		+ 95
g)	Abschreibungen		300
h)	Nettoproduktionsabgaben (T_{ind} – Z)		260
i)	Arbeitnehmerentgelt		1390
j)	Unternehmens- und Vermögenseinkommen		385

3.1 Berechnen Sie das Bruttoinlandsprodukt, das Nettoinlandsprodukt zu Marktpreisen, das Nettoinlandsprodukt zu Herstellungspreisen, das Bruttonationaleinkommen, die inländische Verwendung des Bruttonationaleinkommens, das Primäreinkommen und das Volkseinkommen! Der Saldo der Primäreinkommen aus der übrigen Welt entfällt je zur Hälfte auf das Arbeitnehmerentgelt und die Unternehmens- und Vermögenseinkommen.

3.2 Stellen Sie die Entstehungs- und Verwendungsrechnung des Bruttoinlandsprodukts und die Verteilung des Volkseinkommens dar!

3.3 Unter welcher Bedingung sind Brutto- und Nettoinlandsprodukt gleich groß? (Theoretischer Grenzfall.) Wie bezeichnet man eine Volkswirtschaft, in der dies der Fall ist?

3.4 Unterscheiden Sie die Begriffe nominelles und reales Bruttoinlandsprodukt!

3.5 Unter welcher Bedingung ist das Bruttonationaleinkommen kleiner als das Bruttoinlandsprodukt?

3.6 Welche Bedeutung hat die Ermittlung der Messzahlen (Kennzahlen) der gesamtwirtschaftlichen Leistung?

3.7 Welche Kritik wird an der herkömmlichen Berechnung der Messzahlen der gesamtwirtschaftlichen Leistung geübt?

1 Siehe Fußnote 3 auf S. 110.

4. **Textauszug:**

Maßstab menschliche Entwicklung

Entwicklungsstand und Wohlergehen eines Landes und seiner Menschen nur anhand des Sozialprodukts zu messen, wird zu Recht als ungenügend empfunden. Vor allem für die Lebensverhältnisse in der Dritten Welt ist ein Maßstab, der sich allein an der marktbezogenen Wirtschaftsleistung orientiert, von beschränkter Aussagekraft. Aufschlussreicher erscheint eine Antwort auf die Frage, ob und inwieweit eine Steigerung des Sozialprodukts zur **menschlichen Entwicklung** beiträgt. Das *UN-Entwicklungsprogramm (UNDP)* versteht darunter „einen Prozess, der die Möglichkeiten des Einzelnen erweitert", ihm also zu einem längeren und gesunden Leben, einem bestimmten Maß an Bildung und einem ausreichenden Einkommen verhilft. Schon ein flüchtiger Vergleich zwischen „armen" und „reichen" Ländern zeigt, dass wirtschaftlicher Erfolg nicht automatisch mit höherer **Lebensqualität** einhergeht. So ist es möglich, dass Länder mit niedrigem Nationaleinkommen ihrer breiten Bevölkerung einigermaßen befriedigende Lebensbedingungen bieten, während in viel wohlhabenderen Staaten manchmal extreme soziale Gegensätze herrschen.

Um solche Vergleiche auf eine feste, nachprüfbare Grundlage zu stellen, hat das UNDP einen besonderen Maßstab ausgearbeitet: den **Index der menschlichen Entwicklung.** Dabei wird für jedes Land ein Satz statistischer Kennzahlen, in denen sich die Lebenserwartung, das Bildungsniveau und das Pro-Kopf-Einkommen niederschlägt, zu einem einzigen Indexwert gebündelt.

Unter den 169 Ländern, für die dieser Index im Jahr 2010 neu berechnet wurde, belegt Norwegen den ersten Platz.

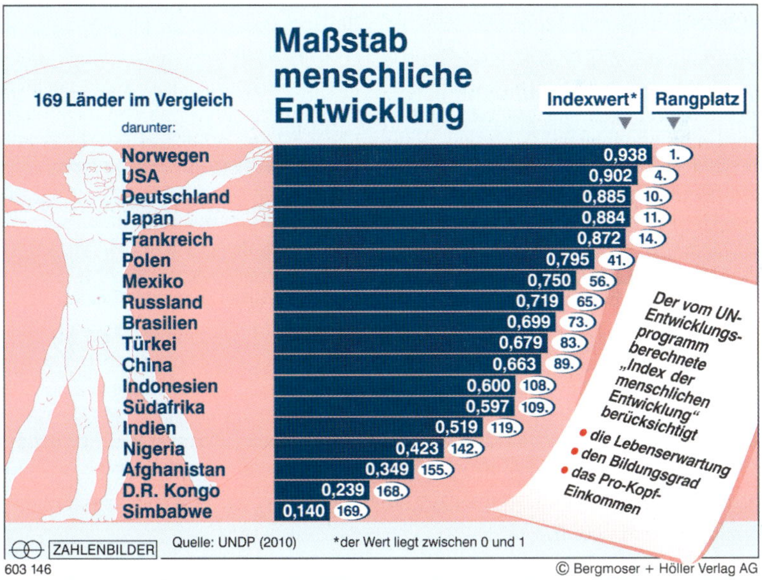

Quelle: Peter de Thier in der BZ vom 18. September 1995.

Arbeitsaufträge:

4.1 Welche Indikatoren bestimmen nach Meinung des UNDP den Wohlstand der Nationen?

4.2 Umschreiben Sie den Begriff Lebensqualität!

3.7 Steuern

3.7.1 Notwendigkeit der Besteuerung

„Steuern sind der Preis für die Zivilisation, im Urwald gibt es keine", sagte einmal ein früherer Washingtoner Bürgermeister. Und in der Tat: Während im Mittelalter noch darüber gestritten wurde, ob der Staat überhaupt das Recht habe, Steuern zu erheben oder nicht,[1] und während bis ins letzte Jahrhundert hinein sich Philosophen den Kopf darüber zerbrachen, wie die Steuererhebung durch den Staat moralisch zu rechtfertigen sei,[2] wird heute von den Finanzwissenschaftlern nur noch nüchtern festgestellt, dass das moderne Gesellschafts- und Wirtschaftsleben ausschließlich in der Organisationsform des Staates existieren kann, dass der Staat zur Durchführung seiner Aufgaben finanzielle Aufwendungen großen Umfangs tätigen muss und die Finanzierung dieser Aufwendung im Wesentlichen nur über die Erhebung von Steuern möglich ist.

3.7.1.1 Staatsausgaben

1. Ordentliche Staatsausgaben

Die ordentlichen Staatsausgaben sind regelmäßig wiederkehrende Ausgaben für den öffentlichen Bedarf. Beispiele sind Ausgaben wie Löhne und Gehälter für die Bediensteten im öffentlichen Dienst **(Personalaufwand),** Ersatz- und Reparaturkosten für öffentliche Anlagen wie Gebäude, technische Einrichtungen (z.B. Hafenanlagen, Kanäle) oder Straßenerhaltung **(Sachaufwand).**

Ein ganz wesentlicher Ausgabeposten ist der **Sozialaufwand**. Hierzu rechnen u.a. die Leistungen der Sozialversicherungsträger und Kindergeld.

Hinzu tritt der **Subventionsaufwand** in Form von unmittelbaren Zuschüssen oder Steuervergünstigungen an private Haushalte und Unternehmen.

Bei bestehender Staatsverschuldung muss der Staat außerdem seine Schulden verzinsen und tilgen **(Schuldendienst).**

2. Außerordentliche Staatsausgaben

Die außerordentlichen Staatsausgaben sind Ausgaben, die nicht regelmäßig wiederkehren und deren Anfall zeitlich nicht vorausbestimmt ist. Beispiele sind Reparationszahlungen, Verteidigungsausgaben, soweit sie nicht regelmäßig zu leisten sind, Ausgaben für die Behebung von Katastrophenschäden oder einmalige staatliche Investitionsausgaben.

---

1 ALBERTUS MAGNUS (1200 – 1280) und THOMAS von AQUIN (1225 – 1274) zweifelten an, ob der Staat das Recht habe, Steuern zu erheben.

2 Unter dem Einfluss der Romantik vertraten beispielsweise ADAM MÜLLER (1779 – 1829) oder GOTTLIEB FICHTE (1762 bis 1814) die **Opfertheorie**. Danach ist der Staat mehr als die Summe der in ihm lebenden Individuen. Er ist vielmehr ein dem Individuum übergeordnetes, ethisch notwendiges Gebilde, dem der Einzelne Opfer zu bringen hat, weil er sich nur im Staat entfalten kann. Daher braucht der Staat die Steuererhebung nicht besonders zu rechtfertigen. Die Steuerzahlung wird zur Pflicht **(Pflichttheorie)**.

3.7.1.2 Staatseinnahmen

1. Ordentliche Staatseinnahmen

Die ordentlichen Staatseinnahmen sind regelmäßig wiederkehrende Einnahmen aus **Abgaben** und **öffentlichen Erwerbseinkünften** (z. B. Gewinne aus staatlichen Betrieben).

Die **Abgaben** setzen sich aus **Steuern, Gebühren** und **Beiträgen** zusammen.

- **Steuern** sind zwangsweise zu zahlende Abgaben, denen keine unmittelbare Gegenleistung des Staates gegenübersteht.

Eine einheitliche Definition der Gebühren und Beiträge ist schwierig, weil die Gebühren und Beiträge historisch gewachsene Abgaben darstellen und daher außerordentlich vielfältig sind. Gemeinsam gilt für die Gebühren und Beiträge, dass – im Gegensatz zu den Steuern – immer eine spezielle Entgeltlichkeit vorliegt: Sie sind dann zu zahlen, wenn der Staat (die „öffentliche Hand") in bestimmter Weise auf *Veranlassung* oder im *Interesse* des Zahlungspflichtigen tätig wird.

- **Gebühren** sind Abgaben für öffentliche Dienstleistungen.

Beispiele:

Leistungen der Rechtspflege (z. B. Gebühren für den Erlass eines Mahnbescheids) und des Patentwesens (z. B. Patentgebühren). Ferner gehören die Gebühren für Beurkundungen (z. B. Gebühr für die Ausstellung eines Ursprungszeugnisses durch die Industrie- und Handelskammer) oder Beglaubigungen (z. B. Gebühr für die Beglaubigung einer Zeugnisabschrift) dazu.

- **Beiträge** sind Abgaben mit Kostenzuschusscharakter.

Beiträge werden vor allem von Gemeinden erhoben und dienen der Deckung der Kosten von Leistungen, die sowohl im Interesse des Einzelnen als auch im Interesse der Gesamtheit liegen.

Beispiele:

Anliegerbeiträge (auch „Anliegerkosten" genannt), die der Haus- und Grundstückseigentümer für Straßenbau, Kanalisation und Versorgungsleitungen zu entrichten hat, ferner Zahlungen der Handwerksbetriebe an die Handwerkskammern bzw. der Kaufleute an die Industrie- und Handelskammern. Auch die Zahlungen der Sozialversicherungspflichtigen stellen Beiträge dar.

2. Außerordentliche Staatseinnahmen

Die außerordentlichen Staatseinnahmen sind unregelmäßig auftretende Einnahmen, also vor allem öffentliche Kreditaufnahmen. Des Weiteren gehören zu den außerordentlichen Einnahmen Mittelzuflüsse aus Stiftungen, Schenkungen oder Verkäufen von öffentlichem Eigentum (z. B. Grundstücksverkäufe).

3.7.1.3 Staatshaushaltsplan

Die geplanten Staatseinnahmen und -ausgaben werden im Staatshaushaltsplan (Budget, Etat) gegenübergestellt.

- Der **Staatshaushaltsplan** ist eine Vorschaurechnung über zu erwartende Einnahmen und Ausgaben einer öffentlichen Finanzwirtschaft (z.B. Bundeshaushalt, Länderhaushalte).

Bis 2016 wird der Staat 29,4 Mrd. Euro mehr Steuern einnehmen als bisher geplant. Das geht aus den jüngsten Daten des Arbeitskreises „Steuerschätzungen“ hervor. Für 2012 erwarten die Experten ein Plus von 4,6 Mrd. Euro gegenüber der Schätzung vom November 2011, im Jahr 2013 sollen die Mehreinnahmen fünf Mrd. Euro betragen. Für den Bund errechneten die Steuerschätzer bis 2016 zusätzliche Steuereinnahmen von 12,3 Mrd. Euro. Für die Länder sollen es 9,5 Mrd. Euro sein. Schon 2011 lag das Steueraufkommen über dem Niveau vor der Wirtschafts- und Finanzkrise (Steuereinnahmen 2008: 561 Mrd. Euro); 2012 wird es fast die 600-Milliarden-Marke erreichen. Mit den zusätzlichen Einnahmen will der Finanzminister die Neuverschuldung des Bundes schneller zurückführen, als nach der sogenannten Schuldenbremse gefordert ist.

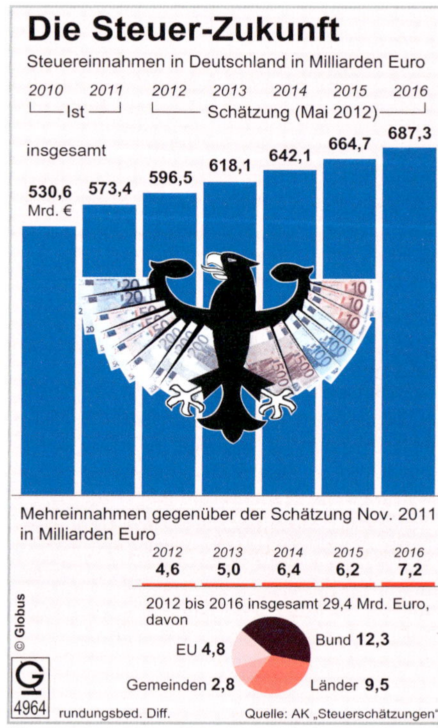

3.7.1.4 Bedeutung der Steuern

Die Steuern sind nicht nur die wichtigsten Einnahmen des Staates zur Finanzierung seiner vielfältigen Aufgaben **(= finanzpolitisches Ziel).** Die Steuern dienen auch der **Konjunktur-,**[1] **Wachstums-** und **Strukturpolitik,**[2] indem Steuersenkungen die Wirtschaft ankurbeln, Steuererhöhungen hingegen bremsen sollen. Je niedriger nämlich die Steuern sind, desto mehr Geld verbleibt in den Taschen der Bürger und Kassen der Unternehmen, sodass diese mehr Wirtschaftsgüter nachfragen können. Mit anderen Worten: Die **Konsum-** und **Investitionsgüternachfrage** nimmt zu. Gleichzeitig steigt die **Ersparnis** (siehe Kapitel 3.4).

Je höher die Steuern sind, desto weniger verbleibt den Verbrauchern und Unternehmen, um Wirtschaftsgüter nachfragen zu können. Die **Konsum-** und **Investitionsgüternachfrage** nimmt also ab. Gleichzeitig sinkt die **Ersparnis.**

Ferner soll durch die Besteuerung eine ungerechte Einkommens- und Vermögensverteilung[3] korrigiert werden **(= verteilungspolitisches Ziel).**

1 Näheres siehe Kapitel 9.3.

2 Näheres siehe Kapitel 10.4.

3 Siehe hierzu Kapitel 1.3.4.2 und 9.3.1.3.

Wie in den Kapiteln 1.1.2 und 2.3.3 gezeigt wurde, können Steuern auch eine umweltpolitische Funktion haben, indem umweltschädliche Produktionsverfahren und Produkte steuerlich belastet, umweltfreundlichere Produktionsverfahren und Produkte steuerlich entlastet werden.

3.7.1.5 Steuer- und Abgabenquote

Die **Steuerquote** ist der prozentuale Anteil der von den Steuerzahlern in einem Jahr geleisteten Steuerzahlungen am Bruttoinlandsprodukt. Die **Abgabenquote** drückt aus, wie viel Prozent die jährlichen Sozialabgaben am Bruttoinlandsprodukt ausmachen.

Häufig wird die Steuer- und Abgabenquote zur **„Steuerlastquote"** zusammengefasst. In den letzten Jahren ist die Steuerlastquote in der Bundesrepublik Deutschland stark angestiegen.

Dänemark hat die höchste Abgabenquote in Europa. Die Gesamtlast aus Steuern und Sozialabgaben – gemessen an der Wirtschaftsleistung, also dem Bruttoinlandsprodukt (BIP) – erreichte im Jahr 2010 einen Wert von 48,2 Prozent. Ähnlich hoch ist die Abgabenlast in Schweden, für das die Organisation für wirtschaftliche Zusammenarbeit und Entwicklung (OECD) einen Wert von 45,8 Prozent errechnet hat. Deutschland liegt mit 36,3 Prozent im Mittelfeld (2009: 37,3 Prozent). Die Sozialabgaben machen davon 14,2 Prozentpunkte aus. Eine insgesamt deutlich niedrigere Last müssen die US-Amerikaner schultern: Sie beträgt nur rund 25 Prozent.

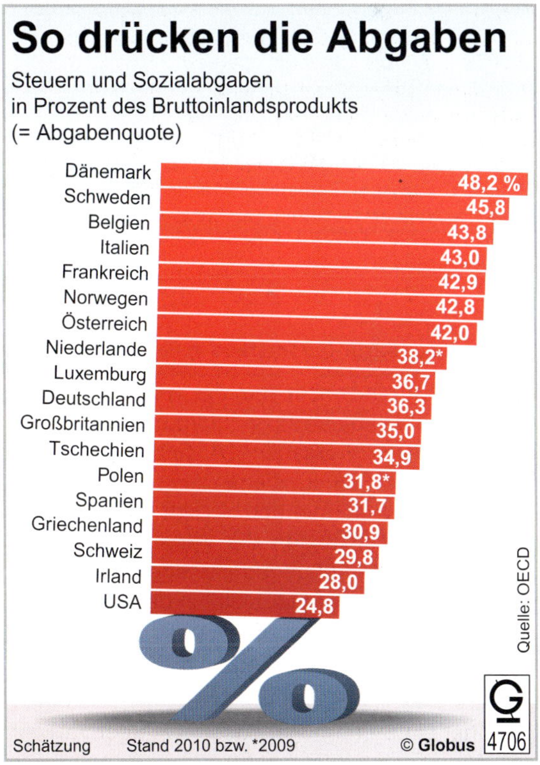

3.7.2 Einteilung der Steuern

Die Finanzwissenschaft als Disziplin (Fachrichtung), die sich mit den öffentlichen Wirtschaften befasst, kennt sehr viele Einteilungskriterien (Einteilungsmaßstäbe) der Steuern. Der Sinn aller Bemühungen um eine Klassifikation (= Einteilung) der Steuern ist, ein Steuersystem zu finden, bei dem der Aufwand aus der Steuererhebung in einem wirtschaftlichen Verhältnis zum Steuerertrag steht (Grundsatz der Billigkeit). In jeder Volkswirtschaft entwickeln sich nämlich im Lauf der Zeit zahlreiche Steuern und es gilt, von Zeit zu Zeit durch Steuerreformen wieder ein übersichtliches und gerechteres Steuersystem zu schaffen.

1. Einteilung der Steuern nach dem Steuerempfänger

Gemäß Art. 106 GG werden die Steuern unterschieden in:

- **Gemeinschaftliche Steuern,** die dem Bund und den Ländern in einem sich ändernden Beteiligungsverhältnis zufließen (z.B. Einkommen- und Lohnsteuer, Körperschaftsteuer, Umsatzsteuer);
- **Bundessteuern,** die ausschließlich dem Bund zufließen (z.B. Mineralölsteuer, Kraftfahrzeugsteuer);
- **Landessteuern,** die ausschließlich die Bundesländer erhalten (z.B. Erbschaft- und Schenkungsteuer);
- **Gemeindesteuern,** die ausschließlich die Gemeinden erhalten (z.B. Grundsteuer, Hundesteuer, Vergnügungsteuer und Getränkesteuer).

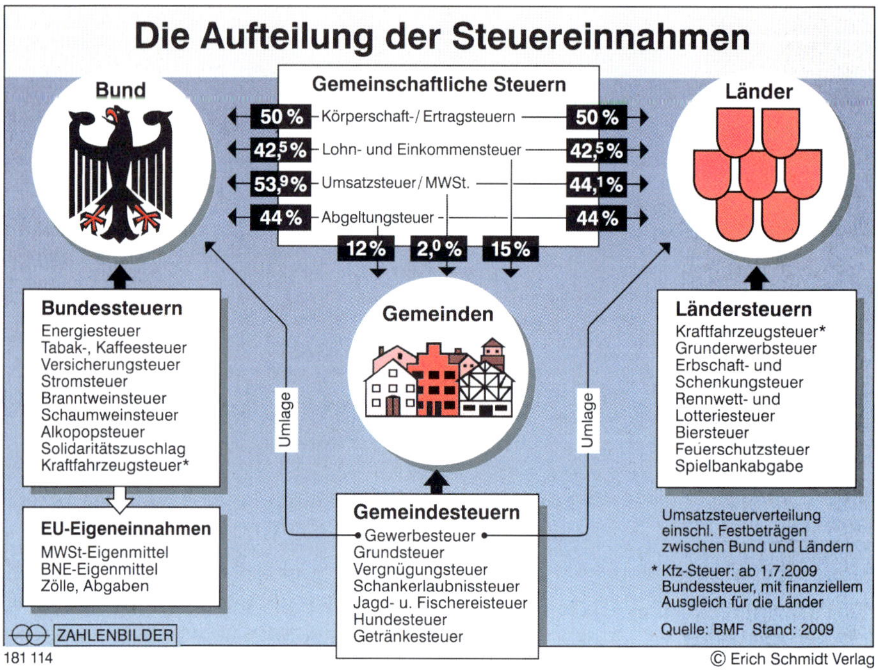

2. Einteilung der Steuern nach dem Steuergegenstand

Nach dem Gegenstand der Besteuerung lässt sich folgende Einteilung der Steuern vornehmen:

- **Besitz- und Einkommensteuern** (Steuern vom Einkommen, von Erbschaften und Schenkungen),
- **Verbrauchsteuern** und
- **Verkehrsteuern.**

Einteilung der Steuern nach dem Steuergegenstand (Zahlen: Steuereinnahmen 2011 in Mio. Euro)[1]		
Besitz- und Einkommensteuern	**Verkehrsteuern**	**Verbrauchsteuern Zölle**
Personensteuern[2] Lohnsteuer (139 749) Einkommensteuer (31 996) Kapitalertragsteuer (18 136) Körperschaftsteuer (15 634) Solidaritätszuschlag (12 781) Erbschaftsteuer (4 246) **Realsteuern**[3] Gewerbesteuer (40 424) Grundsteuer (11 674)	Umsatzsteuer (190 033) Versicherungsteuer (10 755) Kraftfahrzeugsteuer (8 422) Grunderwerbsteuer (6 366) Lotteriesteuer (1 410) Luftverkehrsteuer (905) Vergnügungsteuer (480) Feuerschutzsteuer (365) Hundesteuer (275) Jagd- und Fischereisteuer (16)	Energiesteuer (40 036) Tabaksteuer (14 414) Stromsteuer (7 247) Zölle (4 571) Branntweinsteuer (2 151) Kaffeesteuer (1 028) Kernbrennstoffsteuer (922) Biersteuer (702) Schaumweinsteuer (454)

Die gesamten Steuereinnahmen betrugen 2011 ca. 573 Milliarden Euro.

3. Einteilung der Steuern nach der Erhebungstechnik

Eine der ältesten Einteilungen der Steuern ist die in

- **direkte Steuern** und
- **indirekte Steuern.**

Eine **direkte Besteuerung** ist gegeben, wenn **Steuerzahler** und **Steuerträger** identisch sind **(Tragsteuer).** Steuerzahler ist, wer gesetzlich zur Entrichtung der Steuer verpflichtet ist. Steuerträger ist, wer nach dem Willen des Gesetzgebers die Steuer aufbringen muss. Die direkten Steuern sollen also vom Steuerzahler **nicht** auf andere Wirtschaftssubjekte weitergewälzt werden (z. B. Einkommensteuer, Körperschaftsteuer).

Die **indirekte Steuer** indessen wird beim Steuerzahler erhoben, soll aber nach dem Sinn des betreffenden Steuergesetzes nicht den Steuerzahler treffen, sondern weitergewälzt werden können. Steuerzahler und Steuerträger fallen also auseinander. Dies ist vor allem bei den Verbrauch- und Verkehrsteuern der Fall (z.B. Tabaksteuer, Mineralölsteuer, Umsatzsteuer).

1 Zahlenangaben nach dpa · Globus-Bilder 5019.

2 Es werden die Einkommen von natürlichen oder juristischen Personen besteuert.

3 Es werden Sachen besteuert (res. [lat.] = Sache).

Aufgaben

1. Begründen Sie die Notwendigkeit der Steuererhebung!

2. Grenzen Sie den Begriff Steuern von den Begriffen Gebühren und Beiträge ab!

3. „Zur Beseitigung (Minderung) der großen Arbeitslosigkeit in der Bundesrepublik Deutschland muss der Staat (Bund, Länder und Gemeinden) eine aktive Beschäftigungspolitik (Konjunktur- und Strukturpolitik) betreiben. Zur Finanzierung von Beschäftigungsprogrammen (z.B. steigende öffentliche Investitionen im Straßenbau, vermehrte Einstellung von Arbeitnehmern im öffentlichen Dienst) müssen bei den Beziehern höherer Einkommen erforderlichenfalls auch höhere Steuern erhoben werden."

   Setzen Sie sich mit vorstehender Aussage kritisch auseinander!

4. Nur durch erhöhte Zuschüsse des Staates können die wachsenden Defizite der Arbeitslosen- und Rentenversicherung ausgeglichen werden. Die Versicherungsbeiträge reichen zur Finanzierung der gestiegenen Ausgaben nicht mehr aus.

   Stellen Sie Argumente für und gegen eine steigende Subventionierung der Sozialversicherungsträger vergleichend gegenüber!

5. Warum wird in der letzten Zeit verstärkt gefordert, öffentliche Aufgaben (Dienstleistungen) nicht mehr vom Staat, sondern von privaten Unternehmen durchführen zu lassen?

6. Wir unterscheiden u.a. folgende Steuerarten:

   (a) Besitz- und Einkommensteuern,
   (b) Verbrauchsteuern,
   (c) Verkehrsteuern,
   (d) direkte Steuern,
   (e) indirekte Steuern,
   (f) Personensteuern und
   (g) Realsteuern.

   Ordnen Sie den nachfolgend genannten Steuern die Steuerarten (a) bis (g) zu, wobei Mehrfachnennungen möglich bzw. erforderlich sind!

   (A) Einkommensteuer,
   (B) Mineralölsteuer,
   (C) Kraftfahrzeugsteuer für den Pkw der Handelsvertreterin Schön,
   (D) Biersteuer,
   (E) Grunderwerbsteuer,
   (F) Umsatzsteuer,
   (G) Versicherungsteuer (für die Betriebsunterbrechungsversicherung),
   (H) Grundsteuer für das Privathaus der Schneidermeisterin Beck,
   (I) Lohnsteuer des Handlungsreisenden Berghauser.

7. **dpa-Meldung:**

Ökologie ist die einzige Chance

BONN (dpa). Die Umweltschützer haben erstmals von einem Wirtschaftsverband deutliche Unterstützung für ihre Forderung nach einer Neuorientierung der Wirtschaft erhalten. „Die ökologische Umgestaltung der Wirtschaftsprozesse bietet die einzige Chance für das Überleben unserer Gesellschaft und unserer Wirtschaft", sagte der Vorsitzende des Bundesverbandes Junger Unternehmer (BJU). Gemeinsam mit der stellvertretenden Vorsitzenden des Bundes für Umwelt und Naturschutz Deutschland (BUND) legte er auch ein Konzept dafür vor.

„Was der Umweltschutz wirklich kostet, muss endlich auch bezahlt werden", sagte er. Preis- und Steuersystem müssten deshalb geändert werden. Außerdem gelte es, geschlossene Stoffkreisläufe zu schaffen. Rücknahmeverpflichtungen seien ein Schritt in die richtige Richtung.

Zur Korrektur der Preise schlagen die Verbände ein kompliziertes System mit Zertifikaten vor, damit die Kosten von Umweltschädigung und Umweltnutzung nicht mehr auf die Allgemeinheit abgewälzt werden. Der Staat soll zum Beispiel nur noch eine bestimmte Menge von Schadstoffemissionen zulassen. Die Zertifikate sollen frei gehandelt werden. Wenn diese Zertifikat-Mengen jährlich verringert würden, stiege der Preis für die Produkte, deren Herstellung nicht auf umweltschonendere Produktionsweisen umgestellt werde.

Die zweitbeste Lösung seien Umweltsonderabgaben. Der Preis für die Nutzung der Umwelt bilde sich dann aber nicht am Markt, sondern werde staatlich festgelegt. Das könne auch zu Fehlsteuerungen führen. Beginnen könne man trotzdem schnell mit einer aufkommensneutralen Umgestaltung der Steuern. Einkommen-, Lohn- und Körperschaftsteuern sollten gesenkt und dafür Umweltsteuern eingeführt bzw. erhöht werden.

Im internationalen Wettbewerb wirke sich der ökologische Umbau der deutschen Wirtschaft positiv aus. Schon heute würden dann Produkte entwickelt, die man für die Zukunft brauche.

Lesen Sie die obige dpa-Meldung sorgfältig durch und bearbeiten Sie anschließend folgende Aufgaben:

7.1 Erklären Sie, was unter Umweltsteuern zu verstehen ist!

7.2 Begründen Sie, wie sich die Erhebung von Umweltsteuern auf das „ökologische Verhalten" der Wirtschaftssubjekte auswirken kann!

7.3 Warum ziehen BJU und BUND die Zertifikat-Lösung den Umweltsteuern und Umweltsonderabgaben vor?

7.4 Was ist mit dem Satz gemeint: „Was der Umweltschutz wirklich kostet, muss endlich auch bezahlt werden"?

7.5 Was stellen Sie sich unter „geschlossenen Rohstoffkreisläufen" vor? Erläutern Sie ein Beispiel!

Lösungshinweis: Lesen Sie nochmals die Kapitel 1.1.2 und 2.3.3!

4 Markt und Preis

4.1 Begriff, Aufgaben und Arten der Märkte

Wenn wir die Werbespots im Radio hören, so stellen wir fest, dass über 50 private Krankenversicherungen ihre Versicherungsleistungen zu unterschiedlichen Tarifen anbieten. In der Tageszeitung können wir lesen, dass eine Krankenkasse ihren Beitragssatz zum 1. April 20.. erhöht hat.

Wovon hängt die Zahl der Anbieter ab und wie bildet sich der Preis auf diesen Märkten?

Begriff und Aufgabe des Marktes

■ Unter **Markt** verstehen wir das Zusammentreffen von Angebot und Nachfrage.

Die **Aufgabe (Funktion)** des Marktes besteht darin, Angebot und Nachfrage zusammenzuführen und zum Ausgleich zu bringen.

Nicht alle Märkte sind in diesem Sinne *funktionsfähig.* Funktionsunfähige Märkte liegen z. B. vor, wenn

- die Angebotspreise für ein Gut so hoch liegen, dass kein Nachfrager imstande oder willens ist, die verlangten Preise zu bezahlen;
- Nachfragelücken bestehen, d.h., dass beim geltenden Preis nur ein Teil der angebotenen Gütermengen abgesetzt werden kann;
- Angebotslücken bestehen, d.h., dass beim geltenden Preis nur ein Teil der Nachfrage befriedigt werden kann.

Marktarten[1]

Je nachdem, von welchem Gesichtspunkt aus man die Märkte betrachtet, kann man verschiedene Einteilungen vornehmen, und zwar:

1. nach der Art der gehandelten Sachgüter und Dienstleistungen

- Warenmärkte (= Märkte, auf denen Sachgüter gehandelt werden). Die Warenmärkte können wieder in Konsumgütermärkte und Produktionsgütermärkte eingeteilt werden;
- Grundstücksmärkte (= Märkte, auf denen bebaute und unbebaute Grundstücke angeboten und nachgefragt werden);
- Kreditmärkte (= Märkte, auf denen kurz-, mittel- oder langfristige Geldmittel gehandelt werden, also Geld- und Kapitalmärkte);
- Arbeitsmärkte (= Märkte, auf denen die Nachfrage nach Arbeitskräften und das Angebot von Arbeitskräften aufeinandertrifft);
- Versicherungsmärkte (= Märkte, auf denen die Nachfrage nach Versicherungsleistungen und das Angebot des Versicherungsschutzes aufeinandertreffen).

1 Man spricht auch von Marktformen im weitesten Sinne.

2. nach dem Umfang der staatlichen Marktbeeinflussung

- freie Märkte (= Märkte ohne jeden Staatseingriff, wie sie im Modell der freien Marktwirtschaft vorausgesetzt werden);
- regulierte (gelenkte) Märkte (= Märkte, auf denen der Staat eingreift, wenn er seine politischen Ziele gefährdet sieht).[1] Dies ist z. B. bei der Zulassung von Arzneimitteln durch das Bundesinstitut für Arzneimittel und Medizinprodukte (BfArM)[2] der Fall.

3. nach dem Umfang der Marktzutrittsmöglichkeit

- offene Märkte (= Märkte, bei denen jedermann als Anbieter oder Nachfrager auftreten kann);
- geschlossene Märkte (= Märkte, bei denen nicht jedermann Zutritt hat).

Beispiel:

Ein Unternehmen möchte eine eigene Betriebskrankenkasse eröffnen. Dies ist nur möglich, wenn vom Bundesversicherungsamt (Berlin) eine entsprechende Genehmigung erteilt wird.

4. nach der Anzahl der Anbieter und Nachfrager (Marktformen im engeren Sinne)

- polypolistische Märkte[3] (= vollständige Konkurrenz, d. h., viele Anbieter und Nachfrager treten auf dem Markt auf);
- oligopolistische Märkte[4] (= Märkte, bei denen auf einer und/oder beiden Marktseiten nur wenige Konkurrenten vorhanden sind);
- monopolistische Märkte[5] (= Märkte, bei denen sich auf einer und/oder beiden Marktseiten nur ein Marktbeteiligter befindet).

5. nach der Einheitlichkeit bzw. Uneinheitlichkeit der Marktpreisbildung

- unvollkommene Märkte (= Märkte, auf denen es für ein bestimmtes Gut unterschiedliche Preise gibt);
- vollkommene Märkte (= Märkte, auf denen es nur einen einheitlichen Preis für ein bestimmtes Gut geben kann).

Wenn folgende Bedingungen (Prämissen) erfüllt sind, wird vom **vollkommenen Markt** gesprochen:

- Auf dem betreffenden Markt werden gleichartige (homogene) Güter angeboten.
- Anbieter und Nachfrager haben die gleiche Entfernung zum Markt (Punktmarkt).
- Die Marktteilnehmer besitzen vollkommene Marktübersicht (Markttransparenz).
- Anbieter und Nachfrager reagieren sofort auf Marktänderungen.
- Käufer und Verkäufer dürfen sich nicht gegenseitig bevorzugen (keine Präferenzen).

---

1 Siehe Kapitel 9.3.

2 Früher Bundesgesundheitsamt.

3 Die Vorsilbe poly... bedeutet in Fremdwörtern „viel", z. B. in „Polygamie" die Vielehe.

4 Die Vorsilbe olig... bedeutet in Fremdwörtern „wenig", z. B. in „Oligarchie" die Herrschaft weniger. Näheres zum Oligopol siehe S. 144 f., 148.

5 Die Vorsilbe mono... bedeutet in Fremdwörtern „ein", z. B. in „Monotonie" die Eintönigkeit. Näheres zum Monopol siehe S. 146 ff.

9 Hartmann-Härter-Seifert - ISBN 978-3-8120-0412-1

4.2 Nachfragerverhalten

Wir wissen aus unserer Lebenserfahrung, dass neben der Qualität auch der Preis eines Gutes, das wir zu kaufen beabsichtigen, eine entscheidende Rolle spielt. Wir wissen aber auch, dass die Kaufentscheidungen der einzelnen Verbraucher höchst unterschiedlich sind, ganz einfach deshalb, weil ihre Bedürfnisse und ihre Einkommen bzw. Vermögen verschieden sind.

4.2.1 Individuelle Nachfrage[1]

Wir beschränken uns im Folgenden auf den privaten Haushalt (den privaten Verbraucher) als Nachfrager nach Konsumgütern. Das **Nachfragerverhalten** des privaten Haushalts hängt von zahlreichen Faktoren ab.

Bestimmungsgründe der individuellen Nachfrage (Beispiele)

Stärke und Rangordnung der Bedürfnisse	**Verfügbares Einkommen bzw. Vermögen**	**Preis des nachgefragten Gutes**	**Preise anderer Güter**	
			Preise von Substitutionsgütern[2]	**Preise von Komplementärgütern[3]**
Die individuelle Nachfrage nach Gütern ist von Nachfrager zu Nachfrager unterschiedlich, weil Dringlichkeit und Rangordnung der Bedürfnisse (die Bedürfnisstrukturen) verschieden sind.	Die individuelle Nachfrage wird durch das verfügbare Einkommen (z. B. Gehalt abzüglich Steuern und Sozialversicherungsabgaben) sowie die Höhe und Struktur des Vermögens bestimmt und begrenzt.	Bei gegebenem Einkommen und gegebenem Vermögen bestimmt u. a. der Preis eines Gutes, ob und in welcher Menge ein Gut nachgefragt wird.	Bei austauschbaren Gütern (Substitutionsgütern) wird ein Verbraucher bei steigendem Preis des Gutes A die Nachfrage nach dem Gut A einschränken oder ganz einstellen und seine Nachfrage nach dem Substitutionsgut B erhöhen.	Bei Komplementärgütern wird der Verbraucher seine Nachfrage einschränken, wenn der Preis eines oder mehrerer Komplementärgüter steigt.

Preis und Nachfrage. Lassen wir alle anderen Bestimmungsgründe der individuellen Nachfrage außer Acht, dann kann man folgende Beziehungen zwischen Preis und nachgefragter Menge annehmen **(„Gesetz der Nachfrage“)**:

- Mit steigendem Preis eines Gutes sinkt die Nachfrage nach diesem Gut.
- Mit sinkendem Preis eines Gutes steigt die Nachfrage nach diesem Gut.

1 Individuum = der Einzelne.

2 Substitutionsgüter sind austauschbare (gegenseitig ersetzbare) Güter. Beispiele: Butter und Margarine; Heizöl, Erdgas und Kohle; Superbenzin, Normalbenzin und Dieselöl; Zahnfüllung aus Amalgam und Kunststoff.

3 Komplementärgüter sind sich gegenseitig ergänzende Güter. Beispiele: Dieselfahrzeug - Diesel; Rohbauten - Installationen, Fenster usw.; Elektroherd – Elektrokochtöpfe.

Das Gesetz der Nachfrage beschreibt das normale Nachfragerverhalten eines privaten Haushalts. Hiervon gibt es auch Ausnahmen. Nimmt ein Nachfrager z.B. den Preis eines Gutes als Qualitätsmaßstab, wird er mit steigendem Preis mengenmäßig *mehr,* mit sinkendem Preis mengenmäßig *weniger* nachfragen **(anomale Nachfrage)**. Ähnliche Verhaltensweisen sind auch möglich, wenn ein privater Haushalt steigende (sinkende) Preise erwartet.

Die **Nachfragekurven** sind von privatem Haushalt zu privatem Haushalt unterschiedlich, weil die Bedürfnisstrukturen und die Einkommens- und Vermögensverhältnisse verschieden sind.

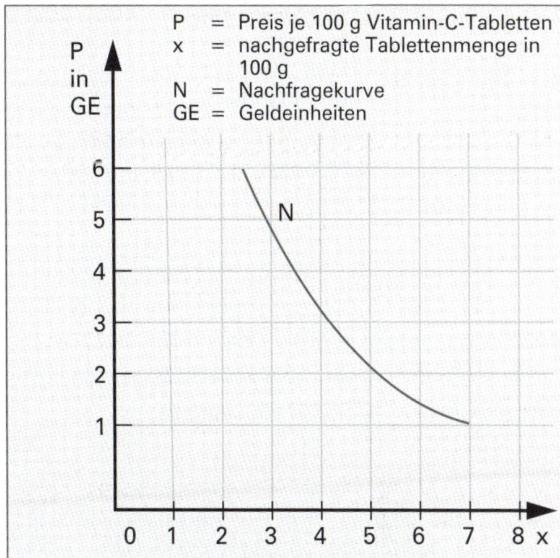

Normale Nachfrage eines Konsumenten nach Vitamin-C-Tabletten

Beispiele:

Legt der Haushalt Müller weniger Wert auf Teigwaren, sondern bevorzugt er Kartoffeln, wird seine mengenmäßige Nachfrage nach Kartoffeln nur geringfügig abnehmen, wenn der Kartoffelpreis steigt. Man sagt, die Nachfrage ist preisunelastisch. Preiselastisch ist hingegen seine Nachfrage nach Teigwaren. Steigen die Preise der Teigwaren, wird der Haushalt Müller weniger oder gar keine Teigwaren mehr nachfragen.

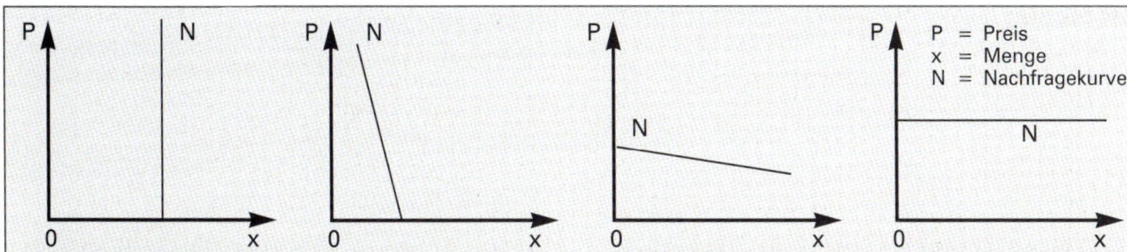

vollkommen unelastische Nachfrage (Grenzfall) | unelastische Nachfrage | elastische Nachfrage | vollkommen elastische Nachfrage (Grenzfall)

Vor allem bei lebensnotwendigen und für lebensnotwendig erachteten Gütern (= Güter des Zwangsbedarfs, z.B. Wasser, Medikamente, Süßstoff für Zuckerkranke, Krankenversicherungsleistungen, Heizöl).

Vor allem bei nicht lebensnotwendigen Gütern (= Güter des Wahlbedarfs, z.B. Ferienreisen, Zweitwagen, Theaterbesuche, Kurbehandlung auf eigene Rechnung).

Mögliche Nachfragekurven

4.2.2 Marktnachfrage (Gesamtnachfrage für ein Gut)

Unterstellt man, dass sich die Mehrzahl aller Nachfrager nach dem „Gesetz der Nachfrage" verhalten, und fasst man gedanklich alle individuellen Nachfragekurven zusammen, erhält man die Marktnachfragekurve (Gesamtnachfragekurve nach *einem* Gut). Die Marktnachfragekurve zeigt, wie groß die mengenmäßige Nachfrage nach einem Gut bei unterschiedlichen Preisen dieses Gutes ist.

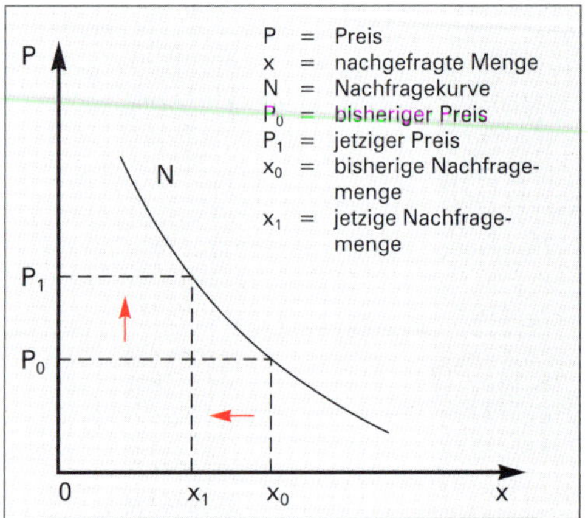

Normale Gesamtnachfrage

Nachfrageverschiebungen

Eine Nachfragekurve gilt nur für einen bestimmten Zeitpunkt, denn in der Wirtschaft verändern sich die Nachfrageverhältnisse laufend, d.h., die Nachfragekurven *verschieben* sich. Solche Verschiebungen treten z.B. ein, wenn sich die Bedürfnisse ändern, die Preise anderer Güter steigen oder fallen, die Zahl der Nachfrager wächst oder schrumpft (z.B. aufgrund einer Bevölkerungszunahme oder -abnahme) oder die Einkommen steigen.

Zunehmende Nachfrage bedeutet, dass bei gegebenen Preisen mehr nachgefragt wird: Die Nachfragekurve verschiebt sich nach „rechts". Abnehmende Nachfrage bedeutet, dass bei gegebenen Preisen weniger nachgefragt wird: Die Nachfragekurve verschiebt sich nach „links".

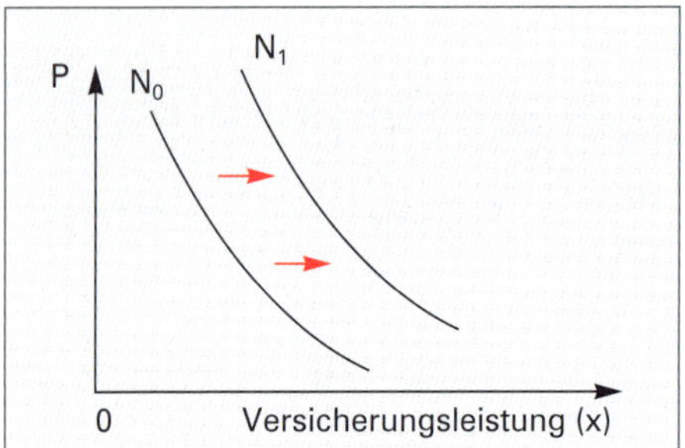

Zunehmende Nachfrage nach einer Zusatzleistung (freiwillig Versicherte) bei steigendem Einkommen

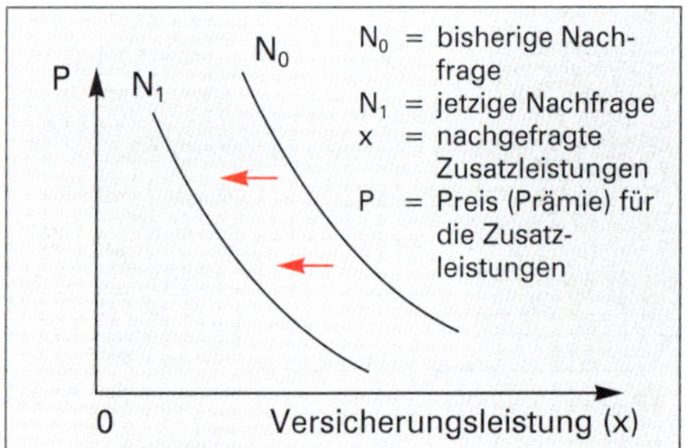

Abnehmende Nachfrage nach einer Zusatzleistung (freiwillig Versicherte) bei sinkendem Einkommen

Die Aussage, dass mit steigendem Einkommen die Nachfrage zu- und mit sinkendem Einkommen abnimmt, trifft nur auf die sogenannten **superioren (höherwertigen) Güter** zu. Bei inferioren (geringwertigen) Gütern nimmt die Nachfrage ab, wenn die Einkommen steigen.

Beispiele:

Reis statt Getreideerzeugnisse, Butter statt Margarine, Gemüse statt Kartoffeln, Fisch statt Fleisch, exotische Früchte statt einheimisches Obst.

4.3 Anbieterverhalten

Während die Nachfrager das Interesse haben, zu möglichst niedrigen Preisen zu kaufen, ist das Interesse der Anbieter darauf gerichtet, zu möglichst hohen Preisen zu verkaufen. Die Interessenlagen der Marktpartner sind also entgegengesetzt.

4.3.1 Individuelles Angebot

Das individuelle Angebot wird von zahlreichen Faktoren mitbestimmt.

Bestimmungsgründe des individuellen Angebots (Beispiele)

Zielsetzung des Anbieters	Marktstellung des Anbieters	Tatsächliche und/oder erwartete Marktlage	Kosten und Kostenstruktur des Anbieters
Zum Beispiel Gewinnmaximierung, Kostendeckung, Ausweitung des Marktanteils, Ausschaltung der Konkurrenz, Sicherung eines angemessenen Gewinns, Umweltschutz.	Polypolistisches, oligopolistisches oder monopolistisches Verhalten.	Konjunkturlage, Absatzpreise der Konkurrenz, Stand und Entwicklung der Nachfrage, technische und/oder modische Entwicklung, Konkurrenzbedingungen.	Preise der Produktionsfaktoren, Mitgliederstruktur bei den Trägern der Sozialversicherung, technisches Wissen des Anbieters.

Preis und Angebot. Im Folgenden beschränken wir uns auf die Betrachtung des Zusammenhangs zwischen Preis und Angebot. Die Wirtschaftstheorie sieht i.d.R. folgende Beziehungen zwischen Preis und Angebotsmenge **(„Gesetz des Angebots")**:

- Mit steigendem Preis eines Gutes steigt das Angebot für dieses Gut.
- Mit sinkendem Preis sinkt das Angebot für dieses Gut.

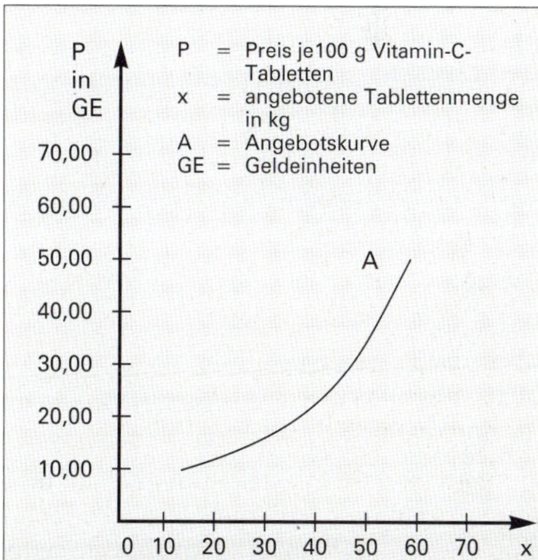

Normales Angebot eines Arzneimittelproduzenten bei unterschiedlichen Preisen

Das Gesetz des Angebots lässt sich wie folgt begründen: Mit steigenden Absatzpreisen wird der Anbieter versuchen, sein Angebot mengenmäßig auszuweiten, weil er sich zusätzliche Gewinne verspricht. Bei sinkenden Preisen wird er sein Angebot verringern oder (längerfristig) ganz aus dem Markt nehmen, weil die Gewinne sinken oder sogar Verluste entstehen.

Das **Gesetz des Angebots** beschreibt das **normale Angebotsverhalten.** Es gibt jedoch **wesentliche Ausnahmen**. Nach dem **Gesetz der Massenproduktion**[1] nehmen die Stückkosten bei zunehmender Produktion ab, bei abnehmender Produktion jedoch zu. Marktstarke Unternehmen mit hohem Fixkostenanteil werden daher versuchen, bei zurückgehender Nachfrage ihre Preise zu erhöhen, um ihre Stückkosten zu decken **(anomales Angebot)**. Umgekehrt sind sie in der Lage, bei zunehmender Nachfrage ihr Angebot auszuweiten und die Absatzpreise zu *senken.*

Beispiele:

Elektrische Küchengeräte, MP3-Player, Taschenrechner, Personalcomputer.

Die **Angebotskurven** sind von Anbieter zu Anbieter unterschiedlich, weil Zielsetzungen, Marktstellungen, Marktsituationen und Kostenstrukturen verschieden sind.

Beispiel:

Das Angebot ist in der Regel vollkommen elastisch, wenn ein Anbieter unterbeschäftigt ist, sodass er bei steigender Nachfrage nicht die Preise erhöhen möchte, um den Absatz nicht zu gefährden. Sein Angebot wird jedoch dann vollkommen unelastisch, wenn er an seiner Kapazitätsgrenze angelangt ist: Er kann die Preise erhöhen, nicht aber sein mengenmäßiges Angebot.

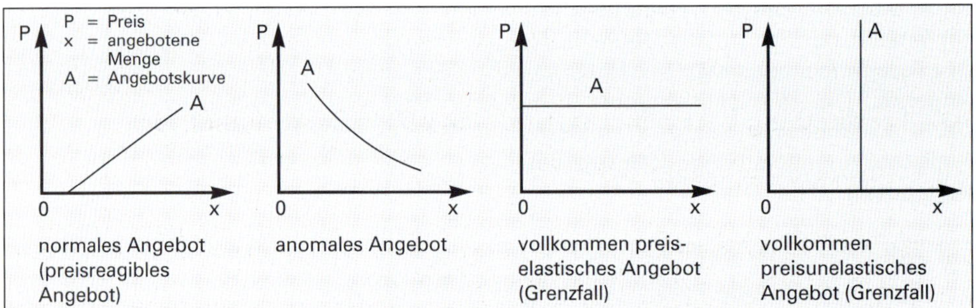

Mögliche Angebotskurven

1 Siehe S. 147.

4.3.2 Marktangebot (Gesamtangebot für ein Gut)

Unterstellt man, dass sich die Mehrzahl aller Anbieter eines Gutes nach dem „Gesetz des Angebots" verhalten und fasst man gedanklich alle individuellen Angebotskurven zusammen, erhält man die Marktangebotskurve (Gesamtangebotskurve für *ein* Gut). Die Marktangebotskurve zeigt (wie alle Angebotskurven), wie groß das mengenmäßige Angebot für ein Gut bei unterschiedlichen Preisen dieses Gutes ist.

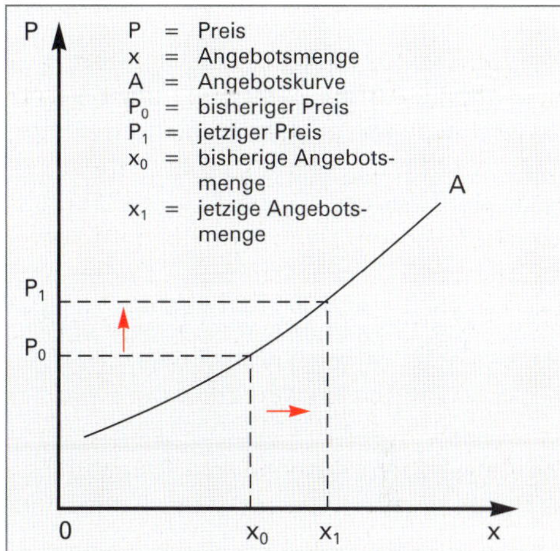

Normales Gesamtangebot

Angebotsverschiebungen

Das Marktangebot für ein Gut verschiebt sich im Laufe der Zeit aus den verschiedensten Gründen. Nimmt z.B. die Zahl der Anbieter zu, nimmt auch das Angebot zu. Nimmt die Zahl der Anbieter ab, nimmt auch das Angebot ab, es sei denn, die Kapazitäten der Anbieter verändern sich.

Weitere Gründe für die Zunahme des Angebots sind z.B. der technische Fortschritt (aufgrund des Übergangs der Betriebe auf anlageintensivere Produktionsverfahren erweitern sich die Kapazitäten und damit das mögliche Angebot), die Zukunftserwartungen der Unternehmer (aufgrund zusätzlicher Investitionen nimmt das Angebot zu) und Faktorpreissenkungen (die bisherigen Mengen können nun zu niedrigeren Preisen angeboten werden). Das Umgekehrte gilt, wenn das Marktangebot abnimmt. Bei steigendem Angebot verschiebt sich die Angebotskurve nach „rechts", bei sinkendem Angebot nach „links".

4.4 Preisbildung bei vollkommener polypolistischer Konkurrenz

4.4.1 Gleichgewichtspreis

■ Ein Markt ist **polypolistisch,** wenn sehr viele Anbieter und Nachfrager vorhanden sind (**vollständige** oder **polypolistische** Konkurrenz).

Um uns den Vorgang der **Preisbildung** auf einem polypolistischen Markt zu verdeutlichen, greifen wir zu einem einfachen Beispiel.

Beispiel:

Die Warenbörsen erhalten von den Käufern und Verkäufern Kauf- und Verkaufsaufträge. Dabei können Käufer und Verkäufer ihre Aufträge limitieren, d.h. begrenzen. Ein Käufer kann z.B. den Makler[1] beauftragen, eine bestimmte Warenmenge *höchstens* zu 62,00 € je Gewichtseinheit zu kaufen. Sollte der Kurs (= der an der Börse festgelegte Preis) am Kauftag höher sein, wird der Auftrag nicht ausgeführt.

1 Bei an den Wertpapierbörsen gehandelten Wertpapieren erfolgt die Feststellung der Kurse im elektronischen Handelssystem (Computersystem) Xetra. **Xetra** ist die Abkürzung für **Ex**change **E**lectronic **Tra**ding.

Ein Verkäufer kann den Makler beauftragen, eine bestimmte Warenmenge zu *mindestens* 61,00 € zu verkaufen. Ist der Kurs (Preis) am Verkaufstag niedriger, wird der Auftrag ebenfalls nicht ausgeführt.

Werden die Kauf- und Verkaufsaufträge nicht limitiert (nach oben oder unten begrenzt), werden die zum Kauf nachgefragten bzw. die zum Verkauf angebotenen Waren „bestens", d.h. zu dem am Abschlusstag gültigen Kurs (Preis) ge- oder verkauft.

Angenommen nun, bei einem Makler laufen für eine Weichweizensorte einheitlicher Qualität folgende Aufträge ein:.

Kaufaufträge (= Nachfrage)	Verkaufsaufträge (= Angebot)
50 dt[1] zu 60,00 EUR bestens[2]	30 dt zu 60,00 EUR bestens
45 dt zu 61,00 EUR höchstens	45 dt zu 61,00 EUR mindestens
20 dt zu 62,00 EUR höchstens	85 dt zu 62,00 EUR mindestens
70 dt zu 63,00 EUR höchstens	40 dt zu 63,00 EUR mindestens
20 dt zu 64,00 EUR höchstens	35 dt zu 64,00 EUR mindestens

Der Makler hat nun die Aufgabe, festzustellen, bei welchem Preis (Kurs) der höchste Umsatz erzielt werden kann.

Dazu muss festgestellt werden, welche Umsätze (= Menge · Preis) bei den einzelnen Preisen möglich sind:

Mögliche Preise (Kurse)	Durchführbare Kaufaufträge (Nachfrage)	Durchführbare Verkaufsaufträge (Angebot)	Umsetzbare Menge
60,00 EUR	205 dt[3]	30 dt[5]	30 dt
61,00 EUR	205 dt	75 dt	75 dt
62,00 EUR	160 dt[4]	160 dt	160 dt
63,00 EUR	140 dt	200 dt	140 dt
64,00 EUR	70 dt	235 dt	70 dt

In diesem Beispiel beträgt der vom Makler festgesetzte Preis 62,00 € je dt, weil hier der größtmögliche Umsatz getätigt werden kann.[6] Man spricht vom **Gleichgewichtspreis.**

■ Der **Gleichgewichtspreis** bringt Angebot und Nachfrage zum Ausgleich, er „räumt den Markt".

Zu beachten ist aber, dass die Anbieter, die einen höheren Preis erzielen wollten, und die Nachfrager, die nur einen geringeren Preis bezahlen wollten, leer ausgehen.

1 1 dt = 1 Dezitonne = 100 kg.

2 Bestens bedeutet, dass die Nachfrager zu 60,00 € und zu jedem anderen Preis kaufen und die Anbieter zu 60,00 € und zu jedem anderen Preis verkaufen. (Der Auftrag ist unlimitiert.)

3 Bei einem Preis (Kurs) von 60,00 € wollen alle Auftraggeber kaufen, auch diejenigen, die eigentlich einen höheren Kurs zu zahlen bereit sind.

4 Bei einem Preis von 62,00 € kaufen die Auftraggeber nicht mehr, die höchstens 61,00 € anlegen wollten. Die Käufer, die nicht limitiert haben, kaufen jedoch auch zu diesem Kurs.

5 Es verkaufen nur die Auftraggeber, die nicht limitiert haben. Alle anderen wollen einen höheren Preis erzielen.

6 Beim **Wertpapierhandel** an den **Wertpapierbörsen** erfolgen die Feststellungen der Börsenpreise nicht mehr durch die sogenannten Skontroführer („Börsenmakler"), sondern allein im elektronischen Handelssystem Xetra. Die z.B. an der „Frankfurter Börse" tätigen etwa 20 Skontroführer wurden durch sogenannte „Spezialisten" ersetzt, die vor allem den Computerhandel durch die Zuführung von Liquidität unterstützen und hierdurch mehr Börsengeschäfte ermöglichen sollen.

Das Zahlenbeispiel auf S. 135f. lässt sich auch grafisch veranschaulichen. Tragen wir an der x-Achse (waagerechte Achse des Koordinatensystems) die angebotenen bzw. nachgefragten Gütereinheiten (im Beispiel dt) und an der y-Achse (senkrechte Achse) die möglichen Preise (hier Euro je dt) ab, erhalten wir folgende **Angebots- und Nachfragekurven**:

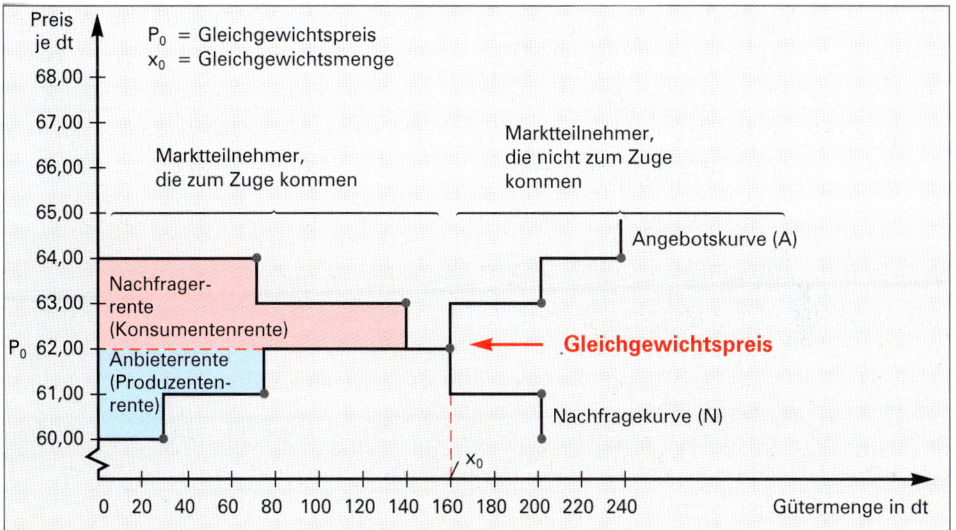

Angebots- und Nachfragekurve

Wenn man sich nun vorstellt, dass sehr viele (theoretisch „unendlich" viele) Anbieter und Nachfrager auf dem Markt sind, verschwinden die „Treppen" aus der Angebots- und aus der Nachfragekurve.

Es ergibt sich nachstehendes Bild:

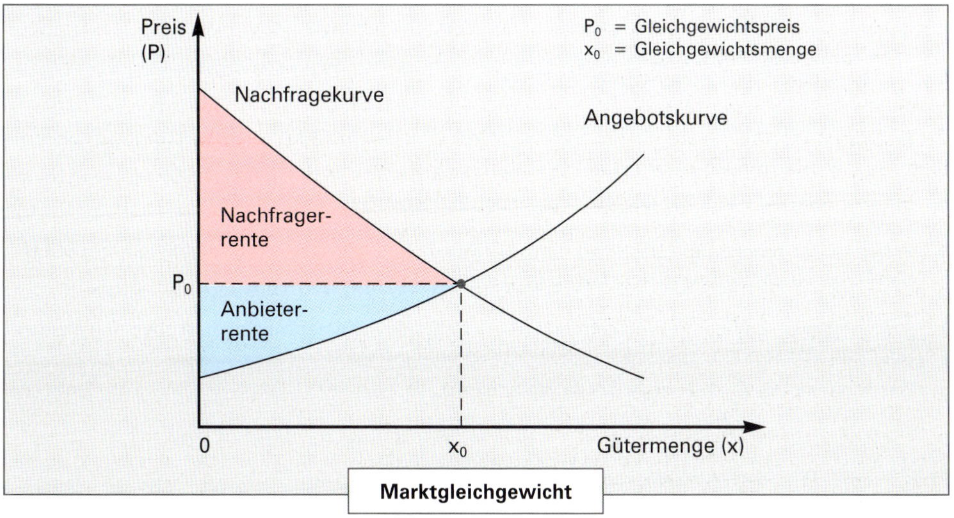

Marktgleichgewicht

4.4.2 Marktungleichgewicht

1. Beim gegebenen Preis ist die Nachfrage größer als das Angebot

Jeder andere Preis als der Gleichgewichtspreis (Einheitspreis) kann den Markt nicht räumen. Angenommen, der Börsenmakler (siehe Beispiel auf S. 135f.) setzt einen Kurs von 61,00 EUR je dt fest. Dann beträgt die Nachfrage 205 dt, das Angebot nur 75 dt (Übernachfrage = Unterangebot = Angebotslücke). Der Börsenmakler wird also den Preis *heraufsetzen.*

■ Allgemein ausgedrückt: Ist bei einem gegebenen Preis das Angebot kleiner als die Nachfrage **(Angebotslücke),** wird der Preis steigen.

2. Beim gegebenen Preis ist das Angebot größer als die Nachfrage

Umgekehrt ist es, wenn der Börsenmakler (siehe Beispiel auf S. 135f.) einen Preis von 63,00 EUR je dt bestimmt. Dann beläuft sich das Angebot auf 200 dt, die Nachfrage lediglich auf 140 dt (Überangebot = Unternachfrage = Nachfragelücke). Der Makler wird also den Preis *herabsetzen.*

■ Allgemein ausgedrückt: Ist bei einem gegebenen Preis die Nachfrage kleiner als das Angebot **(Nachfragelücke),** wird der Preis sinken.

Aufgaben

1. Definieren Sie den Begriff Markt!

2. Unterscheiden Sie folgende Begriffe:

   2.1 vollkommener Markt – unvollkommener Markt;

   2.2 polypolistischer Markt – oligopolistischer Markt – monopolistischer Markt!

3. Nennen Sie wichtige Aufgaben des Marktes!

4. Welche Faktoren können das Nachfragerverhalten der Verbraucher auf dem Markt mitbestimmen? Nennen und begründen Sie mindestens vier Bestimmungsgründe des Nachfragerverhaltens!

5. Erläutern Sie die Elastizität der Nachfrage nach ärztlicher Behandlung!

6. Welche Zusammenhänge bestehen normalerweise unter sonst gleichen Bedingungen zwischen dem Preis eines Gutes und der Nachfrage nach diesem Gut? Warum?

7. Angenommen, auf einem Wochenmarkt treten folgende Anbieter frischer und absolut gleichwertiger Pfifferlinge auf, wobei jeder Anbieter 10 kg auf den Markt bringt.

   Die Mindestpreisvorstellungen der Anbieter sind:

Anbieter:	A	B	C	D	E	F
Preis je kg in GE:	10,00	11,00	12,00	13,00	14,00	15,00

Als Nachfrager treten 50 Hausfrauen auf, die höchstens Folgendes ausgeben und je 1 kg kaufen wollen:

Hausfrauen:	1 – 10	11 – 20	21 – 30	31 – 40	41 – 50
Preisvorstellung je kg in GE:	13,00	12,50	12,00	11,50	11,00

7.1 Zeichnen Sie die Angebots- und Nachfragekurve!

7.2 Stellen Sie den Gleichgewichtspreis fest!

8. In der Aufgabe 7 haben wir zwar so getan, als ob es sich um einen vollkommenen polypolistischen Markt handle. Begründen Sie, warum dies in Wirklichkeit nicht der Fall ist!

4.4.3 Wechselwirkungen zwischen Angebot, Nachfrage und Preis

Die Steuerungsfunktion des Marktes lässt sich am besten verstehen, wenn man das Marktgeschehen im Zeitablauf betrachtet, in das Modell also Angebots- bzw. Nachfrageverschiebungen einbezieht.

Im Normalfall gelten folgende **„Preisgesetze"**:

- Bei gleichbleibendem Angebot führt eine Nachfrageerhöhung zu steigenden Preisen.
- Bei gleichbleibendem Angebot führt eine Nachfragesenkung zu sinkenden Preisen.

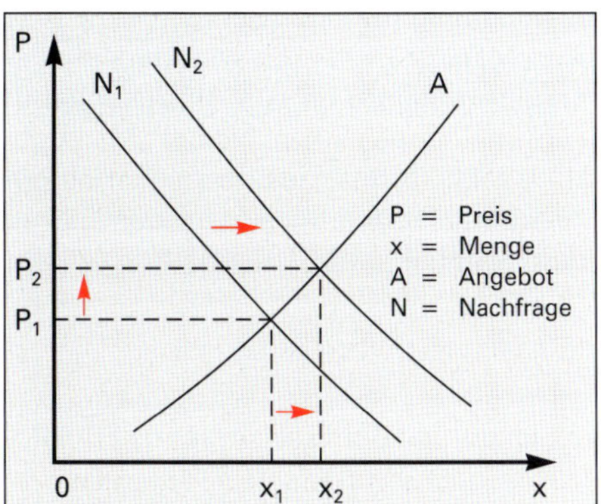

Steigende Preise und zunehmender Absatz bei zunehmender Nachfrage

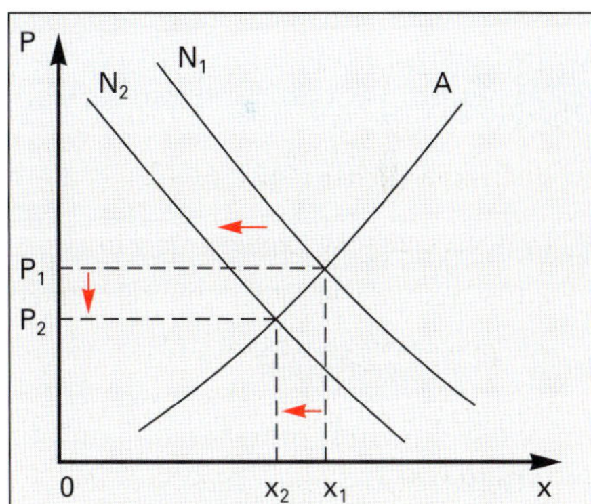

Sinkende Preise und abnehmender Absatz bei abnehmender Nachfrage

Desgleichen kann der Fall eintreten, dass das Angebot bei einem bestimmten Preis und bei gleichbleibender Nachfrage zu- oder abnimmt. So geht z.B. das Angebot landwirtschaftlicher Produkte bei Missernten zurück, während es bei Rekordernten zunimmt.[1]

Im Normalfall gelten folgende **„Preisgesetze"**:

- Bei gleichbleibender Nachfrage führt eine Angebotserhöhung zu sinkenden Preisen.
- Bei gleichbleibender Nachfrage führt eine Angebotssenkung zu steigenden Preisen.

1 Weitere Beispiele siehe Kapitel 4.3.

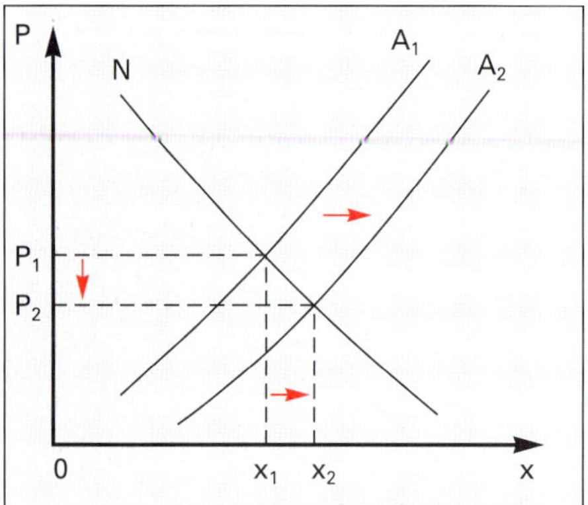

Sinkende Preise und zunehmender Absatz bei zunehmendem Angebot

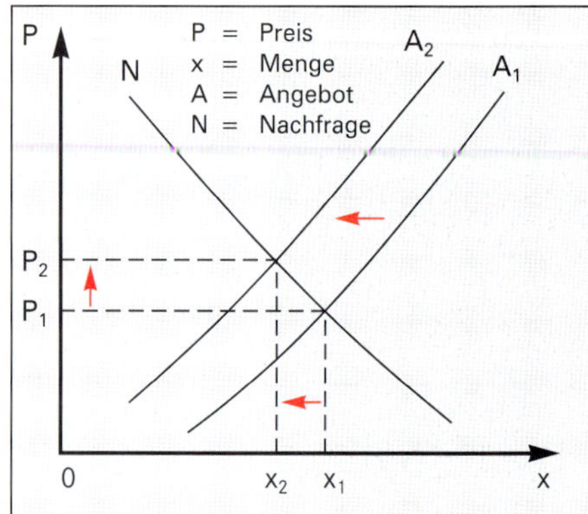

Steigende Preise und abnehmender Absatz bei abnehmendem Angebot

Diese **Preisgesetze** werden jedoch nur dann wirksam, wenn man von einer normalen Angebotskurve (also vom Gesetz des Angebots) und von einer normalen Nachfragekurve (also vom Gesetz der Nachfrage) ausgeht.

Bedeutung

Die bisherigen Überlegungen zeigen, dass auf vollkommenen polypolistischen Märkten Preis, Angebot und Nachfrage die Volkswirtschaft selbsttätig (automatisch) *steuern.* Was für die Sachgüterpreise gilt, trifft auch auf die übrigen Marktpreise zu. So wird der Arbeitsmarkt über die Löhne (= Preise für Arbeitsleistungen) reguliert. Ist das Arbeitsangebot hoch, die Arbeitsnachfrage niedrig, wird eben der Lohn so lange sinken, bis der „Markt geräumt" ist. Gleichermaßen werden die Kreditmärkte mithilfe des Zinsmechanismus gesteuert. Ist das Kreditangebot niedrig, die Kreditnachfrage jedoch hoch, wird der Zins so lange steigen, bis auch hier die Kreditnachfrage dem Kreditangebot entspricht.

4.4.4 Preisfunktionen

Im Modell der vollkommenen polypolistischen Konkurrenz hat der Preis folgende Funktionen (Aufgaben):

Ausgleichsfunktion	„Der freie Preis räumt den Markt".[1] Im Kapitel 4.4.1 haben wir gesehen, dass der Gleichgewichtspreis der Preis ist, bei dem der höchstmögliche Umsatz erzielt wird. Alle Nachfrager, die den Gleichgewichtspreis bezahlen wollen (oder können), und alle Anbieter, die zum Gleichgewichtspreis verkaufen wollen (oder können), kommen zum Zug.
Signalfunktion	Sie äußert sich darin, dass der freie Marktpreis den Knappheitsgrad eines Gutes anzeigt (= signalisiert). Steigt der Preis, so wird erkennbar, dass a) sich entweder das Güterangebot bei gleichbleibender Nachfrage verknappt hat, b) sich die Nachfrage bei gleichbleibendem Güterangebot erhöht hat oder c) die Nachfrage schneller als das Güterangebot gestiegen ist. Der fallende Preis zeigt die gegenteilige Marktsituation.

1 Kapitelüberschrift bei Röpke, W.: Die Lehre von der Wirtschaft, 11. Aufl. 1968, S. 182.

Lenkungsfunktion	Der freie Marktpreis steuert das Angebot und damit die Produktion auf diejenigen Märkte hin, auf denen die größte Nachfrage herrscht und folglich die höchsten Preise (und damit Gewinne) erzielt werden können.[1] **Beispiel:** Steigt die Nachfrage nach pflanzlichen Arzneimitteln zulasten der Nachfrage nach chemischen Medikamenten, werden die Preise der pflanzlichen Medikamente steigen. Die pharmazeutische Industrie produziert vermehrt pflanzliche Mittel und schränkt die Produktion von chemischen Medikamenten ein.
Erziehungsfunktion	Da der Preis bei vollkommener polypolistischer Konkurrenz vom einzelnen Nachfrager nicht beeinflussbar ist, zwingt er die Produzenten, ihre Kosten zu senken, wenn sie rentabel anbieten wollen. Die Verbraucher werden dazu erzogen, möglichst sparsam (möglichst preisgünstig) einzukaufen, wenn sie ihren Nutzen maximieren wollen.

Aufgaben

1. In den folgenden Fragen ist unterstellt, dass sich sowohl das Angebot als auch die Nachfrage „normal" verhalten, also preisreagibel sind. Wie entwickeln sich dann Preis und umgesetzte Menge, wenn

   1.1 bei gleichbleibendem Angebot die Nachfrage zunimmt?

   1.2 bei gleichbleibendem Angebot die Nachfrage abnimmt?

   1.3 bei gleichbleibender Nachfrage das Angebot zunimmt?

   1.4 bei gleichbleibender Nachfrage das Angebot abnimmt?

2. Erläutern Sie kurz die Preisfunktionen auf einem freien (= nicht vom Staat beeinflussten) polypolistischen Markt!

3. **Text 1:**[2]

   Es gibt auf die Dauer weder unverkäufliche Mengen bei den Produzenten (kein Angebotsüberhang) noch eine Nachfrage, die bei diesem Preis nicht befriedigt wird (kein Nachfrageüberhang).

   Man muss dabei aber sehen, dass die Koordination durch den Preis in einem bestimmten Sinn unsozial ist: Ein steigender Preis „rationiert" die Nachfrage und beschränkt in der Tendenz die Nachfrage der weniger Kaufkräftigen. Wegen dieser unsozialen Rationierungsfunktion des Preises werden bei der Koordination der Wirtschaftspläne von Produzenten und Konsumenten also eher die Bedürfnisse der kaufkräftigen Nachfrager berücksichtigt als die Wünsche aller Verbraucher. So wird teures Hundefutter produziert, während manche Menschen sich kein Fleisch kaufen können.

1 Garantiert der Staat Mindestpreise, verliert der Preis seine Lenkungsfunktion (siehe Kapitel 4.8.3).

2 Textauszüge aus Basseler/Heinrich/Koch: Grundlagen der Volkswirtschaft, 11. Aufl. 1988, S. 212.

Text 2:[1]

Der Preis ist weiterhin ein ideales Instrument, die für die Entscheidungen von Produzenten und Konsumenten notwendigen Informationen zu liefern. Verschiebt sich z. B. die Nachfragekurve nach rechts (Erhöhung der Nachfrage), so wird bei dem alten Preis ein Nachfrageüberhang entstehen und die Konkurrenz unter den Nachfragern wird den Preis in die Höhe treiben. ...

Text 3:[1]

Die Information durch den Preis genügt jedoch nicht, es muss auch erreicht werden, dass die Produzenten das Gewünschte produzieren. Dazu ist ein Sanktionssystem erforderlich, das in einer Marktwirtschaft durch die freie Verfügbarkeit der erzielten Gewinne geschaffen wird. Anbieter, die sich einer veränderten Marktlage schneller anpassen als ihre Konkurrenten, werden durch vorübergehend höhere Gewinne oder geringere Verluste belohnt.

3.1 Welche Preisfunktion wird im Text 1 beschrieben?

3.2 Welche Kritik üben die Autoren dieses Textes an der beschriebenen Preisfunktion?

3.3 Von welcher Preisfunktion ist im Text 2 die Rede?

3.4 Erläutern Sie das Sanktionssystem in einer freien Marktwirtschaft!

4. **Auszug aus einem Zeitungsartikel:**

Damit die Liquidität der Rentenversicherungsträger (Schwankungsreserve) weiterhin gesichert ist, beschließt die Bundesregierung den Beitragssatz zur Rentenversicherung zu erhöhen.

4.1 Beschreiben Sie die Auswirkung dieser Maßnahme auf Marktangebot, Marktnachfrage und Preisniveau![2]

4.2 Verdeutlichen Sie Ihre Ausführungen an einer Skizze!

4.5 Preisbildung bei unvollkommener polypolistischer Konkurrenz

Wenn wir die Wirklichkeit betrachten, sehen wir, dass für ein bestimmtes Gut unterschiedliche Preise verlangt und auch bezahlt werden. So kostet z. B. der Krankenversicherungsschutz für einen freiwillig versicherten Arbeitnehmer mit Ehefrau (beide 30 Jahre) und zwei Kindern bei einer privaten Krankenkasse 680,00 EUR, bei einer anderen 990,00 EUR (angenommene Prämie).

Da mit rund 200 gesetzlichen und privaten Krankenkassen viele Anbieter den vielen Versicherungsnehmern (Nachfragern) gegenüberstehen und die Nachfrager keinen ausreichenden Überblick über die Preis-Leistungsverhältnisse auf der Anbieterseite haben, kann hier von einem unvollkommenen Polypol gesprochen werden.

■ Ein **unvollkommener Markt** liegt vor, wenn eine, mehrere oder alle Voraussetzungen des vollkommenen Marktes[3] fehlen.

1 Zur „Quellenangabe" siehe Fußnote 2, S. 141.
2 Durchschnittspreis aller Güter.
3 Siehe S. 129.

Das äußere Merkmal des unvollkommenen Marktes ist, dass es für **eine Güterart unterschiedliche Preise** gibt.

Die **Gründe für die Unvollkommenheit** der Märkte sind im Einzelnen:

- Eine bestimmte Güterart wird in verschiedenen Qualitäten, Abmessungen, Aufmachungen, Leistungen usw. hergestellt.
- Angebot und Nachfrage treffen weder am gleichen Ort noch zur gleichen Zeit zusammen **(= dezentralisierte, nicht organisierte Märkte).**
- Anbietern und Nachfragern **fehlt die Marktübersicht.** (Die Arbeitnehmer kennen nicht alle Tarife der Krankenversicherungen.)
- Käufer und/oder Verkäufer hegen persönliche, sachliche, räumliche oder zeitliche **Präferenzen.**

Das Bestehen von Präferenzen, die fast unüberschaubare Zahl von ähnlichen Gütern und die mangelnde Markttransparenz erlauben es den Anbietern, ihre Preise innerhalb einer bestimmten Spanne festsetzen zu können, ohne deswegen gleich Kunden an die Konkurrenz zu verlieren. Deswegen ergibt sich bei zeichnerischer Darstellung des Angebots keine „Angebotskurve", sondern ein **„Angebotsband".**

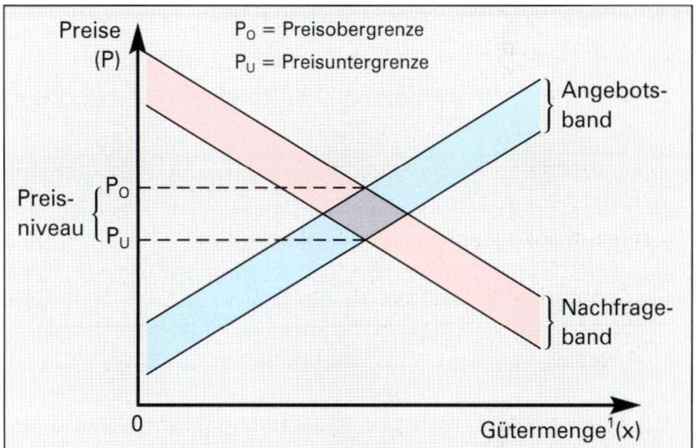

Auf unvollkommenen Märkten gibt es keinen Einheitspreis[2]

Umgekehrt haben die Käufer (Kunden) keine eindeutigen Preisvorstellungen. (Wenn beispielsweise ein Arbeitnehmer seine private Zusatzversicherung auswählt, setzt er sich das Ziel, dass der monatliche Versicherungsbeitrag nicht über 120,00 EUR liegen darf. Bei einem Beitrag von unter 120,00 EUR befürchtet er, dass nicht alle von seiner gesetzlichen Krankenversicherung nicht versicherten Risiken abgedeckt sind.) Die Nachfrage stellt sich also ebenfalls als „Band" dar.

Die obige Abbildung zeigt, dass es bei unvollkommener Konkurrenz (auch wenn sie vollständig, d.h. polypolistisch ist) *keinen* einheitlichen Preis geben kann. Es gibt lediglich eine Preisunter- und eine Preisobergrenze. Je heterogener ein Markt ist, desto größer ist der Preisspielraum. Es lassen sich lediglich Durchschnittspreise für ein bestimmtes Gut errechnen.

- Auf einem **unvollkommenen Markt** gibt es **keinen Einheitspreis.**

1 Gütermenge = Sachgüter und Dienstleistungen.

2 Abb. nach Dahl, D.: Volkswirtschaftslehre, 2. Aufl. 1975, S. 179.

Aufgaben

1. Die polypolistischen Märkte der Wirklichkeit sind meistens unvollkommene Märkte.
   1.1 Erklären Sie den Begriff Polypol!
   1.2 Nennen und erläutern Sie die Prämissen des vollkommenen Marktes!
   1.3 Erklären Sie die Preisbildung auf einem unvollkommenen polypolistischen Markt!
   1.4 Begründen Sie, warum es auf unvollkommenen Märkten keinen Einheitspreis geben kann!
2. Auf einem unvollkommenen polypolistischen Markt nimmt das Angebot bei gleichbleibender Nachfrage ab. Wie wird sich das Preisniveau auf diesem Markt ändern? Begründen Sie Ihre Antwort!

4.6 Preisbildung des Oligopols[1]

Kartellamt sieht Oligopol auf dem Tankstellenmarkt

Die Benzinpreise in Deutschland sind höher als sie sein müssten: Autofahrer haben es nach Einschätzung des Bundeskartellamts im Tankstellengeschäft mit einer marktbeherrschenden Gruppe weniger Konzerne zu tun. „Wir haben schon seit Längerem die Arbeitshypothese eines Oligopols", sagte Kartellamtssprecher Kay Weidner am Sonntag und bestätigte damit Medienberichte. Oligopol bedeutet die Marktbeherrschung der fünf Mineralölkonzerne Aral/BP (23,5 Prozent Marktanteil), Shell (22 Prozent), Jet (10 Prozent), Esso und Total (jeweils 7,5 Prozent). Die Ergebnisse einer Untersuchung der Wettbewerbshüter unterstrichen, „dass es sich um ein solches handelt und damit eben Marktstrukturen, die dem Wettbewerb abträglich sind."

Quelle: Frankfurter Allgemeine FAZ.NET vom 31. Mai 2011 (www.faz.net).

■ Ein **Angebotsoligopol** liegt vor, wenn wenigen Anbietern (mindestens zwei) eine Vielzahl von Nachfragern gegenübersteht.

Auch bei dieser Marktform kann man zwischen vollkommenen und unvollkommenen Oligopolen unterscheiden. Sind die Bedingungen des vollkommenen Marktes gegeben,[2] kann es auch nur einen Oligopolpreis geben.

Beispiel:

In einer Stadt befinden sich in der Nähe der Klinik drei Betriebe, die Krankentransporte durchführen. Die Leistungen der drei Konkurrenten sind gleich (z. B. gut geschultes Personal, Anzahl der Fahrzeuge, Schnelligkeit, Zuverlässigkeit, Kosten). Für die Kunden bestehen daher weder sachliche noch räumliche oder andersartige Präferenzen.

---

1 Wir beschränken unsere Überlegungen auf das **Angebotsoligopol.** Bei einem **Nachfrageoligopol** sieht sich eine kleine Zahl von Nachfragern (mindestens zwei) einer Vielzahl von Anbietern gegenüber (z. B. wenige Lebensmittelfabrikanten, viele Landwirte).

Ein **zweiseitiges Oligopol** (= bilaterales Oligopol) weist auf beiden Marktseiten nur wenige Teilnehmer (mindestens je zwei) auf (z. B. fünf Erzgruben und drei Hüttenwerke).

2 Siehe S. 129.

Selbst näherungsweise vollkommene Oligopole sind in der Wirklichkeit selten: Es fehlen eine oder mehrere Voraussetzungen des vollkommenen Marktes (unvollkommene oder heterogene Oligopole).

Beispiel:

Acht Unternehmen stellen vergleichbare Gasbrennwertkessel mit einer Nennwärmeleistung von 65 kW her. Aufgrund der starken Preiskonkurrenz zwischen den Produzenten können diese ihre Preise nur geringfügig erhöhen, wenn sie ihre Kunden nicht an die Konkurrenten verlieren wollen. Eine eigene Preispolitik ist nur in engen Grenzen möglich. Die Unternehmen versuchen deshalb, vor allem durch eine hohe Qualität ihrer Brennwertkessel, einen besonders guten Kundenservice, kurze Lieferfristen und Werbung neue Kunden zu gewinnen und höhere Verkaufspreise zu erzielen.

Beim unvollkommenen Oligopol sind also für eine Gütergattung unterschiedliche Preise möglich, weil die angebotenen Güter tatsächlich (objektiv) oder in den Augen der Kunden (subjektiv) unterschiedlich sind. Dennoch spielt bei der Preisgestaltung der Oligopolisten das Verhalten der Konkurrenten eine Rolle. Würde z. B. ein Hersteller seinen Verkaufspreis ohne nennenswerte Leistungssteigerung seiner Brennwertkessel um über 25 % anheben, verlöre er wahrscheinlich einen Großteil seiner Kunden an die konkurrierenden Hersteller.

Der Normalfall ist folglich, dass Oligopolisten gewisse Preisabstände zu halten pflegen. Preiserhöhungen erfolgen erst, wenn ein Oligopolist mit einer Preisheraufsetzung beginnt. Dieses „abgestimmte Verhalten" erfolgt stillschweigend, d. h. ohne ausdrücklichen Kartellvertrag.[1] Dabei kann die Preisführerschaft immer von dem gleichen Anbieter übernommen werden. Es kann aber auch sein, dass sich die einzelnen Oligopolisten in der Preisführerschaft abwechseln.

Beispiel:

Benzinpreise werden von den einzelnen Mineralölgesellschaften nicht gemeinsam an ein und demselben Tag und zur gleichen Uhrzeit um gleich hohe Beträge angehoben. Vielmehr erhöhen die einzelnen Mineralölgesellschaften ihre Preise in zeitlicher Abstufung. Ebenso verfahren sie bei Preissenkungen, wobei die Preisunterschiede meistens sehr gering sind.

In der Regel verhalten sich Oligopole „friedlich", d. h., sie stimmen ihr Verhalten stillschweigend aufeinander ab, um sich gegenseitig nicht zu schaden. In seltenen Fällen kommt es aber auch zu oligopolistischen „Kriegen", indem ein Oligopolist versucht, seine Konkurrenten dadurch aus dem Markt zu drängen, dass er Niedrigstpreise ansetzt. Er hofft, auf diese Weise die meisten Nachfrager zu gewinnen und die Mitbewerber zum Aufgeben zu zwingen. Führt der Preiskrieg zum Erfolg, bleibt der Billiganbieter also Sieger, wird er zum Monopolisten und kann den Preis so hoch setzen, dass er den höchstmöglichen Gewinn oder die höchstmögliche Eigenkapitalrentabilität erzielt.

1 Preiskartelle sind grundsätzlich verboten. Näheres siehe Kapitel 8.5.

10 Hartmann-Härter-Seifert - ISBN 978-3-8120-0412-1

4.7 Preisbildung des Monopols[1]

Warum kostete im Jahr 2008 ein bestimmter Bewegungstrainer für Rehabilitationsmaßnahmen z.B. 1 750,00 € und 2012 nur noch 1 500,00 €?

■ Ein **Angebotsmonopol** liegt vor, wenn einem einzigen Anbieter eine Vielzahl von Nachfragern gegenübersteht.

In einer freien Marktwirtschaft können Monopole beispielsweise entstehen

- aufgrund einer bahnbrechenden Erfindung (z.B. eines Patents);
- aufgrund der Tatsache, dass ein Unternehmen schneller wächst als seine Konkurrenten, sodass es diese schließlich vom Markt verdrängt;
- aufgrund von Unternehmenszusammenschlüssen (= Kollektivmonopole);
- aufgrund des Alleineigentums an seltenen Rohstoffen und
- aufgrund eines Gesetzes, das einem staatlichen Betrieb eine Monopolstellung verschafft und sichert („Staatsmonopol").

Während ein einzelner Anbieter bei vollkommener polypolistischer Konkurrenz den Preis nicht beeinflussen kann, ist der Monopolist in der Lage, den Preis für seine Güter selbstständig festzusetzen. In der Regel wird es daher so sein, dass der Monopolpreis über dem Preis liegt, der sich bei vollständiger Konkurrenz ergeben würde. Da im Normalfall die Nachfrage mit steigenden Preisen sinkt, ist auch die Güterversorgung der Nachfrager (z.B. der Verbraucher) geringer.

Auch Monopole können vollkommen oder unvollkommen sein. Beim vollkommenen Monopol liegen alle Bedingungen des vollkommenen Marktes[2] vor. Das vollkommene Monopol kann für sein Produkt deshalb nur einen einheitlichen Preis festsetzen.

Unvollkommene Monopole sind dadurch gekennzeichnet, dass sie für ihr Produkt unterschiedliche Preise festlegen. (Beispiele: Tag- und Nachtstromtarif, Winter- und Sommerpreise für Kohle, Arzthonorar für Mitglieder gesetzlicher und privater Krankenkassen.) Diese sogenannte **Preisdifferenzierung** ermöglicht die Erzielung von Zusatzgewinnen.

Beispiel:

Ein Angebotsmonopol sieht sich einer Nachfragekurve gegenüber, wie sie in den auf der Seite 147 stehenden Abbildungen wiedergegeben wird.

Die Preisdifferenzierung (ein Produkt wird zu verschiedenen Preisen verkauft) setzt voraus, dass die Käufer voneinander entweder räumlich oder sachlich (Inländer – Ausländer, Endverbraucher – Wiederverkäufer) getrennt werden können. Falls es unserem Monopolisten gelingt, beispielsweise 3 Abnehmergruppen voneinander zu trennen und seine Preise auf 1400 GE, 1200 GE und 1000 GE festzusetzen, so beträgt sein Umsatz 3 x 1400, 1 x 1200 und 1 x 1000 GE, zusammen also 6400 GE. Betragen seine Gesamtkosten bei einem Umsatz von 5 Produktionseinheiten 3600 GE, so macht er einen Gewinn von 2800 GE (Abb. rechts). Ohne Preisdifferenzierung würde der Monopolist lediglich einen Umsatz von 5000 GE erzielen (5 x 1000 GE). In diesem Fall beliefe sich sein Gesamtgewinn nur auf 1400 GE (Abb. links).

---

1 Ebenso wie beim Oligopol beschränken wir uns auf das **Angebotsmonopol.** Bei einem **Nachfragemonopol** sieht sich ein Nachfrager zahlreichen Anbietern gegenüber (z.B. Bundeswehr – Zuliefererbetriebe). Ein **zweiseitiges Monopol** (= bilaterales Monopol) weist nur einen Anbieter und einen Nachfrager auf (z.B. näherungsweise ein Arbeitgeberverband einerseits und eine Gewerkschaft andererseits).

2 Siehe S. 129.

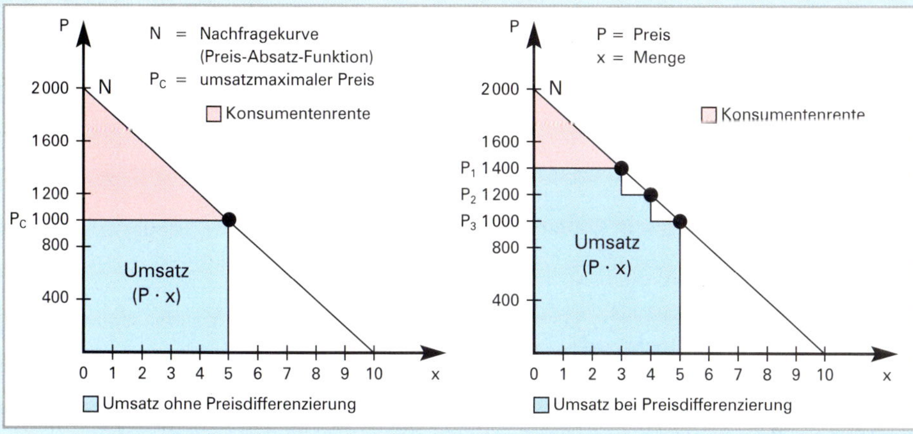

Je weiter die Preisdifferenzierung durchgeführt werden kann, desto größer ist der Gesamtgewinn. Die **absolute Preisuntergrenze** ist die Höhe der **Grenzkosten.**[1] Jede weitere Produktionsausdehnung verursacht mehr zusätzliche Kosten als zusätzlich erlöst wird.

Das Monopol ist aufgrund seiner wirtschaftlichen Machtstellung auch in der Lage, die Preisgesetze in ihr Gegenteil zu verkehren. Die Stückkosten nehmen bei zunehmender Beschäftigung ab, während sie bei rückläufiger Beschäftigung steigen **(Gesetz der Massenproduktion).**[2] Kalkuliert ein Anbieter mit Stückkosten, so ist dies eine Erklärung dafür, dass in den modernen Volkswirtschaften auf den Märkten, die nur von einem oder wenigen Anbietern beherrscht werden, bei Nachfragerückgängen die Preise nicht sinken, sondern sogar steigen. (Beispiele aus dem Rezessionsjahr[3] 1993: Automobilpreise, Preise für Investitionsgüter aller Art.) Umgekehrt erklärt sich auch, dass bei steigender Nachfrage die Preise bestimmter Massengüter im Laufe der Jahre absolut gesunken sind (z.B. Preise für Kühlschränke, Fernsehgeräte, Taschenrechner, Computer, medizinische Geräte).

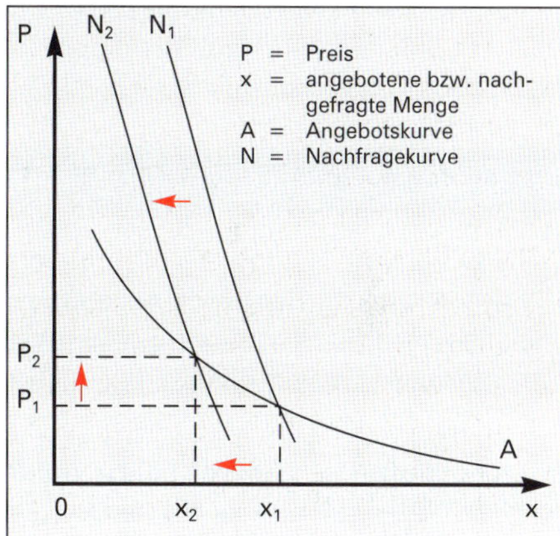

Nachfragerückgang führt zu steigenden Preisen

1 Grenzkosten = zusätzliche Kosten je Leistungseinheit.

2 Man unterscheidet fixe und variable Kosten. Fixe Kosten (feste Kosten, beschäftigungsunabhängige Kosten) ändern sich bei Beschäftigungsschwankungen in ihrer absoluten Höhe überhaupt nicht. Sie fallen von Zeitperiode zu Zeitperiode (z.B. monatlich) in gleicher Höhe an (z.B. Mieten, Grundsteuer, Entgelte für das Stammpersonal). Variable (bewegliche) Kosten ändern sich in ihrer absoluten Höhe mit der Beschäftigung (z B. Büromaterialverbrauch, Versandkosten, Entgelte für Überstunden). Je höher die Beschäftigung ist (z.B. die Zustellung von Bescheiden, die Herstellung von Schokoladentafeln, das Betanken von Fahrzeugen, die Behandlung von Patienten, die Beratung von Steuerpflichtigen), desto niedriger sind die Kosten je Leistungseinheit (die gesamten Stückkosten). Man spricht vom „Gesetz der Massenproduktion". Der Grund für das Sinken der Stückkosten mit zunehmender Beschäftigung ist, dass die fixen Kosten je Leistungseinheit mit zunehmender Beschäftigung (Kapazitätsauslastung) sinken. Die **variablen Stückkosten** können bei Erhöhungen der Leistungsmenge konstant bleiben (= proportionale variable Kosten), sinken (= unterproportionale variable Kosten, z.B. durch vereinbarte Mengenrabatte) oder steigen (= überproportionale variable Kosten, z B. überproportional steigende Lohnkosten aufgrund von Überstundenzuschlägen).

3 Rezession = wirtschaftlicher Rückgang (Nachfragerückgang mit Arbeitslosigkeit).

Überblick über die Marktformen		
Zahl der Anbieter	**Marktbeschaffenheit**	**Preisbildung**
viele	vollkommene polypolistische Konkurrenz	Bildung eines Einheitspreises; der einzelne Anbieter bzw. Nachfrager hat keinen Einfluss auf den Preis.
	unvollkommene polypolistische Konkurrenz	Es gibt mehrere Preise für ein Gut; der einzelne Anbieter hat einen geringen Spielraum bei der Preisfestsetzung.
wenige	vollkommene oligopolistische Konkurrenz	Bildung eines Einheitspreises durch abgestimmtes Verhalten der Oligopolisten.
	unvollkommene oligopolistische Konkurrenz	Es gibt unterschiedliche Preise für eine Güterart; Oligopolisten müssen die Reaktionen ihrer Konkurrenten bei Preisänderungen und/oder Produktänderungen berücksichtigen.
einer	vollkommenes Monopol	Der Monopolist kann nur einen Preis für ein Gut verlangen; er ist in der Preissetzung unabhängig.
	unvollkommenes Monopol	Der Monopolist kann Preise differenzieren (z.B. Arzthonorar für Mitglieder gesetzlicher und privater Krankenkassen).

Aufgaben

1. Ein vollkommenes Angebotsmonopol bietet nur ein Gut an.
   1.1 Definieren Sie den Begriff Angebotsmonopol!
   1.2 Stellen Sie eine Tabelle entsprechend dem nachstehenden Muster auf! Die variablen Kosten betragen 5,00 € je Stück.

Absetzbare Menge	Preis je Stück	Umsatz	Fixe Kosten	Variable Kosten	Gesamtkosten	Verlust bzw. Gewinn
5000	10,00	50000,00	10000,00	25000,00	35000,00	+ 15000,00
6000	9,50		10000,00			
7000	9,00		10000,00			
8000	8,50		10000,00			
9000	8,00		10000,00			
10000	7,50		10000,00			
11000	7,00		10000,00			
12000	6,50		10000,00			
13000	6,00		10000,00			
14000	5,50		10000,00			

   1.3 Entscheiden Sie, welchen Absatzpreis die Geschäftsleitung festlegen wird, wenn sie
      1.3.1 den maximalen Gewinn erzielen möchte oder
      1.3.2 den maximalen Umsatz anstrebt!

1.4 Beantworten Sie – nachdem Sie die auf der Seite 149 stehende Tabelle ergänzt haben – folgende Fragen:

1.4.1 Welche Tatsache ermöglicht es einem Monopolisten, selbstständige Preispolitik zu betreiben?

1.4.2 Warum setzt ein Unternehmen, das die Möglichkeit der Preispolitik hat, häufig andere Mittel (z.B. die Werbung) als die Preispolitik zum Zweck der Umsatzsteigerung ein?

1.4.3 Wie kann sich eine Preissenkung auf den Umsatz auswirken?

1.4.4 Wie kann sich eine Preiserhöhung auf den Umsatz auswirken?

1.4.5 Warum kann der Gewinn auch dann abnehmen, wenn durch Preissenkungen ein höherer Absatz erzielt wird?

2. Ein Monopolist kann seine Monopolstellung verlieren, wenn er seine Absatzpreise zu hoch ansetzt. Warum?

3. Definieren Sie den Begriff Angebotsoligopol!

4. Warum sind Oligopolisten in ihrer Preispolitik nicht voneinander unabhängig?

5. Warum ist bei Oligopolisten der Preiswettbewerb verhältnismäßig selten?

4.8 Verhalten der einzelnen Marktteilnehmer bei unterschiedlichen Marktsituationen

Auf unvollkommenen Märkten kann *jeder* Anbieter Preispolitik betreiben. Der preispolitische Spielraum ist umso größer, je stärker die *Präferenzen* der Kunden für den Anbieter und/oder seine Erzeugnisse, Waren bzw. Leistungen sind. Aus diesem Grund wird auch ein *Polypolist* versuchen, durch *präferenzpolitische* Maßnahmen seinen Preisspielraum auszuweiten. Diesem Zweck dienen z.B. die Wahl eines verkehrsgünstigen Standorts, Sorge für gute Kundenbetreuung, genaue Einhaltung vereinbarter Leistungstermine, ansprechende Geschäftsräume, flächendeckendes Vertreternetz, längere Öffnungszeiten. Eine gut angelegte Werbung dient ebenfalls dazu, bei den Kunden die *Meinung* hervorzurufen, dass die Qualität von Waren, Erzeugnissen und Leistungen eines Unternehmens besonders gut sei.

4.8.1 Mengenpolitik

Gelingt es einem Polypolisten nicht, sein Angebot von dem der Konkurrenz zu unterscheiden oder bietet er vertretbare Güter an (z.B. Aktien, festverzinsliche Wertpapiere, Edelmetalle), kann er keine Preispolitik betreiben. Er muss sich vielmehr mit seiner Angebotsmenge (Absatzmenge) an die jeweilige Marktlage *anpassen.* Der Absatzpreis ist für ihn eine gegebene Größe **(ein Datum),** die er selbst nicht beeinflussen kann.

Die gleiche Situation ergibt sich auch, wenn die Preise für ein Gut staatlich vorgeschrieben sind: Ein Anbieter muss sich – unabhängig von seiner Marktstellung – als **Mengenanpasser** verhalten.

Für die **Mengenanpassung** gilt folgende Regel:

- Mit steigendem Absatzpreis wird die Angebotsmenge vergrößert.
- Mit sinkendem Absatzpreis wird die Angebotsmenge verkleinert.

4.8.2 Preispolitik

Ein Monopolist kann immer Preispolitik betreiben, es sei denn, der Preis ist staatlich vorgeschrieben. Wie wir inzwischen wissen, haben Polypolisten und Oligopolisten nur dann einen preispolitischen Spielraum, wenn die Märkte unvollkommen sind (Regelfall).

> ■ Unter **Preispolitik** versteht man das Herauf- oder Herabsetzen der Absatzpreise mit der Absicht, Unternehmensziele zu verwirklichen (z. B. Gewinnerhöhung, Umsatzsteigerung, Ausweitung des Marktanteils).

Zur Preispolitik gehört auch die Gestaltung der Preisnachlässe (Rabatte, Boni und Skonti) und die Einräumung von Kundenzielen. Die Erhöhung (Senkung) der Preisnachlässe kommt einer Senkung (Erhöhung) der Absatzpreise gleich. Die Verlängerung der Kundenziele (= Kundenkredit) entspricht, falls die Absatzpreise nicht erhöht werden, einer Preissenkung.

Die Wirkung der Preispolitik wird an einem stark vereinfachten Beispiel dargestellt.

Beispiel:

Ein Unternehmen bietet nur ein Gut an. Aufgrund exakter Marktforschung kennt es die Reaktionen seiner Kunden auf Preisänderungen. Es stellt fest, dass es sich einer *normalen* Nachfrage gegenübersieht, d. h., bei Preiserhöhungen nimmt die mengenmäßige Nachfrage ab, bei Preissenkungen nimmt sie zu.

Die Kunden reagieren wie folgt:

Preis in Euro je Stück:	12,00	11,50	11,00	10,50	10,00	9,50	9,00
Absetzbare Menge in Stück:	3000	3500	4000	4500	5000	5500	6000

Die fixen Kosten (z. B. Miete, Zinsen, Grundsteuer, Abschreibungen, Personalkosten, Sozialkosten) belaufen sich auf 10 000,00 € je Zeitabschnitt, die variablen Kosten, d. h. hier die Bezugspreise der Waren, auf 6,00 € je Artikel.

Der bisherige Verkaufspreis beträgt 10,00 € je Artikel. Es ist zu untersuchen, wie sich eine Preisänderung auf den Gewinn auswirkt.

Nachstehende Tabelle gibt Auskunft:

Absetzbare Menge	Preis je Stück	Umsatz (Menge · Preis)	Fixe Kosten	Variable Kosten	Gesamtkosten	Gesamtgewinn
3000	12,00	36 000,00	10 000,00	18 000,00	28 000,00	8 000,00
3500	11,50	40 250,00	10 000,00	21 000,00	31 000,00	9 250,00
4000	11,00	44 000,00	10 000,00	24 000,00	34 000,00	10 000,00
4500	10,50	47 250,00	10 000,00	27 000,00	37 000,00	10 250,00
5000	10,00	50 000,00	10 000,00	30 000,00	40 000,00	10 000,00
5500	9,50	52 250,00	10 000,00	33 000,00	43 000,00	9 250,00
6000	9,00	54 000,00	10 000,00	36 000,00	46 000,00	8 000,00

Wie aus der Tabelle ersichtlich ist, kann das Unternehmen seinen *Gewinn* noch um 250,00 € auf insgesamt 10 250,00 € steigern, wenn es seinen Absatzpreis auf 10,50 € erhöht. Eine weitere Preiserhöhung führt jedoch zu sinkenden Gewinnen.

Eine Preissenkung hingegen würde keine Gewinnerhöhung mit sich bringen. Zwar nimmt der *mengen- und wertmäßige* Absatz mit sinkendem Preis *zu*, aber die Kosten steigen schneller als der Umsatz.

Nimmt hingegen die Nachfrage zu (ab), wird ein Anbieter in jedem Fall seinen Absatzpreis erhöhen (senken), wenn er seinen Gewinn maximieren möchte. Er handelt dann als *Preisanpasser.*

Beweis: Nimmt in unserem Beispiel die Nachfrage um 500 Stück zu (bei jedem Preis werden also 500 Stück mehr nachgefragt), so liegt der gewinnmaximale Preis bei 10,75 € je Stück.

Absetzbare Menge	Preis je Stück	Umsatz	Gesamtkosten	Gesamtgewinn
4000	11,50	46000,00	34000,00	12000,00
4250	11,25	47812,50	35500,00	12312,50
4500	11,00	49500,00	37000,00	12500,00
4750	10,75	51062,50	38500,00	12562,50
5000	10,50	52500,00	40000,00	12500,00

Aufgaben

1. Warum kann ein Polypolist unter den Bedingungen der vollkommenen Konkurrenz keine Preispolitik betreiben?
2. Unter den Bedingungen der vollkommenen Konkurrenz ist der Polypolist gezwungen, Mengenpolitik zu betreiben. Was heißt das?
3. Mengenpolitik heißt, mit steigendem Absatzpreis (Marktpreis) mehr, mit sinkendem Absatzpreis weniger anzubieten. Ist diese Aussage richtig?
4. Erklären Sie den Begriff Preispolitik!
5. Welche Zielsetzungen kann ein Unternehmen mithilfe der Preispolitik verfolgen?

Feuer frei
Nach über einem halben Jahrhundert ist das deutsche Streichholz frei.

Ein Staatsmonopol hat ausgespielt, der Markt ist offen für zündende Ideen zur Ablösung der Einheitsschachtel.

Das Streichholz ist eine geniale Erfindung …

Ein so universales Ding mochten die Deutschen nicht einfach Zündholz nennen … So bekamen wir, wenn schon kein Weltreich, doch wenigstens „Welthölzer".

Damit hatte es 1983 ein Ende: mit Markennamen samt staatlichem Zündwarenmonopol. Begonnen hatte es 1929, in der Weltwirtschaftskrise. Damals bot der schwedische Streichholz-König Ivar Kreuger dem Deutschen Reich einen Kredit von 125 Millionen Dollar an. Als Gegenleistung verpflichtete sich die Regierung, ein Ein- und Ausfuhrmonopol für Zündhölzer zu errichten, ihre Ausstattung zu standardisieren, und Kreuger bis zur Tilgung des Kredits mit 25 Prozent am Monopolgewinn zu beteiligen. … Man muss sich das vorstellen: Erst zahlte Weimar, dann zahlte Bonn. Am 15. Januar 1983 hatte der Bund die letzte Rate in Höhe von 275 724,44 Dollar an den Kreuger-Konzern zurückgezahlt. Damit endete das Staatsmonopol, der Markt wurde offen, die „Welthölzer" bekamen Konkurrenz.

Um der künftigen Konkurrenz zu begegnen, haben sich die „Deutschen Zündholzfabriken", weiterhin eine Tochter von „Swedish Match", etwas einfallen lassen, z. B. eine attraktivere Verpackung als die alte blau-weiße Einheitsschachtel. Was lag näher, als Nachwuchsdesigner um zündende Ideen für ein neues Feuer-Marketing zu bitten? Junge Werbegrafiker schickten dem ZEITmagazin über 100 Entwürfe. „Anmacher" oder „Smokings" heißen die „Zündis" da, und sie präsentieren sich in Cola- und Sardinendose, in Filmspule, Wellpapierrolle oder Klarsichtpackung. Da werden Streichholz-Schachteln spielerisch mit Dominostein-Mustern etikettiert oder makaber mit dem brennenden Paulinchen.

Sammler mögen solche Feuer-Werke. Aber die deutschen Zündholzmuffel, die mit dem weltweit niedrigsten Pro-Kopf-Verbrauch (eineinhalb Streichhölzer pro Tag)? Werden die neuen „Zündis" den Trend zum Plastik-Wegwerf-Feuerzeug stoppen? Oder werden die Grünen auf hölzerne Grundwerte pochen? Schließlich müssen rund 6000 kerngesunde Pappeln jährlich dran glauben, nur damit wir 33 Milliarden Streichhölzer zünden können.

Quelle: Nach Sager, P. im ZEITmagazin vom 31. Dezember 1982, S. 20f.

5.1 Bezeichnen Sie die Art des Marktes vor und nach dem 15. Januar 1983!

5.2 Wie reagiert der Hersteller auf die Veränderung der Marktform?

5.3 Warum muss der Hersteller in der unter 6.2 beschriebenen Art reagieren?

5.4 Welche Faktoren wirkten nach dem 15. Januar 1983 auf die Preisbildung des Herstellers ein?

4.8.3 Staatseingriffe in Markt und Preisbildung

Aus dem Gebot der Sozialstaatlichkeit (Art. 20 I GG) folgt, dass der Staat in das Wirtschaftsgeschehen eingreifen muss, wenn dies **sozial** geboten erscheint. Die freie Preisbildung kann – auch wenn die Märkte im Sinne der Theorie[1] gut funktionieren – nicht „sozial" sein, denn der Preis ist eine objektive Größe, die sich aufgrund der Angebots- und Nachfrageverhältnisse ergibt.

1. Marktkonforme Staatseingriffe

■ Staatseingriffe, die den Preismechanismus (die Steuerungsfunktion der Preise) nicht außer Kraft setzen, bezeichnet man als **marktkonform** (systemkonform).[2]

Marktkonforme Eingriffe liegen vor, wenn der Staat die Nachfrage und/oder das Angebot erhöht oder senkt, die Preisbildung aber dem Markt überlässt. Man spricht daher auch von *indirekter* Marktlenkung.

1 Siehe Kapitel 4.4.

2 Konform sein = in Einklang stehen mit etwas; marktkonforme Maßnahmen sind also solche, die mit der Idee der Marktwirtschaft in Einklang stehen, ihr nicht widersprechen.

Einen Überblick über mögliche marktkonforme Staatseingriffe gibt nachstehende Zusammenstellung.

Überblick über mögliche marktkonforme Maßnahmen des Staates	
Erhöhung der Nachfrage	**Verringerung der Nachfrage**
1. Erhöhung der Staatsnachfrage; 2. Steuersenkung (Wirtschaftssubjekte können mehr ausgeben); 3. Verbesserungen der Abschreibungsmöglichkeiten (Unternehmen werden angeregt, mehr Investitionsgüter nachzufragen); 4. Subventionen an Verbraucher (z. B. Wohngeld, Kindergeld). *Ziel:* Verbesserung der Beschäftigungslage (Abbau der Arbeitslosigkeit). *Gefahr:* Preissteigerungen (Inflation).	1. Verringerung der Staatsnachfrage; 2. Steuererhöhungen (Wirtschaftssubjekte können weniger ausgeben); 3. Abbau der Abschreibungsvergünstigungen (die Investitionsgüternachfrage wird gebremst); 4. Streichung und/oder Kürzung von Subventionen an Verbraucher. *Ziel:* Dämpfung der Preissteigerungsraten (Inflationsbekämpfung). *Gefahr:* Unterbeschäftigung (Arbeitslosigkeit).
Erhöhung des Angebots	**Verringerung des Angebots**
1. Erhöhung des Angebots der staatlichen Betriebe; 2. Subventionen an Produzenten; 3. Zollabbau (Erhöhung des Angebots von ausländischen Waren). *Ziel:* Dämpfung der Preissteigerungsraten (Inflationsbekämpfung). *Gefahr:* Überproduktion, falls Preissenkungen ausbleiben.	1. Verringerung des Angebots der staatlichen Betriebe; 2. Streichung und/oder Kürzung von Subventionen an Produzenten; Erhöhung der Kostensteuern; 3. Zollerhöhungen (Verringerung des Angebots von ausländischen Waren). *Ziel:* Verhinderung der Überproduktion. *Gefahr:* Preissteigerungen und Unterbeschäftigung (Arbeitslosigkeit).

2. Marktkonträre Staatseingriffe

■ Staatseingriffe, die den Preismechanismus außer Kraft setzen, bezeichnet man als **marktkonträr** (systeminkonform).[1]

Der Preismechanismus wird dann außer Kraft gesetzt, wenn der Staat entweder die Produktions- bzw. Verbrauchsmengen durch Gesetz festlegt oder den Preis unmittelbar vorschreibt. Derartige Eingriffe *widersprechen* dem Wesen einer Marktwirtschaft.

1. **Festsetzung von Produktionsmengen.** Die staatliche Festsetzung von Produktionsmengen kann den Zweck haben, die Mindestversorgung der Bevölkerung zu sichern. Hierbei geht es der Regierung darum, die bisherigen Produktionsmengen möglichst zu erhalten oder zu erhöhen. Die Produzenten werden unter Strafandrohung gezwungen, ihre Produktionsmengen den entsprechenden staatlichen Behörden zu melden und an die gesetzlich vorgeschriebenen Stellen abzuliefern.

1 Konträr (frz.) = gegensätzlich, widersprüchlich. Systeminkonform = nicht in Übereinstimmung mit etwas; Maßnahmen, die der Idee der Marktwirtschaft widersprechen.

2. **Festsetzung von Verbrauchsmengen.**[1] Setzt der Staat die Verbrauchsmengen fest, will er eine gleichmäßige Versorgung der Wiederverwender und/oder der Letztverbraucher sichern. Die Festsetzung von Verbrauchsmengen ist – wie die Festsetzung der Produktionsmengen auch – vor allem in Kriegswirtschaften und/oder in Zentralverwaltungswirtschaften zu finden.

3. **Staatliche Preisfestsetzung.** Die vom Staat vorgeschriebenen Preise können *Höchstpreise, Festpreise* oder *Mindestpreise* sein.

   - **Höchstpreise** liegen *unter* dem Preis, der sich bei freier Preisentwicklung ergeben würde. Sie dienen demnach dem Schutz des *Verbrauchers.* Wenn der Höchstpreis so niedrig ist, dass ein Teil der Anbieter bei der Leistungserstellung seine Kosten nicht mehr decken kann, ist die Wirtschaft mit Gütern *unterversorgt.* Der Staat muss durch andere Maßnahmen gewährleisten, dass die Versorgung der Bevölkerung (der Verbraucher) sichergestellt wird.

Beispiel:

In einem Land beschließen einige gesetzliche Krankenkassen, wegen der gestiegenen Kosten im Gesundheitswesen, die Krankenversicherungsbeitragssätze zu erhöhen. Die Aufsichtsbehörde lehnt jedoch höhere Beitragssätze ab mit der Begründung, die Lohnnebenkosten dürften nicht weiter zunehmen. Es liegt somit ein **Höchstpreis** vor, der dann zu keiner Unterversorgung der Versicherten mit Krankenversicherungsleistungen führt, wenn die Krankenkassen gezwungen werden, neue Mitglieder (z.B. durch Erhöhung der Beitragsbemessungsgrenze) aufzunehmen (Kontraktionszwang). Für die Arbeitnehmer besteht Versicherungspflicht. Daher kann von einer starren Nachfrage nach Krankenversicherungsleistungen ausgegangen werden.

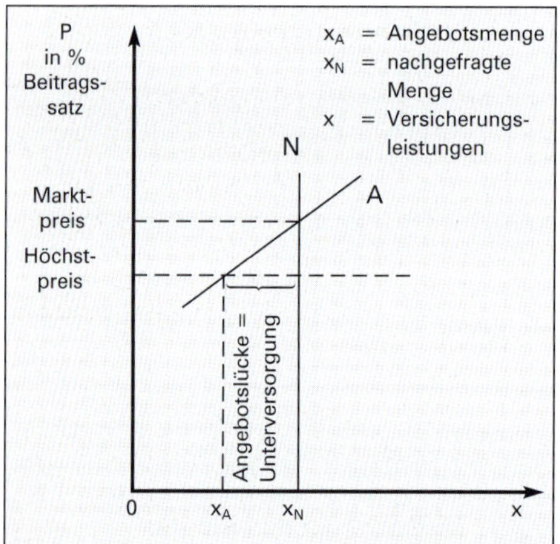

Höchstpreis ohne Kontraktionszwang führt zu Unterversorgung

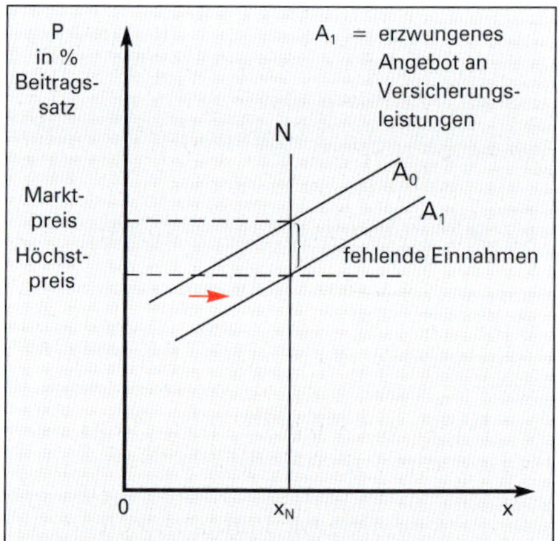

Höchstpreis mit Kontraktionszwang führt zum Versorgungsausgleich bei Kostenunterdeckung bzw. Leistungskürzungen

1 Die Festsetzung von Produktions- und Verbrauchsmengen bezeichnet man als **Kontingentierung.**

- **Mindestpreise** liegen über dem Preis, der sich bei freier Preisentwicklung ergeben würde. Sie dienen demnach dem Schutz des Produzenten. Durch den Mindestpreis werden die Produzenten zur Mehrproduktion angeregt, die die Verbraucher aufgrund des hohen Preises nicht restlos aufnehmen wollen oder können. Der Mindestpreis ist nur haltbar, wenn der Staat die Überschussproduktion aufkauft.

Beispiel:

Werden zum Schutz der Landwirtschaft in der Europäischen Union[1] (EU) **Mindestpreise** für landwirtschaftliche Produkte festgelegt, kann es sein, dass eine Überschussproduktion besteht. Die überschüssigen Mengen müssen dann die staatlichen Einfuhr- und Vorratsstellen aufkaufen, um die Preise zu stützen.

- **Festpreise** können über oder unter dem Preis liegen, der sich bei freier Preisentwicklung ergeben würde. Liegt der Festpreis über dem Gleichgewichtspreis, wirkt er wie ein Mindestpreis; liegt er darunter, wirkt er wie ein Höchstpreis.

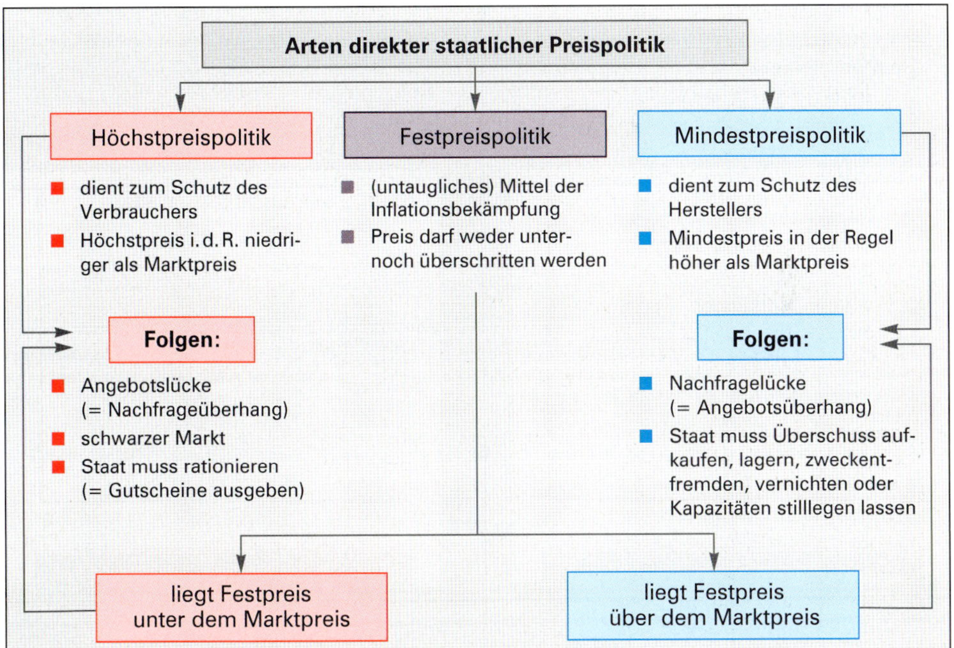

Überblick über mögliche marktkonträre Maßnahmen des Staates

1 Mitgliedsländer sind Belgien, Bulgarien, Bundesrepublik Deutschland, Dänemark, Estland, Finnland, Frankreich, Griechenland, Großbritannien, Irland, Italien, Lettland, Litauen, Luxemburg, Malta, Niederlande, Österreich, Polen, Portugal, Rumänien, Schweden, Slowakei, Slowenien, Spanien, Tschechien, Ungarn und Zypern (griechischer Landesteil).

Aufgaben

1. In der sozialen Marktwirtschaft greift der Staat auf verschiedenen Gebieten in das Wirtschaftsgeschehen ein.
   1.1 Warum muss der Staat in der sozialen Marktwirtschaft das Gewinnstreben einschränken?
   1.2 Welche Maßnahmen können zur Steuerung und Begrenzung des erwerbswirtschaftlichen Prinzips beitragen?
   1.3 Im Prinzip ist auch in der sozialen Marktwirtschaft der Markt Steuerungsinstrument der Wirtschaft. Jedoch greift der Staat in Markt und Preisbildung mit marktkonformen und marktkonträren Maßnahmen ein! Erklären Sie diese beiden Begriffe!
   1.4 Welche wirtschaftspolitischen Ziele verfolgt der Staat, wenn er (unmittelbar oder mittelbar)
      1.4.1 das Angebot erhöht,
      1.4.2 das Angebot verringert,
      1.4.3 die Nachfrage erhöht,
      1.4.4 die Nachfrage verringert?

2. Angenommen, ein Land verfügt einen Preisstopp für Brot wie in nebenstehender Abbildung dargestellt.
   2.1 Handelt es sich um eine marktkonforme oder um eine marktkonträre Maßnahme?
   2.2 Handelt es sich um einen Höchst- oder um einen Mindestpreis?
   2.3 Welche Wirkungen werden durch diese staatliche Maßnahme eintreten?

   Begründen Sie Ihre Antworten!

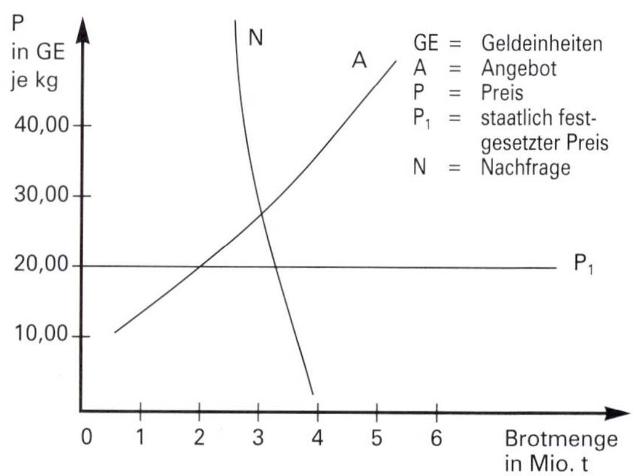

3. Angenommen, ein Land führt auf dem Weichweizenmarkt einen Preis von 60,00 GE je dt ein, der nicht unterschritten werden darf (siehe nebenstehende Abbildung).
   3.1 Handelt es sich um eine marktkonforme oder um eine marktkonträre Maßnahme?
   3.2 Handelt es sich um einen Mindestpreis?
   3.3 Welche Wirkungen werden durch diese Maßnahme eintreten?

   Begründen Sie Ihre Antworten!

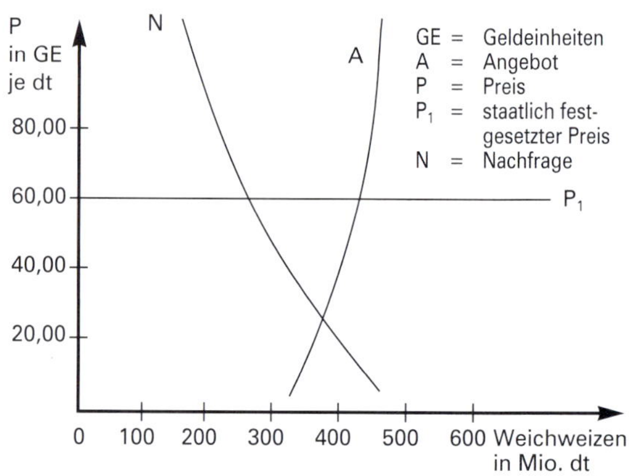

4. Hätten wir auf dem Arbeitsmarkt die Bedingungen der vollständigen (polypolistischen) Konkurrenz (siehe Kapitel 4.4), würde sich die Lohnhöhe (= Preis für Arbeit) ausschließlich nach Angebot und Nachfrage bestimmen.

4.1 Erläutern Sie die Folgen, die sich in Zeiten geringer Nachfrage nach Arbeitsleistungen für die Löhne und den Lebensstandard der Arbeitnehmer ergeben können!

Dadurch aber, dass sich die Arbeitnehmer und Arbeitgeber zu mächtigen Interessenvertretungen zusammenschließen können (Gewerkschaften einerseits und Arbeitgeberverbände andererseits), haben wir auf dem Arbeitsmarkt heute ein zweiseitiges Monopol, das die Lohnhöhe mithilfe von Verhandlungen oder mit „Kampfmitteln" auszuhandeln versucht. Das Ergebnis sind Mindestlöhne, die grundsätzlich nicht unterschritten werden können.

4.2 Beschreiben Sie die Auswirkungen der Tarifverhandlungen auf die Lohnbildung und den Arbeitsmarkt!

4.3 Verdeutlichen Sie die Aussagen von Aufgabe 4.1 und 4.2 anhand einer Skizze!

5 Der betriebliche Leistungsprozess

5.1 Zielsetzungen der Betriebe

„Wenn man nicht genau weiß, wohin man will, landet man leicht da, wo man gar nicht hin wollte."[1] Was für das tägliche Leben gilt, ist auch für den wirtschaftlichen Betrieb zutreffend.

5.1.1 Ziele privatwirtschaftlicher Betriebe

Privatwirtschaftliche Betriebe, die wir als Unternehmen bezeichnen, besitzen neben ihren unterschiedlichen Sachzielen[2] ein *Formalziel,*[3] aus dem sich Ober-, Zwischen- und Unterziele ergeben.

Das **formale Oberziel** privatwirtschaftlicher Betriebe ist in aller Regel die *Gewinnerzielung,* wobei die Wirtschaftstheorie meist unterstellt, dass die Unternehmen nach kurzfristiger oder langfristiger *Gewinnmaximierung* streben.

- Den Grundsatz privatwirtschaftlicher Unternehmen in einer Marktwirtschaft, alle planerischen und organisatorischen Maßnahmen auf Gewinnerzielung auszurichten, bezeichnet man als **erwerbswirtschaftliches Prinzip.**

Als erwerbswirtschaftliche Oberziele können außerdem das Streben nach *Macht* und *Prestige* gelten. In diesem Fall werden die Unternehmen gegründet und geführt, um den Unternehmern (Eigentümer- und/oder Auftragsunternehmern) Ansehen zu verschaffen und/oder um andere zu beherrschen bzw. zu beeinflussen (z.B. Marktbeherrschung, Einfluss auf Regierungen und Parlamente, Zulieferer oder Abnehmer). Auch das Streben nach *wirtschaftlicher Sicherheit* kann Oberziel der Unternehmen sein. Richtet sich das Sicherheitsstreben vorwiegend auf die Arbeitsplatzerhaltung, liegt ein „soziales" Ziel vor.[4]

Zwischenziele leiten sich aus den Oberzielen ab. Aus dem Ziel der Unternehmenserhaltung können sich z.B. **„ökologische Ziele"** wie die Reinerhaltung der Luft oder Vermeidung von Kontaminierungen[5] des Betriebsgrundstücks ergeben. Zwischen den Zielen der Unternehmenserhaltung und ökologischen Zielen kann durchaus Zielharmonie bestehen, denn die Verfolgung ökologischer Ziele trägt dazu bei, z.B. mögliche umweltbedingte Schadensersatzleistungen oder unabsehbare Kosten durch die Sanierung belasteter Böden zu vermeiden.

Unterziele sind konkrete (greifbare) Vorhaben, die der Zielerreichung dienen. Das Ziel „Reinerhaltung der Luft" soll z.B. durch das Vorhaben „Einbau einer Filteranlage" erreicht werden.

Die Verwirklichung (Realisation) betrieblicher Ziele wirkt sich nicht nur auf das Unternehmen und seine Belegschaftsmitglieder aus, sondern ebenso auf den Einzelnen und die Gesellschaft (die „Umwelt" des Unternehmens).

---

1 Mager, F. R.: Lernziele und programmierter Unterricht, 1965, S. XVII.

2 Siehe Kapitel 5.1.4.

3 Formal (lat.) = die äußere Form (also nicht den Inhalt) betreffend. Ein inhaltliches Ziel ist z.B. der Bau von Einfamilienhäusern, das formale Ziel die Gewinnerzielung durch den Hausverkauf.

4 Vgl. Jacob, H.: Allgemeine Betriebswirtschaftslehre in programmierter Form, 1969, S. 35 und S. 37.

5 Kontaminieren (lat.) = verunreinigen, vergiften, verschmutzen.

Beispiel:

Das Wachstum der Unternehmen schafft i. d. R. neue Arbeitsplätze bzw. sichert die Arbeitsplätze der Beschäftigten. Zugleich wird die Versorgung der Bevölkerung (der materielle Lebensstandard) erhöht. Insoweit erfüllen die privatwirtschaftlichen Unternehmen eine *gemeinwirtschaftliche* Aufgabe, zwar nicht als Ziel, wohl aber als Folge der Zielverwirklichung.

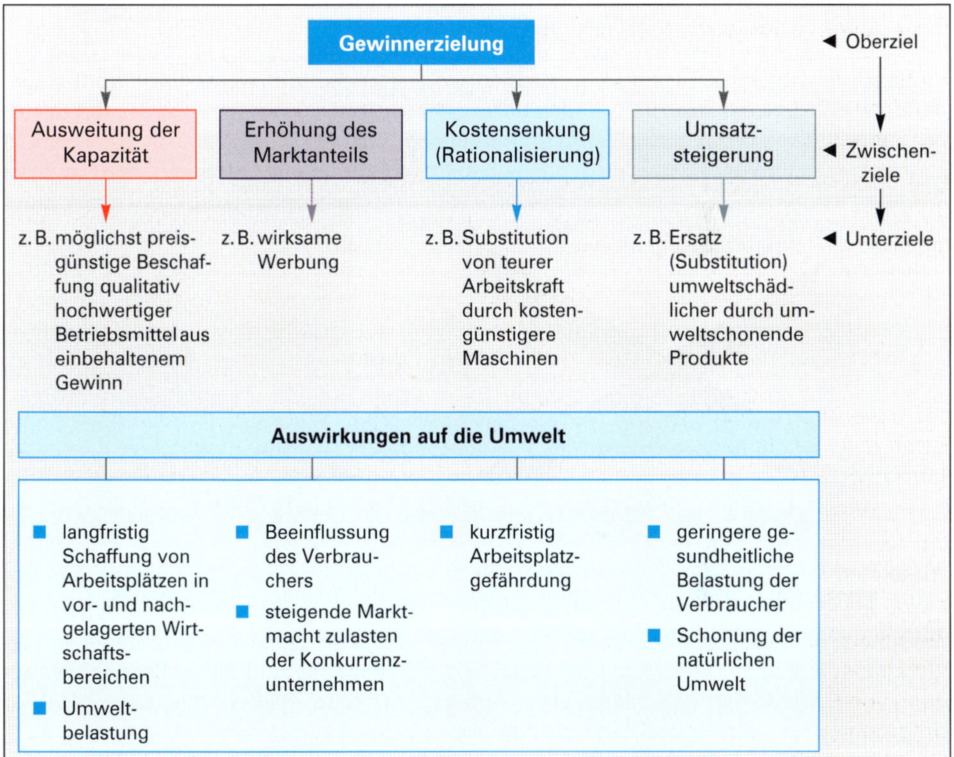

Auswirkungen betrieblicher Formalziele auf den Einzelnen und die Gesellschaft

5.1.2 Ziele gemeinwirtschaftlicher Betriebe

Das Oberziel gemeinwirtschaftlicher Betriebe[1] ist in der Regel die Deckung des Bedarfs der Bevölkerung mit bestimmten Sachgütern oder Dienstleistungen (z. B. Wasserversorgung, Krankenversicherungs- oder Rentenversicherungsschutz).

- Der Grundsatz eines Betriebs, in erster Linie der Bedarfsdeckung der Bevölkerung oder bestimmter Bevölkerungsgruppen dienen zu wollen, heißt **gemeinwirtschaftliches Prinzip,** Vorsorgeprinzip oder „Prinzip der Daseinsfürsorge".

1 Unter gemeinwirtschaftlichen Betrieben versteht man i. d. R. staatliche (öffentliche), halbstaatliche und staatlich kontrollierte Betriebe. Beispiele für gemeinwirtschaftliche Betriebe sind die Sozialversicherungsträger, Gas-, Wasserwerke und Kläranlagen der Gemeinden und Kreise.

Nach dem gemeinwirtschaftlichen Prinzip handeln daher nicht unbedingt nur öffentliche oder öffentlich beeinflusste Betriebe, sondern mitunter auch privatwirtschaftliche Betriebe wie z. B. manche eingetragene Genossenschaften (Ziel: Förderung des Erwerbs und der Wirtschaft ihrer Mitglieder).

Um eine bestmögliche Versorgung der Bevölkerung bzw. bestimmter Bevölkerungsgruppen zu erreichen, ist eine *Gewinnerzielung* nicht von vornherein ausgeschlossen, denn Gewinne können der Ersatz- und Erweiterungsinvestition dienen, sodass eine Verbesserung der Bedarfsdeckung eintritt. Mitunter begnügen sich gemeinwirtschaftliche Betriebe damit, die Kosten zu decken **(Prinzip der Kostendeckung).** Ist dies aus sozialen oder aus Konkurrenzgründen nicht möglich, muss zumindest angestrebt werden, die Verluste so gering wie möglich zu halten, wie dies beispielsweise bei städtischen Verkehrsbetrieben der Fall sein kann **(Prinzip der Verlustminimierung).** Da kein Betrieb über einen längeren Zeitraum ständig Verluste tragen kann, sind solche Betriebe auf Zuschüsse einer übergeordneten Körperschaft angewiesen. Beispielsweise müssen viele Städte ihre Theater oder der Bund die Rentenversicherungsträger bezuschussen.

5.1.3 Zielharmonie und Zielkonflikte

Ist es möglich, mehrere Ziele gleichzeitig zu erreichen, spricht man von *Zielharmonie.*[1] Kann z. B. der Umsatz bei nicht im gleichen Maß steigenden Kosten erhöht werden, so liegt zwischen den Zielen „Gewinnmaximierung" und „Umsatzsteigerung" Zielharmonie vor. Häufig ist es jedoch nicht möglich, zwei oder mehrere Ziele gleichzeitig anzustreben: Es bestehen *Zielkonflikte.*[2] Strebt ein Unternehmen z. B. zugleich Arbeitsplatzsicherung *und* Kostensenkung an, kann ein Zielkonflikt vorliegen, weil durch den Einsatz von kostensparenden Maschinen Arbeitskräfte „freigesetzt", d. h. entlassen werden müssen. Bei Sozialversicherungsbetrieben sind beispielsweise die Ziele zufriedenstellende Versorgung der Mitglieder und niedrige Beitragssätze kaum zu vereinbaren.

Auch zwischen den einzelwirtschaftlichen Zielen der Unternehmen und den wirtschafts- und sozialpolitischen Zielen der Gesellschaft (des Staates) herrscht keineswegs immer Zielharmonie. Steigen aufgrund hoher Preise die Gewinne schneller als die Arbeitnehmereinkommen, nimmt der prozentuale Anteil der Arbeitnehmereinkommen am Gesamteinkommen (Volkseinkommen) – die sog. Lohnquote – ab. Dies widerspricht dem wirtschafts- und sozialpolitischen Ziel der „gerechteren Einkommensverteilung". Oder, um noch ein Beispiel zu nennen: Das quantitative (mengenmäßige) Wachstum industrieller Betriebe belastet in steigendem Maße die Umwelt mit Schadstoffen. Das aus Gründen der Arbeitsplatzsicherung und -ausweitung gewünschte Wachstum gefährdet das Ziel der Schaffung einer besseren Lebensqualität, zu der auch die Erhaltung einer lebenswerten Umwelt gehört.

1 Harmonie = Übereinstimmung.

2 Konflikt = Gegensatz, Streit.

Zu den **materiellen Leistungsfaktoren** gehören die Geldmittel (Beiträge), die Grundstücke sowie die Betriebsmittel (z.B. Maschinen, Personenkraftwagen, Büroeinrichtungen, Datenverarbeitungsanlagen). Ferner zählen insbesondere im Industriebetrieb die Werkstoffe (Roh-, Hilfs-, Betriebstoffe und Handelswaren) zu den materiellen Leistungsfaktoren. Zu ihnen zählen im Sozialversicherungsbetrieb z.B. Büromaterial, Strom oder Heizöl. Sie haben somit im Gegensatz zu den Geldmitteln nur eine geringe Bedeutung.

Immaterielle Leistungsfaktoren sind Dienstleistungen, die der Betrieb bei der Leistungserstellung in Anspruch nimmt (z.B. Werbung) und Rechte (z.B. Patente, Rechte aus Miet- und Pachtverträgen).

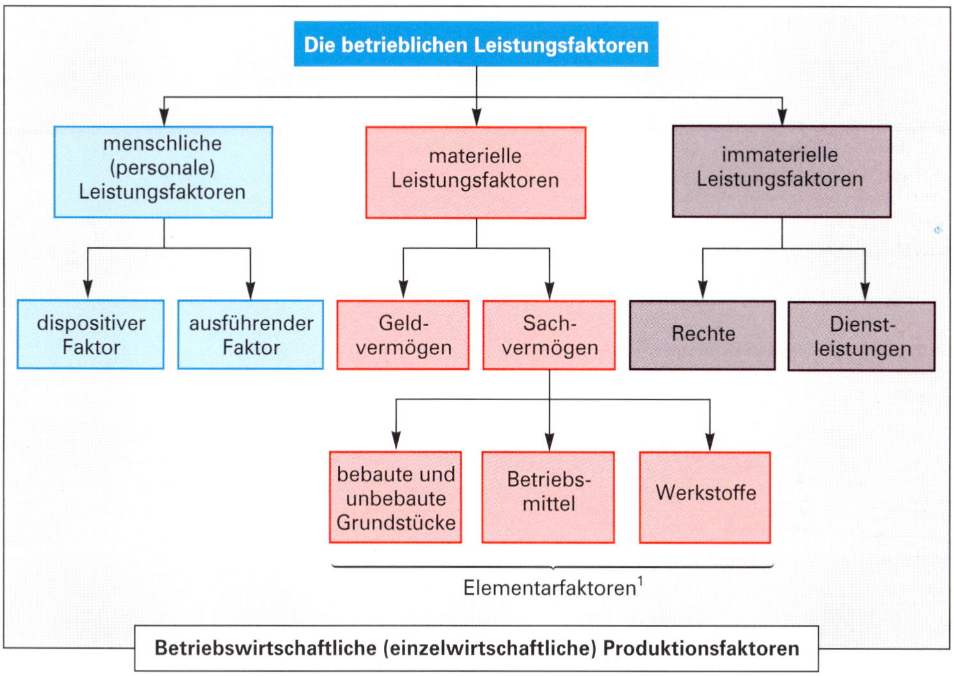

Aufgaben

1. Die Wirtschaftstheorie unterstellt i.d.R., dass privatwirtschaftliche Betriebe (= Unternehmen) nach dem Gewinnmaximierungsprinzip handeln. In der Realität ist dies keineswegs immer der Fall.

   1.1 Nennen und beschreiben Sie mindestens zwei weitere betriebliche Oberziele!

   1.2 Nennen und beschreiben Sie mindestens drei Zwischenziele, die sich aus den von Ihnen genannten Oberzielen ergeben!

   1.3 Die von Ihnen zur Frage 1.2 genannten Zwischenziele bedingen wiederum eine Reihe von Unterzielen! Nennen und beschreiben Sie jeweils ein solches Unterziel!

   1.4 Die Verwirklichung betrieblicher Ziele hat nicht nur Einfluss auf den Betrieb selbst, sondern auch auf seine „Umwelt". Erläutern Sie diesen Satz anhand selbst gewählter Beispiele!

1 Elementar = grundlegend, naturhaft.

2. 2.1 Erläutern Sie den Begriff „gemeinwirtschaftliches Prinzip“!

   2.2 Das gemeinwirtschaftliche Prinzip kann sich in unterschiedlichen Zielsetzungen der Betriebe äußern. Beschreiben Sie kurz solche Zielsetzungen!

3. 3.1 Unterscheiden Sie zwischen Sach- und Dienstleistungsbetrieben! Nennen Sie je drei Beispiele!

   3.2 Nennen und beschreiben Sie die Sachziele folgender Betriebe:

   a) Abbaubetriebe, b) aufbereitende Betriebe, c) weiterverarbeitende Betriebe, d) Handelsbetriebe, e) Verkehrsbetriebe, f) Kreditinstitute und g) Versicherungsbetriebe!

4. Beschreiben Sie kurz die Leistungsprozesse folgender Betriebe:

   a) Handelsbetriebe, b) Kreditinstitute und c) Sozialversicherungsbetriebe!

5. Beurteilen Sie, inwieweit ein Sachbearbeiter der „Deutschen Rentenversicherung Bund“, der Rentenanträge bearbeitet, dispositive bzw. ausführende Tätigkeiten ausübt!

6. Erörtern Sie, ob ein Mitglied der Geschäftsleitung auch ausführende Arbeiten verrichten muss!

7. Nennen Sie die materiellen Leistungsfaktoren eines Sozialversicherungsbetriebs!

8. Worin unterscheiden sich die einzelwirtschaftlichen Produktionsfaktoren von den volkswirtschaftlichen Produktionsfaktoren?

5.3 Leistungserstellung im Sozialversicherungsbetrieb

5.3.1 Leistungsprogramm

Das Leistungsprogramm eines Automobilunternehmens setzt sich aus seinen verschiedenen Kraftfahrzeugtypen zusammen. Die Leistungen der Sozialversicherungsbetriebe sind durch die Sozialgesetzbücher vorgeschrieben (Regelleistungen). Das Leistungsprogramm kann aber durch Satzungen um bedürfnisorientierte zusätzliche Leistungen verbreitert werden, wobei die gesetzlichen Grenzen beachtet werden müssen.

Im Folgenden werden die wichtigsten **Regelleistungen** der Sozialversicherungsbetriebe aufgeführt.

1. Gesetzliche Krankenversicherung[1]

Prävention und Selbsthilfe	Die Krankenkassen sollen in ihren Satzungen Leistungen zur Primärprävention vorsehen, die den allgemeinen Gesundheitszustand verbessern und insbesondere die sozial bedingten Ungleichheiten von Gesundheitschancen vermindern. Die Krankenkassen erbringen Leistungen zur betrieblichen Gesundheitsförderung, die den Arbeitsschutz ergänzen. Zur Verhütung arbeitsbedingter Gesundheitsgefahren arbeiten die Krankenkassen mit den Trägern der gesetzlichen Unfallversicherung zusammen und unterrichten diese über Erkenntnisse, die sie über Zusammenhänge zwischen Erkrankungen und Arbeitsbedingungen gewonnen haben. Selbsthilfegruppen, -organisationen und -kontaktstellen, die sich die gesundheitliche Prävention oder die Rehabilitation von Versicherten zum Ziel gesetzt haben,

1 Einen Überblick über die verschiedenen Leistungen enthalten die § 21 I SGB I; §§ 2, 2a, 11, 20ff. SGB V. Zur Leistungsbeschränkung bei einem Selbstverschulden der Versicherten und zum Leistungsausschluss siehe §§ 52, 52a SGB V. Zur Versicherungspflicht und den Beitragssätzen der gesetzlichen Krankenversicherung siehe Kapitel 7.5.4.

	sollen hierzu von den Krankenkassen und ihren Verbänden gefördert werden [§§ 20ff. SGB V]. Weitere Leistungen der Prävention sind z.B. die Leistungen für Schutzimpfungen [§ 20 d SGB V], zur Verhütung von Zahnerkrankungen [§§ 21f. SGB V] und die medizinischen Vorsorgeleistungen [§§ 23f. SGB V].
Früherkennung von Krankheiten	Hierzu gehören z.B. die Ansprüche der Versicherten nach Vollendung eines bestimmten Alters auf Gesundheitsuntersuchungen zur Früherkennung von Krankheiten, insbesondere von Herz-, Kreislauf- und Nierenerkrankungen, Zuckerkrankheit sowie Krebserkrankungen [§ 25 SGB V] und die Kinderuntersuchung [§ 26 SGB V].
Krankenbehandlung [§§ 27–43b SGB V]	Sie umfasst z.B. die ärztliche und zahnärztliche Behandlung, Versorgung mit Arznei-, Verband-, Heil- und Hilfsmitteln, die häusliche Krankenpflege, Stellung einer Haushaltshilfe, Krankenhausbehandlung sowie medizinische Rehabilitationsmaßnahmen[1] und ergänzende Leistungen (§ 27 SGB V; siehe auch §§ 31 III, 33 II, 34 SGB V). Für bestimmte Leistungen (z.B. Arzneimittel, Kuren) müssen die Patienten Zuzahlungen leisten (Näheres siehe z.B. §§ 28 II, IV; 31 II, III; 32 II; 33 VIII; 37 V; 38 V; 61f. SGB V).
Krankengeld [§§ 44 – 51 SGB V]	Versicherte, die durch eine Krankheit arbeitsunfähig sind oder auf Kosten einer Krankenkasse stationär in einem Krankenhaus oder einer Vorsorge- oder Rehabilitationseinrichtung behandelt werden, haben einen Anspruch auf **Krankengeld,** das 70% des regelmäßig erzielten (der Beitragsbemessung unterliegenden) Arbeitsentgelts und Arbeitseinkommens (siehe §§ 14, 15 SGB IV) beträgt und 90% des Nettoarbeitsentgelts nicht übersteigen darf (§§ 44, 47 SGB V, siehe auch §§ 3f. EntgeltfortzahlungsG und § 49 SGB V).[2]
Leistungen bei Schwangerschaft und Mutterschaft	Zu diesen gehören z.B. die ärztliche Betreuung, Versorgung mit Arznei-, Verband- und Hilfsmitteln, Hebammenhilfe, die stationäre Entbindung, häusliche Pflege, Haushaltshilfe, Zahlung von Mutterschaftsgeld sowie Zahlung von Elterngeld [§§ 195ff. RVO; §§ 1ff. BEEG; §§ 13ff. MuSchG].
Sonstige Hilfen	Hierzu gehören z.B. alle Leistungen, die im Zusammenhang mit der Empfängnisverhütung, Sterilisation, dem Schwangerschaftsabbruch und der künstlichen Befruchtung stehen [§§ 24a, 24b, 27a SGB V].
Fahrkosten	Wenn aus zwingenden medizinischen Gründen Transporte erforderlich sind, übernimmt die Krankenkasse unter bestimmten Bedingungen die Fahrkosten (Näheres siehe §§ 60; 61, S. 1 SGB V).

Krankenversichertenkarte und elektronische Gesundheitskarte[3]

Wenn Versicherte eine ärztliche oder zahnärztliche Behandlung in Anspruch nehmen, müssen diese dem Arzt (Zahnarzt) zum Nachweis der Berechtigung zur Inanspruchnahme ärztlicher Leistungen vor Beginn der Behandlung ihre **Krankenversichertenkarte** vorlegen (Näheres siehe § 15 SGB V).

1 Rehabilitation = (gesundheitliche) Wiederherstellung.

2 Das grundsätzlich ohne zeitliche Begrenzung gezahlte Krankengeld kann unter bestimmten Voraussetzungen (z.B. bei Arbeitsunfähigkeit wegen derselben Krankheit) auch zeitlich begrenzt werden (Näheres siehe § 48 SGB V).

3 Die elektronische Gesundheitskarte sowie die zu ihrer Nutzung erforderliche Informations-, Kommunikations- und Sicherheitsinfrastruktur (sogenannte Telematikinfrastruktur) ist in den §§ 291a, 291b SGB V sehr ausführlich geregelt. Die gesetzlichen Regelungen für die von den gesetzlichen Krankenkassen ausgegebenen elektronischen Gesundheitskarten gelten grundsätzlich entsprechend auch für die von den Unternehmen der privaten Krankenversicherung ausgegebenen elektronischen Gesundheitskarten (Näheres siehe § 291a, Ia SGB V).

Die von seiner Krankenkasse erhaltene und vom Versicherten unterschriebene Krankenversichertenkarte gilt nur für die Dauer der Mitgliedschaft bei der ausstellenden Krankenkasse und ist nicht auf andere Personen übertragbar. Neben der Unterschrift und dem Lichtbild des (der) Versicherten enthält die Krankenversichertenkarte weitere zu einer maschinellen Übertragung vorgesehene Angaben, wie z.B.:

- die Bezeichnung der ausstellenden Krankenkasse,
- den Familien- und Vornamen des (der) Versicherten,
- das Geburtsdatum, Geschlecht und die Anschrift des (der) Versicherten,
- die Krankenversichertennummer und
- das Datum des Fristablaufs (bei befristeten Karten).

Alle gesetzlichen Krankenkassen sind verpflichtet, ihre Krankenversichertenkarten zu einer **elektronischen Gesundheitskarte** nach § 291 a SGB V zu erweitern (Näheres siehe §§ 291, 291 a I SGB V).

Durch die Erweiterung der Krankenversichertenkarte zu einer elektronischen Gesundheitskarte soll vor allem die Wirtschaftlichkeit, Qualität und Transparenz bei der Verwendung der Krankenversichertenkarte verbessert werden. Ein (in der Regel) aktuelles Lichtbild auf der Vorderseite der elektronischen Gesundheitskarte weist den Karteninhaber eindeutig aus und beugt hierdurch einer missbräuchlichen Nutzung der Karte vor. Auf der Rückseite befindet sich als Sichtausweis die „Europäische Krankenversichertenkarte".

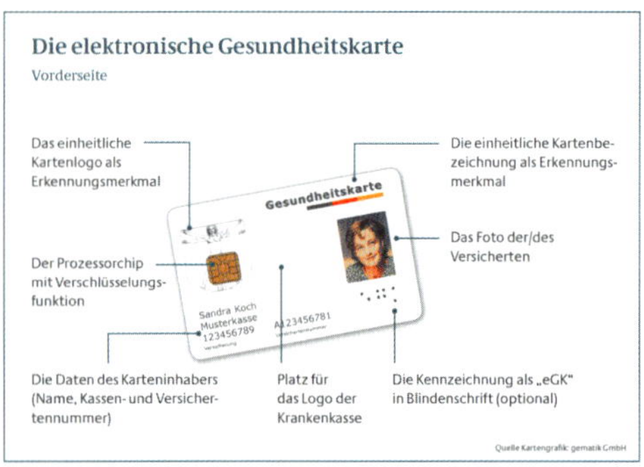

Bundesministerium für Gesundheit www.bundesgesundheitsministerium.de/egk

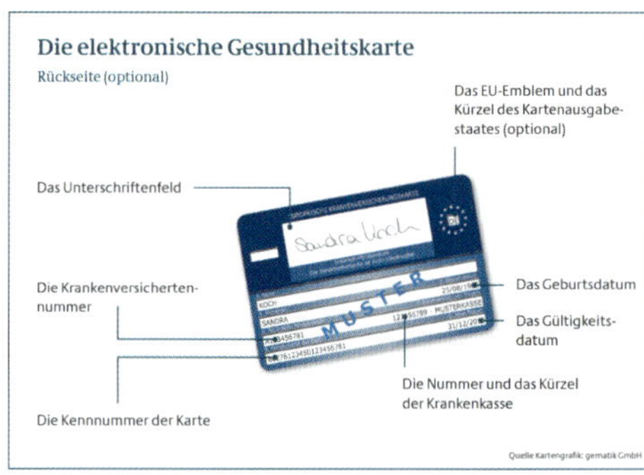

Bundesministerium für Gesundheit www.bundesgesundheitsministerium.de/egk

Das wesentlich Neue an der elektronischen Gesundheitskarte ist ihr „Innenleben". Die elektronische Gesundheitskarte enthält auch weiterhin die nach § 291 SGB V vorgeschriebenen Angaben.

Im Gegensatz zur (auslaufenden) Krankenversichertenkarte enthält die elektronische Gesundheitskarte jedoch nicht mehr einen einfachen Speicher-Chip, sondern einen elektronisch lesbaren und beschreibbaren Mikroprozessor-Chip. Mit der elektronischen Gesundheitskarte können ärztliche Verordnungen in elektronischer und maschinell verwertbarer Form übermittelt sowie die Berechtigung des (der) Versicherten, ärztliche Leistungen in einem Mitgliedstaat der Europäischen Union, in einem Vertragsstaat des Abkommens über den Europäischen Wirtschaftsraum und in der Schweiz in Anspruch nehmen zu können, nachgewiesen werden.

Über diese Eigenschaften hinaus muss die elektronische Gesundheitskarte für das Erheben, Verarbeiten und Nutzen vieler sensibler medizinischer (verschlüsselter und vor einem unberechtigten Zugriff geschützter) Informationen geeignet sein.

Zu diesen Informationen gehören z.B. die für eine Notfallversorgung des (der) Versicherten erforderlichen medizinischen Daten, Befunde, Diagnosen, Therapieempfehlungen sowie Behandlungsberichte in einer elektronischen und maschinell verwertbaren Form für eine fallbezogene ärztliche Kooperation **(elektronischer Arztbrief)** und Dokumentation über den Patienten **(elektronische Patientenkarte)** sowie Daten über die vom Versicherten beanspruchten Leistungen und deren vorläufige Kosten. Das Erheben, Verarbeiten und die Nutzung der vorstehend genannten Daten mittels der elektronischen Gesundheitskarte ist jedoch nur mit einem Einverständnis des (der) Versicherten zulässig (Näheres siehe §§ 291a II, III, V; 305 II SGB V).

Auf die in der elektronischen Gesundheitskarte gespeicherten Informationen dürfen nur die im § 291a IV SGB V genannten Personen zugreifen und auch nur, soweit es zu einer Versorgung der Versicherten erforderlich ist. Zu diesen berechtigten Personen gehören z.B. die Ärzte, Zahnärzte, Apotheker, Psychotherapeuten und die in einem Krankenhaus tätigen berufsmäßigen Gehilfen (z.B. Krankenschwestern, Krankenpfleger).

Um die elektronische Gesundheitskarte nutzen zu können, werden Arztpraxen, Apotheken und Krankenhäuser mit finanzieller Beteiligung der gesetzlichen Krankenkassen mit neuen Kartenlesegeräten ausgestattet.

2. Gesetzliche Rentenversicherung[1]

Die Leistungen der Rentenversicherung sind vielfältig. Sie reichen von der Gesundheitsaufklärung, Information und Beratung, Forschung (z.B. Bereitstellung finanzieller Mittel zur Krebsforschung) und vom Bau von Heimen (z.B. Altenheimen) über die Zahlung von Kuraufenthalten (Maßnahmen zur Wiederherstellung der Arbeits- oder Berufsfähigkeit, Leistungen zur medizinischen Rehabilitation, Leistungen zur Teilnahme am Arbeitsleben), Übergangsgeld bis hin zur Zahlung verschiedener Renten [§ 23 SGB I; §§ 9ff., 15f., 20, 28, 31ff.,109a SGB VI].

1. **Renten wegen Alters** [§§ 33–42, 50ff., 236–254a SGB VI]. Hier sind z.B. folgende Renten zu unterscheiden:[2]

Regelaltersrente	Versicherte haben Anspruch auf Altersrente, wenn sie die frühestens mit Vollendung des 67. Lebensjahrs eintretende **Regelaltersgrenze** erreicht und die **allgemeine Wartezeit** von **5 Jahren** erfüllt haben (Näheres siehe z.B. §§ 35, 50f., 54ff., 235 SGB VI).[3]
Altersrente für langjährig Versicherte	Voraussetzungen sind, dass der (die) Versicherte das 67. Lebensjahr[4] vollendet und eine Wartezeit von 35 Jahren erfüllt hat. Für eine nach Vollendung des 63. Lebensjahrs mögliche vorzeitige Inanspruchnahme dieser Rente erfolgt ein Rentenabschlag von 3,6% pro Jahr (0,3% je Monat) (Näheres siehe z.B. §§ 33 II, 36, 50 IV, 77 SGB VI).

1 In der gesetzlichen Rentenversicherung sind vor allem alle Arbeitnehmerinnen und Arbeitnehmer sowie Auszubildende, die gegen Entgelt beschäftigt sind, pflichtversichert, und zwar unabhängig von der Höhe ihrer Einkommen (Näheres siehe §§ 1ff. SGB VI).

2 Eine Rente wegen Alters ist auch die **Altersrente für schwerbehinderte Menschen** (Näheres siehe §§ 33 II, 37, 236a SGB VI). Alle **Altersrenten** können von den Versicherten als **Vollrente** oder **Teilrente** beansprucht werden (Näheres siehe § 42 SGB VI). Bis zum Erreichen der **Regelaltersgrenzen** gelten unterschiedlich hohe **Hinzuverdienstgrenzen**, bei einer Rente wegen Alters als Vollrente z.B. monatlich 400,00 € (Näheres siehe § 34 SGB VI).

3 Ab 2012 wird die Regelaltersgrenze, beginnend mit dem Jahrgang (Geburtsjahr) 1947, schrittweise von 65 Jahren auf 67 Jahre angehoben. Ab dem Jahrgang 1964 wird die Regelaltersgrenze mit Vollendung des 67. Lebensjahres erreicht. Nach dem Erreichen der Regelaltersgrenze können die Rentner unbegrenzt (ohne Rentenkürzung) hinzuverdienen.

4 Für langjährig Versicherte, die vor dem 1. Januar 1964 geboren sind, beträgt die Altersgrenze weiterhin 65 Jahre. Für die Versicherten, die nach dem 31. Dezember 1948 geboren sind, wird die Altersgrenze von 65 Jahren stufenweise angehoben (Näheres siehe § 236 SGB VI). **Besonders langjährig Versicherte,** die eine Wartezeit von 45 Jahren erfüllt haben, haben einen Anspruch auf Altersrente, wenn sie das 65. Lebensjahr vollendet haben [§ 38 SGB VI].

Altersrente für Frauen	Voraussetzungen sind: Die vor dem 1. Januar 1952 geborene Versicherte muss das 60. Lebensjahr vollendet und eine Wartezeit von 15 Jahren erfüllt haben. Außerdem müssen ab dem 40. Lebensjahr mehr als 10 Jahre Pflichtbeiträge für eine versicherte Beschäftigung (Tätigkeit) entrichtet worden sein. Für nach dem 31. Dezember 1939 Geborene wird die Altersgrenze stufenweise auf 65 Jahre angehoben. Eine vorzeitige Inanspruchnahme der Rente ist mit einem Rentenabschlag von 3,6 % pro Jahr (0,3 % pro Monat) möglich (Näheres siehe z. B. §§ 33 II, 77, 237 a I, II und Anlage 20 SGB VI).
Altersrente wegen Arbeitslosigkeit oder nach Altersteilzeitarbeit	Versicherte haben einen Anspruch auf Altersrente, wenn sie vor dem 1. Januar 1952 geboren sind, das 60. Lebensjahr vollendet haben, bei Rentenbeginn arbeitslos sind und nach Vollendung eines Lebensalters von 58 Jahren und 6 Monaten insgesamt 52 Wochen arbeitslos waren (oder seit dem 55. Lebensjahr mindestens 24 Kalendermonate Altersteilzeitarbeit ausgeübt haben), in den letzten 10 Jahren vor Rentenbeginn 8 Jahre Pflichtbeiträge für eine versicherte Beschäftigung oder Tätigkeit geleistet und die Wartezeit von 15 Jahren erfüllt haben (Näheres siehe z. B. §§ 33 II, 51 IV; 55 f.; 237 I, II SGB VI und §§ 1 ff. AltersTG). Für nach dem 31. Dezember 1936 Geborene wird die Altersgrenze von 60 Jahren stufenweise auf 65 Jahre angehoben. Eine vorzeitige Inanspruchnahme dieser Altersrente ist mit einem Rentenabschlag von 0,3 % je Monat möglich (Näheres siehe § 77; 237 III, IV und Anlage 19 SGB VI).

2. Renten wegen verminderter Erwerbsfähigkeit [§§ 33 III, 43, 50, 59, 240 f. SGB VI].

Renten wegen verminderter Erwerbsfähigkeit werden als Renten wegen teilweiser Erwerbsminderung, Renten wegen voller Erwerbsminderung und als Renten für Bergleute geleistet. Nach den Sonderregelungen des fünften Kapitels SGB VI werden auch Renten wegen Berufsunfähigkeit und Renten wegen Erwerbsunfähigkeit bezahlt.[1]

Rente wegen teilweiser Erwerbsminderung	Bis zum Erreichen der Regelaltersgrenze haben Versicherte einen Anspruch auf eine **Rente wegen teilweiser Erwerbsminderung,** wenn sie teilweise erwerbsgemindert sind, in den letzten fünf Jahren vor Eintritt der Erwerbsminderung[2] (mindestens) drei Jahre Pflichtbeiträge für eine versicherte Beschäftigung oder Tätigkeit bezahlt haben und vor dem Eintritt der Erwerbsminderung die allgemeine Wartezeit von fünf Jahren [§ 50 I SGB VI] erfüllt haben. Eine teilweise Erwerbsminderung liegt vor, wenn Versicherte wegen ihrer Krankheit oder Behinderung auf nicht absehbare Zeit außerstande sind, unter den üblichen Bedingungen des allgemeinen Arbeitsmarktes mindestens sechs Stunden täglich erwerbstätig zu sein [§ 43 I SGB VI].
Rente wegen voller Erwerbsminderung	Einen Anspruch auf eine **Rente wegen voller Erwerbsminderung** haben Versicherte bis zum Erreichen der Regelaltersgrenze, wenn sie voll erwerbsgemindert sind, in den letzten fünf Jahren vor Eintritt der Erwerbsminderung (mindestens) drei Jahre Pflichtbeiträge für eine versicherte Beschäftigung oder Tätigkeit bezahlt haben und vor dem Eintritt der Erwerbsminderung die allgemeine Wartezeit von fünf Jahren [§ 50 I SGB VI] erfüllt haben. Versicherte sind grundsätzlich voll erwerbsgemindert, wenn diese wegen ihrer Krankheit oder Behinderung auf nicht absehbare Zeit außer-

1 Siehe §§ 240 f. SGB VI.

2 Dieser Zeitraum von fünf Jahren verlängert sich unter bestimmten Voraussetzungen um bestimmte Zeiten (z. B. Berücksichtigungszeiten, Anrechnungszeiten, Zeiten des Bezugs einer Rente wegen verminderter Erwerbsfähigkeit; Näheres siehe § 43 IV SGB VI).

stande sind, unter den üblichen Bedingungen des allgemeinen Arbeitsmarkts mindestens drei Stunden täglich erwerbstätig zu sein (Näheres siehe § 43 II SGB VI).

Wer unter den üblichen Bedingungen des allgemeinen Arbeitsmarktes mindestens sechs Stunden täglich erwerbstätig sein kann, ist nicht erwerbsgemindert. Die jeweilige Arbeitsmarktlage ist dabei nicht zu berücksichtigen [§ 43 III SGB VI].

Wenn Versicherte die allgemeine Wartezeit vor dem Eintritt der vollen Erwerbsminderung nicht erfüllt haben, besteht nur dann ein Anspruch auf eine Rente wegen voller Erwerbsminderung, wenn eine Wartezeit von 20 Jahren erfüllt ist [§ 50 II SGB VI).

Renten wegen Erwerbsminderung werden grundsätzlich auf Zeit (befristet) geleistet (Näheres siehe § 102 II SGB VI), längstens bis zur Vollendung des 65. Lebensjahres.

Wie bei einer Rente wegen Todes besteht auch bei einer Rente wegen Erwerbsminderung eine **Zurechnungszeit,** wenn der Versicherte das 60. Lebensjahr noch nicht vollendet hat (Näheres siehe § 59 SGB VI).

3. Renten wegen Todes [§§ 33 IV, 46–49 SGB VI].

Renten an Hinterbliebene werden als *Witwen- bzw. Witwerrenten,* als *Erziehungsrenten* (bei Tod des geschiedenen Ehegatten, wenn ein eigenes oder ein Kind des geschiedenen Ehegatten erzogen wird) und als *Waisenrenten* bezahlt. Die allgemeine Wartezeit beträgt 5 Jahre [§ 50 I SGB VI]. Witwenrenten und Witwerrenten werden als kleine oder große Witwen- bzw. Witwerrenten gezahlt (Näheres siehe z. B. §§ 46ff., 242a, 243 SGB VI).

Die **Höhe der Rente** ist vor allem von der **Höhe** der **gezahlten Beiträge** (siehe §§ 63ff. SGB VI) und den **rentenrechtlichen Zeiten** abhängig.[1] Bei der Berechnung der Versicherungsjahre werden außer den **Beitragszeiten** z. B. **Ersatzzeiten** (z. B. Kriegsdienst, Kriegsgefangenschaft), **Berücksichtigungszeiten** (z. B. Kindererziehungszeiten) und **Anrechnungszeiten** (z. B. die Zeiten der Arbeitslosigkeit) mitberücksichtigt (siehe §§ 54ff., 228ff., 250 SGB VI).[2] Die Renten werden bei steigenden Löhnen durch Rentenanpassungsverordnungen grundsätzlich an die allgemeine Lohn- und Gehaltsentwicklung angepasst **(Rentendynamisierung,** siehe §§ 64ff., 68a, 254c SGB VI).[3]

---

1 Die Höhe der Renten wegen Erwerbsminderung ist auch von der Höhe des Hinzuverdienstes abhängig.

2 Die **Wartezeit** ist eine Art „Mindestversicherungszeit", die (neben anderen Voraussetzungen) für einen Rentenanspruch erfüllt sein muss und vor allem aus den Beitragszeiten, Anrechnungszeiten, einer Zurechnungszeit, Ersatzzeiten und Berücksichtigungszeiten bestehen kann (sogenannte **rentenrechtliche Zeiten,** §§ 54ff. SGB VI).

Ersatzzeiten sind z. B. die Zeiten eines militärischen oder militärähnlichen Dienstes und einer Kriegsgefangenschaft [§ 250 SGB VI].

Anrechnungszeiten sind z. B. die Zeiten einer Krankheit mit Arbeitsunfähigkeit, die Zeiten einer Schwangerschaft oder Mutterschaft während der Schutzfristen nach dem Mutterschutzgesetz (wenn während dieser Zeit keine versicherte Beschäftigung oder selbstständige Tätigkeit ausgeübt wurde), die Zeiten einer Arbeitslosigkeit sowie Zeiten von berufsvorbereitenden Bildungsmaßnahmen (Näheres siehe § 58 SGB VI).

Die **Zurechnungszeit** ist die Zeit, die bei einer Rente wegen Erwerbsminderung oder einer Rente wegen Todes hinzugerechnet wird, wenn der Versicherte das 60. Lebensjahr noch nicht vollendet hat (Näheres siehe §§ 59, 253a SGB VI).

Berücksichtigungszeiten können z. B. Kindererziehungszeiten für die Erziehung eines Kindes bis zu dessen vollendetem zehnten Lebensjahr und die Zeiten einer nicht erwerbsmäßigen häuslichen Pflege eines Pflegebedürftigen sein (Näheres siehe § 57 SGB VI; §§ 19, 44 SGB XI).

3 Zurzeit werden die Renten jedoch bei Lohnrückgängen nicht mehr gekürzt. Damit werden die anfallenden „Kosten" dieser „Rentengarantie" den Beitragszahlern und Steuerzahlern aufgebürdet.

Die Lebenserwartung der Rentner steigt weiter und damit verbunden verlängert sich auch die Bezugsdauer der Renten. Um steigende Lohnnebenkosten durch höhere Rentenbeiträge der Unternehmen möglichst zu vermeiden, wurde z.B. die Rentenanpassung an die Entwicklung der Nettoeinkommen durch eine Bruttolohnanpassung ersetzt und der sogenannte **Nachhaltigkeitsfaktor** eingeführt (Näheres siehe §§ 68 I, IV; 68a SGB VI). Dem gleichen Ziel dient die Einführung einer sogenannten **Regelaltersgrenze,** mit der die Altersgrenze der Regelaltersrente von 65 Jahren für Versicherte, die nach dem 31. Dezember 1946 geboren sind, stufenweise bis auf das (vollendete) 67. Lebensjahr angehoben werden.

Versicherte, die vor dem 1. Januar 1947 geboren sind, erreichen die Regelaltersgrenze mit Vollendung des 65. Lebensjahres. Wurden die Versicherten vor dem 1. Januar 1964 geboren, wird die Regelaltersgrenze frühestens mit Vollendung des 65. Lebensjahres erreicht (Näheres siehe § 235 SGB VI). Für **besonders langjährig Versicherte,** die eine Wartezeit von 45 Jahren erfüllt haben, besteht der Anspruch auf Altersrente, wenn sie das 65. Lebensjahr vollendet haben [§ 38 SGB VI].

Grundsicherung im Alter und bei Erwerbsminderung

Die bedarfsorientierte Grundsicherung im Alter und bei Erwerbsminderung ist im zwölften Sozialgesetzbuch geregelt. Durch die beitragsunabhängige Grundsicherung wird der grundlegende Lebensunterhalt von Menschen bezahlt, die wegen Alters oder aufgrund voller Erwerbsminderung (mit dauerhaft weniger als 3 Stunden täglicher Arbeitszeit) endgültig aus dem Erwerbsleben ausgeschieden sind und deren Einkünfte für den notwendigen Lebensunterhalt nicht ausreichen (Näheres siehe §§ 19 II, 41ff. SGB XII).[1]

3. Gesetzliche Unfallversicherung[2]

1. **Unfallverhütung** [§§ 14ff., 114ff. SGB VII]. Die Träger der gesetzlichen Unfallversicherung erlassen als autonomes[3] Recht Vorschriften zur Verhütung von Arbeitsunfällen, Berufskrankheiten und arbeitsbedingten Gesundheitsgefahren, ergreifen Maßnahmen zu deren Früherkennung und sorgen für eine wirksame „Erste Hilfe". Die Einhaltung der Vorschriften wird mit geeignetem Aufsichtspersonal (z.B. **Sicherheitsbeauftragten**) überwacht (Näheres siehe §§ 17ff., 22f. SGB VII).
2. **Finanzielle Leistungen bei Unfällen und Berufskrankheiten.** Finanzielle Leistungen der Unfallversicherung sollen die Unfallfolgen mindern oder beseitigen. Solche Leistungen sind z.B. [§ 22 SGB I, §§ 26ff. SGB VII]:

Heilbehandlung	Hierzu gehören vor allem die Kosten für ärztliche und zahnärztliche Behandlung, Arznei- und Verbandmittel, sonstige Hilfsmittel, stationäre Behandlung in Krankenhäusern oder Spezialkliniken, häusliche Krankenpflege und Leistungen zur medizinischen Rehabilitation [§§ 27ff. SGB VII].
Leistungen zur Teilnahme am Arbeitsleben	Diese umfassen z.B. Leistungen zur Erhaltung und Erlangung eines Arbeitsplatzes einschließlich der Leistungen zur Förderung der Arbeitsaufnahme, zur beruflichen Anpassung, Fortbildung, Ausbildung und Umschulung (§ 35 SGB VII; siehe auch §§ 33ff., 40f. SGB IX).

1 Die Grundsicherung im Alter und bei Erwerbsminderung gehört zur **Sozialhilfe.** Weitere Leistungen der Sozialhilfe sind z.B. die Hilfe zum Lebensunterhalt, die Hilfe zur Gesundheit und Pflege (Näheres siehe § 8 SGB XII).
Zuständig für die Ausführung der im SGB XII geregelten Sozialhilfe sind die Behörden der Länder (z.B. die Städte, Kreise, Landessozialämter) (Näheres siehe §§ 97ff. SGB XII).

2 Eine Übersicht über die verschiedenen Leistungen gibt der § 22 SGB I. Näheres zu den verschiedenen Leistungen finden Sie z.B. in den §§ 7ff., 14ff., 26ff., 114ff. SGB VII.

3 Autonom = selbstständig, unabhängig.

Leistungen zur Teilnahme am Leben in der Gemeinschaft und ergänzende Leistungen	Hierzu gehören z.B. die Kraftfahrzeughilfe, Wohnungshilfe, Haushaltshilfe, Übernahme von Kinderbetreuungskosten und Reisekosten [§§ 39ff. SGB VII; §§ 44 I, Nr. 2 bis 6, II; 53, 54 SGB IX].
Leistungen bei Pflegebedürftigkeit	Wenn Versicherte infolge eines Versicherungsfalls so hilflos sind, dass diese für die gewöhnlichen und regelmäßig wiederkehrenden Verrichtungen im täglichen Leben in erheblichem Umfang einer Hilfe bedürfen, wird Pflegegeld gezahlt, eine Pflegekraft gestellt oder Heimpflege gewährt [§ 44 SGB VII].
Geldleistungen während der Heilbehandlung und der Leistungen zur Teilnahme am Arbeitsleben	Hierzu gehören das **Verletztengeld,** das Versicherte z.B. erhalten, wenn diese infolge des Versicherungsfalls arbeitsunfähig sind oder wegen einer Maßnahme der Heilbehandlung keine ganztägige Erwerbstätigkeit ausüben können [§§ 45ff., 52 SGB VII], und das **Übergangsgeld** [§§ 49f. SGB VII].
Rentenzahlungen	Renten an Versicherte bei Minderung ihrer Erwerbsfähigkeit infolge eines Versicherungsfalls um mindestens 20 vom Hundert [§§ 56ff. SGB VII], an Hinterbliebene als Witwen- und Witwerrente [§§ 63 I, 65ff. SGB VII] und als Waisenrente für Kinder von verstorbenen Versicherten [§§ 63 I, 67ff., 72ff. SGB VII].
Sterbegeld und Erstattung der Überführungskosten	Stirbt eine versicherte Person an den Folgen eines Arbeitsunfalls oder an einer Berufskrankheit, wird ein Sterbegeld gezahlt. Unter bestimmten Bedingungen werden die Überführungskosten erstattet [§§ 63 I, 64 SGB VII].
Abfindungen	Versicherte können unter bestimmten Voraussetzungen auch mit einer Gesamtvergütung in Höhe des voraussichtlichen Rentenaufwands abgefunden werden [§§ 75ff. SGB VII].

4. Gesetzliche Arbeitsförderung (Arbeitslosenversicherung)[1]

1. **Zahlungen von Entgeltersatzleistungen;**[2] z.B. durch Arbeitslosengeld, Kurzarbeitergeld und Insolvenzgeld.

Finanzielle Leistungen an Arbeitslose	Arbeitnehmer haben einen Anspruch auf **Arbeitslosengeld** bei **Arbeitslosigkeit** [§§ 3 IV, Nr. 1; 136ff. SGB III]. Wer das für die Regelaltersrente im Sinne des SGB VI erforderliche Lebensjahr vollendet hat, hat von Beginn des folgenden Monats an keinen Anspruch mehr auf Arbeitslosengeld. Anspruchsvoraussetzung beim Arbeitslosengeld wegen Arbeitslosigkeit ist, dass sich die arbeitslose Arbeitnehmerin oder der arbeitslose Arbeitnehmer (siehe § 138 SGB III) bei der Agentur für Arbeit arbeitslos gemeldet und die Anwartschaftszeit (siehe §§ 142f. SGB III) erfüllt hat [§§ 136f. SGB III]. Die oder der Arbeitslose hat sich persönlich bei der zuständigen Agentur für Arbeit arbeitslos zu melden (Näheres siehe § 141 SGB III).

1 Ziele der Arbeitsförderung sind vor allem die Verhinderung und Verkürzung von Arbeitslosigkeit und insbesondere der Langzeitarbeitslosigkeit durch eine Verbesserung der individuellen Beschäftigungsfähigkeit. Die Arbeitsförderung soll dazu beitragen, einen hohen Beschäftigungsstand zu erreichen und die Beschäftigungsstruktur ständig zu verbessern. Ein grundlegendes Prinzip der Arbeitsförderung ist die Gleichstellung von Frauen und Männern [§ 1 SGB III]. Um diese Ziele zu erreichen, arbeiten die Agenturen für Arbeit eng mit den Arbeitgebern, Arbeitnehmerinnen und Arbeitnehmern zusammen (siehe z.B. § 2 SGB III). Eine Zusammenstellung von Leistungen der Arbeitsförderung enthalten der § 3 SGB III und § 19 I SGB I.

2 Eine Übersicht über die verschiedenen **Entgeltersatzleistungen** finden Sie im § 3 IV SGB III.

Die Dauer des Anspruchs auf Arbeitslosengeld hängt von der Dauer der Versicherungspflichtverhältnisse innerhalb der um drei Jahre erweiterten Rahmenfrist von zwei Jahren und vom Lebensalter, das die oder der Arbeitslose bei Entstehung des Anspruchs vollendet hat, ab.[1] Das Arbeitslosengeld beträgt 67 % (erhöhter Leistungssatz) für Arbeitslose, die z. B. mindestens ein Kind haben und für die übrigen Arbeitslosen 60 % (allgemeiner Leistungssatz) des für den Bemessungszeitraum berechneten pauschalierten Nettoentgelts (Leistungsentgelts).[2]

Weitere **Entgeltersatzleistungen** sind z. B. das **Arbeitslosengeld** bei einer **beruflichen Weiterbildung** [§§ 3 IV, Nr. 1; 144 SGB III], das **Teilarbeitslosengeld** bei **Teilarbeitslosigkeit** sowie das **Übergangsgeld** und **Ausbildungsgeld** für **behinderte Menschen,** z. B. bei einer Teilnahme an Maßnahmen der Berufsausbildung und Berufsvorbereitung (Näheres siehe §§ 3 IV, Nr. 2, 3; 162; 119ff. SGB III).

Wer z. B. sein Beschäftigungsverhältnis ohne berechtigten Grund löst oder durch sein arbeitsvertragswidriges Verhalten Anlass für die Lösung des Beschäftigungsverhältnisses gegeben hat und hierdurch arbeitslos wurde (Sperrzeit wegen Arbeitsaufgabe), wer trotz Belehrungen über die Rechtsfolgen ohne wichtigen Grund eine von der Agentur für Arbeit angebotene Beschäftigung nicht angenommen (angetreten) hat (Sperrzeit wegen Arbeitsablehnung), wer trotz Belehrungen über die Rechtsfolgen die von der Agentur für Arbeit geforderten Eigenbemühungen nicht nachweist (Sperrzeit bei unzureichenden Eigenbemühungen), wer sich trotz Belehrungen über die Rechtsfolgen ohne wichtigen Grund weigert, z.B. an Maßnahmen der beruflichen Eingliederung oder an Maßnahmen zur beruflichen Ausbildung, Weiterbildung oder zur Teilnahme am Arbeitsleben teilzunehmen (Sperrzeit wegen Ablehnung einer beruflichen Eingliederungsmaßnahme) oder die Teilnahme an diesen Maßnahmen ohne wichtigen Grund abgebrochen hat (Sperrzeit bei Abbruch einer beruflichen Eingliederungsmaßnahme), erhält das Arbeitslosengeld grundsätzlich erst nach einer Sperrzeit von 12 Wochen.[3] Arbeitslose, die eine von der Agentur für Arbeit vermittelte zumutbare Beschäftigung[4] auf Dauer ohne wichtigen Grund ablehnen, erhalten kein Arbeitslosengeld.

Kurzarbeitergeld
[§§ 95–111 SGB III]

Arbeitnehmer haben einen Anspruch auf Kurzarbeitergeld, wenn ein erheblicher Arbeitsausfall[5] mit Entgeltausfall vorliegt, die betrieblichen und persönlichen Voraussetzungen erfüllt sind[6] und der Arbeitsausfall der Agentur für Arbeit von der Betriebsvertretung oder vom Arbeitgeber schriftlich mit einer beigefügten Stellungnahme der Betriebsvertretung angezeigt worden ist.[7] Das Kurzarbeitergeld wird grundsätzlich längstens sechs Monate für den Arbeitsausfall während der Bezugsdauer gezahlt. Unter bestimmten Voraussetzungen verlängert sich diese Bezugsdauer oder es beginnt eine neue Bezugsdauer.[8]

---

1 Näheres siehe §§ 143, 147f., 434r SGB III. (Siehe auch § 144 SGB III: Anspruchsvoraussetzungen bei beruflicher Weiterbildung.)

2 Näheres siehe §§ 149ff., 153f. SGB III.

3 Näheres siehe § 159 SGB III.

4 Näheres siehe § 140 SGB III.

5 Näheres siehe § 96 SGB III. Zur Kurzarbeit ist z. B. entweder die Zustimmung des Betriebsrats erforderlich oder der Arbeitgeber muss gegenüber allen betroffenen Arbeitnehmern Änderungskündigungen aussprechen. Außerdem muss die geplante Kurzarbeit den Beschäftigten so rechtzeitig mitgeteilt werden, dass sie sich auf die veränderte Einkommenssituation einstellen und ihre Freizeit ausreichend planen können.

6 Näheres siehe §§ 97f. SGB III.

7 Näheres siehe §§ 95, 99 SGB III.

8 Näheres siehe § 104 SGB III. Die Bezugsdauer kann durch Rechtsverordnungen des Bundesministeriums für Arbeit und Soziales bis zur Dauer von 24 Monaten verlängert werden (Näheres siehe § 109 I, Nr. 2a und 2b SGB III). Dem Arbeitgeber können auf Antrag ab dem siebten Kalendermonat des Bezugs von Kurzarbeitergeld bis zu 100% der von ihm allein zu tragenden Sozialversicherungsbeiträge in pauschalierter Form erstattet werden (Näheres siehe § 419 SGB III).

	Das Kurzarbeitergeld beträgt für Arbeitnehmer mit dem erhöhten Leistungssatz (z. B. Arbeitnehmer mit mindestens einem Kind) 67 % und für die übrigen Arbeitnehmer 60 % der sogenannten **Nettoentgeltdifferenz**[1] im Anspruchszeitraum [§ 105 SGB III]. Das Kurzarbeitergeld soll als teilweiser Lohnersatz dazu beitragen, den Arbeitnehmerinnen und Arbeitnehmern die Arbeitsplätze und den Unternehmen die eingearbeiteten Arbeitskräfte zu erhalten. Bei einem Arbeitsausfall durch Arbeitskämpfe (Streiks, Aussperrungen) ruht der Anspruch auf Kurzarbeitergeld [§§ 100, 160 SGB III]. Ein „Saison-Kurzarbeitergeld" können die Arbeitnehmerinnen und Arbeitnehmer unter bestimmten Voraussetzungen in der Zeit vom 1. Dezember bis 31. März (Schlechtwetterzeit) in Anspruch nehmen (Näheres siehe § 101 SGB III). Auch Heimarbeiterinnen und Heimarbeiter haben unter bestimmten Voraussetzungen einen Anspruch auf Kurzarbeitergeld (Näheres siehe §§ 103 SGB III). Um Entlassungen von Arbeitnehmerinnen und Arbeitnehmern zu vermeiden und ihre Vermittlungsaussichten zu verbessern, können diese zur Förderung ihrer Eingliederung bei betrieblichen Restrukturierungen unter bestimmten Voraussetzungen ein **Transferkurzarbeitergeld** beanspruchen (Näheres siehe § 111 SGB III).
Insolvenzgeld [§§ 165–172 SGB III]	Im Inland beschäftigte Arbeitnehmerinnen und Arbeitnehmer haben einen Anspruch auf Insolvenzgeld,[2] wenn sie z. B. bei der Eröffnung des Insolvenzverfahrens über das Vermögen des Arbeitgebers oder bei einer Abweisung des Antrags auf Eröffnung des Insolvenzverfahrens mangels Masse für die dem Insolvenzereignis vorausgehenden drei Monate des Arbeitsverhältnisses noch Ansprüche auf Arbeitsentgelt haben.[3] Das Insolvenzgeld wird in Höhe des **Nettoarbeitsentgelts** geleistet. Dieses Nettoarbeitsentgelt wird berechnet, indem das auf die monatliche Beitragsbemessungsgrenze der allgemeinen Rentenversicherung (siehe § 341 IV SGB III) begrenzte Bruttoarbeitsentgelt um die gesetzlichen Abzüge vermindert wird.[4]

2. Weitere Leistungen.

Die Leistungen der Bundesagentur für Arbeit gehen über die Absicherung der Arbeitskräfte im Fall der Arbeitslosigkeit weit hinaus, denn in der sozialen Marktwirtschaft erwachsen dem Staat wichtige soziale Aufgaben. Deswegen hat die Bundesagentur für Arbeit den Auftrag, nicht nur die eingetretene Arbeitslosigkeit (z. B. durch **Arbeitsplatzvermittlung)** zu beseitigen und deren finanzielle Folgen (z. B. durch Arbeitslosengeld, Kurzarbeitergeld, Insolvenzgeld) zu mindern, sondern vor allem Arbeitslosigkeit zu *verhindern* **(aktive Arbeitsförderung)** [§ 5 SGB III].[5]

---

1 Die Nettoentgeltdifferenz ist der Unterschiedsbetrag zwischen dem (pauschalierten, gerundeten) Nettoentgelt aus dem Sollentgelt (Bruttoarbeitsentgelt, das der Arbeitnehmer ohne Arbeitsausfall und vermindert um das Entgelt für Mehrarbeit erzielt hätte) und dem (pauschalierten, gerundeten) Nettoentgelt aus dem Istentgelt (Bruttoarbeitsentgelt, das der Arbeitnehmer tatsächlich erzielt hat). Wie bei der Berechnung des Arbeitslosengelds wird bei der Berechnung des Leistungsentgelts eine Sozialversicherungspauschale, die Lohnsteuer und der Solidaritätszuschlag vom Bemessungsentgelt abgezogen. Näheres siehe §§ 106; 153; 109 I, Nr. 1 SGB III.
Die jeweils für ein Kalenderjahr für die Berechnung des Kurzarbeitergelds maßgeblichen pauschalierten monatlichen Nettoarbeitsentgelte werden aufgrund des § 109 I, Nr. 1 SGB III durch eine Rechtsverordnung des Bundesministeriums für Arbeit und Soziales festgelegt.

2 Insolvenz = Zahlungsunfähigkeit.

3 Näheres siehe § 165 I SGB III.

4 Näheres siehe § 167 I SGB III.

5 Die Leistungen der aktiven Arbeitsförderung dürfen nur erbracht werden, wenn keine anderen Leistungsträger (z.B. die gesetzliche Unfallversicherung) oder andere öffentlich-rechtliche Stellen (z.B. Versorgungsämter) zur Erbringung gleichartiger Leistungen gesetzlich verpflichtet sind (Näheres siehe §§ 22f. SGB III). Weitere Aufgaben der Bundesagentur für Arbeit (z. B. die Arbeitsmarkt- und Berufsforschung, Erstellung von Arbeitsmarktstatistiken, Erteilung von Arbeitsgenehmigungen für ausländische Arbeitskräfte) sind in den §§ 280ff. SGB III gesetzlich geregelt.

Die **Leistungen** der **aktiven Arbeitsförderung** sind die im dritten Kapitel des SGB III geregelten Leistungen sowie das **Arbeitslosengeld** bei **beruflicher Weiterbildung** [§ 3 II SGB III]. Die folgende Tabelle gibt einen zusammenfassenden Überblick über die wichtigsten **Leistungen der aktiven Arbeitsförderung.**

Beratung und Vermittlung [§§ 29–43 SGB III][1]	■ **Beratung** Die Agenturen für Arbeit bieten jungen Menschen und Erwachsenen, die am Arbeitsleben teilnehmen oder teilnehmen wollen, eine **Berufsberatung** und den Arbeitgebern eine **Arbeitsmarktberatung** an [§ 29 SGB III]. Bei der **Berufsberatung** geht es z.B. um die Berufswahl, berufliche Entwicklung, Berufswechsel, Lage und Entwicklung des Arbeitsmarktes und der Berufe, Möglichkeiten der beruflichen Bildung, Ausbildungs- und Arbeitsstellensuche sowie um die Auskünfte und Beratung über die Leistungen der Arbeitsförderung [§ 30 SGB III]. Bei der Berufsberatung sind vor allem die Neigung, Eignung und Leistungsfähigkeit der Ratsuchenden sowie die Beschäftigungsmöglichkeiten zu berücksichtigen [§ 31 SGB III].[2] Durch die **Arbeitsmarktberatung** unterstützen die Agenturen für Arbeit die Arbeitgeber bei der Besetzung von Ausbildungs- und Arbeitsstellen. Die Arbeitsmarktberatung umfasst z.B. die Auskünfte und Ratschläge zur Lage und Entwicklung des Arbeitsmarktes und der Berufe, Besetzung von Ausbildungs- und Arbeitsstellen, Gestaltung von Arbeitsplätzen, betrieblichen Aus- und Weiterbildung sowie zu den Leistungen der Arbeitsförderung [§ 34 SGB III]. ■ **Vermittlung** Die Agenturen für Arbeit bieten den Ausbildungsuchenden, Arbeitsuchenden und Arbeitgebern eine **Ausbildungsvermittlung** und **Arbeitsvermittlung** an. Unter Berücksichtigung der Neigungen, Eignungen und Leistungsfähigkeit der Ausbildungsuchenden und Arbeitsuchenden sowie der Anforderungen der angebotenen Stellen sollen die Ausbildungsuchenden eine Ausbildungsstelle, die Arbeitsuchenden eine Arbeitsstelle und die Arbeitgeber geeignete Auszubildende sowie geeignete Arbeitnehmerinnen und Arbeitnehmer erhalten [§ 35 SGB III]. Bei der Vermittlung müssen die Agenturen für Arbeit bestimmte Grundsätze der Vermittlung beachten (z.B. keine ungerechtfertigte Benachteiligung durch Geschlecht, Alter, Gesundheitszustand und Staatsangehörigkeit der Ausbildungsuchenden und Arbeitsuchenden) [§ 36 SGB III]. Unverzüglich nach Erhalt der Meldung eines Ausbildung- oder Arbeitsuchenden hat die Agentur für Arbeit eine **Potenzialanalyse**[3] durchzuführen und mit diesen Personen eine **Eingliederungsvereinbarung** zu treffen [§ 37 SGB III].

1 Die Beratung und Vermittlung durch die Agenturen für Arbeit erfolgen grundsätzlich unentgeltlich. Nur wenn bei der Beratung oder Vermittlung besondere (z.B. erheblich hohe) Aufwendungen entstehen, können die Agenturen für Arbeit von den Arbeitgebern die Erstattung der entstandenen Aufwendungen verlangen (Näheres siehe §§ 42f. SGB III). Mit Erlaubnis der Bundesagentur für Arbeit ist auch die private Ausbildungs- und Arbeitsvermittlung grundsätzlich zulässig (Näheres siehe §§ 288aff. SGB III).

2 Soweit erforderlich, kann mit Einverständnis des bzw. der Ratsuchenden eine **Eignungsfeststellung** erfolgen [§ 32 SGB III]. Siehe auch § 33 SGB III **(Berufsorientierung)**.

3 Durch die **Potenzialanalyse** soll festgestellt werden, ob und durch welche Umstände die berufliche Eingliederung voraussichtlich erschwert sein wird. In der **Eingliederungsvereinbarung** werden für einen bestimmten Zeitraum z.B. das Eingliederungsziel, die Vermittlungsbemühungen der Agentur für Arbeit, die erforderlichen Eigenbemühungen des Ausbildung- oder Arbeitsuchenden sowie die vorgesehenen Leistungen der aktiven Arbeitsförderung festgelegt [§ 37 I, II SGB III].

Die Ausbildung- und Arbeitsuchenden sowie die Arbeitgeber haben hinsichtlich der Vermittlung bestimmte Rechte und Pflichten. So müssen sich z. B. die Personen, deren Ausbildungs- oder Arbeitsverhältnisse endet, spätestens drei Monate vor dessen Beendigung persönlich bei einer Agentur für Arbeit arbeitsuchend melden. Ausbildung- und Arbeitsuchende sowie Arbeitgeber, die Dienstleistungen der Bundesagentur in Anspruch nehmen, müssen dieser die für eine Vermittlung erforderlichen Auskünfte erteilen und Unterlagen vorlegen. Erforderlichenfalls bietet die Agentur für Arbeit dem Arbeitgeber eine **Arbeitsmarktberatung** an [§ 38f. SGB III].[1]

Aktivierung und berufliche Eingliederung
[§§ 44–47 SGB III]

- Wenn dies für die berufliche Eingliederung notwendig ist, können Ausbildungsuchende, von Arbeitslosigkeit bedrohte Arbeitsuchende und Arbeitslose aus einem **Vermittlungsbudget** zur Anbahnung oder Aufnahme einer versicherungspflichtigen Beschäftigung gefördert werden [§§ 44f. SGB III].

- **Berufliche Eingliederung**

Die Agenturen für Arbeit unterstützen Ausbildungsuchende, von Arbeitslosigkeit bedrohte Arbeitsuchende und Arbeitslose bei ihrer beruflichen Eingliederung z. B. durch Maßnahmen zur Heranführung an den Ausbildungs- und Arbeitsmarkt, durch Vermittlung einer versicherungspflichtigen Beschäftigung oder Heranführung an eine selbstständige Tätigkeit (Näheres siehe §§ 45, 47 SGB III).

- **Probebeschäftigung und Arbeitshilfe für behinderte Menschen**

Die Kosten für eine befristete Probebeschäftigung behinderter, schwerbehinderter und ihnen gleichgestellter Menschen (siehe § 2 SGB IX) können den Arbeitgebern bis zu einer Dauer von drei Monaten erstattet werden, wenn sich hierdurch die Teilnahme am Arbeitsleben verbessert oder eine vollständige und dauerhafte Teilnahme am Arbeitsleben erreicht werden kann. Für eine behindertengerechte Ausgestaltung von Ausbildungs- oder Arbeitsplätzen können die Arbeitgeber Zuschüsse erhalten [§ 46 SGB III].

Berufswahl und Berufsausbildung
[§§ 48–80 b SGB III

- **Berufsorientierungsmaßnahmen und Berufseinstiegsbegleitung**

Wenn sich Dritte (z. B. Arbeitgeber) mit mindestens 50 % an der Förderung beteiligen, können sich die Agenturen für Arbeit an den Kosten für die vertiefte Berufsorientierung und Berufswahlvorbereitung von Schülerinnen und Schülern allgemeinbildender Schulen beteiligen (**Berufsorientierungsmaßnahmen,** Näheres siehe §§ 48, 50 SGB III) und förderungsbedürftige junge Menschen beim Übergang von einer allgemeinbildenden Schule in eine Berufsausbildung unterstützen (**Berufseinstiegsbegleitung,** näheres siehe §§ 49f. SGB III).

- **Berufsvorbereitung**

Die Bundesagentur für Arbeit unterstützt die Berufsvorbereitung über ihre Agenturen durch verschiedene Maßnahmen. Förderungsbedürftige junge Menschen können z. B. durch berufsvorbereitende Bildungsmaßnahmen gefördert werden, um sie auf die Aufnahme einer **Berufsausbildung** vorzubereiten oder ihre **berufliche Eingliederung** zu erleichtern (Näheres siehe §§ 51f. SGB III). Zur Berufsvorbereitung gehört auch der Anspruch förderungsbedürftiger junger Menschen ohne Schulabschluss, durch **berufsvorbereitende Bildungsmaßnahmen** auf den nachträglichen Erwerb eines Hauptschulabschlusses oder eines gleichwertigen Schulabschlusses ge-

1 Die Ausbildung- und Arbeitsuchenden sowie die Arbeitgeber sind von den Agenturen für Arbeit in geeigneter Weise über freie Ausbildungs- und Arbeitsstellen zu unterrichten (Näheres siehe § 40 SGB III).

12 Hartmann-Härter-Seifert - ISBN 978-3-8120-0412-1

	fördert zu werden (Näheres siehe § 53 SGB III). Den Trägern der berufsvorbereitenden Bildungsmaßnahmen werden die hierfür entstandenen (angemessenen) Personal- und Sachkosten erstattet [§ 54 SGB III]. Für die Dauer von sechs bis längstens zwölf Monaten kann die **Einstiegsqualifizierung** der Arbeitgeber für förderungsfähige Ausbildungsuchende (z. B. lernbeeinträchtigte oder sozial benachteiligte Ausbildungsuchende) durch Zuschüsse gefördert werden (Näheres siehe § 54 a SGB III). ■ **Berufsausbildungsbeihilfe**[1] Während einer förderungsfähigen Berufsausbildung können Auszubildende unter bestimmten Voraussetzungen eine zeitlich befristete **Berufsausbildungsbeihilfe** beanspruchen. Die Auszubildenden müssen z. B. zum **förderungsfähigen Personenkreis** gehören (siehe § 59 SGB III),[2] die sonstigen persönlichen Voraussetzungen für eine Förderung erfüllen[3] und ihnen die erforderlichen Mittel zur Deckung ihres Lebensunterhalts, der Fahrkosten und sonstigen Aufwendungen nicht anderweitig zur Verfügung stehen [§§ 56, 59 ff. SGB III].[4] Auch Arbeitslose können unter bestimmten Voraussetzungen einen Anspruch auf Berufsausbildungsbeihilfe haben (Näheres siehe § 70 SGB III). ■ **Berufsausbildung** Die Arbeitgeber können für die betriebliche Aus- und Weiterbildung von behinderten und schwerbehinderten Menschen z. B. durch Zuschüsse zur Ausbildungsvergütung gefördert werden (Näheres siehe § 73 SGB III). Für **förderungsbedürftige junge Menschen**[5] können Zuschüsse gezahlt und **ausbildungsbegleitende Hilfen**[6] gewährt werden. Dies gilt auch bei einer förderungsfähigen außerbetrieblichen Berufsausbildung (Näheres siehe §§ 74 ff. SGB III).
Berufliche Weiterbildung [§§ 81–87 SGB III]	Arbeitnehmerinnen und Arbeitnehmer können bei einer notwendigen beruflichen Weiterbildung (z. B. zu ihrer beruflichen Eingliederung bei Arbeitslosigkeit oder bei drohender Arbeitslosigkeit) durch die Übernahme der Weiterbildungskosten gefördert werden (Näheres siehe §§ 81 ff. SGB III).[7]

1 Die Berufsausbildungsbeihilfe wird für die Dauer der Berufsausbildung oder für die Dauer der berufsvorbereitenden Bildungsmaßnahme gezahlt und in der Regel bei einer Berufsausbildung für 18 Monate, ansonsten für ein Jahr bewilligt (Näheres siehe § 69 SGB III).

Förderungsfähig ist eine Berufsausbildung, wenn sie z. B. in einem nach dem Berufsbildungsgesetz oder der Handwerksordnung staatlich anerkannten Ausbildungsberuf bertrieblich oder außerbetrieblich aufgrund eines hierzu vorgeschriebenen abgeschlossenen Berufsausbildungsvertrags durchgeführt wird (Näheres siehe §§ 57 f. SGB III).

2 Förderungsfähige Auszubildende sind z. B. alle Deutschen im Sinne des Grundgesetzes und Unionsbürger mit dem Recht auf Daueraufenthalt in der EU (Näheres siehe § 59 SGB III; § 8 I, II, IV, V BAföG).

3 Die Berufsausbildung wird nur gefördert, wenn die Auszubildenden z. B. außerhalb des Haushalts der Eltern oder eines Elternteils wohnen und die Ausbildungsstätte von der Wohnung der Eltern oder eines Elternteils aus nicht in einer angemessenen Zeit erreicht werden kann [§ 60 I SGB III, siehe auch Absatz II].

4 Welcher Bedarf der Auszubildenden berücksichtigt wird, wie hoch die finanzielle Förderung des Lebensunterhalts während der Berufsausbildung und berufsvorbereitender Bildungsmaßnahmen ist und welche Fahrkosten und sonstigen Aufwendungen in welcher Höhe von der Bundesagentur für Arbeit übernommen werden, ist in den §§ 61 ff. SGB III geregelt. Auf den Gesambedarf werden z. B. die Einkommen der Auszubildenden, der Ehepartner und der Eltern der Auszubildenden angerechnet (Näheres siehe § 67 SGB III).

5 Förderungsbedürftige junge Menschen sind lernbeeinträchtigte und sozial benachteiligte junge Menschen, die wegen in ihrer Person liegender Gründe ohne Förderung z. B. eine Einstiegsqualifizierung oder Berufsausbildung nicht beginnen, fortsetzen oder erfolgreich beenden können (Näheres siehe § 78 SGB III).

6 Ausbildungsbegleitende Hilfen sind z. B. Maßnahmen zum Abbau von Sprach- und Bildungsdefiziten, zur Förderung fachpraktischer und fachtheoretischer Fertigkeiten, Kenntnisse und Fähigkeiten und zur sozialpädagogischen Begleitung förderungsbedürftiger junger Menschen (Näheres siehe § 75 SGB III).

7 Weiterbildungskosten sind die durch die Weiterbildung unmittelbar entstehenden Lehrgangskosten und Kosten für die Eignungsfeststellung, Fahrkosten, Kosten für eine auswärtige Unterbringung und Verpflegung sowie die Kinderbetreuungskosten (Näheres siehe §§ 83 ff. SGB III).

Aufnahme einer Erwerbstätigkeit [§§ 88–94 SGB III]	■ **Förderung einer sozialversicherungspflichtigen Beschäftigung** Die Arbeitgeber können zur Eingliederung von Arbeitnehmerinnen und Arbeitnehmern, deren Arbeitsplatzvermittlung wegen in ihrer Person liegender Gründe erschwert ist, und für behinderte und schwerbehinderte Menschen einen zeitlich befristeten Zuschuss zum Arbeitsentgelt zum Ausgleich einer Minderleistung erhalten (Näheres siehe §§ 88ff. SGB III). ■ **Förderung einer selbstständigen Tätigkeit** Arbeitnehmerinnen und Arbeitnehmer können zur Sicherung ihres Lebensunterhalts und zur sozialen Absicherung in der Zeit nach der Existenzgründung einen zeitlich befristeten **Gründungszuschuss** erhalten, wenn sie durch die Aufnahme einer selbstständigen, hauptberuflichen Tätigkeit die Arbeitslosigkeit beenden (Näheres siehe § 93 SGB III). Der grundsätzlich für sechs Monate geleistete Betrag entspricht dem Betrag, den die Arbeitnehmerin oder der Arbeitnehmer als Arbeitslosengeld zuletzt bezogen hat, zuzüglich monatlich 300,00 €. Unter bestimmten Voraussetzungen kann der Gründungszuschuss von monatlich 300,00 € für weitere neun Monate geleistet werden [§ 94 SGB III].

Zunehmende Bedeutung für die Ausbildungs- und Arbeitsvermittlung hat die von der Bundesagentur für Arbeit (BA) betriebene **Online-Job-Börse.** Wer einen Arbeitsplatz oder Ausbildungsplatz sucht, kann von jedem beliebigen Ort, unabhängig von der Tageszeit, mit Internetzugang alle freien Stellenangebote abrufen, die seinem individuellen Anforderungsprofil entsprechen. Hierzu gibt der Kunde unter www.arbeitsagentur.de in den Computer z.B. ein, ob er einen Ausbildungs- oder Arbeitsplatz sucht, welchen Beruf er bevorzugt, wann er mit der Ausbildung oder Arbeit beginnen möchte und in welcher Region er die Stelle sucht. Zum längerfristigen Suchen können sich die Bewerber auch bei der Bundesagentur für Arbeit registrieren lassen und ein persönliches Bewerbungsprofil erstellen, das z.B. Angaben über die fachlichen und persönlichen Fähigkeiten, die Schulbildung, die Berufsausbildung, Berufspraxis und besondere Qualifikationen enthält. Die Unternehmen (Arbeitgeber) können die Stellen- und Bewerberbörse nutzen, um z.B. Mitarbeiter entsprechend ihrem Anforderungsprofil zu finden. Hierzu geben die Arbeitgeber ihre freien Arbeits- oder Ausbildungsplätze mit Informationen über die zu erfüllenden Anforderungen (z.B. Schulbildung, Beruf, Berufserfahrung, Fremdsprachen, Ausbildungs- und Arbeitsbeginn) in die Online-Job-Börse sein.

Die Internetseiten der BA enthalten auch vielfältige Informationen z.B. zur Bewerbung, Weiterbildung, Ausbildung, Studien- und Berufswahl und zur staatlichen Arbeitsförderung.

Zur **ortsnahen Leistungserbringung** sollen die Leistungen der Arbeitsförderung vorrangig durch die **örtlichen Agenturen für Arbeit** erbracht werden. Hierzu arbeiten die Agenturen für Arbeit z.B. eng mit den Gemeinden, Kreisen, Bezirken und den Aufgaben der Grundsicherung für Arbeitsuchende wahrnehmenden zuständigen Agenturen für Arbeit und kommunalen Trägern zusammen (Näheres siehe §§ 9, 9a SGB III).[1]

1 Leistungen der aktiven Arbeitsförderung sollen auch so erbracht werden, dass diese mit den Lebensverhältnissen der Familie und des Berufs vereinbar sind (Näheres siehe § 8 SGB III).

5. Soziale Pflegeversicherung[1]

Leistungen bei häuslicher Pflege [§§ 36–40 SGB XI)[2]	**Häusliche Pflegehilfe** Pflegebedürftige haben bei häuslicher (ambulanter) Pflege Anspruch auf Grundpflege und hauswirtschaftliche Versorgung als **Sachleistung.** Häusliche Pflege wird durch geeignete Pflegekräfte erbracht. Die Höhe der Pflegehilfe hängt von der Pflegebedürftigkeit ab. Sie beträgt monatlich bis zu 450,00 € in der Pflegestufe I, bis zu 1 100,00 € in der Pflegestufe II, bis zu 1 550,00 € in der Pflegestufe III und für besondere Härtefälle bis zu 1 918,00 €.[3] **Pflegegeld** Pflegebedürftige, welche ihre Pflege selbst sicherstellen, können anstelle der häuslichen Pflegehilfe ein nach der Pflegestufe gestaffeltes monatliches Pflegegeld von 235,00 € (Pflegestufe I), 440,00 € (Pflegestufe II) und bis 700,00 € (Pflegestufe III) erhalten.
Teilstationäre Pflege und Kurzzeitpflege [§§ 41, 42 SGB XI]	**Tagespflege und Nachtpflege** Pflegebedürftige haben Anspruch auf teilstationäre Pflege, wenn z.B. häusliche Pflege nicht in ausreichendem Umfang möglich ist. Die Höhe der übernommenen Aufwendungen für Pflege, Betreuung und medizinische Behandlung richtet sich wieder nach der jeweiligen Pflegestufe und beträgt monatlich 450,00 € (Pflegestufe I), 1 100,00 € (Pflegestufe II) und bis 1 550,00 € (Pflegestufe III). **Kurzzeitpflege** Kann häusliche Pflege zeitweise nicht, noch nicht oder nicht im erforderlichen Umfang erbracht werden und reicht teilstationäre Pflege nicht aus, kann für eine Übergangszeit von maximal 4 Wochen im Jahr Pflege in einer vollstationären Einrichtung in Anspruch genommen werden. Die Pflegekasse übernimmt die pflegebedingten Aufwendungen, die Aufwendungen der sozialen Betreuung sowie die Aufwendungen für Leistungen der medizinischen Behandlung bis zu einem jährlichen Gesamtbetrag von 1 550,00 €.
Vollstationäre Pflege [§ 43 SGB XI]	Ist häusliche oder teilstationäre Pflege nicht möglich, haben Pflegebedürftige Anspruch auf vollstationäre Pflege. Die Pflegekasse trägt die Aufwendungen für Pflege, Betreuung und medizinische Behandlung bis zu einem jährlichen Durchschnittsbetrag je Pflegebedürftigen. Der monatliche pauschale Höchstbetrag je Pflegebedürftigen der Pflegestufe I ist 1023 €, der Pflegestufe II 1 279,00 € und in der Pflegstufe III ist 1 550,00 €. Bei einem außergewöhnlich hohen und intensiven Pflegeaufwand können für Pflegebedürftige der Pflegestufe III Aufwendungen bis zu 1 918,00 € monatlich übernommen werden.[3]

1 Einen Überblick über die verschiedenen Leistungen enthält der § 21 a SGB I.
Im Jahr 2012 wurden die Sachleistungsbeträge für die ambulante und stationäre Pflege sowie das Pflegegeld weiter angehoben (siehe §§ 36 III, 37 I, 41 II, 42 II, 43 II SGB XI).

2 Nicht erwerbsmäßige häusliche Pflegekräfte sind in der Renten- und Unfallversicherung beitragsfrei einbezogen (Näheres siehe §§ 19, 44 SGB XI; siehe auch Hilfen für behinderte Menschen nach § 43 a SGB XI und zusätzliche Leistungen während der Pflegezeit nach § 44 a SGB XI). Wenn die oberste Landesbehörde dies bestimmt, werden zur wohnortnahen Beratung, Versorgung und Betreuung der Versicherten von den Pflegekassen und Krankenkassen **Pflegestützpunkte** eingerichtet (Näheres siehe § 92 c SGB XI).

3 Dies ist beispielsweise bei schwerer Demenz oder im Endstadium von Krebserkrankungen der Fall [§ 43 II, III SGB XI].

6. Kurzzeitige Arbeitsverhinderung und Pflegezeit

Bei kurzfristig auftretender Pflegebedürftigkeit besteht für nahe Angehörige die Möglichkeit, bis zu zehn Arbeitstage der Arbeit fernzubleiben, wenn dies in einer akut auftretenden Pflegesituation zu einer bedarfsgerechten häuslichen Pflege erforderlich ist (Näheres siehe §§ 1f. PflegeZG).[1] Bei einer Pflege durch nahe Angehörige in einer häuslichen Umgebung haben Beschäftigte gegenüber Arbeitgebern mit in der Regel über 15 Beschäftigten einen Anspruch für die Dauer von bis zu sechs Monaten (Höchstdauer) auf unbezahlte vollständige oder teilweise Freistellung von der Arbeit mit Rückkehrmöglichkeit (Näheres siehe §§ 3f. PflegeZG).

Um den Eintritt der Pflegebedürftigkeit zu vermeiden, haben Maßnahmen der Prävention (Vorsorge) und medizinischen Rehabilitation Vorrang (Näheres siehe §§ 5ff. SGB XI).

7. Familienpflegezeit

Beschäftigte, die einen pflegebedürftigen nahen Angehörigen in einer häuslichen Umgebung pflegen und ihre förderungsfähige wöchentliche Arbeitszeit um mindestens 15 Stunden verringern, können mit Einverständnis des Arbeitgebers für längstens 24 Monate – bei gleichzeitiger Aufstockung des Arbeitsentgelts durch den Arbeitgeber – **Familienpflegezeit** in Anspruch nehmen. Einen Rechtsanspruch auf Familienpflegezeit gibt es nicht. Im Umfang der Aufstockung des Arbeitsentgelts erhält der Arbeitgeber auf Antrag unter bestimmten Voraussetzungen vom Bundesamt für Familie und zivilgesellschaftliche Aufgaben ein monatlich gezahltes zinsloses Darlehen, dass er später ebenfalls wieder in monatlichen Raten zu bestimmten Terminen zurückzahlen muss (Näheres siehe §§ 1ff. FPfZG).

Elterngeld und Elternzeit

Elterngeld	Das Elterngeld ist eine finanzielle Unterstützung des Staates. Einen Anspruch auf Elterngeld haben grundsätzlich alle Personen (Eltern), die in Deutschland wohnen und ihren gewöhnlichen Aufenthalt in Deutschland haben, mit ihrem Kind in einem Haushalt leben, dieses Kind selbst betreuen und erziehen und keine oder keine volle Erwerbstätigkeit ausüben (Näheres – auch zu den Ausnahmen – siehe § 1 BEEG). Das Elterngeld beträgt bis zu 67 % des in den letzten 12 Kalendermonaten vor dem Monat der Geburt des Kindes durchschnittlich erzielten monatlichen Erwerbseinkommens. Der monatliche Höchstbetrag ist 1800,00 €, der monatliche Mindestbetrag 300,00 €. Bestimmte andere Leistungen (z.B. das Mutterschaftsgeld und andere, dem Elterngeld vergleichbare Leistungen) werden unter bestimmten Voraussetzungen auf das Elterngeld angerechnet (Näheres siehe §§ 2f. BEEG). Das Elterngeld wird vom Tag der Geburt, längstens bis zur Vollendung des 14. Lebensmonats des Kindes bezahlt. Die Eltern können die jeweiligen Monatsbeträge abwechselnd oder gleichzeitig beziehen. Wenn beide Elternteile die Anspruchsvoraussetzungen erfüllen, bestimmen sie, wer von ihnen den Anspruch geltend macht (Näheres siehe §§ 4f. BEEG). Das Elterngeld ist innerhalb von 3 Monaten nach der Geburt schriftlich mit einem „Formular" bei der zuständigen „Elterngeldstelle" (z.B. bei den Jugendämtern) zu beantragen. In dem Antrag müssen die berechtigten Personen z.B. angeben, für welche Monate Elterngeld beantragt wird (Näheres siehe §§ 7, 12 BEEG). Die Ausgaben für das Elterngeld werden vom Bund getragen [§ 12 II BEEG].

1 Der Arbeitgeber ist nur zur Fortzahlung der Vergütung verpflichtet, wenn er hierzu aus anderen gesetzlichen Vorschriften oder durch eine Vereinbarung verpflichtet ist [§ 2 III PflegeZG].

Elternzeit für Arbeitnehmerinnen und Arbeitnehmer	Während das Elterngeld grundsätzlich alle Personen, die Kinder bekommen, beanspruchen können, betrifft die Elternzeit nur die Arbeitnehmerinnen und Arbeitnehmer. Einen Anspruch auf Elternzeit haben z.B. Arbeitnehmerinnen und Arbeitnehmer, wenn diese mit ihrem Kind in einem Haushalt leben und dieses Kind auch selbst betreuen und erziehen. Der gesetzliche Anspruch auf Elternzeit (während der das Arbeitsverhältnis ruht) besteht bis zur Vollendung des dritten Lebensjahres des Kindes. Die Elternzeit kann (auch anteilig) von jedem Elternteil allein oder von beiden Elternteilen gemeinsam genommen werden (Näheres siehe § 15 BEEG).[1] Wer Elternzeit beanspruchen will, muss die Elternzeit spätestens sieben Wochen vor Beginn der Elternzeit schriftlich beim Arbeitgeber beantragen und ihm gleichzeitig mitteilen, für welche Zeiten innerhalb von zwei Jahren die Elternzeit genommen werden soll (Näheres siehe § 16 BEEG). Das Arbeitsverhältnis kann vom Arbeitgeber ab dem Zeitpunkt, von dem an die Elternzeit verlangt worden ist, höchstens jedoch acht Wochen vor Beginn der Elternzeit, und während der Elternzeit nicht gekündigt werden. Nur in bestimmten Ausnahmesituationen (z.B. bei Insolvenz des Arbeitgebers) entfällt der Kündigungsschutz. Dann kann das Arbeitsverhältnis vom Arbeitgeber gekündigt werden (Näheres siehe § 18 BEEG). Die Arbeitnehmerinnen und Arbeitnehmer können ihr Arbeitsverhältnis zum Ende ihrer Elternzeit nur mit einer Kündigungsfrist von drei Monaten kündigen [§ 19 BEEG].

5.3.2 Formen der Leistungserstellung

In der Sozialversicherung kann der Versicherte Leistungen beanspruchen, für die er keine eigenen finanziellen Vorleistungen erbringen musste. Darin unterscheidet sie sich von vielen Privatversicherungen.

- Gegenstand der sozialen Rechte sind die in den Sozialgesetzbüchern vorgesehenen Dienst-, Sach- und Geldleistungen (Sozialleistungen). Die persönliche und erzieherische Hilfe gehört zu den „Dienstleistungen" (siehe § 11 SGB I).

Sach- und Dienstleistungen können auch als **Naturalleistungen** bezeichnet werden, da sie vom Versicherten „in Natur" beansprucht werden können[2] (z.B. Vorsorgemaßnahmen, ärztliche Behandlung, Rehabilitationsmaßnahmen, Berufsberatung oder häusliche Pflegehilfe). Ansprüche auf Dienst- und Sachleistungen können weder übertragen noch verpfändet werden.

Bei **Geldleistungen** hat der Versicherte einen Anspruch auf Zahlung eines Geldbetrags (z.B. Krankengeld, Mutterschaftsgeld, Pflegegeld, Übergangsgeld, Renten oder Arbeitslosengeld). Nach § 47 SGB I sollen Geldleistungen grundsätzlich kostenfrei auf ein Konto des Empfängers bei einer Bank überwiesen oder, wenn der Empfänger es verlangt, kostenfrei an seinen Wohnsitz übermittelt werden. Die **Übertragung** und **Verpfändung** von Geldleistungen ist möglich.

Ein Sozialversicherungsträger kann Ansprüche auf Geldleistungen eines Berechtigten, mit Ansprüchen, die er gegen diesen Berechtigten hat, aufrechnen. Diese **Aufrechnung** [§ 51 SGB I] ist nur bei

1 Einer Teilzeittätigkeit von 15 bis 30 Wochenstunden muss der Arbeitgeber zustimmen, wenn das Arbeitsverhältnis im gleichen Unternehmen ohne Unterbrechung länger als sechs Monate besteht, der Arbeitgeber in der Regel mehr als 15 Arbeitnehmer (Arbeitnehmerinnen) beschäftigt und dem Anspruch keine dringenden betrieblichen Gründe entgegenstehen (Näheres siehe § 15 BEEG).

2 Zarnowka: Fachkunde für Sozialversicherungsfachangestellte, Köln 1994.

Ansprüchen auf **Geldleistungen** möglich, die nach § 54 II, IV SGB I pfändbar sind (zu den grundsätzlich **unpfändbaren Ansprüchen** wie z. B. auf das Erziehungsgeld, Mutterschaftsgeld und Wohngeld, siehe § 54 III SGB I). Ebenso ist die **Verrechnung** von Geldleistungen untereinander erlaubt, wenn ein Leistungsträger gegenüber dem Berechtigten Geldleistungen erbringen müsste, ein anderer Sozialversicherungsträger aber Ansprüche gegen dieselbe Person hat.

5.4 Grundsicherung für Arbeitsuchende

1. Aufgabe, Ziel und Leistungsgrundsätze

Die Grundsicherung für Arbeitsuchende soll die Eigenverantwortung der erwerbsfähigen Leistungsberechtigten[1] und von Personen, die mit ihnen in einer Bedarfsgemeinschaft[2] leben, stärken und dazu beitragen, dass diese Personen ihren Lebensunterhalt – unabhängig von der Grundsicherung – aus eigenen Mitteln und Kräften bestreiten können. Die Grundsicherung soll vor allem die erwerbsfähigen Leistungsberechtigten bei der Aufnahme oder Beibehaltung einer Erwerbstätigkeit unterstützen und deren Lebensunterhalt sichern. Durchgängiges Prinzip ist die Gleichstellung von Männern und Frauen. Durch die Erhaltung, Verbesserung oder Wiederherstellung der Erwerbsfähigkeit mit anschließender Erwerbstätigkeit soll die Hilfebedürftigkeit vermieden oder beseitigt sowie die Dauer der Hilfebedürftigkeit verkürzt und der Umfang der Hilfebedürftigkeit verringert werden (Näheres siehe §§ 1, 48 b SGB II). Bei den Leistungen zur Eingliederung in Arbeit sind die Eignung, die individuelle Lebenssituation (insbesondere der familiären Situation), die voraussichtliche Dauer der Hilfebedürftigkeit und die Dauerhaftigkeit der Eingliederung der erwerbsfähigen Leistungsberechtigten zu berücksichtigen (Näheres siehe § 3 SGB II).

2. Träger der Grundsicherung

Träger der nach dem SGB II zu erbringenden Leistungen ist die Bundesagentur für Arbeit (Bundesagentur), soweit nicht die kreisfreien Städte und Kreise (kommunale Träger) zuständig sind [§§ 6, 6 a SGB II).[3]

Zur einheitlichen Durchführung der Grundsicherung für Arbeitsuchende werden von den Trägern der Leistungen gemeinsame Einrichtungen gebildet, die durch eine Geschäftsführerin oder durch einen Geschäftsführer geleitet sowie gerichtlich und außergerichtlich vertreten werden (Näheres siehe §§ 44 b ff. SGB II). Diese gemeinsamen Einrichtungen nach § 44 b sowie die nach § 6 a SGB II zugelassenen kommunalen Träger führen die Bezeichnung **Jobcenter** [§ 6 d SGB II]. Bei jeder gemeinsamen Einrichtung nach § 44 b SGB II wird ein **Beirat** gebildet, der die Einrichtung bei der Auswahl und Gestaltung der Eingliederungsinstrumente- und maßnahmen berät (Näheres siehe § 18 d SGB II, siehe auch § 18 e SGB II, **Beauftragte für Chancengleichheit am Arbeitsmarkt).**

1 Zum Begriff Erwerbsfähigkeit und Hilfebedürftigkeit siehe §§ 8 f. SGB II.

2 Wer zur Bedarfsgemeinschaft gehört (z. B. erwerbsfähige Leistungsberechtigte, im Haushalt lebende Eltern, Ehegatte, Lebenspartner, unverheiratete Kinder), ist im § 7 III SGB II geregelt.

3 Federführend für die Grundsicherung der länger arbeitslosen, aber arbeitsfähigen Personen ist somit grundsätzlich die Bundesagentur für Arbeit (BA). **Örtlich** ist die Agentur für Arbeit oder der kommunale Träger zuständig, in dessen Bezirk bzw. Gebiet die erwerbsfähige leistungsberechtigte Person ihren gewöhnlichen Aufenthalt hat (Näheres siehe § 36 SGB II). Bei der Ausführung der Bundesgesetze auf dem Gebiet der Grundsicherung für Arbeitsuchende wirken der Bund und die Länder oder die nach Landesrecht zuständigen Gemeinden und Gemeindeverbände in der Regel in **gemeinsamen Einrichtungen** zusammen. Der Bund kann zulassen, dass eine begrenzte Anzahl von Gemeinden und Gemeindeverbänden auf ihren Antrag und mit Zustimmung der obersten Landesbehörde die Grundsicherung für Arbeitsuchende nach dem SGB II allein wahrnimmt (siehe Artikel 91 e GG). Das Verfahren zur Feststellung der Eignung als kommunaler Träger regelt die „Kommunalträger-Eignungsfeststellungsverordnung" (KtEfV) (Näheres siehe § 6 a III SGB II, §§ 1 ff. KtEfV). Die Zulassung als kommunaler Träger erfolgt durch eine Rechtsverordnung (Kommunalträger-Zulassungsverordnung) des Bundesministeriums für Arbeit und Soziales. Im Januar 2012 gab es z. B. 108 kommunale Träger der Grundsicherung für Arbeitsuchende (Quelle: Anlage zu § 1 Kommunalträger-Zulassungsverordnung vom 24. September 2004 mit Änderungen (Ergänzungen).

3. Berechtigte Personen

Leistungen nach dem SGB II erhalten Personen, die das 15. Lebensjahr vollendet und die Altersgrenze nach § 7a SGB II noch nicht erreicht haben, erwerbsfähig und hilfebedürftig sind und ihren gewöhnlichen Aufenthalt in der Bundesrepublik Deutschland haben **(erwerbsfähige Leistungsberechtigte)**. Auch mit erwerbsfähigen Leistungsberechtigten in einer Bedarfsgemeinschaft lebende Personen (z.B. im Haushalt lebende Eltern und deren dem Haushalt angehörenden unverheirateten erwerbsfähigen Kinder, wenn diese das 25. Lebensjahr noch nicht vollendet haben) können unter bestimmten Voraussetzungen Leistungen erhalten (Näheres siehe § 7 SGB II).

Personen, die vor dem 1. Januar 1947 geboren sind, erreichen die Altersgrenze mit Vollendung des 65. Lebensjahres. Für die nach dem 31. Dezember 1946 geborenen Personen wird die Altersgrenze stufenweise auf das vollendete 67. Lebensjahr angehoben (Näheres siehe § 7a SGB II).

Bei den in einer Bedarfsgemeinschaft lebenden Personen ist zur Feststellung der Hilfebedürftigkeit auch das Einkommen und Vermögen des Partners und bei hilfebedürftigen minderjährigen unverheirateten Kindern auch das Einkommen und Vermögen der Eltern zu berücksichtigen (Näheres siehe §§ 9, 11ff. SGB II).

4. Leistungen

Die Grundsicherung für Arbeitsuchende soll den Leistungsberechtigten ermöglichen, ein menschenwürdiges Leben zu führen [§ 1 I SGB II]. Hierzu werden Leistungen als **Dienstleistungen** (z.B. durch Information, Beratung), als **Sachleistungen** (Näheres siehe § 24 SGB II) und als **Geldleistungen** (insbesondere zur Eingliederung der erwerbsfähigen Leistungsberechtigten in Arbeit und zur Sicherung des Lebensunterhalts) gewährt [§ 4 I SGB II].

■ Leistungen zur Eingliederung in Arbeit[1]

Durch diese Leistungen soll die Eingliederung der erwerbsfähigen Leistungsberechtigten in Arbeit unterstützt werden. Hierzu soll die Agentur für Arbeit z.B. für jeden erwerbsfähigen Leistungsberechtigten einen persönlichen Ansprechpartner benennen [§ 14 SGB II] und mit diesen Personen im Einvernehmen mit den kommunalen Trägern die für ihre Eingliederung erforderlichen Leistungen vereinbaren **(Eingliederungsvereinbarungen,** Näheres siehe §§ 15, 15a SGB II). Mögliche Leistungen sind z.B. die Ausbildungs- und Arbeitsvermittlung, die zur Sicherung des Lebensunterhalts gewährten verschiedenen Geldleistungen, die Betreuung minderjähriger oder behinderter Kinder, die häusliche Pflege von Angehörigen, die Schuldnerberatung, psychologische Betreuung, Suchtberatung, Beschäftigungszuschüsse an Arbeitgeber und Leistungen nach dem Altersteilzeitgesetz (Näheres siehe z.B. §§ 16ff. SGB II, § 35 SGB III).[2] Bei der Erbringung ihrer Leistungen arbeiten die Agenturen für Arbeit insbesondere mit den Gemeinden, Kreisen und Bezirken, den Trägern der freien Wohlfahrtspflege, den Vertretern der Arbeitgeber und Arbeitnehmer, den Kammern, den berufsständischen Organisationen und mit den für die Arbeitsförderung zuständigen Dienststellen der Bundesagentur für Arbeit eng zusammen [§§ 18 I, 18a SGB II].[3]

---

1 Die Leistungen zur Eingliederung in Arbeit sind in den §§ 14ff. SGB II geregelt.

2 Weitere Leistungen zur Eingliederung in Arbeit sind die Zahlung von **Einstiegsgeld**, das arbeitslose erwerbsfähige Leistungsberechtigte bei Aufnahme einer sozialversicherungspflichtigen oder selbstständigen Erwerbstätigkeit zeitlich befristet erhalten können (Näheres siehe § 16b SGB II), **Leistungen** (z.B. Darlehen, Zuschüsse für die Beschaffung von Sachgütern) **zur Eingliederung von Selbstständigen** [§ 16c SGB II], die **Beschaffung von Arbeitsgelegenheiten** für erwerbsfähige Leistungsberechtigte [§ 16d SGB II] und die **Förderung von Arbeitsverhältnissen** [§ 16e SGB II].

3 Durch die **örtliche Zusammenarbeit** soll auch ein Leistungsmissbrauch verhindert oder aufgedeckt werden (Näheres siehe § 18 SGB II).

- **Leistungen zur Sicherung des Lebensunterhalts**[1]

Zu diesen Leistungen gehören vor allem das Arbeitslosengeld II, Sozialgeld, die Zahlung von Sozialversicherungsbeiträgen und die Freibeträge bei Erwerbstätigkeit.

– Als **Arbeitslosengeld II** werden Leistungen zur **Sicherung des Lebensunterhalts** einschließlich der tatsächlich entstandenen angemessenen Kosten für Unterkunft und Heizung gewährt (Näheres siehe § 22 SGB II).[2] Zu berücksichtigende Einkommen und Vermögen mindern die Geldleistungen der Agentur für Arbeit und kommunalen Träger (z.B. Gemeinden, Kreise) [§ 19 SGB II]. Die **monatlichen Regelleistungen**[3] zur Sicherung des Lebensunterhalts (insbesondere für Ernährung, Kleidung, Körperpflege, Hausrat, persönliche Bedürfnisse des täglichen Lebens), und zur Teilnahme am sozialen und kulturellen Leben in der Gemeinschaft sind der nachfolgenden Tabelle zu entnehmen:

monatliches Arbeitslosengeld II/Sozialgeld je Person seit 01.01.2012[4]					
■ Alleinstehende ■ Alleinerziehende ■ Volljährige mit minderjährigem Partner [§ 20 I, II S. 1 SGB II]	■ Zwei Partner der Bedarfsgemeinschaft haben das 18. Lebensjahr vollendet [§ 20 IV SGB II]	■ Mitglied der Bedarfsgemeinschaft nach Vollendung des 18. Lebensjahres ■ Personen, die das 25. Lebensjahr noch nicht vollendet haben und ohne Zusicherung des kommunalen Trägers umziehen, bis zur Vollendung des 25. Lebensjahres [§§ 20 II, S. 2, Nr. 2, III; 22 V SGB II]	■ Personen der Bedarfsgemeinschaft im 15. Lebensjahr bis zur Vollendung des 18. Lebensjahres [§§ 20 II, S.2, Nr. 1; 23, Nr. 1; 77 IV, Nr. 1,4 SGB II]	■ Personen der Bedarfsgemeinschaft ab Beginn des 7. Lebensjahres bis einschließlich des 14. Lebensjahres [§§ 23, Nr. 1; 77 IV, Nr. 3 SGB II]	■ Personen der Bedarfsgemeinschaft bis zur Vollendung des 6. Lebensjahres [§§ 23, Nr. 1; 77 IV, Nr.2 SGB II]
374 Euro	337 Euro	299 Euro	287 Euro*	251 Euro*	219 Euro

* Nach der neuen Berechnung der Regelsätze würden sich geringere Beträge ergeben. Es werden jedoch diese Beträge weiter gewährt (Vertrauensschutz), bis sich durch die Fortschreibung dieser Beträge keine höheren Beträge ergeben [§ 77 IV SGB II].

---

1 Die Leistungen zur Sicherung des Lebensunterhalts sind in den §§ 19ff. SGB II geregelt.

2 Zu den **Sanktionen** bei **Pflichtverletzungen** (z.B. Weigerung der Aufnahme einer zumutbaren Arbeit oder Ausbildung) der **erwerbsfähigen Leistungberechtigten** (z.B. Minderung oder Wegfall des Arbeitslosengelds II) siehe §§ 31ff. SGB II.

3 Der als monatlicher Pauschbetrag berücksichtigte **Regelbedarf** wird jeweils zum 1. Januar eines Jahres überprüft und erforderlichenfalls an die Entwicklung der Löhne und Preise angepasst. Leistungsberechtigte Kinder und Jugendliche sowie junge Erwachsene von Familien, die Leistungen der Grundsicherung nach dem SGB II beziehen, sowie Haushalte, die Wohngeld oder Kinderzuschläge beziehen, erhalten im Rahmen eines sogenannten „Bildungspakets" neben dem Regelbedarf weitere zusätzliche Leistungen. Der Bund zahlt z.B. bis zu bestimmten Höchstbeträgen Zuschüsse für Schul- und Kitaessen und beteiligt sich jeweils bis zu bestimmten Höchstbeträgen an den Kosten für den erforderlichen Nachhilfeunterricht für versetzungsgefährdete Kinder sowie an den Beiträgen für Sportvereine und Musikschulen. Damit die Kommunen diese zusätzlichen Leistungen bezahlen können, erhöht der Bund z.B. seine Beteiligung an den von den Kommunen zu zahlenden Miet- und Heizungskosten. Die Leistungen für Bildung und die Teilhabe am sozialen und kulturellen Leben in der Gemeinschaft werden als Sach- und Dienstleistungen (insbesondere durch personalisierte Gutscheine oder Direktzahlungen an die Anbieter von Leistungen) erbracht (Näheres siehe §§ 28f. SGB II).

4 Die Höhe der Regelbedarfe zur Sicherung des Lebensunterhalts (Arbeitslosengeld II und Sozialgeld) wird durch ein Regelbedarfs-Ermittlungsgesetz (RBEG) auf der Grundlage regelbedarfsrelevanter Verbrauchsausgaben (z.B. Ausgaben für Nahrungsmittel, Bekleidung und Schuhe, Wohnen, Energie, Gesundheitspflege, Verkehr, Freizeit, Bildung) festgelegt. Der Gesetzgeber hat bei der Bestimmung des (sozialen) Existenzminimums nach einer Entscheidung des Bundesverfassungsgerichts einen weiten Gestaltungsspielraum.

- **Sozialgeld** erhalten wegen Krankheit oder Behinderung auf absehbarer Zeit nicht erwerbsfähige Leistungsberechtigte ohne einen Anspruch auf Sozialhilfe (Grundsicherung im Alter und bei dauerhafter Erwerbsminderung nach §§ 41 ff. SGB XII), wenn diese mit erwerbsfähigen Leistungsberechtigten in einer Bedarfsgemeinschaft leben (Näheres siehe §§ 19, 23 SGB II).[1]
- Alle Bezieher von Arbeitslosengeld II oder Sozialgeld sind grundsätzlich in die Sozialversicherung einbezogen. Die Beiträge (im notwendigen Umfang) für die gesetzliche Kranken- und Pflegeversicherung und einem Mindestbetrag für die gesetzliche Rentenversicherung zahlen die Träger von Arbeitslosengeld II. Außerdem sind die Empfänger von Arbeitslosengeld II auf ihrem Weg zur Arbeitsagentur und zum Bewerbungsgespräch unfallversichert (Näheres siehe z.B. § 26 SGB II; § 5 I, Nr. 2 a SGB V; § 3, S. 1, Nr. 3 SGB VI; § 2 I, Nr. 15 SGB VII).
- **Freibeträge bei Erwerbstätigkeit** erhalten erwerbsfähige Leistungsberechtigte, die erwerbstätig sind. Von ihrem nach den §§ 11ff. SGB II zu berücksichtigenden Einkommen aus Erwerbstätigkeit werden von der Höhe des Bruttolohns abhängige Freibeträge abgesetzt (Näheres siehe §§ 11 b III, 77 III SGB II).

5. Zumutbarkeit

Einem erwerbsfähigen Leistungsberechtigten ist grundsätzlich jede Arbeit zumutbar. Unzumutbarkeit liegt z.B. vor, wenn der erwerbsfähige Leistungsberechtigte zu der bestimmten Arbeit körperlich, geistig oder seelisch nicht in der Lage ist, die Ausübung der Arbeit die Erziehung seines Kindes oder des Kindes seines Partners gefährden würde oder die Ausführung der Arbeit mit der Pflege eines Angehörigen nicht vereinbar wäre (Näheres siehe § 10 SGB II).

6. Feststellung der Erwerbsfähigkeit und Hilfebedürfigkeit

Ob die oder der Arbeitsuchende erwerbsfähig und hilfebedürftig ist, stellt die Agentur für Arbeit fest. Wenn andere Leistungsträger (z.B. kommunale Träger, Krankenkassen) einer Feststellung mit Begründung widersprechen, entscheidet die Agentur für Arbeit nach Einholung einer gutachterlichen Stellungnahme durch den zuständigen Träger der Rentenversicherung. Bei ihrer Entscheidung über den Widerspruch ist die Agentur für Arbeit an die Stellungnahme gebunden (Näheres siehe § 44a SGB II, § 109a III SGB VI). Bei der Feststellung der Hilfebedürftigkeit ist zu beachten, dass die erwerbsfähigen Leistungsberechtigten und die mit ihnen in einer Bedarfsgemeinschaft lebenden Personen alle Möglichkeiten zur Beendigung oder Verringerung ihrer Hilfebedürftigkeit ausschöpfen müssen (Näheres siehe § 2 SGB II).

---

1 Bestimmten hilfebedürftigen Personen (z.B. werdende Mütter, behinderte Personen) mit einem durch die Regelleistung nicht gedeckten Mehrbedarf ihres Lebensunterhalts können zusätzliche Leistungen gewährt werden (Näheres siehe § 21 SGB II). Personen unter 25 Jahren haben grundsätzlich keinen „Regelanspruch“ mehr auf Leistungen für eine eigene Wohnung und Übernahme der Heizungskosten (Näheres siehe § 22 V SGB II). Kinder, Jugendliche und junge Erwachsene können unter bestimmten Voraussetzungen neben dem Regelbedarf zusätzliche Leistungen für Bildung und Teilhabe am sozialen und kulturellen Leben in der Gemeinschaft erhalten. Die durch Sach- und Dienstleistungen (z.B. personalisierte Gutscheine, Geldzahlungen) erbrachten Leistungen erhalten die Leistungsberechtigten z.B. für Schulausflüge, mehrtägige Klassenfahrten, die Ausstattung mit persönlichem Schulbedarf, Schülerbeförderung, Teilnahme an einer gemeinsamen Mittagsverpflegung, erforderliche geeignete und angemessene Lernförderung sowie für sportliche Tätigkeiten und kulturelle Bildung (z.B. Musikunterricht). Anerkannt werden die tatsächlichen erforderlichen Aufwendungen, wobei bei bestimmten Leistungen nur die Mehraufwendungen berücksichtigt oder pauschale Höchstbeträge vergütet werden (Näheres siehe §§ 28f. SGB II). Weitere Leistungen zur Sicherung des Lebensunterhalts sind z.B. die Leistungen bei einer medizinischen Rehabilitation der Rentenversicherung und bei einem Anspruch auf Verletztengeld aus der Unfallversicherung (Näheres siehe § 25 SGB II) sowie die Leistungen für die Auzubildenen (Näheres siehe § 27 SGB II). Zur Minderung und zum Wegfall des Sozialgelds siehe §§ 31ff. SGB II.

7. Finanzierung

Die Aufwendungen der Grundsicherung für Arbeitsuchende werden, soweit die Leistungen von der Bundesagentur für Arbeit erbracht werden, vom Bund getragen. Der Bund erstattet der Bundesagentur für Arbeit auch hierfür die Verwaltungskosten. Der Bund beteiligt sich auch zweckgebunden an den nach § 22 I SGB II zu erbringenden Leistungen für Unterkunft und Heizung (Näheres siehe § 46 SGB II).

8. Anzeige- und Bescheinigungspflicht bei Arbeitsunfähigkeit[1]

Erwerbsfähige Leistungsberechtigte, die Leistungen zur Sicherung des Lebensunterhalts beantragt haben oder beziehen, müssen der Agentur für Arbeit eine eingetretene Arbeitsunfähigkeit und deren voraussichtliche Dauer unverzüglich anzeigen und spätestens vor Ablauf des dritten Kalendertags nach dem Eintritt der Arbeitsunfähigkeit eine ärztliche Bescheinigung über die Arbeitsunfähigkeit und deren voraussichtliche Dauer vorlegen (Näheres siehe § 56 SGB II).

9. Sanktionen bei Pflichtverletzungen

Verletzen erwerbsfähige Leistungsberechtigte trotz schriftlicher Belehrung über die Rechtsfolgen ihre Pflichten, weil diese z.B. die für sie in der Eingliederungsvereinbarung festgelegten Pflichten nicht erfüllen; sich weigern, eine zumutbare Arbeit, Ausbildung, Arbeitsgelegenheit aufzunehmen oder zumutbare Maßnahmen zur Eingliederung in Arbeit nicht antreten oder abbrechen, dann mindert sich z.B. das Arbeitslosengeld II in einer ersten Stufe um 30% des nach § 20 SGB II maßgebenden Regelbedarfs (Näheres siehe §§ 31ff. SGB II). Bei einer vorsätzlichen oder fahrlässigen Verletzung der Auskunftspflichten der Arbeitgeber gegenüber der Agentur für Arbeit können **Bußgelder** bis zu 5000,00 € verhängt werden (Näheres siehe §§ 57, 63 SGB II).

5.5 Staatlich geförderte private Altersvorsorge (kapitalgedecktes Altersvorsorgevermögen)

Weil das derzeitige Rentenniveau in der gesetzlichen Rentenversicherung langfristig abgesenkt werden muss, steigt die Bedeutung der privaten Altersvorsorge. Der „Einstieg" in eine staatlich geförderte private Altersvorsorge erfolgte durch das Altersvermögensgesetz (AVmG).

Zur Förderung eines kapitalgedeckten Altersvorsorgevermögens können Pflichtversicherte in der gesetzlichen Rentenversicherung und andere Personen (z.B. Beamte, Richter, Berufssoldaten) unter bestimmten Voraussetzungen **Altersvorsorgehöchstbeträge** zuzüglich der zustehenden **Altersvorsorgezulagen** [§§ 79ff. EStG] bei der **Einkommensteuer** als **Sonderausgaben** abziehen (Näheres siehe §§ 10a, 82 EStG).

Die begünstigten (zulageberechtigten) Personen haben unter bestimmten Voraussetzungen einen Anspruch auf eine vom Staat geleistete Altersvorsorgezulage [§ 79 EStG]. Grundvoraussetzung ist, dass die pflichtversicherten Personen **Altersvorsorgebeiträge** (Mindesteigenbeiträge) zugunsten eines auf ihren Namen lautenden Altersvorsorgevertrags leisten, der nach § 5 AltZertG zertifiziert ist. Auch die aus dem individuell versteuerten Arbeitslohn des Arbeitnehmers geleisteten Zahlungen in einen Pensionsfonds, eine Pensionskasse oder eine Direktversicherung zum

1 Zu diesen **Mitwirkungspflichten** gehören auch die Auskunftspflichten der Arbeitgeber und Dritter (Näheres siehe §§ 57ff. SGB II).

Aufbau einer kapitalgedeckten betrieblichen Altersvorsorge können zu den Altersvorsorgebeiträgen gehören (Näheres siehe § 82 EStG).

Die von den Anbietern[1] der Altersvorsorgeverträge gegebenen Leistungszusagen müssen zertifizierungsfähig[2] sein [§ 1 II AltZertG]. Hierzu müssen die zwischen dem Anbieter und einer natürlichen Person (dem Vertragspartner) in deutscher Sprache abzuschließenden Altersvorsorgeverträge bestimmte Voraussetzungen erfüllen.

Der Vertragspartner muss sich z.B. verpflichten, in der Ansparphase laufend freiwillige Aufwendungen (Altersvorsorgebeiträge) zu leisten. Die Leistungen für den Vertragspartner zur Altersversorgung dürfen auch nicht vor Vollendung des 60. Lebensjahrs erbracht werden. Die Altersvorsorgebeiträge, die erwirtschafteten Erträge und Veräußerungsgewinne müssen außerdem in bestimmte Anlagen (Produkte) wie z.B. in Rentenversicherungen, Bankguthaben mit Zinsansammlung oder in Anteilen an Investmentfonds angelegt sein (Näheres siehe § 1 I AltZertG).[3]

Abhängig von den geleisteten Altersvorsorgebeiträgen erhalten die Zulageberechtigten auf Antrag[4] eine Zulage, die sich aus einer **Grundzulage** [§ 84 EStG] und einer **Kinderzulage** [§ 85 EStG] zusammensetzt [§ 83 EStG].

Die jährliche **Grundzulage** beträgt seit 2008 154,00 € [§ 84 EStG].[5] Die jährliche **Kinderzulage** beträgt für jedes Kind, für das dem Zulageberechtigten Kindergeld ausgezahlt wird, 185,00 € [§ 85 EStG]. Für ab dem 1. Januar 2008 Geborene beläuft sich die Kinderzulage jährlich auf 300,00 €.

Um die vollen Altersvorsorgezulagen zu erhalten, muss der Zulageberechtigte einen **Mindesteigenbeitrag** in Höhe von jährlich 4% der beitragspflichtigen Einnahmen des Versicherungspflichtigen leisten. In jedem Fall muss vom „Vorsorgesparer" jährlich ein sogenannter **Sockelbeitrag** von 60,00 € erbracht werden (Näheres siehe § 86 EStG).

Zentrale Stelle für die Ermittlung des Zulageanspruchs und Auszahlung der Zulagen an die Anbieter zugunsten der Zulageberechtigten ist die „Deutsche Rentenversicherung Bund" (Näheres siehe §§ 81, 89f. EStG).

5.6 Private Vorsorge bei Erwerbs- und Berufsunfähigkeit[6]

Die finanzielle Sicherheit und Unabhängigkeit vieler Menschen (vor allem der Arbeitnehmer) hängt allein von deren Erwerbs- und Berufstätigkeit ab. Sowohl bei der Ausübung des Berufs (bei der Erwerbstätigkeit) als auch im privaten Bereich (z.B. beim Sport) besteht das ständige Risiko (die Gefahr), z.B. durch eine schwere Krankheit und/oder einen Unfall, berufs- und/oder erwerbsunfähig zu werden.

Es ist daher sinnvoll, sich gegen die Folgen einer Berufs- und Erwerbsunfähigkeit abzusichern. Vor allem Berufsanfänger benötigen eine Berufsunfähigkeitsversicherung, da sie gerade in der Anfangsphase ihrer Berufstätigkeit nur unzureichend finanziell versorgt sind.

---

1 Anbieter von Altersvorsorgeverträgen sind die im § 1 II AltZertG genannten Unternehmen (vor allem Lebensversicherungsunternehmen) sowie die im § 82 II EStG genannten Versorgungseinrichtungen.

2 Die Zertifizierung eines Altersvorsorgevertrags ist die Feststellung, dass die Vertragsbedingungen des Altersvorsorgevertrags des Anbieters den gesetzlichen Anforderungen entsprechen [§ 1 III AltZertG]. Zweck der Zertifizierung ist der Schutz der Vertragspartner vor unseriösen Anbietern und Versicherungsverträgen. Zertifizierungsbehörde ist die „Bundesanstalt für Finanzdienstleistungsaufsicht" [§ 2 I AltZertG].

3 Der Zulageberechtigte kann das in einem Altersvorsorgevertrag gebildete und mit Zulagen geförderte Kapital auch für die Anschaffung oder Herstellung einer zu eigenen Wohnzwecken dienenden Wohnung in einem im Inland gelegenen eigenen Haus verwenden.

4 Der Antrag ist dem Anbieter auf einem amtlich vorgeschriebenen Vordruck innerhalb einer bestimmten Frist einzureichen (Näheres siehe § 89 EStG).

5 Für Zulageberechtigte, die zu Beginn des Beitragsjahres das 25. Lebensjahr noch nicht vollendet haben, erhöht sich die Grundzulage um einmalig 200,00 € (Näheres siehe §§ 84; 79, S. 1; 88 EStG).

6 Während bei der Berufsunfähigkeit nur der erlernte Beruf nicht mehr ausgeübt werden kann, ist bei der (vollen) Erwerbsunfähigkeit überhaupt keine Erwerbstätigkeit (keine Berufstätigkeit) mehr möglich.

Die Berufsunfähigkeitsversicherung sichert das finanzielle Risiko der Berufs- und Erwerbsunfähigkeit ab. In der Regel sind die Versicherungsverträge so abgefasst, dass der Versicherte die vereinbarte Leistung aus der Berufsunfähigkeitsversicherung (z.B. Rente) erhält, wenn er zumindest 50 Prozent berufsunfähig ist. Generell mitversichert ist heute der Pflegefall. Die Versicherungs- und Beitragszahlungsdauer kann auf ein bestimmtes Alter – zum Beispiel 45 Jahre – beschränkt werden. In der Regel werden Leistungen aus der Berufsunfähigkeitsversicherung nicht über das 65. Lebensjahr hinaus erbracht.

Berufsunfähigkeitsversicherungen können als Zusatzversicherung zu Renten- und kapitalbildenden Lebensversicherungen (Hauptversicherung) oder als selbstständige Hauptversicherung abgeschlossen werden.

Wegen der strengen Anforderungen an die gesetzlichen Renten wegen verminderter Erwerbsfähigkeit und deren relativ niedrigen Höhe wird die Bedeutung, sich auch gegen die finanziellen Risiken einer Erwerbs- und Berufsunfähigkeit privat abzusichern, weiter zunehmen.

Aufgaben

1. Frau Mangold (30 Jahre) möchte sicher sein, dass sie kerngesund ist. Sie will sich deshalb von „Kopf bis Fuß“ untersuchen lassen. Beurteilen Sie, ob die gesetzliche Krankenkasse verpflichtet ist, die Kosten für diese Untersuchung zu zahlen!
2. Herr Zeller (40 Jahre) fragt bei einer gesetzlichen Krankenkasse an, ob sie die Kosten für seine Krebsvorsorgeuntersuchung übernimmt. Welche Auskunft erteilt sie ihm?
3. Eine Krankenkasse bezuschusst einen Vortrag über gesunde Ernährung. Beurteilen Sie, ob diese Leistung mit dem Leistungsprogramm einer gesetzlichen Krankenkasse übereinstimmt!
4. Unterscheiden Sie zwischen „Verhütung von Krankheiten“ und „Früherkennung von Krankheiten“!
5. Erläutern Sie den Grundsatz „Rehabilitation vor Rente“.
6. Wie setzt sich bei der gesetzlichen Rentenversicherung die allgemeine Wartezeit zusammen?
7. Grenzen Sie die Begriffe Arbeitsunfall, Wegeunfall und Berufskrankheit voneinander ab!
8. Nennen Sie fünf Leistungen, die es in der gesetzlichen Krankenversicherung und in der gesetzlichen Unfallversicherung gibt!
9. Beschreiben Sie den Unterschied zwischen Arbeitsvermittlung und Berufsberatung!
10. Welche Leistungen erbringt die gesetzliche Arbeitsförderung zur Senkung der Arbeitslosigkeit?
11. Erläutern Sie die Gründe für die Zielvorgabe der sozialen Pflegeversicherung: „Häusliche Pflegehilfe vor vollstationärer Pflege“!
12. Nennen Sie je fünf Beispiele für Sach-, Geld- und Dienstleistungen der Sozialversicherungsträger!
13. Erläutern Sie, warum die Aufrechnung und Verrechnung von Leistungen der gesetzlichen Sozialversicherung nur bis zur Pfändungsgrenze möglich ist!
14. Begründen Sie, warum Sach- und Dienstleistungen der gesetzlichen Krankenkasse nicht gepfändet werden können!
15. Nennen Sie Leistungen der Grundsicherung für erwerbsfähige Leistungsberechtigte sowie für Personen, die mit ihnen in einer Bedarfsgemeinschaft leben!
16. Begründen Sie die Notwendigkeit einer privaten Altersvorsorge!
17. Warum fördert der Staat die private Altersvorsorge?
18. Erklären Sie, was unter kapitalgedeckter privater Altersvorsorgeversicherung zu verstehen ist!
19. Erläutern Sie die Bedeutung einer privaten Vorsorge bei Erwerbs- und Berufsunfähigkeit!

5.7 Betriebliche Kennzahlen

Jedes Unternehmen muss wissen, ob es bei der Erfüllung seiner Aufgaben erfolgreich war und wo sich im Vergleich zu anderen Perioden oder konkurrierenden Betrieben Abweichungen ergaben. Um dies beurteilen zu können, werden verschiedene Kenn-, Richt- oder Orientierungszahlen ermittelt, die nicht nur der Kontrolle dienen, sondern auch Informationen für unternehmerische Entscheidungen liefern.

5.7.1 Produktivität

■ Die **Produktivität** ist die technische Ergiebigkeit eines Produktionsvorgangs. Sie stellt das Verhältnis von Ausbringungsmenge zu den Einsatzmengen der Produktionsfaktoren dar.

$$\textbf{Produktivität} = \frac{\textbf{Ausbringungsmenge}}{\textbf{Einsatzmenge}}$$

Aus dieser allgemeinen Formulierung der Produktivität lassen sich **Teilproduktivitäten** ableiten. Die wichtigste ist die **Arbeitsproduktivität.** Bei ihr wird die Ausbringung z.B. auf eine Arbeitsstunde bezogen.

Beispiel:

Ein Sachbearbeiter bei einem Rentenversicherungsträger bearbeitet im April 45 Rentenanträge, im Mai 40. Die geleisteten Arbeitsstunden betrugen im April 150 und im Mai 128 Arbeitsstunden.

$$\textbf{Arbeitsproduktivität} = \frac{\textbf{Ausbringung}}{\textbf{geleistete Arbeitsstunden}}$$

Mit den Zahlen des Beispiels erhält man folgende Werte:

Monat	Arbeitsproduktivität	Monat	Arbeitsproduktivität
April	$\frac{45}{150} = \underline{\underline{0{,}3}}$	Mai	$\frac{40}{128} = \underline{\underline{0{,}3125}}$

Das Ergebnis zeigt, dass sich die Arbeitsproduktivität im Mai erhöht hat. Da sich die Ausstattung mit **Betriebsmitteln im Normalfall** kurzfristig nicht ändert, ist die Produktivitätssteigerung ausschließlich auf die größere Arbeitsleistung des Sachbearbeiters zurückzuführen. Gründe können sein: Gestiegene Routine (Gewandtheit), höhere Motivation, die Aufsicht wurde verbessert, die Arbeitskräfte befürchten Entlassungen und strengen sich daher mehr an; das Betriebsklima ist besser geworden.[1]

1 Unterstellt ist ein gleich hoher Arbeitsumfang bei den einzelnen Rentenanträgen (z.B. keine unterschiedlichen Schwierigkeiten bei der Bearbeitung der einzelnen Anträge).

5.7.2 Wirtschaftlichkeit

■ **Wirtschaftlichkeit** ist das Verhältnis erbrachter Leistung zu den für diese Leistung aufgewendeten Mitteln, also deren Kosten je Periode (z. B. je Geschäftsjahr).

$$\textbf{Wirtschaftlichkeit} = \frac{\textbf{Leistung}}{\textbf{Kosten}}$$

Beispiel:

Der Monatsumsatz einer Arztpraxis betrug 132 000,00 €. Die monatlichen Kosten beliefen sich auf 120 000,00 €. Die Wirtschaftlichkeitskennzahl berechnet sich wie folgt:

$$\text{Wirtschaftlichkeit} = \frac{132\,000}{120\,000} = \underline{\underline{1{,}1}}$$

Die Wirtschaftlichkeitskennzahl 1,1 bedeutet, dass für jeden eingesetzten Euro eine Leistung (ein Erlös) von 1,10 € erzielt werden konnte.

5.7.3 Rentabilität

■ Unter **Rentabilität** (Kapitalrentabilität) versteht man den prozentualen Anteil eines erzielten Gewinns an einem eingesetzten Kapital. Wird nichts anderes gesagt, bezieht sich die Rentabilitätskennzahl auf ein Jahr. Sie stellt somit nichts anderes als die **Verzinsung** eines investierten Kapitals dar.

$$\textbf{Rentabilität} = \frac{\textbf{Gewinn} \cdot \textbf{100}}{\textbf{eingesetztes Kapital}}$$

Es können folgende **Arten der Rentabilität** unterschieden werden:

- Bei der **Eigenkapitalrentabilität (Unternehmerrentabilität)** wird der Reingewinn zum eingesetzten Eigenkapital in Beziehung gesetzt. Die Eigenkapitalrentabilität ist also der prozentuale Anteil des Reingewinns am Eigenkapital.

Beispiel:

Ein pharmazeutischer Betrieb ist mit 1 600 000,00 € Eigenkapital und 1 200 000,00 € Fremdkapital finanziert. Der Reingewinn betrug 320 000,00 €. Für das aufgenommene Fremdkapital wurden 96 000,00 € Zinsen bezahlt.

Die *Eigenkapitalrentabilität* errechnet sich folgendermaßen:

$$1\,600\,000{,}00\ € \quad \hat{=} \quad 100\ \%$$
$$320\,000{,}00\ € \quad \hat{=} \quad x\ \%$$

$$x = \frac{100 \cdot 320\,000}{1\,600\,000} = \underline{\underline{20\ \%}}$$

$$\textbf{Eigenkapitalrentabilität (Unternehmerrentabilität)} = \frac{\textbf{Reingewinn} \cdot 100}{\textbf{Eigenkapital}}$$

- Die **Gesamtkapitalrentabilität (Unternehmensrentabilität)** ist der prozentuale Anteil des Reingewinns zuzüglich Zinsaufwand am Gesamtkapital des Unternehmens. Die Zinsaufwendungen müssen berücksichtigt werden, weil sie als Einkommen der Kapitalgeber ebenfalls vom Unternehmen erwirtschaftet werden müssen.

Die *Gesamtkapitalrentabilität* wird folgendermaßen ermittelt:

2 800 000,00 € ≙ 100 %
416 000,00 € ≙ x %

$$x = \frac{100 \cdot 416\,000}{2\,800\,000} = \underline{\underline{14{,}86\,\%}}$$

$$\textbf{Gesamtkapitalrentabilität (Unternehmensrentabilität)} = \frac{(\textbf{Reingewinn} + \textbf{Zinsaufwand}) \cdot 100}{\textbf{Gesamtkapital}}$$

- Die **Umsatzrentabilität** ist der prozentuale Anteil des Reingewinns am Umsatz.

Beispiel:

Der Jahresumsatz einer Apotheke beträgt 2 100 000,00 €. Der Jahresreingewinn beläuft sich auf 126 000,00 €.

Die *Umsatzrentabilität* wird wie folgt berechnet:

2 100 000,00 € ≙ 100 %
126 000,00 € ≙ x %

$$x = \frac{100 \cdot 126\,000}{2\,100\,000} = \underline{\underline{6\,\%}}$$

$$\textbf{Umsatzrentabilität} = \frac{\textbf{Reingewinn} \cdot 100}{\textbf{Umsatz}}$$

5.7.4 Liquidität

Jeder Betrieb muss ständig über eine ausreichende **Liquidität** (Zahlungsfähigkeit) verfügen. Ein zu geringer Bestand an liquiden Mitteln (Bargeld, Bankguthaben) kann zu Zahlungsschwierigkeiten führen und damit den Erfolg oder gar den Fortbestand des Unternehmens gefährden. Aber auch zu hohe flüssige Finanzmittel wirken sich auf den Unternehmenserfolg und die Rentabilität nachteilig aus. Das „überflüssige" Geld erzielt z. B. keine oder nur niedrige Zinsen und verursacht sogar Kosten (z. B. Kontoführungsgebühren).

Die finanzielle Lage eines Betriebs kann mithilfe von **Liquiditätskennzahlen** beurteilt werden.

Beispiel:

Die zusammengefasste Bilanz der Büromöbelfabrik Wollmann OHG hat folgende Werte:

Vermögen	Bilanz vom 31. Dezember 20.. (in Euro)		Kapital
I. Anlagevermögen	900 000,00	I. Eigenkapital	1 000 000,00
II. Umlaufvermögen		II. Langfr. Verbindlichkeiten	300 000,00
1. Waren u. a. Vorräte	600 000,00	III. Mittelfr. Verbindlichkeiten	200 000,00
2. Forderungen	500 000,00	IV. Kurzfr. Verbindlichkeiten	900 000,00
3. Bankguthaben	350 000,00		
4. Kasse	50 000,00		

In der Regel unterscheidet man zwischen drei verschiedenen **Liquiditätskennzahlen**:

$$\textbf{Liquidität 1. Grades (Barliquidität)} = \frac{\textbf{liquide Mittel (Bargeld, Bankguthaben)}}{\textbf{kurzfristige Verbindlichkeiten}}$$

In diesem Beispiel beträgt die Barliquidität:

$$\frac{400\,000{,}00\ €}{900\,000{,}00\ €} = \underline{\underline{0{,}44}}$$

Diese Kennzahl zeigt, dass die flüssigen Mittel im Augenblick nicht ausreichen, um die kurzfristigen Verbindlichkeiten zu begleichen, weil sie nur rd. 44 % der kurzfristigen Verbindlichkeiten betragen. Da jedoch die Verbindlichkeiten nicht alle zum gleichen Zeitpunkt *fällig* sind, können auch zukünftige Forderungseingänge mit zur Tilgung herangezogen werden.

Der weiteren Beurteilung der Liquidität dient somit auch folgende Kennzahl:

$$\textbf{Liquidität 2. Grades (einzugsbedingte Liquidität)} = \frac{\textbf{liquide Mittel + Forderungen}}{\textbf{kurzfristige Verbindlichkeiten}}$$

Die Liquidität 2. Grades beträgt in unserem Beispiel:

$$\frac{900\,000{,}00\ €}{900\,000{,}00\ €} = \underline{\underline{1}}$$

Hier zeigt sich, dass die baren Mittel einschließlich der Forderungen der Höhe der kurzfristigen Verbindlichkeiten entsprechen. Die Liquidität ist – falls sich die Fristigkeiten der Bezahlung der Forderungen und Rückzahlungstermine der kurzfristigen Verbindlichkeiten in etwa decken – gut.

Ein abgerundetes Bild der Liquidität ist mit der Kennzahl für die Liquidität 3. Grades zu erreichen:

$$\textbf{Liquidität 3. Grades (umsatzbedingte Liquidität)} = \frac{\textbf{Umlaufvermögen}}{\textbf{kurz- und mittelfristige Verbindlichkeiten}}$$

Die Liquidität 3. Grades beträgt:

$$\frac{1\,500\,000{,}00\ €}{1\,100\,000{,}00\ €} = \underline{\underline{1{,}36}}$$

Das Ergebnis sagt aus, dass das Umlaufvermögen um rd. 36 % höher als die kurz- und mittelfristigen Verbindlichkeiten ist. Auch von dieser Seite her ist die Liquidität als günstig zu beurteilen.

13 Hartmann-Härter-Seifert - ISBN 978-3-8120-0412-1

Weitere Kennzahlen zur Beurteilung der Liquidität sind der **Cashflow** (wörtlich: fließende bare Mittel) und die **Cashflow-Rate.** Zur Berechnung des Cashflows werden meistens der Jahresreingewinn und die Abschreibungen herangezogen. Der Cashflow wird als absolute Zahl (Gewinn + Abschreibungen), die Cashflow-Rate als relative Zahl (Gewinn + Abschreibungen in Prozent des Umsatzes) ausgedrückt.

Beispiel:

Der Reingewinn eines Unternehmens betrug im Jahr 01 82000,00 €, im Jahr 02 87000,00 €. Die Abschreibungen beliefen sich im Jahr 01 auf 242000,00 €, im Jahr 02 auf 222000,00 €. Im Jahr 01 wurde ein Umsatz von 1650000,00 €, im Jahr 02 von 1700000,00 € erzielt.

Berechnung	Kennzahlen	
	Berichtsjahr	**Vorjahr**
Reingewinn + Abschreibungen Cashflow	87000,00 EUR 222000,00 EUR 309000,00 EUR	82000,00 EUR 242000,00 EUR 324000,00 EUR
$\text{Cashflow-Rate} = \frac{100 \cdot (\text{Reingewinn} + \text{Abschreibungen})}{\text{Umsatz}}$	$\frac{100 \cdot 309}{1700}$	$\frac{100 \cdot 324}{1650}$
	= 18,2 %	= 19,6 %

Der Cashflow zeigt die Zusammensetzung der finanziellen Mittel, die aus eigener Leistung erwirtschaftet wurden. Er liefert Informationen über den Ertrag und die Finanzkraft eines Unternehmens und ist somit aussagekräftiger als die Rentabilitätskennziffern. Die Cashflow-Rate gibt darüber hinaus an, wie viel Prozent des Umsatzes für Investitionen, Schuldentilgung und Gewinnausschüttung verfügbar sind.

Aufgaben

1. In der „Deutschen Rentenversicherung Baden-Württemberg" musste im Jahr 00 eine Arbeitsgruppe (zwei Sachbearbeiter) 11500 Rentenakten betreuen. Im Jahr 01 stieg die Zahl der Versicherten, sodass zum Aufgabenbereich dieser Arbeitsgruppe 11750 Rentenakten gehörten. Die jährliche Arbeitszeit stieg von 3150 im Jahr 00 auf 3200 Stunden im folgenden Jahr.

   1.1 Nennen Sie Gründe, die zu einer Erhöhung der Jahresarbeitszeit führen!

   1.2 Berechnen Sie die Arbeitsproduktivität der Arbeitsgruppe für das Jahr 00 und das Jahr 01!

2. Aus der Finanzbuchführung (Geschäftsbuchführung) des Bauunternehmens Stehlin KG sind folgende Zahlen zu entnehmen:

Werte (in Euro) \ Monate	Mai	Juni	Juli
Eigenkapital	2,00 Mio.	2,05 Mio.	2,10 Mio.
Fremdkapital	1,00 Mio.	1,00 Mio.	1,10 Mio.
Umsatz	1,31 Mio.	1,44 Mio.	1,42 Mio.
Kosten	1,25 Mio.	1,30 Mio.	1,28 Mio.
davon Zinskosten (Fremdzinsen)	0,24 Mio.	0,24 Mio.	0,27 Mio.

2.1 Berechnen Sie die Entwicklung der Wirtschaftlichkeit von Mai bis Juli!

2.2 Berechnen Sie die Entwicklung der Eigenkapital- und Gesamtkapitalrentabilität von Mai bis Juli!

2.3 Berechnen Sie die Umsatzrentabilität in den drei Berichtsmonaten! Unter Umsatzrentabilität versteht man den prozentualen Anteil des Reingewinns (hier: des Betriebsgewinns) am Umsatz.

2.4 Beurteilen Sie die von Ihnen errechneten Kennzahlen!

Angenommen, im August steigen die Kosten gegenüber dem Vormonat unter sonst gleichen Bedingungen um 3 %.

2.5 Wie wirkt sich diese Kostensteigerung auf die unter 2.1 bis 2.3 ermittelten Kennzahlen aus?

2.6 Auf welche Ursachen könnte die Kostensteigerung zurückzuführen sein? Nennen Sie zwei Ursachen!

3. Die Durchschnittszahlen der Büromöbelbranche ergaben 20.. folgende Werte:

Vermögen	**Durchschnittliche Bilanzwerte 20..** (in Euro)		**Kapital**
I. Anlagevermögen	1 350 000,00	I. Eigenkapital	1 200 000,00
II. Umlaufvermögen		II. Langfr. Verbindlichkeiten	450 000,00
1. Waren u. a. Vorräte	900 000,00	III. Mittelfr. Verbindlichkeiten	450 000,00
2. Forderungen	650 000,00	IV. Kurzfr. Verbindlichkeiten	1 300 000,00
3. Bankguthaben	450 000,00		
4. Kasse	50 000,00		

3.1 Berechnen Sie die Liquidität ersten, zweiten und dritten Grades!

3.2 Vergleichen Sie die durchschnittlichen Branchenkennziffern mit den im Kapitel 5.7.4 errechneten Kennzahlen der Büromöbelfabrik Wollmann OHG!

4. Ein Großhandelsbetrieb erzielte in den letzten drei Jahren folgende Ergebnisse:

Jahre / Werte (in Euro)	Jahr 01	Jahr 02	Jahr 03
Reingewinn	1 120 000,00	1 240 000,00	1 360 000,00
Abschreibungen	320 000,00	400 000,00	460 000,00
Umsatz	16 800 000,00	18 600 000,00	21 000 000,00

4.1 Ermitteln Sie den Cashflow und berechnen Sie die Cashflow-Rate!

4.2 Warum ist die Cashflow-Rate aussagefähiger als Rentabilitätskennziffern?

5.8 Absatzmarketing[1]

5.8.1 Begriff des Absatzmarketings

Wer verkaufen will, sollte wissen, was seine Kunden wollen. Während sich früher der Kaufmann auf sein „Fingerspitzengefühl" verließ, zwingt ihn heute die scharfe Konkurrenz auf den Absatzmärkten dazu, die Marktentwicklung genau zu erkunden, zu beobachten und die Ergebnisse systematisch auszuwerten.

■ Das **Absatzmarketing** ist eine Konzeption[2] zur Unternehmensführung und -steuerung, die dann von Bedeutung ist, wenn die Unternehmen gezwungen sind, um ihre Kunden zu kämpfen. Dies ist immer dann der Fall, wenn bei dem gegebenen Preisniveau das Angebot größer als die Nachfrage ist **(Käufermarkt).**

Die Absatzmarketingkonzeption setzt voraus, dass es auf den Beschaffungsmärkten (Warenmärkten, Kreditmärkten, Personalmärkten) keine ernsten Engpässe gibt.

Beispiel:

Ist bei dem herrschenden Preisniveau das Angebot an Benzin und/oder Heizöl geringer als die Nachfrage (Verkäufermarkt), ist Absatzmarketing überflüssig. Die Ware wird den Anbietern „aus der Hand gerissen". In den Vordergrund tritt das Beschaffungsmarketing, also die betriebliche Steuerung vom Beschaffungsmarkt her.

Die Marketingkonzeption hat folgende grundsätzliche Absichten. Das anbietende Unternehmen soll

1. betriebswirtschaftlich richtig auf Änderungen der Marktgegebenheiten (Marktdaten) reagieren und
2. den Absatzmarkt aktiv gestalten.

Diesem Zweck dienen die sog. **Marketinginstrumente** (absatzpolitischen Instrumente) wie z. B. die Produktpolitik, die Preispolitik und/oder die Werbung.

Schließlich beeinflusst das Absatzmarketing nicht nur den Absatzbereich des Unternehmens, sondern wirkt sich auf alle anderen Funktionsbereiche bzw. Abteilungen aus.

Beispiel:

Durch eine Leistungserweiterung (Hinzunahme weiterer Leistungen ins Angebotsprogramm) soll der Umsatz gesteigert werden. Durch diese absatzpolitische Maßnahme werden alle betrieblichen Bereiche betroffen. Beispielsweise müssen die zusätzlichen Ausgaben *finanziert* werden. Des Weiteren muss für zusätzliche Arbeitskräfte und Lagerräume gesorgt werden. Möglicherweise muss eine neue Abteilung geschaffen werden. Durch das Marketing wird somit das *ganze* Unternehmen vom Markt her beeinflusst.

1 Der Begriff Absatzmarketing wurde hier bewusst gewählt, weil „Marketing" ein Oberbegriff über mehrere Marketingbereiche wie z. B. Beschaffungsmarketing oder Personalmarketing ist. Der Begriff Marketing kommt von market (engl.) = Markt. Marketing = wörtl. „Markt machen", z. B. einen Markt (für seine eigenen Produkte bzw. Waren) schaffen.

2 Konzeption = gedanklicher (schöpferischer) Entwurf; Konzept = Entwurf.

5.8.2 Marktuntersuchung[1]

Marketing kann nur betrieben werden, wenn die Situation auf den Märkten (z.B. Konkurrenzbedingungen, Kundenwünsche, Trends usw.) bekannt ist. Erst dann kann z.B. entschieden werden, welche Produktpolitik, welche Preispolitik oder welche Werbepolitik betrieben werden soll.

■ **Marktuntersuchung** heißt, **Informationen** über die Märkte, von denen ein Unternehmen abhängig ist, zu sammeln. Je genauer und umfassender die Informationen sind, desto besser kann geplant werden und desto geringer ist das Marktrisiko.

Die **Marktuntersuchung** kann unsystematisch (gelegentlich) oder systematisch (wissenschaftlich) erfolgen. Im ersten Fall spricht man von **Markterkundung,** im zweiten von **Marktforschung.**

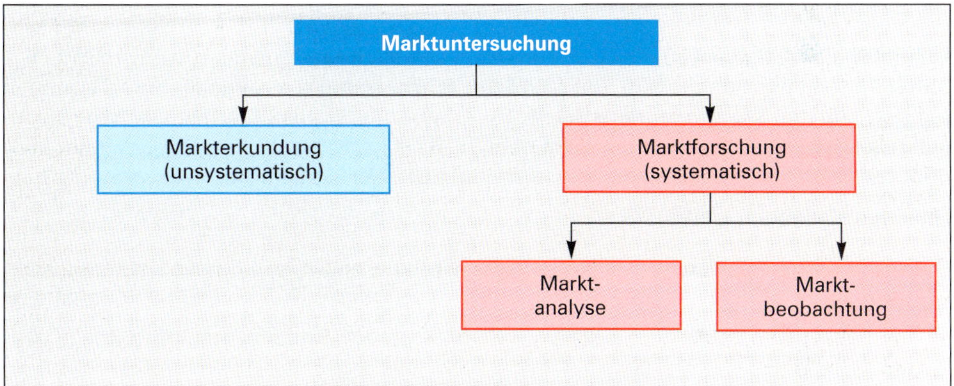

Informationsgewinnung durch Marktuntersuchung

5.8.2.1 Markterkundung

Die **Markterkundung** bedient sich z.B. der Kundengespräche, der Berichte der Handelsvertreter und Handlungsreisenden sowie der Informationen, wie sie z.B. in den Massenmedien zu lesen sind (Marktberichte, Messeberichte, Berichte über wirtschaftspolitische Maßnahmen der Regierung und der Notenbank, Konjunkturdaten und -prognosen). Insbesondere der Kleinbetrieb ist aus Kostengründen auf seine eigene, unsystematische Markterkundung angewiesen. Andererseits ist für den Kleinbetrieb die unsystematische Markterkundung ausreichend, weil sein Absatzradius klein und überschaubar ist.

5.8.2.2 Marktforschung

Die Marktforschung bedient sich wissenschaftlicher Methoden, um die Gegebenheiten und die Entwicklungen auf den Absatzmärkten zu erforschen. Dies geschieht durch Marktanalyse und Marktbeobachtung.

1 Die Marktuntersuchung kann sowohl auf Beschaffungsmärkten als auch auf Absatzmärkten vorgenommen werden. Wir beschränken uns im Folgenden auf die Absatzmarktuntersuchung.

1. Marktanalyse

Die Marktanalyse untersucht die Marktgegebenheiten zu einem *bestimmten Zeitpunkt.* Sie wird z. B. vorgenommen, wenn *neue Produkte* oder *weiterentwickelte (veränderte) Produkte* auf den Markt gebracht werden sollen.

Untersuchungsgegenstände sind z. B.:

- Anzahl der Personen, Unternehmen und Verwaltungen, die als Käufer infrage kommen;
- Einkommens- und Vermögensverhältnisse der mutmaßlichen Käufer;
- persönliche Meinung der (möglichen) Käufer zum angebotenen Produkt;
- Beschaffung von Daten über die Konkurrenzunternehmen, die den zu untersuchenden Markt bereits beliefern (z. B. deren Preise, Qualitäten der angebotenen Leistungen, Werbung).

2. Marktbeobachtung

Während die Marktanalyse die Gegebenheiten eines Marktes zu einem *bestimmten Zeitpunkt* systematisch untersucht, hat die **Marktbeobachtung** die Aufgabe, Veränderungen auf den Märkten *laufend* zu registrieren (zu erfassen) und auszuwerten. Die Marktbeobachtung befasst sich daher einmal mit den vorhandenen bzw. neu zu gewinnenden Kunden, zum anderen aber vor allem mit dem Verhalten der Konkurrenz.

Die Fragestellungen lauten z. B.:

- Wie entwickelt sich die Zahl der Nachfrager, wie die mengen- und wertmäßige Nachfrage nach einem Produkt bzw. nach einer Ware?
- Wie entwickeln sich die Einkommen, wie die Vermögensverhältnisse der Kunden?
- Wie verändert sich die Einstellung der Käufer zum angebotenen Produkt?
- Wie reagieren die Konkurrenzunternehmen auf eigene absatzpolitische Maßnahmen (z. B. Preisänderungen, Werbemaßnahmen)?

5.8.3 Produktpolitik

Die ständigen Änderungen im Konsumverhalten verlangen von allen Betrieben, die bisherigen Produkte/Leistungen[1] weiterzuentwickeln und neue Einsatzmöglichkeiten zu erschließen.

- Die **Produktpolitik** umfasst die Produktforschung, die Produktentwicklung, Produktpräsentation und die optimale Zusammensetzung des Produktionsprogramms.

Das Produktionsprogramm beinhaltet alle Leistungen (Sach- und Dienstleistungen), die auf dem Absatzmarkt angeboten werden.

Der Auslöser für die Erstellung eines neuen oder weiterentwickelten Produkts ist die **Produktinitiierung.**[2] Solche Initiierungen können auf der gezielten Produktforschung, auf

1 Die Begriffe Produkt und Leistung haben hier die gleiche Bedeutung.

2 Initiierung = den Anstoß geben. Im Industriebetrieb wird der Begriff **Produktidee** verwendet.

Kundenwünsche, auf Anregungen von Belegschaftsmitgliedern oder auf staatliche Vorgaben (z. B. Gesetz) beruhen.

Produktpolitik
= Verwirklichung der Produktinitiierung

Produkt-forschung	Produkt-entwicklung	Produkt-gestaltung	Produktions-programmpolitik
Ermittlung der Absatzfähigkeit eines Produkts	Weiterentwicklung bereits eingeführter Produkte und Entwicklung eines neuen Produkts zur Produktionsreife	Aufmachung und Namensgebung	optimale Zusammensetzung des Produktionsprogramms

Aufgabe der Produktionsprogrammpolitik (Leistungsprogrammpolitik) ist es, die Produkte an die sich ändernden Marktbedingungen anzupassen **(Produktpflege, Produktanpassung).** Einerseits muss zwar das Produktionsprogramm (Leistungsprogramm) in seinem wesentlichen Aufbau beibehalten werden, um den Kundenstamm nicht zu verlieren **(Produktfortschreibung);** andererseits müssen aus dem Programm solche Produkte herausgenommen werden, die keinen Beitrag mehr zum betrieblichen Erfolg leisten **(Produktelimination).** Anstelle der eliminierten Produkte müssen neue, Erfolg versprechende Produkte bzw. Leistungen bereitgestellt werden **(Produktinnovation).** Werden mehr neue Produkte erstellt als eliminiert, ergibt sich eine **Erweiterung des Produktionsprogramms,** was zu einer **Verbreiterung** und/oder zu einer **Vertiefung** des Leistungsangebots führt.

5.8.4 Preispolitik/Beitragspolitik

■ Unter **Preispolitik** versteht man das Herauf- oder Herabsetzen der Absatzpreise mit der Absicht, den Absatz, den Umsatz und/oder den Gewinn zu erhöhen.

Zur Preispolitik gehören auch die **Gestaltung der Preisnachlässe (Rabatte** und **Skonti)** und die den Kunden einzuräumenden **Kundenkredite.** Die Erhöhung (Senkung) der Preisnachlässe kommt nämlich einer Senkung (Erhöhung) der Absatzpreise gleich. Die Verlängerung der Kundenziele entspricht, falls die Absatzpreise nicht erhöht werden, einer Preissenkung.

Ob ein Unternehmen Preispolitik betreiben kann oder nicht, hängt zunächst von seiner **Marktstellung** als Anbieter ab.[1] Während der **Monopolist** (vgl. Kapitel 4.7) bei seiner Preisgestaltung überhaupt keine Rücksicht auf Konkurrenten zu nehmen braucht, muss der **Oligopolist** (vgl. Kapitel 4.6) bei Preiserhöhungen damit rechnen, einen Teil seiner Kunden an die Konkurrenz zu verlieren. Bei Preissenkungen muss er hingegen berücksichtigen, dass seine Konkurrenten ebenfalls den Preis senken könnten, der erhoffte Zuwachs an neuen Kunden also nicht eintritt. Liegt hingegen **polypolistische Konkurrenz**

---

1 Wir gehen hier von unvollkommenen Märkten aus, da vollkommene Märkte in der Realität kaum angetroffen werden.

(vgl. Kapitel 4.4) vor, sind die Preisspielräume der Anbieter noch enger gezogen. Der Grund: Trotz bestehender Präferenzen werden die Kunden zu einem der vielen Konkurrenten „abspringen", wenn ein Anbieter seine Preise übermäßig erhöht. Bei kräftigen Preissenkungen hingegen wird ein Anbieter wiederum so viele Kunden hinzugewinnen können, dass er – bei gegebener Kapazität – nicht mehr imstande sein wird, alle Kunden pünktlich zu beliefern.

Der Umfang des Preisspielraums auf unvollkommenen Märkten wird also weitgehend von der vorliegenden **Marktart**[1] bestimmt. Dies gilt nicht nur für die Marktarten nach der Anzahl der Marktteilnehmer oder nach dem Grad der Vollkommenheit, sondern auch für viele andere Marktarten. Während sich z. B. auf **freien Märkten** die Preisbildung ohne staatliche Eingriffe vollziehen kann, ist auf **gelenkten Märkten** dann überhaupt keine Preispolitik möglich, wenn der Staat Festpreise vorschreibt. Dies trifft zum größten Teil auf den Sozialversicherungsbereich zu. Nur bei den Krankenversicherungsbeiträgen ist Preispolitik möglich, die aber bei den gesetzlichen Krankenkassen auch der staatlichen Zustimmung bedarf.

Damit Preiserhöhungen oder -senkungen zu Umsatz- und/oder Gewinnerhöhungen führen, muss ein entsprechendes **Nachfragerverhalten** vorliegen.

- Ist der prozentuale mengenmäßige Absatzrückgang größer als die prozentuale Preiserhöhung, sinkt der Umsatz **(= preiselastische Nachfrage)**.

Beispiel:

Bisheriger Preis je Stück 100,00 €. Bisheriger Absatz 2000 Stück je Periode. Neuer Preis 110,00 € (Preiserhöhung 10 %). Jetziger Absatz 1700 Stück je Periode. (Absatzrückgang 15 %.) Bisheriger Umsatz 200 000,00 € (2000 · 100,00 €), jetziger Umsatz 187 000,00 € (1700 · 110,00 €).

- Ist der prozentuale mengenmäßige Absatzrückgang kleiner als die prozentuale Preiserhöhung, steigt der Umsatz **(= preisunelastische Nachfrage)**.

Beispiel:

Würde im obigen Fall der Absatz nur um 100 Stück (5 %) zurückgehen, ließe sich der Umsatz von 200 000,00 € auf 209 000,00 € (1900 · 110,00 €) steigern.

Bei Preissenkungen gelten die gemachten Aussagen im umgekehrten Sinn.

Unternehmen können am Wettbewerb längerfristig nicht mehr teilnehmen, wenn ihre **Selbstkosten** je Stück höher liegen als der erzielbare Marktpreis. In den Selbstkosten **(= langfristige Preisuntergrenze)** sind alle Kostenarten enthalten. Die Selbstkosten zuzüglich eines Gewinnzuschlags ergeben den **Barverkaufspreis**. Für eine kurze Zeitdauer kann ein Anbieter seine Leistung auch unter den Selbstkosten verkaufen. Dabei muss er aber mindestens einen Verkaufspreis erzielen, der die variablen Kosten je Stück abdeckt **(= kurzfristige Preisuntergrenze)**.

1 Siehe Kapitel 4.1.

Aufgaben

1. Erklären Sie den Begriff Absatzmarketing!

2. Grenzen Sie die Begriffe Marktuntersuchung, Markterkundung und Marktforschung voneinander ab!

3. Unterscheiden Sie zwischen Marktanalyse und Marktbeobachtung!

4. Erläutern Sie die Begriffe Produktvariation, Produktinnovation und Produktelimination!

5. Aktive Preispolitik kann ein Anbieter nur betreiben, wenn der Absatzmarkt unvollkommen ist, es sei denn, der Anbieter ist Monopolist. Beweisen Sie die Richtigkeit dieser Behauptung!

6. Prüfen Sie folgende Aussage auf ihre Richtigkeit: Je geringer die Zahl der Anbieter auf einem Markt, desto größer ist ihr preispolitischer Spielraum!

7. Warum sind der Preispolitik bei polypolistischer und oligopolistischer Konkurrenz nach oben und nach unten Grenzen gesetzt?

8. Die Kalle & Co. OHG stellt Spielzeugautos her. Sie will ihre Preise von durchschnittlich 38,00 € auf 41,80 € erhöhen. Die Abteilung „Marktforschung" warnt: Der (mengenmäßige) Absatz wird von bisher 12000 Stück auf 11000 Stück je Monat zurückgehen. (Die fixen Kosten betragen 175000,00 € monatlich, die variablen Kosten 20,00 € je Stück.)

   8.1 Wie entscheidet die Geschäftsleitung, wenn sie vorrangig das Ziel vor Augen hat, einen möglichst großen Marktanteil zu erobern?

   8.2 Wie entscheidet die Geschäftsleitung, wenn sie nach dem kurzfristigen Gewinnmaximierungsprinzip handelt? (Belegen Sie Ihre Antwort mit Zahlen!)

   8.3 Fällt die Entscheidung zu 8.2 anders aus, wenn aufgrund der Preiserhöhung der Absatz a) um 2 000 Stück und b) um 3000 Stück zurückgeht?

   8.4 Besteht im Fall 8.2 zwischen den Zielen „Gewinnmaximierung" und „Vergrößerung des Marktanteils" Zielkonflikt oder Zielharmonie? Begründen Sie (auch mit Zahlen) Ihre Aussage!

5.8.5 Distributionspolitik/Vertriebspolitik

■ Bei der **Distributionspolitik** handelt es sich um Entscheidungen, die im Zusammenhang mit dem Weg eines Produkts (Sach- und/oder Dienstleistungen) zum Kunden stehen.

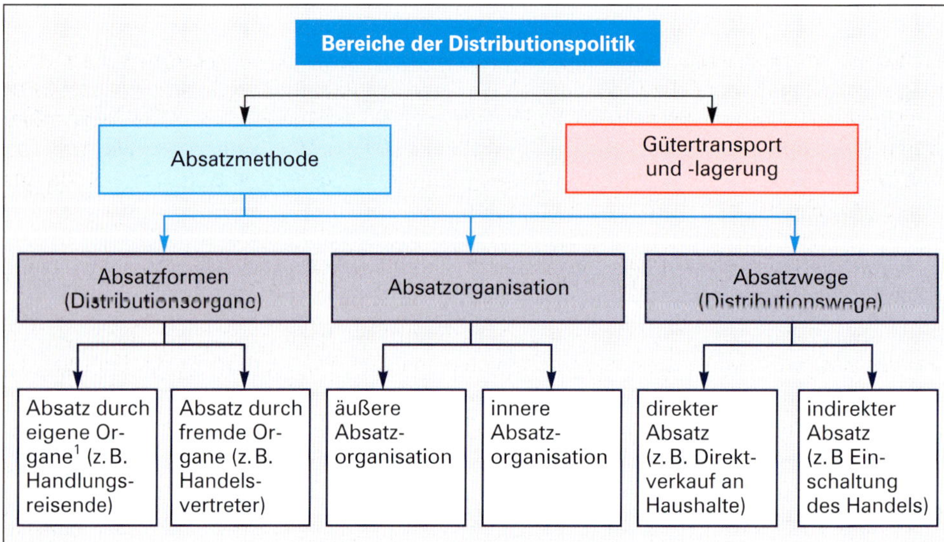

Distributionspolitik/Vertriebspolitik

5.8.5.1 Absatzformen/Distributionsorgane

1. Handlungsreisende

■ **Handlungsreisende** sind kaufmännische Angestellte (Handlungsgehilfen), die damit betraut sind, außerhalb des Betriebs Geschäfte im Namen und für Rechnung des Arbeitgebers zu vermitteln oder abzuschließen (vgl. § 55 I HGB).

Auf die Handlungsreisenden treffen somit alle Merkmale der kaufmännischen Angestellten zu. Wie alle Angestellten erhalten die Reisenden in aller Regel ein festes Gehalt **(= Fixum).** Darüber hinaus steht ihnen eine **Umsatzprovision** zu. Daneben werden ihnen die Spesen (Auslagen) erstattet.

Die Handlungsreisenden (kurz „Reisende“ genannt) haben z. B. folgende **Aufgaben**:

- Erhaltung des bisherigen Kundenstamms,
- Werbung neuer Kunden (Erweiterung des Kundenstamms),

1 Zum Absatz durch eigene Organe zählt auch der „Electronic Commerce (E-Commerce)“, bei dem die Beteiligten auf elektronischem Wege, insbesondere über das Internet, ihre Geschäfte anbahnen und abwickeln.

- Information der Kunden (z.B. über Neuentwicklungen, Preisentwicklung usw.),
- Information der Geschäftsleitung über die Marktlage (z.B. Berichte über Kundenwünsche),
- Entgegennahme von Mängelrügen.

Zur Einziehung des Kaufpreises (zum Inkasso) sind die Handlungsreisenden nur befugt, wenn ihnen hierzu vom Arbeitgeber die ausdrückliche Vollmacht erteilt wurde [§ 55 III HGB].

Der **Vorteil** von Reisenden als eigene „Absatzorgane" ist vor allem darin zu sehen, dass bei guter Geschäftslage die Provisionskosten je Verkaufseinheit (z.B. Stück, Anzahl der Vertragsabschlüsse) verhältnismäßig niedrig sind. Als weisungsgebundene Angestellte stehen die Reisenden außerdem dem Betrieb ständig zur Verfügung. Von **Nachteil** ist, dass bei zurückgehendem Absatz der Arbeitgeber hohe fixe Kosten zu tragen hat, da das Gehalt (das Fixum) nicht gekürzt werden kann.

2. Sonstige Absatzformen mit eigenen Organen

Großunternehmen können eigene **Verkaufsniederlassungen** einrichten. Diese stellen „Verkaufsfilialen" dar. Preis- und verkaufspolitische Anweisungen erteilt die Zentrale. Es können auch eigene **Vertriebsgesellschaften** (meist in der Rechtsform der GmbH) gegründet werden. Sie sind zwar rechtlich selbstständig, wirtschaftlich jedoch vom Gesamtunternehmen abhängig.

3. Handelsvertreter[1]

- **Handelsvertreter** sind **selbstständige Gewerbetreibende,** die ständig damit betraut sind, im Namen und für Rechnung eines anderen Unternehmers Geschäfte zu vermitteln oder abzuschließen (vgl. § 84 I, S. 1 HGB). Im ersten Fall liegt eine Vermittlungs-, im zweiten eine Abschlussvertretung vor.

Selbstständig ist, wer seine Tätigkeit im Wesentlichen frei gestalten und seine Arbeitszeit bestimmen kann [§ 84 I, S. 2 HGB].

Erfordert das Unternehmen eines Handelsvertreters nach Art oder Umfang einen in kaufmännischer Weise eingerichteten Geschäftsbetrieb, ist er **Kaufmann.**[2]

Der **Vertretungsvertrag** (Agenturvertrag) wird in der Regel auf unbestimmte Zeit abgeschlossen und durch Kündigung gelöst. Er ist somit nicht auf die Vornahme eines einzelnen Rechtsgeschäfts angelegt, sondern auf Dauer ausgerichtet.

Der **Vorteil** des Einsatzes von Handelsvertretern ist, dass sie – im Gegensatz zu den Handlungsreisenden – in der Regel in ihrem Absatzgebiet ansässig sind. Sie haben somit einen engen Kontakt zur Kundschaft. Von Vorteil ist ferner, dass bei möglichen Absatzrückgängen die Vermittlungskosten (Provisionen) je Verkaufseinheit konstant bleiben, weil Handelsvertreter in aller Regel lediglich Provisionen, aber keine Fixa erhalten.

---

1 Weitere fremde Absatzorgane sind die sogenannten **Verkaufskommissionäre,** die gewerbsmäßig Waren oder Wertpapiere im eigenen Namen und für Rechnung eines anderen (des Kommittenten) verkaufen (Näheres siehe §§ 383ff. HGB) und die **Handelsmakler,** die für andere Personen Geschäfte von Fall zu Fall vermitteln (Näheres siehe §§ 93ff. HGB)

2 Näheres zum Kaufmann finden Sie z.B. im Kapitel 7.1.3.

Von **Nachteil** kann für den Auftraggeber sein, dass bei starken Umsatzerhöhungen die Provisionskosten höher sind als beim Einsatz von Handlungsreisenden.

Die Entscheidung, ob Handelsvertreter oder Handlungsreisende eingesetzt werden sollen, hängt auch davon ab, wie hoch der erwartete bzw. geplante Umsatz ist.

Beispiel:

Ein Unternehmen steht vor der Wahl, entweder Handlungsreisende oder Handelsvertreter einzusetzen. Die Handlungsreisenden erhalten ein Fixum von insgesamt 12000,00 € im Monat und 4% Provision, die Handelsvertreter lediglich 8% Umsatzprovision. Es erhebt sich die Frage, von welchem Umsatz an sich der Einsatz von Handlungsreisenden lohnt.

a) Grafische Lösung

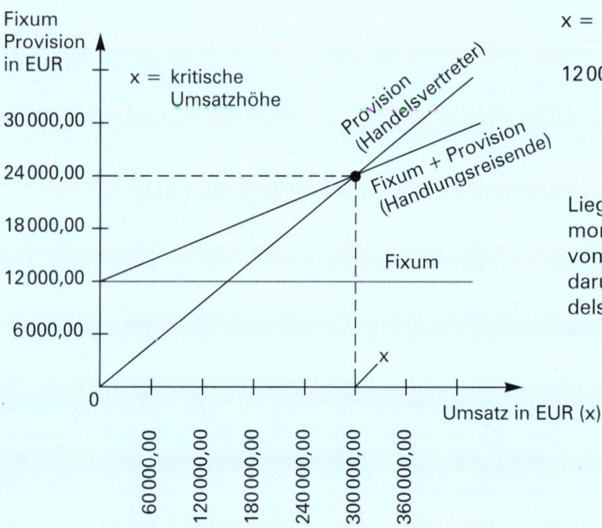

b) Mathematische Lösung

x = gesuchter Umsatz (kritische Umsatzhöhe)

$$\begin{aligned} 12000 + 0{,}04\,x &= 0{,}08\,x \\ 0{,}04\,x &= 12000 \\ 4\,x &= 1200000{,}00 \\ x &= \underline{\underline{300000{,}00}} \end{aligned}$$

Liegt der Umsatz über 300000,00 € monatlich, lohnt sich der Einsatz von Handlungsreisenden; liegt er darunter, ist der Einsatz von Handelsvertretern kostengünstiger.

5.8.5.2 Absatzorganisation

■ Unter **Absatzorganisation** ist die Gestaltung des **Vertriebssystems (Distributionssystems)** zu verstehen.

Die verschiedenen Vertriebssysteme (Distributionssysteme) sind nach ihrer äußeren und inneren Organisation zu unterscheiden.

1. Äußere Absatzorganisation

Hierbei geht es um die Entscheidung darüber, ob der Absatz *zentral* oder *dezentral* durchgeführt werden soll.

- **Zentralisierter Absatz** liegt vor, wenn ein Unternehmen nur *eine* Verkaufseinrichtung besitzt.

  Beim zentralisierten Absatz sind die Vertriebskosten verhältnismäßig niedrig; die fehlende Kundennähe bewirkt jedoch häufig, dass nicht alle Absatzchancen wahrgenommen werden können.

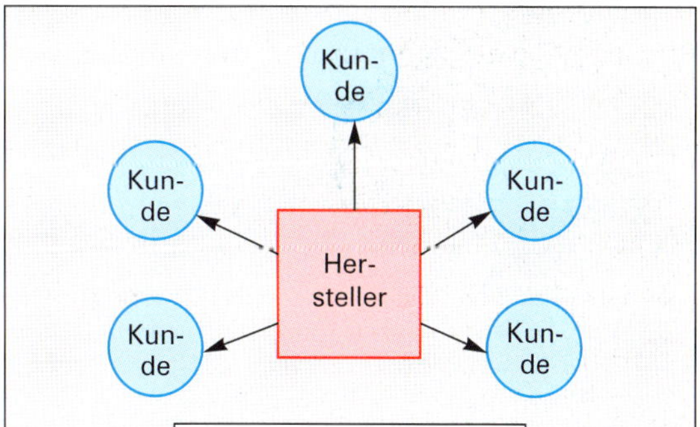

Zentralisierter Absatz

- **Dezentralisierter Absatz** ist gegeben, wenn ein Unternehmen *mehrere* Verkaufsniederlassungen an Orten mit hohem Bedarf unterhält.

  Der Vorteil ist, dass die Verkaufschancen voll ausgenutzt werden können und Transportwege verkürzt werden; andererseits entstehen hohe (vor allem fixe) Vertriebskosten.

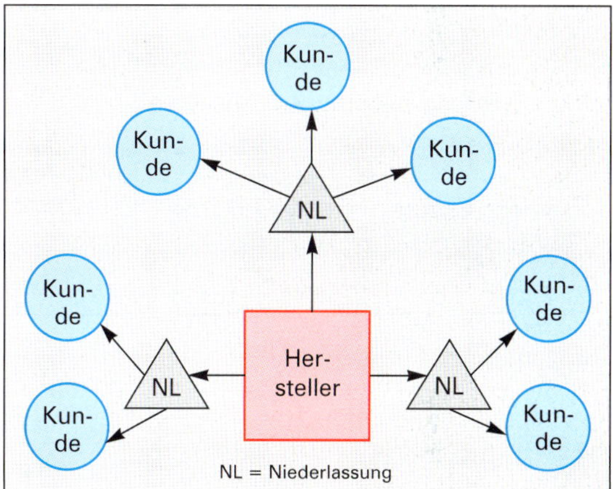

Dezentralisierter Absatz

2. Innere Absatzorganisation

Die innere Absatzorganisation befasst sich mit der Verteilung der *Zuständigkeiten* für den Absatz im Betrieb.

- **Produktorientierung.** Bei der produktorientierten Absatzorganisation unterstehen dem Verkaufsleiter (Marketingleiter) verschiedene Abteilungen, die für den Absatz der Produktgruppen zuständig sind.

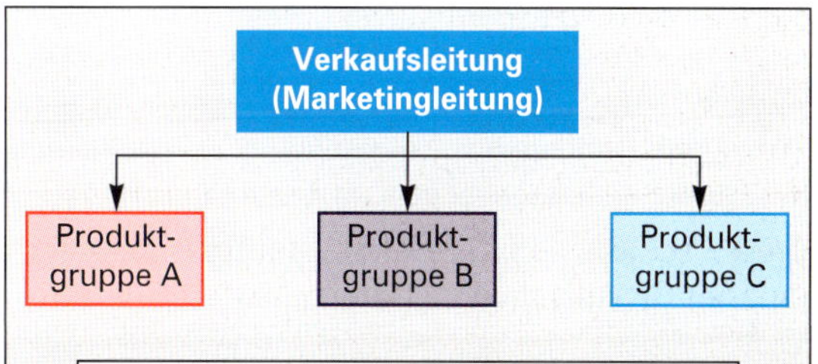

Produktorientierte Absatzorganisation im Liniensystem

- **Kundenorientierung.** Hier wird die Absatzorganisation auf verschiedene Abnehmergruppen ausgerichtet.

Beispiele:

Inländische Kunden – ausländische Kunden; Klein-, Mittel- und Großabnehmer; Einzelhandelsbetriebe – Großhandelsbetriebe; Endverbraucher – Wiederverkäufer.

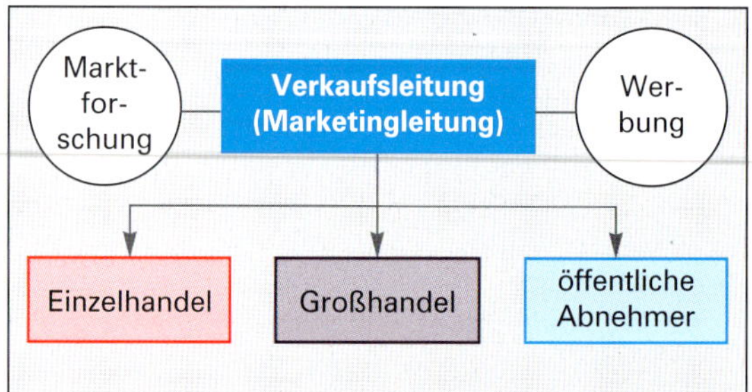

Kundenorientierte Absatzorganisation im Stab-Linien-System

- **Gebietsorientierung.** Die gebietsorientierte Absatzorganisation richtet Vertriebsabteilungen ein, die auf bestimmte Absatzgebiete (Regionen) spezialisiert sind.

Beispiele:

Bundesländer, Nord- und Süddeutschland, europäische Länder usw.

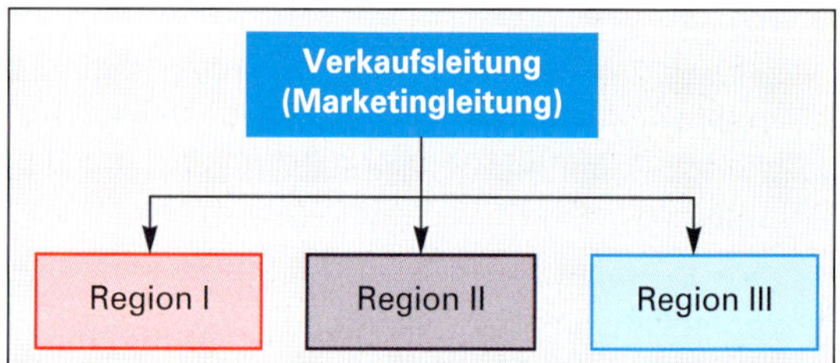

Gebietsorientierte Absatzorganisation im Liniensystem

Die Vorteile der einzelnen Organisationsform liegen in der jeweiligen Spezialisierung, ihre Nachteile in der Vernachlässigung anderer Funktionen.

AUFGABEN[1]

1. Frau Knigge ist Bezirksvertreterin im Raum Nord-Württemberg. Anfangs hat sie sehr viel gearbeitet und für ihren Auftraggeber einen großen Kundenstamm aufgebaut. Nun ist sie nicht mehr so fleißig, aber die von ihr einst geworbenen Kunden bestellen immer noch direkt beim Auftraggeber.

   1.1 Der Auftraggeber verweigert die Provisionszahlung. Mit Recht?

   1.2 Der Auftraggeber kündigt den Agenturvertrag. Welche Ansprüche hat Frau Knigge?

2. Herr Braun ist Handelsvertreter bei der Pralinen-Auer GmbH. Nun schließt er ohne Wissen seines Auftraggebers einen weiteren Agenturvertrag mit der Schoko-Kern OHG ab.

   2.1 Darf Herr Braun einen weiteren Agenturvertrag abschließen?

   2.2 Da die Geschäfte sehr gut gehen, stellt Herr Braun drei Untervertreter ein, die für ihn die Aufträge hereinholen.

   Erläutern Sie die Rechtslage!

1 **Lösungshilfe:** Zur Beantwortung der rechtlichen Fragen lesen Sie bitte die §§ 86a ff. HGB.

3. Die Geschäftsleitung der Kolb KG steht vor der Entscheidung, entweder Handelsvertreter oder Handlungsreisende einzusetzen. Für die Handlungsreisenden muss sie monatlich insgesamt 20 000,00 € Fixum zahlen. Die Handlungsreisenden erhalten 4 % Umsatzprovision, die Handelsvertreter 9 %. Der erwartete Monatsumsatz beträgt durchschnittlich 500 000,00 €.
   3.1 Weisen Sie rechnerisch nach, ob der Einsatz von Handlungsreisenden oder von Handelsvertretern kostengünstiger ist!
   3.2 Ermitteln Sie rechnerisch oder zeichnerisch den kritischen Umsatz!
4. Erarbeiten Sie mithilfe des HGB mindestens vier wesentliche Unterschiede zwischen Handlungsreisenden und Handelsvertretern!
5. Beurteilen Sie, ob es sinnvoll ist, wenn eine Krankenkasse ihre Außendienstmitarbeiter als Handlungsreisende oder als Handelsvertreter beschäftigt!

5.8.6 Kommunikationspolitik

Die ABC-Krankenkasse versendet Werbebriefe, veranstaltet jährlich „einen Tag der offenen Tür", berät alle interessierten Bürger, hängt Werbeplakate aus und informiert die Besucher auf Messen und Ausstellungen. Alle diese Maßnahmen gehören zur Kommunikationspolitik als Teil des absatzpolitischen Instrumentariums.

5.8.6.1 Begriff und Arten der Kommunikation

- Die **Kommunikationspolitik** ist die Summe aller Maßnahmen, die der Information der Kunden eines Unternehmens zur Verwirklichung seiner Gewinn-, Absatz- und Umsatzziele dienen.

Die Kommunikation lässt sich in eine **einseitige** und in eine **wechselseitige Kommunikation** einteilen.

- Bei der *einseitigen Kommunikation* wird der angesprochene Empfänger nicht unmittelbar zu einer Reaktion veranlasst. Eine Reaktion kann auch ganz unterbleiben. Dies ist beispielsweise bei einer Zeitungsanzeige oder bei einem Werbebrief der Fall.
- Bei der *wechselseitigen Kommunikation* muss der Empfänger einer Information reagieren (z. B. bei einem Telefon- oder bei einem Verkaufsgespräch im Ladengeschäft).

Eine andere Einteilung des Kommunikationsbegriffs ist die in eine **verbale**[1] und **nonverbale**[2] **Kommunikation.**

- Die *verbale Kommunikation* ist eine einseitige oder wechselseitige Kommunikation mithilfe des gesprochenen Worts.

Kommunikationsformen	Beispiele
Einseitige verbale Kommunikationsformen	Vorträge, Vorführungen (z. B. Kochen mit Mikrowellenherd), Film-, Dia-, Videovorführungen, Demonstrationen über Monitore.
Wechselseitige verbale Kommunikationsformen	Telefongespräch, Beratungsgespräch beim Rechtsanwalt oder bei einer Krankenkasse, Verkaufsgespräch.

1 Verbal = mündlich.
2 Nonverbal = nicht mündlich.

- Die *nonverbale Kommunikation* erfolgt z. B. schriftlich, mithilfe von Bildern, auf dem Bildschirm oder mittels Fax.

Beispiele:

Zeitungsanzeigen, Zusendung von Katalogen und Preislisten, schriftliche Anfragen und Angebote, Bestellung durch ein Fax, Informationsbeschaffung durch Internet, Leistungsmitteilung durch elektronischen Datenaustausch (EDI).

Die **Bedeutung** der verbalen gegenüber der nonverbalen Kommunikation hängt auch von der Güterart[1] und von der Betriebsform des Unternehmens ab.

Bei sogenannten **problemlosen Gütern,** d.h. bei Gütern, die keinerlei Erklärung beim Verkauf bedürfen, die einfach zu handhaben und zu verwenden sind und bei denen keine (wesentliche) Wartung zu erfolgen hat, spielt die verbale Kommunikation im Rahmen des Absatzes keine Rolle.

Problemgüter wie z. B. komplizierte technische Geräte (Computer, anspruchsvolle Software, Maschinen) oder **Dienstleistungen** (mit vielfältigen Anspruchsvoraussetzungen und Leistungen) bedürfen der verbalen Kommunikation im Absatzbereich.

5.8.6.2 Absatzwerbung

Begriff und Aufgaben der Absatzwerbung

- Die **Absatzwerbung** hat zusammen mit der **Verkaufsförderung** (Salespromotion) und der Pflege der Beziehungen zur Öffentlichkeit (Public Relations) das Ziel, die Leistungen eines Unternehmens bekannt und für die Kundschaft begehrenswert zu machen, letztlich also den *Absatz zu sichern und zu steigern.*

Die Aufgaben der Werbung sind im Einzelnen:

Erhaltung des Kundenstamms	Die Werbung hat die Aufgabe, dem Kunden das Unternehmen bzw. dessen Produktionsprogramm (Leistungsprogramm) wieder in Erinnerung zu bringen.
Gewinnung neuer Kunden	Die Werbung muss dafür Sorge tragen, zusätzliche Käufer für das Unternehmen bzw. dessen Produkte (Erzeugnisse und Dienstleistungen) durch Schaffung von Präferenzen zu gewinnen.
Bekanntmachung neuer Produkte	Bisher unbekannte Produkte müssen bekannt gemacht werden, d. h., die Kunden müssen über die Eigenschaften neu entwickelter Erzeugnisse und Dienstleistungen (z. B. der Sozialversicherungsträger) informiert werden.
Wecken neuer Bedürfnisse	Steigende Einkommen versetzen Bevölkerungsschichten in die Lage, sich neue Verbrauchs- und Gebrauchsgüter leisten zu können. Durch die Werbung werden unbewusst vorhandene Bedürfnisse geweckt und dadurch die Nachfrage angeregt (z. B. Videokamera anstelle von Fotoapparat, Personalcomputer anstelle von Schreibmaschine, Bedürfnisse nach neuen Formen im Automobilbau usw.). Dem gleichen Zweck dient auch die Werbung privater Versicherungsunternehmen, z. B. zum Abschluss von Lebensversicherungen und privaten Krankenversicherungen.

1 Güter (vgl. Kapitel 1.1.2) sind Sachgüter, Dienstleistungen und Rechte.

Werbegrundsätze

Wichtige Grundsätze der Werbung sind:

Wirksamkeit	Wahrheit und Klarheit	Wirtschaftlichkeit
Die Werbung muss die Motive der Umworbenen ansprechen, Kaufwünsche verstärken und letztlich zu Kaufhandlungen führen. Eine wichtige Voraussetzung für eine wirksame Werbung ist eine genaue Zielgruppenbestimmung. (Beispiel: Beachtung der unterschiedlichen Verbrauchergewohnheiten in den einzelnen Ländern der EU.)	Die Werbung sollte sachlich unterrichten, also nicht irreführen und nicht täuschen. Falsche Informationen (Versprechungen) führen zu Enttäuschungen und längerfristig zu Absatzverlusten.	Die Aufwendungen für die Werbung finden ihre Grenzen in ihrer Wirtschaftlichkeit. Die Werbung ist dann unwirtschaftlich, wenn der auf die Werbung zurückzuführende zusätzliche Ertrag niedriger als der Werbeaufwand ist.

Bevor geworben wird, muss zunächst bestimmt werden, **wer, d.h. welche Zielgruppe** umworben werden soll. Andernfalls besteht die Gefahr, dass die Werbung ins Leere geht, d.h. unwirksam bleibt. Eine genaue **Zielgruppenbestimmung** setzt sich zusammen aus a) einer eindeutigen Beschreibung der Gruppe und b) aus den konkreten Zielvorstellungen, die bei der jeweiligen Gruppe erreicht werden sollen.

Beispiel:

Alle Schulabsolventen der nächsten zwei Jahre eines Landkreises sollen umworben werden. Das Ziel ist, neue Kunden zu gewinnen.

Ist die Zielgruppe bestimmt, können die einzelnen Werbemaßnahmen geplant werden.

Werbeplanung

Die Werbeplanung umfasst insbesondere folgende Fragen:

- Welche **Art der Werbung** soll durchgeführt werden?
- Welche **Werbemittel und Werbeträger** sind in welchem Umfang und zu welchem Zeitpunkt bzw. zu welchen Zeitpunkten einzusetzen?
- Welche **Beträge** können für die Werbung eingesetzt werden (Werbeetat)?

Arten der Absatzwerbung

Arten der Absatzwerbung nach der Zahl der Umworbenen	
Direktwerbung	Es werden einzelne Personen, Unternehmen, Behörden usw. unmittelbar (z.B. durch Handelsvertreter und Handlungsreisende) oder durch *Werbebriefe* angesprochen.
Massenwerbung	Es soll ein mehr oder weniger großer Kreis von Umworbenen erreicht werden. *Gezielt* ist die Massenwerbung dann, wenn eine bestimmte Gruppe durch die Werbung angesprochen werden soll (z.B. Berufs- oder Altersgruppen). Die *gestreute Massenwerbung* wird mithilfe von Massenmedien (Rundfunk, Fernsehen, Zeitungen) betrieben.

14 Hartmann-Härter-Seifert - ISBN 978-3-8120-0412-1

Arten der Absatzwerbung nach der Anzahl der Werbenden	
Allein-werbung	Sie geht von einem einzelnen Unternehmen (z. B. einer Krankenkasse) aus. Sie kann von einer eigenen Werbeabteilung, einem Werbeunternehmen oder von einem Marketingberater durchgeführt werden.
Verbund-werbung	Sie liegt vor, wenn mehrere Unternehmen (z. B. Hersteller, Handelsunternehmen, Krankenkassen, Rentenversicherungsträger) gemeinsam eine Werbeaktion durchführen (z. B. gemeinsame Messestände, gemeinsame Plakate, gemeinsame Broschüren). Die Namen der beteiligten Unternehmen werden bekannt gemacht.
Gemeinschafts-werbung	Hier tritt ein ganzer Wirtschaftszweig (z. B. Kassenärztliche Vereinigung, alle privaten Krankenkassen) als Werber auf. Die Namen der beteiligten Unternehmen bleiben unbekannt.

Ergänzende Werbemaßnahmen sind das Sponsoring[1] und das Product-Placement.[2]

- **Sponsoring** ist die Förderung von Personen oder Organisationen im sportlichen, kulturellen und sozialen Bereich nach dem Prinzip von Leistung und Gegenleistung. Der Sponsor stellt Geld oder Sachmittel zur Verfügung und erwartet vom Gesponserten „Reklame" für sein Unternehmen und/oder seine Produkte.
- **Product-Placement** ist die gezielte Platzierung von Markenartikeln, Dienstleistungen oder Gebäuden als Requisiten eines Kino- oder Fernsehfilms, z. B. „James Bond" mit einer Brille eines bekannten Herstellers und mit einem teuren deutschen Auto.

Werbemittel

Unter Werbemittel sind jene Hilfsmittel der Werbung zu verstehen, die auf die Sinnesorgane der Umworbenen wirken. Unter diesem Gesichtspunkt können die Werbemittel wie folgt eingeteilt werden:

Optische Werbemittel	Sie wirken auf das Auge des Umworbenen (z. B. Plakate, Schaufensterdekorationen, Zeitungsinserate, Prospekte, Leistungsübersichten der Sozialversicherungsträger).
Akustische Werbemittel	Sie sprechen das Gehör an wie z. B. Rundfunksendungen, Werbevorführungen auf Ausstellungen, das Verkaufsgespräch und das Beratungsgespräch (z. B. einer Berufsgenossenschaft).
Geschmackliche Werbemittel	Hier soll der Umworbene durch eine Kostprobe von der Güte der Ware überzeugt werden: Sie sprechen seinen Geschmackssinn an.
Geruchliche Werbemittel	Der Umworbene wird durch Geruchsproben (z. B. Parfüme) zum Kauf angeregt.
Gemischte Werbemittel	Sie sind eine Kombination verschiedener Werbemittel. Weil sie verschiedene Sinne des Menschen ansprechen, sind sie besonders werbewirksam. Stoffproben z. B. kann man sehen und fühlen. Lebensmittelproben können gesehen und gekostet werden. Im Werbefilm sieht und hört man. Das Gleiche gilt für Dias mit Text oder für Werbevorträge.

1 Sponsor (lat., engl.) = Gönner, Förderer, Geldgeber. Sponsoring = Geldhergabe (für einen bestimmten Werbezweck).

2 Placement (gr., lat., frz., engl.) = Unterbringung, Anbringung an einem bestimmten Ort. Product = Erzeugnis, Ware, Dienstleistung.

Der Begriff „Werbemittel" wird auch im Sinne von **Werbezugaben** verwendet (z.B. einfaches Kinderspielzeug, Luftballons, Kalender, Kugelschreiber).

Werbeträger

Mit der Entscheidung für (oder gegen) bestimmte Werbemittel ist noch nichts darüber ausgesagt, **wie** die Werbemittel an die Zielgruppe „herangetragen", d.h. wie die **Werbeträger (Streumedien)**[1] eingesetzt werden sollen.[2] Die Bestimmung der zu verwendenden Werbeträger erfolgt im **Streuplan.**

Der Begriff Werbeträger (Streumedium) wird in der Praxis unterschiedlich gebraucht. Zum einen wird darunter der Gegenstand oder die Person verstanden, die ein Werbemittel in den Wahrnehmungsbereich der Umworbenen (der Zielgruppe) bringt.

Beispiele:

Sachliche Werbeträger sind z.B. Zeitungen und Zeitschriften (Werbemittel ist das Inserat), Anschlagtafeln und Plakatsäulen (Werbemittel ist das Plakat), Geschäftswagen, Straßenbahnen und Omnibusse (Werbemittel sind die Aufschriften), Schaufenster (Werbemittel sind die ausgestellten Waren selbst) oder Fernsehsendungen (Werbemittel sind die der Werbung dienenden Texte und Handlungen). Persönliche Werbeträger sind z.B. Mitarbeiter, die mit der Verteilung von Proben, mit der Betreuung von Versicherten oder mit der Vorführung von Geräten, Kleidungsstücken usw. betraut sind.

Zum anderen versteht man unter Werbeträger die Einrichtungen bzw. die Unternehmen, die mit der Durchführung der Werbung beauftragt sind.

Beispiele:

Plant und führt ein Unternehmen die Werbung selbst durch, ist es selbst Werbeträger. Wird hingegen ein Marketingunternehmen mit der Werbung beauftragt, ist dieses Werbeträger. In diesem Sinne erfüllen auch die Absatzmittler die Aufgaben von Werbeträgern.

Werbeetat

Da die Werbung in manchen Wirtschaftszweigen erhebliche Mittel verschlingt – der Prozentsatz der Werbekosten am Umsatz liegt in der deutschen Wirtschaft zwischen 1 und 20% – ist ein genauer Haushaltsplan (= Etat) für die Werbung aufzustellen.

Im Großhandel liegt der Anteil der Werbekosten am Umsatz bei etwa 1%, an den Gesamtkosten bei rund 4%. Im Einzelhandel werden für Werbung rund 1,5% des Umsatzes bzw. rund 5% der Gesamtkosten ausgegeben.

Die **Höhe des Werbeetats** kann nach folgenden Gesichtspunkten ermittelt werden:

- Der Werbeetat wird nach der jeweiligen Finanzlage des Unternehmens festgesetzt. Diese Art der Etatfestlegung können sich nur Unternehmen leisten, deren Umsatz lediglich in geringem Maße von der Werbung abhängig ist.
- Der Werbeaufwand richtet sich nach dem Werbeaufwand der Konkurrenz. Dieses Verfahren ist dann gerechtfertigt, wenn die Konkurrenz unerwartet einen groß angelegten Werbefeldzug startet.

1 Medium = Übermittler, Vermittler, Träger einer Nachricht.

2 Vgl. Nieschlag/Dichtl/Hörschgen, a.a.O., S. 289.

- Der Werbeaufwand richtet sich nach dem erwarteten Werbeerfolg. Diese Methode setzt eine genaue Werbeerfolgskontrolle voraus. Ist diese möglich, handelt es sich um die wirtschaftlichste Methode, einen Werbeetat aufzustellen.
- Der Werbeaufwand richtet sich nach dem tatsächlichen Erfolg. In diesem Fall wird die Werbung so lange fortgesetzt, bis der letzte zusätzliche Werbeaufwand keinen Erfolg mehr bringt. Auch diese Methode setzt voraus, dass der Werbeerfolg genau bestimmt werden kann.

Wegen der Veränderlichkeit der einzelnen Einflussfaktoren muss der Werbeetat flexibel sein. Er muss erforderlichenfalls den geänderten Größen angepasst werden (z.B. dem erwarteten Werbeerfolg).

Die Höhe des Werbeetats allein ist für die Wirksamkeit der Werbung nicht entscheidend. Es kann durchaus sein, dass zwei vergleichbare Unternehmen die gleiche Ware zum gleichen Preis anbieten, dennoch aber zu unterschiedlichen Umsätzen kommen, weil sich die Werbung in ihrer **Kreativität** unterscheidet. Hier ist in erster Linie die zündende **Werbeidee,** die die Werbung wirksam macht, und nicht der Werbeetat von Bedeutung.

5.8.6.3 Public Relations (Öffentlichkeitsarbeit)

- Während die Absatzwerbung eine Werbung für das Erzeugnis darstellt, werben die **Public Relations** für den guten Ruf, das Ansehen eines Unternehmens (sein „Image")[1] oder einer Unternehmensgruppe in der Öffentlichkeit (Verbraucher, Lieferer, Kunden, Gläubiger, Aktionäre, Massenmedien, Behörden usw.).

Mithilfe der Öffentlichkeitsarbeit soll beispielsweise gezeigt werden, dass ein Unternehmen z.B. besonders fortschrittlich, sozial oder ein guter Steuerzahler ist oder dass es die Belange des Umweltschutzes in besonderem Maß berücksichtigt.

Mittel der Public-Relations-Politik sind u.a. die Abhaltung von Pressekonferenzen, Tage der offenen Tür, Einrichtung von Sportstätten und Erholungsheimen, Spenden, Zeitungsanzeigen („Unsere Branche weist die Zukunft") oder Rundfunk- und Fernsehspots („Es gibt viel zu tun, packen wir's an!").

Eine gute Öffentlichkeitsarbeit bereitet den Boden für andere absatzpolitische Maßnahmen vor. So „kommt" z.B. die Werbung besser „an". Mögliche Preiserhöhungen werden akzeptiert, wenn die Gründe hierfür bekannt sind.

Wie sich das Erscheinungsbild (das Image) eines Unternehmens in der Öffentlichkeit und bei der Belegschaft darstellt, hängt auch von dem vom Management geschaffenen **Unternehmensleitbild** ab, das auch als **Corporate Identity** bezeichnet wird. Hierunter versteht man die Einmaligkeit („Persönlichkeit") eines Unternehmens, die dieses in seiner Umwelt (z.B. bei seinen Kunden, Lieferern, Kapitalgebern, bei den Bürgern, den politischen Parteien, Versicherten usw.) und bei seinen Mitarbeitern und Mitarbeiterinnen unverwechselbar macht. Corporate Identity ist somit das Erscheinungsbild eines Unternehmens in der Öffentlichkeit und bei seinem Personal. Je höher der Grad der Corporate Identity ist, desto mehr können sich die Belegschaftsmitglieder mit dem Unternehmen identifizieren.[2]

1 Image (engl., frz.) = Bild, Erscheinungsbild.

2 Sich identifizieren = sich mit einer anderen Person oder Gruppe gefühlsmäßig (= emotional) gleichsetzen und ihre Ziele übernehmen.

Folgende Instrumente dienen der Verstärkung der Corporate Identity eines Unternehmens (Corporate-Identity-Policy):

Corporate Design	Hierunter versteht man die unverwechselbare Gestaltung der Elemente, die zum Erscheinungsbild des Unternehmens gehören, z. B. die Firma, das Firmenzeichen, die Firmenfarben und das Unternehmens- und Produktdesign.
Corporate Communications	Hierzu gehören die Werbung und die Public Relations.
Corporate Behaviour[1]	Darunter versteht man die Erziehung der Mitarbeiter zu einem bestimmten Verhalten untereinander und gegenüber der Umwelt des Unternehmens entsprechend der verfolgten Corporate Identity.

5.8.6.4 Verkaufsförderung

■ Die Verkaufsförderung umfasst alle Maßnahmen, die teils die Absatzwerbung ergänzen und teils die am Absatz beteiligten Verkaufspersonen und -institutionen unterstützen.

Richten sich die Verkaufsförderungsmaßnahmen an den Wiederverkäufer (oder an einen anderen Absatzmittler wie z. B. an einen Versicherungsvertreter), sprechen wir von **Merchandising.**[2] Die Teilnahme an Messen, die Präsentation (Zurschaustellung) von Erzeugnissen auf Produktständern sowie Verkäuferschulungen sind Beispiele für Merchandising-Maßnahmen. Soll mit den Verkaufsförderungsmaßnahmen der Verwender (privater oder gewerblicher Verbraucher, Versicherte) angesprochen werden, liegt **Salespromotion**[3] vor. Hierzu zählen z.B. das Zusenden von Kostproben, Gutscheinaktionen oder Preisausschreiben.

5.8.7 Marketing-Mix

Die Geschäftsleitung einer privaten Krankenkasse steht vor der Entscheidung, a) in welchem Umfang Kuren für Jugendliche und Kinder gewährt werden sollen, b) welche Beiträge angesichts der derzeitigen Konkurrenzsituation festzulegen sind und c) auf welche Weise neue Mitglieder geworben werden sollen. Die zu fällenden Entscheidungen betreffen drei von vielen Marketinginstrumenten, nämlich a) die Produktgestaltung, b) die Preispolitik und c) die Werbepolitik.

■ Der Einsatz der Marketinginstrumente erfolgt in vielfältigen Kombinationen, die als **„Marketing-Mix"** bezeichnet werden.

1 Behaviour (engl.) = Verhalten, Benehmen, Auftreten.

2 Merchandise (engl.) = Handelsware (Ware).

3 Salespromotion (engl.) = Verkaufsförderung; to promote = fördern, befördern, vorantreiben.

Beispiele:

Die private Krankenkasse A gewährt bei der Vorsorge zusätzliche Leistungen, betreibt eine eigene Preispolitik, wobei sie sich bei der Festlegung der Beiträge an der Preisuntergrenze konkurrierender Privatkrankenkassen orientiert und wirbt gezielt, indem mögliche (potenzielle) Kunden unmittelbar angeschrieben werden. Ein ganz anderes Marketing-Mix kennzeichnet die Absatzpolitik der privaten Krankenkasse B: Sie passt ihre Beiträge und Leistungen an die des Marktführers[1] an und wirbt lediglich mit Broschüren, die in den Geschäftsstellen ausliegen.

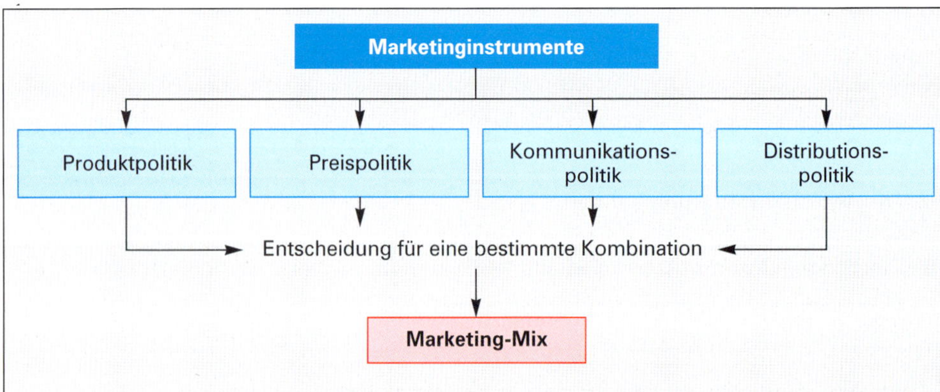

Einsatz der Marketinginstrumente

Die Marketinginstrumente sind **interdependent,** d.h. gegenseitig abhängig. Geht es z.B. um den Absatz eines Massenguts (z.B. Schmerzmittel), steht die Massenwerbung im Vordergrund. Die preispolitischen Spielräume sind klein. Bei einem Prestigegut (Luxusgut) wie z.B. einem Einbettzimmer im Krankenhaus ist das Gespräch mit dem Kunden, dem potenziellen Patienten („Verkaufsgespräch") wichtiger als die Werbung. Die preispolitischen Spielräume sind verhältnismäßig groß.

Aufgaben

1. Das Verkaufsgespräch (eine Form der verbalen Kommunikation) hat in vielen Branchen eine große Bedeutung. Begründen Sie diese Aussage!
2. Nennen Sie Beispiele für problemlose Güter und Problemgüter!
3. Beantworten Sie folgende Prüfungsaufgaben:
   - 3.1 Worin bestehen die Aufgaben der Absatzwerbung?
   - 3.2 Erläutern Sie die Werbegrundsätze!
   - 3.3 Der Grundsatz der Werbewirksamkeit steht häufig mit dem Grundsatz der Wahrheit und Klarheit im Widerspruch. Warum?
   - 3.4 Nach welchen Gesichtspunkten kann der Werbeetat erstellt werden?
   - 3.5 Warum ist u.U. die richtige Werbeidee für den Werbeerfolg entscheidender als die Höhe des Werbeetats?

1 Ein Marktführer ist z.B. ein auf dem Absatzmarkt aufgrund seiner Marktmacht (mit größtem Absatzanteil) führendes Unternehmen. Eine Lebensversicherungs-Aktiengesellschaft hat z.B. das größte Beitragsaufkommen und den größten Bestand an Lebensversicherungen. Eine private Krankenversicherung hat den größten Marktanteil an privaten Krankenhauszusatzversicherungen.

4. **Arbeitsauftrag:** Die verschiedenen Werbearten und Werbeträger haben in den verschiedenen Wirtschaftszweigen eine unterschiedliche Bedeutung.

4.1 Erkundigen Sie sich in Ihrem Ausbildungsbetrieb über die nachstehend genannten Werbearten und -träger, stellen Sie eine Tabelle nach folgendem Muster auf und füllen Sie diese aus!

Werbearten und -träger	Beispiele	Bedeutung*
Direktwerbung Massenwerbung Alleinwerbung Verbundwerbung Gemeinschaftswerbung Zeitungen Illustrierte Fachzeitschriften Fahrzeuge Plakatsäulen		

* 0 Punkte: keine Bedeutung;
1 Punkt: geringe Bedeutung;
2 Punkte: große Bedeutung.

4.2 Definieren Sie die oben genannten Werbearten!

4.3 Im Lehrbuchtext wird eine weitere Definition für den Begriff Werbeträger gegeben. Welche?

5. **Rollenspiel:** Bilden Sie 3 Gruppen und diskutieren Sie das Für und Wider der Werbung

5.1 aus der Sicht der Anbieter (z.B. Versicherungsunternehmen),

5.2 aus der Sicht der Arbeitnehmer und

5.3 aus der Sicht der Verbraucher (z.B. der Versicherten)!

5.9 Betriebliche Umweltpolitik

5.9.1 Ziele und Möglichkeiten der betrieblichen Umweltpolitik

1. Integrierter Umweltschutz (IUS) als Denkansatz

Der wachsende umweltbezogene Verantwortungsdruck auf die Unternehmen durch den Staat und seine verschiedenen gesellschaftlichen Gruppen erfordert, dass sich nicht nur die oberste Geschäftsleitung (Topmanagement) und die auf den Umweltschutz spezialisierten Mitarbeiter dem Umweltschutz als wesentliche Aufgabe stellen. Um die Umweltpflichtigkeit in praktiziertes und umweltfreundliches Verhalten der Unternehmen umsetzen zu können, müssen die Mitarbeiter aller Unternehmensebenen (auch die der mittleren und unteren Leitungsebene sowie der ausführenden Ebene) in das betriebliche Umweltmanagement integriert[1] werden.

Ein **integrierter Umweltschutz** liegt vor, wenn der Umweltschutz alle **wesentlichen Vorstufen und Folgestufen** des **gesamten Produktionsprozesses** – von der Beschaffung, Leistungserstellung, Verkauf, Distribution bis zur Entsorgung der Abfälle – umfasst. **Alle Unternehmensbereiche** und deren **Funktionen** sind somit im **Umweltschutz integriert**.

1 Integrieren = zusammenschließen, in ein übergeordnetes Ganzes (hier das Umweltmanagement) einbezogen werden.

Ein weiteres wesentliches Merkmal des integrierten Umweltschutzes ist, dass **ökologisches**[1] **Denken** (Umweltschutzüberlegungen und -entscheidungen) und **Umweltschutzmaßnahmen** bereits **vor** dem **Beginn** der **Leistungsprozesse** erfolgen und nicht erst nach den abgeschlossenen Prozessen einsetzen.

2. Beschaffung umweltfreundlicher Produkte

Bei der richtigen Beschaffung des Sachvermögens (z.B. Gebäude, Heizungsanlagen, Kraftfahrzeuge, Büroeinrichtung, Büromaterial) kann jeder Betrieb seine umweltpolitischen Ziele verfolgen. Ein Maßstab beim Angebotsvergleich kann das Gütezeichen „Blauer Umweltengel" sein. Es kennzeichnet Produkte, die über vergleichsweise günstige Umwelteigenschaften verfügen, z.B.

- weil das Produkt bestimmte Schadstoffe (z.B. Asbest, Schwermetalle, Lösungsmittel) nicht oder nur noch in geringen Mengen enthält oder an die Umwelt abgibt (z.B. schadstoffarme Lacke, insektizidfreie Schädlingsbekämpfungsmittel),
- weil das Produkt aus Altstoffen hergestellt wurde (z.B. Recyclingpapier, Produkte aus Recyclingkunststoffen),
- weil das betreffende Produkt mehrfach verwendet werden kann (z.B. die Mehrwegflasche),
- weil das betreffende Produkt zum sparsamen Umgang mit Umweltgütern anhält (z.B. Wasser sparende Armaturen) und/oder
- weil das Produkt strahlungsarm ist (Bildschirm am PC).

Hersteller, die das Umweltzeichen „Blauer Engel" einsetzen wollen, müssen nachweisen, dass sie die vom Umweltbundesamt, von Experten aus Wissenschaft, Wirtschaft, Umwelt- und Verbraucherverbänden, Behörden und einer unabhängigen Jury erstellten Kriterien einhalten. Sie müssen sich weiterhin in einem Vertrag mit dem RAL verpflichten, mit dem Umweltzeichen nur für Produkte, die den strengen Kriterien der Jury entsprechen, zu werben.

Autowaschanlagen, die das Waschwasser im Kreislauf führen	Schadstoffarme Lacke mit einem geringen Lösungsmittelanteil	Tapeten mit einem hohen Altpapierteil (Rauhfaser mindestens 80 %)

1 Ökologisch = die Ökologie betreffend. Unter Ökologie versteht man die Wissenschaft von den Beziehungen der Lebewesen zu ihrer Umwelt. Die Ökologie ist ein Teilgebiet der Biologie.

Bei **individuellen Umweltzeichen** – die häufig für Gütezeichen gehalten werden – ist Vorsicht angebracht. Sie gibt es in unüberschaubarer Zahl. Sie nennen sich beispielsweise „Umweltsiegel“, „Öko-Bäumchen“, zeigen auf- oder untergehende Sonnen usw. Es handelt sich dabei um individuelle Zeichen, deren Aussagekraft vom Käufer nicht überprüft werden kann. Sie sind daher für umweltbewusste Käufer meist wenig hilfreich.[1]

Euro-Blume (= EU-Signet). Um hier Abhilfe zu schaffen, hat die Europäische Union ein international einheitliches, offizielles Umweltgütezeichen entwickelt. Das Signet in Form eines Blümchens mit dem Europa-Sternenring soll auf Produkten angebracht werden, die eine unabhängige Gutachterkommission als umweltverträglich einstuft.

Euro-Blume

Im Vergleich zum „Blauen Engel“ geht das neue EU-Signet erheblich umfassender auf die Erfordernisse des Umweltschutzes ein. Der „Blaue Engel“ wird für Einzelleistungen wie z. B. den geräuscharmen Rasenmäher, den energiesparenden Kühlschrank oder den lösungsmittelarmen Lack vergeben. Das EU-Zeichen erhalten hingegen Produkte, die in ihrer *Gesamtheit* umweltverträglich sind.

Beispiele:

Ein Waschmittel, das allen Umweltkriterien entspricht, wird abgelehnt, weil es in einer PVC-Verpackung geliefert wird. Umgekehrt reicht eine umweltfreundliche Verpackung allein auch nicht aus, um das EU-Zeichen zu erhalten.

3. Umweltorientierte Abfallwirtschaft

Der wirksamste Schutz der Umwelt als Aufnahmemedium für Schadstoffemissionen aller Art und als Quelle der natürlichen nicht regenerierbaren Ressourcen (Primärstoffe) ist, alle umweltbelastenden Emissionen (Abfälle, Abgase, Abstrahlungen usw.) möglichst zu vermeiden oder zumindest zu verringern.

Ohne Abfälle entstehen z. B. keine umweltschädlichen Belastungen der Lebewesen und deren Umwelt (z. B. der Umluft, Ozonschicht, Wälder, Gewässer, Landschaft und des Klimas) durch Schadstoffemissionen und keine Deponierungsprobleme für zu entsorgende Reststoffe. Abfallvermeidung und Abfallminderung bedeutet zugleich, dass die eingesetzten Werkstoffe und Energiestoffe besser genutzt und hierdurch nicht regenerierbare Werkstoffe und Energiestoffe (Primärstoffe) gespart werden.

Eine wirksame **umweltorientierte Recyclingpolitik**[2] der **Unternehmen** umfasst alle Maßnahmen, mit denen bereits angefallene und zukünftig erwartete Stoffrückstände aus der Produktion und Rückstände von Konsumgütern in den industriellen Produktionsprozess zurückgeführt werden können. Aus Produktionsrückständen und Konsumgüterabfällen werden keine Abfälle (im engeren Sinne), sondern „neue“ Werkstoffe oder Energien **(sekundäre Werkstoffe, Energiestoffe)** gewonnen. Die **Durchlaufwirtschaft** wird zu einer **Kreislaufwirtschaft.**

1 Um die privaten Verbraucher besser vor einer Irreführung durch ökologische Kennzeichen der Landwirtschaft zu schützen (zum Verbraucherschutz), wurde z. B. das Öko-Kennzeichengesetz erlassen.

2 To recycle (engl.) = wieder in den Kreislauf (z. B. „Stoffkreislauf“) zurückführen.

Recyclingarten (Recyclingmöglichkeiten)		Beispiele
Wiederverwendung	Produkte werden für den gleichen Verwendungszweck mehrfach genutzt.	Pfandflaschen aus Glas.
Weiterverwendung	Produkte werden für andere Verwendungszwecke mehrfach genutzt.	Senfgläser werden als Trinkgläser verwendet.
Wiederverwertung	Produkte werden aufgelöst oder verändert und erneut in den bereits früher durchlaufenen Rohstoffkreislauf zurückgeführt.	Glasscherben werden zur Glasherstellung verwendet.
Weiterverwertung	Rohstoffe werden in bisher noch nicht durchlaufenen Produktionsprozessen in neue Produkte umgewandelt.	Aus Hobelspänen werden Spanplatten hergestellt.

5.9.2 Umweltrechtliche Vorschriften

Die Verpflichtung der Unternehmen, Betriebsbeauftragte für den Umweltschutz **(= Umweltschutzbeauftragte)** zu bestellen, hängt vor allem von der Art und vom Umfang der Umweltbelastungen ab. Die ordnungsgemäße Wahrnehmung der Funktionen, Pflichten und Rechte durch die Umweltschutzbeauftragten setzt deren fachliche, berufliche und persönliche Qualifikation voraus.

Die Arbeitsstätten[1] müssen z.B. den Vorschriften der Gewerbeordnung (GewO), des Arbeitsschutzgesetzes (ArbSchG), des Produktsicherheitsgesetzes (ProdSG) und der Arbeitsstättenverordnung (ArbStättV) entsprechen. Nach dem Arbeitsschutzgesetz sind z.B. die Arbeitgeber verpflichtet, die zur Sicherheit und Gesundheit der Beschäftigten bei der Arbeit erforderlichen Maßnahmen des Arbeitsschutzes zu treffen und hierzu z.B. für eine geeignete Organisation zu sorgen und die erforderlichen Mittel bereitzustellen [§ 3 ArbSchG]. Arbeitgeber müssen u.a. die Arbeit so gestalten, dass eine Gefährdung für Leben und Gesundheit der Arbeitskräfte möglichst vermieden und die verbleibende Gefährdung möglichst gering gehalten wird. Gefahren sind an ihren Quellen zu bekämpfen. Arbeitsschutzmaßnahmen müssen den Stand der Technik, Arbeitsmedizin und Hygiene sowie spezielle Gefahren besonders schutzbedürftiger Beschäftigungsgruppen berücksichtigen. Hierzu sind den Beschäftigten geeignete Anweisungen zu erteilen (Näheres siehe §§ 4ff. ArbSchG). Die **Arbeitsstättenverordnung** und die dazugehörenden Arbeitsstättenrichtlinien konkretisieren Vorschriften des Arbeitsschutzgesetzes. Die Arbeitsstättenverordnung dient der Sicherheit und dem Gesundheitsschutz der Beschäftigten beim Einrichten und Betreiben von Arbeitsstätten [§ 1 I ArbStättV].

Beispiele:

- Arbeitsstätten müssen mit einer ausreichenden Zahl geeigneter Feuerlöscheinrichtungen und erforderlichenfalls Brandmeldern und Alarmanlagen ausgestattet sein [§ 3 I, Anhang Nr. 2.2 ArbStättV];

1 Arbeitsstätten sind z.B. Arbeitsräume in Gebäuden und auf dem Betriebsgelände im Freien, Baustellen und Verkaufsstände im Freien. Zur Arbeitsstätte gehören z.B. auch betriebliche Verkehrswege, Lager-, Maschinen- und Nebenräume (Näheres siehe § 2 ArbStättV).

- Fußböden dürfen keine Stolperstellen aufweisen, sie müssen rutschhemmend und leicht zu reinigen sein [§ 3 I, Anhang Nr. 1.5 ArbStättV];
- Die Raumtemperaturen müssen zuträglich sein [§ 3 I, Anhang Nr. 3.5 ArbStättV].
- Arbeitsplätze sind in der Arbeitsstätte so anzuordnen, dass die Beschäftigten die Arbeitsplätze sicher erreichen und verlassen können, sich bei Gefahr schnell in Sicherheit bringen können und durch benachbarte Arbeitsplätze, Transporte oder Einwirkungen von außerhalb nicht gefährdet werden [§ 3 I, Anhang Nr. 3.2 ArbStättV].

Schließlich zwingt auch das **Umweltrecht** die Unternehmen zum umweltgerechten Verhalten. Ein verschärftes Haftungsrecht besteht z.B. durch das **Umwelthaftungsgesetz** (UmweltHG). Wurden z.B. Stoffe gelagert, von denen gefährliche Strahlen, Gase oder Dämpfe ausgingen, die sich im Boden, im Wasser oder in der Luft ausgebreitet haben, haftet der Anlageninhaber auch **ohne Verschulden** und ohne Rücksicht darauf, ob es sich um einen Störfall oder um den Normalbetrieb der Anlage handelt **(= Gefährdungshaftung).** Für höhere Gewalt (z.B. für die Folgen eines Erdbebens) ist die Haftung jedoch ausgeschlossen [§§ 1 ff. UmweltHG].

Auch das Gesetz über die Vermeidung und Sanierung von Umweltschäden (Umweltschadensgesetz – USchadG) soll durch die Umwelthaftung der für einen Umweltschaden verantwortlichen Personen Umweltschäden (z.B. Schädigung der Gewässer und des Bodens, nachteilige Veränderungen der natürlichen Ressourcen) vermeiden (Näheres siehe §§ 1 ff. USchadG).

Bei Nichteinhaltung gesetzlicher Umweltvorschriften drohen z.B. die Übernahme von Sanierungskosten, privatrechtliche Schadensersatzansprüche, verwaltungsrechtliche und strafrechtliche Sanktionen sowie Bußgelder [§§ 12 ff., 21 f. UmweltHG; §§ 6, 8, 9 USchadG].

Beispiele für umweltschutzrechtliche Vorschriften:

Schutzbereich	Umweltschutzgesetze	Sanktionen[1]
Luftreinhaltung Lärmbekämpfung[2]	Gesetz zum Schutz vor schädlichen Umwelteinwirkungen durch Luftverunreinigungen, Geräusche, Erschütterungen und ähnliche Vorgänge (Bundes-Immissionsschutzgesetz – BImSchG)[3]	Betriebsverbot [§§ 20, 25 BImSchG]; Freiheits- oder Geldstrafe [§§ 325, 325 a, 327 StGB]
Schutz vor gefährlichen Stoffen	Gesetz zum Schutz vor gefährlichen Stoffen (Chemikaliengesetz – ChemG) Chemikalien-Verbotsverordnung (ChemVerbotsV) Gefahrstoffverordnung (GefStoffV)	Verbot der Inverkehrbringung eines Stoffs [§ 17 ChemG, § 1 ChemVerbotsV]; Freiheits- oder Geldstrafe [§ 27 ChemG, § 8 ChemVerbotsV]; Einstufung, Kennzeichnungsvorschriften, Schutzmaßnahmen, Herstellungs- und Verwendungsbeschränkungen bei gefährlichen Stoffen, Zubereitungen und Erzeugnissen [§§ 1 ff. GefStoffV]

1 Sanktionen (lat.) = wörtl. Vergeltung, sanktionieren = mit positiven oder negativen Folgen antworten.

2 Dem Schutz der Beschäftigten vor Gefährdungen durch Lärm und Vibrationen dient vor allem die Lärm- und Vibrations-Arbeitsschutzverordnung vom 6. März 2007.

3 Schädliche Umwelteinwirkungen sind Immissionen. die nach Art, Ausmaß oder Dauer zu einer Gefahr, zu erheblichen Nachteilen oder erheblichen Belästigungen für die Allgemeinheit oder die Nachbarschaft führen können. Immission (lat.) = Einleitung von Schadstoffen; das Einwirken von Luftverunreinigungen, Schadstoffen, Lärm, Strahlen u.Ä. auf Menschen, Tiere, Pflanzen, Böden, das Wasser, die Atmosphäre sowie auf Kultur- und sonstige Sachgüter (siehe § 3 I, II BImSchG).

Schutzbereich	Umweltschutzgesetze	Sanktionen[1]
Gewässerschutz	Umwelthaftungsgesetz (UmweltHG) Gesetz zur Ordnung des Wasserhaushalts (Wasserhaushaltsgesetz – WHG)	Gefährdungshaftung nach dem UmweltHG [§§ 1ff. UmweltHG] sowie nach §§ 2f., 89, 90 WHG; Freiheits- oder Geldstrafe [§ 324 StGB][2]
Naturpflege **Artenschutz** **Bodenschutz**	Gesetz über Naturschutz und Landschaftspflege (Bundesnaturschutzgesetz – BNatSchG)	Freiheits- oder Geldstrafe, Geldbuße [§§ 329, 330 StGB; §§ 69, 71 BNatSchG]

Auch eine umweltgefährdende Abfallbeseitigung wird mit einer Freiheits- oder Geldstrafe geahndet (Näheres siehe § 326 StGB).

AUFGABEN

1. Nennen Sie eigene Beispiele für Umweltschutzziele eines Dienstleistungsbetriebs!
2. Erklären Sie folgende Begriffe:
   a) Integrierter Umweltschutz (IUS),
   b) Recycling,
   c) Verursacherprinzip,
   d) Vorsorgeprinzip!
3. Nennen Sie eigene Beispiele für die einzelnen Recyclingarten!
4. Worin unterscheidet sich grundsätzlich die inhaltliche Aussage des Umweltzeichens „Blauer Engel" von der Aussage der „Euro-Blume"?
5. Im Keller eines Bürogebäudes ist die Ölleitung vom Heizöltank zum Brenner undicht. Dadurch floss Heizöl aus dem Gebäude in das Grundwasser. Der Inhaber bestreitet jegliche Schuld. Er habe schließlich regelmäßig vom fachkundigen Kundendienst die Heizungsanlage überprüfen lassen, wobei es nie Beanstandungen gegeben habe.

   Beurteilen Sie, wer für den entstandenen Schaden haftet und begründen Sie Ihre Meinung!

1 Siehe Fußnote 1 auf S. 219.

2 Siehe auch § 324a StGB (Freiheits- oder Geldstrafen bei Bodenverunreinigungen).

6 Geld und Zahlungsverkehr

6.1 Geldarten und Geldfunktionen

6.1.1 Geldarten

Die heutigen Geldformen (Geldarten) sind:

1. **Bargeld.** Hierunter fallen die *Münzen* und die *Banknoten.*

Münzgeld	In einer modernen Wirtschaft spielt das Münzgeld nur noch eine untergeordnete Rolle. Die sich im Umlauf befindlichen Münzen sind *Scheidemünzen*, d. h., der aufgeprägte Wert (= Nennwert, Nominalwert) ist *höher* als der Metallwert.
Banknoten	Das alleinige Recht zur Ausgabe von Banknoten besitzen die Zentralbanken, in der Europäischen Wirtschafts- und Währungsunion (WWU) die Europäische Zentralbank (EZB).

2. **Giralgeld (= Buchgeld).** Seit etwa 100 Jahren gewinnt das *Giralgeld* zunehmend an Bedeutung. Es existiert nur auf den *Girokonten* der Banken.

Das Wort „Giro" kommt von „Kreis", „Ring". Gelder, die auf Girokonten liegen, kann man nämlich von Konto zu Konto überweisen,[1] weil die Banken gewissermaßen „ringförmig" miteinander in Verbindung stehen. Girokonten sind laufende Konten (= Kontokorrentkonten (vgl. §§ 355 ff. HGB), die dem „laufenden" Zahlungsverkehr dienen).

Längerfristige Geldanlagen werden nicht auf Girokonten, sondern auf besonderen Konten (z. B. Festgeldkonten) gebucht. Das auf den Festgeldkonten[2] angelegte Geld zählt daher auch nicht zum Giralgeld.

Zu den Banken im weitesten Sinne rechnen vor allem die Sparkassen, die Kreditgenossenschaften, die großen Geschäftsbanken (z. B. Commerzbank AG, Deutsche Bank AG), die Privatbanken (Einzelunternehmen und Personengesellschaften) und die Deutsche Postbank AG.

Das Giralgeld entsteht durch Einzahlung der Kunden und durch Kreditgewährung der Banken. Vernichtet wird es durch Barabhebung und Kredittilgung durch die Bankkunden. Man spricht daher auch von Kreditgeld, Bankgeld, Schreibgeld oder *Buchgeld.* Wesentliches Merkmal des Giralgelds (Buchgelds) ist, dass es *jederzeit* verfügbar ist. Soweit es sich dabei um jederzeit verfügbare *Guthaben* der Bankkunden handelt, spricht man von *Sichteinlagen.* Das Giralgeld ist somit „echtes" Geld, das alle Aufgaben (Funktionen) des Papiergelds erfüllen kann.

Eine Weiterentwicklung stellt das **„elektronische Geld"** (E-Geld) dar. Es handelt sich dabei um Werteinheiten in Form einer Forderung gegen die ausgebende Stelle, die 1. auf elektronischen Datenträgern gespeichert sind, 2. gegen Entgegennahme eines Geldbetrags ausgegeben werden und 3. von Dritten als Zahlungsmittel angenommen werden, ohne gesetzliches Zahlungsmittel zu sein [§ 1 a II, III ZAG; § 675 f III, S. 1 BGB].[3]

1 Siehe Kapitel 6.4.4.1.

2 Die auf den Festgeldkonten eingezahlten sogenannten **Festgelder** werden zu einem vorher vereinbarten bestimmten Zeitpunkt fällig. Die meisten Laufzeiten liegen zwischen 3 und 12 Monaten. Die Mindestlaufzeit beträgt 30 Tage.

3 Entscheidend ist, dass ein Zahlungsdienstleister geldwerte Einheiten gegen Vorauskasse für von Dritten akzeptierte Zahlungen bereitstellt.

Kein elektronisches Geld liegt vor, wenn Herausgeber und Akzeptant[1] der Werteinheiten identisch[2] sind und wenn die Werteinheiten lediglich Vorauszahlungen für bestimmte Sach- oder Dienstleistungen darstellen (z.B. Telefonkarten) (Näheres siehe §§ 1a V; 1 X, Nr. 11 und 12 ZAG).

Nach dem Zahlungsdienstaufsichtsgesetz (ZAG) gehören die E-Geld-Institute zu den Zahlungsdienstleistern. Die Aufsicht über diese Institute übt die Bundesanstalt für Finanzdienstleistungsaufsicht (BaFin) aus (Näheres siehe z.B. §§ 1 I, Nr. 2, II a; 1a I, Nr. 5; 3 ZAG; §§ 1ff. FinDAG).

6.1.2 Geldmengenbegriffe

Es sind folgende Geldmengenbegriffe (Geldarten) zu unterscheiden:

1. **Bargeld.** Hierunter fallen Münzen und Banknoten.

Münzen	Die in der Bundesrepublik Deutschland geprägten Münzen sind durchweg Scheidemünzen, weil ihr Materialwert niedriger als ihr Nennwert ist (unterwertig ausgeprägte Münzen). Dies gilt für alle Euro-Münzen, die seit 1. Januar 2002 im Umlauf sind. Die deutschen Euro-Münzen werden im Auftrag der Bundesregierung von den staatlichen Prägeanstalten geprägt und von der Deutschen Bundesbank in Umlauf gebracht. Das Gleiche gilt für die Münzen der übrigen WWU-Länder, die von den Regierungen geprägt und von den nationalen Zentralbanken in Umlauf gebracht werden. Der Umfang der Ausgabe von Euro-Münzen bedarf der Genehmigung durch die Europäische Zentralbank (Näheres siehe Art. 128 II AEUV).
Banknoten	Das alleinige Recht, die Ausgabe von Euro-Banknoten innerhalb der Union zu genehmigen, hat seit 1. Januar 2002 die Europäische Zentralbank. Die Europäische Zentralbank und die nationalen Zentralbanken sind zur Ausgabe dieser Banknoten berechtigt, die in der Union als einzige Banknoten gesetzliche Zahlungsmittel sind [Art. 128 I AEUV].

2. **Sichteinlagen.** Hierunter versteht man die Summe aller täglich fälligen Einlagen der privaten Haushalte, der Unternehmen (Nichtbankenunternehmen) und des Staates bei den Banken.

Die Summe aus **Bargeldumlauf** und **täglich fälligen Einlagen** bezeichnet die EZB mit dem Symbol **M1.**[3] Die Geldmenge M1 ist das am engsten gefasste monetäre Aggregat.[4]

M1 = Bargeldumlauf + täglich fällige Einlagen

Indem man zur Geldmenge M1 die **kurzfristigen Einlagen,** d.h. die Einlagen mit vereinbarter Laufzeit von bis zu zwei Jahren und die Einlagen mit vereinbarter Kündigungsfrist von bis zu drei Monaten hinzuzählt, erhält man die Geldmenge M2.

M2 = M1 + kurzfristige Einlagen

1 Akzeptieren (lat.) = annehmen, einverstanden sein. Der Akzeptant ist derjenige, der die von ihm herausgegebene Werteinheit gegen die versprochene Leistung annimmt.

2 Identisch (lat.) = völlig gleich, übereinstimmend, ein und dasselbe.

3 M ist das Symbol für money (engl. = Geld). Monetär (lat.) = geldlich, geldmäßig.

4 Aggregieren (lat.) = zusammenfassen, zusammenzählen. Aggregat = Zusammenfassung.

Die weitgefasste Geldmenge M3 ergibt sich, indem man zu M2 bestimmte **marktfähige Verbindlichkeiten des Bankensektors**[1] (z. B. Schuldverschreibungen mit einer Laufzeit von weniger als zwei Jahren, Geldmarktpapiere wie z. B. Bankakzepte und Repogeschäfte)[2] hinzurechnet.

M3 = M2 + sonstige marktfähige Verbindlichkeiten des Bankensektors

6.1.3 Geldfunktionen

„Geld ist, was gilt, wo es gilt und so viel es gilt", sagte einmal GÜNTER SCHMÖLDERS.[3] Geld ist somit alles, was die Funktionen (Aufgaben) des Gelds erfüllt.

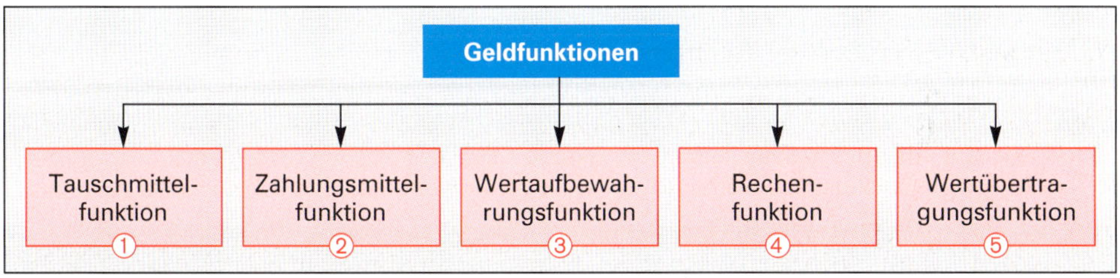

Funktionen des Geldes	Erläuterung
① **Tauschmittel**	Als allgemein anerkanntes Tauschmittel ermöglicht es, den *indirekten* Tausch vorzunehmen, also Güter zu kaufen und zu verkaufen.
② **Zahlungsmittel**	Auch andere Vorgänge als Tauschgeschäfte können mit Geld bewerkstelligt werden. So kann man mit Geld einen Kredit gewähren, Schulden tilgen, Steuern zahlen oder einen Strafzettel begleichen.
③ **Wertaufbewahrungsmittel**	Geld muss man nicht sofort ausgeben, sondern man kann es „aufbewahren", also sparen. Diese Funktion hat das Geld natürlich nur dann, wenn sein Wert nicht durch Inflation aufgezehrt wird.[4]
④ **Recheneinheit**	Das Geld ist der Maßstab (der Wertmesser) für die verschiedenartigsten Güter. Mithilfe der in Geld ausgedrückten Preise können diese zusammengerechnet (addiert) werden. Nur so ist es beispielsweise möglich, Bilanzen und Gewinn- und Verlustrechnungen zu erstellen, die Wirtschaftlichkeit und die Rentabilität eines Betriebs zu errechnen.
⑤ **Wertübertragungsmittel**	Das Geld macht es möglich, Vermögenswerte zu übertragen, ohne dass körperliche Gegenstände übereignet werden müssen. So kann man Geld verschenken oder vererben.

1 Der Fachausdruck für Bankensektor heißt Sektor der **m**onetären **F**inanz**i**nstitute **(MFI-Sektor)**. Er umfasst vor allem die nationalen Zentralbanken, die EZB, Banken und andere Finanzinstitute. Der MFI-Sektor wird auch als „Geldschöpfungssektor" bezeichnet. Das Gegenstück des MFI-Sektors ist der Nichtbankensektor (Nicht-MFI-Sektor). Er ist der „Geldhaltungssektor". Zu ihm gehören z. B. die privaten Haushalte, alle Unternehmen, die keine Bankgeschäfte betreiben und – mit gewissen Ausnahmen – der Staat.

2 Die Banken können sich beim ESZB finanzielle Mittel beschaffen, indem sie beleihungsfähige Wertpapiere an das ESZB für eine bestimmte Zeit verkaufen. Diese Geschäfte bezeichnet man als Pensions- oder Repogeschäfte. Repo ist die Abkürzung für Repurchase (engl. Rückkauf). Das „o" am Ende hat sich wegen der Aussprache durchgesetzt.

3 Günter Schmölders (1903–1991), bedeutender Finanzwissenschaftler und Volkswirt, schrieb u. a. über Psychologie des Geldes (1966), Geldpolitik (2. Aufl. 1968) und Finanzpsychologie (2. Aufl. 1970).

4 Inflation, wörtl. Aufblähung, dem Sinne nach Geldentwertung durch dauernd steigende Preise (Näheres siehe Kapitel 6.2.3).

Das Geld kann seine Funktionen (Aufgaben) nur wahrnehmen, wenn die Wirtschaftssubjekte *Vertrauen* in das Geld besitzen.[1] Gestützt wird dieses Vertrauen durch die gesetzliche Bestimmung, dass jeder Schuldner, der mit Banknoten zahlt, dies mit schuldenbefreiender Wirkung tut und dass jeder Gläubiger das Notengeld in Zahlung nehmen muss. In den modernen Volkswirtschaften ist das Geld also *gesetzliches Zahlungsmittel*.

Ein funktionsfähiges Geldsystem ist eine wesentliche Voraussetzung für einen störungsfreien Ablauf der wirtschaftlichen Prozesse. Die arbeitsteilige Wirtschaft muss z.B. ausreichend mit Geld versorgt sein, damit genügend Geld zur Bezahlung der Güter und zur Kreditgewährung vorhanden ist. Um eine Inflation zu vermeiden, darf jedoch auch nicht zu viel Geld im Umlauf sein. Eine Inflation gefährdet nämlich wesentliche Geldfunktionen. Die Folgen sind dann Störungen des Wirtschaftsablaufs.

Beispiele:

Bei einer sehr hohen Inflation wird das Geld nicht mehr als allgemein anerkanntes Tauschmittel für verkaufte Güter angenommen. Geld ist kein geeignetes Wertaufbewahrungsmittel mehr, wenn der Wert des gesparten Gelds (seine Kaufkraft) durch die steigenden Preise zu stark sinkt.

Aufgaben

1. Unterscheiden Sie die Begriffe Bargeld und Giralgeld!
2. Erklären Sie die Geldmengenbegriffe M1, M2 und M3 der Europäischen Zentralbank!
3. Erläutern Sie die Funktionen des Gelds anhand von Beispielen!
4. Überlegen Sie, ob und gegebenenfalls welche Geldfunktionen durch laufende Preissteigerungen gefährdet sein können!
5. Überlegen Sie, warum in der WWU

   5.1 die Geldmenge M1 ständig angestiegen ist,

   5.2 die Bedeutung des Buchgelds (Giralgelds) laufend zugenommen hat!
6. Prüfen Sie, ob die Geldkarte elektronisches Geld darstellt!

6.2 Geldwert und Geldwertschwankungen

6.2.1 Binnenwert des Gelds

6.2.1.1 Handelsvolumen

In jeder Volkswirtschaft werden Güter[2] erzeugt, deren Preise in einer sozialen Marktwirtschaft teils vom Markt her, teils durch den Staat bestimmt werden. Zur Vereinfachung unserer Überlegungen unterstellen wir, dass alle hergestellten Güter auch umgesetzt, d.h. verkauft werden.[3] Außerdem nehmen wir an, dass sich die Importe und Exporte von Gütern wertmäßig die Waage halten.[4]

1 Das Vertrauen in die Funktionen des Gelds, insbesondere in seine Wertaufbewahrungsfunktion, bezeichnet man als Geldillusion. Sie ist der „Glaube", dass Geld = Geld ist, dass z.B. 100,00 € heute gleich 100,00 € morgen sind.

2 Die wirtschaftlichen Güter können Sachgüter, Dienstleistungen oder Rechte sein (siehe Kapitel 1.1.2).

3 Lager werden in unserem Modell nicht gebildet.

4 Export = Verkauf von Gütern in ein fremdes Land; Import = Einfuhr von Gütern aus einem fremden Land.

In einer Geldwirtschaft gibt es ebenso viele Preise, wie es Güter gibt. Will man nun den *Wert* aller in einer Periode (z. B. in einem Jahr) hergestellten und umgesetzten (verkauften) Güter feststellen, muss jedes umgesetzte Gut mit seinem jeweiligen Preis vervielfacht werden. Möchte man feststellen, ob die umgesetzte (angebotene und verkaufte) Gütermenge im Folgejahr gleich geblieben, gestiegen oder gesunken ist, ist mit den alten Preisen *(„konstanten Preisen")* zu rechnen, denn bei Preisveränderungen ergäbe sich sonst ein falsches Bild. (Die Gütermenge an sich ist nicht feststellbar, denn die verschiedenartigsten Güter kann man nicht addieren.) Das Jahr, dessen Güterpreise gewählt werden, wird als *Basisjahr*[1] bezeichnet.

- Die Summe aller während einer Periode umgesetzten Güter, bewertet zu konstanten Preisen, bezeichnet man als **Handelsvolumen** (= H).

Unter der bereits genannten Voraussetzung, dass keine Lager gebildet werden, ist das Handelsvolumen dem *Bruttoproduktionswert*[2] gleich. Vom „Brutto"-Produktionswert spricht man deswegen, weil in ihm auch die von Unternehmen an Unternehmen gelieferten Güter enthalten sind, z. B. Lieferungen einer Kohlenzeche an ein Stahlwerk.

Beispiel:

Angenommen, in einer Volkswirtschaft werden nur 5 Güterarten erzeugt und umgesetzt, und zwar Kohle, Stahl, Getreide, Kleidung und Bauleistungen. Sie werden zu den Preisen eines Ausgangsjahrs (= Basisjahr) bewertet. Nur so lässt sich feststellen, wie sich die Gütermenge von Jahr zu Jahr entwickelte.

In der Volkswirtschaft erzeugte und umgesetzte Güter	Jahr 00 (Basisjahr)			Jahr 01			Jahr 02		
	Umgesetzte Gütermengen (in Mio. Einheiten)	Preise je Einheit in GE	Wert der umgesetzten Güter in Mio. GE	Umgesetzte Gütermengen (in Mio. Einheiten)	Konstante Preise (Basisjahr) in GE	Wert der umgesetzten Güter zu konstanten Preisen (in Mio. GE)	Umgesetzte Gütermengen (in Mio. Einheiten)	Konstante Preise (Basisjahr) in GE	Wert der umgesetzten Güter zu konstanten Preisen (in Mio. GE)
Kohle	10 t	400	4000	10 t	400	4000	11 t	400	4400
Stahl	20 t	750	15000	20 t	750	15000	22 t	750	16500
Getreide	50 t	500	25000	50 t	500	25000	60 t	500	30000
Kleidung	200 Stück	100	20000	200 Stück	100	20000	250 Stück	100	25000
Bauten	60 m^3	600	36000	60 m^3	600	36000	73,5 m^3	600	44100
	Handelsvolumen →		100000	Handelsvolumen →		100000	Handelsvolumen →		120000

Das Beispiel zeigt, dass die Gütermenge (das Handelsvolumen) im Jahr 01 gegenüber dem Jahr 00 konstant (gleich geblieben) ist, während sie im Jahr 02 gegenüber dem Vorjahr um 20 % zunahm.

1 Basis = Grundlage, hier: Ausgangspunkt.

2 Der Bruttoproduktionswert ist die Gesamtleistung einer Volkswirtschaft in einer Periode (z. B. in einem Jahr). Zieht man vom Bruttoproduktionswert die Lieferungen und Leistungen ab, die zwischen den Unternehmen stattgefunden haben und die die Unternehmen in der gleichen Periode verbraucht haben (z. B. Rohstoffe, Reparaturleistungen usw.), erhält man das Bruttoinlandsprodukt (siehe Kapitel 3.6).

15 Hartmann-Härter-Seifert - ISBN 978-3-8120-0412-1

6.2.1.2 Geldmenge

Auch hier müssen wir vereinfachen, um zu einem eindeutigen Ergebnis zu gelangen. Wenn im vorigen Beispiel im Jahr 02 das Handelsvolumen 120000 GE betrug, wurde zum Kauf dieser Güter auch die *Geldmenge* in Höhe von 120000 GE benötigt, falls wir unterstellen, dass das gesamte Handelsvolumen in einem Zuge nachgefragt und gekauft wurde. Diese sogenannte *nachfragewirksame* Geldmenge ist in der Regel nicht mit der Gesamtgeldmenge der Wirtschaft gleichzusetzen, weil die Wirtschaftssubjekte einen Teil ihrer Einnahmen nicht wieder ausgeben, sondern sparen. Von der Gesamtgeldmenge ist also die Ersparnis (die dem Geldkreislauf entzogene Sparsumme) abzuziehen.

Nun entspricht es aber nicht der Wirklichkeit, dass die gesamte Gütermenge, die in einem Jahr erzeugt wird, auf *ein* Mal umgesetzt wird. Vielmehr *verteilen* sich die Umsätze über das ganze Jahr hinweg.

Beispiel:

Lassen wir einmal die Umsätze zwischen den Unternehmen außer Acht. Vergessen wir auch, dass es einen Staatshaushalt gibt und dass die Haushalte sparen. Nehmen wir unter diesen Bedingungen an, dass die privaten Haushalte im Jahr 120000 GE verdienen und dass ihnen dieses Geld nur *ein* Mal im Jahr ausbezahlt wird, dann wird tatsächlich eine Geldmenge (Buch- und Giralgeld) in Höhe von 120 000 GE benötigt: Den privaten Haushalten fließen ein Mal im Jahr 120000 GE zu, die sie im gleichen Jahr zum Kauf von Gütern bei den Unternehmen verwenden. Die *Umlaufgeschwindigkeit* des Gelds ist 1.

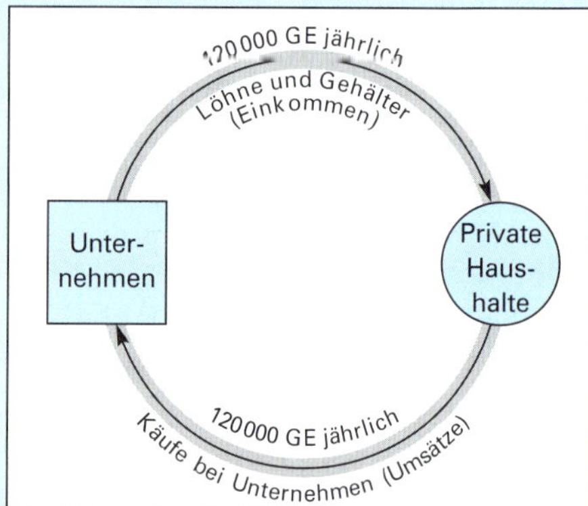

Mit einer Geldmenge von 120000 GE wird im Jahr ein Umsatz von 120000 GE bewirkt. Die Umlaufgeschwindigkeit des Gelds ist 1.

Beispiel:

Wenn wir unterstellen, dass die Löhne und Gehälter im Jahr *zwei* Mal ausbezahlt werden, kommt die Wirtschaft mit 60000 GE aus. Der Grund: Mit der ersten Gehaltszahlung kaufen die privaten Haushalte Güter im Wert von ebenfalls 60000 GE. Der gleiche Vorgang wiederholt sich danach im zweiten Halbjahr, weil die privaten Haushalte die zweite Lohnzahlung wiederum zum Kauf von Gütern im Wert von 60000 GE verwenden. Mit einer Geldmenge von 60000 GE wird also ein jährlicher Umsatz von 120000 GE getätigt. Die Umlaufgeschwindigkeit des Gelds ist also 2.

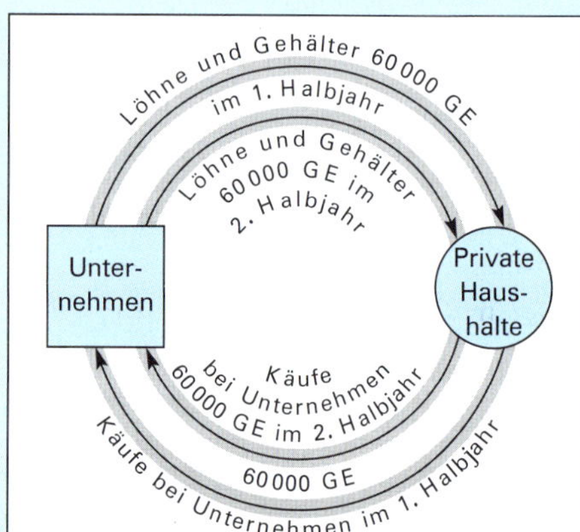

Mit einer Geldmenge von 60000 GE werden im Jahr Umsätze von 120000 GE bewirkt. Die Umlaufgeschwindigkeit des Gelds ist 2.

Beispiel:

Würden die Gehälter und Löhne z. B. 12-mal im Jahr ausbezahlt *und* wieder ausgegeben, könnte man mit einer Geldmenge von 10000 GE einen jährlichen Umsatz von 120000 GE bewirken. Die Umlaufgeschwindigkeit des Gelds beträgt dann 12.

Die nachfragewirksame Geldmenge setzt sich aus dem für Kaufzwecke bereitgestellten Bar- und Giralgeld, multipliziert mit seiner Umlaufgeschwindigkeit, zusammen.

Nachfragewirksame Geldmenge = Geldmenge (M) · Umlaufgeschwindigkeit (U)

6.2.1.3 Preisniveau

Beispiel:

Angenommen, im Jahr 01 sei die nachfragewirksame Geldmenge von 100000 GE auf 120000 GE gestiegen, während die zu konstanten Preisen gemessene Gütermenge unverändert blieb. Man sagt, dass sich das *reale* (= wirkliche) Handelsvolumen nicht verändert hat. *Ein* möglicher Grund hierfür ist, dass die Wirtschaft vollbeschäftigt ist, sodass aufgrund der gestiegenen Nachfrage nicht mehr angeboten werden *kann.*

Die Folge der gestiegenen Nachfrage (Geldmenge) ist, dass die Unternehmen ihre Preise so lange anheben, bis auf den Märkten wieder Gleichgewicht herrscht.[1]

Der Faktor, um den sich die Preise *aller* Güter im Durchschnitt verändern müssen, lässt sich leicht errechnen, indem man die nachfragewirksame Geldmenge durch das zu konstanten Preisen gemessene Handelsvolumen teilt:

$$\text{Veränderungsfaktor des Preisniveaus (P)} = \frac{120\,000}{100\,000} = \underline{\underline{1{,}2}}$$

Allgemein gilt:

$$\mathbf{P = \frac{M \cdot U}{H}}$$

Die Zahl für P = 1,2 bedeutet, dass sich gegenüber dem Vorjahr das *Preisniveau* um das 1,2-fache oder um 20 % erhöht hat. Wäre die nachfragewirksame Geldmenge (M · U) z. B. um 50 % auf 150000 GE gestiegen, ergäbe sich eine Preissteigerungsrate von 50 %, sofern das Handelsvolumen konstant geblieben ist.

Steigt im Jahr 02 die Geldmenge z. B. auf 150000 GE und das Handelsvolumen (zu konstanten Preisen) auf 120000 GE, ergibt sich:

$$P = \frac{150\,000}{120\,000} = \underline{\underline{1{,}25}}$$

Dies sagt aus, dass sich im Jahr 02 das Preisniveau gegenüber dem Jahr 00 (Basisjahr) um das 1,25-fache oder um 25 % erhöht hat.

1 Dies ist natürlich nur in einer freien Wirtschaft möglich. Werden vom Staat Höchstpreise vorgeschrieben, können die Preise nicht im erforderlichen Umfang steigen. Es entsteht Übernachfrage, sodass der Staat rationieren muss.

- Die Entwicklung des Preisniveaus (die Höhe der Güterpreise) hängt weitgehend von der Entwicklung der nachfragewirksamen Geldmenge ab.
- Steigt die nachfragewirksame Geldmenge schneller als das Handelsvolumen (die Menge der zu konstanten Preisen bewerteten Güter), steigt in einer freien Marktwirtschaft das Preisniveau.
- Steigt die nachfragewirksame Geldmenge im gleichen Maße wie das Handelsvolumen, wird in einer freien Marktwirtschaft das Preisniveau gleich bleiben.

Eine *Umkehrung* der letzten beiden Sätze ist jedoch nicht möglich. Eine Verringerung der nachfragewirksamen Geldmenge wird in der heutigen Wirtschaft nur selten und dann nur auf Teilmärkten zu *Preissenkungen* führen. Hierfür gibt es viele Gründe. Zum einen *steigen* bei zurückgehender Produktion die Stückkosten der Betriebe, sodass die Betriebe, falls sie marktstark genug sind, sogar die Preise erhöhen können. Zum anderen gibt es viele Kosten, die trotz schwindender Nachfrage nicht sinken. Hierzu gehören einige Steuern (z.B. Grundsteuer, Kfz-Steuer), die tariflich festgelegten Mindestlöhne der Arbeitskräfte oder die Importpreise der Rohstoffe. Sinkt also die nachfragewirksame Geldmenge, wird nicht das Preisniveau fallen, sondern das Güterangebot abnehmen. Somit entsteht *Unterbeschäftigung* (Arbeitslosigkeit).

6.2.1.4 Kaufkraft

Mit steigendem Preisniveau *sinkt* die Kaufkraft, denn mit einer Geldeinheit kann man jetzt *weniger* Güter kaufen als zuvor.

Beispiel:

Angenommen, vom Jahr 00 bis zum Jahr 02 steigt die nachfragewirksame Geldmenge von 100 000 GE auf 150 000 GE, während das Handelsvolumen von bisher 100 000 GE konstant bleibt. Die Veränderung des Preisniveaus beträgt 50 %:

$$P = \frac{M \cdot U}{H} = \frac{150\,000}{100\,000} = \underline{\underline{1{,}5}}$$

Die *Kaufkraft* hat sich gegenüber dem Vorjahr wie folgt verändert:

$$K = \frac{H}{M \cdot U} = \frac{100\,000}{150\,000} = \underline{\underline{\frac{2}{3}}}$$

Dies besagt, dass man sich im Jahr 02 mit einer Geldeinheit nur noch $^2/_3$ der Gütermenge des Jahres 00 kaufen konnte. Die *Kaufkraft* des Gelds ist also um $^1/_3$ (≙ 33 $^1/_3$ %) *gesunken.*

- Die **Kaufkraft** ist der reziproke (umgekehrte) Wert des Veränderungsfaktors des Preisniveaus.

Steigen die Preise z.B. um 100 %, beträgt die Kaufkraft einer Geldeinheit nur noch 50 %.

Die Kaufkraft ist in den vergangenen 20 Jahren in Westdeutschland nicht gestiegen. Das bedeutet, dass ein durchschnittlicher Arbeitnehmer für einen festgelegten Warenkorb heute genauso lange arbeiten muss wie vor 20 Jahren. Zu diesem Ergebnis kommt das arbeitgebernahe Institut der deutschen Wirtschaft Köln (IW) in einer Untersuchung. Dazu listet es die Arbeitszeit, die ein durchschnittlicher Arbeitnehmer in Westdeutschland arbeiten muss, auf, um bestimmte Waren oder Dienstleistungen kaufen zu können. Das IW rechnete mit einem durchschnittlichen Nettostundenlohn von 15,20 EUR im Jahr 2011. 1991 betrug dieser noch 10,50 EUR. Der gestiegene Durchschnittslohn gleicht somit die in den vergangenen 20 Jahren verhältnismäßig geringe Inflation aus, ohne dass es zu wirtschaftlichen Verbesserungen der Arbeitnehmer kam.

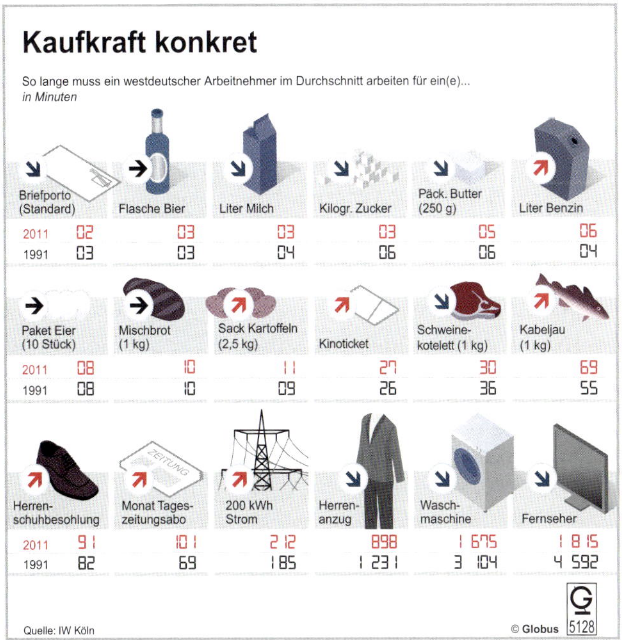

6.2.2 Geldwertmessung (Verbraucherpreisindex)

Den einzelnen Verbraucher interessiert es weniger, wie sich das *allgemeine* Preisniveau verändert. Selbst die Preissteigerungen bei bestimmten Luxusgütern kümmern den durchschnittlichen Verbraucher nicht: Ihm ist es gleichgültig, ob irgendein Luxus-Auto nunmehr statt 80 000,00 € stolze 100 000,00 € kostet. Selbst bei den Gütern des täglichen Bedarfs wirken sich Preissteigerungsraten bei den einzelnen Gütern unterschiedlich auf das Haushaltsgeld der Hausfrau aus. Steigt z. B. der Preis für eine Streichholzschachtel von 0,25 € auf 0,50 €, also um 100 %, ist dies für den Einzelnen wenig bedeutsam. Steigen indessen die Preise für Heizmaterialien um 100 %, trifft dies die einzelnen Bürger recht empfindlich.

6.2.2.1 Warenkorb

Um ermitteln zu können, wie sich die Preisveränderungen der Konsumgüter auf die privaten Haushalte auswirken, hat das Statistische Bundesamt in Wiesbaden neben anderen Indizes[1] den *Verbraucherpreisindex* (VPI) entwickelt. Dieser Preisindex erfasst die Preisänderungen bei rund 750 Gruppen von Sachgütern und Dienstleistungen **(„Warenkorb")**, die im privaten Haushalt gekauft werden. Da nicht alle Güter das gleiche Gewicht im Warenkorb besitzen, musste das Statistische Bundesamt ein **„Wägungsschema"** erstellen, das von Zeit zu Zeit den neuen Verbrauchsstrukturen angepasst werden muss.[2] Die

1 Indizes = Mz. von Index. Ein Index ist wörtlich ein „Anzeiger". Der Preisindex zeigt also Preisveränderungen an. Solche Preisindizes sind z. B.: Index der Einkaufspreise landwirtschaftlicher Betriebsmittel, Index der Grundstoffpreise, Index der Großhandelsverkaufspreise und der Index der Einzelhandelspreise.

2 Die letzte Umstellung des Wägungsschemas auf neuere Verbrauchsverhältnisse erfolgte Anfang 2008. Neues Basisjahr ist das Jahr 2005.

Waren nämlich, die von einem durchschnittlichen Haushalt heute gekauft werden, sind z.T. nicht mehr die gleichen wie die im Jahr 1985 oder 1995. Man braucht hier nur an Konsumgüter wie z.B. Mieten für Videofilme, Disketten, Mikrowellenherde, Personalcomputer, Flatrate-Tarife für das Internet, DVD-Player, MP3-Player und Espresso-Maschinen oder Heimsportgeräte zu denken. Außerdem verschiebt sich der prozentuale Anteil bestimmter Ausgabenarten zugunsten anderer. So gab z.B. der durchschnittliche private Haushalt 1970 noch 33,3 % seines Einkommens für Nahrungs- und Genussmittel aus. Im Jahr 2005 betrug dieser Anteil nur noch rund 10,5 %.

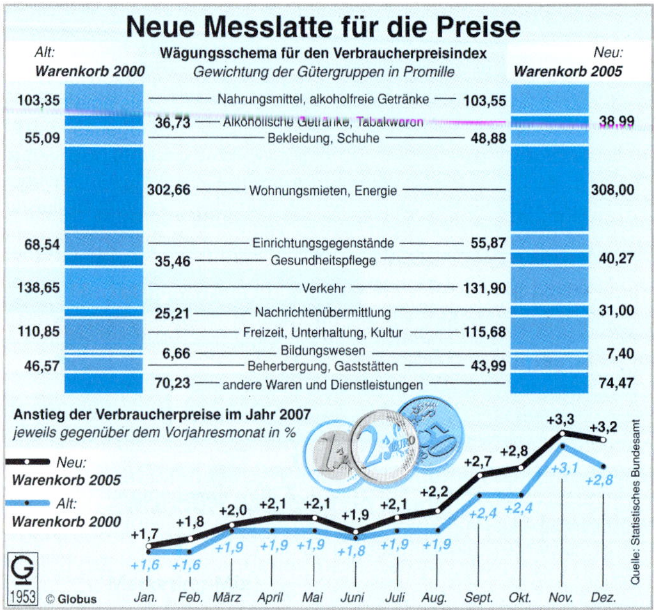

Das Wägungsschema wird entwickelt, indem man für ein Basisjahr die durchschnittlichen Ausgaben eines durchschnittlichen Haushalts für verschiedene Sachgüter und Dienstleistungen in Prozenten seiner Gesamtausgaben ermittelt.

Beispiel:

Um den Vorgang der Preisindexberechnung deutlich zu machen, sei ein sehr vereinfachtes Wägungsschema zugrunde gelegt (5 statt 750 Positionen):

Warenkorb	Wägungsschema Jahr 00		Preise 01	Preise 02	Preise 03
1. Nahrungsmittel	615,00 GE	41 %	615,00 GE	615,00 GE	615,00 GE
2. Kleidung	600,00 GE	40 %	600,00 GE	660,00 GE	660,00 GE
3. Wohnung	150,00 GE	10 %	200,00 GE	200,00 GE	200,00 GE
4. Brennstoffe	60,00 GE	4 %	60,00 GE	60,00 GE	180,00 GE
5. Dienstleistungen	75,00 GE	5 %	75,00 GE	75,00 GE	75,00 GE
Gesamtausgaben	1 500,00 GE	100 %	1 550,00 GE	1 610,00 GE	1 730,00 GE

Die Indexzahlen werden wie folgt ermittelt:

Das Basisjahr 00 wird mit 100 Punkten angesetzt. Die angenommene Verteuerung der Wohnungsausgaben um 50,00 GE im Jahr 01 ($\widehat{=}$ $33^1/_3$ %) bewirkt bei Konstanz aller anderen Preise eine Erhöhung der Lebenshaltungskosten um 3,3 Punkte auf 103,3.[1]

1 Berechnung: 1 500,00 GE (00) $\widehat{=}$ 100 Punkte
1 550,00 GE (01) $\widehat{=}$ x Punkte

$$x = \frac{100 \cdot 1550}{1500} = 103{,}3 \text{ Punkte}$$

Steigen im Jahr 02 z.B. die Preise für Kleidung um 10%, erhöhen sich die Lebenshaltungskosten um 4 Punkte auf 107,3 Punkte.[1]

Die angenommene Steigerung der Brennstoffkosten um 200% im Jahr 03 bewirkt allein eine Steigerung der Lebenshaltungskosten auf 115,3 Punkte.

Insgesamt gilt also, dass sich Preissteigerungen bei bestimmten Waren und Dienstleistungen auf den Verbraucherpreisindex umso stärker auswirken, je größer ihr prozentualer Anteil (ihr „Gewicht") an den Gesamtausgaben eines durchschnittlichen Haushalts ist.

Der **Verbraucherpreisindex** für die **Bundesrepublik Deutschland** entwickelte sich wie folgt (Basisjahr 2005):

Jahr	1994	1998	2000	2002	2004	2005	2006	2008	2010	2011
Verbraucherpreisindex	85,2	90,5	92,3	95,5	98,1	100	101,7	106,6	108,2	110,7

Quelle: Monatsberichte der Deutschen Bundesbank, mehrere Jahrgänge.

Der **Preisindex** bezieht sich auf ein Basisjahr, dessen Preisniveau mit 100% (100 „Punkten") angesetzt wird. Ein Steigen des Preisniveaus wird durch eine Erhöhung des Prozentsatzes (der „Punkte"), ein Sinken des Preisniveaus durch eine Verringerung des Prozentsatzes (der „Punkte") angezeigt. Beträgt z.B. im Jahr 02 der Preisindex 110, so bedeutet das, dass das Preisniveau gegenüber dem Jahr 00 (dem Basisjahr) um 10% gestiegen ist.

Die **Preisveränderungsrate** drückt aus, um wie viel Prozent sich das Preisniveau einer Periode **gegenüber dem Preisniveau der Vorperiode** verändert hat, z.B. im laufenden Jahr gegenüber dem Vorjahr, im Monat Mai gegenüber dem Monat April oder im Monat Juni 01 gegenüber dem Monat Juni 00.

Beträgt z.B. der Preisindex des Jahres 02 **110** und der Preisindex des Jahres 03 **115,5,** so beläuft sich die Preisveränderungsrate auf 5%.[2]

Steigt das Preisniveau (ist die Preisveränderungsrate positiv), spricht man von der **Inflationsrate.** In unserem Beispiel beträgt die Inflationsrate folglich 5%.

Sinkt das Preisniveau (ist die Preisveränderungsrate negativ), spricht man von der **Deflationsrate.**

6.2.2.2 Nominallohn[3] und Reallohn[4]

Die Entwicklung eines Preisindex lässt im Allgemeinen keine Aussage darüber zu, ob sich der materielle *Lebensstandard* der Arbeitnehmer (und Arbeitgeber) verbessert oder verschlechtert hat. Neben der Qualitätsverbesserung der angebotenen Güter muss vor allem die Entwicklung des *Nettolohns* berücksichtigt werden.

1 Berechnung: 1 500,00 GE (00) ≙ 100 Punkte
1 610,00 GE (02) ≙ x Punkte

$$x = \frac{100 \cdot 1610}{1500} = \underline{\underline{107{,}3 \text{ Punkte}}}$$

2 Berechnung: 110,0 Punkte ≙ 100 %
5,5 Punkte ≙ x %

$$x = \frac{100 \cdot 5{,}5}{110} = \underline{\underline{5\ \%}}$$

3 „Nominal" kommt von „nominell", d.h. dem Namen nach, dem Nennwert nach.

4 Real = wirklich, tatsächlich.

Was dem Arbeitnehmer am Monatsende nach Abzug der Lohn- und Kirchensteuer sowie der Sozialversicherungsbeiträge verbleibt, nennt man *Nettolohn.* Dieser Nettolohn entspricht längst nicht dem, was der Arbeitgeber für die Arbeitskraft aufzuwenden hat. Zu berücksichtigen ist nämlich, dass der Arbeitgeber eine Reihe von gesetzlichen, tariflichen und freiwilligen **Lohnnebenkosten** zu tragen hat. Der auf der Lohnabrechnung des Arbeitnehmers erscheinende Betrag heißt **Bruttolohn.**

■ Den **Nettolohn,** so wie er tatsächlich in der **Lohnabrechnung** „genannt" wird, bezeichnet man als **Nominallohn.**

Dieser Nominallohn sagt nichts darüber aus, wie viel sich ein Arbeitnehmer dafür kaufen kann. Steigt z.B. der Nominallohn *schneller* als das Preisniveau, nimmt der materielle Lebensstandard trotzdem zu. Mit anderen Worten: Der **Reallohn** (real = wirklich) ist gestiegen. Steigen Preise und Nettolohn im gleichen Maße, hat sich der Reallohn *nicht* verändert. Steigen indessen die Nominallöhne schwächer als die Preise, nimmt der Reallohn (die Kaufkraft) ab.

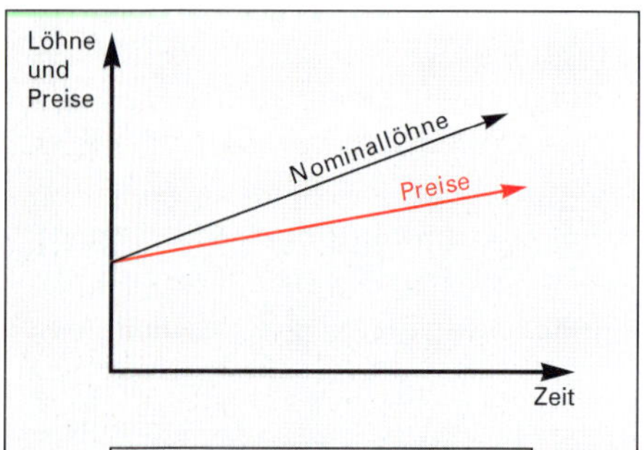

Die Reallöhne steigen (Kaufkraftzuwachs)

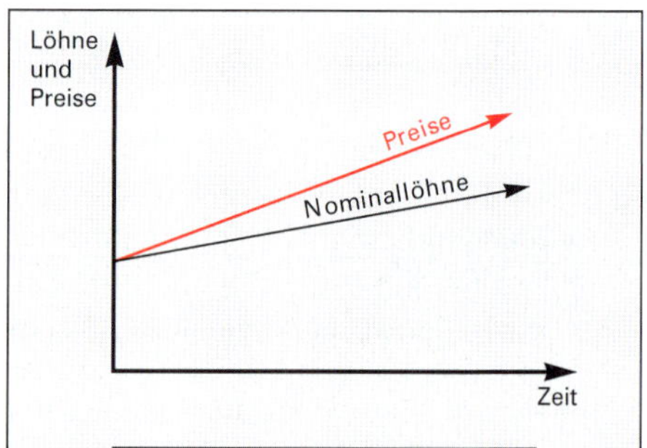

Die Reallöhne fallen (Kaufkraftverlust)

6.2.3 Inflation[1]

6.2.3.1 Inflationsarten und Inflationsursachen

In manchen Geschichtsbüchern findet sich folgender Satz: „Als die große Inflation, die 1923 ihren Höhepunkt fand, hereinbrach ...". Dieser Satz ist falsch, denn Inflationen sind keine Naturereignisse, sondern sie werden von Menschen gemacht, und zwar am allerwenigsten „von den Leuten", sondern vor allem von den für Wirtschaft und Politik Verantwortlichen.

Begriff Inflation

■ Unter **Inflation** versteht man ein anhaltendes Steigen des Preisniveaus.

Steigen hin und wieder die Preise einzelner Güter bzw. Gütergruppen, so liegt noch keine Inflation vor. Im Winter steigen beispielsweise die Preise für landwirtschaftliche Produkte, weil – bei gleichbleibender Nachfrage – das Angebot abnimmt.

1 Inflation (lat.) = Aufblähung.

Arten der Inflation

1. Inflationsarten nach der Erkennbarkeit

- **Offene Inflation.** Hier steigt das Preisniveau „offen" gemäß den Marktbedingungen. Der Staat schreibt weder Fest- noch Höchstpreise vor bzw. passt diese laufend an die Marktgegebenheiten an.

Beispiel:

Die große deutsche Inflation von 1914 bis 1923 war eine offene Inflation. Sie war auf eine unmäßige Geldmengenvermehrung durch die damalige Regierung zurückzuführen. Folgende Zahlen geben einen Eindruck: Der Dollarkurs betrug Ende April 1923 29 800,00 Mark, Ende Mai 70 000,00 Mark, Ende Juli 1 100 000,00 Mark, acht Tage später 4 869 000,00 Mark; am 9. Oktober wurde die Milliardengrenze überschritten. Am 20. November belief sich der Dollarkurs[1] auf rund 4,2 Billionen Mark.

- **Verdeckte Inflation.** In diesem Fall schreibt der Staat Höchst- und/oder Festpreise vor, ohne diese an die tatsächlichen Marktverhältnisse anzupassen. Das Preisniveau wird verhältnismäßig stabil gehalten. Die Leute können aber mit ihrem „Geld" wenig anfangen, weil das Güterangebot zu gering ist. Der Staat muss rationieren[2] (z. B. Lebensmittelmarken ausgeben).

Beispiel:

Eine verdeckte (gestoppte) Inflation herrschte in Deutschland von 1939 bis 1948. Preise und Löhne waren vom Staat vorgeschrieben (Preis- und Lohnstopp). Verdeckte Inflationen sind daran erkennbar, dass „schwarze Märkte" entstehen, auf denen die knappen Waren gesetzeswidrig zu Wucherpreisen gehandelt werden.

2. Inflationsarten nach der Schnelligkeit der Geldentwertung

- **Schleichende Inflation.** Diese Art der Inflation ist durch verhältnismäßig niedrige, aber lang anhaltende Preissteigerungen gekennzeichnet. Von schleichender Inflation kann man sprechen, wenn die Preissteigerungsrate nicht höher ist als der Zinssatz für Spargelder.

Beispiel:

Die Volkswirtschaft der Bundesrepublik Deutschland ist durch eine schleichende Inflation gekennzeichnet.

- **Galoppierende Inflation.** Liegt die Preissteigerungsrate im Durchschnitt über dem Zins für langfristige Geldanlagen (etwa über 6 bis 8 %), liegt eine galoppierende Inflation vor. Bei jährlichen Preissteigerungsraten von mehr als 50 % spricht man von **Hyperinflation.**

Beispiel:

Die deutsche Inflation von 1918 bis 1923 war eine Hyperinflation.

---

1 Unter „Kurs" versteht man das Austauschverhältnis zwischen der Binnenwährung (z. B. Euro) und einer Fremdwährung (z. B. US-$). In diesem Fall handelt es sich um eine Preisnotierung. Hier drückt der Kurs aus, wie viel Einheiten der Binnenwährung man für eine Einheit der Außenwährung bezahlen muss.

2 Rationieren = in „Rationen" einteilen, d. h. Mengenzuteilungen vornehmen.

3. Inflationsarten nach ihrer Ursache

- **Nachfrageinflationen (nachfrageinduzierte[1] Inflationstypen)**

  a) **Binnennachfrageinflation.** Die privaten Haushalte, die Unternehmen und/oder der Staat sparen zu wenig und/oder nehmen zu hohe Kredite auf, um ihre Ansprüche zu finanzieren.

  b) **Außennachfrageinflation.** Ihre Ursache liegt in lang anhaltenden **Exportüberschüssen** gegenüber Fremdwährungsgebieten, denn diese führen zu Deviseneinnahmen, die nicht wieder für Importzwecke benötigt werden. Die Exporteure tauschen die Devisen bei den Banken in Binnenwährung um, sodass die Geldmenge steigt. Die dieser Geldmenge gegenüberstehenden „Gütermengen" wurden indessen in Fremdwährungsgebiete exportiert, sodass also letztlich das Preisniveau im eigenen Währungsgebiet steigen muss.[2] Da Exportüberschüsse gegenüber Fremdwährungsgebieten in der Regel vor allem dann entstehen, wenn dort die Inflationsraten *höher* als im eigenen Währungsgebiet sind (die Exportwaren werden für die gebietsfremden Importeure relativ billiger), spricht man von **importierter Inflation.** (Die Inflation wird sozusagen vom Fremdwährungsgebiet ins eigene Währungsgebiet „hereingetragen", sie ist importiert, nicht „hausgemacht".)

- **Angebotsinflationen (angebotsinduzierte Inflationstypen)**

  a) **Kosteninflationen.** Die Gewerkschaften setzen überhöhte Lohnforderungen durch (Lohnkosteninflation), der Staat erhöht die Steuern (Steuerkosteninflation) oder inländische Rohstofflieferer erhöhen ihre Preise (Rohstoffkosteninflation). Die Unternehmen erhöhen die Preise, um die gestiegenen Kosten zu decken.

  Steigen die Preise ausländischer Lieferer (z. B. Rohstofflieferer) stärker als die der inländischen, liegt eine **Importkosteninflation** vor. Sie ist eine weitere Art der „importierten Inflation".

  b) **Gewinninflationen.** Unternehmen, die eine starke Marktstellung besitzen (Oligopole, Monopole), erhöhen ihre Absatzpreise auf Kosten der Verbraucher. Die Gewerkschaften setzen daraufhin einen „Inflationsausgleich" durch **(„Preis-Lohn-Spirale").**

Die Nachfrage- und Angebotsinflationen nennt man auch **Anspruchsinflationen,** weil die Ansprüche inländischer und/oder ausländischer Wirtschaftssubjekte schneller wachsen als das inländische Handelsvolumen (Angebot).

<table>
<tr><th colspan="7">Inflationsarten nach ihren Ursachen</th></tr>
<tr><th colspan="2">Nachfrageinflationen
(nachfrageinduzierte Inflationstypen)</th><th colspan="5">Angebotsinflationen
(angebotsinduzierte Inflationstypen)</th></tr>
<tr><td rowspan="2">Binnen-
nachfrage-
inflation</td><td rowspan="2">Außen-
nachfrage-
inflation</td><td colspan="4">Kosteninflationen</td><td rowspan="2">Gewinn-
inflation</td></tr>
<tr><td>Import-
kosten-
inflation</td><td>Lohn-
kosten-
inflation</td><td>Rohstoff-
kosten-
inflation</td><td>Steuer-
kosten-
inflation</td></tr>
<tr><td>„hausgemachte" Inflation</td><td colspan="2">importierte Inflationen</td><td colspan="4">„hausgemachte" Inflationsarten</td></tr>
</table>

1 Induzieren = auslösen, beeinflussen.

2 Weil bei Exportüberschüssen die Geldmenge in der Binnenwirtschaft steigt und zugleich das Güterangebot in der Binnenwirtschaft in Höhe des Exportüberschusses sinkt, spricht man auch vom **doppelt inflationären Effekt** der Exportüberschüsse in Fremdwährungsländer.

6.2.3.2 Inflationsfolgen

Die Wirkungen der Inflation sind im Wesentlichen als negativ zu beurteilen. Die wohl schlimmste Folge ist die **Stagflation,** d.h. Stagnation[1] mit Inflation. Sie entsteht z.B. dadurch, dass in einer Wirtschaft mit Außenhandel die Unternehmen die gestiegenen Kosten aus Konkurrenzgründen nicht mehr voll auf die Preise überwälzen können, sodass ihre Gewinne sinken bzw. Verluste größer werden. Dies führt dazu, dass nicht mehr investiert wird: Die Güterproduktion *stagniert* und es entsteht Arbeitslosigkeit bei steigenden Preisen.

Weitere Folgen sind:

- **Schuldner werden begünstigt,** weil der reale Wert der Kreditaufnahme im Laufe der Zeit sinkt. Dies gilt insbesondere dann, wenn die Inflationsrate (= jährliche Preissteigerung in Prozent) höher als der Kreditzinssatz ist. Umgekehrt werden die Gläubiger (Sparer) geschädigt.
- **Eigentümer von Sachvermögen** (z.B. Eigentümer von Grundstücken) und **Unternehmensbeteiligungen** (z.B. Aktien der Aktionäre) **können** im Gegensatz zu den Geldeigentümern (z.B. Kontensparern) den **Wert ihres Vermögens erhalten.** Geht man davon aus, dass die Arbeitnehmer i.d.R. ihre Ersparnisse auf Sparbüchern, als Termineinlagen (z.B. auf Festgeldkonten) oder in festverzinslichen Wertpapieren anlegen, während die Selbstständigen und die Unternehmen ihre Finanzmittel überwiegend in Sachwerten und Unternehmensbeteiligungen investiert haben, verschiebt sich die Vermögensverteilung zugunsten der Selbstständigen und der Unternehmen. **Soziale Ungleichheit wird also durch die Inflation vergrößert.**
- Inflation löst **„Flucht in die Sachwerte"** aus. Die Angst vor weiterer Geldentwertung führt in der Anfangsphase der Inflation zu steigender Nachfrage, was wiederum die Inflation anheizt („Inflationsmentalität").
- Soziale Gruppen, die nicht von starken Interessenverbänden vertreten werden, hinken mit ihren Einkommen hinter der allgemeinen Preis- und Lohnentwicklung her.
- In der Anfangsphase der Inflation steigen die Steuereinnahmen der öffentlichen Körperschaften (des „Staates"). Dies verführt die Parlamente dazu, **staatlichen Ausgabesteigerungen** zuzustimmen. Die gesetzlich fixierten Ausgaben können kaum mehr zurückgenommen werden, sodass im Lauf der Zeit immer größere **Haushaltsdefizite**[2] entstehen, die dann durch Steuererhöhungen und Ausgabekürzungen ausgeglichen werden müssen.

  Steuererhöhungen verringern die gesamtwirtschaftliche Nachfrage, falls die zusätzlichen Steuereinnahmen nicht wieder ausgegeben, sondern zur Schuldentilgung verwendet werden. Die Beschäftigung geht zurück. Steuerausfälle sind die Folge.
- Die **Angst vor Arbeitslosigkeit** lässt die Sparquote ansteigen, sodass auch die **Konsumgüternachfrage stagniert** oder gar zurückgeht.
- Bei einer (anhaltenden) Inflation und stagnierenden Einkommen oder bei im Verhältnis zur Steigerung des Preisniveaus unterproportional steigenden Einkommen müssen die Beitragssätze der Sozialversicherung zur Finanzierung der immer teurer werden-

1 Stagnation = Stillstand.

2 Defizit = Fehlbetrag. Ein Haushaltsdefizit entsteht, wenn der Staat seine Ausgaben teilweise durch Kreditaufnahmen finanziert.

den Leistungen der Sozialversicherungsbetriebe (Sozialversicherungsträger)[1] laufend erhöht werden. Weil die Arbeitgeber grundsätzlich die Hälfte der Sozialversicherungsbeiträge zahlen, steigen die Lohnnebenkosten der Unternehmen, die internationale Wettbewerbsfähigkeit wird beeinträchtigt und Arbeitsplätze werden gefährdet (steigende Arbeitslosigkeit mit weiter sinkenden Beitragseinnahmen der Sozialversicherungsträger).

6.2.4 Deflation[2]

6.2.4.1 Deflationsarten und Deflationsursachen

Arten der Deflation

1. Deflation im traditionellen Sinne

Wesen der Deflation im traditionellen Sinne

- Unter **Deflation** im traditionellen (althergebrachten) Sinne versteht man ein anhaltendes Sinken des Preisniveaus, verbunden mit zunehmender Arbeitslosigkeit.

Beispiel:

Die deutsche Deflation von 1930 bis 1932 brachte dem Deutschen Reich rund 6 Millionen Arbeitslose. Sie wurde im Wesentlichen dadurch erzeugt, dass der damalige Reichskanzler Brüning[3] den Staatshaushalt an das durch Exportrückgänge geschrumpfte Handelsvolumen laufend anpasste, indem er die Staatsausgaben drastisch senkte.

Ursachen der Deflation im traditionellen Sinne

- Kürzungen der Staatsausgaben (z. B. um die in den Vorjahren entstandenen Haushaltsdefizite auszugleichen).
- Pessimistische Zukunftserwartungen der Wirtschaftssubjekte, die z. B. durch Sparmaßnahmen des Staates oder innen- und/oder außenpolitische Instabilität ausgelöst werden können. Die Folgen sind:
  - Kaufzurückhaltung (überhöhtes Sparen),
  - fehlende Investitionsneigung der Unternehmen und
  - sinkende Umlaufgeschwindigkeit des Gelds.

Wirkungen der Deflation im traditionellen Sinne

Die Deflation im traditionellen Sinne ist das „Gegenteil" der Inflation: Die Preise sinken (die Kaufkraft steigt).

1 Zur Sozialversicherung und deren Rechtsformen (Träger) siehe Kapitel 7.5.3.
2 Deflation (lat.) = Zusammenziehung; hier: Zusammenziehung (Abnahme) der nachfragewirksamen Geldmenge.
3 Bekannter deutscher Finanzpolitiker der Weimarer Republik, von 1930 bis 1932 deutscher Reichskanzler.

Sinkendes Preisniveau bewirkt, dass Unternehmen und private Haushalte mit ihren Käufen eine abwartende Haltung einnehmen, weil sie weiter sinkende Preise erwarten: Sie *sparen*. Arbeitsplätze gehen verloren, die Einkommen sinken.

2. Heutige Deflationen

Wesen der heutigen Deflationen

Deflationen im traditionellen Sinne sind heute nicht sehr wahrscheinlich, weil die sogenannten *institutionellen Starrheiten* (wie z.B. Mindestlöhne, einkommens- bzw. gewinnunabhängige Steuern, langfristig vereinbarte Miet- und Pachtzinsen, langfristige Lieferverträge, gesetzlich festgelegte Staatsausgaben usw.) ein drastisches Sinken des Preisniveaus verhindern. Nachfragerückgänge bewirken deshalb außer auf bestimmten Teilmärkten in erster Linie einen *Rückgang der Beschäftigung* (d.h. zunehmende *Arbeitslosigkeit)*[1] bei sinkender Inflationsrate oder bei Preisniveaustabilität.

6.2.4.2 Deflationsfolgen

Die Folgen einer Deflation sind vor allem hohe Arbeitslosenzahlen (siehe Kapitel 10), sinkende Steuereinnahmen des Staates, steigende Sozialleistungen des Staates (z.B. Mietbeihilfen, Sozialhilfen), steigende Sozialversicherungsbeiträge und sinkende Investitionen der Unternehmen.

Erwarten die Letztverbraucher und/oder Unternehmen (weiter) sinkende Preise, werden diese ihre Nachfrage einschränken, wodurch die oben genannten Folgen einer Deflation verstärkt werden.

Aufgaben

1. Erklären Sie folgende Begriffe:
   1.1 Handelsvolumen,
   1.2 nachfragewirksame Geldmenge und
   1.3 Preisniveau.
2. Wie kann die Entwicklung des Preisniveaus von der Entwicklung der nachfragewirksamen Geldmenge einerseits und der Entwicklung des Handelsvolumens andererseits abhängen?
3. Geben Sie einige Gründe an, warum in der heutigen Wirtschaft das Preisniveau nicht sinkt, wohl aber ständig steigt!
4. Erklären Sie den Unterschied zwischen Kaufkraft und Preisniveau!
5. Der Verbraucherpreisindex dient als Maßstab für die Berechnung von Geldwertveränderungen.
   5.1 Erklären Sie den grundsätzlichen Aufbau dieses Preisindexes!
   5.2 Warum muss dieser Index in gewissen Zeitabständen überarbeitet und an die wirtschaftliche Entwicklung angepasst werden?
   5.3 Begründen Sie, wie sich die Verbesserung der Qualität der Güter auf den Verbraucherpreisindex auswirkt!

1 Zu den Ursachen und Arten der Arbeitslosigkeit siehe Kapitel 10.2.

6. Jahr	Handels-volumen (in Preisen des Jahres 00)	Nachfrage-wirksame Geldmenge (M · U)	Veränderungsfaktor des Preisniveaus gegenüber dem Jahr 00	Handels-volumen zu tatsächlichen Preisen	Preis-index	Preis-steigerungs-rate
00	100 000,00 EUR	100 000,00 EUR	–	100 000,00 EUR	100	–
01	120 000,00 EUR	120 000,00 EUR				
02	140 000,00 EUR	154 000,00 EUR				
03	140 000,00 EUR	168 000,00 EUR				
04	130 000,00 EUR	162 500,00 EUR				
05	150 000,00 EUR	200 000,00 EUR				

6.1 Berechnen Sie die fehlenden Werte!

6.2 Wie hoch ist der jährliche Kaufkraftverlust gegenüber dem Jahr 00?

6.3 Wie hoch ist der jährliche Kaufkraftverlust gegenüber dem jeweiligen Vorjahr?

7. Unterscheiden Sie zwischen Reallohn und Nominallohn!

8. Erklären Sie den Begriff Inflation!

9. Nennen Sie mindestens drei wichtige Inflationsursachen!

10. Welche wirtschaftlichen und sozialen Folgen hat die Inflation?

11. 11.1 Betrachten Sie zunächst nebenstehende Karikatur! Was will der Zeichner hier ausdrücken?

11.2 Wie erfolgt die Lohnbildung in der sozialen Marktwirtschaft?

11.3 Wie würde sich der Lohn in einer Wirtschaft bilden, in der es keine Gewerkschaften und Arbeitgeberverbände gibt?

11.4 Wären die sich auf solchen freien Arbeitsmärkten (siehe Frage 11.3) ergebenden Arbeitslöhne höher oder niedriger als die von den Gewerkschaften ausgehandelten Mindestlöhne? Begründen Sie Ihre Antwort!

Mahlzeit — Handelsblatt: Bensch

12. „Es gibt gesellschaftliche Gruppen, die aus der Inflation Nutzen ziehen." Nehmen Sie zu dieser Aussage Stellung!

13. Die Wirkungen einer Deflation im traditionellen Sinne und einer heutigen Deflation sind unterschiedlich.

13.1 Woher kommt das Wort Deflation?

13.2 Worin unterscheiden sich die heutigen Deflationen von einer Deflation im traditionellen Sinne?

13.3 Welche wirtschaftlichen und sozialen Folgen hat jede Deflationsart?

6.3 Die Europäische Union und das Europäische Währungssystem

6.3.1 Europäische Union (EU)

6.3.1.1 Geschichtliche Entwicklung

Einen Überblick über den chronologischen Verlauf der **EU-Integration**[1] vermittelt nachfolgende Aufstellung:

Chronik der EU-Integration	
1952	Gründung der Europäischen Gemeinschaft für Kohle und Stahl (Montanunion) durch Belgien, Niederlande, Luxemburg, Frankreich, Italien und die Bundesrepublik Deutschland (6er-Gemeinschaft).
1958	Gründung der Europäischen Wirtschaftsgemeinschaft (EWG) und der Europäischen Atomgemeinschaft (EURATOM) durch die gleichen sechs Staaten.
1967	Entstehung der Europäischen Gemeinschaft (EG) durch Zusammenfassung der Organe der Montanunion, EWG und EURATOM (gemeinsamer Ministerrat und gemeinsame Kommission).
1968	Vollendung der Zollunion durch Abbau der Zölle und Handelsbeschränkungen innerhalb der EG-Länder und Errichtung eines gemeinsamen Zolltarifs gegenüber Drittländern.
1973	Beitritt Großbritanniens, Irlands und Dänemarks zur EG (9er-Gemeinschaft), Freihandelsabkommen mit den restlichen EFTA-Ländern.
1979	Erstmalige Direktwahlen zum Europäischen Parlament (Neuwahlen alle fünf Jahre) und Beginn des Europäischen Währungssystems (EWS).
1981	Beitritt Griechenlands (10er-Gemeinschaft).
1986	Beitritt Portugals und Spaniens (12er-Gemeinschaft).
1987	Einheitliche Europäische Akte mit dem Hauptzweck der Vollendung des einheitlichen Binnenmarktes bis Ende 1992.
1990	Beitritt der DDR zur Bundesrepublik Deutschland und damit zur EU.
1992	Maastricht-Vertrag über die Europäische Union als Regierungsabkommen mit anschließenden Ratifizierungen in den Mitgliedsländern. Der Vertrag regelt die Schaffung der Wirtschafts- und Währungsunion (WWU) bis spätestens Anfang 1999.
1993	Europäischer Binnenmarkt tritt zum 01.01.1993 in Kraft. Damit entsteht in der EG ein Wirtschaftsraum, in dem der freie Verkehr von Personen, Waren und Dienstleistungen und Kapital gewährleistet ist. Am 01.11.1993 wird aus der Europäischen Gemeinschaft (EG) die Europäische Union (EU).
1994	Beginn der zweiten Stufe der Währungsunion: Europäisches Währungsinstitut (EWI) – Vorläufer der EZB – wird in Frankfurt am Main eingerichtet.
1995	Beitritt Österreichs, Finnlands und Schwedens (15er-Gemeinschaft).
1997	EU-Staats- und Regierungschefs verabschieden in Amsterdam einen Stabilitäts- und Wachstumspakt zur Sicherung der Stabilität des Euro nach dem Start der Währungsunion.

1 Integration (lat. integer: ganz, unversehrt) bedeutet Zusammenfassung kleiner Einheiten zu einer größeren. Unter Integration im politischen und rechtlichen Sinne ist somit ein Zusammenschluss mehrerer Staaten zu verstehen, die einen Teil ihrer Souveränität (ihrer politischen Selbstständigkeit) an übergeordnete gemeinsame Organe übertragen.

Chronik der EU-Integration	
1998	Staats- und Regierungschefs der EU-Mitgliedstaaten einigen sich in Brüssel auf der Grundlage der Berichte der EU-Kommission und des EWI darauf, dass elf Länder am 01.01.1999 in die Währungsunion starten werden (Griechenland erfüllt die Konvergenzkriterien nicht; freiwillig bleiben der gemeinsamen Währung noch fern Großbritannien, Schweden und Dänemark).
1999	Dritte Stufe der WWU: Euro-Einheitswährung für 11 der 15 Mitgliedsländer, die EZB übernimmt die Verantwortung für die Geldpolitik.
2004	Beitritt von zehn neuen Ländern in die EU: Estland, Lettland, Litauen, Malta, Polen, Slowakische Republik, Slowenien, Tschechische Republik, Ungarn und Zypern.
2007	Beitritt der beiden Länder Bulgarien und Rumänien.
2009	Zum **1. Dezember 2009** trat der **„Vertrag von Lissabon** zur Änderung des Vertrags über die Europäische Union und des Vertrags zur Gründung der Europäischen Gemeinschaft" in Kraft. Dieser Vertrag ergänzte die bestehenden Vertragsgrundlagen des europäischen Integrationsverbandes; so erhielt die Europäische Union eine einheitliche Struktur und Rechtspersönlichkeit
2011	Die Staats- und Regierungschefs der **Euroländer** vereinbaren weitreichende Schritte hin zu einer echten **fiskalpolitischen Stabilitätsunion** im **Euro-Währungsgebiet**. Dies beinhaltet Handeln in zwei Richtungen: ■ Abschluss eines neuen fiskalpolitischen Pakts und eine verstärkte wirtschaftspolitische Koordinierung; ■ Weiterentwicklung der bestehenden Stabilisierungsinstrumente, um kurzfristigen Herausforderungen begegnen zu können. Der Vertrag über die **Aufnahme Kroatiens** in die **EU zum 1. Juli 2013** wird unterschrieben.
2012	Unterzeichnung des Vertrags über den **Europäischen Stabilitätsmechanismus** (ESM).

In dem Staatenverbund der Europäischen Union sind derzeit 27 Staaten. Die Bevölkerung der EU umfasst rund eine halbe Milliarde Einwohner. Gemeinsam erwirtschaften die Mitgliedstaaten im Europäischen Binnenmarkt das größte Bruttoinlandsprodukt der Welt.

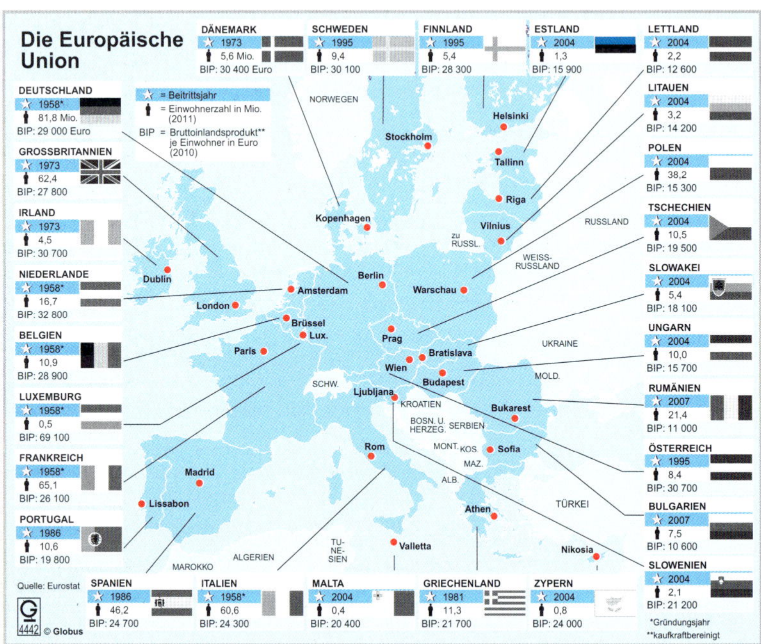

6.3.1.2 Aufbau der Europäischen Union

1. Organe der Europäischen Union (EU)

Europäischer Rat	Im Europäischen Rat kommen mindestens zweimal jährlich die Staats- und Regierungschefs der Mitgliedstaaten der EU und der Präsident der EU-Kommission zu einem Gipfel zusammen, um der Union allgemeine politische Impulse zu geben und politische Richtlinien zu erlassen (sog. Grundsatzentscheidungen).
Europäisches Parlament	Das Europäische Parlament (Tagungsorte Straßburg und Brüssel) setzt sich aus 736 Abgeordneten zusammen, die von den Bürgern der EU-Staaten gewählt wurden. Mit dem Vertrag von Lissabon, der am 1. Dezember 2009 in Kraft trat, besitzt das Parlament ein Mitentscheidungsrecht in mehr als 40 Politikbereichen wie z.B. Justiz- und Polizeizusammenarbeit, Transportwirtschaft, Energiesicherheit, Datenschutz und Agrarpolitik.
Nationale Parlamente	Die nationalen Parlamente sind ebenfalls in die Gesetzgebung der Europäischen Union eingebunden. So muss sich z.B. der Bundestag frühzeitig mit der europäischen Gesetzgebung befassen und den Fachministern ein Verhandlungsmandat[1] erteilen. Ferner kann ein Drittel der nationalen Parlamente die Europäische Kommission zwingen, die Zuständigkeit der EU für ein bestimmtes Gesetz zu begründen. Die Hälfte der Parlamente kann ein geplantes Gesetz stoppen.
Bürgerbegehren	Die EU-Bürger haben das Recht, ein Gesetzgebungsverfahren zu erzwingen. Wenn mehr als eine Million Unterschriften „aus einer erheblichen Anzahl von Mitgliedsländern" zustande kommt, muss sich die Kommission mit dem geforderten Gesetz befassen.
Rat der Europäischen Union (Ministerrat)	Er ist das oberste rechtsetzende Organ der EU. Der Ministerrat besitzt 27 Mitglieder, die von den 27 Regierungen der Mitgliedsländer entsandt werden (Minister oder Staatssekretäre). Der Ministerrat kann i.d.R. nur auf den Vorschlag der Kommission hin beschließen. Die Abstimmungen mit qualifizierter Mehrheit[2] sind die Regel. Außenpolitische Entscheidungen können jedoch nur einstimmig getroffen werden. So kann z.B. kein EU-Land gezwungen werden, an einem Kriegseinsatz teilzunehmen.
Europäische Kommission	Die Kommission mit ihren 27 Mitgliedern hat die Aufgabe, für die Durchführung der Verträge und der Beschlüsse der Gemeinschaftsorgane (vor allem des Europäischen Parlaments) zu sorgen. Sie ist der eigentliche „Motor" der Gemeinschaft. Rechtsverordnungen, die auf Vorschlag der Kommission vom Ministerrat beschlossen werden, sind in *jedem* Mitgliedsland verbindlich. Ein „Hoher Vertreter für Außen- und Sicherheitspolitik" hat die Aufgabe eines EU-Außenministers.

1 Mandat (lat.) = Vollmacht, Auftrag.

2 Qualifiziert (lat.) = geeignet, sich als geeignet erweisen; qualifizierte Mehrheit = eine angemessene (geeignete) Mehrheit. Im Falle des Ministerrats bedeutet dies die Mehrheit der Mitglieder, die insgesamt 345 Stimmen haben. Ab 2014 wird die „doppelte Mehrheit" eingeführt (55 Prozent der EU-Staaten mit 65 Prozent der Bevölkerung).

16 Hartmann-Härter-Seifert - ISBN 978-3-8120-0412-1

Europäischer Gerichtshof	Der Europäische Gerichtshof (jedes Mitgliedsland stellt einen Richter) sichert die Wahrung des Rechts bei der Auslegung und Anwendung der Verträge. Er stellt z.B. fest, ob ein Mitgliedsland gegen eine vertragliche Verpflichtung verstoßen hat. Der Sitz des Europäischen Gerichtshofs ist Luxemburg.
Wirtschafts- und Sozialausschuss	Er ist ein beratendes Organ, in dem die Vertreter des wirtschaftlichen und sozialen Lebens mitwirken. Die Mitglieder bilden drei Gruppen: Arbeitgeber, Arbeitnehmer und Sonstige (z.B. Vertreter der Landwirtschaft, der Verkehrswirtschaft, der freien Berufe und der Verbraucher). Der Wirtschafts- und Sozialausschuss muss von Rat und Kommission in einer Reihe von Fällen angehört werden, z.B. bei Fragen der Agrarpolitik, der Freizügigkeit, des Niederlassungsrechts, des Dienstleistungsverkehrs, der Verkehrspolitik oder der Rechtsangleichung innerhalb der EU.
Ausschuss der Regionen	Dieser Ausschuss besteht aus Vertretern von Ländern, Regionen, autonomen Gemeinschaften und lokalen Gebietskörperschaften der EU-Mitgliedstaaten. Er hat eine beratende Mitsprache bei den Entscheidungsprozessen der EU.
Europäische Investitionsbank	Sie hat die Aufgabe, zur Erschließung wirtschaftlich benachteiligter Gebiete in der EU und in den assoziierten[1] Staaten durch Kreditgewährung und/oder Übernahme von Bürgschaften beizutragen. Die verschiedenen Europäischen Fonds geben Finanzhilfen in wichtigen Sonderbereichen. Innerhalb des Europäischen Währungsverbunds hat der Europäische Währungsfonds wichtige Aufgaben.

2. Ziele der Europäischen Union (EU)

Die zentralen Ziele der EU wurden ursprünglich im Vertrag zur Gründung der Europäischen Wirtschaftsgemeinschaft („EG-Vertrag")[2] festgelegt, und zwar:

(1) die Abschaffung der Zölle und mengenmäßigen Beschränkungen bei der Ein- und Ausfuhr von Waren sowie aller sonstigen Maßnahmen gleicher Wirkung zwischen den Mitgliedstaaten; die Beseitigung der Hindernisse für den **(2)** freien Personen-, **(3)** Dienstleistungs- und **(4)** Kapitalverkehr zwischen den Mitgliedstaaten.

Diese sogenannten **„vier EG-Freiheiten"** sind bisher teilweise nur unvollkommen verwirklicht. Zwar wurden Zölle und mengenmäßige Beschränkungen im **Warenverkehr** zwischen den Mitgliedstaaten abgeschafft; Maßnahmen gleicher Wirkungen kommen in Gestalt innergemeinschaftliche Handelshemmnisse jedoch immer noch vor. Handelshemmnisse sind z.B. nationale Verbraucherschutz-, Gesundheitsschutz-, Umweltschutz-, veterinärrechtliche und Pflanzenschutzbestimmungen, Sicherheitsbestimmungen und baurechtliche Vorschriften.

1 Assoziieren = wörtl. verknüpfen, verbinden; assoziierte Länder sind der EU angeschlossene Länder, ohne selbst Mitglieder zu sein (Näheres siehe S. 243).

2 Am 1. Dezember 2009 trat der **Vertrag von Lissabon** in Kraft. Mit ihm wurde der EU eine eigene Rechtspersönlichkeit verliehen und EU und EG wurden zur Europäischen Union verschmolzen. Die gemeinsame Außen- und Sicherheitspolitik wurde ebenso als normaler Politikbereich in den **Vertrag über die Arbeitsweise der Europäischen Union (AEUV)** überführt, wie die Zusammenarbeit in der Innen- und Justizpolitik. Zuvor hieß er „Vertrag zur Gründung der Europäischen Gemeinschaft" (EG-Vertrag). Diesen Namen erhielt er durch den Maastrichter Vertrag über die Europäische Union (EU-Vertrag) von 1992, bis dahin hieß er „Vertrag zur Gründung der Eurpäischen Wirtschaftsgemeinschaft" (EWG). Der AEUV enthält insbesondere die Bestimmung der Ziele der Gemeinschaft, definiert die Kompetenzen der Gemeinschaftsorgane und enthält Bestimmungen zu den möglichen Maßnahmen in den gemeinschaftlichen Politikbereichen.

Kreditzinsen beschaffen können. Im Notfall sollen Kredite in Höhe von 700 Mrd. € vergeben werden können. Der Fonds darf z. B. Staatsanleihen von Euroländern kaufen. Die zahlungsfähigen Euroländer geben Garantien über 620 Mrd. € und zahlen 80 Mrd. € in den Fonds ein. Deutschland muss ab Inkrafttreten des ESM rund 22 Mrd. € in 5 Jahresraten überweisen und bürgt für 168 Mrd. €.

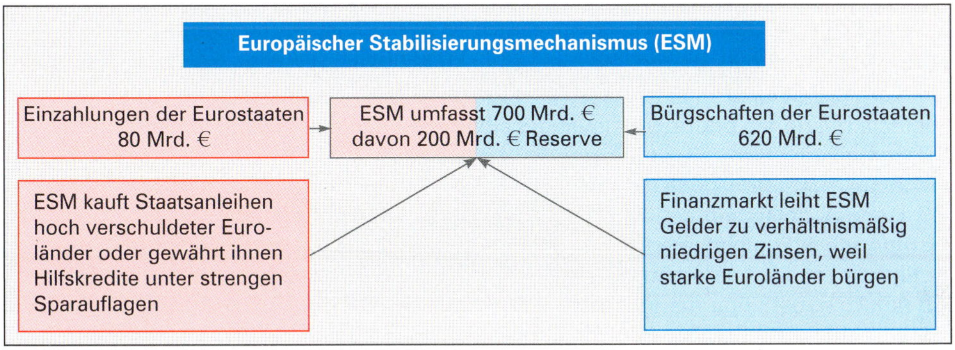

6.3.3 Europäische Zentralbank (EZB)

Verantwortlich für die Geldpolitik (Steuerung der Geldmenge und der Zinssätze) in den Mitgliedstaaten der Europäischen **W**irtschafts- und **W**ährungs**u**nion (WWU)[1] ist die mit einer eigenen Rechtspersönlichkeit ausgestattete **E**uropäische **Z**entral**b**ank **(EZB).** Die EZB ist somit eine juristische Person [Art. 282 III, S. 1 AEUV; Art. 9, 9.1 EZBSatzProt]. Die Organe der EZB sind das Direktorium, der EZB-Rat und der Erweiterte EZB-Rat (Näheres siehe z. B. Art. 129, 141, 283 AEUV; Art. 10 ff., 44 ff. EZBSatzProt).

Direktorium	Das Direktorium besteht aus dem Präsidenten und dem Vizepräsidenten der EZB und vier weiteren Mitgliedern. Dem Direktorium obliegt die Geschäftsführung, d. h., ■ es führt die vom EZB-Rat beschlossene Geldpolitik aus, ■ verwaltet die Währungsreserven der Mitgliedstaaten, ■ führt Devisengeschäfte[2] durch und ■ sorgt für funktionierende Zahlungssysteme.
Europäischer Zentralbankrat (EZB-Rat)	Der Europäische Zentralbankrat (EZB-Rat) setzt sich aus dem *Direktorium* der EZB und den Präsidenten der *nationalen Zentralbanken* der WWU-Mitgliedstaaten zusammen. Der EZB-Rat trifft mit einfacher Stimmenmehrheit die geldpolitischen Entscheidungen und erlässt Weisungen und Leitlinien für die Zentralbanken der Teilnehmer.
Erweiterter EZB-Rat	Der Erweiterte EZB-Rat besteht aus dem Präsidenten und dem Vizepräsidenten der EZB[3] sowie dem Präsidenten der nationalen Zentralbanken der Staaten der Europäischen Union (EU), die (noch) nicht Mitglieder der WWU sind.[4]

1 WWU-Länder = Mitgliedsländer des Euro-Währungsraums. Die Mitgliedsländer der WWU (des sogenannten „Eurolands") können Sie aus Seite 244 entnehmen. Die Europäische Währungsunion wird auch mit EWWU oder EWU abgekürzt.

2 Devisen (lat., frz.) = Zahlungsmittel in Fremdwährung.

3 Die weiteren Mitglieder des Direktoriums können lediglich **ohne Stimmrecht** an den Sitzungen des „Erweiterten Rates" teilnehmen.

4 Nichtmitglieder (die sogenannten „Outs") sind folgende Mitgliedstaaten der Europäischen Union (EU): Bulgarien, Dänemark, Großbritannien, Lettland, Litauen, Polen, Rumänien, Schweden, Tschechien und Ungarn. Outs (engl.) = draußen Gebliebene. Die „outs" werden mitunter auch „pre-ins" genannt.

Damit die EZB ihre Aufgaben erfüllen kann, ist sie mit einer dreifach gesicherten Unabhängigkeit (Autonomie) ausgestattet [Art. 282 III AEUV]:[1]

- Sie ist **institutionell unabhängig.** Nach Art. 130 AEUV darf weder die EZB noch eine nationale Zentralbank noch ein Mitglied ihrer Beschlussorgane Weisungen von EU-Organen oder von den Regierungen der Mitgliedstaaten einholen oder entgegennehmen.
- Sie ist **personell unabhängig.** Der Präsident und die übrigen geschäftsführenden Direktoren der EZB werden von den Regierungen, vertreten durch die Staats- bzw. Regierungschefs der Mitgliedstaaten, für i. d. R. acht Jahre gewählt. Eine Amtsenthebung kann nur durch den Europäischen Gerichtshof erfolgen. Die im EZB-Rat vertretenen Präsidenten der nationalen Zentralbanken werden für eine Amtszeit von mindestens fünf Jahren berufen.
- Sie ist **operativ unabhängig.** Die EZB entscheidet autonom über ihre geldpolitischen Maßnahmen.

6.3.4 Europäisches System der Zentralbanken (ESZB)

Das **E**uropäische **S**ystem der **Z**entral**b**anken **(ESZB)** besteht nach Art. 282 I, S. 1 AEUV aus der *Europäischen Zentralbank* und den *nationalen Zentralbanken der Mitgliedstaaten der Europäischen Union* [Art. 1 EZBSatzProt]. Vorrangiges Ziel des ESZB ist die **Preisniveaustabilität** [Art. 127 I, S. 1; 282 II, S. 2 AEUV; Art. 2, S. 1 EZBSatzProt]. Ebenso wie die EZB im Einzelnen ist das ESZB im Ganzen von Weisungen politischer Instanzen unabhängig [Art. 7 EZBSatzProt].

Das ESZB unterstützt die allgemeine Wirtschaftspolitik der Mitgliedsländer, soweit dies ohne Beeinträchtigung der Preisniveaustabilität möglich ist [Art. 127 I, S. 2 AEUV]. Für die Stabilität des Euro und die Währungspolitik der Union ist das **Eurosystem** zuständig. Es setzt sich aus der EZB und den nationalen Zentalbanken der Euroländer zusammen [Art. 282 I, S. 2 AEUV].

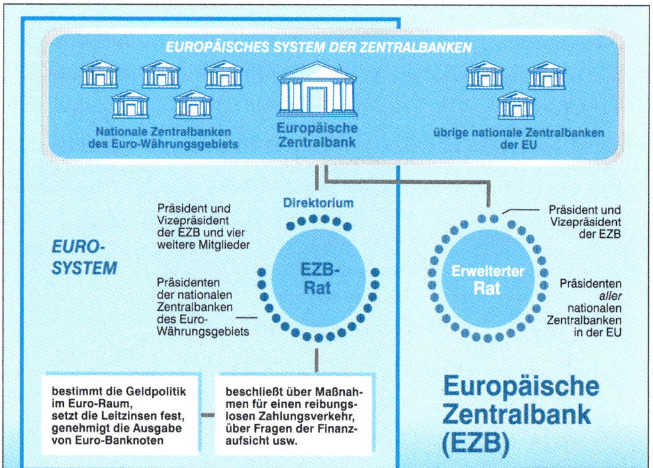

© Bergmoser + Höller Verlag AG 715 560

Stabilitätsziel

Nach der Definition der EZB liegt Preisniveaustabilität (kurz: Preisstabilität) vor, wenn der Anstieg des **h**armonisierten **V**erbraucher**p**reis**i**ndex[2] **(HVPI)** der WWU-Länder unter 2 % gegenüber dem Vorjahr beträgt.

Zur Preisstabilität gehört aber auch die Vermeidung einer Deflation. Deswegen wird von der EZB eine Inflationsrate (Preissteigerungsrate) von jährlich weniger als 1 % als problematisch angesehen.

1 Artikel 282 III AEUV (Vertrag über die Arbeitsweise der Europäischen Union) lautet wörtlich: „Die Europäische Zentralbank besitzt Rechtspersönlichkeit. Sie allein ist befugt, die Ausgabe des Euro zu genehmigen. Sie ist in der Ausübung ihrer Befugnisse und der Verwaltung ihrer Mittel unabhängig. Die Organe, Einrichtungen oder sonstigen Stellen der Union sowie die Regierungen der Mitgliedstaaten achten diese Unabhängigkeit."

2 Index (lat.) = Anzeiger. Indices = Mehrzahl von Index. Zur Berechnung eines Preisindex siehe Kapitel 6.2.2.

Zwei-Säulen-Strategie[1]

Um mögliche Gefahren für die Preisstabilität rechtzeitig feststellen und die notwendigen Maßnahmen zur Abwehr ergreifen zu können, untersucht der EZB-Rat regelmäßig die wirtschaftliche Lage von zwei Seiten her. An erster Stelle steht eine breit angelegte **wirtschaftliche Analyse** zur Ermittlung der kurz- und mittelfristigen Risiken für die Preisstabilität. Die sich daraus ergebenden Inflationsanzeichen werden in einem zweiten Schritt anhand der **monetären Analyse** aus mittel- und langfristiger Perspektive (Sicht) ermittelt. Ein wichtiger Bestandteil dieser Analyse ist die Bewertung der Geldmengenentwicklung.[2] Richtschnur zur längerfristigen Beurteilung des Geldmengenwachstums ist der sogenannte Referenzwert,[3] der in längeren Zeitabständen von der EZB überprüft wird. Der **Referenzwert** wird in Prozent der Geldmenge M3 ausgedrückt.

Beispiel:

Der EZB-Rat legt für das Jahr 20 .. den Referenzwert für das Geldmengenwachstum M3 nach folgendem Schema fest:

1.	Wachstum des realen Bruttoinlandsprodukts (BIP_r) = Handelsvolumen (H)	2,0 %
2.	Höchstzulässiger Preisanstieg des HVPI	≦ 2,0 %
3.	Zuschlag für die Verminderung der Umlaufgeschwindigkeit des Gelds bzw. Abschlag für die Erhöhung der Umlaufgeschwindigkeit des Gelds (U)	+ 0,5 %
=	Referenzwert (angestrebtes Geldmengenwachstum)	4,5 %

Die Umlaufgeschwindigkeit wird auf der Basis der Quantitätsgleichung (Verkehrsgleichung) des Gelds berechnet:

$$H \cdot P = M \cdot U$$

Das Produkt aus $H \cdot P$ entspricht dem nominellen Bruttoinlandsprodukt ($BIP_r \cdot P = BIP_n$). Setzen wir für M (Geldmenge) zum Beispiel die Geldmenge M3, so erhalten wir folgende Rechnung:

$$BIP_n = M3 \cdot U \text{ oder } U = \frac{BIP_n}{M3}$$

1 Strategie (gr.-lat.) = genauer Plan des eigenen Vorgehens, um ein militärisches, politisches, wirtschaftliches oder ein anderes Ziel zu erreichen, indem man diejenigen Faktoren, die in die eigene Aktion hineinspielen könnten, von vornherein einzukalkulieren versucht. Wenn von strategischen Zielen die Rede ist, sind meistens langfristig zu erreichende Ziele gemeint.

2 Zum Begriff Geldmenge siehe Kapitel 6.1.2.

3 Der Vollständigkeit halber sei erwähnt, dass die EZB bei der Festlegung des Referenzwerts auch die langsame Abnahme der Umlaufgeschwindigkeit des Gelds mit einem Zuschlag berücksichtigt. (Zur Umlaufgeschwindigkeit des Gelds siehe Kapitel 6.2.1.2.)

Beträgt das nominelle Bruttoinlandsprodukt in einem Quartal z.B. 1500 Mrd. Euro und beläuft sich die Geldmenge M3 auf 5000 Mrd. Euro, errechnet sich eine Umlaufgeschwindigkeit von 0,3 je Quartal (1500 Mrd. Euro : 5000 Mrd. Euro) bzw. 1,2 je Jahr.

Die Geldumlaufgeschwindigkeit geht seit längerer Zeit langsam zurück. Dies wird damit erklärt, dass im Vergleich zum Wachstum des Bruttoinlandsprodukts immer mehr Geld in Vermögensanlagen investiert, d. h. dem Geldkreislauf entzogen wird. Der Rückgang der Umlaufgeschwindigkeit des Gelds wird von der EZB durch einen Zuschlag zur Geldmenge M3 ausgeglichen.

Zur geldpolitischen Strategie der EZB gehört aber auch die Transparenz (Verständlichkeit, Durchschaubarkeit), mit der sie ihre Analysen und geldpolitischen Entscheidungen darlegt und begründet. Auf diese Weise kann sie das Vertrauen in die Stetigkeit und Prinzipienfestigkeit ihrer Politik stärken.

6.3.5 Deutsche Bundesbank

Die währungspolitischen Entscheidungen des EZB-Rats werden i.d.R. dezentral durch die nationalen Zentralbanken – in der Bundesrepublik Deutschland durch die Deutsche Bundesbank – verwirklicht. Nur wenn der EZB-Rat Ermessensspielräume zulässt, hat eine nationale Zentralbank wie z.B. die Deutsche Bundesbank gestalterische Möglichkeiten der Umsetzung.

Die Deutsche Bundesbank ist wie die übrigen nationalen Zentralbanken der EU integraler Bestandteil[1] des ESZB. Sie wirkt an der Erfüllung seiner Aufgaben mit dem vorrangigen Ziel mit, die Preisniveaustabilität zu gewährleisten. Sie verwaltet die Währungsreserven der Bundesrepublik Deutschland, sorgt für die bankmäßige Abwicklung des Zahlungsverkehrs im Inland und mit dem Devisenausland und trägt zur Stabilität der Zahlungs- und Verrechnungssysteme bei [§ 3 BBankG]. Darüber hinaus hat die Deutsche Bundesbank Aufgaben in den Bereichen der Bankenaufsicht und der Außenwirtschaft wahrzunehmen.

Leitendes **Organ der Deutschen Bundesbank** ist der **Vorstand.** Er leitet und verwaltet die Bank [§ 7 I BBankG] und vertritt die Deutsche Bundesbank gerichtlich und außergerichtlich (Näheres siehe § 11 BBankG). Der Vorstand besteht aus dem Präsidenten und dem Vizepräsidenten sowie vier weiteren Mitgliedern, die alle eine besondere fachliche Eignung haben müssen [§ 7 II BBankG]. Die Mitglieder des Vorstands werden vom *Bundespräsidenten* bestellt. Die Bestellung des Präsidenten und des Vizepräsidenten sowie eines weiteren Mitglieds erfolgt auf Vorschlag der *Bundesregierung,* die der übrigen drei Mitglieder auf Vorschlag des *Bundesrats* im Einvernehmen mit der Bundesregierung. Für die Bestellung des Vizepräsidenten kann der Bundesrat der Bundesregierung einen Vorschlag machen (Näheres siehe § 7 III BBankG).

Der Vorstand fasst seine Beschlüsse mit einfacher Mehrheit der abgegebenen Stimmen. Bei Stimmengleichheit gibt die Stimme des Vorsitzenden den Ausschlag [§ 7 V BBankG].

Die Deutsche Bundesbank hat 9 **Hauptverwaltungen,** die jeweils von einem dem Vorstand der Deutschen Bundesbank unterstehenden **Präsidenten** geleitet werden [§ 8 I, II BBankG]. Bei jeder Hauptverwaltung besteht ein aus höchstens 14 Mitgliedern bestehender **Beirat,** der regelmäßig mit dem Präsidenten der Hauptverwaltung zusammentrifft und mit ihm über die Durchführung der in seinem Bereich anfallenden Arbeit berät (Näheres siehe § 9 BBankG).

---

1 Integraler Bestandteil = vollständig eingegliederter Bestandteil.

Die Deutsche Bundesbank darf **Filialen** unterhalten, die der zuständigen Hauptverwaltung unterstehen [§ 10 BBankG].

Die Hauptverwaltungen sind für folgende Gebiete zuständig [§ 8 I BBankG]:

1. Baden-Württemberg;
2. Bayern;
3. Berlin und Brandenburg;
4. Bremen, Niedersachsen und Sachsen-Anhalt;
5. Hamburg, Mecklenburg-Vorpommern und Schleswig-Holstein;
6. Hessen;
7. Nordrhein-Westfalen;
8. Rheinland-Pfalz und Saarland sowie
9. Sachsen und Thüringen.

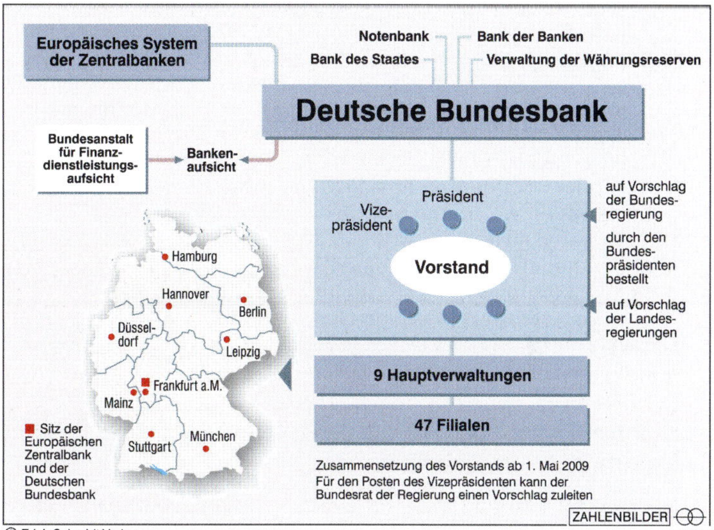

AUFGABEN

1. **Textauszug:**

Seit 1. Januar 1999 gibt es an den Geld- und Kapitalmärkten den Euro, wenn auch die D-Mark noch für kurze Zeit als fester Bestandteil des Euro weiterexistierte. Und ab 1. Januar 1999 ging auch die geldpolitische Generalzuständigkeit auf den europäischen Zentralbankrat über, der für die Gestaltung der Instrumente zuständig ist und zur Regelung der Zuständigkeiten bindende Beschlüsse fasst. Das alles heißt nicht, dass die Deutsche Bundesbank oder der Vorstand überflüssig sind, wie bisweilen in Kommentaren fälschlich zu lesen ist.

Im Gegenteil! Die Ausführung der Geldpolitik in Deutschland befindet sich weitgehend in den Händen der Deutschen Bundesbank.

Im Euroland gibt es nämlich seit dem 1. Juni 1998 ein System der Europäischen Zentralbanken (ESZB). Dieses System ist nicht einfach mit der internen Struktur der Bundesbank, also dem Verhältnis von Vorstand und Hauptverwaltungen, zu vergleichen. Die Bundesbank ist ein zwar gegliedertes, aber letztlich eigenständiges Institut. Das europäische System setzt sich dagegen aus weiterhin rechtlich selbstständigen nationalen Zentralbanken und aus der mit ihren Kapital- und Devisenreserven arbeitenden EZB zusammen, wobei die geldpolitische Entscheidungskompetenz allerdings eindeutig beim EZB-Rat (nicht beim EZB-Direktorium) liegt. …

Quelle: Tietmeyer, H.: Nach einer Rede vom 8. Juli 1998, zitiert in Deutsche Bundesbank, Auszüge aus Presseartikeln vom 10. Juli 1998, S. 1.

1.1 Erklären Sie die unterstrichenen Begriffe!

1.2 Welche Aufgaben hat der Europäische Zentralbankrat, welche das Direktorium der EZB?

2. Textauszug:

Die Mitglieder des EZB-Rats, das sind der Präsident, der Vizepräsident, die Mitglieder des EZB-Direktoriums und die Präsidenten der teilnehmenden nationalen Zentralbanken, handeln unabhängig von Weisungen nationaler Regierungen und Institutionen, wie auch unabhängig von europäischen Organen oder Einrichtungen der Gemeinschaft. Dies bedeutet aber nicht, dass die EZB damit zum „Staat im Staate" wird und ohne jegliche Kontrolle, quasi willkürlich agiert. Zum einen ist die Unabhängigkeit an ihre Aufgabe „Sicherung der Preisstabilität" gebunden. Zum anderen unterliegt die EZB der Kontrolle vor allem der öffentlichen Meinung. Zudem enthält der Maastricht-Vertrag[1] relativ genau festgelegte Berichtspflichten gegenüber dem Ministerrat und dem Europäischen Parlament. Gemeinsames Geld verlangt eine gemeinsame Geldpolitik. Entsprechend ist das ESZB verantwortlich für den gesamten Euro-Raum und damit in der Tat eine supranationale Institution. Darüber hinaus gibt es im ESZB auch den Erweiterten Rat, der die sogenannten „Outs" einbezieht. Er soll die Mitgliedstaaten, die noch nicht an der Währungsunion teilnehmen, an den Euro-Raum heranführen. Der Erweiterte Rat der EZB hat vor allem Beratungs-, aber auch gewisse Mitwirkungspflichten etwa bei Fragen der Bankenaufsicht.

Wie wir in unserem letzten Monatsbericht eingehend dargelegt und begründet haben, hat die Orientierung an einem Geldmengenkonzept gerade beim Beginn der Währungsunion und beim Aufbau stabilitätspolitischer Glaubwürdigkeit entscheidende Vorteile. Die Geldmengenstrategie erleichtert das Abgrenzen der Verantwortungsbereiche. Sie verdeutlicht, dass die EZB nur für die monetären Rahmenbedingungen verantwortlich ist, nicht aber für fiskal-[2] und lohnpolitische Entscheidungen, welche die Preisentwicklung kurzfristig auch erheblich beeinflussen können. Mit Ankündigen eines Geldmengenziels kann sie die Öffentlichkeit über den geldpolitischen Kurs informieren sowie die Bildung und Verankerung von Inflationserwartungen auf dem von ihr angepeilten Niveau erleichtern.

Zugleich gibt sich die EZB mit einem Geldmengenziel eine eigene Orientierung. Sie unterliegt dann einem eigenen Disziplinierungszwang. Abweichungen von ihrem Zielpfad bedürfen dann einer überzeugenden Rechtfertigung. Andererseits darf man natürlich nicht übersehen, dass die monetäre[3] Basis vor allem zu Beginn der Währungsunion möglicherweise noch besondere Unsicherheiten und Unregelmäßigkeiten aufweisen kann. Neben der Geldmenge im Mittelpunkt könnten daher auch andere Indikatoren mit ins Kalkül gezogen werden. Ein unmittelbares Preisziel als ergänzender Indikator steht sicherlich nicht im Widerspruch zur Orientierung an einem Geldmengenziel.

Quelle: Tietmeyer, H.: Die Geldpolitik der Europäischen Zentralbank, in: Deutsche Bundesbank, Auszüge aus Presseartikeln vom 13. Februar 1998.

2.1 Erklären Sie die unterstrichenen Begriffe!

2.2 Inwiefern unterliegt die Europäische Zentralbank einer Kontrolle?

---

1 Im Jahr 1991 einigten sich die Staats- bzw. Regierungschefs der EU-Länder in Maastricht (Niederlande) auf die Schaffung einer Europäischen Wirtschafts- und Währungsunion (EWWU).

2 Unter „Fiskus" versteht man heute den Staat schlechthin, insoweit er es mit Staatseinnahmen (vor allem Steuern), Staatsausgaben oder Staatsvermögen zu tun hat („Einheit von Fiskus und Staat"). Das Wort Fiskus kommt aus dem Lateinischen und bedeutet Korb, Geldkorb, Kasse. Fiskalpolitik ist somit Wirtschaftspolitik mit Geldmitteln aus der „Staatskasse".

3 Monetär (lat.) = geldlich, geldmäßig.

6.3.6 Geldpolitische Maßnahmen der Europäischen Zentralbank (EZB)

6.3.6.1 Mindestreservepolitik

Mindestreserven sind Guthaben, die die Banken in einem bestimmten Prozentsatz ihrer Verbindlichkeiten auf Zentralbankkonten unterhalten müssen. Die Mindestreservehaltung ist ein zwingendes Instrument, das von allen Kreditinstituten des Eurowährungsgebiets eingehalten werden muss. Zweck der Mindestreserven ist es, einer unkontrollierten Geldschöpfung der Banken vorzubeugen.

Die Mindestreservepflicht der Kreditinstitute bemisst sich nach der Höhe ihrer Verbindlichkeiten gegenüber Nichtbanken aus täglich fälligen Einlagen (Sichteinlagen), Einlagen mit vereinbarter Laufzeit, Einlagen mit vereinbarter Kündigungsfrist, Repo-Geschäften (siehe Seite 258f.), ausgegebenen Schuldverschreibungen und ausgegebenen Geldmarktpapieren. Die Mindestreservesätze sind der prozentuale Anteil der Mindestreserven am Wert der genannten Verbindlichkeiten.

Die Steuerung der Kreditschöpfungsmöglichkeiten der Banken mithilfe der Mindestreservesätze hat folgende Wirkungen:

- **Erhöht die Zentralbank die Mindestreservesätze,** können die Banken weniger Kredite gewähren. Die Geldschöpfungsmöglichkeiten der Banken nehmen ab. Eine inflationäre Entwicklung wird gebremst.
- **Senkt die Zentralbank die Mindestreservesätze,** können die Banken mehr Kredite gewähren. Die Geldschöpfungsmöglichkeiten der Banken nehmen zu. Das Geldangebot wird vergrößert, sodass die Zinssätze sinken. Geringere Kreditkosten bewirken i.d.R., dass die Nachfrage nach Investitions- und Konsumgütern steigt, sodass auch mit einem steigenden Preisniveau, d.h. mit einer steigenden Inflationsrate zu rechnen ist.

Beispiel:

Angenommen, ein Bankkunde zahlt auf sein Girokonto 10000,00 € ein. Der Mindestreservesatz der EZB beträgt 2 %. Ferner pflegt die Bank 20 % der Sichteinlagen als Barreserve (Kassenreserve für Auszahlungszwecke) zu halten. Die Bank – nennen wir sie Bank A – kann nunmehr 7800,00 € auszahlen, falls sich ein Kreditnachfrager findet.

Erhöht die EZB den Mindestreservesatz auf beispielsweise 3 %, muss die Bank A bei einer Einlage von 10000,00 € eine Barreserve von 2000,00 € und eine Mindestreserve von 300,00 € halten, sodass sich ihre Giralgeldschöpfungsmöglichkeit auf 7700,00 € vermindert.

Aus dem Beispiel folgt:

- Je höher die Mindestreservesätze, desto geringer sind die Giralgeldschöpfungsmöglichkeiten der Banken.
- Je niedriger die Mindestreservesätze, desto höher sind die Giralgeldschöpfungsmöglichkeiten der Banken.

Das Herauf- bzw. Herabsetzen der Mindestreservesätze zum Zweck der Geldmengensteuerung wird als **Mindestreservepolitik** bezeichnet. Seit ihrem Bestehen bis Ende 2011 hat die Europäische Zentralbank die Mindestreservesätze nicht verändert (variiert). Der Mindestreservesatz für täglich fällige Einlagen und Einlagen mit vereinbarter Laufzeit oder Kündigungsfrist von bis zu 2 Jahren sowie für Schuldverschreibungen mit einer Laufzeit bis zu 2 Jahren belief sich auf 2 %. Mit Wirkung ab 18. Januar 2012 wurde der Mindestreservesatz für diese Einlagen auf 1 % herabgesetzt. Für Einlagen mit vereinbarter Laufzeit oder Kündigungsfrist von mehr als 2 Jahren, Repogeschäfte und Schuldverschreibungen mit einer Laufzeit von mehr als 2 Jahren beträgt der Mindestreservesatz nach wie vor 0 %.

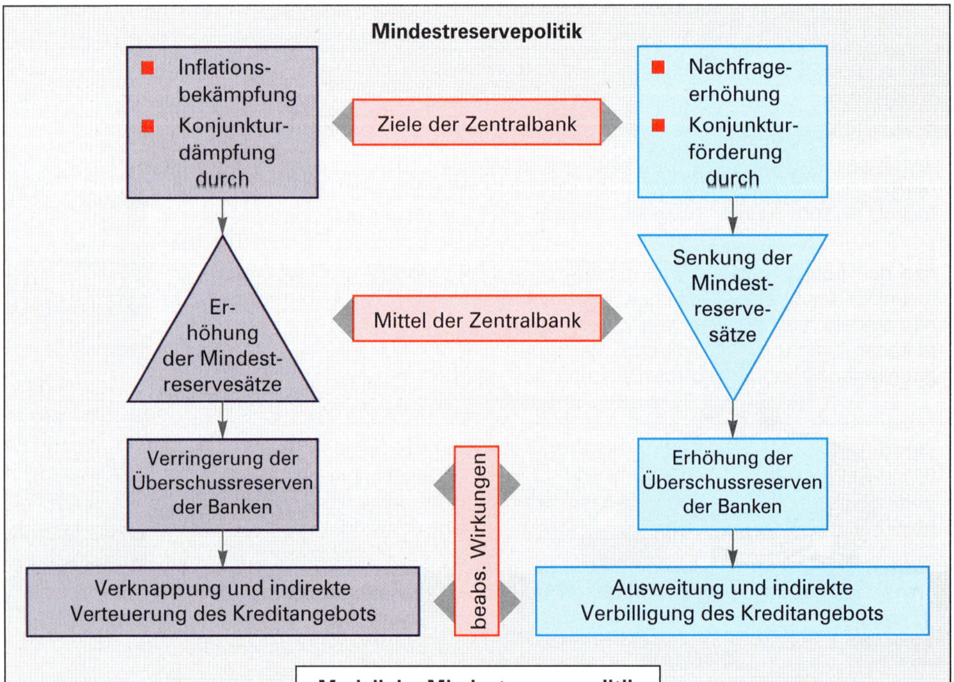

Modell der Mindestreservepolitik

6.3.6.2 Offenmarktpolitik

Die Offenmarktpolitik[1] spielt eine wichtige Rolle in der Geldpolitik der Europäischen Zentralbank bzw. des Systems der Europäischen Zentralbanken. Offenmarktgeschäfte werden eingesetzt, um **Zinssätze** und **Liquidität** (die Geldmenge) am Markt zu steuern und um **Signale** zu setzen.

1 Der Begriff Offenmarktpolitik ist geschichtlich zu verstehen. Er stammt aus England, wo es den offenen Markt für Staatsanleihen gab, auf dem die englische Zentralbank im Rahmen der „open market policy" mit jedermann handelte.

1. Instrumente der Offenmarktpolitik

Es stehen fünf Arten von Instrumenten zur Durchführung von Offenmarktgeschäften zur Verfügung:

- definitive Käufe von Schuldverschreibungen,
- Emissionen von Schuldverschreibungen,
- befristete Transaktionen,
- Devisenswapgeschäfte und
- Hereinnahme von Termineinlagen.

a) Definitive Käufe und Verkäufe von Wertpapieren

Der definitive[1] Kauf oder Verkauf von Wertpapieren ist ein mögliches Instrument einer Zentralbank zur Beeinflussung der Geldmenge und des Zinsniveaus.

Die definitiven Käufe und Verkäufe von refinanzierungsfähigen[2] Wertpapieren rechnet die EZB zu den sogenannten **„strukturellen Operationen"**. Sie finden unregelmäßig, d. h. bei Bedarf statt.

Zu den refinanzierungsfähigen Wertpapieren rechnen z.B. Schuldverschreibungen der Banken, Industrie- und Handelsunternehmen sowie der öffentlichen Hand, Aktien und aus Handelsgeschäften stammende Wechsel (Handelswechsel).

Durch den Kauf bzw. Verkauf von Wertpapieren beeinflusst die Zentralbank die Zinssätze. Technisch geschieht das in der Weise, dass die Zentralbank vom Marktzinssatz abweichende Abgabe- und Annahmesätze (Verkaufs- und Ankaufssätze) fixiert (festlegt) und es den Kreditinstituten überlässt, wie viele Papiere sie bei der Zentralbank kaufen bzw. an sie verkaufen wollen. Ist z.B. der Kreditmarkt flüssig, kann die Zentralbank die Abgabesätze über den Marktzinssatz hinaus erhöhen. Für die Kreditinstitute ist es dann vorteilhaft, überschüssige Finanzmittel nicht auf dem Markt anzubieten, sondern in Wertpapieren anzulegen. Der Kreditmarkt „verknappt sich" und der Zinssatz steigt.

Somit lässt sich Folgendes festhalten:

- **Verkauf von Wertpapieren.** Ist die Wirtschaft vollbeschäftigt und besteht Inflationsgefahr, verkauft die Zentralbank Wertpapiere am offenen Markt. Dem Kreditmarkt wird Liquidität entzogen. Die Überschussreserven der Banken verringern sich und damit das Kreditangebot. Zusätzliche Nachfrage kann nicht finanziert werden. Es ist zu erwarten, dass die inflationäre Entwicklung gebremst wird.
- **Kauf von Wertpapieren.** Ist die Wirtschaft unterbeschäftigt, kauft die Zentralbank Wertpapiere am offenen Markt. Dem Kreditmarkt wird Liquidität zugeführt. Die Überschussreserven der Banken erhöhen sich und damit das Kreditangebot. Zusätzliche Kreditnachfrage kann also finanziert werden.

1 Definitiv (lat.) = wörtl. bestimmt. Hier: Ein endgültiger Kauf ohne Nebenbedingungen wie z.B. Rücknahmevereinbarungen.

2 Da die Banken Kredite gewähren, müssen sie sich finanzielle Mittel beschaffen. Dies können sie unter anderem dadurch, dass sie sich beim ESZB refinanzieren (= wieder finanzieren).

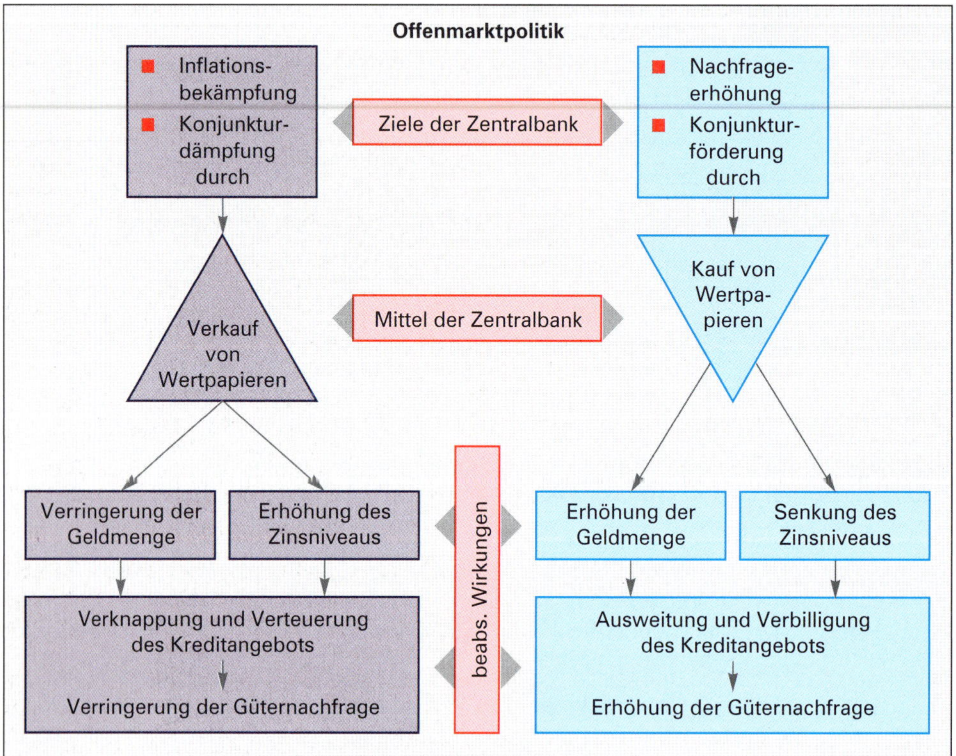

Modell der Offenmarktpolitik

b) Emission von Schuldverschreibungen

Die Emission (Ausgabe) von Schuldverschreibungen durch das Eurosystem zählt ebenfalls zu den **strukturellen Operationen.** Die Schuldverschreibungen stellen eine Verbindlichkeit des Eurosystems gegenüber dem Inhaber der Schuldverschreibung dar. Sie werden stückelos[1] begeben und bei Zentralverwahrern im Euro-Währungsraum verwahrt.

Die Schuldverschreibungen werden in abgezinster Form emittiert, d.h. zu einem Kurs, der unter dem Nennwert liegt, und bei Fälligkeit zum Nennwert eingelöst.

Die geschäftliche Abwicklung erfolgt über die nationalen Zentralbanken. Ebenso wie die definitiven Verkäufe und Käufe von Wertpapieren beeinflusst die Ausgabe von Wertpapieren die Geldmenge und das Zinsniveau.

- **Ausgabe von Schuldverschreibungen.** Besteht Inflationsgefahr, emittiert die EZB über die nationalen Zentralbanken Schuldverschreibungen. Dem Kreditmarkt wird Geld entzogen. Die Überschussreserven der Banken verringern sich und damit das Kreditangebot. Zusätzliche Nachfrage kann nicht finanziert werden. Es ist zu erwarten, dass die Inflation gebremst wird.

  Da das Kreditangebot abnimmt, steigt das Zinsniveau.

1 Stückelos heißt, dass keine Wertpapiere gedruckt werden.

- **Tilgung von Schuldverschreibungen.** Durch die Tilgung von Schuldverschreibungen wird dem Kreditmarkt Liquidität zugeführt. Die Überschussreserven der Banken erhöhen sich und damit das Kreditangebot. Zusätzliche Kreditnachfrage kann also finanziert werden. Unter sonst gleichen Bedingungen führt das zunehmende Kreditangebot zu einem sinkenden Zinsniveau.

  Die liquiditätszuführende Wirkung von Tilgungsleistungen *kann* geldpolitisch unerwünscht sein. Die EZB kann diese Wirkung durch eine weitere oder erhöhte Ausgabe von Schuldverschreibungen kompensieren (ausgleichen) oder überkompensieren.

c) Befristete Transaktionen

Befristete Transaktionen werden vom Eurosystem in Form von Pensionsgeschäften und Pfandkrediten durchgeführt.

ca) Pensionsgeschäfte

Pensionsgeschäfte sind Offenmarktgeschäfte *auf Zeit* (daher der Begriff „befristete Transaktionen"), weil den Banken nur für eine im Voraus feststehende Zeit Zentralbankgeld (Sichtguthaben oder Bargeld) zur Verfügung gestellt wird. Von Pensionsgeschäften spricht man deshalb, weil das Eurosystem Wertpapiere mit der Maßgabe kauft, dass die Banken die Papiere nach Ablauf einer bestimmten Zeit (z.B. nach 28 Tagen) wieder zurückkaufen. Die Papiere werden von den Banken beim Eurosystem sozusagen „in Pension" gegeben. Die Pensionsgeschäfte unterscheiden sich also von den definitiven Käufen durch die **Rücknahmevereinbarung** zwischen dem Kreditnehmer und dem Eurosystem.

Praktisch vollzieht sich ein **Pensionsgeschäft** wie folgt:

Die Banken verkaufen Wertpapiere an das Eurosystem. Da die Pensionsgeschäfte i.d.R. von den nationalen Zentralbanken durchgeführt werden, verkaufen z.B. die deutschen Banken Wertpapiere an die Deutsche Bundesbank gegen Gutschrift auf einem Konto einer Hauptverwaltung der Deutschen Bundesbank mit der Verpflichtung, diese Papiere zu einem späteren festgelegten Zeitpunkt wieder zurückzukaufen. Die Verzinsung besteht darin, dass das Eurosystem den Rückkaufbetrag höher festlegt als den Ankaufbetrag.

Das Eurosystem bietet Pensionsgeschäfte an: Laufzeit 20 Tage, Pensionssatz 3 %. Bank A verkauft Wertpapiere für 3 Mio. €.

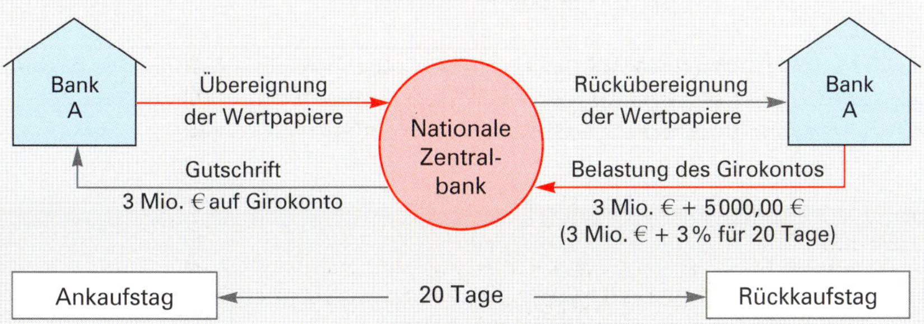

Wertpapierpensionsgeschäft

17 Hartmann-Härter-Seifert - ISBN 978-3-8120-0412-1

Die Kreditvergabe erfolgt im **Tenderverfahren.**[1] Es ist zwischen dem Mengentender und dem Zinstender zu unterscheiden.

Mengentender[2]

Beim Mengentender legt eine Zentralbank den Zinssatz fest. Die bietenden Banken nennen in ihren Geboten die Kreditbeträge, die sie bei der Zentralbank aufnehmen wollen. Die Zentralbank setzt ihrerseits einen internen Höchstbetrag für das gesamte Kreditvolumen fest. Bei Überzeichnung (die Banken wollen mehr Kredite aufnehmen als die Zentralbank zur Verfügung stellen will) wird anteilig zugeteilt (repartiert).

Beispiel:

Angenommen, das Ausschreibungsvolumen einer Zentralbank beträgt 20 Mrd. Euro. Die Gebote der Banken belaufen sich auf 25 Mrd. Euro. Sie erhalten daher 80 % ihrer Gebote zugeteilt.

Durch das Herauf- bzw. Heruntersetzen des Pensionssatzes[3] wird das gesamte Zinsniveau (gewissermaßen der gewogene Durchschnitt aller Zinssätze) beeinflusst, weil die Zinssätze interdependent, d. h. gegenseitig abhängig sind.

Beispiel:

Steigt der Zinssatz für kurzfristige Kredite von 6 auf 8 % und verharrt der Zinssatz für langfristige Kredite noch auf beispielsweise 7 %, so werden kurzfristige Kredite durch langfristige ersetzt, d. h., langfristige Kredite werden so lange nachgefragt, bis auch auf den Kapitalmärkten die Zinssätze steigen.

- **Erhöhung des Pensionssatzes.** Setzt eine Zentralbank den Pensionssatz herauf, steigt das Zinsniveau. Die Banken geben die gestiegenen Refinanzierungskosten an ihre Kunden (vor allem Unternehmen und private Haushalte) weiter, indem sie ihre Sollzinsen erhöhen. Die Kreditnachfrage geht zurück, weil
  - gestiegene Zinssätze geplante Investitionsvorhaben der Unternehmen unrentabel („uninteressant") machen können und weil
  - für manche privaten Haushalte die Kreditaufnahme für Konsumzwecke zu teuer wird.

  Die Zinserhöhung verringert also die Nachfrage nach Investitions- und Konsumgütern, sodass die Konjunktur gedämpft und eine bestehende Inflationsgefahr verringert wird.
- **Senkung des Pensionssatzes.** Setzt eine Zentralbank den Pensionssatz herab, sinkt das Zinsniveau. Die Banken geben die gesunkenen Refinanzierungskosten an ihre Kunden weiter, indem sie die Sollzinssätze senken.

1 Das Wort Tender hängt mit dem englischen Wort „to tend" (Kurzform von „to attend") und dem lateinischen Wort attendere (vgl. frz. attendre) zusammen. Es bedeutet so viel wie aufpassen, Sorge tragen für etwas, auf etwas achten. Beim Mengentender wird also in erster Linie die Menge (Kreditmenge) beachtet, beim Zinstender steht die Zinsfindung (genauer: der Zinssatz) im Vordergrund.

2 Von Mitte 2000 bis Oktober 2008 wurde das Mengentenderverfahren von der EZB nicht angewendet.

3 Für den Pensionssatz wird der Begriff **Repo-Satz** verwendet. Repo ist die Abkürzung für Repurchase (engl. Rückkauf). Das „o" am Ende hat sich wegen der Aussprache eingebürgert. Da die Hauptrefinanzierungsgeschäfte des ESZB von den teilnehmenden nationalen Zentralbanken auch in anderen Formen als dem Pensionsgeschäft abgewickelt werden, wird als Oberbegriff die Bezeichnung „Hauptrefinanzierungssatz" **(Refi-Satz)** verwendet. Siehe auch Seite 262.

Die Zentralbank hofft, dass die Kreditnachfrage zunimmt, weil die gesunkenen Zinssätze

- kreditfinanzierte Investitionsvorhaben[1] rentabler machen und
- den privaten Haushalten Anreize geben, mehr Konsumgüter auf Kredit zu kaufen.

Die Zinssenkung – so wird erwartet – erhöht die Nachfrage nach Investitions- und Konsumgütern, sodass die Konjunktur „angekurbelt" wird.

Durch das Herauf- bzw. Herabsetzen des Pensionssatzes gibt eine Zentralbank dem Bankensystem und der gesamten Wirtschaft ein **Signal** (Zeichen).

Mit einer **Zinserhöhung** wird signalisiert, dass die Zentralbank weitere Preissteigerungen (ein Steigen der Inflationsrate) nicht hinnehmen möchte. Die Banken werden das Signal verstehen und ihre Zinssätze erhöhen, denn sie wissen, dass andernfalls der Zentralbank weitere restriktive Maßnahmen wie z. B. eine Erhöhung der Mindestreservesätze zur Verfügung stehen.

Mit einer **Zinssenkung** wird signalisiert, dass die Zentralbank die Geldwertstabilität als gesichert ansieht und ihren Teil zur Förderung der Konjunktur und des Wirtschaftswachstums beitragen möchte.

Zinstender

Der Zinstender ist dadurch gekennzeichnet, dass die Banken neben dem Bietungsbetrag auch noch den *Zinssatz* nennen. Das zur Verfügung stehende Kreditvolumen wird von der Zentralbank festgelegt.

Beim Zinstender gibt es zwei **Zuteilungsmethoden**:

- Beim **holländischen Verfahren** (i. d. R. mit einem Mindestbietungssatz) berechnet die Zentralbank allen bietenden Banken den Pensionssatz, der sich aus dem Gebot der Bank ergibt, die mengenmäßig gerade noch zum Zuge kommt.

Beispiel:

Eine Zentralbank möchte 10 Mrd. GE zuteilen. Es bieten die Bankengruppen A bis E:

Banken	Bietungsbeträge	Bietungssätze	Zuteilung
A	2,5 Mrd. GE	4,00 %	2,5 Mrd. GE
B	3,0 Mrd. GE	3,95 %	3,0 Mrd. GE
C	3,0 Mrd. GE	3,90 %	3,0 Mrd. GE
D	4,0 Mrd. GE	3,85 %	1,5 Mrd. GE
E	2,0 Mrd. GE	3,80 %	–

Der Pensionssatz wird einheitlich auf 3,85 % festgelegt.

- Beim **amerikanischen Verfahren** wird zu den individuellen Bietungssätzen der Banken abgerechnet. Das amerikanische Verfahren wurde vom **Eurosystem** bis 15. Oktober 2008 angewendet.

1 Kreditfinanzierte Investitionen sind vor allem lang- und mittelfristige Anlageinvestitionen (z.B. Investitionen in Maschinen, Gebäude, Grundstücke).

Beispiel:

Das Eurosystem möchte 10 Mrd. Euro zuteilen. Es bieten die Bankengruppen A bis E:

Banken	Bietungsbeträge	Bietungssätze	Zuteilung
A	2,5 Mrd. EUR	4,00 %	2,5 Mrd. EUR zu 4,00 %
B	2,0 Mrd. EUR	3,95 %	2,0 Mrd. EUR zu 3,95 %
C	3,0 Mrd. EUR	3,90 %	3,0 Mrd. EUR zu 3,90 %
D	5,0 Mrd. EUR	3,85 %	2,5 Mrd. EUR zu 3,85 %
E	3,0 Mrd. EUR	3,80 %	–

Bei beiden Verfahren gilt, dass die Gebote, die über dem niedrigsten zum Zuge kommenden Pensionssatz liegen, voll zugeteilt werden. Die Gebote zum niedrigsten Pensionssatz (in den Beispielen 3,85 %) müssen erforderlichenfalls repartiert[1] werden.

Hinsichtlich des zeitlichen Rahmens ist zwischen Standardtender und Schnelltender zu unterscheiden.

Standardtender	Sie werden innerhalb 24 Stunden von der Tenderankündigung bis zur Bestätigung des Zuteilungsergebnisses durchgeführt (wobei zwischen dem Ablauf der Gebotsfrist und der Bekanntgabe des Zuteilungsergebnisses etwa zwei Stunden liegen).
Schnelltender	Sie werden i. d. R. innerhalb einer Stunde von der Tenderankündigung bis zur Bestätigung des Zuteilungsergebnisses durchgeführt.

cb) Verpfändung refinanzierungsfähiger Sicherheiten

In diesem Fall hinterlegen die Banken bei einer nationalen Zentralbank Sicherheiten (Pfänder), die von dieser befristet beliehen werden können.

d) Devisenswapgeschäfte[2]

Mithilfe der Devisenswapgeschäfte (man spricht auch von der Swapsatzpolitik oder Swappolitik) will die EZB den Geldexport fördern (inflationsdämpfende Maßnahme) oder erschweren (konjunkturfördernde Maßnahme). Devisenswapgeschäfte werden i. d. R. dezentral von den nationalen Zentralbanken des Eurosystems durchgeführt.

Ein Swapgeschäft ist eine Kombination zwischen einem Devisenkassageschäft[3] und einem Devisentermingeschäft.[4] Besitzen die Banken überschüssige Finanzmittel und wollen sie diese in Fremdwährung anlegen, so hat das Eurosystem die Möglichkeit, den Banken die entsprechenden Devisen (z. B. US-$) zu verkaufen (Kassageschäft) und *zugleich* per Termin (z. B. nach 3 Monaten) zum gleichen Kurs (Kassakurs) abzüglich eines Deports (Abschlags) oder zuzüglich eines Reports (Aufschlags) zurückzukaufen (Termingeschäft).

1 Repartieren = rationieren, etwas nach einem bestimmten „Schlüssel" verteilen (zuteilen). Ist z. B. die Nachfrage nach Wertpapieren größer als das Angebot dieser Wertpapiere, erhalten die Käufer nur einen Teil der von ihnen gezeichneten Stücke. Eine Repartierung muss auch erfolgen, wenn das Angebot nur beschränkt befriedigt werden kann (das angebotene Kreditvolumen der Zentralbank oder die Zahl der angebotenen Wertpapiere ist höher als die Nachfrage nach dem angebotenen Kreditvolumen bzw. nach den angebotenen Wertpapieren).

2 To swap (engl.) = tauschen. Ein Swapgeschäft ist ein (Devisen-)Tauschgeschäft.

3 Kassageschäft = ein Geschäft, das „per Kasse", also zum Zeitpunkt des Abschlusses, abgewickelt wird.

4 Termingeschäft = ein Geschäft, das „per Termin", also zu einem späteren Zeitpunkt, abgewickelt wird. (Verpflichtungsgeschäft und Erfüllungsgeschäft fallen zeitlich auseinander.)

Beispiel:

Angenommen, die Banken im Euro-Raum könnten bei einer Geldanlage in US-$ für Dreimonatsgeld netto 4 %,[1] bei einer Geldanlage im Euro-Raum jedoch nur $3\,^1/_2$ % Zinsen erzielen. Will das Eurosystem den Geldexport verhindern, bietet es den Banken einen Report von mehr als $^1/_2$ % an, sodass die Anlage im Inland günstiger wird.

Berechnet das Eurosystem hingegen einen Report von weniger als $^1/_2$ % bzw. einen Deport, so wird der Kauf der US-$ günstiger.

- **Einschränkung bzw. Verhinderung des Geldexports.** Die Geldanlage erfolgt im eigenen Währungsgebiet, sodass Zinssenkungen zu erwarten sind. Die Konjunktur wird gefördert.
- **Förderung des Geldexports.** Die Geldanlagen erfolgen nicht im eigenen, sondern in einem fremden Währungsgebiet. Der Geldmarkt wird „verknappt". Die Zinssätze steigen (Liquiditätsabschöpfung).

Die „Devisenswaps" sind befristete Transaktionen, die unregelmäßig und nicht standardisiert erfolgen. Sie dienen der Feinsteuerung des Kreditmarktes und werden über Schnelltender oder als bilaterale[2] Geschäfte durchgeführt.

e) Hereinnahme von Termineinlagen

Das Eurosystem kann den Geschäftspartnern die Hereinnahme verzinslicher Termineinlagen bei der nationalen Zentralbank des Mitgliedstaates anbieten, in dem sich die Niederlassung der Bank befindet. Termineinlagen werden hereingenommen, um Liquidität am Markt abzuschöpfen, d. h. das Kreditangebot zu verringern.

Der gegenteilige Effekt tritt ein, wenn die Termineinlagen fällig sind und nicht mehr verlängert werden.

Ebenso wie die Devisenswapgeschäfte stellen die Hereinnahmen von Termineinlagen befristete Transaktionen dar, die der Feinsteuerung dienen. Sie sind nicht standardisiert, erfolgen unregelmäßig über Schnelltender oder als bilaterale Geschäfte.

2. Kategorien der Offenmarktpolitik

Die Offenmarktgeschäfte können hinsichtlich ihrer Zielsetzung, der Abstände, in denen sie stattfinden, und der angewandten Verfahren in vier **Kategorien** (Gruppen) unterteilt werden:

- Hauptrefinanzierungsinstrument,
- längerfristige Finanzierungsgeschäfte,
- Feinsteuerungsoperationen und
- strukturelle Operationen.

1 Abzüglich der Umtausch- und Kreditsicherungskosten.

2 Bilateral = zweiseitig. Bilaterale Verfahren sind Geschäfte zwischen dem Eurosystem und einer Bank bzw. mehreren Banken.

a) Hauptrefinanzierungsinstrument

Die Hauptrefinanzierungsoperationen sind die wichtigsten Offenmarktgeschäfte des Eurosystems. Es sind liquiditätszuführende Transaktionen, die regelmäßig jede Woche durchgeführt werden. Sie haben i.d.R. eine Laufzeit von zwei Wochen und werden von den nationalen Zentralbanken in Form von **Standardtendern** durchgeführt.

Der von der EZB festgelegte Zinssatz für die Hauptrefinanzierung **(Refi-Satz)** ist der entscheidende **Leitzins** in der EWU. Von Leitzins spricht man deshalb, weil sich nach ihm alle übrigen Zinssätze, wie z.B. der Zinssatz für Übernacht-Kredite bzw. Übernacht-Einlagen (Seite 263), richten. Die Spanne zwischen der Zinssatz-Obergrenze für Übernacht-Kredite und der Zinssatz-Untergrenze für Übernacht-Einlagen wird als **Zinsband,** als **Zinskorridor** oder als **Zinskorsett** bezeichnet.

b) Längerfristige Refinanzierungsgeschäfte

Bei den längerfristigen Refinanzierungsgeschäften handelt es sich um regelmäßige Refinanzierungsgeschäfte mit dreimonatiger Laufzeit. Gewöhnlich wird bei diesen Geschäften die Form des Zinstenders gewählt. Das Eurosystem ist, wie der Fachausdruck heißt, Zinsnehmer.

Längerfristige Refinanzierungsgeschäfte werden regelmäßig monatlich von den nationalen Zentralbanken über Standardtender durchgeführt.

c) Feinsteuerungsoperationen

Das Eurosystem kann Feinsteuerungsmaßnahmen in Form von befristeten Offenmarkttransaktionen durchführen, um unerwartete Liquiditätsschwankungen auszugleichen. Feinsteuerungsoperationen finden unregelmäßig statt. Ihre Laufzeit ist nicht standardisiert (einheitlich festgelegt). Sie werden i.d.R. dezentral durch die nationalen Zentralbanken vorgenommen.[1]

d) Strukturelle Operationen

Strukturelle Operationen sind liquiditätszuführende Operationen, die sowohl regelmäßig als auch unregelmäßig stattfinden können, wobei die Laufzeit nicht von vornherein standardisiert ist. Strukturelle Operationen werden dezentral von den nationalen Zentralbanken durchgeführt.

Der Zusammenhang zwischen den einzelnen offenmarktpolitischen Maßnahmen und den Kategorien der Offenmarktpolitik wird auf Seite 263f. dargestellt.

6.3.6.3 Ständige Fazilitäten[2]

Ständige Fazilitäten umfassen

- Kreditbereitstellungen des Eurosystems, die von den Banken jederzeit bei Bedarf in Anspruch genommen werden können, und
- die Bereitschaft des Eurosystems, Einlagen der Banken entgegenzunehmen.

Im ersten Fall spricht man von Spitzenrefinanzierungsfazilität, im zweiten von Einlagenfazilität.

1 Der EZB-Rat entscheidet, ob in Ausnahmefällen bilaterale befristete Transaktionen zur Feinsteuerung von der EZB durchgeführt werden können.

2 Fazilität (lat.) = Möglichkeit. Fazilität (eigentlich „Kreditfazilität") bedeutet die Möglichkeit, einen Kredit aufnehmen zu können. Einlagenfazilität ist die Möglichkeit, Geld bei einer Zentralbank anlegen zu können.

1. Spitzenrefinanzierungsfazilität

Die Spitzenrefinanzierungsfazilität dient der Abdeckung von am Tagesende bestehenden (i. d. R. durch den Zahlungsverkehr entstandenen) Sollsalden der Banken. Der Kredit des Eurosystems erfolgt „über Nacht" gegen refinanzierungsfähige Sicherheiten (z.B. Anleihen, Pfandbriefe, Wechsel). Der Zinssatz wird vom Eurosystem festgelegt und bildet die Obergrenze des Tagesgeldzinssatzes.[1]

Die nationalen Zentralbanken (z.B. die Deutsche Bundesbank) können im Rahmen der Spitzenrefinanzierungsfazilität den Banken Liquidität (Geld) in Form von **Übernacht-Pensionsgeschäften** oder als **Übernacht-Pfandkredite** zur Verfügung stellen. Beim Pfandkredit wird vom Kreditnehmer (Schuldner) dem Eurosystem (dem Gläubiger) ein Sicherungsrecht an den hinterlegten Pfändern[2] (z.B. Wertpapieren) eingeräumt, wobei der Schuldner das Eigentum an den Pfändern behält.

2. Einlagenfazilität

Die Einlagenfazilität ist gewissermaßen das Gegenteil der Spitzenrefinanzierungsfazilität, denn hier ermöglicht das Eurosystem den Banken, Übernachtliquidität (in der Regel durch den Zahlungsverkehr entstandene Habensalden) bei den nationalen Zentralbanken anzulegen. Die Einlagen werden zu einem im Voraus festgelegten Zinssatz verzinst, der im Allgemeinen die Untergrenze des Tagesgeldzinssatzes bildet.

Der Zugang zur Einlagenfazilität wird nur gemäß den Zielen und allgemeinen geldpolitischen Erwägungen des Eurosystems gewährt. Das Eurosystem kann die Bedingungen der Fazilität jederzeit ändern oder aufheben, z.B. in Zeiten konjunktureller Schwäche, in denen keine Liquiditätsabschöpfung erwünscht ist.

Überblick über das geldpolitische Instrumentarium der EZB und des Eurosystems[3]

Geldpolitische Geschäfte	Transaktionsarten und Ziele		Laufzeit	Zeitlicher Rahmen (Rhythmus)	Verfahren
	Liquiditätsbereitstellung (Konjunkturförderung)	Liquiditätsabschöpfung (Inflationsbekämpfung)			
Mindestreservepolitik					
Hereinnahme bzw. Rückzahlung von Pflichteinlagen	Senkung der Mindestreservesätze	Erhöhung der Mindestreservesätze	Unbefristet	Unregelmäßig	–
Offenmarktpolitik					
Hauptrefinanzierungsinstrument	Befristete Transaktionen	–	Eine Woche	Wöchentlich	Standardtender

1 Zinssatz, der für täglich fälliges Geld zu zahlen ist.

2 Die Banken können beim ESZB Pfänder hinterlegen, um bei Bedarf z.B. die Übernacht-Pfandkredite in Anspruch nehmen zu können. Die hinterlegten Sicherheiten werden als **Pfanddepot** bezeichnet.

3 Vgl. Deutsche Bundesbank Eurosystem, Geld- und Geldpolitik 2007, S. 114.

Längerfristige Refinanzierungsgeschäfte	Befristete Transaktionen	–	Drei Monate	Monatlich	Standardtender
Feinsteuerungsoperationen	Befristete Transaktionen Devisenswaps Definitive Käufe	Devisenswaps Hereinnahme von Termineinlagen Befristete Transaktionen Definitive Verkäufe	Nicht standardisiert	Unregelmäßig	Schnelltender Bilaterale Geschäfte
Strukturelle Operationen	Befristete Transaktionen Definitive Käufe	Emission von Schuldverschreibungen Definitive Verkäufe	Standardisiert/ nicht standardisiert –	Regelmäßig und unregelmäßig Unregelmäßig	Standardtender Bilaterale Geschäfte
		Ständige Fazilitäten			
Spitzenrefinanzierungsfazilität	Befristete Transaktionen	–	Über Nacht	Inanspruchnahme auf Initiative der Geschäftspartner (Banken)	
Einlagenfazilität	–	Einlagenannahme	Über Nacht		

AUFGABEN

1. **Textauszug:**

Einigung gibt es inzwischen auch über das anzuwendende notenbankpolitische Instrumentarium und seine Ausgestaltung. In der operativen[1] Geldpolitik agiert die EZB hauptsächlich mit Offenmarktinstrumenten in Form von Repo-Geschäften. Sie haben sich mittlerweile bei allen nationalen Zentralbanken als marktgerechtes und effektives Instrument durchgesetzt. Auch die deutschen Kreditinstitute sind in der Form der wöchentlichen Wertpapierpensionsgeschäfte damit schon seit langem vertraut. Eine sogenannte Hauptrefinanzierungsfazilität soll wöchentlich mit einer Laufzeit von zwei Wochen abgeschlossen werden. Daneben werden von dem ESZB längerfristige Refinanzierungsgeschäfte angeboten. Diese Geschäfte nehmen mit der Laufzeit von drei Monaten ein wichtiges Element des Diskontkredits auf. Entsprechend dem Charakter einer Basisfinanzierung ist der Kreis der teilnahmeberechtigten Geschäftspartner breit gezogen. Für die Vertenderung ist allerdings ein monatlicher Rhythmus vorgesehen. Damit kann dieses Instrument zur Verstetigung des Geldmarkts sowie zur Dispositionssicherheit insbesondere bei kleineren Banken beitragen.

Um unerwarteten Liquiditäts- und damit auch Zinsschwankungen angemessen begegnen zu können, kann das ESZB auf ein breites Spektrum von Feinsteuerungsoperationen wie z. B. Devisenswaps zurückgreifen.

Als ständige Fazilitäten, deren Inanspruchnahme auf Initiative der Geschäftspartner erfolgt, wird es eine Spitzenrefinanzierungsfazilität und eine Einlagenfazilität geben. Die Spitzenrefinanzierungsfazilität entspricht dabei funktionell dem deutschen Lombard. Sie ist damit also in erster Linie ein Sicherheitsventil bei kurzfristigen Liquiditätsengpässen im Bankensystem und begrenzt so auch die Ausschläge der Geldmarktsätze nach oben. Die Einlagenfazilität soll kurzfristige Liquiditätsüberschüsse abfangen, wodurch ein Boden für die Geldmarktsätze eingezogen wird. …

Quelle: Tietmeyer, H.: Nach einer Rede vom 8. Juli 1998, zitiert in Deutsche Bundesbank, Auszüge aus Presseartikeln vom 10. Juli 1998, S. 3f.

1 Operation (lat.) = Eingriff. Operative Maßnahmen der EZB sind Eingriffe in den Geldmarkt.

1.1 Erläutern Sie die im Text unterstrichenen Begriffe!

1.2 Welche Instrumente der Offenmarktpolitik werden im vorgenannten Textauszug nicht angesprochen? Erläutern Sie diese Instrumente!

1.3 Verdeutlichen Sie am Beispiel des effektiven Kaufs bzw. Verkaufs von Wertpapieren durch eine Zentralbank die Wirkungsweise der Offenmarktpolitik!

1.4 Inwieweit hat die Offenmarktpolitik eine Doppelwirkung?

1.5 In welcher Situation wird es für die Banken günstiger sein, Wertpapiere von einer Zentralbank beleihen zu lassen als sie an die Zentralbank effektiv zu verkaufen?

1.6 Im Text wird gesagt, dass die Spitzenrefinanzierungsfazilität auch dazu dient, Ausschläge der Geldmarktsätze (Geldmarktzinssätze) nach oben zu begrenzen. Begründen Sie diese Aussage!

1.7 Erläutern Sie, wie die Inanspruchnahme der Einlagenfazilität durch die Banken auf die Geldmarktzinssätze wirkt!

1.8 Der Text spricht von „Vertenderung". Damit ist die Anwendung eines Tenders bei der Vergabe von Krediten durch das ESZB gemeint.

   1.8.1 Erläutern Sie, was unter Mengentender zu verstehen ist!

   1.8.2 Erklären Sie die beiden Zuteilungsmethoden beim Zinstender!

   1.8.3 Erläutern Sie, worin sich Standard- und Schnelltender unterscheiden!

1.9 Angenommen, eine Zentralbank möchte 12 Mrd. GE zuteilen. Es bieten die Bankengruppen A 4,5 Mrd. GE, B 4,2 Mrd. GE, C 5,1 Mrd. GE, D 2,7 Mrd. GE und E 1,5 Mrd. GE.

   Es wird ein Tenderverfahren angewandt.

   1.9.1 Angenommen, es wird der Mengentender eingesetzt. Wie viel Kredit erhält jede Bankengruppe?

   1.9.2 Angenommen, es wird das holländische Tenderverfahren eingesetzt. Die Bankengruppen bieten folgende Zinssätze: Bankengruppe A 3,80 %, Bankengruppe B 3,75 %, Bankengruppe C 3,70 %, Bankengruppe D 3,65 % und Bankengruppe E 3,60 %.

   Welche Bankengruppen kommen zum Zuge und wie hoch ist der jeweilige Zuteilungsbetrag?

2. **Textauszug:**

Die Europäische Zentralbank (EZB) kauft zum ersten Mal Staatsanleihen von Euro-Ländern

Die Finanzkrise Griechenlands lässt die Europäische Zentralbank (EZB) erneut mit einem Tabu brechen: Die Notenbank der Euro-Länder kauft Staatsanleihen der Mitgliedstaaten auf, um ein Übergreifen der griechischen Probleme auf andere Staaten zu verhindern. Dies galt bislang als undenkbar. Damit es dazu kam, übte die Politik Berichten zufolge massiv Druck auf die EZB aus – und rüttelte damit an deren Unabhängigkeit. …

Die EZB hat in der Nacht auf Montag bekannt gegeben, Staatsschulden der Euro-Staaten in Form sogenannter Staatsanleihen aufzukaufen. Der Kauf der Anleihen direkt bei Staaten ist den EU-Verträgen zufolge zwar verboten, nicht aber über die Finanzmärkte. Am Ende hat dies aber den gleichen Effekt: An die Finanzmärkte soll das Signal ausgehen, dass die EZB Vertrauen in die Papiere der Mitgliedstaaten hat – auch in griechische. Dadurch soll verhindert werden, dass Finanzspekulationen sich nach Griechenland gegen andere Mitgliedstaaten mit Finanzproblemen richten wie etwa Irland, Spanien, Italien und Portugal.

Bereits vergangene Woche hatte die EZB ein Tabu gebrochen, indem sie griechische Staatsanleihen ohne Einschränkungen als Sicherheit für Kredite an Banken akzeptierte.

Quelle: www.n24.de vom 22. Mai 2010.

2.1 Warum sollte eine Zentralbank weitestgehend von der Politik unabhängig sein?

2.2 Welche Gefahr besteht, wenn eine Zentralbank Staatsanleihen aufkauft?

3. Welche Maßnahmen sollte die EZB in folgenden Fällen ergreifen? Begründen Sie Ihre Antworten und gehen Sie auf mögliche Zielkonflikte ein!

3.1 Die Wirtschaft befindet sich im Zustand der Unterbeschäftigung (Arbeitslosigkeit). Die Inflationsrate ist gering.

3.2 Die Wirtschaft befindet sich im Zustand der Überbeschäftigung mit hohen Preissteigerungsraten.

3.3 Die Importe übersteigen die Exporte. Die Inflationsrate ist hoch. Die Wirtschaft ist unterbeschäftigt.

3.4 In den USA sind die Zinssätze niedrig, in der WWU im Verhältnis dazu hoch. Die Inflationsrate in der WWU ist nach Ansicht der EZB zu hoch.

6.4 Zahlungsverkehr

6.4.1 Überblick über die Zahlungsmittel und Zahlungsformen

Zahlungsmittel

Zahlungen können nicht nur mit den *gesetzlichen Zahlungsmitteln* (Bargeld und Buchgeld), sondern auch mit *Geldersatzmitteln* (Wechsel und Scheck) vorgenommen werden. Die Geldersatzmittel sind kein „Geld", sondern stellen lediglich „Anweisungen auf Geld" dar. Eine endgültige Schuldentilgung ist erst erfolgt, wenn die Geldersatzmittel vom zur Zahlung Angewiesenen (dem sog. Bezogenen) eingelöst worden sind.[1]

Zahlungsformen

Je nachdem, ob der Zahler (z. B. Schuldner) mit *Bargeld* oder mit *Buchgeld* zahlt und der Zahlungsempfänger (z. B. ein Gläubiger) *Bargeld* oder *Buchgeld* erhält, unterscheidet man folgende *Zahlungsformen* (Zahlungsarten):

- Bargeldzahlung (bare Zahlung, Zahlung mit Bargeld),
- halbbare (Bargeld sparende) Zahlung und
- bargeldlose (unbare) Zahlung.

Zahlungsträger[2]

Zahlungsträger sind die Formulare, die bei halbbarer und/oder unbarer Zahlung verwendet werden. Sie stellen Anweisungen auf Buchung, Umbuchung oder Auszahlung von Geldbeträgen an eine Bank dar.

1 Zum Scheck siehe Kapitel 6.4.5, zum Wechsel siehe Kapitel 6.4.7.

2 Weil die Automatisierung des beleggebundenen zwischenbetrieblichen Zahlungsverkehrs ohne einheitliche Vordrucke für Überweisungen, Schecks und Lastschriften nicht möglich ist und um diese Vordrucke – nach entsprechendem Ausfüllen der Codierzeile – ohne Weiteres als Datenträger für ihre Bearbeitung mit elektronischen Datenverarbeitungsanlagen verwenden zu können, sind diese Zahlungsverkehrsvordrucke aufgrund verbindlicher Richtlinien (Richtlinien für einheitliche Zahlungsverkehrsvordrucke und Richtlinien für neutrale Zahlungsverkehrsvordrucke) heute einheitlich gestaltet.

Überblick über wichtige Zahlungsmittel, -formen und -träger

Bargeldzahlung (bare Zahlung)	**Bargeld sparende Zahlung** (halbbare Zahlung)		**Bargeldlose Zahlung** (unbare Zahlung)
	Nur das Konto des Empfängers wird benutzt	Nur das Konto des Zahlers wird benutzt	
Zahler zahlt mit Bargeld, Zahlungsempfänger erhält Bargeld.	Zahler zahlt mit Bargeld, Zahlungsempfänger erhält Gutschrift auf seinem Konto.	Abbuchung vom Konto des Zahlers, Zahlungsempfänger erhält bares Geld.	Abbuchung vom Konto des Zahlers, Gutschrift auf dem Konto des Zahlungsempfängers.
■ Selbstzahlung ■ Zahlung durch Boten ■ Postbank-Minuten-Service ■ Express-Sendungen und DHL Pakete[1] der Deutschen Post AG (Deutsche Post World Net) ■ Wechsel ohne Zahlstellenangabe (Bezogener löst bar ein, Vorleger erhält bares Geld)	■ Zahlschein ■ Nachnahme	■ Barscheck ■ Zahlungsanweisung zur Verrechnung der Postbank ■ Auszahlungsschein ■ Barabhebung an einem Geldautomaten	■ Überweisung ■ Verrechnungsscheck ■ Wechsel[2] als – Rimesse – bei einem Kreditinstitut zahlbar gestelltes Akzept ■ Modernere Zahlungsformen wie z. B. Homebanking, Kreditkarte, Electronic Cash, Internet-Zahlungen

6.4.2 Bargeldzahlungen

In der Industrie, im Groß- und Außenhandel und in der Versicherungswirtschaft (Privatversicherungen und gesetzliche Sozialversicherung) spielt die Bargeldzahlung so gut wie keine Rolle. Die unmittelbare Übergabe von Banknoten und Münzen durch den Zahler, einen Boten oder die Zustellkraft der Deutschen Post AG, hat heute im Wesentlichen nur noch praktische Bedeutung bei Privatleuten. Im Geschäftsverkehr zwischen den Unternehmen wäre sie zu unsicher (das Bargeld könnte verloren gehen oder gestohlen werden), zu umständlich und – bei größeren Entfernungen – zu teuer. Der Bargeldverkehr wird deshalb nicht behandelt.[3]

1 DHL Worldwide Express ist ein 1969 gegründetes Logistikunternehmen, das nach seinen Gründern Adrian **D**alswy, Larry **H**illbom und Robert **L**ynn benannt ist (Logistik [gr.] bedeutet ursprünglich die rechnerische Logik. Später wurde der Begriff im militärischen Bereich im Sinne von „Truppenversorgung" verwendet und bedeutet so viel wie „sinnvoll aufgebautes Nachschubwesen"). DHL Worldwide Express wurde 2002 von der Deutschen Post AG übernommen, die unter dem Namen *DHL* u. a. den Paketversand, das Express- und Kuriergeschäft, das Luft- und Seefrachtgechäft, das Frachtgeschäft im Landverkehr sowie das Geschäft mit Logistiklösungen für Großkunden (unter *DHL Solutions*) betreibt.

2 Wechselzahlungen haben für die Sozialversicherungsbetriebe nahezu keine Bedeutung. Der Wechsel ist deshalb kein Lerninhalt des Lehrplans und wird nur sehr kurz besprochen (siehe Kapitel 6.4.7).

3 Näheres zu den **Barzahlungen** gegen **Quittung**, durch den **Postbank-Minuten-Service**, durch **Express-Sendungen** und durch **DHL Pakete** der Deutschen Post AG (Deutsche Post World Net) finden Sie z. B. in Hartmann/Härter: Allgemeine Wirtschaftslehre für kaufmännische Auszubildende, 42., neu bearbeitete Auflage 2012.

6.4.3 Bargeld sparende (halbbare) Zahlungen[1]

6.4.3.1 Bareinzahlungen

Bei Privatleuten kommt es mitunter vor, dass sie Bargeld auf das Konto eines Zahlungsempfängers einzahlen. Für diesen Fall können sie den Zahlschein als Zahlungsform verwenden. Es liegt eine halbbare Zahlung vor, weil der Zahler mit Bargeld zahlt, der Empfänger jedoch kein Bargeld, sondern lediglich eine Gutschrift auf seinem Konto erhält.

1. Zahlschein

Zahlungsvorgang

Hat der Zahlungsempfänger ein Konto bei einer Bank, kann der Zahler mit einem *Zahlschein* bezahlen. Die Einzahlung kann bei jeder Bank erfolgen.

Die „Einzahlungsbank" überweist den empfangenen Betrag an die Bank des Empfängers, die den Betrag dem Konto des Empfängers gutschreibt.

Der Zahlschein ist teilweise noch zweiteilig. Das *Original* verbleibt als eigentlicher Zahlungsträger bei der Bank. Die *Durchschrift* behält der Zahler als Einzahlungsbeleg. Der Zahler kann sich die Durchschrift von der Bank quittieren lassen. Die meisten Banken verwenden mittlerweile einteilige Zahlscheine.

Bei allen Zahlungen mittels Zahlschein wird der Zahlungsempfänger durch entsprechende Hinweise (Angaben) im Kontoauszug über die Herkunft (Person des Einzahlenden) und den Zweck der Zahlung informiert.

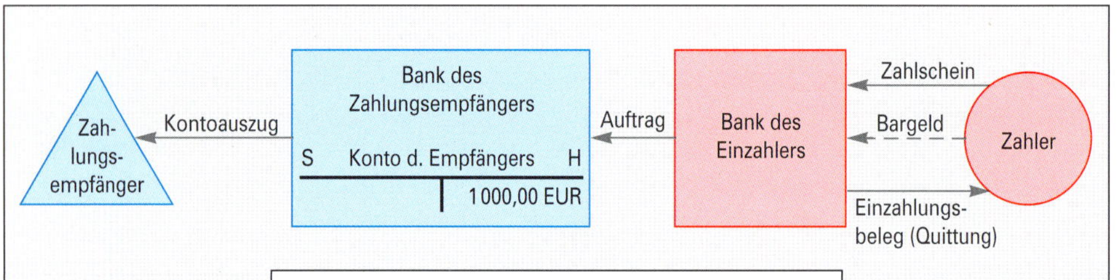

Zahlung mit einem zweiteiligen Zahlschein

Bei den Buchungen auf den Girokonten der Banken ist zu beachten, dass eine Bank die Zahlungsvorgänge aus ihrer eigenen Sicht bucht. Die Gutschrift für einen Zahlungsempfänger wird von der Bank deshalb im *Haben* gebucht, weil dieser Betrag für die Bank eine *Verbindlichkeit* darstellt.

Die Buchungen auf den Kontoauszügen der Deutschen Postbank AG erfolgen in einer Spalte. Lastschriften werden mit einem Minuszeichen gekennzeichnet. Gutschriften erhalten kein Vorzeichen.

1 Die beteiligten Zahlungsdienstleister (Banken) sind berechtigt, Zahlungsvorgänge ausschließlich anhand der ihnen von den Zahlungsdienstnutzern angegebenen **Kundenkennungen** (einer dem Zahlungsdienstnutzer vom Zahlungsdienstleister mitgeteilten Abfolge aus Buchstaben, Zahlen und/oder Symbolen) auszuführen (Näheres siehe § 675r BGB). Die Bank des Zahlers ist verpflichtet sicherzustellen, dass der Zahlungsbetrag spätestens am Ende des auf den Zugangszeitpunkt des Zahlungsauftrags folgenden Geschäftstags bei der Bank des Zahlungsempfängers eingeht. Bei nicht in Euro erfolgenden Zahlungen innerhalb des „Europäischen Wirtschaftsraums" können der Zahler und seine Bank eine Frist von maximal vier Geschäftstagen vereinbaren (Näheres siehe § 675s I BGB). Zum Wertstellungsdatum und zur Verfügbarkeit von Geldbeträgen siehe § 675t BGB.

Formen des Zahlscheins

Die Verkäufer legen ihren Rechnungen und Mahnungen oft ein **kombiniertes Zahlungsformular „Zahlschein/Überweisung"** bei, auf dem bereits ihre Anschrift, ihre Kontonummer und ihre Bank aufgedruckt sind. Der Empfänger kann selbst entscheiden, ob er das Formular als Zahlschein (Bareinzahlung beim Bankschalter) oder als Überweisung verwenden will. Wird der Vordruck als Überweisung benutzt, muss der Zahler noch seine Bank sowie seine Kontonummer eintragen. Durch die bequeme Zahlung (Teile des Formulars sind bereits ausgefüllt) sollen die Schuldner zu einer schnelleren Zahlung veranlasst werden.

Das Formular „Zahlschein/Überweisung" wird im Zahlungsverkehr mit Privatpersonen z. B. auch beim Einzug von Versicherungsprämien verwendet.

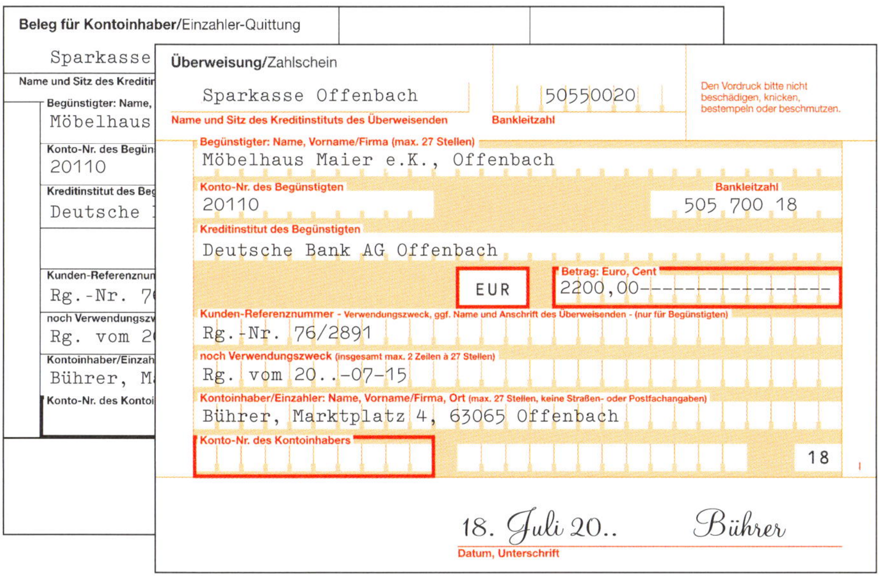

Zweiteiliger Zahlschein einer Bank[1]

2. Nachnahme

Die Großversandgärtnerei Blum & Co. OHG liefert an tausende von Kunden, deren Kreditwürdigkeit sie kaum überprüfen kann und aus Kostengründen auch nicht will. In ihren Lieferungs- und Zahlungsbedingungen hat sie daher festgelegt, dass sie grundsätzlich nur gegen **Nachnahme** liefert. Ein mögliches Kreditrisiko wird dadurch ausgeschlossen.

Die Deutsche Post AG kann Geldbeträge durch Nachnahme einziehen. Auf Verlangen des Absenders händigt die Deutsche Post AG *freigemachte* (= frankierte) Briefe und Paketsendungen erst aus, wenn der Empfänger den *Nachnahmebetrag* an die Zustellkraft bar bezahlt hat.[2] Bei Inlandsbriefen beläuft sich der Höchstbetrag auf 1600,00 €, bei inländi-

1 Dieses Formular kann auch als Überweisung verwendet werden. Siehe auch die Ausführungen zur **Euro-Überweisung,** insbesondere zur internationalen Bankkontonummer **(IBAN)** und international geltenden Bankleitzahl **(BIC),** Lehrbuch S. 272 ff.

2 Wenn die „Nachnahmesendung" in einer Postagentur oder einem Postbank-Center abgeholt wird, kann auch mit einer Kreditkarte oder Bankkarte bezahlt werden.

schen DHL Paketen auf 3500,00 €. Abhängig vom Zielland beträgt der international geltende Höchstbetrag für DHL Pakete 8400,00 €.

Die Nachnahme dient aber nicht nur der sicheren Zahlung bei Warensendungen. Der Absender kann auch fällige Forderungen bzw. Ratenzahlungen durch Nachnahme einziehen.

6.4.3.2 Barauszahlungen

Hat der Zahlungsempfänger *kein* Konto oder ist dieses dem Zahler unbekannt, kann der Zahler das Geld z. B. durch einen Barscheck einer Bank *bar* auszahlen lassen.

Wegen ihrer besonderen Bedeutung für den Zahlungsverkehr werden die Schecks als Mittel des halbbaren *und* bargeldlosen Zahlungsverkehrs im Kapitel 6.4.5 dargestellt.

1. Barauszahlung am Schalter einer Bank

Der Inhaber eines Girokontos bei einer Bank kann bei dieser auch Bargeld ohne Vorlage eines Bankschecks erhalten. Den Empfang des Betrags quittiert er mit seiner Unterschrift auf dem **Auszahlungsbeleg** der Bank.

Die Barauszahlung von einem Postbank Girokonto kann mittels **Auszahlungsschein** erfolgen.

Zur Barauszahlung legt der Kunde einen **Auszahlungsschein** und seine **Postbank Card**[1] am Schalter einer Postfiliale vor, die den **Postbank Bargeldservice** anbietet. Möchte der Kontoinhaber Bargeld bei einer Filiale abheben, die den „Bargeldservice" nicht anbietet, muss er diese Filiale seiner kontoführenden Postbank Niederlassung benennen („vereinbarte Auszahlungsstelle").

2. Barabhebung an einem Geldautomaten (Geldausgabeautomaten/GAA)

Mit einer Bankkarte (z. B. VR BankCard, Sparkassencard) kann sich der Karteninhaber auch an den (einheitlich mit dem ec-Logo[2] und dem ec-GA-Piktogramm[3] gekennzeichneten) **Geldautomaten** bis zu einem bestimmten bankindividuell festgelegten Verfügungsrahmen (z. B. täglich bis zu 1000,00 € oder wöchentlich bis zu 4000,00 €) Bargeld verschaffen. Dem zur Nutzung von Geldautomaten berechtigten Karteninhaber wird hierzu von seiner angeschlossenen Bank eine vierstellige oder fünfstellige persönliche Geheimzahl (PIN) zugeteilt, die er in den Geldautomaten eingeben muss.[4] Das deutsche Geldautomatensystem wird als Online-System zwischen den autorisierten Stellen der Banken betrieben. Die von den Geldautomaten ausbezahlten Geldbeträge werden von den angeschlossenen Banken zusammen mit einem Entgelt für die Nutzung der Geldautomaten durch Lastschriften im Einzugsermächtigungsverfahren eingezogen. Der Einzug erfolgt beleglos unverzüglich nach der Nutzung des Automaten. Die angeschlossenen kartenausgebenden Banken lösen diese Lastschriften unverzüglich ein (= Einlösungspflicht der kar-

1 Postbank Cards sind elektronisch lesbare Karten. Sie dienen zur Barabhebung von Geldbeträgen am Schalter einer Postfiliale und zur Abhebung von Geldbeträgen an einem Geldautomaten der Deutschen Postbank AG.

2 ec-Logo = electronic cash.

3 ec-GA-Piktogramme = Bildzeichen des deutschen **ec**-**G**eld**a**utomaten-Systems.

4 Die persönliche Geheimzahl (PIN) der im Electronic-Cash-System, beim deutschen Geldautomatensystem und als Geldbörse verwendeten Bankkundenkarten ist aufgrund vertraglicher Vereinbarungen der Bankverbände besonders zu schützen.

tenausgebenden Banken, soweit der Geldautomatenbetreiber die ihm obliegenden Prüfvorschriften beachtet hat). Bei einer missbräuchlichen Verwendung der Bankkarten an Geldautomaten und automatisierten Kassen gilt grundsätzlich Folgendes: Für Schäden, die vor der Verlustanzeige entstanden sind, haftet der Kontoinhaber nur, wenn die Schäden auf einer schuldhaften Verletzung seiner Sorgfalts- und Mitwirkungspflichten zurückzuführen sind. Bei grober Fahrlässigkeit (z.B. wenn der Karteninhaber die PIN auf der Bankkarte vermerkt hat, die PIN einer anderen Person mitgeteilt hat und der Missbrauch hierdurch verursacht wurde oder den Kartenverlust nicht umgehend gemeldet hat) haftet der Karteninhaber bei einer missbräuchlichen Verwendung der Bankkarte an Geldautomaten und automatisierten Kassen bis zu einem (bankindividuell festgelegten) Höchstbetrag von z.B. 500,00 € je Kalendertag.

6.4.4 Bargeldlose (unbare) Zahlungen

6.4.4.1 Überweisung

Wesen der Überweisung

Verfügen sowohl Zahler als auch Zahlungsempfänger über ein Girokonto, so ist es am vorteilhaftesten, die Geldzahlungen mittels *Überweisung* durchzuführen. Das Wesentliche der Überweisung liegt darin, dass überhaupt nicht mehr mit Bargeld, sondern nur noch mit *Buchgeld* (durch *Umbuchung* eines Geldbetrags) gezahlt wird (bargeldlose oder unbare Zahlung).

Die auf Antrag des Kunden bei den Banken eröffneten, dem *laufenden* Zahlungsverkehr dienenden Konten (= Kontokorrentkonten)[1] werden *Girokonten* genannt.[2]

Von einem Sparkonto (z.B. Sparbuch) kann *nicht* überwiesen werden, wohl aber von einem Girokonto auf ein Sparbuch. Da die Träger des Zahlungsverkehrs über die Hauptverwaltungen der Deutschen Bundesbank und deren Filialen in einem geschlossenen Überweisungsnetz zusammenarbeiten, kann man von *jedem* Girokonto auf *jedes* andere Girokonto überweisen.

Vorteile der Überweisung

Überweisungen sind bequem durchzuführen (nur ein Formular ist auszufüllen) und verhältnismäßig billig. Der Zahlungsvorgang nimmt wenig Zeit in Anspruch. Ein Risiko des Geldverlusts ist ausgeschlossen.

---

1 Näheres zum Kontokorrent finden Sie in den §§ 355ff. HGB und §§ 676a ff. BGB.

2 Seit dem 1. Juli 2010 können die Kontoinhaber ihre Girokonten bei den Kreditinstituten in Deutschland auch als sogenannte „Pfändungsschutzkonten" führen lassen. Diese Konten sind für Kunden vorteilhaft, die eine Kontopfändung erwarten und Sorge haben, dass sie ihre finanziellen Verpflichtungen nicht (rechtzeitig) ausreichend erfüllen können. Der nicht pfändbare Grundfreibetrag beträgt derzeit 1028,89 € im Monat. Er erhöht sich auf Antrag des Kontoinhabers z.B. um Freibeträge wegen Gewährung von Unterhalt aufgrund gesetzlicher Verpflichtungen (etwa gegenüber dem Ehegatten und eigenen Kindern) (Näheres siehe § 850k ZPO). Ab 1. Januar 2012 besteht **Pfändungsschutz** nur noch auf den **besonderen Pfändungsschutzkonten** (P-Konten). Dies gilt auch für den gesetzlichen Verrechnungsschutz für Sozialleistungen (z.B. für das Arbeitslosengeld II und Kindergeld).

Arten der Überweisung

1. Einzelüberweisung

Die Einzelüberweisung (der Überweisungsauftrag) kann ein zweiteiliger *Durchschreibevordruck* (Schnelltrennsatz) sein. Die *Urschrift* verbleibt in diesem Fall als eigentlicher Zahlungsträger bei der beauftragten Bank. Die *Durchschrift* behält der Zahler als Einzahlungsbeleg. Der Zahler kann sich die Durchschrift am Bankschalter quittieren lassen, falls er dies – z. B. aus Nachweisgründen – für wichtig hält. Die meisten Überweisungsformulare sind mittlerweile einteilig, d. h., sie enthalten keine Durchschläge.

Seit Anfang 2008 wird schrittweise der *einheitliche Euro-Zahlungsverkehrsraum* **SEPA** = **S**ingle **E**uro **P**ayments **A**rea), bestehend aus derzeit 32 Staaten (EU, Island, Liechtenstein, Norwegen, Monaco und die Schweiz), eingeführt. In diesem Zahlungsraum werden für die Kunden keine Unterschiede mehr zwischen nationalen und grenzüberschreitenden Zahlungen bestehen. Die bisherigen nationalen Überweisungsformulare werden durch die sogenannten **Euro-Überweisungen** ersetzt, die nach und nach sowohl im nationalen als auch im internationalen Zahlungsverkehr zu verwenden sind. Dabei müssen die Internationale Bankkontonummer **IBAN** (**I**nternational **B**ank **A**ccount **N**umber) und die international geltende Bankleitzahl **BIC** (**B**usiness **I**dentifier **C**ode) angegeben werden.[1]

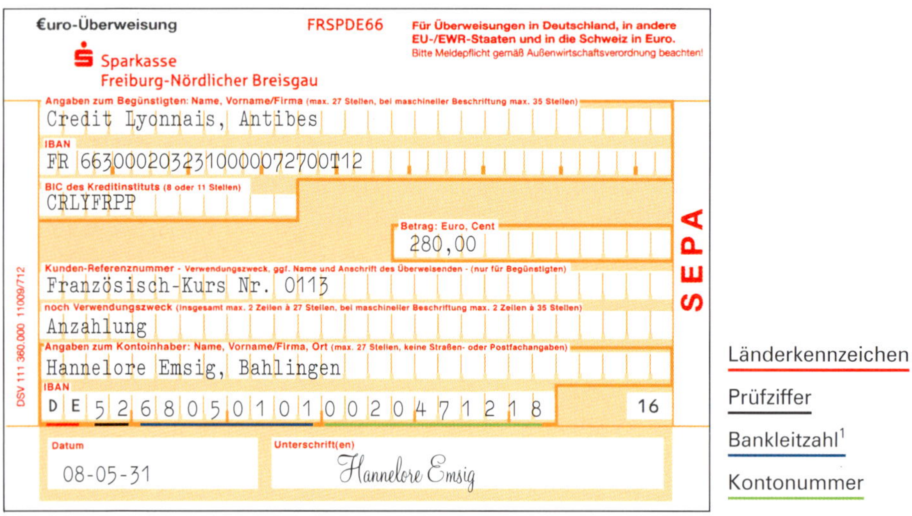
€uro-Überweisung

FRSPDE66

Für Überweisungen in Deutschland, in andere EU-/EWR-Staaten und in die Schweiz in Euro.
Bitte Meldepflicht gemäß Außenwirtschaftsverordnung beachten!

Sparkasse Freiburg-Nördlicher Breisgau

Angaben zum Begünstigten: Name, Vorname/Firma (max. 27 Stellen, bei maschineller Beschriftung max. 35 Stellen)
Credit Lyonnais, Antibes

IBAN
FR 66300020323100000727000T12

BIC des Kreditinstituts (8 oder 11 Stellen)
CRLYFRPP

Betrag: Euro, Cent
280,00

Kunden-Referenznummer - Verwendungszweck, ggf. Name und Anschrift des Überweisenden - (nur für Begünstigten)
Französisch-Kurs Nr. 0113

noch Verwendungszweck (insgesamt max. 2 Zeilen à 27 Stellen, bei maschineller Beschriftung max. 2 Zeilen à 35 Stellen)
Anzahlung

Angaben zum Kontoinhaber: Name, Vorname/Firma, Ort (max. 27 Stellen, keine Straßen- oder Postfachangaben)
Hannelore Emsig, Bahlingen

IBAN
D E 5 2 6 8 0 5 0 1 0 1 0 0 2 0 4 7 1 2 1 8 16

SEPA

DSV 111 360.000 11009/712

Datum
08-05-31

Unterschrift(en)
Hannelore Emsig

Überweisungsauftrag

Bei allen Zahlungen mittels Überweisung werden Zahler und Zahlungsempfänger durch entsprechende Angaben in den Kontoauszügen über die Herkunft (Person des Überweisenden) und über den Zweck der Zahlung informiert (siehe auch §§ 676f, 676g BGB).

---

1 Auf Euro-Überweisungen befinden sich auch die Bezeichnungen SWIFT (bic) oder SWIFT-BIC. SWIFT (**S**ociety for **W**orldwide **I**nterbank **F**inancial **T**elekommunication) ist eine 1973 gegründete Genossenschaft der Geldinstitute. Sie unterhält ein Telekommunikationsnetz (SWIFT-Netz) für den Nachrichtenaustausch zwischen den Geldinstituten und führt deren internationale Finanztransaktionen durch. BIC ist der international standardisierte Bank-Code und ist mit der Bankleitzahl in Deutschland vergleichbar. Der BIC ist 8 oder 11 Stellen lang. BIC und IBAN zusammen ermöglichen automatische Zahlungen bis zum Konto des Zahlungsempfängers. Elektronische Überweisungen in Euro innerhalb der Europäischen Union (EU) müssen die Banken innerhalb eines Bankarbeitstags abwickeln.

2. Sammelüberweisung

Überweisungsaufträge an mehrere Zahlungsempfänger kann der Zahler zu einer *Sammelüberweisung* zusammenfassen. Er muss hierzu ein besonderes Formblatt „Sammelüberweisungsauftrag" verwenden. Sammelüberweisungen sind billiger, weil die Bank nur eine Buchung vornehmen muss. Der Zahler spart Zeit, weil nicht jeder Überweisungsträger, sondern nur *ein* Überweisungsauftrag unterschrieben werden muss.

3. Dauerauftrag

Hier erteilt der Zahler seiner Bank einen *einmaligen* Überweisungsauftrag (Dauerauftrag), bis auf Widerruf regelmäßig von seinem Konto einen feststehenden Betrag zu bestimmten Terminen (z. B. jeweils zum 1. jeden Monats) auf das angegebene Konto des Zahlungsempfängers zu überweisen.

4. Lastschriftverfahren[1]

Im Gegensatz zum Dauerauftrag geht hier die Initiative nicht vom Zahler, sondern vom *Zahlungsempfänger* aus. Der Zahlungsempfänger füllt die Lastschriftbelege aus und reicht diese seiner Hausbank[2] ein.

Diese schreibt die Beträge in einer Summe gut und zieht sie bei der Bank des Zahlers ein. Das Lastschriftverfahren wird angewandt, wenn Beträge abgebucht werden sollen, die im Zeitablauf in *wechselnder* Höhe und/oder zu verschiedenen Zeitpunkten anfallen.

Beispiele:

Gas-, Wasser-, Fernsprechentgelte, Feuerversicherungsumlagen.

Nach den **Sonderbedingungen für den Lastschriftverkehr** unterscheiden die Banken zwischen 4 unterschiedlichen Verfahren (Arten) von Lastschriften.[3]

Einzugs-ermächtigungs-verfahren	Mit diesem Verfahren kann der Kunde (Zahler) über die Bank an den Zahlungsempfänger Zahlungen in Euro bewirken. Für die Ausführung müssen der Zahlungsempfänger und dessen Zahlungsdienstleister (Bank) das Einzugsermächtigungslastschriftverfahren nutzen und der Kunde muss dem Zahlungsempfänger vor dem Zahlungsvorgang eine Einzugsermächtigung erteilen, mit der er den Zahlungsempfänger ermächtigt, Zahlungen von seinem Konto mittels Lastschrift einzuziehen. Diese Einzugsermächtigung mit der Bezeichnung des Zahlungsempfängers, Bezeichnung des Kunden und

1 Ausführliche Informationen zum Lastschriftverkehr finden Sie in den zur Umsetzung der Rechtsprechung des Bundesgerichtshofs und zur Verwirklichung eines einheitlichen Euro-Zahlungsverkehrsraums (SEPA) mit Rechtswirkung zum 9. Juli 2012 geänderten **Sonderbedingungen für den Lastschriftverkehr** und in den **Preis- und Leistungsverzeichnissen** der Banken.

2 Die Bank, bei der man z. B. ein Konto oder mehrere Konten unterhält, bezeichnet man als Hausbank. Die Bank ist verpflichtet sicherzustellen, dass der Lastschriftbetrag (grundsätzlich) spätestens innerhalb von maximal einem Bankgeschäftstag beim Zahlungsdienstleister (der Bank) des Zahlungsempfängers eingeht.

3 Ab Februar 2014 werden die im Inland verwendeten nationalen Überweisungs- und Lastschriftverfahren mit der Bankleitzahl und Kontonummer durch ein einheitliches europäisches Zahlungsverfahren mit der Verwendung einer internationalen Bankkontonummer **IBAN** und internationalen Bankleitzahl **BIC** abgelöst. Voraussichtlich bis zum Februar 2016 können die **Verbraucher** ihre Zahlungen noch mit der bisher verwendeten Kontonummer und Bankleitzahl vornehmen. Firmenkunden **(Unternehmer)** müssen das SEPA-Zahlungsverfahren bereits ab Februar 2014 anwenden. Die IBAN besteht aus maximal 34, in Deutschland aus 22 alphanumerischen Zeichen (siehe Abb. des Überweisungsauftrags auf S. 272). Die weltweit alle Banken identifizierende acht oder elf Stellen lange BIC ist der – analog der deutschen Bankleitzahl – international standardisierte Bank-Code, der neben der IBAN als zweites Identifikationsmerkmal für die Bank des Kunden zur Ausführung der Zahlungen benötigt wird. Bereits heute können die Kunden (Zahler) das SEPA-Lastschriftverfahren nutzen.

18 Hartmann-Härter-Seifert - ISBN 978-3-8120-0412-1

	der Kundenkennungen (Kontonummer, Bankleitzahl des Kunden und Zahlungsempfängers) ist zugleich die Weisung (Vorautorisierung) des Kunden gegenüber der Bank, die vom Zahlungsempfänger auf das Konto des Kunden gezogenen Lastschriften einzulösen. Durch eine möglichst schriftliche Erklärung gegenüber dem Zahlungsempfänger oder seiner Bank kann der Kunde seine Einzugsermächtigung binnen einer Frist von acht Wochen ab dem Zeitpunkt der Belastungsbuchung auf seinem Konto ohne Angabe von Gründen widerrufen und die Erstattung des belasteten Lastschriftbetrags verlangen (siehe auch § 675x BGB). Vorhandene Zahlungsansprüche des Zahlungsempfängers gegenüber dem Kunden werden hierdurch nicht berührt. Bei einer Nichtausführung oder Rückgängigmachung der Belastungsbuchung oder Ablehnung der Einlösung der Lastschrift wird der Kunde von seiner Bank grundsätzlich unverzüglich unterrichtet.
Abbuchungsauftragsverfahren	Beim **Abbuchungsverfahren** hat der Zahler seiner *Bank* mitgeteilt, dass Lastschriften eines bestimmten Zahlungsempfängers ohne vorherige Rückfrage *abgebucht* werden können. Gleichzeitig unterrichtet der Zahler den betreffenden Zahlungsempfänger über die erteilte Abbuchungsermächtigung. Beim Abbuchungsverfahren ist ein Widerspruch ausgeschlossen. Dieses Verfahren hat in der Praxis nur eine relativ geringe Bedeutung.
SEPA-Basis-Lastschriftverfahren und SEPA-Firmen-Lastschriftverfahren	Wenn der Kunde (Zahler) dem Zahlungsempfänger ein SEPA-Lastschriftmandat erteilt hat, kann der Kunde bereits seit November 2009 das SEPA-Lastschriftverfahren nutzen. Auch bei diesem Zahlungsverfahren kann der Kunde ohne Angabe seiner Widerspruchsgründe binnen einer Frist von acht Wochen ab dem Zeitpunkt der Belastungsbuchung die Erstattung des seinem Konto belasteten Lastschriftbetrags verlangen (Näheres siehe § 675x BGB). Während das SEPA-Basis-Lastschriftverfahren von den Privatkunden (Verbrauchern) genutzt werden kann, kann das SEPA-Firmen-Lastschriftverfahren nur von Kunden genutzt werden, wenn diese nicht als Verbraucher, sondern als Unternehmer Zahlungen veranlassen. Nachdem der Kunde (Zahler) mit dem Zahlungsempfänger das SEPA-Lastschriftverfahren durch ein erteiltes (schriftliches, unterschriebenes) SEPA-Lastschriftmandat vereinbart hat, erhält der Kunde (Zahler) zur Nutzung dieses Lastschriftverfahrens vor dem ersten Lastschrifteinzug die in Deutschland 18 Stellen lange (von der Deutschen Bundesbank vergebene) Gläubiger-(Zahlungsempfänger-)Identifikationsnummer (CI) und die (intern von der Bank vergebene) Mandatsreferenznummer (z.B. eine Vertragsnummer). Durch diese beiden zusätzlichen Nummern können die Lastschriften den Vertragsparteien (Zahler und Zahlungsempfänger) im Euro-Zahlungsverkehrsraum noch besser zugeordnet werden. Die SEPA-Lastschriften haben – wie heute bereits üblich – ein dem Zahler vom Zahlungsempfänger vorgegebenes bestimmtes Fälligkeitsdatum der Zahlung (Pre-Notification, Vorabankündigung).

In der folgenden Tabelle werden wesentliche Merkmale des Einzugsermächtigungsverfahrens und SEPA-Lastschriftverfahrens vergleichend gegenübergestellt.

Einzugsermächtigungsverfahren	SEPA-Lastschriftverfahren
■ Lastschriftmandat (Einzugsermächtigung)	■ Lastschriftmandat (SEPA-Lastschriftmandat/-Einzugsermächtigung)
■ Ermächtigung des Zahlungsempfängers (z. B. Gläubigers) und der Bank/Zahlstelle, Zahlungen vom Konto des Kunden (Zahlers) durch Lastschriften einzuziehen[1]	■ Ermächtigung des Zahlungsempfängers (z. B. Gläubigers) und der Bank/Zahlstelle, Zahlungen vom Konto des Kunden (Zahlers) durch Lastschriften einzuziehen[1]
■ nationale Nutzung (nur in Deutschland)	■ internationale Nutzung in (derzeit) 32 Staaten des Europäischen Wirtschaftsraums (EWR)
■ Angabe der („nationalen") Kontonummern und Bankleitzahlen	■ Angabe der internationalen Bankkontonummer (IBAN) und der internationalen Bankleitzahl (BIC)
■ Fälligkeit der Zahlung bei Sicht (Lastschriftvorlage)	■ Vorgabe (Vorabankündigung/Pre-Notification) eines vom Zahlungsempfänger dem Kunden mitgeteilten bestimmten Fälligkeitsdatums (bereits heute bei allen Lastschriften üblich)
■ Widerspruchsfrist von acht Wochen nach Belastungsdatum und Erstattungsanspruch des Zahlers (Kunden) beim Widerspruch	■ Widerspruchsfrist von acht Wochen nach Belastungsdatum und Erstattungsanspruch des Zahlers (Kunden) beim Widerspruch
■ keine Identifikationsnummer (CI) des Zahlungsempfängers (z. B. Gläubigers), keine Mandatsreferenznummer	■ Identifikationsnummer (CI) des Zahlungsempfängers (z. B. Gläubigers) und Angabe der Mandatsreferenznummer

6.4.4.2 Moderne bargeldlose Zahlungsformen

1. Kreditkarte

Ein weiteres **bargeldloses Zahlungsmittel** ist die **Kreditkarte.** Mit ihr lassen sich z. B. Hotelrechnungen bezahlen, Reisen buchen und Autos mieten. Manche Kreditkarten werden auf Wunsch auch mit Telefonchip geliefert. Außerdem kann man sich im In- und Ausland an den Bankschaltern Bargeld besorgen. Bei der Verwendung einer Kreditkarte mit Foto kann auf die Vorlage eines Ausweises verzichtet werden. Mit der **p**ersönlichen **I**dentifikations**n**ummer (PIN) besteht bei den meisten Kreditkartensystemen die Möglichkeit, weltweit am Geldautomaten-Service teilzunehmen. Für Bargeldauszahlungen an Geldautomaten, die mit dem jeweiligen Zeichen des Kreditkartensystems gekennzeichnet sind (z. B. Diners Club, American Express, VISA, MasterCard),[2] fällt für den Karteninhaber eine Gebühr in Höhe eines bestimmten Prozentsatzes des Auszahlungsbetrags an (i. d. R. 2 %), zuzüglich einer Gebühr für die Devisenumrechnung bei Auslandsverfügungen. Die Bar-

1 Bis zur Änderung der Sonderbedingungen für den Lastschriftverkehr gilt für das Einzugsermächtigungsverfahren das Prinzip der **nachträglichen Genehmigung** der Lastschriftbelastungsbuchung (kein rechtswirksamer Widerspruch des Zahlers/Kunden). Ab 9. Juli 2012 ist die Einzugsermächtigung an den Zahlungsempfänger (Vertragspartner) zugleich die Autorisierung (Weisung) an die Bank, die auf das Konto des Zahlers (Kunden) gezogenen Lastschriften einzuziehen (Prinzip der Vorabgenehmigung).

2 Von den in Deutschland Anfang 2012 ausgegebenen rund 32 Millionen Kreditkarten enthalten etwa 30 Millionen das Zeichen MasterCard oder VISA.

geldabhebung ist auf einen bestimmten Höchstbetrag (im Inland z.B. 2000,00 €) je 7 Tage begrenzt.

Weitere Vorteile der Kreditkarte sind:

- Begrenzte Haftung des Kreditkarteninhabers bei Verlust oder Diebstahl der Karte (z.B. 50,00 €);
- Mietwagenservice (der Mieter muss z.B. keine Kaution leisten);
- zusätzliche Unfallversicherung bei Reisen, die mit der Kreditkarte bezahlt wurden;
- weltweite Hilfe in Notfällen.

Wer eine Kreditkarte erwerben will, schließt sich einem bestimmten Kreditkartensystem an. Von der gewählten Kreditkartengesellschaft erhält der Kunde gegen Zahlung einer jährlichen Gebühr eine Kreditkarte (Ausweiskarte), mit der er bei allen Unternehmen und Institutionen, die Vertragspartner der betreffenden Kreditkartengesellschaft sind, Rechnungen bargeldlos bis zu einem bestimmten Verfügungsrahmen begleichen kann. Die Kreditkarte besitzt eine Nummer, die der Vertragsunternehmer (der Zahlungsempfänger) zusammen mit der vom Karteninhaber unterschriebenen Rechnung zur Bezahlung an die betreffende Gesellschaft einreicht. Die Gesellschaft überweist den Rechnungsbetrag an den Zahlungsempfänger unter Abzug eines Disagios (Abschlags) in Höhe von i.d.R. 2–4% und belastet den Karteninhaber im Normalfall monatlich. Gleichzeitig erhält der Karteninhaber eine Zusammenstellung über die in dem Abrechnungszeitraum angefallenen Beträge zugestellt. Für Einkünfte mit Kreditkarten gilt also der Grundsatz „Zahle später".

Der Inhaber einer Kreditkarte muss dafür sorgen, dass keinem Dritten die persönliche Geheimzahl (PIN) bekannt wird. Die PIN darf insbesondere nicht auf der Kreditkarte vermerkt oder in anderer Weise zusammen mit der Kreditkarte aufbewahrt werden. Bei einem Verlust der Kreditkarte oder bei einer missbräuchlichen Verfügung mit einer Kreditkarte, muss der Karteninhaber dies unverzüglich seiner Bank (möglichst der kontoführenden Stelle) oder dem Sperrannahmedienst (24-Stunden-Service) oder einer Repräsentanz des Kreditkarten-Verbundes mitteilen, damit die Kreditkarte gesperrt werden kann. Eine missbräuchliche Nutzung der Kreditkarte hat der Karteninhaber außerdem unverzüglich bei der Polizei anzuzeigen. Nach dem Eingang der Verlustanzeige haftet der Karteninhaber nicht für Schäden, die nach diesem Zeitpunkt durch eine missbräuchliche Verfügung mit seiner abhandengekommenen Kreditkarte entstanden sind. Die Haftung für die vor dem Eingang der Verlustanzeige durch den Kontoinhaber schuldhaft verursachten Schäden ist auf einen (auch vom Ausmaß des Verschuldens[1] des Karteninhabers abhängigen) bankindividuell festgelegten Höchstbetrag beschränkt.

Die Kreditkarten bleiben im Eigentum der kartenausgebenden Bank bzw. der Gesellschaft für Zahlungssysteme mbH (GZS) und sind nicht übertragbar. Sie sind nur für den auf der Kreditkarte angegebenen Zeitraum gültig.

2. Debitkarte (Bankkarte)

In Deutschland sind die von den Banken ausgegebenen Debitkarten (Bankkarten, BankCards, girocards) am meisten verbreitet. Debitkarten sind ebenso wie die Kreditkarten mit einer Geheimzahl (**P**ersonal **I**dentification **N**umber = **PIN**) ausgestattet. Sie können zur Zahlung an elektronischen Kassen genutzt werden. Jeder Karte ist ein Girokonto zugeordnet, das bei einer Zahlung sofort belastet wird. Für Debitkarten gilt somit der Grundsatz *„Zahle gleich"*.[2]

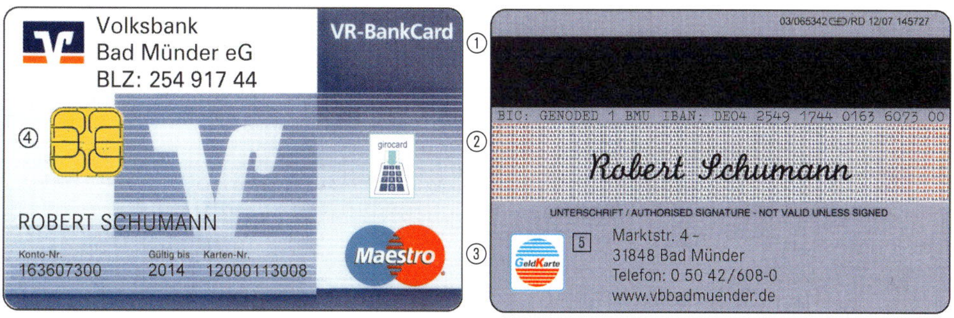

① Individuelle Bezeichnung der Bankkarte.

② girocard-Logo.

③ Zeichen des Maestro-Zahlungssystems, das auch die außereuropäische Nutzung einer Bankkarte (BankCard) zulässt.

④ Microchip mit Geldkartenfunktion (siehe Seite 281 ff.).

⑤ Symbol für die Geldkartenfunktion einer Karte (siehe Seite 278).

1 Ein Verschulden des Karteninhabers liegt vor, wenn der durch die missbräuchliche Nutzung der Kreditkarte entstandene Schaden vom Karteninhaber vorsätzlich oder durch fahrlässiges Handeln (Verhalten) verursacht wird. Grob fahrlässig handelt der Karteninhaber z. B., wenn er seine Kreditkarte im Auto aufbewahrt (siehe auch § 276 BGB).

2 Die zunehmende Zahl von missbräuchlichen Verfügungen, insbesondere im Ausland und an Geldautomaten, veranlasst die Banken bei neuen Verträgen – vor allem für mehr Sicherheit an Geldautomaten und Zahlungsterminals – den Verfügungsrahmen bei der Nutzung der Debitkarte zu reduzieren (z. B. nur noch 1 000,00 € je Tag und Konto in Deutschland, den EU-Staaten und in der Schweiz und nur noch 200,00 € je Tag und Konto in den übrigen Ländern).

Erläuterung weiterer wichtiger optischer Zeichen

electronic cash	Mit der Karte und der PIN sind elektronische Zahlungen (Electronic-Cash-Zahlungen) möglich.
Maestro	Die Karte kann **in Deutschland und im Ausland an Geldautomaten** und zum bargeldlosen Zahlen an Händlerterminals verwendet werden (ec-/Maestro-Service).
GeldKarte	Die Karte fungiert auch als **Geldkarte** (elektronische Geldbörse), mit der (derzeit) Beträge bis zu 200,00 € bezahlt werden können.
Cirrus	Akzeptanzsymbol für die Benutzung des weltweiten Geldautomatennetzes. An den so gekennzeichneten Geldautomaten kann dann im Ausland mittels BankKarte und PIN Bargeld in der jeweiligen Landeswährung beschafft werden.
girocard	Auf neu ausgegebenen Bankkarten befindet sich ab sofort das **neue Logo „girocard"**. Es ersetzt nach und nach sowohl das bisherige EC-Zeichen als auch das Electronic-Cash-Symbol. Damit vereint das neue Logo die beiden Zahlungssysteme (Bargeldbeschaffung am Geldautomaten bzw. Kartenzahlung mit persönlicher Geheimzahl) unter einem Dach.
girogo	Akzeptanzsymbol für das bargeldlose Bezahlen durch Verrechnung mit dem im Chip gespeicherten Guthaben von bis zu 200,00 €. Wie bei der „elektronischen Geldbörse" erfolgt das Bezahlen ohne PIN-Eingabe und ohne Unterschrift, jedoch **kontaktlos**. Der Käufer bezahlt, indem er die BankKarte vor das entsprechende Lesegerät des Verkäufers hält. Der mit einer Funkantenne ausgerüstete Chip sendet dann das entsprechende Signal an das Kassenterminal. Allerdings können nur Einkäufe bis zu 20,00 € kontaktlos bezahlt werden (Pilotprojekt).
EUFISERV[1]	Europäischer Verbund der Geldautomaten. Wo dieses Logo steht, können deutsche Debitkarteninhaber im Ausland an Geldautomaten Bargeld abheben.
EAPS[2]	Zusammenschluss mehrer Zahlungsverfahren (zu dem auch EUFISERV und girocard gehören). Kunden können in vielen europäischen Ländern an noch mehr Akzeptanzstellen mit Debitkarten und PIN an elektronischen Kassen der Handels- und Dienstleistungsunternehmen zahlen oder an Geldautomaten Bargeld abheben.

Der Magnetstreifen ( ) wird bei neu ausgegebenen Bankkarten durch den fälschungssicheren SECCOS-Chip (Secure Ship Card Operation System) ersetzt.

Zahlung mit Debitkarten

Die Zahlung mit Debitkarten kann auf zwei Wegen erfolgen, und zwar im Wege des *Electronic-Cash-Verfahrens* oder im *ELV-Verfahren.*

(a) Electronic Cash/Point-of-Sale-(POS-)Zahlungen

Electronic Cash (EC-Cash)[3] ist eine bargeldlose Zahlungsart, bei der die Zahlung an einer automatisierten Ladenkasse mittels Kreditkarte (ohne PIN) oder einer BankCard mit der persönlichen Geheimzahl direkt am Verkaufsort (= **P**oint **of** **S**ale[4] = POS) vorgenommen wird.

1 EUFISERV = European Saving Banks Financial Services.

2 EAPS = European Alliance of Payment Schemes.

3 Cash (engl.) = Bargeld, Barzahlung, Kasse, Bezahlung.
Electronic Cash = elektronische Barzahlung.

4 **P**oint **of** **S**ale (POS) = „Punkt des Verkaufs" = Verkaufsort.

Karte und Geheimzahl des Zahlers werden in einen Kartenleser eingegeben, der mit dem Rechenzentrum des Netzbetreibers verbunden ist. Vom Rechenzentrum wird sofort bei der Bank bzw. bei der Gesellschaft, die die Karte ausgestellt hat, die Echtheit der Karte sowie der Kontostand überprüft und die Zahlung genehmigt oder abgelehnt. Bei einer Positivmeldung wird dem Kunden der quittierte Kassenbeleg ausgehändigt. Der Verkäufer erhält von seiner Bank die Gutschrift (abzüglich Gebühren).[1] Der Käufer erhält die Lastschrift von seiner Bank.

In Geschäften mit diesem Zeichen an der Tür kann man mit einer BankCard und Geheimnummer bargeldlos zahlen.

Als Netzbetreiber können neben dem Kreditgewerbe auch andere Organisationen auftreten (z. B. EDV-Hersteller, Service-Unternehmen). Nur zuverlässige (sichere) Unternehmen werden vom Zentralen Kreditausschuss (ZKA) zugelassen.[2]

Beim POS-System **verpflichten** sich die kartenausgebenden Banken zur **Zahlung,** wenn der Umsatz dem Inkassoinstitut innerhalb von 8 Tagen eingereicht wird.

Um die Electronic-Cash-Terminals zur bargeldlosen Zahlung nutzen zu können, müssen die Karteninhaber (Kunden) mit den angeschlossenen Banken die „Sonderbedingungen für den BankCard-Service" vereinbaren und die angeschlossenen Handels- und Dienstleistungsunternehmen die „Bedingungen der deutschen Kreditwirtschaft für die Teilnahme am Electronic-Cash-System" anerkennen.

Parallel zur Einführung von Electronic Cash in Deutschland hat sich das deutsche Bankgewerbe an dem internationalen POS-System unter der Steuerung von Europay International (= seit 1992 bestehender Zusammenschluss von Eurocheque International und Eurocard International) beteiligt. Damit wurde ein auf die bereits vorhandenen nationalen POS-Systeme aufbauendes internationales POS-System entwickelt, das die nationalen POS-Systeme für die internationale Nutzung mit einheitlichen Regelungen und mit dem **Akzeptanzzeichen Maestro** zusammenfasst.

Seit September 1994 können die von den Banken ausgegebenen Kundenkarten (z. B. die S-Card der Sparkassen, die VR-BANKCARD der Volks- und Raiffeisenbanken) an den entsprechend gekennzeichneten **Maestro**-Terminals europaweit eingesetzt werden.[3]

Die Abwicklung des internationalen POS-Systems basiert bei Verwendung einer BankCard – ebenso wie das nationale Electronic Cash – auf der persönlichen Geheimzahl des Karteninhabers sowie einer Anfrage an das Autorisierungssystem der kartenausgebenden Bank.

Bei Fälschungen der zum Electronic-Cash-System zugelassenen Karten bezahlt grundsätzlich die im Datensatz der Lastschrift genannte Bank die Forderung des Handels- bzw. Dienstleistungsunternehmens.[4]

1 In der Regel beträgt die Gebühr 0,3 % vom Umsatz (für die Zahlungsgarantie) zuzüglich 0,08 € je Zahlungsvorgang (Kundenzahlung) für die Sperrabfrage.

2 Die Netzbetreiber sind vor allem für die Aufstellung der Electronic-Cash-Terminals, deren Anschluss an den Betreiberrechner sowie für deren technische Betreuung verantwortlich.

3 **Maestro** lässt auch eine außereuropäische Nutzung der Karte zu.

4 Unter bestimmten Bedingungen werden die (z. B. durch den Einsatz gefälschter Karten) entstandenen Schäden auch zwischen den Vertragspartnern aufgeteilt.

Nach den Haftungs- und Erstattungsregeln der Banken haften die Kunden nach der Verlustanzeige („Sperranzeige") grundsätzlich nicht mehr für die danach durch eine missbräuchliche Nutzung ihrer Bankkarte entstandenen Schäden. Die Banken verzichten somit bei vor der „Sperranzeige" entstandene Schäden auf die gesetzlich vorgesehene Schadensbeteiligung der Kunden bis höchstens 150,00 € je Schadensfall (Näheres siehe § 675v I BGB). Bei grober Fahrlässigkeit des Kunden (die PIN ist z.B. auf der verlorenen oder gestohlenen Bankkarte vermerkt) haften die Kunden grundsätzlich bis zu dem für die Bankkarte geltenden Verfügungsrahmen (siehe auch die in den §§ 675u ff. BGB geregelte Haftung bei der Erbringung und Nutzung von Zahlungsdiensten).

(b) ELV (Elektronisches Lastschriftverfahren)

Vor allem Einzelhandelsunternehmen verwenden das „**E**lektronische-**L**astschrift-**V**erfahren". Dieses Verfahren verzichtet vollständig auf eine Prüfung der Sperrdatei der Banken. Bei größeren Handels-Ketten wird oftmals eine hausinterne Sperrdatei von Karten geführt, bei denen bereits Zahlungsprobleme auftraten. Beim ELV wird aus den Bankdaten des Magnetstreifens die Bankleitzahl und die Kontonummer ausgelesen und eine gewöhnliche Lastschrift mit Einzugsermächtigung (die der Kunde mit seiner Unterschrift erteilt) erzeugt. Hierbei spart der Verkäufer zwar Kosten, bleibt aber auf dem Zahlungsausfall-Risiko sitzen, da unbemerkt z.B. auch gestohlene Karten eingesetzt werden können.

Die deutschen Verbraucher zahlen immer öfter bargeldlos. Im Einzelhandel wurden im Jahr 2010 nur noch 58 Prozent der Umsätze bar getätigt. Im Gegenzug nehmen Kartenzahlungen zu. Dabei setzen viele Kunden auf die sogenannte ec-Lastschrift, also das Bezahlen per ec-Karte und Unterschrift, oder auf Karte und PIN. Nach Angaben des Handelsverbands Deutschland entfielen über zwölf Prozent (Unterschrift) bzw. knapp 20 Prozent (PIN) des Einzelhandelsumsatzes auf diese beiden Zahlungsarten. Insgesamt finden sich in Deutschlands Geldbörsen über 98 Millionen dieser Karten. 44 Prozent wurden von Sparkassen ausgegeben; jeweils gut ein Viertel entfielen auf private und genossenschaftliche Banken.

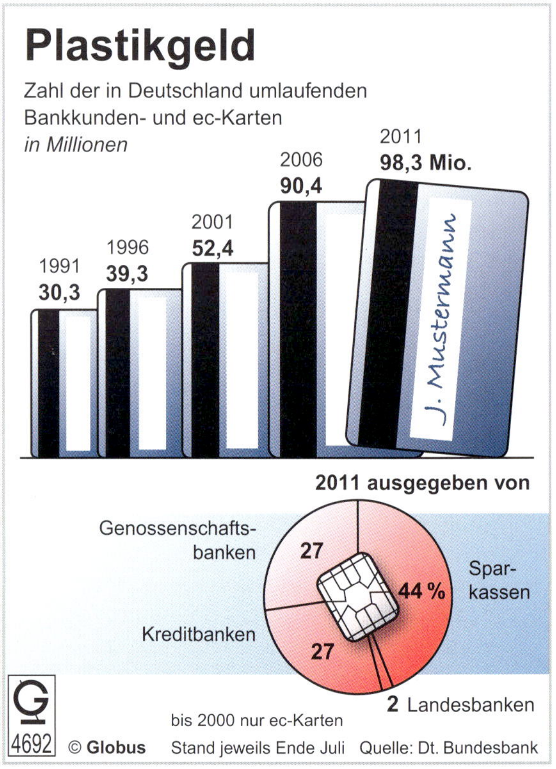

3. Wertkarte (Geldkarte)

Vertragliche Grundlagen der Chipkarte mit Geldkarten-Funktion

Die Aktivierung der bei den Unternehmen stehenden Geldkarten-Terminals erfolgt durch die von der Hausbank ausgegebene **Händlerkarte**. Für die angeschlossenen Unternehmen ist besonders wichtig, dass diese nach den Händlerbedingungen mit dem Abschluss eines ordnungsgemäßen Bezahlvorgangs mittels der Geldkarte eine **Zahlungsgarantie** gegen die kartenausgebende Bank in Höhe des an den zugelassenen Geldkarten-Terminals getätigten Umsatzes erhalten. Für diese Bankgarantie und den Betrieb des Geldkarten-Systems wird den Unternehmen aufgrund der Händlerbedingungen derzeit ein Entgelt in Höhe von 0,3 % vom Umsatz berechnet.

- **Gültigkeitsdauer.** Die Gültigkeit der Geldkarten-Funktion richtet sich nach der Gültigkeit der BankCard. Nach Ablauf der Gültigkeit kann der Karteninhaber die noch in der Geldkarte gespeicherten Beträge bei seiner kartenausgebenden Bank (z.B. auf sein Konto) entladen.
- **Haftung bei Verlust oder Funktionsuntüchtigkeit der Geldkarte.** Bei einer Funktionsuntüchtigkeit der Geldkarte – die nicht bewusst vom Karteninhaber verursacht wurde – wird der nicht verbrauchte Betrag von der kartenausgebenden Bank erstattet. Bei Verlust der Geldkarte hat der Karteninhaber hingegen keinen Anspruch auf die Erstattung des noch in der Geldkarte gespeicherten Geldbetrags. Jeder, der im Besitz der Geldkarte bzw. BankCard ist, kann nämlich den in der Geldkarte gespeicherten Betrag ohne Einsatz der PIN verbrauchen. Die aus der Vorbezahlung entstehenden Risiken beim Verlust einer Geldkarte entsprechen den Risiken bei Bargeldverlusten.
- **Sicherung des Geldkarten-Systems.** Für die Sicherung (z.B. keine Mehrfacheinreichungen von Umsätzen) ist regelmäßig eine sogenannte **Börsenevidenzzentrale**[1] zuständig. Werden z.B. gefälschte Karten verwendet, dann bezahlt die im Datensatz der Lastschrift als kartenausgebende Bank genannte Bank die Forderung des Handels- oder Dienstleistungsunternehmens.
- **Zahlungsgarantie.** Mit dem Abschluss eines ordnungsgemäßen Zahlungsvorgangs mittels Geldkarte an einem zugelassenen Geldkarten-Terminal erhält das Handels- oder Dienstleistungsunternehmen (der **Kartenakzeptant**) eine **Zahlungsgarantie** der **kartenausgebenden Bank** in Höhe des getätigten Umsatzes.
- **Haftung für missbräuchliche Aufladevorgänge.** Wenn der Kunde den Verlust der Geldkarte rechtzeitig angezeigt hat, dann trägt die Bank die danach durch die missbräuchlichen Aufladevorgänge entstandenen Schäden. Die Haftung des Karteninhabers für Schäden, die vor der Verlustanzeige entstanden sind, richtet sich danach, ob der Karteninhaber durch eine Verletzung seiner Sorgfaltspflicht schuldhaft zum Verlust der Karte beigetragen hat. Abhängig vom Umfang des Verschuldens des Karteninhabers übernimmt der Haftungsfond der Banken den Schaden. Wird die Geldkarte aus dem Auto gestohlen, übernimmt die Bank keine Haftung.

1 Bei der Börsenevidenzzentrale wird z.B. auch die Verrechnung (das Clearing) für die Einreicher (der Kassenabschluss) vorgenommen. Ferner führt die Börsenverrechnungszentrale das Börsenverrechnungskonto des Zahlers.

Die Geldkarte ist ein Ersatz des Bargelds. Sie erleichtert die Käufe im Kleingeldbereich.[1] Bezahlen kann man z.B. eine Busfahrt, die Tageszeitung, den Einkauf im Lebensmittelgeschäft, den Parkschein, das Schleckeis am Kiosk oder das Mittagessen im Gasthaus. Künftig soll auch das Telefonieren mit einem öffentlichen Fernsprecher mithilfe der Geldkarte möglich sein.

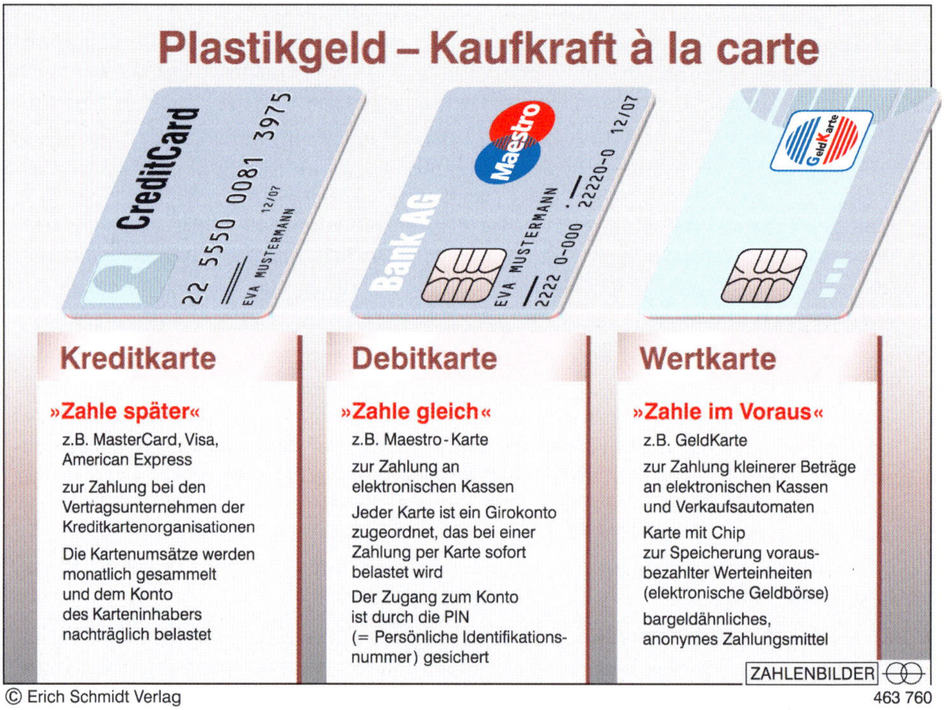

© Erich Schmidt Verlag 463 760

Das Geldkarten-System ist kein Ersatz für Electronic Cash. Während das Electronic-Cash-System vor allem dort von Nutzen ist, wo mittlere bis höhere Kaufbeträge zu bezahlen sind, eignet es sich für die Bezahlung kleinerer Beträge weniger gut. Der Grund: Die Investitions- und die laufenden Kommunikationskosten sind beim Electronic-Cash-System erheblich höher als beim Geldkarten-System. Außerdem wird beim Geldkarten-System bei der Zahlung auf eine PIN-Prüfung verzichtet.

Wesentliche Merkmale und Zweck des Geldkarten-Systems

Zum Aufbau eines institutsübergreifenden Systems zur bargeldlosen Bezahlung mittels einer elektronischen Geldbörse sind z.B. die **BankCards** mit einer **Geldkarten-Funktion** ausgestattet.

1 Die Geldkarte ist deswegen vor allem im Einzelhandel, nicht aber im Großhandel von Bedeutung.

Aufladen der Geldkarte	Wenn eine Geldkarte für ein Konto ausgegeben wird, oder wenn diese ganz oder teilweise entladen ist, kann der Karteninhaber in den Speicherbereich (Mikrochip)[1] der Geldkarte an den mit dem Geldkarten-Logo gekennzeichneten Ladeterminals[2] seiner Hausbank oder einer anderen Bank innerhalb des ihm von seiner Bank eingeräumten Verfügungsrahmens einen bestimmten Geldbetrag (derzeit bis zu 200,00 €) zulasten des auf der BankCard (zugleich die Geldkarte) angegebenen Kontos bargeldlos laden.[3] Beim Aufladevorgang muss der Karteninhaber seine persönliche Geheimzahl (PIN) in das Lade-Terminal eingeben. Für den Ladevorgang (die **Vorausbezahlung** der **Börsenfunktion)**[4] ist eine Überprüfung der Verfügungsmöglichkeiten des Kontoinhabers am Konto bzw. anhand vorgegebener Limite einschließlich die PIN-Prüfung erforderlich. Auf der Grundlage einer Online-Autorisierung wird dann die Geldkarte mit elektronischem Geld aufgeladen. Wenn der Karteninhaber seine BankCard verwendet, um seine Geldkarte (oder die Geldkarte einer anderen Person) aufzuladen, dann wird der Ladebetrag sofort nach dem Aufladen der Geldkarte dem Konto, das auf der BankCard angegeben ist, belastet.
Unterrichtung und Einzug der aufgeladenen Geldbeträge	Wenn die Geldkarte zulasten des auf der Karte angegebenen Kontos oder gegen Bargeld aufgeladen ist, dann ist die ladeterminalbetreibende Bank verpflichtet, die die Geldkarte ausgebende Bank über den Aufladevorgang zu unterrichten. Die in die Geldkarten aufgeladenen Geldbeträge werden von den Banken durch **Lastschriften** im **Einzugsermächtigungsverfahren**[5] eingezogen und gleichzeitig die Girokonten der Karteninhaber mit den aufgeladenen Geldbeträgen belastet. Eine Rückgabe dieser Lastschriften (z.B. wegen fehlender Deckung oder Widerspruch des Kontoinhabers) ist jedoch nicht möglich.
Bargeldlose Zahlung mit der Geldkarte	Die bargeldlose Zahlung aus der offenen (vorbezahlten) Geldkarte erfolgt ohne PIN-Prüfung (PIN-Eingabe) einfach und schnell offline an den bei den Handels- und Dienstleistungsunternehmen stehenden Kassen (Geldkarten-Terminals), in die der Zahler seine Geldkarte steckt. Ein Display zeigt den Zahlungsbetrag an. Der Geldbetrag wird am Verkaufsort von der elektronischen „Geldbörse" abgebucht, in das Terminal des Zahlungsempfängers übertragen und dort gespeichert. Um die Tageseinnahmen seinem Konto gutschreiben zu lassen, sendet der Zahlungsempfänger die im Terminal gespeicherten Transaktionen an seine Bank bzw. an ein von ihr beauftragtes Rechenzentrum. Nach Prüfung erhält der Zahlungsempfänger eine Gutschrift auf seinem Konto über die Summe der von ihm eingereichten Datensätze. Gleichzeitig werden die Datensätze in das Verrechnungssystem der deutschen Kreditwirtschaft eingereicht.

1 Der Chip auf der Geldkarte ist ein Mikroprozessor (mikroprozessor-gesteuerter Chip) mit einem Betriebssystem wie bei einem normalen PC. Dieser Chip wird von außen durch die Terminals gesteuert, hat somit keine eigene Stromversorgung. Die mit einem Chip ausgestatteten Karten werden auch als **SmartCards** bezeichnet.

2 Die zum Aufladen der Geldkarte genutzten Ladeterminals dürfen nur von den Banken aufgestellt und betrieben werden. Die Ladeterminals müssen den Geldkarteninhabern außerdem institutsübergreifend zur Verfügung stehen. Die Ladeterminals sind im bedienten Bereich oder im Selbstbedienungsbereich der Banken oder in einem von den Banken kontrollierten Bereich (z.B. in Einkaufszentren) aufgestellt. Geplant ist, die Geldkarten auch an **Bargeldeinzugsautomaten** aufladen zu können.

3 Eine Geldkarte kann jedoch auch gegen Bargeld aufgeladen werden, wenn der Karteninhaber z.B. überhaupt keine PIN hat, diese beim Ladevorgang vergessen hat oder wenn es sich um eine Geldkarte ohne Kontoverbindung (= **kontoungebundene Geldkarte** für reine Börsenfunktionen ohne PIN) handelt.

4 Die Börse ist der Speicher für das elektronische Geld, der bis zu bestimmten Höchstbeträgen geladen werden kann.

5 Damit die angeschlossenen Banken die Geldkartenumsätze, die Ladebeträge sowie die zu zahlenden Entgelte für die Nutzung des Geldkarten-Systems gegenseitig einziehen können, bestehen **gegenseitig Einzugsermächtigungen.**

	Der Zahler kann mithilfe eines Lesegeräts (als Schlüsselanhänger) stets kontrollieren, wie viel Geld noch im Speicher (in seiner „Geldbörse“) ist.
Entladung der Geldkarte	Aufgeladene Geldbeträge, die z.B. nach Ablauf der Gültigkeit einer BankCard (Geldkarte) noch in der Geldkarte gespeichert sind oder über die der Karteninhaber nicht mehr mittels Geldkarte verfügen möchte, können vom Karteninhaber bei der kartenausgebenden Bank entladen werden. Eine Entladung von Teilbeträgen ist jedoch nicht möglich.

4. Belegloser Datenträgeraustausch/Magnetband-Clearing/Disketten-Clearing[1]

Der Zahler kann seiner Bank Kassetten, Magnetbänder oder Disketten mit gespeicherten Daten von Aufträgen für Überweisungen, Lastschriften oder Zahlungsanweisungen zur Verrechnung übersenden. Der Auftraggeber erspart sich somit das Ausschreiben von Einzelbelegen.

Die Zahlungsdaten der Bänder bzw. Disketten werden in die EDV-Anlage der Bank eingelesen, umsortiert und auf neuen Bändern bzw. Disketten ausgegeben und weitergeleitet. Am Ende des Durchleitprozesses steht ein entsprechendes Band bzw. eine entsprechende Diskette für den Zahlungsempfänger oder das Ausdrucken von Belegen bzw. Vermerken im Kontoauszug zur Verfügung.

5. Onlinebanking (Homebanking)[2]

Homebanking kann über Online-Dienste wie z.B. Kabel Deutschland, T-Online der Deutschen Telekom AG, Vodafone und O_2 durchgeführt werden. Den Zugang zum Rechner der Bank bekommt der Kunde mithilfe spezieller Software und eines Personalcomputers mit Internetanschluss, sodass von der Wohnung aus rund um die Uhr Bankgeschäfte getätigt werden können, z.B.

- Überweisungsaufträge erteilen,
- Kontostände der eigenen Konten abfragen,
- Daueraufträge erteilen, ändern oder widerrufen,
- Bankformulare bestellen.

Um Zugriff auf das Online-Konto zu haben, müssen neben der eigenen Kontonummer auch die PIN (**P**ersönliche **I**dentifikations **N**ummer) eingegeben werden. Damit ist die Kontoabfrage möglich.

Bei weiteren Aktionen wie z.B. Überweisungen, Erteilung eines Dauerauftrags oder Scheckbestellungen werden aus Sicherheitsgründen besondere Vorkehrungen getroffen. In Deutschland sind u.a. das PIN-TAN-Verfahren, das HBCI (**H**ome **B**anking **C**omputer **I**nterface) und das BCS (**B**anking **C**ommunication **S**tandard) üblich.

1 Clearing (engl.) = wörtl. „Klarheit schaffen“. Clearing bedeutet so viel wie Verrechnung, Verrechnungsverfahren.

2 Home (engl.) = Heim, Wohnung. Banking (engl.) = Bankgeschäfte betreiben. Homebanking ist somit die Durchführung von Bankgeschäften von zu Hause aus.

Beim TAN-Verfahren (TAN = **T**rans**a**ktions**n**ummer) werden die Bankaufträge mithilfe einer TAN „unterschrieben“, die aus einer von der Bank zugewiesenen TAN-Liste entnommen wird. Die TAN kann aus Ziffern und/oder Buchstaben bestehen. Jede TAN kann nur ein Mal verwendet werden.

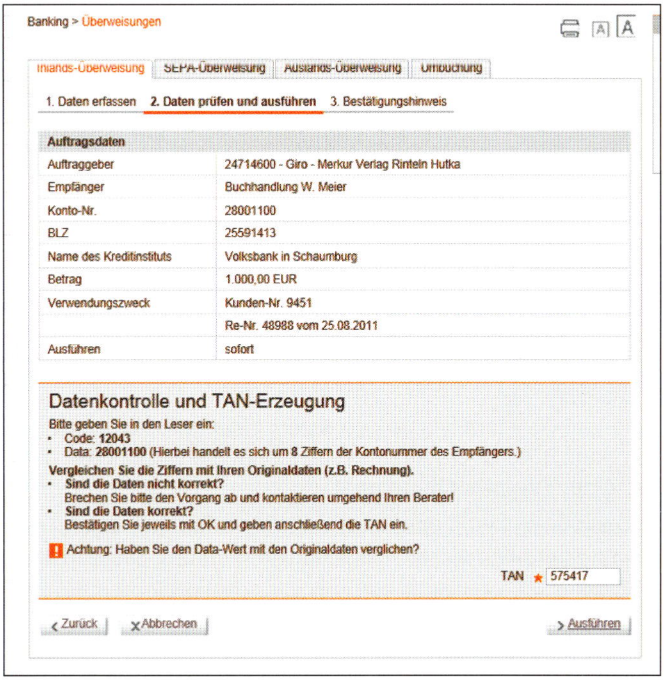

Die TAN-Verfahren weisen verschiedene Sicherheitsstufen auf. Vom „i-TAN“ (indizierte TAN) spricht man, wenn die Bank dem Bankkunden eine durchnummerierte TAN-Liste übergibt. Erteilt der Kunde einen Auftrag, wird er von der Bank aufgefordert, eine bestimmte Position aus der Liste zu verwenden.

Eine höhere Sicherheitsstufe bietet das **chipTAN-Verfahren.** Hier generiert[1] ein kleines Bankkarten-Lesegerät mit Zifferntastatur und Display[2] die TAN. Der Bankkunde gibt die Überweisungsdaten auf dem Rechner ein. Danach wird ihm ein Zifferncode[3] angezeigt. Diesen Code tippt er zusammen mit der Kontonummer des Zahlungsempfängers auf dem Lesegerät ein. Anschließend wird ihm auf dem Gerät die neue TAN angezeigt, die er zur Bestätigung seiner Überweisung auf seinem Computer eintippt.

Eine Erweiterung der chipTAN ist das **chipTANcomfort-Verfahren.** Hier werden die Überweisungsdaten nicht nochmals in das Gerät eingetippt, sondern mittels Optik-Sensoren[4] am Bildschirm eingelesen.

Als besonders sicher gilt auch die **mobileTAN** (auch smsTAN oder mTAN genannt). Hier benötigen die Nutzer ein Mobiltelefon. Nachdem der Bankkunde eine Überweisung im Online-Formular ausgefüllt und per Internet an seine Bank geschickt hat, erhält er von dieser per SMS[5] die Überweisungsdaten und eine TAN geschickt, die er zur Bestätigung an

1 Generieren (lat.) = herstellen, erzeugen, neu schaffen.

2 Display (engl.) = 1. werbewirksame Ausstellung von Waren; 2. (kleiner) Bildschirm, der Daten optisch (sichtbar) darstellen kann.

3 Code (lat.-franz.-engl.) = verabredetes Zeichensystem zwischen Absender und Empfänger, mit dessen Hilfe Informationen weitergegeben werden können.

4 Optik (griech.) = Lehre vom Licht; Sensor (lat.) = Messfühler, Berührungsgerät. Ein Optik-Sensor ist ein Gerät, das Zeichen und Bilder erfassen und verschlüsselt weiterleiten kann. Das chipTANcomfort-Verfahren arbeitet mit dem sogenannten Flickercode. Hier flackert der Monitor (Bildschrim) schnell wechselnd zwischen schwarz und weiß, erfasst die davor gehaltenen Informationen, die dann verschlüsselt an den Empfänger gesendet werden.

5 SMS = **S**hort **M**essage **S**ervice (engl.) = Kurznachrichtendienst.

seinem Computer eintippt und zur Bank schickt. Der Vorteil für den Kunden ist, dass er kein zusätzliches Gerät benötigt.

Beim **Signatur-Verfahren** entfallen Transaktionsnummern vollständig. Die Bankkunden benötigen ein USB-Gerät,[1] das an den Computer angeschlossen werden muss. Nach Eingabe der Überweisungsdaten zeigt das Display des Geräts die Empfängerkontonummer und den Überweisungsbetrag an. Diese Daten prüft der Kunde auf ihre Richtigkeit, bevor er durch Drücken des USB-Knopfs die Überweisung freigibt. Durch den Knopfdruck erzeugt das Gerät eine digitale Signatur, die die persönliche Unterschrift des Kunden ersetzt. Das Verfahren gilt als besonders sicher, weil der Datenaustausch zwischen dem USB-Gerät und der Bank vollkommen verschlüsselt erfolgt.

6. Internet-Zahlungen (E-Commerce)

Zunehmend werden Waren und Dienstleistungen über das Internet angeboten, gekauft und bezahlt. Man spricht vom E-Commerce.[2] Business-to-Business, kurz B2B, liegt vor, wenn der Geschäftsverkehr zwischen Unternehmen gemeint ist. Vom Business-to-Consumer, kurz B2C, ist die Rede, wenn es um die Geschäfte zwischen Unternehmen und Konsumenten (Verbrauchern) geht.

Um das Bezahlen im Internet komfortabler und sicherer zu machen, werden immer neuere Zahlungsarten enwickelt. Insgesamt wird darauf hingearbeitet, dass möglichst wenig sensible Daten (Kreditkartennummern, Kontoverbindungen) im Internet übertragen werden müssen.

Außerdem sollen die Zahlungen im Gegensatz zu den konventionellen Zahlungsmethoden möglichst sofort, also in Echtzeit, erfolgen. So kann eine schnelle Lieferung der bestellten Waren erfolgen.

Es kann unterschieden werden in:

- konventionelle Zahlungsmethoden,
- Zahlung per Mobiltelefon,
- Zahlung per E-Mail und
- sonstige Zahlungsarten.

1 USB = **U**niversal **S**erial **B**us (engl.) = wörtl. allgemeiner serienmäßiger Bus. Ein USB ist unter anderem auch dafür ausgelegt, z. B. an den Computer angeschlossene Geräte über das Anschlusskabel zu speisen.

2 E-Commerce (electronic commerce, engl.): elektronischer Handel.

Zahlungsarten im Internet (Beispiele)

Konventionelle Zahlungsmethoden

Vorauskasse	Nach Eingang des Überweisungsbetrags versendet der Anbieter die vom Kunden im Internet oder per E-Mail bestellte Ware bzw. erbringt die Dienstleistung. Für den Anbieter ist die Vorauszahlung die sicherste Zahlungsweise.
Nachnahme	Diese Zahlungsart hat durch den E-Commerce wieder an Bedeutung gewonnen. Die vom Anbieter als Nachnahme-Sendung z.B. mit der Post versandte Ware wird erst nach Barzahlung an die Zustellkraft ausgehändigt.
Lastschrift	Der Kunde übermittelt bei seiner Bestellung dem Anbieter elektronisch eine einmalige Einzugsermächtigung zum Einzug des Kaufpreises.
Kauf mit Kreditkarte	Hier gibt der Zahler dem Anbieter seinen Namen, seine Kreditkartennummer und das Verfalldatum der Kreditkarte an. Die Unterschrift des Zahlers ist nicht erforderlich. Für den Käufer besteht das Risiko, dass der Anbieter z.B. unberechtigte Zahlungen veranlasst. Außerdem können Kreditkartendaten von „Hackern" ausgespäht (entziffert) und anschließend missbräuchlich verwendet werden.
Karten mit Geldkartenfunktion	Für die Zahlung von Kleinstbeträgen (Micropayments) sind Karten mit einer Geldkartenfunktion (z.B. Bankkarten und andere SmartCards, die mit einem Geldbetrag aufgeladen werden können) besonders geeignet. Um diese Karten im Internet nutzen zu können, brauchen die Kunden einen Chipkartenleser. Mit der aufgeladenen Geldkarte kann dann mithilfe des Chipkartenlesers bezahlt werden. Der Zahlungsempfänger erfährt lediglich die Nummer der Geldkarte.

Zahlung per Mobiltelefon

In diesem Bereich bietet mpass als das mobile Bezahlsystem von Telekom, Vodafone und O_2 einen Bezahlservice an. Dieses System soll sehr sicher sein, weil es keine benutzerrelevanten Daten wie z.B. Kreditkartennummer weitergibt. Dazu erfolgt eine sofortige Bezahlung, was einen großen Vorteil zur Überweisung darstellt. Nachdem mpass als Zahlungsart ausgewählt wurde, gibt der Benutzer seine Handynummer sowie eine selbst ausgewählte PIN ein. Daraufhin sendet mpass eine SMS auf das Handy mit der Frage, ob die Bezahlung erfolgen soll. Wird die Frage mit einer SMS-Antwort bestätigt, erfolgt die sofortige Bezahlung. Der Kaufbetrag wird anschließend vom Girokonto abgebucht.

Zahlung per E-Mail

Zu dieser Sparte gehört PayPal als ein System, das sich vor allem im Internetauktionshaus, aber inzwischen auch in vielen anderen Online-Shops etabliert hat. Mit PayPal ist es möglich, Geldbeträge in Echtzeit an andere PayPal-Nutzer zu versenden. Dazu wird lediglich die E-Mail-Adresse des Zahlungsempfängers benötigt. Benutzerrelevante Daten müssen nicht ausgetauscht werden. Zudem bietet PayPal einen Käuferschutz. Wird die bestellte Ware nicht oder in anderer Form geliefert, erstattet Paypal den Kaufbetrag.

Ebenfalls einen Zugriff auf das Konto per E-Mail-Adresse und Passwort ermöglicht das System von moneybookers mit ähnlichen Sicherheitsvorteilen wie bei PayPal. Mit diesem System sind nicht nur Bezahlvorgänge im Internet, sondern auch weltweite Geldtransfers möglich.

moneybookers ltd.
and money moves...

Ein ähnliches Konzept verfolgt auch clickandpay, welches mit dem Buxter auch für Facebook ein Bezahlsystem entwickelt hat.

buxter by clickandbuy

Sonstige Zahlungsarten

Ein Beispiel hierfür ist giropay als ein System, welches von 1 500 Banken und Sparkassen unterstützt wird. Ein Vorteil ist, dass sich der Kunde nicht zusätzlich registrieren muss. Hat er als Zahlungsart giropay gewählt, wird er automatisch zu seinem Girokonto weitergeleitet. Dort gibt der Kunde wie gewohnt seine Zugangsdaten zur Anmeldung ein. Anschließend wird ihm ein fertig ausgefülltes Überweisungsformular zur Verfügung gestellt. Mit Eingabe der TAN wird die Online-Überweisung ausgelöst. Der Händler erhält zeitgleich eine Zahlungsgarantie und kann den Versand veranlassen. Auch bei diesem System werden sensible Daten nur zwischen Kunde bzw. Händler und Bank ausgetauscht.

giropay

Zu den sonstigen Zahlungsarten gehört auch der Treuhandservice. An diesen muss vorab die Überweisung getätigt werden. Daraufhin erbringt die zweite Vertragspartei ihre Leistung. Wird vom Auftraggeber die ordnungsgemäße Vertragserfüllung bestätigt, überweist das Treuhandunternehmen den Zahlbetrag auf das Konto des Leistungserbringers. Dieses Verfahren bietet eine gewisse Sicherheit für beide Vertragspartner und wird häufig bei Werkverträgen über das Internet (Programmierung einer Web-Seite) angewendet.

Aufgaben

1. Welche grundsätzlichen Möglichkeiten der Zahlung kennen Sie?

2. Welche Möglichkeiten der halbbaren (Bargeld sparenden) Zahlung bestehen, wenn nur der Zahlungsempfänger ein Konto besitzt?

3. Welche Möglichkeiten hat der Inhaber eines Girokontos bei einer Bank, sich Bargeld zu beschaffen?

4. Herr Schmidt erhält eine Sendung Bücher „per Nachnahme“. Was heißt das?

5. Erläutern Sie kurz die Zahlung mit Einzelüberweisung!

6. 6.1 Worin unterscheiden sich Dauerauftrag und Lastschriftverfahren?

   6.2 Bringen Sie je drei praktische Beispiele für Zahlungsverpflichtungen, die sich für die unter 6.1 genannten Zahlungsmöglichkeiten eignen!

   6.3 Beim Lastschriftverfahren wird zwischen Einzugsermächtigungs- und Abbuchungsverfahren unterschieden. Erklären Sie den Unterschied!

7. **Arbeitsauftrag**: Erkunden Sie (eventuell in Gruppen) bei verschiedenen Banken die Kosten, den Kreditspielraum und die Serviceleistungen für ein Gehaltskonto (Girokonto)!

8. Erläutern Sie folgende Zahlungsarten:

   8.1 Electronic-Cash-/Point-of-Sale-Zahlungen,

   8.2 ELV,

   8.3 belegloser Datenaustausch,

   8.4 Homebanking.

9. Erklären Sie die Unterrichtungs- und Anzeigepflichten des Karteninhabers (Kontoinhabers) beim Verlust oder bei einer missbräuchlichen Verfügung mit seiner BankCard!

10. Worin liegen die wesentlichen Vorteile und Risiken der Überweisung und vor allem der modernen bargeldlosen Zahlungsformen?

11. Sie sind Kassierer eines Turnvereins und möchten die Mitglieder dazu auffordern, dem Verein eine Einzugsermächtigung für die Entrichtung des Vereinsbeitrags zu erteilen. Schreiben Sie diesen Brief und entwerfen Sie das Formular für die Einzugsermächtigung!

12. Welche Zahlungsart wählen Sie in den nachfolgenden Fällen? (Begründung!)

    12.1 Ein Kunde hat bei seinem Radio- und Fernsehhändler eine teure Reparatur für einen neuwertigen Fernsehapparat beglichen. Nach Reklamation des Händlers beim Werk erhält der Kunde eine Gutschrift von 80,00 €. Der Kunde hat kein Girokonto.

    12.2 Fritz Maier hat von einem Autohaus einen Pkw geleast. Wie wird er die fälligen monatlichen Leasingraten über jeweils 419,00 € bezahlen?

    12.3 Das Textilhaus Schwalbe GmbH sucht nach einer günstigen Zahlungsart für die monatlichen Wasser- und Telefonrechnungen.

    12.4 Das Lebensmittelgeschäft Franz Breme e.K. möchte eine Rechnung über Waschmittel begleichen. Es hat ein Girokonto bei der Kreissparkasse des Orts. Auf der Rechnung sind die internationale Bankleitzahl (BIC) und die internationale Bankkontonummer (IBAN) der Deutsche Bank AG enthalten.

    12.5 Der Flaschnermeister Hans Zwicker hat eine kleine Reparatur an der Dachrinne des Textilhauses Felix Glück KG vorgenommen. Er möchte das Geld für die Reparatur sofort haben.

19 Hartmann-Härter-Seifert - ISBN 978-3-8120-0412-1

6.4.5 Scheckzahlungen

6.4.5.1 Wesen, Bestandteile und Weg des Schecks

Frau Chlorer kauft bei der Schwarzwälder Kleiderfabrik Bernauer GmbH ein Kostüm im Trachtenlook für 985,00 €. Sie bezahlt mit einem Barscheck. Die Kassiererin nimmt den Scheck anstelle von Bargeld an,[1] weil sie Frau Chlorer als zahlungskräftige Kundin kennt.

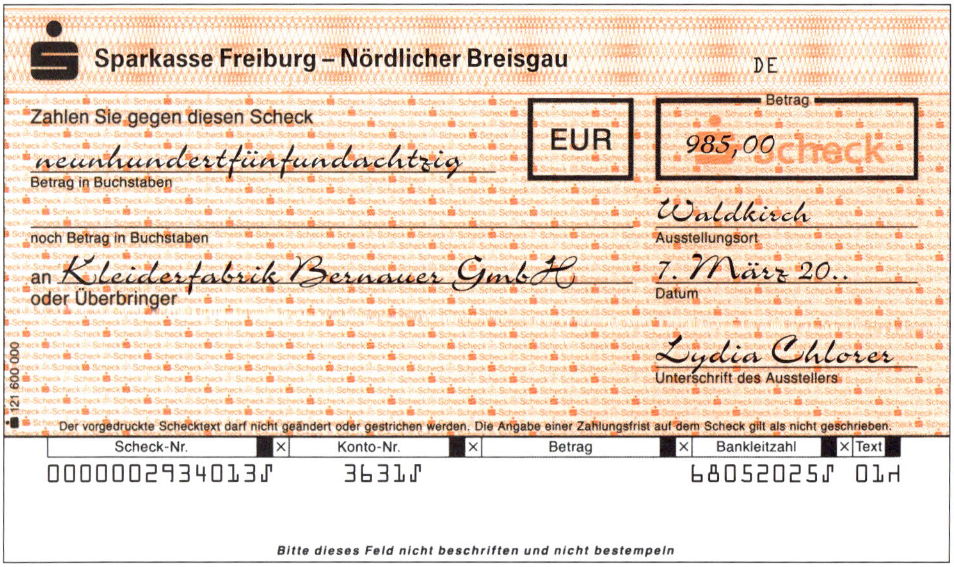
Sparkasse Freiburg – Nördlicher Breisgau

DE

Zahlen Sie gegen diesen Scheck

neunhundertfünfundachtzig

Betrag in Buchstaben

noch Betrag in Buchstaben

an Kleiderfabrik Bernauer GmbH

oder Überbringer

EUR

Betrag

985,00

Waldkirch

Ausstellungsort

7. März 20..

Datum

Lydia Chlorer

Unterschrift des Ausstellers

121 600 000

Der vorgedruckte Schecktext darf nicht geändert oder gestrichen werden. Die Angabe einer Zahlungsfrist auf dem Scheck gilt als nicht geschrieben.

Scheck-Nr. | Konto-Nr. | Betrag | Bankleitzahl | Text

0000002934013 3631 68052025 01

Bitte dieses Feld nicht beschriften und nicht bestempeln

Scheckformular

Begriff Scheck

Aus vorstehendem Scheck sehen wir, dass der Scheck eine *schriftliche Anweisung* des *Ausstellers* (Frau Chlorer) an einen *Bezogenen* (die Bank des Kontoinhabers bzw. des Verfügungsberechtigten) darstellt. Diese Anweisung ist in einer bestimmten *Form* (Scheckformular mit bestimmtem Inhalt) vorzunehmen. Sie wird als Scheck bezeichnet und lautet *unbedingt* (= ohne Einschränkung) auf *Zahlung* einer bestimmten *Geldsumme.* Nur Anweisungen, welche die in der vorstehenden Definition enthaltenen Voraussetzungen erfüllen, sind unter das *Scheckgesetz* (ScheckG) fallende Barschecks.

Bestandteile des Schecks

Der Scheck muss, damit er gültig ist, folgende **gesetzliche Bestandteile** enthalten [Art. 1 ScheckG]:

1. **Die Bezeichnung Scheck im Text der Urkunde („Scheckklausel").**
2. **Die unbedingte Anweisung zur Zahlung einer bestimmten Schecksumme.**

   Die Geldsumme muss in Buchstaben angegeben werden. Die Wiederholung des Betrags in Ziffern ist möglich. Bei Abweichungen zwischen der Schecksumme in Buchstaben und Ziffern gilt aus Gründen der Rechtssicherheit die in Buchstaben angegebene Summe [Art. 9 I ScheckG].

1 Ein Scheck wird immer nur zahlungshalber angenommen. Dies bedeutet, dass der Schecknehmer vom Schuldner (Übergeber) bare Zahlung verlangen kann, wenn der Scheck mangels Deckung von der Bank nicht eingelöst wird. (Näheres über die Haftung aus dem Scheck siehe Kapitel 6.4.5.4.)

3. **Name des Bezogenen** (Name der Bank, die den Scheck einlösen soll).
4. **Zahlungsort** (der im Scheck angegebene Niederlassungsort der Bank bzw. deren Filiale).
5. **Ort und Tag der Ausstellung.**

   Der Scheck ist bei Sicht (bei Vorlegung) zahlbar [Art. 28 I ScheckG]. Auch ein vordatierter Scheck ist bei Sicht fällig [Art. 28 II ScheckG]. Er wird ausbezahlt, sofern er gedeckt ist. Bei fehlender Deckung verweigert die bezogene Bank die Auszahlung. Der Scheckinhaber muss sich dann an den Aussteller halten.

   Fehlt der Ausstellungsort, gilt der beim Namen des Ausstellers angegebene Ort als Ausstellungsort [Art. 2 IV ScheckG]. Fehlt diese Angabe oder fehlt der Ausstellungstag, ist der Scheck ungültig.
6. **Unterschrift des Ausstellers.**

   Die Unterschrift muss handschriftlich geleistet werden. Faksimilestempel sind unzulässig.

Zur Erleichterung des Abrechnungsverkehrs zwischen den Banken sind vom Scheckgesetz noch **kaufmännische Bestandteile** zugelassen, deren Fehlen *nicht* zur Ungültigkeit des Schecks führt. Diese Bestandteile sind die Schecknummer (Erleichterung der Buchung), Kontonummer des Ausstellers, Guthabenklausel (sie weist den Kontoinhaber bzw. dessen Verfügungsberechtigten darauf hin, dass der Scheck nur eingelöst wird, wenn das Konto ein Guthaben aufweist),[1] Bankleitzahl, Angabe des Zahlungsempfängers, Wiederholung des Betrags in Ziffern und die Codierzeile (= Lesezone am unteren Rand des Schecks, die auch von Computern gelesen werden kann).

Rechtlich gesehen ist der Scheck ein **Wertpapier.** Unter Wertpapieren im engeren Sinne versteht man Urkunden, bei denen das im Papier verbriefte Recht an den Besitz der Urkunde geknüpft ist. Zerreißt z. B. jemand aus Versehen einen gültigen Scheck und wirft er die Schnipsel weg, hat er keinen Anspruch mehr aus diesem Scheck.

Weg des Schecks

Da der Scheck einen Anspruch verbrieft, kann ihn der Scheckinhaber (im Beispiel die Schwarzwälder Kleiderfabrik Bernauer GmbH) bei der Bank des Ausstellers unmittelbar einlösen oder von seiner Bank bei der Bank des Ausstellers einziehen lassen.

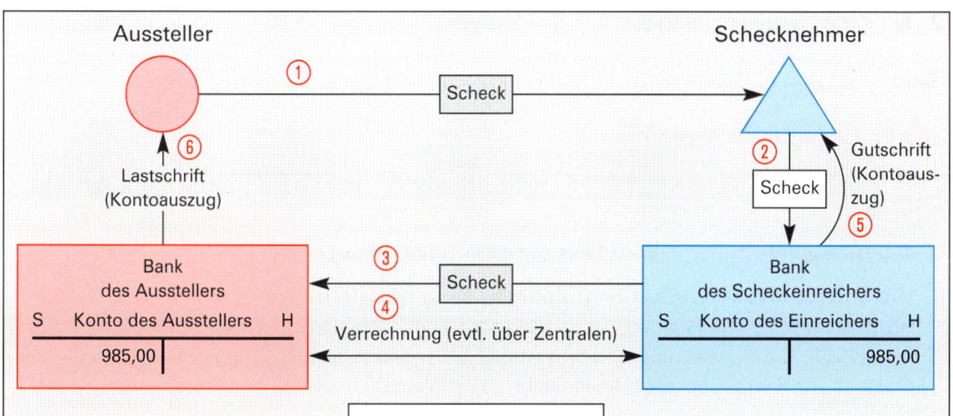

Zahlung mit Scheck

1 Das „Guthaben“ auf einem Girokonto kann auch ein von der Bank eingeräumter Kredit sein.

Vorlegungsfrist

Schecks sind keine Kreditmittel. Inlandsschecks sollen daher innerhalb von 8 Tagen der bezogenen Bank zur Zahlung vorgelegt werden [Art. 29 I ScheckG]. Nach Ablauf dieser Frist müssen die Banken überfällige Schecks nicht mehr einlösen. Normalerweise wird aber auch ein „älterer" Scheck eingelöst, wenn ihn der Aussteller nicht widerrufen („gesperrt") hat. Innerhalb der Vorlegungsfrist sind die Schecks bei Vorlage („bei **Sicht"**) zahlbar [Art. 28 I ScheckG].

6.4.5.2 Wichtige Scheckarten

(1) Arten der Schecks nach der Bestimmung des Zahlungsempfängers (Schecknehmers)[1]

Inhaberschecks (Überbringer-schecks)	Die im Inland üblichen Bankschecks sind Inhaberschecks, d.h., dass jeder Inhaber des Schecks aufgrund der Überbringerklausel (Zahlen Sie gegen diesen Scheck an ... *oder Überbringer*) als Berechtigter gilt [Art. 5 II ScheckG]. Eine Streichung des Zusatzes „oder Überbringer" gilt als nicht vorgenommen (siehe Abb. des Schecks auf Seite 290). Die bezogene Bank kann deshalb Überbringerschecks einlösen, ohne genaustens überprüfen zu müssen, ob der Überbringer berechtigt ist oder nicht (= eingeschränkte Prüfungspflicht). Aufgrund der Überbringerklausel erübrigt sich auch, den **Schecknehmer** (= derjenige, der auf dem Scheck vom Aussteller als Empfänger des Schecks eingetragen ist) zu nennen. Die Nennung des Schecknehmers hat rechtlich keine Bedeutung. Inhaberschecks können Bar- oder Verrechnungsschecks sein.
Orderschecks	Ein Orderscheck liegt vor, wenn auf dem Scheck eine *bestimmte* Person mit oder ohne den ausdrücklichen Vermerk „an Order" namentlich als Zahlungsempfänger bezeichnet ist [Art. 5 I ScheckG]. Die *Orderklausel* ist deswegen nicht erforderlich, weil der Scheck kraft Gesetzes ein **geborenes Orderpapier** ist. Beim Orderscheck muss die bezogene Bank genau prüfen, ob der Scheckeinreicher zum Empfang der Schecksumme berechtigt ist (Legitimationsprüfung). Orderschecks sind heute nur noch im Zahlungsverkehr mit dem Ausland von Bedeutung.

(2) Arten der Schecks nach Art der Einlösung

Barschecks	Werden die von den Banken ausgegebenen Schecks ohne weiteren Zusatz ausgefüllt und eingereicht, handelt es sich um Barschecks (sie werden *bar* ausbezahlt). Dies schließt natürlich nicht aus, dass man einen Barscheck auch seinem Bankkonto gutschreiben lassen kann. Hierzu muss lediglich ein am Bankschalter erhältliches Scheckeinreichungsformular ausgefüllt werden.
Verrechnungs-schecks	Setzt der Scheckaussteller oder irgendein späterer Inhaber eines Barschecks *quer* über die Vorderseite des Schecks den Vermerk „Nur zur Verrechnung",[2] so wird aus dem Barscheck ein Verrechnungsscheck [Art. 39 I ScheckG]. Der Verrechnungsvermerk kann aus Gründen der Rechtssicherheit nicht mehr gestrichen werden. Eine Streichung gilt als nicht erfolgt [Art. 39 III ScheckG].

1 Der sogenannte **Rektascheck** darf durch die negative Orderklausel („... nicht an Order") nur direkt (= rekta) von der als Zahlungsempfänger benannten Person zur Einlösung vorgelegt werden.

2 Der Verrechnungsvermerk kann aufgedruckt oder aufgestempelt sein. Auch ein handschriftlicher Vermerk ist gültig.

Der Verrechnungsscheck bietet eine größere Sicherheit als der Barscheck, weil die bezogene Bank den Scheck nicht bar auszahlen **darf,** sondern dem Konto des Einreichers (Inhabers) gutschreiben **muss** [Art. 39 II ScheckG].[1]

6.4.5.3 Verwendungsmöglichkeiten des Schecks

Der Scheck bietet mehrere Verwendungsmöglichkeiten für den Aussteller und/oder Schecknehmer:

- **Barabhebung durch den Aussteller**

  Der Aussteller kann bei seiner oder auch bei einer fremden Bank (dort erfolgt erforderlichenfalls gegen Kostenerstattung Rückfrage bei der bezogenen Bank, ob das Konto des Ausstellers gedeckt ist) Beträge bar abheben.

- **Der Scheck als Zahlungsmittel**

  Der Aussteller (z.B. Käufer) kann einen Bar- oder Verrechnungsscheck **zahlungshalber** an einen Gläubiger weitergeben. „Zahlungshalber" heißt, dass mit der Übergabe und Übereignung des Schecks die Schuld noch nicht getilgt ist. Dies ist vielmehr erst der Fall, wenn der Scheckinhaber (der Schecknehmer) im Besitz des Bargelds bzw. der Gutschrift ist. Schecks werden daher immer nur unter dem (häufig stillschweigenden) Vorbehalt der Einlösung angenommen.

- **Weitergabe des Schecks durch den Schecknehmer**

  Der Schecknehmer kann mit einem Barscheck bei seiner Bank Geld bar abheben oder den Scheck wie einen Verrechnungsscheck seinem Konto gutschreiben lassen. Er kann aber auch den Scheck seinerseits an einen seiner Gläubiger weitergeben. Inhaberschecks werden ohne besondere Formvorschriften (wie bewegliche Sachen) durch Einigung und Übergabe übertragen [§§ 929ff. BGB]. Ein Übertragungsvermerk (die Unterschrift des Weitergebenden) auf der Rückseite des Schecks (= Indossament[2] oder Giro) ist nicht erforderlich, aber *zweckmäßig.* Wird nämlich der Scheck mangels Deckung von der bezogenen Bank nicht eingelöst, hat der Nachfolger des Schecknehmers die Möglichkeit, auf den „Vormann" zurückzugreifen, d.h. von ihm bare Zahlung zu verlangen, wenn dieser auf der Rückseite des Schecks unterschrieben (= indossiert) hat [Art. 20 ScheckG]. Wer giriert (indossiert) haftet.[3]

  Mangelnde Deckung liegt vor, wenn das Girokonto des Ausstellers kein Guthaben aufweist oder eine bestimmte Überziehungsgrenze überschritten ist. Grundsätzlich sind die Banken bereit, bei „guten" (= sicheren) Kunden auch ohne ausdrücklichen Kreditvertrag die Überziehung eines Girokontos zuzulassen. Bei Arbeitnehmern mit Gehaltskonten wird von den meisten Banken als obere Überziehungsgrenze ein Betrag in Höhe von ein bis drei Monatsgehältern festgelegt.

1 Handelt die bezogene Bank dieser Vorschrift zuwider, haftet sie bis zur Höhe der Schecksumme für den entstandenen Schaden (z.B. bei einer Barauszahlung an den widerrechtlichen Scheckbesitzer/-einreicher).

2 Von frz. le dos = der Rücken; ein Indossament ist „das auf den Rücken Geschriebene"; indossieren heißt daher wörtlich „auf den Rücken (eines Papiers) schreiben". Statt „indossieren" sagt man auch „girieren", weil der Scheck durch die Unterschrift des Weitergebenden weiter in Umlauf (in den „Kreislauf") gesetzt wird.

3 Orderschecks müssen ein Indossament enthalten. Näheres zum Indossament finden Sie in den Art. 11ff. WG und Art. 14ff. ScheckG.

Die jeweils geltenden (aktuellen) Zinssätze, Provisionen und Gebühren (z.B. Kontoführungs- und Buchungsgebühren) müssen von den Banken nach der Preisangabenverordnung (PAngV) im Schalterraum ausgehängt bzw. ausgelegt werden. (Näheres siehe §§ 1 ff. PAngV.)

Reicht ein anderer als der Aussteller einen Scheck bei der Bank zur Auszahlung oder zur Gutschrift ein, verlangen die Banken in aller Regel ein Indossament, um bei fehlender Deckung auf den Einreicher zurückgreifen zu können.

6.4.5.4 Scheckverlust

Der in Deutschland übliche Scheck ist ein **Überbringerscheck (Inhaberscheck).** Geht ein Scheck verloren, so kann ihn der unredliche Finder ohne Weiteres bei einer Bank einlösen lassen. Auch ein Verrechnungsscheck ist nicht absolut sicher. Der Finder könnte ihn seinem Konto gutschreiben lassen, um den Betrag anschließend abzuheben. Es ist daher ratsam, verloren gegangene Schecks bei seiner Bank unverzüglich (ohne schuldhaftes Zögern) sperren zu lassen.

Das Bundeskriminalamt (BKA) warnt vor allem davor, Schecks (auch Verrechnungsschecks) per Post zu versenden. Nach den Ermittlungen des BKA sind in den vergangenen Jahren immer mehr Verrechnungsschecks auf dem Postweg verschwunden..

Für Schecks, die auf dem Postweg in falsche Hände geraten, übernehmen die Banken **keine** Haftung.

> Es entspricht dem Wesen eines Inhaberschecks, dass dieser nicht vom ursprünglichen Empfänger vorgelegt werden muss, die Weitergabe (Übertragung) des Schecks somit nicht auf dem Scheck vermerkt werden muss. Die Verfügungsbefugnis über einen Inhaberscheck wird – unabhängig von der Höhe des Scheckbetrags – bereits durch den Besitz des Schecks nachgewiesen. Die Angabe des Empfängers ist somit kein ausreichender Schutz. Wer einen Inhaberscheck durch die Post versendet, handelt – auch nach der Rechtsprechung der Gerichte – leichtsinnig (fahrlässig) und die Banken sind in diesem Fall nicht zu einer besonderen Sorgfalt verpflichtet. Wenn die Banken die Berechtigung des Einreichers zur Scheckeinlösung nicht prüfen, dann handeln diese nicht grob fahrlässig. Eine solche Prüfung kann bei der Entgegennahme der Schecks als Teil des täglichen Massengeschäfts von dem Scheckaussteller nicht erwartet werden. Der Scheckaussteller haftet für den Scheckverlust.

Sicherer und vorteilhafter ist das Lastschrifteinzugsverfahren (Einzugsermächtigungsverfahren, siehe Seite 273ff.), mit dem die meisten Arbeitgeber mittlerweile die Sozialversicherungsbeiträge an die Sozialversicherungsbetriebe (Sozialversicherungsträger) abführen. Bar- und Scheckzahlungen haben für die Sozialversicherungsbetriebe praktisch keine Bedeutung mehr.

6.4.6 Zahlungsanweisung der Deutschen Postbank AG

Ist die Kontoverbindung des Zahlungsempfängers nicht bekannt oder wird Barauszahlung gewünscht, so gibt es noch die Möglichkeit, mit der **Zahlungsanweisung zur Verrechnung** zu bezahlen. Der Empfänger einer Zahlungsanweisung zur Verrechnung kann den Betrag seinem Postbank Girokonto oder einem anderen Bankgirokonto gutschreiben lassen. Er kann sich den Betrag auch am Schalter einer „Postbankfiliale" auszahlen lassen.

Aufgaben

1. Auch die Zahlung mit Scheck kann eine Art der bargeldlosen Zahlung darstellen. Unter welcher Bedingung?

2. Der Scheck hat sechs gesetzliche Bestandteile. Versuchen Sie, die Notwendigkeit dieser Bestandteile zu begründen!

3. Der in Deutschland übliche Scheck ist ein Inhaberscheck. Was bedeutet dies

   3.1 hinsichtlich der Weitergabe des Schecks und

   3.2 hinsichtlich der Einlösung durch eine Bank?

4. Beurteilen Sie folgende Sachverhalte:

   4.1 Auf einem am 15. November eingehenden Scheck steht als Ausstellungsdatum der 22. November.

   4.2 Ein weiterer Scheck trägt anstelle der Unterschrift den Firmenstempel und das Faksimile[1] des Geschäftsinhabers (Ausstellers).

   4.3 Auf einem anderen Scheck wurde die Überbringerklausel gestrichen.

   4.4 Auf einem vierten Scheck wurde kein Empfänger genannt.

   4.5 Einer der genannten Schecks ist ein Barscheck. Wie kann dieser Scheck verwendet werden?

   4.6 Frau Groß kauft in einem Textilgeschäft einen Wintermantel für 1600,00 €. Warum könnte der Verkäufer die Bezahlung mit einem Scheck ablehnen?

   4.7 Der kaufmännische Angestellte Fuchs kauft von dem Facharbeiter Spärlich ein gebrauchtes Moped für 500,00 €. Er will mit einem Scheck bezahlen, den er von seinem Briefmarkenfreund Stamp erhalten hat. Spärlich kennt diesen Stamp nicht. Er bittet daher Fuchs, den Scheck zu girieren. Warum?

   4.8 Herr Klaus übergibt seinem Gläubiger einen Verrechnungsscheck. Inwiefern ist dieser Verrechnungsscheck sicherer als der Barscheck?

5. Frau Leicht kommt vom Einkaufen nach Hause. Hier stellt sie fest, dass sie ein Scheckformular verloren hat. Welchen Rat erteilen Sie ihr?

6. Herr Grün hat über Weihnachten eine Ferienwohnung im Schwarzwald gemietet. Er möchte eine Anzahlung leisten, kennt aber nicht die Bankverbindung des Vermieters. Wie kann Grün zahlen, wenn er ein Postbank Girokonto besitzt und das Geld nicht im Briefumschlag versenden will?

7. Erklären Sie die Verwendungsmöglichkeiten des Schecks!

---

1 Faksimile (lat.) = wörtl. „mache ähnlich!" Das Faksimile ist die mit einem Original in Größe und Ausführung genau übereinstimmende Abbildung. In diesem Zusammenhang bedeutet Faksimile einen Stempel, der eine Unterschrift wiedergibt.

8. Frau Gerda Basler kaufte am 14. Februar 20 .. beim Kleiderhaus Monika Schön e. Kfr. einen Wintermantel zum Preis von 826,15 €. Die Rechnung bezahlte sie mit nachstehend abgebildetem Scheck. Prüfen Sie, ob die bezogene Bank den Scheck einlöst!

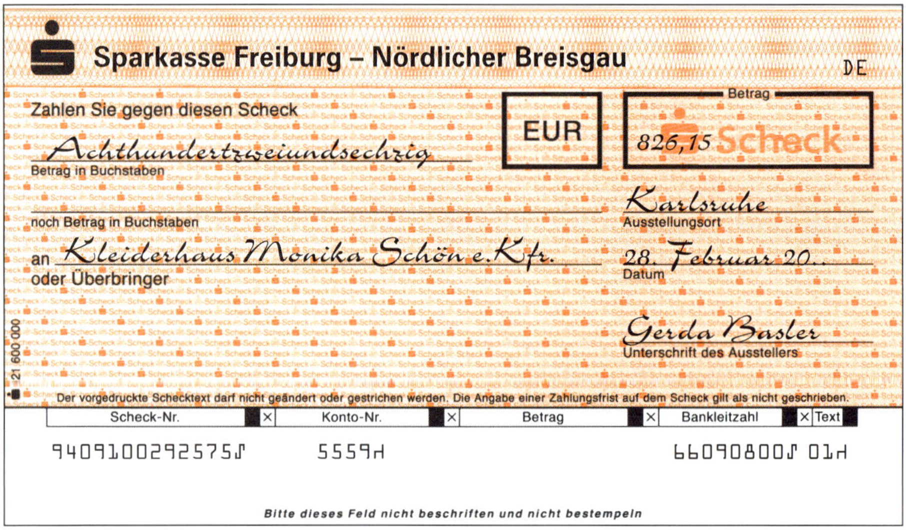
Sparkasse Freiburg – Nördlicher Breisgau DE

Zahlen Sie gegen diesen Scheck EUR Betrag 826,15

Achthundertzweiundsechzig

Betrag in Buchstaben

noch Betrag in Buchstaben

Karlsruhe

Ausstellungsort

an Kleiderhaus Monika Schön e. Kfr. 28. Februar 20..

oder Überbringer Datum

Gerda Basler

Unterschrift des Ausstellers

Der vorgedruckte Schecktext darf nicht geändert oder gestrichen werden. Die Angabe einer Zahlungsfrist auf dem Scheck gilt als nicht geschrieben.

Scheck-Nr. | Konto-Nr. | Betrag | Bankleitzahl | Text

9409100292575 5559 66090800 01

Bitte dieses Feld nicht beschriften und nicht bestempeln

9. Beantworten Sie folgende Aufgaben:

9.1 Worin besteht der Unterschied zwischen einem Barscheck und einem Verrechnungsscheck?

9.2 Welche rechtlichen Konsequenzen gibt es grundsätzlich, wenn bei einem Scheck einer der gesetzlichen Bestandteile fehlt?

9.3 Warum besitzen Schecks auch kaufmännische Bestandteile?

9.4 Unter welcher Voraussetzung spricht man von einem Inhaberscheck?

9.5 Frau Irma Schulte erhält einen Verrechnungsscheck für den Verkauf ihres gebrauchten Fahrrads. Sie streicht den Verrechnungsvermerk durch. Wie ist die Rechtslage zu beurteilen?

9.6 Frau Chlorer stellt am 15. März einen Verrechnungsscheck über 800,00 € mit dem Ausstellungsdatum vom 29. März aus, weil sie an diesem Tag größere Zahlungseingänge erwartet. Herr Seemann reicht den Scheck jedoch am 16. März seiner Hausbank zur Gutschrift ein. Beurteilen Sie die Rechtslage!

9.7 Frau Chlorer stellt am 1. April einen Verrechnungsscheck über 1260,00 € in Ziffern aus, schreibt aber 1620,00 €. Der Schecknehmer reicht den Scheck bei seiner Bank zur Gutschrift ein. Ist der Scheck gültig? Wenn ja, in welcher Höhe schreibt die Bank dem Einreicher den Scheck gut?

10. **Arbeitsauftrag:** Erkundigen Sie sich bei einer Bank,

10.1 unter welchen Bedingungen ein Privatkunde Scheckformulare erhalten kann,

10.2 wie ein Scheckvertrag zustande kommt und

10.3 warum die Bedeutung der Scheckzahlungen immer mehr abnimmt!

6.4.7 Exkurs: Wechselzahlungen

Das Feinkostgeschäft Karl Klein e.K., Karl-Friedrich-Str. 86, 79312 Emmendingen, möchte sich für Weihnachten 20 .. mit Konserven im Wert von 1775,00 € bei der Georg Groß & Co. OHG, Basler Str. 102, 79100 Freiburg, eindecken, ist aber derzeit nicht in der Lage, den Rechnungsbetrag sofort zu begleichen. Karl Klein wünscht ein Zahlungsziel von zwei Monaten. Die Georg Groß & Co. OHG sieht sich aber selbst außer Stande, im Augenblick längere Zahlungsziele als 14 Tage einzuräumen, weil sie ebenfalls ihren Verbindlichkeiten pünktlich nachkommen muss.

Gäbe es nun keinen *Wechsel,* käme das Geschäft nicht zustande. Dadurch aber, dass sich die Georg Groß & Co. OHG am 14. Dezember zur Annahme eines Wechsels bereit erklärt, kann der Kaufvertrag abgeschlossen werden, weil die Georg Groß & Co. OHG so in die Lage versetzt wird, ihre eigenen Zahlungsverpflichtungen bei ihrem Lieferer, der Vereinigten Lebensmittelimporteure GmbH, Allendorfer Str. 50, 60433 Frankfurt (Main), zu erfüllen, indem sie mit dem Wechsel Karl Kleins bezahlt.

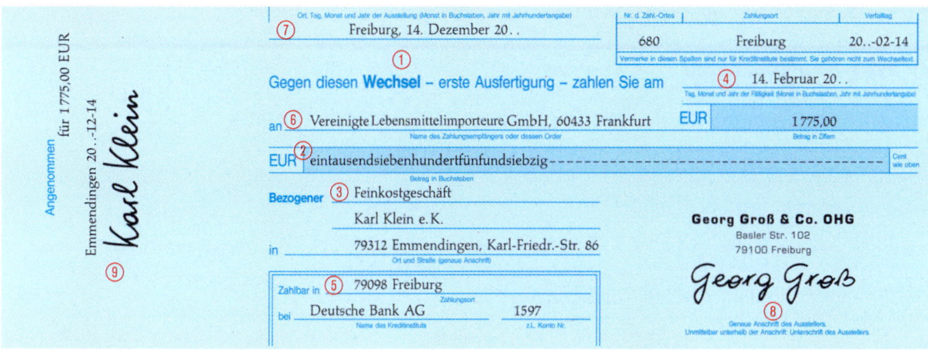
Angenommen für 1775,00 EUR
Emmendingen 20..-12-14
Karl Klein ⑨

Ort, Tag, Monat und Jahr der Ausstellung (Monat in Buchstaben, Jahr mit Jahrhundertangabe)
⑦ Freiburg, 14. Dezember 20..

Nr. d. Zahl.-Ortes	Zahlungsort	Verfalltag
680	Freiburg	20..-02-14

Vermerke in diesen Spalten sind nur für Kreditinstitute bestimmt. Sie gehören nicht zum Wechseltext.

①
Gegen diesen **Wechsel** – erste Ausfertigung – zahlen Sie am ④ 14. Februar 20..
Tag, Monat und Jahr der Fälligkeit (Monat in Buchstaben, Jahr mit Jahrhundertangabe)

an ⑥ Vereinigte Lebensmittelimporteure GmbH, 60433 Frankfurt EUR 1775,00
Name des Zahlungsempfängers oder dessen Order — Betrag in Ziffern

EUR ② eintausendsiebenhundertfünfundsiebzig ---------- Cent wie oben
Betrag in Buchstaben

Bezogener ③ Feinkostgeschäft
Karl Klein e.K.
in 79312 Emmendingen, Karl-Friedr.-Str. 86
Ort und Straße (genaue Anschrift)

Zahlbar in ⑤ 79098 Freiburg
Zahlungsort
bei Deutsche Bank AG 1597
Name des Kreditinstituts — z.L. Konto Nr.

Georg Groß & Co. OHG
Basler Str. 102
79100 Freiburg
Georg Groß
⑧
Genaue Anschrift des Ausstellers.
Unmittelbar unterhalb der Anschrift: Unterschrift des Ausstellers

① Bezeichnung „Wechsel" im Text der Urkunde („Wechselklausel")
② Wechselsumme
③ Bezogener
④ Fälligkeitsdatum
⑤ Zahlungsort/Zahlstelle
⑥ Wechselnehmer
⑦ Ausstellungsort und -datum
⑧ Unterschrift des Ausstellers
⑨ Akzept des Bezogenen

(1) Begriff Wechsel

Der oben beschriebene Wechsel heißt *gezogener* Wechsel, weil der Aussteller (Gläubiger) den Wechsel auf eine andere Person (Schuldner) „zieht", d.h. bezieht. Der Schuldner heißt deshalb *Bezogener.*[1]

> ■ Der **gezogene Wechsel** ist ein **Wertpapier,** durch das der Aussteller den Bezogenen auffordert, zu einem vorher vereinbarten Termin eine bestimmte Geldsumme an den Berechtigten zu zahlen.

1 In seltenen Fällen wird auch der Solawechsel verwendet [Art. 75ff. WG]. Hier sind Aussteller und Bezogener dieselbe Person, d.h., der Schuldner verspricht, an einem bestimmten Tag eine bestimmte Summe zu zahlen.

Der auf Seite 297 abgebildete Wechsel ist ein **Wechsel an fremde Order,** weil der *Wechselnehmer* eine dritte natürliche oder juristische Person ist.[1] Der Aussteller weiß also bereits, an **wen** er den Wechsel weitergeben will. Nimmt der genannte Wechselnehmer den Wechsel in Zahlung, wird er ohne Weiteres Berechtigter aus dem Wechsel.

Der dargestellte Wechsel ist ferner ein *Tagwechsel,* weil das Verfalldatum kalendermäßig angegeben ist. Ein Zeitsichtwechsel ist hingegen eine bestimmte Zeit nach Vorlage zahlbar. Um einen Sichtwechsel handelt es sich, wenn er bei Vorlage („bei Sicht") eingelöst werden muss.

Üblich ist es, die Wechsel **„an eigene Order"** auszustellen. In diesem Fall sind Aussteller und Wechselnehmer die gleiche natürliche bzw. juristische Person. In die für den Wechselnehmer vorgesehene Zeile im Wechsel (siehe Abb. auf Seite 297, Punkt ⑥) wird dann geschrieben: *„an eigene Order"* oder „an mich" bzw. „an uns". Der Vorteil des Wechsels an eigene Order besteht darin, dass der Aussteller sich vorbehalten kann, ob und an wen er den Wechsel weitergeben möchte.

(2) Weg des Wechsels

Aus unserem Beispiel ergibt sich folgender (vereinfachter) Vorgang:

① Die Georg Groß & Co. OHG stellt einen Wechsel aus, den sie zusammen mit der Rechnung an das Feinkostgeschäft Karl Klein e.K. mit der Bitte um *Akzeptierung* (= Annahme) schickt.

② Karl Klein akzeptiert diesen Wechsel, d.h., er erklärt sich mit seiner Unterschrift mit dem Inhalt des Wechsels einverstanden.

③ Die Georg Groß & Co. OHG erhält den akzeptierten Wechsel zurück, den sie an die Vereinigte Lebensmittelimporteure GmbH weitergibt.

④ Behält der Wechselnehmer (die Vereinigte Lebensmittelimporteure GmbH) den Wechsel bis zur Fälligkeit, legt er den Wechsel dem Bezogenen (dem Feinkostgeschäft Karl Klein e.K.) am Zahlungstag oder an den beiden folgenden Werktagen zur Zahlung vor [Art. 38 I WG].[2]

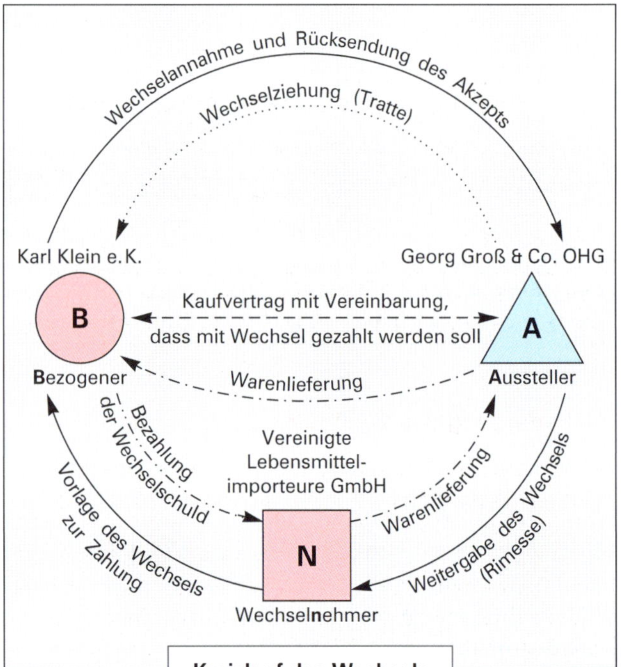

Kreislauf des Wechsels

⑤ Löst der Bezogene (das Feinkostgeschäft Karl Klein e.K.) den Wechsel bei Vorlage ein, ist der „Kreis" (genauer gesagt: der Wechselkreislauf) geschlossen.

1 „Order" heißt eigentlich Befehl oder Verfügung. Man kann also wie folgt übersetzen: „Wechsel an fremde Order" = „Wechsel zur Verfügung eines anderen".

2 Der auf einem Wechsel angegebene Verfalltag ist nicht immer auch der Zahlungstag. Fällt der Verfalltag auf einen Samstag, Sonntag oder einen gesetzlichen Feiertag, ist der darauffolgende Werktag der Zahlungstag [Art. 72 I WG].

Der vom Aussteller ausgestellte, aber noch nicht akzeptierte Wechsel heißt **Tratte.**[1] Der vom Bezogenen akzeptierte Wechsel wird als **Akzept**[2] bezeichnet. Der Begriff Akzept hat somit zwei Bedeutungen: Einmal ist die Unterschrift des Bezogenen gemeint, zum anderen der gezogene und akzeptierte Wechsel selbst. Wird der Wechsel vom Aussteller weitergegeben, spricht man von der **Rimesse.**[3]

(3) Aufgaben (Funktionen) des Wechsels im Wirtschaftsleben

Kreditmittel	Der Wechsel löst den Interessenkonflikt, der darin besteht, dass der Gläubiger das Geld möglichst sofort erhalten möchte, während der Schuldner die Zahlung zeitlich hinauszuschieben versucht, um beispielsweise eine Liefererrechnung aus dem Erlös der inzwischen verkauften Waren zahlen zu können. Der Wechsel ermöglicht es, dass der Gläubiger seinem Schuldner einen Kredit einräumt (Zahlungsaufschub, Lieferantenkredit in Wechselform) und er trotzdem, z. B. durch den Verkauf des Wechsels vor dessen Fälligkeit an eine Bank, Bar- oder Buchgeld erhält.
Zahlungsmittel	Der Gläubiger kann den Wechsel auch als Zahlungsmittel einsetzen, indem er durch Weitergabe des Wechsels eine offene Rechnung begleicht. Allerdings wird der Wechsel – wie die Juristen sagen – nur *zahlungshalber,* nicht aber an *Zahlungs Statt* weitergegeben, d. h., die Schuld erlischt erst, wenn der Wechsel eingelöst wurde.
Sicherungsmittel	Der Wechsel kann schließlich auch zur Absicherung eines Kredits verwendet werden, etwa dann, wenn der Gläubiger seiner Bank einen Wechsel verpfändet (Wechsellombard). Daneben kann der Wechsel auch im Falle der **Kaution**[4] zur Sicherung herangezogen werden.

Der **Wechsel** ist ein **Zahlungs-, Sicherungs-** und **Kreditmittel.** Der **Scheck** ist hingegen seiner Bestimmung nach lediglich ein **Zahlungsmittel.**

(4) Bedeutung des Wechsels

Der Wechsel hat – ebenso wie der Scheck – im täglichen Wirtschaftsleben und auch als Finanzierungsinstrument kleinerer und mittelgroßer Unternehmen erheblich an Bedeutung verloren. Ein wesentlicher Grund dafür ist, dass mit der Einführung des Euro das Rediskontgeschäft der Kreditinstitute weggefallen ist. Zuvor konnten die Banken die von ihnen diskontierten Wechsel weiter an die Deutsche Bundesbank verkaufen, also *rediskontieren*[5] lassen. Zudem ist der Wechsel nicht maschinenlesbar, sodass eine elektronische Bearbeitung nicht möglich ist.

1 Von trahere (lat.) = ziehen.

2 Akzeptieren = annehmen, sich einverstanden erklären.

3 Von remettre (frz. = weiterleiten, übertragen, weitergeben). Der „Remittent" ist somit der Wechselnehmer.

4 Kaution = Sicherheitsleistung. So kann etwa ein Gläubiger für seine Forderungen oder ein Vermieter für die fälligen Mietzahlungen eine Sicherheitsleistung verlangen. Sie besteht z.B. in der Hinterlegung von Geld, Aktien, Pfandbriefen oder einem Wechsel.

5 Rediskontieren = wieder diskontieren, d. h. gegen einen Vorauszins verkaufen.

7 Rechtsformen der Betriebe

7.1 Allgemeine rechtliche Grundlagen

Die **Rechtsformen** der **Unternehmen** können von **natürlichen** und **juristischen Personen** sowohl auf Rechtsgrundlagen des **privaten** als auch des **öffentlichen Rechts** gegründet werden. Rechtsformen der Unternehmen können auch **juristische Personen** sein. Die meisten und wichtigsten Unternehmen sind **Kaufleute** im Sinne des **Handelsgesetzbuchs,** haben eine **Firma** und werden in das **Handelsregister** eingetragen. Die folgenden Kapitel vermitteln Ihnen deshalb zum besseren Verständnis Grundkenntnisse über Begriffe und grundlegende Rechtsvorschriften, die für alle privatrechtlichen Rechtsformen der Unternehmen von Bedeutung sind.

7.1.1 Natürliche und juristische Personen

7.1.1.1 Natürliche Personen

- **Natürliche Personen** sind **alle Menschen.** Der Gesetzgeber verleiht ihnen **Rechtsfähigkeit.**[1]

Beispiele:

Das Recht des Erben, ein Erbe antreten zu dürfen. Das Recht des Käufers, Eigentum zu erwerben. Die Pflicht, Steuern zahlen zu müssen. (Das Baby, das ein Grundstück erbt, ist Steuerschuldner, z.B. in Bezug auf die Grundsteuer.)

Die Rechtsfähigkeit des Menschen (der natürlichen Personen) *beginnt* mit der Vollendung der Geburt [§ 1 BGB] und *endet* mit dem Tod. *Jeder* Mensch ist rechtsfähig, auch der geistig Behinderte.[2]

7.1.1.2 Juristische Personen[3]

- **Juristische Personen** sind „künstliche" Personen, denen der Staat die Eigenschaft von Personen kraft Gesetz verliehen hat. Sie sind damit rechtsfähig.

Da die juristischen Personen künstliche, gedachte Personen sind (man spricht von einer „Fiktion"),[4] können sie von sich aus nicht handeln. Sie brauchen vielmehr **Organe,** um handlungsfähig zu werden. Die Organe sind der Vorstand, der Aufsichtsrat und die Mitgliederversammlung (z.B. die Vertreterversammlung bzw. der Verwaltungsrat einer Krankenversicherung, die Aktionäre der Hauptversammlung einer Aktiengesellschaft). Es gibt juristische Personen des Privatrechts (z.B. Aktiengesellschaften) und des öffentlichen Rechts (z.B. Sozialversicherungsträger).

1 **Rechtsfähigkeit** ist die Fähigkeit von Personen (Rechtssubjekten), Träger von Rechten und Pflichten sein zu können.

2 Die Rechtsfähigkeit darf nicht mit der Geschäftsfähigkeit, Deliktsfähigkeit und Strafmündigkeit verwechselt werden. Die **Geschäftsfähigkeit** ist die Fähigkeit von Personen, Willenserklärungen rechtswirksam abgeben, entgegennehmen (empfangen) und widerrufen zu können (Näheres siehe §§ 104ff. BGB). Unter **Deliktsfähigkeit** versteht man die Fähigkeit von Menschen, für ihre begangenen unerlaubten Handlungen (z.B. Diebstahl, Körperverletzung) verantwortlich und für die hierdurch eingetretenen Schäden schadensersatzpflichtig zu sein (Näheres siehe §§ 823ff. BGB). **Strafmündigkeit** ist die strafrechtliche Verantwortung der Menschen für von ihnen begangene strafbare Handlungen wie z.B. Diebstahl, Unterschlagung (Näheres siehe § 19 StGB, §§ 1ff. JGG).

3 Juristisch = rechtlich.

4 Fiktion = Annahme, Einbildung, „als ob".

Entstehung juristischer Personen

Während die **juristischen Personen** des **Privatrechts** durch die **Eintragung in ein öffentliches Register** (das beim Amtsgericht geführte Vereins-, Genossenschafts- bzw. Handelsregister) entstehen, werden die **juristischen Personen** des **öffentlichen Rechts** (z. B. Bund, Länder, Gemeinden, Rundfunkanstalten, Sozialversicherungsträger, Deutsche Bundesbank) **durch Gesetz** errichtet.

Arten der juristischen Personen

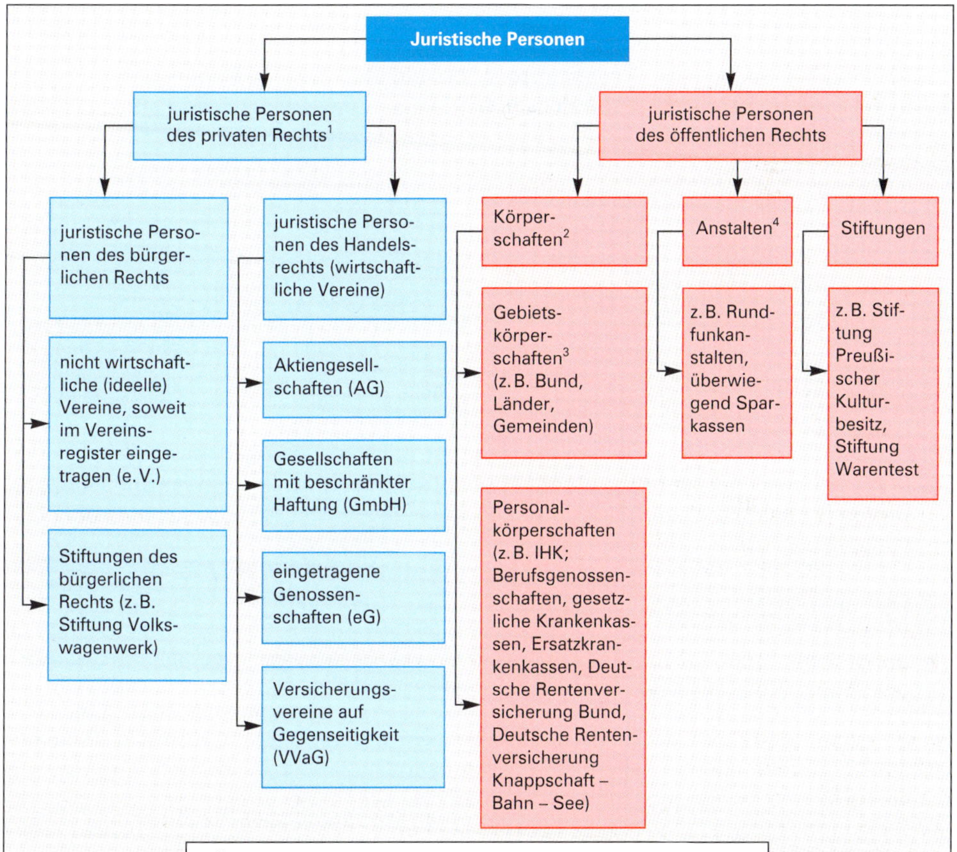

Überblick über wichtige Arten der juristischen Personen

1 Nicht enthalten sind in dem Überblick die Europäische Gesellschaft (SE), die Limited Company und die Unternehmergesellschaft (haftungsbeschränkt). Diese **Kapitalgesellschaften** haben für die Versicherungen in Deutschland (noch) keine Bedeutung.

2 Körperschaften sind wesentlich auf die Mitgliedschaft der ihnen angehörenden Personen aufgebaut, somit – im Gegensatz zu den Anstalten des öffentlichen Rechts – verbandsmäßig organisiert (freiwillige Mitgliedschaft oder Zwangsmitgliedschaft wie z. B. der Ärzte und Rechtsanwälte in Ärzte- bzw. Rechtsanwaltskammern).

3 Maßgebend für die Mitgliedschaft einer Person ist ihr Wohnsitz. Der Hoheitsbereich einer Gebietskörperschaft wird durch einen räumlich abgegrenzten Teil des Staatsgebiets bestimmt (z. B. Gebiet einer Gemeinde, eines Gemeindeverbands).

4 Die einem bestimmten Nutzungszweck dienenden Anstalten sind öffentlich-rechtliche Verwaltungseinrichtungen und – im Unterschied zu den Körperschaften des öffentlichen Rechts – nicht mitgliedschaftlich organisiert. Die Benutzer der Anstalt (z. B. Rundfunkhörer, Fernsehzuschauer) sind mithin keine Mitglieder der Anstalt (z. B. der Fernseh- und Rundfunkanstalten). Die Rechtsbeziehungen zwischen der Anstalt und ihren Benutzern regelt die sogenannte Anstaltsordnung (Satzungsgewalt und weitere Selbstverwaltungsrechte der Anstalten).

7.1.2 Öffentliches Recht und Privatrecht

1. Öffentliches Recht

Das öffentliche Recht regelt folgende Rechtsbeziehungen:

- Die internen Rechtsverhältnisse der Träger öffentlicher Gewalt (des Bundes, der Länder, Kreise, Gemeinden usw.) und
- deren Rechtsverhältnisse zueinander (z.B. die Rechtsbeziehungen zwischen dem Bund und einzelnen Bundesländern) sowie
- die Rechte und Pflichten des einzelnen Staatsbürgers zum Staat.

Das öffentliche Recht setzt Rechtsnormen für die Rechtsbeziehungen des einzelnen Staatsbürgers zur öffentlichen Gewalt (z. B. betreffs der Staatsangehörigkeit, Steuerpflicht und des Wahlrechts).

Folgende zwei Wesensmerkmale zeichnen das öffentliche Recht aus:

- **Prinzip der Unterordnung des einzelnen Staatsbürgers.** Im Rahmen des öffentlichen Rechts ist der einzelne Staatsbürger dem Staat (den Trägern der öffentlichen Gewalt) *untergeordnet* und *eingeordnet.*

  Wer beispielsweise einen Musterungsbescheid oder einen Steuerbescheid erhält, der kann nicht nach dem Grundsatz der Gleichberechtigung und Gleichordnung mit dem Staat über den Zeitpunkt der Einberufung und über die Höhe der Steuer verhandeln und, wenn man sich nicht einigen sollte, die Einberufung oder Steuerzahlung einfach ablehnen.

- **Zwingendes Recht.** Das öffentliche Recht ist meistens **zwingendes Recht.** Für den einzelnen Staatsbürger bestehen keine Wahlmöglichkeiten, wie dies beim Privatrecht (Zivilrecht) der Fall ist.

Im öffentlichen Recht gibt es keine Vertragsfreiheit. Im **Vordergrund** stehen die **Interessen** der **Allgemeinheit.**

Das öffentliche Recht legt dem einzelnen Staatsbürger Pflichten auf (z.B. Steuerpflichten, Wehrpflicht, Versicherungspflicht in der gesetzlichen Sozialversicherung), es verbietet ihm bestimmte Handlungen (z.B. die rechtswidrige Gefährdung von Leben, Gesundheit und Eigentum anderer Staatsbürger) und sichert die Freiheitsrechte des einzelnen Staatsbürgers (auch vor Übergriffen des Staates), indem es beispielsweise die Freiheit der Berufswahl, Niederlassungsfreiheit, die freie Meinungsäußerung garantiert.

Äußere Kennzeichen für Handlungen im Rahmen des öffentlichen Rechts sind Verbote, Gebote, Weisungen, Auflagen, Anordnungen, Bescheide, Zwang und Strafen.

Beispiele:

Die zwangsweise Vorführung eines schulpflichtigen Schülers durch die Polizei, der Steuerbescheid, das Bauverbot, die Strafe wegen wiederholter Vorfahrtsverletzungen, die Pflichtversicherung in der gesetzlichen Sozialversicherung, die Auflage des Bürgermeisteramtes an den Hauseigentümer, den Gehweg im Winter zu streuen.

2. Privatrecht

Das Privatrecht (auch Zivilrecht genannt) regelt

- die Rechte und Pflichten des einzelnen Staatsbürgers für sich allein und
- im Verhältnis zu den Rechten und Pflichten der anderen Staatsbürger (Rechtsgenossen) nach dem Grundsatz der *Gleichberechtigung (Gleichordnung).*

Folgende zwei Wesensmerkmale zeichnen das Privatrecht aus:

- **Grundsatz der Gleichordnung.** Im Privatrecht sind alle Rechtsgenossen nach dem Grundsatz der *Gleichordnung* gleichgestellt. Das Privatrecht regelt somit die Rechtsstellung der Rechtsgenossen auf dem Boden der *Gleichberechtigung.*

  Kein Staatsbürger kann beispielsweise einen anderen Bürger rechtlich zum Abschluss eines Kaufvertrags oder Mietvertrags zwingen.

- **Nachgiebiges Recht.** Das Privatrecht ist meistens *nachgiebiges Recht.* Der Inhalt, der Zeitpunkt des Vertragsabschlusses, die Zeitdauer eines Vertragsverhältnisses usw. kann zwischen den Vertragspartnern, von bestimmten Ausnahmen abgesehen, grundsätzlich frei vereinbart werden.

Kennzeichnend für das Privatrecht ist der *Vertrag* und die *Vertragsfreiheit.* Im **Vordergrund** stehen die **Interessen** des **einzelnen Rechtssubjekts.**

Die Grenzen zwischen dem Privatrecht und dem öffentlichen Recht sind oft nicht leicht zu ziehen, da der Staat und die öffentlich-rechtlichen Körperschaften nicht nur Träger der öffentlichen Gewalt, sondern auch Vertragspartner im Wirtschaftsleben sind.

Nach der Subordinationstheorie liegt immer dann öffentliches Recht vor, wenn der Staat in hoheitlicher Funktion Privatpersonen gegenübersteht, und Privatrecht, wenn der Staat auf gleicher Ebene mit Privatpersonen verhandelt.

Aufgaben

1. Unterscheiden Sie zwischen natürlichen und juristischen Personen! Erläutern Sie in diesem Zusammenhang den Begriff Rechtsfähigkeit!
2. Warum haben juristische Personen Organe?
3. Erläutern Sie die Merkmale des öffentlichen Rechts und des Privatrechts!
4. Begründen Sie folgende Aussage:

   „Die Unterscheidung zwischen dem Privatrecht und öffentlichen Recht lässt sich in jeder Rechtsordnung finden. Je nach dem vorherrschenden Gesellschaftssystem ist die Unterscheidung in diese beiden Rechtsbereiche von großer oder weniger großer Bedeutung. Je mehr nämlich der Staat in die Wirtschaft lenkend und planend eingreift, je mehr Personen der Staat in die gesetzliche Sozialversicherung zwingt, desto mehr tritt das Privatrecht hinter dem öffentlichen Recht zurück. Die Unterscheidung verliert an grundsätzlicher Bedeutung …"

7.1.3 Kaufmann nach Handelsrecht (HGB)

Ein kaufmännischer Angestellter wird nach seinem Beruf gefragt. Er antwortet: „Kaufmann". Diese Antwort ist im täglichen Sprachgebrauch zwar häufig zu hören, aber im Sinne des Handelsgesetzbuchs (HGB) falsch.

Begriff und Arten der Kaufleute

■ **Kaufmann** im Sinne des HGB ist, wer ein **Handelsgewerbe** betreibt [§ 1 I HGB].

Was ein Handelsgewerbe ist, sagt § 1 II HGB. Danach ist jeder Gewerbebetrieb ein Handelsgewerbe, der einen nach Art oder Umfang in kaufmännischer Weise eingerichteten Geschäftsbetrieb erfordert.

Ein Gewerbebetrieb liegt vor, wenn die Tätigkeit

- selbstständig und auf Dauer angelegt ist,
- planmäßig betrieben wird,
- auf dem Markt nach außen hervortritt,
- nicht gesetzes- oder sittenwidrig ist und
- in der Regel eine Gewinnerzielungsabsicht beinhaltet.

Merkmale eines kaufmännisch eingerichteten Geschäftsbetriebs sind z.B. doppelte Buchführung, Erreichung eines bestimmten Umsatzes, mehrere Beschäftigte, Produktvielfalt (Sach- und/oder Dienstleistungen), Gewinnziel und Zahl der Betriebsstätten.

Istkaufleute

Gewerbetreibende, deren Unternehmen eine kaufmännische Einrichtung erforderlich macht, sind in *jedem Fall* Kaufleute, gleichgültig, ob sie bereits im Handelsregister eingetragen sind oder nicht. Man spricht deswegen auch von **Istkaufleuten** [§ 1 HGB].

Die Istkaufleute sind verpflichtet, sich mit ihrer Firma und mit sonstigen wichtigen Merkmalen ihres Handelsgewerbes (z.B. Niederlassungsort, inländische Geschäftsanschrift, Zweck des Unternehmens, Gesellschafter) ins Handelsregister (Kapitel 7.1.4) eintragen zu lassen (siehe §§ 13, 29 HGB). Die Eintragung erklärt dann nur noch nach außen, dass es sich um ein kaufmännisches Unternehmen handelt. Die Eintragung wirkt **deklaratorisch.**[1]

Kaufleute unterliegen vor allem den **Vorschriften des HGB**. Sie können z.B. eine Firma führen, Bürgschaftsverträge auch mündlich rechtswirksam abschließen oder Prokura erteilen.

Abgrenzung des Begriffs Kaufmann vom Nichtkaufmann

Gewerbetreibende, deren Unternehmen *keinen* nach Art oder Umfang eines in kaufmännischer Weise eingerichteten Geschäftsbetrieb erforderlich macht, sind keine Kaufleute. Hierzu gehören vor allem alle **Kleinbetriebe,** sofern diese nicht in der Rechtsform einer Personengesellschaft[2] oder Kapitalgesellschaft[3] geführt werden.

Für freie Berufe bietet sich die Rechtsform der Partnerschaftsgesellschaft an (Näheres siehe §§ 1ff. PartGG).

---

1 Deklaratorisch (lat.) = erklärend, rechtserklärend. Deklaration (lat.) = Erklärung, die etwas Grundlegendes enthält.

2 Siehe Kapitel 7.3.

3 Siehe Kapitel 7.4.

Kannkaufleute

Kleinbetriebe unterliegen vor allem den **Vorschriften des BGB**. Gewerbliche Unternehmen, die nicht bereits nach § 1 II HGB ein Handelsgewerbe sind, gelten dann als Handelsgewerbe, wenn die Firma des Unternehmens in das Handelsregister eingetragen ist. Die Unternehmer sind berechtigt, aber nicht verpflichtet, die Eintragung ihrer Unternehmen in das Handelsregister herbeizuführen [§ 2 HGB]. Kleingewerbetreibende können auch die Rechtsform einer OHG oder KG wählen [§ 105 II HGB]. Sie zählen deshalb zu den **Kannkaufleuten**.

Auch die Inhaber land- und forstwirtschaftlicher Betriebe und/oder ihrer Nebenbetriebe haben die Möglichkeit (die Eintragungsoption), sich ins Handelsregister eintragen zu lassen. Voraussetzung ist, dass diese Betriebe einen nach Art und Umfang in kaufmännischer Weise eingerichteten Geschäftsbetrieb erfordern [§ 3 II, III HGB].

Bei den Kannkaufleuten wirkt die Handelsregistereintragung **konstitutiv**[1]. Dies bedeutet, dass die Kaufmannseigenschaft erst mit der Handelsregistereintragung erworben wird.

Kaufleute kraft Rechtsform

Kaufleute kraft Rechtsform **(Formkaufleute)** sind die juristischen Personen des Handelsrechts ohne Rücksicht auf die Art der betriebenen Geschäfte und die Betriebsgröße. Das wichtigste Beispiel für einen Kaufmann kraft Rechtsform ist die Aktiengesellschaft (AG),[2] die mit der Eintragung in das Handelsregister Kaufmann wird. Auch die Gesellschaft mit beschränkter Haftung (GmbH)[3] und die eingetragene Genossenschaft (eG) sind den Kaufleuten kraft Rechtsform gleichgestellt (vgl. § 6 I HGB, § 3 I AktG, § 13 III GmbHG und § 17 II GenG). Während sich die Handelsgesellschaften ins Handelsregister eintragen lassen müssen, wird die Genossenschaft ins Genossenschaftsregister, das ebenfalls beim zuständigen Amtsgericht geführt wird, eingetragen.

Bei den **Formkaufleuten** wirkt die Handelsregistereintragung **konstitutiv**.

Arten der Kaufleute		
Istkaufleute	**Kannkaufleute**	**Kaufleute kraft Rechtsform (Formkaufleute)**
Alle Gewerbebetriebe, die nach Art oder Umfang einen in kaufmännischer Weise eingerichteten Geschäftsbetrieb benötigen	1. Kleinbetriebe 2. Land- und forstwirtschaftliche Betriebe, die nach Art und Umfang eine kaufmännische Einrichtung benötigen	Juristische Personen des Handelsrechts
Eintragung ins Handelsregister Pflicht	**Eintragung ins Handelsregister freiwillig**	**Eintragung ins Handelsregister Pflicht**
Eintragung wirkt deklaratorisch	Eintragung wirkt konstitutiv	

1 Konstitutiv (lat.) = rechtsbegründend, rechtschaffend. Konstitution (lat.) = Verfassung, Rechtsbestimmung.

2 Näheres siehe Kapitel 7.4.1.

3 Zur GmbH siehe Kapitel 7.4.2.

20 Hartmann-Härter-Seifert - ISBN 978-3-8120-0412-1

7.1.4 Handelsregister

Begriff und Führung des Handelsregisters

- Das **Handelsregister** ist ein amtliches, öffentliches Verzeichnis aller Kaufleute und Handelsgesellschaften, das von den Gerichten elektronisch geführt wird [§§ 8, 8a HGB; §§ 374 Nr. 1, 376f. FamFG; §§ 1, 7 HRV]. Für die Genossenschaften wird ein besonderes Genossenschaftsregister elektronisch geführt [§ 10 GenG].

Für die Führung des Handelsregisters ist ein **Amtsgericht,** in dessen Bezirk ein Landgericht seinen Sitz hat, für den Bezirk dieses Landgerichts zuständig [§ 376 I FamFG]. Die Landesregierungen sind ermächtigt, durch Rechtsverordnungen die Führung des Handelsregisters auch anderen oder zusätzlichen Amtsgerichten zu übertragen und die Bezirke der Gerichte anders festzulegen, wenn dies z.B. einer schnelleren und rationelleren Führung des Handelsregisters dient.[1] Mehrere Länder können die Zuständigkeit eines Gerichts auch über die Landesgrenzen hinaus vereinbaren [§ 376 II FamFG]. Die Landesregierungen können durch Rechtsverordnungen bestimmen, dass die Handelsregisterdaten eines Gerichts auch bei anderen Amtsgerichten eines Landes und die bei den Amtsgerichten eines Landes geführten Handelsregisterdaten auch bei den Amtsgerichten eines anderen Landes zur Einsicht und Erteilung von Ausdrucken zugänglich sind (Näheres siehe § 387 FamFG).[1]

Örtlich ist ausschließlich das Gericht zuständig, in dessen Bezirk sich die Niederlassung des Einzelkaufmanns oder der Geschäftssitz der Gesellschaft (z.B. der OHG, AG) befindet [§ 377 I FamFG].

Handelsregisteranmeldungen, Einreichungen und Rechtswirksamkeit

Anmeldungen von Handelsregistereintragungen sind elektronisch in öffentlich beglaubigter Form, Dokumente elektronisch einzureichen (Näheres siehe § 12 HGB, § 39a BeurkG).[2] Die Handelsregistereintragungen sind rechtswirksam, sobald diese in dem für die Handelsregistereintragung bestimmten Datenspeicher aufgenommen sind und auf Dauer inhaltlich unverändert in lesbarer Form wiedergegeben werden können (§ 8a I HGB, siehe auch § 8a II HGB).

Aufgabe des Handelsregisters

Das Handelsregister hat die Aufgabe, der *Öffentlichkeit* die Rechtsverhältnisse der eingetragenen kaufmännischen Gewerbebetriebe offenzulegen. Es gibt z.B. Auskunft über die Firma, die Rechtsform, den Gegenstand des Unternehmens, den (oder die) Geschäftsinhaber, die Haftungsverhältnisse, den Ort der Handelsniederlassung, die Vertretungsbefugnisse der Vertretungsorgane der Unternehmen und den Tag der Handelsregistereintragung (Näheres siehe §§ 40, 43, 50 I mit Anlagen 4 und 5 HRV).

Bedeutung des Handelsregisters

Jeder hat das Recht, in das Handelsregister und in die zum Handelsregister eingereichten Dokumente zu **Informationszwecken** Einsicht zu nehmen und einen Ausdruck bzw. eine Abschrift zu verlangen (Näheres siehe § 9 HGB, § 10 HRV). Die Handelsregistereintragungen werden von dem Gericht in dem von der Landesjustizverwaltung bestimmten elektronischen Informations- und Kommunikationssystem in der zeitlichen Folge der Eintragun-

1 Diese Ermächtigung kann von den Landesregierungen durch eine Rechtsverordnung auch auf die Landesjustizverwaltungen übertragen werden [§§ 376 II, S. 2; 387 I, S. 2 FamFG].

2 Im Auftrag des zuständigen Amtsgerichts kann die elektronische Datenverarbeitung zur Führung des Handelsregisters auch auf den Anlagen einer anderen staatlichen Stelle oder auf den Anlagen eines Dritten erfolgen, wenn die ordnungsgemäße Erledigung der Registersachen sichergestellt ist [§ 387 V FamFG].

gen bekannt gemacht (Näheres siehe §§ 10, 11 HGB; §§ 32, 33 mit Anlage 3 HRV) **(Öffentlichkeit des Handelsregisters).**[1]

Das Handelsregister genießt **öffentlichen Glauben**: Zum Schutz des Vertrauens Dritter auf die bekannt gemachten Handelsregistereintragungen gilt die *Vermutung der Richtigkeit* der Handelsregistereintragungen (Vertrauensschutz).

Aufbau (Gliederung) des Handelsregisters

Das Handelsregister besteht aus zwei Abteilungen [§ 3 I HRV].

In die **Abteilung A** werden u. a. eingetragen [§ 3 II HRV]: Die Einzelkaufleute, die offenen Handelsgesellschaften und die Kommanditgesellschaften. In die **Abteilung B** werden u. a. eingetragen [§ 3 III HRV]: Die Aktiengesellschaften, die Kommanditgesellschaften auf Aktien, die Gesellschaften mit beschränkter Haftung und die Versicherungsvereine auf Gegenseitigkeit.[2]

7.1.5 Firma

1. Begriffe Firma und Firmenschutz

- Die **Firma** ist der im Handelsregister eingetragene Name, unter dem ein Kaufmann sein Handelsgewerbe betreibt und seine Unterschrift abgibt [§ 17 I HGB]. Der Kaufmann kann unter seiner Firma klagen und verklagt werden [§ 17 II HGB].

Das Recht an einer bestimmten Firma ist gesetzlich geschützt. Das Gesetz (HGB) schützt den Inhaber einer Firma beispielsweise vor der Annahme einer nicht deutlich abweichenden Firma durch einen anderen Kaufmann am selben Ort [§ 30 HGB]. Wer eine ihm nicht zustehende Firma gebraucht, ist vom Registergericht zur Unterlassung des Gebrauchs der Firma durch Festsetzung von Ordnungsgeld anzuhalten [§ 37 I HGB]. Bei unrechtmäßiger Firmenführung durch ein anderes Unternehmen kann der in seinen Rechten Verletzte die Unterlassung des Gebrauchs der Firma und unter bestimmten Voraussetzungen auch Schadensersatz nach § 37 II HGB verlangen. Weiteren Schutz genießt die Firma z. B. nach § 12 BGB und § 5 MarkenG.

Eintragungsfähigkeit besteht – unabhängig von der Rechtsform des Unternehmens – für jede Firma, die folgende Bedingungen erfüllt:

1. Sie muss zur Kennzeichnung des Kaufmanns geeignet sein und sich deutlich von anderen Firmen unterscheiden [§ 18 I HGB].
2. Die Gesellschaftsverhältnisse müssen ersichtlich sein [§ 19 I HGB].
3. Die Haftungsverhältnisse müssen offengelegt werden [§ 19 II HGB].
4. Die Firma darf nicht irreführend sein [§ 18 II HGB]. Eine Firma ist von der Eintragung ins Handelsregister ausgeschlossen, wenn sie Angaben enthält, die *ersichtlich* geeignet sind, über geschäftliche Verhältnisse, die für die angesprochenen Verkehrskreise wesentlich sind, irrezuführen.

---

1 Handelsregistereintragungen, deren Bekanntmachung und zum Handelsregister eingereichte Dokumente sind auch über die Internetseite des grundsätzlich vom Bundesministerium der Justiz elektronisch geführten **Unternehmensregisters** zugänglich (Näheres siehe §§ 8b, 9 VI, 9a HGB; §§ 1ff. URV und S. 527).

2 Die Führung des Handelsregisters (z. B. die Form der Eintragungen, Änderungen und Löschungen der Handelsregistereintragungen) ist vor allem in den §§ 12ff. der Handelsregisterverordnung (HRV) geregelt.

2. Firmenarten und Rechtsformzusätze

Wenn die auf S. 307 genannten vier Voraussetzungen erfüllt sind, können die einzutragenden Unternehmen zwischen folgenden **Firmenarten** wählen:

Personenfirmen	Sie enthalten einen oder mehrere *Personennamen* (z.B. Carola Müller OHG, Schneider & Bauer KG).
Sachfirmen	Sie sind dem Zweck (dem Gegenstand) des Unternehmens entnommen (z.B. Nürnberger Möbelwerke GmbH, Dresdner Metallwarenfabrik AG).
Fantasiefirmen	Sie sind erdachte Namen (z.B. Fantasia Verlagsgesellschaft mbH, Impex OHG).
Gemischte Firmen	Sie enthalten *sowohl* einen oder mehrere Personennamen, einen dem Gegenstand (Zweck) des Unternehmens entnommenen Begriff und/oder einen Fantasienamen (z.B. Dyckerhoff Zementwerke Aktiengesellschaft, Arzneimittelgroßhandlung Peter & Schmid OHG; Fantasia Ferienpark GmbH). Gemischte Firmen kommen sowohl bei Einzelunternehmen, Personengesellschaften und Kapitalgesellschaften vor.

Eine Firma besteht aus dem **Firmenkern** und gegebenenfalls aus dem Firmenkern und einem oder mehreren **Firmenzusätzen.**

Zwingend vorgeschrieben sind die **Rechtsformzusätze**:

- Die Firma der **Einzelkaufleute** muss die Bezeichnung „eingetragener Kaufmann“ bzw. „eingetragene Kauffrau“ enthalten. Allgemein verständliche Abkürzungen dieser Bezeichnungen sind zulässig (z. B. e. K., e. Kfm., e. Kfr.) [§ 19 I, Nr. 1 HGB].
- Die Firma der **Personengesellschaften** muss die Bezeichnung „offene Handelsgesellschaft“ bzw. „Kommanditgesellschaft“ aufweisen. Allgemein verständliche Abkürzungen dieser Bezeichnungen wie z.B. OHG bzw. KG sind zulässig [§ 19 I, Nr. 2 und 3 HGB].
- Die Firma der **Aktiengesellschaften** muss die Bezeichnung „Aktiengesellschaft“ [§ 4 AktG], die Firma der **Gesellschaften mit beschränkter Haftung** die Bezeichnung „Gesellschaft mit beschränkter Haftung“ enthalten [§ 4 GmbHG].[1] Allgemein verständliche Abkürzungen dieser Bezeichnungen sind zulässig (z.B. AG bzw. GmbH).

Freiwillige Firmenzusätze haben die Aufgabe, den Informationsgehalt einer Firma zu verstärken.

Beispiel:

Die Inhaberin eines Schuhgeschäfts firmiert wie folgt: „Inge Kern e.K. – Schuhfachgeschäft“.

1 Eine Gesellschaft, die mit einem geringeren Stammkapital als dem Mindeststammkapital von 25000,00 Euro (siehe § 5 I GmbHG) gegründet wird, muss in ihrer Firma (abweichend von § 4 GmbHG), den **Rechtsformzusatz Unternehmergesellschaft (haftungsbeschränkt)** oder **UG (haftungsbeschränkt)** enthalten [§ 5a I GmbHG].

3. Pflichtangaben auf Geschäftsbriefen

Für sämtliche **Kaufleute**[1] sind folgende Angaben auf **Geschäftsbriefen** (gleichviel welcher Form), **die an einen bestimmten Empfänger gerichtet sind, verpflichtend** vorgeschrieben [§ 37a HGB]:

(1) Firma, (2) mit der Bezeichnung nach § 19 I, Nr. 1 HGB (z. B. „eingetragener Kaufmann", „eingetragene Kauffrau"); (3) Ort der Handelsniederlassung; (4) Registergericht und (5) Nummer, unter der die Firma in das Handelsregister eingetragen ist.

4. Firmengrundsätze

Firmenwahrheit und -klarheit	Die Firma darf nicht über Art und/oder Umfang des Geschäfts täuschen [§ 18 II HGB; § 4 GmbHG; §§ 4, 279 AktG; § 3 GenG].
Firmen-ausschließlichkeit	Jede neue Firma muss sich von anderen an demselben Ort oder in derselben Gemeinde bereits bestehenden und in das Handels- oder Genossenschaftsregister eingetragenen Firmen deutlich unterscheiden. Bei gleichen Familiennamen der Inhaber muss ein Firmenzusatz eine eindeutige Unterscheidung ermöglichen (siehe § 30 I, II, III HGB).
Firmen-beständigkeit[2]	Die bisherige Firma kann beibehalten werden, wenn sich der Name des Inhabers ändert (z. B. bei Heirat), das Unternehmen durch einen neuen Inhaber fortgeführt wird (z. B. bei Verkauf oder Erbschaft) oder bei Eintritt eines zusätzlichen Mitinhabers (Gesellschafters) (vgl. §§ 21–24 HGB). Auch wenn die Firma fortgeführt wird, muss sie den zwingend vorgeschriebenen **Rechtsformzusatz** wie „eingetragener Kaufmann", „eingetragene Kauffrau", „offene Handelsgesellschaft" oder „Kommanditgesellschaft" bzw. die allgemein verständlichen Abkürzungen dieser Bezeichnungen enthalten [§ 19 I HGB].
Firmenöffentlichkeit	Jeder Kaufmann ist verpflichtet, seine Firma, den Ort und die inländische Geschäftsanschrift seiner Handelsniederlassung sowie deren spätere Änderungen und das Erlöschen seiner Firma zur Eintragung in das zuständige Handelsregister beim zuständigen Gericht („Registergericht") anzumelden [§§ 29, 31 HGB].[3]

1 Pflichtangaben auf Geschäftsbriefen bestehen auch für die offene Handelsgesellschaft [§ 125a HGB], die Kommanditgesellschaft [§ 177a HGB], die Aktiengesellschaft [§ 80 AktG], die Gesellschaft mit beschränkter Haftung [§ 35a GmbHG] und die eingetragene Genossenschaft [§ 25a GenG].

2 Voraussetzung für die Weiterführung der Firma ist die ausdrückliche Einwilligung des bisherigen Inhabers oder dessen Erben. Der Grundsatz der Firmenbeständigkeit kann dem Grundsatz der Firmenwahrheit widersprechen, ist aber aus wirtschaftlichen Gründen gerechtfertigt. Denn viele alteingesessene Unternehmen haben sich im Laufe der Zeit einen guten Ruf erworben, sind also bei ihren Kunden bekannt. Um diesen Geschäftswert (Goodwill) nicht aufs Spiel zu setzen, muss es den Unternehmen erlaubt sein, auch bei Änderungen der Rechtsverhältnisse den bisherigen Namen beizubehalten. Dieser Grundsatz der Firmenbeständigkeit wird jedoch durch das „Täuschungsverbot" des § 18 II HGB eingeschränkt. Danach bedarf eine Änderung der Rechtsform eines Unternehmens auch einer Änderung der Firma durch den betreffenden **Rechtsformzusatz.** Die Firmenwahrheit durch den richtigen „Rechtsformzusatz" hat Vorrang vor der Firmenbeständigkeit.

3 Wenn die Anmeldung des Erlöschens einer im Handelsregister eingetragenen Firma durch die hierzu Verpflichteten (z.B. Einzelkaufleute) nicht erfolgt und auch nicht durch das vom Registergericht festgesetzte Zwangsgeld (siehe § 14 HGB) herbeigeführt werden kann, dann wird das Erlöschen der Firma von Amts wegen oder auf Antrag der berufsständischen Organe (z. B. der Industrie- und Handelskammer) durch das Gericht im Handelsregister eingetragen [§ 31 II, S. 2 HGB; § 393 I FamFG].

5. Haftung bei Übernahme eines Handelsgeschäfts

Wer ein Handelsgeschäft erwirbt und dieses unter Beibehaltung der bisherigen Firma mit oder ohne Beifügung eines das Nachfolgeverhältnis andeutenden Zusatzes fortführt, *haftet für alle* im Betrieb des Geschäfts begründeten Verbindlichkeiten des früheren Inhabers [§ 25 I HGB]. Eine abweichende Vereinbarung ist Dritten gegenüber nur wirksam, wenn sie in das Handelsregister eingetragen und bekannt gemacht oder von dem Erwerber bzw. dem Veräußerer dem Dritten mitgeteilt wurde [§ 25 II HGB].

Wird die Firma nicht fortgeführt, haftet der Erwerber für die früheren Geschäftsverbindlichkeiten grundsätzlich nur dann, wenn ein **besonderer Verpflichtungsgrund** vorliegt, insbesondere wenn die Übernahme der Verbindlichkeiten vom Erwerber in handelsüblicher Weise (z. B. durch Rundschreiben) bekannt gemacht worden ist [§ 25 III HGB].

Aufgaben

1. Frau Erna Stehlin betreibt in Wolfshausen ein Blumengeschäft. Ihr Gewerbebetrieb erfordert keinen nach Art oder Umfang in kaufmännischer Weise eingerichteten Geschäftsbetrieb. Dennoch möchte sich Frau Stehlin ins Handelsregister eintragen lassen.

   1.1 Wie kann die Firma lauten? Machen Sie drei Vorschläge!

   1.2 Frau Stehlin möchte wie folgt firmieren:

   Die Pusteblume e. K.

   Beurteilen Sie, ob diese Firma zulässig ist!

   Auf den Rat eines Bekannten meldet Frau Stehlin beim Amtsgericht folgende Firma an:

   Die Pusteblume
Inh. Erna Stehlin e. K.

   Die Eintragung erfolgt am 24. Mai 01.

   1.3 Welche Konsequenz (Folge) hat die Handelsregistereintragung für Frau Stehlin?

2. 2.1 Erklären Sie Begriff und Aufgabe des Handelsregisters!

   2.2 Das Handelsregister genießt öffentlichen Glauben. Was ist hierunter zu verstehen?

3. Der Installateurmeister Ernst Kopf hat vor Jahren einen kleinen Reparaturbetrieb gegründet, der sich gut entwickelte. Heute beschäftigt er fünf Gesellen und zwei Angestellte. Sein Betrieb ist kaufmännisch voll durchorganisiert. Im Handelsregister ist Ernst Kopf nicht eingetragen.

   3.1 Beurteilen Sie, ob Herr Kopf Kaufmann ist!

   Der Steuerberater Klug macht Herrn Kopf darauf aufmerksam, dass er seinen Gewerbebetrieb ins Handelsregister eintragen lassen muss.

   3.2 Machen Sie einen Vorschlag, wie die Firma lauten könnte.

   Herr Kopf lässt sich am 15. Februar 01 unter der Firma „Ernst Kopf e. K. – Installateurfachbetrieb" ins Handelsregister eintragen.

   3.3 Welche Wirkung hat die Handelsregistereintragung?

7.2 Einzelunternehmen

Merkmale der Einzelunternehmen

Gründung	Die Gründung und Weiterführung des Unternehmens erfolgt durch den Einzelunternehmer, der *alleiniger* Inhaber (Gesellschafter) des Unternehmens ist. Für die Gründung bestehen keine gesetzlichen Formvorschriften.
Firma	Die Firma muss die Bezeichnung „eingetragene Kauffrau" bzw. „eingetragener Kaufmann" oder eine allgemein verständliche Abkürzung dieser Bezeichnung enthalten [§ 19 I, Nr. 1 HGB].
Kapitalhöhe	Über die Höhe des aufzubringenden Eigenkapitals gibt es keine gesetzliche Vorschrift (Grundsatz der Gewerbefreiheit). Der Einzelunternehmer bringt das Eigenkapital selbst auf.
Geschäftsführung (Innenverhältnis)	Die Leitung des Unternehmens obliegt allein dem Einzelunternehmer („Inhaber"), d.h., er trifft Anordnungen in „seinem" Betrieb, ohne andere anhören zu müssen, es sei denn, die Mitbestimmungsrechte der Belegschaft stehen dem entgegen.
Vertretung (Außenverhältnis)	Gegenüber Dritten (nach „außen") vertritt allein der Inhaber das Unternehmen. Er schließt alle das Geschäft betreffenden Rechtsgeschäfte ab (z.B. Abschluss von Kaufverträgen und Mietverträgen). Allerdings hat der Einzeunternehmer die Möglichkeit, bestimmten Mitarbeitern **Vollmachten**[1] zu erteilen.
Haftung	Aus der Rechtsstellung des Einzelunternehmers heraus folgt, dass er für die Verbindlichkeiten seines Unternehmens *unbeschränkt* haften muss, d.h. mit seinem Geschäfts- und mit seinem sonstigen Privatvermögen. Die unbeschränkte Haftung wird in der Praxis jedoch häufig dadurch umgangen, dass verheiratete Einzelunternehmer mit ihren Ehefrauen die Gütertrennung vereinbaren. Überträgt der Unternehmer dann den Großteil seines Privatvermögens rechtzeitig auf die Ehefrau, sind diese Vermögenswerte grundsätzlich dem Zugriff der Gläubiger entzogen.
Gewinn	Der Gewinn steht dem Inhaber allein zu, es sei denn, er hat mit seiner Belegschaft eine Gewinnbeteiligung vereinbart. Andererseits hat er den Verlust ebenfalls allein zu tragen.
Auflösung	Die Auflösung des Geschäfts liegt ebenfalls allein im Entscheidungsbereich des Einzelunternehmers, es sei denn, das Unternehmen wird wegen Zahlungsunfähigkeit im Rahmen eines Insolvenzverfahrens[2] aufgelöst. Auch die Umwandlung in eine andere Rechtsform (z.B. in eine OHG) führt zur Beendigung (Auflösung) des Einzelunternehmens.

1 Zu den grundlegenden gesetzlichen Vorschriften der Vollmacht siehe §§ 164ff. BGB, zur Prokura und Handlungsvollmacht siehe §§ 48ff. HGB.

2 Insolvenz = Zahlungsunfähigkeit. Das Insolvenzrecht ist vor allem in der Insolvenzordnung (InsO) geregelt.

Vor- und Nachteile der Einzelunternehmen	
Vorteile (Gründungsmotive)	**Nachteile**
■ Keine Abstimmung der Entscheidungen mit anderen (Ausnahme: Mitbestimmung der Arbeitnehmer); ■ schnelle Entscheidungsmöglichkeiten; ■ daher schnelle Anpassung an veränderte wirtschaftliche Verhältnisse (z.B. Aufnahme neuer Produkte); ■ Klarheit und Eindeutigkeit der Unternehmensführung; ■ großes Eigeninteresse des Inhabers an der Arbeit (Gewinn als Leistungsanreiz), da ihm der Gewinn allein zusteht; ■ bei kleinen und mittelgroßen Unternehmen keine Publizitätspflicht (= Pflicht zur Veröffentlichung des Jahresabschlusses). Näheres siehe §§ 1ff. PublG, § 325 HGB.	■ Alleiniges Entscheidungsrecht liegt beim Einzelunternehmer (nachteilig bei unzureichender Qualifikation des Unternehmers, keine Kontrollorgane); ■ u.U. nachteilige Beeinflussung der betrieblichen Arbeit (des „Betriebsklimas") durch persönliche Charaktereigenschaften; ■ Gefahr, dass durch aufwendige Lebenshaltung des Inhabers die Existenz des Unternehmens aufs Spiel gesetzt wird; ■ (theoritisch) großes Haftungsrisiko, jedoch Begrenzung durch rechtzeitige Gütertrennung möglich; ■ im Vergleich zu Gesellschaftsunternehmen (z.B. OHG, AG) i.d.R. geringe Kapitalkraft und beschränkte Kreditbeschaffungsmöglichkeiten.

Bedeutung der Einzelunternehmen

Einzelunternehmen finden sich in allen Wirtschaftsbereichen. In der Landwirtschaft, im Einzelhandel und im Handwerk stellen Einzelunternehmen die vorherrschende Unternehmensform dar. In der Industrie, bei den Banken und den Versicherungsunternehmen sind dagegen die Gesellschaftsunternehmen die wichtigsten Unternehmensformen (siehe Kapitel 7.3, 7.4 und 7.5).

7.3 Die Personengesellschaft am Beispiel der offenen Handelsgesellschaft (OHG)

Herr Karl Wagner ist seit Jahren Inhaber einer Kraftfahrzeugreparaturwerkstatt. Sein Betrieb ging so gut, dass er inzwischen mehrere Arbeiter und Angestellte hat. Nun plant er, seinen Betrieb durch den Handel mit Neufahrzeugen zu erweitern. Als Kraftfahrzeugmeister scheut er sich jedoch vor den damit zusammenhängenden kaufmännischen Tätigkeiten. Außerdem benötigt er zusätzliche finanzielle Mittel. Er kennt einen langjährigen Autoverkäufer, Herrn Wunsch, der bereit ist, sich an dem erweiterten Geschäft mit 150000,00 € zu beteiligen und als mitarbeitender Gesellschafter mitzuwirken. Die von Wagner und Wunsch gegründete OHG wird in das Handelsregister eingetragen.

Merkmale der offenen Handelsgesellschaft

Begriff	Die offene Handelsgesellschaft (OHG) ist eine *Gesellschaft* (Zusammenschluss von mindestens zwei Personen), deren Zweck auf den Betrieb eines *Handelsgewerbes* (Produktions-, Handelsbetrieb) unter *gemeinschaftlicher Firma* gerichtet ist und bei der die Haftung *keines Gesellschafters gegenüber den Gesellschaftsgläubigern* (z.B. Verkäufern) *beschränkt* ist [§ 105 I HGB]. Die offene Handelsgesellschaft ist eine **Personengesellschaft** und mit bestimmten vorgeschriebenen Angaben (z.B. Firma, Sitz und inländische Geschäftsanschrift) von allen Gesellschaftern der OHG zur Handelsregistereintragung anzumelden [§§ 106ff. HGB].

Gründung	Die Gründung und Weiterführung der offenen Handelsgesellschaft erfolgt durch *mindestens* zwei Personen. Zur Gründung der OHG ist ein Gesellschaftsvertrag erforderlich, der zwar mündlich abgeschlossen werden kann, aus Gründen der Rechtssicherheit (Beweissicherheit) regelmäßig aber **schriftlich** abgeschlossen wird. Werden in die OHG Grundstücke eingebracht, ist **Schriftform** mit **notarieller Beurkundung** erforderlich (siehe § 311 b I, S. 1 BGB).
Inhalt des Gesellschaftsvertrags	Dieser regelt z. B. die Art und Höhe der Kapitaleinlage, die Gewinn- und Verlustverteilung, die Höhe der möglichen Privatentnahmen und die Rechte und Pflichten der Gesellschafter.
Firma	Die Firma ist der Geschäftsname der OHG, unter der sie Rechtsgeschäfte abschließt (z. B. Kaufverträge, Mietverträge, Pachtverträge, Arbeitsverträge). Die Bezeichnung „offene Handelsgesellschaft" oder eine allgemein verständliche Abkürzung dieser Bezeichnung (z. B. OHG) in der Firma ist zwingend vorgeschrieben [§ 19 I, Nr. 2 HGB]. **Beispiele:** Karl Wagner OHG, K. Wagner OHG, Wagner OHG, Wagner & Wunsch OHG, Freiburger Kraftfahrzeughandlung OHG.
Kapitalhöhe	Es besteht *keine* Vorschrift über die Höhe des Eigenkapitals. Die Höhe der Einlagen wird von den Gesellschaftern im Gesellschaftsvertrag vereinbart. Mit dieser Vereinbarung gehen die Gesellschafter die *Verpflichtung* ein, die entsprechenden Einlagen zu leisten.
Beginn der OHG	■ Im **Innenverhältnis** (Verhältnis der Gesellschafter untereinander) beginnt die OHG zum vereinbarten Termin. ■ Betreibt die OHG ein **Handelsgewerbe,**[1] so ist sie nach § 1 I HGB auch ohne Handelsregistereintragung Kaufmann. In diesem Fall ist die OHG im **Außenverhältnis** entstanden, sobald ein Gesellschafter im Namen der OHG Geschäfte tätigt, so z. B. beim Abschluss eines Kaufvertrags, spätestens jedoch nach Eintragung der OHG im Handelsregister (deklaratorische = rechtserklärende Wirkung der Handelsregistereintragung). ■ Wird kein Handelsgewerbe im Sinne des § 1 II HGB betrieben, beginnt die OHG im **Außenverhältnis** erst mit ihrer Eintragung in das Handelsregister (konstitutive = rechtsbegründende Wirkung der Handelsregistereintragung). (Siehe auch § 2 HGB.)

Pflichten und Rechte der Gesellschafter im Innenverhältnis[2]

1. Pflichten der Gesellschafter im Innenverhältnis

- **Fristgemäße Leistung der festgesetzten Kapitaleinlage.** Diese kann in Geld, in Sachwerten und/oder in Rechtswerten erfolgen (z. B. Buchgeld, Gebäude, Grundstücke, Maschinen, Patente).

---

1 Ein **Handelsgewerbe** ist jeder Gewerbebetrieb, der nach Art oder Umfang seiner Geschäfte einen in kaufmännischer Weise eingerichteten Geschäftsbetrieb erfordert (z. B. kaufmännische Buchführung, mehrere Niederlassungen/Zweigstellen) [§ 1 II HGB].

2 Innenverhältnis = Rechtsbeziehungen der Gesellschafter untereinander. Es gelten die gesetzlichen Bestimmungen des HGB und die Vereinbarungen zwischen den Gesellschaftern.

Das persönliche Eigentum der Gesellschafter an ihren Einlagen erlischt. Die Einlagen der Gesellschafter werden (trotz getrennter Verbuchung ihrer einzelnen Kapitalanteile) *gemeinschaftliches* Vermögen aller Gesellschafter (Gesamthandsvermögen) (siehe §§ 718ff. BGB, § 105 III HGB).

- **Persönliche Arbeitsleistung** (Geschäftsführung: § 114 I HGB). Die OHG wird allein schon deshalb zu den Personengesellschaften gerechnet.
- **Treuepflicht und Wettbewerbsenthaltung.** Die enge persönliche Bindung an die OHG verlangt weiterhin von den Gesellschaftern, dass sie keine Geschäfte im Wirtschaftszweig der OHG auf eigene Rechnung machen oder als persönlich haftende Gesellschafter in eine andere gleichartige Handelsgesellschaft (z.B. OHG, KG) eintreten [§ 112 I HGB].[1] Ein Gesellschafter kann jedoch durch Einwilligung der übrigen Gesellschafter von diesem sogenannten *Wettbewerbsverbot* entbunden werden.
- **Verlustbeteiligung.** Nach gesetzlicher Regelung (HGB) wird der Verlust zu gleichen Teilen (nach „Köpfen") verteilt [§ 121 III HGB]. Abweichende vertragliche Regelungen sind möglich.

2. Rechte der Gesellschafter im Innenverhältnis

- **Geschäftsführung.** Die Geschäftsführungsbefugnisse der Gesellschafter untereinander richten sich nach dem Gesellschaftsvertrag, bei fehlender Vereinbarung nach dem HGB [§§ 114–117 HGB].
  - Bei *gewöhnlichen Geschäften* besteht gesetzlich *Einzelgeschäftsführungsrecht,* d.h., *jeder* einzelne Gesellschafter ist befugt, *allein* Anordnungen zu treffen (z.B. Arbeitsaufträge an Belegschaftsmitglieder zu erteilen, Rechnungen zu bezahlen, Bestellungen zu unterschreiben) [§ 116 I HGB].[2]
  - Bei *außergewöhnlichen Geschäften* besteht nach HGB *Gesamtgeschäftsführungsrecht,* d.h., es bedarf eines *Gesamtbeschlusses* aller Gesellschafter. (Beispiele für außergewöhnliche Geschäfte: Grundstückskäufe bzw. -verkäufe, Aufnahme neuer Gesellschafter, Änderung des Unternehmenszwecks [§ 116 II HGB].)

Der Gesellschaftsvertrag kann vorsehen, dass bei allen Geschäften die Zustimmung aller Gesellschafter, der Mehrheit der Gesellschafter oder die von mindestens zwei Gesellschaftern vorliegen muss (Gesamtgeschäftsführungsbefugnis).

- **Kontrollrecht.** Im Rahmen des Geschäftsführungsrechts haben die Gesellschafter die Befugnis, sich über die Angelegenheiten der Gesellschaft persönlich zu unterrichten, in die Handelsbücher und Papiere der Gesellschaft einzusehen und sich hieraus eine Bilanz und einen Jahresabschluss anzufertigen (= Kontrollrecht) [§ 118 I HGB]. Das **Kontrollrecht** ist ein **zwingendes Recht,** kann somit nicht durch Gesellschaftsvertrag aufgehoben werden und besteht auch für die von der Geschäftsführung ausgeschlossenen Gesellschafter.
- **Gewinnberechtigung.** Jeder Gesellschafter hat Anspruch auf einen Anteil am Jahresgewinn. Ist im Gesellschaftsvertrag nichts anderes vereinbart, gilt das HGB [§ 121 HGB]. Danach erhalten die Gesellschafter zunächst eine 4%ige Verzinsung ihrer (jah-

---

1 Bei einer Verletzung des Wettbewerbsverbots kann die Gesellschaft (OHG) z.B. Schadensersatz fordern (Näheres siehe § 113 HGB).

2 Widerspricht ein geschäftsführender Gesellschafter einer Geschäftsführungsmaßnahme eines Mitgesellschafters, muss diese Maßnahme unterbleiben (siehe § 119 I HGB).

resdurchschnittlichen) Kapitalanteile. (Falls der Gewinn nicht ausreicht, erfolgt eine entsprechend niedrigere Verzinsung.) Ein über die 4% hinausgehender Rest wird unter die Gesellschafter „nach Köpfen“, d.h. zu gleichen Teilen verteilt.

Mit dieser Regelung will das Handelsgesetzbuch zwei Gesichtspunkten gerecht werden. Mit der Verzinsung soll der möglicherweise unterschiedlichen Kapitalbeteiligung der Gesellschafter Rechnung getragen werden: Wer mehr Eigenkapital einbringt, soll auch einen höheren Gewinnanteil haben. Mit der Verteilung des „Restes“ nach Köpfen soll die gleichberechtigte Mitarbeit der Gesellschafter entlohnt werden. Bei gleichmäßiger Verteilung des Restgewinns wird allerdings unterstellt, dass die persönliche Mitarbeit der Gesellschafter gleichwertig (nicht gleichartig) ist.

Beispiel:

Die Wagner OHG erzielte im vergangenen Jahr einen Reingewinn in Höhe von 45000,00 €. Das Eigenkapital von Wagner beträgt 300000,00 €, das von Wunsch 150000,00 €. Der Gewinn wird nach den Vorschriften des HGB verteilt.

Gesellschafter	Wagner	Wunsch	Insgesamt
Eigenkapital:	300000,00 EUR	150000,00 EUR	450000,00 EUR
4% Verzinsung: Rest nach Köpfen:	12000,00 EUR 13500,00 EUR	6000,00 EUR 13500,00 EUR	18000,00 EUR 27000,00 EUR
Gewinnanteile:	25500,00 EUR	19500,00 EUR	45000,00 EUR

- **Recht auf Privatentnahme.** Da die Gesellschafter im Normalfall ihren Lebensunterhalt aus ihrer unternehmerischen Tätigkeit bestreiten müssen, sieht das Gesetz vor, dass (bei fehlender sonstiger Vereinbarung) jeder Gesellschafter berechtigt ist, *während* des Geschäftsjahres bis zu 4% seines zu Anfang des Geschäftsjahres vorhandenen Kapitalanteils zu entnehmen [§ 122 I HGB]. Dieses Recht zur Privatentnahme besteht auch dann, wenn die Gesellschaft derzeit Verluste erzielt. Will ein Gesellschafter mehr als 4% bzw. mehr als den im Gesellschaftsvertrag vereinbarten Prozentsatz entnehmen, müssen die übrigen Gesellschafter zustimmen [§ 122 II HGB].
- **Kündigungsrecht der Gesellschafter (Austritt aus der OHG).** Wenn keine Vereinbarung zwischen den Gesellschaftern getroffen wurde und die OHG für unbestimmte Zeit gegründet wurde, gilt die gesetzliche Regelung: Kündigungsmöglichkeit unter Einhaltung der Kündigungsfrist von mindestens 6 Monaten zum Schluss des Geschäftsjahres [§ 132 HGB].
- **Anspruch auf Aufwandsersatz** für aus Privatmitteln erfolgte betrieblich bedingte Aufwendungen [§ 110 HGB] und **Recht auf Liquidationserlös** bei Auflösung der OHG [§ 155 HGB].

Pflichten und Rechte der Gesellschafter im Außenverhältnis[1]

1. Pflichten der Gesellschafter im Außenverhältnis

a) **Haftung** [§§ 105 I, 128, 129, 130 HGB]. Da die OHG gewissermaßen aus der Kooperation (Zusammenarbeit) mehrerer Einzelunternehmer entsteht, entspricht die Haftung der OHG-Gesellschafter der eines Einzelunternehmers.

Die OHG-Gesellschafter haften

- **unbeschränkt,** d. h. mit ihrem Geschäftsvermögen *und* mit ihrem sonstigen Privatvermögen,
- **unmittelbar,** d. h., die Gläubiger (z. B. die Verkäufer) können ihre Forderungen nicht nur der OHG gegenüber, sondern zugleich unmittelbar (direkt) gegenüber *jedem* OHG-Gesellschafter geltend machen. Dies bedeutet, dass jeder einzelne Gesellschafter durch die Gesellschaftsgläubiger verklagt werden kann.
- **gesamtschuldnerisch** („solidarisch"), d. h., jeder Gesellschafter haftet allein für die gesamten Schulden der Gesellschaft (nicht etwa für die privaten Schulden der übrigen Gesellschafter).

Da die OHG unter einer Firma betrieben wird, kann ein Gläubiger auch die OHG als Ganzes verklagen.[2] Das von den einzelnen Gesellschaftern eingebrachte Eigenkapital sowie der durch Gewinne erzielte Reinvermögenszuwachs „gehört" den einzelnen Gesellschaftern nicht etwa zu Bruchteilen, sondern stellt vielmehr *gemeinschaftliches* Vermögen *aller* Gesellschafter dar („Gesamthandsvermögen", „Vermögen zur gesamten Hand", §§ 718 ff. BGB). Daraus folgt, dass die OHG selbst auch Ansprüche haben kann, die sie notfalls einklagen kann. Vertreten wird die OHG durch die Gesellschafter.

b) **Haftung bei Eintritt** [§ 130 I HGB]. Tritt ein Gesellschafter in eine bereits bestehende OHG neu ein, so haftet er zwingend (auch bei einer Firmenänderung) für die vor seinem Eintritt bereits bestehenden Verbindlichkeiten der OHG.

c) **Haftung bei Austritt** [§ 160 I HGB]. Tritt ein Gesellschafter aus, haftet er noch fünf Jahre lang für die Verbindlichkeiten der OHG, die zum Zeitpunkt seines Ausscheidens bestanden.

d) **Haftung bei Auflösung der Gesellschaft** [§ 159 I HGB]. Sofern die Ansprüche gegen die OHG keiner kürzeren Verjährung unterliegen, haften die Gesellschafter für die Verbindlichkeiten der Gesellschaft bis zu fünf Jahre nach Auflösung der OHG.

2. Rechte der Gesellschafter im Außenverhältnis

a) **Einzelvertretungsrecht** [§§ 125 I, 126 HGB]. Ist im Gesellschaftsvertrag nichts anderes bestimmt und im Handelsregister eingetragen, besteht *Einzelvertretungsrecht,* d. h., jeder einzelne Gesellschafter hat das Recht, die OHG (und damit die übrigen Gesellschafter) gegenüber Dritten zu vertreten und zu verpflichten (z. B. durch Kaufverträge, Darlehensverträge, Mietverträge, Arbeitsverträge).[3] Dieses **Einzelvertretungsrecht** gilt somit für **gewöhnliche** und **außergewöhnliche Rechtsgeschäfte.** Zum Schutz der

1 Außenverhältnis = Rechtsbeziehungen der Gesellschafter gegenüber Dritten (z. B. Lieferern, Kunden). Es gelten grundsätzlich die gesetzlichen Bestimmungen des HGB.

2 Weil z. B. die Möglichkeit besteht, die OHG als Ganzes zu verklagen, ist sie eine quasi-juristische Person. (Das Gleiche gilt für die KG.) „Quasi" heißt so viel wie „als ob". Die OHG wird in diesem Fall also so behandelt, als ob sie eine juristische Person sei.

3 Durch Gesellschaftsvertrag kann ein Gesellschafter zur Vertretung der Gesellschaft ausgeschlossen sein [§ 125 I HGB].

Dritten (z.B. Gläubiger und Schuldner der OHG) kann das Einzelvertretungsrecht nicht durch den Gesellschaftsvertrag beschränkt werden.

Beispiel:

Angenommen, die Arndt OHG hat drei Gesellschafter: Arndt, Brecht und Czerny. Im Gesellschaftsvertrag wurde Gesamtgeschäftsführung vereinbart, d.h., alle Geschäfte bedürfen eines Gesamtbeschlusses der Gesellschafter. Brecht kauft, ohne die übrigen Gesellschafter zu fragen und zu informieren, eine neue Maschine. Der Kaufvertrag ist rechtswirksam, weil Brecht das Einzelvertretungsrecht besitzt. Die übrigen Gesellschafter müssen den Vertrag gegen sich gelten lassen: Die OHG muss die Maschine abnehmen und bezahlen.

Brecht hat jedoch gegen die Vereinbarungen über die Geschäftsführung verstoßen. Sollte durch seinen Vertragsabschluss der Gesellschaft ein Schaden entstehen, ist er gegenüber den übrigen Gesellschaftern schadensersatzpflichtig

b) **Gesamtvertretungsrecht** [§ 125 II, S. 1 HGB]. Im Gesellschaftsvertrag kann bestimmt werden, dass alle oder mehrere Gesellschafter nur in Gemeinschaft zur Vertretung der Gesellschaft ermächtigt sein sollen (Gesamtvertretung). Diese Vereinbarung ist Dritten gegenüber nur dann rechtswirksam, wenn sie im Handelsregister eingetragen oder dem (den) Dritten (z.B. durch Rundschreiben) bekannt ist. Möglich ist auch, dass die zur Gesamtvertretung berechtigten Gesellschafter einzelne von ihnen zur Vornahme bestimmter Geschäfte oder bestimmter Arten von Geschäften ermächtigen (§ 125 II, S. 2 HGB; siehe auch § 125 III HGB).

Auflösung der OHG

Falls der Gesellschaftsvertrag nichts anderes bestimmt, führen z.B. folgende Gründe zur Auflösung der OHG [§ 131 I HGB]:

- Ablauf der Zeit, für welche die OHG eingegangen ist,
- Beschluss der Gesellschafter,
- Eröffnung des Insolvenzverfahrens über das Vermögen der Gesellschaft und
- gerichtliche Entscheidung.

Ist im Gesellschaftsvertrag nichts anderes vereinbart, führt das Ausscheiden eines Gesellschafters nicht zur Auflösung der OHG.

Rechnungslegung, Prüfungs- und Offenlegungspflicht der OHG

Die Pflichten zur Aufstellung, Prüfung und Offenlegung von Jahresabschlüssen (Bilanz, Gewinn- und Verlustrechnung, Lagebericht) nach den für die Kapitalgesellschaften (AG, GmbH, KGaA) geltenden Vorschriften (siehe §§ 264–330 HGB) gelten unter bestimmten Bedingungen auch für die „Offenen Handelsgesellschaften (OHG)" und „Kommanditgesellschaften (KG)".[1] Hierdurch sollen diese Personengesellschaften vor allem zu mehr Transparenz ihrer Jahresabschlüsse gezwungen werden.

1 Dies ist dann der Fall, wenn bei diesen Personengesellschaften nicht wenigstens ein persönlich haftender Gesellschafter eine natürliche Person (ein Mensch) ist oder eine OHG, KG oder andere Personengesellschaft mit einer natürlichen Person als persönlich haftendem Gesellschafter ist (Näheres siehe § 264a HGB). Dies trifft vor allem für die typische GmbH & Co. KG zu (siehe S. 344f.). Unter bestimmten Voraussetzungen sind diese Personengesellschaften von der Aufstellungs-, Prüfungs- und Offenlegungspflicht der §§ 264ff. HGB befreit (Näheres siehe § 264b HGB). Außerdem sind die besonderen Bestimmungen für die OHG und KG im Sinne des § 264a HGB zu beachten (siehe § 264c HGB).

Bedeutung der OHG

Die OHG ist der Modellfall (Prototyp) einer *Personengesellschaft.* Innerhalb der OHG kooperieren zwei oder mehrere Gesellschafter, die *persönlich* und *unbeschränkt* haften. Die OHG-Gesellschafter sind daher *Unternehmer* im ursprünglichen Sinne, d.h. Gesellschafter, die das Eigenkapital selbst aufbringen, die Geschäfte persönlich führen, das Unternehmen vertreten und das Risiko auf sich nehmen (Eigentümerunternehmer). Deshalb ist das Interesse der Gesellschafter am Wohlergehen des Unternehmens und an der Unternehmensführung normalerweise sehr groß (Leistungsanreiz durch die Chance, Gewinn zu erzielen). Somit ist die OHG die geeignete Unternehmensform für mittelgroße Unternehmen, die keinen allzu großen Bedarf an finanziellen Mitteln haben. Dies trifft vor allem im Bereich des Handels zu (z.B. größere Fachgeschäfte, Großhandelsunternehmen).

Publizität. Einen gewissen Vorteil können kleinere und mittelgroße Unternehmen dadurch haben, dass sie ihren Jahresabschluss nicht veröffentlichen (publizieren) müssen. Der Jahresabschluss besteht aus der **Jahresbilanz,** der **Gewinn- und Verlustrechnung** sowie bei **offenlegungspflichtigen Unternehmen** aus einem **Anhang** (= Erläuterung einzelner Positionen der Bilanz und der Gewinn- und Verlustrechnung sowie Angabe von wesentlichen Daten, die nicht aus der Bilanz zu erkennen sind, z.B. Zahl der Arbeitnehmer und alle Mitglieder der Geschäftsführung, Näheres siehe §§ 284ff. HGB). Lediglich große Personengesellschaften (und Einzelunternehmen) unterliegen nach dem Publizitätsgesetz (PublG) dem **Publizitätszwang.**

Vor- und Nachteile der OHG	
Vorteile (Gründungsmotive)	**Nachteile**
■ Ausnutzung unterschiedlicher Kenntnisse und Fähigkeiten der Gesellschafter verbessert die Geschäftsführung; ■ die Umwandlung eines Einzelunternehmens in eine OHG vergrößert die Eigenkapitalbasis des Unternehmens; ■ bei guten privaten Vermögensverhältnissen ist die Kreditwürdigkeit der OHG größer als die des Einzelunternehmens; ■ da das Eigenkapital und die Unternehmensführung in einer Hand sind, ist das Interesse der Gesellschafter an der Geschäftsführung groß; ■ Verteilung des Unternehmerrisikos; ■ bei kleinen und mittelgroßen Personengesellschaften keine Prüfungs- und Offenlegungspflicht (Näheres siehe §§ 1ff. PublG; §§ 264 aff., 325 HGB).	■ Persönliche Meinungsverschiedenheiten zwischen den Gesellschaftern können den Bestand des Unternehmens gefährden (siehe Kündigungsrecht!); ■ dem Wachstum des Unternehmens sind häufig finanzielle Grenzen gesetzt, weil das Eigenkapital der Gesellschafter zur Finanzierung großer Investitionen nicht ausreicht; ■ Fremdkapital kann nur in begrenztem Maße aufgenommen werden (Gegensatz siehe AG!); ■ durch aufwendige Lebenshaltung der Gesellschafter kann die Existenz des Unternehmens aufs Spiel gesetzt werden, da Kontrollorgane fehlen; ■ unbeschränkte, direkte, gesamtschuldnerische Haftung der Gesellschafter.

Exkurs: Die Kommanditgesellschaft (KG)

Die Kommanditgesellschaft ist ebenfalls eine Personengesellschaft. Im Unterschied zur OHG besitzt diese jedoch zwei unterschiedliche Arten von Gesellschaftern, nämlich mindestens einen *Komplementär* und mindestens einen *Kommanditisten.* Die Rechte und Pflichten des Komplementärs sind die gleichen wie die des OHG-Gesellschafters. Der Komplementär wird deshalb auch als „Vollhafter" bezeichnet. Der Kommanditist hingegen ist grundsätzlich nicht an der Geschäftsführung beteiligt und nicht zur Vertretung berechtigt. Er haftet lediglich mit seiner Einlage. Man bezeichnet daher den Kommanditisten auch als „Teilhafter" (Näheres siehe §§ 161 bis 177a HGB).

Besondere Merkmale der Kommanditgesellschaft	
Firma	Die Firma der KG muss die Bezeichnung „Kommanditgesellschaft" oder eine allgemein verständliche Abkürzung dieser Bezeichnung (z.B. KG) enthalten [§ 19 I, Nr. 3 HGB].
Verlustbeteiligung	Verlustbeteiligung der Kommanditisten bis zur Höhe des Kapitalanteils und der noch rückständigen Einlagen [§ 167 III HGB] in einem „angemessenen" Verhältnis der Kapitalanteile [§ 168 II HGB]. Wegen der Unbestimmtheit der gesetzlichen Regelung empfiehlt es sich, die Art und Weise der Verlustbeteiligung der Kommanditisten im Gesellschaftsvertrag eindeutig festzulegen.
Gewinnberechtigung	Die Gewinnanteile der Kommanditisten werden ihren Kapitalanteilen nur so lange gutgeschrieben, bis diese voll geleistet sind [§ 167 II HGB]. Ist die Pflichteinlage der Kommanditisten erreicht, so haben sie Anspruch auf Auszahlung ihrer Gewinnanteile. Die im Unternehmen belassenen Gewinnanteile der Kommanditisten stellen „sonstige Verbindlichkeiten" der KG gegenüber den Kommanditisten dar (siehe auch §§ 168; 121 I, II HGB).
Privatentnahmen	Der Kommanditist hat **kein Recht auf Privatentnahmen** [§ 169 HGB].
Geschäftsführungs- und Widerspruchsrecht	Die Kommanditisten sind nach dem HGB (gesetzlich) von der Geschäftsführung ausgeschlossen.[1] Sie können lediglich Handlungen der persönlich haftenden Gesellschafter widersprechen, wenn diese über den gewöhnlichen Betrieb des Handelsgewerbes der KG hinausgehen, z.B. bei Grundstückskäufen und -verkäufen, bei der Aufnahme eines neuen Gesellschafters oder bei Änderung des Betriebszwecks [§ 164 HGB].
Kein Kontrollrecht	Die Kommanditisten haben *kein* laufendes Kontrollrecht wie die von der Geschäftsführung ausgeschlossenen OHG-Gesellschafter nach § 118 HGB. Sie können jedoch Abschriften des Jahresabschlusses (Jahresbilanz mit Gewinn- und Verlustrechnung) verlangen und deren Richtigkeit unter Einsicht in die Geschäftsbücher und sonstiger Geschäftspapiere überprüfen [§ 166 I, II HGB].[2]
Keine Vertretungsbefugnis	Kommanditisten sind nach dem HGB (gesetzlich) grundsätzlich *nicht* zur Vertretung der KG ermächtigt [§ 170 HGB]. Die Kommanditgesellschaft wird durch die **Vollhafter (Komplementäre)** vertreten.[3]
Haftung	Soweit die Kommanditisten ihre vertraglich bestimmte und im Handelsregister eingetragene Einlage geleistet haben, haften sie mit ihrer Einlage nur mittelbar **(= beschränkte, mittelbare** Haftung) [§ 171 I, 2. Halbs. HGB].

1 Durch **Gesellschaftsvertrag** kann jedoch die „gewöhnliche" **Geschäftsführung** auch den **Kommanditisten** übertragen werden.

2 Die Kommanditisten haben z.B. kein Recht, die Geschäftsräume und Warenbestände der KG zu besichtigen, die Kasse zu prüfen und bei der Besprechung des Jahresabschlusses teilzunehmen. Diese Rechte haben die Gesellschafter einer OHG, auch wenn nach § 117 HGB einem Gesellschafter wegen grober Pflichtverletzung oder Unfähigkeit zu einer ordnungsgemäßen Geschäftsführung die Geschäftsführungsbefugnis durch eine gerichtliche Entscheidung auf Antrag der übrigen Gesellschafter entzogen wurde.

3 Die **Kommanditisten** können jedoch von den **Komplementären** die **rechtsgeschäftliche Vertretungsmacht** der **Prokura** oder **Handlungsvollmacht** erhalten (siehe §§ 164ff. BGB, §§ 48ff. HGB).

Besondere Merkmale der Kommanditgesellschaft	
	Vor der Eintragung der Gesellschaft in das Handelsregister haften die Kommanditisten grundsätzlich unbeschränkt und unmittelbar [§ 176 I HGB]. Erst nach der Eintragung wird die Haftung auf die Höhe der Einlage begrenzt. Soweit ein Kommanditist seine Einlage nach der Eintragung noch nicht geleistet hat, haftet er mit dem ausstehenden Betrag den Gesellschaftsgläubigern unmittelbar [§ 171 I, 1. Halbs. HGB].[1]
Auflösung der KG	Es gelten die für die OHG angegebenen Auflösungsgründe (siehe S. 317). Beim Tod eines Kommanditisten wird die Gesellschaft mangels abweichender vertraglicher Bestimmungen mit den Erben fortgesetzt [§ 177 HGB]. Erben des verstorbenen Kommanditisten sind zunächst Teilhafter der KG mit dem Recht, die geerbte Einlage zu kündigen.

Bedeutung der KG

Die Rechtsform der Kommanditgesellschaft ermöglicht den Kommanditisten, sich an einem Unternehmen durch Kapitaleinlagen zu beteiligen und die Haftung (das Risiko ihres Verlustes) auf diese Einlagen zu beschränken, ohne zur Geschäftsführung und Vertretung verpflichtet (und berechtigt) zu sein.

Für die Komplementäre bietet die Rechtsform der KG die Möglichkeit, das Eigenkapital sowie die Kreditbasis durch Aufnahme von Kommanditisten zu erweitern, ohne in der Geschäftsführung und Vertretungsbefugnis beschränkt zu werden.

Die Nachteile der KG entsprechen denen der OHG (siehe S. 318).

Aufgaben

1. Definieren Sie den Begriff Einzelunternehmen!
2. Skizzieren Sie die wesentlichen Merkmale der Einzelunternehmen!
3. Nennen und beurteilen Sie je drei Vor- und Nachteile der Einzelunternehmen
   a) aus der Sicht der Arbeitnehmer,
   b) aus der Sicht des Einzelunternehmers!
4. Die Herren Arndt, Brecht und Chaible sind sich darüber einig geworden, gemeinsam ein Großhandelsunternehmen in der Rechtsform der OHG zu betreiben. Herr Arndt, der in Emmendingen ein Elektroeinzelhandelsgeschäft unter der Firma Karl Arndt e.K. betreibt, wurde beauftragt, zur Zusammenkunft am 15. Dezember schriftlich grundsätzliche Vorschläge zum Gesellschaftsvertrag vorzubereiten. Chaible ist Handelsvertreter der Bauer Elektrogeräte AG in Nürnberg.
   4.1 Wie könnte der Entwurf des Gesellschaftsvertrags aussehen?
   4.2 Erklären Sie das Wesen der offenen Handelsgesellschaft anhand von mindestens sechs wesentlichen Merkmalen!
   4.3 Wie muss eine neu gegründete offene Handelsgesellschaft firmieren?
   4.4 Wie könnte die Firma des von Arndt, Brecht und Chaible gegründeten Unternehmens lauten?
   4.5 Nennen und beurteilen Sie Vor- und Nachteile der offenen Handelsgesellschaft
      4.5.1 aus der Sicht des einzelnen Gesellschafters,
      4.5.2 aus der Sicht der Gläubiger!

1 Zur Haftung der Kommanditisten beim Eintritt in ein bestehendes Handelsgeschäft siehe § 173 HGB.

5. Entscheiden Sie folgenden Rechtsfall:

Bei der Müller & Schneider OHG richten sich Geschäftsführung und Vertretung nach den Vorschriften des HGB. Während eines Urlaubs von Müller verkauft Schneider ein Betriebsgrundstück. Als Müller zurückkehrt, macht er Schneider große Vorhaltungen. Dieser meint jedoch, dass alles nicht so schlimm sei. Der Kaufvertrag sei ohnedies nichtig, weil seine Zustimmung fehle.

6. Die Knobel & Becher OHG ist stark verschuldet. Der Lieferer G. Laub hat keine Geduld mehr und will die OHG auf Zahlung längst fälliger Beträge verklagen. Der Handlungsbevollmächtigte von Laub meint, die „OHG" könne man nicht verklagen, sondern lediglich die Gesellschafter Knobel und Becher. Was meinen Sie?

7. **Fallstudie:**

Sachverhalt

Der Umsatz des Einzelunternehmens Axel Feist e.K. hat sich so vergrößert, dass es der Inhaber für zweckmäßig hält, den Betrieb zu erweitern. Sein technischer Mitarbeiter Düren könnte ein geeignetes Grundstück einbringen und einen nennenswerten Geldbetrag zur Verfügung stellen.

Feist bietet Düren an, ihn als Gesellschafter aufzunehmen. Der Gesellschaftsvertrag sieht u.a. folgende Bestimmungen vor:

§ 1 Herr Feist nimmt Herrn Düren als Gesellschafter in sein Unternehmen auf. Die dadurch entstandene OHG wird unter der bisherigen Firma „Axel Feist e.K." weitergeführt.

§ 2 Herr Feist bringt in die OHG seinen Betrieb ein, und zwar so wie er bis zum 31. Dezember geführt wurde. Der Einbringung wird die berichtigte Bilanz zum 31. Dezember 01 zugrunde gelegt. In ihr ist ein Eigenkapital von 480000,00 € ausgewiesen.

Herr Düren bringt sein Grundstück an der Jahnstraße ein. Der Wert wird mit 218000,00 € festgelegt. Außerdem leistet er eine Geldeinlage von 132000,00 €. Er haftet nicht für die bisherigen Verbindlichkeiten des Einzelunternehmens Axel Feist e.K.

§ 3 Die OHG beginnt am 1. Januar 02. Sie soll zunächst bis zum 31. Dezember 09 bestehen. Das Gesellschaftsverhältnis verlängert sich jeweils um ein Jahr, wenn es nicht von einem der beiden Gesellschafter mit neunmonatiger Frist gekündigt wird.

§ 4 Kündigt ein Gesellschafter, ist der andere berechtigt, das Unternehmen ohne Liquidation zu übernehmen und unter der bisherigen Firma weiterzuführen.

§ 5 Für die Gewinn- und Verlustverteilung sowie für die Verzinsung der Privatentnahmen und ausstehenden Einlagen gelten die gesetzlichen Bestimmungen.

Aufgaben:

7.1 Ist die in § 1 des Gesellschaftsvertrags vorgesehene Firmierung zulässig?

7.2 Welche Formvorschrift erfordert dieser Gesellschaftsvertrag? (Begründung!)

7.3 Welche rechtliche Wirkung hat die Handelsregistereintragung?

7.4 Düren ist kaufmännisch nicht vorgebildet. Machen Sie ihm den Unterschied zwischen der Verlustbeteiligung und der unbeschränkten, persönlichen Haftung klar!

7.5 Was besagt „solidarische (gesamtschuldnerische) Haftung"?

7.6 Kann Düren die Haftung für die bei seinem Eintritt in die Gesellschaft bestehenden Verbindlichkeiten des Unternehmens ausschließen? (Begründung!)

7.7 Das eingebrachte Grundstück geht in das Gesellschaftsvermögen ein. Welche rechtlichen Konsequenzen ergeben sich daraus für Düren?

7.8 Warum wird in der Regel beim Ausscheiden eines Gesellschafters ein gesundes Unternehmen nicht liquidiert (aufgelöst)?

7.9 Warum wird in Gesellschaftsverträgen oftmals festgelegt, dass beim Tod eines Gesellschafters seine Erben Kommanditisten werden?

21 Hartmann-Härter-Seifert - ISBN 978-3-8120-0412-1

7.10 Düren, der von Buchführung nichts versteht, überlässt Feist die Aufstellung der Bilanz der OHG am Ende des ersten Geschäftsjahres. Muss auch Düren die Verantwortung für die Richtigkeit der Bilanz übernehmen?

7.11 Wie ist die Rechtslage, wenn Düren während einer längeren Urlaubsreise von Feist dem Leiter der Buchhaltung Prokura erteilt und dieser für die OHG tätig wird?

7.12 Weshalb widerspricht es nicht dem das HGB beherrschenden Grundsatz des Gläubigerschutzes, dass ein OHG-Gesellschafter auch bei Verlusten Privatentnahmen vornehmen darf? Bis zu welcher Höhe darf ein OHG-Gesellschafter solche Privatentnahmen machen?

7.4 Die Kapitalgesellschaft am Beispiel der Aktiengesellschaft (AG) und Gesellschaft mit beschränkter Haftung (GmbH)

7.4.1 Aktiengesellschaft (AG)[1]

Mit der Entstehung der Industrie im vorletzten Jahrhundert entwickelte sich auch die Aktiengesellschaft. Der Kapitalbedarf in vielen Bereichen der Produktion wurde so groß, dass ein einzelner oder wenige Unternehmer nicht mehr in der Lage waren, das erforderliche Kapital aufzubringen.

Merkmale der Aktiengesellschaft

Begriff	Die Aktiengesellschaft ist eine *juristische Person,* d. h. eine Personenvereinigung, der das Aktiengesetz die Eigenschaft einer Person verleiht. Dies bedeutet, dass die Aktiengesellschaft ab ihrer Handelsregistereintragung *rechtsfähig* ist [§ 6 I HGB, § 41 I AktG]. Sie selbst ist es, die Rechtsgeschäfte abschließt, klagen oder verklagt werden kann. Die Aktiengesellschaft ist Gläubiger oder Schuldner, nicht etwa ihre Gesellschafter, die Aktionäre. Das Vermögen der Aktiengesellschaft ist rechtlich verselbstständigt, gehört also der Aktiengesellschaft. Daraus folgt, dass *nur* die Aktiengesellschaft für ihre Verbindlichkeiten haftet [§ 1 AktG]. Unternehmensformen des Handelsrechts, die rechtsfähig sind, bezeichnet man als **Kapitalgesellschaften** (siehe auch Kapitel 7.1.1.2).
Gründung	Eine Aktiengesellschaft kann von einer Person oder von mehreren natürlichen oder juristischen Personen gegründet werden [§ 2 AktG]. Vom Gründer bzw. von den Gründern muss eine *Satzung* – so wird der Gesellschaftsvertrag bei der Aktiengesellschaft genannt – erstellt werden, die von einem Notar zu beurkunden ist [§ 23 I AktG].[2] Der Gründer bzw. die Gründer können das erforderliche Eigenkapital (Grundkapital) in Form von Bar- oder Buchgeld **(= Bargründung)** oder in Form von Sachen und/oder Rechtswerten **(= Sachgründung)** einbringen.
Firma	Die Firma einer AG muss die Bezeichnung „Aktiengesellschaft" oder eine allgemein verständliche Abkürzung dieser Bezeichnung (z. B. AG) enthalten [§ 4 AktG].

1 Immobilien-Aktiengesellschaften mit börsennotierten Anteilen (sogenannte REIT-Aktiengesellschaften) haben für die Versicherungswirtschaft keine Bedeutung und werden deshalb nicht besprochen (Näheres finden Sie im REIT-Gesetz vom 28. Mai 2007).

2 Wesentliche Inhalte der Satzung sind gesetzlich festgelegt (vgl. § 23 II, III und IV AktG).
Der Ablauf der Gründung einer AG ist von den Mitgliedern des Vorstands und des Aufsichtsrats und außerdem (unter bestimmten Bedingungen) zusätzlich noch durch einen oder mehrere „Gründungsprüfer" zu prüfen (Näheres siehe §§ 23 ff. AktG). Die Anmeldung der AG zur Eintragung in das Handelsregister erfolgt von allen Gründungsmitgliedern sowie von den Mitgliedern des Vorstands und des Aufsichtsrats [§ 36 AktG].

	Beispiele: Bayerische Motorenwerke Aktiengesellschaft; Ulmer Spiegelglas Aktiengesellschaft; Volkswagenwerk Aktiengesellschaft; Klosterbrennerei AG; Karlsruher Versicherungs AG; Otto & Thein AG. Die Gesellschaft wird erst zur Aktiengesellschaft (zur juristischen Person), wenn sie im Handelsregister eingetragen ist (konstitutive = rechtsbegründende Wirkung) [§ 41 I AktG].[1] Mit dem Eintrag wird sie **Kaufmann kraft Rechtsform.**
Kapitalhöhe	Da die Gesellschafter der Aktiengesellschaft *nicht* mit ihrem Privatvermögen haften, muss zum Schutz der Gläubiger ein *Mindesteigenkapital* (Aktienkapital) vorhanden sein. Gesetzlich ist ein Mindestnennbetrag des Grundkapitals von 50 000,00 € vorgeschrieben [§ 7 AktG].[2] Das Grundkapital (Aktienkapital) ist das in Aktien verkörperte Kapital (= Eigenkapital) einer Aktiengesellschaft. In den zu veröffentlichenden Bilanzen der Aktiengesellschaften erscheint das Grundkapital unter dem Begriff **„gezeichnetes Kapital"** [§§ 266 III, 272 I HGB; § 152 I AktG].
Haftung	Der Aktionär haftet nicht für die Verbindlichkeiten der Gesellschaft. Als juristische Person haftet lediglich die Aktiengesellschaft selbst. Das einzige Risiko, das der Aktionär eingeht, besteht darin, dass er einen Kursverlust erleidet oder dass er im Extremfall den Wert der gesamten Aktien verliert. Das Letztere ist der Fall, wenn die Aktiengesellschaft z. B. wegen Überschuldung aufgelöst wird, also kein Eigenkapital mehr übrig bleibt. Man sagt daher, dass die Aktionäre lediglich eine „Risikohaftung" übernehmen [§ 1 I AktG].
Organe	Weil die Aktiengesellschaft als juristische Person nicht wie ein Mensch handeln kann, braucht sie **Organe.** Diese sind der **Vorstand,** der **Aufsichtsrat** und die **Hauptversammlung.**

Aktien sind Wertpapiere, die mehrere Rechte verbriefen, vor allem ein **Anteilsrecht am Eigenkapital** sowie ein **Mitgliedschaftsrecht an der Aktiengesellschaft.** (Zu den Rechten der Aktionäre = Aktieninhaber siehe S. 327 f.) Der **Mindestnennbetrag** einer **Nennbetragsaktie** beträgt 1,00 €. Höhere Nennbeträge müssen auf volle Euro lauten [§ 8 I, II AktG]. In der Satzung kann der Anspruch der Aktionäre auf Einzelverbriefung der Aktien ausgeschlossen oder eingeschränkt werden [§ 10 V AktG].

Aktiengesellschaften können auch **nennwertlose Aktien (Stückaktien)** ausgeben [§ 8 I AktG]. Hat z. B. eine Aktiengesellschaft ein Grundkapital (gezeichnetes Kapital) von 10 Mio. € und gibt sie 2 Mio. Stückaktien aus, so ist jede **Stückaktie** mit einem zweimillionstel Teil am Grundkapital der AG beteiligt. Der auf eine Stückaktie entfallende anteilige Betrag des Grundkapitals darf 1,00 € nicht unterschreiten [§ 8 III AktG]. Über einen geringeren Betrag als den Nennbetrag oder den auf die einzelne Stückaktie entfallenden anteiligen Betrag des Grundkapitals dürfen Aktien nicht ausgegeben werden **(geringster Ausgabebetrag).** Eine Ausgabe zu einem höheren Betrag (mit einem Aufschlag = Agio) ist jedoch zulässig [§ 9 AktG].

---

1 Der Inhalt der Eintragung (z. B. Firma, Sitz, inländische Geschäftsanschrift, Gegenstand, Höhe des Grundkapitals der AG) ist gesetzlich vorgeschrieben (siehe § 39 AktG).

2 Aufgrund vorhandener Rücklagen ist das gesamte Eigenkapital meistens höher als das Grundkapital.

Bei den Nennbetragsaktien bestimmt sich der Anteil der Aktien am Grundkapital nach dem Verhältnis ihres Nennbetrags zum Grundkapital, bei Stückaktien nach der Zahl der Aktien [§ 8 I, IV AktG].

Das **Grundkapital** der Aktiengesellschaft ist Teil des Eigenkapitals der Gesellschaft. Die tatsächliche Höhe des Eigenkapitals ist in der Regel größer, seltener niedriger.[1] Ebenso kann der tatsächliche Wert einer Aktie ihren **Nennwert** (= aufgedruckter Wert) bzw. ihren **Anteilswert am Grundkapital** übersteigen. In der Regel ist der Wert (der Preis = der **Kurs**) umso höher, je höher das Eigenkapital der Aktiengesellschaft ist und je günstiger deren Gewinnaussichten sind.

1. Der Vorstand

Der Vorstand als leitendes Organ wird vom **Aufsichtsrat** auf höchstens 5 Jahre **bestellt** [§ 84 I AktG]. Er kann aus einer Person oder mehreren Personen (den Vorstandsmitgliedern, Direktoren) bestehen, die natürliche und unbeschränkt geschäftsfähige Personen sein müssen [§ 76 III AktG]. Bei Gesellschaften mit einem Grundkapital von mehr als drei Millionen Euro muss, soweit die Satzung nicht ausdrücklich etwas anderes bestimmt, der Vorstand aus mindestens zwei Personen bestehen [§ 76 II AktG].[2] Die Vorstandsmitglieder erhalten als Angestellte ein Gehalt (Näheres siehe § 87 AktG).[3]

Aufbau der Aktiengesellschaft

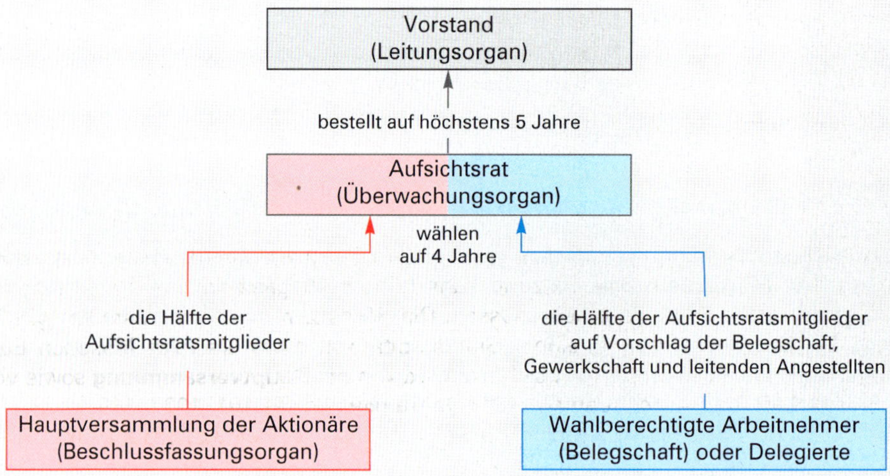

Wahl des Aufsichtsrats nach dem Gesetz über die Mitbestimmung der Arbeitnehmer (MitbestG = Mitbestimmungsgesetz) vom 4. Mai 1976

1 Siehe auch § 266 III A. (Eigenkapital) HGB.

2 In Aktiengesellschaften der Montanindustrie (Bergbau, Eisen-, Stahlindustrie) gehört dem Vorstand nach dem Montan-MitbestG ein Arbeitsdirektor an, der für soziale und personelle Angelegenheiten zuständig ist [§ 13 Montan-MitbestG]. Das Gleiche gilt für Aktiengesellschaften, die unter das MitbestG fallen [§ 33 MitbestG].

3 Bei der Festsetzung der Gesamtbezüge der Vorstandsmitglieder (Gehalt, Gewinnbeteiligung, Aufwandsentschädigungen, Provisionen, Aktienbezugsrechte) hat der Aufsichtsrat dafür zu sorgen, dass die Gesamtbezüge in einem angemessenen Verhältnis zu den Aufgaben und Leistungen des Vorstandsmitglieds und zur (z.B. wirtschaftlichen, finanziellen) Lage der Gesellschaft stehen und die übliche Vergütung nicht ohne besondere Gründe überschritten wird. Erforderlichenfalls hat eine angemessene Herabsetzung der Bezüge zu erfolgen (Näheres siehe § 87 AktG).

Die **Aufgaben** des **Vorstands** sind vor allem:

- **Geschäftsführung** nach innen und **Vertretung** der AG nach außen, z. B. Abschluss von Verträgen, Ernennung von Bevollmächtigten, Verkehr mit Behörden. Der Vorstand hat die AG in eigener Verantwortung zu leiten [§ 76 I AktG]. Nach dem Gesetz besteht, sofern der Vorstand mehrere Mitglieder hat, *Gesamtgeschäftsführungsbefugnis* und *Gesamtvertretungsmacht* [§§ 77, 78 AktG]. Abweichende Bestimmungen müssen in der Satzung niedergelegt sein. Einzelvertretungsmacht muss aber, um wirksam zu sein, im Handelsregister eingetragen werden [§ 81 AktG].
- **Regelmäßige Unterrichtung des Aufsichtsrats,** z. B. über die beabsichtigte Geschäftspolitik und die Geschäftslage der AG [§ 90 AktG].
- **Erstellung des Jahresabschlusses.** Er besteht aus der **Bilanz** mit der **Gewinn- und Verlustrechnung** [§ 242 HGB] und dem **Anhang.** Daneben hat der Vorstand mittelgroßer und großer Aktiengesellschaften einen **Lagebericht** aufzustellen [§ 264 HGB]. In diesem Lagebericht, der nicht Teil des Jahresabschlusses ist, ist zumindest der Geschäftsverlauf und die Lage der Kapitalgesellschaft darzustellen (Näheres siehe § 289 HGB). Der Vorstand hat den Jahresabschluss und den Lagebericht unverzüglich nach der Aufstellung dem Aufsichtsrat vorzulegen [§ 170 I AktG], und zwar zusammen mit einem Vorschlag über die Verwendung des Bilanzgewinns [§ 170 II AktG].
- **Einberufung der ordentlichen Hauptversammlung**[1] mindestens einmal jährlich [§ 121 AktG] sowie einer außerordentlichen Hauptversammlung bei hohen Verlusten, Überschuldung oder Zahlungsunfähigkeit [§ 92 AktG].
- **Einhaltung des Wettbewerbsverbots** [§ 88 AktG].

2. Der Aufsichtsrat

Der Aufsichtsrat besteht – sofern dem nicht andere Gesetze entgegenstehen – aus **mindestens drei Mitgliedern.** Die Satzung kann höhere Mitgliederzahlen festsetzen, die jedoch stets durch drei teilbar sein müssen. Die Höchstzahl der Aufsichtsratsmitglieder beträgt bei Gesellschaften mit einem Grundkapital von mehr als zehn Millionen Euro einundzwanzig [§ 95 AktG]. Der Aufsichtsrat wird von der **Hauptversammlung** sowie von der **Belegschaft** (den Arbeitnehmern) für **4 Jahre gewählt** [§§ 101, 102 I, 119 AktG]. Nur natürliche und unbeschränkt geschäftsfähige Personen können Aufsichtsratsmitglieder werden [§ 100 I AktG].

Ein Aufsichtsratsmitglied kann nicht zugleich Vorstandsmitglied, dauernder Stellvertreter von Vorstandsmitgliedern, Prokurist oder zum gesamten Geschäftsbetrieb ermächtigter Handlungsbevollmächtigter der Gesellschaft sein [§ 105 I AktG].

Ein Aufsichtsratsmitglied kann höchstens 10 Aufsichtsratssitze innehaben, wobei bis zu 5 Sitze bei Konzern-Tochtergesellschaften[2] nicht angerechnet werden. Ein Vorstandsmitglied einer AG kann bei einer anderen Kapitalgesellschaft Aufsichtsratsmitglied sein. Verboten ist die Entsendung von gesetzlichen Vertretern (Vorstandsmitgliedern, Geschäftsführern) anderer Kapitalgesellschaften in den Aufsichtsrat einer AG, wenn ein Vorstandsmitglied dieser AG bereits dem Aufsichtsrat der anderen Kapitalgesellschaft angehört [§ 100 II AktG].[3]

---

1 Siehe auch §§ 173, 122 AktG. Bei den börsennotierten Aktiengesellschaften müssen nach der Einberufung der Hauptversammlung auf der Internetseite der Gesellschaft bestimmte Informationen (z.B. der Inhalt der Einberufung, Gesamtzahl der Aktien und der Stimmrechte im Zeitpunkt der Einberufung) alsbald veröffentlicht werden (Näheres siehe § 124a AktG).

2 Siehe Kapitel 8.2.2.

3 Man spricht in diesem Zusammenhang von „Überkreuzverflechtung".

Art der AG	Geltendes Gesetz	Vorschriften über den AR
Kleine Aktiengesellschaften (i. d. R. 501 bis 2000 Arbeitnehmer)[1] [§ 1 DrittelbG]	**DrittelbG (2004)** (gilt für kleine Aktiengesellschaften **und** Montangesellschaften mit i. d. R. nicht mehr als 1000 Arbeitnehmern)	Der AR besteht aus mindestens 3 Personen oder aus einer höheren durch drei teilbaren Mitgliederzahl. Die HV wählt $^2/_3$, die Belegschaft $^1/_3$ der AR-Mitglieder **(„Drittel-Parität").** Höchstzahl 21 Mitglieder.
Große Aktiengesellschaften (i. d. R. mehr als 2000 Arbeitnehmer) [§ 1 MitbestG]	**MitbestG (1976)** (gilt für große Aktiengesellschaften, die nicht Montangesellschaften sind)	Der AR hat 12 bis 20 Mitglieder. Die Hälfte wird grundsätzlich von der HV gewählt (Vertreter der Aktionäre). Die übrigen AR-Mitglieder der Arbeitnehmer (von denen ein Mitglied Vertreter der leitenden Angestellten sein muss) werden von den Delegierten der Arbeitnehmer oder direkt von den wahlberechtigten Arbeitnehmern gewählt **(„gleichgewichtige Mitbestimmung")**.
Montanindustrie (i. d. R. mehr als 1000 Arbeitnehmer) [§ 1 Montan-MitbestG, § 3 Montan-MitbestErgG]	**Montan-MitbestG (1951)** (gilt für Kapitalgesellschaften der Montanindustrie und für bestehende Konzerne, wenn diese mehr als 20 % ihrer Wertschöpfung z. B. mit Stahl oder Kohle erwirtschaften)	Der AR besteht aus 11 Mitgliedern:[2] 5 Vertreter der Arbeitnehmer und 5 Vertreter der Anteilseigner. Das 11. „neutrale" Mitglied wird dem Wahlorgan von den übrigen AR-Mitgliedern vorgeschlagen. Der gesamte AR wird von einem nach Gesetz oder Satzung berufenen Wahlorgan (z. B. HV) gewählt **(„paritätische Mitbestimmung").**

Wie die vorstehende Übersicht zeigt, gelten wegen der verschiedenen Gesetze zur Stärkung der **Mitbestimmungsrechte** der Arbeitnehmer und Gewerkschaften bezüglich der **Wahl, Zusammensetzung** und **Zahl der Aufsichtsräte** unterschiedliche Vorschriften.

Die **Aufgaben** des **Aufsichtsrats** sind vor allem:

- **Bestellung des Vorstands,** Abberufung des Vorstands, wenn wichtige Gründe (z. B. grobe Pflichtverletzungen) vorliegen, Überwachung des Vorstands, Einsicht und Prüfung der Geschäftsbücher und Vermögensgegenstände [§§ 84, 111 AktG].
- **Prüfung des Jahresabschlusses,** des Lageberichts und des Vorschlags für die Verwendung des Bilanzgewinns [§ 171 I AktG].
- **Einberufung einer außerordentlichen Hauptversammlung,** wenn es das Wohl der Gesellschaft erfordert (z. B. bei Eintritt hoher Verluste, § 111 III AktG).

Für seine Tätigkeit erhält der Aufsichtsrat meistens eine Vergütung **(Tantieme),** deren Höhe in der Satzung festgelegt ist oder durch die Hauptversammlung beschlossen wird [§ 113 AktG]. Weil die Aufsichtsratsmitglieder keine Angestellten der AG sind, erhalten sie **kein Gehalt.**

1 Ein Mitbestimmungsrecht im Aufsichtsrat besteht auch in einer Aktiengesellschaft mit in der Regel weniger als 500 Arbeitnehmern, die vor dem 10. August 1994 eingetragen worden ist und keine Familiengesellschaft ist [§ 1 I, Nr. 1 DrittelbG].

2 Bei Gesellschaften mit einem Nennkapital von mehr als 10 Millionen EUR kann der Aufsichtsrat auch aus 15 Mitgliedern und bei einem Nennkapital von mehr als 25 Millionen EUR aus 21 Mitgliedern bestehen. Dies muss in der Satzung bzw. im Gesellschaftsvertrag bestimmt werden (siehe § 9 Montan-MitbestG). Siehe auch § 2 Montan-MitbestG (Vorrang der Montan-Mitbestimmung).

3. Die Hauptversammlung

Die Hauptversammlung als **beschließendes Organ** der Aktiengesellschaft ist die **Versammlung der Gesellschafter (Aktionäre).** In der Hauptversammlung nehmen die Aktionäre ihre Rechte durch **Ausübung ihres Stimmrechts** wahr, soweit das Aktiengesetz nichts anderes bestimmt [§ 118 I, S. 1 AktG].[1]

Pflichten und Rechte der Aktionäre

Pflichten der Aktionäre sind vor allem:

- **Leistung der übernommenen Kapitaleinlage** [§ 54 AktG].

  Bei Geldeinlagen muss der eingeforderte Betrag [§ 36 II AktG] mindestens ein Viertel des geringsten Ausgabebetrags und bei Ausgabe der Aktien für einen höheren als diesen auch den Mehrbetrag (das Agio) umfassen. Sacheinlagen sind (vor allem zum Gläubigerschutz) vollständig zu leisten (§ 36a AktG, siehe auch §§ 27, 183 AktG).

- **Risikohaftung.** Ein Aktionär kann im Extremfall höchstens den Wert der sich in seinem Eigentum befindlichen Aktien verlieren.[2] Als juristische Person haftet lediglich die Aktiengesellschaft mit ihrem Vermögen [§ 1 I AktG] (siehe auch S. 323).

Rechte der Aktionäre sind vor allem:

- **Stimmrecht in der Hauptversammlung** entsprechend der Aktiennennbeträge oder der Anzahl der Stückaktien, die sich im Eigentum eines Aktionärs befinden [§ 134 I AktG]. **Wahl** der **Aktionärsvertreter** im **Aufsichtsrat** [§§ 101, 102 I, 119 AktG] und deren **Abberufung** [§ 103 AktG].[3]

  Ein Aktionär mit einem „Aktienpaket" zum Nennwert von 10000,00 € hat also das fünffache Gewicht gegenüber einem Aktionär, dem nur Aktien zum Nennwert von 2000,00 € gehören. Oder: Ein Aktionär mit 50 Stückaktien hat doppelt so viel Stimmen wie ein Aktionär mit 25 Stückaktien. Da für die Beschlüsse der Hauptversammlung grundsätzlich die einfache Mehrheit der abgegebenen Stimmen genügt [§ 133 AktG], kann ein Großaktionär mit 50%igem Aktienbesitz über den von ihm mitbestimmten Aufsichtsrat erheblichen Einfluss auf die Aktiengesellschaft gewinnen.[4] Lediglich bei Satzungsänderungen (z.B. bei einer Erhöhung des Grundkapitals) ist eine Mehrheit von mindestens 75% des bei der Beschlussfassung vertretenen Grundkapitals erforderlich (qualifizierte Mehrheit) [§§ 179, 182ff. AktG].

- **Anrecht auf Gewinnbeteiligung (Dividende),** die grundsätzlich in einem Eurobetrag je Aktie ausgedrückt wird.[5]

  Beträgt z.B. die Dividende 0,20 € je 1-Euro-Aktie bei einem Grundkapital von 30 Mio. Euro, so schüttet die AG 6 Mio. Euro Gewinn aus. Man spricht von **Nominalverzinsung** (= auf den Nenn-

1 Die Satzung der AG kann vorsehen oder den Vorstand dazu ermächtigen, dass die Aktionäre an der Hauptversammlung auch ohne ihre Anwesenheit an deren Ort und ohne einen Bevollmächtigten teilnehmen und sämtliche oder einzelne Rechte ganz oder teilweise im Wege der elektronischen Kommunikation oder schriftlich („Briefwahl") ausüben können [§ 118 I, S. 2; II AktG].

2 Das ist z.B. der Fall, wenn die Aktiengesellschaft wegen Überschuldung und/oder Zahlungsunfähigkeit aufgelöst wird und kein Eigenkapital mehr übrig bleibt.

3 Zur Ausübung des Stimmrechts muss der Aktionär grundsätzlich persönlich an der Hauptversammlung teilnehmen. Das Stimmrecht kann auch durch eine schriftlich beauftragte Person oder Institution (z.B. **einer bevollmächtigten** Bank) ausgeübt werden (Näheres siehe z.B. §§ 125, 127a, 128, 135 AktG).

4 Praktisch genügt eine geringere Mehrheit, weil bei der Hauptversammlung in aller Regel nicht alle Aktionäre erscheinen und sie ihr Stimmrecht auch nicht an andere (z.B. an eine Bank) schriftlich abtreten. Abweichend vom Grundsatz der einfachen Stimmenmehrheit kann jedoch durch die Satzung der AG auch eine größere Mehrheit oder können weitere Erfordernisse für Beschlüsse der Hauptversammlung bestimmt werden [§ 133 I AktG].

5 Die Anteile der Aktionäre am Gewinn werden grundsätzlich nach ihren Anteilen am Grundkapital bestimmt. Durch die Satzung kann auch eine andere Art der Gewinnverteilung bestimmt werden [§ 60 I, III AktG].

wert bezogene Verzinsung). Zur Berechnung der **Realverzinsung** (wirkliche Verzinsung) muss man den Anschaffungspreis (Kurswert zuzüglich Kaufspesen) zugrunde legen.

Beispiel:

Der Anschaffungspreis einer 25-Euro-Aktie beträgt 250,00 €. Die Dividende beläuft sich auf 10,00 €. Die **Realverzinsung** – auch **Rendite** genannt – berechnet sich wie folgt:

250,00 € bringen 10,00 € Dividende
100,00 € bringen x € Dividende

$$x = \frac{10 \cdot 100}{250} = 4\,\%$$

Die Realverzinsung beträgt 4 %.

- **Bezugsrecht für neue Aktien** bei einer **Grundkapitalerhöhung** [§ 186 AktG].

Beispiel:

Eine Aktiengesellschaft erhöht ihr Grundkapital von 20 Mio. Euro auf 30 Mio. Euro. Jeder Aktionär kann neue („junge") Aktien im Verhältnis 2 : 1 beziehen. Einem Aktionär, der z. B. 5 alte Aktien besitzt, stehen 2 junge Aktien zu. Will er z. B. 3 junge Aktien kaufen, muss er ein Bezugsrecht hinzukaufen. Die Bezugsrechte werden an der Wertpapierbörse gehandelt.

- **Auskunftsrecht über Angelegenheiten der Gesellschaft** [§ 131 AktG].
- **Entgegennahme des Jahresabschlusses, des Lageberichts und des Berichts des Aufsichtsrats** [§ 120 III AktG] und **Beschluss über die Verwendung des Bilanzgewinns** [§ 174 AktG]. (Siehe auch § 173 AktG).
- **Entlastung des Vorstands und des Aufsichtsrats** [§ 120 AktG].
- **Einberufung der Hauptversammlung** (Näheres siehe § 122 AktG).
- **Anfechtung eines Beschlusses der Hauptversammlung** wegen Verletzung eines Gesetzes oder der Satzung [§§ 243 ff. AktG].
- **Recht auf Anteil am Liquidationserlös** [§ 271 AktG], falls die Aktiengesellschaft aufgelöst (liquidiert) wird. (Liquidation = Auflösung eines Unternehmens.)

Aktionärsforum

Aktionäre oder Aktionärsvereinigungen können im sogenannten Aktionärsforum des Bundesanzeigers z. B. andere Aktionäre auffordern, gemeinsam in einer Hauptversammlung das Stimmrecht auszuüben. Das Aktionärsforum ist ausschließlich im Internet über die Internetseiten www.ebundesanzeiger.de, www.unternehmensregister.de und www.aktionärsforum.de zugänglich (Näheres siehe § 127 a AktG, §§ 1 ff. AktFoV).[1]

Auflösung der Aktiengesellschaft

Die Auflösung der Aktiengesellschaft ist in den §§ 262 ff. AktG geregelt. Neben der zwangsweisen Auflösung im Rahmen eines **Insolvenzverfahrens** wegen **Zahlungsunfähigkeit** und/oder **Überschuldung** kann die AG auch durch **Beschluss der Hauptversammlung** mit einer Mehrheit von mindestens drei Viertel des bei der Beschlussfassung vertretenen Grundkapitals aufgelöst (beendet, liquidiert) werden. Die Satzung kann weitere Auflösungsgründe bestimmen.

1 Das Aktionärsforum ist ein Teil des Bundesanzeigers.

Jahresabschluss

Der Jahresabschluss der Kapitalgesellschaften besteht aus der **Bilanz,** der **Gewinn- und Verlustrechnung**[1] und dem **Anhang.** Darüber hinaus müssen mittelgroße und große Kapitalgesellschaften einen **Lagebericht** erstellen [§§ 242, 264 HGB]. Der Lagebericht ist kein Bestandteil des Jahresabschlusses. Kleine Kapitalgesellschaften [§ 267 I HGB] müssen keinen Lagebericht erstellen [§ 264 I, S. 3 HGB]. Weitere Erleichterungen für kleine Kapitalgesellschaften stehen in den §§ 274 a, 276, 288 HGB.

Prüfungs- und Offenlegungspflicht

- **Größenklassen** [§ 267 HGB]. Da bei Aktiengesellschaften (wie bei allen Kapitalgesellschaften) die Haftung auf das Gesellschaftsvermögen beschränkt ist, besteht eine verschärfte Kontrollnotwendigkeit durch die Gläubiger und durch die Öffentlichkeit, die auch den Aktionären zugute kommt. Der Umfang der Kontrolle sowie der Information richtet sich nach der **Größenklasse** der Kapitalgesellschaften.

  Folgende **Größenklassen** werden unterschieden:

Merkmale / Größenklassen	Bilanzsumme	Jahresumsatz	Arbeitnehmer (Jahresdurchschnitt)
Kleine Kapitalgesellschaften	≦ 4,840 Mio. €	≦ 9,680 Mio. €	≦ 50 Arbeitnehmer
Mittlere Kapitalgesellschaften	≦ 19,250 Mio. €	≦ 38,500 Mio. €	≦ 250 Arbeitnehmer
Große Kapitalgesellschaften[2]	> 19,250 Mio. €	> 38,500 Mio. €	> 250 Arbeitnehmer

  Mindestens zwei von drei der oben genannten Merkmale müssen an den Abschlussstichtagen von zwei aufeinanderfolgenden Geschäftsjahren erfüllt sein.

- **Prüfung** [§§ 316–324 a HGB]. Für die Prüfung gilt Folgendes: Große und mittelgroße Kapitalgesellschaften müssen ihren Jahresabschluss mit Lagebericht durch einen *Abschlussprüfer* prüfen lassen [§ 316 I HGB]. Der Jahresabschluss ist unter Einbeziehung der Buchführung zu prüfen [§ 317 HGB]. Kleine Kapitalgesellschaften sind von der Abschlussprüfung befreit [§ 316 I HGB].

- **Offenlegung** [§§ 325–329 HGB]. Bezüglich der Offenlegung schreibt das Gesetz Folgendes vor:
  - Kleine Kapitalgesellschaften müssen spätestens vor Ablauf des 12. Monats des neuen Geschäftsjahres nur die Bilanz und den Anhang[3] beim Betreiber des Bundesanzeigers elektronisch einreichen [§§ 325 I, 326 HGB].
  - Mittelgroße Kapitalgesellschaften haben spätestens vor Ablauf des 12. Monats des neuen Geschäftsjahres den Jahresabschluss (Bilanz, Gewinn- und Verlustrechnung und Anhang), den Lagebericht und gegebenenfalls die Gewinnverwendungsrechnung beim Betreiber des Bundesanzeigers elektronisch einzureichen. Für die Bilanz

---

1 Die Gewinnverwendung (Gewinnverteilung) wird vom Aktiengesetz weitgehend vorgeschrieben (Näheres siehe z.B. §§ 58, 150, 174 AktG; siehe auch § 272 II HGB).

2 Kapitalgesellschaften gelten immer als große Kapitalgesellschaften, wenn diese durch die von ihnen ausgegebenen Wertpapiere einen organisierten Markt (Markt, der von staatlich anerkannten Stellen geregelt und überwacht wird, regelmäßig stattfindet und für das Publikum unmittelbar oder mittelbar zugänglich ist; § 2 I, V WpHG) in Anspruch nehmen oder wenn die Zulassung der von ihnen ausgegebenen Wertpapiere zum Handel an einem organisierten Markt beantragt worden ist (**Kapitalmarktorientierte Kapitalgesellschaften** im Sinne des § 264 d AktG) [§ 267 III, S. 2 HGB].

3 Kleine Kapitalgesellschaften [§ 267 I HGB] brauchen den Lagebericht nicht aufzustellen [§ 264 I, S. 4 HGB]. Weitere Erleichterungen für kleine Kapitalgesellschaften stehen in den §§ 274 a, 276 und 288 I HGB.

und den Anhang bestehen Erleichterungen. So muss z.B. die Bilanz nur in der für kleine Aktiengesellschaften vorgeschriebenen Form (siehe § 266 I, S. 3 HGB) eingereicht werden [§§ 325 I, 327 HGB].[1]

- Große Kapitalgesellschaften sind verpflichtet, spätestens vor Ablauf des 12. Monats des neuen Geschäftsjahres dieselben Unterlagen wie die mittelgroßen Kapitalgesellschaften beim Betreiber des Bundesanzeigers elektronisch einzureichen [§ 325 I HGB].

Die dem Betreiber des Bundesanzeigers eingereichten Unterlagen (siehe § 325 I HGB) sind auf Veranlassung des Vorstands unverzüglich nach der Einreichung im Bundesanzeiger bekannt zu machen [§ 325 II HGB].[2]

Bedeutung der Aktiengesellschaft

Bei der Aktiengesellschaft steht das *Kapital* im Vordergrund (daher der Ausdruck „Kapitalgesellschaft"). Sie ist der Modellfall (Prototyp) einer Kapitalgesellschaft, denn es besteht keine persönliche Bindung der Teilhaber (der Aktionäre) an die Gesellschaft. Die Eigenkapitalgeber (Aktionäre) haben keine Geschäftsführungs- und Vertretungsrechte. Diese werden vielmehr von den Vorstandsmitgliedern wahrgenommen. Als sogenannte Manager-Unternehmer tragen sie praktisch kein Kapitalrisiko. Sie sind den Gesellschaftern (Aktionären) gegenüber lediglich schadensersatzpflichtig, wenn sie der Aktiengesellschaft schuldhaft Schaden zufügen (z.B. durch leichtsinnige Geschäftsführung).

Ein Vorteil der Trennung von Unternehmensleitung und Kapital ist, dass ausgesuchte qualifizierte Fachleute mit der Unternehmensleitung beauftragt werden können.

Ein weiterer Vorteil der Aktiengesellschaft ist die beschränkte und mittelbare Haftung der Aktionäre sowie die mögliche Stückelung des Grundkapitals (gezeichneten Kapitals) in viele kleine „Kapitalanteile". Damit kann auch ein wirtschafts- und sozialpolitisches Ziel der sozialen Marktwirtschaft, nämlich eine größere Unternehmensbeteiligung der Arbeitnehmer, verfolgt werden.

Durch die Aufteilung (Stückelung) des Grundkapitals in Aktien sind die Aktiengesellschaften in der Lage, über die Kapitalmärkte (z.B. Wertpapierbörsen) große Kapitalbeträge anzusammeln und zu investieren.

Die Aktiengesellschaft ist in der Regel *die* Unternehmensform für Großunternehmen. Ihr Gewicht in der *Gesamtwirtschaft* ist beträchtlich: In den rund 10000 Aktiengesellschaften, deren Aktien an den Wertpapierbörsen der Bundesrepublik Deutschland gehandelt werden, werden rund 20% aller Erwerbstätigen beschäftigt. Die starke Marktstellung der großen Kapitalgesellschaften ermöglicht diesen, hohe soziale Leistungen für ihre Belegschaftsmitglieder zu erbringen (z.B. übertarifliche Löhne, zusätzliche Altersversorgung, soziale Einrichtungen wie Kantinen, Bäder, Büchereien, Fortbildungsveranstaltungen, Ferienheime usw.). Zum Abbau der Interessenkonflikte zwischen Arbeitnehmern (primäres Interesse an hohen Löhnen) und dem Kapital (primäres Interesse an der Eigenkapitalbildung) tragen die verschiedenen Mitbestimmungsgesetze bei.

Schließlich sind die großen Unternehmen aufgrund ihrer Kapitalkraft in der Lage, kostspielige Forschungsvorhaben zu finanzieren und durchzuführen (z.B. Auffinden neuer Rohstoffquellen, Entwicklung neuer Technologien). Sie sind daher wesentliche Träger der weiteren Produktivitätsentwicklung.

---

1 Zu größenabhängigen Erleichterungen für „Mittelgroße Kapitalgesellschaften" [§ 267 II HGB] siehe § 288 II HGB.

2 Zuständig für die Einreichungen beim Betreiber des Bundesanzeigers sind die gesetzlichen Vertreter der Kapitalgesellschaften (bei einer AG somit der Vorstand).

Die Trennung von Eigenkapital und Management (= Geschäftsleitung), also die Entstehung von „Manager-Unternehmen", birgt die Gefahr in sich, dass einzelne Personen ohne jedes Privateigentum am verwalteten und vertretenen Unternehmen ihre unbestreitbar große wirtschaftliche und politische Macht missbrauchen. Es ist daher kein Zufall, dass die Mitbestimmung gerade bei den Aktiengesellschaften am weitesten vorangetrieben wurde.

Eine weitere Gefahr für eine marktwirtschaftlich orientierte Wirtschaftsordnung besteht darin, dass die Möglichkeit, jederzeit Aktien anderer Unternehmen aufkaufen zu können, die Konzentration (z.B. die Machtzusammenballung durch Konzernbildung) erleichtert. Durch hintereinander geschaltete Beteiligungen kann so mit verhältnismäßig geringem Eigenkapital eine Gruppe von Manager-Unternehmern (denen kein „Cent" an den beherrschten Unternehmen „gehören" muss) eine Vielzahl von Unternehmen beherrschen.[1]

AUFGABEN

1. Die Schneider OHG liefert seit Langem Tuche an die Kleiderfabrik Schorndorf AG, deren Vorstand Herr Dipl.-Kfm. Moder ist. In letzter Zeit erfolgen die Zahlungen der Schorndorf AG nur schleppend, einige Zahlungen stehen trotz mehrmaliger Mahnungen überhaupt aus. Die Schneider OHG will daher Herrn Moder auf Zahlung verklagen.

   Nehmen Sie im Zusammenhang mit diesem Fall zu folgenden Fragen Stellung:

   1.1 Kann der Vorstand einer AG überhaupt aus nur einer Person bestehen?

   1.2 Kann die Schneider OHG den Vorstand auf Zahlung verklagen? Begründen Sie Ihre Antwort!

   1.3 Wäre es sinnvoller, die Aktionäre zu verklagen? Begründen Sie Ihre Antwort!

   1.4 Falls Vorstand und/oder Aktionäre nicht haften: Wer haftet dann?

2. In der Hauptversammlung der Steinbach AG ist die Mehrheit der Anwesenden der Meinung, dass der Vorstand den Umsatzrückgang des vergangenen Jahres durch leichtsinnige Geschäftsführung verschuldet habe. Man verlangt die Absetzung des Vorstands.

   2.1 Welcher Personenkreis ist in der Hauptversammlung vertreten?

   2.2 Kann die Hauptversammlung den Vorstand absetzen? Wenn nein, wer könnte dies tun?

   2.3 Hat die Hauptversammlung überhaupt einen Einfluss darauf, wer Vorstand einer AG wird?

3. Die Schuhfabrik Lurch AG besitzt 42 % des Aktienkapitals der Lederfabrik Wiesenthal AG. Die Lederfabrik wird von der Schuhfabrik dadurch praktisch beherrscht. Ist dies bei „nur" 42 %iger Beteiligung möglich? Nehmen Sie Stellung!

4. Der Kurs einer Aktie der Lurch AG (Nennwert 1,00 €) beträgt derzeit 8,00 €.

   4.1 Begründen Sie, warum Nennwert und Kurs einer Nennbetragsaktie auseinander fallen!

   4.2 Die gezahlte Dividende der Lurch AG beträgt für das Jahr 01 0,48 € je 1-Euro-Aktie.

   4.2.1 Wie hoch ist die Nominalverzinsung?

   4.2.2 Wie hoch ist die Realverzinsung? (Die Kaufspesen der Aktien bleiben außer Acht.)

   4.3 Die Lurch AG schüttet für das Jahr 01 insgesamt 1,44 Mio. Euro Gewinn aus.

   4.3.1 Berechnen Sie das Grundkapital der Lurch AG!

   4.3.2 Wie hoch müsste theoretisch das Eigenkapital der Lurch AG sein?

---

1 Näheres zur Unternehmenskonzentration finden Sie im Kapitel 8, S. 394ff.

5. **Arbeitsauftrag:** Arbeiten Sie mithilfe Ihrer Gesetzessammlung mindestens 5 wesentliche Unterschiede zwischen der AG und der GmbH heraus![1]

6. In der Regel sind Aktiengesellschaften große und marktstarke Unternehmen. Nennen und beurteilen Sie einige Vor- und Nachteile großer Aktiengesellschaften

   6.1 aus der Sicht der Kapitalgeber,

   6.2 aus der Sicht der in diesen Unternehmen Beschäftigten und

   6.3 aus der Sicht der Verbraucher!

7.

Lauter böhmische Dörfer

Eine Untersuchung der Universität Koblenz-Landau zeigt, dass die junge deutsche Generation mit den im Fernsehen vermittelten Wirtschaftsfakten fast gar nichts anfangen kann.

Sinn und Zweck der Untersuchung war es, herauszufinden, was und wie junge Erwachsene über jene ökonomischen Begriffe denken, die ihnen heute nahezu jede Nachrichten- oder Magazinsendung wie selbstverständlich präsentiert. Getestet wurden 90 junge Leute im Alter von 17 bis 27 Jahren (36 Studenten, 25 Oberschüler und 29 Auszubildende). Dabei ging es unter anderem darum, herauszufinden, wie junge Erwachsene über ökonomische Begriffe denken, die in den Fernsehnachrichten eine wesentliche Rolle spielen. Das Ergebnis ist alarmierend. Zum Beispiel blieben zwei Drittel der Getesteten auf die Frage „Was ist die Rendite einer Aktie?" die Antwort schuldig. Und der Hälfte der Testpersonen war unbekannt, wie der Kurs einer Aktie zustande kommt.

Quelle: Wirtschaft im TV – Lauter böhmische Dörfer, in: iwd vom 14. Mai 1998, S. 4.

   7.1 Erklären Sie mithilfe eigener Zahlenbeispiele, wie sich die Rendite einer Aktie durch eine Kurserhöhung und durch eine Kurssenkung errechnet!

   7.2 Erläutern Sie, wie der Kurs einer Aktie zustande kommt!

8. **Fallstudie:** Karl Schwarzbauer aus Neustadt hatte vor 20 Jahren eine Idee: Er nahm den Großunternehmen der pharmazeutischen und kosmetischen Industrie die teure Aufgabe ab, Pröbchen zu verpacken und zu versenden. Sechs Jahre später holte er von namhaften Herstellern immer mehr Aufträge herein, sodass er neue Verpackungsmaschinen kaufte und von Jahr zu Jahr mehr Arbeitskräfte einstellen konnte. Zurzeit beschäftigt Karl Schwarzbauer 620 Arbeitskräfte. Die Zukunftsaussichten sind so gut, dass Karl Schwarzbauer eine Aktiengesellschaft gründet, um die Eigenkapitalbasis des Unternehmens zu erweitern.

   8.1 Das Grundkapital der neu zu gründenden Aktiengesellschaft soll 10 Mio. Euro betragen. Die Aktien sollen auf den gesetzlichen Mindestnennwert lauten und zum Ausgabekurs von 1,70 € emittiert (ausgegeben) werden. Die Hälfte der Aktien will Karl Schwarzbauer übernehmen, indem er sein Unternehmen in die AG einbringt.

      8.1.1 Welche Vorteile hat Herr Schwarzbauer durch die Gründung einer AG?

      8.1.2 Die neue AG soll „Verpackungs-Logistik AG Neustadt" heißen. Entspricht diese Firma den Erfordernissen des Aktiengesetzes?

      8.1.3 Warum will Herr Schwarzbauer ausgerechnet 50 % der Aktien übernehmen?

      8.1.4 Wie hoch ist das Agio, wenn alle Aktien übernommen (verkauft) werden?

      8.1.5 Welche rechtlichen Erfordernisse muss Herr Schwarzbauer erfüllen, bevor die neue Aktiengesellschaft ins Handelsregister eingetragen wird?

      8.1.6 In der von Herrn Schwarzbauer und seinem Rechtsanwalt Herrn Dr. Winterhalder verfassten Satzung wird festgelegt, dass die AG von **einem** Vorstand geleitet und vertreten werden soll. Beurteilen Sie, ob diese Regelung rechtlich möglich ist!

---

1 Zur GmbH siehe Kapitel 7.4.2.

8.2 Die Aktiengesellschaft wird zum 1. April 04 in das Handelsregister eingetragen. Sie wird damit Kaufmann kraft Rechtsform. Erläutern Sie, was hierunter zu verstehen ist!

8.3 Sämtliche Aktien wurden termingerecht untergebracht (verkauft). Zur ersten Hauptversammlung erscheinen 36 Aktionäre, die 80 % des Grundkapitals vertreten.

8.3.1 Wie viel Stimmen hat Herr Schwarzbauer und wie viel Stimmen haben die in der Hauptversammlung erschienenen Aktionäre?

8.3.2 Nennen Sie fünf wichtige Aufgaben der Hauptversammlung!

8.4 Der Aufsichtsrat der Verpackungs-Logistik AG Neustadt wird nach dem DrittelbG gewählt. Die Satzung sieht für den Aufsichtsrat keine höhere Mitgliederzahl als das Aktiengesetz vor.

8.4.1 Wie viel Aufsichtsratsmitglieder sind zu wählen?

8.4.2 Wer wählt den Aufsichtsrat?

8.4.3 Nennen und beschreiben Sie fünf wesentliche Aufgaben des Aufsichtsrats!

8.4.4 Begründen Sie, warum der Aufsichtsrat kein Gehalt erhält, i. d. R. jedoch eine Tantieme!

8.5 Karl Schwarzbauer wird vom Aufsichtsrat zum Vorstand bestimmt. Erläutern Sie, welche Aufgaben Herrn Schwarzbauer dadurch übertragen werden! (Nennen Sie fünf Beispiele!)

8.6 Aufgrund eines Buchungsfehlers wird die Eingangsrechnung des langjährigen Lieferers Karl Baumann, Verpackungsmaschinen GmbH, in Freiburg nicht beglichen. Karl Baumann wendet sich daher an Karl Schwarzbauer persönlich und verlangt Zahlung. Beurteilen Sie die Rechtslage!

8.7 Das erste Geschäftsjahr verlief gut, sodass eine Dividende von 10 Cent je Aktie ausgeschüttet werden kann.

8.7.1 Wie hoch ist der Dividendensatz (die Nominalverzinsung)?

8.7.2 Wie hoch ist die Realverzinsung für die Aktionäre, die die Aktie zum Emissionskurs (Ausgabekurs) übernommen haben?

7.4.2 Gesellschaft mit beschränkter Haftung (GmbH)

Merkmale der Gesellschaft mit beschränkter Haftung

- **Begriff.** Die Gesellschaft mit beschränkter Haftung (GmbH) ist eine Handelsgesellschaft mit eigener Rechtspersönlichkeit (juristische Person) mit einem **Stammkapital,** an dem der oder die Gesellschafter mit Geld- und/oder Sacheinlagen (Stammeinlagen) beteiligt sind, **ohne persönlich** für die Verbindlichkeiten der Gesellschaft zu haften [§ 13 I, II GmbHG]. Die GmbH ist demnach wie die Aktiengesellschaft **rechtsfähig,** d. h., sie hat selbstständige Rechte und Pflichten und gilt als Handelsgesellschaft im Sinne des Handelsgesetzbuchs [§ 13 III GmbHG].[1]

- **Gründung.** Gesellschaften mit beschränkter Haftung können zu jedem gesetzlich zulässigen Zweck durch **eine Person** oder **mehrere Personen**[2] errichtet werden [§ 1 GmbHG]. Vom Gründer bzw. von den Gründern (GmbH-Gesellschafter) muss in einer

1 Durch ihr gesetzliches Vertretungsorgan (Geschäftsführer) oder rechtsgeschäftliche Vertreter (z.B. Prokuristen) kann die GmbH somit selbst Rechtsgeschäfte (z.B. Kauf-, Miet-, Darlehensverträge) abschließen, Eigentum erwerben und vor einem Gericht klagen oder verklagt werden.

2 Bei einer Einmann-GmbH erfolgt die Gründung durch eine schriftliche Erklärung des Gründers, die dem Vertrag gleichsteht und vom Gesetz ebenfalls als „Gesellschaftsvertrag" bezeichnet wird. Wenn im GmbHG vom „Gesellschaftsvertrag" die Rede ist, gilt dies somit für jede GmbH. Gründer kann jede natürliche oder juristische Person sein. Auch Staatsangehörige anderer EU-Mitgliedstaaten und Personengesellschaften (z.B. die OHG und KG) können eine GmbH errichten.

Urkunde der **Gesellschaftsvertrag** (auch **Satzung** genannt) festgestellt werden. Er muss **notariell beurkundet** und von **sämtlichen Gesellschaftern unterzeichnet** werden [§ 2 I GmbHG].[1]

Für die Satzung ist gesetzlich ein Mindestinhalt vorgeschrieben. Der Gesellschaftsvertrag muss z.B. die Firma, den Sitz der Gesellschaft, den Gegenstand des Unternehmens, die Höhe des Stammkapitals sowie die Zahl und die Nennbeträge der Geschäftsanteile, die jeder Gesellschafter gegen Einlagen auf das Stammkapital **(Stammeinlage)** übernimmt, enthalten (siehe §§ 3 I, 4a GmbHG).[2]

Wenn die Gesellschaft höchstens drei Gesellschafter und einen Geschäftsführer hat, **kann** die GmbH auch in einem **vereinfachten Verfahren** gegründet werden. Hierzu muss das als Anlage zum GmbHG bestimmte **notariell zu beurkundende Musterprotokoll** verwendet werden, das zugleich als Gesellschafterliste gilt [§ 2 I a GmbHG].[3]

Die Gesellschaft ist durch die bzw. den Geschäftsführer bei dem Gericht, in dessen Bezirk sie ihren Sitz hat, zur Eintragung in das Handelsregister anzumelden [§ 7 I GmbHG]. **Sitz** der **Gesellschaft** ist der im **Gesellschaftsvertrag** bestimmte **Ort** im **Inland** [§ 4 a GmbHG].

Die Anmeldung darf jedoch erst erfolgen, wenn auf jeden Geschäftsanteil, soweit keine Sacheinlagen vereinbart sind, (mindestens) ein Viertel des Nennbetrags eingezahlt ist. Insgesamt muss der Gesamtbetrag der auf das Stammkapital eingezahlten Geldeinlagen – zuzüglich des Gesamtnennbetrags der Geschäftsanteile, für die Sacheinlagen zu leisten sind – die Hälfte des Mindeststammkapitals nach § 5 I GmbHG (somit 12500,00 €) betragen [§ 7 II GmbHG]. Mit der Eintragung der GmbH in das Handelsregister entsteht die GmbH als juristische Person mit Kaufmannseigenschaft **(konstitutive, rechtsbegründende Wirkung** der **Handelsregistereintragung)** [§ 11 I GmbHG]. Schließen die Gesellschaft vor der Handelsregistereintragung im Namen der Gesellschaft Rechtsgeschäfte ab, so haften die Handelnden persönlich und solidarisch [§ 11 II GmbHG].

---

1 Änderungen des Gesellschaftsvertrags können nur durch die Gesellschafter beschlossen werden und diese mit einer Mehrheit von drei Vierteln der abgegebenen Stimmen zu erfolgenden Beschlüsse müssen grundsätzlich notariell beurkundet werden. Wenn an der Gesellschaft nicht mehr als drei Gesellschafter beteiligt sind, dann können unter bestimmten Voraussetzungen bestimmte Inhalte des Gesellschaftsvertrags (z.B. die Firma, Höhe des Stammkapitals ohne Sacheinlagen, Verlegung des Firmensitzes) auch durch eine von den Geschäftsführern unterzeichnete Niederschrift des Gesellschafterbeschlusses (anstelle der notariellen Beurkundung) rechtswirksam werden (Näheres siehe § 53 I, II GmbHG)

2 Die Aufnahme der Zahl der von jedem Gesellschafter übernommenen Geschäftsanteile in den Gesellschaftsvertrag ist erforderlich, weil ein Gesellschafter nach § 5 II GmbHG bereits bei der Gründung der GmbH mehrere Geschäftsanteile übernehmen kann.

3 Abhängig von der Anzahl der Gründer, ist das Musterprotokoll für die Gründung einer Einpersonengesellschaft oder für die Gründung einer Mehrpersonengesellschaft mit bis zu drei Gesellschaftern zu verwenden (siehe Anlage zu § 2 I a GmbHG). Durch die Zusammenfassung des Gesellschaftsvertrags, der Geschäftsführerbestellung und der Gesellschafterliste in einem Dokument wird die Gründung einer GmbH einfacher und kostengünstiger. So wird z.B. der Aufwand für eine rechtliche Beratung vermindert oder kann auch ganz entfallen. Die Gründungskosten werden auch durch niedrige Gebühren für die Beurkundung der Musterprotokolle und Eintragung der Gesellschaft in das Handelsregister erheblich niedriger.

Bei Änderungen des Musterprotokolls und jedem Zusatz zum Musterprotokoll besteht nach § 2 I GmbHG weiterhin eine **Beurkundungspflicht.** Eine Beurkundung ist auch erforderlich, wenn die Gesellschaft durch mehr als drei Personen gegründet wird oder wenn ein Gesellschafter mehr als einen Geschäftsanteil übernehmen soll.

Der Inhalt der Anmeldung beim Handelsregister[1] und der Inhalt der Handelsregistereintragung ist gesetzlich vorgeschrieben.[2]

- Die **Firma** der GmbH muss die Bezeichnung „Gesellschaft mit beschränkter Haftung" oder eine allgemein verständliche Abkürzung dieser Bezeichnung (z.B. GmbH) enthalten [§ 4 GmbHG].

Beispiele:

Hamburger Baugesellschaft GmbH; Karl Meyer Elektrogroßhandel GmbH; Nürnberger Brauereigesellschaft mit beschränkter Haftung.

- **Kapitalhöhe.** Gesetzlich ist ein **Stammkapital** (in den zu veröffentlichenden Bilanzen **gezeichnetes Kapital** genannt) in Höhe von mindestens **25000,00 €** vorgeschrieben [§ 5 I GmbHG; §§ 266 III, 272 HGB].

  Der **Nennbetrag** jedes **Geschäftsanteils** muss auf **volle Euro** lauten, die Höhe der Nennbeträge der einzelnen Geschäftsanteile kann jedoch verschieden hoch sein. Der Gesamtbetrag der Nennbeträge aller Geschäftsanteile muss mit dem Stammkapital übereinstimmen. Die Gesellschafter können bereits bei der Errichtung (Gründung) der Gesellschaft mehrere Geschäftsanteile übernehmen [§ 5 II, III GmbHG].[3]

  Haftungsbeschränkte Unternehmergesellschaft. Nach dem GmbH-Recht **kann** eine Gesellschaft mit beschränkter Haftung auch mit einem geringeren Stammkapital als dem Mindeststammkapital von 25000,00 € [§ 5 I GmbH] gegründet werden.[4] Die Firma dieser Gesellschaft darf jedoch (abweichend vom § 4 GmbHG) nicht den Rechtsformzusatz Gesellschaft mit beschränkter Haftung oder eine allgemein verständliche Abkürzung dieser Bezeichnung (z.B. GmbH) enthalten. Eine solche Gesellschaft **muss** in ihrer **Firma** den **Rechtsformzusatz Unternehmergesellschaft (haftungsbeschränkt)** oder die Bezeichnung **UG (haftungsbeschränkt)** enthalten [§ 5 a I GmbHG].[5]

---

1 Der Anmeldung muss z.B. der Gesellschaftsvertrag und eine von den Anmeldenden (z.B. Geschäftsführern) unterschriebene Gesellschafterliste, aus der die Namen, Vornamen, Geburtsdaten und Wohnorte der Gesellschafter sowie die Nennbeträge und laufenden Nummern der von jedem Gesellschafter übernommenen Geschäftsanteile ersichtlich sind, beigefügt werden (Näheres siehe § 8 I GmbHG). Siehe auch § 8 II GmbHG (Versicherung über die erfolgten Leistungen auf die Geschäftsanteile).

Die durch die laufende Nummerierung der in der Gesellschafterliste aufgeführten Geschäftsanteile eindeutige Bezeichnung der Geschäftsanteile erleichtert vor allem deren Übertragung.

In der Anmeldung sind nicht nur wie bisher die Art und der Umfang der Vertretungsbefugnis der Geschäftsführer, sondern auch eine **inländische Geschäftsanschrift** anzugeben [§ 8 IV GmbHG]. Der Grund für die stets anzugebende **inländische Geschäftsanschrift** ist das derzeit vor allem für die Gläubiger der GmbH bestehende Zustellungsproblem. So kann z.B. eine Gesellschaft ihren Verwaltungssitz auch über eine Zweigniederlassung im Ausland haben. In diesem Fall kann z.B. die inländische Wohnanschrift eines Geschäftsführers, die inländische Anschrift eines zustellungsbevollmächtigten Vertreters (z.B. Rechtsanwalt, Steuerberater) oder – mit dessen Einverständnis – **eines** alleinigen Gesellschafters als inländische Geschäftsanschrift angegeben werden.

2 Bei der Handelsregistereintragung sind z.B. die Firma und der Sitz der Gesellschaft, eine inländische Geschäftsanschrift, der Gegenstand und die Höhe des Stammkapitals des Unternehmens, der Abschlusstag des Gesellschaftsvertrags sowie die Personen der Geschäftsführer und deren Vertretungsbefugnisse anzugeben (Näheres siehe § 10 GmbHG).

3 Bezogen auf den repräsentierten Anteil am Stammkapital verkörpert der mit der Eintragung der GmbH in das Handelsregister entstehende Geschäftsanteil alle Rechte und Pflichten des Inhabers (Gesellschafters) des Geschäftsanteils. Durch die individuelle Festlegung der Nennbeträge und Zahl der Geschäftsanteile können die Eigenkapitalaufbringung und Beteiligungsverhältnisse besser an die individuellen Bedürfnisse der Gesellschafter und Gesellschaft angepasst werden. Dies ist vor allem für mittelständische und familiär geführte Gesellschaften vorteilhaft. Siehe auch §§ 5 IV, 56 GmbHG **(Leistung von Sacheinlagen)**.

4 Heute werden im Vergleich zu Produktionsunternehmen überwiegend Dienstleistungsunternehmen gegründet (über 85% der Neugründungen), die oft mit einem relativ niedrigen Startkapital auskommen. Für viele Gesellschaften ist das Mindeststammkapital von 25000,00 € zu hoch.

5 Diese beiden Rechtsformzusatzmöglichkeiten sind zwingend. Eine Abkürzung des Rechtsformzusatzes (haftungsbeschränkt) ist somit nicht zulässig. Die Öffentlichkeit, vor allem die Gläubiger der Gesellschaft, müssen wissen, dass die Gesellschaft möglicherweise ein sehr niedriges Stammkapital hat.

Abweichend vom § 7 II GmbHG darf die Anmeldung einer solchen Gesellschaft („Mini-GmbH") zur Handelsregistereintragung erst erfolgen, wenn das Stammkapital in voller Höhe eingezahlt ist. Sacheinlagen sind ausgeschlossen [§ 5 a II GmbHG]. Außerdem ist in dem nach den §§ 242, 264 HGB aufzustellenden Jahresabschluss eine **gesetzliche Rücklage** zu bilden, in die ein Viertel des um einen Verlustvortrag aus dem Vorjahr geminderten Jahresüberschusses einzustellen ist [§ 5 a III GmbHG].[1] Wird durch eine Erhöhung des Stammkapitals der Betrag des Mindestkapitals von 25000,00 € erreicht oder überschritten, dann finden die Vorschriften des § 5 a I, II, III GmbHG zur Firma, Handelsregisteranmeldung und gesetzlichen Rücklage keine Anwendung mehr.[2] Die Firma nach § 5 a I GmbHG darf jedoch beibehalten werden [§ 5 a V GmbHG].

Das Stammkapital muss vom Eigenkapital der GmbH unterschieden werden. Zum **Eigenkapital** im Sinne des § 272 HGB gehören auch die gebildeten **Rücklagen** (Gewinn- und Kapitalrücklagen). Während das Stammkapital als formales Haftungskapital bis zu seiner Erhöhung oder Herabsetzung durch einen Gesellschafterbeschluss eine feste Größe ist, verändert sich die Höhe des Eigenkapitals laufend durch Gewinne und Verluste, Einlagen sowie Gewinnausschüttungen.

- **Einlagepflicht.** Auf jeden Geschäftsanteil ist eine Einlage zu leisten. Die Höhe der zu leistenden Einlage richtet sich nach dem bei der Gründung der Gesellschaft im Gesellschaftervertrag festgesetzten Nennbetrag des Geschäftsanteils. Bei einer Kapitalerhöhung ist die Höhe der zu leistenden Einlage durch den in der Übernahmeerklärung festgesetzten Nennbetrag des Geschäftsanteils bestimmt [§ 14 GmbHG].[3]

  Die Geschäftsanteile können veräußert oder vererbt werden [§ 5 I GmbHG]. Veräußerung (Abtretung) oder Vererbung von Geschäftsanteilen durch die Gesellschafter bedürfen der notariellen Beurkundung [§ 15 III GmbHG]. Geschäftsanteile an Gesellschaften mit beschränkter Haftung können somit nicht wie Aktien börsenmäßig gehandelt werden. Durch den Gesellschaftsvertrag kann die Abtretung der Geschäftsanteile auch von der Genehmigung der Gesellschaft abhängig gemacht werden [§ 15 V GmbHG].

- **Haftung.** Die Gesellschafter der GmbH haften nicht für die Verbindlichkeiten der Gesellschaft. Als juristische Person des Handelsrechts (Kapitalgesellschaft) haftet lediglich die GmbH selbst [§ 13 I, II GmbHG]. Das einzige Risiko, das der GmbH-Gesellschafter eingeht, ist, dass er den Wert seines Geschäftsanteils teilweise oder ganz verliert. Das Letztere ist der Fall, wenn die GmbH wegen Überschuldung aufgelöst wird, also kein Eigenkapital mehr übrig bleibt.

- **Nachschusspflicht.** Im **Gesellschaftsvertrag** können die Gesellschafter verpflichtet werden, über die Nennbeträge der Geschäftsanteile hinaus weitere Einzahlungen (Nachschüsse) zu leisten [§ 26 I GmbHG]. Die Nachschusspflicht kann beschränkt oder unbeschränkt sein.[4]

---

1 Durch die zu bildende gesetzliche Rücklage soll erreicht werden, dass eine mit sehr niedrigem Startkapital gegründete „Mini-GmbH" durch die Einbehaltung (Thesaurierung) der erzielten Gewinne innerhalb weniger Jahre über ein höheres Eigenkapital verfügt.

2 Wenn durch weitere Einlagen der Gesellschafter und/oder durch die Einbehaltung von Gewinnen (**Selbstfinanzierung**) der Gesellschaft genügend Eigenmittel vorhanden sind und durch eine vorgenommene Kapitalerhöhung aus Gesellschaftsmitteln das Mindeststammkapital von 25000,00 € [§ 5 I GmbHG] erreicht wird, dann kann die nicht für die Erhöhung des Stammkapitals verwendete (verbleibende) Rücklage aufgelöst werden. Außer zur Kapitalerhöhung aus Gesellschaftsmitteln [§ 57 c GmbHG] darf die Rücklage auch zum Ausgleich eines Jahresfehlbetrags und zum Ausgleich eines Verlustvortrags aus dem Vorjahr verwendet werden (Näheres siehe § 5 a III GmbHG).

3 Der Geschäftsanteil und der Nennbetrag des Geschäftsanteils muss von der **Stammeinlage** unterschieden werden. Die **Stammeinlage** verbrieft (verkörpert) **keine Rechte** der GmbH-Gesellschafter, sondern nur deren Pflicht, auf das Stammkapital die im Gesellschaftsvertrag vereinbarte Geld- und/oder Sacheinlage zu leisten (siehe § 3 I, Nr. 4 GmbHG).

Der **Geschäftsanteil** ist z. B. bei der **Vermögensverteilung** wegen Auflösung der GmbH oder beim Ausscheiden von Gesellschaftern von Bedeutung (siehe §§ 72f. GmbHG).

4 Nachschüsse werden meistens verlangt, wenn die GmbH einen (zusätzlichen) Eigenkapitalbedarf (z.B. für Investitionszwecke) hat. Sie dienen nur mittelbar zur Sicherung der Gläubiger.

1. **Unbeschränkte Nachschusspflicht.** Hier ist die Nachschusspflicht nicht auf einen bestimmten Betrag begrenzt. Jeder Gesellschafter, der seine Stammeinlage vollständig eingezahlt hat, kann sich jedoch von der Zahlung des angeforderten Nachschusses befreien. Hierzu stellt er der Gesellschaft seinen Geschäftsanteil innerhalb eines Monats nach der Aufforderung zur Zahlung des Nachschusses zur Befriedigung aus demselben zur Verfügung [§ 27 I GmbHG]. Man spricht hier von einem **Abandonrecht.**[1]

   Die Gesellschaft muss den zur Verfügung gestellten Geschäftsanteil innerhalb eines Monats nach der Erklärung des Gesellschafters oder der Gesellschaft durch eine **öffentliche Versteigerung** verkaufen lassen. Einen nach Deckung der Verkaufskosten und des rückständigen Nachschusses verbleibenden Überschuss erhält der **Gesellschafter** [§ 27 II, III GmbHG].

2. **Beschränkte Nachschusspflicht.** Hier ist die Nachschusspflicht auf einen **bestimmten Betrag beschränkt.** Soweit im Gesellschaftsvertrag nicht anderes vereinbart ist, wird bei Nichtzahlung oder einer verzögerten Einzahlung der angeforderten Nachschüsse das bei säumigen Zahlungen der Stammeinlagen vorgeschriebene **Kaduzierungsverfahren**[2] angewendet [§ 28 I GmbHG]. Nach Ablauf einer mittels eingeschriebenen Brief bestimmten Nachfrist von mindestens einem Monat mit Androhung des Ausschlusses des säumigen Gesellschafters verliert dieser seinen Geschäftsanteil zugunsten der Gesellschaft (Näheres siehe §§ 28 I, 21, 22, 23, 24 GmbHG).

- **Organe der Gesellschaft mit beschränkter Haftung.** Weil die GmbH als juristische Person nicht wie ein Mensch handeln kann, braucht sie, um handlungsfähig zu sein, Organe. Diese Organe sind der **Geschäftsführer** (die **Geschäftsführerin**), die **Gesellschafterversammlung** und unter bestimmten Bedingungen der **Aufsichtsrat.**

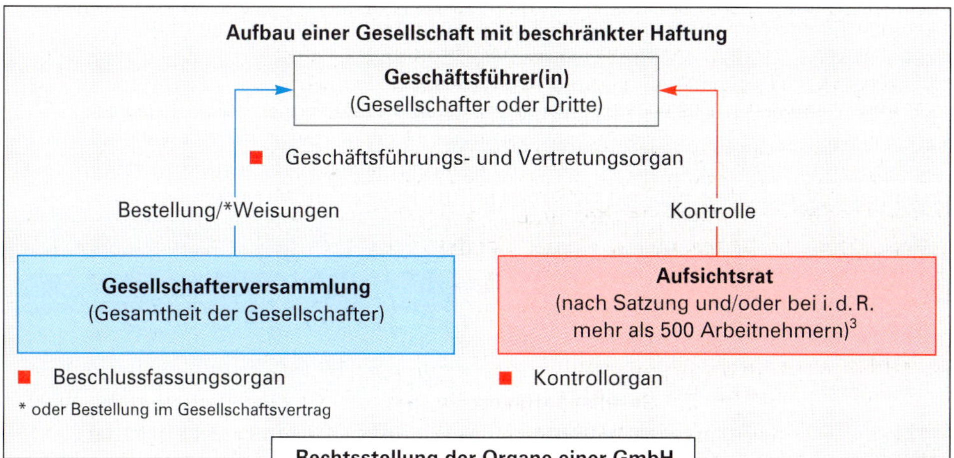

Rechtsstellung der Organe einer GmbH

1. Die Geschäftsführer

Die Gesellschaft mit beschränkter Haftung muss einen oder mehrere Geschäftsführer haben [§ 6 I GmbHG].

Die **Geschäftsführer** werden entweder aufgrund des Gesellschaftsvertrags oder durch die Gesellschafter, die sie jederzeit wieder abberufen können, bestellt [§§ 6 III, 38, 46 GmbHG]. Im Gegensatz zum Vorstand der AG ist die Zeitdauer der Bestellung nicht begrenzt.

1 Abandon: Aufgabe eines Rechts (oder einer Sache) mit der Absicht, sich dadurch von einer Verpflichtung (meistens eine Zahlung) zu entbinden.

2 Kaduzieren = für verfallen erklären.

3 Siehe § 1, Nr. 3 DrittelbG.

22 Hartmann-Härter-Seifert - ISBN 978-3-8120-0412-1

Die Geschäftsführer können **Gesellschafter der GmbH** und/oder andere Personen sein. Sie müssen unbeschränkt geschäftsfähige natürliche Personen sein [§ 6 II, III GmbHG].[1] Die Geschäftsführer müssen ihre Rechte und Pflichten in Angelegenheiten der GmbH mit der Sorgfalt eines ordentlichen Geschäftsmannes wahrnehmen. Sie haften der GmbH gegenüber solidarisch (gesamtschuldnerisch) für die z. B. durch Pflichtverletzungen der GmbH entstandenen Schäden (Näheres siehe § 43 GmbHG).

Die Aufgaben bzw. Rechte und Pflichten der **Geschäftsführer** als **leitendes Organ** der GmbH sind vergleichbar mit den vom Vorstand einer AG wahrzunehmenden Aufgaben (Rechte und Pflichten).

Geschäftsführung und Vertretung durch die Geschäftsführer. Die Gesellschaft wird durch die Geschäftsführer geleitet und als gesetzliche Vertreter gerichtlich und außergerichtlich vertreten [§ 35 I, S. 1 GmbHG]. Diese Regelung wird ergänzt durch die Vorschrift, dass bei einer Gesellschaft ohne Geschäftsführer **(Führungslosigkeit)** diese Gesellschaft – wenn ihr gegenüber Willenserklärungen abzugeben sind oder Schriftstücke zugestellt werden – durch die Gesellschafter vertreten wird [§ 35 I, S. 2 GmbHG].[2]

Wenn mehrere Geschäftsführer bestellt sind und im Gesellschaftervertrag keine andere Vertretungsbefugnis bestimmt ist, dann sind alle Geschäftsführer nur gemeinschaftlich zur Vertretung der Gesellschaft berechtigt **(Gesamtvertretungsrecht)**. Wenn Willenserklärungen gegenüber der Gesellschaft abgegeben werden (z. B. das Angebot eines Verkäufers, die Kündigung eines Arbeitsvertrags durch einen Arbeitnehmer), dann genügt jedoch die Abgabe der Willenserklärung gegenüber einem Vertreter (Geschäftsführer) (Näheres siehe § 35 II GmbHG).

Der Gesellschaft gegenüber (im **Innenverhältnis**) sind die Geschäftsführer zur Einhaltung der ihnen z. B. im Gesellschaftsvertrag bestimmten Beschränkungen ihrer Vertretungsbefugnis verpflichtet [§ 37 I GmbHG].[3]

Weitere **Aufgaben** der **Geschäftsführer** sind vor allem:

- Anmeldung der Geschäftsführer sowie die Beendigung der Vertretungsbefugnis zur Handelsregistereintragung (Näheres siehe § 39 GmbHG).
- Führen der Gesellschafterliste und deren unverzügliche Einreichung beim Handelsregister (Näheres siehe § 40 GmbHG).
- Sorge für eine ordnungsgemäße Buchführung der Gesellschaft [§ 41 GmbHG].
- Unverzüglich nach der Aufstellung ist der Jahresabschluss und der Lagebericht den Gesellschaftern zur Feststellung des Jahresabschlusses vorzulegen (Näheres siehe § 42 a GmbHG).
- Einberufung der Gesellschafterversammlung (Näheres siehe §§ 49, 51 GmbHG.

---

1 Hat eine GmbH in der Regel mehr als 2000 Arbeitnehmer, gehört der Geschäftsführung nach §§ 1 I, 33 MitbestG ein Arbeitsdirektor als gleichberechtigtes Mitglied an, der insbesondere für soziale und personelle Angelegenheiten zuständig ist. Siehe auch §§ 1, 13 Montan-MitbestG (Bestellung eines Arbeitsdirektors in das gesetzliche Vertretungsorgan von „Montanunternehmen").

2 Die Ergänzung des § 35 I GmbHG soll verhindern, dass die Gesellschafter z. B. durch eine Abberufung der Geschäftsführer versuchen, Zustellungen von Erklärungen an die Gesellschaft zu verhindern und hierdurch z. B. Gläubiger der Gesellschaft ihre Ansprüche an die Gesellschaft wegen fehlender Zustellung nicht geltend machen können.

3 Beachtet ein Geschäftsführer bei einem für die GmbH abgeschlossenen Rechtsgeschäft eine ihm auferlegte Beschränkung nicht, ist das Rechtsgeschäft für die GmbH (im **Außenverhältnis**) rechtswirksam. Der Geschäftsführer ist jedoch bei einem entstandenen Schaden der Gesellschaft gegenüber schadensersatzpflichtig.

2. Die Gesellschafterversammlung

Im Unterschied zur AG haben die Geschäftsführer die Gesellschaft nicht wie die Vorstandsmitglieder einer AG in eigener Verantwortung zu leiten; sie müssen vielmehr im Rahmen der Satzung und des Gesetzes die **Weisungen der Gesellschafter** unmittelbar befolgen. Aus diesem Grund ist die Gesamtheit (Versammlung) der Gesellschafter das **oberste Organ** der GmbH. In ihm nehmen die Gesellschafter ihre Rechte wahr (siehe §§ 45, 46 GmbHG). Dabei gewährt jeder Euro eines Geschäftsanteils eine Stimme. Beschlussfassungen erfolgen mit der Mehrheit der abgegebenen Stimmen. Notariell zu beurkundende Änderungen des Gesellschaftsvertrags bedürfen einer Mehrheit von drei Vierteln der abgegebenen Stimmen. Der Gesellschaftsvertrag kann noch weitere Erfordernisse (auch größere Mehrheiten) enthalten [§§ 47 I, II; 53 GmbHG].

Pflichten und Rechte der Gesellschafter

Pflichten der **Gesellschafter** sind vor allem:

- **Leistung** der **Stammeinlagen.** Bei verspäteter Einzahlung sind Verzugszinsen zu zahlen [§§ 3 I, Nr. 4; 14; 19 I, II; 20 GmbHG].
- **Risikohaftung** in Höhe des Werts des Geschäftsanteils des Gesellschafters. Die GmbH-Gesellschafter übernehmen nur eine „Risikohaftung", die mit der beschränkten und mittelbaren Haftung eines Aktionärs und eines Kommanditisten vergleichbar ist [§ 13 I, II GmbHG].
- **Verlustbeteiligung** wie im Gesellschaftsvertrag festgelegt.
- **Nebenleistungen,** soweit diese für **alle Gesellschafter** im **Gesellschaftsvertrag** vereinbart sind [§ 3 II GmbHG].[1]
- **Nachschusspflicht,** die nach der Satzung beschränkt oder unbeschränkt sein kann (Näheres siehe S. 336f.und §§ 26ff. GmbHG).

Rechte der **Gesellschafter** sind vor allem:

- **Gewinnanteil.** Jeder Gesellschafter hat einen Anspruch auf den sich nach der jährlichen Bilanz ergebenden Reingewinn. Die Verteilung des Gewinns erfolgt nach dem **Verhältnis** der **Geschäftsanteile.** Im Gesellschaftsvertrag kann eine andere Gewinnverteilung vereinbart sein (Näheres siehe § 29 GmbHG).

  Der Gewinn einer GmbH kann z.B. teilweise an die Gesellschafter verteilt [§ 29 GmbHG] sowie zur Bildung von **Rücklagen** verwendet werden.
- **Mitverwaltungsrecht (Geschäftsführungs- und Vertretungsrecht, Stimmrecht).** Wegen der engen persönlichen Bindung der Gesellschafter an die Gesellschaft bestehen weitgehende Mitverwaltungsrechte (Näheres siehe z.B. §§ 45ff. GmbHG).
- **Auskunfts- und Einsichtsrecht.** Die Geschäftsführer haben jedem Gesellschafter auf Verlangen unverzüglich über alle Angelegenheiten der Gesellschaft Auskunft zu geben und Einsicht in die Bücher und Schriften zu gestatten [§ 51 a I GmbHG].[2]

---

1 **Nebenleistungen** sind z.B. die Verpflichtung, Darlehen zu gewähren, für die GmbH zu bürgen, bei einer Erhöhung des Stammkapitals zusätzliche Stammeinlagen zu leisten oder die Pflicht, bestimmte Dienstleistungen zu erbringen.

2 Zur Verweigerung des Auskunfts- und Einsichtsrechts siehe § 51 a II, III GmbHG.

Das zur **Erhaltung** des **Stammkapitals** erforderliche Gesellschaftsvermögen darf nicht an die Gesellschafter ausgezahlt werden (**Kapitalerhaltungsgebot**, § 30 I GmbHG). Soweit die eingezahlten Nachschüsse nicht zur Deckung eines Verlustes am Stammkapital erforderlich sind, können diese an die Gesellschafter wieder zurückgezahlt werden [§ 30 II GmbHG].

3. Der Aufsichtsrat

Grundsätzlich benötigen Gesellschaften mit bis zu 500 Arbeitnehmern keinen Aufsichtsrat, es sei denn, die **Satzung** schreibt die Errichtung eines Aufsichtsrats vor [§ 52 I GmbHG]. Beschäftigt die GmbH in der Regel mehr als 500 Arbeitnehmer, so muss nach § 1, Nr. 3 DrittelbG ein Aufsichtsrat gewählt werden **(Drittel-Parität).** Unternehmen der Montanindustrie, die in der Regel mehr als 1000 Arbeitnehmer beschäftigen, müssen stets einen Aufsichtsrat haben **(paritätische Mitbestimmung)** [§§ 1, 3 Montan-MitbestG]. Für Gesellschaften mit i.d.R. mehr als 2000 Arbeitnehmern gilt das Mitbestimmungsgesetz von 1976 **(gleichgewichtige Mitbestimmung)** [§ 1 I MitbestG]. Der aus mindestens drei Mitgliedern bestehende Aufsichtsrat wird von der **Gesellschafterversammlung** gewählt [§ 52 I GmbHG; §§ 95, S. 1; 101 I, S. 1 AktG].

Der Aufsichtsrat der GmbH erfüllt im Wesentlichen die gleichen Aufgaben wie der Aufsichtsrat der AG.

Zu diesen Aufgaben gehören vor allem: Die Überwachung der Geschäftsführung sowie Einsicht und Prüfung der Geschäftsbücher, Schriften, Vermögensgegenstände, Wertpapier- und Warenbestände [§ 52 I GmbHG; § 111 I, II AktG]; Einberufung einer außerordentlichen Gesellschafterversammlung, wenn dies zum Wohl der GmbH erforderlich ist (z.B. bei drohender Zahlungsunfähigkeit oder hohen Verlusten) [§ 52 I GmbHG, § 111 III AktG] sowie Prüfung des Jahresabschlusses, des Lageberichts und des Vorschlags für die Verwendung des Bilanzgewinns mit schriftlicher Berichterstattung an die Gesellschafterversammlung über das Ergebnis der Prüfung [§ 52 I GmbHG; § 171 I, II AktG].

- **Rechtsstellung beim Wechsel der Gesellschafter, bei Veränderungen im Umfang ihrer Beteiligung und beim Erwerb von Nichtberechtigten.** Im Verhältnis zur Gesellschaft (im **Innenverhältnis**) gilt bei einem Gesellschafterwechsel oder bei einem geänderten Umfang der Beteiligung eines Gesellschafters nur die Person als Inhaber eines Geschäftsanteils, die in der im Handelsregister aufgenommenen Gesellschafterliste (siehe § 40 GmbHG)[1] eingetragen ist [§ 16 I GmbHG].[2]

1 Hierdurch soll der gutgläubige Erwerb von Geschäftsanteilen möglich werden. Mit der Aufnahme der Gesellschafterliste in das Handelsregister ist nicht nur der in der Gesellschafterliste eingetragene Gesellschafter gegenüber der Gesellschaft legitimiert. **Vertrauensschutz** besteht auch gegenüber **gutgläubigen Drittten.** Wer künftig einen Geschäftsanteil kauft, soll darauf vertrauen können, dass die in der Gesellschafterliste angegebenen Person auch tatsächlich der zum Verkauf berechtigte Gesellschafter ist.

2 Die Geschäftsführer haben unverzüglich (ohne schuldhafte Verzögerung) nach der Gründung der Gesellschaft und bei jedem späteren Gesellschafterwechsel sowie bei Änderungen des Umfangs der Beteiligung der Gesellschafter eine von ihnen (den Geschäftsführern) unterschriebene Liste der Gesellschafter zum Handelsregister einzureichen. Aus dieser Gesellschafterliste sind z.B. der Name und der Vorname, das Geburtsdatum und der Wohnort der Gesellschafter sowie die Nennbeträge und die laufenden Nummern der von jedem Gesellschafter übernommenen Geschäftsanteile ersichtlich (Näheres siehe § 40 GmbHG).

Diese Vorschrift soll vor allem die Übersichtlichkeit (Transparenz) der Beteiligungsverhältnisse der Gesellschafter (Gesellschaft) verbessern und den Missbrauch (z.B. die Geldwäsche der Terrorismusfinanzierung) verhindern.

Weil es im eigenen Interesse der Erwerber von Geschäftsanteilen liegt, dass die Eintragung durch die Geschäftsführer in die Gesellschafterliste schnell erfolgt, wird diese neue Regelung dazu führen, dass der Gesellschafterbestand stets lückenlos und aktuell nachvollzogen weden kann.

Wenn der Veräußerer als Inhaber eines Geschäftsanteils in der im Handelsregister aufgenommenen Liste der Gesellschafter eingetragen ist, dann kann der (gutgläubige) Erwerber unter bestimmten Voraussetzungen den Geschäftsanteil oder ein Recht auf einen Geschäftsanteil auch dann wirksam erwerben, wenn der Veräußerer hierzu nicht berechtigt ist (Näheres siehe § 16 III GmbHG).[1]

Auflösung der Gesellschaft mit beschränkter Haftung

Die Auflösung der GmbH ist in den §§ 60ff., 65ff. GmbHG geregelt. Neben der zwangsweisen Auflösung durch ein Gericht im Rahmen eines **Insolvenzverfahrens** wegen **Zahlungsunfähigkeit** oder **Überschuldung** kann die GmbH z.B. nach **Ablauf der im Gesellschaftsvertrag bestimmten Zeit**, durch **Beschluss der Gesellschafter** (grundsätzlich mit einer Mehrheit von drei Viertel der abgegebenen Stimmen), durch **gerichtliches Urteil, Entscheidung** eines **Verwaltungsgerichts** oder **Auflösungsverfügung** der zuständigen **Verwaltungsbehörde** aufgelöst werden.

Jahresabschluss

Für die GmbH gelten grundsätzlich die gleichen gesetzlichen Bestimmungen wie für die Aktiengesellschaften (siehe Seite 329f.).

Prüfungs- und Offenlegungspflicht

Als Kapitalgesellschaft besteht für die GmbH grundsätzlich der gleiche Umfang der Prüfungs- und Offenlegungspflicht wie für die Aktiengesellschaften (siehe Seite 329f.).

Bedeutung der GmbH

Die „klassische" Gesellschaft mit beschränkter Haftung ist vor allem bei Unternehmen mittlerer Größe anzutreffen, weil für die Gründung ein niedriges Stammkapital vorgeschrieben ist, die Haftung der Gesellschafter begrenzt ist, ein enges Verhältnis zwischen Gesellschaftern und Geschäftsführern besteht (die Gesellschafter häufig selbst Geschäftsführer sind), ein weitgehendes Mitverwaltungsrecht der Gesellschafter besteht und die Gründung (im Vergleich zur AG) verhältnismäßig unkompliziert und kostengünstiger ist.

Wie bei der Aktiengesellschaft kann die Leitungsfunktion (Geschäftsführung und Vertretung der GmbH) von der Funktion der Eigenkapitalfinanzierung durch die Gesellschafter getrennt werden. Dadurch können die Gesellschafter – ohne selbst für die GmbH leitende Funktionen wahrnehmen zu müssen – allein durch die Bereitstellung des Stammkapitals (Eigenkapitals) – unternehmerisch tätig werden.

Häufig gründen auch Großunternehmen Gesellschaften mit beschränkter Haftung, die Teilfunktionen übernehmen (z.B. Forschung und Entwicklung, Erschließung neuer Rohstoffquellen, Wahrnehmung des Vertriebs).

Die neue „Mini-GmbH" soll vor allem für Unternehmensgründungen kleinerer Unternehmen eine alternative Rechtsform zur „Englischen Limited Company" sein.

1 Kein gutgläubiger Erwerb ist z.B. möglich, wenn dem Erwerber bekannt ist, dass der Veräußerer kein Gesellschafter ist oder wenn ihm dies durch grobe Fahrlässigkeit nicht bekannt ist.

Die mögliche Gründung von Unternehmergesellschaften (haftungsbeschränkt) wird die „Abwanderung" deutscher Unternehmensgründer in das englische Recht der „Limited Company" verringern. Den Vorteilen einer schnellen und kostengünstigen Gründung mit einem sehr niedrigen Mindeststammkapital steht der erhebliche Nachteil eines niedrigen Haftungskapitals gegenüber. Die „Mini-GmbH" wird ohne zusätzliche Kreditsicherheiten nur schwer größere Kredite der Banken erhalten. Größere Leistungen an die Gesellschaft werden oft nur gegen Vorauszahlung erfolgen.

Aufgaben

1. Vergleichen Sie die „klassische" GmbH mit der Aktiengesellschaft im Hinblick auf folgende Merkmale:

   a) Gründung, b) Firma, c) Geschäftsführung, d) Vertretung, e) Haftung und f) Organe!

2. Die GmbH wird häufig als die „AG des kleinen Mannes" bezeichnet. Ist Ihrer Ansicht nach dieser Ausdruck zutreffend?

3. Wie ist die Mindesteinzahlung der Gesellschaft im GmbHG geregelt?

4. **Fallstudie:**

   Aufgrund von Probebohrungen weiß man, dass sich innerhalb des Stadtgebiets Heilquellen befinden. Der Gemeinderat regt die Gründung eines privaten Unternehmens an, welches die Erschließung und die geschäftliche Nutzung betreiben soll. Er ist sich sicher, dass sich auch viele Bürger der Stadt an einem solchen Unternehmen beteiligen würden.

   4.1 Begründen Sie die Wahl der AG als Rechtsform für ein solches Unternehmen!

   4.2 Es war auch die Rechtsform der GmbH erwogen worden. Vergleichen Sie in einer Übersicht die „klassische" GmbH und AG hinsichtlich a) Gründung, b) Mindesteigenkapital, c) Kapitalanteile, d) Leitung, e) Aufsichtsrat und f) Kontrolle!

   4.3 Bei der Bestellung des Vorstands wird die Frage nach der Überkreuzverflechtung aufgeworfen. Was versteht man darunter und warum ist sie vom Gesetzgeber verboten? (Siehe § 100 II AktG.)

   4.4 Die Satzung der AG wird am 28. Juli 01 unterschrieben, die AG am 12. Februar 02 beim Handelsregister angemeldet. Am 10. März 02 erfolgte die Handelsregistereintragung.

      4.4.1 Wo wird das Handelsregister geführt, welche Aufgaben hat das Handelsregister und welche Rechtswirkung hat die Handelsregistereintragung für die AG?

      4.4.2 An welchem Tag ist die AG als juristische Person entstanden?

5. **Fallstudie:**

   Sachverhalt

   Die Baumwollfärberei Max Maier e.K., ein Unternehmen mittlerer Größe, benötigt für die aus Konkurrenzgründen erforderlich gewordene Erweiterung und Rationalisierung ihres Betriebs zusätzliche Finanzierungsmittel. Die Beleihungsgrenzen der Hausbank würden eine etwa 40%ige Finanzierung der Neuinvestitionen mit Fremdkapital gestatten. Da Maier aber das für die Restfinanzierung notwendige Eigenkapital nicht besitzt, sieht er sich gezwungen, in Zukunft mit Gesellschaftern zusammenzuarbeiten. Er gründet mit den Herren Merger und Baum die Maier Textilveredelungs-GmbH, in die er selbst seinen bisherigen Betrieb einbringt, während sich Merger und Baum mit Geldeinlagen beteiligen.

   Aufgaben:

   5.1 Welche Vorteile hat die GmbH gegenüber einem Einzelunternehmen?

5.2 Die Rechtsform der GmbH erschien den drei Gesellschaftern günstiger als die der Aktiengesellschaft. Welche Gründe können sie zu ihrer Wahl veranlasst haben?

5.3 Welche Regelung des Geschäftsführungsrechts und der Vertretungsmacht würden Sie Herrn Maier vorschlagen?

5.4 Nach § 3 I, Nr. 4 GmbHG muss der Gesellschaftsvertrag die Zahl und die Nennbeträge der Geschäftsanteile, die jeder Gesellschafter gegen Einlagen auf das Stammkapital (Stammeinlage) übernimmt, enthalten. Erläutern Sie die Bedeutung dieser Bestimmung!

5.5 Für Fälle, in denen Gesellschafter die von der Gesellschaft nach Gesetz oder Satzung geforderten Einlagen nicht leisten können oder nicht leisten wollen, sieht das GmbHG das Kaduzierungs- und das Abandonnierungsverfahren vor. Erläutern Sie die beiden Verfahren und nennen Sie die Voraussetzungen, unter denen sie angewandt werden können.

5.6 Wodurch unterscheiden sich die Rechte der Gesellschafterversammlung einer GmbH von den Rechten der Hauptversammlung einer Aktiengesellschaft?

5.7 Wer ist Eigentümer des Vermögens a) einer offenen Handelsgesellschaft, b) einer Kommanditgesellschaft, c) einer Gesellschaft mit beschränkter Haftung und d) einer Aktiengesellschaft?

5.8 Herr Merger kennt sich in kaufmännischen Angelegenheiten nicht so gut aus und bittet Sie deshalb, eine übersichtliche Tabelle aufzustellen, in der die wesentlichsten Merkmale des Einzelunternehmens, der offenen Handelsgesellschaft (OHG), der Gesellschaft mit beschränkter Haftung (GmbH), der Unternehmergesellschaft (haftungsbeschränkt) und der Aktiengesellschaft (AG) vergleichend gegenübergestellt werden.

Hierbei sollen folgende Beurteilungsmerkmale (Gesichtspunkte) berücksichtigt werden: Gründung (Form, Anzahl der Gründer, Eintragung in das Handelsregister), Rechtspersönlichkeit, Firma, Eigenkapitalhöhe, Haftung, Organe, Geschäftsführung und Vertretung, Kontrollrechte und Auflösungsgründe.

5.9 Begründen Sie, warum juristische Personen Organe haben und warum bei diesen Rechtsformen eine Kontrollnotwendigkeit besteht!

5.10 Warum haben viele „mittelgroße“ Industrieunternehmen die Rechtsform der GmbH? Nennen Sie drei Gründe!

6. Vergleichen Sie die „klassische“ GmbH mit der UG (haftungsbeschränkt) anhand folgender Vergleichsmerkmale: Gründung, Firma und Mindeststammkapital!

7. Kann die „Mini-GmbH“ auch nach den für die „klassische“ GmbH geltenden gesetzlichen Vorschriften gegründet werden?

8. Erklären Sie zwei Nachteile der Gründung einer Unternehmergesellschaft (haftungsbeschränkt) im Vergleich zur „Standardgründung“ einer 25000,00-€-GmbH!

Exkurs: Die GmbH & Co. KG

Bei der **GmbH & Co. KG** handelt es sich um eine **Kommanditgesellschaft,** an der eine GmbH als *einziger persönlich haftender Gesellschafter* **(Komplementär)** beteiligt ist.[1] Bei der echten (typischen) GmbH & Co. KG hat die GmbH die Funktion einer *Geschäftsführungs-GmbH.* Die GmbH ist der geschäftsführende Komplementär der KG. Die Geschäftsanteile der GmbH stehen den *Kommanditisten* zu; diese sind die Gesellschafter der GmbH. Bei der typischen GmbH & Co. KG sind die GmbH-Gesellschafter und die Kommanditisten mithin die gleichen Personen (Identität und gleiche Beteiligungsquoten der GmbH-Gesellschafter und Kommanditisten). Bei der *unechten* (atypischen) GmbH & Co. KG hingegen sind die Kommanditisten *andere Personen* als die Gesellschafter der GmbH.

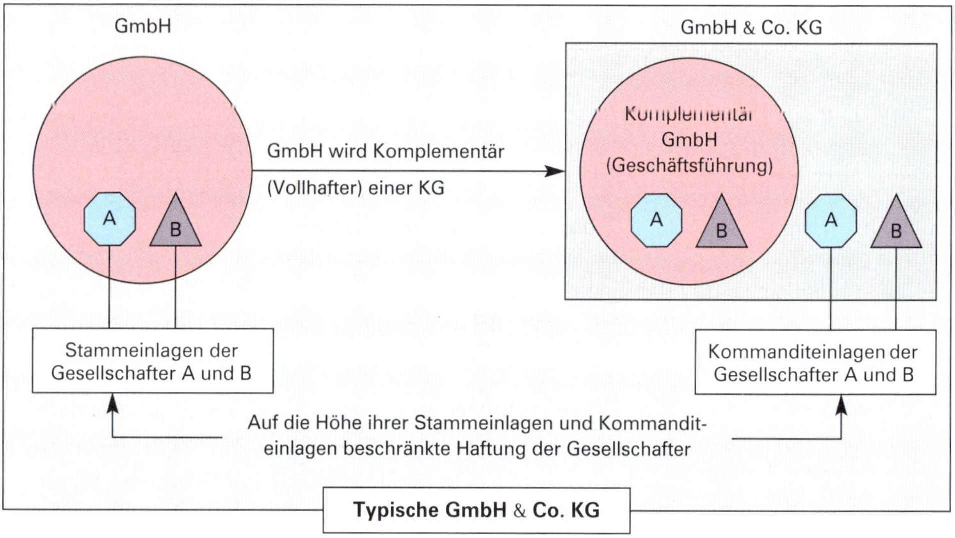

Firma

Die **Firma** einer GmbH & Co. KG muss die Bezeichnung „Kommanditgesellschaft" oder eine allgemein verständliche Abkürzung dieser Bezeichnung enthalten [§ 19 I, Nr. 3 HGB].

Beispiele:

Exportgesellschaft Wild m.b.H. & Co. KG; Impex GmbH KG; Isnyer Fertigbeton GmbH KG; Friedrich Metzger GmbH & Co. KG.

1 Wenn die GmbH der einzige Komplementär ist, wird die persönliche unbeschränkte Haftung aller beteiligten natürlichen Personen vermieden. Aufgrund der Anpassung des Bilanzrechts des Handelsgesetzbuchs an Vorgaben der Europäischen Union (EU) müssen künftig auch Personengesellschaften, bei denen keine natürliche Person als Gesellschafter persönlich haftet (meistens sind dies GmbH & Co. KGs), wie die Kapitalgesellschaften nach strengen Bewertungs-, Gliederungs- und Prüfungsvorschriften Rechnung legen und ihre Bilanzen allgemein zugänglich machen. Hierdurch sind diese Unternehmen zu mehr Transparenz gezwungen. (Näheres finden Sie in den §§ 264 a ff. HGB).

Ob auch eine Unternehmergesellschaft (haftungsbeschränkt) [§ 5 a GmbHG] Komplementär einer Kommanditgesellschaft sein kann, wird erst die Geschäftspraxis und die hierzu ergehende Rechtsprechung der Gerichte klären.

Geschäftsführung und Vertretung

Die GmbH & Co. KG wird durch die GmbH (Komplementär) vertreten, die auch die Geschäftsführungsbefugnis besitzt [§§ 125, 161 II, 170 HGB]. Für die GmbH handeln die Geschäftsführer, die bei der typischen GmbH & Co. KG mit den Kommanditisten identisch sind.

Bedeutung der GmbH & Co. KG

Die Rechtsform der GmbH & Co. KG wird heute vor allem von kleineren und mittelgroßen Unternehmen wegen der Haftungsbeschränkung der GmbH-Gesellschafter und Kommanditisten und wegen der unter bestimmten Bedingungen möglichen Steuervorteile gewählt.[1]

Relativ niedrige Gründungskosten und die Möglichkeit, dass die „Geschäftsführungs-GmbH" als juristische Person den Bestand des Unternehmens garantiert, sind weitere Gründe, die vor allem bei Familienunternehmen zur Wahl dieser Rechtsform führen können.

Motive können auch die Möglichkeit einer „Einmanngesellschaft", die Geschäftsführung durch *Dritte* (außenstehende Fachleute) und die erweiterte Eigenkapitalbeschaffung durch die Aufnahme weiterer Kommanditisten (die nur einen relativ geringen Einfluss auf die Geschäftsführung haben) sein.

7.5 Rechtsformen der Versicherungsbetriebe und Einordnung der Sozialversicherungsbetriebe in das System der betrieblichen Rechtsformen

7.5.1 Zulässige Rechtsformen (Unternehmensformen) von Versicherungsbetrieben

Frau Bergmann und die Herren Kern und Rohm, die sich als selbstständige Versicherungsvertreter[2] sehr gut in Angelegenheiten der Kranken- und Unfallversicherung auskennen, beschließen in Deutschland ein Versicherungsunternehmen zu gründen, um künftig Kranken- und Unfallversicherungen im eigenen Namen und auf eigene Rechnung anzubieten. Sie hätten es nicht leicht, ihren Wunsch zu realisieren. Zwar könnten sie ohne größere rechtliche Probleme z.B. Brot, Maschinen oder Möbel verkaufen. Versicherungen im eigenen Namen (in eigener Person) anzubieten ist ihnen jedoch versagt.

> Versicherungen dürfen in Deutschland nicht von natürlichen Personen, sondern nur von bestimmten juristischen Personen des Privatrechts und öffentlichen Rechts angeboten werden.

1 Der Vorteil der Besteuerung der GmbH-Gewinne mit einem niedrigen Körperschaftsteuersatz kann mit dem Vorteil der Besteuerung der Gewinne einer Personengesellschaft verbunden werden. Die Gewinne der GmbH & Co. KG werden nämlich mit den persönlichen Einkommensteuersätzen der Gesellschafter besteuert.

2 Versicherungsvertreter im Sinne des Versicherungsvertragsgesetzes sind Personen, die von einem Versicherer (Versicherungsunternehmen) oder einem Versicherungsvertreter damit betraut sind, gewerbsmäßig Versicherungsverträge zu vermitteln oder abzuschließen [§ 59 II VVG]. Sind die Versicherungsvertreter selbstständige Gewerbetreibende und ständig mit dem Abschluss oder der Vermittlung von Versicherungsverträgen betraut, sind diese Handelsvertreter [§§ 84 ff., 92 HGB]. Es gelten z.B. die Besonderheiten für den Provisions- und Ausgleichsanspruch [§§ 92, 89 b V HGB]. Nach dem VVG sind **Versicherungsvertreter** und **Versicherungsmakler** sogenannte **Versicherungsvermittler**. Näheres siehe §§ 59 ff. VVG.

Einzelunternehmen, Personengesellschaften und Gesellschaften mit beschränkter Haftung (GmbH) sind vor allem aus Gründen der unzureichenden Eigenkapitalausstattung, der fehlenden oder eingeschränkten Prüfungs- und Offenlegungspflicht (Publizitätspflicht) sowie der mangelnden Langfristigkeit des Angebots als Rechtsform für Versicherungsunternehmen nicht möglich.

Erstversicherungsunternehmen[1] werden meistens in der Rechtsform der Aktiengesellschaft (AG) oder des Versicherungsvereins auf Gegenseitigkeit (VVaG) betrieben. **Rückversicherungsunternehmen**[1] sind grundsätzlich Aktiengesellschaften.

Die zum Geschäftsbetrieb eines Versicherungsunternehmens erforderliche Erlaubnis durch die Aufsichtsbehörde (durch die Bundesanstalt für Finanzdienstleistungsaufsicht [BAFin]) darf nur Aktiengesellschaften (AG) einschließlich der Europäischen Gesellschaft (SE), Versicherungsvereinen auf Gegenseitigkeit (VVaG) sowie Körperschaften und Anstalten des öffentlichen Rechts erteilt werden. Der Ort der Hauptverwaltung muss in Deutschland liegen [§§ 5, 7, 119ff. VAG;[2] §§ 1ff. FinDAG].

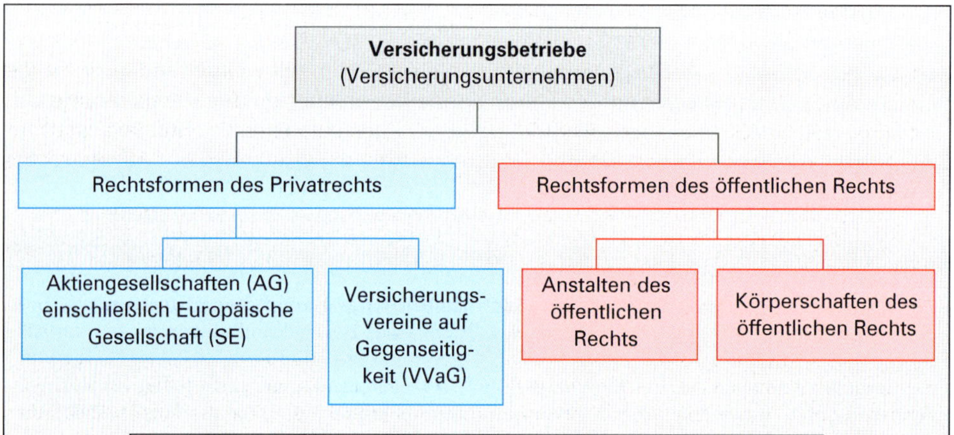

Überblick über die Rechtsformen der Versicherungsbetriebe

1 **Erstversicherungsunternehmen** (Direktversicherungsunternehmen) sind Versicherungsunternehmen, die ihre Versicherungsgeschäfte ausschließlich mit Versicherungsnehmern, die gewerbliche Unternehmen, private oder öffentliche Haushalte sind, betreiben. **Rückversicherungsunternehmen** sind Versicherungsunternehmen, die ausschließlich Rückversicherungsgeschäfte und damit verbundene Geschäfte und Dienstleistungen betreiben, deren Versicherungsnehmer (Kunden) somit andere Erst- und/oder Rückversicherer sind (sogenannte Indirektversicherungsunternehmen).

2 Das Gesetz über die Beaufsichtigung der Versicherungsunternehmen (Versicherungsaufsichtsgesetz – VAG) enthält Rechtsvorschriften für alle Versicherungsunternehmen, die Versicherungsschutz im Rahmen des **Privatrechts** anbieten, und zwar unabhängig davon, ob das Versicherungsunternehmen eine Rechtsform des Privatrechts (Aktiengesellschaft oder Versicherungsverein auf Gegenseitigkeit) ist oder als öffentlich-rechtliche Anstalt oder Körperschaft des öffentlichen Rechts Versicherungsschutz anbietet. Es kommt auch nicht darauf an, ob eine Person selbst entscheiden kann, ob sie sich versichern oder nicht versichern will (freiwillige Versicherung oder Zwangsversicherung). Nicht der Aufsicht durch die Bundesanstalt für Finanzdienstleistungsaufsicht unterliegen die Träger der Sozialversicherung (z.B. die gesetzlichen Krankenkassen, Berufsgenossenschaften) [§ 1 I VAG]. Die bundesunmittelbare rechtsfähige Bundesanstalt für Finanzdienstleistungsaufsicht (BAFin) hat ihren Sitz in Bonn und Frankfurt am Main [§ 1 II FinDAG].

7.5.2 Rechtsformen des Privatrechts

7.5.2.1 Versicherungs-Aktiengesellschaft

Die Rechtsform der Aktiengesellschaft ist auch für Versicherungsunternehmen mit ihren Besonderheiten geeignet. Spezielle Regelungen gelten nur dann, wenn dies zum Schutz der Versicherungsnehmer erforderlich ist. Betroffen sind vor allem einige Rechte der Aktionäre gegenüber der Aktiengesellschaft.

Beispiel zur Gewinnverwendung zugunsten der Versicherungsnehmer in Versicherungszweigen mit genehmigungspflichtigen Tarifen:

Mit Zustimmung des Aufsichtsrats bestimmt der Vorstand die den Versicherungsnehmern zustehenden Beträge aus der Gewinnbeteiligung. Weil diese den Versicherungsnehmern (den Kunden) gewidmete Überschussbeteiligung[1] bei der Aufstellung des Jahresabschlusses bereits als Aufwendungen verrechnet wurde, gehören diese Gewinnanteile nicht mehr zum Jahresüberschuss, über dessen Verwendung nach § 58 AktG entschieden wird. Zum Schutz der Aktionäre wird die Überschussbeteiligung der Versicherungsnehmer jedoch – soweit diese nicht auf einem Rechtsanspruch beruht – dadurch begrenzt, dass aus dem verbleibenden Bilanzgewinn noch eine Dividende von mindestens 4 % des Grundkapitals an die Aktionäre verteilt werden kann.

Das für die „normalen" Aktiengesellschaften geltende Recht gilt weitgehend auch für die Versicherungs-Aktiengesellschaften. Durch spezielle Vorschriften des Versicherungsaufsichtsgesetzes (VAG) und durch Anordnungen der Aufsichtsbehörde (Bundesanstalt für Finanzdienstleistungsaufsicht) werden lediglich einige Vorschriften des Aktiengesetzes (AktG) und des Handelsgesetzbuchs (HGB) ersetzt oder ergänzt.

Beispiele:

Die Insolvenzvorschrift (Zahlungsunfähigkeit der Aktiengesellschaft) des § 92 II AktG wird durch § 88 VAG ersetzt. Nach dieser Bestimmung hat der Vorstand einer Versicherungs-Aktiengesellschaft statt selbst die Eröffnung des Insolvenzverfahrens zu beantragen, die Zahlungsunfähigkeit oder Überschuldung der Aufsichtsbehörde anzuzeigen. Der Antrag auf die Eröffnung des Insolvenzverfahrens über das Vermögen eines Versicherungsunternehmens kann nur von der Aufsichtsbehörde gestellt werden.

Die Versicherungsaufsichtsbehörde kann auch in die Hauptversammlung Vertreter mit Auskunfts- und Rederecht entsenden, sie kann die Einberufung der Hauptversammlung mit bestimmten Beschlussfassungspunkten verlangen und die Einberufung bei einer Weigerung der Aktiengesellschaft auch selbst vornehmen. (Zu weiteren Befugnissen der Aufsichtsbehörde siehe § 83 VAG.)

Die gesetzlich vorgeschriebene Mindestausstattung mit einem Grundkapital in Höhe von 50 000,00 € [§ 7 AktG] reicht für die Versicherungs-Aktiengesellschaften aufgrund der Kapitalausstattungsvorschriften des § 53c VAG nicht aus. Der Mindestbetrag des Garantiefonds nach § 53c II, Nr. 2 VAG ist grundsätzlich höher als 50 000,00 €.[2]

---

1 Gewinnanteilsrechte der Versicherungsnehmer bestehen insbesondere bei Lebens-, Kranken-, Kraftverkehrs- und Haftpflichtversicherungen.

2 Zum Schutz der Ansprüche der Versicherungsnehmer, der versicherten Personen, Bezugsberechtigten und der sonstigen aus dem Versicherungsvertrag begünstigten Personen wird jeweils ein **Sicherungsfonds** für die Lebens- und Krankenversicherungsunternehmen bei der Kreditanstalt für Wiederaufbau eingerichtet (Näheres siehe §§ 126ff. VAG).

Die **Versicherungsaktien** sind grundsätzlich **Namensaktien** [§ 10 I AktG], deren Nennbetrag nur zum Teil eingezahlt ist. Die Namensaktien haben gegenüber den Inhaberaktien[1] den Vorteil einer Kontrollmöglichkeit über die Beteiligungsverhältnisse der Aktiengesellschaft. Nicht voll eingezahlte Aktien sind immer Namensaktien [§ 10 II AktG]. Weil vor allem Versicherungs-Aktiengesellschaften den Aktienerwerb durch bestimmte Personen oder andere Unternehmen verhindern möchten, werden die Namensaktien oft durch die Satzung vinkuliert. Weil die Übertragung dieser **vinkulierten**[2] **Namensaktien** von der Zustimmung der Aktiengesellschaft (vertreten meistens durch den Vorstand) abhängig ist [§ 68 II AktG], können hierdurch aus der Sicht des Unternehmens unerwünschte Paket- oder Mehrheitsbildungen durch den Erwerb von Aktien verhindert werden.

Der Grund dafür, dass Versicherungsaktien oft nicht voll eingezahlt sind, ist darin zu sehen, dass die Versicherungsunternehmen in der Regel ausreichend Kapital zur Verfügung haben, mit dem sie arbeiten können. Es ist für die Versicherungs-Aktiengesellschaften unwirtschaftlich, eine Volleinzahlung der Aktien zu verlangen. Die Aktionäre erwarten bei voll eingezahlten Aktien eine entsprechend höhere Dividende als bei teileingezahlten Aktien. Diese höhere Dividende ist aber vielfach nicht zu erwirtschaften. Aus Sicherheitsgründen begnügt man sich nicht mit einem Nennkapital in Höhe der Teileinzahlungen, sondern hält das Aktienkapital (Grundkapital) in der entsprechenden Höhe. Hat die Versicherungs-Aktiengesellschaft z. B. durch die Kumulierung von verschiedenen Risiken einen größeren Kapitalbedarf, kann das Unternehmen schnell auf die noch nicht eingezahlten Beträge zurückgreifen. Hierzu muss die Unternehmensleitung jederzeit wissen, wer die Aktionäre sind und wo sie erreicht werden können. Außerdem soll gewährleistet sein, dass es sich bei den Aktionären um Personen handelt, die wirtschaftlich auch in der Lage sind, die volle Einzahlung zu leisten.

Namensaktien sind unter Angabe des Namens, des Geburtsdatums und der Adresse des Inhabers sowie der Stückzahl oder der Aktiennummer und bei Nennbetragsaktien des Betrags in das **Aktienregister** der Gesellschaft einzutragen [§ 67 I AktG]. Bei einem Übergang der Namensaktien auf eine andere Person erfolgt auf die Mitteilung und den Nachweis hin die Löschung und Neueintragung im Aktienregister [§ 67 III AktG]. Die bei der Übertragung oder Verwahrung der Namensaktien mitwirkenden Banken sind verpflichtet, der Aktiengesellschaft gegen Erstattung der notwendigen Kosten die zur Führung des Aktienregisters erforderlichen Angaben zu machen [§ 67 IV AktG]. Jeder Aktionär kann von der Aktiengesellschaft Auskunft über die zu seiner Person in das Aktienregister eingetragenen Daten verlangen. Die Aktiengesellschaften dürfen die Registerdaten für ihre Aufgaben im Verhältnis zu ihren Aktionären verwenden. Sollen die persönlichen Daten zur Werbung für das Unternehmen verwendet werden, ist dies nur möglich, soweit die Aktionäre dem nicht widersprechen. Die Aktionäre sind über ihr Widerspruchsrecht in angemessener Weise zu informieren [§ 67 VI AktG].

Die Übertragung der Namensaktien erfolgt bei effektiven Stücken (Urkunden) durch Einigung, Übergabe und *Indossament* [§ 68 I AktG, §§ 929 ff. BGB].

Versicherungs-Aktiengesellschaften kommen in der deutschen Versicherungswirtschaft in nahezu allen Versicherungszweigen vor. Die meisten Versicherungs-Aktiengesellschaften verkörpern den Typ erwerbswirtschaftlicher Unternehmen, die zur Gewinnerzielung nach kaufmännischen Grundsätzen professionell geführt werden.

---

1 Durch die fortgeschrittene Informationstechnologie ist die Durchführung von Käufen bzw. Verkäufen von Namensaktien ähnlich schnell und kostengünstig wie bei Inhaberaktien. Da die notwendigen Umschreibungen im Aktienregister ausschließlich durch elektronische Datenverarbeitung erfolgen können, ist es möglich, Geschäfte mit Namensaktien wie bei Inhaberaktien innerhalb von zwei Börsentagen durchzuführen. Die zunehmende Bedeutung der Namensaktien in Deutschland ist auch darauf zurückzuführen, dass die Gesellschaften die Aktionäre gezielt ansprechen können und die internationale Kapitalbeschaffung erleichtert wird. So können die Namensaktien z. B. problemlos sowohl an den Wertpapierbörsen in Deutschland als auch an den Wertpapierbörsen in den USA gehandelt und notiert werden. (In den USA ist dies nur bei Namensaktien möglich.) Auch die Abwicklung von Hauptversammlungen über das Internet ist möglich. Probleme ergeben sich beim Datenschutz, z. B. durch den Missbrauch von Aktionärsdaten beim Marketing oder bei der Werbung.

2 Vinkulation (lat.) = Bindung des Rechts der Übertragung eines Wertpapiers an die Genehmigung des Emittenten (Ausgebers). Vinkuliert = an die Genehmigung gebunden, genehmigungspflichtig.

Wichtige **Entscheidungsgründe** für die **Wahl** der **Aktiengesellschaft** als **Rechtsform** für **Versicherungsunternehmen** sind:

- Aktiengesellschaften sind vom Wechsel der Gesellschafter (Aktionäre) unabhängig, was der Langfristigkeit der meisten Versicherungsgeschäfte entspricht.
- Die bestehenden Prüfungs- und Offenlegungspflichten (Publizitätspflichten) der Aktiengesellschaften passen gut zum System der Versicherungsaufsicht.
- Versicherungs-Aktiengesellschaften haben grundsätzlich einen Zugang zum Kapitalmarkt, was ihre Beteiligungsfinanzierung durch die Ausgabe (den Verkauf) von Aktien – vor allem auch unter dem Gesichtspunkt der nach § 53c VAG vorgeschriebenen Kapitalausstattung – erleichtert.
- Die geeignete Rechtsform für die Konzernbildung[1] ist die Aktiengesellschaft. Hierdurch können die rechtlich zu trennenden verschiedenen Versicherungssparten (Versicherungszweige) der Erst- und der Rückversicherung im Rahmen eines Konzerns optimal gestaltet werden.

7.5.2.2 Versicherungsverein auf Gegenseitigkeit (VVaG)[2]

Merkmale des Versicherungsvereins auf Gegenseitigkeit

- **Begriff.** Der Versicherungsverein auf Gegenseitigkeit (VVaG) ist ein **rechtsfähiger Verein** (eine **juristische Person** des **Privatrechts**), der die Versicherung seiner Mitglieder (der Versicherten) nach dem **Grundsatz** der **Gegenseitigkeit** betreibt [§ 15 VAG].[3] Die Mitglieder tragen die wirtschaftlichen Risiken des Vereins und müssen deshalb z.B. bei Verlusten höhere Beiträge oder Nachschüsse leisten. Sie sind jedoch auch an Überschüssen des Vereins beteiligt. Der **VVaG** ist **Kaufmann** im Sinne des **Handelsgesetzbuchs** [§ 16 VAG]. Rechtsfähig (zur juristischen Person) wird der VVaG dadurch, dass die Bundesanstalt für Finanzdienstleistungsaufsicht (die Aufsichtsbehörde) dem Verein erlaubt, als VVaG Geschäfte zu betreiben [§ 15 VAG].

  Aus dem VAG ergeben sich vier Grundsätze, die das Gegenseitigkeitsprinzip des VVaG näher charakterisieren.

Grundsätze des Gegenseitigkeitsprinzips beim VVaG	
Selbsthilfe	Sie bedeutet die Solidarität der Versicherungsmitglieder untereinander im Versicherungsfall. Anders als bei der Versicherungs-Aktiengesellschaft ist diese Risikogemeinschaft durch das Doppelverhältnis zwischen dem Versicherungsverhältnis und gleichzeitigem Mitgliedschaftsverhältnis bestimmt. Nach § 20, S. 2 VAG setzt die Mitgliedschaft ein Versicherungsverhältnis mit dem Verein voraus.
Selbstverwaltung	Die Mitglieder können durch ihr Stimmrecht im obersten Organ (z.B. in der Vertreterversammlung) bei der Verwaltung des VVaG mitwirken, z.B. die Geschäftspolitik mitbestimmen und die Geschäftsführung durch den Vorstand beaufsichtigen.

1 Siehe Kapitel 8.2.2, S. 398ff.

2 Rechtsgrundlage des Versicherungsvereins auf Gegenseitigkeit ist das Versicherungsaufsichtsgesetz (VAG) [§§ 15ff. VAG]. Das VAG unterscheidet betriebswirtschaftlich zwischen großen und kleinen Vereinen [§§ 53, 53b VAG]. Der wirtschaftlichen Bedeutung entsprechend ist nach dem VAG der große VVaG der Regelfall. Die folgenden Ausführungen beziehen sich deshalb auf den großen VVaG. Der kleinere VVaG, für den bei der Anwendung der §§ 15ff. VAG mehrere Ausnahmen gelten [§ 53 I VAG], wird nicht besprochen.

3 Jede rechtsfähige, natürliche oder juristische Person kann Mitglied eines VVaG werden. Die Mitgliedschaft wird vor allem durch Beitritt zum VVaG begründet und fällt meistens mit dem Abschluss des Versicherungsvertrags zusammen. Die Mitgliedschaft endet z.B. beim Tod des Mitglieds, bei Auflösung des Vereins oder (soweit die Satzung nichts anderes bestimmt) bei Beendigung des Versicherungsverhältnisses [§ 20, S. 3 VAG].

Grundsätze des Gegenseitigkeitsprinzips beim VVaG	
Selbstfinanzierung	Die Mitglieder finanzieren durch ihre Beiträge den VVaG und können der Satzung entsprechend zu Nachschüssen an den VVaG verpflichtet sein.
Selbstbestimmung	Die Selbstfinanzierung ermöglicht die Selbstbestimmung. Anders als bei der AG kann ein VVaG nicht durch den Erwerb von Kapitalanteilen beeinflusst, beherrscht oder übernommen werden. Die Geschäftsführung des VVaG braucht keine Rücksicht auf Kapitaleigner zu nehmen und kann sich deshalb voll auf die Interessen der Mitglieder (Versicherungsnehmer) konzentrieren.

Bedeutung des Versicherungsvereins auf Gegenseitigkeit

Als „Selbsthilfeeinrichtungen" ihrer Mitglieder verfolgen die VVaG nicht in erster Linie das Ziel, möglichst hohe Überschüsse (Gewinne) zu erzielen. Ihr Ziel ist vielmehr, den Mitgliedern einen möglichst günstigen Versicherungsschutz (hohe Versicherungsleistungen zu niedrigen Beiträgen) zu gewähren. Die VVaG weisen genossenschaftliche Merkmale auf (Solidarität und Selbsthilfe der Mitglieder).

Im Unterschied zu den Versicherungs-Aktiengesellschaften sind die Mitglieder eines VVaG (vergleichbar mit den Aktionären) zugleich auch alle Versicherungsnehmer. Erzielte Gewinne, die bei einer Aktiengesellschaft durch Gewinnausschüttungen an die Aktionäre nicht voll den Versicherungsnehmern zugute kommen, werden bei einem VVaG nur an die Mitglieder (die Versicherungsnehmer) ausgeschüttet oder als Rücklagen einbehalten.

Anders als bei einer Versicherungs-Aktiengesellschaft haben die Versicherungsnehmer auch vielfältige und weitgehende Mitverwaltungsrechte (Mitwirkungsrechte).

Die Versicherungsnehmer entscheiden z.B. als Mitglieder der VVaG selbst mit über die Höhe der Beiträge und Versicherungsleistungen und deren Anpassung an den jeweiligen Bedarf.

Die Selbstfinanzierung und rechtliche Ausgestaltung des VVaG verhindert außerdem, dass ein VVaG wie eine AG durch den Erwerb von Kapitalanteilen beeinflusst oder beherrscht werden kann. Die Geschäftsführung braucht deshalb keine Rücksicht auf Kapitaleigner (wie z.B. die Aktionäre einer AG) zu nehmen und kann sich voll auf die Interessen und Bedürfnisse der Versicherungsnehmer (Mitglieder) konzentrieren. Nachteilig ist die fehlende Börsenkontrolle.[1] Der Vorstand und Aufsichtsrat eines VVaG ist (abgesehen von der Beaufsichtigung durch die Aufsichtsbehörde, §§ 83ff. VAG; §§ 1ff. FinDAG) durch die Selbstfinanzierung weitgehend gegen äußere Kontrollen abgeschirmt.

Exkurs: Die Spartentrennung

Die nach § 8 I a VAG vorgeschriebene rechtliche Spartentrennung, nämlich die jeweilige Trennung der Lebensversicherung und Krankenversicherung von allen anderen Versicherungssparten (Versicherungszweigen) wird mit der Wahrung der Belange der Versicherten (Versicherungsnehmer) und mit der Sorge für eine dauerhafte (langfristige) Erfüllbarkeit der Versicherungsverträge begründet.[2]

1 Wenn der Vorstand und/oder Aufsichtsrat einer AG diese nach Meinung der (meisten) Aktionäre nicht gut geführt bzw. kontrolliert hat, werden die Aktionäre ihre Aktien (Kapitalanteile) verkaufen, wodurch die Börsenkurse sinken können. Vorstand und Aufsichtsrat müssen damit rechnen, dass maßgebliche Beteiligungen von neuen oder alten Aktionären gekauft werden, die Interesse an einem neuen Aufsichtsrat und Vorstand haben.

2 Die Spartentrennung erfolgt dadurch, dass bestimmte Versicherungszweige nicht miteinander verbunden werden. Man spricht von der **Spartentrennung durch Unternehmenstrennung**. Alle anderen Versicherungszweige (z.B. Sach- und Vermögensversicherungen) können von den Versicherungsunternehmen gemeinsam betrieben werden. Man spricht dann von Kompositionsversicherungen (HUK-Versicherungen).

Zur Spartentrennung von Versicherungsunternehmen mit einem Sitz im Ausland siehe § 106 c VAG.

Durch die rechtliche Trennung der jeweiligen Aufwendungen und Erträge, Gewinne und Verluste, Verpflichtungen, Vermögenswerte und Eigenkapitalerträge der einzelnen Versicherungszweige sollen die Versicherungsnehmer geschützt werden.[1]

Die Spartentrennung hat eine große betriebswirtschaftliche und ordnungspolitische Bedeutung. (Siehe auch §§ 106c, 160 VAG.) Sie ist eine der wichtigsten Ursachen für die Gründung von Versicherungskonzernen (siehe Kapitel 8.2.2).

7.5.2.3 Angleichung (Assimilierung) der Rechtsformen von Versicherungsunternehmen

Das gleichzeitige Vorhandensein (die Koexistenz) der verschiedenen Rechtsformen der Versicherungsunternehmen hat zu einer gegenseitigen Beeinflussung und damit Angleichung (Assimilierung) der Strukturen und Prinzipien geführt.

Entscheidend für die Wahl einer Versicherungsunternehmensform durch einen Versicherungsnehmer (z.B. Abschluss einer Lebensversicherung bei einem VVaG oder einer AG) ist beim heutigen Massengeschäft das Preis-Leistungsverhältnis. Versicherungsunternehmen bieten gleichartige Produkte (Versicherungsleistungen) an. Der Wettbewerb führte zu einer Angleichung der Produkte und ihrer Preise (Beiträge, Prämien). Auch die einheitliche Behandlung der verschiedenen Rechtsformen durch die Aufsichtsbehörde (die Bundesanstalt für Finanzdienstleistungsaufsicht) und die Rechtsprechung der Gerichte führte zu einer Standardisierung der Produkte und Angleichung der Rechtsformen. Die Verwischung der rechtsformtypischen Unterschiede wird auch dadurch verstärkt, dass heute alle großen Versicherungsunternehmen – unabhängig von ihrer Rechtsform – nach den gleichen betriebswirtschaftlichen Grundsätzen arbeiten.

Für die Versicherungsvereine auf Gegenseitigkeit bedeutet dies z.B., dass das Gegenseitigkeitsverhältnis (das Solidaritätsprinzip) der Versichertengemeinschaft mit zunehmender Größe und Breite der Versicherungsgeschäfte abnimmt.

Aufgaben

1. Im § 7 I VAG hat der Gesetzgeber (Bundestag) rechtsverbindlich bestimmt, dass für Versicherungsunternehmen nur bestimmte Rechtsformen möglich sind.
   1.1 Nennen Sie diese Rechtsformen!
   1.2 Warum hat der Staat den natürlichen und juristischen Personen bei Versicherungsunternehmen bestimmte Rechtsformen vorgeschrieben, während die Industrie- und Handelsunternehmen grundsätzlich alle möglichen Rechtsformen wählen können?
   1.3 Begründen Sie die Erlaubnispflicht und Versicherungsaufsicht der Versicherungsunternehmen und erläutern Sie zwei Ziele der Aufsicht!
   1.4 Welche rechtlichen Wirkungen hat die Handelsregistereintragung einer AG und eines VVaG?
2. Vergleichen Sie die Versicherungs-Aktiengesellschaft (AG) mit einem großen Versicherungsverein auf Gegenseitigkeit (VVaG) im Hinblick auf die Zielsetzung!

1 Ein weiterer Schutz der Versicherungsnehmer und ein für die Programmentscheidung der Versicherungsunternehmen wichtiger Grundsatz ist das im Versicherungsaufsichtsgesetz (VAG) enthaltene **Verbot versicherungsfremder Geschäfte** [§ 7 II VAG]. Die Belange der Versicherungsnehmer sollen nicht durch den Betrieb von Geschäften gefährdet werden, die nicht im unmittelbaren Zusammenhang mit Versicherungsgeschäften stehen.

7.5.2.4 Rechtsformwahl und -umwandlung als Entscheidungsproblem

Die Wahl der Rechtsform für ein neu zu gründendes Unternehmen oder bei einer Rechtsformumwandlung hängt von vielen rechtlichen und wirtschaftlichen Merkmalen (Entscheidungskriterien) ab.[1]

Überblick über wichtige Entscheidungskriterien bei der Rechtsformwahl und -umwandlung

- Haftung, Kapitalverlustrisiko der Unternehmensträger (Gesellschafter, Mitglieder).
- Beteiligungsfinanzierungsmöglichkeiten unter Berücksichtigung des Kapitalbedarfs (z.B. Anschluss an den Kapitalmarkt).
- Verteilung der Leitungs- und Kontrollbefugnisse (z.B. auf Organe) unter Berücksichtigung der Mitbestimmung der Arbeitnehmer.
- Abhängigkeit der Rechtsform des Unternehmens vom Wechsel seiner Gesellschafter (Mitglieder).
- Gewinn- und Verlustverteilung und Verteilung des Liquiditätsüberschusses bei Auflösung des Unternehmens.
- Gesetzliche Vorschriften zur Rechnungslegung und zur Offenlegungspflicht (Publizitätspflicht) der Jahresabschlüsse.
- Steuerrechtliche Vorschriften.
- Rechtsformspezifische Kosten wie z.B. die Gründungskosten.

Auch soziale und personelle Bedingungen müssen unter Berücksichtigung der gesetzten betrieblichen Ziele als wichtige Kriterien bei der Wahl einer geeigneten betrieblichen Rechtsform beachtet werden.

Weil sich die innerbetrieblichen und außerbetrieblichen Bedingungen der Betriebe ständig ändern, muss auch immer wieder neu beurteilt und entschieden werden, ob die für das einzelne Unternehmen gewählte Rechtsform beizubehalten ist oder durch eine geeignetere Rechtsform ersetzt werden kann oder muss.

Beispiele:

Stirbt bei einer offenen Handelsgesellschaft (OHG) mit zwei Gesellschaftern eine Person, kann die OHG z.B. in ein Einzelunternehmen (wenn kein neuer Gesellschafter in die OHG eintreten will), in eine KG oder GmbH (wenn die Erben des gestorbenen OHG-Gesellschafters nur beschränkt und mittelbar haften wollen) umgewandelt werden.

Wenn die Gesellschafter einer GmbH zur Finanzierung hoher Anlageinvestitionen (z.B. zur Erweiterung der Produktionskapazität) das Eigenkapital des Unternehmens beträchtlich erhöhen wollen, dann bleibt oft nur die Möglichkeit, die GmbH in eine AG umzuwandeln, weil nur diese Rechtsform durch die Stückelung des Grundkapitals in kleine Anteile und deren Verkauf auf dem Kapitalmarkt (Wertpapierbörse) große Eigenkapitalbeträge durch Beteiligungsfinanzierung vieler Gesellschafter (Aktionäre) beschaffen kann.

Die Tabelle auf der S. 353f. gibt einen zusammenfassenden Überblick über wesentliche rechtliche und wirtschaftliche (finanzielle) Entscheidungskriterien mit den jeweils geeignetsten betrieblichen Rechtsformen.

1 Bei Versicherungsunternehmen ist das Entscheidungsfeld bei der Gründung und im Hinblick auf spätere Rechtsformänderungen durch Umwandlung enger begrenzt als bei anderen Wirtschaftszweigen. Bei Versicherungsunternehmen des **Privatrechts** bleibt praktisch nur die Wahl zwischen den Rechtsformen der Aktiengesellschaft (AG) einschließlich der Europäischen Gesellschaft (SE) oder des Versicherungsvereins auf Gegenseitigkeit (VVaG).

Mögliche rechtliche und wirtschaftliche (finanzielle) Entscheidungsmerkmale	Geeignete betriebliche Rechtsformen
■ mittelbare (keine persönliche) und beschränkte Haftung aller Gesellschafter oder mindestens eines Gesellschafters	Kapitalgesellschaften (juristische Personen) wie die Aktiengesellschaft (AG), Gesellschaft mit beschränkter Haftung (GmbH) und Unternehmergesellschaft (haftungsbeschränkt) mit einer mittelbaren und grundsätzlich beschränkten Haftung aller Gesellschafter Kommanditgesellschaft (KG) mit der mittelbaren und beschränkten Haftung mindestens eines Gesellschafters (Kommanditisten)
■ Unabhängigkeit des Unternehmens vom Wechsel seiner Gesellschafter	Aktiengesellschaft (AG)
■ Verteilung der persönlichen Haftungsrisiken und persönlichen Arbeitslast (Geschäftsführungs- und Vertretungsbefugnisse) auf mehrere Gesellschafter (Personen)	Personengesellschaften (offene Handelsgesellschaft, Kommanditgesellschaft, GmbH & Co. KG)
■ Geschäftsführung und Vertretung durch Managerunternehmer (Gesellschafter wollen lediglich ihr Kapital in einem Unternehmen anlegen)	Kapitalgesellschaften (juristische Personen) wie die Aktiengesellschaft (AG), Gesellschaft mit beschränkter Haftung (GmbH) und Unternehmergesellschaft (haftungsbeschränkt)
■ Geschäftsführungs- und Vertretungsrecht bzw. -pflicht der Gesellschafter (Geschäftsinhaber)	Einzelunternehmen, offene Handelsgesellschaft (OHG), Kommanditgesellschaft (KG) bezüglich des Vollhafters (Komplementärs) sowie Gesellschaft mit beschränkter Haftung (GmbH) und Unternehmergesellschaft (haftungsbeschränkt), (Gesellschafter = Geschäftsführer)
■ Gewinne als Leistungsmotivation der Gesellschafter	Einzelunternehmen, Personengesellschaften (OHG, KG), Gesellschaft mit beschränkter Haftung (GmbH) und Unternehmergesellschaft (haftungsbeschränkt)
■ Prüfungs- und Offenlegungspflicht („Publizitätspflicht“) des Unternehmens	(kleinere) Einzelunternehmen und Personengesellschaften (keine oder eingeschränkte Pflicht) oder Kapitalgesellschaften (AG, GmbH), wenn die Prüfungs- und Offenlegungspflicht gewünscht ist
■ (erleichterte) Konzernbildung durch Kapitalbeteiligungen	Aktiengesellschaft (AG)
■ Höhe des Eigenkapitalbedarfs	Aktiengesellschaft (AG) bei hohem Kapitalbedarf; Einzelunternehmen, Personengesellschaften (OHG, KG) sowie Gesellschaften mit beschränkter Haftung (GmbH) und Unternehmergesellschaften (haftungsbeschränkt) bei (relativ) niedrigem Kapitalbedarf
■ möglichst unkomplizierte und Aufwendungen sparende Unternehmensgründung	vor allem Einzelunternehmen und Personengesellschaften (OHG, KG), UG (haftungsbeschränkt)

23 Hartmann-Härter-Seifert - ISBN 978-3-8120-0412-1

Mögliche rechtliche und wirtschaftliche (finanzielle) Entscheidungsmerkmale	Geeignete betriebliche Rechtsformen
■ Mitwirkung und Mitbestimmung der Arbeitnehmervertreter durch den Betriebsrat (= innerbetriebliche Mitbestimmung) und/oder durch den Vorstand und Aufsichtsrat	z. B. keine Mitwirkung/Mitbestimmung der Arbeitnehmer im Vorstand und Aufsichtsrat bei allen Personenunternehmen (weil diese Organe hier nicht vorhanden sind) sowie bei Tendenzbetrieben[1] in der Rechtsform der Aktiengesellschaft (AG)

Die Entscheidung über die Rechtsform der Versicherungsunternehmen zwischen einer Aktiengesellschaft oder einem Versicherungsverein auf Gegenseitigkeit hängt vor allem davon ab, ob die Trägerschaft des Versicherungsunternehmens bei den Eigenkapitalgebern/Gesellschaftern (Aktiengesellschaft) oder bei den Versicherungsnehmern (VVaG) liegen und in welchem Ausmaß die Trägerschaft gesichert werden soll.[2]

Wie bei vielen anderen unternehmenspolitischen Entscheidungen, so gibt es auch bei der Rechtsformwahl Zielkonflikte und Zielharmonie.

Beispiele:

Wollen die Gründer (Gesellschafter) eines Unternehmens z. B. keine Geschäftsführungs- und Vertretungspflichten haben, lediglich mit ihrem Eigenkapitalanteil mittelbar und beschränkt haften und außerdem dem Unternehmen eine optimale Beteiligungsfinanzierung vieler Gesellschafter ermöglichen, dann führen alle genannten Entscheidungskriterien zur Rechtsformwahl der Aktiengesellschaft (AG) (= Zielharmonie).

Wollen die Gesellschafter hingegen ein großes Unternehmen mit einer kapitalintensiven Massenfertigung gründen und zugleich ein persönliches Geschäftsführungs- und Vertretungsrecht haben, dann besteht ein Zielkonflikt, weil der große Kapitalbedarf die Gründung einer Aktiengesellschaft, die gewünschte Geschäftsführung und Vertretung hingegen grundsätzlich die Gründung einer Personengesellschaft erforderlich macht.

Die Wahl einer geeigneten Rechtsform eines Unternehmens kann somit immer nur unter Berücksichtigung aller wichtigen, sich gegenseitig ergänzenden, aber auch sich gegenseitig ausschließenden rechtlichen, wirtschaftlichen, sozialen und personellen betrieblichen Zielsetzungen und Bedingungen erfolgen.

1 Sogenannte Tendenzbetriebe sind Betriebe (Unternehmen), die unmittelbar und überwiegend z.B. politischen, gewerkschaftlichen, konfessionellen, karitativen, wissenschaftlichen oder künstlerischen Zielsetzungen dienen (Näheres siehe § 118 BetrVG; § 1 IV MitbestG; § 1 III, Nr. 2 SprAuG; § 1 II, S. 1, Nr. 2, S. 2 DrittelbG).

2 Beim VVaG ist die Kontrolle der Trägerschaft jederzeit möglich, weil die Mitglieder einzeln bekannt sind (ein Wechsel der Trägerschaft kann nur durch Beginn und Beendigung der Mitgliedschaft erfolgen). Bei den Versicherungs-Aktiengesellschaften wird der Wechsel der Trägerschaft oft durch die Vinkulierung von Namensaktien von der Zustimmung der Aktiengesellschaft abhängig gemacht (siehe Seite 348).

7.5.2.5 Überblick über die privaten Rechtsformen der Unternehmen

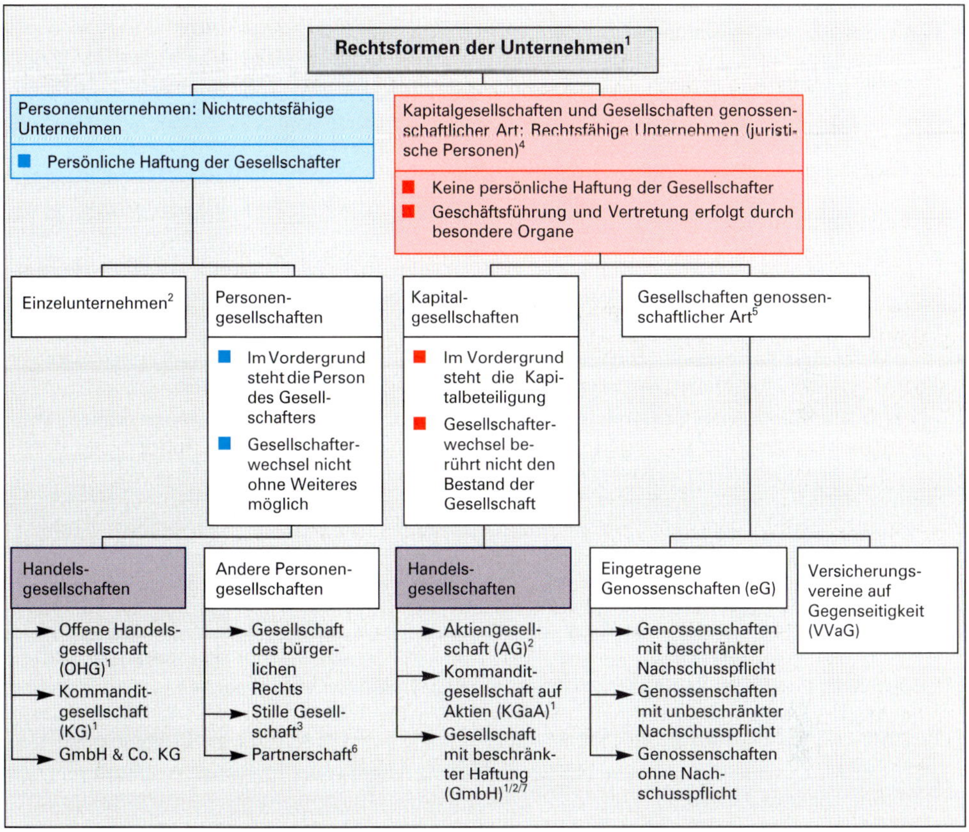

1 Eine exakte Eingruppierung aller verschiedenen Rechtsformen lässt sich aufgrund der in der Praxis entwickelten verschiedenen Zwischen- und Mischformen (z.B. GmbH & Co. KG, Einmann-AG, Einmann-GmbH) nicht durchführen. Durch die sehr weitgehende Satzungsautonomie kann z.B. die GmbH durch Nebenverpflichtungen (Mitarbeitsverpflichtungen) einer Personengesellschaft stark angenähert werden. Da die OHG und KG die Grundbuch-, Prozess- und Deliktsfähigkeit besitzen, weisen beide Rechtsformen auch Merkmale juristischer Personen auf. Sie werden daher auch als quasi-juristische Personen bezeichnet. Hinsichtlich der Kommanditaktionäre ist die KGaA den Kapitalgesellschaften zuzurechnen, während sie von der Stellung der persönlich haftenden Gesellschafter (Komplementäre) her gesehen mehr Eigenschaften der Personengesellschaften aufweist.
Nicht enthalten in dieser Übersicht ist die **Europäische Gesellschaft (SE)** und die **Limited Company**. Beide Rechtsformen sind **Kapitalgesellschaften** (die Europäische Gesellschaft ist eine Aktiengesellschaft) mit eigener Rechtspersönlichkeit. Beide Rechtsformen sind somit rechtsfähig.

2 Da nach der Gründung eine (spätere) Übernahme aller Aktien einer AG durch einen Gesellschafter (Aktionär) möglich ist und eine GmbH auch durch einen Gesellschafter errichtet werden kann, kann die Rechtsform der AG und GmbH auch als Einzelunternehmen vorkommen (sogenannte Einmann-AG bzw. Einmann-GmbH).

3 Obwohl die stille Gesellschaft im HGB geregelt ist, ist sie keine Handelsgesellschaft, weil nicht die stille Gesellschaft als reine Innengesellschaft das Handelsgewerbe betreibt, sondern der geschäftsführende Gesellschafter. Da der nach außen hin nicht in Erscheinung tretende stille Gesellschafter in der Regel nur eine Vermögenseinlage leistet und nicht persönlich im Geschäft mitwirkt, wird die stille Gesellschaft auch nicht zu den Personengesellschaften im engeren Sinne gezählt.

4 Zu den rechtsfähigen (juristischen Personen) zählen auch die eingetragenen Vereine.

5 Diese Rechtsformen sind keine Handelsgesellschaften, obwohl sie diesen weitgehend gleichgestellt sind.

6 Die Partnerschaft ist eine Gesellschaft, in der sich Angehörige freier Berufe (z.B. selbstständige Ärzte, Wirtschaftsprüfer, Steuerberater) zur Ausübung ihrer Berufe zusammenschließen. Sie üben kein Handelsgewerbe aus. Es gelten die Vorschriften des Partnerschaftsgesellschaftsgesetzes (PartGG), ergänzend bestimmte Vorschriften des HGB und BGB (Näheres siehe §§ 1 ff. PartGG).

7 Eine Gesellschaft mit beschränkter Haftung ist auch die Unternehmergesellschaft (haftungsbeschränkt) [§ 5 a GmbHG].

Aufgaben

1. Entscheiden Sie bei den folgenden Problemlagen, welche Rechtsform am geeignetsten ist und begründen Sie Ihre Rechtsformwahl:

   1.1 Herr Fritz Müller arbeitet als angestellter Bäckermeister in einer Brotfabrik. Sein großer Wunsch ist, selbst (allein) eine eigene Bäckerei zu haben und zu leiten. Aus einer unerwarteten Erbschaft stehen ihm 130 000,00 € zur freien Verfügung. Soweit Kredite erforderlich sind, ist Herr Müller bereit, mit seinem gesamten Privatvermögen unbeschränkt zu haften.

   1.2 Weil die eigenen Finanzmittel nicht ausreichen und um sich nicht zu stark zu verschulden, sucht Herr Müller einen weiteren Gesellschafter, der sich an der Finanzierung der Bäckerei beteiligt.

   1.2.1 Sein Schwager Thein ist bereit, sich mit 100 000,00 € zu beteiligen, hat jedoch kein Interesse an der Geschäftsführung und möchte außerdem nur bis zur Höhe seiner Einlage für die Verbindlichkeiten des zu gründenden Unternehmens haften.

   1.2.2 Herr Kaiser ist ebenfalls bereit, sich mit 100 000,00 € zu beteiligen, er möchte jedoch (wie Herr Müller) das Geschäftsführungs- und Vertretungsrecht haben.

   1.3 Welche Rechtsform werden Herr Müller und Herr Thein wählen, wenn sie eine kleinere Brotfabrik gründen und auch selbst allein leiten wollen, ohne jedoch den Gläubigern des Unternehmens gegenüber unbeschränkt haften zu müssen?

   1.4 Aus welchen Gründen ist die Rechtsform der Aktiengesellschaft in den Fällen 1.1 und 1.2 nicht geeignet?

2. Herr Krause hat als selbstständiger Ingenieur eine Kunststoffrecyclinganlage entwickelt und patentieren lassen. Er möchte diese Anlage industriell fertigen und hierzu ein Industrieunternehmen gründen.

   Der Industrievertreter Kern und der Bankkaufmann Schmidt sind bereit, sich mit jeweils 600 000,00 € an dem zu gründenden Unternehmen zu beteiligen. Herr Krause kann Geldmittel von 80 000,00 € und ein baureifes Industriegrundstück im Wert von 1,2 Mio. € in das Unternehmen einbringen. Bei der Rechtsformwahl sind folgende Ziele und Problemlagen zu berücksichtigen:

   (1) Der voraussichtliche Kapitalbedarf für die Finanzierung des erforderlichen Anlagevermögens liegt bei etwa 3,8 Mio. €.

   (2) Alle Eigenkapitalgeber (Gesellschafter) möchten das Geschäftsführungs- und Vertretungsrecht haben, jedoch nur beschränkt und mittelbar bis zur Höhe ihrer Geschäftsanteile haften.

   (3) Die Rechtsform soll vom Wechsel der Gesellschafter unabhängig sein.

   (4) Die Geschäftsanteile sollen möglichst leicht auf andere Gesellschafter übertragen werden können.

   (5) Bei zusätzlichem hohem Eigenkapitalbedarf soll die Möglichkeit einer Beteiligungsfinanzierung vieler Gesellschafter bestehen.

   Begründen Sie, ob unter Beachtung der vorstehend genannten Bedingungen bei der Rechtsformwahl nur Zielharmonie besteht oder mögliche Zielkonflikte bestehen können und ob eine spätere Rechtsformumwandlung angebracht sein kann!

3. Geben Sie bei den rechtlichen und wirtschaftlichen (finanziellen) Entscheidungskriterien 3.1 bis 3.9 jeweils an, welche Rechtsform bzw. Rechtsformen A bis F die jeweils günstigsten sind! Begründen Sie Ihre Lösungen!

   A Einzelunternehmen
   B Offene Handelsgesellschaft
   C Kommanditgesellschaft
   D Aktiengesellschaft
   E Gesellschaft mit beschränkter Haftung (GmbH)
   F Unternehmergesellschaft (haftungsbeschränkt)

3.1 Sehr hoher Eigenkapitalbedarf einer Maschinenfabrik.

3.2 Verteilung der Geschäftsführung und Vertretung einer Mineralölhandelsgesellschaft auf wenige Gesellschafter des Unternehmens.

3.3 Beschränkte und mittelbare Haftung mindestens eines Gesellschafters eines Möbelkaufhauses.

3.4 Geschäftsführung und Vertretung eines Recyclingunternehmens durch Managerunternehmer.

3.5 Beschränkte und mittelbare Haftung aller Gesellschafter eines Bauunternehmens.

3.6 Alleiniges Entscheidungsrecht eines Geschäftsinhabers einer Lebensmittelhandlung.

3.7 Keine Prüfungs- und Offenlegungspflicht (Publizitätspflicht) eines Elektrogeschäfts.

3.8 Unabhängigkeit einer Stahlbaugesellschaft vom Wechsel ihrer Gesellschafter.

3.9 Niedriger Eigenkapitalbedarf einer Werbeagentur.

7.5.3 Rechtsformen des öffentlichen Rechts

7.5.3.1 Aufgaben und Grundsätze der Sozialversicherung

Die soziale Sicherung als wesentliche Lebensgrundlage eines jeden Menschen muss durch eine größere Gefahrengemeinschaft erfolgen. Die zwei grundsätzlichen Möglichkeiten hierzu sind die **privaten Vertragsversicherungen** (z.B. Abschluss einer privaten Kranken-, Unfall- und Rentenversicherung) und eine (staatliche) **Zwangsversicherung** im Rahmen einer (gesetzlichen) **umfassenden Sozialversicherung.**

Eine grundlegende soziale Absicherung der Menschen setzt voraus, dass neben den versicherungsrechtlichen Gesichtspunkten vor allem auch soziale Gesichtspunkte wie z.B. die besondere Berücksichtigung der Hilfebedürftigen, die Befriedigung der Grundbedürfnisse menschlichen Zusammenlebens und der soziale Ausgleich (z.B. zwischen wohlhabenden und ärmeren, gesunden und kranken Menschen) berücksichtigt werden. Dieser soziale Ausgleich setzt grundsätzlich eine **Zwangsversicherung** möglichst vieler Menschen voraus.

7.5.3.2 Verfassungsrechtliche Grundlagen der Sozialversicherung

Die Würde des Menschen ist unantastbar. Sie zu achten und zu schützen ist Verpflichtung aller staatlichen Gewalt[1] (Art. 1 I GG). Dieses Grundrecht der Menschenwürde zu verwirklichen hängt sowohl von der Durchsetzung der Grundrechte des einzelnen Menschen (z. B. Sicherung der Handlungsfreiheit und Freiheit der Person im privaten und beruflichen Leben, siehe Art. 2, 19 II GG), als auch von angemessenen sozialen Lebensbedingungen ab.

■ Die Bundesrepublik Deutschland ist nicht nur ein demokratischer, sondern auch ein **sozialer** Staat (Bundesstaat) [Art. 20 I GG].

1 Staatliche Gewalten sind die Parlamente als gesetzgebende Gewalt (die **Legislative**), die ausführende Gewalt durch die Regierungen und deren Ministerien (Behörden, die **Exekutive**) und die rechtsprechende Gewalt durch die Gerichte (die **Judikative**).

Dieses sogenannte **Sozialstaatsprinzip** des Grundgesetzes ist die wesentliche verfassungsrechtliche Legitimation (Grundnorm) für die Sozialversicherung. Der Staat ist danach zur Verwirklichung menschenwürdiger Lebensbedingungen für alle in Not geratenen Menschen verfassungsrechtlich verpflichtet.

Die staatliche Gemeinschaft muss hierzu nicht nur finanzielle Leistungen erbringen (z.B. Arbeitslosengeld bei Arbeitslosigkeit, Zahlung von Altersrenten, Zahlung von Krankenhauskosten), sondern darüber hinaus hilfebedürftige Menschen in die Gesellschaft eingliedern (z.B. durch Vermittlung einer Arbeitsstelle) und ihre Betreuung sichern (z.B. durch häusliche Pflege, Betreuung in Alters- und Pflegeheimen).

Aus dem Grundsatz des **Sozialstaatsprinzips** lässt sich auch sowohl die Einbeziehung von einkommensstärkeren Personengruppen in das System der zwangsweisen sozialen Sicherung ableiten, als auch die Verpflichtung der Sozialleistungsempfänger, selbst durch Beitragszahlungen und Schadensvorbeugung (z.B. durch Gesundheitsvorsorge) zur Schadensminderung und Schadensfinanzierung der Versichertengemeinschaft beizutragen.

Unsere Wirtschaftsordnung der sozialen Marktwirtschaft will die freie Entfaltung der Persönlichkeit im privaten und beruflichen Leben [Art. 2 I GG] und garantiert hierzu verfassungsrechtlich im Rahmen der allgemeinen Handlungsfreiheit und Vertragsfreiheit auch die Vereinigungsfreiheit [Art. 9 GG] und die Berufsfreiheit [Art. 12 GG] wie z.B. die freie Wahl eines Ausbildungsberufs oder einer Arbeitsstelle.

Die Sozialversicherung hilft, diese Ziele der staatlichen Wirtschafts- und Arbeitspolitik sozialverträglich zu verwirklichen.

7.5.3.3 Überblick über die Sozialversicherungsträger und deren Rechtsform

Zweige und Träger der Sozialversicherungsbetriebe

Die verschiedenen **Zweige der Sozialversicherung** sind die gesetzliche Krankenversicherung, die soziale Pflegeversicherung, die gesetzliche Unfallversicherung, die gesetzliche Rentenversicherung und die gesetzliche Arbeitsförderung.

- **Versicherungsträger** sind die **Sozialversicherungsbetriebe** (Institutionen, Einrichtungen, Organisationen), die bestimmte Aufgaben der (gesetzlichen) Sozialversicherung (z.B. die Versicherung der Kranken, Pflegebedürftigen, Arbeitslosen) wahrnehmen.

Die **Träger** dieser fünf **Sozialversicherungszweige** sind in der folgenden Abbildung zusammengefasst.

Die fünf Zweige der gesetzlichen Sozialversicherung				
Kranken-versicherung	**Soziale Pflegever-sicherung**	**Renten-versicherung**	**Arbeits-förderung***	**Unfall-versicherung**
Träger:[1] ■ Allgemeine Ortskrankenkassen ■ Betriebskrankenkassen ■ Innungskrankenkassen ■ Landwirtschaftliche Krankenkassen ■ Deutsche Rentenversicherung Knappschaft – Bahn – See ■ Ersatzkassen	Träger:[2] ■ Pflegekassen (verwaltet von den Krankenkassen)	Träger:[3] ■ Bundesträger (Deutsche Rentenversicherung Bund, Deutsche Rentenversicherung Knappschaft – Bahn – See) ■ Regionalträger (Deutsche Rentenversicherung mit Zusatz für jeweilige regionale Zuständigkeit)	Träger:[4] ■ Bundesagentur für Arbeit in Nürnberg mit den Regionaldirektionen (mittlere Verwaltungsebene) und Agenturen für Arbeit (örtliche untere Verwaltungsebene)	Träger:[5] ■ Gewerbliche und Landwirtschaftliche Berufsgenossenschaften ■ Feuerwehrunfallkassen ■ Unfallkasse des Bundes ■ Gemeindeunfallversicherungsverbände ■ Eisenbahn-Unfallkasse ■ Unfallkasse Post und Telekom ■ Unfallkassen der Länder
Gesetzliche Krankenkassen	**Gesetzliche Pflegekassen****	**Deutsche Rentenversicherung**	**Bundesagentur für Arbeit**	**Berufsgenossenschaften und Unfallversicherungsträger der öffentlichen Hand**
Träger der Sozialversicherung[6]				

* Die wichtigsten (zentralen) Versicherungsleistungen der gesetzlichen Arbeitsförderung sind das Arbeitslosengeld („Arbeitslosenversicherung") sowie die Arbeits- und Ausbildungsplatzvermittlung.

** Die soziale Pflegeversicherung ist eine eigenständige Säule im System der gesetzlichen Sozialversicherung, auch wenn die gesetzlichen Pflegekassen organisatorisch in die Träger der gesetzlichen Krankenversicherung eingebunden sind [§ 1 I, III SGB XI].

Alle Sozialversicherungsträger sind **rechtsfähige Körperschaften** des **öffentlichen Rechts** (rechtsfähige[7] staatliche Einrichtungen) mit **Selbstverwaltungsrecht.** Die Mitglieder haben das Recht, *Vertreterversammlungen* bzw. die *Verwaltungsräte* (bei den Krankenkassen) zu wählen, die sich grundsätzlich zur Hälfte aus Vertretern der Versicherten (vor allem Arbeitnehmern) und Arbeitgeber zusammensetzen. Die Vertreterversammlungen bzw. Verwaltungsräte als beschlussfassende Organe wählen z.B. die Vorstände der gesetz-

1 Siehe § 21 II SGB I; § 4 I, II SGB V; § 29 I SGB IV.

2 Siehe § 21 a II SGB I; § 46 I, II SGB XI; § 29 I SGB IV.

3 Siehe § 23 II SGB I; §§ 125 ff. SGB VI; § 29 I SGB IV; § 17 KVLG. Weitere Versicherungsträger sind die Landwirtschaftlichen Alterskassen.

4 Siehe § 19 II SGB I, §§ 367ff. SGB III.

5 Siehe § 22 II SGB I; §§ 114ff. SGB VII; § 29 I SGB IV. Auch gemeinsame Unfallkassen für den Landes- und kommunalen Bereich können Unfallversicherungsträger sein.

6 Diese Sozialversicherungsträger sind nach § 6 I SGB IX auch die „Rehabilitationsträger" für die Rehabilitation und Teilhabe behinderter und von Behinderung bedrohter Menschen am gesellschaftlichen Leben (Näheres siehe §§ 1 ff. SGB IX).

7 Körperschaften des öffentlichen Rechts sind ebenfalls juristische Personen. Im Unterschied zu den juristischen Personen des Privatrechts (z.B. der AG) werden sie durch Gesetz errichtet.

lichen Krankenkassen und gewerblichen Berufsgenossenschaften als ausführende Organe (siehe z. B. §§ 29ff. SGB IV; §§ 371, 373ff. SGB III).[1]

Die **Sozialversicherung** erfolgt somit durch (sich unabhängig voneinander entwickelte) **verschiedene Sozialversicherungszweige.**[2] Damit dieses Sozialversicherungssystem optimal funktioniert (z. B. Doppelleistungen vermieden und Verwaltungskosten gespart werden) und den Versicherten in seiner Gesamtheit zugutekommt, sind die verschiedenen Sozialversicherungsträger zur Zusammenarbeit verpflichtet.

Beispiel:

Ein Versicherter hat aufgrund eines Arbeitsunfalls einen Anspruch an seine Berufsgenossenschaft auf Verletztengeld [§§ 45ff. SGB VII]. Die Berufsgenossenschaften haben mit den gesetzlichen Krankenkassen vereinbart, dass die gesetzlichen Krankenkassen das Verletztengeld für ihre Mitglieder im Auftrag des Unfallversicherungsträgers berechnen und auszahlen.

Damit die Bürger im Versicherungsfall nicht hilflos zwischen die Räder der verschiedenen Sozialversicherungsträger geraten, haben diese z. B. einen **Rechtsanspruch** auf **Aufklärung** [§ 13 SGB I], **Beratung** [§ 14 SGB I] und **Auskunft** [§ 15 SGB I].

Rechtsform der Sozialversicherungsträger

Die Sozialversicherungsträger sind ein Teil der öffentlichen Verwaltung und vollziehen somit Gesetze sowie die auf der Rechtsgrundlage von Gesetzen erlassenen Rechtsverordnungen[3] und überwachen deren Einhaltung.

In einem sozialen Rechtsstaat hat die öffentliche Verwaltung vor allem die Aufgabe, den Bürgern im Rahmen der gesetzlichen Bestimmungen verschiedene Leistungen zur Deckung ihrer Bedürfnisse zur Verfügung zu stellen **(Dienstleistungsfunktion).**

Die soziale Sicherheit der Bürger zu gewährleisten ist nach Art. 20 GG vor allem eine Aufgabe des Staates. Dabei wird zwischen der **unmittelbaren** und **mittelbaren Staatsverwaltung**[4] unterschieden.

1 Bei der Bundesagentur für Arbeit (Bundesagentur, BA) werden die Mitglieder des Verwaltungsrats durch das Bundesministerium für Arbeit und Soziales berufen und die Vorstandsmitglieder auf Vorschlag des Verwaltungsrats von der Bundesregierung benannt (Näheres siehe §§ 367ff. SGB III).

2 Die gesetzliche Krankenversicherung ist im SGB V, die gesetzliche Rentenversicherung im SGB VI, die gesetzliche Unfallversicherung im SGB VII, die soziale Pflegeversicherung im SGB XI und die gesetzliche Arbeitsförderung (z.B. Arbeitslosenversicherung) im SGB III geregelt. Gemeinsame Vorschriften für die Kranken-, Renten-, Unfall- und Pflegeversicherung sowie die gesetzliche Arbeitsförderung (z.B. gesetzliche Regelungen der Sozialversicherungsträger, Rechtsformen der Sozialversicherungsbetriebe, siehe §§ 29ff.) stehen im SGB IV. Die Rehabilitation sowie die Teilnahme behinderter und von Behinderung bedrohter Menschen am gesellschaftlichen Leben ist vor allem auch im SGB IX gesetzlich geregelt. Die Grundsicherung für Arbeitsuchende (z.B. das Arbeitslosengeld II) ist im SGB II, die Sozialhilfe im SGB XII gesetzlich geregelt.

3 Die von den Organen der vollziehenden Gewalt (z.B. die Bundesregierung, Bundesministerien, Landesregierungen, Selbstverwaltungskörperschaften) erlassenen Rechtsverordnungen (z.B. die aufgrund des § 160, Nr. 1 in Verbindung mit § 158 I, II, III SGB VI erlassene GKV-Beitragssatzverordnung der gesetzlichen Rentenversicherung) sind – wie die Gesetze – für eine Vielzahl von Personen geltende allgemein rechtsverbindliche Anordnungen (Rechtsnormen). Dies widerspricht dem in einer Demokratie (einem Rechtsstaat) geltenden Grundsatz der Gewaltenteilung zwischen der Exekutive, Legislative und Judikative.

Rechtsverordnungen dürfen deshalb nur dann erlassen werden, wenn die vollziehende Gewalt (z.B. das Bundesministerium für Arbeit und Soziales) hierzu vorher in einem Gesetz ausdrücklich ermächtigt ist (siehe Art. 20 II, III und Art. 80 GG).

4 Eine mittelbare Staatsverwaltung ist dadurch gekennzeichnet, dass staatliche Aufgaben (z.B. die soziale Sicherung der Bevölkerung) auf rechtsfähige und verselbstständigte Verwaltungsträger verlagert sind, die ihrerseits durch ihre Selbstverwaltungsorgane (z.B. Vertreterversammlung, Verwaltungsrat, Vorstand) unter der Aufsicht des Staates in eigener Verantwortung handeln und die juristische Person selbst vertreten [§§ 87–90a SGB IV]. Eine unmittelbare Staatsverwaltung liegt vor, wenn Behörden (z.B. die verschiedenen Ministerien) dem Staat direkt unterstellt sind.

Staatsverwaltung	
Unmittelbare Staatsverwaltung	**Mittelbare Staatsverwaltung**
■ Träger der unmittelbaren Staatsverwaltung sind die Bundes- und Landesbehörden, die staatliche Aufgaben unmittelbar (direkt) ausführen. ■ Hierzu gehören vor allem die verschiedenen Bundes- und Landesministerien sowie die selbstständigen Bundesoberbehörden wie z. B. das Bundesversicherungsamt (BVA) in Bonn (Näheres siehe z. B. §§ 90ff. SGB IV).	■ Träger der mittelbaren Staatsverwaltung sind die Stiftungen, Anstalten und Körperschaften (= juristischen Personen) des öffentlichen Rechts. Sie sind selbstständige Verwaltungsträger, die öffentliche Aufgaben in eigener Verantwortung unter staatlicher Aufsicht (z. B. des Bundesversicherungsamts in Bonn oder der Bundesanstalt für Finanzdienstleistungsaufsicht in Bonn und Frankfurt/Main) wahrnehmen.

Aufgrund der Grundprinzipien und Aufgaben der Sozialversicherung und der gewollten Mitwirkung der Versicherten, Arbeitgeber und anderer gesellschaftlicher Gruppen (z. B. der Gewerkschaften und Arbeitgeberverbände) in der Verwaltung der Sozialversicherungsträger ist die Rechtsform einer Körperschaft des öffentlichen Rechts die geeignetste Rechtsform.

■ Die **Träger** der **Sozialversicherung** sind **rechtsfähige Körperschaften** des **öffentlichen Rechts** mit **Selbstverwaltung** [§ 29 I SGB IV][1] und gehören zur mittelbaren Staatsverwaltung.[2]

Aufgrund ihrer Rechtsfähigkeit können die Sozialversicherungsträger z. B. vor einem Sozialgericht klagen oder verklagt werden, Grundstücke kaufen, belasten und verkaufen und sich eine Satzung geben **(Satzungsautonomie).**

Im Rahmen der ihnen durch Gesetz (vor allem durch die Sozialgesetzbücher) übertragenen Zuständigkeiten erfüllen die Sozialversicherungsträger als **mittelbare Staatsverwaltung** ihre Aufgaben in **eigener Verantwortung.** Als rechtsfähige Verwaltungseinheiten unterliegen die Sozialversicherungsträger grundsätzlich nur der **Rechtsaufsicht** des Staates, die eine Überschreitung ihrer rechtlichen Zuständigkeiten vermeiden soll (Näheres siehe §§ 87ff. SGB IV und Fußnote 2, Seite 362).

Die Sozialversicherungsträger gehören aufgrund ihrer wahrzunehmenden Aufgaben zur ausführenden Gewalt bzw. Verwaltung (Exekutive).

Bundesunmittelbare und landesunmittelbare Sozialversicherungsträger

Bei den bundesunmittelbaren Versicherungsträgern erstreckt sich das Geschäftsgebiet über die Grenzen eines Bundeslandes hinaus, und zwar meistens auf das gesamte Bundesgebiet. Bundesunmittelbare Sozialversicherungsträger sind z. B. die BARMER GEK sowie die Bundesträger der gesetzlichen Rentenversicherung.

Bei den landesunmittelbaren Versicherungsträgern ist das Geschäftsgebiet auf ein Bundesland beschränkt. Landesunmittelbare Versicherungsträger sind z. B. die Allgemeinen Ortskrankenkassen (AOK) (siehe z. B. §§ 90, 90a SGB IV).

1 Dies gilt unabhängig von der Bezeichnung (vom Namen) des Versicherungsträgers. Die bis zum 30. September 2005 als Bundesversicherungsanstalt für Angestellte (BfA) und Landesversicherungsanstalten (LVA) bezeichneten Rentenversicherungsträger waren demnach keine Anstalten, sondern Körperschaften des öffentlichen Rechts.

2 Die Bezeichnung „Körperschaft" weist darauf hin, dass Rechte und Pflichten gesetzlich (durch Sozialgesetzbücher) auf eine Vielzahl von Personen (auf die Körperschaft) übertragen sind, damit diese als juristische Person am Rechtsverkehr teilnehmen kann. Der Zusatz „des öffentlichen Rechts" weist darauf hin, dass die Sozialversicherungsträger als Einrichtungen der mittelbaren staatlichen Verwaltung „öffentlich-rechtliche" Aufgaben wahrnehmen, somit öffentliches Recht durchführen.

Satzungen als autonomes Recht

Jeder Sozialversicherungsträger hat aufgrund seiner Satzungsautonomie[1] eine von der zuständigen Behörde (z.B. vom Bundesversicherungsamt)[2] genehmigte **Satzung** [§ 34 I SGB IV].

■ Satzungen sind Rechtsvorschriften, die von den dem Staat untergeordneten juristischen Personen des öffentlichen Rechts im Rahmen der ihnen gesetzlich eingeräumten Autonomie mit Rechtswirksamkeit für die den juristischen Personen angehörenden und „unterworfenen" Personen (Versicherte, Mitglieder) erlassen werden.

Rechtsgültigkeit erlangen die Satzungen jedoch erst dann, wenn diese von der zuständigen Aufsichtsbehörde (z.B. vom Bundesversicherungsamt in Bonn) nach Prüfung ihrer Rechtmäßigkeit genehmigt wurden. Die Satzungen und sonstiges autonomes Recht sind öffentlich bekannt zu machen [§ 34 II SGB IV].[3]

Über die Satzung und sonstiges autonomes Recht des Versicherungsträgers beschließt die Vertreterversammlung grundsätzlich mit der Mehrheit der abgegebenen Stimmen. Bei der Deutschen Rentenversicherung Bund beschließt die Bundesvertreterversammlung über die Satzung. Wenn die Satzung Regelungen zu Grundsatz- und Querschnittsaufgaben der Deutschen Rentenversicherung oder zu gemeinsamen Angelegenheiten der Träger der Rentenversicherung trifft, erfolgt der Beschluss nach § 64 IV SGB IV (Näheres siehe §§ 31 III b; 33 I, IV; 64 II, IV SGB IV).

Wesentliche **Inhalte** der **Satzung** sind **gesetzlich festgelegt (Pflichtinhalt).** Darüber hinaus dürfen die Satzungen noch zusätzliche Regelungen enthalten (freiwilliger Inhalt). (Siehe z.B. Satzungen der gesetzlichen Krankenkassen, §§ 194ff. SGB V.)

Die Satzung einer gesetzlichen Krankenkasse muss z.B. Bestimmungen über den Namen und Geschäftssitz; den Bezirk und Kreis der Mitglieder; die Höhe, Fälligkeit und Zahlung des Zusatzbeitrags nach § 242 SGB V; die Zahl der Mitglieder der Organe; die Rechte und Pflichten der Organe sowie über die jährliche Prüfung der Betriebs- und Rechnungsführung sowie Abnahme der Jahresrechnung der Krankenkasse enthalten (Näheres siehe § 194f. SGB V).

Die **Satzungen** der **Versicherungsträger** sind **Anordnungen** mit **verbindlicher Rechtskraft.** Die aufgrund einer Satzung festgelegten Bestimmungen haben somit eine Rechtswirkung wie Gesetze.

Außer der **Satzungsautonomie** [§ 34 I SGB IV] haben die **Sozialversicherungsträger** die **Finanzhoheit** und **Personalhoheit.**

Finanzhoheit bedeutet, dass die Selbstverwaltungsorgane jährliche Haushaltspläne aufstellen und die Jahresabschlussrechnungen abzunehmen haben sowie im Rahmen der gesetzlichen Bestimmungen selbst die Höhe der Beitragssätze sowie die Höhe der geplanten Einnahmen und Ausgaben festlegen.

---

1 **Satzungsautonomie** bedeutet, dass sich die Versicherungsträger eine Satzung geben können. Darüber hinaus können sie auch weiteres autonomes Recht setzen (z.B. Festlegung einer Dienstordnung).

2 Das Bundesversicherungsamt (BVA) in Bonn ist eine selbstständige obere Bundesbehörde (Aufsichtsbehörde), die z.B. die **Rechtsaufsicht** über die **bundesunmittelbaren Sozialversicherungsträger** (z.B. die Bundesträger der gesetzlichen Rentenversicherung, Ersatzkassen, gewerbliche Berufsgenossenschaften) ausübt. Das BVA untersteht dem Bundesministerium für Arbeit und Soziales und für den Bereich der gesetzlichen Krankenversicherung und sozialen Pflegeversicherung dem Bundesministerium für Gesundheit. Das BVA ist auch für den Gesundheitsfonds der gesetzlichen Krankenkassen zuständig. Näheres zur staatlichen Aufsicht über die Versicherungsträger finden Sie in den §§ 87ff. SGB IV.

3 Die Art der Bekanntmachung wird durch die Satzung geregelt [§ 34 II, S. 3 SGB IV].

Die **Personalhoheit** ermöglicht den Sozialversicherungsträgern im Rahmen der von ihren Selbstverwaltungsorganen aufgestellten Personalpläne Personal einzustellen, zu entlassen und zu bezahlen.

Rechtliche Abgrenzung beim Handeln der Sozialversicherungsträger

Die Träger der Sozialversicherung (z. B. die gesetzlichen Krankenkassen) nehmen die sich aus dem öffentlichen Recht (vor allem die aus den Sozialgesetzbüchern) ergebenden Aufgaben wahr. Hierzu sind die **Sozialversicherungsträger** mit **hoheitlichen Befugnissen** ausgestattet.

Die Sozialversicherungsträger haben im **Verwaltungsverfahren**[1] z. B. das Recht, **Verwaltungsakte**[2] zu erlassen oder **öffentlich-rechtliche Verträge abzuschließen.**

Beispiele:

Ablehnung eines Leistungsantrags des Versicherten auf Übernahme der Krankenhauskosten oder einer Austrittserklärung wegen Fristversäumnis; Benachrichtigung über den Wegfall eines Krankengeldanspruchs, weil der Antrag auf Altersrente oder auf medizinische Maßnahmen zur Rehabilitation nicht fristgemäß gestellt wurde (Verwaltungsakte). Abschluss von Verträgen mit Ärzten, Krankenhäusern, Pflegeheimen (öffentlich-rechtliche Verträge).

Selbstverwaltung

Die Aufgaben und Maßnahmen der Sozialversicherungsträger betreffen unmittelbar vitale[3] Interessen der Arbeitnehmer, Arbeitgeber und anderer gesellschaftlicher Gruppen und Körperschaften des öffentlichen Rechts (z. B. die Gemeinden). Um den Vertretern der Arbeitnehmer, der Arbeitgeber und anderen von der Sozialversicherung betroffenen Personen und öffentlichen Körperschaften die Möglichkeit zu geben, ihre berechtigten Interessen durch Mitverwaltungsrechte (Selbstverwaltungsrechte) wahrnehmen zu können, haben alle **Sozialversicherungsträger** die **Rechtsform** einer **rechtsfähigen Körperschaft des öffentlichen Rechts mit Selbstverwaltung**.

Soweit keine staatlichen gesetzlichen Reglementierungen erforderlich sind, sollen die von den Aufgaben und Maßnahmen der Sozialversicherungsträger betroffenen gesellschaftlichen Gruppen in eigener Verantwortung durch Selbstverwaltungsorgane einen unmittelbaren, gestaltenden Einfluss auf die Arbeit der Sozialversicherungsträger ausüben können. Die Mitglieder der Selbstverwaltung sollen eine möglichst enge Verbindung zwischen den Maßnahmen der Sozialversicherungsträger und den verschiedenen sozialen und wirtschaftlichen Interessen der hiervon betroffenen Personen herbeiführen. Die Selbstverwaltung ermöglicht eine lebensnähere Aufgabenerledigung der Sozialversicherungsträger und Impulse (Anregungen) für neue Problemlösungen. Die Selbstverwaltung hat somit auch einen gesellschaftspolitischen Auftrag.

1 Das Verwaltungsverfahren muss vom schlichten Verwaltungshandeln (das nicht auf den Erlass eines Verwaltungsaktes ausgerichtet ist) unterschieden werden. Die laufenden Aufklärungen, Beratungen, Auskünfte und der Einzug der Beiträge sind zwar öffentlich-rechtliche Handlungen der Sozialversicherungsträger, jedoch keine hoheitlichen Handlungen im Verwaltungsverfahren (Näheres zum Verwaltungsverfahren finden Sie in den §§ 8 ff. SGB X).

2 Ein Verwaltungsakt ist jede Verfügung, Entscheidung oder andere hoheitliche Maßnahme, die eine Behörde zur Regelung eines Einzelfalls auf dem Gebiet des öffentlichen Rechts trifft und die auf eine unmittelbare Rechtswirkung nach außen gerichtet ist [§ 31, S. 1 SGB X]; z. B. die Versicherungspflichtige betrifft. Die Sozialversicherungsträger sind nach der gesetzlichen Konzeption Behörden im Sinne des § 1 II SGB X.

3 Vital (lat.) = lebenswichtig.

Organe

Als juristische Personen und zur Wahrnehmung der Selbstverwaltungsrechte bedürfen alle Sozialversicherungsträger verschiedener Organe. Weil sich die Organe in den einzelnen Zweigen der Sozialversicherung unterschiedlich zusammensetzen und sich deren Aufgaben teilweise unterscheiden, werden die Organe, deren Wahl, Zusammensetzung und Aufgaben bei den jeweiligen Sozialversicherungsträgern behandelt.

Die Selbstverwaltungsorgane können die Erledigung einzelner Aufgaben, mit Ausnahme der Rechtsetzung, auch **Ausschüssen** übertragen [§ 66 I, S. 1 SGB IV].

Grundsätzlich beschlussfähig sind die Selbstverwaltungsorgane der Versicherungsträger, wenn alle Mitglieder der Organe ordnungsgemäß geladen sind und die Mehrheit der Mitglieder anwesend und stimmberechtigt ist (Näheres siehe § 64 I SGB IV). Die Selbstverwaltungsorgane fassen ihre Beschlüsse, soweit das Gesetz oder sonstiges Recht nichts Abweichendes bestimmen, mit der Mehrheit der abgegebenen Stimmen [§ 64 II SGB IV].

Beschlüsse der Bundesvertreterversammlung und des Bundesvorstands der Deutschen Rentenversicherung Bund in Grundsatz- und Querschnittsaufgaben[1] und in gemeinsamen Angelegenheiten der Träger der Rentenversicherung werden mit der Mehrheit von mindestens zwei Dritteln aller gewichtigen Stimmen der nach der Satzung bestimmten Mitgliederzahl getroffen. Hierbei werden die Stimmen der Regionalträger mit insgesamt 55 % und die der Bundesträger mit insgesamt 45 % gewichtet [§ 64 IV; S. 1, 2 SGB IV].[2]

Aufgaben

1. Begründen Sie, warum die soziale Absicherung in der Bundesrepublik Deutschland vor allem durch eine Zwangsversicherung im Rahmen einer gesetzlichen Sozialversicherung und nicht durch den Abschluss von Privatversicherungen erfolgt!
2. Warum gehört das Sozialversicherungsrecht zum öffentlichen Recht?
3. „Die gesetzliche Sozialversicherung und deren betriebliche Rechtsformen finden ihre verfassungsrechtliche Grundlage im Art. 20 GG". Erläutern Sie diese Aussage!
4. Die Sozialversicherung erfolgt durch mehrere Sozialversicherungszweige und Sozialversicherungsträger.
   - 4.1 Warum gibt es mehrere Sozialversicherungszweige?
   - 4.2 Nennen Sie die Zweige der gesetzlichen Sozialversicherung und deren Träger!
   - 4.3 Erläutern Sie den Begriff „Sozialversicherungsträger!"
   - 4.4 Begründen Sie, warum die Träger der Sozialversicherung die Rechtsform einer rechtsfähigen Körperschaft des öffentlichen Rechts mit Selbstverwaltung haben und zur mittelbaren Staatsverwaltung gehören! Warum sind die Sozialversicherungsträger keine Anstalten des öffentlichen Rechts?
   - 4.5 Warum haben die Sozialversicherungsträger die Satzungsautonomie und Finanzhoheit?
   - 4.6 Die Selbstverwaltung der Sozialversicherungsträger erfolgt durch Organe.
     - 4.6.1 Erläutern Sie die Bedeutung der Selbstverwaltung!
     - 4.6.2 Begründen Sie die Notwendigkeit der Selbstverwaltungsorgane!

---

1 Die verschiedenen Grundsatz- und Querschnittsaufgaben der Deutschen Rentenversicherung sind im § 138 SGB VI ausführlich geregelt.

2 In der Bundesvertreterversammlung orientiert sich die Gewichtung innerhalb der Regionalträger und innerhalb der Bundesträger jeweils an der Anzahl der Versicherten der einzelnen Träger. Innerhalb der Bundesträger gilt dies entsprechend für den Bundesvorstand. Näheres zur Stimmengewichtung regelt die Satzung [§ 64 IV, S. 3, 4, 5 SGB IV].

7.5.3.4 Gesetzliche Krankenkassen

Rechtsform und Gliederung (Organisation) der Krankenkassen

Die **gesetzlichen Krankenkassen** sind **rechtsfähige Körperschaften** des **öffentlichen Rechts** mit einer eigenen **Selbstverwaltung** [§ 4 I SGB V, § 29 I SGB IV].

Die gesetzliche Krankenversicherung (GKV) wird durch die gesetzlich bestimmten Krankenkassen durchgeführt (siehe § 21 II SGB I und § 4 II SGB V). Im Januar 2012 gab es 146 gesetzliche Krankenversicherungsträger. Die folgende Übersicht gibt einen zusammenfassenden Überblick über die verschiedenen (stark gegliederten) Träger der gesetzlichen Krankenversicherung [§§ 4 II, 143ff. SGB V].[1]

Überblick über die verschiedenen Träger (Arten) der gesetzlichen Krankenversicherungen	
Allgemeine Ortskrankenkassen (AOK) [§§ 4 II, 143–146a SGB V]	Sie sind für ein größeres Bundesland (z.B. Bayern, Baden-Württemberg) oder für eine abgegrenzte Region mehrerer Bundesländer zuständig.[2] Die an den verschiedenen Orten ansässigen Allgemeinen Ortskrankenkassen sind Geschäftsstellen der jeweiligen AOK des Bundeslandes bzw. der Bundesländer.
Betriebskrankenkassen (BKK) [§§ 4 II, 147–156 SGB V]	Sie können von jedem Arbeitgeber für einen oder mehrere Betriebe errichtet werden, wenn in diesen Betrieben regelmäßig mindestens 1000 Versicherungspflichtige beschäftigt sind und die Leistungsfähigkeit der Betriebskrankenkasse auf Dauer gesichert ist. Betriebskrankenkassen müssen von der zuständigen Aufsichtsbehörde genehmigt werden. Außerdem muss die Mehrheit der in den Betrieben betroffenen versicherungspflichtigen Beschäftigten der Errichtung zugestimmt haben. Die Verwaltungsräte von Betriebskrankenkassen der Betriebe des gleichen oder verschiedener Arbeitgeber können auch den Zusammenschluss zu einer Betriebskrankenkasse beschließen, der jedoch der Genehmigung der Aufsichtsbehörde bedarf.
Innungskrankenkassen (IKK) [§§ 4 II, 157–164 SGB V]	Sie können von Handwerksinnungen für die Handwerksbetriebe ihrer Mitglieder errichtet werden, wenn in den Handwerksbetrieben dieser Mitglieder regelmäßig mindestens 1000 Versicherungspflichtige beschäftigt sind und die Leistungsfähigkeit der Innungskrankenkasse auf Dauer gesichert ist. Innungskrankenkassen bedürfen einer Genehmigung der zuständigen Aufsichtsbehörde. Außerdem muss die Innungsversammlung und die Mehrheit der in den betroffenen Betrieben versicherungspflichtigen Beschäftigten zustimmen. Die Verwaltungsräte von Innungskrankenkassen für Betriebe verschiedener Handwerksinnungen können eine gemeinsame Innungskrankenkasse beschließen, die jedoch der Genehmigung der Aufsichtsbehörde bedarf.
Deutsche Rentenversicherung Knappschaft – Bahn – See[3] [§§ 4 II, 167 SGB V]	Sie ist für die Krankenversicherung der Bergleute und Knappen und grundsätzlich für versicherungspflichtige Seeleute zuständig, wenn diese bei der See-Berufsgenossenschaft gegen Unfälle und Berufskrankheiten versichert sind.

1 Unter bestimmten gesetzlichen Voraussetzungen sind kassenartenübergreifende Vereinigungen von Krankenkassen möglich (Näheres siehe § 171a SGB V).

2 Auf Beschluss ihrer Verwaltungsräte und mit Genehmigung der zuständigen Aufsichtsbehörden können sich Ortskrankenkassen auch dann zusammenschließen, wenn sich der Bezirk der neuen Krankenkasse nach der Vereinigung über das Gebiet eines Landes hinaus erstreckt [§ 144 I SGB V]. Derzeit gibt es bundesweit noch 11 selbstständige Allgemeine Ortskrankenkassen (z.B. die „AOK – Die Gesundheitskasse Baden-Württemberg" in Stuttgart und die „AOK – Die Gesundheitskasse Bayern" in München).

3 Siehe Fußnote 2, S. 366.

Überblick über die verschiedenen Träger (Arten) der gesetzlichen Krankenversicherungen	
Landwirtschaftliche Krankenkassen [§§ 4 II, 166 SGB V]	Diese bei jeder landwirtschaftlichen Berufsgenossenschaft errichteten Krankenkassen sind für die Krankenversicherung der Landwirte zuständig.[1]
Ersatzkassen [§§ 4 II, 168–171 SGB V]	Dies sind Krankenkassen, bei denen die Mitgliedschaft nicht kraft Gesetzes, sondern aufgrund freier Wahl begründet wurde und die bereits am 31. Dezember 1992 bestanden haben. Mit der Wahlfreiheit der meisten Versicherungspflichtigen [§ 5 SGB V] und Versicherungsberechtigten [§ 9 SGB V] nach § 173 SGB V hat die frühere Gliederung in sogenannte gesetzliche Krankenkassen (z.B. die AOK und Innungskrankenkassen) und Ersatzkassen sowie die Gliederung in Ersatzkassen für Arbeiter und Ersatzkassen für Angestellte (z.B. BARMER GEK) keine Bedeutung mehr.[2]

Organe der Selbstverwaltung der Krankenkassen

Organe der Selbstverwaltung der Allgemeinen Ortskrankenkassen, Betriebs- und Innungskrankenkassen sowie der Ersatzkassen sind der **Verwaltungsrat** und der **hauptamtliche Vorstand** [§§ 31 III a, 35 a I SGB IV].[3] Der Verwaltungsrat setzt sich paritätisch je zur Hälfte aus ehrenamtlichen Vertretern der Versicherten und der Arbeitgeber, bei den Ersatzkassen nur aus ehrenamtlichen Vertretern der Versicherten [§ 44 I SGB IV] zusammen.[4] Der Verwaltungsrat der vorstehend genannten Krankenkassen hat höchstens 30 Mitglieder [§ 43 I SGB IV].[4] Der Vorstand dieser Krankenkassen besteht bei bis zu 500 000 Mitgliedern aus höchstens zwei Personen, bei mehr als 500 000 Mitgliedern aus höchstens drei Personen [§ 35 a IV SGB IV]. Beide Organe werden für die Dauer von grundsätzlich 6 Jahren gewählt, und zwar der Verwaltungsrat durch die Sozialversicherungswahlen und der Vorstand durch den Verwaltungsrat [§§ 35 a III, V; 58 II, 45, 48, 50 ff. SGB IV].[5]

---

1 Zum 1. Januar 2013 wird als Träger der landwirtschaftlichen Sozialversicherung eine bundesunmittelbare Körperschaft des öffentlichen Rechts mit Selbstverwaltung errichtet. Dieser „Sozialversicherung für Landwirtschaft, Forsten und Gartenbau" genannte Sozialversicherungsträger ist für die Durchführung der landwirtschaftlichen Unfallversicherung, der Alterssicherung der Landwirte, der landwirtschaftlichen Kranken- und Pflegeversicherung zuständig. Die bisher zuständigen Träger der landwirtschaftlichen Sozialversicherung werden zum 1. Januar 2013 in den neuen Bundesträger eingegliedert (Näheres siehe §§ 1 ff. LSV-NOG). Eine weitere bundesunmittelbare Körperschaft des öffentlichen Rechts mit Selbstverwaltung ist der „Spitzenverband der landwirtschaftlichen Sozialversicherung".

2 Das sogenannte Zuweisungsprinzip gilt noch für Personen, die z.B. bei einer landwirtschaftlichen Krankenkasse (Landwirte) oder bei der Deutschen Rentenversicherung Knappschaft – Bahn – See (Bergleute, Knappen) zu versichern sind.

3 Bei den übrigen Krankenversicherungsträgern sind die Selbstverwaltungsorgane ein Vorstand und eine Vertreterversammlung, die sich anders zusammensetzen (Näheres siehe z.B. §§ 29 II, 31 ff., 44 SGB IV).

4 Krankenkassen nach § 35 a SGB IV (z.B. Orts- und Betriebskrankenkassen) können jedoch in ihrer Satzung die Zusammensetzung des Verwaltungsrats, insbesondere die Zahl der dem Verwaltungsrat angehörenden Arbeitgeber- und Versichertenvertreter sowie die Zahl und Verteilung der Stimmen, auch anders regeln (Näheres siehe § 44 IV SGB IV).

5 Die alle 6 Jahre durchgeführten freien und geheimen Sozialversicherungswahlen gelten grundsätzlich für alle Sozialversicherungsträger mit Ausnahme für die Mitglieder der Organe der Bundesagentur für Arbeit (BA). Deren Organmitglieder werden nicht gewählt, sondern für die Dauer von 6 Jahren aufgrund von Vorschlagslisten z. B. der Gewerkschaften, Arbeitgeberverbände und öffentlichen Körperschaften berufen bzw. benannt [§§ 377 ff. SGB III].

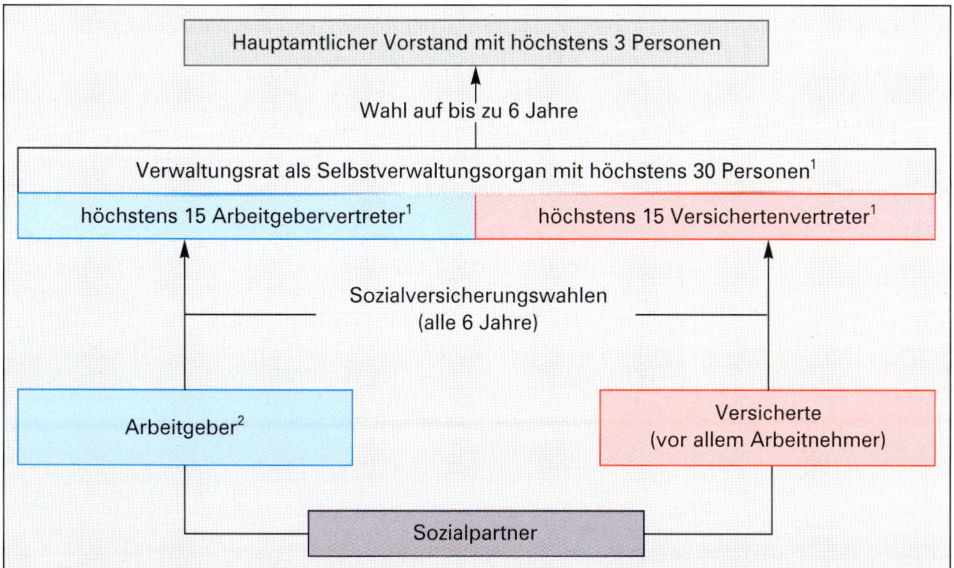

Organe der Selbstverwaltung (Aufbau) eines Krankenversicherungsträgers am Beispiel der Allgemeinen Ortskrankenkassen, Betriebs- und Innungskrankenkassen

Die folgende Übersicht fasst die wichtigsten Aufgaben der Organe der gesetzlichen Krankenkassen am Beispiel der Allgemeinen Ortskrankenkassen, Betriebs- und Innungskrankenkassen zusammen.

Wichtige **Aufgaben** der **Organe** sind vor allem:

Verwaltungsrat	Er trifft im Rahmen des gesetzlichen Auftrags unternehmenspolitische Entscheidungen, die für die Krankenkasse von grundsätzlicher Bedeutung sind [§ 197 I, Nr. 1b SGB V] und erlässt hierzu die für den Vorstand verbindlichen Leitlinien (z. B. zum Marketing, zur Organisationsstruktur, zur Finanzpolitik und zu gesundheitspolitischen Maßnahmen). Zu den Aufgaben gehören z. B. insbesondere: ■ Beschlussfassung über die Satzung der Krankenkasse [§ 34 SGB IV] und deren Änderungen und über sonstiges autonomes Recht der Krankenkasse [§ 33 I, III SGB IV; § 197 I, Nr. 1 SGB V]. ■ Vertretung der Krankenkasse (des Versicherungsträgers) gegenüber dem hauptamtlichen Vorstand und dessen Mitgliedern [§ 33 II, III SGB IV; § 197 I, Nr. 4 SGB V]. ■ Überwachung des hauptamtlichen Vorstands [§ 197 I, Nr. 1a SGB V]. ■ Entgegennahme des Berichts des Vorstands, z. B. über die Umsetzung der Entscheidungen von grundsätzlicher Bedeutung, über die finanzielle Situation der Krankenkasse und deren voraussichtliche Entwicklung [§ 35a II SGB IV].

1 Bei den Ersatzkassen setzt sich der Verwaltungsrat nur aus Vertretern der Versicherten zusammen. Dies gilt jedoch nicht nach einer Fusion mit einer Krankenkasse einer anderen Kassenart oder bei der Gründung neuer Institutionen [§ 44 I, Nr. 3 SGB IV].

2 Bei den für einen Betrieb oder mehrere Betriebe **desselben Arbeitgebers** bestehenden Betriebskrankenkassen (BKK) gehören dem Verwaltungsrat außer den Vertretern der Versicherten nur der jeweilige Arbeitgeber oder sein Stellvertreter mit gleicher Zahl der Stimmen wie die Vertreter der Versicherten an [§ 44 II SGB IV].

	■ Wahl des Vorstands und aus seiner Mitte Wahl des Vorsitzenden und dessen Stellvertreter [§ 35a V SGB IV] sowie Amtsenthebung und Amtsentbindung eines Vorstandsmitglieds [§§ 35a VII; 59 II, III SGB IV]. ■ Wahl eines Vorsitzenden und eines stellvertretenden Vorsitzenden des Verwaltungsrats aus seiner Mitte [§ 62 I SGB IV]. ■ Feststellung des jährlichen Haushaltsplans [§ 70 I SGB IV; § 197 I, Nr. 2 SGB V]. (Näheres siehe §§ 67ff. SGB IV.) ■ Abnahme des Rechnungsabschlusses (der Jahresrechnung) für das vergangene Kalenderjahr und Beschluss über die Entlastung des Vorstands [§ 77 SGB IV; § 197 I, Nr. 3 SGB V]. ■ Verabschiedung einer Geschäftsordnung des Verwaltungsrats [§ 63 I SGB IV]. ■ Auf Vorschlag des Vorstands Wahl des hauptamtlichen Geschäftsführers und dessen Stellvertreter [§ 36 II, IV SGB IV].
Vorstand	Er verwirklicht die vom Verwaltungsrat getroffenen grundsätzlichen Entscheidungen (Mitgestaltung der Unternehmenspolitik) in Zusammenarbeit mit dem Verwaltungsrat. Zu den Aufgaben gehören z.B. insbesondere: ■ Hauptamtliche Verwaltung der Krankenkasse sowie deren gerichtliche und außergerichtliche Vertretung, soweit z.B. gesetzliche Bestimmungen nichts Abweichendes regeln [§ 35a I SGB IV]. ■ Berichterstattung gegenüber dem Verwaltungsrat über die Umsetzung von Entscheidungen mit grundsätzlicher Bedeutung, über die finanzielle Situation der Krankenkasse und deren voraussichtliche Entwicklung [§ 35a II SGB IV]. ■ Vorschlag für die Wahl des Geschäftsführers und dessen Stellvertreters [§ 36 II SGB IV]. ■ Aufstellung der Geschäftsordnung für den Vorstand [§ 63 I SGB IV]. ■ Aufstellung des jährlichen Haushaltsplans [§ 70 I SGB IV]. ■ Aufstellung und Prüfung des Jahresabschlusses (der Jahresrechnung) [§ 77 SGB IV]. ■ Bereitstellung von Vorlagen für grundsätzliche unternehmenspolitische Entscheidungen und zur Vorbereitung von Beschlüssen des Verwaltungsrats. ■ Verwaltung und Anlage von Vermögenswerten.

Unterhalb der überwiegend bundeslandbezogenen, teilweise auch länderübergreifend bezogenen 11 selbstständigen Allgemeinen Ortskrankenkassen gibt es noch verschiedene Unterstrukturen wie z.B. die selbst geregelten Regional- oder Bezirksdirektionen (keine bundeseinheitlichen Strukturen).

Bei der **Bezirksdirektion** einer allgemeinen Ortskrankenkasse ist ein **AOK-Bezirksrat** eingerichtet, der aus je 10 Vertretern der Versicherten und der Arbeitgeber besteht.

Wichtige Aufgaben der AOK-Bezirksräte sind z.B.:

- Aufstellung regionaler Budgets;
- gesundheitspolitische Beratung und Unterstützung der AOK-Bezirksdirektionen;
- Gesundheitsförderung (Prävention und Selbsthilfe) im Rahmen der §§ 20ff. SGB V;
- Kontaktpflege zu den Arbeitgebern und Versicherten sowie
- Beschlussfassung über die Errichtung und Schließung von Geschäftsstellen.

Die Geschäftsführer verwalten hauptamtlich die Bezirksdirektionen im Rahmen der ihnen übertragenen Aufgaben.

Zu diesen Aufgaben gehören z. B.:

- Umsetzung der Unternehmenspolitik und der Marketingstrategien;
- Bewirtschaftung des Regionalbudgets;
- Repräsentation innerhalb des Bezirks;
- Einrichtung und Leitung der Verwaltung einschließlich Planung, Steuerung und Kontrolle;
- Personalführung;
- Verwaltung der Grundstücke, Gebäude und Einrichtungsgegenstände und
- Entscheidung über Befreiung von der Versicherungspflicht nach § 8 SGB V.

Weitere **Selbstverwaltungsorgane** der **gesetzlichen Krankenkassen** sind die **Kassenärztlichen** und **Kassenzahnärztlichen Vereinigungen** sowie der **Spitzenverband Bund der Krankenkassen,** der ebenfalls eine **Körperschaft** des **öffentlichen Rechts** ist [§ 217a SGB V].[1]

7.5.3.5 Gesetzliche Pflegekassen

Rechtsform und Gliederung (Organisation) der sozialen Pflegeversicherung

Die Träger der sozialen Pflegeversicherung sind die **Pflegekassen,** die bei jeder gesetzlichen Krankenkasse errichtet sind, sowie die Deutsche Rentenversicherung Knappschaft – Bahn – See [§ 46 I SGB XI, § 4 II SGB V].

Wie die gesetzlichen Krankenkassen, so sind auch die **gesetzlichen Pflegekassen rechtsfähige Körperschaften** des **öffentlichen Rechts** mit **Selbstverwaltung** [§ 46 II, S. 1 SGB XI; § 4 I SGB V].

Die Pflegeversicherung ist eine eigenständige Säule im System der gesetzlichen Sozialversicherung. Die Pflegekassen sind jedoch organisatorisch in die Träger der gesetzlichen Krankenversicherung eingebunden.

Da in Deutschland etwa 90 % der Gesamtbevölkerung bei einer gesetzlichen Krankenversicherung versichert ist und weil die Pflegebedürftigkeit als allgemeines, nicht zu beeinflussendes Lebensrisiko angesehen wird, gilt der Grundsatz, dass die **Pflegeversicherung der Krankenversicherung folgt.** Das bedeutet, dass auch die Pflegeversicherung grundsätzlich eine Pflichtversicherung ist. Wer krankenversichert ist, der ist auch pflegeversichert.[2]

---

1 Näheres zur Selbstverwaltung dieser Organe (Selbstverwaltungsorgane und deren Aufgaben) stehen in den §§ 77 ff. bzw. §§ 217 b ff. SGB V. Dem „Spitzenverband Bund der Krankenkassen" gehören alle gesetzlichen Krankenkassen an. Er ist die zentrale Interessenvertretung der gesetzlichen Krankenversicherung und nimmt die Belange der gesetzlichen Krankenversicherung auf der Bundesebene wahr.

2 Personen, die bei einem privaten Krankenversicherungsunternehmen gegen Krankheitsrisiken mit einem Anspruch auf allgemeine Krankenhausleistungen versichert sind, müssen grundsätzlich bei diesem Unternehmen einen Versicherungsvertrag zur Absicherung des Risikos der Pflegebedürftigkeit abschließen (Näheres siehe § 23 SGB XI).

24 Hartmann-Härter-Seifert - ISBN 978-3-8120-0412-1

Organe der Selbstverwaltung der Pflegekassen

Weil sowohl die Träger der gesetzlichen Krankenversicherung als auch die Träger der sozialen Pflegeversicherung rechtsfähige Körperschaften des öffentlichen Rechts mit Selbstverwaltung sind und eine organisatorische Einheit zwischen den gesetzlichen Kranken- und Pflegekassen besteht, werden auch die gesetzlichen Pflegekassen durch die Selbstverwaltungsorgane der jeweiligen Krankenkasse verwaltet [§ 46 II, S. 2 SGB XI].

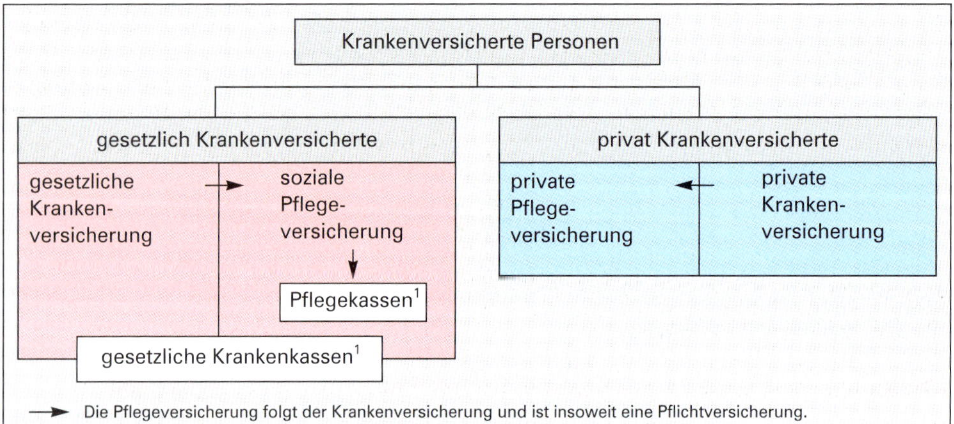

Einordnung der Pflegekassen (Pflegeversicherung) in das System der sozialen Sicherung

■ Der Verwaltungsrat einer AOK, der Verwaltungsrat einer Betriebs- und Innungskrankenkasse und einer Ersatzkasse ist somit auch für die Mitwirkung/Mitbestimmung der bei diesen Krankenkassen angesiedelten Pflegekassen zuständig.

7.5.3.6 Versicherungsträger der gesetzlichen Rentenversicherung

Gliederung, Zuständigkeiten und Rechtsformen der Träger der gesetzlichen Rentenversicherung

Die Abbildungen auf der Seite 372 und Seite 373 geben einen zusammenfassenden Überblick über die verschiedenen Träger und Zuständigkeiten der zwischen der **Allgemeinen Rentenversicherung** und **Knappschaftlichen Rentenversicherung** unterscheidenden **gesetzlichen Rentenversicherung.**

Alle **Träger** der **gesetzlichen Rentenversicherung** sind **rechtsfähige Körperschaften** des **öffentlichen Rechts** mit **Selbstverwaltung** [§ 29 I SGB IV]. Außer zentralen Hauptstellen[2]

1 Rechtlich selbstständige Versicherungsträger mit organisatorischer Einbindung der Pflegekassen in die gesetzlichen Krankenkassen.
Ein Beispiel für die enge Zusammenarbeit zwischen den Pflegekassen und Krankenkassen sind die von beiden Sozialversicherungsträgern auf Anweisung der zuständigen obersten Landesbehörden zur wohnortnahen Beratung, Versorgung und Betreuung der Versicherten einzurichtenden **Pflegestützpunkte** (Näheres siehe § 92c SGB XI).

2 Die Deutsche Rentenversicherung Bund hat ihren Sitz in Berlin. Die Deutsche Rentenversicherung Knappschaft – Bahn – See, die auch für die Krankenversicherung der Seeleute zuständig ist, hat ihren Sitz in Bochum.

haben die Träger der gesetzlichen Rentenversicherung über 900 Auskunfts- und Beratungsstellen. Betriebssprechtage, internationale Sprechtage, besondere Informationsveranstaltungen, mobile Informationsbusse, Servicetelefonate und rund 2600 ehrenamtlich tätige Versichertenälteste[1] informieren und beraten die Versicherten und Rentner persönlich vor Ort.[2]

Vereinigung von Regionalträgern

Zur Verbesserung der Wirtschaftlichkeit oder Leistungsfähigkeit können sich Regionalträger auf Beschluss ihrer Vertreterversammlungen und mit Genehmigung der für die Sozialversicherung zuständigen obersten Landesbehörden der betreffenden Länder zu einem Regionalträger vereinen. Der Zuständigkeitsbereich des neuen Regionalträgers darf sich jedoch durch die Vereinigung nicht über mehr als drei Länder erstrecken (Näheres siehe § 141 SGB VI). Wenn in einem Land mehrere Regionalträger ihren Sitz haben, dann kann die Landesregierung zur Verbesserung der Wirtschaftlichkeit oder der Leistungsfähigkeit zwei oder mehrere Regionalträger durch Rechtsverordnung vereinen (Näheres siehe § 142 SGB VI). Zurzeit gibt es 14 Regionalträger (z. B. die Deutsche Rentenversicherung Baden-Württemberg in Karlsruhe und die Deutsche Rentenversicherung Rheinland in Düsseldorf).

Übergangsvorschriften zur Zuständigkeit der Rentenversicherungsträger

Versicherte, die vor dem 1. Januar 2005 eine Versicherungsnummer erhalten haben **(Bestandsversicherte),** bleiben dem am 31. Dezember 2004 zuständigen Rentenversicherungsträger zugeordnet. Ausgenommen von dieser Regel sind jedoch die Zuständigkeitswechsel zwischen den Regionalträgern, Wechsel in der Zuständigkeit der Deutschen Rentenversicherung Knappschaft – Bahn – See und die Zuständigkeitswechsel aufgrund des vom **Erweiterten Direktorium** der **Deutschen Rentenversicherung Bund** beschlossenen **Ausgleichsverfahrens** für **Bestandsversicherte.** Mit diesem Ausgleichsverfahren soll in einem Zeitraum von 15 Jahren eine Verteilung von 45 % zu 55 % zwischen den Bundesträgern und Regionalträgern hergestellt werden (Näheres siehe § 274c SGB VI).[3]

Organe der Selbstverwaltung der Träger der gesetzlichen Rentenversicherung am Beispiel der Deutschen Rentenversicherung Bund[4]

Organe der **Selbstverwaltung** sind die **Vertreterversammlung** (sogenannte **Bundesvertreterversammlung)** und der **Vorstand** (sogenannter **Bundesvorstand)** [§ 31 III b SGB IV]. Wie jeder Versicherungsträger hat auch die Deutsche Rentenversicherung Bund außerdem einen **Geschäftsführer,** der dem Vorstand mit beratender Stimme angehört [§ 31 I, S. 2 SGB IV].

---

1 Die von der Vertreterversammlung gewählten Versichertenältesten (Versichertenberater) beraten und betreuen die Versicherten, die sogenannten Vertrauenspersonen beraten und betreuen die Arbeitgeber (Näheres siehe §§ 39f. SGB IV).

2 Nähere Informationen zur Beratung der Versicherten und Rentner finden Sie in den jährlichen Geschäftsberichten der Versicherungsträger.

3 Bestimmte Bestandsversicherte, für die z. B. die Deutsche Rentenversicherung Knappschaft – Bahn – See zuständig ist oder die bereits Leistungen (z. B. Renten) beziehen, sind vom Ausgleichsverfahren ausgenommen (Näheres siehe § 274c III SGB VI). Auf der Bundesebene werden die Versicherten im Verhältnis 40 % zu 5 % zwischen der Deutschen Rentenversicherung Bund und der Deutschen Rentenversicherung Knappschaft-Bahn-See verteilt.

4 Informationen zu den Aufgaben der Selbstverwaltungsorgane der Deutschen Rentenversicherung Bund finden Sie auch in der von der Vertreterversammlung beschlossenen und von der zuständigen Aufsichtsbehörde genehmigten Satzung (Satzung der Deutschen Rentenversicherung Bund in der Fassung des Nachtrags vom 2./3. Dezember 2009).

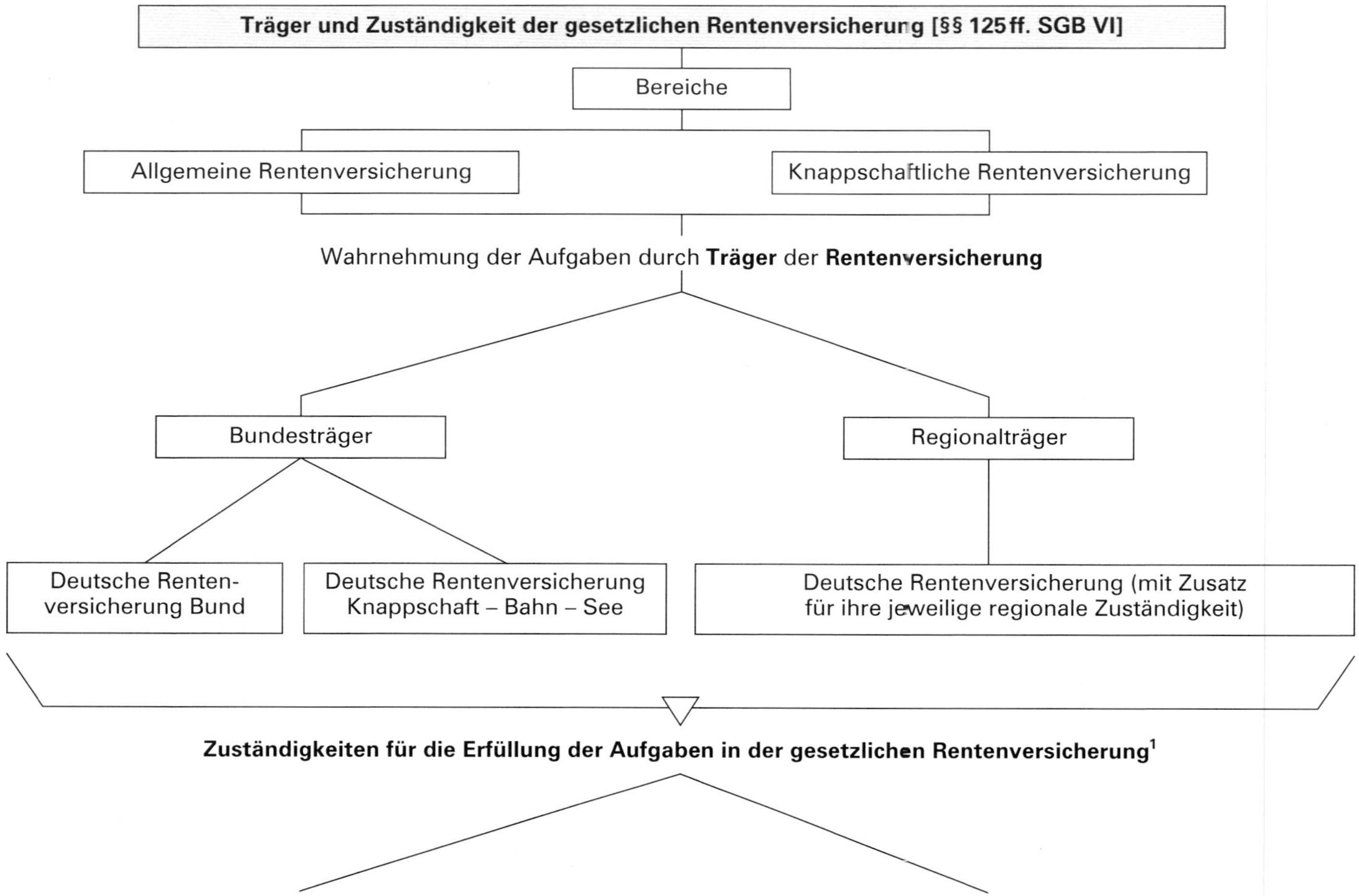
Träger und Zuständigkeit der gesetzlichen Rentenversicherung [§§ 125 ff. SGB VI]
Bereiche
Allgemeine Rentenversicherung
Knappschaftliche Rentenversicherung
Wahrnehmung der Aufgaben durch Träger der Rentenversicherung
Bundesträger
Regionalträger
Deutsche Rentenversicherung Bund
Deutsche Rentenversicherung Knappschaft – Bahn – See
Deutsche Rentenversicherung (mit Zusatz für ihre jeweilige regionale Zuständigkeit)
Zuständigkeiten für die Erfüllung der Aufgaben in der gesetzlichen Rentenversicherung[1]

Zuständigkeiten in der allgemeinen Rentenversicherung

Zuständige Träger [§ 23 II SGB I, § 126 SGB VI]

Zuständig für die Erfüllung der Aufgaben in der **allgemeinen Rentenversicherung** sind die
- Regionalträger
- Deutsche Rentenversicherung Bund[2]
- Deutsche Rentenversicherung Knappschaft – Bahn – See

Örtliche Zuständigkeit der Regionalträger [§ 128 SGB VI]

Soweit nicht nach über- und zwischenstaatlichem Recht etwas anderes bestimmt ist, richtet sich die örtliche Zuständigkeit nach dem Wohnsitz bzw. nach dem gewöhnlichen Aufenthalt, Beschäftigungsort oder Tätigkeitsort der Versicherten oder Hinterbliebenen im Inland.

Zuständigkeit für Versicherte und Hinterbliebene [§ 127 SGB VI]

Zuständigkeit für Versicherte:
- Zuständig ist der Rentenversicherungsträger, der durch die Datenstelle des Rentenversicherungsträgers bei der Vergabe der Versicherungsnummer festgelegt ist. Wurde noch keine Versicherungsnummer vergeben, ist bis zu deren Vergabe die Deutsche Rentenversicherung Bund zuständig [§ 127 I SGB VI].
- Zuordnung der Versicherten zu einem Rentenversicherungsträger durch das erweiterte Direktorium der Deutschen Rentenversicherung Bund (siehe § 139 SGB VI) nach bestimmten Grundsätzen. 55 % der Versicherten werden den Regionalträgern, 40 % der Deutschen Rentenversicherung Bund und 5 % der Deutschen Rentenversicherung Knappschaft – Bahn – See zugeordnet [§ 127 II SGB VI].

Zuständigkeit für Hinterbliebene:
- Für Personen, die als Hinterbliebene eines verstorbenen Versicherten Ansprüche gegen die Rentenversicherung geltend machen, ist der Rentenversicherungsträger zuständig, an den zuletzt Beiträge für den verstorbenen Versicherten gezahlt wurden [§ 127 III SGB VI].

Zuständigkeit der Deutschen Rentenversicherung Knappschaft – Bahn – See [§ 129 SGB VI]

Zuständig für Versicherte, die z.B. bei der Deutschen Bahn AG, in der Seefahrt (Seeschifffahrt und Seefischerei) und bei der Deutschen Rentenversicherung Knappschaft – Bahn – See beschäftigt sind sowie für selbstständig Tätige, die als Seelotsen oder Küstenfischer versicherungspflichtig sind (siehe auch Sonderzuständigkeit nach § 130 SGB VI).

Zuständigkeit der Knappschaftlichen Rentenversicherung [§ 23 II SGB I, §§ 132 ff. SGB VI]

Versicherungsträger [§ 132 SGB VI]

Träger der Knappschaftlichen Rentenversicherung ist die Deutsche Rentenversicherung Knappschaft – Bahn – See [§ 132 SGB VI].

Zuständigkeit für Beschäftigte (Versicherte) [§ 133 SGB VI]

Zuständig für Versicherte, die z.B. in einem knappschaftlichen Betrieb[3] beschäftigt sind, ausschließlich oder überwiegend knappschaftliche Arbeiten verrichten, bei berufsständischen Interessenvertretungen (Organisationen) des Bergbaus oder bei Bergämtern beschäftigt sind (siehe auch Sonderzuständigkeit nach § 136 SGB VI).

1 Für die **Alterssicherung** der **Landwirte** sind die **landwirtschaftlichen Alterskassen** zuständig [§ 23 II, Nr. 3 SGB I]. Ab 1. Januar 2013 ist die **Sozialversicherung für Landwirtschaft, Forsten und Gartenbau** als bundesunmittelbare Körperschaft des öffentlichen Rechts mit Selbstverwaltung für die landwirtschaftliche Alterssicherung zuständig [§§ 1 ff. LSV-NOG].

2 Die Deutsche Rentenversicherung Bund ist auch zuständig für die Grundsatz- und Querschnittsaufgaben und gemeinsamen Angelegenheiten der gesamten Rentenversicherung [§ 138 SGB VI].

3 Knappschaftliche Betriebe sind vor allem Betriebe, in denen Mineralien oder ähnliche Stoffe bergmännisch gewonnen werden (Näheres zum Begriff der knappschaftlichen Betriebe und Arbeiten siehe § 134 SGB VI).

Die Aufgaben des Geschäftsführers werden bei der **Deutschen Rentenversicherung Bund** durch das **Direktorium** wahrgenommen [§ 31 I, S. 3 SGB IV].

■ Vertreterversammlung[1] (Bundesvertreterversammlung)

Die Vertreterversammlungen der Regionalträger der gesetzlichen Rentenversicherung und der Deutschen Rentenversicherung Knappschaft – Bahn – See wählen aus ihrer Selbstverwaltung jeweils zwei Mitglieder in die Bundesvertreterversammlung der Deutschen Rentenversicherung Bund. Die Gewählten müssen je zur Hälfte der Gruppe der Versicherten und der Gruppe der Arbeitgeber angehören. Die weiteren Mitglieder der Bundesvertreterversammlung der Deutschen Rentenversicherung Bund werden von den Versicherten und Arbeitgebern der Deutschen Rentenversicherung Bund gewählt. Die in der Satzung festgelegte Zahl darf 30 nicht überschreiten. Der Vertreterversammlung der Deutschen Rentenversicherung Bund gehören die durch die Wahl der Versicherten und Arbeitgeber der Deutschen Rentenversicherung Bund bestimmten Mitglieder an [§ 44 V SGB IV].

■ Vorstand[2] (Bundesvorstand)

Der sogenannte Bundesvorstand der Deutschen Rentenversicherung Bund besteht aus 22 Mitgliedern. 12 Mitglieder werden auf Vorschlag der Vertreter der Regionalträger, 8 Mitglieder auf Vorschlag der gewählten Vertreter der Deutschen Rentenversicherung Bund und 2 Mitglieder auf Vorschlag der Vertreter der Deutschen Rentenversicherung Knappschaft – Bahn – See von der Bundesvertreterversammlung der Deutschen Rentenversicherung Bund gewählt. Die Gewählten müssen je zur Hälfte der Gruppe der Versicherten und der Gruppe der Arbeitgeber angehören. Dem Vorstand der Deutschen Rentenversicherung Bund gehören die Mitglieder des Bundesvorstands der Deutschen Rentenversicherung Bund an. Diese wurden auf Vorschlag der gewählten Vertreter der Deutschen Rentenversicherung Bund bestimmt [§ 44 VI SGB IV]. Die Wahl der Mitglieder des Bundesvorstands der Deutschen Rentenversicherung Bund erfolgt nach § 64 IV SGB IV [§ 52 IV SGB IV].[3]

Beide Organe (Bundesvertreterversammlung und Bundesvorstand) setzen sich somit je zur Hälfte aus ehrenamtlichen Vertretern der Versicherten und der Arbeitgeber zusammen (Näheres siehe §§ 29 II, 31, 33, 35, 40, 43, 44, 47 SGB IV). Die Zahl der Organmitglieder bestimmt bis zur gesetzlich festgelegten Höchstzahl die Satzung.

Die Versicherten und die Arbeitgeber wählen die Vertreter ihrer Gruppen in die Bundesvertreterversammlung getrennt aufgrund von Wahlvorschlägen z. B. der Gewerkschaften, der Arbeitgebervereinigungen sowie deren Verbände und der Selbstständigen (Näheres zur Wahl der Bundesvertreterversammlung siehe §§ 46 ff. SGB IV). Die Vertreter der Versicherten und der Arbeitgeber in der Bundesvertreterversammlung wählen wiederum aufgrund von Vorschlagslisten getrennt die Vertreter ihrer Gruppen in den Bundesvorstand [§ 52 I, II, III SGB IV].[3]

1 Der Vertreterversammlung gehören die von den Versicherten und Arbeitgebern der Deutschen Rentenversicherung Bund gewählten Mitglieder an. Die Vertreterversammlung beschließt z.B. über Regelungen des autonomen Rechts, die keine Grundsatz- und Querschnittsaufgaben oder gemeinsame Angelegenheiten der Rentenversicherung betreffen.

2 Dem Vorstand gehören die von der Vertreterversammlung gewählten Mitglieder und stellvertretenden Mitglieder an. Soweit gesetzlich oder durch sonstiges für die Deutsche Rentenversicherung Bund maßgebendes Recht nichts Abweichendes bestimmt ist und soweit nicht der Bundesvorstand zuständig ist, verwaltet der Vorstand die Deutsche Rentenversicherung Bund.

3 Die Selbstverwaltungsorgane wählen wiederum aus ihrer Mitte einen Vorsitzenden und einen stellvertretenden Vorsitzenden (Näheres siehe § 62 SGB IV).
Soweit das Sozialgesetzbuch IV Bestimmungen über die Vertreterversammlung oder deren Vorsitzenden trifft, gelten diese entsprechend auch für die Bundesvertreterversammlung oder deren Vorsitzenden [§ 33 IV SGB IV].

Soweit Grundsatz- und Querschnittsaufgaben oder gemeinsame Angelegenheiten der Träger der Rentenversicherung betroffen sind und wenn andere für die Deutsche Rentenversicherung Bund maßgebenden Rechtsvorschriften nichts Abweichendes bestimmen, wird die Deutsche Rentenversicherung Bund vom Bundesvorstand verwaltet sowie gerichtlich und außergerichtlich vertreten. Soweit die Verwaltungsgeschäfte durch die Geschäftsführer wahrgenommen werden, erfolgt dies nach den vom Bundesvorstand erlassenen Richtlinien. Wenn das Sozialgesetzbuch Bestimmungen über den Vorstand oder dessen Vorsitzenden trifft, dann gelten diese entsprechend für den Bundesvorstand oder dessen Vorsitzenden [§ 35 III SGB IV]. Zur Vorbereitung und Erledigung einzelner Aufgaben (mit Ausnahme der Rechtsetzung) bildet der Bundesvorstand Ausschüsse (z.B. einen Ausschuss zur Prüfung der Jahresrechnung), deren Aufgaben und Zuständigkeiten in der Geschäftsordnung des Bundesvorstandes geregelt sind. Entsprechendes gilt für die vom Bundesvorstand gebildeten Ausschüsse.

Direktorium

Das Direktorium der Deutschen Rentenversicherung Bund besteht aus einer Präsidentin/einem Präsidenten als Vorsitzenden und zwei Geschäftsführern. Die Grundsatz- und Querschnittsaufgaben sowie die Außendarstellung der Deutschen Rentenversicherung Bund werden grundsätzlich vom Präsidenten wahrgenommen. Die anderen Aufgabenbereiche der Mitglieder des Direktoriums werden durch die Satzung bestimmt [§ 36 IIIa SGB IV].

Die Mitglieder des Direktoriums führen vor allem hauptamtlich die laufenden Verwaltungsgeschäfte, soweit gesetzliche Vorschriften und sonstiges für die Deutsche Rentenversicherung Bund geltendes Recht nichts Abweichendes bestimmt.

Die Mitglieder des Direktoriums der Deutschen Rentenversicherung Bund werden auf Vorschlag des Bundesvorstands von der Bundesvertreterversammlung nach § 64 IV SGB IV mit der Mehrheit von mindestens zwei Dritteln aller gewichteten Stimmen der satzungsmäßigen Mitgliederzahl für sechs Jahre gewählt [§ 36 IIIb SGB IV].[1] Die Mitglieder des Direktoriums gehören dem Bundesvorstand mit beratender Stimme an.

Erweitertes Direktorium

Das Erweiterte Direktorium der Deutschen Rentenversicherung Bund besteht aus fünf Geschäftsführerinnen/Geschäftsführern aus dem Bereich der Regionalträger, den drei Mitgliedern des Direktoriums der Deutschen Rentenversicherung Bund und einem Mitglied der Geschäftsführung der Deutschen Rentenversicherung Knappschaft – Bahn – See.

Das Erweiterte Direktorium wählt aus seiner Mitte mit der Mehrheit von mindestens zwei Dritteln aller (gewichteten) Stimmen[2] einen Vorsitzenden.

Die Geschäftsführer/Geschäftsführerinnen aus dem Bereich der Regionalträger werden durch die Vertreter der Regionalträger in der Bundesvertreterversammlung auf Vorschlag der Vertreter der Regionalträger im Bundesvorstand mit der Mehrheit der abgegebenen Stimmen gewählt (Näheres siehe § 139 I SGB VI).

Beschlüsse des Erweiterten Direktoriums erfolgen mit der Mehrheit von mindestens zwei Dritteln aller (gewichteten) Stimmen [§ 139 II, S. 1 SGB VI].[3]

1 Die Mitglieder des Direktoriums der Deutschen Rentenversicherung Bund werden vom Bundespräsidenten auf Vorschlag der Bundesregierung für die Dauer von sechs Jahren zu Beamten auf Zeit ernannt [§ 143 II SGB VI].

2 Näheres zur Beschlussfassung und Geschäftsordnung des Erweiterten Direktoriums bestimmt die Satzung der Deutschen Rentenversicherung Bund.

3 Die Stimmen der Regionalträger werden mit insgesamt 55% und die der Bundesträger mit insgesamt 45% gewichtet (Näheres siehe § 139 II, S. 2, 3 und 4 SGB VI).
Das Erweiterte Direktorium nimmt die Aufgaben wahr, die ihm zu Grundsatz- und Querschnittsaufgaben und in gemeinsamen Angelegenheiten der Träger der Rentenversicherung gesetzlich zugewiesen sind (siehe z.B. §§ 127 II; 274c II, VI; 227 III SGB VI).

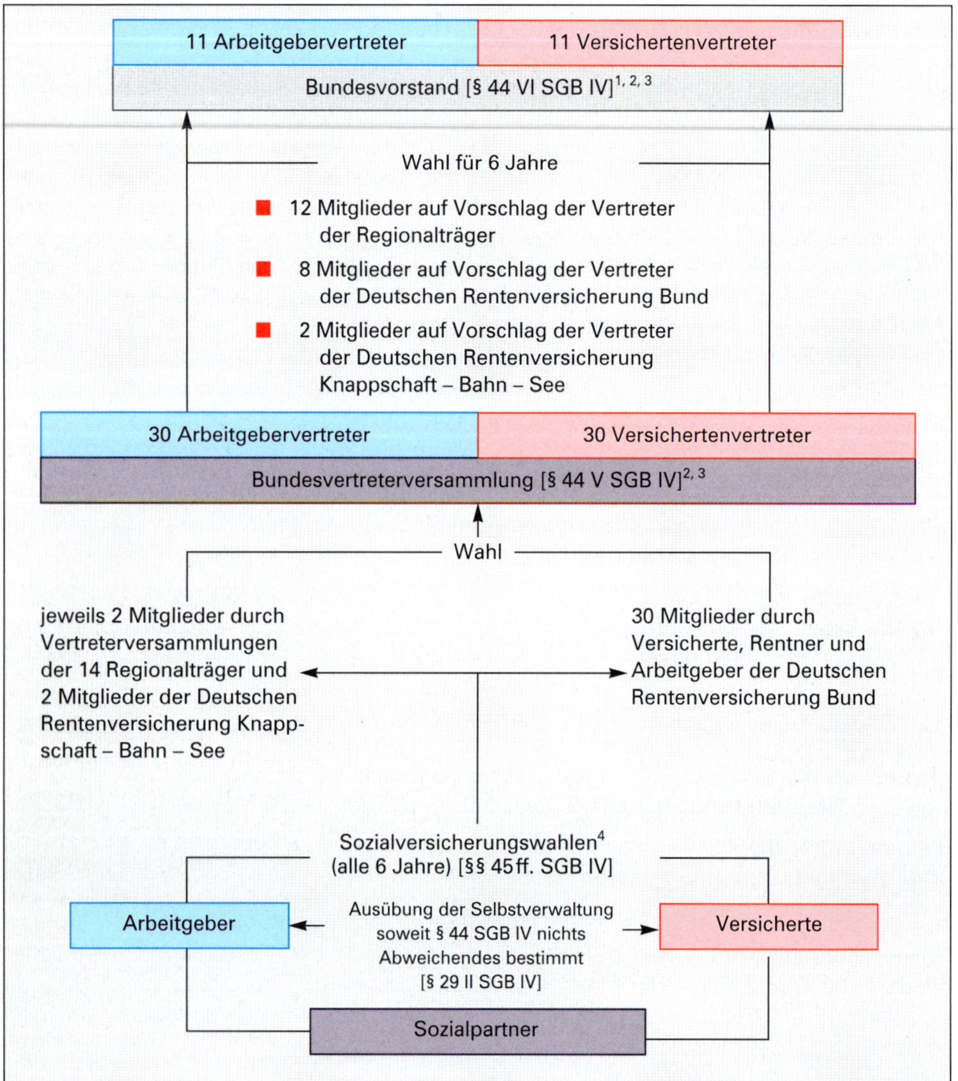

Organe der Selbstverwaltung (Aufbau) eines Rentenversicherungsträgers am Beispiel der Deutschen Rentenversicherung Bund

1 Dem **Bundesvorstand** gehört ferner ein **Geschäftsführer** mit beratender Stimme an, dessen Aufgaben bei der **Deutschen Rentenversicherung Bund** durch das **Direktorium** wahrgenommen werden [§§ 31 I, 36 SGB IV].

2 Die Selbstverwaltungsorgane wählen aus ihrer Mitte einen Vorsitzenden und einen stellvertretenden Vorsitzenden, die verschiedenen Gruppen (Versicherte und Arbeitgeber) angehören müssen (Näheres siehe § 62 SGB IV). Mitglieder der Bundesvertreterversammlung und ihre Stellvertreter können nicht gleichzeitig beim gleichen Versicherungsträger Mitglieder des Bundesvorstands oder deren Stellvertreter sein [§§ 43 III, 35 III SGB IV].

3 Das **Erweiterte Direktorium** (siehe § 139 SGB VI) ist wegen der Übersichtlichkeit nicht in der Abbildung enthalten.

4 Wahlberechtigt sind alle Personen (unabhängig von ihrer Staatsangehörigkeit), die an die Deutsche Rentenversicherung Bund Beiträge bezahlt haben – auch wenn die letzte Beitragszahlung bereits längere Zeit zurückliegt.

Grundsatz- und Querschnittsaufgaben der Deutschen Rentenversicherung

Die Grundsatz- und Querschnittsaufgaben der Deutschen Rentenversicherung werden durch die **Deutsche Rentenversicherung Bund** wahrgenommen.[1]

Zu diesen Aufgaben gehören z. B. die Vertretung der Rentenversicherung in ihrer Gesamtheit gegenüber der Politik, Bundes-, Landes- und Europäischen Institutionen sowie Sozialpartnern; Öffentlichkeitsarbeit;[2] Klärung von grundsätzlichen Fach- und Rechtsfragen aus den Bereichen der Rehabilitation, Versicherung, Beitragsüberwachung und Rente; Grundsätze für die Aufbau- und Ablauforganistion, das Personalwesen und Investitionen der Rentenversicherungsträger; Grundsätze zur Organisation und Aufgabenzuweisung der Auskunfts- und Beratungsstellen; Bereitstellung von Informationen für die Träger der Rentenversicherung sowie Forschung im Bereich der Alterssicherung und Rehabilitation (Näheres siehe § 138 I SGB VI).

Soweit durch die Satzung Regelungen zu Grundsatz- und Querschnittsaufgaben der Deutschen Rentenversicherung oder zu gemeinsamen Angelegenheiten der Rentenversicherungsträger getroffen werden, erfolgen die Beschlüsse über die Satzung bei der Deutschen Rentenversicherung Bund nach § 64 IV SGB IV [§ 33 I SGB IV].[3]

Wichtige **Aufgaben** der **Organe** sind vor allem:[4]

Bundesvertreter-versammlung	Aufgaben sind z. B. [§§ 31, 33, 36, 39, 52, 62f., 70, 74, 77 SGB IV]: ■ Beschlussfassung über die Satzung und sonstiges autonomes Recht des Rentenversicherungsträgers und ihrer Änderungen. ■ Entscheidungen über Grundsatz- und Querschnittsaufgaben und über gemeinsame Angelegenheiten der Rentenversicherungsträger. ■ Wahl eines Vorsitzenden und eines stellvertretenden Vorsitzenden aus ihrer Mitte. ■ Wahl der Vorstandsmitglieder und ihrer Stellvertreter des Bundesvorstands. ■ Auf Vorschlag des Bundesvorstands Wahl der Geschäftsführer und deren Stellvertreter (bei der Deutschen Rentenversicherung Bund des Direktoriums), die grundsätzlich hauptamtlich die laufenden Verwaltungsgeschäfte führen. ■ Wahl der Versichertenältesten. ■ Beschlussfassung über eine Geschäftsordnung. ■ Feststellung des jährlichen Haushaltsplans (Beschlussfassung über die jährlichen Einnahmen und Ausgaben).

1 Die Entscheidungen der Deutschen Rentenversicherung Bund zu den Grundsatz- und Querschnittsaufgaben der Deutschen Rentenversicherung werden grundsätzlich durch die Bundesvertreterversammlung der Deutschen Rentenversicherung Bund nach den Bestimmungen des § 64 IV SGB IV getroffen. Die Entscheidungsbefugnis kann durch die Bundesvertreterversammlung auch ganz oder teilweise auf den Bundesvorstand der Deutschen Rentenversicherung Bund übertragen werden (Näheres siehe § 138 II, III, IV SGB VI). Vor bestimmten verbindlichen Entscheidungen der Deutschen Rentenversicherung Bund nach § 138 I SGB VI muss die Arbeitsgruppe Personalvertretung der Deutschen Rentenversicherung angehört werden (Näheres siehe § 140 SGB VI).

Vorlagen des Direktoriums an die Bundesvertreterversammlung oder den Bundesvorstand, die verbindliche Entscheidungen über Grundsatz- und Querschnittsaufgaben betreffen, bedürfen einer vorherigen Zustimmung durch das Erweiterte Direktorium (Näheres siehe § 138 IV SGB VI].

2 Hierzu gehören insbesondere regelmäßige Informationen zur Alterssicherung für die Arbeitgeber, Versicherten und Rentner.

3 Nach § 64 IV SGB IV erfolgen die Beschlüsse der Bundesvertreterversammlung und des Bundesvorstands der Deutschen Rentenversicherung Bund mit der Mehrheit von mindestens zwei Dritteln aller gewichteten Stimmen der satzungsmäßigen Mitgliederzahl. Hierbei werden die Stimmen der Regionalträger mit insgesamt 55 % und die der Bundesträger mit insgesamt 45 % gewichtet (Näheres siehe § 64 IV SGB IV).

4 Näheres zu den Aufgaben der Bundesvertreterversammlung und des Bundesvorstands finden Sie auch in der Satzung der Deutschen Rentenversicherung Bund und in den Satzungen der anderen Rentenversicherungsträger.

	■ Abnahme der Jahresrechnung für das vergangene Kalenderjahr und Beschluss über die Entlastung des Bundesvorstands.[1] ■ Billigung des jährlichen Geschäftsberichts des Bundesvorstands. ■ Beschlussfassung über sonstige vom Bundesvorstand zur Entscheidung vorgelegte Angelegenheiten. ■ Vertretung des Versicherungsträgers gegenüber dem Bundesvorstand und dessen Mitgliedern.
Bundesvorstand	Aufgaben sind z. B. [§§ 31, 35, 36, 62f., 66, 70, 74, 77, 79, 80ff. SGB IV]: ■ Gerichtliche und außergerichtliche Vertretung des Versicherungsträgers (z. B. der Deutschen Rentenversicherung Bund). ■ Entscheidungen über Grundsatz- und Querschnittsaufgaben und über gemeinsame Angelegenheiten der Träger der Rentenversicherung, soweit dem Bundesvorstand diese Entscheidungsbefugnis von der Bundesvertreterversammlung übertragen ist. ■ Aufstellung des jährlichen Haushaltsplans, Vorlage bei der Aufsichtsbehörde (Regionalträger) bzw. bei der Bundesregierung (Deutsche Rentenversicherung Bund) und Vorlage der Bundesvertreterversammlung zur Beschlussfassung. ■ Aufstellung und Prüfung der Jahresrechnung und deren Vorlage bei der Bundesvertreterversammlung zur Abnahme. ■ Erstellung des jährlichen Geschäftsberichts zur Billigung durch die Bundesvertreterversammlung und Vorlage beim zuständigen Bundesministerium. ■ Erlass von Richtlinien für die Führung der Verwaltungsgeschäfte. ■ Wahl des Vorsitzenden und stellvertretenden Vorsitzenden des Bundesvorstands aus seiner Mitte. ■ Zu wählende Mitglieder der Geschäftsführung (z. B. des Direktoriums der Deutschen Rentenversicherung Bund) der Bundesvertreterversammlung vorschlagen. ■ Geschäftsordnung des Bundesvorstands erlassen. ■ Anlage des Vermögens der Rentenversicherungsträger. ■ Grundstücke erwerben, veräußern und belasten. ■ Angestellte und Beamte höherer Gehaltsgruppen einstellen, befördern und entlassen.

■ Ausstellung und Pflicht zur Vorlage des Sozialversicherungsausweises

Eine weitere wichtige Aufgabe der Rentenversicherungsträger ist die von deren Dienststellen erfolgte Ausstellung der Sozialversicherungsausweise. Alle Personen, die von der „Datenstelle" eine Versicherungsnummer erhalten haben, bekommen einen Sozialversicherungsausweis, der die Versicherungsnummer, den Familien-, Geburts- und Vornamen des Inhabers bzw. der Inhaberin enthält. Dieser Sozialversicherungsausweis muss von den Beschäftigten bei Beginn einer Beschäftigung dem Arbeitgeber vorgelegt werden (Näheres siehe §§ 18f, 18h SGB IV; §§ 147, 152 SGB VI).

1 Über die Entlastung des Bundesvorstands und des Geschäftsführers wegen der Rechnungsergebnisse für die Grundsatz- und Querschnittsaufgaben bei der Deutschen Rentenversicherung Bund beschließt die Bundesvertreterversammlung mit der Mehrheit von mindestens zwei Dritteln der gewichteten Stimmen der in der Satzung bestimmten Mitgliederzahl [§ 77 I, S. 3 SGB IV].

7.5.3.7 Bundesagentur für Arbeit (BA)

Rechtsform und Gliederung (Aufbauorganisation) der Bundesagentur für Arbeit

Die **Bundesagentur für Arbeit** (Bundesagentur) ist eine **rechtsfähige bundesunmittelbare Körperschaft** des **öffentlichen Rechts** mit **Selbstverwaltung** [§ 29 I SGB IV, § 367 I SGB III]. Sie ist in eine Zentrale mit Sitz in Nürnberg, 10 Regionaldirektionen, 176 Agenturen für Arbeit mit rund 610 Geschäftsstellen und besondere Dienststellen[1] gegliedert [§§ 367 f. SGB III]. Die Rechtsaufsicht über die Bundesagentur für Arbeit führt das Bundesministerium für Arbeit und Soziales [§ 393 I SGB III, siehe auch §§ 367 ff. SGB III].

Die Bundesagentur für Arbeit (BA) ist der größte Dienstleister am Arbeitsmarkt.

- **Zentrale (obere Verwaltungsebene).** Zentrale Planung, Steuerung und Kontrolle der Aufgaben und Organisation sowie grundsätzliche Weisungen sichern eine sachdienliche, effiziente und einheitliche Erfüllung der fachlichen Aufgaben.
- **Regionaldirektionen (mittlere Verwaltungsebene).** Koordinierung und Kontrolle der fachlichen Arbeit der ihnen (in der Regel für ein Bundesland) unterstellten Agenturen für Arbeit.
- **Agenturen für Arbeit (untere örtliche Verwaltungsebene)** mit ihren ständig oder zeitweilig besetzten Außenstellen (Neben- und Hilfsstellen). Unmittelbare Erfüllung der Fachaufgaben der BA.

Struktureller Aufbau (Gliederung) der Bundesagentur für Arbeit (BA)

Die Regionaldirektionen arbeiten zur Abstimmung ihrer Aufgaben mit der Wirtschafts- und Arbeitsmarktpolitik der Länder eng mit den Landesregierungen zusammen.

Organe der Selbstverwaltung der Bundesagentur für Arbeit[2]

Die Selbstverwaltung ist über alle Stufen der Verwaltung verwirklicht. **Zentrale Organe** der **Selbstverwaltung** sind der **Verwaltungsrat** und der (hauptamtliche) **Vorstand.** Bei den **Agenturen für Arbeit** werden die Aufgaben der Selbstverwaltung auch von den **Verwaltungsausschüssen** wahrgenommen. Die Verwaltungsausschüsse überwachen und beraten die Agenturen für Arbeit (Näheres siehe §§ 371 ff. SGB III). Alle Organe sind jeweils zu einem Drittel aus ehrenamtlichen Vertretern der Arbeitnehmer/Arbeitnehmerinnen, der Arbeitgeber und der öffentlichen Körperschaften zusammengesetzt (Näheres siehe § 371 V, VI SGB III).[3] Die Vertreter werden von den Gewerkschaften, Arbeitgeberverbänden, Spitzenvereinigungen der kommunalen Selbstverwaltungskörperschaften (Gemeinden), der Bundesregierung und vom Bundesrat vorgeschlagen (Näheres siehe § 379 SGB III).

1 Die der Zentrale in Nürnberg unmittelbar nachgeordneten besonderen Dienststellen sind für zentrale und überbezirkliche Aufgaben zuständig, wie z.B. die Zentrale Auslands- und Fachvermittlung (ZAV) in Bonn, Führungsakademie der Bundesagentur für Arbeit (FBA), das Institut für Arbeitsmarkt- und Berufsforschung in Nürnberg und die Familienkasse.

Anzahl der Agenturen und Geschäftsstellen am 15. Mai 2012. Die Anzahl der Agenturen für Arbeit wird sich in Zukunft wie geplant auf (voraussichtlich) 154 Agenturen verringern.

2 Ausführliche Informationen zu den Aufgaben der Organe der BA finden Sie im SGB III [§§ 371 ff.] und in der vom Verwaltungsrat der Bundesagentur für Arbeit aufgrund des § 372 I SGB III und mit Genehmigung des Bundesministeriums für Arbeit und Soziales beschlossenen Satzung der Bundesagentur für Arbeit [§§ 372 II, 373 V SGB III].

Wenn der BA durch Gesetz oder Rechtsverordnungen weitere Aufgaben übertragen werden, dann bestimmt der **Verwaltungsrat** (soweit gesetzlich nichts anderes bestimmt ist), von welchen Organen oder Dienststellen der BA die Aufgaben wahrzunehmen sind.

3 Näheres zur Amtsdauer der Organmitglieder, deren Berufung und Abberufung finden Sie in den §§ 375, 377 SGB III.

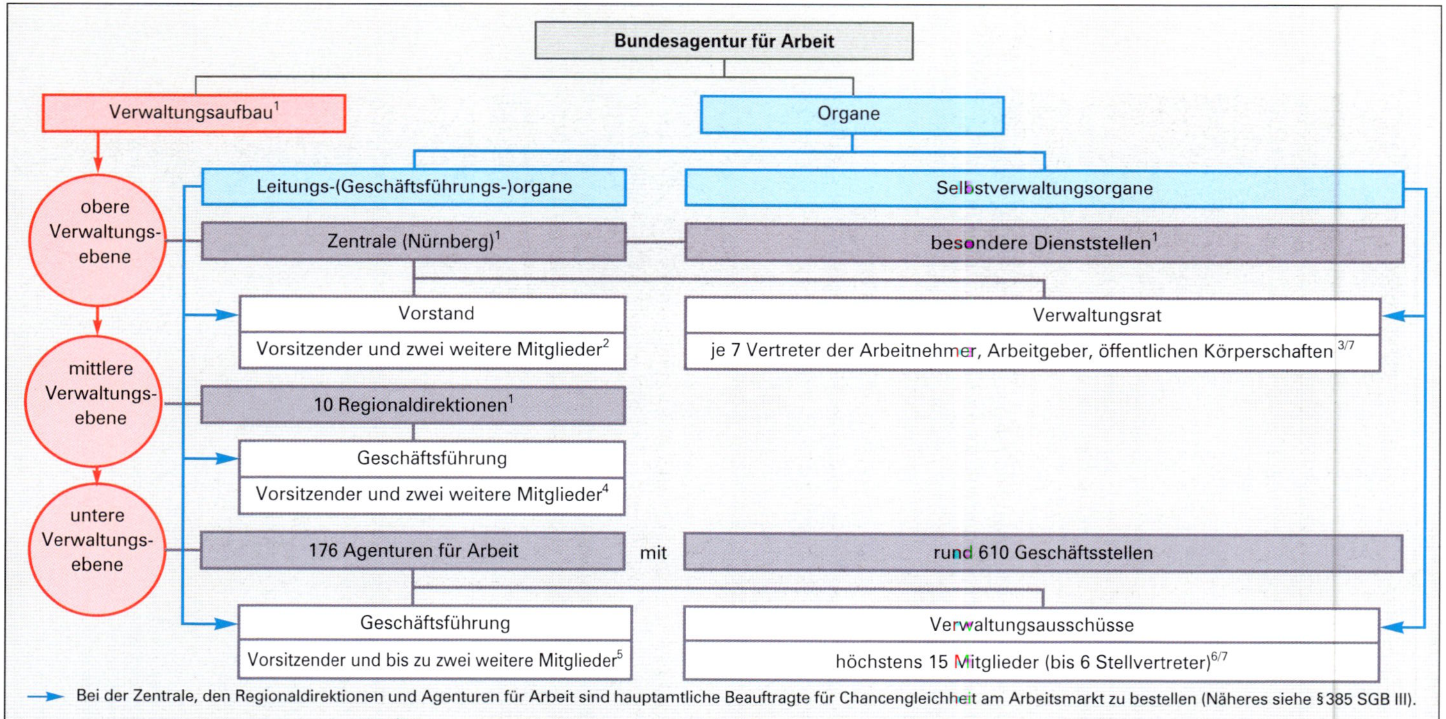

Aufbau (strukturelle Organisation) der Bundesagentur für Arbeit

1 Siehe § 367 II, IV SGB III. Besondere Dienststellen für zentrale und überbezirkliche Aufgaben sind z.B. die Zentrale Auslands- und Fachvermittlung (ZAV) in Bonn, Institut für Arbeitsmarkt- und Berufsforschung in Nürnberg und die Führungsakademie der Bundesagentur für Arbeit (FBA). Zur Unterstützung des Verwaltungsrats besteht bei der Zentrale eine Geschäftsstelle des Verwaltungsrats als Büro der Selbstverwaltung.

2 Siehe § 381 II SGB III. Der **Vorstand** ist gewissermaßen das **Exekutivorgan** der Bundesagentur (Exekutive: vollziehende, ausführende staatliche Gewalt). Die auf Vorschlag des Verwaltungsrats von der Bundesregierung benannten und vom Bundespräsidenten für grundsätzlich fünf Jahre ernannten Mitglieder des Vorstands dürfen nicht dem Verwaltungsrat angehören (Näheres siehe §§ 381V; 382 I, II SGB III).

3 Siehe z.B. §§ 371 I, V, VI; 373 VI; 379 SGB III. Der **Verwaltungsrat** hat in etwa die Stellung eines **Aufsichts- und Legislativorgans** („Gesetzgebungsorgans"). Jede Gruppe kann für den aus 21 Mitgliedern bestehenden Verwaltungsrat bis zu fünf Stellvertreter benennen [§ 373 VI SGB III]. Mitglieder des Verwaltungsrats werden für sechs Jahre durch das Bundesministerium für Arbeit und Soziales berufen [§§ 375 I; 377 I, II SGB III].

4 Die **Regionaldirektionen,** die für den Erfolg der regionalen Arbeitsmarktpolitik verantwortlich sind [§ 367 III SGB III], werden von der aus einer oder einem Vorsitzenden und zwei weiteren Mitgliedern bestehenden **Geschäftsführung** geleitet. Die Mitglieder der Geschäftsführung werden vom Vorstand bestellt. Vor der Bestellung der vorsitzenden Mitglieder muss der Vorstand den Verwaltungsrat und die beteiligten Landesregierungen anhören [§ 384 SGB III]. Zur Abstimmung ihrer Aufgaben mit der Arbeitsmarkt-, Struktur- und Wirtschaftspolitik der Länder arbeiten die Regionaldirektionen eng mit den Landesregierungen zusammen.

5 Die **Agenturen für Arbeit** werden von einer Geschäftsführerin, einem Geschäftsführer oder von einer aus einer oder einem Vorsitzenden und bis zu zwei weiteren Mitgliedern bestehenden **Geschäftsführung** geleitet. Deren Bestellung erfolgt (nach Anhörung der Verwaltungsausschüsse) durch den Vorstand [§ 383 I, II SGB III].

6 Siehe z.B. §§ 371 I, V, VI; 374 I, IV SGB III. Bis zu höchstens 15 Mitglieder wird die Zahl der Mitglieder der Verwaltungsausschüsse vom Verwaltungsrat festgesetzt, wobei jede Gruppe (siehe §§ 371 V, 379 SGB III) bis zu zwei Vertreter benennen kann [§ 374 IV SGB III]. Mitglieder der Verwaltungsausschüsse werden für sechs Jahre vom Verwaltungsrat berufen [§§ 375 I; 377 I, II SGB III].

7 Alle Mitglieder der Selbstverwaltung und die Stellvertreter werden berufen. Bei den Mitgliedern des Verwaltungsrats erfolgt die Berufung durch das Bundesministerium für Arbeit und Soziales und bei den Mitgliedern der Verwaltungsausschüsse durch den Verwaltungsrat [§ 377 I, II SGB III]. Die Amtsdauer der Mitglieder der Selbstverwaltungsorgane beträgt sechs Jahre (Näheres siehe § 375 SGB III). Zur Berufungsfähigkeit als Mitglied eines Selbstverwaltungsorgans siehe § 378 SGB III.

Zusammenarbeit zwischen Vorstand und Verwaltungsrat

Der Vorstand hat den Verwaltungsrat regelmäßig und aus wichtigen Anlässen über alle wesentlichen Tätigkeiten zu unterrichten. Er ist verpflichtet, dem Verwaltungsrat auf Verlangen Auskünfte über die Geschäftsführung der Bundesagentur zu geben [§ 381 VI SGB III]. Die Mitglieder des Vorstands sind berechtigt und auf Verlangen des Verwaltungsrats verpflichtet, an den Sitzungen des Verwaltungsrats mit beratender Stimme teilzunehmen.

Wichtige **Aufgaben** der **Organe** sind vor allem:[1]

Verwaltungsrat	Er bestimmt die Grundlinien (geschäftspolitischen Ziele) der Politik der Bundesagentur für Arbeit im Rahmen ihres gesetzlichen Auftrags und überwacht die Erfüllung der Aufgaben der Bundesagentur für Arbeit. Zu den Aufgaben gehören z. B. insbesondere: ■ Erlass und Änderung von Anordnungen und Verwaltungsvorschriften [§ 373 V SGB III]. ■ Beschlussfassung der Satzung und ihrer Änderungen [§ 373 V SGB III]. ■ Feststellung des vom Vorstand aufgestellten Haushaltsplans [§ 71 a I SGB IV]. ■ Abnahme des Rechnungsabschlusses, Entlastung des Vorstands [§ 77 I, S. 4 SGB IV]. ■ Genehmigung des jährlichen Geschäftsberichts [§ 393 II SGB III]. ■ Festsetzung der Mitgliederzahl der Verwaltungsausschüsse der Agenturen für Arbeit [§ 374 IV SGB III]. ■ Überwachung (z. B. der Arbeit des Vorstands bzw. der Geschäftsführung) und Beratung der Verwaltung in allen aktuellen Fragen des Arbeitsmarkts [§ 371 II SGB III]. ■ Genehmigung der Geschäftsordnung des Vorstands [§ 381 IV SGB III].
Vorstand	Er leitet die Bundesagentur für Arbeit, entwickelt deren strategische Ziele, schließt Zielvereinbarungen mit der Bundesregierung oder mit Bundesministerien ab und führt die laufenden Geschäfte der BA [§ 381 I SGB III]. Zu den Aufgaben gehören z. B.: ■ Bestimmung der Richtlinien der Geschäftsführung, z. B. für die verwaltungsmäßige Planung und Durchführung von Aufgaben und Maßnahmen der Bundesagentur für Arbeit [§ 381 III SGB III]. ■ Aufstellung einer Geschäftsordnung [§ 381 IV SGB III]. ■ Regelmäßige Unterrichtung des Verwaltungsrats sowie Auskunftserteilung über die Geschäftsführung der Bundesagentur für Arbeit [§ 381 VI SGB III]. ■ Gerichtliche und außergerichtliche Vertretung der Bundesagentur für Arbeit [§ 381 I SGB III]. ■ Wahrnehmung der dienst- und arbeitsrechtlichen Befugnisse gegenüber Angestellten und Arbeitern.[2] ■ Aufstellung des Haushaltsplans [§ 71 a I SGB IV]. ■ Jährliche Erstattung eines vom Verwaltungsrat genehmigten Geschäftsberichts an das Bundesministerium für Arbeit und Soziales [§ 393 II SGB III].

1 Zu den grundlegenden Aufgaben der Selbstverwaltung aller Organe siehe §§ 371 ff. SGB III und die Satzung der Bundesagentur für Arbeit (siehe § 372 SGB III).

2 Der Vorstand ist auch die oberste Dienstbehörde für die Beamten und Beamtinnen der Bundesagentur für Arbeit [§ 387 II SGB III].

Verwaltungsausschüsse[1]	Sie wirken an der Planung und Festlegung von Maßnahmen mit, die der Erfüllung der Aufgaben der Bundesagentur in ihren Bezirken dienen. Ihre Aufgabe ist weiterhin darauf zu achten, dass die Dienste und Leistungen der Bundesagentur lebensnah und auf die örtlichen und bezirklichen Verhältnisse, die Belange der Arbeit, Ausbildung und Ratsuchenden sowie auf die Bedürfnisse der Betriebe und Verwaltungen abgestimmt gestaltet werden. Schließlich werden mit der Verwaltung alle aktuellen Fragen des Arbeitsmarktes beraten und die eingeleiteten Maßnahmen durch die Verwaltungsausschüsse überwacht [§ 371 II SGB III]. Die Verwaltungsausschüsse erörtern regelmäßig oder aus besonderen Anlässen mit der zuständigen Verwaltung z.B. die Lage und Entwicklung des Arbeitsmarktes, die Entwicklung und Struktur der Wirtschaft und Beschäftigung, die Lage und Entwicklung des Ausbildungsstellenmarktes (z.B. Arbeits- und Ausbildungsvermittlung, Arbeitsmarkt-, Berufsberatung) und die Situation von Arbeitnehmergruppen mit besonderen Beschäftigungsrisiken.

Eine gesetzliche Regelung zur Aufgabenübertragung an besondere Ausschüsse besteht nicht. Die Erledigung einzelner Aufgaben kann jedoch von den Selbstverwaltungsorganen auch besonderen Ausschüssen (z.B. einem Ausschuss zur Förderung der ganzjährigen Beschäftigung im Baugewerbe) übertragen werden.

7.5.3.8 Berufsgenossenschaften

Rechtsform und Gliederung (Organisation) der Berufsgenossenschaften

Die **Berufsgenossenschaften** sind **rechtsfähige Körperschaften** des **öffentlichen Rechts** mit einer eigenen **Selbstverwaltung** und Organisation [§ 29 I SGB IV].[2] Obwohl nur die Arbeitgeber (Unternehmer) Mitglieder der Berufsgenossenschaften sind, erfolgt die Selbstverwaltung gemeinsam durch die Vertreter der Versicherten und Arbeitgeber.

Die gewerblichen Berufsgenossenschaften sind für alle rund 3,3 Millionen Unternehmen der gewerblichen Wirtschaft, die landwirtschaftlichen Berufsgenossenschaften für rund 1,6 Millionen (vor allem landwirtschaftliche) beitragspflichtige Unternehmen zuständig.[3] Bei den Unfallversicherungsträgern der öffentlichen Hand sind rund 28 Millionen Menschen versichert.[4]

1 Als Beratungs- und Überwachungsorgane erfüllen die Verwaltungsausschüsse ihre Aufgaben aufgrund der ihnen von den Geschäftsführungen der Agenturen für Arbeit zu erteilenden Informationen (Auskünfte, Berichte). Sie überwachen die Geschäftspolitik, insbesondere die Umsetzung der geschäftspolitischen Ziele der Bundesagentur für Arbeit in den Agenturen für Arbeit.

Näheres zu den Verwaltungsausschüssen finden Sie z.B. in den §§ 371, 374, 375ff. SGB III und in der vom Verwaltungsrat nach § 373 V SGB III beschlossenen und nach § 372 II SGB III genehmigten Satzung.

2 Auch die Unfallversicherungsträger der öffentlichen Hand (z.B. die Gemeindeunfallversicherungsverbände, Unfallkassen der Länder) sind grundsätzlich Körperschaften des öffentlichen Rechts mit Selbstverwaltung.

3 Quellen: „DGUV-Statistiken für die Praxis 2010, S. 14;" Deutsche Gesetzliche Unfallversicherung e.V. (DGUV), Berlin und Geschäfts- und Rechnungsergebnisse der landwirtschaftlichen Berufsgenossenschaften für das Jahr 2010, S. 2; bearbeitet und zusammengestellt im Spitzenverband der landwirtschaftlichen Sozialversicherung, Kassel (Stand: Oktober 2010).

4 In den Bereich der öffentlichen Unfallversicherungsträger fallen z.B. auch alle Kinder in Tageseinrichtungen (z.B. Kindergärten), Schüler und Studierende.

Zurzeit gibt es 9, **bundesweit zuständige, gewerbliche Berufsgenossenschaften,**[1] die **fachlich** in 9 Berufsgenossenschaftsgruppen gegliedert sind. Hierdurch können praxisnahe Lösungen realisiert werden (Näheres siehe § 114 I SGB VII und Anlage 1 zu § 114 SGB VII).

Beispiele:

Berufsgenossenschaft für Transport- und Verkehrswirtschaft, Berufsgenossenschaft Holz und Metall, Berufsgenossenschaft Bauwirtschaft, Berufsgenossenschaft Handel und Warendistribution.

Mit Genehmigung der zuständigen Aufsichtsbehörde können sich verschiedene Berufsgenossenschaften auf Beschluss ihrer Vertreterversammlungen zu einer neuen Berufsgenossenschaft zusammenschließen [§ 118 SGB VII].

In den Berufsgenossenschaften sind die Arbeitgeber auf genossenschaftlicher Basis zusammengeschlossen. Jeder Arbeitgeber (Unternehmer) gehört der für ihn zuständigen Berufsgenossenschaft kraft Gesetzes an [§§ 130f., 136 SGB VII]. Die Gründung seines Unternehmens muss der Arbeitgeber binnen einer Woche der zuständigen Berufsgenossenschaft anzeigen.

Abweichend von der Finanzierung der anderen Sozialversicherungszweige werden die Finanzmittel zur Finanzierung der anfallenden Verwaltungsaufwendungen, des Verwaltungsvermögens, der notwendigen Rücklagen [§§ 172, 172a SGB VII], Altersrückstellungen [§ 172c SGB VII] und Leistungen (z.B. Rentenzahlungen, Rehabilitationsmaßnahmen) nur von den **Arbeitgebern (Unternehmern)**[2] im **Umlageverfahren**[3] aufgebracht [§§ 150, 152ff. SGB VII].

Organe der Selbstverwaltung der gewerblichen Berufsgenossenschaften

Organe der Selbstverwaltung sind die **Vertreterversammlung** und der **Vorstand.**

Beide Organe setzen sich je zur Hälfte aus ehrenamtlichen Vertretern der Versicherten und Arbeitgeber zusammen,[4] wobei beide Gruppen ihre Vertreter in die Vertreterversammlung und im Vorstand getrennt wählen (Näheres siehe §§ 29 II, 31, 33, 35, 40, 43, 44, 47 SGB IV).

1 Außerdem gibt es z.B. zurzeit 8 regional gegliederte landwirtschaftliche Berufsgenossenschaften (z.B. die Landwirtschaftliche Berufsgenossenschaft Baden-Württemberg in Stuttgart als landesunmittelbare Körperschaft des öffentlichen Rechts), eine für das gesamte Bundesgebiet zuständige Gartenbau-Berufsgenossenschaft (siehe § 114 I SGB VII und Anlage 2 zu § 114 SGB VII) und etwa 25 verschiedene Unfallversicherungsträger der öffentlichen Hand (wie z.B. die Unfallkasse Baden-Württemberg in Stuttgart, der Bayerische Gemeindeunfallversicherungsverband in München und die Feuerwehr-Unfallkasse Niedersachsen in Hannover).

Von diesen 25 Unfallversicherungsträgern sind 4 Feuerwehr-Unfallkassen und 3 bundesunmittelbare Unfallkassen (Stand: 16. März 2012). Quelle: Geschäfts- und Rechnungsergebnisse der gewerblichen Berufsgenossenschaften und Unfallversicherungsträger der öffentlichen Hand 2010, herausgegeben vom Spitzenverband der „Deutschen Gesetzlichen Unfallversicherung", (DGUV), Berlin.

Die Anzahl der Unfallversicherungsträger ist durch die laufenden Fusionen (Zusammenschlüsse) der Unfallversicherungsträger sehr kurzlebig. So werden z.B. die landwirtschaftlichen Unfallversicherungsträger zum 1. Januar 2013 in den für die Landwirtschaft, den Forst und Gartenbau zuständigen neuen bundesunmittelbaren Träger „Sozialversicherung für Landwirtschaft, Forsten und Gartenbau" eingegliedert (Näheres siehe §§ 1ff. LSV-NOG).

2 Diese Beitragsregelung ist im Wesentlichen darin begründet, dass durch die gesetzliche Unfallversicherung die privatrechtliche Haftung der Arbeitgeber für Arbeitsunfälle und Berufskrankheiten in ihren Betrieben gegenüber den Arbeitnehmern ersetzt wird. Man kann die gesetzliche Unfallversicherung als eine „Haftpflichtversicherung" der Arbeitgeber zugunsten der Arbeitnehmer ansehen.

3 Die Beiträge werden jeweils nachträglich erhoben. Berechnungsgrundlage sind grundsätzlich der Finanzbedarf des Unfallversicherungsträgers, die Arbeitsentgelte der Versicherten und die Gefahrenklassen, die für die Unternehmen (Arbeitgeber) maßgebend sind. Die Gefahrenklassen berücksichtigen die unterschiedlichen Unfallgefahren in den verschiedenen Gewerbezweigen. Die Berufsgenossenschaften können auch Vorschüsse und Zuschläge erheben und Nachlässe gewähren (Näheres siehe §§ 152ff. SGB VII).

4 Bei den landwirtschaftlichen Berufsgenossenschaften setzen sich diese Organe je zu einem Drittel aus Vertretern der versicherten Arbeitnehmer (Versicherten), der Arbeitgeber und der Selbstständigen ohne fremde Arbeitskräfte zusammen [§ 44 I, Nr. 2 SGB IV]. Ausnahme: Gartenbau-Berufsgenossenschaft mit je zur Hälfte Arbeitgeber- und Versichertenvertreter (Arbeitnehmervertreter).

Die Zahl der Organmitglieder bestimmt die Satzung der Berufsgenossenschaft entsprechend der Größe des Versicherungsträgers. Der Vertreterversammlung dürfen jedoch höchstens 60 Vertreter angehören [§ 43 I SGB IV].

Die wichtigsten Aufgaben der Organe der gewerblichen Berufsgenossenschaften sind im Wesentlichen die gleichen Aufgaben, wie sie von der Bundesvertreterversammlung und vom Bundesvorstand der Deutschen Rentenversicherung Bund wahrgenommen werden (siehe Kapitel 7.5.3.6).

Besonderheiten sind z. B., dass die Vertreterversammlung über die sogenannten Unfallverhütungsvorschriften [§§ 15 f. SGB VII] und der Vorstand über die Umlagen und die Erhebung von Beitragsvorschüssen und Zuschlägen beschließt [§§ 152 ff., 162, 164 ff. SGB VII].

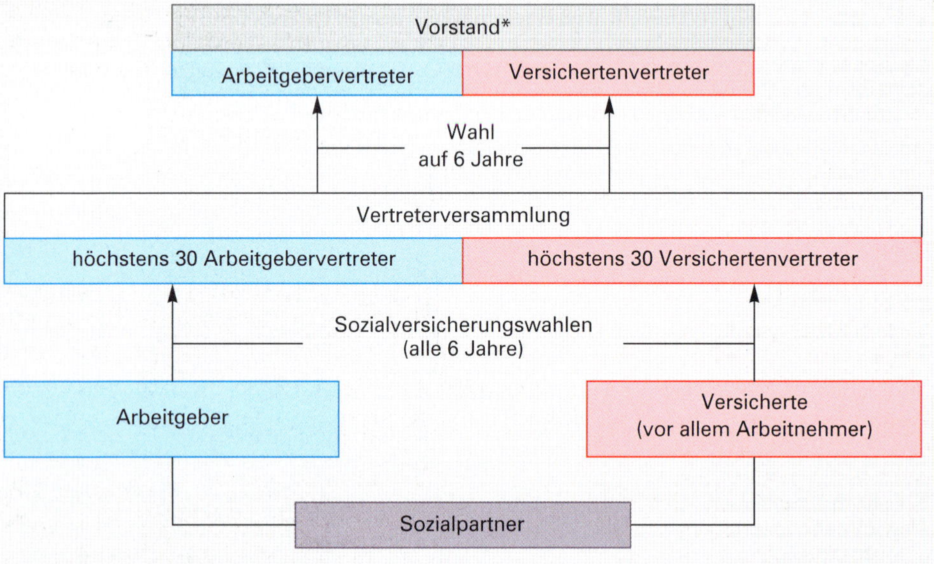

* Die Zahl der Vorstandsmitglieder ist durch die jeweilige Satzung der Berufsgenossenschaft bestimmt und z.B. von der Größe (Mitgliederzahl, Zahl der Versicherten) und von der regionalen Ausdehnung des Unfallversicherungsträgers abhängig.

Organe der Selbstverwaltung (Aufbau) eines Unfallversicherungsträgers am Beispiel einer gewerblichen Berufsgenossenschaft

Gegenüber der Politik, Bundes-, Landes-, europäischen und sonstigen nationalen und internationalen Institutionen sowie gegenüber den Sozialpartnern vertritt der im Vereinsregister eingetragene Verein „Deutsche Gesetzliche Unfallversicherung e. V." die gesetzliche Unfallversicherung.[1]

1 Mitglieder der „Deutschen Gesetzlichen Unfallversicherung e.V. (DGUV)" sind die gewerblichen Berufsgenossenschaften sowie die bundes- und landesunmittelbaren Unfallversicherungsträger der öffentlichen Hand.

7.5.4 Systemunterschiede von betrieblichen Rechtsformen des privaten und öffentlichen Rechts am Beispiel der gesetzlichen und privaten Krankenversicherung

Grundlagen (Grundprinzipien)

Während die **gesetzliche Krankenversicherung** vom **Solidaritätsprinzip** geprägt wird, ist für die **private Krankenversicherung** grundsätzlich die Eigenvorsorge auf der Grundlage des **Äquivalenzprinzips (= Individualversicherungsprinzip)** maßgebend.

Grundlagen der gesetzlichen und privaten Krankenversicherung	
Gesetzliche Krankenversicherung (GKV)	**Private Krankenversicherung (PKV)**
→ **Solidaritätsprinzip:** Mitglieder (Versicherte) der GKV haben solidarisch füreinander einzustehen mit der sozialpolitischen Zielsetzung eines finanziellen Ausgleichs zwischen sozial schwächeren und stärkeren Mitgliedern (Versicherten).	→ **Äquivalenzprinzip (Individualprinzip):** Grundsätzlich direkte Beziehungen zwischen den versicherten Leistungen und der Höhe der gezahlten Versicherungsbeiträge. Je höher die Beiträge sind, desto höher sind im Versicherungsfall die Leistungen.
→ Mitglieder (Versicherte) erhalten von der Versichertengemeinschaft so viel Leistungen wie notwendig und tragen so viel zu diesen Leistungen bei, wie dies ihrer Leistungsfähigkeit entspricht (keine Differenzierung der Leistungen nach der Beitragshöhe).	→ Die PKV erhebt grundsätzlich risikogerechte Beiträge. Deshalb richten sich die Beiträge vor allem nach den vereinbarten Leistungen in Abhängigkeit vom Eintrittsalter und vom Gesundheitszustand der versicherten Person zu Beginn der Versicherung.
→ Die Beitragshöhe richtet sich deshalb nach dem Arbeitsentgelt (Einkommen), Familienmitglieder ohne eigenes oder mit nur geringem Einkommen sind beitragsfrei mitversichert.	→ Das Äquivalenzprinzip soll gewährleisten, dass Versicherte mit gleichen Risiken gleich hohe Beiträge zahlen, die dann ausreichen, um die für sie anfallenden Versicherungsleistungen zu erbringen.

Aufgrund eines Urteils des „Europäischen Gerichtshofs" in Luxemburg dürfen die Versicherungsunternehmen Frauen und Männer nicht mehr aufgrund ihres unterschiedlichen Geschlechts zu unterschiedlich hohen Tarifen (Beiträgen) versichern. Ab dem 21. Dezember 2012 soll es nur noch sogenannte Unisex-Tarife geben. Bereits bestehende Versicherungsverträge sind davon nicht betroffen.

Mitgliedschaft

Während die **gesetzliche Krankenversicherung** für die meisten Menschen eine **Zwangsversicherung** ist (die meisten Arbeitnehmer Pflichtversicherte einer gesetzlichen Krankenkasse sind), beruht die **private Krankenversicherung** grundsätzlich auf dem freiwilligen Abschluss eines **Versicherungsvertrags.**[1] Die private Krankenversicherung hat jedoch nicht nur freiwillig Versicherte. Arbeitnehmer können dann von einer gesetzlichen Krankenkasse zu einer privaten Krankenkasse wechseln, wenn sie durchschnittlich im Monat mehr als die **Versicherungspflichtgrenze** von derzeit (2012) **4 237,50 €** brutto

1 Mit der Einführung einer **allgemeinen Versicherungspflicht** seit dem 1. Januar 2009 und der **Verpflichtung** der **privaten Krankenversicherung**, einen sogenannten **Basistarif ohne Risikozuschläge** für höhere Gesundheitsrisiken anzubieten, gelten die Grundprinzipien (Unterschiede zur gesetzlichen Krankenversicherung) nur noch eingeschränkt (siehe S. 386).

25 Hartmann-Härter-Seifert - ISBN 978-3-8120-0412-1

(50 850,00 € : 12 Monate) in den alten und neuen Bundesländern verdienen [§§ 5, 6 VI SGB V].[1]

Die grundlegenden Änderungen des Krankenversicherungsrechts durch die zum 1. Januar 2009 erfolgte Einführung eines vom Bundesversicherungsamt verwalteten **Gesundheitsfonds** (Näheres siehe §§ 266 ff., §§ 221 a, 221 b, insbesondere §§ 271 f. SGB V),[2] die Verpflichtung aller privaten Krankenversicherer, ihren privat Krankenversicherten einen **Basistarif** anzubieten, sowie die Einführung einer **allgemeinen Krankenversicherungspflicht** betrifft auch die **Grundprinzipien** der **privaten Krankenversicherung**.

Gesundheitsfonds	Mit der Einführung des sogenannten Gesundheitsfonds haben alle gesetzlichen Krankenkassen einen grundsätzlich jährlich durch das Sozialgesetzbuch bestimmten, von allen gesetzlichen Krankenkassen paritätisch finanzierten **einheitlichen, allgemein geltenden Beitragssatz.**[3] Beitragsunterschiede können sich nur noch durch kassenindividuelle Zusatzbeiträge ergeben. Sie dürfen nur von den gesetzlichen Krankenkassen verlangt werden, wenn diese mit den Zuweisungen aus dem Gesundheitsfonds nicht auskommen. In diesem Fall haben die Versicherten ein Sonderkündigungsrecht und können sich bei einer anderen günstigeren Krankenkasse versichern. Der **einkommensunabhängige Zusatzbeitrag** als Pauschale in festen Eurobeträgen ist in der jeweiligen **Satzung** der Krankenkasse festgelegt (Näheres siehe § 242 SGB V).[4]
Basistarif	Der Leistungsumfang des von der privaten Krankenversicherung angebotenen Basistarifs ist mit dem Leistungsumfang der gesetzlichen Krankenversicherung vergleichbar. Unabhängig von bestehenden Gesundheitsrisiken (z. B. bestehende Vorerkrankungen) gibt es keine Risikozuschläge bei den Beiträgen und keine Leistungsausschlüsse. Der für den Basistarif erhobene Krankenversicherungsbeitrag darf den durchschnittlichen Höchstbetrag der gesetzlichen Krankenversicherung nicht überschreiten. Für die

1 Diese sogenannte **Jahresarbeitsentgeltgrenze** ändert sich (grundsätzlich) zum 1. Januar eines jeden Jahres (Näheres siehe § 6 I, Nr. 1, VI, VII SGB V). Für Arbeitnehmer, die am 31. 12. 2002 wegen Überschreitung der Jahresarbeitsentgeltgrenze versicherungsfrei und ausschließlich privat krankenversichert (PKV) waren (sogenannte Bestandsfälle), beträgt die **Krankenversicherungspflichtgrenze 2012** monatsdurchschnittlich **3 825,00 €** (45 900,00 € : 12 Monate).

Arbeitnehmer sind in der gesetzlichen Krankenversicherung versicherungsfrei, wenn ihr regelmäßiges Jahresarbeitsentgelt im letzten Kalenderjahr die Jahresarbeitsentgeltgrenze überschritten hat und diese Grenze auch für das zu beurteilende (laufende) Kalenderjahr übersteigen wird. Die Jahresarbeitsentgeltgrenzen in der Krankenversicherung werden zusammen mit den Beitragsbemessungsgrenzen der gesetzlichen Rentenversicherung und Arbeitslosenversicherung grundsätzlich jeweils (jährlich) durch die **Sozialversicherungs-Rechengrößenverordnung** festgelegt. Wenn das Arbeitsentgelt die Versicherungspflichtgrenze erst nach einer Lohnerhöhung überstiegen hat, dann kann die „Versicherungsfreiheit" spätestens in dem darauffolgenden Kalenderjahr eintreten. Bestimmte Arbeitnehmer (z. B. Arbeitnehmer, die bereits am 2. Februar 2007 privat versichert waren), können weiterhin bei einer privaten Krankenkasse versichert bleiben und gelten auch weiterhin als versicherungsfrei („Besitzstandwahrung"). Beim Eintritt der Versicherungspflicht ist die private Krankenversicherung verpflichtet, den privaten Versicherungsvertrag sofort aufzulösen. Personen ohne Krankenversicherungsschutz sind verpflichtet, sich bei ihrer ehemaligen Krankenkasse wieder zu versichern. (Näheres zu den gesetzlichen Regelungen der vorstehend dargestellten Versicherungspflicht finden Sie im § 6 I, Nr. 1; IV; VI, VII SGB V.) Siehe auch Sozialversicherungs-Rechengrößen VO 2012 vom 02. 12. 2011.

2 Zum Ausgleich ihrer unterschiedlichen Risikostrukturen (z. B. aufgrund der unterschiedlichen Verteilung der Versicherten nach ihrem Alter und Geschlecht) können die Krankenkassen Zuweisungen aus dem Gesundheitsfonds erhalten (**Risikostrukturausgleich,** Näheres siehe §§ 266, 268 SGB V).

3 Der **allgemeine Beitragssatz** der gesetzlichen Krankenversicherung nach § 241 SGB V beträgt ab 1. Januar 2011 15,5 % (14,6 % + 0,9 % Sonderbeitrag der Versicherten), der **ermäßigte Beitragssatz** nach § 243 SGB V für Versicherte ohne einen Anspruch auf Krankengeld beträgt ab 1. Januar 2011 14,9 % (14,0 % + 0,9 % Sonderbeitrag der Versicherten). Der **Arbeitgeberanteil** beträgt somit beim allgemeinen Beitragssatz 7,3 % und beim ermäßigten Beitragssatz 7,0 %.

In der **sozialen Pflegeversicherung** beträgt der Beitragssatz zurzeit 1,95 % (für Kinderlose allein zu tragende **zusätzlich** 0,25 %) der **Beitragsbemessungsgrenzen** von monatlich bis zu 5 600,00 € in den alten und monatlich bis zu 4 800,00 € in den neuen Bundesländern.

4 Für bestimmte bedürftige Mitglieder wird höchstens ein **durchschnittlicher Zusatzbeitrag** nach § 242 a SGB V erhoben und wenn dieser die Belastungsgrenze von 2 % der beitragspflichtigen Einnahmen des Mitglieds übersteigt, ein **Sozialausgleich** nach § 242 b SGB V geleistet.

	Beitragshöhe ist auch das Alter der Versicherten beim Vertragsabschluss von Bedeutung. Auf Antrag der Versicherten sind die privaten Krankenkassen zu einer Versicherung zum Basistarif verpflichtet **(Kontrahierungszwang).** Die mögliche Versicherung zum Basistarif einer privaten Krankenversicherung gilt zeitlich unbeschränkt für alle Personen, die sich ab 1. Januar 2009 erstmals privat mit einer Krankenvollversicherung absichern (Neukunden), sowie für alle Personen, die bisher bzw. derzeit nicht krankenversichert und der privaten Krankenversicherung zuzuordnen sind (z.B. Selbstständige, die nie bei einer gesetzlichen Krankenversicherung versichert waren, und früher privat Krankenversicherte, die wegen Nichtzahlung ihrer Beiträge von der Krankenkasse ausgeschlossen wurden).
Allgemeine gesetzliche Krankenversicherungspflicht[1]	Ab dem 1. April 2007 mussten bereits alle ehemals gesetzlich Krankenversicherte von der von ihnen gewählten gesetzlichen Krankenkasse aufgenommen werden. Die der privaten Krankenversicherung zuzuordnenden Nichtversicherten (z.B. Selbstständige, ehemals privat Versicherte) mussten auf Antrag ab 1. Juli 2007 ohne Risikozuschläge zunächst zu einem vorübergehenden Standardtarif (vergleichbar mit dem Basistarif) von den privaten Krankenkassen versichert werden. Ab. 1. Januar 2009 wurde der Standardtarif für diesen Personenkreis durch den Basistarif ersetzt und es besteht auch in der **privaten Krankenversicherung** für alle zum Beitritt Berechtigten die **Versicherungspflicht.** Personen, die sich verspätet oder überhaupt nicht versichern, müssen mit Sanktionen (Beitragszuschlägen) rechnen. Wenn die Krankenversicherungsbeiträge von den Versicherten nicht bezahlt werden können, leisten die Sozialämter für Sozialhilfeempfänger oder die Arbeitsagenturen für die Bezieher von Arbeitslosengeld II unter bestimmten Voraussetzungen Zuschüsse (siehe z.B. §§ 19, 32 SGB XII und § 26 SGB II).

Befreiung von der Zusatzbeitragspflicht und Weiterentwicklung der Zusatzbeiträge

Soweit und solange bestimmte Personengruppen keine weiteren beitragspflichtigen Einnahmen haben, sind diese von der Zusatzbeitragspflicht ausgenommen. Zu diesem Personenkreis gehören z.B. die Empfänger bestimmter Entgeltersatzleistungen (Kranken-, Verletzten-, Mutterschafts- und Elterngeld); Teilnehmer an Leistungen zur Teilhabe im Arbeitsleben; behinderte Menschen, die in anerkannten Blindenwerkstätten tätig sind; Versicherte, die ein freiwilliges soziales oder ökologisches Jahr leisten; Frauen und Männer, die einen freiwilligen Wehrdienst ableisten (Näheres siehe z.B. § 242 V SGB V). Um die Beitragszahler vor einer unverhältnismäßig hohen Belastung zu schützen, besteht ein **Sozialausgleich.** Dies ist der Fall, wenn der durchschnittliche Zusatzbeitrag (nicht der tatsächlich erhobene Zusatzbeitrag der gewählten Krankenkasse) die Belastungsgrenze von zwei Prozent der individuellen beitragspflichtigen Einnahmen übersteigt (Näheres siehe §§ 241, 242a, 242b SGB V). Der Sozialausgleich soll grundsätzlich aus Steuermitteln finanziert werden.

Vertragsprinzip und Sachleistungsprinzip

Für die **gesetzlichen Krankenkassen** gilt grundsätzlich das **Sachleistungsprinzip.** Die Versicherten erhalten grundsätzlich keine Rechnungen. Die z.B. von den behandelnden Ärzten und Krankenhäusern erbrachten Leistungen werden somit (von Zuzahlungen der

1 Die Versicherungspflicht ist im § 5 SGB V, die Versicherungsfreiheit in den §§ 6ff. SGB V, die Versicherungsberechtigung (freiwillige Versicherung) im § 9 SGB V und die Versicherung der Familienangehörigen im § 10 SGB V geregelt.

Versicherten abgesehen) unmittelbar von der Krankenkasse bezahlt. Bei der **privaten Krankenversicherung** hingegen schließen die Versicherten mit ihrem Arzt, Krankenhaus oder sonstigen Heilbehandlern einen **Behandlungsvertrag** ab. Sie erhalten für die erbrachten Leistungen eine Rechnung, die sie selber überprüfen können, grundsätzlich zunächst selber zahlen und die als Grundlage für die Leistungserstattung (Erstattung der verauslagten Geldzahlung an die Versicherten) der privaten Krankenversicherung dient.[1]

Umlageverfahren und Altersrückstellungen

Die **gesetzlichen Krankenkassen** arbeiten grundsätzlich nach dem **Umlageverfahren.** Dies bedeutet, dass die jüngeren Versicherten durch ihre Beiträge die höheren Gesundheitskosten der älteren Versicherten mitfinanzieren. Weil mit steigendem Alter die Gesundheitskosten zwangsläufig steigen, bilden die **privaten Krankenversicherungen** zur Verminderung der Beiträge der älteren Versicherten **Altersrückstellungen.**

Kostendeckungsprinzip und Gewinnerzielungsprinzip

Während die privaten Krankenkassen in der Rechtsform von Aktiengesellschaften für eine angemessene Verzinsung des von den Aktionären (Gesellschaftern) bereitgestellten Eigenkapitals Gewinne erzielen müssen, ist die Gewinnerzielung bei den gesetzlichen Krankenkassen kein Unternehmensziel. Unternehmensziel der gesetzlichen Krankenkassen ist vielmehr, dass durch die Beiträge der Versicherten die laufenden Leistungen finanziert (Kostendeckungsprinzip) werden können und ausreichende Rücklagen zur Sicherstellung der Leistungsfähigkeit (siehe §§ 82, 83, 86 SGB IV) gebildet werden können.[2]

Leistungsunterschiede

Zwischen den Leistungen der gesetzlichen und privaten Krankenkassen können erhebliche Unterschiede bestehen. Der folgende Überblick erläutert beispielhaft einige Leistungsunterschiede beider betrieblichen Rechtsformen.

- Die Versicherten einer privaten Krankenkasse können bei der ärztlichen Behandlung den Arzt oder Zahnarzt frei (auch unter den nur privat praktizierenden Ärzten) aussuchen. Bei den Versicherten einer gesetzlichen Krankenkasse übernimmt die Krankenkasse grundsätzlich nur die Kosten bei einer ärztlichen Behandlung durch Vertragsärzte und Vertragszahnärzte. Weil die Leistungen und Dienste als Sachleistungen gewährt werden, müssen die gesetzlich Versicherten z. B. jeweils zum Quartalsbeginn oder bei jeder Behandlung dem behandelnden Arzt oder Zahnarzt die Versicherungskarte (bzw. elektronische Gesundheitskarte) vorlegen. Lassen sich gesetzlich Versicherte als Privatpatient behandeln, werden nur die kassenüblichen Sätze erstattet, weshalb eine erhebliche Selbstbeteiligung anfallen kann. Die zum Baistarif privat Versicherten erhalten nur die dem Leistungsumfang einer gesetzlichen Krankenversicherung entsprechenden Krankheitskosten erstattet.
- Bei Arzneimitteln (Medikamenten) müssen die Versicherten einer gesetzlichen Krankenkasse grundsätzlich Zuzahlungen an den Apotheker zahlen. Bei ärztlich verordneten Heilmitteln und Heilmaßnahmen (z. B. Massagen, Krankengymnastik, Bandagen, Einlagen) ist eine Selbstbeteiligung oder Zuzahlung zu leisten. Privatversicherte mit vollem Versicherungsschutz, die

---

1 Dies gilt auch für die zum Basistarif privat Versicherten. Auch aus diesem Grund ist es wichtig, das die zum Basistarif privat Versicherten die behandelnden Ärzte, Krankenhäuser, Pflegedienste usw. über den abgeschlossenen Versicherungsvertrag informieren.

2 Zwischen den gesetzlichen Krankenkassen und der privatrechtlichen Rechtsform der Versicherungsvereine auf Gegenseitigkeit (VVaG) besteht hier kein Unterschied (siehe Kapitel 7.5.2.2).

nicht zum Basistarif versichert sind, müssen diese Selbstbeteiligung oder Zuzahlung meistens nicht leisten.

- Die private Vollversicherung bei einer privaten Krankenkasse bietet grundsätzlich Versicherungsschutz in ganz Europa einschließlich der osteuropäischen Staaten und bis zu einem Monat auch außerhalb Europas. Wer bei einer gesetzlichen Krankenkasse oder einer privaten Krankenkasse zum **Basistarif** versichert ist, der hat nur einen Versicherungsschutz in den Ländern der Europäischen Union und in Ländern, mit denen die Bundesrepublik Deutschland ein Sozialversicherungsabkommen geschlossen hat. Die Kosten eines medizinisch notwendigen Rücktransports werden von den gesetzlichen Krankenkassen grundsätzlich nicht übernommen.
- Bei einer privaten Krankenkasse können Verdienstausfälle bei Krankheit durch eine Krankentagegeldversicherung abgesichert werden (bei Arbeitnehmern z.B. nach dem Ende der Gehaltszahlung oder bei Selbstständigen bereits ab Beginn der Arbeitsunfähigkeit nach einigen Karenztagen, z.B. ab dem 4. Tag der Arbeitsunfähigkeit). Die gesetzlichen Krankenkassen zahlen nach dem Ende der Lohnfortzahlung Krankengeld, das 70% des regelmäßigen (der Beitragsbemessung unterliegenden) Arbeitsentgelts beträgt und 90% des entsprechenden Nettoarbeitsentgelts nicht übersteigen darf [§ 47 I, II SGB V].

Die Sozialversicherungsträger unterscheiden sich von den Rechtsformen der Unternehmen des Privatrechts vor allem durch die gesetzliche Festlegung ihrer Zuständigkeiten, Aufgaben und Leistungen. Ihr Handeln ist durch die Erfüllung der ihnen übertragenen gesetzlichen Aufgaben einer sozialen Absicherung breiter Bevölkerungsschichten bestimmt und nicht durch auf Gewinn ausgerichtete Unternehmensziele. Wie die privatrechtlichen Rechtsformen der Unternehmen (z.B. die Personengesellschaften und Kapitalgesellschaften), haben jedoch auch die Sozialversicherungsträger betriebswirtschaftliche Aufgaben. Um ihre vielfältigen Aufgaben zu bewältigen, müssen die Sozialversicherungsträger z.B. mit einem möglichst geringen Aufwand schnell und fehlerfrei arbeiten.

7.5.5 Bedeutung privatrechtlicher und öffentlich-rechtlicher betrieblicher Rechtsformen[1]

Privatrechtliche Rechtsformen in der Versicherungswirtschaft

Gemessen an der Anzahl der Versicherungsunternehmen ist die Bedeutung der Aktiengesellschaften in den letzten Jahren ständig gestiegen. Die Bedeutung der Versicherungsvereine auf Gegenseitigkeit ist hingegen stetig gesunken.

- Während die Zahl der unter Bundesaufsicht stehenden deutschen Versicherungs-Aktiengesellschaften von März 1954 bis Ende 2009 von 110 auf 305 Gesellschaften gestiegen ist, verminderte sich im gleichen Zeitraum die Zahl der deutschen Versicherungsvereine auf Gegenseitigkeit (vor allem durch die Auflösung kleinerer Vereine gemäß § 53 VAG) von 684 auf 268.[2]
- Gemessen an den Marktanteilen bei den gesamten Brutto-Beitragseinnahmen kommen die Versicherungs-Aktiengesellschaften 2009 auf einen Marktanteil von etwa 81,7% und die Versicherungsvereine auf Gegenseitigkeit auf etwa 15,9% aller erzielten Brutto-Beiträge. Aufgrund der rechtsformbedingten Nachteile der VVaG ist der Marktanteil der Versicherungs-

1 Quellen: Statistisches Taschenbuch der Versicherungswirtschaft 2011, herausgegeben vom Gesamtverband der Deutschen Versicherungswirtschaft e.V. (GDV), Berlin. Rechenschaftsbericht der privaten Krankenversicherung 2010 und Zahlenbericht der Privaten Krankenversicherung 2010/2011, Verband der privaten Krankenversicherung e.V., Köln und Berlin.

2 Die öffentlich-rechtlichen Versicherungsunternehmen haben nach dem Wegfall der im Landesrecht einiger Bundesländer wurzelnden Monopolanstalten nur noch eine geringe Bedeutung. Ende 2009 gab es noch 17 öffentlich-rechtliche Versicherungsunternehmen.

Aktiengesellschaften an den gesamten Beitragseinnahmen zulasten der Marktanteile der VVaG stetig gestiegen.[1]

- Ein differenzierteres Bild ergibt sich bei den einzelnen Versicherungssparten. Bei den Lebensversicherungsunternehmen dominieren zunehmend die Aktiengesellschaften. Ihre Zahl ist von 1955 bis 2009 von 36 auf 74 Aktiengesellschaften gestiegen. Gemessen an ihren Beitragsanteilen an den gesamten Bruttobeiträgen der Lebensversicherungsunternehmen stieg ihr Anteil im gleichen Zeitraum von 64,9 % auf 84,2 %. Im Vergleich hierzu sank im gleichen Zeitraum die Zahl der Lebensversicherungsunternehmen in der Rechtsform des Versicherungsvereins auf Gegenseitigkeit von 37 Vereinen auf 19 (einschließlich kleinere Vereine nach § 53 VAG). Ihr Marktanteil an den gesamten Bruttobeiträgen sank von 23,2 % auf 12,8 %.[1]
- Eine ähnliche Entwicklung gibt es bei der privaten Krankenversicherung. Während die Gesamtzahl der privaten deutschen Krankenversicherungsunternehmen von 1955 bis 2010 von 81 Unternehmen auf 43 sank und sich die Zahl der Versicherungsvereine auf Gegenseitigkeit (einschließlich kleinere Vereine nach § 53 VAG) im gleichen Zeitraum ebenfalls von 75 Vereinen auf 19 verringerte, stieg die Zahl der Aktiengesellschaften von 5 auf 24. Diese 5 Aktiengesellschaften hatten 1955 einen Marktanteil von 31,3 % an den Beitragseinnahmen der Krankenversicherungsunternehmen insgesamt. 2010 betrug der Marktanteil der 24 Aktiengesellschaften etwa 56,7 % und ihr Anteil an der Gesamtzahl der Vollversicherten 49,8 %. Im gleichen Zeitraum verringerte sich der Marktanteil der Versicherungsvereine auf Gegenseitigkeit von 66,9 % auf etwa 43,3 % und ihr Anteil an der Gesamtzahl der Vollversicherten war 50,2 %. In der privaten Krankenversicherung haben die VVaG mit 50,2 % Anteil am Gesamtbestand der Vollversicherten und mit etwa 43,3 % Anteil an den Gesamtbeitragseinnahmen somit nach wie vor eine große Bedeutung.[2]

Anteile der privaten Lebensversicherung und gesetzlichen Rentenversicherung am Versorgungsvolumen der Bevölkerung[3]

Von 1991 bis 2010 stiegen die von den Lebensversicherungsunternehmen an die Versicherungsnehmer jährlich ausgezahlten Leistungen von etwa 20004 Mio. Euro auf etwa 72391 Mio. Euro. Im gleichen Zeitraum stiegen die jährlichen Rentenausgaben der Rentenversicherung von etwa 117912 Mio. Euro auf etwa 224352 Mio. Euro. Gemessen an den Rentenausgaben der gesetzlichen Sozialversicherung stieg der prozentuale Anteil der privaten Lebensversicherungsleistungen von rund 17,0 % (1991) auf rund 32,3 % (2010). Die Leistungen der privaten Lebensversicherungsunternehmen haben für die Risiko-Vorsorge der Bevölkerung eine immer größere Bedeutung. Diese Bedeutung wird aus mehreren Gründen (z. B. ungünstige Entwicklung der Altersstruktur, Belastung der gesetzlichen Rentenversicherung mit hohen versicherungsfremden Leistungen, hohe und längere Arbeitslosigkeit, niedriger Arbeitslohn der Zeitarbeiter/Zeitarbeiterinnen und der gering qualifizierten Beschäftigten) noch weiter steigen. Versorgungslücken – vor allem im „Rentenalter" – werden zunehmend durch private Lebensversicherungen (Renten- und/oder Kapitalversicherungen) gedeckt werden müssen. (Siehe z. B. staatliche Förderung eines kapitalgedeckten Altersvorsorgevermögens nach dem Altersvermögensgesetz, AVmG.)

1 Quelle: Statistisches Taschenbuch der Versicherungswirtschaft 2011, herausgegeben vom Gesamtverband der Deutschen Versicherungswirtschaft e. V. (GDV), Berlin; S. 3, 6, 24.
1951 hatten die Aktiengesellschaften z. B. einen Anteil von 61,1 % und die Versicherungsvereine a. G. einen Anteil von 31,6 % an den gesamten Brutto-Beitragseinnahmen.

2 Quellen: Statistisches Taschenbuch der Versicherungswirtschaft 2011, herausgegeben vom Gesamtverband der Deutschen Versicherungswirtschaft e. V. (GDV), Berlin und Rechenschaftsbericht der privaten Krankenversicherung 2010, herausgegeben vom Verband der privaten Krankenversicherung e. V. (PKV), Köln; S. 11 und 12.

3 Quellen: Statistisches Taschenbuch der Versicherungswirtschaft 2011, S. 36, herausgegeben vom Gesamtverband der Deutschen Versicherungswirtschaft e. V. (GDV), Berlin und Rentenversicherung in Zeitreihen, Band 22, S. 223, Ausgabe Oktober 2011, Herausgeber: Deutsche Rentenversicherung Bund, Berlin.

Bedeutung der verschiedenen Krankenversicherungen

Von den rund 81,8 Mio. Einwohnern in Deutschland sind 2010 rund 69,8 Mio. Personen bei einem Träger der gesetzlichen Krankenversicherung versichert. Das sind etwa 85,3% der deutschen Bevölkerung. Die ausschließlich bei privaten Krankenkassen rund 8,9 Mio. Krankenvollversicherten entsprechen einem Anteil von etwa 10,9% der deutschen Bevölkerung. Der Rest der Bevölkerung hatte zu diesem Zeitpunkt überhaupt keine Krankenversicherung oder es handelte sich z.B. um anspruchsberechtigte Sozialhilfeempfänger.[1]

Die folgende Tabelle gibt einen Überblick über die Zahl der Versicherten und Anteile der verschiedenen gesetzlichen und privaten Krankenkassen.

Krankenversicherte Personen (Mitglieder und Familienversicherte)*					
Gesetzliche Krankenkassen					
Allgemeine Ortskrankenkassen	Ersatzkassen	Betriebskrankenkassen	Innungskrankenkassen	Sonstige Versicherungsträger[2]	GK insgesamt
24,262 Mio. Versicherte ca. 34,8 %	24,593 Mio. Versicherte ca. 35,3 %	12,882 Mio. Versicherte ca. 18,5 %	5,441 Mio. Versicherte ca. 7,8 %	2,533 Mio. Versicherte ca. 3,6 %	69,711 Mio. Versicherte 100 %[3]

Private Krankenversicherung		
Versicherungsvereine auf Gegenseitigkeit (VVaG)	Versicherungsaktiengesellschaften	**PKV insgesamt**
rd. 4,467 Mio.[3] Vollversicherte ca. 50,21 %	rd. 4,429 Mio.[3] Vollversicherte ca. 49,79 %	rd. 8,896 Mio.[3] Vollversicherte 100 %

* Stand der Zahlenangaben: Für gesetzliche Krankenkassen und private Krankenversicherung Juni 2011; die Prozentsätze sind Anteile (Marktanteile) der einzelnen Krankenkassen an der Gesamtzahl der in der GKV bzw. PKV Versicherten.

Quellen: Zum Beispiel „Rechenschaftsbericht der privaten Krankenversicherung 2010", Verband der privaten Krankenversicherung e.V., Köln; „Daten des Gesundheitswesens 2011", Bundesministerium für Gesundheit, Berlin.

Bedeutung der gesetzlichen Unfallversicherung[4]

Im Jahr 2010 waren 3307526 Unternehmen/Beitragspflichtige (ohne Haushalte und Hilfe leistende Unternehmen) bei den gewerblichen Berufsgenossenschaften versichert. Die Unfallversicherungsträger der öffentlichen Hand („Allgemeine Unfallversicherung") betreuten 24051 Unternehmen.

1 Quellen: Daten des Gesundheitswesens 2011, Nr. 8.12 und 8.15, herausgegeben vom Bundesministerium für Gesundheit und vdeh-Basisdaten des Gesundheitswesens 2011/2012, S. 10 und 11, herausgegeben vom Verband der Ersatzkassen e.V., Berlin.

2 Landwirtschaftliche Krankenkassen und Deutsche Rentenversicherung Knappschaft-Bahn-See.

3 Die Zahl der in der GKV pflichtversicherten Personen, die zusätzliche Leistungen bei einer PKV vereinbart haben, ist 2010 weiter gestiegen. Von den pflichtversicherten Personen haben rund 5,644 Mio. Personen Wahlleistungen im Krankenhaus. Rund 7,613 Mio. in der GKV versicherte Personen haben eine ambulante Zusatzversicherung und rund 12,748 Mio. Personen zusätzliche private Zahnleistungen vereinbart. Zum Versicherungsbestand der PKV gehören zum 31.12.2010 auch rund 9,593 Mio. Pflegepflichtversicherungen, rund 1,702 Mio. Pflegezusatzversicherungen und im Laufe des Jahres 2010 vereinbarte rund 23,132 Mio. Auslandsreisekrankenversicherungen (Quelle: Rechenschaftsbericht der privaten Krankenversicherung 2010, S. 12 und S. 17ff.); herausgegeben vom Verband der Privaten Krankenversicherung e.V. (PKV), Köln und Berlin.

Seit dem 1. April 2007 sind z.B. die ehemals in einer gesetzlichen Krankenversicherung versicherten Personen ohne Krankenversicherungsschutz verpflichtet, sich bei ihrer ehemaligen Krankenkasse wieder zu versichern (sog. „Rückkehrpflicht", siehe § 5 I, Nr. 13 SGB V).

4 Quelle: Deutsche Gesetzliche Unfallversicherung, DGUV – Statistiken für die Praxis 2010; S. 14, 15, 16, 18, 19, 74 und 75; Herausgeber: Deutsche Gesetzliche Unfallversicherung e.V. (DGUV), Spitzenverband, Berlin.

Im Jahr 2010 waren 31 800 544 „Vollarbeiter"[1] in der Unfallversicherung der gewerblichen Wirtschaft und 5 140 625 „Vollarbeiter" in der „Allgemeinen Unfallversicherung" der öffentlichen Hand versichert.[2]

Die große Bedeutung der gesetzlichen Unfallversicherung zeigt sich z. B. auch in der Zahl der meldepflichtigen versicherten Unfälle und bezahlten Renten.

So gab es z. B. im Jahr 2010 insgesamt 954 459 meldepflichtige Arbeitsunfälle und 223 973 meldepflichtige Wegeunfälle. Im gleichen Jahr wurden 1 307 348 Schulunfälle und 124 572 Schulwegunfälle gemeldet.

Im Jahr 2010 wurden Unfallrenten vor allem an 758 906 Versicherte, an 109 025 Witwen und Witwer sowie an 13 804 Waisen (insgesamt 881 735 Personen) gezahlt.[3] Davon waren 658 116 Renten an Unfallverletzte, 100 790 Renten an Berufserkrankte und 122 862 Renten an Hinterbliebene wegen Arbeitsunfällen und Berufskrankheiten.

Bedeutung der landwirtschaftlichen Alterskassen

Grundsätzlich sind alle Landwirte mit ihren mitarbeitenden Familienangehörigen (einschließlich die Betreiber von Unternehmen der Forstwirtschaft, des Garten- und Weinanbaus, der Fischzucht und Teichwirtschaft) Pflichtversicherte der Alterssicherung der Landwirte. Im Jahr 2010 waren z. B. 169 308 Unternehmer, 76 946 Ehegatten, 10 038 Familienangehörige, 989 Weiterentrichter und Freiwillige, insgesamt somit 257 281 Personen bei den landwirtschaftlichen Alterskassen versichert.[4] Ende 2010 zahlten die landwirtschaftlichen Alterskassen z. B. 367 065 Altersrenten, 59 281 Renten wegen Erwerbsminderung, 187 248 Renten an Witwen und Witwer, 4469 Renten an Waisen und 18 Überbrückungsgelder und Übergangshilfen (insgesamt somit an 618 081 Personen).[5]

Aufgaben

1. Erklären Sie die Rechtsform der Sozialversicherungsbetriebe!

2. Für die gesetzliche Krankenversicherung sind mehrere (verschiedene) Träger zuständig.
   - 2.1 Warum sind die Zuständigkeiten für die gesetzliche Krankenversicherung so stark gegliedert?
   - 2.2 Erläutern Sie kurz die Zuständigkeit der Allgemeinen Ortskrankenkassen, Betriebskrankenkassen, Innungskrankenkassen und Ersatzkassen!
   - 2.3 Nennen Sie am Beispiel der Ortskrankenkassen die Organe der Selbstverwaltung und erklären Sie deren Zusammensetzung!

---

1 Vollarbeiter: Abhängig Beschäftigte, Unternehmer und Versicherte bei (längeren) nicht-gewerbsmäßigen Bauarbeiten.

2 Die Zuständigkeit der Unfallversicherungsträger der öffentlichen Hand ist vor allem in den §§ 125 ff. SGB VII gesetzlich geregelt.

3 33 Personen waren sonstige Berechtigte.

4 Quelle: Jahresbericht des Spitzenverbandes der landwirtschaftlichen Sozialversicherung 2010, Kassel, vom September 2011, S. 38.

5 Quellen: Nachweisung der Geschäfts- und Rechnungsergebnisse der landwirtschaftlichen Alterskassen für das Jahr 2010, Tabelle Z 304; bearbeitet und zusammengestellt beim Spitzenverband der landwirtschaftlichen Sozialversicherung, Kassel und „Presse", Stand Januar 2012, S. 14 des gleichen Verbandes.

2.4 Erklären Sie kurz jeweils vier wichtige Aufgaben der von Ihnen genannten Selbstverwaltungsorgane!

3. Erklären Sie die Selbstverwaltung der gesetzlichen Pflegekassen!

4. Für die gesetzliche Rentenversicherung sind verschiedene Träger zuständig.
   4.1 Nennen Sie die verschiedenen Träger der gesetzlichen Rentenversicherung!
   4.2 Was sind Grundsatz- und Querschnittsaufgaben der gesetzlichen Rentenversicherung und welcher Versicherungsträger ist für die Wahrnehmung dieser Aufgaben zuständig?
   4.3 Warum gibt es noch den „besonderen" Rentenversicherungsträger „Deutsche Rentenversicherung Knappschaft – Bahn – See"?
   4.4 Nennen Sie die Organe der Selbstverwaltung der Deutschen Rentenversicherung Bund und erklären Sie deren Zusammensetzung!
   4.5 Erläutern Sie kurz jeweils vier wichtige Aufgaben der von Ihnen genannten Selbstverwaltungsorgane!

5. Erklären Sie den Aufbau (die strukturelle Organisation) der Bundesagentur für Arbeit (BA)!

6. Erklären Sie die Selbstverwaltung der Bundesagentur für Arbeit. Gehen Sie hierbei vor allem auf folgende Punkte ein:
   6.1 Rechtsform der Bundesagentur für Arbeit,
   6.2 Zusammensetzung und wichtige Aufgaben (Zuständigkeiten) des Verwaltungsrats, Vorstands und der Verwaltungsausschüsse.

7. Für die gesetzliche Unfallversicherung sind verschiedene Träger zuständig.
   7.1 Warum wird die gesetzliche Unfallversicherung nicht von einem Träger, sondern von verschiedenen Trägern (z. B. von verschiedenen Berufsgenossenschaften und Unfallversicherungsträgern der öffentlichen Hand) wahrgenommen?
   7.2 Erläutern Sie am Beispiel der gewerblichen Berufsgenossenschaften die Rechtsform der Unfallversicherungsträger!
   7.3 Warum sind die Berufsgenossenschaften grundsätzlich bundesweit für jeweils bestimmte Branchen (Berufszweige) zuständig?
   7.4 Wodurch unterscheidet sich die Finanzierung der gesetzlichen Unfallversicherung von der Finanzierung in den anderen Sozialversicherungszweigen?
   7.5 Durch welche Organe erfolgt die Selbstverwaltung der gewerblichen Berufsgenossenschaften und wie setzen sich die Organe zusammen?
   7.6 Von besonderer Bedeutung für den Unfallschutz sind die Unfallverhütungsvorschriften und die Sicherheitsbeauftragten. Worin liegt deren Bedeutung?

8. **Arbeitsauftrag**: Vergleichen Sie die gesetzliche Rentenversicherung mit einer privaten Rentenversicherung hinsichtlich der folgenden Unterscheidungsmerkmale:
   8.1 Grundprinzipien (Solidaritätsprinzip oder Individualversicherungsprinzip),
   8.2 Zwangsversicherung oder Vertragsversicherung,
   8.3 wichtige Leistungsunterschiede.

9. Erläutern Sie kurz den Unterschied zwischen bundesunmittelbaren und landesunmittelbaren Sozialversicherungsträgern und nennen Sie jeweils einen Sozialversicherungsträger zu beiden Arten!

10. Worin liegt die große soziale, wirtschaftliche und politische Bedeutung der gesetzlichen Sozialversicherung?

8 Unternehmenskonzentration und Wettbewerb

8.1 Ursachen und Wesen der Kooperation und Konzentration

In einer Marktwirtschaft stehen die Unternehmen in einem mehr oder weniger harten Wettbewerb um die Käufer ihrer Leistungen (Sachgüter und Dienstleistungen). Um den Konkurrenzdruck zu mildern, arbeiten sie häufig mit anderen Unternehmen zusammen (sie kooperieren mit anderen Unternehmen), wobei sich die Zusammenarbeit (die **Kooperation**) auf den verschiedensten Gebieten vollziehen kann, beispielsweise im Einkauf (z.B. gemeinsame Beschaffung), in der Produktion (z.B. Schaffung gemeinsamer Normen) oder im Absatz (z.B. Gemeinschaftwerbung). Da die kleineren Industrie- und Handelsunternehmen sowie die Handwerksbetriebe stark unter dem Konkurrenzdruck der Großunternehmen leiden, besteht weiterhin ein großes Interesse der „Mittelstandsunternehmen", in verschiedensten Formen miteinander zu kooperieren.

■ **Kooperation** ist die Zusammenarbeit zwischen selbstständigen Unternehmen, die ihre Unternehmensaufgaben aufeinander abstimmen (koordinieren) und auf eine gemeinschaftliche Einrichtung oder Organisationsform übertragen.

Zu den Arten der Kooperation gehören z.B. Interessengemeinschaften, Arbeitsgemeinschaften, Konsortien,[1] Gemeinschaftsunternehmen („Joint Ventures")[2] und Kartelle.[3]

Hohe fixe Kosten zwingen die Unternehmen zu **einer möglichst hohen Auslastung** ihrer Produktionskapazitäten (Ausnutzung der Stückkostendegression aufgrund des Gesetzes der Massenproduktion). Dieser Zwang bewirkt eine **Preiskonkurrenz,** die allen Anbietern schaden kann.

Unternehmenszusammenschlüsse werden auch gebildet, wenn die Unternehmen **Absatzrückgänge** zu verzeichnen haben, ohne dass es ihnen möglich ist, ihre Kosten entsprechend anzupassen. Die relativ hohen fixen Kosten vieler Industrieunternehmen führen bei rückläufigem Absatz schnell zu Verlusten, zumal die Fertigungslöhne auf die Leistungseinheit bezogen (durchschnittliche Fertigungslöhne) wegen der Tarifgebundenheit (Inflexibilität) der Löhne nicht reduziert werden können. Aufgrund des Gesetzes der Massenproduktion steigen bei rückläufigem Absatz und damit zurückgehender Produktion die durchschnittlichen Gesamtkosten (Stückkosten), ohne dass die Unternehmen die Möglichkeit haben, ihre Verkaufspreise entsprechend anzuheben.

Durch einen Abbau der „Produktionskapazitäten" (Verknappung des Güterangebots), Preisabsprachen und die Verteilung von Produktionsmengen zwischen den Unternehmen, sollen die Verluste abgebaut bzw. die Gewinne erhöht werden. Dies führt oft zu kapitalmäßigen oder vertraglichen Verbindungen von Unternehmen, welche ihre wirtschaftliche und rechtliche Selbstständigkeit einschränken oder völlig aufgeben.

---

1 Das Wort Konsortium (Mehrzahl: Konsortien) hängt mit dem lateinischen Wort Konsorte = Genosse, Mitglied zusammen. Ein Konsortium ist ein vorübergehender, loser Zweckverband von Unternehmen zur Durchführung von Geschäften, die mit großem Kapitaleinsatz und hohem Risiko verbunden sind. So schließen sich z.B. Banken zu Konsortien zusammen, um Aktien oder Obligationen großer Unternehmen zu platzieren, d.h. zu verkaufen.

2 Joint Ventures (engl. = Gemeinschaftsunternehmen) sind eine Art der wirtschaftlichen Zusammenarbeit zwischen zwei oder mehreren voneinander unabhängigen Unternehmen – der sogenannten Gesellschafterunternehmen –, die sich darin niederschlägt, dass ein rechtlich selbstständiges Unternehmen gemeinsam gegründet oder erworben wird mit dem Ziel, Aufgaben im gemeinsamen Interesse der Gesellschafterunternehmen auszuführen.

3 Näheres siehe S. 396 ff. und S. 404 ff.

■ Unter **Konzentration**[1] versteht man Zusammenschlüsse von Unternehmen, die ihre wirtschaftliche und manchmal auch ihre rechtliche Selbstständigkeit aufgeben und sich einer einheitlichen Leitung unterstellen.

Der Begriff Monopolisierung bedeutet nicht unbedingt, dass am Ende des Konzentrationsprozesses nur ein Unternehmen (= Einzelmonopol, Individualmonopol) bzw. nur eine Unternehmensgruppe (= Kollektivmonopol)[2] übrig bleibt. Vielmehr wird von Monopolisierung auch dann gesprochen, wenn der Konzentrationsprozess zur Marktbeherrschung eines Unternehmens bzw. eines Unternehmenszusammenschlusses führt.

Unternehmen können eine **monopolartige Stellung** beispielsweise erlangen

- aufgrund einer bahnbrechenden Erfindung, die eine besondere Marktstellung sichert;
- aufgrund des Alleineigentums an seltenen Rohstoffen bzw. Energiequellen;
- aufgrund eines Gesetzes, das einem privaten oder staatlichen Betrieb das Recht verleiht, ausschließlich ein bestimmtes Sachgut oder eine bestimmte Dienstleistung anzubieten (z.B. gesetzliche Unfallversicherung, kommunale Stadtwerke);
- aufgrund der Tatsache, dass ein Unternehmen (z.B. durch geschickte Unternehmensführung) *schneller* wächst als seine Konkurrenten, sodass es diese schließlich aus dem Markt verdrängt **(unternehmensinternes[3] Wachstum)** oder
- aufgrund von Unternehmenszusammenschlüssen **(unternehmensexternes[4] Wachstum).**

Marktbeherrschende Unternehmen entstehen heute meist aufgrund von Unternehmenszusammenschlüssen (= Kollektivmonopole). Sie können als *Kartelle, verbundene Unternehmen* und als *Trusts* auftreten.

Großfusionen von „gemeinschaftsweiter Bedeutung" fallen in die Zuständigkeit der Europäischen Kommission. Von ihr wird in erster Linie geprüft, ob eine „erhebliche Behinderung effektiven Wettbewerbs" zu erwarten ist. In Deutschland bleibt es vorerst beim Kriterium der „marktbeherrschenden Stellung".

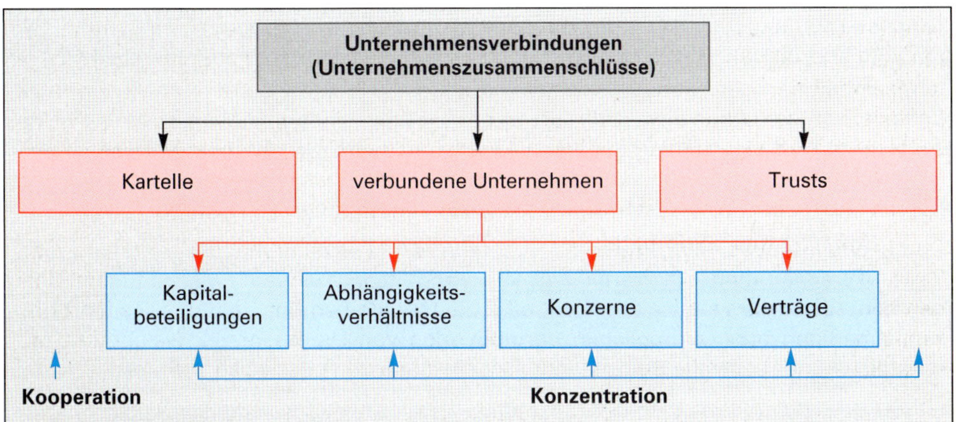

Überblick über die Unternehmensverbindungen bzw. -zusammenschlüsse

1 Konzentration = Zusammenfassung; hier: Zusammenballung wirtschaftlicher Macht bei einem oder wenigen Unternehmen bzw. staatlichen Betrieben.

2 Kollektiv (lat.) = Gesamtheit, Zusammenschluss.

3 Intern = von innen kommend.

4 Extern = von außen kommend.

Fusionen gesetzlicher Krankenkassen (Auswahl)[1]		
Jahr	**Fusionierte Krankenkassen**	**Rechtsnachfolger**
Januar 2010	Hamburg-Münchener Krankenkasse DAK	DAK
Januar 2010	Barmer GEK	Barmer GEK
Januar 2010	AOK Brandenburg AOK Berlin	AOK Berlin-Brandenburg
April 2010	AOK Niedersachsen IKK Niedersachsen	AOK Niedersachsen
Oktober 2010	AOK Schleswig Holstein AOK Westfalen-Lippe	AOK NORDWEST
Januar 2011	AOK Mecklenburg-Vorpommern AOK Berlin-Brandenburg	AOK Nordost
August 2011	IKK classic Vereinigte IKK	IKK classic
Januar 2012	DAK BKK Axel Springer BKK Gesundheit	DAK-Gesundheit
März 2012	AOK im Saarland AOK in Rheinland-Pfalz	AOK Rheinland-Pfalz/Saarland

Die Anzahl der Krankenkassen hat sich im Laufe der Jahre ständig reduziert. Derzeit gibt es 145 gesetzliche Krankenkassen (Stand: 01.03.2012).[2] Seit dem Start des Gesundheitsfonds hat der Fusionsdruck bei allen Kassen politisch gewollt stark zugenommen. Wegen des Einheitsbeitragssatzes fällt der Preiswettbewerb weg. Die Fusionen helfen nun dabei, günstige Verträge mit Ärzteverbünden und Arzneimittelherstellern auszuhandeln.[3]

8.2 Arten der Unternehmensverbindungen/-zusammenschlüsse

8.2.1 Unternehmenszusammenschlüsse auf vertraglicher Grundlage (Kartelle und Syndikate)

1. Kartelle

- Das **Kartell** ist ein vertraglicher Zusammenschluss von rechtlich selbstständig bleibenden Unternehmen eines Wirtschaftszweigs, deren wirtschaftliche Selbstständigkeit im Hinblick auf das Ziel, Markt und Wettbewerb im Wege von Absprachen zu beeinflussen, mehr oder weniger stark eingeschränkt ist.

1 Quelle: www.krankenkasseninfo.de.

2 Quelle: www.gkv-spitzenverband.de.

3 Quelle: In Anlehnung an: Text zu dpa Globus-Grafik 3084.

Danach sind die kartellierten Unternehmen durch Verträge (Konventionen) miteinander verknüpft, wobei sie ihre rechtliche und ihre wirtschaftliche Selbstständigkeit außerhalb der Vertragsabsprachen nicht aufgeben.

Kartellabsprachen können zahlreiche betriebliche Aufgabenbereiche betreffen. So ist es z.B. möglich, die Absatzmengen der Kartellmitglieder zu beschränken (Quotenkartelle), die Absatzgebiete untereinander aufzuteilen (Gebietskartelle), gemeinsame Rationalisierungsmaßnahmen durchzuführen (Rationalisierungskartelle) oder den Vertrieb (Absatz) durch eine gemeinsame Vertriebsgesellschaft durchführen zu lassen (Syndikat).

	Überblick über wichtige Kartellarten (Kartellformen)
Preiskartell	Hier vereinbaren mehrere oder alle Unternehmen einer Branche,[1] ihre Absatzpreise auf einen bestimmten Preis festzulegen (Kartellpreis) oder zumindest die vereinbarten Preisober- und/oder -untergrenzen einzuhalten. In Bezug auf die Preispolitik treten also die Kartellmitglieder nach außen wie *ein* Unternehmen (wie ein „Monopolist") auf. Der Preiswettbewerb (die Preiskonkurrenz) zwischen den Kartellmitgliedern wird somit aufgehoben. Das Kartell ist so in der Lage, auf dem Markt einen *höheren* Preis durchzusetzen als dies bei freier Konkurrenz möglich wäre. Man kann daher davon ausgehen, dass Kartellpreise in der Regel höher als die Preise bei freier Konkurrenz sind.
Quotenkartell	Bei diesem Kartell erhält jedes Kartellmitglied einen seiner Produktionskapazität oder seinem bisherigen Marktanteil entsprechenden *Anteil* an der geplanten *Gesamtproduktion* des Kartells (eine *Produktionsquote*) zugeteilt. Man spricht deshalb bei diesem Kartell auch von einem *Produktionskartell.* Durch die vorgegebenen Produktionsanteile sind (soweit keine Zukäufe von Produktionsquoten innerhalb des Kartells möglich sind) zugleich auch die möglichen Verkaufsmengen eines jeden Kartellmitglieds (die *Absatzquoten*) festgelegt. Auf welchen regionalen oder überregionalen Märkten (Inlands-, Auslandsmärkten) die Kartellmitglieder ihre Erzeugnisse absetzen dürfen, ist bei einem reinen Quotenkartell nicht festgelegt.
Gebietskartell	Zweck dieser Kartelle ist die *räumliche Aufspaltung* der Märkte (= Abgrenzung der Absatzgebiete). Jedem Kartellunternehmen wird ein *abgegrenztes Absatzgebiet* zugeteilt. Ihm wird untersagt, Kunden außerhalb seines ihm zugeteilten Marktes zu beliefern. Innerhalb des zugeteilten Absatzgebiets kann jedes Kartellmitglied einen *intensiven* Absatz anstreben. Die Expansion auf anderen Märkten soll jedoch unterbunden werden.
Kundenschutzkartell	Im Gegensatz zur räumlichen Marktaufspaltung der Gebietskartelle erfolgt bei diesen Kartellen eine *Aufspaltung* der *Märkte* durch die *Bindung* der *Abnehmer* (Kunden) an *bestimmte Kartellunternehmen.* Die Unternehmen verpflichten sich, Kunden anderer Kartellmitglieder nicht zu beliefern. Die Festlegung der jeweiligen Kunden ist oft schwierig, da die Hersteller meistens an der Erhaltung ihrer Kundenbeziehungen (Präferenzen) interessiert sind.
Rationalisierungskartell.[2]	Ziel dieses Kartells ist, durch Rationalisierungsmaßnahmen z.B. im Beschaffungs-, Fertigungs- und Absatzbereich Kosten zu sparen. Rationalisierungskartelle gehen daher über reine Normen- und Typenkartelle[3] hinaus.

1 Branche (wörtl. Zweig) = Wirtschaftszweig („Hutbranche", „Autobranche" usw.).

2 Rationalisierung = Inbegriff aller Maßnahmen, die vor allem der Kostensenkung dienen.

3 Unter Normung versteht man die Vereinheitlichung einzelner Teile (z.B. Profilmaße der Eisenträger, Schrauben oder Nieten) und nicht zusammengesetzter Endprodukte (z.B. DIN-Formate beim Schreibpapier). Typung (oder Typisierung) ist die Vereinheitlichung ganzer, zusammengesetzter Endprodukte (z.B. Schreibmaschinen, Autos, Werkzeugmaschinen).

2. Syndikate

Syndikate sind Kartelle „höherer Ordnung" und stellen eine spezielle Art des Rationalisierungskartells dar. So wird z. B. der Vertrieb dadurch rationalisiert, dass die Kartellmitglieder eine *gemeinsame* Vertriebsgesellschaft (meist in der Rechtsform einer GmbH) gründen, mit der sie Ablieferungsverträge schließen. Die Vertriebsgesellschaft verkauft die Produkte der Syndikatsmitglieder.

Vorteil des Vertriebssyndikats ist, dass die Hersteller keinerlei Absatztätigkeit mehr auszuführen brauchen. Sie können sich somit ausschließlich auf die Beschaffung und die Fertigung konzentrieren.

Nachteil des Vertriebssyndikats ist die Tatsache, dass die Hersteller die Möglichkeit verlieren, ihre eigene Absatzpolitik zu betreiben. Kapitalschwächere Syndikatsmitglieder werden unter Umständen durch das Syndikat beherrscht, indem ihnen Preise, Produktionsmengen, Qualitäten und Konditionen vorgeschrieben werden.

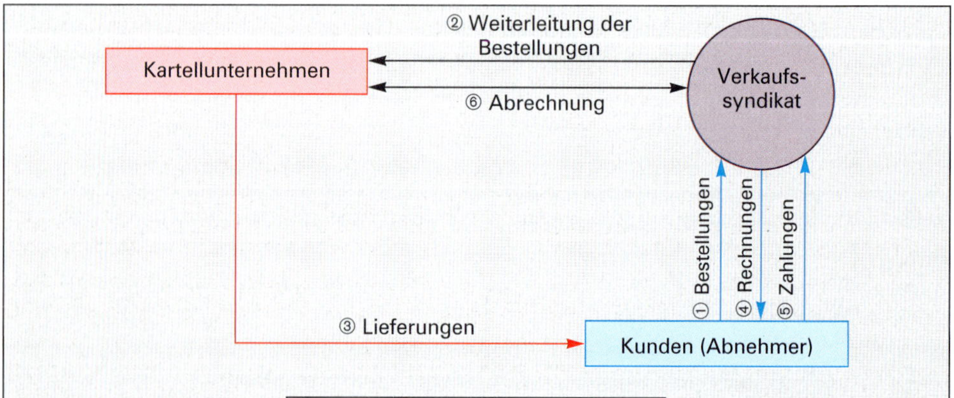

Syndikat (Kartell höherer Ordnung)

8.2.2 Unternehmenszusammenschlüsse durch verbundene Unternehmen und Trusts

Verbundene Unternehmen und Trusts können **vertikal,**[1] **horizontal**[2] oder **anorganisch**[3] sein. Ein vertikaler Zusammenschluss liegt vor, wenn sich Unternehmen verschiedener Produktionsstufen zusammenschließen. Von horizontalem Zusammenschluss spricht man, wenn es sich um Unternehmen der gleichen Branche handelt. Anorganisch ist ein Zusammenschluss dann, wenn an ihm Unternehmen unterschiedlichster Branchen beteiligt sind.

1. Verbundene Unternehmen

1 Vertikal = senkrecht; Beispiel: Forstwirtschaft, Sägerei, Möbelfabrik, Möbelgeschäft.

2 Horizontal = waagerecht; Beispiel: Zusammenschluss mehrerer Möbelfabriken.

3 Anorganisch = nicht gewachsen, nicht zusammengehörend; Beispiel: Sägerei, Brauerei, Lebensmittelfabrik, Maschinenfabrik. Man spricht auch von einem heterogenen, lateralen oder diagonalen Zusammenschluss.

Wie bei den Kartellen besteht der Zweck der „verbundenen Unternehmen" (vgl. § 15 AktG) darin, den Markt zu beherrschen. Aber auch andere Zielsetzungen sind denkbar, z. B. Kostensenkung durch Rationalisierungsmaßnahmen oder Gewinn- und Verlustausgleich innerhalb der verbundenen Unternehmen.

Verbundene Unternehmen entstehen durch

a) Kapitalbeteiligung,

aa) wenn sich die Mehrheit der Anteile oder alle Anteile (z.B. Aktien) eines rechtlich selbstständigen Unternehmens in der Hand der „Hauptgesellschaft" befinden oder einem anderen Unternehmen die Mehrheit der Stimmrechte zusteht (Mutter-Tochter-Gesellschaft). Die Muttergesellschaft ist das herrschende Unternehmen, die Tochtergesellschaft das abhängige (vgl. §§ 16, 17 AktG) (= Anteilsmehrheit);

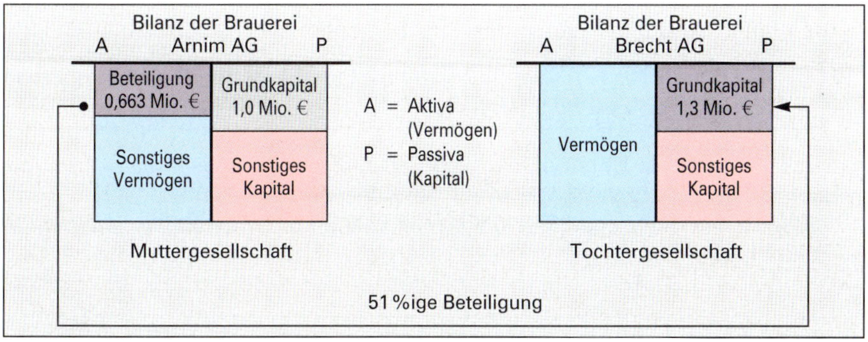

ab) wenn jedem Unternehmen mehr als 25 % der Anteile des anderen Unternehmens gehören (wechselseitige Beteiligung). Auch hier *kann* ein Unternehmen das herrschende sein (vgl. § 19 AktG).

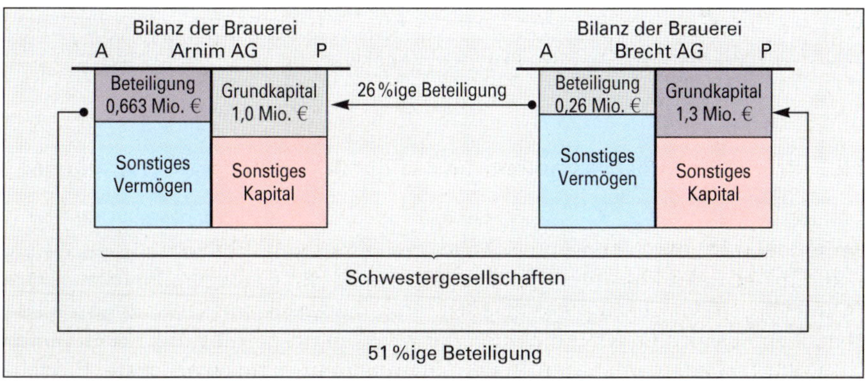

b) Abhängigkeitsverhältnisse,

wenn ein herrschendes Unternehmen auf ein anderes Unternehmen unmittelbar oder mittelbar einen beherrschenden Einfluss ausüben kann. Abhängigkeitsverhältnisse sind daher auch dann denkbar, wenn *keine* oder nur eine geringe Kapitalbeteiligung besteht. So können z.B. Zulieferbetriebe von einem Nachfragemonopol abhängig sein. § 17 AktG vermutet, dass ein in Mehrheitsbesitz stehendes Unternehmen von dem an ihm mit Mehrheit beteiligten Unternehmen auf jeden Fall abhängig ist, es sei denn, dass anderes nachgewiesen werden kann.

c) Konzerne,

ca) Ein **Unterordnungskonzern** liegt vor, wenn ein oder **mehrere rechtlich selbstständige Unternehmen** (die Tochtergesellschaften) z. B. durch kapitalmäßige Bindungen oder Beherrschungsverträge [§§ 291, 308ff. AktG] von einem (herrschenden) Unternehmen (der Muttergesellschaft) abhängig sind. Die abhängigen Unternehmen sind zudem **unter der einheitlichen Leitung des herrschenden Unternehmens** zusammengefasst [§ 18 I AktG].

cb) Bei einem **Gleichordnungskonzern** werden **rechtlich selbstständige Unternehmen,** ohne dass sie z. B. kapitalmäßig oder durch Beherrschungsvertrag voneinander abhängig (beherrscht) sind, unter einer einheitlichen Leitung zusammengefasst [§ 18 II AktG]. Bei den Gleichordnungskonzernen fehlt das Merkmal der Abhängigkeit (Beherrschung) zwischen den Konzernunternehmen.

■ **Konzerne** sind horizontale, vertikale oder anorganische (heterogene, laterale, diagonale) Zusammenschlüsse von Unternehmen, die *rechtlich selbstständig* sind, ihre *wirtschaftliche Selbstständigkeit* aber aufgeben, indem sie sich einer *einheitlichen Leitung* unterstellen.

Das herrschende Unternehmen kann auch eine **„Dachgesellschaft" (Holdinggesellschaft)** sein. Hier werden die Aktien der Konzernunternehmen auf eine übergeordnete Gesellschaft übertragen, die lediglich Aufgaben der Verwaltung (Leitung) und Finanzierung übernimmt.

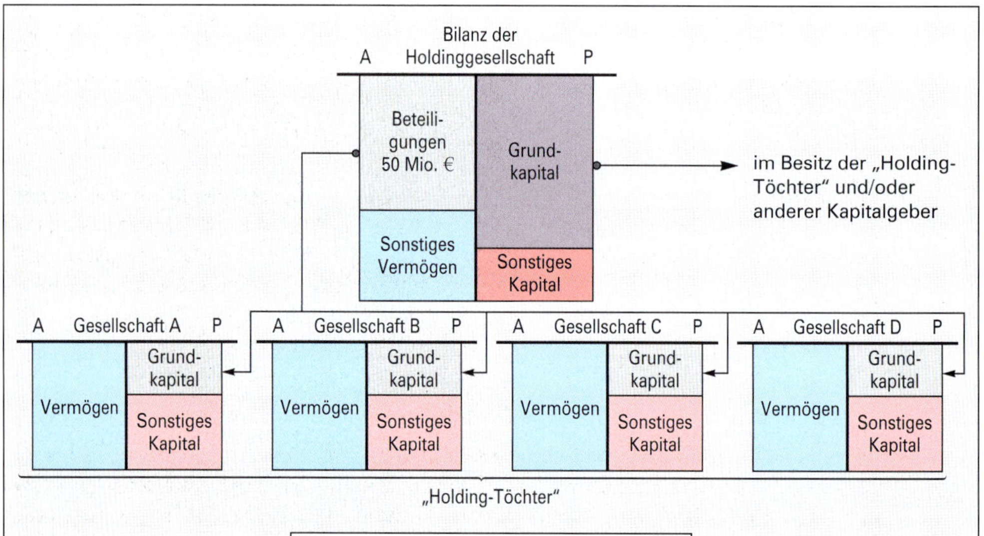

Beispiel für den Aufbau eines Konzerns

Die Konzernbildung hat auch in der **Versicherungswirtschaft** große Bedeutung. Die Gründe hierfür sind:

Aufgrund des Versicherungsaufsichtsgesetzes (VAG) dürfen bestimmte Versicherungszweige (Versicherungssparten) wie z.B. die private Lebensversicherung und private Krankenversicherung nur durch eigenständige Gesellschaften betrieben werden, die keine anderen Versicherungssparten betreiben [§§ 8 I a, 106 c, 160 VAG]. Die Versicherungsnehmer sollen hierdurch davor geschützt werden, dass Versicherungsunternehmen Verluste aus anderen Sparten mit Überschüssen aus der Lebens- und/oder Krankenversicherung ausgleichen. Wenn ein im wirtschaftlichen Sinne einziges Unternehmen z.B. neben der Lebens- und Krankenversicherung die Sachversicherung (z.B. die Feuerversicherung, Hausratversicherung, Transportversicherung) betreiben will, dann bleibt dem Versicherungsunternehmen nur die Möglichkeit, drei verschiedene, rechtlich selbstständige Gesellschaften zu gründen, die dann unter der einheitlichen Leitung zu einem Konzern zusammengefasst werden können.[1]

Weitere wichtige Gründe für die Konzernbildung sind z.B. die Diversifizierung,[2] rentable Kapitalanlagemöglichkeiten und die Erschließung neuer Märkte.

d) **Verträge** liegen vor,

da) wenn eine Aktiengesellschaft oder Kommanditgesellschaft auf Aktien durch einen Vertrag die Leitung ihrer Gesellschaft einem anderen Unternehmen unterstellt (Beherrschungsvertrag, vgl. § 291 AktG);

db) wenn eine Aktiengesellschaft oder Kommanditgesellschaft auf Aktien durch Vertrag verpflichtet ist, ihren Gewinn ganz oder teilweise an ein anderes Unternehmen abzuführen (Gewinnabführungsvertrag bzw. Teilgewinnabführungsvertrag) oder eine Gewinngemeinschaft („Pool") zu bilden [§§ 291 f. AktG];

dc) wenn eine Aktiengesellschaft oder Kommanditgesellschaft auf Aktien den Betrieb ihres Unternehmens an ein anderes Unternehmen verpachtet oder sonst überlässt (Betriebspachtvertrag, Betriebsüberlassungsvertrag, vgl. § 292 AktG).

Unternehmensverträge werden nur mit Zustimmung der Hauptversammlung wirksam, wobei der Beschluss einer Mehrheit von mindestens drei Viertel des bei der Beschlussfassung vertretenen Grundkapitals bedarf. Die Satzung kann auch eine größere Kapitalmehrheit und weitere Erfordernisse bestimmen (Näheres siehe § 293 AktG).

2. Trusts

■ **Trusts** sind horizontale, vertikale oder anorganische Zusammenschlüsse mehrerer Unternehmen, die ihre rechtliche und wirtschaftliche Selbstständigkeit aufgeben.

1 Siehe auch die Ausführung zur Spartentrennung, S. 350f.

2 Diversifikation = Risikoausgleich durch Ausweitung (Verteilung) des Leistungsprogramms auf mehrere Leistungsbereiche (Branchen, Märkte), die für das Unternehmen neu sind, aber meistens im Zusammenhang mit den bisherigen angebotenen Leistungen stehen.

26 Hartmann-Härter-Seifert - ISBN 978-3-8120-0412-1

Trusts entstehen durch **Verschmelzung (Fusion).**[1] Dabei gibt es zwei Möglichkeiten:

Fusion durch Aufnahme	Sie liegt vor, wenn das Vermögen des übertragenden Unternehmens auf die übernehmende Gesellschaft übergeht. Praktisch bedeutet das, dass ein schwächeres Unternehmen durch ein stärkeres Unternehmen aufgekauft wird. Die Firma des übertragenden Unternehmens wird gelöscht.
Fusion durch Neubildung	Bei dieser Art der Trustentstehung wird eine neue Gesellschaft gegründet, auf die die Vermögen der sich vereinigenden Unternehmen übertragen werden. Die Firmen aller übertragenden Unternehmen erlöschen.

8.3 Ziele von Unternehmensverbindungen

Ziele von Unternehmensverbindungen können z.B. sein:

- **Senkung der Beschaffungskosten** (z.B. durch gemeinschaftlichen Einkauf, Mengenrabatte, günstigere Liefer- und Zahlungsbedingungen);
- **Sicherung der Rohstoffversorgung** (z.B. durch gemeinsame Beschaffungsmarktforschung, gemeinsame Erschließung von Rohstoffvorkommen, vertragliche oder kapitalmäßige Bindung vorgelagerter Unternehmen);
- **Kostensenkungen** (z.B. durch zwischenbetrieblichen Erfahrungsaustausch, gemeinsame Forschung und Produktentwicklung, gemeinsame Rationalisierungsmaßnahmen und Abstimmung des Produktprogramms);
- **Absatzsicherung und -steigerung** (z.B. durch Gemeinschaftswerbung, gemeinsame Markenartikel und Gütezeichen, gemeinsame Verkaufskontore und abgestimmte Preispolitik);
- **Ausschaltung oder Beschränkung des Wettbewerbs** (z.B. durch Mengen- und Preisabsprachen);
- **Erhöhung der wirtschaftlichen Macht** (z.B. Ausschaltung der Konkurrenz durch Aufkauf kleinerer, wirtschaftlich schwächerer Unternehmen);
- **Erleichterung der Finanzierung** (z.B. gemeinsame Finanzierung großer Aufträge, zu denen ein einzelnes Unternehmen nicht in der Lage ist).

8.4 Auswirkungen der Unternehmenskonzentration

Gesamtwirtschaftlich gesehen sind die Kartelle und marktbeherrschenden Unternehmen aus folgenden Gründen nicht mit den Prinzipien einer sozialen Marktwirtschaft vereinbar:

- In einer auf Wettbewerb ausgerichteten Wirtschaftsordnung muss eine *freie Preisbildung* gewährleistet sein, die sich stets nach den *natürlichen Knappheiten* der Güter richten muss (Knappheitsprinzip). Beide Bedingungen sind jedoch bei Wettbewerbsbeschränkungen und den damit verbundenen *künstlichen Güterknappheiten* nur noch formal gegeben.
- In der sozialen Marktwirtschaft muss die Preisbildung in Anlehnung an die *Kosten* erfolgen. Bei der Preispolitik der Unternehmenszusammenschlüsse, insbesondere der Kartelle, fehlt diese Kostenorientierung der Preisbildung (Durchbrechung des Preis-Kosten-Prinzips). Die unmittelbare Zuordnung von Vorleistungen (Produktionskosten) und Gegenleistung (bezahlte Verkaufspreise) ist nicht gegeben.

1 Näheres zur Verschmelzung (Fusion) finden Sie im Umwandlungsgesetz (UmwG).

- Durch die Wettbewerbsbeschränkungen entstehen „künstliche Güterknappheiten", die zu tendenziell höheren Preisen führen (monopolistische Preisbildung).
- Bei einem freien Wettbewerb müssen sich die Unternehmen mehr anstrengen, da sie hier nur durch neue, qualitativ bessere und billigere Erzeugnisse sowie durch Produktionssteigerungen auf ihren Märkten langfristig bestehen können.
- Der Druck zur Rationalisierung (Kostensenkung) ist unter Wettbewerbsbedingungen viel größer als bei einer Einschränkung des Wettbewerbs durch Kartelle oder marktbeherrschende Unternehmen.
- Erfindungen werden zeitlich verzögert oder überhaupt nicht eingeführt, da sie durch die Produktionssteigerung zu nicht gewollten Preissenkungen führen würden.
- Vor allem bei den Kartellen besteht die Gefahr, dass die unproduktiven *Grenzbetriebe*[1] nicht vom Markt verdrängt werden, sondern die Preise an deren zu hohen Kosten ausgerichtet sind. Es findet bei Unternehmenszusammenschlüssen keine oder nur eine unzureichende Leistungsauslese unter den Unternehmen statt. Selbst wenn die Stückkosten durch eine erfolgreiche Rationalisierung sinken, so ist damit noch nicht gesagt, dass diese auch zu niedrigen Preisen führen. Die Wettbewerbspreise können niedriger sein.
- Die im Vergleich zur möglichen Güterproduktion unter Wettbewerbsbedingungen erfolgten Produktionseinschränkungen bedeuten eine Verminderung des möglichen Lebensstandards (schlechtere Versorgung der Konsumenten) und eine Einschränkung der Konsumfreiheit der Letztverbraucher.
- Kartelle und marktbeherrschende Unternehmen führen aufgrund ihrer monopolistischen Preisbildung zu einer nicht leistungsbezogenen (ungerechtfertigten) Einkommens- und Vermögensverteilung (Einkommens- und Vermögenskonzentration). Die zusammengeschlossenen Unternehmen erreichen ihre Vorteile (Gewinnsteigerung, Verlustminderung, Vergrößerung ihrer Marktanteile) ungerechtfertigt auf Kosten der übrigen Marktteilnehmer.

  Mit einer sozialen Marktwirtschaft, die echte *Leistungsgewinne* verlangt, ist dies unvereinbar.
- Besonders in einer kartellierten Wirtschaft kann die *Investitionsneigung* gegenüber einer Wettbewerbswirtschaft geringer sein. Es ist damit zu rechnen, dass die erhöhten Gewinne der Kartelle nicht investiert werden, da Produktionssteigerungen mit folgenden Preissenkungen unerwünscht sind.

  Werden diese Gewinne jedoch nicht investiert, dann besteht die Gefahr einer *Nachfragelücke* nach Investitionsgütern. Beschäftigungsrückgänge in anderen Branchen können die Folge sein (Stagnationsthese). Es ergeben sich unerwünschte volkswirtschaftliche Einkommensumschichtungen.
- Vor allem bei den Kartellen besteht die Gefahr von möglichen *Fehlinvestitionen* durch die Schaffung überhöhter, unausgenutzter Produktionskapazitäten. Volkswirtschaftlich gesehen bedeutet dies eine Verschwendung von Produktionsfaktoren und eine zusätzliche (vermeidbare) Umweltbelastung.
- Bei allen Unternehmenszusammenschlüssen besteht außerdem stets die Gefahr eines Missbrauchs ihrer wirtschaftlichen Macht, vor allem zum Nachteil der sozial und wirtschaftlich schwächeren Verbraucher.
- Außerdem kann die wirtschaftliche Macht auch zur politischen Macht werden. Die vielfältigen Einflussnahmen großer Konzerne und deren Wirtschaftsverbände, vor allem auf die Wirtschaftsgesetzgebung, lassen die Gefahr wirtschaftlicher Macht deutlich erkennen.

---

1 Grenzbetriebe sind Betriebe, die (langfristig) mit den erzielten Verkaufserlösen gerade noch ihre (fixen und variablen) Kosten decken. Der Marktpreis deckt den Selbstkostenpreis, es wird kein Gewinn erzielt. Unter Wettbewerbsbedingungen sind Grenzbetriebe längerfristig nicht mehr konkurrenzfähig.

- Bei einem Angebotsmonopol müssen die Abnehmer (Käufer) zu überhöhten Preisen kaufen (Einschränkung der Beschaffungsmöglichkeiten).
- Bei einem Nachfragemonopol sind die Lieferanten gezwungen, ihre Leistungen zu den vom Nachfragemonopol „diktierten" Konditionen (z. B. Preisen) zu verkaufen.

Argumente für und gegen Unternehmenszusammenschlüsse und Großunternehmen	
Argumente der Befürworter	**Argumente der Gegner**
■ Möglichkeit, große und kostspielige Forschungsvorhaben durchzuführen (z. B. Entwicklung neuer Technologien zur Energiegewinnung). ■ Durch den Einsatz moderner Fertigungsverfahren können trotz Lohnerhöhungen preiswerte Massengüter auf den Markt gebracht werden (Gesetz der Massenproduktion). ■ Bessere Versorgung der Verbraucher durch Erhöhung der Produktivität. ■ Schaffung größerer Markttransparenz durch Beschränkung des Produktionsprogramms und Produktvereinheitlichung. ■ Stärkere Marktmacht auf den Weltmärkten, dadurch Sicherung der Vollbeschäftigung. ■ Finanzstarke Großbetriebe sind gute Steuerzahler; dadurch wird der Staat in die Lage versetzt, den Kollektivbedarf zu befriedigen. ■ Sicherung der Rohstoffversorgung und rationellere Energiewirtschaft.	■ Die bloße Möglichkeit, den technischen Fortschritt voranzutreiben, besagt nicht viel; die fehlende Konkurrenz kann auch dazu führen, dass notwendige Rationalisierungsmaßnahmen nicht vorgenommen werden. ■ Große Betriebe und Konzerne sind schwer zu überschauen und können deshalb häufig nicht effizient geleitet werden. Auch können solche Unternehmen oft nur schwerfällig auf Marktänderungen reagieren. ■ Es ist eine Frage, ob eventuell erreichte Massenproduktionsvorteile auch tatsächlich an die Abnehmer weitergegeben werden; im Gegenteil: Die Monopolstellung bringt die Gefahr überhöhter Preise mit sich. ■ Jederzeit ist die künstliche Verknappung des Angebots (oder der Nachfrage) möglich; die Folgen sind überhöhte Preise, Versorgungsschwierigkeiten und Verlust von Arbeitsplätzen. ■ Wirtschaftliche Macht bringt auch unerwünschte politische Macht mit sich.

8.5 Wettbewerbsrechtliche Einschränkungen von Unternehmensverbindungen durch staatliche Wettbewerbspolitik

8.5.1 Notwendigkeit und rechtliche Rahmenbedingungen (Grundlagen) der staatlichen Wettbewerbspolitik (Ordnungspolitik)

Die Unternehmen haben aufgrund der zunehmenden Fixkostenbelastung[1] das Ziel, vor allem bei wirtschaftlichen Schwierigkeiten einem freien Wettbewerb durch Zusammenschlüsse auszuweichen. Deshalb muss der Staat den **Wettbewerb** durch eine **aktive Wettbewerbspolitik (Ordnungspolitik)** fördern und alle Unternehmenszusammenschlüsse und andere Vereinbarungen, die erkennbar gegen die Prinzipien eines freien Wettbewerbs verstoßen, verbieten und unter Strafe stellen.

Da die Entwicklung neuer Güter (Substitutionsgüter) die Marktmacht der Kartelle und marktbeherrschenden Unternehmen beschränken kann, muss der Staat eine unabhän-

1 Fixe Kosten sind in ihrer absoluten Höhe von der Beschäftigung (z. B. der Produktionsmenge eines Industriebetriebs) unabhängig. Sie entstehen bei gleichbleibenden Bedingungen von Periode zu Periode (z. B. jährlich) in gleicher Höhe (z. B. Kraftfahrzeugsteuer, Mietkosten für Läger und Verkaufsräume, Abschreibungen auf Gebäude).

gige öffentlich geförderte Forschung intensivieren, die vor allem den kleineren und mittelgroßen Unternehmen zur Auswertung zur Verfügung steht, denn die Forschung der Konzerne dient vorrangig ihren eigenen und weniger gesamtwirtschaftlichen Zielen.

In der Bundesrepublik Deutschland wird mithilfe des **Gesetzes gegen Wettbewerbsbeschränkungen** (GWB, auch Kartellgesetz genannt) versucht, die Konzentration zu kontrollieren, ohne die Leistungsfähigkeit der Gesamtwirtschaft zu beeinträchtigen. Das Gesetz regelt daher nicht nur die Kartelle und kartellähnliche Verträge und Verhaltensweisen, die darauf abzielen, den Wettbewerb einzuschränken oder zu beseitigen, sondern es enthält auch wichtige Vorschriften zu den marktbeherrschenden Unternehmen. Die zunehmende Unternehmenskonzentration (Konzernbildungen, Fusionen) hat das Problem der Kontrolle wirtschaftlicher Macht marktbeherrschender Konzerne und Trusts stärker denn je in den Vordergrund der Wettbewerbspolitik gerückt. Der Wettbewerb wird heute durch die marktbeherrschenden Unternehmen meistens viel stärker eingeschränkt als durch Kartelle.

Zur staatlichen **Wettbewerbspolitik** gehören auch die Maßnahmen zur **Verbesserung** der **Markttransparenz.**[1]

In den folgenden Kapiteln werden die wichtigsten Vorschriften des **GWB** zum Schutz des Marktwettbewerbs dargestellt.[2]

8.5.2 Verbotene Wettbewerbsbeschränkungen und Ausnahmen[3]

1. Grundsätzliches Verbot von wettbewerbsbeschränkenden Vereinbarungen, Beschlüssen und abgestimmten Verhaltensweisen

- Vereinbarungen zwischen Unternehmen, Beschlüsse von Unternehmensvereinigungen (z.B. von Kartellen) und aufeinander abgestimmte Verhaltensweisen, die eine Verhinderung, Einschränkung oder Verfälschung des Wettbewerbs bezwecken oder bewirken, sind verboten [§ 1 GWB]. Danach sind z.B. **alle Kartellverträge grundsätzlich verboten.**

Verboten sind insbesondere die Preisabsprachen der Preiskartelle, die Mengenabsprachen der Quotenkartelle und die räumlichen Aufteilungen der Absatzgebiete durch die Gebietskartelle.

Die Vorschrift des § 1 GWB gilt nicht nur für horizontale, sondern auch für vertikale wettbewerbsbeschränkende Vereinbarungen, Beschlüsse und Verhaltensweisen.

---

1 Diesem Zweck dient z.B. das vom Bundeskartellamt durchgeführte „Monitoring“ über den Grad der Transparenz (auch der Großhandelspreise) auf den Strom- und Gasmärkten (einschließlich der Elektrizitäts- und Gasbörsen) (Näheres siehe §§ 48 III, 53 III GWB).

2 Dem Schutz des Marktwettbewerbs dient auch das Gesetz gegen den unlauteren Wettbewerb (UWG), durch das die Mitbewerber (z.B. Unternehmen), die Verbraucherinnen und Verbraucher sowie die sonstigen Marktteilnehmer vor unlauteren geschäftlichen Handlungen geschützt werden (Näheres siehe §§ 1ff. UWG).

3 Unterstützt wird die Wettbewerbspolitik der Bundesregierung durch die Monopolkommission. Die unabhängige Monopolkommission erstellt z.B. regelmäßig jährlich Gutachten, in denen sie den Stand und die voraussichtliche Entwicklung der Unternehmenskonzentration in Deutschland beurteilt, die Anwendung von Vorschriften über die Zusammenschlusskontrolle würdigt und zu sonstigen aktuellen wettbewerbspolitischen Problemen Stellung nimmt (Näheres zur Monopolkommission finden Sie in den §§ 44ff. GWB).

Verboten sind somit auch die sogenannten **Preisbindungen,** bei denen durch **vertikale Vereinbarungen** die Käufer daran gehindert werden, ihre Verkaufspreise selbst festzusetzen.[1]

Beispiel:

Die Augsburger Möbelwerke GmbH verpflichten die Käufer ihrer Möbel (Einzelhändler), diese Möbel an die Letztverbraucher (Konsumenten) nur zu bestimmten (festen) Preisen zu verkaufen. Diese vertikale Preisbindung ist nach § 1 GWB verboten.

2. Ausnahmen

Das Gesetz gegen Wettbewerbsbeschränkungen (GWB) lässt jedoch unter bestimmten Voraussetzungen nach § 1 GWB verbotene wettbewerbsbeschränkende Vereinbarungen, Beschlüsse und abgestimmte Verhaltensweisen zu.

Freigestellte Vereinbarungen

Wenn die wettbewerbsbeschränkenden Vereinbarungen zwischen den Unternehmen, die Beschlüsse von Unternehmensvereinigungen oder die aufeinander abgestimmten Verhaltensweisen zu einer angemessenen Beteiligung der Verbraucher[2] an dem entstehenden Gewinn (durch eine bessere Warenerzeugung oder Warenverteilung) oder zu einer Förderung des technischen oder wirtschaftlichen Fortschritts beitragen, dann sind diese Vereinbarungen, Beschlüsse und Verhaltensweisen rechtlich zulässig. Den beteiligten Unternehmen dürfen jedoch nur Wettbewerbsbeschränkungen auferlegt werden, die für die Verwirklichung der Ziele erforderlich sind. Außerdem dürfen die beteiligten Unternehmen keine Möglichkeit haben, für einen wesentlichen Teil der betreffenden Waren den Wettbewerb ganz auszuschalten [§ 2 GWB].[3]

Mittelstandskartelle

Wenn durch die Vereinbarungen zwischen den miteinander im Wettbewerb stehenden Unternehmen und durch Beschlüsse von Unternehmensvereinigungen wirtschaftliche Vorgänge (z.B. der Beschaffung, Produktion, des Absatzes) durch zwischenbetriebliche Zusammenarbeit rationalisiert[4] werden (z.B. zur Einsparung von Kosten), dann sind diese Vereinbarungen und Beschlüsse (soweit es sich um **horizontal wirkende Wettbewerbsbeschränkungen** handelt) nicht verboten. Damit diese Vereinbarungen und Beschlüsse jedoch nach § 2 I GWB vom Verbot des § 1 GWB freigestellt sind, darf der Marktwettbewerb nicht wesentlich beeinträchtigt werden. Außerdem muss die Vereinbarung oder der

---

1 Höchstpreisbindungen und Preisempfehlungen sind jedoch – soweit sie den Wettbewerbsregeln des europäischen Gemeinschaftsrechts entsprechen – nicht verboten. Das Verbot vertikaler Preisbindungen gilt im Übrigen nur für die Preisbindungen des Käufers (Abnehmers) und nicht für die Bindungen (z.B. Meistbegünstigungsklauseln) des Verkäufers (Lieferanten). Ob diese Bindungen rechtlich zulässig sind, muss nach den allgemeinen Regelungen der §§ 1f. GWB beurteilt werden. Siehe auch § 30 GWB.

2 Verbraucher im Sinne des GWB sind die Konsumenten (Letztverbraucher, siehe auch § 13 BGB).

3 Damit sind die Vereinbarungen, Beschlüsse und Verhaltensweisen im Sinne des § 1 GWB gesetzlich vom Verbot des § 1 GWB freigestellt, wenn sie die Freistellungsvoraussetzungen des § 2 I GWB erfüllen. Vorherige Anmeldungen bei einer Kartellbehörde und Freistellungsentscheidungen einer Kartellbehörde sind nicht erforderlich. Beim § 2 GWB handelt es sich um eine **Generalklausel.**

4 Rationalisierung (lat. Ratio: Vernunft) bedeutet so viel wie vernünftige Gestaltung. Die Rationalisierung hat stets zum Ziel, das Verhältnis von Leistung zu Kosten zu verbessern.

Beschluss dieser sogenannten **Mittelstandskartelle** das Ziel verfolgen, die Wettbewerbsfähigkeit kleinerer oder mittelgroßer Unternehmen zu verbessern [§ 3 GWB].

Beispiele:

Mehrere kleinere Hersteller von Wärmepumpen vereinbaren eine gemeinsame Forschung und Werbung für ihre Erzeugnisse. Zur Einsparung von Beschaffungskosten vereinbaren mehrere kleinere und mittelgroße Maschinenbauunternehmen, Stahl und Eisen gemeinsam über einen zentralen Gemeinschaftseinkauf zu beschaffen.

8.5.3 Marktbeherrschung, Missbrauchsaufsicht[1] und Verbot des wettbewerbsbeschränkenden Verhaltens

1. Begriff marktbeherrschendes Unternehmen

- Marktbeherrschend ist ein Unternehmen, wenn es als Anbieter oder Nachfrager einer bestimmten Art von Waren oder gewerblicher Leistungen auf dem sachlich und räumlich relevanten Markt ohne Wettbewerber ist **oder** keinem wesentlichen Wettbewerb ausgesetzt ist **oder** im Verhältnis zu seinen Wettbewerbern eine überragende Marktstellung hat. **Marktbeherrschende Unternehmen unterliegen** der **Missbrauchsaufsicht** durch das **Bundeskartellamt.**

Der räumlich relevante Markt im Sinne des GWB kann weiter sein als der Geltungsbereich dieses Gesetzes. Dieser Markt ist auch für die wettbewerbsrechtliche Beurteilung der Marktbeherrschung zugrunde zu legen.

Beispiel:

Zwei große deutsche Stromanbieter mit einem Marktanteil auf dem deutschen „Strommarkt" von 38 % wollen sich zusammenschließen. Weil beide Unternehmen auch in andere Länder der Europäischen Union Strom liefern und von Unternehmen in anderen Ländern der Europäischen Union Strom kaufen, ist für die Beurteilung der Marktbeherrschung entscheidend, welchen Marktanteil beide Stromanbieter auf dem „Strommarkt" der Europäischen Union haben (welchem Marktwettbewerb sie auf dem europäischen Markt ausgesetzt sind).

Bei der Beurteilung der Marktbeherrschung eines Unternehmens sind insbesondere z.B. sein Marktanteil, seine Finanzkraft, sein Zugang zu den Beschaffungs- oder Absatzmärkten, Verflechtungen mit anderen Unternehmen sowie rechtliche oder tatsächliche Schranken für den Marktzutritt anderer Unternehmen zu berücksichtigen. Zwei oder mehr Unternehmen sind z.B. dann marktbeherrschend, wenn zwischen ihnen für eine bestimmte Art von Waren oder von gewerblichen Leistungen kein wesentlicher Wettbewerb besteht (Näheres siehe § 19 II GWB).

Vermutet wird eine Marktbeherrschung, wenn ein Unternehmen einen Marktanteil von mindestens einem Drittel hat. Eine Gesamtheit von Unternehmen gilt als marktbeherrschend, wenn drei oder weniger Unternehmen zusammen einen Marktanteil von mindestens 50 % oder fünf oder weniger Unternehmen zusammen einen Marktanteil von mindestens zwei Dritteln erreichen. Diese Vermutung gilt nicht, wenn die Unternehmen z.B. nachweisen, dass sie im Verhältnis zu den übrigen Wettbewerbern keine überragende Marktstellung haben (Näheres siehe § 19 III GWB).

1 Zur **Missbrauchsaufsicht** gehören auch das Diskriminierungsverbot und Verbot einer unbilligen Behinderung [§ 20 GWB], das Boykottverbot und Verbot eines sonstigen wettbewerbsbeschränkenden Verhaltens [§ 21 GWB].

2. Missbrauch einer marktbeherrschenden Stellung und deren rechtliche Folgen

Eine missbräuchliche Ausnutzung einer marktbeherrschenden Stellung durch ein oder mehrere Unternehmen ist verboten [§ 19 I GWB].

Damit erhalten die Unternehmen die Möglichkeit, unmittelbar bei einem Zivilgericht zu klagen (z. B. wenn ein Unternehmen aufgrund seiner Marktstellung wesentlich überhöhte Preise verlangt). Das Bundeskartellamt oder eine andere Behörde muss somit nicht vorher tätig werden.

Ein Missbrauch liegt z. B. insbesondere dann vor, wenn ein marktbeherrschendes Unternehmen als Anbieter oder Nachfrager einer bestimmten Art von Waren oder gewerblicher Leistungen die Wettbewerbsmöglichkeiten anderer Unternehmen erheblich ohne sachlich gerechtfertigten Grund beeinträchtigt, Entgelte oder sonstige Geschäftsbedingungen fordert, die sich bei einem wirksamen Wettbewerb mit hoher Wahrscheinlichkeit nicht ergeben würden, oder sich weigert, einem anderen Unternehmen gegen ein angemessenes Entgelt Zugang zu den eigenen Netzen oder anderen Infrastruktureinrichtungen zu gewähren. Ein Missbrauch ist auch dann gegeben, wenn es dem anderen Unternehmen aus rechtlichen oder tatsächlichen Gründen ohne die Mitbenutzung nicht möglich ist, auf dem vor- oder nachgelagerten Markt als Wettbewerber des marktbeherrschenden Unternehmens tätig zu werden (Näheres siehe § 19 IV GWB).[1]

Der Zweck dieser gesetzlichen Regelung ist z. B., den Wettbewerb auf früheren monopolistischen Märkten dadurch zu fördern, dass bedeutende Netze bzw. Infrastrukturen wie z. B. Leitungsnetze für Strom und Nachrichten, Flughäfen und Medien grundsätzlich von allen Wettbewerbern genutzt werden können.

Beispiele:

Leitungsnetze der Telekommunikation, Gasleitungen.

8.5.4 Anwendung des europäischen Wettbewerbsrechts

Die nach dem § 22 GWB erforderliche parallele (gemeinsame) Anwendung des deutschen und europäischen Wettbewerbsrechts bedeutet, dass bei grenzüberschreitenden Auswirkungen von den den Marktwettbewerb beeinflussenden Vereinbarungen, Beschlüssen und Verhaltensweisen der Unternehmen immer auch das europäische Wettbewerbsrecht (erforderlichenfalls neben dem deutschen Wettbewerbsrecht) angewendet werden muss.

Dabei gilt, dass bei allen wettbewerbsbeschränkenden Vereinbarungen und Verhaltensweisen mit zwischenstaatlichen Auswirkungen vorrangig das (strengere) europäische Wettbewerbsrecht anzuwenden ist. Die Wirksamkeit des europäischen Wettbewerbsrechts darf nicht durch weniger strenge (nationale) Vorschriften des GWB eingeschränkt werden.

Zwischen den deutschen Kartellbehörden[2] und Kartellbehörden der „Europäischen Union" besteht eine enge Zusammenarbeit.

---

1 Dies gilt nicht, wenn das marktbeherrschende Unternehmen nachweist, dass die Mitbenutzung aus betriebsbedingten oder sonstigen Gründen nicht möglich oder unzumutbar ist [§ 19 IV, Nr. 4 GWB].

2 Näheres zu den Kartellbehörden, zum Tätigwerden des Bundeskartellamts beim Vollzug des europäischen Wettbewerbsrechts sowie zur Zusammenarbeit des Bundeskartellamts im Netzwerk der europäischen und anderer ausländischer Wettbewerbsbehörden finden Sie in den §§ 48 ff. GWB. Die Vorschriften zu den Verfahren vor den Kartellbehörden stehen in den §§ 54 ff. GWB (Verwaltungssachen) und in den §§ 81 ff. GWB (Bußgeldverfahren).

Deutsche Kartellbehörden sind das Bundeskartellamt in Bonn,[1] das Bundesministerium für Wirtschaft und Technologie und die nach Landesrecht zuständigen obersten Landesbehörden [§ 48 GWB].

Oberste, für die Sicherung des Wettbewerbs zuständige Landesbehörden sind vor allem die **Landeskartellbehörden (Landeskartellämter).** Die Landeskartellbehörden sind dann zuständig, wenn die Auswirkungen wettbewerbsbeschränkenden Verhaltens oder Wettbewerbsvorschriften nur das Gebiet eines Bundeslandes treffen. Ansonsten ist grundsätzlich das Bundeskartellamt zuständig.

8.5.5 Wettbewerbsregeln

1. Begriff und Antrag auf Anerkennung von Wettbewerbsregeln

- Wettbewerbsregeln sind Bestimmungen, die das Verhalten von Unternehmen im Wettbewerb regeln. Durch sie soll ein lauterer und leistungsgerechter Wettbewerb und ein diesen Grundsätzen entsprechendes Wettbewerbsverhalten gefördert werden (siehe § 24 II GWB).

Wirtschafts- und Berufsvereinigungen (z.B. Wirtschaftsverbände) können solche Wettbewerbsregeln für ihren Bereich aufstellen und bei der Kartellbehörde deren Anerkennung beantragen (Näheres siehe § 24 GWB). Die Anerkennung erfolgt durch eine Verfügung[2] der Kartellbehörde.

In diesen Fällen hat die Kartellbehörde vorher z.B. den nichtbeteiligten Unternehmen der gleichen Wirtschaftsstufe, Wirtschafts- und Berufsvereinigungen der durch die Wettbewerbsregeln betroffenen Lieferanten und Abnehmer sowie mit öffentlichen Mitteln geförderten Verbraucherverbänden Gelegenheit zur Stellungnahme zu geben (Näheres siehe § 25 GWB).

Wenn eine Wettbewerbsregel gegen das Verbot des § 1 GWB verstößt und nicht nach den §§ 2, 3 GWB vom Verbot freigestellt (ausgenommen) ist oder wenn z.B. andere Bestimmungen des GWB oder des Gesetzes gegen den unlauteren Wettbewerb (UWG) nicht beachtet werden, dann hat die Kartellbehörde den Antrag auf Anerkennung abzulehnen (Näheres siehe § 26 GWB).

Wettbewerbsregeln haben eine wichtige Aufgabe im Verbraucherschutz. Die Kartellbehörden haben deshalb im Rahmen der Prüfung der Genehmigungsmöglichkeit von Wettbewerbsregeln das Recht, auch das Kartellrecht nicht betreffende Rechtsvorschriften (insbesondere des Gesetzes gegen den unlauteren Wettbewerb) anzuwenden [§ 26 II GWB]. Die **Kartellbehörden** nehmen somit auch **Aufgaben** des **Verbraucherschutzes** wahr.

---

1 Das zum Geschäftsbereich des Bundesministeriums für Wirtschaft und Technologie gehörende Bundeskartellamt ist eine selbstständige Bundesoberbehörde [§ 51 I GWB].

2 Behördliche, gerichtliche Verfügungen sind von einer Behörde oder einem Gericht getroffene Entscheidungen oder andere hoheitliche Maßnahmen. Verfügungen enthalten vor allem Gebote, Verbote, Erlaubnisse, Versagen einer Erlaubnis oder deren Rücknahme. Verfügungen sind unmittelbar auf eine Rechtswirkung nach außen gerichtet und regeln auf dem Gebiet des öffentlichen Rechts namentlich genannte Einzelfälle. Wenn sich die Verfügung an einen bestimmten oder bestimmbaren Personenkreis richtet (z.B. die mehreren Unternehmen erteilte Erlaubnis zur gemeinsamen Anwendung von Wettbewerbsregeln), dann liegt eine sogenannte **Allgemeinverfügung** vor.

2. Veröffentlichung von Wettbewerbsregeln

Von der Kartellbehörde anerkannte Wettbewerbsregeln sind im Bundesanzeiger[1] zu veröffentlichen. Diese Bekanntmachungspflicht gilt auch bei einer Ablehnung der Anerkennung, bei einer Rücknahme oder einem Widerruf der Anerkennung von Wettbewerbsregeln [§ 27 GWB].

8.5.6 Sonderregelungen für bestimmte Wirtschaftsbereiche

Für die Landwirtschaft [§ 28 GWB] und die Preisbindung bei Zeitungen und Zeitschriften [§ 30 GWB] bestehen besondere – von den Bestimmungen der §§ 1ff. GWB abweichende – Vorschriften. Der Grund für die Sondervorschrift des Presserechts ist die wirtschaftlich schwierige Lage, in der sich die Printbranche befindet.

Zur Bekämpfung des Preismissbrauchs im Bereich der Energieversorgung ist es einem Anbieter von Elektrizität oder leitungsgebundenem Gas (Versorgungsunternehmen) verboten, seine marktbeherrschende Stellung (die das Unternehmen allein oder zusammen mit anderen Versorgungsunternehmen hat) missbräuchlich auszunutzen (Näheres siehe § 29 GWB).

8.5.7 Zusammenschlusskontrolle (Fusionskontrolle)

1. Vorliegen von Unternehmenszusammenschlüssen

Unternehmenszusammenschlüsse liegen z. B. in folgenden Fällen vor (Näheres siehe § 37 GWB):

- Erwerb des gesamten oder eines wesentlichen Teils des Vermögens eines anderen Unternehmens;
- Erwerb der unmittelbaren oder mittelbaren Kontrolle über andere Unternehmen durch Rechte, Verträge oder andere Mittel;
- Erwerb von Anteilen an einem anderen Unternehmen, wenn diese Anteile allein oder zusammen mit sonstigen, dem Unternehmen bereits gehörenden Anteilen a) 50 % oder b) 25 % des Kapitals oder der Stimmrechte des anderen Unternehmens erreichen.

2. Anmelde- und Anzeigepflicht und Vollzugsverbot

Alle Unternehmenszusammenschlüsse sind **vor ihrem Vollzug** beim Bundeskartellamt anzumelden [§ 39 I GWB]. Sie unterliegen bis zur Freigabe durch das Bundeskartellamt dem **Vollzugsverbot** [§ 41 I GWB]. (Zur Ausnahme siehe § 41 II GWB.) Die zur Anmeldung verpflichteten einzelnen Unternehmen müssen in ihrer Anmeldung dem Bundeskartellamt die Form des Zusammenschlusses mitteilen. Weitere Angaben sind von den beteiligten Unternehmen z. B. zur Firma, zum Niederlassungsort, zur Art ihres Geschäftsbetriebs, zu ihren Umsatzerlösen im Inland sowie in der Europäischen Union und über ihre Marktanteile zu machen (Näheres siehe § 39 II, III GWB).

---

1 Amtlicher Hinweis: www.ebundesanzeiger.de.

3. Geltungsbereich der Zusammenschlusskontrolle

Die Vorschriften des GWB über die Zusammenschlusskontrolle gelten, wenn im letzten Geschäftsjahr vor dem Zusammenschluss die beteiligten Unternehmen insgesamt weltweit Umsatzerlöse von mehr als 500 Mio. Euro und mindestens ein beteiligtes Unternehmen im Inland Umsatzerlöse von mehr als 25 Mio. Euro und ein anderes beteiligtes Unternehmen Umsatzerlöse von mehr als 5 Mio. Euro erzielt haben [§ 35 I GWB]. (Zu den Ausnahmen siehe § 35 II, III GWB.)

4. Grundsätze für die Beurteilung von Unternehmenszusammenschlüssen

Unternehmenszusammenschlüsse, von denen zu erwarten ist, dass diese eine marktbeherrschende Stellung begründen oder verstärken, sind vom Bundeskartellamt zu untersagen, es sei denn, die beteiligten Unternehmen können nachweisen, dass durch ihren Zusammenschluss auch Verbesserungen der Wettbewerbsbedingungen eintreten und dass diese Verbesserungen die Nachteile der Marktbeherrschung überwiegen [§ 36 I GWB].

5. Verfahren der Zusammenschlusskontrolle

Das Bundeskartellamt darf einen ihm angemeldeten Unternehmenszusammenschluss nur untersagen, wenn es den anmeldenden Unternehmen innerhalb einer Frist von einem Monat seit Eingang der vollständigen Anmeldung mitteilt, dass es mit der Prüfung des Zusammenschlusses (Hauptprüfungsverfahrens) begonnen hat [§ 40 I GWB]. Das Bundeskartellamt entscheidet durch eine Verfügung, ob der Zusammenschluss untersagt oder zulässig (freigegeben) ist.

Wenn die Verfügung nicht innerhalb von vier Monaten nach Eingang der vollständigen Anmeldung den anmeldenden Unternehmen zugegangen ist, dann gilt der Zusammenschluss als freigegeben (Näheres siehe § 40 II GWB). Die Freigabe kann auch mit Bedingungen und Auflagen verbunden werden [§ 40 III GWB].

Wenn die Freigabe auf unrichtigen Angaben beruht, arglistig herbeigeführt worden ist oder die beteiligten Unternehmen einer mit der Freigabe verbundenen Auflage zuwiderhandeln, dann kann die Freigabe vom Bundeskartellamt widerrufen oder geändert werden [§ 40 III a GWB].

6. Ministererlaubnis

Auf Antrag kann der Bundesminister für Wirtschaft und Technologie einen vom Bundeskartellamt untersagten Unternehmenszusammenschluss erlauben. Voraussetzung ist, dass im jeweiligen Einzelfall die Wettbewerbsbeschränkung von gesamtwirtschaftlichen Vorteilen des Zusammenschlusses aufgewogen wird oder dass der Zusammenschluss durch ein überragendes Interesse der Allgemeinheit gerechtfertigt ist. Die Erlaubnis, die auch mit Bedingungen und Auflagen verbunden werden kann, darf nur erteilt werden, wenn durch das Ausmaß der Wettbewerbsbeschränkung die marktwirtschaftliche Ordnung nicht gefährdet wird (Näheres siehe § 42 GWB).

7. Bekanntmachungen

Folgende Tatbestände sind im Bundesanzeiger bekannt zu machen:

- Die Einleitung des Hauptprüfungsverfahrens durch das Bundeskartellamt nach § 40 I, S. 1 GWB. Damit wird insbesondere den Informationsbedürfnissen von Dritten (z.B. nicht beteiligten Unternehmen, Verbrauchern, Verbraucherschutzorganisationen) Rechnung getragen.
- Der Antrag auf Erteilung einer Ministererlaubnis.
- Die Verfügung des Bundeskartellamts über die Freigabe oder Untersagung des angemeldeten Zusammenschlusses nach § 40 II GWB.
- Die Ministererlaubnis, deren Ablehnung und Änderung sowie die Rücknahme und der Widerruf der Freigabe des Bundeskartellamts oder der Ministererlaubnis (Näheres siehe § 43 GWB).

8.5.8 Befugnisse der Kartellbehörden und Sanktionen[1] zum Schutz des Marktwettbewerbs

Um die Unternehmen und Unternehmensvereinigungen zur Einhaltung der Vorschriften des GWB und des europäischen Wettbewerbsrechts zu veranlassen, sind nach dem GWB die in der folgenden Übersicht zusammengefassten Befugnisse und Zwangsmaßnahmen (Sanktionen) möglich.

Abstellung und nachträgliche Feststellung von Zuwiderhandlungen [§ 32 GWB]

Die Kartellbehörde kann Unternehmen und Vereinigungen von Unternehmen verpflichten, Zuwiderhandlungen gegen eine Vorschrift des GWB oder europäischen Wettbewerbsrechts abzustellen und hierzu alle wirksamen Maßnahmen treffen.

Einstweilige Maßnahmen [§ 32a GWB]

Wenn für den Wettbewerb die Gefahr eines ernsten, nicht wieder gutzumachenden Schadens besteht, dann kann die Kartellbehörde einstweilig Maßnahmen zur Sicherung des Wettbewerbs anordnen. Diese Vorschrift betrifft insbesondere einstweilige Maßnahmen zur Durchsetzung des Kartell- und Missbrauchsverbots.

Verbindlichkeitserklärung von Verpflichtungszusagen [§ 32b GWB]

Das Bundeskartellamt kann unter bestimmten Bedingungen sogenannte **Verpflichtungszusagen** von Unternehmen, die diese zur Ausräumung von kartellrechtlichen Bedenken der Kartellbehörde angeboten haben, für **verbindlich erklären.** Vorher hat die Kartellbehörde den beteiligten Unternehmen (erforderlichenfalls durch ein Abmahnschreiben) ihre kartellrechtlichen Bedenken ausreichend darzulegen (Näheres siehe § 32b GWB).

Entzug der Freistellung [§ 32d GWB]

Die Freistellung der Vereinbarungen, Beschlüsse von Unternehmensvereinigungen oder aufeinander abgestimmten Verhaltensweisen vom Verbot des § 1 GWB kann unter bestimmten Bedingungen von der Kartellbehörde entzogen werden (siehe auch § 32e GWB).

1 Sanktionen = Zwangsmaßnahmen als Folge von Rechtsverletzungen.

Unterlassungsanspruch und Schadensersatzpflicht [§ 33 GWB]

Wenn Unternehmen oder Unternehmensvereinigungen gegen eine Vorschrift des GWB, des europäischen Wettbewerbsrechts oder gegen eine Verfügung der Kartellbehörde verstoßen, die dem Schutz anderer Marktbeteiligter (z.B. Unternehmer, Verbraucher) dient, dann kann ein anderer Marktbeteiligter die Beseitigung und bei einer Wiederholungsgefahr die Unterlassung des rechtswidrigen Verhaltens verlangen [§ 33 I GWB].

Wer fahrlässig oder vorsätzlich gegen das Wettbewerbsrecht verstößt, ist außerdem zum Ersatz des dadurch entstandenen Schadens (z.B. Erstattung anteiliger Gewinneinbußen) verpflichtet (Näheres siehe § 33 III, IV, V GWB).

Bei in **Geld** zu **erfüllenden Schadensersatzansprüchen** besteht eine **Verzinsungspflicht** ab **Schadenseintritt.** Diese Verzinsungspflicht berücksichtigt den Umstand, dass der Geschädigte seinen Anspruch oft erst lange nach dem Kartellverstoß geltend machen und dadurch eine Zinspflicht nach den allgemeinen Regeln des BGB auslösen kann.

Der Unterlassungsanspruch und Schadensersatzanspruch bei verbotenen wettbewerbsbeschränkenden Vereinbarungen, Beschlüssen und abgestimmten Verhaltensweisen kann nicht nur von jedem konkret (tatsächlich) Beeinträchtigten (Geschädigten), sondern z.B. auch durch Verbraucherschutzorganisationen sowie insbesondere von Abnehmern (Käufern) und Lieferanten (Verkäufern) geltend gemacht werden, selbst wenn sich die Kartellabsprachen nicht gezielt gegen sie richten. Wie in den USA soll dieses **privatrechtliche Sanktionssystem** die Unternehmen vor Verstößen gegen das Wettbewerbsrecht abschrecken.[1]

Vorteilsabschöpfung durch die Kartellbehörde [§ 34 GWB][2]

Die Kartellbehörde kann die Abschöpfung eines wirtschaftlichen Vorteils anordnen und dem Unternehmen die Zahlung eines entsprechenden Geldbetrags auferlegen, wenn das Unternehmen seinen wirtschaftlichen Vorteil dadurch erlangt hat, dass es fahrlässig oder vorsätzlich gegen eine Vorschrift des GWB oder europäischen Wettbewerbsrechts oder gegen eine Verfügung der Kartellbehörde verstoßen hat [§ 34 I GWB]. Die Befriedigung individueller Schadensersatzansprüche hat allerdings Vorrang (Näheres siehe § 34 II GWB).

Die Vorteilsabschöpfung kann nur innerhalb einer Frist von bis zu fünf Jahren seit Beendigung der Zuwiderhandlung und längstens für einen Zeitraum von fünf Jahren angeordnet werden [§ 34 V GWB].

Bußgeldverfahren

Zu den Sanktionen gehört auch das in den §§ 81 ff. GWB geregelte **Bußgeldverfahren.** Danach begeht jeder, der vorsätzlich oder fahrlässig gegen die in den Artikeln 101 I und 102, S. 1 des Vertrags über die Arbeitsweise der Europäischen Union in der Fassung der Bekanntmachung vom 9. Mai 2008 enthaltenen Wettbewerbsvorschriften oder gegen bestimmte Vorschriften des GWB (z.B. der §§ 1, 19 I, 20 I) verstößt, eine **Ordnungswidrigkeit.** Diese kann mit einer Geldbuße bis zu einer Million Euro geahndet werden. Unter bestimmten Voraussetzungen kann gegen ein Unternehmen oder eine Unternehmensvereinigung auch eine höhere Geldbuße bis zu 10% des im vorausgegangenen Geschäftsjahr erzielten Gesamtumsatzes des Unternehmens oder der Unternehmensvereinigung verhängt werden (Näheres siehe § 81 GWB).

Die möglichen hohen Bußgelder sollen dazu beitragen, den durch ein fehlendes Anmelde- und Genehmigungssystem für wettbewerbsbeschränkende Vereinbarungen bestehenden Verlust an Wettbewerbsschutz auszugleichen.

---

1 Wer z.B. in einem Preiskartell mitmacht und Preise abspricht, der haftet nach der Rechtsprechung des Bundesgerichtshofs und Europäischen Gerichtshofs z.B. auch gegenüber den mittelbar Geschädigten. Der Grund ist, dass die nachteiligen Folgen der Preisabsprachen (z.B. die überhöhten Preise) nicht nur bei den unmittelbaren Kunden des Preiskartells eintreten, sondern die überhöhten Preise auch auf die nachfolgenden Marktstufen verlagert werden. Jeder ist berechtigt, den Ersatz seines Schadens zu verlangen, der nachweislich ursächlich auf ein Kartell zurückzuführen ist.

2 Zur Vorteilsabschöpfung durch Verbände und Verbraucherschutzorganisationen siehe § 34a GWB.

Aufgaben

1. Bilden Sie Arbeitsgruppen und stützen oder widerlegen Sie folgende Argumente für Unternehmenszusammenschlüsse und Großunternehmen:
   - Möglichkeit, große und kostspielige Forschungsvorhaben durchzuführen (z.B. Entwicklung neuer Technologien zur Energiegewinnung).
   - Durch den Einsatz moderner Fertigungsverfahren können trotz Lohnerhöhungen preiswerte Massengüter auf den Markt gebracht werden (Gesetz der Massenproduktion).
   - Bessere Versorgung der Verbraucher durch Erhöhung der Produktivität.
   - Stärkere Marktmacht auf den Weltmärkten, dadurch Sicherung von Arbeitsplätzen.
   - Finanzstarke Großbetriebe sind gute Steuerzahler; dadurch wird der Staat in die Lage versetzt, den Kollektivbedarf zu befriedigen.
   - Sicherung der Rohstoffversorgung.
   - Rationellere Energiewirtschaft.

2. Beantworten Sie folgende Prüfungsaufgaben:

   2.1 Erklären Sie die Begriffe Kooperation und Konzentration!

   2.2 Welche Ziele verfolgen die Unternehmen durch Kooperation und Konzentration?

   2.3 Unterscheiden Sie Kartelle, Konzerne und Trusts!

   2.4 Erklären Sie folgende Kartellarten:

   2.4.1 Preiskartell,

   2.4.2 Rationalisierungskartell und

   2.4.3 Syndikat!

   2.5 Über welche Konzentrationsformen berichten nachstehende Auszüge aus Zeitungsmeldungen:

   2.5.1 „Nach den Zusammenschlüssen der Öl exportierenden Länder (OPEC), der Kupferproduzenten (CIPEC), der Bauxitproduzenten und der Uranproduzenten wollen nun neun Eisen exportierende Länder ihre Preispolitik miteinander abstimmen …"

   2.5.2 „… haben die Gerlach-Werke GmbH und die Sieber AG fusioniert. Die neue Gesellschaft firmiert jetzt unter Gerlach-Sieber Aktiengesellschaft. Der Marktanteil beläuft sich auf insgesamt knapp 20 %."

   2.5.3 „… hat die Maschinenfabrik Sauerland AG ein Aktienpaket der Münsterländer Motorenwerke AG in Höhe von 5 Mio. Euro Nennwert erworben. Zugleich wurde die einheitliche Leitung der Maschinenfabrik Sauerland AG übertragen."

3. Nebenstehende Abbildung zeigt die Konzentration mehrerer Unternehmen.

   3.1 Welche Konzentrationsarten liegen vor? Warum?

   3.2 In welchen Fällen handelt es sich um ein „Mutter-Tochter-Verhältnis"?

   3.3 In welchen Fällen handelt es sich um Schwestergesellschaften?

   3.4 Welche Unternehmen bilden einen

   3.4.1 organischen,

   3.4.2 anorganischen (diagonalen),

   3.4.3 horizontalen und

   3.4.4 vertikalen Zusammenschluss?

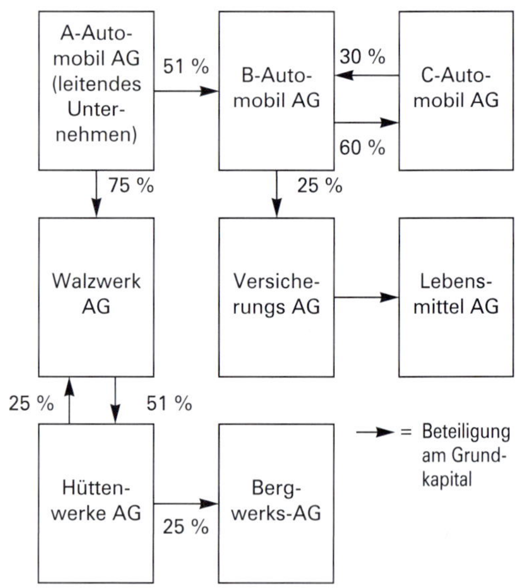

4. Ein Teilbereich der Wirtschaftspolitik ist die Wettbewerbspolitik.

   4.1 Warum ist der Staat in der sozialen Marktwirtschaft dazu aufgerufen, Wettbewerbspolitik zu betreiben?

   4.2 Welche Ziele verfolgt der Staat mit der Wettbewerbspolitik?

   4.3 Das Gesetz gegen Wettbewerbsbeschränkungen enthält Vorschriften zum Kartellverbot und zum vom Verbot freigestellte Ausnahmen, zur Fusionskontrolle und zur Missbrauchsaufsicht. Nennen und erläutern Sie die wichtigsten Vorschriften!

5. Gegenwärtig ist eine weiter fortschreitende Kooperation und Konzentration der Unternehmen festzustellen. Welche Gründe sind dafür maßgebend?

6. Im Zusammenhang mit Unternehmenszusammenschlüssen wird von Mutter-, Tochter- und Schwestergesellschaften gesprochen.

   Was verstehen Sie darunter? Erklären Sie die Zusammenhänge an einem Beispiel!

7. **Fallstudie:**

   Im März 20 .. berichtet die Branchenzeitung des Lebensmittel-Einzelhandels:

   „Ein großer Filialist im deutschen Lebensmittel-Einzelhandel, die Müllersen-Gruppe, Mülheim/Ruhr, beabsichtigt offenbar, eine maßgebliche Kapitalbeteiligung an der Stuttgarter H. Brauer GmbH zu erwerben."

   Müllersen betreibt im Bundesgebiet mehr als 2000 Filialen und setzte im vergangenen Jahr ca. 9 Mrd. Euro um.

   Die Brauer GmbH erzielte hauptsächlich im südwestdeutschen Raum ihren Umsatz von ca. 400 Mio. Euro in etwa 90 Discount- und Supermärkten.

   7.1 Welche Gründe könnten eine derartige Entscheidung der Müllersen-Gruppe beeinflusst haben?

   7.2 Welche Vorteile bringt eine Kapitalbeteiligung für Müllersen im Vergleich zu ursprünglich geplanten Neugründungen von Filialen im Raum Stuttgart?

   In dem Artikel ist von einer maßgeblichen Kapitalbeteiligung die Rede.

   7.3 Welche Höhe der Kapitalbeteiligung halten Sie aus der Sicht der Müllersen-Gruppe für sinnvoll? Begründen Sie Ihre Ansicht!

   7.4 Beurteilen Sie diesen beabsichtigten Zusammenschluss aus der Sicht des Verbrauchers!

   7.5 Prüfen und beurteilen Sie diese geplante Kapitalbeteiligung anhand wettbewerbsrechtlicher Bestimmungen!

8. **Fallstudie:**

   Im Jahre 20.. schlossen sich 32 Hersteller mit 70 % Marktanteil zu einem Preisinformationsverband zusammen; d.h., sie verpflichteten sich, sich gegenseitig Preise und Konditionen mitzuteilen. Bald darauf beschlossen die beteiligten Unternehmen, nur noch zu einheitlichen Preisen und Konditionen zu liefern.

   8.1 Ist nach Ihrer Ansicht schon in dem Preisinformationsverband ein Kartell zu sehen? (Begründung!)

   8.2 Welchen Nachteil bringen die Vereinheitlichung von Preisen und Konditionen für die Käufer?

   8.3 Wie könnte ein Mitglied eines solchen Kartells trotz einheitlicher Preise und Konditionen seinen Marktanteil erhöhen?

   8.4 Durch welche Kartellart kann eine Erhöhung des Marktanteils einzelner Mitglieder ausgeschlossen werden?

8.5 Gegen welche gesetzliche Bestimmung hat das Kartell der Hersteller durch die Vereinbarung eines einheitlichen Kartellpreises und einheitlicher Kondition verstoßen und welche Behörde müsste dagegen einschreiten?

8.6 Welche Gründe haben diese Hersteller veranlassen können, sich zu diesem Kartell zusammenzuschließen?

8.7 Wie lässt sich ein Verbot von Kartellen mit dem Grundgesetz vereinbaren, das die Freiheit wirtschaftlicher Betätigung garantiert?

8.8 Welche Gründe hätten vorliegen müssen, damit das Kartell u.U. dennoch hätte genehmigt werden können?

9. Zunehmender Wettbewerb zwingt ein Unternehmen zu Kooperationsmaßnahmen. In ersten Verhandlungen wird über die Errichtung eines Preiskartells, eines Gebietskartells und eines Rationalisierungskartells gesprochen.

9.1 Was ist ein Kartell und wodurch unterscheidet sich ein Kartell von einem Konzern?

9.2 Wodurch unterscheiden sich die genannten drei Kartelle hinsichtlich ihrer Zielsetzung?

9.3 Unter welchen Bedingungen sind nach dem GWB nach § 1 GWB grundsätzlich verbotene wettbewerbsbeschränkende Vereinbarungen zulässig?

9.4 Erklären Sie die Begriffe Mittelstandskartell, marktbeherrschendes Unternehmen und Wettbewerbsregeln!

9.5 Nennen Sie drei Befugnisse des Bundeskartellamts zur Sicherung des Marktwettbewerbs!

10. Welche gesamtwirtschaftlichen Vor- und Nachteile hat die Unternehmenskonzentration? Überwiegen Ihrer Ansicht nach die Vorteile oder die Nachteile? Begründen Sie Ihre Meinung!

11. Nennen Sie wichtige Ursachen der Unternehmenskonzentration!

12. Welche Zielsetzung hat das Gesetz gegen Wettbewerbsbeschränkungen (GWB)? Überlegen Sie sich einige Gründe, warum das GWB die Konzentration nicht aufhalten konnte!

13. Das Bundeskartellamt hat nicht nur die Aufgabe, Kartelle zu überwachen, ihm obliegt auch die Aufgabe der Fusionskontrolle.

13.1 Erklären Sie den Begriff Fusion!

13.2 Begründen Sie die Bedeutung der Fusionskontrolle in einer sozialen Marktwirtschaft!

14. Mehrere Hersteller der EDV-Branche vereinbaren, nur noch fünf PC-Typen herzustellen. Jedes Unternehmen kann drei Typen produzieren, damit weiterhin Wettbewerb besteht.

14.1 Welche Motive verfolgen die Hersteller mit dieser Vereinbarung und welcher Unternehmenszusammenschluss liegt vor?

14.2 Wie lauten die gesetzlichen Bestimmungen für diesen Fall?

14.3 Aufgrund der guten Erfahrungen mit der Vereinbarung (siehe 14.1) vereinheitlichen die Hersteller außerdem noch ihre Geschäftsbedingungen. Um welchen Unternehmenszusammenschluss handelt es sich hier und wie ist die Rechtslage?

14.4 Die Hersteller hatten sich auch überlegt, den einzelnen Unternehmen Verkaufsgebiete zuzuweisen, in denen ausschließlich sie tätig sein dürfen. Nennen Sie einen Grund, warum die Hersteller von diesem Vorhaben Abstand genommen haben!

9 Konjunktur

9.1 Konjunkturzyklen und -phasen

9.1.1 Konjunkturzyklus[1]

Das Phänomen[2] ist den Menschen seit jeher bekannt: Die wirtschaftliche Entwicklung vollzieht sich nicht regelmäßig, sondern in „Schwankungen". Selbst die Bibel berichtet von den „sieben fetten und den sieben mageren Jahren".

■ Mittelfristige Wirtschaftsschwankungen werden als Konjunkturschwankungen bezeichnet. Man rechnet heute mit einer Zyklendauer von rund 4 Jahren.

Die Konjunkturschwankungen sind nicht mit den jahreszeitlich wiederkehrenden saisonalen Schwankungen zu verwechseln. Saisonschwankungen haben ihre Ursachen in erster Linie im Klimawechsel der Jahreszeit. Betroffen sind u.a. die Bau-, Land-, Forst-, Transportwirtschaft, die Bekleidungs- und Getränkeindustrie sowie der Brennstoffhandel. Auch die Lage besonderer Festtage (Ostern, Weihnachten) sowie die Ferienmonate beeinflussen den Umsatz bzw. die Beschäftigung vieler Wirtschaftsbereiche (z.B. Einzelhandel, Reiseveranstalter, Fremdenverkehrsindustrie).

Der **Konjunkturverlauf** wird im Allgemeinen an den Schwankungen des realen Bruttoinlandsprodukts gemessen. Dabei werden Konjunkturschwankungen als *Abweichungen* vom **Trend**[3] angesehen. Der Trend stellt die *langfristige* Entwicklung der Kapazität einer Volkswirtschaft, gemessen am realen Bruttoinlandsprodukt, dar.

In wachsenden Volkswirtschaften ist der Trend „nach oben" gerichtet. In stagnierenden (stationären) Volkswirtschaften verändert sich die gesamtwirtschaftliche Kapazität im Zeitablauf nicht („Nullwachstum"). Schrumpfende Volkswirtschaften weisen einen „nach unten" gerichteten Trend auf.

Beispiel:

Betrug das reale Bruttoinlandsprodukt (BIP_r) eines Landes im Jahr 01 800 Mrd. Geldeinheiten (GE) und beläuft sich die Wachstumsrate (= jährliche prozentuale Zunahme des realen Bruttoinlandsprodukts) auf 4,5 %, so ergibt sich folgender **Wachstumspfad**, wie der *Trend* auch genannt wird:[4]

Jahr	BIP_r in Mrd. GE
01	800
02	836
03	874
04	913
05	954
06	997
07	1042

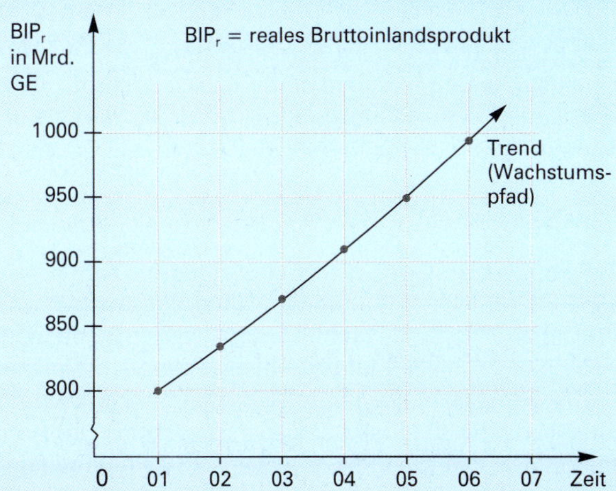

1 Zyklus = regelmäßig wiederkehrender Ablauf.
2 Phänomen = Erscheinung.
3 Trend = Entwicklungsrichtung.
4 In diesem Beispiel handelt es sich um ein exponentielles Wachstum, eine spezielle Form des stetigen Wachstums, weil das Bruttoinlandsprodukt von Jahr zu Jahr um den gleichen Prozentsatz zunimmt.

27 Hartmann-Härter-Seifert - ISBN 978-3-8120-0412-1

Ist die tatsächliche Leistung der Wirtschaft *höher* als die durch den Trend gekennzeichnete Normalleistung, herrscht **Überbeschäftigung.** Es werden z. B. Überstunden geleistet, Hausfrauen für Halbtagsbeschäftigungen geworben, Schüler und Studenten mit „Ferienjobs" beschäftigt und ausländische Arbeitskräfte eingestellt. Liegt hingegen die tatsächliche Kapazitätsausnutzung unter der Normalbeschäftigung, liegt **Unterbeschäftigung** vor (sog. **konjunkturelle Arbeitslosigkeit,** brachliegende Fabrikanlagen usw.).

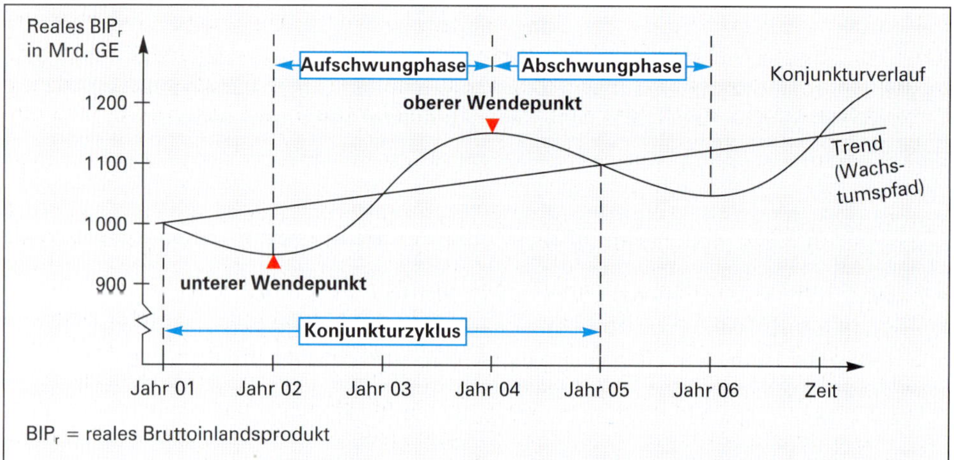

Darstellung eines Konjunkturzyklus von vierjähriger Dauer

9.1.2 Konjunkturphasen[1]

Kein Konjunkturzyklus ist dem anderen gleich, denn die sozialen, technischen und wirtschaftlichen Bedingungen ändern sich laufend. Dennoch gibt es besonders hervorstechende Gemeinsamkeiten (= typische Merkmale), die im Folgenden kurz erläutert werden.

1. Aufschwung

Der konjunkturelle Aufschwung ist durch zunehmende Kapazitätsauslastung gekennzeichnet. Da die Unternehmen jetzt mit sinkenden Stückkosten arbeiten,[2] bleibt trotz steigender Nachfrage nach Konsum- und Investitionsgütern das Preisniveau weitgehend stabil, sofern nicht Materialpreise und/oder Löhne unverhältnismäßig steigen. Da die Käufer von Aktien steigende Unternehmensgewinne erwarten, klettern auch die Aktienkurse in die Höhe (Effektenhausse). Zu Beginn des Aufschwungs ist der Kreditmarkt noch flüssig, d. h., die Kreditinstitute besitzen genügend finanzielle Mittel zur Kreditgewährung. Somit bleiben die Zinsen noch verhältnismäßig niedrig, sieht man von möglichen Eingriffen der Notenbank (Zentralbank) ab.

1 Phase (gr.) = Abschnitt einer Entwicklung. Die Konjunkturphasen werden auch als **Konjunkturlagen** bezeichnet.
2 Siehe hierzu S. 134 und S. 147.

2. Oberer Wendepunkt

Bevor die Konjunktur „umkippt“, tritt die Situation der **Konjunkturüberhitzung** ein, die als **Boom** oder **Hochkonjunktur** bezeichnet wird. Auf den Kreditmärkten werden die Finanzmittel knapp. Die Zinsen steigen. Damit beginnen die Wertpapierkurse zu sinken. Die Preissteigerungsraten erhöhen sich. Ebenso steigen die Löhne verhältnismäßig schnell, weil Facharbeitskräfte knapp sind: Die Gewerkschaften haben eine starke Stellung. Infolge der erhöhten Kosten nehmen die Unternehmergewinne ab. Die Investitionsgüternachfrage geht zurück, während die Nachfrage nach Konsumgütern noch steigt. Im Investitionsgüterbereich finden die ersten Betriebsstilllegungen und Entlassungen statt. Die **Krise**[1] (**oberer Wendepunkt** des Konjunkturverlaufs) tritt ein, der Abschwung wird eingeleitet.

3. Abschwung

Die allgemeine Grundhaltung der Verbraucher und Unternehmer ist pessimistisch. Die allseits zu beobachtende Kaufzurückhaltung führt zu Umsatzeinbußen, zu weiteren Betriebsstilllegungen und zu Insolvenzverfahren. Die Arbeitslosenzahl steigt. Die abnehmende Kreditnachfrage führt zu sinkenden Zinssätzen. Der früher zu beobachtende Rückgang des Preisniveaus während der **Rezession,** wie heute der Abschwung auch bezeichnet wird, ist nicht mehr gegeben, weil zu viele Faktoren einen generellen Preisrückgang verhindern. Gründe sind z. B. gewinnunabhängige Steuern, Starrheit der Löhne, langfristige Lieferverträge mit festen Preisen und hoher Fixkostenanteil an den Produktionskosten. Die Einnahmen der Sozialversicherungsträger sinken, weil immer weniger abhängig Beschäftigte Sozialversicherungsbeiträge zahlen. Die Sozialversicherungsträger sind gezwungen, die Beitragssätze zu erhöhen, um ihre Haushalte auszugleichen. Für die Arbeitgeber bedeutet dies weiter steigende Lohnnebenkosten. Der Produktionsfaktor Arbeit verteuert sich. (Näheres zum Thema Arbeitslosigkeit siehe Kapitel 10.)

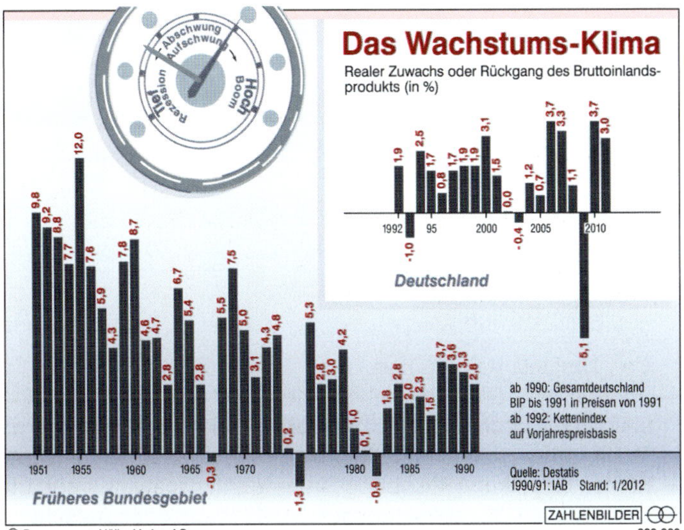

 220 000

1 Im Sprachgebrauch wird der Begriff „Krisis“ oder „Krise“ nicht für den oberen Wendepunkt des Konjunkturverlaufs, sondern für den Tiefstand gebraucht, insbesondere dann, wenn es sich um eine länger anhaltende Depression handelt. Eine andauernde Depression (Unterbeschäftigung) heißt auch Stagnation.

4. Unterer Wendepunkt

Kommt der Abschwung zum Stillstand und beginnt sich die Konjunktur wieder zu erholen, nimmt die Nachfrage also wieder zu, ist der untere Wendepunkt – die sogenannte **Talsohle** – überschritten.

Determinanten[1] der Konjunktur	
Faktoren, die den Konjunkturaufschwung auslösen können:	Faktoren, die den Konjunkturabschwung auslösen können:
■ Ausweitung des Geldangebots (Kreditangebots) durch die Notenbank: sinkende Zinssätze – steigende Kreditnachfrage. ■ Steigende private und staatliche Investitionsgüternachfrage. ■ Steigende private und staatliche Konsumgüternachfrage. ■ Steigender Außenbeitrag (Export > Import). ■ Zahlungsbilanzüberschüsse. ■ Optimistische Zukunftserwartungen der Wirtschaftssubjekte.	■ Verknappung des Geldangebots (Kreditangebots) durch die Notenbank: steigende Zinssätze – sinkende Kreditnachfrage. ■ Sinkende private und staatliche Investitionsgüternachfrage. ■ Sinkende private und staatliche Konsumgüternachfrage. ■ Sinkender Außenbeitrag (Export < Import). ■ Zahlungsbilanzdefizite. ■ Pessimistische Zukunftserwartungen der Wirtschaftssubjekte.

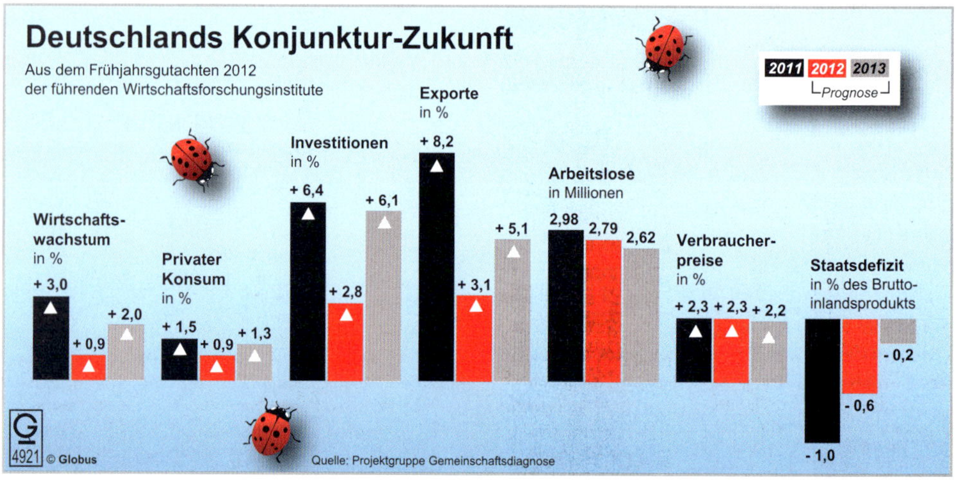

Deutschland bleibt die Konjunkturlokomotive in Europa. Nach einem eher schwachen Wachstum von voraussichtlich 0,9 Prozent im laufenden Jahr soll das Bruttoinlandsprodukt im Jahr 2013 um zwei Prozent wachsen. Diese Prognose machen die führenden Wirtschaftsforschungsinstitute in ihrem Frühjahrsgutachten 2012. Während zahlreiche Euro-Länder mit großen wirtschaftlichen Problemen kämpfen und um ihre angeschlagenen Banken zittern, sind deutsche Unternehmen nach Einschätzungen der Wirtschaftsforscher so wettbewerbsfähig wie noch nie in den vergangenen drei Jahrzehnten. Ablesen kann man das auch an der Zahl der Arbeitsplätze. Sie wird im laufenden Jahr um fast eine halbe Million steigen; im kommenden Jahr wird ein weiteres Plus von 325000 erwartet, sodass es dann fast 42 Mio. Erwerbstätige geben soll. Die Arbeitslosigkeit soll von 2,98 auf 2,62 Mio. zurückgehen.

1 Determinanten = Ursachen, Gründe, Bestimmungsgründe.

Überblick über die Konjunkturphasen								
Konjunkturindikatoren[1] / Konjunkturphasen	Auftragsbestände/Produktion	Konjunkturell bedingte Arbeitslosenzahl	Lohnentwicklung	Zinsen	Wertpapierkurse	Preisentwicklung	Sparneigung	Zukunftserwartungen
Aufschwung	steigend	noch hoch	mäßige Lohnerhöhungen	noch niedrig	hoch	geringe Preissteigerungsraten	sinkend	optimistisch
Boom (Hochkonjunktur, Überkonjunktur, Überbeschäftigung)	bei Konsumgütern noch steigend, bei Investitionsgütern stagnierend	sinkend	kräftige Lohnerhöhungen	steigend	sinkend	hohe Preissteigerungsraten	niedrig	optimistisch
oberer Wendepunkt (Konjunkturgipfel)	bei Konsumgütern stagnierend, bei Investitionsgütern sinkend	gleichbleibend	kräftige Lohnerhöhungen („Lohnlag")[2]	hoch	niedrig	hohe Preissteigerungsraten	niedrig	abwartend bis pessimistisch
Abschwung (Rezession, Niedergang)	sinkend	steigend	mäßige Lohnerhöhungen (Inflationsausgleich), u. U. Abbau übertariflicher Leistungen	langsam sinkend	langsam steigend	abnehmende Preissteigerungsraten (auf polypolistischen Märkten u. U. sinkende, auf oligopolistischen und monopolistischen Märkten weiter steigende Preise)	steigend	pessimistisch
unterer Wendepunkt (Talsohle)	auf niedrigem Niveau verharrend	hoch	mäßige Lohnerhöhungen, geringe übertarifliche Leistungen	niedrig	hoch	geringere Preissteigerungsraten; Kosteninflation (Stagflation) jedoch möglich	hoch	abwartend oder vorsichtiger Optimismus

1 Indikatoren (lat.) = Anzeiger. Die Konjunkturindikatoren zeigen an, in welcher Konjunkturphase (Konjunkturlage) sich die Wirtschaft befindet (Näheres siehe Kapitel 9.1.3).

2 Lag (engl.) = Verschiebung, Verzögerung.

9.1.3 Konjunkturindikatoren

Im vorigen Kapitel haben wir das reale Bruttoinlandsprodukt als Maßstab verwendet, um Konjunkturschwankungen zu erfassen. Das wirtschaftliche Auf und Ab lässt sich jedoch mithilfe weiterer Größen messen. Bestimmte wirtschaftliche Erscheinungen lassen sogar Rückschlüsse auf die künftige Entwicklung zu, dienen also der Konjunkturprognose.[1]

■ Daten, die den Konjunkturverlauf messen und/oder Voraussagen (Prognosen) für künftige Entwicklungen zulassen, werden als **Konjunkturindikatoren** bezeichnet.

Wichtige **Konjunkturindikatoren** sind z. B.:

Entwicklung der Arbeitslosenzahlen und offenen Stellen	Steigende Arbeitslosenzahlen und sinkende offene Stellen zeigen an, dass die Wirtschaft unterbeschäftigt ist. Die Unternehmen werden sich bei den Investitionen zurückhalten, weil sie eine stagnierende oder gar zurückgehende Konsumgüternachfrage erwarten. Die umgekehrte Reaktion tritt ein, wenn die Bundesagentur für Arbeit eine steigende Zahl offener Stellen meldet und wenn die Arbeitslosenzahlen zurückgehen.
Entwicklung der Konsumgüternachfrage	Steigt der private Konsum (angezeigt durch steigende Einzelhandelsumsätze), ist eine positive Entwicklung des wirtschaftlichen Geschehens zu erwarten, weil in der Folge die Großhandelsumsätze und schließlich die Umsätze der Herstellerbetriebe steigen werden. Ist die Wirtschaft vollbeschäftigt, werden Preissteigerungen eintreten. Stagnierende oder sinkende Einzelhandelsumsätze bewirken das Gegenteil.
Entwicklung der Investitionsgüternachfrage	Steigt die Investitionsgüternachfrage (angezeigt durch steigende Umsätze und/oder Auftragsbestände in der Investitionsgüterindustrie), kann eine Erhöhung der Beschäftigung erwartet werden, die auch nicht ohne Einfluss auf die Arbeitsnachfrage bleiben wird. Bei Vollbeschäftigung können steigende Preise (zunächst in der Investitionsgüterindustrie) und steigende Löhne vorausgesagt werden. Sinkende Investitionsgüternachfrage lässt den gegenteiligen Schluss zu.
Entwicklung des Außenhandels	Nimmt der Export schneller als der Import zu, ist auf eine Belebung der Konjunktur zu schließen. Eine vollbeschäftigte Wirtschaft muss mit Preissteigerungen rechnen, weil die Gesamtnachfrage (Auslands- und Inlandsnachfrage) das reale Gesamtangebot der Volkswirtschaft übersteigt. Steigen die Importe indessen schneller als die Exporte, ist der gegenteilige Effekt wahrscheinlich.
Entwicklung der Staatsausgaben und -einnahmen	Aus dem Staatshaushaltsplan kann entnommen werden, in welchem Verhältnis die Staatsausgaben zu den Staatseinnahmen stehen werden. Strebt der Staat große zusätzliche Konsum- oder Investitionsvorhaben an, ohne die Steuern zu erhöhen, ist eine Belebung der Wirtschaftstätigkeit wahrscheinlich. Auch in diesem Fall sind Preiserhöhungen zu erwarten, wenn die Wirtschaft vollbeschäftigt ist. Voraussichtliche Steuererhöhungen indessen können die Investitionstätigkeit der Unternehmen vermindern.

1 Prognose = Voraussage, Vorausschau.

Entwicklung der Lagerbestände	Steigen die Lagerbestände der Unternehmen über das saisonal übliche Maß, so liegt offenbar Überproduktion vor. Es kann der Schluss gezogen werden, dass die Unternehmen ihre Produktion drosseln werden, was einen Konjunkturabschwung bewirken kann. Nehmen die Lagerbestände ab, ist das Gegenteil der Fall. Diese Aussage gilt jedoch nicht uneingeschränkt. Es mag nämlich sein, dass die Unternehmen ihre Lagerbestände bewusst abbauen, weil sie sinkende Umsatzzahlen erwarten, und ihre Lagerbestände aufstocken, weil ein Konjunkturanstieg eingesetzt hat.
Unternehmererwartungen	Für die Beurteilung zukünftiger Entwicklungen spielen die Unternehmererwartungen eine große Rolle. Beurteilt die überwiegende Zahl der Unternehmen die zukünftige Entwicklung gut, so ist von dieser Seite kein negativer Einfluss auf die Konjunkturentwicklung zu erwarten.
Geld und Kredit	Als Konjunkturindikator kann auch die Geldpolitik der Europäischen Zentralbank dienen (vgl. Kapitel 6.3.6). Mithilfe von Zinssenkungen und anderen Maßnahmen soll die Wirtschaft belebt, mithilfe steigender Zinssätze ein „Überschäumen" der Konjunktur verhindert werden.

Aufgaben

1. In nebenstehender Abbildung sind die wesentlichen Phasen (Abschnitte) des typischen Konjunkturverlaufs mit den Ziffern I bis V versehen.

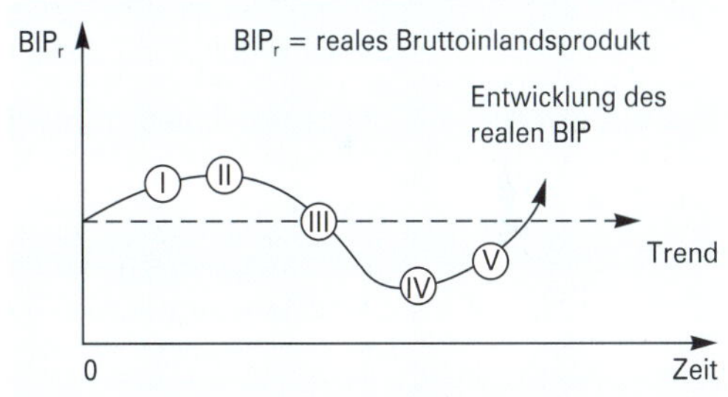

   1.1 Erklären Sie den Begriff Konjunktur!

   1.2 Benennen Sie die einzelnen Konjunkturlagen und -phasen!

   1.3 Beschreiben Sie kurz das Wesen der einzelnen Konjunkturphasen!

   1.4 Welche Faktoren können den Konjunkturaufschwung auslösen? Begründen Sie Ihre Antworten!

   1.5 Welche Faktoren können den Konjunkturabschwung auslösen? Begründen Sie Ihre Antworten!

2. Ende 2006 deuteten verschiedene Konjunkturindikatoren auf einen lang anhaltenden Aufschwung hin. Auch die Verbraucher sahen optimistisch in die Zukunft.

   2.1 Definieren Sie den Begriff Konjunkturindikatoren!

   2.2 Nennen und beschreiben Sie mindestens fünf wichtige Konjunkturindikatoren!

3. **Textauszug:**

Die deutsche Wirtschaft befindet sich im Aufwind. Die Organisation für wirtschaftliche Zusammenarbeit und Entwicklung (OECD) erwartet in ihrer jüngsten Konjunkturprognose für Deutschland ein Wirtschaftswachstum von 3,4 Prozent. 2010 lag das Wachstum bei 3,5 Prozent. Für 2012 erwarten die Wirtschaftsforscher ein etwas geringeres Wachstum von 2,5 Prozent. Die Konjunkturentwicklung im exportorientierten Deutschland wird dabei zunehmend von der Inlandsnachfrage gestützt: von den Investitionen der Unternehmen und dem privaten Verbrauch. Insgesamt hat sich nach der schweren Wirtschaftskrise das weltweite Wachstum wieder beschleunigt. Allerdings befürchten Konjunkturforscher, dass hohe Rohstoffpreise die Entwicklung dämpfen könnten. Für Japan, das im Jahr 2010 noch ein Wachstum von vier Prozent verzeichnete, erwarten die OECD-Ökonomen nun nach der schweren Erdbeben-, Tsunami- und Atomkatastrophe ein Minus von knapp einem Prozent. Bereits 2012 soll es dort den Prognosen zufolge aber wieder um 2,2 Prozent nach oben gehen.

Quelle: Text zur Globus-Grafik Nr. 4282 vom 3. Juni 2011.

Arbeitsaufträge:

3.1 Auf welche Indikatoren stützt sich die Konjunkturprognose der OECD?

3.2 Begründen Sie, warum steigende Rohstoffpreise die Konjunktur negativ beeinflussen könnten!

4.

Schwaches Argument

Zwei von drei Arbeitnehmern glauben nicht daran, dass deutliche Lohnerhöhungen die Konjunktur beleben und damit zu mehr Beschäftigung führen. Eher das Gegenteil sei der Fall – das sagt die Mehrheit der Befragten: Durch kräftige Lohnsteigerungen werde die Inflation angeheizt und die internationale Wettbewerbsfähigkeit der Unternehmen beschädigt. Als besonders aufgeklärt erwiesen sich bei der Umfrage die Mitarbeiter des Öffentlichen Dienstes: 70 Prozent von ihnen meinen, dass Lohnzurückhaltung letztlich mehr wettbewerbsfähige Arbeitsplätze bringt als das Powern bei den Tarifabschlüssen. Auch bei den Gewerkschaftsmitgliedern findet das Kaufkraft-Argument der Löhne längst nicht so viele Anhänger wie zu vermuten wäre – nur 40 Prozent glauben, dass die Arbeitslosigkeit in Deutschland durch höhere Löhne gesenkt werden kann; die Mehrheit (57 Prozent) kann sich mit dieser Argumentation gar nicht anfreunden.

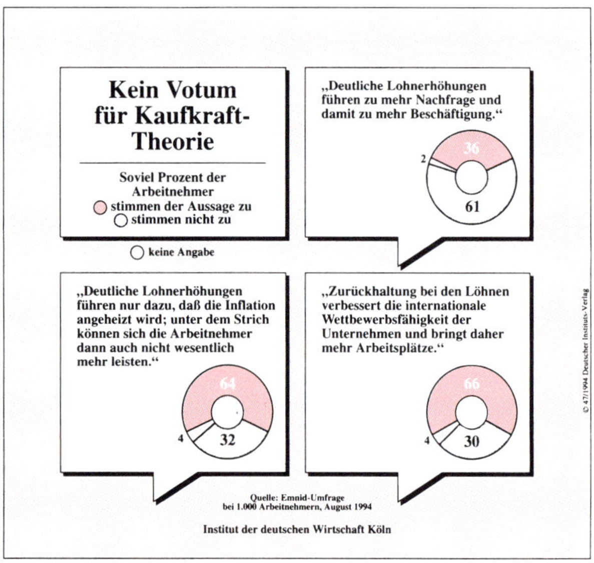

Quelle: iwd vom 24. November 1994.

Arbeitsauftrag: Bilden Sie zwei Parteien, die die „Kaufkrafttheorie“ zu stützen oder zu widerlegen versuchen!

9.2 Ursachen der Konjunkturschwankungen

9.2.1 Systemimmanente[1] Störungen des Wirtschaftsablaufs

Generationen von Wirtschaftswissenschaftlern haben sich bereits den Kopf darüber zerbrochen, woher eigentlich das wirtschaftliche Auf und Ab kommt. Rund 200 Konjunkturtheorien (einschließlich Krisentheorien) wurden aufgestellt!

Konjunkturtheorien

Überproduktionstheorie	Die Überproduktionstheorie sieht die Ursache des Konjunkturabschwungs in der ungleichen Einkommensverteilung. Steigende Investitionen (= Kapitalakkumulation)[2] führen zu steigender Produktion, die indessen nicht von den Arbeitnehmern vollständig gekauft werden kann, weil deren Einkommen nicht oder nicht im gleichen Maß wie die Produktion steigen. Die Unternehmen bleiben auf einem Teil ihrer Waren „sitzen", sodass sie gezwungen sind, die Produktion zu drosseln: Die Absatzkrise ist da und der Abschwung wird eingeleitet. (Der untere Wendepunkt des Konjunkturzyklus wird durch die Überproduktionstheorie nicht erklärt.)
Unterspartheorie	Die Unterspartheorie (auch Überinvestitionstheorie) behauptet, dass im Laufe der konjunkturellen Aufwärtsbewegung der Verbrauch zu *hoch* wird, sodass die gesparten finanziellen Mittel schließlich nicht mehr ausreichen, die von den Unternehmen in zu optimistischer Vorausplanung begonnenen Investitionen zu finanzieren. Der Mangel an Finanzierungsmitteln führt schließlich zum *Abbruch der Investitionen,* d.h. zum Konjunkturumschwung. (Auch die Unterspartheorie erklärt zwar den oberen, nicht aber den unteren Wendepunkt des „typischen" Konjunkturverlaufs.)
Monetäre Konjunkturtheorien	Die monetären Konjunkturtheorien stellen in der Regel eine Weiterentwicklung der Überinvestitionstheorien dar. Da die Kreditinstitute in der Lage sind Giralgeld zu schöpfen, ist das Kreditangebot in der konjunkturellen Aufschwungphase höher als die Ersparnis. In dem Maße aber, wie sich die Überschussreserven der Kreditinstitute verringern, erhöht sich das Zinsniveau. Ursprünglich als günstig erscheinende Investitionen werden unrentabel und abgebrochen, sodass es zu Entlassungen, also zu steigender Arbeitslosigkeit kommt. Die *Konsumgüternachfrage nimmt ab.* (Die monetären Konjunkturtheorien haben den Vorzug, dass sie auch den unteren Wendepunkt erklären können. Die im Tiefstand niedrigen Zinsen vermögen die Unternehmen und/oder privaten Haushalte zu *vermehrter Güternachfrage* anzuregen, sodass sich die Konjunktur wieder zu erholen beginnt.)
Psychologische Konjunkturtheorien	Die psychologischen Konjunkturtheorien sehen den Grund der mehr oder weniger rhythmischen Wiederkehr des wirtschaftlichen Auf- und Abschwungs im irrtümlichen Optimismus bzw. Pessimismus der Wirtschaftssubjekte (z.B. der privaten Verbraucher, der Unternehmer, der Gewerkschaften, der Regierungen). Woher die Stimmungen der Mehrzahl der Wirtschaftssubjekte herrühren, vermag diese Theorie nicht zu erklären. In Verbindung mit den Aussagen anderer Konjunkturtheorien gibt sie jedoch wichtige Aufschlüsse über das sozialpsychologische Verhalten der Wirtschaftssubjekte in konkreten wirtschaftlichen Situationen.

1 Der Begriff System bezieht sich auf ein Wirtschaftssystem, hier also auf eine marktwirtschaftlich orientierte Wirtschaftsordnung. Immanent (lat.) bedeutet innewohnend, hier also im marktwirtschaftlichen Wirtschaftssystem enthalten. Das bedeutet, dass Störungen zum Wirtschaftssystem gehören.

2 Akkumulation (lat.) = Aufhäufung, Ansammlung.

Bedeutung der Konjunkturtheorien

Die heutige Volkswirtschaftslehre weiß, dass die wirtschaftlichen Wellenbewegungen nicht auf eine Ursache allein zurückgeführt werden können. Es gibt zahlreiche „Auslöser" für den Konjunkturauf- bzw. -abschwung, zu denen unter anderen auch die in den traditionellen Konjunkturtheorien genannten gehören.

Aus den Konjunkturtheorien kann man lernen, dass die wirtschaftlichen Wellenbewegungen vor allem aus den *Fehlplanungen* der Wirtschaftssubjekte resultieren. Dies ist auch leicht verständlich, wenn man sich vergegenwärtigt, dass in den heutigen **Marktwirtschaften** eine nicht überschaubare Zahl von Einzelpersonen, sozialen Gruppen (z.B. private Haushalte, Unternehmen), sozialen Organisationen (z.B. Arbeitnehmerverbände, Arbeitgeberverbände, Bauernverbände, Heimatvertriebenenverbände usw.) sowie staatliche Verwaltungen und Einrichtungen (Regierungen, Bundes- und Länderparlamente, Sozialversicherungsträger, Gemeinden, Kreise) *wirtschaftliche Entscheidungen* treffen. So ist es von vornherein klar, dass die zahlreichen Einzelpläne, d.h. die *dezentral getroffenen Entscheidungen in der Regel nicht* übereinstimmen werden. Konjunkturen sind deshalb Erscheinungen, die im Wirtschaftsablauf dezentral geplanter Wirtschaftsordnungen, also in marktwirtschaftlichen Systemen, ein unvermeidliches Phänomen (eine unvermeidliche Erscheinung) sind.

9.2.2 Exogene[1] Einflüsse auf den Wirtschaftsablauf

Erwünschten (oder unerwünschten) Einfluss auf die Konjunktur nehmen zum Beispiel der Staat, die Notenbank, die Arbeitgeber- und Arbeitnehmerverbände und das Ausland.

- Der **Staat** ist in der Lage, durch erhöhte Ausgaben die Gesamtnachfrage nach Konsum- und/oder Investitionsgütern zu erhöhen. Damit steigen Beschäftigung und Einkommen. Die Einleitung eines Konjunkturaufschwungs wird zumindest erleichtert.[2]
- Die **Zentralbank (EZB)** kann durch Geldmengenvermehrung dazu beitragen, zusätzliche Nachfrage nach Investitions- und Konsumgütern zu finanzieren und gleichzeitig das Zinsniveau zu senken.[3]
- Die **Gewerkschaften** wiederum beeinflussen die Gewinnerwartungen bzw. die tatsächliche Gewinnsituation der Unternehmer. Setzen sie Lohnerhöhungen durch, die über den Produktivitätszuwachs hinausgehen, sinken die Gewinne und damit die Investitionsneigung der Unternehmen. Maßvolle lohnpolitische Forderungen haben die entgegengesetzte Wirkung.
- Die wirtschaftliche Entwicklung bei wichtigen **Handelspartnern** kann den Konjunkturverlauf im Inland ganz erheblich beeinflussen. Befinden sich z.B. die USA in einem Wirtschaftsaufschwung, werden die USA auch mehr importieren. Die inländische Exportwirtschaft wird angekurbelt, die Beschäftigung nimmt zu. Im Inland wird mehr verdient, sodass auch der Inlandskonsum angeregt wird. Je enger die internationalen Verflechtungen sind, desto stärker wirken sich konjunkturelle Veränderungen im Ausland auf die inländische Konjunktur aus.

---

1 Exogen (gr.-lat.) = von außen kommend, hier als von außen auf das Wirtschaftssystem einwirkend. Die Grenzen zwischen endogenen und exogenen Einwirkungen auf ein Wirtschaftssystem können nicht eindeutig gezogen werden. Die Abgrenzung hängt davon ab, welche Institutionen als zum Wirtschaftssystem gehörend betrachtet werden.

2 Näheres siehe Kapitel 9.3.

3 Näheres siehe Kapitel 6.3.3.

AUFGABEN

1. **Textauszug:**

Die weltweite Wirtschaftskrise hat eine Renaissance der Konjunkturprogramme ausgelöst. Die EU-Staaten haben in den Jahren 2009 und 2010 jeweils rund $1^1/_2$ Prozent ihres Bruttoinlandsprodukts zur Stimulierung der Wirtschaft aufgewendet – in vielen Fällen mit Erfolg. Dies war in der Vergangenheit bei Konjunkturprogrammen selten der Fall.

Wenn die Wirtschaft schwächelt, fordern zahlreiche Politiker und Ökonomen gleichsam reflexartig staatliche Hilfen – in Form von Steuersenkungen oder Ausgabenprogrammen. Dabei sind Konjunkturprogramme selten notwendig, selten erfolgreich und manchmal sogar schädlich. Sie können nämlich nur vorübergehend private Nachfrage ersetzen und so die Produktionskapazitäten einer Volkswirtschaft stärker auslasten. Ein dauerhaft höheres Wirtschaftswachstum ist mit den staatlichen Eingriffen nicht zu erreichen – das zeigt die Erfahrung.

Quelle: iwd vom 23. Dezember 2010, S. 2.

Begründen Sie, warum Konjunkturprogramme sogar schädlich sein können!

2.

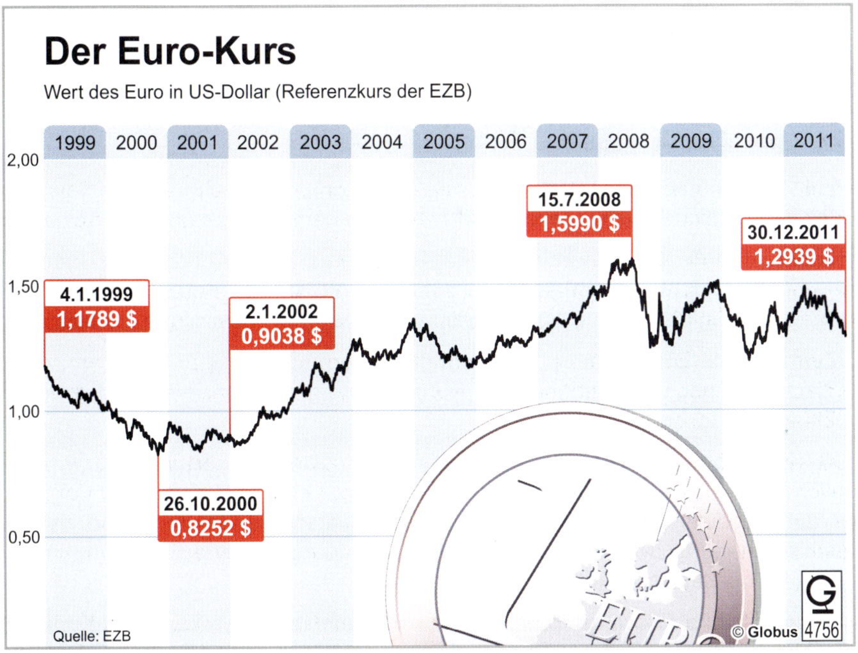

Der Euro konnte zum Jahresanfang 2012 ein Jubiläum feiern. Vor zehn Jahren, am 1. Januar 2002, wurde er in zwölf Ländern als Bargeld eingeführt. Millionen Menschen in der EU mussten sich umgewöhnen: Statt D-Mark, Francs, Lire und anderen hatten sie nun Euro und Cent in ihren Portemonnaies. Was für die Verbraucher nach einer Premiere aussah, hatte allerdings schon einen dreijährigen Vorlauf: Zum Jahresbeginn 1999 war der Euro bereits als Buchgeld gestartet. Kurz zuvor waren die Wechselkurse zwischen dem Euro und den einzelnen Währungen der Mitgliedstaaten unwiderruflich festgelegt worden. – Gegenüber der US-amerikanischen Währung notierte der Euro an seinem ersten Handelstag, dem 4. Januar 1999, mit 1,1789 Dollar. Den tiefsten Punkt erreichte er am 26. Oktober 2000 mit 0,8252 Dollar, am teuersten war er am 15. Juli 2008: Damals kostete ein Euro 1,5990 Dollar.

Begründen Sie, warum die Kursentwicklung des Euro den deutschen Export beeinflusst!

9.3 Staatliche Konjunkturpolitik

9.3.1 Hauptziele der Konjunkturpolitik

9.3.1.1 Gesamtwirtschaftliches Gleichgewicht

Politik ist zielgerichtetes Handeln. Der Staat muss sich also *Ziele* setzen, nach denen er seine Wirtschaftspolitik ausrichtet. Bestimmte „Eckpfeiler" setzt das Grundgesetz mit seinen Forderungen nach größtmöglicher Freiheit einerseits und sozialer Gerechtigkeit andererseits. In diesem weit gespannten Rahmen ist der Staat in seinen Zielsetzungen und Maßnahmen frei.

Oberziel

Nach § 1 des Gesetzes zur Förderung der Stabilität und des Wachstums der Wirtschaft vom 8. Juni 1967 („Stabilitätsgesetz") haben Bund und Länder bei ihren wirtschafts- und finanzpolitischen Maßnahmen die Erfordernisse des gesamtwirtschaftlichen Gleichgewichts zu beachten. Gesamtwirtschaftliches Gleichgewicht liegt vor, wenn alle Produktionsfaktoren vollbeschäftigt sind und sich alle Märkte (z.B. Arbeits-, Kredit-, Gütermärkte) ausgleichen.

Unterziele

Aus diesem Oberziel leitet das Stabilitätsgesetz [§ 1, S. 2 StabG] folgende Unterziele ab:

① Stabilität des Preisniveaus,

② hoher Beschäftigungsstand,

③ außenwirtschaftliches Gleichgewicht und

④ stetiges und angemessenes Wirtschaftswachstum.

Die hier genannten Ziele sind quantitative Ziele, weil sie sich in Zahlen erfassen lassen. Weitere wichtige, nicht ausdrücklich im Stabilitätsgesetz erwähnte qualitative Ziele sind:

⑤ sozialverträgliche Einkommens- und Vermögensverteilung und

⑥ Erhaltung einer lebenswerten Umwelt (Umweltschutz).

Die Ziele ① bis ③ sind kurzfristige, d.h. **konjunkturpolitische Ziele**. Die Ziele ④ bis ⑥ hingegen sind **langfristiger** Natur. Sie sind Ziele der **Wachstums- und Strukturpolitik.**

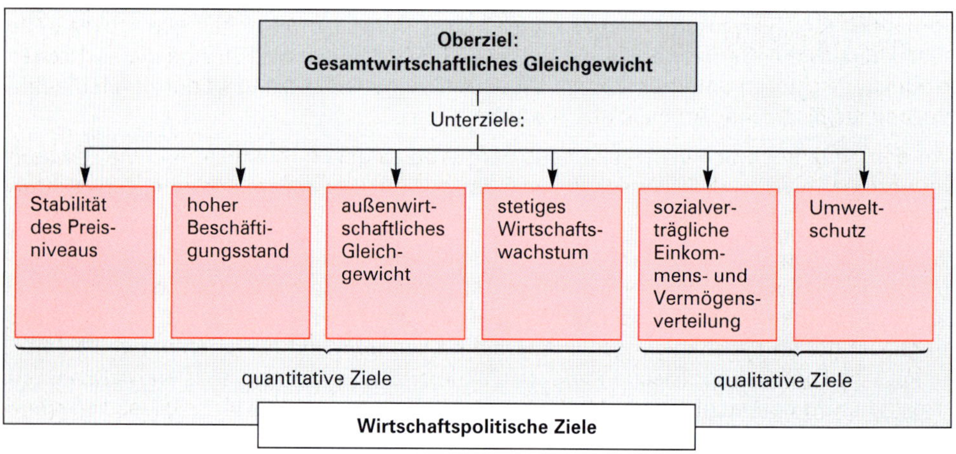

Bei der Verfolgung wirtschaftspolitischer Ziele kann **Harmonie** oder **Indifferenz** bestehen; es können aber auch **Konflikte** auftreten.

- Wirtschaftspolitische **Zielharmonie** ist gegeben, wenn zwei oder mehrere wirtschaftspolitische Ziele mit einer Maßnahme bzw. mit einem Maßnahmenbündel erreicht werden können.
- **Zielindifferenz** liegt vor, wenn durch die Verfolgung eines wirtschaftspolitischen Ziels die Verfolgung anderer wirtschaftspolitischer Ziele weder positiv noch negativ beeinflusst wird.
- Von einem **Zielkonflikt** wird gesprochen, wenn bei der Verfolgung eines wirtschaftspolitischen Ziels die Erreichung anderer wirtschaftspolitischer Ziele beeinträchtigt wird.

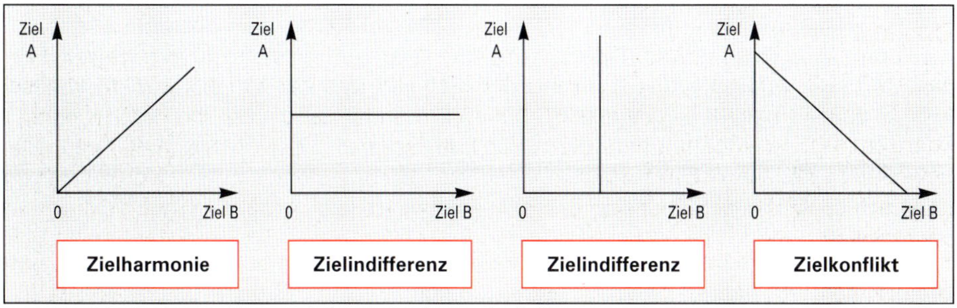

9.3.1.2 Konjunkturpolitische Ziele

1. Hoher Beschäftigungsstand

- Unter **Beschäftigung** verstehen wir den Grad der Kapazitätsausnutzung einer Volkswirtschaft.

Die Messung der volkswirtschaftlichen Kapazität (= Leistungsfähigkeit) ist immer problematisch. Messen wir die Kapazität an der Ausstattung der Wirtschaft mit Produktionsanlagen, so kann eine Wirtschaft vollbeschäftigt sein, obwohl es Arbeitslose gibt, ganz einfach deshalb, weil im Verhältnis zu den gegebenen Arbeitsplätzen zu viel Arbeitskräfte vorhanden sind. Umgekehrt mag es möglich sein, dass eine Wirtschaft alle Arbeitskräfte beschäftigt und außerdem noch offene Stellen besitzt. In diesem Fall sind die sachlichen Produktionsfaktoren unterbeschäftigt. Die vollständige Ausnutzung ist nur durch die Einstellung ausländischer Arbeitskräfte möglich.

Um den genannten Schwierigkeiten aus dem Weg zu gehen, beurteilt man die Beschäftigungslage in einer Volkswirtschaft meist an den Arbeitslosenzahlen *und* den offenen Stellen (siehe Kapitel 10.1).

Heute haben wir die Erscheinung, dass in vielen Industrieländern auch bei guter Konjunktur die Arbeitslosenzahlen sehr hoch sind. Das bedeutet, dass die staatliche Konjunkturpolitik nur begrenzten Einfluss auf die Entwicklung der Arbeitslosigkeit hat. Das Ziel eines möglichst hohen Beschäftigungsstands lässt sich zunehmend nur noch in einer Kombination von konjunkturpolitischen *und* wachstums- und strukturpolitischen Maßnahmen erreichen. (Zu den langfristigen Maßnahmen zur Bekämpfung der Arbeitslosigkeit siehe Kapitel 10.4.)

2. Stabilität des Preisniveaus

■ Eine *absolute* **Stabilität des Preisniveaus** (Geldwertstabilität) liegt vor, wenn sich das Preisniveau[1] überhaupt nicht verändert.

Auch bei absoluter Preisniveaustabilität können sich die Preise der einzelnen Güter verändern. Bedingung ist jedoch, dass Preissteigerungen einzelner Wirtschaftsgüter durch die Preissenkungen anderer Wirtschaftsgüter ausgeglichen werden.

Die Wirtschaftspolitik konnte bisher nur in seltenen Fällen eine absolute Preisstabilität erreichen. Aus diesem Grund wird heute eine *relative* Preisstabilität gefordert. Nach der Definition der Europäischen Zentralbank liegt Preisstabilität vor, wenn die Inflationsrate unter 2 % liegt. (Siehe auch S. 246f.)

Inflationsraten,[2] die über der genannten Zielvorstellung liegen, bringen erhebliche Nachteile mit sich. Die Sparer werden dann geschädigt, wenn die Inflationsraten (= Preissteigerungsraten) höher als die Sparzinsen sind. Hingegen werden die Schuldner und die Eigentümer von Realvermögen (z.B. von Grundstücken, Betriebsvermögen und Anteilsrechten wie z.B. Aktien) bevorzugt. Steigt das inländische Preisniveau schneller als das ausländische, wird der Export beeinträchtigt, sodass die Arbeitsplätze in Gefahr geraten.

3. Außenwirtschaftliches Gleichgewicht

■ Unter **außenwirtschaftlichem Gleichgewicht** versteht man den mittelfristigen Ausgleich der Zahlungsbilanz.

Zu unterscheiden sind die nationale Zahlungsbilanz eines Landes (Staates) und die Zahlungsbilanz einer Wirtschafts- und Währungsunion (z.B. die Zahlungsbilanz der WWU).

Die **nationale Zahlungsbilanz** ist die Gegenüberstellung aller in Geld messbaren Transaktionen (Bewegungen, Übertragungen) zwischen In- und Ausland. Sind die Zahlungsströme ins Inland größer als die Zahlungsströme ins Ausland, spricht man vom Zahlungsbilanzüberschuss. Sind die Zahlungsströme vom Inland ins Ausland größer als die Zahlungsströme vom Ausland ins Inland, handelt es sich um ein Zahlungsbilanzdefizit. Im ersten Fall liegt eine **aktive Zahlungsbilanz,** im zweiten eine **passive Zahlungsbilanz** vor.

Die **Zahlungsbilanz einer Wirtschafts- und Währungsunion** ist die Zusammenfassung (Aggregation) aller nationalen Zahlungsbilanzen ihrer Mitgliedstaaten.

Genauere Aussagen über die Wirkungen von Zahlungsbilanzungleichgewichten kann man nur in Bezug auf Einzelstaaten mit eigener Währung oder in Bezug auf ganze Währungsgebiete wie z.B. die WWU treffen. Der Grund: Zahlungsvorgänge (Transaktionen) zwischen den Mitgliedstaaten einer Währungsunion verändern zwar die nationalen Zahlungsbilanzen, nicht aber die Zahlungsbilanz der Währungsunion.

1 Preisniveau = gewogener Durchschnitt aller Güterpreise.

2 Inflationsraten = Preissteigerungsraten (prozentuale durchschnittliche Preissteigerungen in Bezug auf das Vorjahr). Unter Inflation (lat. = Aufblähung) versteht man eine lang anhaltende Steigerung des Preisniveaus.

Beispiel:

Belgien hat einen Zahlungsbilanzüberschuss gegenüber Spanien. Die Geldmenge innerhalb des Euro-Währungsgebiets ändert sich dadurch nicht. Eine Aussage darüber, wie sich die lokalen Preise verhalten werden, ist nicht möglich. Es lässt sich lediglich feststellen, dass unter sonst gleichen Bedingungen die Beschäftigungslage im Exportland positiv beeinflusst wird.

Die folgenden Überlegungen beziehen sich daher stets auf die Zahlungsbilanz eines Währungsgebiets (das aus einem einzelnen Staat oder einer Staatengemeinschaft bestehen kann).

Da die Hauptursachen von Zahlungsbilanzungleichgewichten meistens in einem anhaltenden Missverhältnis von *Importen* und *Exporten* liegen, wollen wir uns auf die Wirkungen von Export- bzw. Importüberschüssen beschränken.

Exportüberschüsse	Exportüberschüsse gegenüber dem Devisenausland führen zu Devisenüberschüssen, weil die Exporteure die eingenommenen Devisen in der Regel bei den Banken in Binnenwährung umtauschen. Die Banken wiederum refinanzieren sich bei ihrer Zentralbank. Somit steigt der Geldumlauf im eigenen Währungsgebiet. Bei bestehender Vollbeschäftigung steigt das Preisniveau („importierte Inflation").[1]
Importüberschüsse	Importüberschüsse gegenüber dem Devisenausland haben die gegenteilige Wirkung. Die im eigenen Währungsgebiet ansässigen Importeure zahlen die Importe entweder in Binnen- oder in Fremdwährung. Wird in Fremdwährung gezahlt, tauschen die im Fremdwährungsgebiet ansässigen Exporteure ihre Erlöse in ihre eigene Währung um. Wird in Binnenwährung gezahlt, müssen die Importeure die benötigten Devisen im eigenen Währungsgebiet kaufen. In beiden Fällen schrumpft der Devisenvorrat in der Binnenwirtschaft: Die Zahlungsbilanz wird passiv. Die abnehmende Geldmenge bremst zwar den Preisauftrieb, gefährdet aber die Arbeitsplätze.

Es scheint, als ob laufende Exportüberschüsse wirtschaftspolitisch wünschenswerter als Importüberschüsse seien. Indessen ist es so, dass die Überschüsse eines Teils der Handelspartner die Defizite des anderen Teils sind. Auf die Dauer werden sich also die Defizitländer wehren müssen, indem sie z. B. bei festen Wechselkursen ihre Währungen abwerten, ihre Importzölle erhöhen oder mengenmäßige Importbeschränkungen einführen. Daraus folgt, dass es im Interesse eines störungsfreien Außenhandels notwendig ist, außenwirtschaftliches Gleichgewicht herbeizuführen.

4. Mögliche Zielkonflikte

Die Forderung, dass die Wirtschaftspolitik gleichzeitig einen hohen Beschäftigungsstand, Preisniveaustabilität (Geldwertstabilität) und außenwirtschaftliches Gleichgewicht anzustreben habe, ist leicht zu erheben, aber schwierig zu erfüllen. Je nach Ausgangslage besteht **Zielharmonie** oder **Zielkonflikt.** Von Zielharmonie spricht man, wenn bestimmte wirtschaftspolitische Maßnahmen der Erreichung mehrerer Ziele dienlich sind. Ein Zielkonflikt liegt vor, wenn die Ergreifung einer bestimmten Maßnahme die Wirtschaft zwar einem Ziel näher bringt, sie dafür aber von anderen Zielen entfernt. **Zielindifferenz** ist gegeben, wenn durch die Verfolgung eines wirtschaftspolitischen Ziels die Verfolgung anderer wirtschaftspolitischer Ziele weder negativ noch positiv beeinflusst werden.

1 Weil bei Exportüberschüssen ins Devisenausland der Geldumlauf in der Binnenwirtschaft steigt und zugleich das Güterangebot in der Binnenwirtschaft sinkt, spricht man auch vom **doppelt inflationären Effekt** der **Exportüberschüsse gegenüber Fremdwährungsgebieten**.

Um mögliche Konfliktsituationen aufzuzeigen, sei einmal von einer unterbeschäftigten Wirtschaft, zum anderen von einer vollbeschäftigten Wirtschaft ausgegangen.

- **Unterbeschäftigte Wirtschaft.** Ist eine Wirtschaft unterbeschäftigt, liegt in der Regel folgende Situation vor: Die Zahl der Arbeitslosen übersteigt die Anzahl der offenen Stellen; der Preisauftrieb ist gedämpft, sofern die Gewerkschaften trotz Unterbeschäftigung keine überhöhten Lohnforderungen durchsetzen. Die Investitionsneigung der Unternehmen ist gering, weil der entsprechende Absatz fehlt. Die Steuereinnahmen des Staates reichen nicht aus, um die Staatsausgaben zu finanzieren. Angenommen nun, die Wirtschaft soll mithilfe von Exportförderungsmaßnahmen (z.B. Exportsubventionen, Abwertung)[1] belebt werden. War die Zahlungsbilanz bisher ausgeglichen, kann somit das Ziel des außenwirtschaftlichen Gleichgewichts *nicht* angestrebt werden. Das Ziel der Preisstabilität hingegen ist in dieser Situation nicht gefährdet, weil die unterbeschäftigte Wirtschaft zunächst zu konstanten Preisen anbieten kann.

- **Vollbeschäftigte Wirtschaft.** Bestehen in einer vollbeschäftigten Wirtschaft hingegen Zahlungsbilanzüberschüsse, wird in der Regel folgende Situation gegeben sein: Das Preisniveau steigt verhältnismäßig schnell; die Staatseinnahmen decken die Ausgaben, sodass auch die Parlamente ausgabefreudig sind. Angenommen nun, es soll die Inflationsrate (z.B. durch Ausgabenkürzungen des Staates) gesenkt werden. Damit nimmt die Nachfrage ab und die Beschäftigung geht zurück. Die Politik der Preisstabilisierung steht also der Vollbeschäftigung entgegen. Mehr noch: Hat die Politik der Preisstabilisierung Erfolg und inflationiert das Ausland schneller als das Inland, wird der Export noch mehr steigen, sodass auch das Ziel des außenwirtschaftlichen Gleichgewichts nicht erreicht werden kann.

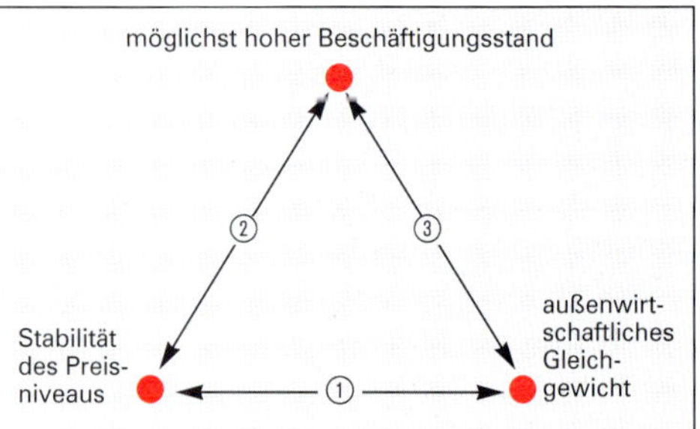

(Die Pfeile bedeuten mögliche Zielkonflikte)

Magisches Dreieck der Wirtschaftspolitik

Es ist ersichtlich, dass in der Regel die gleichzeitige Verfolgung der genannten Ziele nicht möglich ist. Man spricht daher vom „magischen Dreieck".

9.3.1.3 Weitere Ziele und Zielkonflikte der Wirtschaftspolitik

1. Stetiges Wirtschaftswachstum

Begriff Wirtschaftswachstum

- Ein **stetiges Wirtschaftswachstum** liegt vor, wenn das Wachstum des realen Bruttosozial- bzw. Bruttoinlandsprodukts keine oder nur geringe Konjunkturschwankungen[2] aufweist.

1 **Abwertung** bedeutet, dass der Preis (Wechselkurs) einer ausländischen Währung heraufgesetzt wird. Statt bisher zwei inländische Währungseinheiten müssen beispielsweise nach der Abwertung drei inländische Währungseinheiten für eine ausländische Währungseinheit (z.B. einem US-$) bezahlt werden. Bei einer **Aufwertung** wird hingegen der Wechselkurs der eigenen Währung herabgesetzt.

2 Konjunktur = Schwankungen der wirtschaftlichen Aktivitäten, vor allem der Beschäftigung. (Näheres siehe Kapitel 9.1.1.)

Das Wirtschaftswachstum ist in allen Wirtschaftsordnungen ein wesentliches Ziel der Wirtschaftspolitik, denn nur dann, wenn die Produktion wirtschaftlicher Güter schneller als die Bevölkerung wächst, kann der materielle Lebensstandard pro Kopf der Bevölkerung erhöht werden. Wirtschaftliches Wachstum ist umso wichtiger, je geringer der Entwicklungsstand und damit der Lebensstandard einer Volkswirtschaft ist.

Schwieriger als der Begriff des stetigen Wirtschaftswachstums ist der Begriff des *angemessenen Wirtschaftswachstums* zu bestimmen, denn was unter „angemessen" zu verstehen ist, kann nur politisch entschieden werden. Derzeit würde ein jährliches Wirtschaftswachstum von 3 % im Bundesdurchschnitt als großer wirtschaftspolitischer Erfolg gewertet werden.

Bedingungen des Wirtschaftswachstums

Das Wachstum der Wirtschaft – gemessen an der Höhe des realen Bruttosozialprodukts oder -inlandsprodukts – ist vor allem auf folgende Faktoren zurückzuführen:

- ausreichend zur Verfügung stehende Rohstoff- und Energiequellen (Ressourcen);
- hohe Sparrate, die hohe Investitionen ermöglicht;
- gute Ausbildung der arbeitenden Bevölkerung („Know-how");
- ausgebaute Infrastruktur;
- optimistische Zukunftserwartungen der Wirtschaftssubjekte;
- ausreichend Kaufkraft, um die hergestellten Güter kaufen zu können.

Grenzen des Wirtschaftswachstums

Die Bedingungen des Wirtschaftswachstums machen zugleich seine möglichen Grenzen sichtbar: Die Rohstoff- und Energievorräte der Erde sind begrenzt, die Bevölkerungszahl der hoch industrialisierten Länder stagniert oder schrumpft und die Umweltbelastung durch Schadstoffe nimmt zu. Hinzu kommt, dass in den industriellen „Wohlstandsgesellschaften" die materiellen Grundbedürfnisse weitgehend befriedigt sind.

Mögliche Zielkonflikte

Die Ziele des „magischen Dreiecks" harmonieren nun keineswegs immer mit dem Ziel des stetigen Wirtschaftswachstums. Da z. B. hohe Sparraten erforderlich sind, um die notwendigen Investitionen zu finanzieren, widerspricht dieser Zustand bei Unterbeschäftigung dem Ziel der Vollbeschäftigung. Soll nämlich eine Wirtschaft aus der Depression herausgeführt werden, ist es erforderlich, unter anderem die Konsumgüternachfrage anzuregen, d. h. die Sparrate zu senken.

Die Ziele des „magischen Dreiecks" und das Ziel des stetigen Wachstums bilden daher das „magische Viereck".

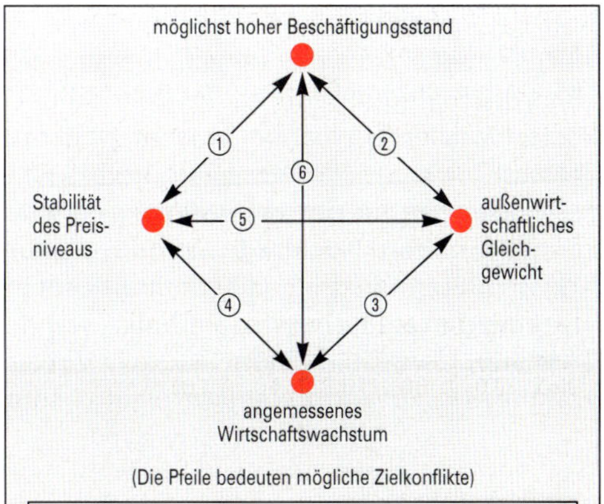

Magisches Viereck der Wirtschaftspolitik

28 Hartmann-Härter-Seifert - ISBN 978-3-8120-0412-1

2. Sozialverträgliche Einkommens- und Vermögensverteilung

Das wirtschafts- und sozialpolitische Ziel einer sozialverträglichen Einkommens- und Vermögensverteilung läuft darauf hinaus, die Einkommen und Vermögen in Zukunft *gleichmäßiger* unter die großen sozialen Gruppen der Arbeitnehmer einerseits und der Selbstständigen („Unternehmer") einschließlich der sonstigen Vermögensbesitzer andererseits zu verteilen. Bezüglich der Einkommenspolitik des Staates bedeutet das, die *Lohnquote* (= Anteil der Arbeitnehmer am Gesamteinkommen) zu erhöhen.

Das Ziel einer sozialverträglichen Einkommens- und Vermögensverteilung wird deswegen als Einheit gesehen, weil Einkommens- und Vermögensverteilung eng zusammenhängen. Dies ist einmal deswegen der Fall, weil die Bezieher hoher Einkommen leichter Vermögen bilden können als die Bezieher niedrigerer Einkommen, zum anderen aber auch deshalb, weil die Eigentümer der Produktionsfaktoren Boden und Kapital auch die Bodenrente und den Kapitalzins beziehen. Sind diese Vermögensbestandteile in den Händen weniger Haushalte konzentriert, fließen diesen auch entsprechend hohe Einkommen zu.

Die Verfolgung des Ziels einer sozialverträglichen Einkommensverteilung ist für die Regierung der Bundesrepublik Deutschland deswegen schwierig, weil Tarifautonomie besteht, d. h., weil die Tarifpartner das Recht haben, Löhne und Gehälter (kurz: den Lohn) selbstständig und ohne staatliche Einmischung zu vereinbaren. Dennoch verbleiben dem Staat eine Reihe von wirtschafts- und sozialpolitischen Maßnahmen vor allem vermögenspolitischer Art. Hierzu gehören z. B. die Einführung eines Investivlohns (= Gewinnausschüttungen an Arbeitnehmer, die im eigenen oder in fremden Unternehmen investiert werden), und der Ausbau staatlicher Sparförderungsmaßnahmen. Hinzu kommt die Steuerpolitik, mit deren Hilfe die Einkommen *umverteilt* werden: Hohe Einkommen werden überproportional hoch, niedrigere Einkommen nur gering besteuert **(Steuerprogression).**

Mögliche Zielkonflikte

Eine Änderung der Einkommens- und Vermögensverteilung ist dann am leichtesten erreichbar, wenn die Volkswirtschaft regelmäßig wächst. Dann nämlich können die *Zuwächse* an Vermögen und Einkommen zugunsten der Arbeitnehmer verlagert (umverteilt) werden, ohne dass die Investitionstätigkeit leidet. In einer stagnierenden Wirtschaft bei Unterbeschäftigung führen die Lohnerhöhungen lediglich zu einer Erhöhung der Stückkosten in allen Bereichen, was zu weiteren Preissteigerungen beiträgt. Zwar mag eine Lohnerhöhung bei der Konsumgüterindustrie zu höheren Umsätzen (bei steigenden Preisen) beitragen, in der Investitionsgüterindustrie wird sich jedoch der Konsumzuwachs kaum als höhere Nachfrage nach Investitionsgütern bemerkbar machen, wenn auch die Konsumgüterindustrie selbst unterbeschäftigt ist; denn kein Unternehmen wird Erweiterungsinvestitionen vornehmen, wenn seine Kapazität ohnehin nicht ausgelastet ist. Zwischen den Zielen „Wachstum", „Preisniveaustabilität" und „sozialverträgliche Einkommens- und Vermögensverteilung" können somit erhebliche Zielkonflikte bestehen.

3. Umweltschutz

Das wirtschafts- und sozialpolitische Ziel, die Umwelt lebenswert zu erhalten und/ oder zu verbessern, ist ein *qualitatives* Ziel (Forderung: „Erhaltung der Lebensqualität").

Wird in den Zielkatalog einer **sozialen Marktwirtschaft** das Ziel des Umweltschutzes aufgenommen, müssen – ebenso wie dies zur Erreichung sozialer Ziele erforderlich ist – **staatliche Eingriffe** erfolgen, die die Marktbedingungen so verändern, dass **Nachfrage** und **Angebot** in der gewünschten Weise gelenkt werden. **Marktkonforme Maßnahmen** müssen hierbei die Regel, **marktkonträre Maßnahmen** die Ausnahme bilden.

Marktkonforme Maßnahmen[1]

Mithilfe marktkonformer Maßnahmen strebt der Staat eine preisgesteuerte Beeinflussung des Verhaltens der Wirtschaftssubjekte an. Mithilfe von Steuern, Abgaben und Zöllen (sogenannten **„Ökosteuern"**) sollen als umweltschädigend erkannte Maßnahmen und Produkte so stark belastet werden, dass in absehbarer Zeit sowohl Nachfrage als auch Angebot reagieren werden. Umgekehrt sollen alle als umweltschonend erkannten Maßnahmen und Produkte so stark entlastet (erforderlichenfalls auch subventioniert) werden, sodass sich Nachfrage und Produktion in die gewünschte Richtung bewegen.

Beispiele:

- Erhöhung der Stromsteuer. Die zusätzlichen Mittel können verwendet werden, um die Dämmung von älteren Gebäuden zu subventionieren.
- Die Kraftfahrzeugsteuer, die bislang jeder Autobesitzer zahlen muss, gleichgültig, ob er das Auto viel oder wenig fährt, kann auf die Treibstoffsteuern umgelegt werden (Verwirklichung des Verursacherprinzips).
- Mögliche Einführung von „Ökoproduktsteuern", d.h., die Besteuerung von umweltschädigenden Erzeugnissen (z.B. Quecksilber in Glühlampen, Zusatzstoffe in Nahrungsmitteln).
- Abschaffung der Entfernungspauschale.
- Einführung von Ökoabgaben in der Landwirtschaft (z.B. Abgaben auf synthetische Düngemittel, gesundheitsgefährdende Pflanzenschutzmittel, Besteuerung der Massentierhaltung). Die freiwerdenden Mittel können zur Subventionierung von Betrieben verwendet werden, die umweltschonend arbeiten.

Eine echte Ökosteuer liegt nur dann vor, wenn die Einnahmen aus der Ökosteuer für Zwecke des Umweltschutzes ausgegeben werden (Wiederaufforstung, Renaturierung von Tagebaugebieten, Vernetzung von Feuchtbiotopen).

Von einer echten Ökosteuer kann nicht gesprochen werden, wenn der Staat neue Verbrauchsteuern auf Rohstoffe und Energien einführt oder bereits bestehende Verbrauchsteuern wie z.B. die Mineralölsteuer heraufsetzt, um die Staatseinnahmen zu erhöhen und für nicht ökologische Zwecke verwendet (z.B. um die Kreditaufnahme zu verringern, Staatsschulden zu tilgen oder die Sozialversicherungen zu subventionieren).

1 Vgl. auch Kapitel 4.8.3, S. 152ff.

Marktkonträre Maßnahmen[1]

Die Umweltpolitik kommt ohne marktkonträre Maßnahmen nicht aus. Marktkonträre Maßnahmen sind **Verbote** und die Vorgabe von **Grenzwerten.**

- Verkaufsverbot herkömmlicher Glühlampen ab 2012 in der Europäischen Union (EU).
- Die stufenweise Herabsetzung der zulässigen Grenzwerte für die Verwendung von gesundheitsschädlichenStoffen in Endprodukten (z.B. Menge der zulässigen Rußpartikel im Abgas von Dieselmotoren) in der EU.

Das Problem der Vorgabe von Grenzwerten ist, dass sie auch noch unterboten werden können, die Wirtschaftssubjekte aber nicht einsehen, dass sie die Kosten für eine weitere Verringerung von Schadstoffen tragen sollen, wenn dies nicht gesetzlich vorgeschrieben ist.

Die **wirtschaftlichen Folgen** der skizzierten Umweltpolitik sind Beschäftigungsrückgänge in den umweltbelastenden Wirtschaftszweigen und positive Beschäftigungseffekte in den Umweltschutzindustrien. Viele Wirtschaftswissenschaftler sind der Meinung, dass die positiven Beschäftigungseffekte überwiegen. Kurzfristig führt der Strukturwandel in bestimmten Bereichen sicher zu sozialen Härten, die der Staat – also die Allgemeinheit – ausgleichen muss.

Mögliche Zielkonflikte

Mit dem industriellen Wachstum steigt auch der Verschmutzungsgrad. Die Folgen sind verkürzte Lebenserwartung, Zerstörung der Erholungsgebiete, Vernichtung des ökologischen Gleichgewichts und Rückgang der land-, fisch- und forstwirtschaftlichen Produktion. Zwischen dem wirtschaftspolitischen Ziel der „Erhaltung einer lebenswerten Umwelt" und dem Wachstumsziel besteht somit ein unauflöslicher Zielkonflikt, soweit sich das Wachstum auf die materielle Produktion bezieht. Wird hingegen das Wachstum gebremst, um die Umwelt zu schonen, geraten das Vollbeschäftigungsziel und eventuell das außenwirtschaftliche Gleichgewicht in Gefahr. Somit wird deutlich, dass alle wirtschafts- und sozialpolitischen Ziele miteinander zusammenhängen (magisches Sechseck).

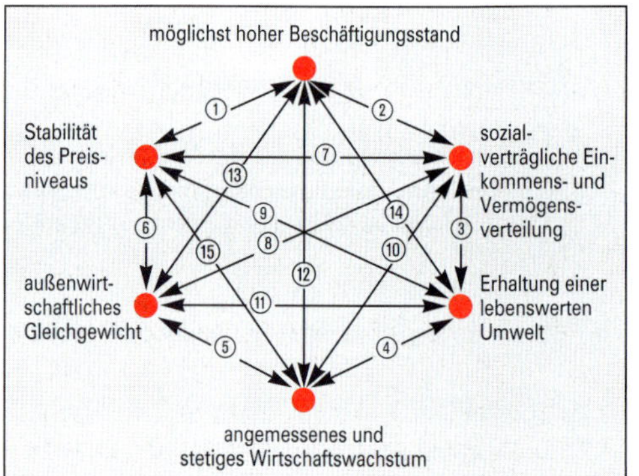

(Die Pfeile bedeuten mögliche Zielkonflikte)

Magisches Sechseck der Wirtschaftspolitik

1 Vgl. auch Kapitel 4.8.3, S. 153ff.

9.3.1.4 Wirtschaftspolitische Kompromisse

Da es häufig nicht möglich ist, alle wirtschaftspolitischen Ziele *gleichzeitig* zu erreichen, müssen sich die politischen Instanzen (vor allem die Regierungen und die Zentralbanken) in erster Linie mit demjenigen wirtschaftspolitischen Ziel auseinandersetzen, das am meisten gefährdet erscheint. Anders ausgedrückt: Die politischen Instanzen müssen *Prioritäten*[1] setzen.

Herrscht z. B. Arbeitslosigkeit, wird man versuchen, den Beschäftigungsstand zu erhöhen, selbst wenn dadurch die Preisstabilität und das außenwirtschaftliche Gleichgewicht gefährdet werden. Herrscht hingegen Inflation bei Vollbeschäftigung, wird die Wirtschaftspolitik versuchen müssen, die Preissteigerungsrate herabzudrücken, auch auf die Gefahr hin, dass Arbeitslosigkeit entsteht.

Aufgaben

1. Bearbeiten Sie folgende Prüfungsaufgaben:

   1.1 Das Oberziel der Wirtschaftspolitik der Bundesrepublik Deutschland ist nach § 1 StabG das „gesamtwirtschaftliche Gleichgewicht“. Was ist hierunter zu verstehen?

   1.2 Welche quantitativen Ziele werden im § 1 StabG genannt?

   1.3 Warum ist die Vollbeschäftigung ein wichtiges Ziel der Wirtschaftspolitik?

   1.4 Unter welchen Bedingungen liegt Vollbeschäftigung vor?

   1.5 Erklären Sie das wirtschaftspolitische Ziel „Preisniveaustabilität“!

   1.6 Begründen Sie, warum der Staat für außenwirtschaftliches Gleichgewicht sorgen sollte!

   1.7 Welche möglichen Zielkonflikte können zwischen den Zielen „hoher Beschäftigungsstand“, „Stabilität des Preisniveaus“ und „außenwirtschaftliches Gleichgewicht“ bestehen?

   1.8 Erklären Sie, was unter stetigem Wirtschaftswachstum zu verstehen ist!

   1.9 Nennen Sie neben dem Ziel des stetigen Wirtschaftswachstums noch weitere langfristige Ziele der Wirtschaftspolitik!

   1.10 Welche Zielkonflikte können sich zwischen dem Ziel des stetigen Wirtschaftswachstums einerseits und den kurzfristigen Zielen des „magischen Dreiecks“ ergeben?

   1.11 Die möglichen Zielkonflikte erfordern, dass der Staat wirtschaftspolitische Kompromisse schließen muss. Was heißt das?

2. Beurteilen Sie, ob in den nachstehenden Fällen Zielharmonie, Zielindifferenz oder Zielkonflikt besteht!

   2.1 In einer Volkswirtschaft wirkt das „Gesetz der Massenproduktion“. Die Wirtschaft ist unterbeschäftigt. Die Regierung beschließt, die Staatsausgaben (bei gleichbleibenden Einnahmen) zu erhöhen. Ihre vorrangigen wirtschaftspolitischen Ziele sind zz. der Abbau der Arbeitslosigkeit und die Preisniveaustabilität.

   2.2 In einer mit dem Ausland stark verflochtenen Volkswirtschaft mit eigener Währung übersteigen die Exporte seit längerer Zeit die Importe. Die Wirtschaft ist unterbeschäftigt. Die Regierung beschließt die Senkung der Importzölle und die Aufhebung bisheriger Export-

1 Priorität = Vorrangigkeit.

förderungsmaßnahmen. Ihre vorrangigen wirtschaftspolitischen Ziele sind zz. außenwirtschaftliches Gleichgewicht, Preisniveaustabilität und Vollbeschäftigung.

2.3 In einer vollbeschäftigten Volkswirtschaft mit eigener Währung steigen die Preise jährlich um ca. 10 %. Es bestehen laufende Exportüberschüsse. Das Wirtschaftswachstum beträgt im kommenden Jahr voraussichtlich 3 %. Der Grad der Umweltverschmutzung ist sehr hoch, sodass die Lebenserwartung der Bevölkerung zu sinken beginnt. Die derzeitige Einkommens- und Vermögensverteilung wird als „gerecht" empfunden.

Die Regierung beschließt, die Grenzen weiter zu öffnen, um die Importe zu steigern. Die sechs magischen Ziele der Wirtschaftspolitik werden von der Regierung als gleichrangig betrachtet.

3.

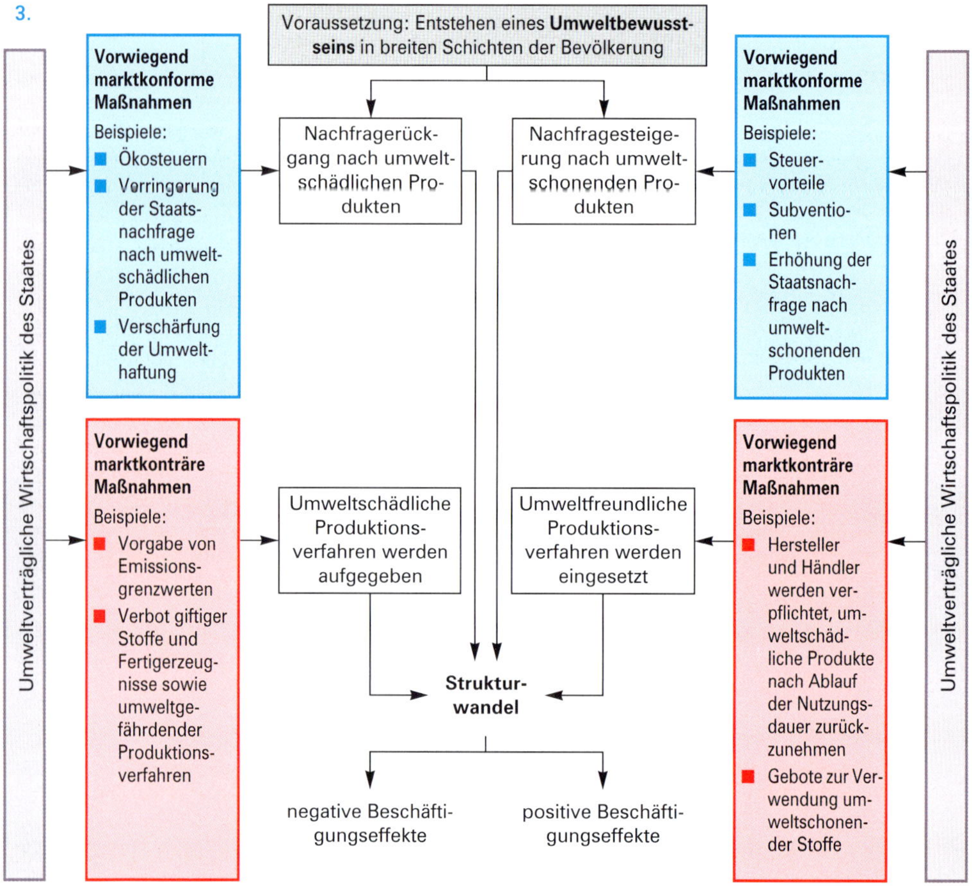

Arbeitsauftrag: Betrachten Sie die obige Abbildung und beantworten Sie folgende Fragen:

3.1 Was ist unter einer Ökosteuer zu verstehen?

3.2 Wie wirkt sich die Erhebung einer Ökosteuer auf die Angebotskurve eines Produkts aus?

3.3 Welche Wirkungen ergeben sich auf einem polypolistischen Markt im Hinblick auf den Preis sowie die absetzbare Menge des mit einer Ökosteuer belasteten Produkts?

3.4 Wie kann der Staat selbst durch sein Nachfrageverhalten Einfluss auf die Produktion umweltfreundlicher Produkte nehmen? Nennen Sie ein Beispiel!

4. Angenommen, Angebot und Nachfrage nach einem umweltschädlichen Gut A verhalten sich normal. Das Gut A wird mit einer Ökosteuer belegt.

4.1 Stellen Sie mithilfe der Angebots- und Nachfragekurve dar, wie sich Preis und Absatzmenge des Gutes A verändern!

4.2 Wie könnte sich die Ökosteuer auf das Produkt A auf die Nachfrage nach dem Substitutionsgut B auswirken?

4.3 Bilden Sie zwei eigene Beispiele für den unter 4.2 beschriebenen Substitutionseffekt!

5. **Textauszug:**

Studie: Wirtschaft geht vor Umweltpolitik

Wenn die Bundesregierung an ihrer gegenwärtigen Politik festhält, kann die Natur für künftige Generationen nicht erhalten werden. Das hat das Berliner Institut für Zukunftsstudien und Technologiebewertung (IZT) festgestellt. Die Zukunftsforscher haben im Auftrag des Umweltbundesamtes die langfristige Umwelt- und Wirtschaftspolitik der Bundesregierung untersucht.

So kritisieren die Forscher, dass es nicht nur an den Taten, sondern auch an klaren Zielen fehlt. Sie vermissen beispielsweise in der Klimapolitik eine klare Rangfolge der in Zukunft zu verwendenden und zu fördernden Energien.

Wo es konkrete Ziele gibt, da werden sie nicht erreicht. Die Bundesregierung hatte sich selbst verpflichtet, den Kohlendioxid-Ausstoß des Verkehrs zu reduzieren. Das wird nicht gelingen, sagen die Berliner Forscher: Angesichts des ständig wachsenden Straßen- und Flugverkehrs sei in den nächsten 10 bis 15 Jahren sogar mit einer Zunahme des Kohlendioxids und anderer Luftschadstoffe zu rechnen. Die derzeitige Steuerpolitik sei kein geeignetes Instrument, um dieses Problem in den Griff zu bekommen.

Eine ökologisch sinnvolle Energiepolitik wird nach Ansicht der Zukunftsforscher außerdem dadurch blockiert, dass zur Erhaltung von Arbeitsplätzen Maßnahmen getroffen werden, die der Umwelt schaden. Ein Beispiel ist die weitere Subventionierung der Kohle.

Als trügerischen Erfolg werten die Forscher die Vergrößerung der Waldfläche in Deutschland. Zwar hat sich der Anteil des Waldes seit 1981 leicht erhöht auf inzwischen 30%. Doch häufig wurden Monokulturen aufgeforstet. Die Berliner Wissenschaftler betonen, dass jedoch nur in Mischwäldern die natürliche Widerstandsfähigkeit verbessert werden könne.

Quelle: Öko-Test, Magazin für Gesundheit und Umwelt, Heft 7, 1996, S. 8.

Arbeitsaufträge:

5.1 Die Forscher kritisieren in der oben erwähnten Studie, dass die Regierung nicht genügend klare umweltpolitische Ziele formuliere. Versuchen Sie, solche „klaren" Ziele zu nennen!

5.2 Es wird behauptet, dass die derzeitige Steuerpolitik kein geeignetes Instrument sei, das Problem der Zunahme des Kohlendioxids und anderer Luftschadstoffe in den Griff zu bekommen. Wie müsste eine Steuerpolitik aussehen, die dazu beitragen kann, das angesprochene Problem lösen zu helfen?

5.3 Was kritisieren die Forscher an der Wiederaufforstung in Deutschland?

9.3.2 Nachfrageorientierte Wirtschaftspolitik

Die Geldpolitik einer Zentralbank kann durch den Staat unterstützt, aber auch durchkreuzt werden. Stellt der Staat seine Ausgaben- und Einnahmenpolitik bewusst in den Dienst der Wirtschaftspolitik, spricht man von *Fiskalpolitik.*[1]

1. Begriff und Wesen der antizyklischen[2] Fiskalpolitik

Ideal ist es, wenn der „Staat" (genauer z.B. die Bundesregierung, die Länderregierungen und die Gemeinden) eine *antizyklische* Fiskalpolitik betreibt.

Erhöhung der Staatseinnahmen und Senkung der Staatsausgaben	Besteht Inflationsgefahr, kann der Staat die Steuern erhöhen und die zusätzlichen Einnahmen bei der Zentralbank oder bei den Kreditinstituten stilllegen **(Konjunkturausgleichsrücklage).** Dem Wirtschaftskreislauf wird Geld entzogen, die Inflation wird gebremst. Die Kürzung von Staatsausgaben (z.B. Einstellungs- und Beförderungsstopp im öffentlichen Dienst, Verringerung der Staatsausgaben für öffentliche Investitionen) wirkt in die gleiche Richtung: Die nachfragewirksame Geldmenge wird geringer, der Preisauftrieb wird gedämpft.
Senkung der Staatseinnahmen und Erhöhung der Staatsausgaben	Ist die Wirtschaft unterbeschäftigt, kann der Staat die Steuern senken und den Einnahmeausfall durch **Auflösung der Konjunkturausgleichsrücklage** oder durch Kreditaufnahme decken. Dem Wirtschaftskreislauf wird zusätzliches Geld zugeführt. Der Staat erwartet, dass aufgrund dieser Maßnahmen die Nachfrage nach Konsum- und Investitionsgütern steigt und so die Arbeitslosigkeit abgebaut wird. **Beispiel:** Fragt der Staat z.B. mehr Bauleistungen nach, erhöht sich die Beschäftigung in der Bauindustrie. Diese wiederum kann mehr Baumaterialien, mehr Maschinen, mehr Kraftfahrzeuge und mehr Arbeitskräfte nachfragen (Multiplikatorwirkung zusätzlicher Staatsausgaben).

Die echte antizyklische Fiskalpolitik sorgt also für einen ausgeglichenen Staatshaushalt, weil sie Mindereinnahmen und Mehrausgaben aus den Rücklagen decken kann, die in Zeiten guter Konjunktur gebildet wurden. Sie ist im wahrsten Sinne des Wortes **Konjunkturpolitik.**

1 Unter „Fiskus" versteht man heute den Staat schlechthin, insoweit er es mit Staatseinnahmen (vor allem Steuern), Staatsausgaben oder Staatsvermögen zu tun hat („Einheit von Fiskus und Staat"). Das Wort Fiskus kommt aus dem Lateinischen und bedeutet Korb, Geldkorb, Kasse. Fiskalpolitik ist somit Wirtschaftspolitik mit Geldmitteln aus der „Staatskasse".

2 Antizyklisch = dem Konjunkturzyklus entgegengesetzt.

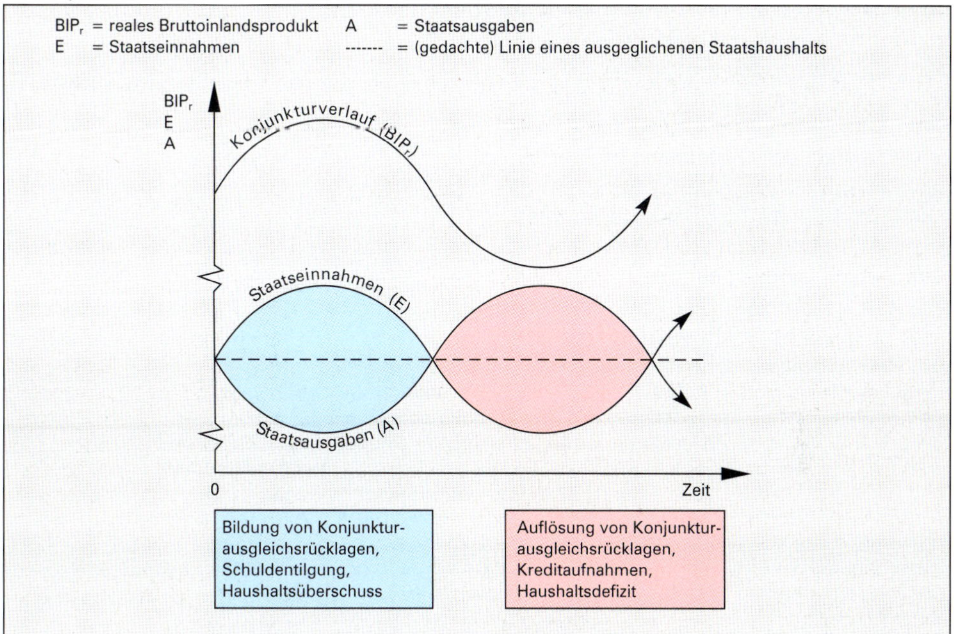

Die antizyklische Finanzpolitik im Modell (Idealfall)

2. Begriff nachfrageorientierte Wirtschaftspolitik

Die dargestellte „antizyklische Finanzpolitik" ist die konsequente Anwendung des von JOHN MAYNARD KEYNES[1] verbreiteten Gedankenguts. Nach KEYNES und seinen Anhängern ist die **Einnahmen- und Ausgabenpolitik** der Regierung (d. h. die Politik des Fiskus = Fiskalpolitik) das **Hauptmittel,** mit dem man erfolgreich lenkend in den Konjunkturverlauf eingreifen kann **(Fiskalismus).** Durch die Steigerung der Staatsausgaben und/oder durch Steuersenkungen ist der Staat in der Lage, die Wirtschaft aus einem konjunkturellen Tal herauszuführen und die Arbeitslosigkeit zu bekämpfen. Auf der anderen Seite sehen die Fiskalisten in einer Verringerung der Staatsausgaben und/oder in Steuererhöhungen Möglichkeiten, inflationäre Tendenzen zurückzudrängen.

Da sich die so angewandte Fiskalpolitik hauptsächlich auf die gesamtwirtschaftliche Nachfrage auswirkt, spricht man von einer **nachfrageorientierten Wirtschaftspolitik.**

1 John Maynard Keynes, britischer Volkswirtschaftler (1883 – 1946), legte in seinem Hauptwerk „Die allgemeine Theorie der Beschäftigung, des Zinses und des Geldes" die Grundlagen der nachfrageorientierten Wirtschaftspolitik.

Im einfachsten Fall[1] lässt sich die nachfrageorientierte Wirtschaftspolitik wie in der nebenstehenden Abbildung darstellen. Wird die gesamtwirtschaftliche Nachfrage (Konsumgüternachfrage der privaten Haushalte, Staatsnachfrage, Investitionsgüternachfrage) erhöht, nimmt die Beschäftigung (gemessen am realen Bruttoinlandsprodukt) zu. Die konjunkturelle Arbeitslosigkeit nimmt ab. Verhält sich das gesamtwirtschaftliche Angebot normal, besteht Inflationsgefahr, wenn die Produktionskapazitäten voll ausgelastet sind.

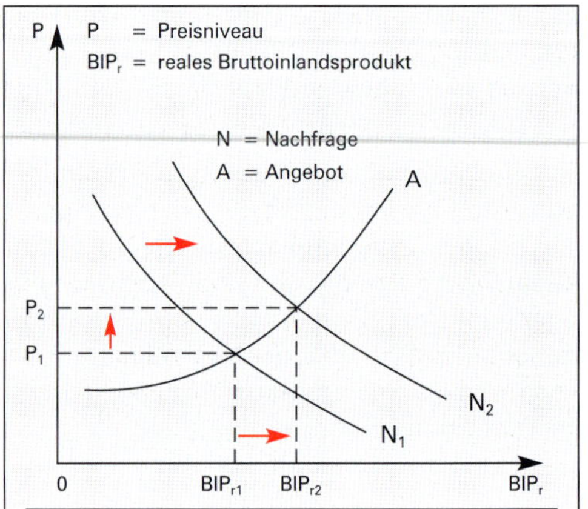

Modell der nachfrageorientierten Wirtschaftspolitik

3. Grenzen der antizyklischen Fiskalpolitik

Problematisch ist die antizyklische Fiskalpolitik (Finanzpolitik), wenn sich die Wirtschaft im Zustand der Stagflation befindet. Wird die nachfragewirksame Geldmenge erhöht, steigen die Preise noch stärker, ohne dass eine Garantie dafür besteht, dass auch die Beschäftigung zunimmt. Wird auf eine Erhöhung der nachfragewirksamen Geldmenge verzichtet, ist zwar die Inflationsgefahr geringer; dafür ist aber auch kein Abbau der Arbeitslosigkeit zu erreichen **(Zielkonflikt).**

Eine wirkungsvolle staatliche Konjunkturpolitik setzt auch die Bewältigung einer Reihe von **Abstimmungsproblemen** (Koordinierungsproblemen) voraus. So müssen z.B. der Bund, die Länder und – wenn möglich – die Gemeinden „am gleichen Strang" ziehen, d.h. die der jeweiligen konjunkturellen Situation entsprechenden Maßnahmen ergreifen. Die konjunkturpolitischen Maßnahmen dürfen auch nicht zu spät erfolgen. Häufig ist es in der Praxis jedoch so, dass von der Beschlussfassung bis zur Realisierung geraume Zeit verstreicht, sodass konjunkturfördernde Maßnahmen erst dann wirksam werden, wenn man sie eigentlich nicht mehr bräuchte, konjunkturdämpfende Maßnahmen erst dann greifen, wenn sich die Konjunktur bereits im Abschwung befindet.

4. Deficit-spending[2]

Die Regierungen (und die Parlamente) neigen dazu, in konjunkturell guten Zeiten die Mehreinnahmen auszugeben anstatt sie zu sparen, also in die Konjunkturausgleichsrücklage einzustellen. In konjunkturell schlechten Zeiten muss folglich der Staat Kredite aufnehmen, um die Konjunktur zu stützen. Man spricht von **Deficit-spending.**

Werden in Zeiten der Hochkonjunktur bereits bestehende Schulden nicht ausreichend abgebaut und keine Konjunkturausgleichsrücklagen gebildet, nehmen die Staatsschulden

1 Die gesamtwirtschaftliche Nachfrage (N) und das gesamtwirtschaftliche Angebot (A) verhalten sich normal.

2 Deficit (engl.) = Fehlbestand, Defizit.

von Konjunkturrückgang zu Konjunkturrückgang zu. Die staatliche Konjunkturpolitik besteht dann nur noch aus einem immer umfangreicher werdenden Deficit-spending. Der wachsende Schuldendienst (Zins- und Tilgungszahlungen) verkleinert zunehmend die finanzielle Manövriermasse, die zur Konjunkturförderung eingesetzt werden kann.

Schließlich erreicht die Staatsverschuldung eine Höhe, die politisch und wirtschaftlich nicht mehr vertretbar ist. Die Regierungen sind gezwungen, die Staatseinnahmen (z.B. durch Steuererhöhungen) zu steigern und die Staatsausgaben zu kürzen (z.B. durch den Abbau von Subventionen und Sozialausgaben), und dies auch dann, wenn sich die Wirtschaft in einer Rezession und/oder Strukturkrise befindet. Eine übermäßige Staatsverschuldung ist das Ende staatlicher Konjunkturpolitik. Im Gegenteil: Weil auch im Konjunkturrückgang gespart werden muss, verstärken die staatlichen Sparmaßnahmen die Rezession.

5. Ziele und Mittel des Stabilitätsgesetzes

Ziele. Die wirtschaftspolitischen Ziele des **„magischen Vierecks"** werden – allerdings mit unterschiedlichem Gewicht – von den meisten marktwirtschaftlich orientierten Staaten verfolgt. In der Bundesrepublik Deutschland haben diese Ziele ihren Niederschlag im Stabilitätsgesetz[1] gefunden.

Mittel. Die im Stabilitätsgesetz genannten Mittel zur Erreichung wirtschaftspolitischer Ziele beziehen sich einmal auf die Einnahmepolitik, zum anderen auf die Ausgabenpolitik. So schreibt der § 1 StabG vor, dass Bund und Länder bei ihren wirtschafts- und finanzpolitischen Maßnahmen die Erfordernisse des gesamtwirtschaftlichen Gleichgewichts zu beachten haben. Die Maßnahmen sind so zu treffen, dass sie im Rahmen der marktwirtschaftlichen Ordnung gleichzeitig zur **Stabilität des Preisniveaus,** zu einem **hohen Beschäftigungsstand** und **außenwirtschaftlichen Gleichgewicht** bei **stetigem und angemessenem Wirtschaftswachstum** beitragen.

Jahresbericht der Bundesregierung (§ 2 StabG). Die Bundesregierung muss dem Bundestag und dem Bundesrat jedes Jahr im Januar einen Jahreswirtschaftsbericht vorlegen, in welchem die wichtigsten wirtschaftspolitischen Ziele für das laufende Jahr darzulegen sind (Jahresprojektion).[2]

Die Jahresprojektion bedient sich der Mittel und der Form der volkswirtschaftlichen Gesamtrechnung, gegebenenfalls mit Alternativrechnungen.[3] Des Weiteren muss die Regierung die geplante Wirtschafts- und Finanzpolitik darlegen.

Konzertierte Aktion (§ 3 StabG). Im Falle der Gefährdung eines der Ziele des magischen Vierecks stellt die Regierung für ein abgestimmtes Verhalten (konzertierte Aktion) den Gebietskörperschaften, Gewerkschaften und Unternehmensverbänden Orientierungsdaten zur Verfügung, die vor allem die gesamtwirtschaftlichen Zusammenhänge der gegebenen Situation enthalten.

---

1 Gesetz zur Förderung der Stabilität und des Wachstums der Wirtschaft (StabG) vom 8. Juni 1967 mit Änderungen.

2 Projektion (lat. projectum = das nach vorn Geworfene). Hier: Entwurf, Planung, Vorhaben.

3 Alternative (lat.) = weitere Möglichkeit(en), hier z.B. Umweltökonomische Gesamtrechnungen (S. 117) oder Wohlstandsmessung der Weltbank (S. 119).

Außenwirtschaftliche Störungen (§ 4 StabG). Können Störungen des außenwirtschaftlichen Gleichgewichts nicht durch binnenwirtschaftliche Maßnahmen oder nur durch Beeinträchtigung der übrigen Ziele des magischen Vierecks abgewehrt werden, hat die Bundesregierung alle Möglichkeiten der internationalen Koordination[1] zu nutzen.

Eingehen von Verpflichtungen (§ 5 I StabG). Im Bundeshaushalt sind Umfang und Zusammensetzung der Ausgaben und der Ermächtigungen zum Eingehen von Verpflichtungen (Kreditaufnahmen) so zu bemessen, wie es zur Erreichung der Ziele des magischen Vierecks erforderlich ist.

Mittelfristige Finanzplanung (§ 9 StabG). Der Haushaltswirtschaft des Bundes ist eine fünfjährige Finanzplanung zugrunde zu legen. Der Finanzplan, der die voraussichtliche Einnahmen- und Ausgabenentwicklung aufgrund der zu erwartenden Wirtschaftsdaten enthält, muss jährlich an die jeweilige Situation angepasst werden.

Konjunkturrat (§§ 18, 22 StabG). Bei der Bundesregierung ist ein Konjunkturrat für die öffentliche Hand zu bilden. Dem Rat gehören die Bundesminister für Wirtschaft und Finanzen, je ein Vertreter eines jeden Bundeslandes und vier Gemeindevertreter an. Der Konjunkturrat ist insbesondere zu den konjunkturpolitischen Maßnahmen nach den §§ 15, 19 und 20 StabG zu hören.

Subventionsbericht (§ 12 StabG). Bundesmittel, die für bestimmte Zwecke außerhalb der Bundesverwaltung gegeben werden, insbesondere Finanzhilfen (= Subventionen), sollen so gewährt werden, dass es den Zielen des § 1 StabG nicht widerspricht. Über die Art der Finanzhilfen hat die Bundesregierung dem Bundestag und dem Bundesrat zusammen mit dem Entwurf des Bundeshaushaltsplans alle zwei Jahre eine zahlenmäßige Übersicht über die laufenden Finanzhilfen (Subventionsbericht) vorzulegen.

Antizyklische Finanzpolitik. Das Stabilitätsgesetz setzt eine antizyklische Finanzpolitik voraus:

Konjunktur-dämpfung	Bei einer die volkswirtschaftliche Leistungsfähigkeit übersteigenden Nachfrageausweitung, also in der Hochkonjunktur, sollen Mittel zur Tilgung von Schulden oder zur Zuführung an eine Konjunkturausgleichsrücklage verwendet werden (§ 5 II StabG). Die Konjunkturausgleichsrücklage ist bei der Deutschen Bundesbank anzusammeln (§ 7 I StabG). Ferner kann die Bundesregierung bestimmte geplante Baumaßnahmen verschieben, um die Güternachfrage zu dämpfen (§ 6 I StabG).
Konjunktur-förderung	Bei einer Abschwächung der allgemeinen Wirtschaftstätigkeit, d.h. im Fall eines Konjunkturabschwungs, sollen die erforderlichen Mittel für konjunkturfördernde Maßnahmen zunächst der Konkunkturausgleichsrücklage entnommen werden (§ 5 III StabG). Darüber hinaus kann die Bundesregierung bestimmen, dass zur Förderung der Wirtschaft zusätzliche Ausgaben geleistet werden (§ 6 II StabG).

Heutige Bedeutung des Stabilitätsgesetzes. Zahlreiche Kannvorschriften des Stabilitätsgesetzes werden in der Bundesrepublik Deutschland seit Jahren praktisch nicht mehr angewendet. Der Hauptgrund: Regierungen und Parlamente haben es versäumt, in „guten Zeiten" (in der Hochkonjunktur) vorhandene Schulden zu tilgen und Konjunkturausgleichsrücklagen zu bilden. Wahltaktisch zahlt es sich kurzfristig besser aus, Steuersen-

1 Koordination (lat.) = in ein Gefüge einbauen, aufeinander abstimmen. Koordination = Zusammenarbeit.

kungen zu beschließen, Subventionen zu gewähren und überhaupt Ausgaben zu erhöhen, also „Wahlgeschenke" zu machen. Die in der Hochkonjunktur erforderliche Sparpolitik ist hingegen unpopulär (d.h. bei der Bevölkerung und bei den Verbänden unbeliebt) und daher schwer durchsetzbar.

Die Folge der Defizitpolitik bei guter Konjunktur ist, dass in der Rezession keine staatlichen Ersparnisse vorhanden sind, um die Konjunktur zu stützen. Im Gegenteil: Die Staatsschulden müssen, um die gesetzlichen und vertraglichen nationalen und internationalen Verpflichtungen erfüllen zu können, weiter erhöht werden. Außerdem werden Staatsausgaben gekürzt und Steuern erhöht, alles Maßnahmen, die prozyklisch wirken, also die Rezession noch verstärken.

Auch die vom Stabilitätsgesetz vorgesehene „konzertierte Aktion" findet in der Bundesrepublik Deutschland nicht mehr statt. Ein möglicher Grund ist, dass die Meinungen der Regierung, der Gewerkschaften und der Unternehmensverbände darüber, welches die „richtige" Wirtschaftspolitik ist, zu weit auseinandergehen.

Angesichts der hohen Staatsverschuldung von Bund und Ländern wurde die sogenannte **„Schuldenbremse"** beschlossen, die im Grundgesetz (GG) verankert wurde (Art. 109, 115 GG). Grundsätzlich sollen die Haushalte des Bundes und der Länder ohne Einnahmen aus Krediten ausgeglichen sein. Beim Bund ist eine Nettoverschuldung nur noch in Höhe von 0,35 % des Bruttoinlandsprodukts zulässig. Eine konjunkturbedingte Erhöhung der Kreditaufnahme in Abschwungphasen muss in Aufschwungphasen auch wieder ausgeglichen werden. Drohende Haushaltsnotlagen sollen in Zukunft rechtzeitig bekämpft werden. Dazu wird ein Stabilitätsrat geschaffen, der die Haushalte von Bund und den einzelnen Ländern überwacht und ein Sanierungsverfahren einleiten kann (Art. 109a GG).

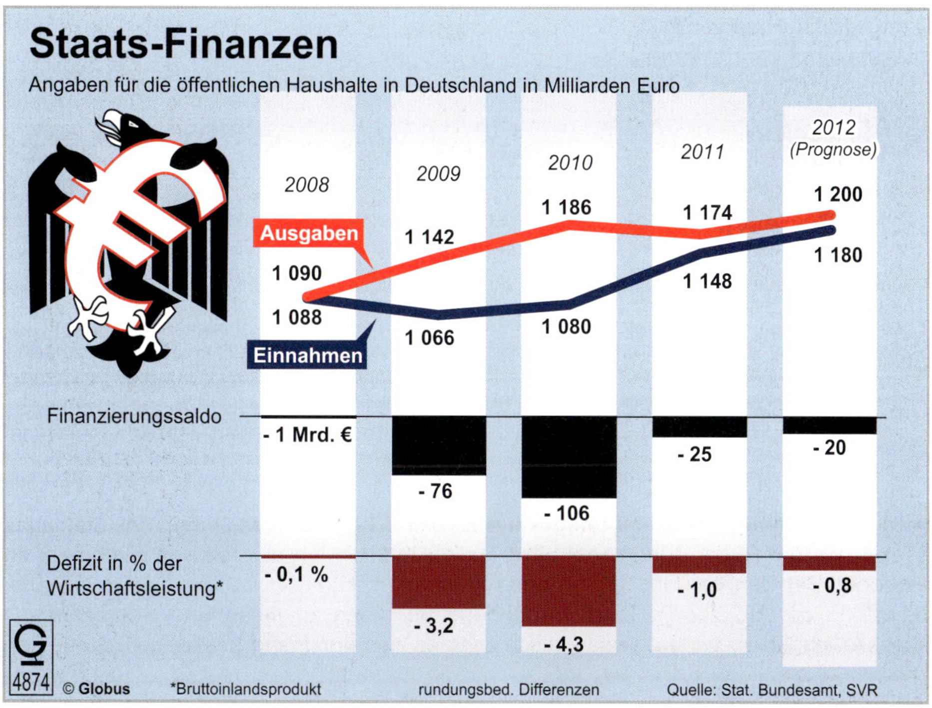

9.3.3 Angebotsorientierte Wirtschaftspolitik

Die angebotsorientierte Wirtschaftspolitik beruht auf dem Monetarismus.[1] Angebotsorientierte Maßnahmen können kurzfristiger Natur sein (z. B. erhöhte Abschreibungsmöglichkeiten für einen begrenzten Zeitraum). Es handelt sich dann um konjunkturpolitische Maßnahmen. Die angebotsorientierte Wirtschaftspolitik kann auch mittel- und langfristig angelegt sein (z.B. eine Reform des Steuerrechts zugunsten der Unternehmen). Auf eine Langzeitwirkung angelegte politische Entscheidungen gehören zum Bereich der Struktur- und Wachstumspolitik.[2]

Die These der **Monetaristen** ist, dass die Arbeitslosigkeit durch den Staat (genauer: durch die Regierungen) selbst verschuldet wird. Der Staat muss sich deshalb bei Eingriffen in den Wirtschaftsablauf zurückhalten, für bessere wirtschaftliche Rahmenbedingungen sorgen und den Abbau der Arbeitslosigkeit den Selbstheilungskräften des Marktes überlassen.

Die **monetaristische Theorie** geht davon aus, dass eine enge Beziehung zwischen der Beschäftigung (der Entwicklung des realen Bruttoinlandsprodukts) einerseits und der Geldmenge andererseits besteht:

- Steigt die Geldmenge, wird über die zusätzlich finanzierte Nachfrage die Wirtschaft angekurbelt; das Inlandsprodukt steigt, die Arbeitslosigkeit nimmt längerfristig ab.
- Wird das Geldmengenwachstum gestoppt, kann die mögliche zusätzliche Nachfrage nicht finanziert werden; die Preissteigerungsraten werden geringer; die Güterproduktion stagniert oder geht zurück. Die Arbeitslosigkeit nimmt zu.

Aus diesen beiden Thesen folgt, dass eine **Verstetigung des Geldmengenwachstums** auch zu einer **Verstetigung des Wirtschaftswachstums** führen muss. Die führende Rolle in der Wirtschaftspolitik muss also die **Zentralbank** (Notenbank) eines Landes bzw. einer Währungsunion haben.

Die Geldpolitik der Zentralbank wird ergänzt durch eine **angebotsorientierte Wirtschaftspolitik** der Regierung: Um die Beschäftigung zu erhöhen, müssen die Kosten der Unternehmen (der Anbieter) gesenkt werden.

Einzelmaßnahmen bzw. -forderungen einer angebotsorientierten Wirtschaftspolitik sind:

1. Die Löhne und die Lohnnebenkosten (vor allem Sozialversicherungsbeiträge) dürfen nicht im selben Maße wie die Produktivität steigen.
2. Die Kostensteuern müssen gesenkt und die Abschreibungsmöglichkeiten verbessert werden.
3. Gesetze, die die wirtschaftlichen Tätigkeiten der Unternehmen einschränken, sollen vereinfacht oder außer Kraft gesetzt werden (Deregulierung, „Entstaatlichung").[3]
4. Bislang öffentliche Betriebe sind zu privatisieren und in den freien Wettbewerb zu entlassen.
5. Die Ansprüche auf Sozialleistungen sollen reduziert (gekürzt) werden. An ihre Stelle sollen Eigeninitiative und Selbstverantwortung treten.

1 Monetär (lat.) = geldlich, das Geld betreffend. Der Monetarismus ist eine Theorie, die sich mit der Wirkung von Geldmengenänderungen befasst. Hauptvertreter des Monetarismus ist der amerikanische Nobelpreisträger Milton Friedman.

2 Siehe auch Kapitel 10.2.3 Angebotsbedingte Arbeitslosigkeit und Kapitel 10.4.1 Langfristige angebotsorientierte Maßnahmen.

3 Näheres siehe Kapitel 10.4.1.2.

Die Wirkungen der angebotsorientierten Wirtschaftspolitik lassen sich ebenso wie die der nachfrageorientierten Wirtschaftspolitik mithilfe der gesamtwirtschaftlichen Angebotskurve und der gesamtwirtschaftlichen Nachfragekurve darstellen. Im einfachsten Fall verhalten sich Angebot und Nachfrage normal. Eine Senkung der Kosten führt zu einer Zunahme des Angebots. Bei unverändertem Nachfrageverhalten nimmt die Beschäftigung zu. Außerdem wird ein Druck auf die Preise ausgeübt.

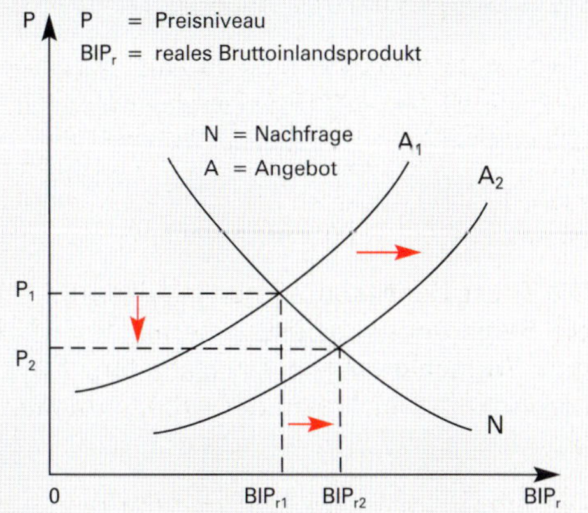

Modell der angebotsorientierten Wirtschaftspolitik

9.4 Konjunktur und Sozialversicherung

Die Sozialversicherungsbeiträge sind an die Bruttoentgelte gebunden. Die **Einnahmen** der Sozialversicherungsträger verhalten sich daher prozyklisch: Im **Konjunkturaufschwung** nehmen sie zu, im **Konjunkturabschwung** ab. Es kann daher sein, dass die Sozialversicherungsträger im Abschwung ihre Beitragssätze erhöhen müssen, um Defizite zu decken. Die Folge ist, dass der Konjunkturabschwung verstärkt wird.

Im Konjunkturabschwung steigen die **Ausgaben** der Bundesagentur für Arbeit, während die Ausgaben der Krankenkassen für Krankheit und Pflege konjunkturell kaum beeinflusst werden. Im Gegenteil: Der Krankenstand der Beschäftigten nimmt mit zunehmender Arbeitslosigkeit regelmäßig ab.

Auch Ausgaben der staatlichen Rentenversicherung werden von der Konjunktur beeinflusst, weil die Zahl der Frührentner mit zunehmender Arbeitslosigkeit steigt.

Vor allem die steigenden Ausgaben der gesetzlichen Arbeitslosenversicherung während des Konjunkturabschwungs wirken antizyklisch auf die Konjunktur, weil die verfügbaren Einkommen der privaten Haushalte stabilisiert werden.

AUFGABEN

1. Der Staat betreibt Konjunkturpolitik. Dabei kommt es ihm nicht so sehr darauf an, möglichst hohe Zuwachsraten des realen Bruttoinlandsprodukts (BIP_r) zu erreichen. Vielmehr geht es darum, negative Veränderungsraten zu vermeiden.
   1.1 Erklären Sie den Begriff Konjunktur!
   1.2 Begründen Sie, warum der Staat Konjunkturpolitik betreibt!
   1.3 Welche Möglichkeit staatlicher Konjunkturpolitik wird in nebenstehender Abbildung veranschaulicht?
   Begründen Sie Ihre Feststellung!
   1.4 Die in nebenstehender Abbildung dargestellte Fiskalpolitik sollte der Staat verfolgen.

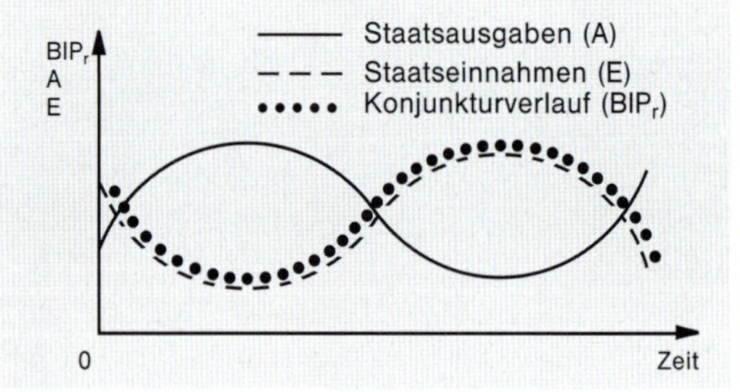

   1.4.1 Begründen Sie die Forderung nach einer derart gestalteten Fiskalpolitik!
   1.4.2 Die unter 1.3 beschriebene Finanzpolitik setzt i.d.R. voraus, dass der Staat „Deficit-spending" betreibt, wenn er die Konjunktur ankurbeln möchte. Warum?
   1.4.3 Während der Hochkonjunktur soll der Staat Konjunkturausgleichsrücklagen bilden oder Staatsschulden vorzeitig tilgen (zurückzahlen). Welche Auswirkungen auf den Konjunkturverlauf kann diese Rücklagenpolitik haben? Begründen Sie Ihre Feststellungen!
   1.5 Die antizyklische Finanzpolitik ist eine nachfrageorientierte Konjunkturpolitik. Begründen Sie diese Feststellung!
   1.6 Erläutern Sie Wirkung, Vor- und Nachteil der nachfrageorientierten Wirtschaftspolitik!
   1.7 Begründen Sie, warum in Staaten mit hohen Haushaltsdefiziten eine antizyklische Finanzpolitik nicht möglich ist!
2. Die angebotsorientierte Finanzpolitik beruht auf dem Monetarismus.
   2.1 Erläutern Sie den Begriff Monetarismus!
   2.2 Nennen Sie drei angebotsorientierte Maßnahmen des Staates!
   2.3 Erläutern Sie Wirkung, Vor- und Nachteile der angebotsorientierten Wirtschaftspolitik!
3. Stellen Sie den Zusammenhang zwischen Konjunkturverlauf und Einnahmen bzw. Ausgaben der Sozialversicherungsträger dar!

10 Beschäftigung

10.1 Arbeitsmarktdaten

Beschäftigungsmessung

Wie bereits im Kapitel 9.3.1.2 gesagt wurde, kann man die Beschäftigungslage in einer Volkswirtschaft an den Arbeitslosenzahlen *und* den offenen Stellen beurteilen.

- Von **Vollbeschäftigung** spricht man, wenn die Arbeitslosenquote nicht mehr als 2% beträgt.
- **Überbeschäftigung** liegt vor, wenn die Zahl der offenen Stellen erheblich über der Zahl der Arbeitslosen liegt (vgl. in der folgenden Tabelle das Jahr 1966).
- **Unterbeschäftigung** ist gegeben, wenn die Arbeitslosenquote höher als 1,5% ist *und* die Zahl der offenen Stellen niedriger als die Arbeitslosenzahl ist.

Entwicklung des Arbeitsmarkts in der Bundesrepublik Deutschland (ab 1994 Gesamtdeutschland)
(Zahlen in Tausend)

Jahr	Arbeitnehmer	Arbeitslose	Offene Stellen
1966	21870	161	539
1974	22152	582	315
1982	22395	1272	207
1990	25445	1883	314
1994	31385	3698	294
1998	33560	4279	422
2000	34718	3889	514
2002	34577	4060	451
2004	34652	4381	286
2006	34500	4487	564
2008	35866	3268	569
2009	35854	3423	486
2010	40483	3244	359
2011	41095	2976	466
2012*	41143	3074	472

* 1. Vierteljahr
Quelle: Monatsberichte der Deutschen Bundesbank, iwd.

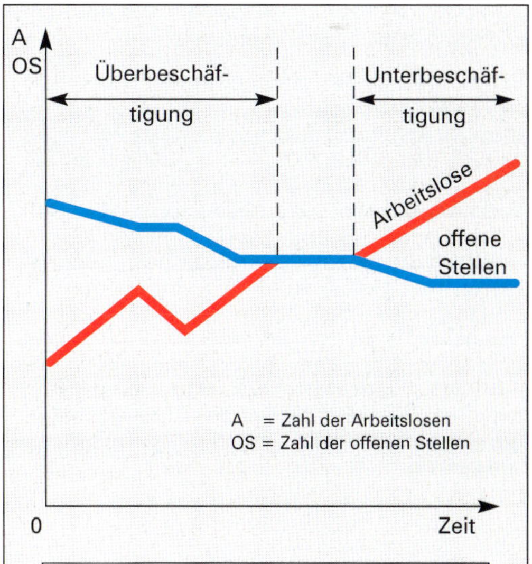

Unter-, Über- und Vollbeschäftigung

Begriff Arbeitslosigkeit

Eine einheitliche national und international gültige Definition des Begriffs Arbeitslosigkeit gibt es nicht. Wir halten uns hier an die Arbeitsmarktstatistik der Bundesagentur für Arbeit: Als arbeitslos gilt, wer trotz Arbeitsfähigkeit und Arbeitswilligkeit nicht in einem Beschäftigungsverhältnis steht. Die Bundesagentur für Arbeit rechnet zu den Arbeitslosen alle Personen, die das 15., aber noch nicht das 65. Lebensjahr[1] vollendet haben, die be-

1 In dem Gesetz zur Anpassung der Regelaltersgrenze an die demografische Entwicklung und zur Stärkung der Finanzierung der gesetzlichen Rentenversicherung wurde eine sukzessive Anhebung der Regelaltersgrenze von 65 auf 67 Jahre beschlossen. Beginnend im Jahr **2012** wird die Altersgrenze zunächst sukzessive um **einen** Monat pro Geburtsjahrgang und dann ab **2024** sukzessive um **zwei** Monate pro Geburtsjahrgang bis zur Regelaltersgrenze von 67 Jahren angehoben. Für alle ab 1964 Geborenen gilt die Regelaltersgrenze von 67 Jahren.
Die Datenaufbereitungsverfahren und Veröffentlichungen der Statistik sind auf die feste Altersgrenze von 65 Jahren ausgelegt und werden – wo nötig – an die oben beschriebene flexible Altersgrenze angepasst. In allen betroffenen Statistiken werden Personen bis zur neuen flexiblen Regelaltersgrenze erfasst. Anpassungen sind insbesondere für die Arbeitslosenstatistik notwendig.

29 Hartmann-Härter-Seifert - ISBN 978-3-8120-0412-1

schäftigungslos sind oder nur eine kurzzeitige Beschäftigung (zz. weniger als 15 Stunden je Woche) ausüben und ein versicherungspflichtiges, mindestens 15 Wochenstunden umfassendes Beschäftigungsverhältnis suchen. Als arbeitslos gilt außerdem nur, wer sich persönlich bei der Bundesagentur für Arbeit oder einem Träger der Grundsicherung[1] arbeitslos gemeldet hat, der Arbeitsvermittlung zur Verfügung steht und nicht arbeitsunfähig erkrankt ist (siehe auch § 16 SGB III).

Neben dieser sogenannten **registrierten Arbeitslosigkeit** gibt es eine **verdeckte Arbeitslosigkeit.** Dazu gehören Personen, die von Kurzarbeit betroffen sind, die an einer Fortbildungs- oder Umschulungsmaßnahme teilnehmen, sich im Vorruhestand befinden oder Altersübergangsgeld beziehen. Auch Arbeitnehmer, die bei Arbeitgebern beschäftigt sind, die einen Eingliederungszuschuss erhalten, zählen zu den verdeckten Arbeitslosen.

Statistisch kaum erfassbar ist die sogenannte **stille Reserve.** Man versteht darunter den Teil des Erwerbspersonenpotenzials, der weder erwerbstätig noch arbeitslos gemeldet ist, aber bereit ist, eine Arbeit aufzunehmen. Die zur stillen Reserve gehörenden Erwerbspersonen würden, falls sich die Gelegenheit bietet (z.B. bei einer Belebung des Arbeitsmarktes), eine Stelle annehmen.

Im Durchschnitt des Jahres 2010 waren rund 3,24 Millionen Erwerbspersonen bei den Arbeitsagenturen als Arbeit suchend registriert. Das waren fast 200 000 weniger als 2009. Was die Statistik jedoch nicht ausweist, ist die Zahl der sogenannten verdeckt Arbeitslosen: Die Zahl derjenigen arbeitswilligen Personen, die sich beispielsweise in Kurzarbeit, Arbeitsbeschaffungsmaßnahmen, Umschulungen und Vorruhestand befanden, betrug 1,3 Millionen. Zählt man die verdeckt Arbeitslosen zu den bei den Agenturen als arbeitslos Registrierten hinzu, liegt die Zahl der Erwerbslosen mit 4,54 Millionen noch immer sehr hoch. Allerdings erwarten Experten, dass 2011 die Zahl der offiziell gemeldeten Arbeitslosen unter die Drei-Millionen-Marke sinken wird.

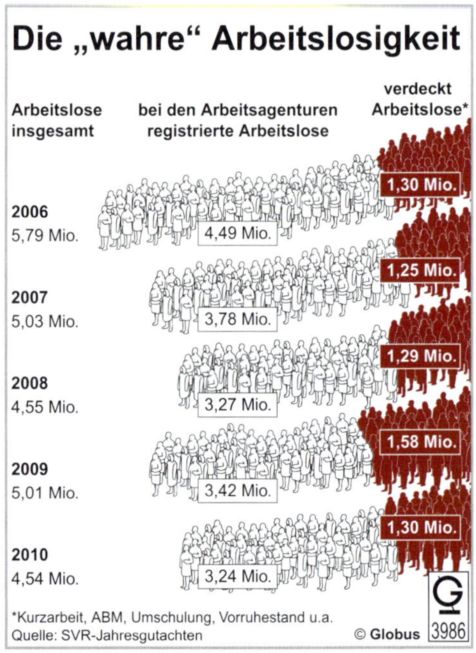

Begriff Arbeitslosenquote

- Die **Arbeitslosenquote** ist der prozentuale Anteil der Arbeitslosen an den Erwerbspersonen insgesamt.

Unter Erwerbspersonen sind die unselbstständigen Erwerbspersonen und selbstständigen Erwerbspersonen *zuzüglich der arbeitslosen Personen* zu verstehen.

$$\textbf{Arbeitslosenquote} = \frac{\textbf{Arbeitslosenzahl} \cdot \textbf{100}}{\textbf{Anzahl der Erwerbspersonen}^{2}}$$

1 Die Grundsicherung ist im Zweiten Sozialgesetzbuch (SGB II) geregelt (Näheres siehe Kapitel 5.4).

2 Zum Begriff Erwerbspersonen siehe auch Kapitel 2.1.2.

Begriff offene Stellen

Die offenen Stellen sind die der Arbeitsverwaltung (den Agenturen für Arbeit) als zu besetzende angezeigte Stellen. Die Veränderung der offenen Stellen kann als Indikator für künftige Entwicklungen auf dem Arbeitsmarkt gelten. Nimmt die Zahl der offenen Stellen zu, deutet dies auf eine Belebung des Arbeitsmarktes hin. Nimmt die Zahl der offenen Stellen ab, ist mit weiter steigender Arbeitslosigkeit zu rechnen.

AUFGABEN

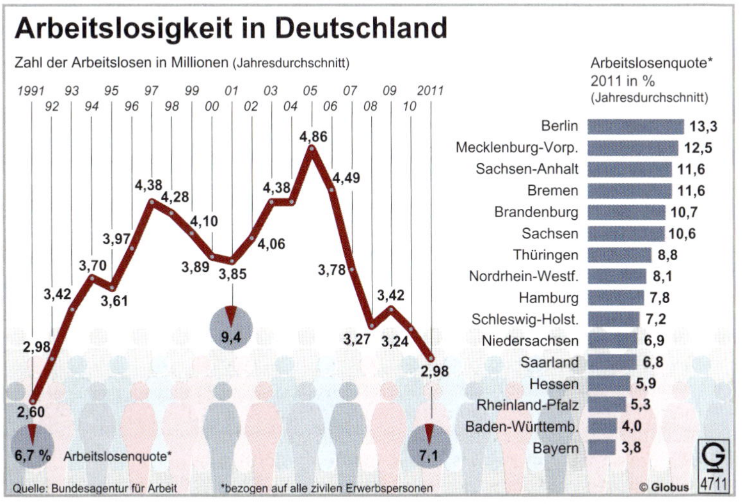

Die Arbeitslosigkeit in Deutschland ist im Jahr 2011 weiter zurückgegangen. Waren im Jahresdurchschnitt 2010 noch rund 3,24 Mio. Männer und Frauen arbeitslos gemeldet, so waren es 2011 mit 2,98 Mio. rund eine Viertelmillion weniger. Die Quote sank von 7,7 auf 7,1 %. In Westdeutschland waren im Jahresdurchschnitt 2,03 Mio. Menschen arbeitslos gemeldet; das entsprach einer Quote von 6,0 %. Im Osten waren es 950000 (11,3 %). Damit hat die Euro-Staatsschuldenkrise des Jahres 2011 keine Auswirkungen auf den deutschen Arbeitsmarkt gehabt. Experten gehen davon aus, dass sich die Arbeitslosigkeit 2012 auf ähnlichem Niveau wie 2011 bewegen wird. Angesichts der ungelösten Euro-Staatsschuldenkrise sind solche Prognosen allerdings mit Unsicherheit behaftet.

1. Lässt sich aus der Abnahme der Arbeitslosenquote ohne Weiteres auf eine Zunahme der Arbeitsplätze schließen?
2. Die Arbeitsmarktstatistik der Bundesagentur für Arbeit umfasst auch die Zahl der Kurzarbeiter. Unter Kurzarbeit ist eine grundsätzlich bis sechs Monate dauernde Verkürzung der regelmäßigen Arbeitszeit bei einvernehmlicher Regelung (z. B. durch Betriebsvereinbarung zwischen Arbeitgeber und Betriebsrat) zu verstehen.[1] Gründe für Kurzarbeit können unvermeidbare vorübergehende Auftragsrückgänge oder längere Zeit beanspruchende technische Änderungen in einem Unternehmen sein. Durch die Kurzarbeit wird das Arbeitsverhältnis nicht beendet. Vielmehr bleibt der Arbeitsplatz erhalten. Nach dem SGB III (siehe §§ 95 ff.) wird dem Arbeitnehmer über seinen Arbeitgeber Kurzarbeitergeld aus Mitteln der gesetzlichen Arbeitsförderung (Arbeitslosenversicherung) gezahlt.

   Lassen sich Rückschlüsse aus der Entwicklung der Zahl der Kurzarbeiter auf die Entwicklung des Arbeitsmarktes ziehen? Begründen Sie Ihre Antwort!
3. Unterscheiden Sie registrierte und verdeckte Arbeitslosigkeit!
4. Wenn über den Arbeitsmarkt gesprochen wird, ist häufig auch von der „stillen Reserve" die Rede. Erläutern Sie, was hierunter zu verstehen ist!

1 Zum Kurzarbeitergeld siehe S. 174 f.

10.2 Ursachen und Arten der Arbeitslosigkeit

Die Arbeitslosigkeit kann nach verschiedenen Gesichtspunkten eingeteilt werden. Einteilungsgesichtspunkte sind z. B. ihre durchschnittliche Dauer oder ihre Ursachen und die statistische Erfassbarkeit (verdeckte bzw. offene Arbeitslosigkeit). Im Folgenden werden die Arten der Arbeitslosigkeit nach ihren Ursachen und nach ihrer Dauer unterschieden.

10.2.1 Friktionelle[1] Arbeitslosigkeit

Durch Wechsel des Arbeitsplatzes, Umstrukturierungen in den Unternehmen und durch die oft zeitaufwendige Suche nach einer angemessenen Beschäftigung bleibt auch in Zeiten der Vollbeschäftigung eine niedrige Arbeitslosenquote erhalten. Die Tatsache, dass Leute eine Arbeit aufgegeben und eine andere noch nicht aufgenommen haben, führt sozusagen zu „Reibungsverlusten" auf dem Arbeitsmarkt.

10.2.2 Nachfragebedingte Arbeitslosigkeit

Kurz- und mittelfristige Nachfrageschwankungen können die Zahl der Arbeitslosen erhöhen oder verringern. Kurzfristige Nachfrageschwankungen sind i. d. R. saisonal,[2] mittelfristige i. d. R. konjunkturell[3] bedingt. Man unterscheidet deshalb auch zwischen saisonaler (saisoneller) und konjunktureller Arbeitslosigkeit.

 258 200

1 Friktio (lat.) = Reibung.
2 Saison (frz.) = Hauptbetriebszeit.
3 Siehe Kapitel 9.

10.2.2.1 Saisonale Arbeitslosigkeit

Als **saisonale Arbeitslosigkeit** werden die durch den Wechsel der Jahreszeiten hervorgerufenen Beschäftigungsrückgänge bezeichnet. Wirtschaftszweige, die unter saisonaler Arbeitslosigkeit leiden, sind z. B. das Baugewerbe, die Landwirtschaft und die Gewerbe, die vom Tourismus abhängig sind (z. B. das Hotel- und Gaststättengewerbe). Um die wahre Entwicklung auf dem Arbeitsmarkt beurteilen zu können, müssen die Arbeitslosenzahlen um die saisonal bedingten Einflüsse bereinigt werden.

10.2.2.2 Konjunkturelle Arbeitslosigkeit

Die konjunkturelle Arbeitslosigkeit ist nur *eine* von zahlreichen Arten der Arbeitslosigkeit. Die konjunkturelle Arbeitslosigkeit ist, soweit sie auf „normale" konjunkturelle Ausschläge zurückzuführen ist, wirtschaftspolitisch verhältnismäßig unproblematisch, weil sie im Laufe eines Konjunkturaufschwungs mehr oder weniger „automatisch" abgebaut wird. Anders hingegen verhält es sich bei weltweiten Rezessionen, die durch einzelstaatliche Maßnahmen kaum zu bekämpfen sind. In diesem Fall werden Produktionsstätten mit ihren Arbeitsplätzen vernichtet. *Strukturelle Arbeitslosigkeit* (siehe Kapitel 10.2.4) ist die Folge.

10.2.3 Angebotsbedingte Arbeitslosigkeit

Die angebotsbedingte Arbeitslosigkeit hat viele Ursachen, von denen hier nur einige genannt werden können. Letztlich handelt es sich um Einflussfaktoren, die unmittelbar oder mittelbar die Kosten der Unternehmen negativ beeinflussen.

1. Kosten

- **Lohnkosten**. Sind die Löhne und Gehälter bzw. die Lohnzusatzkosten[1] (z. B. für gering qualifizierte Arbeit) so hoch, dass sich die Einstellung zusätzlicher Arbeitskräfte für die Arbeitgeber nicht lohnt, entsteht **lohnkostenbedingte Arbeitslosigkeit.** Diese Situation kann z. B. nach der Einführung von **Mindestlöhnen** eintreten. Sie werden entweder von den Tarifparteien (Gewerkschaften, Arbeitgeberverbänden bzw. Arbeitgebern) vereinbart oder gesetzlich vorgeschrieben. Mindestlöhne haben die gleiche Wirkung wie Mindestpreise: Liegt der Mindestlohn über dem Marktlohn[2], entsteht eine Nachfragelücke. Das bedeutet, dass ein zu hoher Mindestlohn zu einem Rückgang der Arbeitsnachfrage führt, also Arbeitslosigkeit entsteht.

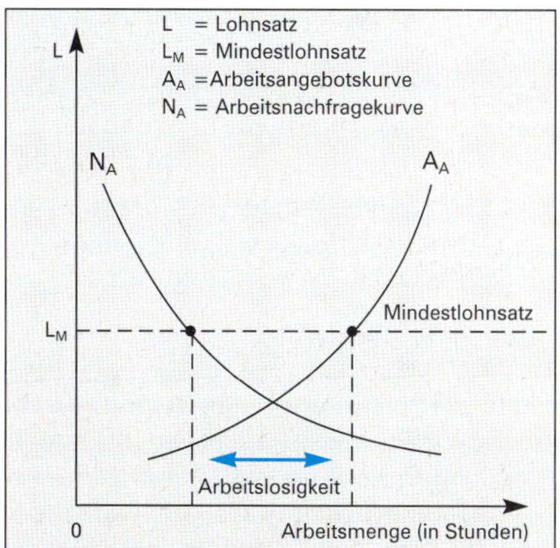

Lohnkostenbedingte Arbeitslosigkeit

1 Zu den Lohnzusatzkosten (Personalzusatzkosten) siehe Kapitel 10.4.1.1.

2 Der **Marktlohn** ist der Lohn, der sich auf einem freien Arbeitsmarkt bilden würde.

Die lohnkostenbedingte Arbeitslosigkeit ist umso größer, je höher der Mindestlohn über dem Marktlohn liegt.

Viele arbeitsrechtliche Vereinbarungen in der Bundesrepublik Deutschland beruhen auf sogenannten **Flächentarifverträgen**. Das sind Tarifverträge, die u.a. die Mindestentgelte für alle in einer Region ansässigen Unternehmen der gleichen Branche festlegen. Dadurch werden vor allem die Unternehmen hart betroffen, denen es wirtschaftlich weniger gut geht. Sie sehen sich nach weiteren Tariflohnerhöhungen möglicherweise gezwungen, Arbeitsplätze abzubauen.

- **Sonstige Produktionskosten.** Die im Vergleich zum Ausland zu hohen Kosten (Steuerkosten, Kosten des Umweltschutzes) veranlassen zahlreiche Unternehmen, im Ausland produzieren zu lassen („Global Sourcing").[1] Die Folge der **Globalisierung der Märkte** ist, dass vor allem in den Hochlohnländern die Arbeitslosigkeit zunimmt. Schlagwortartig wird vom **„Arbeitsplatzexport"** gesprochen.

2. Gesetzliche und administrative[2] Hemmnisse

Staatliche Regulierungen wie z.B. strenge **Kündigungsvorschriften** halten zahlreiche Unternehmen von Neueinstellungen ab. Bei Nachfragebelebungen werden vielmehr Überstunden geleistet. Viele deutsche Unternehmen würden mehr Arbeitskräfte einstellen, wenn die gesetzlichen Kündigungsfristen weniger rigide[3] wären.

Ist die **bürokratische Regelungsdichte** zu hoch, werden viele unternehmerische Vorhaben nur langsam, gar nicht oder im Ausland mit weniger Bürokratie durchgeführt.

3. Reformstau

Neben der Bürokratiebarriere führt auch die Nichtdurchführung notwendiger Reformen zu einem ungünstigen Investitionsklima. In der Bundesrepublik Deutschland stehen z.B. folgende Reformen aus: eine gründliche Änderung und Vereinfachung des Steuerrechts, gesetzliche Maßnahmen zur Senkung der Lohnnebenkosten, eine auf die Zukunft ausgerichtete Reform des gesamten Sozialversicherungssystems sowie Bürokratieabbau.

Die unklaren Rahmenbedingungen erschweren eine strategische (langfristige) Planung der Unternehmen und lassen das Vertrauen in die Politik schwinden.

4. Geringe Flexibilität

Ein möglicher Entstehungsgrund für Arbeitslosigkeit ist auch eine geringe Flexibilität des Arbeitsmarkts, wenn es in einem Land z.B. an Teilzeitarbeitsplätzen fehlt sowie an der Möglichkeit, unbezahlten Urlaub zu nehmen oder in auftragsstarken Zeiten mehr und in auftragsarmen Zeiten weniger zu arbeiten.

Hinzu kommt ein weitgehender Kündigungsschutz für Arbeitnehmer, d.h. vor allem lange Kündigungsfristen.

---

1 Global Sourcing (engl.) = wörtl. „Erdausschöpfung", d.h. erdweit die (günstigsten) Quellen nutzen. (Global = erdweit; source = Quelle.)

2 Administrativ (lat.) = zur Verwaltung gehörend, von (staatlichen) Behörden verwaltet und angeordnet.

3 Rigid, rigide (lat.) = streng, starr, unnachgiebig.

5. Führungsfehler

Auch Managementfehler führen und führten zu Arbeitsplatzverlusten, weil versäumt wurde, die Fertigungsverfahren und die Produkte rechtzeitig an die sich ändernden Marktbedingungen anzupassen.

6. Mangelnde Risikobereitschaft

Die Schaffung neuer zukunftsträchtiger Arbeitsplätze wird beeinträchtigt, weil große Teile der Gesellschaft zu Recht oder zu Unrecht Angst vor den Auswirkungen der technologischen Entwicklung haben. So wird z.B. der Bau von Straßen, Brücken, Kanälen, Hochgeschwindigkeitszügen, Fabriken und Flugplätzen aus politischen und/oder aus Umweltschutzgründen behindert, verhindert oder verzögert.

7. Außenwirtschaftliche Bedingungen

Manche Ursachen der Arbeitslosigkeit sind nicht eindeutig entweder kurz- oder langfristiger Natur. Dies gilt z.B. für die Wechselkursentwicklung. Unter **Wechselkurs** versteht man das Austauschverhältnis zwischen zwei Währungen.

Beispiele:

Ein Euro entspricht 1,4434 US-Dollar. Ein Euro entspricht 1,229 Schweizer Franken.[1]

Je niedriger der Kurs ist, desto billiger sind die Exportprodukte für Devisenausländer. Je höher der Kurs, desto teurer sind die Exportprodukte für die Importeure in Fremdwährungsgebieten. Steigt also der Kurs, nehmen die Exportchancen ab und damit die Beschäftigung in der Exportwirtschaft. Sinkt der Kurs, nimmt die Beschäftigung zu. Kurzfristige Kursänderungen wirken sich folglich nicht nachhaltig auf den Arbeitsmarkt aus; sie sind wie die Konjunkturschwankungen zu beurteilen und werden auch oft durch Konjunkturschwankungen ausgelöst.

Anders ist es, wenn die Binnenwährung *langfristig* unterbewertet ist (z.B. aufgrund staatlicher Wechselkursfestlegungen). Dann stellt sich die Exportwirtschaft auf eine hohe Auslandsnachfrage ein. Wird der Kurs nach Jahren korrigiert, entstehen Überkapazitäten, weil der Export sinkt. Es kommt zu einer strukturellen Arbeitslosigkeit (Kapitel 10.2.4).

8. Zinspolitik der Zentralbank

Hält die Zentralbank eines Wirtschaftsgebiets die Zinssätze hoch (um z.B. das Preisniveau stabiler zu halten), sind die Finanzierungskosten für Investitionen hoch. Die Unternehmen halten sich mit ihren Investitionen zurück, sodass weniger Arbeitsplätze ersetzt werden bzw. neu entstehen, als dies bei einem niedrigen Zinsniveau der Fall wäre.

1 Devisenkurs je 1 Euro.

10.2.4 Strukturelle Arbeitslosigkeit

Im Gegensatz zu den *kurzfristigen* Ursachen der Arbeitslosigkeit wie z. B. die konjunkturell bedingten Nachfragerückgänge ist die strukturelle[1] Arbeitslosigkeit auf *langfristig* wirkende Faktoren zurückzuführen.[2]

Strukturelle Arbeitslosigkeit entsteht – allgemein gesagt – immer dann, wenn sich eine Volkswirtschaft nicht oder nicht mehr im sogenannten „strukturellen Gleichgewicht" (Güterangebot = Güternachfrage; Arbeitsangebot = Arbeitsnachfrage) befindet. Ein **strukturelles Ungleichgewicht** liegt demnach vor, wenn Wirtschaftsstufen und/oder -bereiche nicht aufeinander abgestimmt sind und/oder wenn sich Arbeitsangebot und -nachfrage nicht in allen Sektoren der Wirtschaft ausgleichen.

Die Strukturen einer Wirtschaft liegen nie fest. Zum Beispiel führen die sich weiter entwickelnde Technik, politische Ereignisse, Zu- und Abwanderungen und die sich ändernden Einstellungen und Bedürfnisse der Menschen zu einem ständigen **Strukturwandel.** Bezieht sich der Strukturwandel auf einzelne Wirtschaftsbereiche (z. B. Bergbau, Schiffbau, Textilindustrie), spricht man von **sektoralem Strukturwandel.** Bezieht sich der Strukturwandel auf ganze Regionen (z. B. der Strukturwandel in den östlichen Bundesländern), handelt es sich um einen **regionalen Strukturwandel.**

10.2.4.1 Sättigungstendenzen

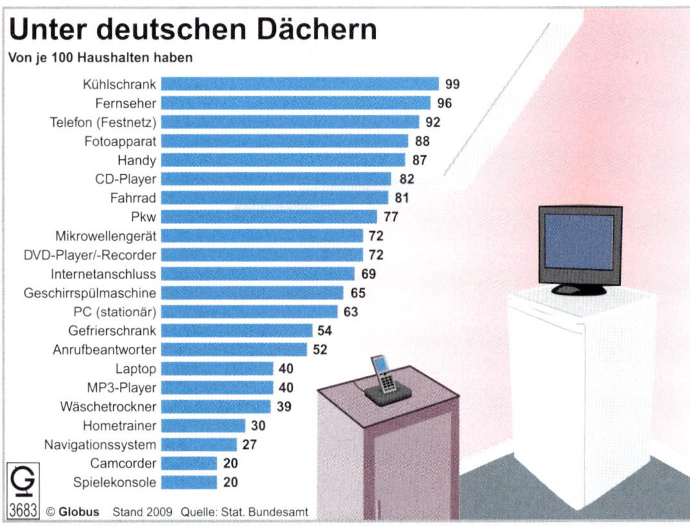

In den sechziger und siebziger Jahren des vorigen Jahrhunderts konnte man noch davon ausgehen, dass Hochkonjunktur zugleich Vollbeschäftigung bedeutete. Aber schon in der Hochkonjunktur 1979 sank die Arbeitslosenquote nicht mehr unter 5,4 %. Selbst beim Wiedervereinigungsboom von 1990 betrug die Arbeitslosenquote 8,3 %. Die Ursache der hohen Wachstumsraten in den sechziger und siebziger Jahren ist – unter vielen anderen – auch in den Entwicklungen zu suchen, die vom kräftigen Wirtschaftswachstum nach dem Ende des Zweiten Weltkriegs ausgingen. Europa war weitgehend zerstört und musste wieder aufgebaut werden. Die Masseneinkommen nahmen schnell zu und damit auch der Massenkonsum. Immer mehr private Haushalte waren in der Lage, sich mit langlebigen Konsumgütern wie Waschmaschinen, Kühlschränken,

1 Struktur (lat.) = Bau, Aufbau, Gliederung.

2 Die möglichen Maßnahmen zur Bekämpfung der Arbeitslosigkeit werden im Kapitel 10.4 beschrieben.

Spülmaschinen, Elektrogeräten aller Art, Fernsehern und Autos auszustatten. Die Industrie wuchs entsprechend der Nachfrage. Seit den achtziger Jahren machten sich zunehmend Sättigungstendenzen bemerkbar, sodass die Nachfrage nicht mehr im gleichen Maße wuchs und wächst. In bestimmten Branchen gelingt es jedoch der Industrie zunehmend, diesen Sättigungstendenzen durch technische Entwicklungen oder neues Design entgegenzuwirken (z. B.: TV-Geräte, Handys, Automobilbranche).

10.2.4.2 Wirtschaftspolitische Entscheidungen

Staatsverschuldung	Die Schuldenpolitik vieler Staaten führt und führte zu einer so hohen Belastung der Staatshaushalte mit Zins- und Tilgungszahlungen, dass für beschäftigungsfördernde Staatsausgaben keine Mittel mehr übrig bleiben. Im Gegenteil: Um den Staatshaushalt auszugleichen, müssen die Staatsausgaben weiter gesenkt und die Abgaben weiter erhöht werden. Außerdem tragen die öffentlichen Haushalte trotz Unterbeschäftigung wesentlich zur Dämpfung der Nachfrage bei, indem sie zur Deckung ihrer Mindereinnahmen die Beiträge, Gebühren und Steuern in die Höhe schrauben. Schließlich verhindert die Überschuldung der öffentlichen Haushalte eine antizyklische Konjunkturpolitik (siehe Kapitel 9.3.2). Eine Fiskalpolitik im Sinne einer Konjunktur- und Wachstumspolitik wird unmöglich. Die Haushaltspolitik wird kurzsichtig und wirkt prozyklisch, verstärkt also die Unterbeschäftigung.
Schlanker Staat	Die staatlichen Sparmaßnahmen beeinflussen nicht nur die Gesamtnachfrage negativ, sondern unmittelbar auch die Beschäftigung. Die Beschäftigtenzahl in Deutschland ist bei Bund, Ländern und Gemeinden in den Jahren 1991 bis 2010 von 5,3 Mio. auf rund 4,6 Mio. Beschäftigte zurückgegangen, das sind immerhin 700 000 Arbeitsplätze weniger. Der tatsächliche Stellenabbau spiegelt sich dabei in diesen Zahlen nur zum Teil wider, da immer mehr Mitarbeiter einer Teilzeitbeschäftigung nachgehen und daher eine Stelle von mehreren Personen ausgefüllt wird.[1]
Subventionspolitik	Strukturelle Ungleichgewichte entstehen z. B., wenn der Staat nicht mehr konkurrenzfähige Wirtschaftszweige durch Subventionen am Leben hält. Mit zunehmender Staatsverschuldung nimmt der Zwang zum Sparen zu. Subventionen müssen mehr oder weniger kurzfristig gestrichen werden. Statt einer langfristigen Anpassung veralteter Wirtschaftszweige erfolgt die Schließung nicht mehr konkurrenzfähiger Betriebe, sodass schlagartig weitere Arbeitskräfte freigesetzt, d. h. entlassen werden müssen. Die Subventionierung veralteter Wirtschaftszweige bewirkt außerdem, dass der Anschluss der Volkswirtschaft an konkurrierende Volkswirtschaften mit zukunftsträchtigen und arbeitsplatzschaffenden Technologien verpasst wird. „Deutschland hat durchaus zu Recht den Ruf, ein großes Erfinderland zu sein. Auch in diesem Jahrhundert sind beispielsweise Telefax, Computer, Kreiskolbenmotor, elektronischer Uhrenantrieb, Video 2000, Mikroprozessoren, Compactdisc oder das Antitumormittel Interferon von deutschen Erfindern oder Unternehmen entwickelt worden. In Produkte umgesetzt und erfolgreich vermarktet wurden alle genannten deutschen Erfindungen in den USA oder Japan."[2]

1 Quelle: Globus Infografik, 4832 vom 8. März 2012.

2 Schlaffke, W.: Arbeit für alle?, a. a. O., S. 3.

10.2.4.3 Unzureichende Ausbildung

Zu den langfristig wirkenden Ursachen der Arbeitslosigkeit ist auch ein unzureichender Ausbildungsstand der Arbeitskräfte zu rechnen. Und mit diesem ist es in vielen Industrieländern mit Ausnahme Japans nicht zum Besten bestellt. So wurde z.B. bei einem internationalen Schulleistungstest festgestellt, dass in Mathematik und in den Naturwissenschaften die Schüler vieler Industrieländer nur einen Mittelplatz einnehmen.

Für den Hochschulbereich fehlen ähnliche Untersuchungen. Doch die (im Vergleich zum Ausland) langen Studienzeiten in Deutschland und überfüllte Hörsäle lassen den Schluss zu, dass die Ausbildung an den Hochschulen ebenfalls zu wünschen übrig lässt.

Ein ähnliches Ergebnis insbesondere für Deutschland brachten die sogenannten PISA-Studien[1] aus den Jahren 2000, 2003, 2006 und 2009. Im Lesen, in Mathematik und in der naturwissenschaftlichen Bildung zusammengenommen rangierte Deutschland damals auf Platz 21 der insgesamt 32 untersuchten Länder; 2009 verbesserten sich die deutschen Schüler auf Platz 13 von 65 Ländern (Näheres siehe S. 492).

Eine gute Schul- und Berufsausbildung ist nach Einschätzung von Arbeitsmarktforschern weiterhin der beste Schutz vor Arbeitslosigkeit. Denn gut ausgebildeten Fachkräften droht weitaus seltener der Jobverlust als Männern und Frauen ohne einen Berufsabschluss. Von ihnen war im Jahr 2009 jeder Fünfte arbeitslos – in Ostdeutschland 34 %, in Westdeutschland 20 %. Dies geht aus einer Studie des Nürnberger Instituts für Arbeitsmarkt- und Berufsforschung hervor. Von den Bundesbürgern mit abgeschlossener Berufs- oder Fachschulausbildung waren im Jahr 2009 dagegen nur 6,6 % arbeitslos (Ost: 11,6 %, West: 5,1 %). Von den Hoch- und Fachhochschulabsolventen waren im selben Zeitraum bundesweit sogar nur 2,5 % ohne Stelle (Ost: 4,2 %, West: 2,0 %).

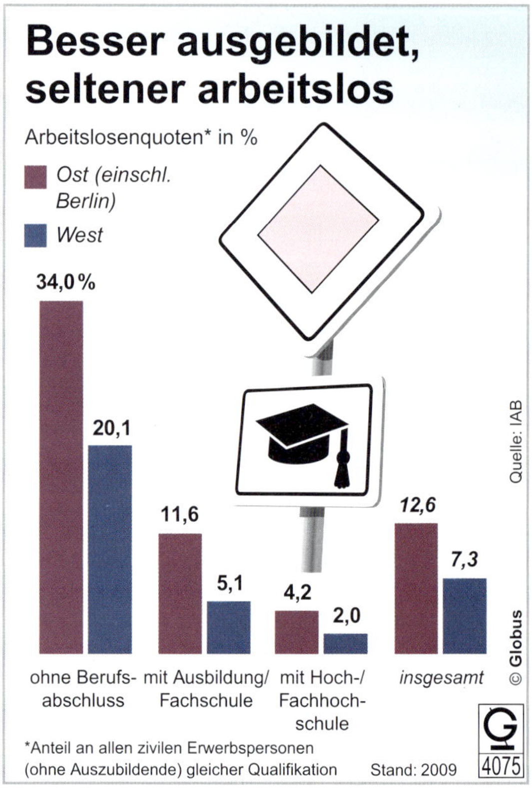

Die Bedeutung einer guten Ausbildung für die Beschäftigungschancen der Arbeitskräfte zeigt eine Studie des Instituts für Mittelstandsforschung (IfM), das mehr als 1000 Betriebe befragte. Diese sehen – neben weiteren bereits genannten und noch zu nennenden Gründen – im **Mangel an qualifizierten Mitarbeitern** einen wesentlichen Hinderungsgrund für Neueinstellungen. Knapp die Hälfte aller Arbeitslosen in Deutschland hat keine abgeschlossene Berufsausbildung. Die Arbeits-

1 PISA (**P**rogramme for **I**nternational **S**tudent **A**ssessment) ist ein Teil der internationalen Schulleistungsstudie des Indikatorenprogramms der Organisation für wirtschaftliche Zusammenarbeit und Entwicklung (OECD = **O**rganization for **E**conomic **C**ooperation and **D**evelopment).

plätze für einfache Arbeiten wurden (und werden) vor allem in der Industrie weitgehend wegrationalisiert.[1] Anders ausgedrückt: Der **Produktivitätsfortschritt** kostete (und kostet) vor allem weniger anspruchsvolle Arbeitsplätze.

Häufig schlecht ausgebildet sind auch viele Zuwanderer (Ausländer), schon länger in Deutschland lebende Gastarbeiter und ihre Kinder.

10.2.4.4 Steigende Arbeitsproduktivität

■ Unter **Arbeitsproduktivität** versteht man das Verhältnis von Ausbringungsmenge zum Arbeitseinsatz in einem Zeitabschnitt. Der Arbeitseinsatz kann z. B. an der Zahl der Arbeitskräfte oder (genauer) in geleisteten Arbeitsstunden gemessen werden.

Der Produktivitätsanstieg ist vor allem auf den *technischen Fortschritt* zurückzuführen, der sich in der Substitution[2] von menschlicher Arbeit durch Maschinenarbeit äußert, also den Verlust von Arbeitsplätzen bewirkt **(technologische Arbeitslosigkeit).**

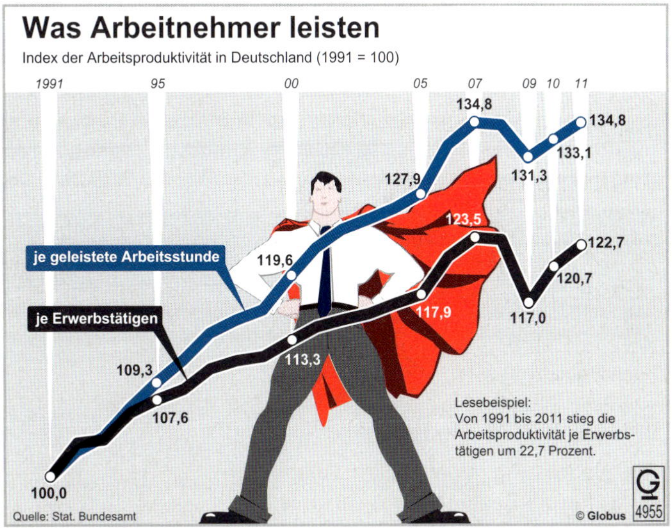

Ein durchschnittlicher Arbeitnehmer in Deutschland leistete 2011 fast 23 % mehr als noch zwanzig Jahre zuvor. Das geht aus den Angaben zur Arbeitsproduktivität des Statistischen Bundesamtes hervor. Je geleistete Arbeitsstunde gerechnet stieg die Produktivität seit 1991 sogar um rund 35 %. Der Unterschied dieser beiden Größen begründet sich laut den Statistikern mit der verringerten Arbeitszeit: Heute arbeitet ein durchschnittlicher Erwerbstätiger neun Prozent weniger Arbeitsstunden als noch vor zwanzig Jahren. Die Arbeitsproduktivität berechnet sich aus dem preisbereinigten Bruttoinlandsprodukt und der Zahl der Erwerbstätigen (Arbeitnehmer und Selbstständige) bzw. deren geleisteten Arbeitsstunden.

Der technische Fortschritt als „Jobkiller" sollte indessen nicht überschätzt werden. Empirische[3] Untersuchungen zeigen, dass gerade innovationsfreudige[4] Unternehmen und Branchen eine günstige Beschäftigungslage aufweisen. Technologischer Wandel und Rationalisierungsinvestitionen erhöhen die Produktivität und ermöglichen somit Kosten-

1 Ratio (lat.) = Vernunft. Rationalisieren bedeutet vernünftig gestalten, also z.B. Maßnahmen ergreifen, die Kosten senken helfen.

2 Substitution (lat.) = Austausch. Substituieren = austauschen, ersetzen.

3 Empirie (gr.) = Erfahrung; empirisch = durch Erfahrung gewonnen (z.B. mithilfe einer statistischen Erhebung).

4 Innovation (lat.) = Erneuerung.

senkungen. Sie erhöhen die Flexibilität[1] der Unternehmen, führen zur Verbesserung vorhandener Produkte sowie zu neuen Produkten. Die neuen Maschinen, Automaten und Produktionsanlagen ihrerseits müssen erst einmal produziert werden; dadurch werden Arbeitsplätze geschaffen oder erhalten.[2] „Man muss sich nur einmal vorstellen, was passieren würde, wenn einzelne Unternehmen oder ganze Branchen auf technische Neuerungen und auf die laufende Modernisierung des Produktionsapparats verzichten würden – in der Annahme, dass dann keine Arbeitsplätze ‚wegrationalisiert' werden müssten. Bekanntlich schläft die Konkurrenz nicht. Innovationsfreudigere Unternehmen – gerade auch solche im Ausland – würden sehr bald auf moderneren und effizienteren Anlagen produzieren. Da ihre Stückkosten niedriger wären, könnten sie nicht nur bessere Produkte anbieten, sondern diese auch noch zu einem günstigeren Preis. Über kurz oder lang würden die Unternehmen mit veralteten Produktionsanlagen und Produkten ihre Wettbewerbsfähigkeit verlieren. ... Im Falle eines Auflösungsbeschlusses im Rahmen eines Insolvenzverfahrens wären alle Arbeitsplätze verloren. Der Verzicht auf Innovationen und Rationalisierungsinvestitionen ist also keine Lösung."[3]

10.2.4.5 Räumliche und berufliche Immobilität[4]

1. Räumliche Immobilität

Im Grenzfall kann es sein, dass in einer Periode das gesamte Arbeitsangebot der gesamten Arbeitsnachfrage entspricht und dennoch Arbeitslosigkeit besteht. Dies kann darauf zurückzuführen sein, dass in einer Region die Arbeitsnachfrage das Arbeitsangebot übersteigt, während in einer anderen die umgekehrte Situation vorliegt.

Beispiel:

In Hamburg werden dringend Baufacharbeiter gesucht; in Augsburg hingegen sind zahlreiche Baufacharbeiter arbeitslos. Die Arbeitslosigkeit könnte theoretisch beseitigt werden, wenn die Arbeitslosen bereit wären, in Hamburg zu arbeiten.

2. Berufliche Immobilität

Das Beschäftigungsproblem muss auch unter dem Blickwinkel der **qualitativen (beruflichen) Mobilität** gesehen werden (siehe auch Kapitel 10.2.4.3), denn es gibt im Grunde ebenso viele Arbeitsmärkte wie es Berufe gibt. Klaffen qualitative Arbeitsnachfrage und qualitatives Arbeitsangebot auseinander, ist „der" Arbeitsmarkt im Ungleichgewicht.[5]

Beispiel:

Auf dem Arbeitsmarkt besteht ein Mangel an qualifizierten Facharbeitskräften, während es an Stellen für geringer qualifizierte Personen fehlt.

1 Flexibel (lat.) = beweglich. Flexibilität = Beweglichkeit, Anpassungsfähigkeit.

2 Vgl. Wilke, G.: Produktivitätssteigerung = höhere Arbeitslosigkeit? In: Kontrovers, Arbeitsmarktpolitik, a.a.O., S. 28f.

3 Wilke, G., a.a.O., S. 29.

4 Siehe auch Kapitel 2.1.2.

5 Siehe Kapitel 2.1.1.

10.2.4.6 Änderung der Wirtschaftsordnung

Die Transformation (Umwandlung) der Zentralverwaltungswirtschaft der ehemaligen DDR in eine marktwirtschaftliche Ordnung führte in den östlichen Bundesländern aus folgenden Gründen zum Zusammenbruch des Beschäftigungssystems:

- Es fehlte eine angemessene Infrastruktur als Voraussetzung für das reibungslose Funktionieren der Wirtschaft.
- Verwaltungsdefizite verhinderten ein reibungsloses Funktionieren der Wirtschaft.
- Die gravierendsten Umweltschäden, die das zentralverwaltungswirtschaftliche System hinterließ, mussten und müssen unter hohem Kostenaufwand beseitigt werden.
- Die Anlagen in Industrie, im Handwerk und in der Landwirtschaft waren größtenteils veraltet und unrentabel, sodass die betroffenen Betriebe in der neu eingeführten Konkurrenzwirtschaft nicht überlebensfähig waren.
- Die Handelsverbindungen zu den ehemaligen Ostblockländern wurden weitgehend unterbrochen, sodass der Export und damit die Beschäftigung zurückgingen.
- Die Lohnpolitik, die die möglichst schnelle Angleichung der „Ostlöhne" an die „Westlöhne" anstrebte und anstrebt, führte und führt zur lohnkostenbedingten Arbeitslosigkeit (siehe Kapitel 10.2.3).
- Die Transferleistungen der westlichen Bundesländer trugen und tragen zur weiteren Staatsverschuldung bei.

Weiterhin wirken *alle Ursachen,* die die Beschäftigungskrise in den westlichen Bundesländern und in vielen anderen westeuropäischen Ländern herbeigeführt haben, auch in den neuen Bundesländern.

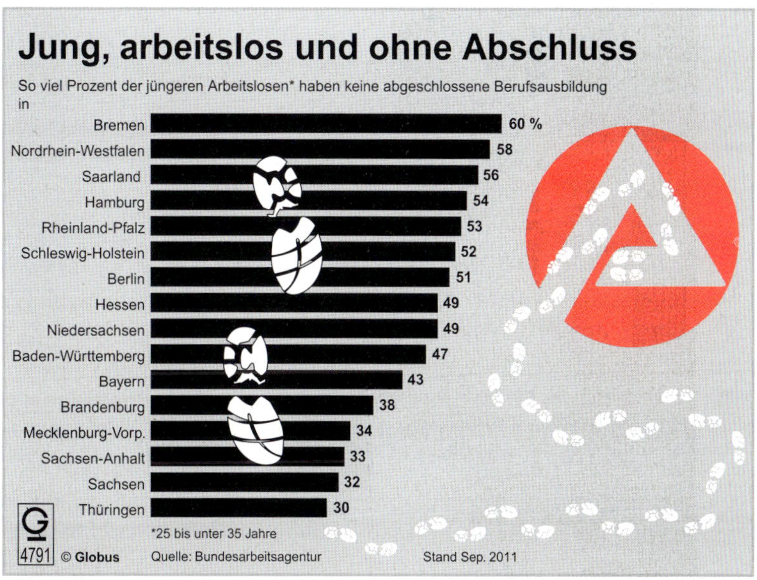

Die Arbeitslosigkeit in Deutschland ist 2011 weiter gesunken. Betrug die Arbeitslosenquote im Jahr 2010 noch 7,7 %, so waren es ein Jahr später nur 7,1 %. Doch es gibt Problemgruppen auf dem Arbeitsmarkt, die vom Aufschwung kaum profitieren. Dies gilt beispielsweise für jüngere Arbeitslose, die keine abgeschlossene Berufsausbildung haben. Und das trifft auf fast jeden zweiten jüngeren Arbeitslosen (im Alter von 25 bis 34 Jahre) zu. Diese Gruppe hat es mit dem Wandel von der industrie- zu einer dienstleistungs- und wissensbasierten Gesellschaft besonders schwer, wie die Bundesagentur für Arbeit in einer Analyse feststellt. Die jüngeren Arbeitslosen ohne berufsqualifizierenden Abschluss haben das übliche Ausbildungsalter bereits hinter sich, stehen aber dem Arbeitsmarkt noch viele Jahre zur Verfügung. Sie sind öfter arbeitslos, seltener in Vollzeit beschäftigt und verdienen deutlich weniger als gleichaltrige Fachkräfte.

10.2.4.7 Sich selbst verstärkende Prozesse

Immer mehr Menschen fallen aus dem Sicherungsnetz der Sozialversicherung heraus und in das Auffangnetz der Sozialhilfe. Von Konjunkturrückgang zu Konjunkturrückgang – so jedenfalls die bisherige Entwicklung – wird der Sockel der Arbeitslosigkeit höher.[1] Was kann die Ursache für diese Erscheinung sein?

Sockelarbeitslosigkeit

Wenn die Zahl der Arbeitslosen zunimmt, werden die Arbeitgeber bei der Auswahl und Einstellung neuer Arbeitskräfte anspruchsvoller. Die Wiederbeschäftigungschancen für weniger qualifizierte Personen werden entsprechend geringer. Die Folge ist, dass sich bei diesen Personen die Zeit der Arbeitslosigkeit verlängert. Je länger aber die Arbeitslosigkeit ist, desto mehr lässt die Leistungsfähigkeit der Arbeitslosen nach, wenn sie nicht laufend trainiert wird. Psychische Schäden kommen hinzu. Die Chancen einer Wiedereinstellung sinken weiter, „weil die Arbeitgeber bei ihren Einstellungsentscheidungen eine längere Arbeitslosigkeit als Signal für mangelnde Leistungsfähigkeit und Leistungsbereitschaft werten."[2]

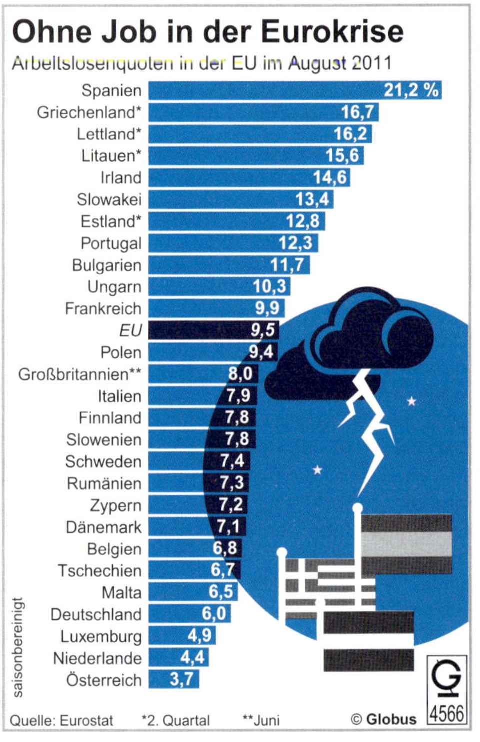

Im August 2011 waren 22,8 Millionen Menschen in der Europäischen Union ohne Job. Das teilte die Statistikbehörde Eurostat mit. 15,7 Millionen davon waren in den Ländern, die den Euro als Währung führen (Euroraum) ohne Arbeit. Ein Jahr zuvor lagen die Zahlen um 300 000 (EU) bzw. 215 000 (Euroraum) höher. Die Quote lag bei 9,5 Prozent in der EU und zehn Prozent in den Euroländern. Die geringste Arbeitslosigkeit besteht in Österreich (3,7 Prozent) und in den Niederlanden (4,4 Prozent). Deutschland steht mit sechs Prozent auf Platz vier. Die höchsten Arbeitslosenquoten existieren in Griechenland (16,7 Prozent) und Spanien (21,2 Prozent). Dort ist vor allem die Jugendarbeitslosigkeit mit 46,2 Prozent besonders hoch. Die von Eurostat angegebenen Zahlen können von denen der Mitgliedstaaten abweichen, da es unterschiedliche Berechnungsverfahren gibt.

---

1 Effekte wie die von Rezession zu Rezession steigende Arbeitslosigkeit werden als Hysterese oder Hysteresis bezeichnet. Unter Hysterese (gr.) versteht man das Zurückbleiben einer Wirkung hinter dem jeweiligen Stand der sie bedingenden veränderlichen Kraft.

2 Albeck, H.: Die Ursache für die Langzeitarbeitslosigkeit, in: Wirtschaftsdienst 1995, S. 238f., zitiert in: Kontrovers, Arbeitsmarktpolitik, a. a. O., S. 25.

Schattenwirtschaft

Zur Schattenwirtschaft (Untergrundwirtschaft, hidden economy) rechnen alle wirtschaftlichen Betätigungen, für die legal oder illegal keine Steuern entrichtet und keine Sozialversicherungsabgaben abgeführt werden. Die Bereiche der Schattenwirtschaft werden statistisch nicht (z. B. Hausarbeit) bzw. nur als Schätzgröße (z. B. Lieferungen und Leistungen durch Gewerbetreibende ohne Rechnung) erfasst.

Beispiele:

- Zum *legalen Bereich der Schattenwirtschaft* gehören die Tätigkeiten der Hobbygärtner, die Selbstversorgung, die Nachbarschaftshilfe sowie die ehrenamtlichen Tätigkeiten in Hilfsorganisationen und nicht wirtschaftlichen Vereinen.
- *Illegale Bereiche der Schattenwirtschaft* sind Schwarzarbeit, die Beschäftigung illegaler Einwanderer oder kriminelle Aktivitäten wie z. B. Drogenhandel.

Die Schwarzarbeit ist nicht zuletzt die *Folge* einer von der Bevölkerung als *zu hoch* empfundenen Belastung mit direkten Steuern (Einkommen- bzw. Lohnsteuer, Kirchensteuer, Solidaritätszuschlag) und Sozialversicherungsabgaben. Sie ist aber zugleich auch eine *Ursache* steigender Arbeitslosigkeit, weil sie an die Stelle der legalen Arbeit tritt. In der Folge sinken die Staatseinnahmen aus direkten Steuern und die Einnahmen der Sozialversicherungsträger. Der Staat muss die Steuersätze anheben (meist werden die indirekten Steuern wie z. B. Umsatzsteuer und/oder Mineralölsteuer erhöht), um die Einnahmeausfälle auszugleichen. Ein *sich selbst verstärkender Prozess* ist in Gang gesetzt: Die steigenden Abgaben erhöhen den Anreiz zur Schwarzarbeit.

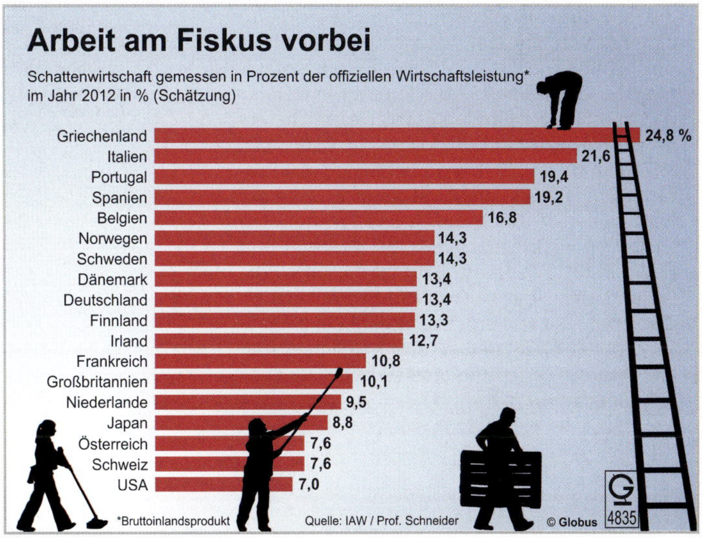

Das geschätzte Volumen der deutschen Schattenwirtschaft wird im Jahr 2012 rund 346 Mrd. Euro betragen; das sind im Verhältnis zum Bruttoinlandsprodukt (BIP) 13,4 %. Das ist gemessen an der Wirtschaftsleistung der niedrigste Wert seit Mitte der 90er Jahre. Deutschland liegt im Mittelfeld der Industrieländer. Spitzenreiter sind die südeuropäischen Staaten Griechenland und Italien mit Anteilen von 24,8 bzw. 21,6 % am BIP. Am wenigsten verbreitet ist die Schattenwirtschaft in Österreich, in der Schweiz und in den USA; ihr Anteil am BIP liegt dort unter acht Prozent. In Deutschland haben die gute Konjunkturentwicklung, aber auch der robuste Arbeitsmarkt zu einem Rückgang der Schwarzarbeit geführt. Auch steuerliche Maßnahmen wie die Absetzbarkeit von Reparaturaufwendungen im Haushalt haben die Arbeit „am Fiskus vorbei“ weniger attraktiv gemacht.

Aufgaben

1. Welche im vorigen Kapitel besprochenen Ursachen der Arbeitslosigkeit werden in nachstehenden Textauszügen angesprochen? (Die Nennung mehrerer Ursachen in einem Textauszug ist möglich. In einigen Textauszügen sind keine der im vorigen Kapitel behandelten Ursachen genannt.)

Textauszug 1:

Der Stromversorger Energiedienst Laufenburg (ED), zu dem die Rheinfelder Naturenergie gehört, macht Dampf: Bis zu 200 von derzeit 675 Stellen sollen in den nächsten Jahren abgebaut werden. Gleichzeitig übernimmt das Unternehmen zum 1. Januar von der Konzernmutter EnBW für 154 Millionen Euro Stromnetze und 100000 Kunden südlich von Freiburg.

Einen wirtschaftlichen Zusammenhang zwischen dem am Donnerstag besiegelten 154-Millionen-Deal und dem Stellenabbau leugnet ein Mitglied der Geschäftsleitung. Doch braucht Energiedienst nun Geld, um die neuen Netze und Kunden von der Mutter zu erwerben; über eine Anleihe werde derzeit verhandelt, so der Pressesprecher. Als börsennotiertes Unternehmen müsse Energiedienst „die Erwartungen des Kapitalmarkts hinsichtlich der Erträge erfüllen", um an günstiges Kapital zu kommen.

Quelle: Zipperlen, R.: Neue Kunden gegen Stellen, in: Der Sonntag vom 14. Dezember 2003.

Textauszug 2:

Herzogs Rede

Der Altbundespräsident hat den Deutschen mit einer weiteren Rede die Leviten gelesen, diesmal mit einer bildungspolitischen. Fast ausnahmslos ist Zustimmung zu hören. Das nährt den Verdacht, manche lobten diese Rede nur, um ihre eigenen fragwürdigen Absichten zu verschleiern.

Unüberhörbar hat Roman Herzog die ewigen „Bildungsreformer" herausgefordert: Mit seinem Plädoyer für mehr Anstrengung in der Schule, für Notengebung, für ein gegliedertes Schulwesen, für mehr Hauptschule und für mehr Pflichtfächer. Doch was wird er bewirken – außer einem rasch verklingenden Echo?

Die tägliche Praxis jedenfalls lehrt: Der Bildungsabbau in Deutschland hält unvermindert an.

Quelle: Kraus, J.: Herzogs Rede – ein Weg aus dem Bermuda-Dreieck deutscher Schulpolitik? In: WS Baden-Württemberg, 6/1997.

Textauszug 3:

Viele Versäumnisse

gb. – In Deutschland, Frankreich und Italien ist der Anteil der strukturellen Arbeitslosigkeit seit Anfang der neunziger Jahre deutlich gestiegen. Zu diesem Ergebnis kommt die Organisation für wirtschaftliche Zusammenarbeit und Entwicklung (OECD) in einem vergleichenden Bericht zur Lage der Arbeitsmärkte in ihren 29 Mitgliedsländern. Die OECD führt diese enttäuschenden Ergebnisse auf eine unbefriedigende Arbeitsmarktpolitik zurück.

Die strukturelle Arbeitslosigkeit ist der durch mangelnde Flexibilität der Arbeitsmärkte erklärbare, von der jeweiligen Konjunkturlage weitgehend unabhängige Teil der Unterbeschäftigung. Nach dieser Analyse ist also der weitaus größte Teil der Unterbeschäftigung nicht auf eine Konjunkturschwäche als Folge einer unzureichenden gesamtwirtschaftlichen Nachfrage zurückzuführen.

...

Die OECD kommt zu dem Schluss, dass vor allem jene Länder gute Erfolge bei der Bekämpfung der Arbeitslosigkeit aufweisen, die ihre Politik an den Empfehlungen der vor einigen Jahren veröffentlichten „OECD Job Study" ausgerichtet haben. Die „Job Study" enthält ein Bündel sehr unterschiedlicher Ratschläge, die von der Sicherung eines dauerhaften und inflationsfreien Wirtschaftswachstums durch eine angemessene Geld- und Finanzpolitik über eine Flexibilisierung der Arbeitszeiten, eine Dezentralisierung der Lohnfindung, Reformen der Arbeitslosenversicherung und bessere Bildungs- und Ausbildungssysteme bis zur Forderung nach einer raschen Verbreitung neuen Wissens reichen.

Quelle: Strukturelle Arbeitslosigkeit deutlich gestiegen, in: FAZ vom 18. September 1999.

Textauszug 4:

Trauerspiel

Gegensätzlicher könnten Meldungen über die Reformfähigkeit von Staaten kaum sein: Während sich die amerikanische Regierung und der Kongress auf einen mit massiven Steuersenkungen – es geht um 91 Milliarden Dollar – verbundenen Haushaltskompromiss einigen, lassen die Bonner Parteien zum gleichen Zeitpunkt die von allen Experten zu Recht als Jahrhundertprojekt gepriesene Steuerreform sang- und klanglos untergehen. Auch wenn lange nicht alles jenseits des Atlantiks zur Nachahmung empfohlen werden kann, so wird doch eines klar: Die Vereinigten Staaten, aber auch eine Reihe anderer europäischer Nachbarstaaten, haben die Zeichen der Zeit erkannt, sie reagieren in angemessener Weise auf die durch die Globalisierung der Wirtschaft entstandenen Herausforderungen.

...

Quelle: Heinacher, P., in: Handelsblatt, Wirtschafts- und Finanzzeitung vom 31. Juli 1997, zitiert in: Deutsche Bundesbank, Auszüge aus Presseartikeln, Nr. 43 vom 1. August 1997.

Textauszug 5:

Dramatische Umsatzeinbrüche

STUTTGART. Die Schuldigen sind gefunden, die Bilanz aber wird dadurch nicht besser: Vor allem der Bonner Gesundheitsreform schreibt Hermann Schaufler, Präsident des baden-württembergischen Tourismusverbandes, die dramatischen Einbrüche im Fremdenverkehr zu. Gestern forderte der CDU-Politiker deshalb Korrekturen in der Gesetzgebung.

Besonders im Schwarzwald geht es mit dem Fremdenverkehr weiter bergab. ...

... In den Gemeinden mit hohem Kur- und Bäderangebot ist die Zahl der Übernachtungen zum Teil um die Hälfte gesunken. 20 Kliniken wurden seither geschlossen und viele liegen laut Schaufler „in den letzten Zügen". Bis zu 4000 Jobs wurden abgebaut, rund 6000 Beschäftigte im Kurwesen arbeiten kurz.

Quelle: Böhme, A.: „Sparwelle brach wie ein Beben herein", in: BZ vom 10. Januar 1998.

Textauszug 6:

Obstbauern setzen auf Osteuropäer

STUTTGART (dpa/lsw). Osteuropäische Saisonarbeitskräfte sind bei der Ernte von Baum- oder Strauchobst, von Erdbeeren oder auch Spargel unverzichtbar. Vor dem Hintergrund der jüngsten Einschränkungen entsprechender Arbeitserlaubnisse wies der Landesverband Erwerbsobstbau Baden-Württemberg (LVEO) am Dienstag darauf hin, dass deutsche Arbeitslose nicht an die Stelle der ausländischen Arbeitskräfte treten könnten. Der LVEO und der Landesbauernverband (LBV) ermittelten in einer Umfrage, dass sich gerade 143 Deutsche für Saisonarbeiten in den sogenannten Sonderkulturen vorgestellt hätten. Davon nahmen 46

30 Hartmann-Härter-Seifert - ISBN 978-3-8120-0412-1

die Arbeit auf, bei 33 von ihnen endete die Arbeit vorzeitig. „Umgerechnet auf die vom Arbeitsamt[1] vermittelten inländischen Arbeitslosen waren es tatsächlich nur rund 3,6 Prozent, die länger als fünf Tage in den Betrieben beschäftigt waren", stellte der LVEO fest. Die vermittelten Arbeitslosen begründeten ihre Ablehnung schon bei der telefonischen Anfrage beim Betriebsleiter häufig mit der ungewohnten, körperlich anstrengenden Arbeit, mit gesundheitlichen Gründen, extremen Witterungsbedingungen, Wochenendarbeit und einer geringen Entlohnung.

Quelle: Badische Zeitung vom 30. Juli 1997.

Textauszug 7:

Überflüssige Behörden

Bürokratieabbau heißt auch, Behörden und Institutionen auf den Prüfstand zu heben. Der Bund allein unterhält über 50 Institute und gibt für deren Arbeit jährlich mehr als 1,3 Milliarden Euro aus. Viele Einrichtungen sind überflüssig, werden jedoch künstlich am Leben erhalten. Beispiele:

Die ernährungswissenschaftlichen Bundesinstitute wurden 2008 zum „Max-Rubner-Institut" (MRI) zusammengefasst. Zu diesem gehört auch die **Bundesanstalt für Milchforschung** in Kiel. Die Behörde hatte zuletzt noch 200 Planstellen.

Zu fragen ist, ob die heutigen Milchkonzerne und Großmolkereien nicht auch ohne Hilfe des Bundes in der Lage sind, ihre Produkte zu entwickeln und die hygienischen Anforderungen der Milchverarbeitung zu erfüllen.

Die **Wasser- und Schifffahrtsverwaltung des Bundes** ist zwar verkleinert worden, sie zählt aber noch immer über 12 000 Mitarbeiter, davon mehr als die Hälfte in der Verwaltung. Zu den „Glanzleistungen" der Behörde zählt z. B. der Ausbau des Hafens von Halle an der Saale für 30 Millionen Euro. Auch Jahre nach der Fertigstellung hat an den zwölf Anlegeplätzen noch kein einziges Frachtschiff festgemacht.

Die 1922 gegründete Reichsmonopolverwaltung – heute **Bundesmonopolverwaltung für Branntwein** – gehört ebenfalls zu den überflüssigen Behörden, denn das Branntweinmonopol ist lange gefallen. Die Branntweinsteuer wird von den Hauptzollämtern erhoben, sodass sich die Bundesmonopolverwaltung nun auf die Verteilung von Subventionen konzentriert. Die 200 Mitarbeiter kaufen bei den circa 22 000 Kleinbrennereien in Deutschland überschüssigen Alkohol zum Festpreis auf und brennen ihn in Ethanol um, dass anschließend mit Verlust weiterverkauft wird. Der Fehlbetrag lag 2008 bei knapp 80 Millionen Euro.

Quelle: iw-dienst vom 16. Juni 2011.

Textauszug 8:

Krise am Bau

BONN (AP). Für die anhaltende Pleitewelle in der Bauindustrie ist nach Ansicht der Branche auch die zunehmend schlechte Zahlungsmoral der öffentlichen Auftraggeber verantwortlich. In diesem Jahr müssten allein in Westdeutschland etwa 3 000 Bauunternehmen aufgeben, 500 mehr als 1996, sagte der Präsident des Hauptverbandes der Deutschen Bauindustrie, Otmar Franz, am Montag in Bonn. Dazu trage „nicht zuletzt auch der Verfall der Zahlungsmoral" des Staates bei.

Die IG Bau erklärte sich unterdessen zu einer begrenzten Öffnung des Flächentarifvertrags für die ostdeutsche Bauindustrie bereit, wenn dadurch Arbeitsplätze gesichert würden. Sie lehne jedoch Vorstellungen der Arbeitgeber ab, bei Löhnen und Gehältern Abstriche in zweistelliger Prozenthöhe zuzulassen und dass eine Geschäftsführung im Alleingang die untertarifliche Bezahlung festlegen dürfe. Franz bezeichnete den jüngst ausgehandelten Chemietarifvertrag mit seiner Öffnungsklausel als beispielhaft für die neuen Länder. Danach dürfen Betriebe die Löhne befristet bis zu zehn Prozent kürzen.

Quelle: Badische Zeitung vom 10. Juni 1997.

1 Jetzt als „Agenturen für Arbeit" bezeichnet.

Textauszug 9:

Eduscho Sanierungsfall

(dpa). Der Bremer Kaffeeröster Eduscho bleibt sechs Monate nach der Fusion mit dem Hamburger Kaffeehandelshaus Tchibo ein Sanierungsfall. „Die wirtschaftlichen Probleme sind viel größer, als innerhalb und außerhalb bekannt war", bilanzierte Wilfried Boysen vom Vorstand der Tchibo Holding AG. Wie im Vorjahr werde Eduscho mit einem operativen Verlust von rund 100 Millionen Mark abschließen. Die Zahl der Beschäftigten der Eduscho-Gruppe soll von rund 5 250 zum Zeitpunkt der Übernahme bis zum Frühjahr 1998 um insgesamt 250 abgebaut werden.

Quelle: Badische Zeitung vom 12. November 1997.

Textauszug 10:

Maschinenbau will Stellen streichen

(dpa/lsw). Die für die Metall- und Elektroindustrie vereinbarten Lohnerhöhungen werden nach Ansicht des baden-württembergischen Maschinenbauverbandes 6 000 bis 8 000 Stellen im Südwesten kosten. „Der Tarifabschluss ist für Mittelständler nicht verkraftbar", sagt Dieter Brucklacher, Präsident des Verbandes Deutscher Maschinen- und Anlagenbau Baden-Württemberg, am Montag in Stuttgart. Die Unternehmen könnten angesichts des harten internationalen Wettbewerbs die Preise nicht erhöhen, was für die Beschäftigten nicht ohne Konsequenzen bleiben könne.

Quelle: Badische Zeitung vom 2. Juni 2004.

Textauszug 11:

Deutschland schwer im Hintertreffen

Selbst die umsatzstärksten deutschen Konzerne können in der internationalen Liga der Unternehmensrenditen kaum mithalten. Die Konkurrenten aus den USA, aus Großbritannien oder Italien erzielen bis zu viermal höhere Renditen.

In schlechten Zeiten wirft der Homo oeconomicus gern einen Blick zurück. Zu Beginn der siebziger Jahre, als in Deutschland letztmals Vollbeschäftigung herrschte, erwirtschafteten die Unternehmen des westdeutschen verarbeitenden Gewerbes noch eine Nettoverzinsung des eingebrachten Kapitals von fast 17 Prozent.

Im Laufe der folgenden 20 Jahre sackte die Eigenkapitalrendite nach Steuern dann auf magere 6,3 Prozent ab. Im Jahr 1994, dem jüngsten von der Deutschen Bundesbank dokumentierten Bilanzjahr, stieg sie wieder auf 10,4 Prozent.

Im Jahr 1995 erwirtschafteten deutsche Industrieunternehmen je Beschäftigten 3 200 DM Gewinn – in Japan waren es umgerechnet mehr als 9 000 DM, in den USA knapp 23 000 DM und in Großbritannien gar fast 28 000 DM. Vor allem die britischen und amerikanischen Zahlen zeigen: Was den Unternehmen nützt, hilft auch dem Arbeitsmarkt – in beiden Ländern ist die Arbeitslosigkeit wesentlich niedriger als bei uns.

Quelle: iwd Nr. 9 vom 27. Februar 1997.

Textauszug 12:

Der Sozialstaat – manchmal auch ein Jobkiller

Der Sozialstaat als Jobkiller: Manch einer setzt da inzwischen ein Ausrufezeichen, andere ein Fragezeichen. Die Stoßrichtung ist, je nachdem, ganz unterschiedlich. Zum einen wird geblasen zum Generalangriff auf den Sozialstaat nach dem Motto: Der aufgeblähte Wohlfahrtsstaat vernichtet Arbeitsplätze. Oder aber, wenn ein Fragezeichen hinter dem Satz steht, wird nach Schwachstellen gesucht, nach Punkten, an denen der Sozialstaat möglicherweise gerade einen Teil jener Probleme schafft, die er doch eigentlich beseitigen soll.

Ob Fragezeichen oder Ausrufezeichen – in einem Punkt, zumindest, herrscht Einigkeit: Die Sozialsysteme stecken in einer Krise. Weil die Sozialkassen ganz überwiegend gefüllt werden mit Beiträgen – zu gleichen Teilen aufgebracht von den Beschäftigten und ihren Arbeitgebern –, wird mit steigenden Beiträgen die Arbeit immer teurer. So teuer, dass Unternehmer nach Möglichkeiten suchen, mit immer weniger Personal auszukommen. Die Folge: Immer mehr Menschen werden arbeitslos, die Beiträge steigen immer höher – ein Teufelskreis …

Auf einer Tagung der Friedrich-Ebert-Stiftung in Freiburg schlug deshalb Fritz W. Scharpf, Direktor des Kölner Max-Planck-Instituts für Gesellschaftsforschung vor, „einfache Arbeit billiger und damit marktgängig zu machen". Sein Rezept: Im Bereich der Billigjobs Beschäftigte und ihre Arbeitgeber von den Sozialabgaben befreien und diese aus dem allgemeinen Steueraufkommen bezahlen. Das könne, so Scharpf, an einer unteren Grenze von etwa 1 000 Mark vollständig geschehen; bei steigendem Einkommen könnte dieser Zuschuss dann Schritt für Schritt wieder zurückgeführt werden.

Auch Warnfried Dettling, heute freier Journalist, hebt ab auf Webfehler des Systems, dreht die Debatte aber zugleich ein Stück weiter: Der Sozialstaat sei auf dem Weg, zum „Solidaritätskiller" zu werden, sei dabei, einen Keil zu treiben zwischen jene, die vor allem über Sozialabgaben Solidarität produzieren, und jenen, die eben diese Solidarität in Anspruch nehmen. Und so fragt Dettling, dabei auf den Spuren amerikanischer Kommunitarier[1] wie Amitai Etzioni: Stimmt das Verhältnis von Geben und Nehmen noch? Hat nicht derjenige, der Solidarität in Anspruch nimmt, auch eine Pflicht, Gegenleistungen zu erbringen? Was dann für die strapazierten Sozialhaushalte von Städten eben heißen würde: Wer Sozialhilfe bezieht, der muss auch, beispielsweise, Parkwege fegen. …

Quelle: Rose, U.: Die Debatte um die Zukunft des Wohlfahrtsstaates: Warnungen vor Abbruch, Plädoyers für Umbau in: Badische Zeitung vom 14. November 1997.

Textauszug 13:

Postbank dünnt ihr Netz aus

FRANKFURT (rtr). Die Postbank will vom 1. Juli dieses Jahres die Bankschalter in 1 200 deutschen Postfilialen schließen und damit Kosten sparen. Die Zahl der Postfilialen, die auch Bankdienstleistungen anbieten, sinke auf 11 500 von 12 700 sagte ein Sprecher der zur Deutschen Post gehörenden Postbank. 75 Prozent der Kunden dieser Filialen hätten Bankdienstleistungen nur einmal im Jahr in Anspruch genommen. Die meisten der betroffenen Kunden würden jedoch im Umkreis von drei Kilometern eine Filiale vorfinden, die auch weiterhin Bankdienstleistungen anbiete.

Quelle: Badische Zeitung vom 21. Juni 2003.

---

1 Der Begriff Kommunitarier kommt von Kommune (lat.) = Gemeinschaft. Die Kommunitarier vertreten die These, dass eine Gemeinschaft auf Geben und Nehmen beruht. Wer von einer Gemeinschaft etwas nimmt, hat ihr auch etwas zu geben.

Textauszug 14:

400 Kurkliniken vor dem Kollaps

BAD SALZUFLEN (dpa). Fast die Hälfte der deutschen Kurkliniken steht nach Einschätzung von Experten vor dem Aus. „400 der 1 300 Reha-Einrichtungen werden wohl schließen müssen", warnte ein Vertreter des Bundesverbands Deutscher Privatkrankenanstalten (Bonn). Mittlerweile stünden rund 20 000 Arbeitsplätze auf der Kippe. Nach Angaben des Wirtschaftsverbands Deutscher Heilbäder haben seit Oktober 1996 bereits mindestens 60 Kurkliniken geschlossen. ...

Quelle: Badische Zeitung vom 10. November 1997.

Textauszug 15:

Baukrise kostet noch 70 000 Stellen

FRANKFURT (dpa). Die anhaltende Rezession am Bau wird im kommenden Jahr voraussichtlich nochmals 70 000 Stellen kosten, davon allein 40 000 in Ostdeutschland. Diese Prognose gab der Vizepräsident des Hauptverbandes der Deutschen Bauindustrie am Montag in Frankfurt. Damit dürfte die Beschäftigung am Bau 1998 auf rund 1,1 Millionen Arbeitsplätze schrumpfen – rund 300 000 weniger als in den Spitzenjahren 1994 und 1995.

Quelle: Badische Zeitung vom 11. November 1997.

Textauszug 16:

Ganter wird kleiner

Neues Konzept für Brauerei

FREIBURG. Die Brauerei Ganter verkleinert sich, um so die Zukunft des Unternehmens zu sichern. Das haben jetzt die Gesellschafter des Unternehmens beschlossen. Sie wollen mehrere Millionen Euro in den Umbau des Unternehmens investieren.

Ganter mit einem Jahresausstoß von zuletzt rund 140 000 Hektolitern Bier will sich noch mehr auf sein Kerngeschäft und sein Kerngebiet Freiburg und die Region konzentrieren. Dazu wird das Unternehmen nun von diesem Sommer an umgebaut und verkleinert. Wie viele der 70 Arbeitsplätze auf dem Spiel stehen, dazu gab es gestern keine Aussagen.

Quelle: Badische Zeitung vom 26. März 2009.

Textauszug 17:

Gerling baut Stellen ab

(dpa.) Der Gerling-Konzern baut im Innendienst 800 Stellen ab. Laut Konzern geschieht dies im Rahmen einer neuen Organisationsstruktur im Erstversicherungsgeschäft. Für die Mitarbeiter werde nach sozialverträglichen Lösungen gesucht.

Quelle: Badische Zeitung vom 13. Dezember 1997.

Textauszug 18:

FREIBURG. Die Verwaltung von Insolvenzen ist kein angenehmer Job. Wenn der Freiburger Anwalt H. oder einer seiner Kollegen ein marodes Unternehmen übernehmen, ist es meist zu spät, um noch irgend etwas zu retten. Dabei sind die wenigsten Insolvenzen unausweichlich, die wirtschaftliche Rezession nur eine Ursache von vielen: „Die schlechte Konjunktur entlarvt nur schlecht geführte Unternehmen", sagt Anwalt H.

Oft beginnt der Abstieg mit der Geschäftsübergabe vom Firmengründer zu den Erben. ...

Quelle: Beutmann, J.: Mancher Konkurs wäre vermeidbar, drei Fallbeispiele aus Südbaden, in: Badische Zeitung vom 3. Februar 1998.

Textauszug 19:

Schmalhans ist Küchenmeister

Am liebsten, weil am bequemsten, spart Vater Staat bei den öffentlichen Investitionen und Sachmitteln. Diese leidvolle Erfahrung müssen in jüngerer Zeit auch die Schulen in Deutschland machen. Denn mangels Masse in den öffentlichen Kassen müssen die Schüler mit immer älteren Schulbüchern vorlieb nehmen. Einige Länder wollen diese Misere beseitigen – mit einem Griff in die Taschen der Eltern.

An deutschen Schulen fehlt es vielerorts am Elementarsten wie genügend Lehrern, moderner Unterrichtstechnik und lernfreundlichen Klassenzimmern. Neuerdings befinden sich auch die Schulbücher auf der Mängelliste. Denn die Länder stellen immer weniger Geld für Lernmittel bereit. So lagen im Jahr 1996 die Ausgaben der Länder für Schulbücher bundesweit bei rund 532 Millionen DM – ein Drittel weniger als 1991. Anders gerechnet: Im Jahr 1996 gaben die Länder pro Schüler 43 DM für Schulbücher aus – gegenüber 67 DM in 1991.

Mit Abstand am besten versorgt sind noch die Schüler in Baden-Württemberg. Das Musterländle zahlt je Schüler und Schuljahr 77 DM für den im Unterricht erforderlichen Lesestoff. Am schlechtesten schneiden Bremen und das Saarland ab – mit jeweils kargen 20 DM pro Kopf. In vielen Fällen reichen die öffentlichen Mittel damit gerade noch aus, um für jeden Schüler ein Schulbuch und ein Arbeitsheft anzuschaffen.

Mehr als halbiert haben seit 1991 die neuen Länder ihre Schulbuch-Budgets. Damals mussten die Schulbuch-Bestände aus DDR-Zeiten fast vollständig durch neue Unterrichtswerke ersetzt werden. Deshalb sind die ostdeutschen Schüler derzeit mit vergleichsweise modernem Equipment versorgt.

Westdeutsche Pennäler müssen dagegen immer häufiger aus Büchern lernen, die methodisch und inhaltlich veraltet sind und mit zunehmendem Gebrauch zerfleddern:

Heute wird ein Schulbuch im Schnitt zehn Jahre lang von einer Klasse an die andere weitergereicht – im Jahr 1991 lag die Nutzungsdauer erst bei sechs Jahren.

Wird der meist langwierige Abstimmungs- und Genehmigungsprozess für ein neues Schulbuch in Rechnung gestellt, dann sind Themen und Inhalte bis zu 15 Jahre alt, ehe ein Lehrwerk aktualisiert oder völlig ausgemustert wird.

Grund zur Klage haben deshalb auch die rund 70 deutschen Schulbuchverlage. ...

Quelle: iwd Nr. 42 vom 16. Oktober 1997.

Textauszug 20:

Weiter Wachstum ohne Beschäftigung

... Entsprechend zäh ist der Investitionsfluss. Die steigende Auslastung der Kapazitäten betrifft fast ausschließlich die exportorientierte Fertigung, die Anlageninvestitionen steigen zwar, aber in geringerem Umfang als bisher – vor allem weil der Bau weiter in der Krise steckt, die vorerst nicht entschärft werden kann: Der Staat versucht verzweifelt, die Haushalte zu konsolidieren, Fortentwicklung und Modernisierung der Infrastruktur leiden unter dem Diktat der leeren Kassen. Und nach wie vor investieren die Firmen ihre erklecklichen Gewinne (aus dem Exportgeschäft) „vor Ort", also jenseits der Grenzen. Zugleich fließt nur wenig Kapital ins Land, da Strukturreformen stillstehen, die Politik gelähmt scheint. Die Wende am Arbeitsmarkt, woher soll sie kommen?

Quelle: Beck, A.: In Badische Zeitung vom 26. Juli 1997.

Textauszug 21:

Mehr Arbeit im Ausland

Anders als in Deutschland sinkt in Großbritannien und den Niederlanden die Arbeitslosigkeit. In Großbritannien ist die Zahl der Erwerbslosen im Februar auf den niedrigsten Stand seit Oktober 1990 gefallen. Nach Angaben der Londoner Regierung vom Mittwoch waren im vergangenen Monat 1,74 Millionen Menschen ohne Stelle, das entspricht einer Quote von 6,2 Prozent. Das Statistische Amt in Den Haag gab bekannt, dass im Februar 429 000 Menschen ohne Arbeit waren. Daraus ergibt sich eine Quote von 6,4 Prozent. Deutschland hat eine Arbeitslosenquote von mehr als zehn Prozent.

Quelle: Badische Zeitung vom 20. März 1997.

Textauszug 22:

Einfache Jobs sind die Verlierer

KÖLN (vwd). Geringqualifizierte Arbeitnehmer sind die klassischen Verlierer des Strukturwandels, urteilt das Institut der deutschen Wirtschaft Köln (IW) in einer Studie. Eine Umfrage bei 223 Unternehmen hatte ergeben, dass die Hälfte der befragten Firmen sogenannte Einfacharbeitsplätze abbauen will, nur jeder siebte Betrieb hatte zusätzlichen Bedarf an solchen Stellen angemeldet. Lediglich im Fertigungsbereich sowie in der Arbeitsvorbereitung und -kontrolle werde mit nennenswerten Neueinstellungen gerechnet. Dagegen würden viele dieser Arbeitsplätze im Personal- und Rechnungswesen, im Einkauf und Verkauf sowie in der Entwicklung wegfallen. Hilfskräfte werden vor allem in Überwachungs- und Betreuungsunternehmen sowie bei Reinigungsfirmen gesucht.

Quelle: Badische Zeitung vom 13. März 1997.

Textauszug 23:

Abbrecher werden häufiger arbeitslos

(ha). Ausbildungsabbrecher gehen nach vorzeitiger Lösung ihres Ausbildungsvertrags zunehmend in die Arbeitslosigkeit: 1995/96 lag der Anteil derjenigen, die nach dem Abbruch ihrer Ausbildung arbeitslos wurden und auch keine neue Ausbildung in einem Betrieb, einer Schule oder an der Universität begannen, bei 32 Prozent.

Damit lag die Arbeitslosigkeit bei Ausbildungsabbrechern um 15 Prozentpunkte höher als noch 1990; zum damaligen Zeitpunkt betrug die Quote der Arbeitslosen nach Ausbildungsabbruch 17 Prozent.

Zu diesem Ergebnis kommt das Bundesinstitut für Berufsbildung (BIBB) nach zwei Befragungsaktionen, die vom Institut zusammen mit den Industrie- und Handelskammern sowie Handwerkskammern 1990 und 1995/96 bei Ausbildungsabbrechern gemacht wurden.

Weitere Ergebnisse der Befragungen führten zu folgendem Bild:

- Rund 60 Prozent der Vertragslösungen – 1990 ebenso wie 1995/96 – erfolgen im 1. Ausbildungsjahr, davon mehr als die Hälfte in der Probezeit.
- Über ein Viertel der Vertragslösungen in Ostdeutschland war 1995/96 auf den Konkurs des Ausbildungsbetriebs zurückzuführen (im Westen dagegen: acht Prozent).
- 39 Prozent der Ausbildungsabbrecher haben 1995/96 einen neuen Vertrag abgeschlossen, das heißt, sie begannen eine neue Ausbildung in einem anderen Ausbildungsbetrieb und/oder Ausbildungsberuf; 1990 lag der Anteil neu eingegangener Ausbildungsverhältnisse noch bei 46 Prozent.
- Für die Mehrheit der Ausbildungswechsler stand 1995/96 nicht der Wechsel des Ausbildungsberufs, sondern der Wechsel des Ausbildungsbetriebs im Vordergrund. Ein anderer Ausbildungsberuf war nur für 33 Prozent ausschlaggebender Grund für einen neuen Ausbildungsvertrag.

Quelle: Badische Zeitung vom 7. November 1997.

Textauszug 24:

Steigende Abgabenlast

... Und tatsächlich hat die Kaufkraft der Arbeitnehmer in den vergangenen zehn Jahren deutlich nachgelassen, sich jahresdurchschnittlich sogar um 0,7 % verschlechtert. Doch es waren nicht die zu geringen Lohnsteigerungen, die dies verursacht haben, sondern die steigenden Steuern und Abgaben, die das Nettoentgelt – und damit die Kaufkraft – minderten. Die Bruttolöhne sind nach wie vor gestiegen; abzüglich der Teuerung jährlich um immerhin 0,2 %. Dies schlägt sich wiederum auf der Kostenseite bei den Unternehmern nieder.

Eine Senkung der Steuern und der Abgaben ist also notwendiger denn je, um der Wirtschaft wieder Raum zur Expansion zu geben. Stattdessen nimmt die durchschnittliche Belastung jedoch weiter zu. Nach Berechnungen des Steuerzahlerbundes stieg der Abgabenanteil an den Einkommen im kritischen Jahr 2002 sogar von 55,4 auf 56,6 %. Höhere Beiträge zur Krankenversicherung, eine weitere Ökosteuer-Stufe, die Heraufsetzung der Tabak- und Versicherungssteuer und die inflationsbedingte „kalte Progression" der Einkommensteuer minderten die Kaufkraft weiter. Es rächt sich, dass in den konjunkturell guten Zeiten wichtige Sozialreformen nicht angepackt wurden.

Auch die hohe Arbeitslosigkeit ist für die strukturelle Nachfrageschwäche verantwortlich. Mehr Beschäftigung, mehr Konsum lautet die einfache Formel. Denn Erwerbstätige konsumieren nun einmal mehr als Arbeitslose. Zwar ist die Beschäftigungsquote in Deutschland in den vergangenen beiden Jahren etwas gestiegen, doch der größte Teil des Zuwachses gründet auf eine Gesetzesänderung, weil ehemalige Minijobs jetzt in der Arbeitsstatistik mitgezählt werden. Und der derzeitige Stellenrückgang zeigt obendrein, dass der Beschäftigungsaufbau der letzten Jahre nicht nachhaltig erfolgte, sondern offenbar ein rein konjunkturelles Phänomen darstellt. Gleichzeitig schnellt die Arbeitslosenquote wieder hoch. Auch dies ist ein deutlicher Hinweis für notwendige Reformen auf dem Arbeitsmarkt.

Quelle: Lorz, S.: Jetzt rächt sich Deutschlands Reformschwäche, in: Börsenzeitung vom 4. Dezember 2001.

Textauszug 25:

Vorstellungsgespräche

STUTTGART (AP). Das Landesarbeitsamt[1] Baden-Württemberg will den Missbrauch bei Vorstellungsgesprächen arbeitsloser Bewerber eindämmen. Der Präsident des Arbeitsamts appellierte gestern in Stuttgart an die Personalchefs der Unternehmen, nicht schwarze Schafe weiß zu waschen.

Der Anlass für den Vorstoß: Ein Leserbrief eines Arbeitgebers. Fünf Arbeitslose hätten sich bei ihm vorgestellt und durch ihr Verhalten buchstäblich darum gekämpft, nicht eingestellt zu werden.

Der Präsident forderte, die Arbeitgeber müssten Fakten nennen, falls es Anhaltspunkte für Missbrauch von Bewerbern gebe. In solchen Fällen seien Sperrzeiten und die Aussetzung der Leistungen für zwölf Wochen möglich. Im Wiederholungsfall könnten alle Zahlungen eingestellt werden, sagte der Behördenchef.

Quelle: Badische Zeitung vom 14. November 1997.

Textauszug 26:

Reif für die Ausbildung?

Viele Unternehmen haben große Mühen, trotz der starken Nachfrage nach Ausbildungsplätzen geeignete Interessenten zu finden. Dies ist kein Ammenmärchen, sondern Realität – wie folgendes Beispiel belegt: Das Handelsunternehmen REWE hat 1997 insgesamt 1 200 Ausbildungsplätze angeboten. Davon konnten aber nur 1 100 Stellen besetzt werden – obwohl sich etwa 10 000 Jugendliche beworben hatten.

Wie es zu diesem Ergebnis kam: Schon bei der ersten Sichtung der Bewerbungsunterlagen schied die Hälfte der Bewerber wegen schlechter Schulleistungen aus. Jeder fünfte zum Test und zum Gespräch geladene Interessent erschien nicht zum vereinbarten Termin. Jeder zweite Bewerber, der an dem Test teilnahm, genügte nicht den Mindestanforderungen der Berufsausbildung.

Quelle: iwd Nr. 5 vom 19. Januar 1998, S. 8.

Textauszug 27:

Bonn ist nicht Weimar. Daran ändert auch dieser neue Rekord der Arbeitslosigkeit nichts. ... Die heutige Misere des Arbeitsmarkts ist die Folge des Sich-Klammerns fast aller Gruppen und Parteien an das System der sozialen Verfasstheit der Gesellschaft.

1 Jetzt als „Regionaldirektion" bezeichnet.

Was droht, wenn die Entwicklung so anhält? Wer wendet sie? Niemand kann sich anmaßen zu sagen, wo konkret neue Arbeitsstellen geschaffen werden können. Aber wer die Augen öffnet, der weiß, woher die Arbeitslosigkeit kommt. Darin einen Widerspruch zu wittern bedeutet, die Natur und die Wirkungsweise der Marktwirtschaft zu verkennen. Die Marktwirtschaft ist nun einmal nicht im Beschlussverfahren auf ein geplantes Ergebnis hin zu lenken. Aber es ist feststellbar, welche Kräfte jene Ergebnisse – wie etwa die Massenarbeitslosigkeit – bewirken, die im Konsens als Fehlentwicklungen beklagt werden, weil sie den allgemein akzeptierten Normen und Werten der Gesellschaft nicht entsprechen. Arbeitslosigkeit sperrt arbeitswillige Menschen aus der Leistungsgesellschaft aus. Darin liegt der Kern ihrer Schandbarkeit.

Die Arbeitslosigkeit fällt nicht als Fatum[1] vom Himmel – jedenfalls nicht für die Volkswirtschaft und die Gesellschaft, so schicksalhaft sie dem Einzelnen erscheinen mag. Die Massenarbeitslosigkeit dieser Jahre erklärt sich aus dem Zusammentreffen einer neuen, schöpferischen Unordnung am Weltmarkt und dem starrsinnigen Beharren auf alten Ordnungsmechaniken in sklerotisierten[2] Gesellschaften.

Das Maß an Freiheit in der Welt ist größer geworden. Neue Konkurrenten treten auf den Plan; Transport- und Kommunikationskosten sinken; in der Hand von unternehmerischen Pionieren wirbeln naturwissenschaftliche Basisinnovationen die Märkte für Kapital, Güter und Dienste durcheinander. In einer solchen Welt der innovativen und produktiven Unordnung muss jeder – sei er Unternehmer oder Arbeitnehmer – seine Chance suchen und verteidigen. …

Quelle: Barbier, H. D.: Die Falle der Arbeitslosigkeit, in: FAZ vom 7. Februar 1997.

Textauszug 28:

Mehr Bildung, mehr Arbeit

Noch immer werden zwei der wichtigsten Probleme der deutschen Gesellschaft getrennt diskutiert, obwohl sie längst zusammengehören. Die Rekordarbeitslosigkeit lässt sich nicht allein dadurch bekämpfen, dass starre Gesetze im Arbeitsrecht aufgeweicht und Impulse für wirtschaftliches Wachstum gesetzt werden. Genauso dringlich ist eine gründliche Reform des Bildungssystems.

Die Arbeitslosenzahl steigt vor allem deshalb unaufhörlich, weil es für Menschen mit geringer Qualifikation kaum Jobs gibt. Die Tariflöhne aber sind so hoch, dass es sich für Unternehmer nicht lohnt, auch weniger produktive Mitarbeiter einzustellen. Wer keinen Schulabschluss hat, bekommt bestenfalls Gelegenheitsjobs. Das lohnt sich dann für die Betroffenen oft nicht. Wenn sie ein oder zwei Kinder haben, liegt die Sozialhilfe höher als der Verdienst. Die Löhne werden in den nächsten Jahren nicht nennenswert sinken, genauso wenig wie die Sozialhilfe, die wirklich bedürftigen Menschen nur einen minimalen Lebensstandard ermöglicht. Zeitarbeit und befristete Jobs helfen in Einzelfällen, ändern aber wenig an der Massenarbeitslosigkeit. Die Herausforderung besteht also darin, auch junge Menschen aus sozial schwächeren Familien so gut wie möglich zu qualifizieren, um ihnen den Zugang zum Arbeitsmarkt zu öffnen – und ihnen gleichzeitig mit Sanktionen zu drohen, wenn sie ihre Chancen nicht nutzen.

Alle Schulformen müssen leistungsfähiger, die Ausbildungsordnungen flexibler werden. Statt um Kompetenzen zu streiten, sollten Bund und Länder diese Aufgabe endlich gemeinsam schultern. Nur gründlich ausgebildete Menschen haben im härter werdenden internationalen Wettbewerb eine Chance.

Quelle: Süddeutsche Zeitung vom 7. März 2003.

---

1 Fatum (lat.) = Schicksal.

2 Sklerotisiert (gr.) = verhärtet. Sklerose ist die krankhafte Verhärtung von Geweben und Organen.

Textauszug 29:

Stimmung bleibt schlecht

Nürnberg (dpa) – Die Konsumstimmung in Deutschland ist weiterhin gedrückt. Die Verbraucher befürchten, dass ein Rezessionsjahr ins Haus stehe, teilte das Marktforschungsinstitut GfK in Nürnberg gestern mit.

Die Konjunkturerwartung sei zurückgegangen, schreibt die GfK, und dümple auf dem Stand der Rezessionsjahre 1992/93. Insbesondere bei einer längeren Dauer des Irak-Kriegs sei nicht auszuschließen, dass sich die Konsumkonjunktur noch mehr abschwäche.

Auch die hohe Arbeitslosigkeit könne die Stimmung in den nächsten Wochen weiter trüben, teilte die GfK als Ergebnis ihrer Konsumklima-Studie im März mit. Die Bürger befürchten außerdem, dass sie wegen der angekündigten Reformen bei Steuern und Sozialabgaben künftig noch weniger im Geldbeutel haben werden.

Quelle: Schwäbische Zeitung vom 29. März 2003.

2. Viele Ursachen der Arbeitslosigkeit bedingen einander. Formulieren Sie Beispiele!

10.3 Folgen der Arbeitslosigkeit

10.3.1 Auswirkungen der Arbeitslosigkeit auf die Arbeitslosen

Normalerweise ist eine Entlassung einer Arbeitskraft eine **Einzelentlassung.** Sie wird von den entlassenen Personen als mit- oder gar selbstverschuldet erlebt, „weil – im Vergleich zu jenen, die nicht entlassen werden – Leistungsfähigkeit, Qualifikation usw. scheinbar nicht ausreichen."[1] Die der Entlassung folgende Arbeitslosigkeit geht häufig mit einer Stigmatisierung[2] einher: Die Arbeitslosen werden von vornherein als weniger qualifiziert eingeschätzt. Bei der Suche nach einem neuen Arbeitsplatz müssen sie begründen, warum sie entlassen worden sind.[3] „Dauert die Arbeitslosigkeit länger, setzt außerdem eine zunehmende Isolierung ein. Die Öffentlichkeit nimmt vom Einzelfall kaum Notiz. Parallel vollzieht sich damit zugleich ein Entsolidarisierungsprozess, der nicht selten auf eine gesellschaftliche Ausgrenzung der Arbeitslosen hinausläuft. Neben mangelnder Leistungsfähigkeit und unzureichender Qualifikation unterstellt man ihnen nun auch noch Missbrauch der Sozialleistungen, Arbeitsunwilligkeit und dergleichen mehr."[4]

Eine andere Wirkung als Einzelentlassungen haben **Massenentlassungen** infolge von Insolvenzen und Rationalisierungsmaßnahmen (z.B. Betriebsstilllegungen, Betriebsverlagerungen). Da der Verlust der Arbeitsplätze *gemeinsam* erlebt wird, muss die Arbeitslosigkeit nicht vom Einzelnen gerechtfertigt werden, weil allgemein bekannt ist, dass man „schuldlos" entlassen worden ist.[5]

---

1 Osterland, M.: Einzelentlassung und Massenentlassung als kollektive Erfahrung, in: Dressel, W. u.a. (Hrg.): Lebenslauf, Arbeitsmarkt und Sozialpolitik, Nürnberg 1990, S. 139f., zitiert in Kontrovers, Arbeitsmarktpolitik, a.a.O., S. 54.

2 Stigmatisierung (gr.) = Brandmarkung, Kennzeichnung.

3 Vgl. Osterland, M., a.a.O., S. 54.

4 Osterland, M., a.a.O., S. 54.

5 Vgl. Osterland, M., a.a.O., S. 55.

Wenngleich die auf Massenentlassungen zurückzuführende Arbeitslosigkeit für den Einzelnen scheinbar oder tatsächlich leichter als eine Einzelentlassung zu ertragen ist: wer arbeitslos wird, fällt zunächst in eine tiefe Leere. Ein Gefühl der Verzweiflung tritt ein. **Einkommenseinbußen** führen – je nach Vermögensverhältnissen – zu existenziellen Sorgen.[1] Sofern der oder die Entlassene eine oder mehrere Personen zu versorgen hat, können Konflikte entstehen. Wird z.B. ein Familienvater arbeitslos, geraten zunächst eingespielte Abläufe durcheinander. „Plötzlich mischt sich der Vater in die Erziehung ein, in die Hausaufgaben der Kinder, in den Haushalt. Die Verunsicherung kann sich in einer gespannten, oft aggressiven Atmosphäre äußern. Kleinigkeiten können sich zu großen Konflikten entzünden, bis zur Gewalt in der Familie."[2]

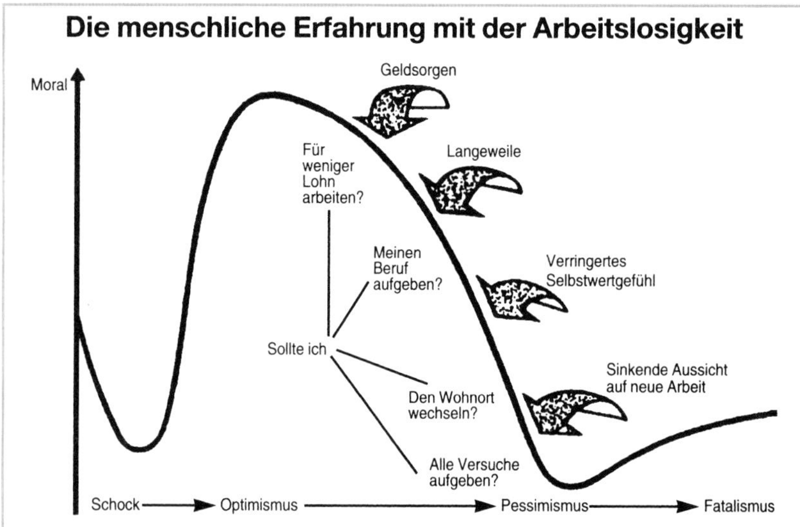

Quelle: Bundesanstalt (jetzt Bundesagentur) für Arbeit (Hrg.): Überlegungen II zu einer vorausschauenden Arbeitsmarktpolitik, 1978, S. 209.

10.3.2 Folgen der Arbeitslosigkeit für die Transferzahlungen[3]

Die Arbeitslosigkeit hat zahlreiche unmittelbare und mittelbare finanzielle (wirtschaftliche) Folgen, von denen hier nur die wichtigsten genannt werden können. Zunächst muss das **Arbeitslosengeld** von der Arbeitslosenversicherung (der Bundesagentur für Arbeit) bezahlt werden. Je höher die Arbeitslosigkeit ist, desto höher müssen die Beiträge der Arbeitenden sein. Die Folge ist, dass – unter sonst gleichen Bedingungen – die Massenkaufkraft der Arbeitenden sinkt, sodass deren Konsum abnimmt. Dies wiederum hat sinkende Steuereinnahmen zur Folge, weil die Gewinne der Handelsunternehmen sinken. Die Konkurrenz verschärft sich, **weitere Entlassungen** finden statt.

1 Vgl. Kachler, R.: Der Arbeitslose fällt in eine tiefe Leere, in: Esslinger Zeitung vom 5./6. Februar 1994, S. 5, zitiert in: Kontrovers, Arbeitsmarktpolitik, a.a.O., S. 55.

2 Kachler, R., a.a.O., S. 56.

3 Zum Begriff Transfereinkommen (Sozialeinkommen, abgeleitete Einkommen) siehe Kapitel 1.3.4.2 und die Abb. auf S. 41.

Arbeitslosengeld wird nur für eine bestimmte Zeitdauer bezahlt. Befindet sich eine arbeitslose Person in einer finanziellen Notlage, tritt unter bestimmten Voraussetzungen anstelle des Arbeitslosengelds das vom Bund zu tragende und von der Bundesagentur für Arbeit zu zahlende **Arbeitslosengeld II** (Näheres siehe z.B. §§ 19ff. SGB II).

Weitere Säulen im System der sozialen Sicherung in der Bundesrepublik Deutschland sind das **Sozialgeld** (siehe §§ 19, 23 SGB II) und die **Sozialhilfe.** Letztere wird in den Fällen gewährt, in denen trotz Selbsthilfe und vorrangiger anderer Leistungen (z.B. Wohngeld, Kindergeld, Arbeitslosengeld) ein Einzelner oder eine Familie in existenzielle Not geraten. Die Hauptaufgabe der Sozialhilfe liegt in der Sicherung des Lebensunterhalts und in der Hilfe in besonderen Lebenslagen, vor allem bei Krankheit, Behinderung und besonderen sozialen Schwierigkeiten. (Näheres zur gesetzlichen Regelung der Sozialhilfe finden Sie im SGB XII, siehe auch § 9 SGB I.)

Die Sozialhilfe ist, soweit nach Landesrecht nicht etwas anderes bestimmt ist, von den kreisfreien Städten und den Kreisen (örtliche Träger der Sozialhilfe) und von den durch die Länder bestimmten überörtlichen Trägern zu bezahlen [§ 3 SGB XII]. Nimmt die Zahl der Sozialhilfeempfänger zu, sind in der Folge die Träger der Sozialhilfe gezwungen, ihre Steuern und Gebühren zu erhöhen (z.B. Gewerbesteuer, Gebühren für Wasser, Abwasser, Müllabfuhr usw.), sodass die verfügbaren Einkommen der Haushalte (die der Arbeitslosen *und* der Beschäftigten) weiter sinken.

Mit der Arbeitslosigkeit steigen aufgrund der gesunkenen Einkommen auch andere Sozialleistungen wie z.B. das **Wohngeld** (siehe z.B. § 26 SGB I).

Der aufgrund der Arbeitslosigkeit zurückgehende Konsum bedeutet **geringere Steuereinnahmen.** Einmal zahlen die Arbeitslosen i.d.R. keine direkten Steuern (z.B. Lohn- und Einkommensteuer). Zum anderen bewirkt der insgesamt gebremste Konsum, dass die Verbrauchsteuern (z.B. Mineralölsteuer, Biersteuer) und die Verkehrsteuern (z.B. Umsatzsteuer) nicht in dem Maße eingehen, wie sie bei geringerer Arbeitslosigkeit zu erwarten sind.

Schließlich führt die zunehmende Arbeitslosigkeit nicht nur bei der Arbeitslosenversicherung, sondern auch bei den übrigen Sozialversicherungsträgern zu **sinkenden Beitragseinnahmen.** Die Träger der Rentenversicherung, Krankenversicherung und Unfallversicherungen müssen ihre Beiträge erhöhen. Die Folge: Unter sonst gleichen Bedingungen geht die Konsumgüternachfrage weiter zurück.

© Erich Schmidt Verlag 174 001

Um Beitragserhöhungen zu vermeiden, können die Sozialversicherungsträger durch **Bundeszuschüsse** subventioniert werden. Ist der Staat bereits verschuldet, muss er entweder weitere Kredite aufnehmen (siehe z. B. Kapitel 10.2.4.2) oder zum Mittel der **Steuererhöhung** (z. B. auf Erhöhung der Umsatz- und/oder der Mineralölsteuer) greifen.

Mit der zusätzlichen Kreditaufnahme wird das Problem nur zeitlich verschoben: Wird die Verschuldungsgrenze des Staates erreicht, müssen *zukünftig* Steuern erhöht und/oder Staatsausgaben gekürzt werden. Werden die Steuern sofort erhöht, geht die Nachfrage *gegenwärtig* zurück, weil weniger Geld in den Portemonnaies der privaten Haushalte verbleibt.

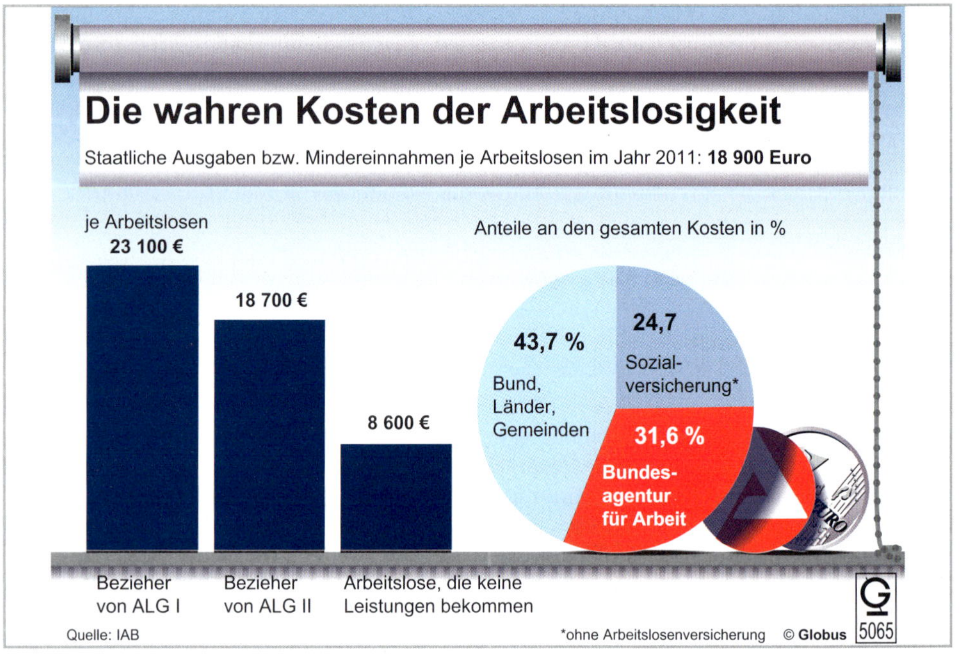

Jeder Arbeitslose kostet den Staat rund 18900,00 € pro Jahr. Dieser Betrag setzt sich zusammen aus den finanziellen Leistungen für die Arbeitslosen, also Arbeitslosengeld I oder II, und den Mindereinnahmen. Dem Staat entgehen nicht nur direkte Steuern (Lohn- und Einkommensteuer), sondern auch indirekte Steuern wie beispielsweise die Mehrwertsteuer, denn Arbeitslose geben weniger Geld für den Konsum aus. Und auch in den Sozialkassen entstehen Löcher durch fehlende Beiträge. Insgesamt – so errechneten es die Experten des Nürnberger Instituts für Arbeitsmarkt- und Berufsforschung (IAB) – verursachte die Arbeitslosigkeit in Deutschland im Jahr 2011 für die gesamte Volkswirtschaft Kosten von rund 56 Mrd. €.

Mit der Arbeitslosigkeit nimmt auch die Bedeutung der **Schattenwirtschaft** zu (siehe Kapitel 10.2.4.7). Wenn man davon ausgeht, dass der Wert der **Schwarzarbeit** in der Bundesrepublik Deutschland im Jahr 2012 voraussichtlich rund 346 Mrd. Euro beträgt und wenn man mit einer Steuer- und Abgabenquote (prozentualer Anteil der Steuern und Sozialabgaben am Volkseinkommen) von rund 40 % rechnet, lässt sich der durch die Schwarzarbeit verursachte Einnahmenausfall auf etwa 138 Mrd. Euro jährlich veranschlagen.

10.3.3 Folgen der Arbeitslosigkeit für das Arbeitspotenzial der Volkswirtschaft

Eine weitere Folge der Arbeitslosigkeit ist, dass ein Teil des Arbeitspotenzials[1] ungenutzt bleibt. Das bedeutet, dass das reale Inlandsprodukt niedriger ist als es bei Vollbeschäftigung wäre. Hinzu kommt die Belastung der öffentlichen Kassen. Sie beträgt – einfach gerechnet – rund 20000,00 € jährlich je arbeitslose Person. Dies entspricht bei einer Arbeitslosenzahl von rund 3,2 Millionen einer Gesamtsumme von etwa 6,4 Mrd. Euro.

Weiterer wirtschaftlicher Schaden entsteht auch dadurch, dass das ungenutzte Arbeitspotenzial veraltet. Das „Humankapital"[2] verringert sich. Der Grund: Im Verlauf der Arbeitslosigkeit veralten das vorhandene Fachwissen und die von der Arbeitswelt verlangten Fertigkeiten und Fähigkeiten. Dazu kommt, dass ein Teil des Fachwissens verloren geht und Fertigkeiten und Fähigkeiten abnehmen.

Aufgaben

1. Beschreiben Sie die psychischen (seelischen) Folgen der Arbeitslosigkeit anhand der Abbildung auf S. 476!
2. Warum wird die Arbeitslosigkeit aufgrund von Massenentlassungen anders empfunden als die Arbeitslosigkeit durch Einzelentlassung?
3. Begründen Sie, warum eine arbeitslose Person durch Weiter- und Fortbildung ihre Chancen zu einer Wiedereinstellung stark verbessern kann!
4. **Textauszug:**

Ratschläge für Arbeitslose

Einige Tips, die manchem Betroffenen helfen können, hat Jürgen Grunau vom Psychologischen Dienst des Stuttgarter Arbeitsamtes[3] ... parat: Dazu gehört der Rat, sich nicht abzukapseln, „auch wenn man sich lieber verkriechen würde". Es tue den Betroffenen gut, sich mit Bekannten, Freunden oder auch ehemaligen Kollegen zu unterhalten, meint Grunau. „Das hilft meist, nicht in ein tiefes schwarzes Loch zu fallen". Auch Gespräche mit anderen Betroffenen können helfen. „Da merkt man schnell, dass man nicht allein dasteht." Wichtig ist ... auch sich klarzumachen, was man kann, was man gerne macht, um es dann auch möglichst zu tun. „Egal, ob man etwas bastelt, die Wohnung tapeziert oder für die alte Dame in der Nachbarschaft einkaufen geht." Außerdem empfiehlt der Psychologe, sich regelmäßig beim Arbeitsamt über Stellenangebote zu informieren und trotz aller Enttäuschungen immer wieder Bewerbungen zu schreiben. Ganz wichtig ist Jürgen Grunau die Empfehlung, morgens schon um sieben Uhr aufzustehen – obwohl man nicht zur Arbeit muss – und sich quasi einen Stundenplan für jeden Tag zu machen. „Die meisten Arbeitslosen leiden am stärksten darunter, dass ihr Tagesablauf nicht strukturiert ist, dass sie keine Aufgabe haben." [...] Dabei komme es weniger darauf an, was man unternehme, ... Hauptsache, man halte sich an seinen Plan.

Quelle: „Arbeitslosigkeit hat nichts mit Schuld zu tun", in: Stuttgarter Zeitung vom 13. Dezember 1993, S. 10, zitiert in: Kontrovers, Arbeitsmarktpolitik, a.a.O. S. 58f.

Welchen Rat des Psychologen halten Sie für den wichtigsten?

---

1 Potenzial (lat.: Potential) = mögliche Leistungsfähigkeit.

2 Unter Humankapital (human capital, Arbeitskapital) versteht man den Wert aller für den Produktionsprozess und damit zur Erzielung von Einkommen einsetzbaren menschlichen Fähigkeiten eines Einzelnen, einer Personengruppe oder aller Erwerbspersonen einer Volkswirtschaft.

3 Die Arbeitsämter werden jetzt „Agenturen für Arbeit" genannt.

5. **Textauszug:**

Die politische Dimension der Arbeitslosigkeit

Erinnern wir uns an das Jahr 1932. Damals dürfte es ganz wenige Orte in Deutschland gegeben haben, in denen mehr als ein Drittel der Menschen arbeitslos waren. Die durchschnittliche Arbeitslosigkeit war 1932 geringer als die gegenwärtige durchschnittliche Arbeitslosigkeit in der ehemaligen DDR, wenn ich die verdeckte Arbeitslosigkeit hinzuzähle.

Das erzeugt große Hoffnungslosigkeit. Und die war 1932 einer der wichtigsten Gründe für die Machtergreifung von „Adolf Nazi". Zugegeben, die heutigen Arbeitslosen sind materiell unendlich viel besser gestellt als die damaligen Arbeitslosen. Aber das Gefühl, zu nichts nütze zu sein, nicht gebraucht zu werden, ist zerstörerisch.

Es kann sich politisch entladen. Und dann sicherlich nicht zugunsten irgendwelcher Linksextremisten ... Die politische Entwicklung kann ins Rechtsextreme gehen, wenn es weiterhin an geistiger Führung und politischer und ökonomischer Plausibilität fehlt.

Quelle: Schmidt, Helmut, in: Stern vom 2. April 1992, S. 20, zitiert in: Kontrovers, Arbeitsmarktpolitik, a.a.O., S. 59f. Helmut Schmidt war von 1974 bis 1982 Bundeskanzler und ist heute Mitherausgeber der Wochenzeitung DIE ZEIT.

Wie begründet Helmut Schmidt die Gefahr der Radikalisierung?

6. **Arbeitsauftrag:** Entnehmen Sie dem SGB III die Dauer des Höchstanspruchs auf Arbeitslosengeld und die aktuelle Höhe des Arbeitslosengelds!

7. Überlegen Sie, welche wirtschaftlichen Folgen die Einkommenseinbußen für einen Arbeitslosenhaushalt haben können! (Zwei Beispiele!)

8. Steigende Arbeitslosigkeit bedeutet steigende Transferzahlungen des Staates.

   8.1 Nennen Sie wichtige Transferzahlungen, die unmittelbar von der Länge bzw. Höhe der Arbeitslosigkeit abhängen!

   8.2 Beurteilen Sie an zwei Beispielen die möglichen volkswirtschaftlichen Folgen steigender Transferzahlungen!

9. Beschreiben Sie zwei Auswirkungen der Arbeitslosigkeit auf das Arbeitspotenzial einer Volkswirtschaft!

10.4 Staatliche und nicht staatliche Maßnahmen zur Bekämpfung der Arbeitslosigkeit

Die Ursachen konjunktureller und struktureller Arbeitslosigkeit sind nicht immer zu trennen. So wirken sich z.B. Störungen, die die Angebotsseite betreffen, nicht nur auf den (mittelfristigen) Konjunkturverlauf aus, sondern auch auf die (langfristige) strukturelle Entwicklung der Volkswirtschaft. Daher müssen sich auch konjunkturpolitische und strukturpolitische Maßnahmen ergänzen. Lediglich aus theoretischer und systematischer Sicht können (und müssen) Konjunktur- und Strukturpolitik getrennt betrachtet werden.

Die meisten Ursachen der heutigen Massenarbeitslosigkeit sind interdependent, d.h. gegenseitig abhängig.

Beispiel:

Hohe Lohnkosten führen zu verstärkten Rationalisierungsmaßnahmen. Die teure menschliche Arbeit wird durch Maschinenarbeit substituiert (ersetzt). Arbeitsplatzabbau ist die Folge (technologische Arbeitslosigkeit). Infolgedessen steigen die Transferausgaben des Staates. Hat der Staat keine finanziellen Reserven gebildet, müssen die Sozialversicherungsbeiträge und/oder die Steuern erhöht werden, was wiederum zulasten der Konsumausgaben geht. Die Wirtschaft erhält einen weiteren Dämpfer, mit der Folge, dass die Steuereinnahmen hinter den Erwartungen zurückbleiben.

Die Arbeitslosigkeit hat – wie im Kapitel 10.2 an Beispielen gezeigt wurde – *viele Ursachen.* Zur Bekämpfung der Arbeitslosigkeit müssen deswegen ebenso viele Strategien eingesetzt werden. Die Anwendung einseitiger „Rezepte", wie man sie immer wieder hören kann, ist von vornherein zum Scheitern verurteilt.

10.4.1 Langfristige angebotsorientierte Maßnahmen[1]

10.4.1.1 Kostensenkung

1. Senkung der Arbeitskosten

Senkung der Lohnkosten durch Öffnung der Tarifverträge

Zur Bekämpfung der lohnkostenbedingten Arbeitslosigkeit wird vorgeschlagen, die starren **Flächentarifverträge** noch weiter zu flexibilisieren. So genannte *Tariföffnungsklauseln* sollen es Betrieben, denen es wirtschaftlich nicht besonders gut geht, ermöglichen, ihre Belegschaft für eine bestimmte Zeit (z.B. für ein Jahr) bis zu einem vereinbarten Prozentsatz *unter Tarif* zu bezahlen *(Entgeltkorridor).* Die konkreten Vereinbarungen werden dann zwischen Betriebsrat und Arbeitgeber ausgehandelt.

Tariföffnungsklauseln können auch eine **Flexibilisierung der Arbeitszeit** zum Ziel haben, weil dadurch längere Betriebszeiten ermöglicht werden. So wird z.B. über *Arbeitszeitkorridore* von 30 bis 40 Wochenarbeitsstunden diskutiert.

Beispiel:

Ein Betrieb beschäftigt 100 Arbeitskräfte. Die bisherige starre Normalarbeitszeit beträgt 35 Stunden in der Woche. Überstunden müssen mit 50 % des Tariflohns vergütet werden. Der Tariflohn beträgt 30 Geldeinheiten (GE).

Mit den vorhandenen Arbeitskräften können 500 Produktionseinheiten je 35-Stunden-Woche erstellt werden.

Die neue Arbeitszeitregelung lässt eine flexible Arbeitszeitgestaltung im Laufe eines Jahres zu, sodass die Arbeitszeit an die Auftragslage angepasst werden kann. Möglich ist eine Schwankungsbreite der Wochenarbeitszeit zwischen 25 und 45 Arbeitsstunden.

1 Zu den kurzfristigen Maßnahmen zur Bekämpfung der Arbeitslosigkeit siehe Kapitel 9.3.1.2.

31 Hartmann-Härter-Seifert - ISBN 978-3-8120-0412-1

Woche	PE	Starre Arbeitszeit			Flexible Arbeitszeit		
		Stunden	Lohnkosten	Lohnstückkosten	Stunden	Lohnkosten	Lohnstückkosten
1	500	3500	105000 GE	210 GE	3500	105000 GE	210 GE
2	600	3500	136500 GE*	227,5 GE	4200	126000 GE	210 GE
3	500	3500	105000 GE	210 GE	3500	105000 GE	210 GE
4	450	3500	105000 GE**	233,3 GE	3150	94500 GE	210 GE

* Für zusätzliche 100 PE müssen 700 Überstunden geleistet werden. Die zusätzlichen Lohnkosten betragen also 21000 GE zuzüglich 50 % Überstundenzuschläge = 31500 GE.
Die gesamten Lohnkosten belaufen sich demnach auf 105000 GE + 31500 GE = 136500 GE.

** Falls nicht zur Kurzarbeit übergegangen wird, muss der volle Lohn gezahlt werden (Zeitlohn).

Senkung der Lohnnebenkosten (Lohnzusatzkosten)

Neben den Tarifparteien (Arbeitgeberverbänden und Gewerkschaften) kann auch der Staat dazu beitragen, die Arbeitskosten zu senken, indem er dafür sorgt, dass die **gesetzlichen Lohnnebenkosten** (z. B. die Sozialversicherungsbeiträge der Arbeitgeber) gesenkt werden. Dies kann nur durch eine mutige Reformierung der Kranken- und Rentenversicherung geschehen. Derzeit ist die Tendenz der Lohnnebenkosten (Lohnzusatzkosten) eher noch steigend.

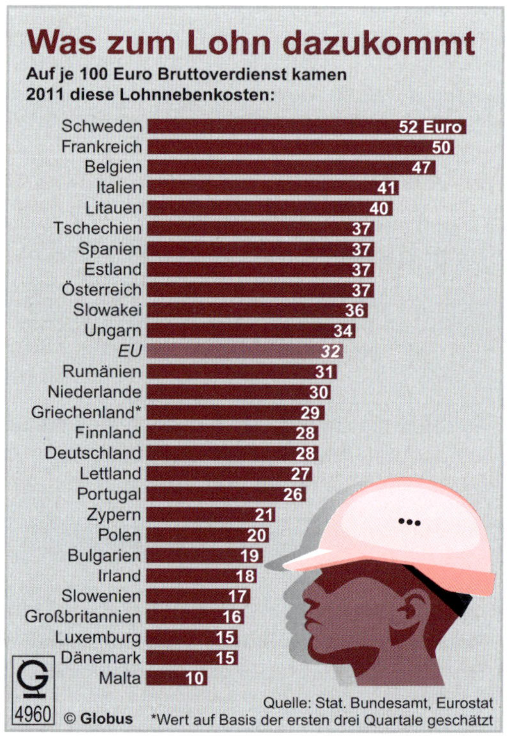

Deutschland liegt unter dem EU-Durchschnitt: Die Lohnnebenkosten betragen hier in der Privatwirtschaft berechnet auf 100,00 € Bruttolohn 28,00 €. Innerhalb der gesamten EU ergeben sich Nebenkosten von 32,00 € je 100,00 € Lohn, betrachtet man nur die Eurozone sind es 36,00 €. Deutlich darüber liegen Schweden (52,00 €), Frankreich (50,00 €) und Belgien (47,00 €). Die Lohnnebenkosten setzen sich vor allem aus den Sozialbeiträgen der Arbeitgeber, den Aufwendungen für die betriebliche Altersversorgung und den Kosten für die Lohnfortzahlung im Krankheitsfall zusammen.

Während die Arbeitgeber die Beiträge zur gesetzlichen Unfallversicherung alleine zahlen (siehe Lehrbuch S. 383), beteiligen sich die Arbeitgeber an der Finanzierung der anderen Zweige der gesetzlichen Sozialversicherung **anteilmäßig** mit bis zu (gesetzlich bestimmten) **Höchstbeträgen.** Bei dem für 2012 für die gesetzliche Rentenversicherung geltenden Beitragssatz von 19,6 % sind dies z. B. je Versicherten in den „alten" Bundesländern in der **allgemeinen Rentenversicherung** monatlich bis zu 548,80 €

(9,8 % der seit 1. Januar 2012 in den „alten" Bundesländern geltenden monatlichen Beitragsbemessungsgrenze von 5600,00 € (67200,00 € : 12 Monate).[1]

Einführung von Niedriglohn-Arbeitsplätzen

In begrenztem Rahmen kann die lohnkostenbedingte Arbeitslosigkeit durch sogenannte „Niedriglohnjobs" gemildert werden. Vor allem die Arbeitgeber sehen Beschäftigungschancen bei einfachen Arbeiten, vor allem im Dienstleistungsbereich. Dazu ist erforderlich, dass die Entgelttarife für einfache Arbeiten wesentlich herabgesetzt werden und dass die Arbeitseinkommen nur zu Teilen auf das Arbeitslosengeld II und die Sozialhilfe angerechnet werden.

Wenn man aus sozialpolitischen Gründen – anders als in den Vereinigten Staaten von Amerika – eine wachsende Einkommensdifferenzierung nicht akzeptieren möchte, wenn aber der Markt andererseits hohe Löhne für gering qualifizierte Arbeit nicht hergibt, dann kann die Einführung einer **Negativsteuer** (des **Bürgergelds**) helfen.[2]

Beispiel:

Ein Steuertarif setzt sich aus einem proportionalen Satz, zum Beispiel 30 % und einem festen Anspruchsbetrag[3] von 8000 Geldeinheiten (GE) zusammen. Bei einem Einkommen von 60000 GE ergibt sich somit eine Steuerpflicht von 18000 GE abzüglich 8000 GE Bürgergeld = 10000 GE. Verdient eine steuerpflichtige Person nur 20000 GE, ergibt sich eine Negativsteuer von 6000 GE – 8000 GE = – 2000 GE, die vom Finanzamt ausbezahlt wird.[4]

„Der Witz der Idee besteht darin, dass bei einem Sozialhilfeempfänger heute ein zusätzliches Arbeitseinkommen nahezu voll auf die Sozialhilfe angerechnet wird. ... Deshalb sind Löhne unter dem Sozialhilfeniveau nicht realisierbar. Bei der Negativsteuer dagegen kann der Lohn auch darunter liegen; der Arbeiter stellt sich dann immer noch erheblich besser als bei reiner Sozialhilfe. ... Es scheint heute, dass die Negativsteuer das einzig Erfolg versprechende Konzept zur Bekämpfung der Hilfsarbeiterarbeitslosigkeit ist."[5]

2. Senkung der sonstigen Produktionskosten

Im Rahmen einer angebotsorientierten Wirtschaftspolitik wird auch die Herabsetzung bzw. die Abschaffung von bestimmten Unternehmenssteuern wie z.B. der Gewerbesteuer gefordert. Die Gewerbekapitalsteuer wird nicht mehr erhoben, wohl aber noch die Gewerbeertragsteuer.

Steuersenkungen sind erforderlich, um die Gewinnsituation der Unternehmen zu verbessern und so den Herausforderungen der Globalisierung begegnen zu können.

1 Ab 1. Januar 2013 wird der Beitragssatz in der allgemeinen gesetzlichen Rentenversicherung voraussichtlich nur noch 19,00 % betragen.

2 Vgl. Engels, W.: Negativsteuer, in: Wirtschaftswoche vom 4. März 1994, S. 178, zitiert in: Kontrovers, Arbeitsmarktpolitik, a.a.O., S. 149.

3 Anspruchsbetrag = Geldbetrag, der jedem erwerbstätigen Bürger zusteht (Bürgergeld).

4 Vgl. Engels, W., a.a.O., S. 150.

5 Engels, W., a.a.O., S. 150.

10.4.1.2 Deregulierung

Unter Deregulierung versteht man den weitgehenden Rückzug des Staates aus bisher von ihm wesentlich bestimmten Bereichen sowie eine Lockerung des engmaschigen Regelwerks von Schutzmaßnahmen für die Arbeitnehmer (z. B. Lockerung des Kündigungsschutzes). Von der Deregulierung (zu der auch die Entbürokratisierung gehört) verspricht man sich eine Freisetzung unternehmerischer Kräfte, weil sie die Unternehmen in die Lage versetzt, beweglicher auf die Herausforderungen des Marktes zu reagieren und so die Beschäftigung zu stabilisieren oder sogar neue Arbeitsplätze zu schaffen.

Zur Deregulierung gehört auch die Privatisierung von bisherigen Staatsunternehmen mit der Begründung, dass weniger staatliche Aufgaben auch weniger staatliche Ausgaben und damit weniger Steuern bedeuten. Die Befürworter der Deregulierung sind der Ansicht, dass es viele Bereiche gibt, in denen der private Bereich wirtschaftlicher arbeitet als der Staat. „Wo Private leistungsfähiger sind, soll der Staat diesen seine Aktivität überlassen."[1]

10.4.1.3 Durchführung notwendiger Reformen

Eine Ursache der wachsenden Arbeitslosigkeit ist das Hinauszögern notwendiger struktureller wirtschaftlicher und sozialer Reformen, ein Verhalten, für das sich das Wort **„Reformstau"** durchgesetzt hat. Während z. B. die Niederlande und Dänemark in den vergangenen Jahren einschneidende Änderungen vor allem in der Sozialgesetzgebung durchführten und so die Arbeitslosigkeit wesentlich senken konnten, tun sich z. B. Frankreich, Griechenland und auch die Bundesrepublik Deutschland mit aufeinander abgestimmten Reformen schwer.

Beispiel Steuerreform

Dringend notwendig ist z. B. eine **Steuerreform,** durch die die direkten Steuern gesenkt werden, damit wieder ein Anreiz für Leistung gegeben wird. Legale Steuervergünstigungen müssten mit dem Ziel abgeschafft werden, die Steuereinnahmen an das Wirtschaftswachstum (das steigende Inlandsprodukt) zu koppeln, sodass die öffentlichen Haushalte nicht weiter gezwungen werden, eine restriktive Wirtschaftspolitik mit all ihren negativen Auswirkungen auf den Arbeitsmarkt zu betreiben.

Beispiel Rentenreform

Wichtig ist auch eine nachhaltige **Rentenreform,** die a) nicht teilweise aus Steuergeldern finanziert werden muss und b) der Tatsache Rechnung trägt, dass der Anteil der über 60-jährigen Rentenberechtigten nicht ständig steigen darf, während die Zahl der Beitragszahler fortlaufend abnimmt.

Auf der Grundlage des sogenannten **Generationenvertrags** sorgt die Rentenversicherung für die **Umverteilung von Einkommen** von den jüngeren, aktiven Jahrgängen zu den Älteren und Erwerbsunfähigen. Wegen der Verschiebung in der Altersstruktur der Bevölkerung ist dieses System aber wachsenden Belastungen ausgesetzt. Es wurden deshalb seit Beginn der 1990er Jahre mehrere Reformanläufe unternommen, um die Beitragsentwick-

1 Sieber, H.: Geht den Deutschen die Arbeit aus? München 1994, S. 58f., zitiert in: Kontrovers, Arbeitsmarktpolitik, a. a. O., S. 72.

lung zu dämpfen, das durchschnittliche Renteneintrittsalter anzuheben, die Nachhaltigkeit des Rentensystems zu sichern und die ergänzende private Altersvorsorge zu fördern.

Von der Idee her eine gute Sache: In der Mitte des Lebens haben wir die Kraft, unseren Beitrag zur Gesellschaft zu leisten – Kinder zu erziehen und die Alten zu versorgen. Wenn wir selbst alt sind, sorgt die nachkommende Generation für uns und so geht es immer weiter. Nur funktioniert das System nicht mehr, wenn die Last auf den Schultern der Erwerbstätigen zu groß wird, sprich durch fehlende Nachkommen immer weniger Erwerbstätige immer mehr Rentner finanzieren müssen. Diese Entwicklung ist in Deutschland schon ein ganzes Stück weit fortgeschritten und hält an: Zurzeit kommen auf je 100 Erwerbspersonen 29 Rentner. 2060 sollen es 59 Rentner auf 100 Erwerbspersonen sein. So werden wir von weiteren Rentenreformen wohl nicht verschont bleiben.

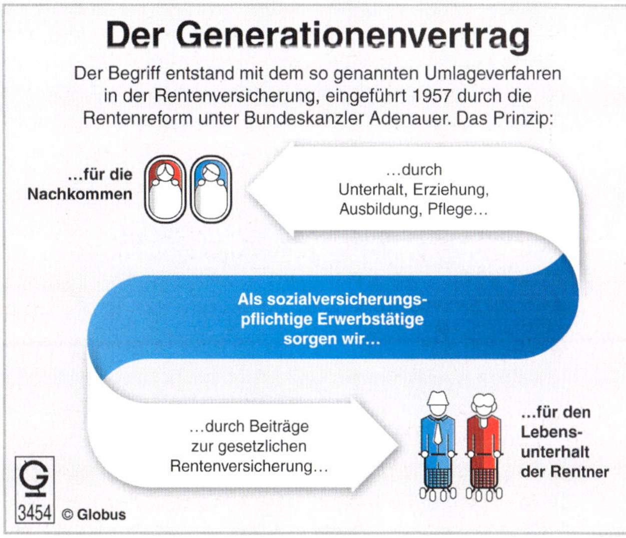

10.4.1.4 Flexibilisierung der Arbeit

Wie bereits an anderer Stelle gesagt, hängen viele Strategien zur Bekämpfung der Arbeitslosigkeit miteinander zusammen, so z.B. die Vereinbarung von Arbeitszeitkorridoren in Tarifverträgen (Kapitel 10.4.1.1). Die Einführung von Arbeitszeitkorridoren stellt gleichzeitig eine Rationalisierungsmaßnahme *und* eine Maßnahme zur Flexibilisierung der Arbeit dar.

Zeitarbeit

Zur Flexibilisierung der Arbeit trägt auch die *Zeitarbeit (Arbeitnehmerüberlassung, Personalleasing, Leiharbeit, Personalleihe)* bei. Gewerbsmäßige Zeitarbeitsunternehmen (Verleiher) überlassen anderen Unternehmen (den Entleihern) Arbeitskräfte. Der Arbeitsvertrag wird zwischen dem Verleiher und den Arbeitskräften abgeschlossen. Der Verleiher schließt mit dem Entleiher einen Arbeitnehmerüberlassungsvertrag ab. Das leihende Unternehmen zahlt an den Verleiher die vereinbarten Entgelte.

Die Leiharbeit gibt Arbeitslosen eine gute Chance, wieder in die Berufstätigkeit zurückkehren zu können.

Beispiel:

Von 1996 bis 2010 stieg die Zahl der beschäftigten Leiharbeitskräfte von rund 160000 auf rund 712000. Rund 50 % von ihnen waren zuvor ohne Beschäftigung und nutzten die Zeitarbeit zum (Wieder-)Einstieg in das Erwerbsleben.[1]

1 Quelle: Globus-Bild 3302 und 4395.

Arbeitsvertraglich vereinbarte Teilzeitarbeit[1]

Bei der Teilzeitarbeit arbeitet die Arbeitskraft weniger als die betriebliche bzw. tarifliche Arbeitszeit bei entsprechender Kürzung des Arbeitsentgelts.

Teilzeitarbeit gibt es in verschiedenen Formen, z.B. in Form der *Halbtagsarbeit.* Möglich ist auch, dass nur an *bestimmten Tagen in der Woche* (z.B. an 3 oder 4 Arbeitstagen) gearbeitet wird.

Die Teilzeitarbeit kann auch auf ein Jahr bezogen werden. Hier gibt es z.B. folgende Regelungen:

- **Sonderurlaub für Wochen oder Monate.** Diese sogenannten Sabbaticals[2] sind i.d.R. unbezahlte Urlaube.
- **Saisonarbeit.** Diese kommt vor allem in der Landwirtschaft und in Gärtnereien vor.
- **Festlegung einer Gesamtjahresarbeitszeit mit variabler Verteilung auf Tage, Wochen und Monate.** Die Arbeitskraft hat ein „Arbeitszeitkonto", das nach Bedarf des Betriebs oder nach den Bedürfnissen der Arbeitskraft mit wechselnden Tages-, Wochen- und/oder Monatsstunden „abgearbeitet" werden kann.
- **Jährlicher Ausgleich der Mehrarbeit durch Verlängerung des Erholungsurlaubs.**

10.4.1.5 Vermeidung von Führungsfehlern

Eine Ursache der Arbeitslosigkeit sind Führungsfehler. Dazu gehört z.B. die leichtsinnige Gewährung von Großkrediten an unsichere Kunden durch Banken oder das Beharren auf Produkten, die bisher „gut gingen". Führungsfehler liegen auch vor, wenn noch unausgereifte Produkte voreilig produziert und/oder auf den Markt gebracht werden. Sogenannte „Rückrufaktionen" der Hersteller sind ein Beispiel hierfür. Managementfehler können zu Absatzverlusten bis hin zur Insolvenz eines Unternehmens führen.

Die Frage ist, wie Führungsfehler vermieden werden können. Zunächst einmal durch eine verbesserte Managerschulung. Auch der Wechsel von Führungskräften zwischen verschiedenen Unternehmen unterschiedlicher Branchen trägt wesentlich zur Verbesserung der Führungsqualitäten der leitenden Angestellten bei. Die Führungskräfte in der deutschen Wirtschaft sind wenig mobil. Etwa ein Drittel hat nie den Arbeitgeber bzw. wegen des Berufs den Wohnort gewechselt. Eine Fluktuation (ein Wechsel) zwischen den Branchen findet so gut wie gar nicht statt.[3]

In vielen Fällen fehlt es auch an Auslandserfahrung, nicht zuletzt deswegen, weil es an Fremdsprachenkenntnissen mangelt. Dies gilt auch für den Nachwuchs. Nur jeder zweite Student kann laut einer Studie des Hochschul-Informations-Systems (HIS) englische Fachliteratur lesen oder in dieser Sprache Verhandlungen führen. Lediglich jeder zehnte beherrscht zwei und nur 1,5 % beherrschen mehr als zwei Sprachen.[4]

1 Zum Teilzeit- und Befristungsgesetz siehe Kapitel 10.4.2.5.

2 Sabbaticals (engl.) kommt von Sabbat (hebr., gr., lat.), dem jüdischen Ruhetag (Samstag).

3 Dehmer, D.: Studie über Manager – Große Zweifel am System, in: BZ vom 23. August 1997.

4 Studenten haben Lücken, Fremdsprachen „mangelhaft" (dpa), in: BZ vom 28. Januar 1998.

10.4.1.6 Erhöhung der Risikobereitschaft

Der Staat kann die unternehmerische Risikobereitschaft nicht unmittelbar beeinflussen, mittelbar aber sehr viel dazu tun, indem er die **Planungssicherheit** erhöht. Die Unternehmen müssen z.B. mit einer klaren Steuerpolitik rechnen können. Die Leitlinien der Sozialpolitik sind festzulegen. Kurz: die **Rahmenbedingungen** der Volkswirtschaft müssen für Unternehmer und Existenzgründer berechenbar sein.

Seit 1995 beschreitet die **aktive Arbeitsmarktpolitik** der Bundesagentur für Arbeit verstärkt neue Wege, um Arbeitslose in die Erwerbstätigkeit zurückzuführen, indem z.B. mithilfe eines **Gründungszuschusses** arbeitslose Personen gefördert werden, die sich selbstständig machen wollen (Näheres siehe §§ 3 I, Nr. 4; 57f. SGB III).

10.4.1.7 Stabile Wechselkurse

Die Verhinderung sinkender Wechselkurse trägt dazu bei, den Export und damit die Beschäftigung in der Exportwirtschaft zu stabilisieren. **Regierungen** können mit anderen Ländern **feste Wechselkurse** vereinbaren. Die Wechselkurse können **absolut fest** oder **relativ fest** sein.

Feste Wechselkurse

Absolut feste Wechselkurse liegen vor, wenn sie überhaupt keinen Kursschwankungen unterliegen dürfen. Relativ feste Wechselkurse können hingegen innerhalb einer bestimmten **Bandbreite** schwanken. Die Bandbreite kann auf wenige Prozent festgelegt sein. Sie kann aber auch wie z.B. im **Europäischen Wechselkursmechanismus II (WKM II)**[1] 30 % betragen, d.h., die WKM II-Währungen können maximal mit je 15 % über oder unter dem vereinbarten Wechselkurs, der sogenannten **Parität,** liegen.

Beispiel:

Am Wechselkursmechanismus in der EU nimmt unter anderem Dänemark teil. Gegenüber der dänischen Krone beträgt die Bandbreite ± 2,25 %.

Die **Europäische Zentralbank** ist grundsätzlich dazu verpflichtet, durch Devisenan- bzw. -verkäufe dafür zu sorgen, dass sich die Kurse innerhalb der zwischenstaatlich vereinbarten Bandbreite halten.

Beispiele:

Kauft eine Zentralbank eines Wirtschaftsgebiets Devisen, steigt der Kurs der Fremdwährung. Verkauft sie Devisen, sinkt der Kurs der Fremdwährung.

Der Kauf von Devisen wirkt beschäftigungsfördernd, weil für die gebietsfremden Käufer die Binnenwährung billiger wird.

---

1 Näheres siehe Kapitel 6.3.2.

Freie Wechselkurse

Bei **freien Wechselkursen** haben die Regierungen *keinen* unmittelbaren Einfluss auf die Wechselkursentwicklung; wohl aber können die Zentralbanken ebenso wie bei den relativ festen Wechselkursen mit Devisenan- und -verkäufen auf die Kursentwicklung an den Devisenmärkten Einfluss nehmen.

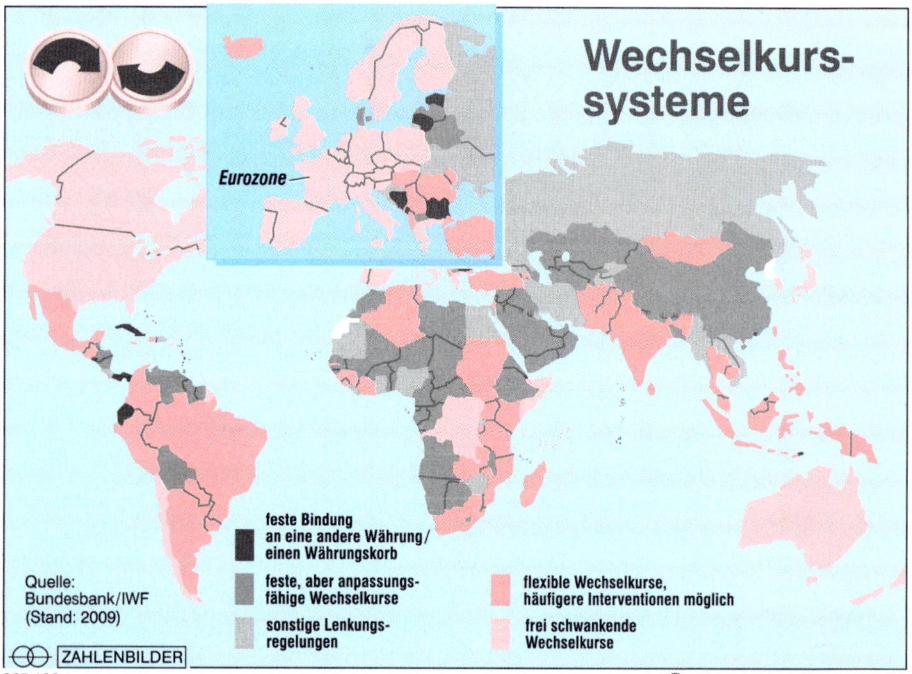

625 103

10.4.1.8 Zinspolitik der Zentralbank

Soweit Investitionen zinsabhängig sind,[1] kann die Zentralbank durch niedrige Zinssätze (z. B. Zinssatz für neu auszugebende Schuldverschreibungen, Refi-Satz) für ein günstiges Investitionsklima sorgen, was wiederum den Arbeitsmarkt positiv beeinflusst. (Näheres siehe Kapitel 6.3.6.)

10.4.2 Strukturpolitische Maßnahmen

10.4.2.1 Sektorale und regionale Strukturpolitik

Teilbereiche der Strukturpolitik sind die sektorale[2] und regionale[3] Strukturpolitik. Es handelt sich dabei um langfristige Maßnahmen zur Sicherung des Wachstums und der Beschäftigung.

1 Zinsabhängig sind vor allem die langfristigen Investitionen in das Anlagevermögen (z.B. Bauinvestitionen in Gebäude).

2 Sektor (lat.) = wörtl. Ausschnitt; hier: Wirtschaftszweig, Wirtschaftsbereich.

3 Region (lat.) = Gebiet, Landschaft. Regional = auf ein Gebiet bezogen.

Sektorale Strukturpolitik

Die sektorale Strukturpolitik fördert (oder bremst) *gezielt* bestimmte Wirtschaftszweige. Zu den Bereichen der sektoralen Strukturpolitik gehören u.a. die Landwirtschaftspolitik, die Fischereiwirtschaftspolitik, die Energiepolitik, die Verkehrspolitik, die Bergbaupolitik und die Außenwirtschaftspolitik.

Strukturpolitik darf keine **Strukturerhaltungspolitik** sein. Hierunter versteht man eine **Subventionspolitik,** die veraltete Wirtschaftszweige zu erhalten versucht. Dennoch wurde (und wird) in vielen Industrieländern Strukturerhaltungspolitik betrieben, obwohl nachweisbar ist, wie kostspielig diese Strukturkonservierung langfristig für die Gesellschaft insgesamt ist und auf welches Wirtschaftswachstum (und damit Arbeitsplätze) verzichtet werden muss.[1]

Eine Strukturpolitik, die der Erhaltung und Schaffung von Arbeitsplätzen dient, muss vielmehr hochtechnologie-intensive Wirtschaftszweige fördern. „Wenn Deutschland langfristig von dem Arbeitsplatzzuwachs profitieren will, den Schlüsseltechnologien trotz aller Rationalisierungswirkungen im Saldo bescheren, dann müssen Wirtschaft und Staat der Weiterentwicklung von Basistechnologien einen neuen, weitaus höheren Stellenwert einräumen ... Die Felder sind schon abgesteckt, auf denen heute und morgen erfolgreich für den Weltmarkt produziert werden kann:

- Mikroelektronik, Informations- und Kommunikationstechnik, Multimedia,
- Bio- und Gentechnik,
- Nanoelektronik,[2]
- Optoelektronik,[3]
- neue Werkstoffe,
- Hochtemperatur-Supraleitung,
- neue Energien, Solarenergie,
- Luft- und Raumfahrt."[4]

Regionale Strukturpolitik

Regionale Strukturpolitik liegt vor, wenn die wirtschaftliche Entwicklung einzelner Landesteile gezielt gefördert wird, z.B. durch Maßnahmen, die die Ansiedlung neuer Betriebe zum Ziel haben.

Eine der wichtigsten Voraussetzungen für die Gründung neuer Betriebe ist eine ausgebaute **Infrastruktur.** Darunter versteht man die Gesamtheit aller privaten und öffentlichen Einrichtungen eines Wirtschaftsraums, die der Allgemeinheit (also auch den Wirtschaftsbetrieben) zur Verfügung stehen.

Beispiele:

Öffentliche und private Straßen, Eisenbahnlinien, Kanäle bzw. kanalisierte Flüsse, Häfen, Krankenhäuser, Schulen, Energieversorgungseinrichtungen, Telekommunikationsnetze, Trink-, Industrie- und Abwassernetze, Kläranlagen, öffentliche Verwaltungen und Polizei.

1 Vgl. Clapham, R.: Strukturen und Prozesse in der Industriegesellschaft, in: Stammen, Th. u.a.: Grundwissen Politik, 1991, S. 89ff., zitiert in: Kontrovers, Arbeitsmarktpolitik, a.a.O., S. 73.

2 Nano... (gr.) = ein Milliardstel einer Einheit, z.B. Nanometer = 10^{-9} Meter.

3 Opto... (lat.) = auf die Sehkraft bezogen, z.B. Optometer = Sehweitenmesser.

4 Schlaffke, W.: Arbeit für alle?, a.a.O., S. 3.

Alle Maßnahmen, die dem Ausbau der Infrastruktur dienen, sind zugleich dazu geeignet, eine bestehende Arbeitslosigkeit zu verringern, und zwar a) durch die Bautätigkeit selbst und b) durch die Ansiedlung neuer Betriebe.

10.4.2.2 Solide Haushaltspolitik

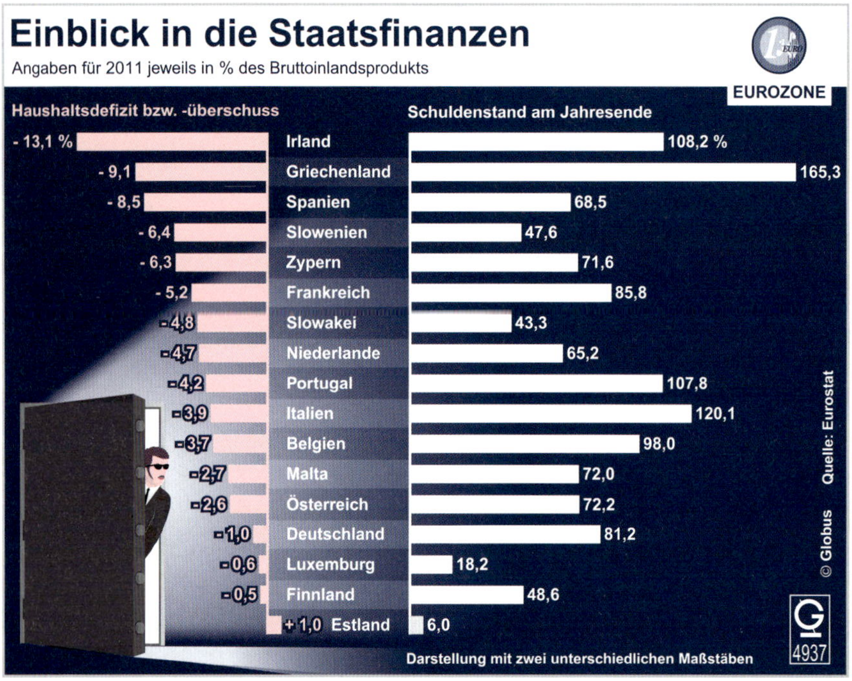

Eine solide Haushaltspolitik liegt vor, wenn sich längerfristig die Einnahmen und Ausgaben des Staates ausgleichen.[1]

Das Ideal eines ausgeglichenen Staatshaushalts konnten in der jüngsten Vergangenheit nur wenige Länder erreichen.

Beispiele:

Kanada, Luxemburg, Norwegen und – von 1998 bis 2001 – die Vereinigten Staaten von Amerika.

Ein ausgeglichener Staatshaushalt ist die Voraussetzung für ein gesundes und dauerhaftes Wirtschaftswachstum. In den Hochlohnländern findet Wirtschaftswachstum vor allem im Dienstleistungsbereich statt (Handel, Nachrichtenwesen, Versicherungen, gewerbliche Serviceleistungen, soziale und persönliche Dienste).

In das Wachstum des Dienstleistungsbereichs (des tertiären Sektors)[2] werden von vielen Wirtschaftlern und Politikern große Hoffnungen gesetzt. Man glaubt, dass die Tertiarisierung künftig mehr Arbeitsplätze schaffen wird als im sekundären Sektor[3] verloren gehen.

1 Ein langfristig ausgeglichener Staatshaushalt ist z. B. die Voraussetzung für eine antizyklische Finanzpolitik. (Näheres siehe Kapitel 9.3.2.)

2 Tertiärer Sektor = dritter Bereich (Dienstleistungsbereich).

3 Sekundärer Sektor = zweiter Bereich (produzierendes Gewerbe).

Im Ganzen hat sich die **sektorale Verteilung der Erwerbstätigen** in Deutschland seit 1991 gravierend verändert. Der Beschäftigungsanteil des Verarbeitenden Gewerbes (einschl. Energie- und Wasserversorgung und Bergbau) ging bis 2011 um ein Drittel (auf nur noch knapp 19 %) zurück. Auch Landwirtschaft und Baugewerbe schrumpften. Bei den **Dienstleistungen** – vor allem im Bereich Information, Finanzierung, Vermietung, Unternehmensdienstleister – erfolgte dagegen ein deutlicher Zuwachs. Insgesamt gingen 2011 fast 74 % der Erwerbstätigen einer Beschäftigung im Dienstleistungssektor nach.

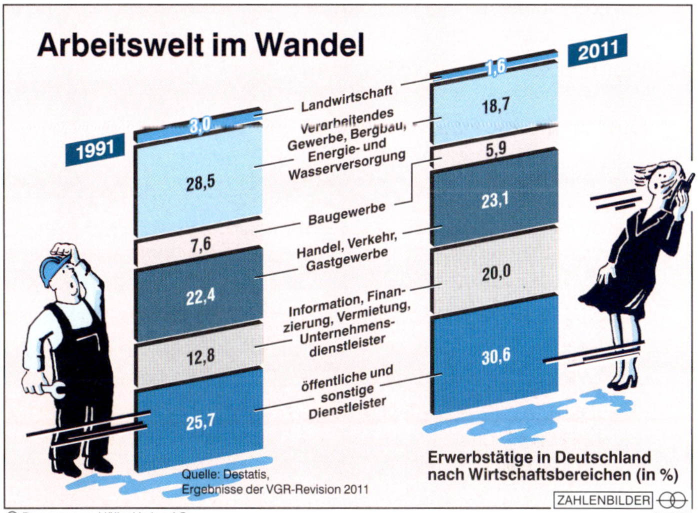

247 131

Die Verlagerung der Beschäftigung auf den Dienstleistungsbereich hat z.B. folgende Ursachen:[1]

- Neue „intelligente“ Dienste wie Forschung und Entwicklung, Software-Produktion, Finanzdienstleistungen und Informationen nehmen einen immer breiteren Platz im Wirtschaftsleben ein.
- Dienstleistungsfunktionen werden aus dem sekundären Sektor ausgegliedert und verselbstständigt.
- Aufgrund des Wirtschaftswachstums nimmt die Nachfrage der privaten Haushalte nach Dienstleistungen zu (z.B. im Tourismus-, Pflege-, Telekommunikations-, Informations- sowie im Kredit- und Finanzierungsbereich).

Im Vergleich zu Kanada, USA und den Niederlanden ist der tertiäre Sektor in Deutschland unterentwickelt.

10.4.2.3 Verbesserung der Ausbildung

Im Kapitel 10.2.4.3 wurde gesagt, dass u.a. eine unzureichende Ausbildung Ursache von Arbeitslosigkeit sein kann. So steht z.B. in der Bundesrepublik Deutschland dem Mangel an Facharbeitskräften ein Überschuss von gering qualifizierten Personen gegenüber. Hieraus folgt, dass eine vorausschauende Bildungspolitik dazu beitragen kann, den auf Ausbildungsdefizite zurückzuführenden Teil der Arbeitslosigkeit zu verringern.

1 Vgl. Text zu Zahlenbild 632 227, Erich Schmidt Verlag, Juli 1999.

1. Allgemeine Bildungspolitik

Um die Wettbewerbsfähigkeit der deutschen Wirtschaft (und damit auch die Arbeitsplätze) erhalten zu können, müssen die staatlichen und privaten Investitionen in Bildung, Forschung und Entwicklung verstärkt (und nicht gekürzt) werden.

> **Schüler demonstrierten**
>
> Mehrere tausend Schüler haben am Donnerstag in Köln und Magdeburg gegen Bildungsabbau und Studiengebühren demonstriert. In Köln forderten 4000 Schüler die Einstellung von mehr jungen Lehrern.
>
> dpa

Nun ist natürlich eine Erhöhung der Bildungsausgaben für Schulen und Hochschulen nicht zwangsläufig mit einer Verbesserung des Bildungsstands der Schülerinnen und Schüler bzw. der Studierenden verbunden. Es muss vielmehr ein Umdenken in der gesamten Gesellschaft stattfinden. Es muss von den Bildungspolitikern, den Eltern und den Schülerinnen und Schülern akzeptiert werden, dass Lesen, Rechnen und Schreiben und das Denken in Zusammenhängen Grundvoraussetzungen für den Erwerb weiterer Qualifikationen darstellen, dass Lernen eben Mühe und Arbeit bedeutet, also mit Anstrengung verbunden ist. Die Schule kann nicht nur „Spaßschule" (keine „Funveranstaltung") sein, die mangelnde Leistung durch gute Noten oder gar wohlgeformte Umschreibungen kaschiert. Es muss weiterhin akzeptiert werden, dass Menschen unterschiedlich begabt sind und deswegen auch unterschiedliche Schulen und Ausbildungsstätten benötigen. Und schließlich müssen die in Deutschland lebenden jungen Ausländer besser in die Gesellschaft integriert werden (allerdings müssen deren Eltern diese Integration auch wollen), damit sich ihre Chancen in Schule, Ausbildung und Beruf verbessern.

Gute Konjunktur und steigender Fachkräftebedarf lassen die Situation auf dem Ausbildungsmarkt in Deutschland nach Angaben des DIHK recht positiv aussehen. Die Chancen von Jugendlichen auf einen Ausbildungsplatz seien gut. Allerdings seien viele Jugendliche in der Realität nicht ausbildungsreif. Die DIHK-Ausbildungsumfrage aus dem Jahr 2011 ergibt, dass 53 Prozent der Unternehmen vor allem das mündliche und schriftliche Ausdrucksvermögen der Jugendlichen bemängeln. Die Hälfte der Unternehmer wünscht sich eine höhere Leistungsbereitschaft, und je 48 Prozent der Befragten meinen, dass elementare Rechenfertigkeiten und die Disziplin der Schulabgänger zu wünschen übrig lassen. Vergleichsweise niedrig ist die Unzufriedenheit der Unternehmer mit den Leistungen der Schulabgänger im Süden Deutschlands. Damit untermauern sie nach Angaben des DIHK die Ergebnisse der PISA-Studien[1], in denen Schülerinnen und Schüler der südlichen Bundesländer regelmäßig bessere Leistungen erzielen.

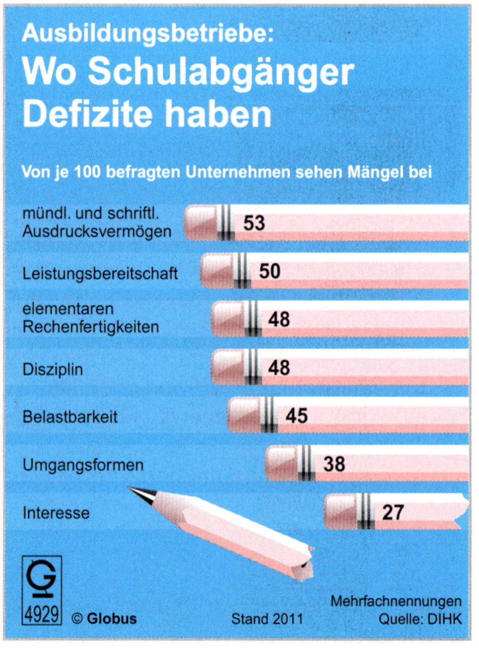

1 PISA-Studie = **P**rogamme for **I**nternational **S**tudent **A**ssessment.

2. Unterstützung der Ausbildung, Fortbildung und Umschulung durch die BA

Die Bundesagentur für Arbeit hat den Auftrag, nicht nur die einmal eingetretene Arbeitslosigkeit (z. B. durch **Arbeitsplatzvermittlung**) und deren Folgen (z. B. durch Arbeitslosengeld, Kurzarbeitergeld, Insolvenzgeld) zu beseitigen, sondern vor allem Arbeitslosigkeit zu *verhindern* **(= aktive Arbeitsmarktpolitik).**

Hierzu gehören z. B. folgende Maßnahmen (siehe z. B. § 19 SGB I; §§ 3, 29ff., 45ff., 56ff., 73ff., 81ff., 88ff., 93f., 95ff., 112ff., 119ff., 127f., 130ff. SGB III und Lehrbuch, S. 175ff.):

- Arbeits- und Berufsberatung durch die Agenturen für Arbeit;
- Ausbildungs- und Arbeitsvermittlung durch die Agenturen für Arbeit;[1]
- Arbeitsmarkt- und Berufsforschung durch die Bundesagentur für Arbeit;
- Förderung der Arbeitsaufnahme, z. B. durch einen Zuschuss zu den Bewerbungs-, Reise- und Umzugskosten sowie durch die Übernahme von Lehrgangskosten und Prüfungsgebühren;
- berufliche Rehabilitation,[2] d. h., die Arbeits- und Berufsförderung der körperlich, geistig oder seelisch Behinderten, damit sie in die Lage versetzt werden, ein ihren Fähigkeiten und Interessen entsprechendes Leben zu führen;
- Förderung der beruflichen Aus- und Weiterbildung.

  Im Rahmen der **beruflichen Ausbildung** wird die Ausbildung in Betrieben und in überbetrieblichen Einrichtungen, die Teilnahme an Grundausbildungs- und Förderungslehrgängen sowie andere berufsvorbereitende Maßnahmen dadurch gefördert, dass Jugendliche und Erwachsene *Zuschüsse* und *Darlehen* erhalten können, falls sie die für die Ausbildung erforderlichen Mittel nicht selbst aufbringen können und dies auch den Unterhaltsverpflichteten (z. B. den Eltern) nicht zugemutet werden kann.

  Maßnahmen der **beruflichen Weiterbildung** sind vor allem:

  - Förderung des beruflichen Aufstiegs **(Aufstiegsfortbildung)**,[3]
  - Anpassung der Kenntnisse und Fähigkeiten an die beruflichen Anforderungen **(Anpassungsfortbildung)**,
  - Hilfe beim Eintritt und Wiedereintritt weiblicher Arbeitsuchender in das Berufsleben,
  - Ermöglichung einer bisher fehlenden beruflichen Abschlussprüfung,
  - Heranbildung und Fortbildung von Ausbildungskräften und
  - die Wiedereingliederung älterer arbeitsloser Personen in das Berufsleben.

  Bei den genannten Maßnahmen können die Kosten der Fortbildung ganz oder teilweise von der Bundesagentur für Arbeit übernommen werden (Lehrgangskosten, Kosten für Lernmittel, Fahrkosten, Kosten für Arbeitskleidung, Kranken- und Unfallversicherung sowie Unterkunft und Verpflegung bei auswärtiger Unterbringung).

---

1 Seit 1. August 1994 ist auch die private Arbeitsvermittlung grundsätzlich zulässig (siehe z.B. §§ 288a ff. SGB III).

2 Rehabilitation = (gesundheitliche) Wiederherstellung.

3 Der individuellen Förderung der beruflichen Aufstiegsfortbildung dient auch das Aufstiegsfortbildungsförderungsgesetz (AFBG), z.B. durch finanzielle Leistungen zum Lebensunterhalt und Übernahme von Fortbildungskosten (Näheres siehe §§ 1ff. AFBG).

Gefördert werden Personen, die in der Arbeitslosenversicherung versichert sind oder künftig versichert werden und deren Fähigkeiten und bisherige Tätigkeit erwarten lassen, dass sie an der Fortbildungsmaßnahme erfolgreich teilnehmen werden.

Maßnahmen der beruflichen **Umschulung** haben zum Ziel, den Übergang in eine andere berufliche Tätigkeit zu ermöglichen. Die Förderung geschieht durch Zuschüsse und Darlehen. Dabei soll i.d.R. die Umschulungsmaßnahme nicht länger als zwei Jahre dauern.

Können umzuschulende Arbeitnehmer und Arbeitnehmerinnen mit Vermittlungshemmnissen erst nach einer Einarbeitungszeit die volle Leistung erbringen, kann auch den *Arbeitgebern* ein Zuschuss für diese Arbeitskräfte gewährt werden (Eingliederungszuschuss; Näheres siehe § 16 SGB II, §§ 88ff. SGB III).

Die Bundesagentur für Arbeit kann auch überbetriebliche Ausbildungsstätten z.B. durch Darlehen und Zuschüsse oder Übernahme der Unterhaltskosten fördern.

10.4.2.4 Bewältigung der Folgen des technischen Fortschritts

1. Arbeitszeitverkürzung

Eine der Hauptursachen der heutigen Massenarbeitslosigkeit in vielen Industrieländern ist der technische Fortschritt. Die einfachste, weil plausibelste Forderung zur Bekämpfung der **technologischen Arbeitslosigkeit** lautet daher **Arbeitszeitverkürzung.** Die Arbeitszeitverkürzung ist etwas anderes als Teilzeitarbeit, denn sie beruht auf einer gesetzlichen Vorschrift (z.B. in Frankreich) oder auf tariflicher Vereinbarung (z.B. in Deutschland). Die Teilzeitarbeit hingegen beruht meistens auf einer freiwilligen Vereinbarung zwischen einem einzelnen Arbeitnehmer und dem Arbeitgeber.

Die Arbeitszeitverkürzung kann z.B. in folgenden Formen erfolgen:

- Verkürzung der **Wochenarbeitszeit,**
- Verkürzung der **Jahresarbeitszeit** durch verlängerten Jahresurlaub,
- Verkürzung der **Lebensarbeitszeit** durch
  - Herabsetzung des **Renten- bzw. Pensionsalters,**
  - Einführung der **Altersteilzeit-Arbeit** und
  - Verlängerung der **Schulzeit.**

Lange Zeit galt die Arbeitszeitverkürzung als ein mögliches Instrument zur Bekämpfung der Arbeitslosigkeit. Die Verkürzung der Arbeitszeit kann jedoch nur unter bestimmten Bedingungen Erfolg bringen. Eine Bedingung ist, dass die Arbeitszeitverkürzung *kostenneutral* erfolgt, d.h., dass die Arbeitsentgelte in gleichem Maße wie die Arbeitszeit verkürzt werden müssen. Die zweite Bedingung ist, dass auf dem Arbeitsmarkt für den Bereich, in dem die Arbeitszeit verkürzt wird (in dem rechnerisch freie Stellen entstehen), genügend *arbeitslose geeignete Bewerber* zur Verfügung stehen. Sind diese Bedingungen nicht erfüllt, führt die Arbeitszeitverkürzung zu steigenden Arbeitskosten, abnehmender Konkurrenzfähigkeit der Unternehmen und möglicherweise sogar zur Erhöhung der bestehenden Arbeitslosigkeit.

Beispiel:

Besteht z.B. Mangel an Facharbeitskräften und erfolgt eine Herabsetzung der Arbeitszeit von 40 auf 35 Wochenstunden, wird zwar die Nachfrage nach Arbeitskräften erhöht, die rein rechnerisch entstehenden Arbeitsplätze können jedoch nicht besetzt werden. Soll die gleiche Leistung wie bisher erbracht werden, müssen unter sonst gleichbleibenden Bedingungen die vorhandenen Arbeitskräfte wöchentlich 5 Überstunden leisten. Das Arbeitsentgelt erhöht sich (ohne Überstundenzuschläge) um rund 14,3 %.

2. Öffentlich geförderte Beschäftigung

Mit der öffentlich geförderten Beschäftigung finanziert die Allgemeinheit (der Staat) die Einstellung von Arbeitskräften, die ohne diese Hilfe keinen Arbeitsplatz erhalten können. Dazu gehören z.B. die Arbeitsgelegenheiten mit Mehraufwandsentschädigung und Arbeitsverhältnisse, die durch Zuschüsse zum Arbeitsentgelt gefördert werden.

Arbeitsgelegenheiten mit Mehraufwandsentschädigung (§ 16d SGB II)	**Erwerbsfähige Leistungsberechtigte** können zur Erhaltung oder Wiedererlangung ihrer Beschäftigungsfähigkeit, die für eine Eingliederung in Arbeit erforderlich ist, in **Arbeitsgelegenheiten zugewiesen** werden, wenn die darin verrichteten Arbeiten ■ zusätzlich sind, ■ im öffentlichen Interesse liegen und ■ wettbewerbsneutral sind. Arbeiten sind **zusätzlich,** wenn sie ohne die Förderung nicht, nicht in dem vorgesehenen Umfang oder erst zu einem späteren Zeitpunkt durchgeführt würden. Arbeiten liegen **im öffentlichen Interesse,** wenn das Arbeitsergebnis der Allgemeinheit dient. Arbeiten sind **wettbewerbsneutral,** wenn durch sie eine Beeinträchtigung der Wirtschaft infolge der Förderung nicht zu befürchten ist **und** die Erwerbstätigkeit auf dem allgemeinen Arbeitsmarkt weder verdrängt noch in ihrer Entstehung verhindert wird. Den erwerbsfähigen Leistungsberechtigten ist während einer solchen Arbeitsgelegenheit zuzüglich zum Arbeitslosengeld II von der Agentur für Arbeit eine **angemessene Entschädigung für Mehraufwendungen** zu zahlen.
Arbeitsverhältnisse durch Zuschüsse zum Arbeitsentgelt (§ 16e SGB II)	**Arbeitgeber** können für die Beschäftigung von zugewiesenen erwerbsfähigen Leistungsberechtigten **durch Zuschüsse zum Arbeitsentgelt gefördert** werden, wenn zwischen dem Arbeitgeber und der erwerbsfähigen leistungsberechtigten Person **ein Arbeitsverhältnis** begründet wird. Der Zuschuss richtet sich nach der Leistungsfähigkeit des erwerbsfähigen Leistungsberechtigten und beträgt **bis zu 75 % des berücksichtigungsfähigen Arbeitsentgelts.** Eine Förderung ist u.a. ausgeschlossen, wenn zu vermuten ist, dass der Arbeitgeber die Beendigung eines anderen Beschäftigungsverhältnisses veranlasst hat, um eine Förderung im o.g. Sinne zu erhalten.

10.4.2.5 Sonstige Maßnahmen zur Bekämpfung der Arbeitslosigkeit

Beschäftigungsprogramme

Unter Beschäftigungsprogrammen versteht man die einmalige Finanzierung von Investitionen durch die öffentliche Hand. Solche Beschäftigungsprogramme können sich z.B. auf den Wohnungsbau, den Bau von Schulen und Universitäten, Krankenhäusern, Straßen, Schifffahrtswegen usw. beziehen. Die Befürworter von Beschäftigungsprogrammen erhoffen sich eine *Multiplikatorwirkung (Vervielfältigungswirkung)* dieser zusätzlichen Staatsausgaben.

Beispiel:

Der Staat fördert den Straßenbau. Die Bauunternehmen stellen mehr Arbeitskräfte ein. Das Einkommen der Arbeitskräfte steigt. Damit nehmen auch die Konsumausgaben zu. Der Einzelhandel, später der Großhandel und die Herstellungsbetriebe verzeichnen Umsatzzuwächse. Unter sonst gleichen Bedingungen werden zusätzliche Arbeitskräfte eingestellt. Gleichzeitig steigen die Staatseinnahmen (Steuern, Sozialversicherungsbeiträge usw.).

Hat der Staat **Rücklagen**, ist ein Beschäftigungsprogramm sicherlich eine Möglichkeit, die Arbeitslosigkeit in bestimmten Bereichen zu verringern. Bei bestehenden Haushaltsüberschüssen schaden Beschäftigungsprogramme auch dann nicht, wenn sie sich als „Strohfeuer" erweisen sollten, die erhoffte Multiplikatorwirkung also ausbleibt. Ist der Staat, wie dies in vielen Ländern der Fall ist, **verschuldet,** führt das Auflegen von Beschäftigungsprogrammen zur weiteren Staatsverschuldung – langfristig eine weitere Ursache der Arbeitslosigkeit (Näheres siehe Kapitel 10.2.4.2). Positive und negative Wirkungen der Beschäftigungsprogramme gleichen sich aus. Vollkommen negativ sind Beschäftigungsprogramme dann, wenn die erhoffte „Initialzündung" (die Multiplikatorwirkung) ausbleibt.

Gesetzlich geregelte Teilzeitarbeit[1]

34 % der Vollzeit-Arbeitnehmer würden gern ihre Arbeitszeit reduzieren. Ihnen hilft das Gesetz über Teilzeitarbeit und befristete Arbeitsverträge, das seit 2001 gilt. Beschäftigte in Betrieben mit in der Regel mehr als 15 Arbeitnehmern können von ihrem Arbeitgeber verlangen, auf einen Teilzeitarbeitsplatz zu wechseln. Das Gesetz setzt zunächst auf die gütliche Einigung: Im Gespräch sollen beide Seiten nach einem Arbeitsmodell suchen, das alle Anforderungen und Bedürfnisse berücksichtigt.

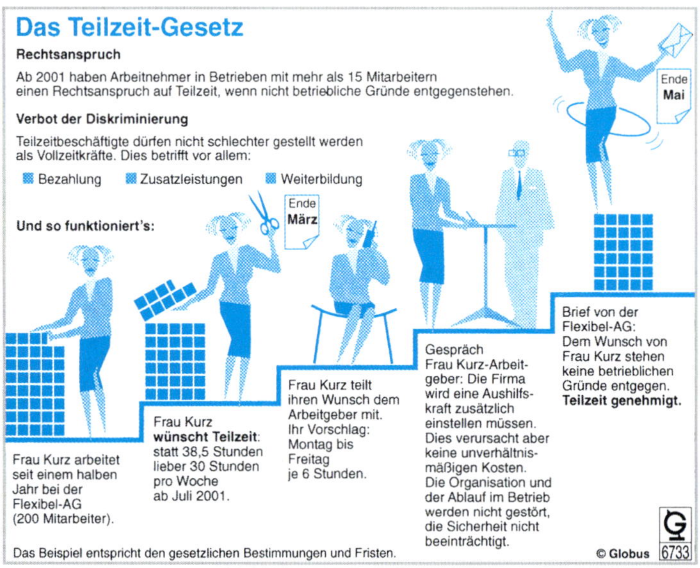

1 Zum Begriff Teilzeitarbeit siehe S. 486.

In der auf S. 496 stehenden Grafik finden Arbeitgeber und Arbeitnehmerin solch eine Lösung. Sollte das Gespräch jedoch scheitern und will der Arbeitnehmer dennoch seinen Teilzeitwunsch durchsetzen, dann müssen im Extremfall die Arbeitsgerichte entscheiden. Liegen wichtige „betriebliche Gründe" vor, kann der Arbeitgeber den Teilzeitwunsch ablehnen.[1]

Verhinderung des Sozialmissbrauchs

Man redet nicht gern darüber: aber zur Bekämpfung der Arbeitslosigkeit gehören z.B. auch die Verhinderung des Sozialmissbrauchs (z.B. die überhöhte Abrechnung von ärztlichen Leistungen, der ungerechtfertigte Bezug von Arbeitslosengeld und/oder Sozialhilfe) sowie die Bekämpfung der Schwarzarbeit.

Überhöhte oder ungerechtfertigte Abrechnungen durch Ärzte erhöhen die Krankenkassenbeiträge der Arbeitnehmer und Arbeitgeber. Der ungerechtfertigte Bezug von Transferleistungen belastet ebenfalls die Arbeitnehmer und Arbeitgeber, weil letztlich z.B. die Arbeitslosenversicherungsbeiträge und/oder die Steuern erhöht werden müssen. Schwarzarbeit schließlich entzieht dem Staat Steuern, den Sozialversicherungen Beiträge und steht in Konkurrenz zu regulären Arbeitsplätzen. Eine Ursache des Missbrauchs des Sozialsystems ist sicherlich ein Schwinden des Unrechtsbewusstseins in weiten Teilen der Bevölkerung. Erforderlich ist ein Umdenken und Umerziehen. Betrug ist nun einmal ethisch verwerflich. Politik, Arbeitgeber, Gewerkschaften, Kirchen, Wohlfahrtsverbände und nicht zuletzt Lehrer und Hochschullehrer könnten dazu beitragen, ein **Umdenken** zu bewirken.

Ein zweites (aber zweitrangiges) Mittel zur Eindämmung des Sozialmissbrauchs ist die **Kontrolle.**[2] Sie erfordert unter Umständen die Einstellung von mehr Personal durch die öffentlichen Arbeitgeber (z.B. durch die Gemeinden). Dies kann durchaus eine ökonomisch sinnvolle Investition sein, denn jede Kontrollperson kann den öffentlichen Kassen ein Mehrfaches dessen einbringen, was sie kostet.

Jobrotation

Arbeitgeber erhalten Lohnzuschüsse, wenn sie einen Arbeitnehmer zum Zweck der Weiterbildung freistellen und während der Zeit stellvertretend einen bisher Arbeitslosen beschäftigen. Der Lohnkostenzuschuss beträgt zwischen 50 und 100 Prozent der Lohnkosten. Die Jobrotation wird damit zu einem Regelinstrument. Sie schlägt zudem zwei Fliegen mit einer Klappe: Die Integration Arbeitsloser in den Arbeitsmarkt und die Weiterbildung der Beschäftigten.

Berufliche Qualifizierung

Arbeitgebern, die ungelernte Arbeitnehmer für eine Qualifizierung freistellen und ihnen das Gehalt weiterzahlen, wird der Lohn ganz oder teilweise erstattet. Dies soll die Bereitschaft der Arbeitgeber stärken, ungelernte Arbeitnehmer zu qualifizieren. Auch Weiterbildungsmaßnahmen im Ausland werden gefördert – vorausgesetzt, der Auslandsaufenthalt ist für das Bildungsziel besonders sinnvoll.

---

1 Näheres zur gesetzlichen Förderung der Teilzeitarbeit finden Sie in den §§ 6ff. TzBfG. Die Zulässigkeit befristeter Arbeitsverträge regeln die §§ 14ff. TzBfG. Wenn der Arbeitnehmer bei Beginn des befristeten Arbeitsverhältnisses das 52. Lebensjahr vollendet hat und unmittelbar vor Beginn des befristeten Arbeitsverhältnisses mindestens vier Monate beschäftigungslos gewesen ist, dann ist z.B. unter bestimmten weiteren Voraussetzungen eine kalendermäßige Befristung seines Arbeitsverhältnisses auch ohne sachlichen Grund bis zu einer Dauer von fünf Jahren zulässig (Näheres siehe § 14 III TzBfG, § 16 SGB III).

2 Die Bekämpfung von Leistungsmissbrauch und illegaler Ausländerbeschäftigung erfolgt auch durch die Behörden der Zollverwaltung, die z.B. von den nach Landesrecht zur Bekämpfung der Schwarzarbeit zuständigen Behörden und den Trägern der gesetzlichen Sozialversicherung unterstützt werden.

32 Hartmann-Härter-Seifert - ISBN 978-3-8120-0412-1

Kombilohn

Hierbei handelt es sich um eine arbeitsmarktpolitische Maßnahme, bei der ein gering verdienender Arbeitnehmer einen degressiven Zuschuss zu seinen Sozialversicherungsbeiträgen und – ebenfalls degressiv – einen Kindergeldzuschlag erhält. Damit soll die Aufnahme einer sozialversicherungspflichtigen Beschäftigung für Arbeitslose und andere nicht oder nur geringfügig Beschäftigte attraktiver werden. Arbeitgeber können zur Eingliederung von Arbeitnehmern, deren Vermittlung wegen in ihrer Person liegender Gründe erschwert ist, grundsätzlich für längstens 12 Monate **Eingliederungszuschüsse** zu den Arbeitsentgelten erhalten. Der Eingliederungszuschuss darf 50 % des berücksichtigungsfähigen Arbeitsentgelts nicht übersteigen. Für schwerbehinderte und behinderte Menschen kann die Förderhöhe bis zu 70 % des berücksichtigungsfähigen Arbeitsentgelts und die Dauer der Förderung bis zu 24 Monaten betragen (Näheres siehe z. B. § 16 SGB II, §§ 88 ff. SGB III).

Übersicht über Ursachen der Arbeitslosigkeit und mögliche Bewältigungsstrategien

Ursachen der Arbeitslosigkeit	Mögliche Bewältigungsstrategien
Kurzfristige Ursachen ■ Arbeitsplatzwechsel ■ Umstrukturierungen in den Unternehmen ■ Saisonschwankungen	**Kurzfristige Hilfsmaßnahmen** (keine Gegensteuerung erforderlich) ■ Kurzarbeitergeld ■ Winterausfallgeld ■ Arbeitslosengeld
Mittelfristige Ursachen ■ Konjunkturabschwünge	**Konjunkturpolitik des Staates und der Zentralbank** (Erhöhung der Staatsausgaben, Senkung der Staatseinnahmen, Senkung der Leitzinssätze durch die Zentralbank, Offenmarktkäufe)
Angebotsprobleme ■ Kostenbelastungen (Lohnkosten, Lohnnebenkosten, Zinskosten, Unternehmenssteuern) ■ Globalisierung (Gewinnverlagerung ins Ausland, Arbeitsplatzexport, Konkurrenz billiger ausländischer Ware und billiger ausländischer Arbeitskräfte) ■ Bürokratie, d. h. gesetzliche und administrative Hemmnisse (z. B. Umweltschutzauflagen, Genehmigungsverfahren, Bauvorschriften) ■ Ungünstiges Investitionsklima (Reformstau, geringe Flexibilität der Arbeit, Führungsfehler, mangelnde Risikobereitschaft, außenwirtschaftliche Bedingungen)	**Angebotsorientierte Strategien** ■ Senkung der Lohnkosten (Tarif- und Arbeitszeitkorridore, Senkung der Lohnnebenkosten, Senkung der Leitzinssätze, Senkung der Unternehmenssteuern) ■ Deregulierung und Entbürokratisierung (Lockerung arbeitsrechtlicher Vorschriften, Verkürzung und Vereinfachung der Genehmigungsverfahren, Privatisierung) ■ Durchführung von Reformen (z. B. Steuerreform, Rentenreform) ■ Flexibilisierung der Arbeit (Förderung von Zeit- und Teilzeitarbeit) ■ Vermeidung von Führungsfehlern (Verbesserung der Ausbildung, Verstärkung der Kontrolle) ■ Erhöhung der Risikobereitschaft (verlässliche Gesetzgebung, Überbrückungsgeld) ■ Stabile Wechselkurse, Politik des billigen Gelds durch die Zentralbank

Strukturelle Ursachen	**Strukturpolitische Strategien**
■ Sättigungstendenzen ■ Wirtschaftspolitische Entscheidungen (Staatsverschuldung, Entwicklung zum schlanken Staat, Subventionen) ■ Unzureichende Ausbildung ■ Steigende Arbeitsproduktivität ■ Berufliche und räumliche Immobilität der Arbeitskräfte ■ Änderung der Wirtschaftsordnung ■ Sich selbst verstärkende Prozesse (steigende Sockelarbeitslosigkeit, Schattenwirtschaft)	■ Sektorale Strukturpolitik ■ Regionale Strukturpolitik ■ Solide Haushaltspolitik ■ Tertiarisierung ■ Verbesserung der Ausbildung ■ Unterstützung der Ausbildung, Fortbildung und Umschulung durch die Bundesagentur für Arbeit ■ Arbeitszeitverkürzung ohne Lohnausgleich ■ Öffentlich geförderte Beschäftigung (Arbeitsgelegenheiten mit Mehraufwandsentschädigung) ■ Sonstige Maßnahmen (Beschäftigungsprogramme, Verhinderung des Sozialmissbrauchs, Eindämmung der Schattenwirtschaft)

AUFGABEN

1. Zu den *staatlichen* Instrumenten zur Bekämpfung der Arbeitslosigkeit zählen z. B. die Maßnahmen der Gebietskörperschaften (Bund, Länder, Kreise, Gemeinden), der Sozialversicherungsträger (vor allem der Bundesagentur für Arbeit) und der Zentralbank. Zu den *nicht staatlichen* Strategien gehören u. a. die tarifvertraglichen Regelungen und die Betriebsvereinbarungen.

   Nennen Sie fünf staatliche und weitere fünf nicht staatliche Maßnahmen zur Bekämpfung der Arbeitslosigkeit!

2. Welche im vorigen Kapitel besprochenen Maßnahmen zur Bekämpfung der Arbeitslosigkeit werden in den nachfolgenden Textauszügen angesprochen? (Die Nennung mehrerer Maßnahmen in einem Textauszug ist möglich. In einigen Textauszügen sind keine der im vorigen Kapitel behandelten Maßnahmen genannt.)

Textauszug 1:

Auf dem Weg zur 35-Stunden-Woche

PARIS (dpa). Die französische Nationalversammlung hat am Dienstag in Paris mit der linken Regierungsmehrheit das Rahmengesetz für die 35-Stunden-Woche in erster Lesung verabschiedet. Für das Gesetz stimmten 316 Abgeordnete aus den Reihen der Sozialisten, Kommunisten und Grünen, dagegen 254 Parlamentarier der konservativen Opposition. Das heftig umstrittene Gesetzesvorhaben wird ab 3. März vom Senat, der zweiten Parlamentskammer, beraten. „Wir sind überzeugt, dass die Verringerung der Arbeitszeit ein unerlässliches Mittel ist, um die Arbeitslosigkeit zu bekämpfen", hatte die französische Arbeits- und Sozialministerin betont. Die Opposition befürchtet ebenso wie die Unternehmer, dass die generelle Verkürzung der Arbeitszeit eher zur Vernichtung von Arbeitsplätzen führt.

Quelle: Badische Zeitung vom 11. Februar 1998.

Anmerkung: Zehn Jahre nach Einführung ist die 35-Stunden-Woche in Frankreich im Prinzip wieder abgeschafft worden. Die regelmäßige Arbeitszeit beträgt auch nach dem neuen Gesetz 35 Stunden in der Woche. Die Unternehmen können jedoch Überstunden mit geringeren Sozialabgaben mit ihren Belegschaften vereinbaren.

Textauszug 2:

Missbrauch

Trotz aller Unterlagen und Kontrollen fließt viel Geld auch in die falschen Taschen. Drei Fakten aus dem Bericht einer Tageszeitung:

- In Cochem (Mosel) fanden Polizisten bei einem Sozialhilfeempfänger 64000 Mark.
- In Hamburg mischen sich unter Sozialamts-Klienten auch reiche Rauschgifthändler, Millionendiebe und Zuhälter.
- Sozialhilfe-Betrüger – so schätzen Experten – ergaunern sich im Jahr etwa 18 Milliarden Mark.

„Aber die meisten Sozialhilfeempfänger", so heißt es in dem Bericht, „sind ‚ehrlich arm' und wollen ihre Lage möglichst bald ändern."

Quelle: Wirtschaft und Unterricht, iwd vom 27. März 1997.

Textauszug 3:

Arbeitslosenzahl kann halbiert werden

(rtr). Die Zahl der Arbeitslosen in Deutschland kann nach Worten des Präsidenten der Bundesanstalt für Arbeit[1] binnen fünf Jahren halbiert werden, wenn bestimmte Bedingungen erfüllt werden. Dazu müssten unter anderem die Löhne an die Inflation gekoppelt werden, erklärte der Präsident in München. Rund 40 Prozent der zuschlagspflichtigen Überstunden müssten in sozialversicherungspflichtige Arbeitsplätze umgewandelt werden. Die Teilzeitarbeit müsse ausgebaut werden und die Lohnnebenkosten müssten um zwei Prozentpunkte sinken, ergänzte er. Zudem müsse die Konsolidierung der Staatsfinanzen fortgesetzt werden.

In der Arbeitslosenstatistik seien bis zu 400000 Menschen registriert, die einen Teilzeitarbeitsplatz wollten, meinte der Präsident weiter. Zur gegenwärtigen Standortdebatte sagte er, Deutschland dürfe nicht kaputtgeredet werden. Der Standort sei nicht mit Billiglöhnen fitzumachen. Vielmehr müsse sich Deutschland als Hochleistungsland etablieren.

Quelle: wue Nr. 5, 1997.

Textauszug 4:

Staatliche Beschäftigungsprogramme erhöhen die Staatsquote und die Arbeitslosigkeit

Gegen staatliche Beschäftigungsprogramme zur Bekämpfung einer strukturellen, nicht auf Nachfragemangel zurückgehenden Arbeitslosigkeit bringen Wissenschaft und Praxis als Argument vor: Kurzfristig entstünde lediglich ein Strohfeuer. Zurück bliebe die Asche, insbesondere eine Ausweitung der Staatsschulden bis hin zur Zerrüttung der Staatsfinanzen. In dieser – zutreffenden - Einschätzung fehlt ein wichtiger Punkt: Staatliche Beschäftigungsprogramme sind ein sicheres Mittel, die Arbeitslosigkeit auf Dauer zu erhöhen. Diese Auffassung basiert nicht auf theoretischer Spekulation, sondern auf einschlägiger Erfahrung mit über zwanzig staatlichen Beschäftigungsprogrammen der Vergangenheit.

Auch ein Staat kann für Beschäftigungsprogramme nur Geld ausgeben, das er bei seinen Bürgern eintreibt oder sich leiht, was die gewollte Regel ist. Da hierzulande eine Finanzierung durch Kredite bei der Europäischen Zentralbank nicht möglich ist, muss sich der Staat das Geld auf den Finanzmärkten beschaffen. Dort verdrängt die staatliche Nachfrage über steigende Zinssätze einen Teil der privaten Nachfrage nach Investitionsmitteln.

Quelle: Handelsblatt, Wirtschafts- und Finanzzeitung vom 2. Juli 1997, in: Deutsche Bundesbank, Auszüge aus Presseartikeln, Nr. 38 vom 3. Juli 1997.

1 Die Bundesanstalt für Arbeit wird jetzt Bundesagentur für Arbeit genannt.

Textauszug 5:

Leitlinien für mehr Beschäftigung

Nur um den Preis einer nachhaltigen Lohnmäßigung, so die Überzeugung zahlreicher Wirtschafts-Experten, ist die Schieflage auf dem deutschen Arbeitsmarkt zu beseitigen. Die herkömmlichen Lohnformeln bedürfen dazu einer Korrektur – in Form einer beschäftigungsfördernden Komponente. Erste Vorschläge sind bereits auf dem Markt.

Mit den derzeitigen Tarifrunden wurden die Weichen in der deutschen Wirtschaft endlich auf Lohnzurückhaltung gestellt. Das war auch dringend nötig. Denn die Tarifpartner haben sich vom Ideal einer rein produktivitätsorientierten Lohnpolitik in den letzten Jahren mehr und mehr entfernt.

Quelle: iwd Nr. 24, 1997, S. 7.

Textauszug 6:

DIW warnt vor Euphorie

BERLIN (dpa). Die arbeitsmarktpolitischen Erfolge der Niederlande werden nach Meinung des Deutschen Instituts für Wirtschaftsforschung (DIW) überschätzt.

Moderate Lohnsteigerungen, einschneidende Kürzungen des Staatshaushalts sowie sozial- und arbeitsmarktpolitische Reformen allein dürften aber nicht als Ursache für die günstigen statistischen Werte genannt werden. Die wachstums- und beschäftigungspolitischen Erfolge seien zu einem beträchtlichen Teil durch eine reale Abwertung des Gulden erreicht worden.

Quelle: Badische Zeitung vom 17. April 1997.

Textauszug 7:

Welche Zinspolitik die Notenbanken anpeilen

2010 sollte für die großen Zentralbanken der Welt eigentlich das Jahr des Ausstiegs aus der Krisenpolitik werden. Doch dann kam alles ganz anders. 2011 soll nun aber die Zinswende in den wichtigsten Volkswirtschaften beginnen – wenn nicht wieder etwas dazwischen kommt. Eine kurze Übersicht über die Perspektiven der wichtigsten Notenbanken der Welt.

US-Notenbank Federal Reserve Sorgenkind Nummer eins der Fed bleibt auch in den kommenden zwölf Monaten der Arbeitsmarkt. Eine bei knapp zehn Prozent liegende Arbeitslosenquote macht auch im vierten Jahr nach Ausbruch der ersten Turbulenzen an den Immobilien- und Finanzmärkten schmerzlich deutlich, wie eisern die Krise das Land ihres Ursprungs immer noch im Griff hat. Die Fed versucht mit viel Geld gegenzuhalten. Erst im Spätherbst öffnete Fed-Chef Ben Bernanke erneut die Tore und pumpt nun bis zum Sommer 2011 abermals viele Milliarden in die Wirtschaft. Und was dann? Chefvolkswirt Holger Schmieding von der Berenberg Bank rechnet in den USA mit einer späten Zinswende: „Die Fed wird vermutlich so lange warten, bis sie sich sicher sein kann, dass die Haushalte höhere Zinsen verkraften können." Dafür aber müssen mehr Menschen in Lohn und Brot sein, damit „die höheren Zinskosten durch zusätzliche Arbeitseinkommen ausgeglichen werden können. Wir rechnen zwar damit, dass die Fed ihr neues Programm zum Ankauf von Staatsanleihen im Sommer 2011 auslaufen lassen lässt. Den ersten US-Zinsschritt erwarten wir jedoch erst für Anfang 2012." Im Land der unbegrenzten Möglichkeiten ist jedoch 2011 alles möglich. Erst kürzlich deutete Bernanke an, dass er im Notfall bereit wäre, sogar noch mehr Geld zu drucken.

Quelle: www. handelsblatt.com. vom 2. Januar 2011.

Textauszug 8:

Wie Unternehmen ihre Mitarbeiter halten

TUI Deutschland

Der Reiseveranstalter schickte ab Mai vergangenen Jahres alle 1 800 Beschäftigten der Zentrale in Hannover vorübergehend in verkürzte Arbeitswochen. Dabei legten die Mitarbeiter bis Januar 2010 vier Monate lang jeweils für zwei Tage die Arbeit nieder und kürzten so ihre Arbeitzeit um zehn Prozent. So glich das Unternehmen Arbeitsspitzen und -dellen während der Kurzarbeitsphase aus. Das war „eine wahre Erfolgsgeschichte", freut sich die Personalchefin. „Rund drei Prozent der Arbeitsplätze" seien dadurch erhalten worden, also mehrere Dutzend Jobs ...

Daimler

Das waren die Arbeiter und Angestellten des schwäbischen Traditionskonzerns nicht gewohnt: Kurzarbeit, Trennung von Zeitarbeitern und Arbeitszeitverkürzung mit Lohneinbußen. Mehr als 100000 Mitarbeiter der Edelmarke mussten ab Mai 2009 mit weniger Geld und weniger Arbeit auskommen. 57000 Beschäftigte an den deutschen Standorten gingen in Kurzarbeit, die restlichen 63000 mussten eine Arbeitszeit- und Lohnkürzung von 8,75 Prozent hinnehmen.

Ein Jahr und ein Monat mindestens, so erfuhren die deutschen Daimler-Werker, sollte die Arbeitszeitverkürzung dauern, die Kurzarbeit möglicherweise noch länger. Mit im Paket, das Betriebsratschef und Arbeitsdirektor ausgehandelt hatten, war eine Verschiebung der Tariferhöhung um fünf Monate und eine Reduzierung zum Kurzarbeitsgeld. Im Gegenzug verzichtete Daimler auf betriebsbedingte Kündigungen ...

Quelle: www.wiwo.de vom 18. Juni 2011.

Textauszug 9:

In Belgien kommt die 32-Stunden-Woche

(rtr). Belgische Großunternehmen können künftig die 32-Stunden-Woche einführen. Dies habe die belgische Regierung beschlossen, teilte ein Sprecher des Finanzministeriums in Brüssel mit. Die wöchentliche Arbeitszeit könne bei gleichzeitigen Lohnkürzungen von derzeit 38 Stunden auf 32 Stunden reduziert werden. Die Maßnahme sei Teil eines umfassenden Paketes, mit dem die Regierung neue Arbeitsplätze schaffen wolle. Die 32-Stunden-Woche könne allerdings nur von Firmen mit mehr als 50 Mitarbeitern eingeführt werden. Außerdem müsse die Belegschaft dem Plan zustimmen.

Quelle: wue Nr. 5/1997.

Textauszug 10:

Dienen bringt Dänen Arbeit

.. Dänemark ist es gelungen, die Arbeitslosenkurve zu „knicken", wie der dänische Ministerpräsident stolz erklärt. Auf dem Höhepunkt der Krise 1993 wies die Statistik 349000 Beschäftigungslose aus, das waren 12,3 Prozent der Erwerbsbevölkerung. Anfang dieses Jahres waren die Arbeitslosenzahl auf 231 000 und die Quote auf 8,2 Prozent gesunken, und für den Herbst erwartet der Rat für Arbeitsmarktfragen eine Arbeitslosenzahl unter 200000. Die hatte Dänemark seit 1980 nicht mehr.

Die Beschäftigungszahlen in der Privatwirtschaft nehmen wieder stark zu. Ein Konjunkturaufschwung, durch eine Steuerreform begünstigt, führte zu einem starken Anstieg der Produktion. Die dänische Industriestruktur, die, anders als bei den Nachbarn in Deutschland oder Schweden, nicht von Großindustrie geprägt wird, sondern von zahlreichen Klein- und Mittelbetrieben, trug zu der positiven Entwicklung bei.

Viele der dänischen Exporteure arbeiten in High-Tech-Branchen, in denen sie sich Marktnischen erobert haben, und sind daher von internationalen Konjunkturen und Standortkosten weniger abhängig als Autoproduzenten oder Textilfabriken.

Außerdem ist der dänische Arbeitsmarkt von großer Flexibilität geprägt. Die Lohnverhandlungen sind weitgehend dezentralisiert. Dänische Löhne sind zwar hoch, doch die Lohnnebenkosten liegen mit durchschnittlich nur fünf Prozent der Lohnsumme weit unter internationalen Vergleichswerten. Und da Unternehmer ihre Mitarbeiter ohne große Umstände entlassen können, scheuen sie vor Neueinstellungen nicht zurück. Die Arbeitnehmer werden durch ein relativ hohes Arbeitslosengeld, das bis zu einem Einkommen von rund 4000 Mark 90 Prozent des letzten Gehalts beträgt, für den mangelnden Kündigungsschutz entschädigt.

Es gibt Politiker, denen die Höhe des Arbeitslosengeldes ein Dorn im Auge ist, weil sie meinen, dass der Anreiz, einen Job anzunehmen, dann zu gering sei. Doch solche Stimmen sind Ausnahmen. Dass die gute Absicherung der Arbeitslosen eine Voraussetzung für den flexiblen Arbeitsmarkt sei, ist auch bei Arbeitgebern und konservativen Politikern weitgehend akzeptiert. So hat die Regierung nicht das Arbeitslosengeld gekürzt, sondern die Regeln verschärft, wer es bekommen kann. Betrug die Höchstdauer dafür früher international beispiellose sieben Jahre, so sind es nun noch fünf. Doch so lange soll niemand ohne Arbeit bleiben.

Schon nach einem Jahr kann der Arbeitslose gezwungen werden, auch einen Job außerhalb seines früheren Betätigungsfeldes anzunehmen. Nach zwei Jahren muss jedem für zumindest ein halbes Jahr eine öffentlich finanzierte „Aktivierungsstelle" angeboten werden. Und für Jugendliche sind die Zeiten, in denen sie Arbeitslosengeld abholen und dem Nichtstun, Gitarrespielen oder Biertrinken frönen konnten, endgültig vorbei. Nach einem halben Jahr wird ihnen das Geld gestrichen, wenn sie nicht einen Ausbildungsplatz annehmen, den ihnen ihre Kommune verschaffen muss. Viele zogen da vor, selbst einen Job zu finden, statt zu einer unerwünschten Fortbildung zwangsverpflichtet zu werden.

Quelle: Gamillscheg, H.: Arbeitslosigkeit beim Nachbarn im Norden deutlich niedriger als hierzulande, in: Badische Zeitung vom 14. April 1997.

Textauszug 11:

Spaßschule

... Wir brauchen deshalb Schulstunden, die die Lehrkräfte optimal vorbereiten und mit ganzer Kraft leiten. Ein strukturierter Unterricht mit klaren Leistungsanforderungen bewirkt – aktuellen Untersuchungsergebnissen zufolge – nachhaltige Lernerfolge und wirkt sich über die Schulzeit hinaus positiv aus. Wer schulische Bildung und Erziehung verbessern will, muss die Rolle des Lehrers im Unterricht als lenkende und lehrende Instanz stärken.

Gleichzeitig ist es jedoch auch nicht egal, was in der Schule gelehrt wird. Lerninhalte dürfen nicht von Zufälligkeiten abhängen. Beliebigkeit kann nicht das Prinzip sein. Schule muss Grundfertigkeiten vermitteln, auch wenn sie den Schülern nicht immer Spaß machen. Bildung ist kein Konsumgut zum leichten Verzehr. Lernen bedeutet Anstrengung. Räumt man den Kindern in der Schule bereits alle Steine aus dem Weg, werden sie auch im späteren Leben weder leistungsbereit noch leistungsfähig sein – und niemals Freude und Selbstwertgefühl aus der Erbringung eigener Leistung schöpfen können.

Quelle: Reul, H.: Spaßschule gefährdet die Exportnation. Qualitätskontrolle im Unterricht ist das Gebot der Stunde, in: FOCUS 39/1997, zitiert in: WS Baden-Württemberg 6/97.

Textauszug 12:

Solidaritätskassen

Man sollte den Begriff Versicherung bei den Sozialkassen streichen und lieber von Solidaritätskasse sprechen, um nicht diese Verbindung zur klassischen Versicherung herzustellen. Darüber hinaus kann ich nur streiten für eine Art sozialmoralischer Selbststeuerung; dass sich jeder und jede fragt: Muss ich diese Sozialleistung wirklich in Anspruch nehmen? Geht das nicht doch anders? Dieses Besinnen auf die eigenen Möglichkeiten ist abhanden gekommen.

Quelle: Pompey, J. in einem Interview mit Bruteweg, J: Leere Sozialkassen, Badische Zeitung vom 22. April 1997.

Textauszug 13:

Branche wächst auch in der Flaute

FRANKFURT. 6 000 bis 7 000 Arbeitslosen hat das Zeitarbeitsunternehmen MP im vergangenen Jahr eine neue Beschäftigung vermittelt. Davon waren ein Zehntel über ein Jahr ohne Job. Jeder Dritte wurde von MP-Kunden in eine feste Anstellung abgeworben.

Insgesamt kletterte die Zahl der von MP in Deutschland beschäftigten und an andere Unternehmen weitervermittelten Mitarbeiter in einem Jahr um 2000 auf 14 000. Angesichts der hohen Arbeitslosigkeit und der steigenden Tendenz in vielen Unternehmen Positionen nur zeitweise zu besetzen, rechnet MP mit einem weiteren Zuwachs auf 16 500. Inzwischen stellt MP beispielsweise für Telefonaktionen oder das Weihnachtsgeschäft im Versandhandel, aber auch für Computerhersteller und Softwarehäuser komplette Teams leihweise zur Verfügung.

Quelle: Obertreis, R.: 7 000 neue Jobs durch Zeitarbeit, in: Badische Zeitung vom 11. Juni 1997.

Textauszug 14:

„Bei Zuwanderung ein Wort mitreden"

STUTTGART (lsw). Bei der zukünftigen Gestaltung des Zuzugs von Ausländern oder Übersiedlern wollen die Gemeinden „ein Wort mitreden". Es sei unverantwortlich und auch keine Lösung, Zuwanderer unkontrolliert in die Arbeitslosigkeit zu entlassen, sagte der Sprecher des Städtetages Baden-Württemberg in einem dpa-Gespräch. Damit würden sie auf die von den Kommunen zu leistende Sozialhilfe verwiesen. Die Kommunen müssten deshalb in den Gremien, die die politischen Entscheidungen vorbereiten, angemessen vertreten sein, forderte er. Die Haltung des Städtetags zur Zuwanderung bezeichnete der Sprecher als „eher defensiv". Man sehe mit Blick auf Arbeits- und Wohnungsmarkt sowie auf Integrationsfähigkeit „nicht mehr viel Spielraum".

Quelle: Badische Zeitung vom 26. Januar 1998.

Textauszug 15:

Billiglöhne sollen Arbeit bringen

BONN (dpa). Die Bonner Regierungskoalition will mit einer Parlamentsinitiative Impulse für mehr Beschäftigung geben. Kernpunkte sind die Heranziehung von rund 100 000 arbeitslosen Sozialhilfeempfängern zur Arbeit in Kommunen und die Einführung niedrigerer Löhne für einfache Arbeiten.

Nach der Initiative sollen die Kommunen zur verstärkten Beschäftigung arbeitsloser Sozialhilfeempfänger aufgefordert werden. Strikter als bisher sollen die Gemeinden Sozialhilfe kürzen oder streichen, wenn Arbeitsangebote abgelehnt werden.

Die Bundesregierung will ferner mit Ländern, Kommunen, Arbeitsverwaltung, Arbeitgebern und Gewerkschaften Gespräche über die Bereitstellung von Praktikantenstellen für arbeitslose Hauptschulabgänger führen. Vorbild ist ein in Hamburg erprobtes Modell, bei dem die Schulabgänger öffentlich finanziert 500 Mark monatlich bekommen. Mittelfristig schlägt die Initiative die Schaffung von niedrig bezahlten Jobs in Privathaushalten sowie bei Tankstellen, Supermärkten und als Begleitpersonal in Bussen und Bahnen vor.

Quelle: Badische Zeitung vom 4. Februar 1998.

Textauszug 16:

Fades Ritual

„Die Fronten sind verhärtet", „die Verhandlungen stecken in einer Sackgasse", auch ein Spitzengespräch brachte keine Annäherung" – so abgenutzt wie die Formulierungen in der Zeitung sind auch die Rituale bei den Tarifverhandlungen. Die Tarifrunde für den öffentlichen Dienst führt dies wieder einmal vor Augen. Die Arbeitgeber jammern über die leeren Kassen und dass sie sparen müssen, koste es, was es wolle. Dass sie in besseren Zeiten das Geld mit vollen Händen ausgegeben haben, verschweigen sie geflissentlich. Die Gewerkschaften verlangen Lohnerhöhungen, wie sie es seit 50 Jahren tun, und obendrein wollen sie mehr Arbeitsplätze. Wie das funktionieren soll, bleibt ihr Geheimnis. Als ÖTV-Chef Mai im Herbst mit dem Tarifritual brechen wollte und die Wahrheit sagte, nämlich: Mehr Arbeitsplätze kann es nur über kürzere Arbeitszeit mit Lohnverzicht geben, versagte ihm die eigene Basis die Gefolgschaft. Jetzt sitzen sich wieder zwei Gruppen von ideenlosen Verwaltern gegenüber und es gehört wenig Fantasie dazu vorherzusagen, dass sie aus eigener Kraft keinen Abschluss zustande bringen werden. Die Gewerkschaften werden die Verhandlungen für gescheitert erklären und ein Schlichter wird kommen müssen und eine Lösung basteln, mit der alle unzufrieden sind: Die Lohnerhöhung wird klein ausfallen, der Arbeitsplatzabbau wird weitergehen und Bund, Länder, Gemeinden werden trotzdem viel mehr Geld ausgeben, als sie in ihren Kassen haben.

Quelle: Bruteweg, J.: Fades Ritual, in: Badische Zeitung vom 11. Februar 1998.

Textauszug 17:

Harsche Kritik

FRANKFURT. Drei Tage vor Beginn der Internationalen Frühjahrsmesse Ambiente in Frankfurt übt der Messegeschäftsführer harsche Kritik am Handel. In vielen Fachgeschäften sei die Uhr stehen geblieben. Statt für ein kundenfreundliches Ambiente zu sorgen, würden oft nur Regale gefüllt.

„Viele Fachhändler verhalten sich nicht wie Unternehmer, sondern wie Unterlasser", sagt der Geschäftsführer. Veränderungen in den Konsumgewohnheiten würden kaum wahrgenommen, der Wandel in den Kundenwünschen schon gar nicht. Deshalb müsse sich der Handel wegen der derzeit nicht einfachen Lage selbst viele Fragen stellen und dürfe nicht alles auf die schlechte Konjunktur schieben.

Der Handel müsse die Neugier des Kunden auf Neues und Ungewöhnliches wecken, ein bequemes Umfeld schaffen und mit Serviceleistungen den Kundenbedürfnissen „zuvorkommen". Die Ambiente bietet dafür auch in diesem Jahr mit vielen neuen Produkten viele Anregungen, sagt der Messechef.

Quelle: Obertreis, R.: „Viele Unternehmer sind Unterlasser", in: Badische Zeitung vom 12. Februar 1998.

3. Beurteilen Sie die in den Textauszügen 1 und 9 genannten Maßnahmen zur Bekämpfung der Arbeitslosigkeit!

4. Prüfen Sie anhand nachstehender Textauszüge und Bildstatistiken, in welchen wirtschaftlichen und gesellschaftlichen Bereichen eine Ausweitung der Beschäftigungsmöglichkeiten erreichbar erscheint!

Textauszug 1:

Jeder dritte Job ist bedroht

KÖLN. Die Hoffnung, dass im Dienstleistungssektor die Jobs geschaffen werden könnten, die anderswo verloren gehen, trügt. Professor Rainer Thome und sein Mitarbeiter Boris Kraus von der Universität Würzburg kommen nach einer groß angelegten Untersuchung zu gegenteiligen Ergebnissen. Nach ihren Forschungen werden im Dienstleistungsbereich in erheblichem Maße Arbeitsplätze abgebaut.

Nicht zuletzt wegen der hohen Kosten muss in den nächsten Jahren und Jahrzehnten damit gerechnet werden, dass 6,7 Millionen heutiger Dienstleistungsarbeitsplätze gestrichen werden. Jeder dritte der gegenwärtig 21,7 Millionen Dienstleistungsjobs stünde damit zur Disposition. Neue Informationsverarbeitungslösungen werden im Handel, der öffentlichen Verwaltung, im Bankwesen und bei vergleichbaren Tätigkeiten dazu führen, dass Automaten Routinearbeiten übernehmen, die jetzt noch von Angestellten oder Beamten erledigt werden.

Im Handel etwa könnte die Hälfte der 3,4 Millionen Mitarbeiter eingespart werden, wenn elektronische Märkte das Einkaufen automatisieren und die Kunden weitere Arbeiten übernehmen. Erste Anzeichen sind sichtbar. Wie einst die Selbstbedienung Verkäufer überflüssig machte, werden die Kunden künftig beim Einkauf die Strichcodes der Waren erfassen und per Karte bezahlen. Dadurch können die Handelsbetriebe Personal einsparen.

In der öffentlichen Verwaltung können nach und nach 46 Prozent der 2,6 Millionen Arbeitsplätze eingespart werden, wenn die Behörden systematisch automatisiert werden. Routinearbeiten erledigt die Maschine.

Gute Zukunftsaussichten werden nur Mitarbeitern vorausgesagt, die innovative Tätigkeiten ausüben, die Büros, Handelshäuser oder Behörden neu organisieren oder als Softwarespezialist die Programme entwickeln, dank derer ihre Kolleginnen und Kollegen „wegrationalisiert" werden können.

Quelle: Eberhardt, G.: Dienstleistungen sind keine Jobmaschine, in: Badische Zeitung vom 10. Juni 1997.

Abb. 1

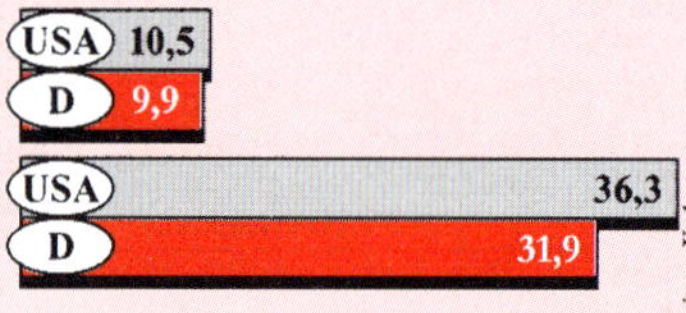

Beschäftigungs-Lücke: Zu wenig Service-Tätigkeiten

	in 1.000	
	USA	D
Bevölkerung	265.557	82.012
Erwerbstätige mit industriellen Tätigkeiten	27.876	8.133
Erwerbstätige mit Dienstleistungstätigkeiten	96.298	26.166

In Deutschland gibt es ein zusätzliches **Potenzial von 3,6 Millionen Arbeitsplätzen**, wenn die gleiche Dienstleistungsquote wie in den USA angestrebt wird.

Industrie-/Dienstleistungsquote: Erwerbstätige in Prozent der Bevölkerung; Stand: 1996; Ursprungsdaten: OECD, DIW

Institut der deutschen Wirtschaft Köln

Abb. 2

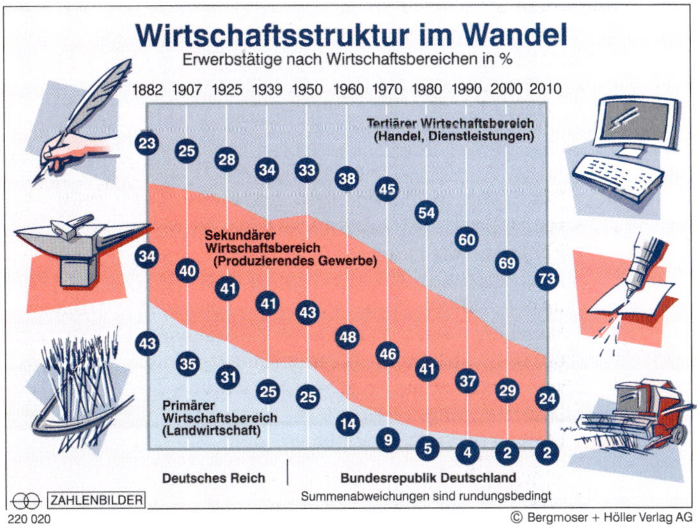

Sobald die industrielle Entwicklung ein bestimmtes Reifestadium erreicht hat, nimmt der Anteil des sekundären Sektors an der Gesamtbeschäftigung nicht mehr zu. Der technische Fortschritt ermöglicht es nun vielmehr, die Güterproduktion zu steigern, ohne zusätzliche Arbeitskräfte in Anspruch zu nehmen. Im Dienstleistungsbereich hingegen führen die wachsende Nachfrage und die Erweiterung des Leistungsangebots (z.B. im Gesundheitswesen, in der Wirtschafts- und Rechtsberatung, in Forschung und Entwicklung oder im Freizeitsektor) zu einem weiteren personellen Ausbau, zumal die Rationalisierungsmöglichkeiten häufig begrenzt sind. Hinzu kommen die sektoral unterschiedlichen Auswirkungen der internationalen Arbeitsteilung. Die Industriegesellschaft wandelt sich so zur **Dienstleistungsgesellschaft.** In Deutschland mit seiner starken Industrietradition bestehen aber enge Wechselbeziehungen zwischen der produzierenden Wirtschaft und den höherwertigen unternehmensbezogenen Dienstleistungen.

Abb. 3

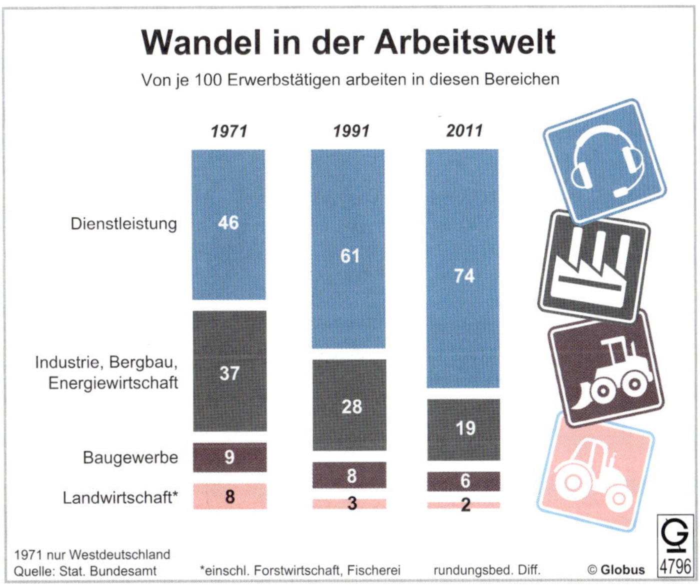

Der Wandel zur Dienstleistungsgesellschaft setzt sich fort. Nur noch 27 Prozent der Arbeitnehmer verdienen ihr Geld in der Industrie (einschl. Bergbau und Energiewirtschaft), im Baugewerbe oder in der Landwirtschaft. 1971 waren es (in Westdeutschland) mit 54 Prozent exakt doppelt so viele. Die Unternehmen im Bereich Dienstleistungen beschäftigen heute fast drei Viertel der Erwerbstätigen. Dazu gehören Mitarbeiter in Handel und Gastgewerbe ebenso wie im Verkehrswesen. Darunter fallen aber auch Unternehmen wie Banken und Versicherungen, Steuerberater, Immobilienverwalter und Softwareentwickler oder Reinigungsfirmen und Personaldienstleister.

Textauszug 2:

Atomausstieg und Arbeitsplätze

HAMBURG. Der beschleunigte Umbau der Energieversorgung könnte der deutschen Wirtschaft in den kommenden Jahrzehnten einen starken Wachstumsschub bringen. Das Deutsche Institut für Wirtschaftsforschung (DIW) rechnet bei einer Wende hin zu grünen Technologien mit Hunderttausenden neuen Arbeitsplätzen. Über die Frist für den Atomausstieg in Deutschland ist zwar noch nicht endgültig entschieden. Seit dem Reaktorunglück im japanischen Fukushima Mitte März zeigt sich aber eine starke Sogwirkung für den Ausbau der erneuerbaren Energien und den Bau moderner Stromnetze.

Hamburg hat die Ansiedlung von Unternehmen der „grünen" Energiewirtschaft seit Jahren zielstrebig gefördert und kann von der Energiewende deshalb besonders profitieren. „Wir rechnen den erneuerbaren Energien und den Effizienztechnologien in Hamburg derzeit bis zu 3000 Arbeitsplätze zu. Diese Zahl können wir in den kommenden zwei bis drei Jahren verdoppeln", sagte der Hamburger Wirtschaftssenator dem Abendblatt.

Quelle: www.abendblatt.de vom 26. April 2011.

Abb. 4

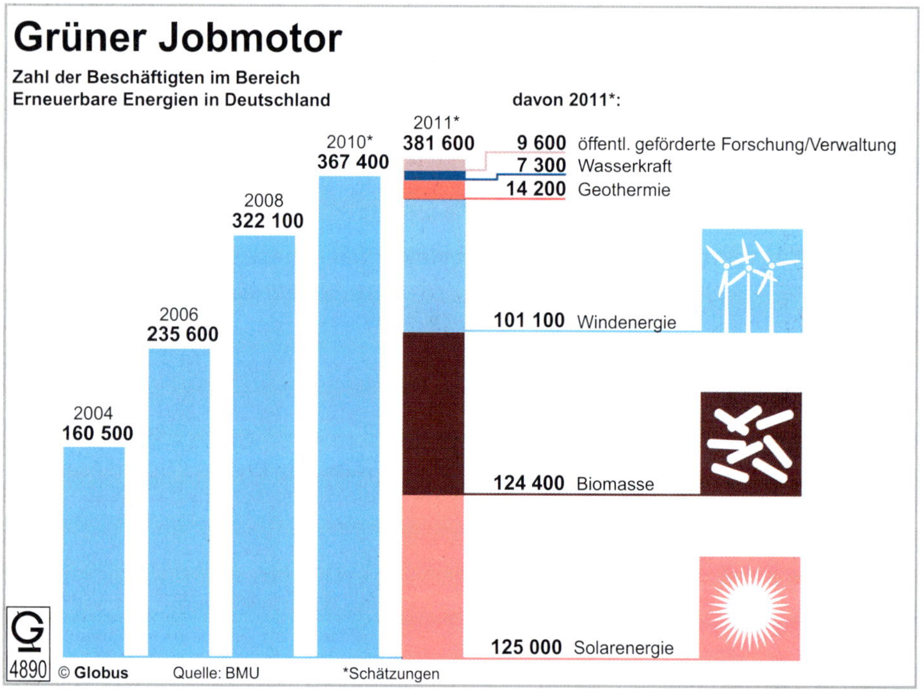

11 Englische Limited Company als europäische Rechtsform der Unternehmen

11.1 Einleitung und Rechtsgrundlagen

Für die **europäischen Unternehmen** besteht nach dem Vertrag der Europäischen Union (EU) **innerhalb** der **EU** grundsätzlich **Niederlassungsfreiheit.**

Auf der Rechtsgrundlage des in der EU geltenden Rechts der Niederlassungsfreiheit stellte der Europäische Gerichtshof (EuGH) deshalb durch Rechtsprechung Folgendes fest:

- Jeder Mitgliedstaat der EU muss die nach dem Recht eines anderen Mitgliedstaates (z. B. in England) erlangte Rechtsfähigkeit eines rechtswirksam gegründeten ausländischen Unternehmens anerkennen, wenn das Unternehmen seinen (tatsächlichen) Verwaltungssitz in das Hoheitsgebiet eines anderen Mitgliedstaates (z. B. nach Deutschland) verlegt.
- Wenn ein Mitgliedstaat der EU die Errichtung (Gründung) einer Zweigniederlassung von der Einhaltung der in seinem Hoheitsgebiet zum Mindestkapital (Eigenkapital) und zur Haftung der Geschäftsführer geltenden Rechtsvorschriften abhängig macht, dann ist dies nicht mit dem in der EU geltenden Recht zu vereinbaren und somit rechtsunwirksam.

Aufgrund dieser Rechtsprechung des Europäischen Gerichtshofs können Kapitalgesellschaften der EU-Mitgliedstaaten in allen Mitgliedsländern der EU wirtschaftlich tätig werden. In der EU nach nationalem Recht gegründete Kapitalgesellschaften anderer Mitgliedstaaten sind demnach auch in Deutschland anzuerkennen. Eine in England als eigenständige Rechtsform einer ausländischen Rechtsordnung gegründete Limited Company, die ihren Verwaltungssitz nach Deutschland verlegt, übt somit ihre wirtschaftliche und rechtliche Tätigkeit als englische Limited Company aus.

Die wichtigste gesetzliche Grundlage für die englische Limited Company ist der **Companies Act 1985.**[1]

Dieses Gesetz regelt neben anderen Gesellschaftsformen sowohl die **Private Company Limited by Shares** als auch die **Public Company Limited by Shares.**[2] Von diesen beiden Gesellschaftsformen (Rechtsformen der Unternehmen) ist die Private Company by Shares die bei Weitem wichtigste Rechtsform.[3]

1 Act (engl.) = Gesetz; Companies Act (engl.) = Unternehmensrecht, Gesetz über Kapitalgesellschaften. Eine große Bedeutung haben auch die auf der Rechtsgrundlage der Companies Act 1985 vom Wirtschaftsministerium erlassenen **Mustersatzungen.** Diese Satzungen sind grundsätzlich die rechtliche Grundlage für die Unternehmensverfassung englischer Gesellschaftsunternehmen.

2 Company (engl.) = Gesellschaft; Limited (engl.) = beschränkt, begrenzt (beschränkte Haftung); Shares (engl.) = Anteil (am Gesellschaftskapital); Public (engl.) = öffentlich; Public Company Limited (by Shares) entspricht der öffentlichen Kapitalgesellschaft (Aktiengesellschaft); Private Company Limited (by Shares) entspricht der privaten Kapitalgesellschaft (Gesellschaft mit beschränkter Hafung).

3 Zurzeit sind in England und Wales etwa 2,2 Millionen Private Companies Limited by Shares und etwa 12500 Public Companies Limited by Shares registriert. Wichtige Unterschiede zwischen beiden Rechtsformen sind z.B., dass nur die Public Company ein vorgeschriebenes Mindestkapital (Eigenkapital) von zurzeit 50000,00 GBP (englische Pfund) haben muss und nur die Geschäftsanteile an dieser Gesellschaft zum öffentlichen Handel – z.B. an der Londoner Wertpapierbörse (London Stock Exchange) – zugelassen werden können. Wenn eine Limited Company nicht ausdrücklich als Public Company registriert werden soll, ist die Gesellschaft grundsätzlich eine Private Company. Stock Exchange (engl.) = Börse, Wertpapier-, Effektenbörse.

Nur die in den folgenden Ausführungen kurz (englische) **Limited Company** genannte Private Company Limited by Shares wird deshalb als Beispiel für eine englische Limited Company ausführlicher dargestellt.[1]

Die Rechtssicherheit durch die Rechtsprechung des Europäischen Gerichtshofs, die Globalisierung der Wirtschaft mit dem zunehmenden internationalen Wettbewerb sowie die möglichen Vorteile der englischen Limited Company gegenüber der deutschen GmbH veranlassen deutsche Unternehmensgründer, die englische Limited Company als alternative Rechtsform (z.B. zur deutschen GmbH oder AG) zu wählen. Die Private Limited Company wird als gleichwertige alternative Rechtsform zur deutschen GmbH angesehen.

In den folgenden Kapiteln werden die wichtigsten Merkmale einer Limited Company dargestellt und – soweit dies sinnvoll ist – mit den entsprechenden Merkmalen (gesetzlichen Vorschriften) der deutschen GmbH verglichen.

Nicht besprochen werden die als alternative Rechtsform zur deutschen GmbH & Co KG gegründete englische Limited & Co. KG (Ltd. & Co. KG)[2], die Insolvenz und Besteuerung der englischen Limited Company.

11.2 Merkmale der Limited Company

Gründung der Limited Company

Bei der Gründung muss zwischen der Gründung in England und – wenn der Verwaltungssitz nach Deutschland verlegt oder eine selbstständige Zweigniederlassung in Deutschland betrieben wird – den registerrechtlichen Anforderungen in Deutschland unterschieden werden.

1. Gründungsvorgang

Die Gründung einer Limited Company kann durch eine Neugründung der Gesellschaft oder durch den Kauf einer sogenannten **Vorratsgesellschaft** (Shelf Company) erfolgen.[3]

Sowohl die Durchführung (Abwicklung) von Neugründungen als auch die Vorratsgesellschaften werden von vielen Servicegesellschaften angeboten.[4]

Für die Limited Company ist gesetzlich keine Mindestzahl von Gesellschaftern vorgeschrieben. Die Gesellschaft kann somit (wie z.B. die deutsche GmbH, siehe § 1 GmbH) auch nur aus einer Person bestehen (Einmanngesellschaft).

Bei einer Neugründung müssen beim zuständigen **zentralen Gesellschaftsregister** (dem Companies House[5] im Cardiff) der grundsätzlich aus zwei getrennten Dokumenten (dem

---

1 Auch bei der in der deutschen Fachliteratur kurz Limited (Ltd.) Company oder englische Limited genannten Gesellschaftsform handelt es sich grundsätzlich um eine Private Company Limited by Shares (private Kapitalgesellschaft, englische Gesellschaft mit beschränkter Haftung).

2 Bei dieser gesellschaftsrechtlichen Mischform handelt es sich um eine **deutsche Kommanditgesellschaft (KG)**, bei der grundsätzlich nur der **Komplementär** eine **englische Limited Company** ist. Die Limited Company haftet mit ihrem Gesellschaftsvermögen, die (grundsätzlich deutschen) Kommanditisten haften nach der Leistung ihrer geschuldeten Einlagen beschränkt und mittelbar bis zur Höhe ihrer im Handelsregister eingetragenen Einlage (siehe §§ 171, 176 HGB).

3 Vorratsgesellschaften sind noch nicht aktiv tätige Kapitalgesellschaften, die bereits gegründet und im Handelsregister eingetragen sind und von den Gesellschaftern (Gründern) nach der Zahlung des Kaufpreises sofort übernommen werden können. Hierdurch vermeiden die Gesellschafter eine oft mehrere Monate dauernde aufwendige eigene Unternehmensgründung (Vorgründerzeiten entfallen).

4 In der Praxis wird überwiegend auf die von spezialisierten Dienstleistungsunternehmen (Internet-Agenturen) vor allem im Internet angebotenen Vorratsgesellschaften zurückgegriffen. Um die wesentlichen typischen Merkmale einer englischen Limited Company auch im Vergleich zur deutschen GmbH besser erklären zu können, wird nur die **Neugründung** näher dargestellt.

5 House (engl.) = Haus, Company House (engl.) = Gesellschaftshaus, entspricht dem Firmensitz eines Unternehmens.

Memorandum of Association[1] und den **Articles of Association**)[2] bestehende Gesellschaftsvertrag[3] sowie zwei mit vorgeschriebenen Angaben ausgefüllte Formblätter eingereicht werden.[4] Bei der Limited Company besteht somit – anders als bei der deutschen GmbH (und AG) – kein einheitlicher Gesellschaftsvertrag. Für beide Dokumente der Satzungen der Limited Company werden grundsätzlich **Musterdokumente** verwendet.

- Das **Memorandum** regelt vor allem die Rechtsverhältniss der Limited Company mit Dritten (das **Außenverhältnis**; z.B. zu den Lieferanten, Käufern, Kreditgebern der Gesellschaft). Das Memorandum muss (wie die Gesellschaftsverträge der deutschen GmbH und AG) bestimmte zwingend vorgeschriebene Angaben enthalten.

  Anzugeben sind z.B. die Firma, der Geschäftssitz, der Unternehmensgegenstand,[5] die Haftungsbeschränkung, die Höhe des Gesellschaftskapitals, der Name sowie der Beruf und die Adresse der Gesellschaftsanteile übernehmenden Personen, der Nennbetrag der einzelnen Geschäftsanteile sowie die Zahl (Stückelung) der Geschäftsanteile.

  Für die genaue Ausführung wird beim Memorandum grundsätzlich die Mustersatzung (Table, Tabelle B) verwendet.
- Die **Articles** regeln vor allem das **Innenverhältnis** der Limited Company. Die hierzu regelmäßig verwendete mit etwa 120 Artikeln sehr ausführlich gestaltete Mustersatzung (Table, Tabelle A) enthält beispielsweise nähere Angaben zu den Gesellschaftern und zur Gesellschafterversammlung (z.B. Mitgliedschaft und Mitgliedschaftsrechte, Einberufung der Gesellschafterversammlungen, Gesellschafterbeschlüsse); zu den Direktoren (z.B. Arten, Bestellung, Rechte und Pflichten, Haftung, Versammlung, Ausschluss, Abberufung der Direktoren); zum Gesellschaftssekretär; zum Gesellschaftskapital (z.B. Ausgabe, Arten und Übertragung der Anteile); zur Gewinnausschüttung und zur Rechnungslegung (z.B. Abschlussprüfung, Publizitätspflicht).

Das Gesetz (CA 1985) erfordert eine eidesstattliche Erklärung, dass die Gesellschaft den Vorschriften des CA 1985 entsprechend gegründet werden soll und die gesetzlichen Vorschriften eingehalten werden. Nachdem der mit der Gründung beauftragte englische Anwalt, ein Direktor oder der Gesellschaftssekretär erklärt hat, dass alle für die Gründung der Gesellschaft bestehenden rechtlichen Vorschriften eingehalten wurden und die Erklärung z.B. von einem Notar unterschrieben ist, werden die Dokumente von einem Registrar[6] formal geprüft. Wenn keine Einwendungen bestehen, wird vom Gesellschaftsregister die Einhaltung der Eintragungsvoraussetzungen in einer **Gründungsbescheinigung** bestätigt. Gründungsdatum der Limited Company ist das Ausstellungsdatum auf der Gründungsbescheinigung. Von diesem Zeitpunkt an kann die Gesellschaft als **juristische Person** mit einer auf das Gesellschaftsvermögen beschränkten Haftung am Geschäftsverkehr teilnehmen. Wie die deutsche GmbH ist die **englische Limited Company** eine **Kapitalgesellschaft** mit **eigener Rechtspersönlichkeit.**

---

1 Memorandum (engl.) = Mitteilung; Association (engl.) = Gesellschaft, Verband; Memorandum of Association (engl.) = Gründungsurkunde (einer Gesellschaft).

2 Article (engl.) = Artikel, Klausel, Paragraph; Articles of Association (engl.) = Gesellschaftsvertrag, Satzung.

3 Wie in Deutschland das GmbHG z.B. hinsichtlich der möglichen Gründung einer Unternehmergesellschaft (haftungsbeschränkt) mit einem niedrigen Stammkapital (siehe § 5a GmbHG) und einer vereinfachten Gründung reformiert ist, so wird nach der geplanten Reform des englischen Gesellschaftsrechts die Gründung einer englischen Kapitalgesellschaft weiter vereinfacht. Künftig soll – statt dem Memorandum und den Articles of Association – nur noch ein Dokument als Gesellschaftsvertrag beim Gesellschaftsregister eingereicht werden. Durch die Deregulierung soll die Private Limited Company als europäische Gesellschaftsform noch attraktiver gestaltet werden.

4 Die Formblätter sind auf der Internetseite des Gesellschaftsregisters abrufbar.

5 Während im Gesellschaftsvertrag einer deutschen GmbH (auch einer AG) der Unternehmensgegenstand (z.B. Herstellung und/oder Verkauf bestimmter Sach- und/oder Dienstleistungen) kurz angegeben wird, wird im Gesellschaftsvertrag einer englischen Gesellschaft deren Unternehmensgegenstand oft in einer **Hauptgegenstandsklausel** und mehreren **Unterklauseln** (die mehrere Seiten umfassen können) sehr ausführlich beschrieben. Mittlerweile können jedoch auch englische Gesellschaften eine kurze Gegenstandsbeschreibung als Hauptgegenstandsklausel wählen.

6 Registrar, Registrator (engl.) = Registerführer; Person, die z.B. ein Handelsregister, Aktienregister oder Güterrechtsregister führt (verwaltet).

2. Handelsregistereintragung in Deutschland

Ist die Limited Company eine Zweigniederlassung im Sinne des deutschen Handelsgesetzbuches (HGB)[1], muss die Gesellschaft mit einem Verwaltungssitz in Deutschland als Zweigniederlassung in das deutsche Handelsregister eingetragen werden.[2] Die Anmeldung zur Handelsregistereintragung kann (nur) durch die Festsetzung eines Zwangsgeldes erzwungen werden [§ 14 HGB, §§ 388ff. FamFG].[3]

Weil die Limited Company der deutschen GmbH entspricht, erfolgt die Handelsregistereintragung unter der Abteilung B.

Die Anmeldung der Limited Company zur Handelsregistereintragung erfolgt durch die hierzu berechtigten und verpflichteten Direktoren (Directors) der Gesellschaft. Die Anmeldung muss in deutscher Sprache bei dem Registergericht erfolgen, in dessen Bezirk die Zweigniederlassung besteht [§ 13d I HGB, § 377 FamFG i. V. m. § 184 GVG].

Die Handelsregisteranmeldung muss bestimmte Angaben zur inländischen Zweigniederlassung und zur englischen Gesellschaft enthalten.

Anzugeben sind z. B. die Firma; der Geschäftssitz; die Höhe des haftenden Kapitals; die Tätigkeit der Gesellschafter; die Vertreter (Direktoren) der Limited Company mit ihrem Namen, Vornamen, Geburtsdaten, Wohnorten und Vertretungsbefugnissen sowie der Tag des Abschlusses des Gesellschaftsvertrags [§ 13g HGB i. V. m. § 8 GmbHG].[4]

Bei der Anmeldung zum deutschen Handelsregister müssen dem Registergericht außerdem verschiedene Anlagen beigefügt werden, wie z. B. ein Nachweis über die Bestellung der Direktoren und deren Vertretungsbefugnisse (wenn diese Direktoren nicht durch die Satzung bestellt wurden), ein Nachweis über das Bestehen der englischen Limited Company sowie deren Satzung (das Memorandum of Association sowie die Articles of Association) in öffentlich beglaubigter Abschrift [§ 13g II, S. 1, 2 HGB i. V. m. § 8 I, Nr. 2, IV GmbHG].[5]

3. Unmittelbare Pflichten nach der Gründung

Unmittelbar nach Gründung der Limited Company muss z. B. ein **Gesellschaftsbuch** (Statutory Books)[6] mit bestimmten Angaben (z. B. Gesellschafter, Direktoren, Gesellschaftssekretär, Anteile der Direktoren an der Gesellschaft, Prüfungsberichte) angelegt werden.

In den Geschäftsbriefen der Gesellschaft müssen die Firma, die Anschrift des Registrierungsortes, die Registrierungsnummer, das Register und die Registernummer des Handelsregisters sowie entweder alle Direktoren (oder kein Direktor) der Zweigniederlassung aufgenommen werden.

---

1 Zweigniederlassungen sind Betriebsstätten, die von der Hauptniederlassung räumlich getrennt sind, unter der oberen Leitung der Hauptniederlassung jedoch selbstständig wirtschaftlich handeln. Wichtige Merkmale einer Zweigniederlassung sind außerdem z. B. die personelle Selbstständigkeit (Vorhandensein eines Niederlassungsleiters mit eigenen Handlungsbefugnissen), die organisatorische Selbstständigkeit (Vorhandensein eigener Geschäftsräume, eigene Buchführung) sowie die Durchführung von Geschäften, die mindestens einen Teilbereich aus dem Geschäftsbereich des Unternehmens ausmachen.

2 Die Eintragungspflicht als Zweigniederlassung besteht auch dann, wenn die Limited Company tatsächlich ihre Hauptniederlassung in Deutschland hat.

3 Die gesetzlichen Voraussetzungen für die Handelsregistereintragung stehen in den §§ 13d, e, g HGB und in den §§ 8, 10 GmbHG.

4 Die bei der englischen Limited Company im Gesellschaftsvertrag meistens sehr ausführliche Darstellung des Unternehmensgegenstandes muss nicht zum Handelsregister angemeldet und eingetragen werden.

5 Die in deutscher Sprache übersetzten Ausfertigungen bedürfen einer Bestätigung der Richtigkeit, z.B. durch einen beim Gericht vereidigten Übersetzer. Auch alle anderen Unterlagen und Nachweise sind in deutscher Sprache elektronisch in öffentlich beglaubigter Form einzureichen [§ 184 GVG, § 12 HGB].

6 Statutory (engl.) = gesetzlich, Book (engl.) = Buch.

Firma

Wie die Firma nach deutschem Recht, kann die Firma einer Limited Company grundsätzlich frei gewählt werden. Sie kann somit eine Sachfirma, Peronenfirma, Fantasiefirma oder gemischte Firma sein. Wie die deutsche GmbH nach § 4 GmbHG, so muss auch die Firma der Limited Company auf die Haftungsbeschränkung hinweisen. Die Firma dieser Gesellschaft endet somit mit dem Wort Limited oder mit der Abkürzung Ltd.

Beispiele:

Fitnesscenter Heidelberg Limited, Krause Ltd., Taxi-Express Ltd., Koch-Baustoffhandel Limited.

Die **Firmengrundsätze** des deutschen Gesellschaftsrechts gelten grundsätzlich (entsprechend) auch für die Limited Company. So kann z.B. keine Firma gewählt werden, wenn diese bereits als Firma eines anderen Unternehmens in dem zentralen Gesellschaftsregister (Handelsregister) in Cardiff eingetragen ist (Grundsatz der Firmenausschließlichkeit, siehe § 30 HGB).

Kapitalhöhe und deren Stückelung

Über die Höhe des von den Gesellschaftern aufzubringenden Mindestkapitals (Gesellschaftskapitals, Eigenkapitals) und deren Stückelung gibt es keine gesetzliche Vorschrift. Das Nominalkapital einer Limited Company kann deshalb sehr niedrig sein (theoretisch sogar nur einen Penny[1] betragen).

Unterschieden werden muss zwischen dem im **Memorandum** angegebenen Gesamtbetrag der **möglichen Anteile,** dem **Nominalkapital** (Nominal Capital oder Authorized Share Capital[2] genannt) und den bereits von den Gesellschaftern der Limited Company (z.B. bei der Gründung) **übernommenen Kapitalanteilen** (dem Issued Share Capital).[3]

Das Nominalkapital kann mit dem genehmigten Kapital einer deutschen Aktiengesellschaft (siehe §§ 202ff. AktG) und Gesellschaft mit beschränkter Haftung (siehe § 55a GmbHG) vergleichen werden.

Praxisüblich ist, dass bei der Gründung der Gesellschaft von den Gesellschaftern zwei Anteile übernommen werden.

Beispiel:

Die GEHA FAX Ltd. in Köln mit einem Nominalkapital von 2000,00 englischem Pfund hat ihr Nominalkapital in 100 Anteile zu je 20,00 Pfund gestückelt. Zwei Gesellschafter haben bereits bei der Gründung der Gesellschaft jeweils zwei Anteile übernommen.

Wenn die Limited Company über das im Memorandum festgelegte Nominalkapital hinaus weitere Anteile ausgeben möchte, dann muss das Nominalkapital im Memorandum entsprechend erhöht und der Gesellschafterbeschluss sowie das geänderte Memorandum dem zentralen Gesellschaftsregister in Cardiff mitgeteilt bzw. übergeben werden.

1 Penny (engl.) = kleinste englische Währungseinheit.

2 Nominal Capital (engl.) = Nominalkapital; Authorized Share Capital (engl.) = genehmigtes Kapital; authorized (engl.) = autorisiert, genehmigt. Bis zur Höhe des (genehmigten) Nominalkapitals sind die Direktoren der Limited Company grundsätzlich zur Ausgabe von Gesellschaftsanteilen ermächtigt.

3 Issue (engl.) = Ausgabe, Emission (z.B. von GmbH-Anteilen, Aktien, Schuldverschreibungen); Issued Share Capital (engl.) = ausgegebene Kapitalanteile.

33 Hartmann-Härter-Seifert - ISBN 978-3-8120-0412-1

Für den Beschluss der Gesellschafter ist eine einfache Mehrheit der abgegebenen Stimmen der Gesellschafter erforderlich.[1]

Haftung

Im Memorandum der Limited Company muss ausdrücklich bestimmt sein, ob und in welchem Umfang die Haftung der Gesellschafter beschränkt ist.[2]

- Wenn in der Firma nur das Wort Limited (oder kurz nur die Bezeichnung Ltd.) steht, dann liegt eine Private Company Limited by Shares vor. Die Gesellschafter haften dann den Gläubigern der Gesellschaft nur noch mittelbar. Das Haftungsrisiko besteht darin, bei einer Insolvenz (Zahlungsunfähigkeit) der Gesellschaft den Wert des Geschäftsanteils ganz oder teilweise zu verlieren.
- Als **juristische Person haftet** (nach der rechtswirksamen Gründungsbescheinigung) nur noch das **Gesellschaftsvermögen** der **Limited Company**[3] (vgl. Haftung der deutschen GmbH, § 13 II GmbHG).
- Eine größere Bedeutung hat im englischen Gesellschaftsrecht die **Haftung** der **Direktoren.** Handeln die Gesellschafter wie Direktoren, dann haften die Gesellschafter auch wie die Direktoren (siehe Seite 518f.).

Organe

1. Gesellschafterversammlung

Das wichtigste Organ der Limited Company ist (wie bei der deutschen GmbH, siehe §§ 48ff. GmbHG) die aus den Gesellschaftern bestehende Gesellschafterversammlung.[4]

Wenn die Gründungsbescheinigung ausgestellt ist, werden die das Memorandum unterschreibenden Personen automatisch (auch ohne ihre Eintragung in das Gesellschaftsregister) die ersten Gesellschafter der Limited Company.

Neue Gesellschafter (z.B. durch die Übertragung von Geschäftsanteilen bisheriger Gesellschafter oder durch die Zuteilung von zusätzlichen Anteilen bei einer Erhöhung des Nominalkapitals) werden erst Gesellschafter, wenn deren Namen (mit Adresse und Anzahl bzw. Wert ihrer Anteile) im Gesellschaftsregister eingetragen sind.

Die Gesellschafter können zugleich auch die Direktoren der Gesellschafter sein, auch wenn sie deren Aufgaben nicht wahrnehmen.

---

1 Diese Regelung ist vergleichbar mit der nach § 47 I GmbHG für die deutsche GmbH bei Gesellschafterbeschlüssen erforderlichen einfachen Mehrheit der abgegebenen Stimmen.

2 Zur Haftung der Direktoren siehe Seite 518f..

3 Die Gesellschafter können jedoch von den Gläubigern der Gesellschaft auch persönlich in Anspruch genommen werden, z.B. wenn die Limited Company nur gegründet wurde, um rechtliche Verpflichtungen (z.B. Darlehensrückzahlungen) zu umgehen oder bei einem vorsätzlichen widerrechtlichen (betrügerischen) Handeln der Gesellschafter (so genannte **Durchgriffshaftung**).

Hat eine Limited Company mit einem Verwaltungssitz in Deutschland eine unerlaubte Handlung (z.B. einen Kreditbetrug, eine widerrechtliche Verletzung fremden Eigentums; siehe §§ 823f., 826 BGB) in Deutschland begangen, dann besteht ebenfalls eine Haftung der Gesellschafter und/oder der Direktoren (Haftung nach dem deutschen Deliktsrecht). Delikt = unerlaubte Handlung im Sinne der §§ 823ff. BGB.

4 Die englische Bezeichnung der Gesellschafter ist Member oder auch synonym (gleichbedeutend) Shareholder. Member (engl.) = Mitglied; Shareholder (engl.) = Aktionär. Die das Memorandum unterschreibenden Gründungsgesellschafter werden Subscriber genannt. Subscriber (engl.) = Zeichner von (neuen) Anteilen (z.B. Anteile einer neu gegründeten Gesellschaft mit beschränkter Haftung, neue Aktien bei der Grundkapitalerhöhung einer Aktiengesellschaft).

In der Gesellschafterversammlung nehmen die Gesellschafter (wie bei der deutschen GmbH) ihre Mitwirkungsrechte (Mitbestimmungsrechte) wahr.

Die regelmäßige einmal jährlich stattfindende Gesellschafterversammlung[1] sowie eine außerordentliche Gesellschafterversammlung wird grundsätzlich von den Direktoren in schriftlicher oder elektronischer Form innerhalb bestimmter Fristen einberufen.

Außer den Gesellschaftern können auch die Direktoren an der Gesellschafterversammlung mit Rederecht teilnehmen. Mitbestimmen können die Direktoren jedoch nur, wenn sie selbst auch Gesellschafter sind.

Bei den **Beschlüssen** der **Gesellschafterversammlung** ist insbesondere zwischen folgenden **Arten** von **Gesellschafterbeschlüssen** zu unterscheiden:

- **Einfacher Gesellschafterbeschluss (Ordinary Resolution).**[2] Der Beschluss bedarf einer einfachen Mehrheit der abstimmenden Gesellschafter. Unabhängig von der Anzahl oder dem Wert seiner Anteile hat jeder anwesende Gesellschafter bei einer Abstimmung durch Handzeichen nur eine Stimme. Bei einer Abstimmung nach Kapitalanteilen[3] müssen die für den Gesellschafterbeschluss stimmenden Gesellschafter über 50 % des Gesellschaftskapitals (Nominalkapitals) haben. Soweit die gesetzlichen Bestimmungen und/oder die Satzung (Articles) keine anderen Mehrheiten zwingend vorschreiben, können die Gesellschafter ihre Beschlüsse grundsätzlich mit einer einfachen Stimmenmehrheit fassen (z.B. bei der Bestellung und Abberufung der Direktoren sowie vorgesehener Gewinnausschüttung).
- **Besonderer Gesellschafterbeschluss (Special Resolution).**[4] In diesem Fall ist für einen rechtswirksamen Gesellschafterbeschluss bei einer Abstimmung durch Handzeichen mindestens eine Mehrheit von 75 % der abstimmenden Gesellschafter bzw. von mindestens 75 % des bei der Beschlussfassung durch die Gesellschafter vertretenen Gesellschaftskapitals (Nominalkapitals) erforderlich. So kann z.B. die Firma der Gesellschaft und der Gesellschaftsvertrag (die Articles) nur durch einen besonderen Gesellschafterbeschluss geändert werden.
- **Außerordentlicher Gesellschafterbeschluss (Extraordinary Resolution).**[5] Bei diesem Beschluss sind die gleichen Mehrheitsverhältnisse wie bei einem besonderen Gesellschafterbeschluss erforderlich. Die Einberufungsfrist der Gesellschafterversammlung ist jedoch kürzer. Ein nur sehr selten vorkommender außerordentlicher Gesellschafterbeschluss ist z.B. bei einer freiwilligen Auflösung (Liquidation) der Gesellschaft oder bei einer Änderung bestimmter mit den Geschäftsanteilen zusammenhängender Rechte erforderlich.

---

1 Weil bei kleineren Gesellschaften die Gesellschafter und Direktoren meistens die gleichen Personen sind und somit die Kontrollfunktion der Gesellschafterversammlung keine große Bedeutung hat, kann bei einer Privaten Limited Company zur Vereinfachung des Verfahrens auch auf die Durchführung einer jährlichen Gesellschafterversammlung verzichtet werden. Hierzu müssen alle Gesellschafter (z.B. bereits bei der Gesellschaftsgründung oder bei der ersten, der Gründung folgenden Gesellschafterversammlung) in einem besonderen Beschluss zustimmen. Eine (jährliche) Gesellschafterversammlung erfolgt in diesem Fall erst dann, wenn ein Gesellschafter dies ausdrücklich verlangt.

2 Ordinary (engl.) = normal, gewöhnlich; Resolution (engl.) = Beschluss.

3 Die Voraussetzungen für eine Abstimmung nach Kapitalanteilen stehen im Gesellschaftsvertrag (den Articles). Nach der Mustersatzung ist eine Abstimmung nach Kapitalanteilen vorzunehmen, wenn dies z.B. mindestens zwei Gesellschafter oder auch ein oder mehrere Gesellschafter mit mehr als 10 % der Geschäftsanteile dies verlangen. Einfache und besondere Gesellschafterbeschlüsse sind die wichtigsten Arten der Gesellschafterbeschlüsse.

4 Special (engl.) = speziell.

5 Extraordinary (engl.) = außergewöhnlich, außerordentlich.

Gesellschafterrechte (Mitgliedschaftsrechte).[1] Im Folgenden ein zusammenfassender Überblick über die wichtigsten (grundsätzlich durch die Articles of Association und das Memorandum geregelten) Rechte der Gesellschafter.

- Stimmrecht in der Gesellschafterversammlung (z.B. bei Änderungen des Gesellschaftsvertrags, Firmenänderung, Bestellung zusätzlicher Direktoren und Abberufung von Direktoren)[2];
- Recht auf Vorlage der jährlichen Jahresabschlüsse;
- Recht auf Gewinnbeteiligung[3];
- Recht, einen Anteilschein[4] (Share Certificate)[5] am Nominalkapital zu erhalten;
- Bezugsrecht auf neue ausgegebene Gesellschaftsanteile;
- Recht auf Einberufung einer außerordentlichen Gesellschafterversammlung, wenn den Gesellschaftern mindestens 10 % der Geschäftsanteile gehören;
- wenn dies nicht ausdrücklich im Gesellschaftsvertrag (den Articles of Association) ausgeschlossen ist, Recht als Anteilseigner in das Gesellschaftsregister (Register of Members)[6] eingetragen zu werden;
- Auskunftsrecht (Befragungsrecht) gegenüber den Direktoren (z.B. zum Geschäftsverlauf, Besprechung des Jahresabschlusses);
- Einsichtsrecht in alle über die Gesellschafterversammlungen angefertigten Protokolle;
- Beschwerderecht beim Gericht, wenn ein Gesellschafter ungerechtfertigt benachteiligt wird[7];
- Recht, bei berechtigten nachgewiesenen Interessen einen Antrag beim Gericht zu stellen, die Gesellschaft aufzulösen[8].

Die wichtigste **Pflicht** der **Gesellschafter** ist die **Einzahlung** des **gezeichneten Kapitals** (Leistung der Kapitaleinlage, Näheres siehe Seite 520ff.).

2. Direktoren[9]

Die **englische Limited Company** ist eine **juristische Person.** Zu ihrer **Handlungsfähigkeit** im **Geschäfts- und Rechtsverkehr** (z.B. Einstellung von Personal, Abschluss von Verträgen) braucht die Gesellschaft deshalb **natürliche Personen.** Diese für die Gesellschaft handelnden Personen sind die sogenannten **Direktoren.**

---

1 Soweit die Gesellschafterrechte eingeschränkt sind, steht dies im Gesellschaftsvertrag (in den Articles of Association). So dürfen alle Aufgaben der Geschäftstätigkeit (Geschäftsführung und Vertretung der Gesellschaft) nur von den Direktoren wahrgenommen werden. Die Gesellschafter einer englischen Limited Company können deshalb z.B. die Direktoren abberufen und neue Direktoren bestellen. Sie haben jedoch kein Recht, den Direktoren für bestimmte Geschäftsführungsmaßnahmen bestimmte (konkrete) Weisungen zu erteilen. Bei einer deutschen GmbH hingegen müssen die mit den Direktoren vergleichbaren Geschäftsführer im Rahmen der gesetzlichen Bestimmungen des GmbHG und der GmbH-Satzung Weisungen der Gesellschafter unmittelbar befolgen (siehe z.B. §§ 45, 46 GmbHG).

2 Gesellschafter mit einem Anteil von mindestens 5 % am Nominalkapital können bei einer außerordentlichen Gesellschafterversammlung die Behandlung (Besprechung) bestimmter von ihnen vorgeschlagener Tagesordnungspunkte verlangen.

3 Die Gesellschafter können eine niedrigere, jedoch keine höhere Gewinnausschüttung beschließen, als die grundsätzlich von den Direktoren vorgeschlagene Gewinnausschüttung.

4 In dem Anteilschein steht, wie viel Anteile dem Gesellschafter am Nominalkapital gehören.

5 Certificate (engl.) = Bescheinigung, Bestätigung.

6 Members (engl.) = Mitglieder, Gesellschafter.

7 Eine solche Benachteiligung kann z.B. vorliegen, wenn der Gewinn nicht ausbezahlt wird oder die Direktoren sich selbst sehr hohe Vergütungen genehmigen, die in keinem Verhältnis zu ihren Aufgaben und Leistungen stehen.

8 Ein Gesellschafter beweist dem Gericht z.B., dass die Gesellschaft zurzeit zwar noch zahlungsfähig (solvent) ist, er jedoch bei der durch die in kurzer Zeit akut drohenden Zahlungsunfähigkeit der Gesellschaft den Wert seines Geschäftsanteils verliert. Bei einer vorzeitigen Auflösung der Gesellschaft kann der Gesellschafter noch den Wert seines Anteils zumindest teilweise realisieren.

9 Obwohl das englische Unternehmensrecht den Begriff Gesellschaftsorgan einer juristischen Person nicht kennt, werden aus Gründen der Vereinfachung die Direktoren unter dem Begriff „Organe der englischen Limited Company" besprochen.

Nach dem Gesetz (Companies Act 1985) muss jede Private Limited Company mindestens einen Direktor haben.[1]

Bestellung der Direktoren. Die ersten Direktoren sind die bei der Gründung der Gesellschaft genannten Direktoren. Nach der Gründung können die Direktoren entweder durch einen Gesellschafterbeschluss der Gesellschafterversammlung oder durch die (bereits vorhandenen) Direktoren bestellt werden.[2]

Arten der Direktoren. Nach den Articles of Association hat grundsätzlich mindestens einer der Direktoren eine besondere (hervorgehobene) Stellung. Dieser (Managing Director oder auch Chief Executive Officer[3] genannte) Direktor wird entweder von der Versammlung der Direktoren (vom Board) oder der Gesellschafterversammlung bestellt (gewählt) und kann von diesen auch wieder abberufen werden.[4]

Dieser geschäftsführende Direktor führt (leitet) die Gesellschaft. Seine Rechte und Pflichten regeln der Anstellungsvertrag und vor allem die Articles of Association.

Außer dem geschäftsführenden Direktor kann es noch einen oder mehrere „normale" (die Gesellschaft nicht leitende) Direktor(en) geben.

Diese sogenannten **Non-Executive Directors**[5] haben vor allem eine **Kontrollfunktion.** Sie sollen gewährleisten, dass die geschäftsführenden Direktoren nicht ihre eigenen Interessen verfolgen, sondern die Zielsetzungen der Gesellschaft im Vordergrund ihrer Geschäftspolitik stehen.[6] Weil die Non-Executive Directors ihre Überwachungsfunktion meistens nicht als hauptberufliche Tätigkeit wahrnehmen, erhalten sie (im Vergleich zu den geschäftsführenden Direktoren) auch nur eine kleine Vergütung.

Nach der Mustersatzung (den Articles of Association) und der gängigen Praxis bestimmt jeder Direktor grundsätzlich seinen Vertreter (Substitute Director oder Alternate Director[7] genannt). Eine außenstehende (dem Vorstand nicht angehörende) Person kann jedoch nur mit der Zustimmung aller Direktoren zum Vertreter bestellt werden.

Rechte (Befugnisse) und Pflichten der Direktoren. Im Folgenden ein zusammenfassender Überblick über die wichtigsten mit den Aufgaben der geschäftsführenden Direktoren verbundenen Rechte und Pflichten.

- Soweit für die Aufgaben, Rechte und wahrzunehmenden Pflichten nicht gesetzlich oder aufgrund der Articles of Association die Gesellschafter selbst zuständig sind, **Geschäftsführung** nach innen und **Vertretung** der **Gesellschaft** nach außen (z.B. Abschluss von Verträgen, Rechtsverkehr mit Behörden).[8]

---

1 Nach der Mustersatzung (den Articles of Association, Tabelle A) sind mindestens zwei Direktoren zu bestellen.

2 Die „einfache Bestellung" durch Direktoren muss durch die nächste Gesellschafterversammlung bestätigt werden.

3 Managing Director (engl.) = geschäftsführender Direktor; Chief Executive Officer (engl.) = erster (höchster) Direktor (Hauptdirektor); entspricht dem geschäftsführenden Direktor (Geschäftsführer, vergleichbar mit dem Geschäftsführer einer deutschen GmbH).

4 Bei einer Abberufung durch die Gesellschafterversammlung ist zugleich auch dessen Bestellung zum Direktor beendet.

5 Non-Executive Director (engl.) = nichtgeschäftsführender Direktor; non (engl.) = nicht.

6 Die Unterscheidung im englischen Recht zwischen den geschäftsführenden und nichtgeschäftsführenden Direktoren bzw. Vorstandsmitgliedern ist eine – vom Recht deutscher Kapitalgesellschaften – abweichende Besonderheit des englischen Gesellschaftsrechts. Während es sowohl im AktG als auch im GmbHG **kein einheitliches** – die Geschäftsführungs- und zugleich die Kontrollfunktion wahrnehmendes – **Organ** gibt, können die Direktoren bzw. der Vorstand einer englischen Kapitalgesellschaft die **Leitungs- und Kontrollfunktion** wahrnehmen.

7 Substitute Director (engl.) = stellvertretender Direktor, Ersatzdirektor; Substitute (engl.) = Vertreter, Stellvertreter, Ersatz. Alternate Director (engl.) = alternativer Direktor, entspricht dem Ersatzdirektor.

8 Die Rechte der Direktoren werden vor allem gesetzlich eingeschränkt. Für bestimmte rechtswirksame Entscheidungen der Direktoren ist die **Zustimmung (Bestätigung)** der **Gesellschafter** bzw. **Gesellschafterversammlung** erforderlich. Dies gilt z.B. bei Änderungen der Firma und des Gesellschaftsvertrags, bei fünf Jahre überschreitenden Anstellungsverträgen mit Direktoren, Abberufung von Direktoren, Abfindungszahlungen an ausscheidende Direktoren, Gewährung von größeren Darlehen durch die Gesellschaft an die Direktoren.

Von den Direktoren auf der Rechtsgrundlage der Articles getroffene Entscheidungen können von den Gesellschaftern nicht durch einen Gesellschafterbeschluss überstimmt werden. Möglich ist jedoch, z.B. durch die Abberufung von Direktoren und Bestellung neuer Direktoren die Zusammensetzung der Direktoren zu ändern oder die Articles durch einen besonderen Gesellschafterbeschluss zu ändern und die Rechte der Direktoren einzuschränken.

Jeder einzelne Direktor kann die Versammlung der Direktoren innerhalb bestimmter angemessener Fristen und mit genauen Angaben der zu treffenden Entscheidungen einberufen. Die Direktoren sind grundsätzlich zur Teilnahme an der Versammlung verpflichtet.

Jeder Direktor hat eine Stimme. Für rechtswirksame Beschlüsse der Direktoren ist grundsätzlich die einfache Mehrheit der abgegebenen Stimmen erforderlich. Wenn dies die Gesellschaftssatzung vorsieht, entscheidet bei Stimmengleichheit der Vorsitzende der Direktoren (Chairman).[1] Ist dies nicht der Fall, gilt die Stimmengleichheit als Ablehnung.

- Treuepflicht der Direktoren gegenüber der Gesellschaft. Die Direktoren haben insbesondere die Pflicht, die Gesellschaft über eigene wirtschaftliche Interessen zu informieren.

  So muss z.B. ein Direktor, der gleichzeitig Gesellschafter eines anderen Unternehmens ist, mit dem ein Vertrag abgeschlossen werden soll, die anderen Direktoren auf den Interessenkonflikt hinweisen. In diesem Fall ist der betreffende Direktor grundsätzlich von der Abstimmung ausgeschlossen.[2]
- Grundsätzlich Einberufung der (jährlichen) Gesellschafterversammlung.
- Pflicht, in angemessener Zeit neue Gesellschafter in das Gesellschaftsregister einzutragen.
- Ernennung und Entlassung des Gesellschaftssekretärs.
- Entscheidungsrecht, wie viele Anteile der Gesellschaft ausgegeben und an wen diese verkauft werden sollen.[3]
- Anfertigung und Aufbewahrung der vom Vorsitzenden (Chairman) unterschriebenen Protokolle über jede Versammlung der Direktoren.
- Jährliche ordnungsgemäße Rechnungslegung (z.B. durch die Bilanz, Gewinn- und Verlustrechnung).
- Innerhalb bestimmter Fristen Einreichung der vorgeschriebenen Dokumente zum Gesellschaftsregister.

  Einzureichen sind die Bilanz, Gewinn- und Verlustrechnung sowie eine jährliche Mitteilung, die alle wichtigen Informationen zur Gesellschaft enthält.[4] Diese Mitteilung enthält z.B. den Sitz und Unternehmensgegenstand der Gesellschaft, die Namen und Anschriften der Direktoren und des Gesellschaftssekretärs (siehe Seite 520), nähere Angaben zum Gesellschaftskapital sowie die Namen der Gesellschafter. Aufgrund dieser Mitteilungen wird das Gesellschaftsregister aktualisiert.[5]

Haftung der Direktoren. Wie im deutschen Gesellschaftsrecht, so muss auch nach dem englischen Unternehmensrecht zwischen der Haftung gegenüber der Gesellschaft (**Haftung** im **Innenverhältnis**) und der Haftung gegenüber Dritten (z.B. Lieferanten und Käufer der Limited Company, **Haftung** im **Außenverhältnis**) unterschieden werden.

1 Chairman (engl.) = Vorsitzender.

2 Die fehlende Offenlegung der eigenen Interessen ist strafbar. Abgeschlossene Verträge können von dem Vertragspartner angefochten werden. Bei einem Verstoß gegen die Treuepflichten kann der Direktor auch zum Schadensersatz an die Gesellschaft verpflichtet sein.

3 Die Ausgabe von Geschäftsanteilen ist nur bis zur Höhe des im Memorandum angegebenen Nominalkapitals möglich. Die vorzuliegende Ermächtigung der Direktoren erfolgt durch einen Beschluss der Gesellschafter mit einfacher Mehrheit der abgegebenen Stimmen oder durch eine besondere Bestimmung in den Articles of Association.

4 Wie im deutschen Handelsrecht (siehe §§ 267, 316ff. HGB), so hängt auch im englischen Recht der Umfang der Offenlegungs- und Prüfungspflicht der einzureichenden Dokumente davon ab, ob es sich um eine kleinere, mittelgroße oder große Kapitalgesellschaft handelt.

5 In der Geschäftspraxis werden die jährlichen Mitteilungen nicht von den Direktoren eingereicht. Die Gesellschaft erhält vielmehr von der das Gesellschaftsregister führenden Stelle ein Formblatt zugeschickt, in dem bereits alle im Gesellschaftsregister gespeicherten Informationen enthalten sind. Der Gesellschaftssekretär prüft und aktualisiert die Angaben und schickt die aktualisierte Mitteilung wieder an das Gesellschaftsregister zurück.

Haftung im Außenverhältnis	Die Direktoren einer englischen Limited Company haften (vergleichbar mit der Haftung der Geschäftsführer einer deutschen GmbH) grundsätzlich nicht gegenüber Dritten.[1] Die **Limited Company haftet** als **juristische Person.** Nur bei bestimmten schwerwiegenden Verletzungen ihrer Pflichten können die Direktoren auch persönlich (direkt) von Dritten (z.B. Kunden der Gesellschaft) in Anspruch genommen werden (z.B. Zahlung von Schadenersatz) und müssen diese auch mit strafrechtlichen Folgen (Geld-, Freiheitsstrafen) rechnen.[2]
Haftung im Innenverhältnis	Aufgrund ihres **Vertretungsrechts** können die Direktoren mit gutgläubigen Dritten (z.B. Lieferanten der Gesellschaft) auch für die Gesellschaft rechtswirksame Rechtsgeschäfte (z.B. Kaufverträge) abschließen, die nicht zum Geschäftsbereich (Unternehmensgegenstand) der Gesellschaft gehören. Wenn die Direktoren ihre gegenüber der Gesellschaft bestehenden Pflichten verletzt haben, haften diese jedoch für alle Schäden (z.B. Verluste), die der Gesellschaft hierdurch entstanden sind. Hat ein Direktor aus solchen Geschäften persönliche Gewinne erzielt, muss er diese an die Gesellschaft abführen.

Abberufung und Ausschluss von Direktoren

Abberufung	Ein Direktor kann jederzeit auch ohne Pflichtverletzung durch die Gesellschafter mit einfacher Mehrheit der Gesellschafterversammlung abberufen werden. Dieses Recht kann nicht durch besondere Vereinbarungen zwischen den Direktoren und der Gesellschaft und/oder durch den Gesellschaftsvertrag (die Articles of Association) eingeschränkt werden. Der Gesellschaftsvertrag kann jedoch besondere Voraussetzungen für eine rechtswirksame Abberufung enthalten.[3] Ein abberufener Direktor verliert mit dem Zeitpunkt seiner Abberufung alle Funktionen und damit verbundenen Rechte und Pflichten gegenüber der Gesellschaft. Aufgrund der dem Gesellschaftsregister mitzuteilenden Abberufung wird der Name des betreffenden Direktors im Direktorenregister und erforderlichenfalls auch im Gesellschaftsregister gestrichen bzw. gelöscht.
Ausschluss	Auf der Rechtsgrundlage eines hierfür erlassenen besonderen Gesetzes kann ein Direktor unter bestimmten rechtlichen Voraussetzungen auf Antrag (z.B. eines Gesellschafters) auch von einem Gericht von seiner Direktorenstelle ausgeschlossen werden. In der Praxis werden in England Direktoren oft durch das Gericht ausgeschlossen.

1 Für eine englische Limited Company mit einem Verwaltungssitz in Deutschland besteht auch keine Haftung der handelnden Direktoren nach § 11 II GmbHG (Haftung vor Eintragung der Gesellschaft).

2 Die Direktoren haften z.B. persönlich (direkt), wenn diese bei einer Insolvenz der Gesellschaft ihre Treuepflichten gegenüber der Gesellschaft vorsätzlich oder grob fahrlässig verletzt haben, für die Rückzahlung eines an die Gesellschaft gewährten Darlehens persönlich bürgen oder wenn ein Direktor einem Dritten (z.B. einer Bank) bei einem bestehenden **besonderen Vertrauensverhältnis** vorsätzlich falsche Informationen gibt.

Verletzt ein Direktor seine dem Gesellschaftsregister und der Gesellschaft gegenüber bestehenden gesetzlichen Informationspflichten, handelt ein von der Direktorenstellung ausgeschlossener Direktor trotzdem als (angeblicher) Direktor für die Gesellschaft oder verstößt ein Direktor gegen das englische Arbeitsschutzrecht, dann muss er mit einer Geld- und/oder Freiheitsstrafe rechnen und zusätzlich noch persönlich für die von ihm für die Gesellschaft eingegangenen Verbindlichkeiten haften.

3 Wenn der abzuberufene Direktor gleichzeitig auch Gesellschafter ist, kann dieser aufgrund der Articles of Association ein höheres Stimmrecht haben.

Gründe für einen gerichtlichen (grundsätzlich zeitlich befristeten) Ausschluss können z. B. sein: Ein Direktor ist für die von ihm wahrzunehmenden Aufgaben ungeeignet,[1] ein Direktor verstößt wiederholt gegen seine gesetzlichen Pflichten oder er begeht eine strafbare Handlung (z. B. Betrug).

Auch aufgrund des Gesellschaftsvertrags kann ein Direktor automatisch seine Direktorenstellung verlieren. Gründe sind z. B. die persönliche Insolvenz oder geistige Unzurechnungsfähigkeit sowie ein über sechs Monate übersteigendes unentschuldigtes Fehlen bei Versammlungen der Direktoren.

3. Gesellschaftssekretär (Company Secretary)[2]

Jede englische Limited Company muss einen **Gesellschaftssekretär** bestellen.[3] Hat die Gesellschaft nur einen Direktor, darf dieser nicht gleichzeitig auch die Funktionen eines Gesellschaftssekretärs wahrnehmen. Der erste Gesellschaftssekretär wird bereits bei der Unternehmensgründung dem Gesellschaftsregister mitgeteilt. Der Gesellschaftssekretär wird von den geschäftsführenden Direktoren ernannt und entlassen.

Im englischen Gesellschaftsrecht hat der Gesellschaftssekretär eine größere Bedeutung. Der Gesellschaftssekretär ist vor allem für die Verwaltung (Bürotätigkeit) der Gesellschaft zuständig und verantwortlich.[4] Er trägt jedoch keine unternehmerische Verantwortung für die Geschäftsführung und Vertretung des Unternehmens[5] und muss die Anordungen der geschäftsführenden Direktoren befolgen. Die Funktionen, Rechte und Pflichten des Gesellschaftssekretärs sind nicht gesetzlich geregelt.

Aufgaben des Gesellschaftssekretärs sind z. B. die Organisation der Buchführung, Vertragsabwicklungen, Vorbereitung der Tagesordnungspunkte für die Versammlung der Direktoren und Gesellschafter, Dokumentation aller wichtigen Entscheidungen der Direktoren und Gesellschafter (z. B. Protokoll über die Versammlungen der Gesellschafter und Direktoren sowie deren Beschlüsse), laufende Umsetzung der Beschlüsse der Geschäftsführung.

Seiner bedeutenden Funktion entsprechend, besteht für den Gesellschaftssekretär eine besondere Sorgfaltspflicht und Treuepflicht.

Gesellschaftskapital und Kapitalanteile

Der **Höchstbetrag** des im Memorandum angegebenen Gesellschaftskapitals ist das sogenannte **Nominalkapital.** Dieses Nominalkapital muss nicht vollständig von den Gesellschaftern gezeichnet sein.[6]

1 Das Gericht prüft hierbei, in welchem Ausmaß die Treuepflichten und allgemein anerkannten Grundsätze der kaufmännischen Moral verletzt wurden.

2 Company Secretary (engl.) = Gesellschaftssekretär; Manager mit den Aufgabenbereichen Verwaltung (und Finanzen); Secretary (engl.) = Sekretär.

3 Im deutschen Gesellschaftsrecht gibt es keine dem englischen Recht vergleichbare Stellung eines Gesellschaftssekretärs.

4 Die Bestellung eines Gesellschaftssekretärs verursacht vor allem für kleinere Gesellschaften zu hohe Aufwendungen. Deshalb werden in der Geschäftspraxis oft externe Personen mit den Funktionen eines Gesellschaftssekretärs beauftragt. Die vorgesehene Reform des englischen Gesellschaftsrechts sieht deshalb für die Private Company Limited by Shares vor, dass auf die Bestellung eines Gesellschaftssekretärs verzichtet werden kann und die weiterhin bestehenden Pflichten auch von anderen Personen wahrgenommen werden können.

5 Rechtliche Verpflichtungen für die Gesellschaft (z.B. durch den Abschluss von Verträgen) kann der Gesellschaftssekretär grundsätzlich nur mit ausdrücklicher Vollmacht eingehen. Maßnahmen im Rahmen seiner gewöhnlichen Verwaltungstätigkeit (z. B. Einstellung von Mitarbeitern) kann er jedoch durchführen.

6 Das tatsächlich gezeichnete Kapital wird Issued Share Capital (engl.) = ausgegebenes Kapital genannt.

Die Anteile der Gesellschafter sind die Bruchanteile am Nominalkapital. Der Anteil eines Gesellschafters einer englischen Limited Company bezieht sich somit auf das (höchstens) auszugebende Kapital.

Die Kapitalanteile verbriefen zugleich Verwaltungsrechte, Vermögensrechte (z.B. Anspruch auf Gewinnanteil und Anteil am Liquiditationserlös bei Auflösung der Gesellschaft) sowie die Pflichten der Gesellschafter (vor allem die Einzahlung der gezeichneten Kapitalanteile).[1]

Zum Nachweis ihrer Kapitalbeteiligung, Rechte und Pflichten erhalten die Gesellschafter einer Limited Company einen **Anteilschein** (Share Certificate).[2]

Die Einlagen der Gesellschafter erfolgen grundsätzlich durch **Geldzahlungen (Geldeinlagen)**. Aber auch Sacheinlagen, die Einlage von Rechtswerten und/oder die Erbringung von (durch die Gesellschafter bewerteten) Dienstleistungen sind möglich.[3]

Der wichtigste Unterschied zur Eigenkapitalaufbringung der deutschen GmbH ist, dass bei der englischen Limited Company gesetzlich **kein Mindestkapital** (Stammkapital) wie bei der deutschen GmbH vorgeschrieben ist.[4] In der Geschäftspraxis beträgt das anfängliche Nominalkapital meistens 100 englische Pfund. Dem Finanzbedarf entsprechend wird das Nominalkapital erhöht.[5]

Werden von den Direktoren **neue Anteile** gegen **Geldzahlungen** ausgegeben, dann haben die bisherigen Gesellschafter im Verhältnis ihrer derzeitigen Gesellschaftsanteile innerhalb einer bestimmten Frist ein Recht auf den Bezug neuer Anteile.[6] Nur wenn die bereits vorhandenen Gesellschafter ihr **Bezugsrecht** nicht ausüben, können andere Personen die neuen Anteile kaufen.

Aufgrund einer entsprechenden Bestimmung in den Articles of Association oder eines besonderen Gesellschafterbeschlusses kann das gesetzliche Bezugsrecht auch für längstens fünf Jahre ausgeschlossen werden.[7]

Geschäftsanteile der Limited Company dürfen auch über, jedoch nicht unter ihrem Nominalwert (Nennbetrag) ausgegeben (verkauft) werden.

Der den Nominalwert übersteigende Betrag (das Agio)[8] wird auf ein besonderes Konto gebucht.

Die Leistung (z.B. Geldzahlung) auf die gezeichneten Geschäftsanteile erfolgt erst nach der entsprechenden Anforderung durch die geschäftsführenden Direktoren.

Werden die eingeforderten Einlagen nicht fristgemäß geleistet, können die Anteile aufgrund einer Bestimmung des Gesellschaftsvertrags verfallen.

---

1 In der Befugnis der Direktoren muss festgelegt sein, wie viel Anteile ausgegeben werden dürfen. Entweder ist die Zahl der Geschäftsanteile festgelegt (z.B. 4 Anteile) oder die Direktoren sind ermächtigt, Anteile bis zum Gesamtbetrag des Nominalkapitals (z.B. bis zu 400 englische Pfund) auszugeben. Der Zeitraum der Ermächtigung für die Ausgabe der Anteile darf 5 Jahre nicht überschreiten. Dieser Zeitraum kann jedoch immer wieder neu festgelegt werden. Die Gesellschafter können die Direktoren jedoch durch einen besonderen Gesellschafterbeschluss auch für einen längeren Zeitraum (z.B. bis zu 10 Jahre) oder unbefristet zur Ausgabe von Gesellschaftsanteilen berechtigen.

2 Certificate (engl.) = Bescheinigung, Bestätigung; Share Certificate (engl.) = Anteilsbestätigung.

3 Einlagen durch Sach- und/oder Rechtswerte sowie durch Dienstleistungen sind jedoch nur mit Zustimmung der geschäftsführenden Direktoren möglich. Bei der deutschen GmbH können Gesellschaftseinlagen (Kapitaleinlagen) nicht durch Dienstleistungen erbracht werden.

4 Nur bei der sogenannten **Haftungsbeschränkten Unternehmergesellschaft (UG haftungsbeschränkt)** ist nach dem neuen GmbH-Recht kein bestimmtes Mindeststammkapital (Mindesteigenkapital) gesetzlich vorgeschrieben (Näheres siehe § 5a GmbHG).

5 Auch bei der Gründung einer deutschen GmbH muss das Mindeststammkapital von derzeit 25000,00 EUR nicht voll eingezahlt werden. Es reicht eine Gesamteinzahlung (Gesamteinlage) von mindestens 12500,00 EUR (§ 7 II GmbHG).

6 Bei anderen Einlagearten (z.B. Sacheinlagen) besteht das Bezugsrecht nicht.

7 Diese Bezugsrechtsausschlussfrist kann auch verlängert werden.

8 Agio (engl.) = Aufgeld.

Die Übertragung der Geschäftsanteile an andere Personen erfolgt meistens durch Verwendung eines lediglich vom Zedenten[1] unterschriebenen Formulars, das dem Zessionar[1] zusammen mit dem entsprechenden Anteilschein übergeben wird.[2] Nachdem der Zessionar den erhaltenen Anteilschein und das Formular an die Gesellschaft gesendet hat, erhält dieser innerhalb einer bestimmten Frist den neuen, seinen Namen enthaltenden Anteilschein und der Name des neuen Gesellschafters wird in das Gesellschafterregister (die Gesellschafterliste) eingetragen.[3]

Die nach dem englischen Recht grundsätzlich freie Übertragbarkeit von Geschäftsanteilen an einer englischen Limited Company wird in der Geschäftspraxis oft durch eine im **Gesellschaftsvertrag** enthaltene **Vinkulierungsklausel**[4] eingeschränkt. Die Articles of Association können z.B. bestimmen, dass die vorhandenen Gesellschafter ein **Vorkaufsrecht**[5] haben oder die Anteile nur an andere (neue) Gesellschafter übertragen werden können.

Ein gesetzlicher Übergang von Geschäftsanteilen erfolgt z.B. bei einer Insolvenz (Zahlungsunfähigkeit) oder nach dem Tod eines Gesellschafters.

11.3 Gewinnausschüttung

Wenn die englische Limited Company Gewinne erzielt hat, dann können die Direktoren entscheiden, ob und in welcher Höhe Gewinne an die Gesellschafter ausgeschüttet werden. Ausgeschüttet werden darf jeweils nur der Gewinn, der nach Abzug aller seit dem Bestehen der Gesellschaft erzielten Verluste übrig bleibt. Wenn die Gesellschafter dem Vorschlag der Direktoren zustimmen, können auch vorhandene Rücklagen zur Gewinnausschüttung verwendet (aufgelöst) werden.

Die Gewinnverteilung erfolgt grundsätzlich im Verhältnis der geleisteten Einlagen (Geschäftsanteile).

Beispiel:

Die Gesellschafter der Shipping Transport Ltd. in Hamburg, Zweigniederlassung der Shipping Transport Ltd. mit Sitz in London (Company House in Cardiff, Company-No. 6498020), erhalten als Gewinnausschüttung 20 % ihrer Einlagen. Der Gesellschafter Müller mit einer Einlage von 200 englischen Pfund erhält dann 40 Pfund als Gewinn ausbezahlt.

---

1 Der **Zedent** ist der **bisherige Gläubiger,** der seine Forderung durch einen **Zessionsvertrag** auf einen **neuen Gläubiger** (den **Zessionar**) überträgt. Im deutschen Recht ist die Übertragung einer Forderung (die **Zession**) in den §§ 398ff. BGB gesetzlich geregelt.

2 Ein öffentlicher Verkauf der Geschäftsanteile ist nur bei der Public Company Limited by Shares möglich, jedoch nicht bei der Privaten Company Limited by Shares.

3 Nach dem englischen Recht ist für die Übertragung der Geschäftsanteile keine notarielle Beurkundung wie bei der deutschen GmbH (siehe § 15 III GmbHG) erforderlich.

4 Vincio (lat.) = binden; Vinculum (lat.) = (rechtliche) Bindung, Verpflichtung. Die Vinkulationsklausel ist eine Klausel (rechtliche Bedingung), die vor allem bei bestimmten Rechtsgeschäften zu ihrer Rechtswirksamkeit eingehalten werden muss. So können z.B. **vinkulierte Namensaktien** einer **deutschen Aktiengesellschaft** nur mit Zustimmung der AG (die grundsätzlich durch den Vorstand erfolgt) übertragen werden (§ 68 II AktG, siehe auch S. 348 und 354).

5 Bei einem **Vorkaufsrecht** haben die vorhandenen Gesellschafter das Recht, in einen rechtswirksam mit Dritten (andere Personen, Nichtgesellschaftern) abgeschlossenen Kaufvertrag einzutreten. Bei einer Wahrnehmung des Vorkaufsrechts werden die Gesellschafter zu den mit dem Dritten vereinbarten Konditionen (z.B. Kaufpreis, Zahlungsbedingungen) Vertragspartner (nicht die dritte Person).

11.4 Jahresabschluss[1]

Zum Ende eines jeden Geschäftsjahres[2] muss für die englische Limited Company ein aus der Bilanz, der Gewinn- und Verlustrechnung mit Anhang, einem Geschäftsbericht der Direktoren[3] und dem Prüfungsbericht der Wirtschaftsprüfer bestehender Jahresabschluss erstellt und der Gesellschafterversammlung vorgelegt werden. Rechtsunerheblich ist, ob die Gesellschaft ihren Verwaltungssitz in Deutschland oder England hat.

Wie im deutschen Handelsrecht, so bestehen auch im englischen Unternehmensrecht für den Jahresabschluss einer kleineren oder mittelgroßen Privaten Company Limited by Shares bestimmte Erleichterungen.[4]

11.5 Prüfungs- und Offenlegungspflicht[5]

Grundsätzlich ist jeder Gesellschafter einer englischen Limited Company zur Prüfung des Jahresabschlusses verpflichtet. Beim Überschreiten eines bestimmten Jahresumsatzes und einer bestimmten Bilanzsumme besteht außerdem eine **Prüfungspflicht** durch grundsätzlich von der Gesellschafterversammlung gewählte Prüfer (natürliche Personen oder Prüfungsgesellschaften mit einer entsprechenden staatlichen Erlaubnis).[6]

Die Prüfer prüfen den Jahresabschluss (einschließlich Geschäftsbericht) und berichten in der (jährlichen) Gesellschafterversammlung über die Ergebnisse der Prüfung. Hierzu haben die Prüfer ein umfassendes Informationsrecht vor allem gegenüber den Direktoren.

Der vollständige Jahresabschluss muss von den Direktoren innerhalb von zehn Monaten nach dem Ende des Geschäftsjahres dem Gesellschaftsregister eingereicht werden.

Jede Person ist zur Einsicht in das Gesellschaftsregister berechtigt. Den Gesellschaftern ist der gesamte Jahresabschluss spätestens 21 Tage vor der Gesellschafterversammlung vorzulegen.[7]

Wie bei der Prüfungs- und Offenlegungspflicht eines kleineren oder mittelgroßen deutschen Unternehmens (siehe §§ 316ff. HGB), so bestehen auch für eine kleinere und mittelgroße englische Limited Company verschiedene Erleichterungen. So muss z.B. kein

---

1 Wenn die englische Limited Company ihren Verwaltungssitz in England hat, gilt für die Rechnungslegung, Prüfungs- und Offenlegungspflicht eindeutig nur das englische Gesellschaftsrecht. Nach überwiegender Ansicht gilt dies auch dann, wenn die englische Limited Company ihren Verwaltungssitz in Deutschland hat (siehe z.B. § 325a I HGB i.V.m. Art. 3 EWG-Publizitätsrichtlinie vom 14. März 1968).

2 Abweichend vom deutschen Gesellschaftsrecht ist das jeweilige Ende eines grundsätzlich 12 Monate dauernden Geschäftsjahres nicht im Gesellschaftsvertrag festgelegt, sondern durch das Gründungsdatum der Gesellschaft bestimmt. Danach endet ein Geschäftsjahr jeweils am letzten Tag des Monats, in dem der Jahrestag der Unternehmensgründung fällt. Für eine am 18. September 2007 gegründete Gesellschaft endet somit das Geschäftsjahr am 30. September 2008. Das Geschäftsjahr darf nicht kürzer als 6 Monate und nicht länger als 18 Monate betragen. Eine Verlängerung des Geschäftsjahres ist jedoch nur alle 5 Jahre rechtlich zulässig.

3 Dieser Geschäftsbericht der Direktoren entspricht dem nach dem deutschen Unternehmensrecht zu erstellenden sogenannten **Lagebericht** (siehe §§ 242, 264 I HGB).

4 Siehe Jahresabschluss der AG (S. 325 und 329). Welcher Größenklasse eine englische Limited Company zugeordnet wird, hängt (entsprechend den Größenklassen des §267 HGB) von der Bilanzsumme, dem Jahresumsatz und der (jahresdurchschnittlichen) Arbeitnehmerzahl ab. Die grundlegenden Bestimmungen für die Bilanzerstellung der Limited Company stehen im Companies Act 1985.

5 Die Prüfungs- und Offenlegungspflicht gilt nicht für sehr kleine Gesellschaften.

6 Um Interessenkonflikte zu vermeiden, können bestimmte natürliche Personen (z.B. Angestellte der Gesellschaft, ein Direktor oder der Gesellschaftssekretär) nicht als Prüfer tätig werden.

7 Wenn die Gesellschaft auf die Gesellschafterversammlung und Vorlage des Jahresabschlusses verzichtet hat, wird der Jahresabschluss von den Direktoren den Gesellschaftern lediglich zugeschickt.

Geschäftsbericht der Direktoren (Director Report)[1] und nur ein verkürzter Jahresabschluss beim Gesellschaftsregister eingereicht werden.

Zur besseren Beurteilung der Kreditwürdigkeit der Gesellschaft sowie zur ausführlichen Information der Gesellschaftsgläubiger und möglicher Vertragspartner der Limited Company müssen die Direktoren der Gesellschaft zusätzlich noch jährlich dem Gesellschaftsregister einen besonderen Bericht einreichen, der alle wesentlichen Informationen zur Gesellschaft enthält.

Der Bericht enthält z. B. die Firma und den Geschäftssitz der Gesellschaft; den Namen und die Adresse aller Direktoren und des Gesellschaftssekretärs; den aktuellen Wert des Nominalkapitals sowie des gezeichneten, eingezahlten und ausstehenden Gesellschaftskapitals sowie die Höhe der ausgegebenen Schuldverschreibungen.

Von besonderer Bedeutung ist die für englische Kapitalgesellschaften bestehende strenge **staatliche Aufsicht.** Besteht z. B. der begründete Verdacht, dass eine englische Limited Company ihre Gläubiger (z. B. Darlehensgeber) in betrügerischer Absicht oder sonst gesetzwidrig benachteiligt, dann kann das Wirtschaftsministerium eine **Sonderprüfung** beantragen, einen **Ausschluss ungeeigneter Direktoren** und – wenn sich der Anfangsverdacht nach der Prüfung bestätigt – bei einer nachweislich unzureichenden Ausstattung der Gesellschaft mit Eigenkapital auch eine **gesetzliche Auflösung** der **Gesellschaft** veranlassen.

11.6 Vor- und Nachteile

Die folgende Tabelle gibt einen zusammenfassenden Überblick über mögliche Vorteile (Gründungsmotive) und Nachteile der englischen Limited Company im Vergleich zur deutschen GmbH aus der Sicht der Limited Company (Gesellschafter und Direktoren).

Vor- und Nachteile der englischen Limited Company	
Vorteile (Gründungsmotive)	**Nachteile**
■ Niedrige Gründungskosten und kurze Gründungsdauer (Onlinegründung); ■ kein gesetzlich vorgeschriebenes Mindest(eigen-)kapital (kein hohes Mindeststammkapital wie bei der deutschen GmbH);[2] ■ niedriges Haftungskapital ab 1,50 € (1 £), in der Praxis beträgt das Nominalkapital meistens 100 bis 10 000 £; ■ niedrige begrenzte Haftung der Gesellschafter; ■ mögliche Einbringung der Einlage auch als Dienstleistung; ■ Bewertung der Sacheinlagen durch geschäftsführende Direktoren (keine zusätzliche, Kosten verursachende Bewertung durch Wirtschaftsprüfer, kein Sachgründungsbericht);	■ Hoher Beratungs- und Verwaltungsaufwand durch Anmeldung der Niederlassung in Deutschland, Einreichung beglaubigter Übersetzungen der englischen Urkunden (z. B. Satzungen) beim deutschen Handelsregister, Folgekosten für den englischen Hauptsitz und die beim Companies House einzureichenden Jahresabschlüsse; ■ im Vergleich zum deutschen Insolvenzrecht (siehe InsO) strengere englische Insolvenzvorschriften; ■ direkte und verschärfte Haftung der Direktoren mit ihrem persönlichen Vermögen gegenüber den Gläubigern der Gesellschaft, wenn die Direktoren die Gläubiger vorsätzlich oder grob fahrlässig geschädigt haben (z. B. unzureichende Kapitalausstattung, strengere Haftung als bei einer Insolvenzverschleppung nach deutschem Insolvenzrecht);

1 Report (engl.) = Bericht, Geschäftsbericht, Jahresbericht.

2 Ausnahme: Gründung einer Unternehmergesellschaft (haftungsbeschränkt) [§ 5 a GmbHG].

Vor- und Nachteile der englischen Limited Company	
Vorteile (Gründungsmotive)	**Nachteile**
■ keine teuren notariellen Beurkundungen (nur Beglaubigungen); z. B. bei Anmeldungen zum deutschen Handelsregister; ■ kein Notarzwang bei Satzungsänderungen (Kosten- und Zeiteinsparung); ■ keine notarielle Beurkundungspflicht bei der Übertragung von Geschäftsanteilen wie bei der deutschen GmbH (Kosten- und Zeiteinsparung); ■ keine Nachschusspflicht bei verschleierter (unrechtmäßiger) Sachgründung; ■ Umgehung (Vermeidung) der Mitbestimmung der Arbeitnehmer bei einer Limited Company mit einem Verwaltungssitz in Deutschland.	■ persönliche (direkte) Haftung der Gesellschafter mit ihrem Privatvermögen bei mit der Gründung verbundenen vorsätzlichen widerrechtlichen (betrügerischen) Handeln der Gesellschaft; ■ hohe (strengere) Offenlegungspflicht der Gesellschaft; ■ strenge staatliche Aufsicht; ■ Schwierigkeiten (Probleme) bei unzureichender bzw. fehlender Beherrschung der englischen Sprache (vor allem der Fachsprache).

11.7 Bedeutung

Die englische Limited Company ist grundsätzlich eine alternative Rechtsform zur deutschen GmbH. Dies gilt vor allem für kleinere und mittelgroße Unternehmen mit einem verhältnismäßig geringen Kapitalbedarf. Ob diese Rechtsform auch für größere Unternehmen (z. B. Holdinggesellschaften, unter deren Leitung und Verwaltung die europäischen Geschäfte eines internationalen Konzerns erfolgen) eine größere Bedeutung erlangt, wird die Praxis zeigen.

Die meisten Unternehmen in der Rechtsform der englischen Limited Company sind mittelständische Handels-, Beratungs- und andere Dienstleistungsunternehmen.

Ob die Gründung und Weiterführung einer englischen Limited Company, vor allem im Vergleich zur deutschen GmbH, nach der Reform des für die GmbH geltenden Rechts überwiegend Vorteile oder Nachteile bringt, kann zurzeit noch nicht abschließend beurteilt werden.

Die teilweise aggressive Werbung der Servicegesellschaften (Anbieter von englischen Limiteds) mit Anzeigen wie z. B. „Die Limited boomt, Deutsche Unternehmen fliehen aus der GmbH in die alternative Limited," sollte die Unternehmer auf keinen Fall davon abhalten lassen, sich vor der Unternehmensgründung ausführlich – vor allem durch die Industrie- und Handelskammern, Handwerkskammern und/oder durch unabhängige, mit dem englischen Recht vertraute Unternehmensberater, – beraten lassen.

Die folgende Tabelle soll die Bedeutung der englischen Limited Company im Vergleich zu anderen (deutschen) Rechtsformen der Unternehmen – gemessen an der Zahl von Neugründungen und Gewerbeabmeldungen – veranschaulichen.

Neugründungen und Betriebsaufgaben von Rechtsformen der Unternehmen von Januar bis Oktober 2009[1]				
Rechtsformen der Unternehmen	Neugründungen		Betriebsaufgaben	
	Zahlen	Anteile in %	Zahlen	Anteile in %
Gesellschaft mit beschränkter Haftung (GmbH)	54 448	42,07	38 227	35,92
Einzelunternehmen	39 476	30,50	38 364	36,05
Gesellschaft des bürgerlichen Rechts (GbR)	16 788	12,97	14 090	13,24
GmbH & Co KG	10 157	7,85	6 581	6,18
Private Company Limited by Shares (Ltd)	2 349	1,82	3 099	2,91
sonstige Rechtsformen	2 042	1,58	1 858	1,75
Aktiengesellschaft (AG)	1 463	1,13	1 440	1,35
Offene Handelsgesellschaft (OHG)	948	0,73	1 176	1,11
Kommanditgesellschaft (KG)	944	0,73	1 077	1,01
Eingetragener Verein (e. V.)	545	0,42	333	0,31
Genossenschaft (eG)	265	0,20	185	0,17
insgesamt	129 425	100	106 430	100

Gemessen an der Gesamtzahl der Neugründungen (ohne sonstige Rechtsformen) von Kapitalgesellschaften im Jahr 2009 bis Oktober beträgt der Anteil der englischen Limited Company nur 4,03 %. Der Anteil der Gesellschaft mit beschränkter Haftung ist mit 93,46 % wesentlich höher.

1 Quelle: Statistisches Bundesamt, 2010; Zahlen entnommen aus der Zeitschrift Gründerzeiten, aktualisierte Ausgabe Januar 2011, Nr. 33, S. 2 und 3; Herausgeber: Bundesministerium für Wirtschaft und Technologie (BMWi).

Ergänzungen

Unternehmensregister

Unternehmensregister[1]

Über die Internetseite des grundsätzlich vom Bundesministerium der Justiz elektronisch geführten Unternehmensregisters [§ 8b I HGB][2] werden die im § 8b II HGB genannten strukturiert gespeicherten Daten (Informationen) zugänglich gemacht.

Zugänglich über die Internetseite sind z. B. die Eintragungen im Handelsregister, Genossenschaftsregister und Partnerschaftsregister, deren Bekanntmachungen sowie die zu diesen Registern eingereichten Dokumente; die nach den §§ 325ff. und 339 HGB dem Betreiber des Bundesanzeigers elektronisch einzureichenden Unterlagen der Rechnungslegung[3] und deren Bekanntmachung; die gesellschaftsrechtlichen Bekanntmachungen im Bundesanzeiger, die im Aktionärsforum des Bundesanzeigers[4] veröffentlichten Eintragungen nach § 127a AktG und die Veröffentlichungen von Unternehmen nach dem Wertpapierhandelsgesetz im Bundesanzeiger (zu weiteren zugänglichen Daten siehe § 8b II HGB).

Wie beim Handelsregister ist jeder Person zu Informationszwecken die Einsichtnahme in das Unternehmensregister sowie in die zum Unternehmensregister eingereichten Dokumente gestattet [§ 9 I, S. 1; VI, S. 1 HGB]. Die Einsichtnahme in das Unternehmensregister ist nur über das **Internet** möglich (Näheres siehe § 13 URV).

Die zur Einstellung in das Unternehmensregister grundsätzlich im Wege der Datenfernübertragung[5] übermittelten Daten werden im Internet unmittelbar zugänglich gemacht (z.B. die Unterlagen der Rechnungslegung nach den §§ 325ff. und 339 HGB und deren Bekanntmachungen, gesellschaftsrechtliche Bekanntmachungen im Bundesanzeiger und die im Aktionärsforum veröffentlichten Eintragungen nach § 127a AktG) oder das Unternehmensregister vermittelt über die von den Landesjustizverwaltungen dem Unternehmensregister übermittelten Daten (Indexdaten)[6] den Zugang z.B. zu den Eintragungen im Handels-, Genossenschafts- und Partnerschaftsregister; zu den Bekanntmachungen aus diesen Registern und den zu den Registern eingereichten Dokumenten (Näheres siehe § 8b III, S. 1 und 2 HGB; § 1 I, II URV).

Das Unternehmensregister ist zumindest über die Adresse www.unternehmensregister.de erreichbar [§ 1 III URV].

---

1 Das Unternehmensregister ist im HGB (siehe §§ 8b, 9 VI, 9a HGB) und vor allem in der Unternehmensregisterverordnung (URV) vom 26. Februar 2007 ausführlich geregelt.

2 Das Bundesministerium der Justiz ist ermächtigt, durch eine Rechtsverordnung mit Zustimmung des Bundesrates die Führung des Unternehmensregisters unter bestimmten Voraussetzungen auch einer juristischen Person des Privatrechts zu übertragen (Näheres siehe § 9a HGB).

3 Hierzu gehören vor allem die Jahresabschlüsse (Bilanzen, Gewinn- und Verlustrechnungen; bei Aktiengesellschaften zusätzlich der Anhang); die von den gesetzlichen Vertretern der Kapitalgesellschaften (z.B. Vorstände der Aktiengesellschaften) einzureichenden Lageberichte und der Beschluss über die Verwendung des Jahresüberschusses oder Jahresfehlbetrags (Näheres siehe §§ 242, 264, 325ff. HGB). Betreiber des elektronischen Bundesanzeigers ist das Bundesministerium der Justiz.

4 Das ausschließlich im Internet zugängliche Aktionärsforum ist vom Betreiber des Bundesanzeigers eingerichtet. In dem Aktionärsforum können z.B. die Aktionäre oder Aktionärsvereinigungen andere Aktionäre auffordern, gemeinsam einen Antrag nach dem Aktiengesetz zu stellen oder in einer Hauptversammlung das Stimmrecht auszuüben (Näheres siehe § 127a AktG und §§ 1ff. der Aktionärsforumsverordnung [AktFoV] vom 22. November 2005).

5 Die Landesjustizverwaltungen können mit dem Betreiber des Unternehmensregisters auch eine andere Art der Datenbereitstellung vereinbaren [§ 4 URV]. Die Landesjustizverwaltungen übermitteln dem Unternehmensregister z.B. folgende **Indexdaten** zu den Eintragungen im Handels-, Genossenschafts- und Partnerschaftsregister: Registerart, Registergericht, Registernummer und (soweit vorhanden) ein Ortskennzeichen; Firma, Rechtsform, Sitz und Anschrift des Unternehmens; Kennzeichnung, ob es sich um eine Neueintragung, Veränderung oder eine Löschung handelt und die Verfügbarkeit der Dokumentenarten (z. B. Aktueller Ausdruck/AD, Chronologischer Ausdruck/CD) (Näheres siehe § 6 URV).

6 Die von den Landesjustizverwaltungen dem Unternehmensregister übermittelten Indexdaten zu Bekanntmachungen aus dem Handels-, Genossenschafts- und Partnerschaftsregister sind im § 7 URV geregelt. **Indexdaten** sind z. B. die Registerart, das Registergericht, die Registernummer und (soweit vorhanden) ein Ortskennzeichen; Firma, Rechtsform, Sitz des Unternehmens; Gegenstand, Tag der Bekanntmachung und Eintragung (Näheres siehe § 7 URV). Die **Indexzahlen** dienen nur der **Zugangsvermittlung** [§ 1 II, S. 2 URV].

Abkürzungen

Gesetze, Rechtsverordnungen

AbwAG	Gesetz über Abgaben für das Einleiten von Abwasser in Gewässer (Abwasserabgabengesetz) vom 18. Januar 2005 mit Änderungen
AEntG	Arbeitnehmer-Entsendungsgesetz vom 20. April 2009 mit Änderungen
AEUV	Vertrag über die Arbeitsweise der Europäischen Union vom 9. Mai 2008 mit Änderungen
AFBG	Gesetz zur Förderung der beruflichen Aufstiegsfortbildung (Aufstiegsfortbildungsförderungsgesetz) vom 18. Juni 2009 mit Änderungen
AktFoV	Verordnung über das Aktionärsforum nach § 127a Aktiengesetz (Aktionärsforumsverordnung) vom 22. November 2005 mit Änderungen
AktG	Aktiengesetz vom 6. September 1965 mit Änderungen
ALG	Gesetz über die Alterssicherung der Landwirte vom 29. Juli 1994 mit Änderungen
AltersTG	Altersteilzeitgesetz vom 23. Juli 1996 mit Änderungen
AltZertG	Gesetz über die Zertifizierung von Altersvorsorge- und Basisrentenverträgen (Altersvorsorgeverträge-Zertifizierungsgesetz) vom 26. Juni 2001 mit Änderungen
ANEG	Gesetz über Arbeitnehmererfindungen vom 25. Juli 1957 mit Änderungen
AO	Abgabenordnung vom 1. Oktober 2002 mit Änderungen
ArbGG	Arbeitsgerichtsgesetz in der Fassung vom 2. Juli 1979 mit Änderungen
ArbSchG	Gesetz über die Durchführung von Maßnahmen des Arbeitsschutzes zur Verbesserung der Sicherheit und des Gesundheitsschutzes der Beschäftigten bei der Arbeit (Arbeitsschutzgesetz) vom 7. August 1996 mit Änderungen
ArbStättV	Verordnung über Arbeitsstätten (Arbeitsstättenverordnung) vom 12. August 2004 mit Änderungen
ArbZG	Arbeitszeitgesetz vom 6. Juni 1994 mit Änderungen
ASiG	Gesetz über Betriebsärzte, Sicherheitsingenieure und andere Fachkräfte für Arbeitssicherheit (Arbeitssicherheitsgesetz) vom 12. Dezember 1973 mit Änderungen
AtG	Gesetz über die friedliche Verwendung der Kernenergie und den Schutz gegen ihre Gefahren (Atomgesetz) vom 15. Juli 1985 mit Änderungen
AVermV	Arbeitsvermittlerverordnung vom 11. März 1994 mit Änderungen
AVmG	Altersvermögensgesetz vom 26. Juni 2001 mit Änderungen
AWG	Außenwirtschaftsgesetz vom 27. Mai 2009 mit Änderungen
AWV	Außenwirtschaftsverordnung vom 22. November 1993 mit Änderungen
BAföG	Bundesausbildungsförderungsgesetz in der Fassung vom 7. Dezember 2010 mit Änderungen
BBankG	Gesetz über die Deutsche Bundesbank (Bundesbankgesetz) in der Fassung vom 22. Oktober 1992 mit Änderungen
BBiG	Berufsbildungsgesetz vom 23. März 2005 mit Änderungen
BDSG	Bundesdatenschutzgesetz vom 14. Januar 2003 mit Änderungen
BEEG	Gesetz zum Elterngeld und zur Elternzeit (Bundeselterngeld- und Elternzeitgesetz) vom 5. Dezember 2006 mit Änderungen
BerBiFG	Berufsbildungsförderungsgesetz in der Fassung vom 12. Januar 1994 mit Änderungen
BetrVG	Betriebsverfassungsgesetz in der Fassung vom 25. September 2001 mit Änderungen
BeurkG	Beurkundungsgesetz vom 28. August 1969 mit Änderungen
BGB	Bürgerliches Gesetzbuch in der Fassung vom 2. Januar 2002 mit Änderungen
BImSchG	Gesetz zum Schutz vor schädlichen Umwelteinwirkungen durch Luftverunreinigungen, Geräusche, Erschütterungen und ähnliche Vorgänge (Bundes-Immissionsschutzgesetz) vom 26. September 2002 mit Änderungen
BKGG	Bundeskindergeldgesetz vom 28. Januar 2009 mit Änderungen
BNatSchG	Gesetz über Naturschutz und Landschaftspflege (Bundesnaturschutzgesetz) vom 29. Juli 2009 mit Änderungen
BörsG	Börsengesetz in der Fassung vom 16. Juli 2007 mit Änderungen
BtG	Betreuungsgesetz vom 12. September 1990
BUrlG	Mindesturlaubsgesetz für Arbeitnehmer (Bundesurlaubsgesetz) vom 8. Januar 1963 mit Änderungen
BzBlG	Benzinbleigesetz vom 5. August 1971 mit Änderungen
ChemG	Gesetz zum Schutz vor gefährlichen Stoffen (Chemikaliengesetz) vom 2. Juli 2008 mit Änderungen
ChemVerbotsV	Chemikalien-Verbotsverordungen vom 13. Juni 2003 mit Änderungen
DepotG	Gesetz über die Verwahrung und Anschaffung von Wertpapieren (Depotgesetz) in der Fassung vom 11. Januar 1995 mit Änderungen
DrittelbG	Gesetz über die Drittelbeteiligung der Arbeitnehmer im Aufsichtsrat (Drittelbeteiligungsgesetz) vom 18. Mai 2004 mit Änderungen
EBPG	Gesetz über die Gestaltung energiebetriebener Produkte (Energiebetriebene-Produkte-Gesetz) vom 27. Februar 2008 mit Änderungen
EBRG	Gesetz über Europäische Betriebsräte (Europäische Betriebsrätegesetz) vom 7. Dezember 2011

34 Hartmann-Härter-Seifert - ISBN 978-3-8120-0412-1

EG-Umw AuditVo	Verordnung (EWG) Nr. 1836/93 des Rates vom 29. Juni 1993 über die freiwillige Beteiligung gewerblicher Unternehmen an einem Gemeinschaftssystem für das Umweltmanagement und die Umweltbetriebsprüfung
EHUG	Gesetz über elektronische Handelsregister und Genossenschaftsregister sowie das Unternehmensregister vom 10. November 2006
Entgelt-fortzahlungsG	Gesetz über die Zahlung des Arbeitsentgelts an Feiertagen und im Krankheitsfall (Entgeltfortzahlungsgesetz) vom 26. Mai 1994 mit Änderungen
EStDV (2000)	Einkommensteuer-Durchführungsverordnung in der Fassung vom 10. Mai 2000 mit Änderungen
EStG (2009)	Einkommensteuergesetz in der Fassung vom 8. Oktober 2009 mit Änderungen
EZBSatzProt	Protokoll über die Satzung des Europäischen Systems der Zentralbanken und der Europäischen Zentralbank vom 7. Februar 1992 mit Änderungen
FamFG	Gesetz über das Verfahren in Familiensachen und in den Angelegenheiten der freiwilligen Gerichtsbarkeit vom 17. Dezember 2008 mit Änderungen
FinDAG	Finanzdienstleistungsaufsichtsgesetz vom 22. April 2002 mit Änderungen
FluglärmG	Gesetz zum Schutz gegen Fluglärm vom 31. Oktober 2007 mit Änderungen
FPfZG	Gesetz über die Familienpflegezeit (Familienpflegezeitgesetz) vom 6. Dezember 2011
GBO	Grundbuchordnung in der Fassung vom 26. Mai 1994 mit Änderungen
GBV	Verordnung zur Durchführung der Grundbuchordnung (Grundbuchverfügung) vom 24. Januar 1995 mit Änderungen
GebrMG	Gebrauchsmustergesetz in der Fassung vom 28. August 1986 mit Änderungen
GefStoffV	Verordnung zum Schutz vor Gefahrstoffen (Gefahrstoffverordnung) vom 26. November 2010 mit Änderungen
GenG	Gesetz betreffend die Erwerbs- und Wirtschaftsgenossenschaften (Genossenschaftsgesetz) vom 16. Oktober 2006 mit Änderungen
GeschmMG	Gesetz über den rechtlichen Schutz von Mustern und Modellen (Geschmacksmustergesetz) vom 12. März 2004 mit Änderungen
Gesetz über das Statut der Europäischen Genossenschaft	(SCE/SCE-Ausführungsgesetz – SCEAG) vom 14. August 2006
GewO	Gewerbeordnung in der Fassung vom 22. Februar 1999 mit Änderungen
GewStDV (2002)	Gewerbesteuer-Durchführungsverordnung vom 15. Oktober 2002 mit Änderungen
GewStG (2002)	Gewerbesteuergesetz in der Fassung vom 15. Oktober 2002 mit Änderungen
GG	Grundgesetz für die Bundesrepublik Deutschland vom 23. Mai 1949 mit Änderungen
GmbHG	Gesetz betreffend die Gesellschaften mit beschränkter Haftung in der Fassung vom 20. Mai 1898 mit Änderungen[1]
GüKG	Güterkraftverkehrsgesetz in der Fassung vom 22. Juni 1998 mit Änderungen
GVG	Gerichtsverfassungsgesetz in der Fassung vom 9. Mai 1975 mit Änderungen
GWB	Gesetz gegen Wettbewerbsbeschränkungen vom 15. Juli 2005 mit Änderungen
Handelsklassengesetz	in der Fassung vom 23. November 1972 mit Änderungen mit Handelsklassenverordnungen
HGB	Handelsgesetzbuch vom 10. Mai 1897 mit Änderungen
HRV	Handelsregisterverordnung vom 12. August 1937 mit Änderungen
HwO	Gesetz zur Ordnung des Handwerks (Handwerksordnung) in der Fassung vom 24. September 1998 mit Änderungen
Incoterms	International Commercial Terms 2000
InsO	Insolvenzordnung vom 5. Oktober 1994 mit Änderungen
InvG	Investmentgesetz vom 15. Dezember 2003 mit Änderungen
JArbSchG	Gesetz zum Schutze der arbeitenden Jugend (Jugendarbeitsschutzgesetz) vom 12. April 1976 mit Änderungen
JuSchG	Jugendschutzgesetz vom 23. Juli 2002 mit Änderungen
KraftStG (2002)	Kraftfahrzeugsteuergesetz in der Fassung vom 26. September 2002 mit Änderungen
KrWG	Gesetz zur Förderung der Kreislaufwirtschaft und Sicherung der umweltverträglichen Bewirtschaftung von Abfällen (Kreislaufwirtschaftsgesetz) vom 24. Februar 2012
KSchG	Kündigungsschutzgesetz vom 25. August 1969 mit Änderungen
KStDV	Körperschaftsteuer-Durchführungsverordnung in der Fassung vom 22. Februar 1996 mit Änderungen
KStG (2002)	Körperschaftsteuergesetz in der Fassung vom 15. Oktober 2002 mit Änderungen
KtEfV	Kommunalträger-Eignungsfeststellungsverordnung vom 12. August 2010 mit Änderungen
KtZlV	Kommunalträger – Zulassungsverordnung vom 24. September 2004 mit Änderungen
KVLG	Zweite Gesetz über die Krankenversicherung der Landwirte vom 20. Dezember 1988 mit Änderungen.
KWG	Gesetz über das Kreditwesen (Kreditwesengesetz) in der Fassung vom 9. September 1998 mit Änderungen
LärmVibrations-ArbSchV	Lärm- und Vibrations-Arbeitsschutzverordnung vom 6. März 2007
LStDV	Lohnsteuer-Durchführungsverordnung in der Fassung vom 10. Oktober 1989 mit Änderungen
LSV-NOG	Gesetz zur Neuordnung der Organisation der landwirtschaftlichen Sozialversicherung (LSV-Neuordnungsgesetz) vom 12. April 2012
LuftVG	Luftverkehrsgesetz in der Fassung vom 10. Mai 2007 mit Änderungen

1 Zuletzt (grundlegend) geändert durch das Gesetz zur Modernisierung des GmbH-Rechts und zur Bekämpfung von Missbräuchen (MoMiG) vom 23. Oktober 2008.

LuftVO	Luftverkehrs-Ordnung in der Fassung vom 27. März 1999 mit Änderungen
MarkenG	Gesetz über den Schutz von Marken und sonstigen Kennzeichen (Markengesetz) vom 25. Oktober 1994 mit Änderungen
MitbestErgG	Mitbestimmungsergänzungsgesetz vom 7. August 1956 mit Änderungen
MitbestG (1976)	Gesetz über die Mitbestimmung der Arbeitnehmer (Mitbestimmungsgesetz) vom 4. Mai 1976 mit Änderungen
Montan-MitbestErgG	Montan-Mitbestimmungsergänzungsgesetz vom 7. August 1956 mit Änderungen
Montan-MitbestG (1951)	Gesetz über die Mitbestimmung der Arbeitnehmer in den Aufsichtsräten und Vorständen der Unternehmen des Bergbaus und der Eisen und Stahl erzeugenden Industrie (Montan-Mitbestimmungsgesetz) vom 21. Mai 1951 mit Änderungen
MuSchG	Gesetz zum Schutze der erwerbstätigen Mutter (Mutterschutzgesetz) in der Fassung vom 20. Juni 2002 mit Änderungen
MuSchV	Verordnung zum Schutze der Mütter am Arbeitsplatz (Mutterschutzverordnung) vom 15. April 1997 mit Änderungen
NachwG	Gesetz über den Nachweis der für ein Arbeitsverhältnis geltenden wesentlichen Bedingungen (Nachweisgesetz) vom 20. Juli 1995 mit Änderungen
ÖkoKennzG	Gesetz zur Einführung und Verwendung eines Kennzeichens für Erzeugnisse des ökologischen Landbaus (Öko-Kennzeichengesetz) vom 20. Januar 2009 mit Änderungen
OWiG	Gesetz über Ordnungswidrigkeiten vom 19. Februar 1987 mit Änderungen
PAngG	Preisangaben- und Preisklauselgesetz vom 3. Dezember 1984 mit Änderungen
PAngV	Preisangabenverordnung vom 18. Oktober 2002 mit Änderungen
PartGG	Gesetz über Partnerschaftsgesellschaften Angehöriger Freier Berufe (Partnerschaftsgesellschaftsgesetz) vom 25. Juli 1994 mit Änderungen
PatG	Patentgesetz in der Fassung vom 16. Dezember 1980 mit Änderungen
PfandBG	Pfandbriefgesetz vom 22. Mai 2005 mit Änderungen
PflegeZG	Gesetz über die Pflegezeit (Pflegezeitgesetz) vom 28. Mai 2008
PflVersG	Gesetz zur sozialen Absicherung des Risikos der Pflegebedürftigkeit (Pflege-Versicherungsgesetz) vom 26. Mai 1994 mit Änderungen
PflVG	Gesetz über die Pflichtversicherung für Kraftfahrzeughalter (Pflichtversicherungsgesetz) vom 5. April 1965 mit Änderungen
PostG	Postgesetz in der Fassung vom 22. Dezember 1997 mit Änderungen
ProdHaftG	Gesetz über die Haftung für fehlerhafte Produkte (Produkthaftungsgesetz) vom 15. Dezember 1989 mit Änderungen
ProdSG	Gesetz über die Bereitstellung von Produkten auf dem Markt (Produktsicherheitsgesetz) vom 8. November 2011 mit Änderungen
PublG	Gesetz über die Rechnungslegung von bestimmten Unternehmen und Konzernen (Publizitätsgesetz) vom 15. August 1969 mit Änderungen
REITG	Gesetz über deutsche Immobilien-Aktiengesellschaften mit börsennotierten Anteilen (REIT-Gesetz) vom 28. Mai 2007
RPflG	Rechtspflegergesetz vom 5. November 1969 mit Änderungen
ScheckG	Scheckgesetz vom 14. August 1933 mit Änderungen
SEEG	Gesetz zur Einführung der Europäischen Gesellschaft (SE-Ausführungsgesetz – SE-AG) vom 22. Dezember 2004 mit Änderungen
SGB	Sozialgesetzbuch; erstes, zweites, drittes, viertes, fünftes, sechstes, siebtes, achtes, neuntes, zehntes, elftes und zwölftes Buch vom 11. Dezember 1975 und weitere Jahre mit Änderungen
SGG	Sozialgerichtsgesetz in der Fassung vom 23. September 1975 mit Änderungen
SigG	Signaturgesetz vom 16. Mai 2001 mit Änderungen
SigV	Verordnung zur elektronischen Signatur (Signaturverordnung) vom 16. November 2001 mit Änderungen
SparPG (1982)	Spar-Prämiengesetz in der Neufassung vom 10. Februar 1982 mit Änderungen
SprAuG	Gesetz über Sprecherausschüsse der leitenden Angestellten (Sprecherausschussgesetz) vom 20. Dezember 1988 mit Änderungen
StabG	Gesetz zur Förderung der Stabilität und des Wachstums der Wirtschaft vom 8. Juni 1967 mit Änderungen
StGB	Strafgesetzbuch in der Fassung vom 13. November 1998 mit Änderungen
StVG	Straßenverkehrsgesetz in der Fassung vom 5. März 2003 mit Änderungen
TEHG	Gesetz über den Handel mit Berechtigungen zur Emission von Treibhausgasen (Treibhausgas-Emissionshandelsgesetz) vom 21. Juli 2011 mit Änderungen
TVG	Tarifvertragsgesetz in der Fassung vom 25. August 1969 mit Änderungen
TzBfG	Gesetz über Teilzeitarbeit und befristete Arbeitsverträge (Teilzeit- und Befristungsgesetz) vom 21. Dezember 2000 mit Änderungen
UAG	Umweltauditgesetz vom 4. September 2002 mit Änderungen
UIG	Umweltinformationsgesetz vom 22. Dezember 2004
UmweltHG	Gesetz über die Umwelthaftung (Umwelthaftungsgesetz) vom 10. Dezember 1990 mit Änderungen
UmwG	Umwandlungsgesetz vom 28. Oktober 1994 mit Änderungen
URV	Verordnung über das Unternehmensregister (Unternehmensregisterverordnung) vom 26. Februar 2007 mit Änderungen
USchadG	Gesetz über die Vermeidung und Sanierung von Umweltschäden (Umweltschadensgesetz) vom 10. Mai 2007 mit Änderungen
UStDV (2005)	Umsatzsteuer-Durchführungsverordnung in der Fassung vom 21. Februar 2005 mit Änderungen

UStifG	Gesetz zur Errichtung einer Stiftung „Deutsche Bundesstiftung Umwelt" vom 18. Juli 1990 mit Änderungen
UStG (2005)	Umsatzsteuergesetz in der Fassung vom 21. Februar 2005 mit Änderungen
UVPG	Gesetz über die Umweltverträglichkeitsprüfung vom 24. Februar 2010 mit Änderungen
UWG	Gesetz gegen den unlauteren Wettbewerb vom 3. März 2010
VAG	Gesetz über die Beaufsichtigung der Versicherungsunternehmen (Versicherungsaufsichtsgesetz) vom 17. Dezember 1992 mit Änderungen
VermAnlG	Gesetz über Vermögensanlagen (Vermögensanlagengesetz) vom 6. Dezember 2011
VermBG	Fünftes Gesetz zur Förderung der Vermögensbildung der Arbeitnehmer (Fünftes Vermögensbildungsgesetz) in der Fassung vom 4. März 1994 mit Änderungen
VerpackV	Verordnung über die Vermeidung und Verwertung von Verpackungsabfällen (Verpackungsverordnung) vom 21. August 1998 mit Änderungen
VIG	Verbraucherinformationsgesetz vom 5. November 2007
VVG	Gesetz über den Versicherungsvertrag (Versicherungsvertragsgesetz) vom 23. November 2007 mit Änderungen
WG	Wechselgesetz vom 21. Juni 1933 mit Änderungen
WHG	Gesetz zur Ordnung des Wasserhaushalts (Wasserhaushaltsgesetz) vom 31. Juli 2009 mit Änderungen
Winterbeschäftigungs-Verordnung	vom 26. April 2006 mit Änderungen
WoPG	Wohnungsbau-Prämiengesetz in der Fassung vom 30. Oktober 1997 mit Änderungen
WpHG	Gesetz über den Wertpapierhandel (Wertpapierhandelsgesetz) vom 9. September 1998 mit Änderungen
WRMG	Gesetz über die Umweltverträglichkeit von Wasch- und Reinigungsmitteln (Wasch- und Reinigungsmittelgesetz) vom 29. April 2007
ZAG	Gesetz über die Beaufsichtigung von Zahlungsdiensten (Zahlungsdiensteaufsichtsgesetz) vom 25. Juni 2009 mit Änderungen
ZPO	Zivilprozessordnung in der Fassung vom 5. Dezember 2005 mit Änderungen
ZuG (2012)	Gesetz über den nationalen Zuteilungsplan für Treibhausgas-Emissionsberechtigungen in der Zuteilungsperiode 2008 bis 2012 (Zuteilungsgesetz, ZuG 2012) vom 7. August 2007 mit Änderungen
ZuV (2020)	Verordnung über die Zuteilung von Treibhausgas-Emissionsberechtigungen in der Handelsperiode 2013 bis 2020 (Zuteilungsverordnung 2020) vom 26. September 2011
ZVG	Gesetz über die Zwangsversteigerung und die Zwangsverwaltung in der Fassung vom 20. Mai 1898 mit Änderungen

Stichwortverzeichnis

A

Abandonrecht (bei der GmbH) 337
Abbaufaktor (Boden) 76
Abbuchungsverfahren 274
Abfallwirtschaft, umweltorientierte 217f.
Abgabenquote 123
abgeleitete Einkommen 42
Abhängigkeitsverhältnis (verbundene Unternehmen) 395, 399f.
Absatz
- dezentralisierter 205
- direkter 202
- indirekter 202
- zentralisierter 205
Absatzformen 202ff.
Absatzfunktion 162
Absatzmarketing 196ff.
Absatzmethode 202ff.
Absatzorganisation 204ff.
- äußere 202, 204f.
- innere 202, 205f.
Absatzwerbung 208ff.
- Arten der 209f.
Abschreibungen 88, 102, 111f.
- (Fußnote) 88
Abschwung (Konjunktur) 418ff.
Abwertung (Fußnote) 432
Agentur für Arbeit 173ff., 379ff., 493f.
Agenturvertrag 203
Agio (bei Aktien) 323, 327
Aktie 323f., 327, 348
Aktiengesellschaft (AG) 300f., 308, 322ff., 346ff., 355, 389f., 401
- Auflösung der 328
- Prüfungs- und Offenlegungspflicht der 329f.
Aktienregister 348
Aktionäre
- Rechte und Pflichten der 327f.
Aktionärsforum 328
aktive Arbeitsförderung 175ff., 487, 493f.
aktive Zahlungsbilanz 430
AKP-Länder 243
Akzept (Wechsel) 297ff.
Alleinwerbung 210
Altersrenten 169f.
Altersrückstellung (private Krankenkassen) 388
Altersvorsorge (private) 187f.
amerikanisches Verfahren (Zinstender) 259f.
Anbaufaktor (Boden) 76
Anbieterrente 137
Anbieterverhalten 133f.
Angebot
- anomales 134
- individuelles 133f.
- normales 133f.
Angebotsband 143
Angebotsinflation 234
Angebotskurven 133ff.
Angebotslücke 138
Angebotsmonopol 146ff.
Angebotsoligopol 144f.
angebotsorientierte Wirtschaftspolitik 446f.
Angebotsverschiebungen 135, 139
Anlageersatzinvestition 89
Anlageinvestition 88f.
Anlagenettoinvestition 88f.
Anlageneuinvestition 89
anomale Nachfrage 131
anomales Angebot 134
Anrechnungszeiten (Renten) 171
Anstalten (Begriff) 301
antizyklische Fiskalpolitik 440ff.
Äquivalenzprinzip (private Krankenversicherung) 385
Arbeit 50ff., 92f.
Arbeitslosengeld 173f.
Arbeitsangebot 51ff.
Arbeitsbereicherung 67
Arbeitserweiterung (Jobenlargement) 67
Arbeitsförderung, gesetzliche 173ff., 359
Arbeitsgruppe, autonome 68
Arbeitskosten 481f.
Arbeitskräfteangebot (Arbeitsangebot) 52ff.
Arbeitskräftenachfrage (Arbeitsnachfrage) 58ff.
Arbeitskräftepotenzial 54f.
Arbeitslosengeld 42, 173f., 476
Arbeitslosengeld II 42, 185, 477
Arbeitslosenquote 450
Arbeitslosenversicherung 173f.
Arbeitslosigkeit 22, 52, 56, 60, 93ff., 228, 235, 449ff., 480ff.
- angebotsbedingte 453ff.
- Arten der 452ff.
- Begriff 449f.
- Folgen der 475ff.
- friktionelle 452
- konjunkturelle 418f., 451
- lohnkostenbedingte 453f.
- Maßnahmen zur Bekämpfung der 480ff.
- nachfragebedingte 452f.
- saisonale 453
- strukturelle 52, 56, 456, 458
- technologische 60, 459f., 494
- Ursachen der 452ff.
- verdeckte 450
Arbeitsmarkt 51ff., 128, 449
Arbeitsmarktgleichgewicht 56
Arbeitsmarktpolitik
- aktive 175ff., 487, 493f.
Arbeitsmarktungleichgewicht 56
Arbeitsplatzvermittlung 175, 493
Arbeitsplatzwechsel 67
Arbeitsproduktivität 62f., 93, 190, 459f.
Arbeitsteilung 62ff.
- gesellschaftliche 63f., 68
- innerbetriebliche 65ff.
- internationale 69f., 73
- nationale 64f.
- technische 68
- volkswirtschaftliche 64f.
Arbeitsvermittlung 493
Arbeitszeitverkürzung 494f.
Arbeitszerlegung 65f.
Arbeitszusammenfassung 66f.
Assimilierung (Rechtsformen) 351
Aufschwung (Konjunktur) 418
Aufsichtsrat
- der AG 324ff.
- der GmbH 307, 340
Aufwandsminimierung 18
Aufwertung (Fußnote) 432
Ausbildung 491ff.
- berufliche 493f.
Ausbildungsvermittlung 176
Ausgleichsfunktion (Preise) 140
Außenbeitrag 105, 111
Auszahlungsschein 270
Autonomie (EZB) 248

B

B2B 286
B2C 286
BA (Bundesagentur) 173ff., 359f., 379ff., 447, 493f.
Bankbetrieb 163
BankCard 270, 277ff.
Bankkarte 270, 277ff.
Banknoten 221f.
Barauszahlung 270f.
Bareinzahlung 268f.
Bargeld 221f.
Bargeldzahlung 267ff.
Bargründung (AG) 322
Barscheck 290, 292
Barverkaufspreis 200
Basiseinkommen 103f.
Basisjahr (bei der Indexberechnung) 225
Basistarif (gesetzliche Krankenversicherung) 385ff.
Bedarfsprinzip (Verteilungsprinzip) 27f.
Bedürfnisse 15, 18, 21, 23, 27
befristete Transaktion (der EZB) 257ff., 264
Beitragssätze (gesetzliche Sozialversicherung) 386, 482
Beitragszeiten (Renten) 171
Berücksichtigungszeiten (Renten) 171
berufliche
– Ausbildung 177f., 493f.
– Immobilität 460
– Mobilität 56
– Qualifizierung 493f.
– Weiterbildung 176, 493
Berufsausbildungsbeihilfe 178
Berufsbildung 63
Berufsgenossenschaften 359, 382ff.
– Vertreterversammlung 383f.
– Vorstand 383f.
Berufsspaltung 64
Beschaffungsfunktion 162f.
Beschäftigung 429, 449ff.
Beschäftigungsmessung 449
Beschäftigungsprogramm 496ff.
Besitz- und Einkommensteuern 124f.
Betrieb 19, 31, 158ff.
betriebliche Kennzahlen 190ff.
betriebliche Umweltpolitik 215ff.
Bevölkerungsstruktur 53ff.
Bezugsrecht für Aktien 328
BIC 272f., 275
Bildung 89f.
Bildungspolitik 492ff.
Binnenmarkt (EU) 243
Binnenwert des Gelds 224ff.
Blauer Engel (Umweltzeichen) 216f.
Bodenverseuchung 79
Bruttoinlandsprodukt 104, 113ff., 123
Bruttoinvestition 88f., 102, 111ff.
Bruttolohn 232
Bruttonationaleinkommen 113ff.
Bruttoproduktionswert 225
Bruttowertschöpfung 113, 115
Buchgeld 221f.
Bundesagentur für Arbeit 173ff., 183ff., 359f., 379ff., 493f.
– Regionaldirektionen 379f.
– Selbstverwaltung 379ff.
– Verwaltungsausschuss 379f., 382
– Verwaltungsrat 379ff.
– Vorstand 379ff.
Bundeskartellamt 42, 407ff.
Bundessteuern 124
Bundesversicherungsamt 362
Bundesvertreterversammlung 364, 371, 374, 376ff.
Bundesvertreterversammlung (Rentenversicherung) 364, 371, 374
Bundesvorstand (Rentenversicherung) 364, 371, 374ff.
Bürgergeld 483
Business-to-Business 286
Business-to-Consumer 286
Bußgeldverfahren (durch Kartellbehörde) 413

C

Cashflow 194
Cashflow-Rate 194
chipTANcomfort-Verfahren 285
chipTAN-Verfahren 285f.
Corporate Behaviour 213
Corporate Communications 213
Corporate Design 213
Corporate Identity 212f.

D

Dachgesellschaft (Holdinggesellschaft) 400
Datenträgeraustausch
– belegloser 284
Dauerauftrag 273
Debitkarte 277ff.
Deckelung (Umweltzertifikate) 81
Deficit-spending 442f.
Deflation 28, 236f., 248
– Arten 236f.
– Folgen 236
– Ursachen 236
deklaratorische Wirkung (Handelsregistereintragung) 304f., 313
Deliktsfähigkeit (Fußnote 2) 300
Depression (Begriff) 419
Deregulierung 484
Deutsche Bundesbank 250f.
– Organe der 250f.
– Vorstand der 250
Deutsche Rentenversicherung Bund 371ff.
– Direktorium 374f., 377
– erweitertes Direktorium 371, 375
– Querschnittsaufgaben 364, 373, 375, 377
– Regionalträger 371, 373f.
– Vertreterversammlung 371, 374, 376ff.
– Vorstand 374ff.
Devisen (Begriff) 247
Devisenswapgeschäft 260f.
dezentrale Planung 31, 40
dezentrales Plansystem 31
Dienstleistungen 16, 208
Dienstleistungsbetriebe 161ff.
direkte Steuern 41, 105, 125
Direktorium
– der EZB 247f.
– Deutsche Rentenversicherung Bund 375ff.
Direktwerbung 209
Disketten-Clearing 284
Distributionsorgane 202ff.
Distributionspolitik 202ff.
Diversifikation (Begriff) 401
Dividende 327f., 348
Drittel-Parität (Aufsichtsrat) 326, 340
Dualismus 39
Durchlaufwirtschaft 217

E

E-Commerce 202, 286
Eigenkapitalrentabilität 191
Eigentumsrecht 43f.
einfacher Wirtschaftskreislauf 98f.
eingeschränkte Gewerbefreiheit 44
Eingliederungsvereinbarung (mit Agentur für Arbeit) 184
Einkommen 99ff.
– der privaten Haushalte 99f.
– verfügbare 100, 104
Einkommensnivellierung (Verteilungsprinzip) 27
Einkommensteuer 41, 105, 124
Einkommensumverteilung 28, 41, 45
Einkommensverteilung
– sozialverträgliche 428, 434
– gerechte 28, 41, 45, 434
Einlagenfazilität 263f.
Einteilung der Steuern 123ff.
Einzelentlassung 475
Einzelkaufleute 308, 311f.
Einzelüberweisung 272
Einzelunternehmen 311f., 355
– Auflösung 311
– Firma 311
– Geschäftsführung 311
– Haftung 311
– Vertretung 311
Einzugsermächtigungsverfahren 270, 273f., 294
Electronic Cash 278ff.
elektronische Gesundheitskarte 167ff.
elektronisches Geld 221f.
elektronisches Lastschriftverfahren (ELV) 280
Elterngeld 181
Elternzeit 182
Emission (nach dem BImSchG) 77
Emission von Schuldverschreibungen 256f.
Emissionshandel (Emissionsrechte) 81f.
Emissionsrechte 81
Entstehungsrechnung (volkswirtschaftliche Gesamtrechnung) 115f.
Ersatzinvestition 88f., 102, 111
Ersatzzeiten (Rente) 171
Ersparnisse 102, 122
Erstversicherungsunternehmen 346
erweiterter Wirtschaftskreislauf 101f.
Erweiterungsinvestition (Begriff) 60
Erwerbsbevölkerung 54
Erwerbsminderungsrente 170f.
Erwerbspersonen 54f.
Erwerbsverhalten 54
Erwerbsvermögen (Begriff) 100
erwerbswirtschaftliches Prinzip 42, 158
Erziehungsfunktion (Preise) 141
ESVG (Europäisches System volkswirtschaftlicher Gesamtrechnungen) 111
ESZB 223, 248, 255
EU-Integration 239f.
Euro-Blume (Umweltzeichen) 217
Europäische Kommission 241
Europäische Union 239ff.
– Organe der 241f.
– Ziele der 242f.
Europäische Wirtschafts- und Währungsunion (WWU) 243ff.
Europäische Zentralbank (EZB) 44, 223, 244f., 247f., 426, 487
– Direktorium der 247
– Geldpolitik der 253ff.
– Zentralbankrat der 247
Europäischer Gerichtshof 242
Europäischer Rat 241
Europäischer Stabilisierungsmechanismus (ESM) 246f.
Europäischer Zentralbankrat (EZB-Rat) 247f., 262
Europäisches Parlament 241
Europäisches System der Zentralbanken (ESZB) 223, 248f.
Europäisches Währungssystem 243ff.
Euro-Überweisung 272
EU-Signet (Umweltzeichen) 217
Exekutive (Begriff) 357
Existenzbedürfnisse 15
exogene Störungen des Wirtschaftsablaufs 426
Exporterlöse 106, 111
Exportüberschuss 234, 431

F

Faktormarkt 34, 98
Faktorsubstitution 91ff.
Familienpflegezeit 181
Fantasiefirma 308
Fazilität 262, 264
– ständige 262, 264
Fertigungsfunktion 162
Festgeld (Fußnote) 221
Festpreis 154f., 200, 233
Finanzhoheit (der Sozialversicherungsträger) 362
Firma 307ff., 311, 313, 319, 322f., 335, 344
Firmenarten 308
Firmenausschließlichkeit 309
Firmenbeständigkeit 309
Firmengrundsätze 309
Firmenkern 308
Firmenklarheit 309
Firmenöffentlichkeit 309
Firmenwahrheit 309
Firmenzusatz 308
Fiskalismus 441ff.
Fiskalpakt 246
Fiskalpolitik (Begriff) 440
Fiskus
– (Begriff) 252
– (Fußnote) 440
fixe Kosten 147, 394, 404
Fixum (Handelsreisende) 202ff.
Flächentarifvertrag 454, 481
Flexibilisierung der Arbeit 481f., 485f.
Formalziel 158f.
Formkaufleute 305, 323, 333
freie Güter 16
freie Marktwirtschaft 23, 32ff., 39
Freihandel 34, 44
Fusion 402
Fusionskontrolle 410ff.

G

Gebietskartell 42, 397, 405
Gebietskörperschaften 104, 301
Gebietsorientierung (Absatzorganisation) 206
Gebrauchsgüter 16
Gebrauchsvermögen (Begriff) 100
Gefährdungshaftung 84, 219
Gegenseitigkeitsprinzip (VVaG) 349
Geld
– elektronisches 221f.

Geldarten 221 f.
Geldausgabeautomat 270 f.
Geldautomaten 270 f., 277, 283
Geldfunktionen 221, 223 f.
Geldkarte 278, 281 ff., 287
Geldkreislauf 109 ff.
Geldmenge
– nachfragewirksame 226 ff.
Geldmengenbegriff 222 f.
Geldmengensteuerung 248 ff.
Geldpolitik (EZB) 253 ff.
Geldwert 224 ff.
Geldwertmessung 229 ff.
Geldwertschwankungen 224 ff.
Geldwirtschaft 88, 225
Gemeindesteuern 124
Gemeinschaftswerbung 210
gemischte Firma 308
Generationenvertrag 484 f.
Gesamtangebot
– normales 135
Gesamtkapitalrentabilität 192
Gesamtnachfrage 132
– normale 132
Gesamtrechnung
– umweltökonomische (UGR) 117
– volkswirtschaftliche 115 f.
gesamtwirtschaftliche Leistung 109 ff., 115 ff.
gesamtwirtschaftliches Gleichgewicht 428
Geschäftsanteil (GmbH) 334 ff.
Geschäftsfähigkeit (Fußnote 2) 300
Geschäftsführung
– Aktiengesellschaft 325
– Einzelunternehmen 311
– Gesellschaft mit beschränkter Haftung 338 f.
– GmbH & Co KG 345
– Kommanditgesellschaft 319
– offene Handelsgesellschaft 314
Gesellschaft mit beschränkter Haftung 301, 308, 333 ff., 344 f.
– Abandonrecht 337
– Auflösung 341
– Aufsichtsrat 337, 340
– Geschäftsführer 337 f.
– Gesellschafter 333, 337 ff.
– Gesellschafterversammlung 337, 339
– Haftung 336
– Kaduzierungsverfahren 337
– Nachschusspflicht 336 f., 339
– Rechte und Pflichten 339
– Stammeinlagen 334, 336, 339
Gesellschaftsordnungen 31 ff.
Gesellschaftsvertrag 313, 319, 322, 334
Gesetz
– der Massenproduktion 134, 147, 394
– der Nachfrage 59, 130 ff., 139
– des Angebots 52 f., 133 f., 140
– gegen Wettbewerbsbeschränkungen (GWB) 42, 405 ff.
gesetzliche
– Arbeitsförderung 173 ff.
– Krankenkasse 359 f., 365 ff., 385 ff.
– Krankenversicherung 166 ff., 359 f., 365 ff., 385 ff.
– Pflegekasse 359, 369 f.
– Pflegeversicherung 180 f., 359, 369 f.
– Rentenversicherung 169 ff., 359, 370 ff., 390 ff., 447
– Unfallversicherung 172 f., 359, 382 ff., 391 f.
Gesundheitsfonds (gesetzliche Krankenversicherung) 386
Gesundheitskarte 167
Gewerbefreiheit 34, 44
Gewinnerzielungsprinzip (private Krankenkassen) 388
Gewinnquote 115
Gewinnverteilung (OHG) 314 f.
Giralgeld 221 f., 271
Girokonten 221, 268, 271 ff., 293
Giropay 288
Gleichgewicht
– außenwirtschaftliches 428, 430 f.
Gleichgewichtspreis 135 ff., 140
Global Sourcing 454
Globalisierung 73, 454
Glockenpolitik 81 f.
GmbH 301, 308, 333 ff., 344 f., 355
GmbH & Co. KG 344 f.
Grenzkosten 147
Grundkapital (AG) 322 f.
Grundsicherung 172, 183 ff.
– für Arbeitsuchende 183 ff.
Gründung
– Aktiengesellschaft 322 f.
– Einzelunternehmen 311
– Gesellschaft mit beschränkter Haftung 333 f.
– offene Handelsgesellschaft 312
Güter 16 ff., 21 f., 31 f., 224
Güterarten 16 f.
Güternachfrage 60
Güterstrom 99, 102

H

Haftung
– bei Übernahme eines Handelsgeschäfts 310
– der Aktionäre 323, 327
– der GmbH-Gesellschafter 336
– der KG-Gesellschafter 319 f.
– der OHG-Gesellschafter 316
– des Einzelunternehmens 311
Handelsbetrieb 162
Handelsgewerbe 304, 313
Handelsmakler (Fußnote) 203
Handelsrecht 304 ff.
Handelsregister 304 ff.
Handelsregistereintragung, konstitutive Wirkung 305, 323, 334
Handelsvertreter 203 f.
Handelsvolumen 224 f.
Handlungsreisende 202 f.
Hauptversammlung (AG) 323 ff.
Haushalte (öffentliche) 104
Haushaltspolitik 445, 490 f.
Höchstpreis 154 f., 227, 233, 406
Holdinggesellschaft 400
holländisches Verfahren (Zinstender) 259
Homebanking 284 ff.
Human capital (Begriff) 89
Hyperinflation 233

I

IBAN 272 f., 275
Immission (Begriff) 80, 219
Immobilität
– berufliche 52, 460
– räumliche 52, 460
Import 106, 111
Importüberschuss 431
Individualbedürfnisse 15
Individualgüter 21 f.
Individualismus 32 f., 35

Individualprinzip (private Krankenversicherung) 385
individuelle Nachfrage 130ff.
individuelles Angebot 133f.
Indossament 293, 348
Industriebetrieb 102
Industriegüter 16
Inflation 28, 223f., 232ff.
- galoppierende 233
- importierte 234
- offene 233
- schleichende 233
- verdeckte 233
Inflationsarten 232ff.
Inflationsfolgen 235f.
Inflationsursachen 234
Infrastruktur 25, 489f.
Inhaberaktie (Fußnote) 348
Inhaberscheck 292, 294
Inlandsprodukt 113, 115f.
- nominelles 115
- reales 115
Inlandsproduktberechnung 113ff.
Insolvenz (Begriff) 175, 311
Insolvenzgeld 175
Integrierter Umweltschutz (IUS) 215f.
Internationalisierung (Arbeitsteilung) 73
Internet-Zahlung 286
Investition 60, 88f.
Investitionsarten 88f., 102
Istkaufleute 304f.

J

Jahresabschluss (AG) 325, 329
Jahresarbeitsentgeltgrenze (Fußnote) 386
Jobcenter 183
Jobenlargement 67
Jobenrichment 67
Jobrotation 67, 497
Joint Ventures (Begriff) 394
Judikative (Begriff) 357

K

Kaduzierungsverfahren (bei der GmbH) 337
Kannkaufleute 305
Kapazität 21ff., 70
Kapazitätslinie 22f.
Kapital 87ff., 164
- gezeichnetes 323, 335
Kapitalbeteiligung (verbundene Unternehmen) 395, 399
Kapitalbildung 87ff.
Kapitalgesellschaft 301, 322ff., 355
Kartell 395ff., 405ff.
Kartellarten 396ff.
Kartellbehörden 407ff.
Kartellkontrolle 404ff.
Kassageschäft (Fußnote 3) 260
Käufermarkt 196
Kaufkraft 27, 228f., 232, 236
Kaufleute 203, 300, 304
- kraft Rechtsform 305, 322ff.
- nach Handelsrecht 304f., 349
Kennzahlen
- betriebliche 190ff.
Kinderzulage 188
Know-how (Begriff) 89
Kollektivbedürfnisse 15
Kollektiveigentum 38
Kollektivgüter 21f.
Kollektivismus 32, 35
Kombilohn 498
Kommanditgesellschaft 318ff., 344f.
- Auflösung der 320
- Haftung 319f.
- Vertretung 319
Kommanditist 318ff., 344f.
Kommunikation (Begriff) 207
Kommunikationspolitik 207ff.
Komplementär 318, 320, 344f.
Komplementärgüter 130
Konjunktur 417ff., 447
- Talsohle 420
Konjunkturausgleichsrücklage 440f., 496
Konjunkturindikatoren 422f.
Konjunkturphasen 417ff.
Konjunkturpolitik 122, 428ff.
- staatliche 428ff.
konjunkturpolitische Ziele 429ff.
Konjunkturschwankungen 417ff.
Konjunkturüberhitzung 419
Konjunkturverlauf 417ff.
Konjunkturzyklus 417ff.
Konkurrenz
- polypolistische 135ff., 140ff., 148
- unvollkommene 142f., 148
- vollkommene 135ff., 148
Konsortium (Begriff) 394
konstitutive Wirkung (Handelsregistereintragung) 305, 323, 334
Konsum 102ff.
Konsumentenrente 137, 147
Konsumfreiheit 34, 44
Konsumgüter 16, 21, 50
Konsumgütermarkt 34, 99
konsumieren (Begriff) 102
Konsumquote 103f.
Konsumverzicht (bei Kapitalbildung) 87f.
Kontaminieren (Fußnote 5) 158
Kontingentierung (Begriff) 70, 154
Kontokorrentkonto 271ff.
Kontrahierungszwang 37, 387
Konvergenzkriterien 244f.
Konzentration der Unternehmen 394ff.
Konzern 325, 395, 400f.
Kooperation 394f.
Körperschaften
- des öffentlichen Rechts 301, 359, 361, 363, 365, 369f., 382
Kosten
- fixe 147, 394, 404
- variable 147
Kostendeckungsprinzip (gesetzliche Krankenkasse) 388
Krankenbehandlung 167
Krankengeld 167
Krankenkasse 166ff., 359f., 365ff., 385ff.
- Verwaltungsrat 366ff., 370
- Vorstand 366ff.
Krankenversichertenkarte 167ff.
Krankenversicherung 166ff., 359f., 365ff., 385ff.
- gesetzliche 166ff., 359f., 365ff., 385f.
- private 385ff.
- Solidaritätsprinzip 385
Kreditgewährungsfunktion (Banken) 163
Kreditkarte 275ff., 282, 287
Kreislaufwirtschaft 217
Krise (Konjunktur) 419
Kundenkredite 199
Kundenorientierung (Absatzorganisation) 206
Kundenschutzkartell 397
Kurs (Begriff) 233
Kurzarbeitergeld 174f.
Kyoto-Protokoll 81

L

Lagebericht (AG) 325
Landessteuern 124
Lastschriftverfahren 273ff., 280, 283, 287
Lean Production 68
Legislative (Begriff) 357
Leistungserstellung (Sozialversicherungsbetrieb) 166ff., 182ff.
Leistungsfaktoren
– betriebswirtschaftliche 164f.
Leistungsprinzip (Verteilungsprinzip) 28
Leistungsprozess
– betrieblicher 158ff., 162ff.
Lenkungsfunktion (Preise) 141
Limited Company 355, 509ff.
Liquidität 192f.
Lohn 50, 52f.
Lohnnebenkosten 59, 232, 236, 482
Lohn-Preis-Spirale 28
Lohnquote 117, 160, 434
Luftverschmutzung 78
Luxusbedürfnisse 15

M

Maastricht-Kriterien 244f.
Magnetband-Clearing 284
Marketing 196, 213f.
Marketinginstrumente 196, 198ff., 208ff.
Markt 27, 31ff., 42, 128ff.
– monopolistischer 129, 146ff., 199
– oligopolistischer 129, 144ff., 148, 199
– polypolistischer 129, 135ff., 148f.
– unvollkommener 129, 142f.
– vollkommener 129
Marktanalyse 198
Marktangebot 135
Marktarten 128f., 148, 199f.
Marktbeobachtung 198
Markterkundung 197
Marktformen 128f., 143, 145ff.
Marktforschung 197f.
Marktführer (Fußnote) 214
Marktgleichgewicht 136f.
marktkonforme Maßnahme (Umweltpolitik) 80f., 435
marktkonträre Maßnahmen (Umweltpolitik) 80, 436
Marktnachfrage 132
Marktungleichgewicht 138
Marktuntersuchung 197f.
marktwirtschaftliche Ordnung 27, 152f., 426
Massenarbeitslosigkeit 480
Massenentlassung 475f.
Massenwerbung 209
Maßnahmen (Staatseingriffe)
– marktkonforme 152f., 435
– marktkonträre 153ff., 435f.
– zur Bekämpfung der Arbeitslosigkeit 480ff.
Maximalprinzip 18f., 33
Mengenpolitik 149
Mengentender (Wertpapieremissionsgeschäfte) 258f.
Merchandising (Verkaufsförderung) 213
Mindestpreis 154
Mindestreserven 253
Mindestreservepolitik 253f., 263
Mindestreservesatz 253f.
Minimalkostenkombination 93
Minimalprinzip 18f., 33, 92
Ministererlaubnis 411f.
Ministerrat (der EU) 241
Missbrauchsaufsicht 42, 407f.
Mitbestimmung
– der Arbeitnehmer 46, 326, 354
Mittelstandskartell 406f.
mobileTAN 285
Mobilität
– berufliche 56
– räumliche 57
Modell (Begriff) 21, 98
Monetaristen 446
Monopol 129, 146ff., 150, 199, 395
Monopolist 146ff., 150, 199, 395
Monopolkommission (Fußnote) 405
Monopolstellung 395
Münzgeld 221f.

N

Nachfrage
– anomale 131
– normale 131f., 150
– preiselastische 200
– preisunelastische 200
Nachfrageband 142f.
Nachfrageinflation 234
Nachfragekurven 131f., 137, 139f.
Nachfragelücke 138
nachfrageorientierte Wirtschaftspolitik 440ff.
Nachfragerrente 137, 147
Nachfragerverhalten 130ff., 200
Nachfrageverschiebung 132, 139, 147
Nachhaltigkeitsfaktor 172
Nachnahme 269f., 287
Namensaktie 348
– vinkulierte 348, 354
Nationaleinkommen 113ff.
Natur 16, 50, 76ff., 87
Naturgüter 16f., 19
Negativsteuer 483
Nennbetragsaktie 323
Nennwert (Aktie) 324
Nettoinlandsprodukt
– zu Herstellungspreisen 113f.
– zu Marktpreisen 113
Nettoinvestition 88f., 102, 111
Nettolohn 232
Nettonationaleinkommen
– zu Marktpreisen 114
Nettowertschöpfung 113
Nichtunternehmereinkommen 110ff.
Niederlassungsfreiheit 34
Nominallohn 231f.
Nominalverzinsung 327
Normung (Begriff) 397
Nutzenmaximierung 18

O

Oberziel 158f., 428
offene Handelsgesellschaft 312ff.
– Auflösung 317
– Geschäftsführung 314
– Gründung 313
– Haftung 316
– Vertretung 316f.
Offenlegungspflicht (Jahresabschluss) 317, 329, 341
Offenmarktpolitik 254ff., 263
öffentliches Recht 301f.
Öffentlichkeitsarbeit (Public Relations) 208, 212f.
OHG 312ff.
Ökologie (Begriff) 17, 216
ökologische Ziele 158
ökonomisches Prinzip 18f., 92

Ökosteuern 17, 81, 435
Oligopol 129, 144f., 148, 150, 199
Online-Job-Börse 179
Orderscheck 292f.
Ordnungsmerkmal 31f.
– der freien Marktwirtschaft 33ff.
– der sozialen Marktwirtschaft 40ff.
– der Zentralverwaltungswirtschaft 36ff.
Ordnungspolitik (Begriff) 39
– staatliche 404ff.
Ordnungsrahmen (Wirtschaftsordnungen) 31ff.

P

Partnerschaft (Fußnote) 355
PayPal 287
Pensionsgeschäfte (der EZB) 257f.
Personal Identification Number (PIN) 277ff., 282
Personalhoheit (der Sozialversicherungsträger) 362f.
Personalkörperschaft 104, 301
Personen
– juristische 300f., 322ff., 333ff., 345ff.
– natürliche 300
Personenfirma 308
Personengesellschaften 308, 312ff., 355
Pfändungsschutzkonto (Fußnote 2) 271
Pflegegeld 180
Pflegekasse
– gesetzliche 180f., 369f.
– Selbstverwaltung 369f.
Pflegestützpunkte (Fußnote) 370
Pflegeversicherung
– soziale 180f., 359, 369f.
Phasen (Konjunktur) 417ff.
PIN (Personal Identification Number) 271, 276ff., 282ff.
PISA 458, 492
Planwirtschaft 27
Point-of-Sale (POS) 278ff.
polypolistische Konkurrenz 129, 135ff., 140ff., 199
Postbank Card 270
Prävention (gesetzliche Krankenversicherung) 166f.
Preisanpasser 151
Preisbildung 135ff., 152ff.
Preisdifferenzierung (Monopolist) 146f.
Preisermittlung
– hedonische 115
Preisfunktion 140f., 152ff.
Preisgesetz 139, 147
Preisindex 229ff.
Preiskartell 42, 145, 397, 405
Preis-Lohn-Spirale 234
Preisniveau 227f., 231, 233, 430
Preisniveaustabilität 248f., 428, 430, 432, 443
Preispolitik 142ff., 150f., 199f.
Primäreinkommen 114f.
Prinzip
– der Kostendeckung 160
– der Verlustminimierung 160
– erwerbswirtschaftliches 158
– gemeinwirtschaftliches 159f.
private Krankenversicherung 385ff.
Privateigentum 35, 43f.
– an Produktionsmitteln 34ff., 43
privater Haushalt 18
Privatrecht 301, 303, 346ff.
Product-Placement 210
Produkte
– umweltfreundliche 216f.
Produktentwicklung 199
Produktforschung 199
Produktgestaltung 199
Produkthaftung 84
Produktionsfaktor 50, 76
Produktionsfaktor Natur 16, 76f.
Produktionsfaktoren 34, 50ff., 76f., 87ff., 98, 164f.
– betriebswirtschaftliche 164f.
– und Wirtschaftsleistung 90f.
– Zusammenwirken der 91ff.
Produktionsfreiheit 34, 38
Produktionsgüter 16, 21, 50, 88
Produktionsmittel 35
Produktionsprogrammpolitik 199
Produktionsstandorte 25f.
Produktionsstufen 64f.
Produktionsverfahren 25
Produktionsweisen 24ff.
Produktionsziele 21ff.
Produktivität 28, 190
Produktorientierung (Absatzorganisation) 205
Produktpolitik 198f.
Produzentenrente 137
Prüfungs- und Offenlegungspflicht (der Unternehmen) 317, 329f., 341
Public Relations (Öffentlichkeitsarbeit) 208, 212f.

Q

Qualifizierung
– berufliche 497
Querschnittsaufgabe (Deutsche Rentenversicherung Bund) 364, 373, 375, 377
Quotenkartell 42, 397, 405

R

rationalisieren (Begriff) 60
Rationalisierungsinvestition 60, 88, 95
Rationalisierungskartell 397
Rationalprinzip 18
räumliche Immobilität 57, 460
räumliche Mobilität 57
Raumordnungspolitik 26
Reallohn 231f.
Realverzinsung 328
Rechte 16
Recht
– öffentliches 302
– privates 303
Rechtsfähigkeit 300, 322, 333, 361
Rechtsformen
– der Betriebe 300ff., 311ff., 345ff., 355
– der privaten Unternehmen 300ff., 311ff., 345ff., 351f.
– der Sozialversicherungsträger 358ff.
– des öffentlichen Rechts 300f., 357ff.
– des Privatrechts 300ff., 311ff., 345ff., 355
Rechtsformwahl 352ff.
Rechtsformzusatz 308f.
Rechtsnormen
– Veränderung der 46
Rechtsordnung 34, 45ff.
Rechtsverordnung (Fußnote 3) 360
Recycling (Fußnote) 19
Recyclingpolitik 217f.
Refinanzierungsgeschäft (EZB) 262

Refi-Satz 258, 262
Reformen 484f.
Regelaltersgrenze 169ff.
Regelleistung (Sozialversicherungsbetriebe) 166ff.
Reinvestition 88f., 102, 111
Rektascheck (Fußnote) 292
Rentabilität 58ff., 191f.
- der Arbeit 58ff., 190
Rente 42, 169ff., 173
Rentenreform 484f.
Rentenversicherung
- gesetzliche 169ff., 359, 370ff., 390
- knappschaftliche 370, 372f.
- Querschnittsaufgaben 364, 373, 375, 377
- Regionalträger 371ff.
- Sozialpartner 376
- Vertreterversammlung 374, 376ff.
- Vorstand 371, 374ff.
Repo-Satz (Fußnote) 258
Ressourcen 19, 23
Rezession 147, 419, 443
Rimesse 299
Risikostrukturausgleich (gesetzliche Krankenversicherung/Fußnote 2) 386
Rückversicherungsunternehmen 346

S

Sachfirma 308
Sachgründung (AG) 322
Sachgüter 16
Sachleistungsprinzip (gesetzliche Krankenkasse) 387f.
Sachziel 158, 161
Salespromotion (Verkaufsförderung) 208, 213
Sammelüberweisung 273
Sanktionen (Kartellbehörden) 412f.
Satzungsautonomie (der Sozialversicherungsträger) 361f.
Schattenwirtschaft 463, 478
Scheck 290ff.
- Verwendungsmöglichkeiten des 293f.
- Vorlegungsfrist 292
Scheckarten 292f.
Scheckbestandteile 290
Scheckformular 290
Scheckverlust 294
Scheckzahlung 290ff.
Schnelltender 260, 264
Schwarzarbeit 463, 478
Sektor (Begriff) 98
Sekundärverteilung (Volkseinkommen) 41f.
Selbsthilfe (gesetzliche Krankenversicherung) 166f.
Selbstkosten 200
Selbstverwaltung (der Sozialversicherungsträger) 359ff., 363, 365ff., 369ff., 374ff., 379ff., 382ff.
SEPA-Lastschriftverfahren 274f.
Sichteinlagen 221
Signalfunktion (Preise) 140
Signatur-Verfahren 286
SmartCard (Begriff) 283
SMS (Fußnote 5) 285
smsTAN 285
Sockelarbeitslosigkeit 462
Solawechsel (Fußnote) 297
Solidaritätsprinzip (gesetzliche Krankenversicherung) 164, 385
Sonderabgaben 17, 81
Sortimentsfunktion (Handel) 162
Sozialausgleich (gesetzliche Krankenversicherung) 386
soziale Marktwirtschaft 39ff., 224, 435
Sozialeinkommen 42, 99
Sozialgeld 42, 186, 477
Sozialhilfe 42, 172, 477
Sozialmissbrauch 497
Sozialordnung 45ff.
Sozialpartner 367, 376, 384
Sozialstaat 44, 99, 152
Sozialstaatsprinzip 358
Sozialversicherungsausweis 378
Sozialversicherungsbetrieb 164, 166ff., 358ff., 385ff., 447
Sozialversicherungsträger 104, 300, 358ff.
- bundesunmittelbare 361
- Finanzhoheit der 362
- landesunmittelbare 361
- Rechtsform der 360ff.
- Satzung der 361f.
- Satzungsautonomie 361f.
- Selbstverwaltung 359ff., 363, 365ff., 369ff., 374ff., 379ff., 382ff.
Sozialversicherungswahl (Fußnote) 366
Sozialversicherungszweige 359ff.
sozialverträgliche
- Einkommensverteilung 27f., 428, 434
- Vermögensverteilung 428, 434
Sparen 88, 102ff., 110, 112, 122
Sparprinzip 18
Sparquote 104, 235
Spartentrennung 350f.
Spitzenrefinanzierungsfazilität 263f.
Sponsoring 210
staatliche Umweltpolitik 80ff.
Staatsausgaben 120, 440
- außerordentliche 120
- ordentliche 120
Staatseingriffe 152
- marktkonforme 152f., 435
- marktkonträre 153ff., 435
Staatseinnahmen 121, 440
- außerordentliche 121
- ordentliche 121
Staatshaushaltsplan 122
Staatsquote 104
Staatsverwaltung
- mittelbare 360f.
- unmittelbare 360f.
Stabilität des Preisniveaus 248ff., 428, 430, 432, 443
Stabilitätspakt (der WWU) 245f.
Stabilitätsziel (EZB) 248
Stagflation 235, 442
Stagnation (Begriff) 235, 419
Stammeinlage (GmbH) 334, 336, 339
Stammkapital (GmbH) 333ff.
Standardtender 260, 262, 264
Standort 25
Standortfaktor (Boden) 76
Standortwahl 25, 77
Steuern 80, 120ff.
- direkte 41, 105, 125
- Einteilung der 124f.
- gemeinschaftliche 124
- indirekte 105, 110, 125
Steuerprogression 41, 45, 434
Steuerquote 123
Steuerreform 484
stille Gesellschaft (Fußnote) 355
Strafmündigkeit (Fußnote 2) 300

strukturelle
- Arbeitslosigkeit 52, 456f.
- Operationen (EZB) 255ff., 262, 264
- Gleichgewicht (Arbeitsmarkt) 51
- Ungleichgewicht (Arbeitsmarkt) 51f.
Strukturkrise (Begriff) 51
Strukturpolitik 122, 428, 488ff.,
- regionale 489f.
- sektorale 489
Strukturwandel 456
Stückaktie 323
Substitution der Produktionsfaktoren 91ff.
Substitutionsgüter 130
Subvention 77, 83, 105, 110ff., 120, 444, 457, 489
Subventionspolitik 489
Syndikat 398
systemimmanente Störungen des Wirtschaftsablaufs 425f.

T

TAN 284f.
TAN-Verfahren 285f.
Tantieme (Aufsichtsrat) 326
Tarifautonomie 42, 434
Tarifvertrag 454, 481
Teilzeitarbeit 486, 496
Tendenzbetrieb 354
Tenderverfahren (der EZB) 258ff.
Termineinlagen 261
Termingeschäft (Fußnote 4) 260
Träger der Sozialversicherung 358ff.
Transaktion
- befristete 257, 263f.
Transfereinkommen 42, 99
Transferzahlung 105, 476ff.
Tratte 299
Trend (Wachstumspfad) 417f.
Trust 395, 401f.
Typung (Begriff) 398

U

Überbeschäftigung 23, 418, 449
Überbringerscheck 292, 294
Übergangsgeld 173f.
Überkreuzverflechtung (Aufsichtsrat) 325
Überweisung 269, 271ff.
UGR (umweltökonomische Gesamtrechnung) 117
Umlageverfahren
- gesetzliche Krankenkasse 388
- gesetzliche Unfallversicherung 383
Umlaufgeschwindigkeit des Geldes 226ff., 249
Umsatzrentabilität 192
Umverteilung (Produktionsergebnis) 41f.
Umweltabgaben 80f.
Umweltgüter 16
Umwelthaftungsrecht 83f., 219f.
Umweltpolitik
- betriebliche 158, 215ff.
- staatliche 80
Umweltschäden 78f., 117
Umweltschutz 77, 80ff. 215ff., 428, 435f.
Umweltschutzbeauftragte 218
Umweltsonderabgaben 81
Umweltsteuern 17, 81
Umweltstrafrecht 84f., 219f.
Umweltverträglichkeitsprüfung 82f.
Umweltzeichen 216f.
- individuelle 217
Umweltzertifikate 81f.
Unfallversicherung
- gesetzliche 172f., 359, 382ff., 391f.
Ungleichgewicht
- sturkturelles 456
Unterbeschäftigte 22, 432
Unterbeschäftigung 22, 228, 418, 449
Unternehmen 19, 34, 98, 158
- verbundene 395, 398ff.
Unternehmensformen 311ff., 355
- bei Versicherungsbetrieben 345ff.
Unternehmenskonzentration 394ff.
Unternehmensleitbild 212f.
Unternehmensregister 307, 527
Unternehmensverbindung 395ff.
Unternehmenszusammenschluss 395ff.
Unternehmereinkommen 99, 110ff.
Unternehmergesellschaft (haftungsbeschränkt) 308, 335f.
Unterziel 158f., 428

V

variable Kosten 147
Verbesserungsinvestition 88
Verbot (Umweltschutz) 80
Verbraucherpreisindex 229ff., 248
Verbrauchsgüter 16
Verbrauchsteuern 124f.
verbundene Unternehmen 395, 398ff.
- Abhängigkeitsverhältnis 399f.
- Kapitalbeteiligung 399
Verbundwerbung 210
verfügbares Einkommen 100, 103f.
Verfügungen (Fußnote) 409
Verkaufsförderung 208, 213
Verkaufskommissionäre (Fußnote) 203
Verkaufsniederlassung 203
Verkehrsteuern 124f.
Verletztengeld 173
Vermögen (Begriff) 100
Vermögensverteilung
- sozialverträgliche 428, 434
Verrechnungsscheck 292, 294
Verschmutzungsrechte 81
Versicherungsaktie 348
Versicherungs-Aktiengesellschaft 347ff., 389f., 401
Versicherungsbetrieb 163f., 345ff.
Versicherungsmakler (Fußnote) 345
Versicherungspflicht (Krankenversicherung) 385ff.
Versicherungsträger
- Satzung der 362
Versicherungsverein auf Gegenseitigkeit (VVaG) 301, 346, 349ff., 354f., 389f.
- Gegenseitigkeitsprinzip 349f.
- Selbstfinanzierung 350
Versicherungsvertrag 345, 349, 357, 385, 388
Versicherungsvertreter (Fußnote) 345
Verteilungsprinzipien 27f.
Verteilungsproblem 27f.

Verteilungsrechnung (volkswirtschaftliche Gesamtrechnung) 116f.
Vertrag über die Arbeitsweise der Europäischen Union (AEUV) 242
Vertrag von Lissabon 240
Vertragsfreiheit 34, 40, 42, 44
Vertragsprinzip (private Krankenkasse) 385ff.
Vertragsversicherung 163, 357, 385
Vertreter 203f.
Vertretung
- der Unternehmen 311, 316f., 319, 325, 338f., 345
Vertriebsgesellschaft 203
Vertriebspolitik 202ff.
Verwaltungsakt 363
Verwaltungsverfahren 363
Verwendungsrechnung (volkswirtschaftliche Gesamtrechnung) 116
Volkseinkommen 99, 113f., 116
volkswirtschaftliche Gesamtrechnung 109ff.
volkswirtschaftliche Produktionsfaktoren 50ff.
Vollbeschäftigung 21f., 55, 432, 449
vollständiger Wirtschaftskreislauf 104ff.
Vorauskasse 287
Vorratsinvestition 88f.
Vorstand (der AG) 324ff.
Vorstand (der Deutschen Bundesbank) 250

W

Wachstumspolitik 122
Wägungsschema (Preisindex) 229ff.
Warenkorb 229ff.
Wartezeit (Renten) 169ff.
Wechsel 297ff.
- an eigene Order 298
- an fremde Order 298
- Funktionen des 299
- gezogene 297
- Kreislauf des 298
Wechselkurs 487f.
- fest 487
- freie 488
Wechselkursmechanismus II 244f., 487
Wechselnehmer 297ff.
Wechselzahlung 297ff.
Weiterbildung
- berufliche 178, 493
Wendepunkt (Konjunktur)
- oberer 418f.
- unterer 418, 420
Werbeerfolgskontrolle 212
Werbeetat 211f.
Werbegrundsätze 209
Werbemittel 210f.
Werbeplanung 209ff.
Werbeträger 211
Werbung 208ff.
Wertewandel 46f.
Wertkarte 278, 281ff.
Wertpapier (Begriff) 291
Wertpapierbörse (Fußnote 6) 136
Wertpapierpensionsgeschäft 257f.
Wettbewerbspolitik
- staatliche 42, 404ff.
Wettbewerbsregeln 409f.
Wirtschaft
- evolutorische 101
- stationäre 101
- unterbeschäftigte 418, 432, 449
- vollbeschäftigte 432, 449
wirtschaftliche Güter 16
Wirtschaftlichkeit 191
Wirtschaftskreislauf 98ff.
- einfacher 98f.
- erweiterter 101f.
- vollständiger 104ff.
Wirtschaftsleistung und Produktionsfaktoren 90f.
Wirtschaftsordnung 26f., 31ff., 45ff., 461f.
- Änderungen der 461f.
Wirtschaftsplan 35f.
Wirtschaftspolitik
- angebotsorientierte 446f.
- nachfrageorientierte 440ff.
wirtschaftspolitische Ziele 428ff.
Wirtschaftsstufe 24, 51
Wirtschaftssubjekt 19, 31, 33ff.
Wirtschaftswachstum 428, 432f.
- angemessenes 428
- stetiges 428, 432
WKM 244, 487
WWU 243ff.

X

Xetra (Fußnote) 135

Z

Zahlschein 268f.
Zahlungen
- Bargeld sparende 268ff.
- bargeldlose 271ff.
Zahlungsanweisung der Deutschen Postbank AG 294
- zur Verrechnung 294
Zahlungsarten im Internet 287f.
Zahlungsbilanz 430ff.
- aktive 430
- nationale 430
- passive 430
Zahlungsformen (Begriff) 266
Zahlungsmittel (Begriff) 223, 266, 299
- gesetzliches 224
Zahlungsträger (Begriff) 266
Zahlungsverkehr 221f., 266ff.
Zeitarbeit 485
zentrales Plansystem 31
Zentralverwaltungswirtschaft 19, 23, 26, 28, 32, 35ff., 39, 43
Ziele
- gemeinwirtschaftlicher Betriebe 159f.
- privatwirtschaftlicher Betriebe 158f.
Zielharmonie 160, 429, 431
Zielindifferenz 429, 431
Zielkonflikt 160, 429, 431, 433ff., 442
Zinstender (Wertpapierpensionsgeschäfte) 259f.
- amerikanisches Verfahren 259f.
- holländisches Verfahren 259
Zollunion (Begriff) 243
Zurechnungszeit (Renten) 171
Zusammenschlusskontrolle 410ff.
Zwangsversicherung (Sozialversicherung) 164, 357, 385
Zwischenziel 158f.